DIREITO DO CONSUMIDOR

HISTÓRICO DA OBRA

- 1.ª edição: fev./2013
- 2.ª edição: fev./2014; 2.ª tir., jun./2014; 3.ª tir., out./2014
- 3.ª edição: fev./2015
- 4.ª edição: ago./2016
- 5.ª edição: fev./2017; 2.ª tir., jul./2017
- 6.ª edição: abr./2018
- 7.ª edição: dez./2019
- 8.ª edição: jan./2020
- 9.ª edição: jan./2021
- 10.ª edição: jan./2022
- 11.ª edição: jan./2023
- 12.ª edição: fev./2024
- 13.ª edição: fev./2025

COORDENADOR
PEDRO
LENZA

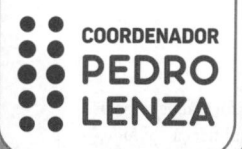

Fabrício Bolzan de Almeida

Doutor e Mestre em Direito Constitucional pela PUC-SP
Especialista em Direito do Consumidor,
Direito Ambiental e Processos Coletivos pela ESA/OAB-SP
Especialista em Direito Administrativo pela PUC-SP

DIREITO DO CONSUMIDOR

13ª edição
2025

Inclui **MATERIAL SUPLEMENTAR**
- Questões de concursos

COLEÇÃO ESQUEMATIZADO®

saraiva jur

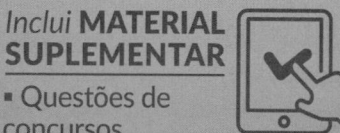

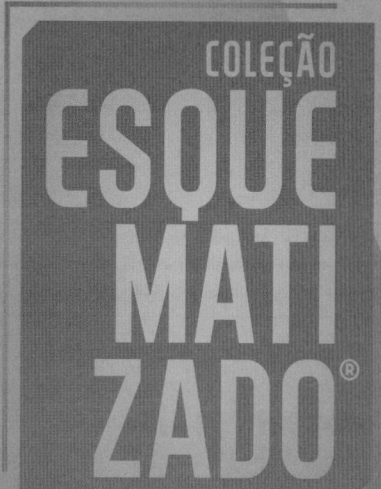

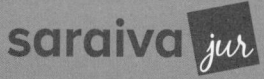

- O autor deste livro e a editora empenharam seus melhores esforços para assegurar que as informações e os procedimentos apresentados no texto estejam em acordo com os padrões aceitos à época da publicação, *e todos os dados foram atualizados até a data de fechamento do livro*. Entretanto, tendo em conta a evolução das ciências, as atualizações legislativas, as mudanças regulamentares governamentais e o constante fluxo de novas informações sobre os temas que constam do livro, recomendamos enfaticamente que os leitores consultem sempre outras fontes fidedignas, de modo a se certificarem de que as informações contidas no texto estão corretas e de que não houve alterações nas recomendações ou na legislação regulamentadora.

- Fechamento desta edição: 08/01/2025

- O autor e a editora se empenharam para citar adequadamente e dar o devido crédito a todos os detentores de direitos autorais de qualquer material utilizado neste livro, dispondo-se a possíveis acertos posteriores caso, inadvertida e involuntariamente, a identificação de algum deles tenha sido omitida.

- Direitos exclusivos para a língua portuguesa
  Copyright ©2025 by
  Saraiva Jur, um selo da SRV Editora Ltda.
  Uma editora integrante do GEN | Grupo Editorial Nacional
  Travessa do Ouvidor, 11
  Rio de Janeiro – RJ – 20040-040

- **Atendimento ao cliente: https://www.editoradodireito.com.br/contato**

- Reservados todos os direitos. É proibida a duplicação ou reprodução deste volume, no todo ou em parte, em quaisquer formas ou por quaisquer meios (eletrônico, mecânico, gravação, fotocópia, distribuição pela Internet ou outros), sem permissão, por escrito, da **SRV Editora Ltda.**

- Capa: Lais Soriano
  Diagramação: Kato Editorial

- **DADOS INTERNACIONAIS DE CATALOGAÇÃO NA PUBLICAÇÃO (CIP)
  ELABORADO POR VAGNER RODOLFO DA SILVA – CRB-8/9410**

A447c Almeida, Fabrício Bolzan de
Direito do consumidor / Fabrício Bolzan de Almeida ; coordenado por Pedro Lenza. – 13. ed. – São Paulo : Saraiva Jur, 2025.
(Coleção Esquematizado®)
864 p.

ISBN 978-85-5362-811-7 (Impresso)

1. Direito. 2. Direito do consumidor. I. Lenza, Pedro. II. Título. III. Série.

	CDD 342.5
2024-4168	CDU 347.451.031

Índices para catálogo sistemático:
1. Direito do consumidor 342.5
2. Direito do consumidor 347.451.031

Ao meu avô, Domingos Bolzan Filho (*in memoriam*),
porto seguro da minha formação, quando me ensinou com
atitudes sobre a importância do trabalho na vida de um Homem
e sobre quão longe poderemos chegar com nossa determinação.

AGRADECIMENTOS

À minha esposa, Cristiane, por todo o amor, pela cumplicidade, amizade e companheirismo de todas as horas. Pela mãe dedicada e amorosa que se tem mostrado, a você todo o meu amor.

Aos meus filhos, Henrique, Augusto e Théo, por me proporcionarem o sabor do amor incondicional.

À minha mãe, Cecília Bolzan, exemplo de amor e dedicação na arte de cuidar do próximo. Agradeço por estar ao meu lado em todos os momentos, em especial por me amparar nos mais difíceis.

À minha avó, Hermínia Bolzan (*in memoriam*), por todo o amor dispensado em minha criação, que se fez presente até o dia de sua partida em meus braços.

Ao meu pai, Zequinha (*in memoriam*), pela certeza de cuidar de nós aí do plano espiritual.

Ao meu irmão, Júnior, pelo talento e determinação na busca de seu sonho.

À minha sogra, d. Jô, por ser exemplo de mãe e por ter me presenteado com a melhor esposa do mundo, sua filha.

Ao meu sogro, Sr. Assis, todo o meu respeito e a minha admiração pelo homem honrado e de valor que és. Exemplo para mim e para os seus netos.

Aos meus padrinhos, José Carlos (*in memoriam*) e Vânia, e primos, Melissa, Fernanda, Brenno, Enzo, Igor, Laura, Fabrízio, Rodrigo e Fernanda Gasparin, pela oportunidade de ter vivido momentos felizes e inesquecíveis em minha infância, bem como na infância das nossas crianças.

À minha tia, Teresa, irmã de meu pai, por trazer um pouquinho dele nessa breve passagem pelo Brasil e pela felicidade em reencontrá-la após tantos anos.

À minha afilhada Cristally, pela alegria de ter uma menininha linda em nossas vidas. O padrinho ama você.

À minha afilhada Virgini, que, com muito orgulho, foi a nossa estagiária no BAFH Advogados no ano de 2022.

À minha sócia, dra. Juliana Franzim Hüneke, fundadora, ao meu lado, do "Bolzan de Almeida e Franzim Hüneke — Advogados", pela honra em trabalhar com uma irmã querida, além de excelente profissional. Aprendo todos os dias com a dra., obrigado.

Ao amigo João Eduardo Sampaio Ferraz, pelas ótimas conversas e por cuidar da minha irmã como ninguém.

Aos membros vitalícios da Diretoria Dez, drs. Marcos de Matos, Felipe Massola e Rodrigo Sanfurgo, pela amizade de mais de 25 anos.

Ao casal Carol e Carlos, verdadeiros irmãos, leais ao extremo, que não hesitaram em estar ao meu lado em momentos difíceis.

Aos amigos Márcio, Christiane e Frabrízio David, pela amizade e prontidão em nos receber em todas as horas.

Aos drs. Gustavo Nori, Ana Carolina Minutti e aos pequenos Giovana e Guiguinha, pela amizade e pela certeza de que curtiremos muitas histórias juntos.

Ao dr. Mike Costa, testemunha da primeira aula de minha vida, que, por sinal, foi no curso LFG, pela amizade e troca de experiências pessoais e profissionais.

Às dras. Mônica R. Mauro e Márcia Zalcman Setton, por acreditarem na minha essência e ajudarem a me reconstruir como um ser humano digno que sempre fui.

À Ignez Tavares, exemplo maior de pessoa de alto astral, pelas palavras de conforto em todos os momentos.

Ao sr. Abílio Rodrigues Braga (*in memoriam*), por tantos ensinamentos e por ser exemplo de vida na divulgação dos ensinamentos do Cristo.

Aos drs. e amigos Eduardo e Marcia Purceli, pela amizade e por salvarem a minha vida na cura do câncer.

Aos amigos e padrinhos Fabiano e Karim, bem como à pequena Malú, pela certeza de que passaremos muitos momentos felizes em família.

Aos amigos Silvio Marotti, Dani e Lucca, pela alegria de compartilhar momentos maravilhosos ao lado de uma família tão especial.

Ao dr. José Geraldo Brito Filomeno, cuja história se confunde com a tutela do consumidor em nosso país, por nos honrar com o prefácio deste livro.

Ao dr. Vidal Serrano Nunes Júnior, pela honra em ser seu orientando no Doutorado da PUC-SP.

Ao dr. André Ramos Tavares, por ter sido meu orientador no Mestrado, bem como pela oportunidade de ter trabalhado e aprendido muito com o maior publicista contemporâneo.

Ao Pedro Lenza, por me confiar a oportunidade de participar da coleção jurídica de maior sucesso de toda a história.

Ao dr. Luiz Flávio Gomes (*in memoriam*), por ter aberto as portas de seu curso em 2005 para eu desempenhar a atividade que mais prazer me proporciona: lecionar.

À dra. Alice Bianchini, por ter confiado a coordenação da Pós-Graduação de Direito Público da Anhanguera/Uniderp/LFG à minha pessoa.

Ao dr. Antônio Carlos Morato, meu primeiro professor de Direito do Consumidor e membro da minha banca de Doutorado, o meu agradecimento por me acompanhar nessa trajetória.

Ao dr. Pedro Buck e ao dr. Diogo Rais, pelo prazer de ter trabalhado ao lado de dois grandes Amigos.

Ao dr. Emiliano Galvão, hoje Juiz de Direito do querido estado de Pernambuco, pela amizade, dedicação e generosidade em realizar trabalhos importantes ao meu lado. Me orgulho de sua trajetória, Amigo.

Agradecimentos

À dra. Fernanda Marinela, por compartilhar a amizade e os horizontes do Direito Administrativo.

Ao dr. Luis Manuel Fonseca Pires, por ter-me dado a oportunidade de ter sido seu assistente na graduação da PUC-SP.

Ao dr. Fábio Tavares, amigo e irmão para todas as horas.

Ao dr. Levy Magno, referência maior do Ministério Público do Estado de São Paulo, agora na Advocacia, grande irmão e vizinho.

Ao dr. Rogério Cury, referência como professor, advogado e ser humano.

Ao dr. Gustavo Henrique Pinheiro de Amorim, pela amizade e por todo o auxílio no início da carreira de professor de cursinho.

Ao dr. Cassio Scarpinella Bueno, referência na oratória e na dedicação à docência, pela amizade e oportunidade de conhecer o ser humano fantástico que é.

Ao dr. Antônio Carlos Mendes, exemplo de maior expressão na docência acadêmica.

À dra. Regina Vera Villas Boas, pela alegria demonstrada na arte de ensinar.

Ao dr. Paulo Adib Casseb, por acreditar em meu potencial desde a época da graduação.

À dra. Maria Garcia, pela vitalidade no exercício da docência com excelência ímpar.

Ao dr. Flávio Tartuce, pela amizade e pelas oportunidades a mim concedidas pelo maior civilista da atualidade.

Aos amigos Rubens Hüneke e Gabriela Franzim Hüneke, pelos momentos maravilhosos vividos junto de vocês, pessoas tão especiais.

À Gabriela Dias da Silva, por ajudar a construir o escritório BAFH Advogados para todas as horas.

À dra. Flavia Lucas Gomes, por ter nos honrado com sua parceria em nosso escritório de advocacia.

Ao dr. Alexandre Alves da Silva, nosso braço direito na luta pela causa do superendividamento.

À Thamires Morais Fonseca, nossa nova colaboradora no escritório BAFH Advogados.

Aos colegas de coleção Eugênio Montoto, Agnaldo Martino e Roberto Caparroz, pela amizade e pelas boas referências passadas ao nosso Coordenador.

Ao amigo Caio Domingues de Almeida, da @jurisconsultt, por nos ajudar na profissionalização de nossas redes sociais.

Aos amigos Andréa Camargo, Francisco Fontenele, Alexandre Gialluca, João Aguirre, Nestor Távora, Vanessa Pancione, Daniela Ferreira, Larissa Serrano, que muito enriqueceram a coordenação pedagógica do curso LFG quando lá nos honraram com a presença.

Aos amigos Ricardo Avelino Carneiro, Bruno Alves Gomes, Thais Tosseto, Silvia Bizatto e Carlos Pagani, representantes maiores de toda a equipe maravilhosa que um dia passou pelo pedagógico e da Diretoria do curso LFG.

À Profa. Maria do Carmo Seffair Lins de Albuquerque, Prof. Filipe Venturini Signorelli e Prof. Alfredo Monteiro Lins de Albuquerque, pela amizade e excelência na coordenação do curso CPJUR.

Aos amigos drs. Marco Antônio Araújo Júnior e Darlan Barroso, pela alegria de trabalhar com pessoas tão especiais no Meu Curso.

Ao amigo dr. Ricardo Torques, pela oportunidade de galgar novos horizontes no curso Estratégia.

À amiga dra. Flávia Cammarosano, por toda amizade e pela oportunidade de lecionar na Pós-Graduação da PUC-SP COGEAE.

À Célia e à Ana, da Terra de Ismael, por nos contemplarem todas as manhãs com os ensinamentos do Cristo em seu Evangelho.

À rádio Eldorado (www.territorioeldorado.limao.com.br) e suas *playlists*, que fizeram a trilha sonora deste livro, bem como ao Spotify, que me acompanhou musicalmente nesta nova edição.

Aos alunos de todo o Brasil, meus agradecimentos finais por aprender diariamente com vocês.

METODOLOGIA ESQUEMATIZADO

Durante o ano de **1999**, portanto, **há 25 anos,** pensando, naquele primeiro momento, nos alunos que prestariam o exame da OAB, resolvemos criar uma **metodologia de estudo** que tivesse linguagem "fácil" e, ao mesmo tempo, oferecesse o conteúdo necessário à preparação para provas e concursos.

O trabalho, por sugestão de **Ada Pellegrini Grinover**, foi batizado como *Direito constitucional esquematizado*. Em nosso sentir, surgia ali uma **metodologia pioneira**, idealizada com base em nossa experiência no magistério e buscando, sempre, otimizar a preparação dos alunos.

A metodologia se materializou nos seguintes "pilares" iniciais:

■ **Esquematizado:** verdadeiro método de ensino, rapidamente conquistou a preferência nacional por sua estrutura revolucionária e por utilizar uma linguagem clara, direta e objetiva.

■ **Superatualizado:** doutrina, legislação e jurisprudência, em sintonia com os concursos públicos de todo o País.

■ **Linguagem clara:** fácil e direta, proporciona a sensação de que o autor está "conversando" com o leitor.

■ **Palavras-chave (*keywords*):** a utilização do negrito possibilita uma leitura "panorâmica" da página, facilitando a recordação e a fixação dos principais conceitos.

■ **Formato:** leitura mais dinâmica e estimulante.

■ **Recursos gráficos:** auxiliam o estudo e a memorização dos principais temas.

■ **Provas e concursos:** ao final de cada capítulo, os assuntos são ilustrados com a apresentação de questões de provas de concursos ou elaboradas pelo próprio autor, facilitando a percepção das matérias mais cobradas, a fixação dos temas e a autoavaliação do aprendizado.

Depois de muitos anos de **aprimoramento**, o trabalho passou a atingir tanto os candidatos ao **Exame de Ordem** quanto todos aqueles que enfrentam os **concursos em geral**, sejam das **áreas jurídica** ou **não jurídica**, de **nível superior** ou mesmo os de **nível médio**, assim como **alunos de graduação** e demais **operadores do direito**, como poderosa ferramenta para o desempenho de suas atividades profissionais cotidianas.

Ada Pellegrini Grinover, sem dúvida, antevíu, naquele tempo, a evolução do *Esquematizado*. Segundo a Professora escreveu em **1999**, "a obra destina-se, declaradamente, aos candidatos às provas de concursos públicos e aos alunos de graduação, e, por isso mesmo, após cada capítulo, o autor insere questões para aplicação da parte teórica. Mas será útil também aos operadores do direito mais experientes, como fonte de consulta rápida e imediata, por oferecer grande número de informações buscadas em diversos autores, apontando as posições predominantes na doutrina, sem eximir-se de criticar algumas delas e de trazer sua própria contribuição. Da leitura amena surge um livro 'fácil', sem ser reducionista, mas que revela, ao contrário, um grande poder de síntese, difícil de encontrar mesmo em obras de autores mais maduros, sobretudo no campo do direito".

Atendendo ao apelo de "concurseiros" de todo o País, sempre com o apoio incondicional da Saraiva Jur, convidamos professores das principais matérias exigidas nos concursos públicos das *áreas jurídica* e *não jurídica* para compor a **Coleção Esquematizado®**.

Metodologia pioneira, vitoriosa, consagrada, testada e aprovada. **Professores** com larga experiência na área dos concursos públicos e com brilhante carreira profissional. Estrutura, apoio, profissionalismo e *know-how* da **Saraiva Jur**. Sem dúvida, ingredientes indispensáveis para o sucesso da nossa empreitada!

O resultado foi tão expressivo que a **Coleção Esquematizado®** se tornou **preferência nacional**, extrapolando positivamente os seus objetivos iniciais.

Para o **direito do consumidor**, tivemos a honra de contar com o primoroso trabalho de **Fabrício Bolzan de Almeida**, que soube, com maestria, aplicar a **metodologia esquematizado** à sua vasta e reconhecida experiência profissional.

Como muito bem destacou o prof. **Filomeno**, no prefácio, o trabalho de Bolzan "... está muito longe de se tratar, pura e simplesmente, de um apanhado superficial e sintético do Direito do Consumidor, destinado especificamente aos estudos de quem se interesse em prestar um concurso público; não só para o ingresso em carreiras jurídicas, como também em outras em que se torna imprescindível essa novel disciplina. Cuida-se, isto sim, de obra não apenas pragmática, para aqueles fins, como também de cuidadosa e aprofundada análise doutrinária e jurisprudencial de temas candentes, polêmicos, e que estão conectados à própria epistemologia do Direito Consumerista".

Professor desde 2005 das disciplinas Direito do Consumidor e Direito Administrativo nos mais diversos cursos preparatórios para concursos públicos e OAB, além de coordenar e ministrar aulas em pós-graduações de todo o país, o autor é Doutor em Direito Constitucional pela PUC-SP, sob a orientação do Prof. Vidal Serrano Nunes Júnior, escritor de diversas obras e artigos jurídicos, Ex-Procurador efetivo do Município de Mauá-SP, e reconhecido advogado e parecerista nas áreas de suas especialidades (Direito do Consumidor e Direito Administrativo).

Estamos certos de que este livro será um valioso aliado para "encurtar" o caminho do ilustre e "guerreiro" concurseiro na busca do "sonho dourado", além de ser uma **ferramenta indispensável** para estudantes de Direito e profissionais em suas atividades diárias.

Esperamos que a **Coleção Esquematizado®** cumpra plenamente o seu propósito. Seguimos juntos nessa **parceria contínua** e estamos abertos às suas críticas e sugestões, essenciais para o nosso constante e necessário aprimoramento.

Sucesso a todos!

Pedro Lenza
Mestre e Doutor pela USP
Visiting Scholar pela Boston College Law School

✉ pedrolenza8@gmail.com
https://twitter.com/pedrolenza
http://instagram.com/pedrolenza
https://www.youtube.com/pedrolenza
https://www.facebook.com/pedrolenza

 https://www.editoradodireito.com.br/colecao-esquematizado

NOTA DO AUTOR À 13.ª EDIÇÃO

Prezados amigos e colegas de profissão, é com grande satisfação que apresento as novidades da décima terceira edição do livro *Direito do Consumidor Esquematizado*, presentes nas novas páginas inseridas.

Nesta edição, incluímos diversos julgados publicados no final do ano de 2023 e ao longo de 2024, especialmente as mais relevantes decisões proferidas pelo Superior Tribunal de Justiça e pelo Supremo Tribunal Federal sobre a disciplina Direito do Consumidor. Trata-se de cuidado essencial, tendo em vista a relevância da Lei Consumerista, integrando cada vez mais a pauta do dia da jurisprudência dos nossos Tribunais.

A grande novidade desta edição envolve a jurisprudência que está cada vez mais enfrentando o tema do Superendividamento com propriedade. Decisões reconhecendo a impossibilidade de se descontar mais do que 30 ou 35% da remuneração ou de proventos de aposentadoria de consumidor superendividado visando a preservação do mínimo existencial foram colacionadas. Destacamos, no entanto, que esses julgados podem levar à eternização da dívida e piorar a situação econômica do consumidor que já está em condição de superendividado. Defendemos nesta edição que a melhor exegese a ser extraída da Lei do Superendividamento é utilizar a equação 30% da remuneração do consumidor para pagar dívidas e 70% para arcar com os gastos essenciais, como sendo a melhor forma de nortear a elaboração do plano de pagamento, no lugar de limitar os descontos nos percentuais de 30 ou 35%. Também incluímos o item 15.10. Do Plano de Pagamento e apresentamos a nossa metodologia para elaborar o plano para superendividados.

Apresentamos ao leitor desta edição o Instituto Nacional de Defesa dos Consumidores Superendividados — INDECS (www.indecs.com.br) que temos a honra de ser um dos fundadores ao lado de pessoas tão especiais, bem como o sistema para elaboração de planos de pagamento às pessoas em condição de superendividadas (www.planodepagamento.com.br) que tivemos a alegria de idealizar e de colocar em funcionamento essa ferramenta tecnológica que reputamos fundamental para a implementação da Lei do Superendividamento.

Outra inovação desta edição foi a inclusão de mais dois tópicos referentes às práticas abusivas cometidas pelos fornecedores de plano/seguro saúde, que passaram a compor o Capítulo 10 deste livro da seguinte forma: 10.4.4.1. Das práticas abusivas cometidas pelos fornecedores de planos/seguros saúde; 10.4.4.1.1. Exigência de cheque-caução, de nota promissória ou de qualquer garantia; 10.4.4.1.2. Direito de permanência do ex-empregado demitido ou aposentado no plano de saúde empresarial; 10.4.4.1.3. Planos individuais e familiares mascarados de empresarial/coletivo; 10.4.4.1.4. Negativa de tratamento "experimental" (*off label*); 10.4.4.1.5. Dever de cobertura de procedimento de criopreservação de óvulos; 10.4.4.1.6. Fornecimento de medicamento importado; 10.4.4.1.7. Recusa de atendimento sob alegação de doença preexistente; 10.4.4.1.8. Recusa de atendimento sob alegação de medicamento/tratamento fora do Rol da ANS;

10.4.4.1.9. Recusa de atendimento e o dano moral; 10.4.4.1.10. Recusa da realização da cirurgia reparadora após bariátrica; 10.4.4.1.11. Cirurgia plástica de reconstrução mamária; 10.4.4.1.12. Reembolso das despesas efetuadas pelo consumidor fora da rede credenciada; 10.4.4.1.13. Transtorno do Espectro Autista (TEA) — Tratamento psicoterápico — Número de sessões ilimitado; 10.4.4.1.14. Recusa na inscrição de recém-nascido no plano do titular; 10.4.4.1.15. Recusa no fornecimento de medicamento administrável na forma oral em ambiente domiciliar; 10.4.4.1.16. Recusa no fornecimento de terapias multidisciplinares para portador de distrofia muscular congênita.

Agradeço mais um ano ao Coordenador, Pedro Lenza, e à Gen e Saraiva Jur pela confiança, bem como aos alunos e operadores do Direito de todo o Brasil por fazerem deste livro um sucesso de vendas.

Esperançoso em contribuir de alguma forma com o nosso trabalho para o aprimoramento de todos e agradecido pelo aprendizado que venho adquirindo anualmente com as discussões jurídicas travadas em fóruns e salas de aula, deixo a vocês um forte abraço.

São Paulo, Janeiro de 2025.

Fabrício Bolzan de Almeida
Doutor e Mestre pela PUC-SP
fabricio@bafh.com.br
http://www.bafh.com.br
http://www.indecs.com.br
http://www.planodepagamento.com.br
http://instagram.com/bolzanfa
https://www.facebook.com/fabriciobolzan
https://www.editoradodireito.com.br/colecao-esquematizado

PREFÁCIO

Inicialmente não posso deixar de manifestar minha satisfação como também surpresa por ter sido ainda lembrado por um ex-aluno, Fabrício Bolzan de Almeida, isto no já longínquo ano de 2000.

Não apenas isso, todavia, mas também em face da circunstância de se ter ele revelado um verdadeiro apaixonado pelo Direito Consumerista, que cultuo há quase trinta anos e que lhe ministrei, ainda que brevemente.

A maior recompensa que um velho professor pode ter é ser lembrado por seus alunos e, o que é ainda mais gratificante, terem alguns deles trilhado caminho semelhante ao seu. Obrigado, portanto, Fabrício.

O despretensioso título de seu trabalho, *Direito do Consumidor Esquematizado*, não condiz, em absoluto, com o seu excelente e profundo conteúdo.

Ou seja, está muito longe de se tratar, pura e simplesmente, de um apanhado superficial e sintético do Direito do Consumidor, destinado especificamente aos estudos de quem se interesse em prestar um concurso público; não só para o ingresso em carreiras jurídicas, como também em outras em que se torna imprescindível essa novel disciplina. Cuida-se, isto sim, de obra não apenas pragmática, para aqueles fins, como também de cuidadosa e aprofundada análise doutrinária e jurisprudencial de temas candentes, polêmicos, e que estão conectados à própria epistemologia do Direito Consumerista.

É com grande satisfação, portanto, que o vejo perfilhar praticamente quase todas as preocupações que venho manifestando ao longo desses longos anos, primeiramente nos opúsculos *Curadorias de Proteção ao Consumidor* (1984) e *Promotorias de Proteção ao Consumidor* (em duas edições, de 1987 e 1989), mandados imprimir pela Associação Paulista do Ministério Público e destinados aos seus membros, e, posteriormente, no *Manual de Direitos do Consumidor,* em onze edições (Atlas, S. Paulo).

E, com efeito, o autor manifesta sua análise aprofundada em quinze capítulos, a saber: **1. O Direito do Consumidor**, partindo de suas raízes históricas e sua institucionalização entre nós; **2. Relação Jurídica de Consumo**, enfrentando, dentre outras questões, a sem dúvida tormentosa caracterização da pessoa jurídica como consumidora; **3. Serviço Público e Incidência do CDC**; **4. Princípios e Direitos no CDC**, em admirável análise epistemológica da ciência consumerista, além de detalhado estudo dos chamados *direitos básicos do consumidor*; **5. Responsabilidade do Fornecedor no CDC**, dentro da ampla temática dos vícios e fatos de produtos e serviços; **6. Garantias e Prazos Decadenciais e Prescricional no CDC**, em cotejo com o vigente Código Civil de 2002; **7. Desconsideração da Personalidade Jurídica no CDC**, outra matéria sem dúvida polêmica; **8. Oferta no CDC**, com suas nuanças, problemática e possibilidade de retratação; **9. Publicidade no CDC**, com seus princípios, características, bem como suas chamadas "patologias" (*i.e.,* as publicidades enganosa, abusiva, desleal) e modalidades especiais (*merchandising, teaser* e outras); **10. Práticas Abusivas no CDC**, mediante a análise do art. 39 do Código do Consumidor e sua tipologia aberta e enumerativa, ao lado de sua importância na tutela civil do consumidor; **11. Cobrança de Dívidas no CDC**, analisando várias hipóteses dos abusos que delas podem advir; **12. Banco de Dados e Cadastros de Inadimplentes no CDC**, em sequência ao tema anterior, focando os cuidados na recepção, armazenamento e administração de dados, sobretudo negativos, que afetam os consumidores; **13. Proteção Contratual no CDC**, a partir dos princípios tradicionais liberais do direito obrigacional e sua revolução operada com o advento do Código do Consumidor; **14. Cláusulas Abusivas no CDC**, em consonância com o capítulo anterior, o autor foca as variadas formas de "patologia" na área contratual, em enumeração meramente exemplificativa do art. 51 do Código, e as tutelas colocadas à disposição dos consumidores; **15. Proteção Administrativa do Consumidor**, com percuciente pesquisa dos fundamentos que regem a atividade administrativa do Poder Público e sua aplicação no Direito Consumerista, a partir do art. 55 do Código e do Decreto n. 2.181/97.

E o faz obedecendo a original metodologia, ou seja, primeiramente abordando os aspectos doutrinários e jurisprudenciais de cada um desses grandes temas; e, sempre que necessário, lembrando os fundamentos filosóficos sobre a razão de ser de cada um deles. Em seguida, ou em permeio ao desenvolvimento desses mesmos temas, produz claríssimos gráficos, esquemas, tabelas e quadros sinóticos, destarte demonstrando elogiável preocupação pedagógica e didática.

E, por fim, ao final de cada capítulo, oferece ao leitor questões que foram objeto de provas em concursos públicos país afora, designadamente no âmbito da Magistratura, do Ministério Público, da Polícia Civil, da Defensoria Pública, exames da Ordem dos Advogados do Brasil, bem como outros fora do campo jurídico como, por exemplo, em concurso para fiscal agropecuário.

Em face dessas características, portanto, estou perfeitamente à vontade para recomendar ao mercado de livros jurídicos, em geral, e aos estudantes, de modo especial, sobretudo aqueles voltados aos concursos referidos, esta meritória obra de meu ex--aluno, Fabrício Bolzan de Almeida.

São Paulo, setembro de 2012.

José Geraldo Brito Filomeno
Advogado, consultor jurídico, professor especialista-doutor em Direito do Consumidor pela Faculdade de Direito da USP (1991), membro da Academia Paulista de Direito e da Comissão Geral de Ética do Governo do Estado de São Paulo. Foi Procurador-Geral de Justiça (2000-2002), o primeiro Promotor de Justiça do país a exercer as funções de Curadoria de Proteção ao Consumidor (1983), instituidor das Promotorias do Consumidor do Estado e de seu Centro de Apoio Operacional. Foi, ainda, vice-presidente da comissão que elaborou o anteprojeto do vigente Código de Defesa do Consumidor.

SUMÁRIO

Agradecimentos VII
Metodologia esquematizado XI
Nota do autor à 13.ª edição XIII
Prefácio XV

1. **O DIREITO DO CONSUMIDOR** 1
   1.1. Evolução histórica do direito do consumidor 1
      1.1.1. A importância das revoluções industrial e tecnológica 1
      1.1.2. A quebra com o paradigma do direito civil clássico 2
      1.1.3. A intervenção estatal 3
      1.1.4. Citações históricas do direito do consumidor 3
      1.1.5. A importância da revolução da informática e da globalização ... 5
      1.1.6. Maneiras de introduzir o direito do consumidor 6
   1.2. Fundamento constitucional do direito do consumidor 7
      1.2.1. Mandamentos constitucionais de defesa do consumidor 7
      1.2.2. O direito do consumidor como direito fundamental 7
      1.2.3. O direito do consumidor como princípio da ordem econômica ... 9
      1.2.4. O ADCT e a codificação do direito do consumidor 10
   1.3. Características do Código de Defesa do Consumidor 11
      1.3.1. O CDC como lei principiológica 11
      1.3.2. O CDC como norma de ordem pública e interesse social 12
      1.3.3. O CDC como microssistema multidisciplinar 14
   1.4. Diálogo das fontes 15
      1.4.1. Rompimento com os critérios clássicos de resolução de conflito aparente de normas 15
      1.4.2. A visão da doutrina alemã 16
      1.4.3. Os tipos de "diálogo" existentes 17
      1.4.4. O diálogo das fontes e a jurisprudência superior 18
   1.5. Questões .... *online*

2. **RELAÇÃO JURÍDICA DE CONSUMO** 21
   2.1. Visão geral sobre a relação jurídica e o Código de Defesa do Consumidor ... 21
      2.1.1. Relação social *vs.* relação jurídica 21
      2.1.2. Definição de relação jurídica de consumo 22
      2.1.3. Elementos subjetivos e objetivos da relação jurídica de consumo ... 23
      2.1.4. Elemento teleológico da relação jurídica de consumo 24
      2.1.5. Elementos conformadores da relação de consumo à luz do consumidor-vulnerável 26
      2.1.6. Dimensão coletiva das relações de consumo 26
      2.1.7. A relação jurídica de consumo e o fim da dicotomia entre responsabilidade contratual e extracontratual 27

2.1.8. Internacionalização das relações de consumo 28
    2.1.8.1. A visão do STJ sobre a relação de consumo internacional 29
2.2. Consumidor como sujeito da relação de consumo 30
    2.2.1. Conceito de consumidor em sentido estrito 30
        2.2.1.1. O conceito econômico de consumidor adotado pelo CDC 31
        2.2.1.2. Consumidor destinatário final 32
        2.2.1.3. O conceito de consumidor na interpretação da teoria finalista 35
        2.2.1.4. O conceito de consumidor na interpretação da teoria maximalista 37
        2.2.1.5. A pessoa jurídica como consumidora na jurisprudência do Superior Tribunal de Justiça — teoria finalista atenuada/mitigada/aprofundada. 39
        2.2.1.6. Aplicação analógica do art. 29 do CDC: uma crítica ao finalismo atenuado 47
        2.2.1.7. Bens de consumo *vs.* bens de produção 50
        2.2.1.8. O conceito em sentido estrito de consumidor no direito comparado ... 52
        2.2.1.9. Administração pública como consumidora final 52
    2.2.2. Conceito de consumidor por equiparação: abordagem introdutória 59
    2.2.3. A coletividade de pessoas como consumidora por equiparação 60
        2.2.3.1. Abrangência da expressão "haja intervindo nas relações de consumo". 61
        2.2.3.2. O profissional como integrante do conceito de coletividade de pessoas ... 62
        2.2.3.3. Fundamento da tutela coletiva do consumidor 63
    2.2.4. As vítimas do evento danoso como consumidoras por equiparação 65
        2.2.4.1. O *bystander* da doutrina norte-americana 66
        2.2.4.2. Pressuposto da equiparação: garantia vinculada ao produto/serviço... 67
    2.2.5. As pessoas expostas às práticas comerciais e contratuais como consumidoras por equiparação 69
        2.2.5.1. A mera exposição como requisito suficiente 70
        2.2.5.2. A empresa consumidora e a importância do art. 29 do CDC 71
2.3. Fornecedor como sujeito da relação de consumo 73
    2.3.1. Pessoa física fornecedora 74
    2.3.2. Pessoa jurídica fornecedora 75
    2.3.3. Entes despersonalizados como fornecedores 76
    2.3.4. Habitualidade *vs.* profissionalismo no conceito de fornecedor 77
    2.3.5. O mercado de consumo como elemento conceitual de fornecedor 78
    2.3.6. O fornecedor "equiparado" 78
        2.3.6.1. Fornecedor equiparado no Estatuto do Torcedor 80
2.4. Produto como objeto da relação de consumo 82
    2.4.1. Bens móveis e imóveis 83
    2.4.2. Bens materiais e imateriais — as relações envolvendo a internet — uma análise da Lei n. 12.965, de 2014 (Marco Civil da Internet), do Decreto n. 8.771, de 2016, e do Decreto n. 7.962, de 2013, que dispõem sobre a contratação no comércio eletrônico 85
    2.4.3. Bens duráveis e não duráveis 91
    2.4.4. Amostra grátis 92
    2.4.5. Definição de produto no direito comparado 93
2.5. Serviço como objeto da relação de consumo 93
    2.5.1. Exigência de remuneração 94

         2.5.2. A exclusão das relações trabalhistas.. 96
         2.5.3. Os serviços bancários como objeto da relação de consumo............... 98
  2.6. Relação jurídica de consumo — casos especiais.. 105
         2.6.1. Da existência de relação jurídica de consumo em casos especiais...... 105
                2.6.1.1. Relação entre entidade de previdência privada e seus participantes.... 105
                2.6.1.2. Relação entre bancos de sangue e doador............................. 108
                2.6.1.3. Relação entre emissora de TV e telespectador...................... 108
                2.6.1.4. Relação entre cooperativa de assistência à saúde e filiados e a nossa crítica sobre a exclusão dos planos de saúde geridos pelo sistema de autogestão... 110
                2.6.1.5. Relação entre agente financeiro do Sistema de Habitação — SFH — e mutuário... 117
                2.6.1.6. Relação entre sociedade civil sem fins lucrativos e associados.......... 119
                2.6.1.7. Relação entre empresa de corretagem de valores e títulos mobiliários e seus clientes.. 119
         2.6.2. Da inexistência de relação jurídica de consumo em casos especiais............ 120
                2.6.2.1. Relação entre associações desportivas e condomínios com os respectivos associados e condôminos.. 120
                2.6.2.2. Relação entre atividade bancária e os beneficiários do crédito educativo.. 122
                2.6.2.3. Relação entre advogado e cliente... 122
                2.6.2.4. Relação entre locador e locatário de imóveis......................... 124
                2.6.2.5. Relação envolvendo contrato de edificação por condomínio........... 126
                2.6.2.6. Relação entre franqueador e franqueado................................ 126
                2.6.2.7. Relação entre seguro obrigatório DPVAT e beneficiário.......... 126
  2.7. Questões ....*online*

3. **SERVIÇO PÚBLICO E INCIDÊNCIA DO CDC** **129**
  3.1. Questionamentos introdutórios.. 129
  3.2. Aproximações e distinções entre as noções de consumidor e de usuário do serviço público... 130
  3.3. Diferenças principais entre tarifas e taxas.. 137
  3.4. Princípio da continuidade do serviço público... 143
         3.4.1. Visão geral sobre o tema... 143
         3.4.2. Inadimplemento do usuário e interrupção do serviço — doutrina............. 144
         3.4.3. Inadimplemento do usuário e interrupção do serviço — jurisprudência do STJ.. 148
         3.4.4. O desequilíbrio econômico-financeiro do contrato de concessão por inadimplemento do usuário como critério objetivo e legitimador da interrupção do serviço público.. 153
  3.5. A natureza da contraprestação pecuniária dos serviços de saneamento básico à luz da legislação e da jurisprudência pátrias... 161
         3.5.1. Consequências da natureza da contraprestação pecuniária dos serviços de água e de esgoto no âmbito do direito do consumidor.................... 165
  3.6. Repercussões da responsabilidade civil objetiva como direito a ser invocado também pelo terceiro não usuário do serviço público......................... 168
  3.7. Código de Defesa dos usuários dos serviços públicos — novidade introduzida pela Lei n. 13.460, de 2017.. 171

3.7.1. As definições e os princípios presentes no Código de Defesa dos usuários dos serviços públicos ... 172

3.7.2. Dos direitos e deveres presentes no Código de Defesa dos usuários dos serviços públicos ... 174

3.7.3. Da Carta de Serviços ao Usuário prevista no Código de Defesa dos usuários dos serviços públicos ... 177

3.7.4. Das manifestações dos usuários e ouvidorias previstas no Código de Defesa dos usuários dos serviços públicos ... 177

3.7.5. Dos Conselhos dos Usuários e da avaliação continuada dos serviços públicos . 180

3.8. Questões ... *online*

4. PRINCÍPIOS E DIREITOS NO CDC ... 183

4.1. Introdução ... 183

4.2. Princípios gerais do Código de Defesa do Consumidor ... 185

    4.2.1. Princípio da vulnerabilidade ... 187

        4.2.1.1. A justificativa de sua existência ... 187

        4.2.1.2. Vulnerabilidade *vs.* hipossuficiência ... 188

        4.2.1.3. Espécies de vulnerabilidade ... 189

        4.2.1.4. A hipervulnerabilidade ... 192

    4.2.2. Princípio da intervenção estatal ... 198

        4.2.2.1. Intervenção estatal por iniciativa direta ... 199

        4.2.2.2. Intervenção estatal por meio de incentivos à criação e ao desenvolvimento de associações representativas ... 199

        4.2.2.3. Intervenção estatal pela sua presença no mercado de consumo ... 200

        4.2.2.4. Intervenção estatal pela garantia de qualidade, segurança, durabilidade e desempenho dos produtos e serviços ... 202

        4.2.2.5. Intervenção estatal por meio do estudo constante das modificações do mercado de consumo ... 202

        4.2.2.6. Instrumentos para o Estado implementar a Política Nacional de Consumo e a prevenção/tratamento do superendividamento ... 203

    4.2.3. Princípio da harmonia nas relações de consumo ... 204

    4.2.4. Princípio da boa-fé objetiva ... 206

        4.2.4.1. A boa-fé objetiva e os deveres anexos/laterais/secundários ... 207

        4.2.4.2. Classificação dos deveres anexos ... 209

        4.2.4.3. Funções da boa-fé objetiva ... 210

    4.2.5. Princípio do equilíbrio ... 213

    4.2.6. Princípios da educação e da informação ... 214

    4.2.7. Princípio da qualidade e segurança e a novidade introduzida pela Lei n. 13.486, de 2017 ... 216

    4.2.8. Princípio da coibição e repressão ao abuso ... 217

    4.2.9. Princípio da racionalização e melhoria dos serviços públicos ... 218

    4.2.10. Princípio da educação financeira e ambiental dos consumidores ... 219

    4.2.11. Princípio da prevenção e tratamento do superendividamento ... 220

    4.2.12. Princípio da responsabilidade solidária ... 221

        4.2.12.1. Disposições do Código de Defesa do Consumidor afetas à responsabilidade solidária ... 221

        4.2.12.2. O princípio da solidariedade e a divisão de riscos no CDC ... 223

4.2.13. Princípio da continuidade do serviço público 227
4.3. Direitos básicos do consumidor 227
    4.3.1. Introdução 227
    4.3.2. Direito à vida, à saúde e à segurança 229
    4.3.3. Direito à liberdade de escolha e igualdade nas contratações 230
    4.3.4. Direito à informação adequada e clara 232
        4.3.4.1. Direito à informação sobre o valor dos tributos — alteração introduzida pela Lei n. 12.741, de 8 de dezembro de 2012 237
        4.3.4.2. Direito à informação acessível à pessoa portadora de deficiência — alteração introduzida pela Lei n. 13.146, de 6 de julho de 2015 (Estatuto da Pessoa com Deficiência) 239
    4.3.5. Direito à proteção contra as práticas comerciais e contratuais abusivas 240
    4.3.6. Direito à modificação e revisão como formas de preservação (implícita) do contrato de consumo 241
        4.3.6.1. Direito à modificação no CDC vs. Código Civil 242
        4.3.6.2. Direito à revisão no CDC vs. Código Civil 243
        4.3.6.3. Visão do Superior Tribunal de Justiça sobre a revisão do contrato de consumo 245
        4.3.6.4. Visão do Superior Tribunal de Justiça sobre a revisão de contratos em decorrência da pandemia COVID-19 246
    4.3.7. Direito à efetiva prevenção e reparação de danos materiais e morais 248
    4.3.8. Direito ao acesso à justiça 257
    4.3.9. Direito à inversão do ônus da prova 258
        4.3.9.1. Requisitos para a inversão *ope judicis* 260
        4.3.9.2. Inversão do ônus da prova e as custas periciais 261
        4.3.9.3. Momento adequado para a inversão do ônus da prova 261
        4.3.9.4. A inversão do ônus da prova a pedido do Ministério Público 264
    4.3.10. Direito ao recebimento de serviços públicos adequados e eficazes 265
    4.3.11. Direito à garantia de práticas de crédito responsável, de educação financeira e de prevenção/tratamento do superendividamento 265
    4.3.12. Direito à preservação do mínimo existencial na proteção do consumidor superendividado 265
    4.3.13. Direito à informação acerca dos preços dos produtos por unidade de medida .. 266
4.4. Princípios específicos do Código de Defesa do Consumidor 266
    4.4.1. Princípios específicos da publicidade 266
        4.4.1.1. Princípio da identificação fácil e imediata da publicidade 266
        4.4.1.2. Princípio da vinculação da oferta/publicidade 269
        4.4.1.3. Princípio da proibição da publicidade ilícita 270
        4.4.1.4. Princípio da inversão obrigatória do ônus da prova 271
        4.4.1.5. Princípio da transparência na fundamentação publicitária 272
        4.4.1.6. Princípio do dever da contrapropaganda 273
    4.4.2. Princípios específicos dos contratos de consumo 275
        4.4.2.1. Princípio do rompimento com a tradição privatista do Código Civil... 275
        4.4.2.2. Princípio da preservação (explícita) dos contratos de consumo 277
        4.4.2.3. Princípio da transparência contratual 277
        4.4.2.4. Princípio da interpretação mais favorável ao consumidor 279
        4.4.2.5. Princípio da vinculação pré-contratual 280

4.5. Princípios complementares ao Código de Defesa do Consumidor 281
    4.5.1. Princípio da dignidade da pessoa humana 282
    4.5.2. Princípios do contraditório e da ampla defesa 282
    4.5.3. Princípio da segurança jurídica na modalidade confiança legítima 283
    4.5.4. Princípio da precaução nas relações de consumo 283
    4.5.5. Princípio do não retrocesso 286
4.6. Questões .... *online*

5. **RESPONSABILIDADE DO FORNECEDOR NO CDC** **287**
5.1. Considerações iniciais 287
    5.1.1. Teoria do risco da atividade desenvolvida — o fundamento da responsabilidade civil objetiva no CDC 288
    5.1.2. Elementos a serem comprovados na responsabilidade objetiva 289
    5.1.3. Vício e defeito — institutos sinônimos ou distintos? 290
    5.1.4. As modalidades de responsabilidade do fornecedor previstas no Código de Defesa do Consumidor 292
5.2. Responsabilidade pelo fato do produto 296
    5.2.1. Definição de produto defeituoso no CDC 298
    5.2.2. As circunstâncias relevantes para a caracterização do produto defeituoso 300
    5.2.3. A inovação tecnológica 301
    5.2.4. Responsabilidade do comerciante pelo fato do produto 302
    5.2.5. Direito de regresso 305
    5.2.6. Denunciação da lide 306
    5.2.7. Causas excludentes de responsabilidade do fornecedor pelo fato do produto no CDC 312
        5.2.7.1. A não colocação do produto no mercado como causa excludente de responsabilidade do fornecedor pelo fato do produto 313
        5.2.7.2. A comprovação da inexistência do defeito como causa excludente de responsabilidade do fornecedor pelo fato do produto 314
        5.2.7.3. A culpa exclusiva do consumidor ou de terceiro como causa excludente de responsabilidade do fornecedor pelo fato do produto 314
        5.2.7.4. Caso fortuito e força maior como causas excludentes de responsabilidade do fornecedor pelo fato do produto 316
        5.2.7.5. Os riscos do desenvolvimento: causa excludente de responsabilidade do fornecedor pelo fato do produto? 318
5.3. Responsabilidade pelo fato do serviço 320
    5.3.1. Definição de serviço defeituoso no CDC 321
    5.3.2. A inovação tecnológica 322
    5.3.3. Causas excludentes de responsabilidade do fornecedor pelo fato do serviço no CDC 322
        5.3.3.1. A comprovação da inexistência do defeito como causa excludente de responsabilidade do fornecedor pelo fato do serviço 323
        5.3.3.2. A culpa exclusiva do consumidor ou de terceiro como causa excludente de responsabilidade do fornecedor pelo fato do serviço 324
        5.3.3.3. O caso fortuito e a força maior como causas excludentes de responsabilidade do fornecedor pelo fato do serviço 327
        5.3.3.4. *Recall* e excludente de responsabilidade 336

5.3.4. Responsabilidade pessoal do profissional liberal — exceção à regra da responsabilidade objetiva do CDC 336
    5.3.4.1. Elementos constituintes da definição de profissional liberal 336
    5.3.4.2. Fundamentos do tratamento diferenciado concedido ao profissional liberal 337
    5.3.4.3. O profissional liberal no desempenho de atividade de resultado 337
    5.3.4.4. A responsabilidade da empresa diante da falha na atuação do profissional liberal — a problemática da responsabilidade do hospital 339
5.4. Responsabilidade pelo vício do produto 341
    5.4.1. Vícios do CDC e os vícios redibitórios do Código Civil 341
    5.4.2. Responsabilidade pelo vício do produto no CDC 342
        5.4.2.1. Vício de qualidade do produto 344
        5.4.2.2. As variações que não são vícios de qualidade do produto 346
        5.4.2.3. O direito do fornecedor de tentar consertar o vício como primeira solução eleita pela lei diante do vício de um produto 346
        5.4.2.4. As opções conferidas ao consumidor diante do vício de qualidade do produto 349
        5.4.2.5. A viabilidade da cumulação de alternativas 351
        5.4.2.6. As opções conferidas ao consumidor diante do vício do produto como solução primeira — hipóteses de desnecessidade de se aguardar o prazo de conserto 352
        5.4.2.7. A responsabilidade do fornecedor imediato pelos vícios de qualidade nos produtos *in natura* 354
        5.4.2.8. Vício de quantidade do produto 354
        5.4.2.9. As variações que não são vícios de quantidade do produto 355
        5.4.2.10. As opções conferidas ao consumidor diante do vício de quantidade do produto 356
        5.4.2.11. A responsabilidade do fornecedor imediato pelos vícios de quantidade em razão da falha na medição 357
5.5. Responsabilidade pelo vício do serviço 358
    5.5.1. A abrangência do vício do serviço 358
    5.5.2. As opções conferidas ao consumidor diante do vício no serviço 359
    5.5.3. O serviço de reparo e o regramento na utilização das peças de reposição 360
5.6. A responsabilidade objetiva do fornecedor pelo vício de qualidade, de quantidade e de serviço 361
5.7. Responsabilidade das entidades públicas nas relações de consumo 362
5.8. Responsabilidade nas relações de consumo por meio eletrônico 363
    5.8.1. A responsabilidade do fornecedor administrador de *sites* de relacionamentos.. 364
    5.8.2. A responsabilidade do fornecedor administrador de *site* de compras coletivas — uma análise da Lei n. 12.965, de 2014 (Marco Civil da Internet), do Decreto n. 8.771, de 2016, e do Decreto n. 7.962, de 2013, que dispõem sobre a contratação no comércio eletrônico 366
5.9. Responsabilidade das empresas consorciadas, controladas e coligadas 368
5.10. Questões .... *online*

6. GARANTIAS E PRAZOS DECADENCIAIS E PRESCRICIONAL NO CDC 371
6.1. Introito 371

6.2. Garantias no CDC 371
    6.2.1. Garantia legal no CDC 371
    6.2.2. Garantia contratual no CDC 372
        6.2.2.1. O alcance do conceito de a garantia contratual ser complementar à garantia legal 373
    6.2.3. Garantia estendida 375
6.3. Prazos decadenciais no CDC 376
    6.3.1. Início da contagem dos prazos decadenciais 377
    6.3.2. Causas obstativas da decadência 378
6.4. Prazo prescricional no CDC 381
    6.4.1. Prazo prescricional no CDC e na Convenção de Varsóvia 382
    6.4.2. Prazo prescricional do Código Civil no caso de inadimplemento contratual 386
    6.4.3. Prazo prescricional do Código Civil no caso de cobrança indevida 390
    6.4.4. Prazo prescricional do Código Civil no caso de prestação de contas 392
    6.4.5. Prazo prescricional do Código Civil no caso de enriquecimento sem causa 393
6.5. Questões .... online

7. DESCONSIDERAÇÃO DA PERSONALIDADE JURÍDICA — *DISREGARD OF LEGAL ENTITY* — NO CDC 397
7.1. Introdução 397
7.2. A desconsideração da personalidade jurídica no CDC e no Código Civil 399
    7.2.1. Características da desconsideração da personalidade jurídica no Código Civil ... 401
    7.2.2. Características da desconsideração da personalidade jurídica no CDC 401
    7.2.3. Teorias maior e menor da desconsideração da personalidade jurídica 403
    7.2.4. Desconsideração da personalidade jurídica no CDC: faculdade ou obrigação do juiz? 406
7.3. Responsabilidades entre empresas controladas, consorciadas e coligadas 407
7.4. Questões .... online

8. OFERTA NO CDC 409
8.1. Informações preliminares 409
8.2. Oferta no Código de Defesa do Consumidor 410
    8.2.1. Conceito de oferta nas relações de consumo 410
    8.2.2. Características da oferta no CDC 411
        8.2.2.1. Toda informação ou publicidade suficientemente precisa e veiculada como característica de oferta 411
        8.2.2.2. Obrigatoriedade do fornecedor que a fizer veicular ou dela se utilizar como característica de oferta 412
        8.2.2.3. Integrar o contrato que vier a ser celebrado como característica de oferta 417
    8.2.3. Características da informação na oferta 417
        8.2.3.1. Informações obrigatórias na oferta 421
        8.2.3.2. Consequências da quebra do dever de informar 423
        8.2.3.3. Afixação de preços por meio de código de barras 424
    8.2.4. Oferta de peças de reposição no CDC 425
    8.2.5. Oferta por telefone ou reembolso postal 426
    8.2.6. Recusa do cumprimento da oferta pelo fornecedor 427

8.2.7. Responsabilidade pelos atos dos prepostos ou representantes autônomos 430
8.3. Questões .... *online*

9. PUBLICIDADE NO CDC 431
9.1. Conceito de publicidade 431
   9.1.1. Publicidade *vs.* propaganda 432
   9.1.2. Publicidade institucional e promocional 433
   9.1.3. Formas de controle da publicidade 434
   9.1.4. Princípios específicos da publicidade no CDC 435
      9.1.4.1. Princípio da identificação fácil e imediata da publicidade 435
      9.1.4.2. Princípio da vinculação da oferta/publicidade 437
      9.1.4.3. Princípio da proibição da publicidade ilícita 439
      9.1.4.4. Princípio da inversão obrigatória do ônus da prova 440
      9.1.4.5. Princípio da transparência na fundamentação publicitária 440
      9.1.4.6. Princípio do dever da contrapropaganda 442
9.2. Publicidade enganosa no CDC 443
   9.2.1. Publicidade enganosa por comissão no CDC 443
   9.2.2. Publicidade enganosa por omissão no CDC 444
   9.2.3. Publicidade enganosa e a desnecessidade da demonstração do elemento subjetivo para sua caracterização 446
   9.2.4. Publicidade enganosa e a desnecessidade da concretização do erro efetivo para sua caracterização 447
   9.2.5. Publicidade enganosa e o exagero publicitário (*puffing*) 448
9.3. Publicidade abusiva no CDC 450
   9.3.1. Exemplos de publicidade abusiva no CDC 451
      9.3.1.1. Publicidade abusiva discriminatória 451
      9.3.1.2. Publicidade abusiva que incita à violência 451
      9.3.1.3. Publicidade abusiva exploradora do medo ou da superstição 452
      9.3.1.4. Publicidade abusiva que se aproveita da deficiência de julgamento e experiência da criança 452
      9.3.1.5. Publicidade abusiva que desrespeita valores ambientais 453
      9.3.1.6. Publicidade abusiva capaz de induzir o consumidor a se comportar de forma prejudicial ou perigosa à sua saúde ou segurança 454
9.4. Publicidade comparativa 455
9.5. Publicidade por correio eletrônico — o problema do *spam* 456
9.6. Responsabilidade pela publicidade enganosa e abusiva 458
9.7. A disciplina da publicidade das bebidas alcoólicas 459
   9.7.1. A disciplina da publicidade das bebidas alcoólicas no Código Brasileiro de Autorregulamentação Publicitária 461
   9.7.2. A disciplina da publicidade das bebidas alcoólicas na Constituição Federal 463
   9.7.3. A disciplina da publicidade das bebidas alcoólicas na legislação infraconstitucional 464
      9.7.3.1. A disciplina da publicidade dos cigarros na legislação infraconstitucional 468
   9.7.4. A atuação do Ministério Público Federal na coibição dos malefícios causados por bebidas alcoólicas — especialmente pelas cervejas 472
   9.7.5. A posição do Superior Tribunal de Justiça 475
9.8. A publicidade direcionada e a inteligência artificial 478
9.9. Questões .... *online*

10. PRÁTICAS ABUSIVAS NO CDC **481**

10.1. Considerações preliminares 481

10.2. Definição de prática abusiva 484

10.3. Classificação das práticas abusivas 485

10.4. Rol exemplificativo das práticas abusivas no CDC 487

    10.4.1. A venda casada como exemplo de prática abusiva no CDC 489

        10.4.1.1. O condicionamento a limites quantitativos como prática abusiva no CDC — o tratamento diferenciado dado aos serviços públicos 495

        10.4.1.2. Os contratos de fidelização nos serviços de telefonia móvel ou de TV a cabo são considerados como exemplos de prática abusiva no CDC? 498

    10.4.2. A recusa no atendimento às demandas do consumidor como exemplo de prática abusiva no CDC 502

    10.4.3. O envio ou a entrega de produtos ou serviços sem solicitação prévia como exemplo de prática abusiva no CDC 503

    10.4.4. O prevalecimento da fraqueza ou ignorância do consumidor como exemplo de prática abusiva no CDC 504

        10.4.4.1. Das práticas abusivas cometidas pelos fornecedores de planos/seguros saúde 505

            10.4.4.1.1. Exigência de cheque-caução, de nota promissória ou de qualquer garantia 508

            10.4.4.1.2. Direito de permanência do ex-empregado demitido ou aposentado no plano de saúde empresarial 508

            10.4.4.1.3. Planos individuais e familiares mascarados de empresarial/coletivo 519

            10.4.4.1.4. Negativa de tratamento "experimental" (*off label*) 524

            10.4.4.1.5. Dever de cobertura de procedimento de criopreservação de óvulos 527

            10.4.4.1.6. Fornecimento de medicamento importado 529

            10.4.4.1.7. Recusa de atendimento sob alegação de doença preexistente 532

            10.4.4.1.8. Recusa de atendimento sob alegação de medicamento/tratamento fora do Rol da ANS 532

            10.4.4.1.9. Recusa de atendimento e o dano moral 538

            10.4.4.1.10. Recusa da realização da cirurgia reparadora após bariátrica 539

            10.4.4.1.11. Cirurgia plástica de reconstrução mamária 540

            10.4.4.1.12. Reembolso das despesas efetuadas pelo consumidor fora da rede credenciada 541

            10.4.4.1.13. Transtorno do Espectro Autista (TEA) — Tratamento psicoterápico — Número de sessões ilimitado 544

            10.4.4.1.14. Recusa na inscrição de recém-nascido no plano do titular 547

            10.4.4.1.15. Recusa no fornecimento de medicamento administrável na forma oral em ambiente domiciliar 548

            10.4.4.1.16. Recusa no fornecimento de terapias multidisciplinares para portador de distrofia muscular congênita 550

        10.4.4.2. O Poder Público e o dever constitucional de manutenção da saúde 551

    10.4.5. A exigência de vantagem manifestamente excessiva do consumidor como exemplo de prática abusiva no CDC 559

10.4.6. A execução de serviços sem prévia elaboração de orçamento como exemplo de prática abusiva no CDC 562

10.4.7. Repassar informação depreciativa do consumidor como exemplo de prática abusiva no CDC 566

10.4.8. Colocar no mercado de consumo produto ou serviço em desacordo com as normas técnicas como exemplo de prática abusiva no CDC 566

10.4.9. Recusar a venda de bens ou a prestação de serviços mediante pronto pagamento como exemplo de prática abusiva no CDC 569

10.4.10. Elevar sem justa causa o preço de produtos ou serviços como exemplo de prática abusiva no CDC 571

10.4.11. Deixar de estipular prazo ou termo inicial para o cumprimento de obrigação como exemplo de prática abusiva no CDC 575

10.4.12. Aplicar fórmula ou índice de reajuste diverso do legal ou contratualmente estabelecido como exemplo de prática abusiva no CDC 575

10.4.13. Permitir o ingresso em estabelecimento em número maior que o permitido como exemplo de prática abusiva no CDC — Novidade da Lei n. 13.425, de 2017 576

10.5. Práticas Abusivas e legislação decorrentes da COVID-19 577

10.5.1. Regime Jurídico Emergencial e Transitório das relações jurídicas de direito privado em razão da pandemia da COVID-19 — Lei n. 14.010, de 10 de junho de 2020 577

10.5.2. Adiamento e o cancelamento de serviços, de reservas e de eventos dos setores de turismo e de cultura em razão da pandemia da COVID-19 — Lei n. 14.046, de 24 de agosto de 2020 579

10.5.3. Medidas emergenciais para a aviação civil brasileira em razão da pandemia da COVID-19 — Lei n. 14.034, de 5 de agosto de 2020 583

10.5.4. Medidas para preservação da prestação do serviço público de distribuição de energia elétrica em razão da pandemia da COVID-19 — Resolução n. 928, de 26 de março de 2021, da ANEEL 586

10.5.5. Resolução Normativa n. 453, de 12 de março de 2020, da ANS e a cobertura obrigatória para a utilização de testes diagnósticos para infecção pelo Coronavírus 590

10.6. Questões .... online

11. COBRANÇA DE DÍVIDAS NO CDC **593**

11.1. Introito 593

11.2. A disciplina da cobrança de dívidas no CDC 593

11.2.1. A forma adequada de cobrança de dívidas do consumidor à luz da interpretação sistemática do CDC 593

11.2.1.1. A ameaça como forma inadequada de cobrança de dívidas 594

11.2.1.2. A coação e o constrangimento físico ou moral como formas inadequadas de cobrança de dívidas 596

11.2.1.3. As afirmações falsas, incorretas ou enganosas como formas inadequadas de cobrança de dívidas 597

11.2.1.4. Expor o consumidor a ridículo ou interferir no seu trabalho, descanso ou lazer como formas inadequadas de cobrança de dívidas 597

11.2.2. A repetição em dobro do indébito em razão da cobrança indevida 599

11.2.2.1. Requisito para legitimar a repetição em dobro do indébito: cobrança indevida ou pagamento efetivo? 599

11.2.2.2. Requisito para legitimar a repetição em dobro do indébito: conduta contrária à boa-fé objetiva 601
11.2.2.3. Prazo prescricional para postular a repetição em dobro do indébito.... 609
11.2.3. Informações obrigatórias nos documentos de cobrança 610
11.3. Questões .... *online*

12. BANCOS DE DADOS E CADASTROS DE INADIMPLENTES NO CDC 611
12.1. Considerações iniciais 611
12.2. A disciplina dos bancos de dados e cadastros de inadimplentes no CDC 612
    12.2.1. O direito do consumidor de acesso às informações e às fontes 612
    12.2.2. O direito do consumidor de exigir a imediata correção na inexatidão dos seus dados e cadastros 614
    12.2.3. A natureza dos bancos de dados e cadastros de inadimplentes 615
    12.2.4. Características dos cadastros de inadimplentes e bancos de dados e prazo máximo da "negativação" 616
    12.2.5. A comunicação prévia e escrita do consumidor como requisito necessário à adequada inscrição no cadastro e banco de dados 619
        12.2.5.1. O responsável pela comunicação prévia e escrita do consumidor 620
        12.2.5.2. O prazo mínimo de antecedência para a comunicação do consumidor 622
        12.2.5.3. A questão do AR para a comunicação do consumidor 622
        12.2.5.4. A ausência da comunicação do consumidor e o direito a pleitear danos morais 625
        12.2.5.5. O devedor contumaz e direito a pleitear danos morais 629
    12.2.6. Sanções oriundas do cadastro indevido 631
    12.2.7. Prazo prescricional da pretensão à reparação de danos oriundos do cadastro indevido 632
12.3. A disciplina do cadastro positivo na Lei n. 12.414, com redação dada pela Lei Complementar n. 166, de 2019 633
    12.3.1. Definições preliminares e características das informações insertas dos bancos de dados da Lei do Cadastro Positivo 633
    12.3.2. Anotações proibidas na Lei do Cadastro Positivo 634
    12.3.3. A obrigatoriedade da autorização prévia para integrar o cadastro positivo 635
    12.3.4. Os direitos do cadastrado na Lei do Cadastro Positivo 637
    12.3.5. As finalidades do cadastro positivo 639
    12.3.6. Obrigações das "fontes" e do "gestor" na Lei do Cadastro Positivo 641
    12.3.7. Da responsabilidade objetiva e solidária 641
12.4. A disciplina do cadastro dos maus fornecedores no CDC 642
    12.4.1. As variadas espécies de cadastros envolvendo relação jurídica de consumo 642
12.5. Breves comentários sobre a Lei n. 13.709, alterada pela Lei n. 13.853, de 2019 — Lei Geral de Proteção de Dados Pessoais (LGPD) 643
12.6. Questões .... *online*

13. PROTEÇÃO CONTRATUAL NO CDC 649
13.1. Considerações preliminares 649
13.2. Princípios específicos dos contratos de consumo 650
    13.2.1. Princípio do rompimento com a tradição privatista do Código Civil 650
    13.2.2. Princípio da preservação (explícita) dos contratos de consumo 651

13.2.3. Princípio da transparência contratual 652
13.2.4. Princípio da interpretação mais favorável ao consumidor 653
13.2.5. Princípio da vinculação pré-contratual 654
13.3. Contrato de adesão 655
    13.3.1. Definição legal de contrato de adesão 655
    13.3.2. Características do contrato de adesão no CDC 656
        13.3.2.1. A não participação do consumidor como característica do contrato de adesão 656
        13.3.2.2. O contrato de adesão e a possibilidade de inserção de cláusula 657
        13.3.2.3. A resolução alternativa de escolha exclusiva do consumidor como característica do contrato de adesão 657
        13.3.2.4. As características das informações das cláusulas no contrato de adesão 658
        13.3.2.5. O destaque da cláusula limitativa de direito do consumidor como característica do contrato de adesão 659
13.4. Compras fora do estabelecimento 665
    13.4.1. Do rol exemplificativo das compras realizadas fora do estabelecimento comercial e as compras via internet — uma análise da Lei n. 12.965, de 2014 (Marco Civil da Internet), do Decreto n. 8.771, de 2016, e do Decreto n. 7.962, de 2013, que dispõem sobre a contratação no comércio eletrônico 665
    13.4.2. Os fundamentos do prazo de arrependimento nas compras realizadas fora do estabelecimento comercial 667
    13.4.3. O direito de arrependimento e as compras realizadas *dentro* do estabelecimento comercial 668
    13.4.4. O prazo legal e a viabilidade do prazo convencional de arrependimento nas compras realizadas fora do estabelecimento comercial 670
    13.4.5. O direito à devolução dos valores pagos ante o arrependimento nas compras realizadas fora do estabelecimento comercial 671
    13.4.6. Da utilização do prazo de reflexão pelo fornecedor para finalidades ilícitas 672
13.5. Contratos de outorga de crédito ou financiamento 673
    13.5.1. Informações obrigatórias nos contratos de crédito ou de financiamento 673
    13.5.2. O percentual da multa de mora no CDC 678
    13.5.3. Da liquidação antecipada do débito total ou parcial 679
13.6. Contratos de compra e venda parceladas no CDC e na Lei n. 4.591/64, alterada pela Lei n. 13.786/2018 679
    13.6.1. A abusividade da perda total das prestações pagas 684
13.7. Contratos de consórcio no CDC 691
    13.7.1. A taxa de administração nos contratos de consórcio 692
    13.7.2. Ônus da comprovação do prejuízo em razão da desistência ou inadimplemento nos contratos de consórcio 692
    13.7.3. Prazo para a restituição do valor pago nos contratos de consórcio 693
13.8. Questões .... *online*

14. CLÁUSULAS ABUSIVAS NO CDC 695
14.1. Introdução 695
14.2. Cláusulas abusivas e a nulidade absoluta 697
14.3. Cláusulas abusivas e a teoria do abuso de direito 698

14.4. O rol exemplificativo das cláusulas abusivas no CDC 699
    14.4.1. As cláusulas de indenização mitigada ou de renúncia/disposição de direitos como exemplos de cláusulas abusivas no CDC 702
        14.4.1.1. Da vedação absoluta do art. 51, inciso I, parte inicial 702
        14.4.1.2. Da relativização do dever de indenizar do art. 51, inciso I, *in fine* 709
    14.4.2. As cláusulas que subtraiam a opção de reembolso como exemplos de cláusulas abusivas no CDC 711
    14.4.3. As cláusulas que transferem responsabilidades a terceiros como exemplos de cláusulas abusivas no CDC 712
    14.4.4. As cláusulas iníquas, abusivas, que geram vantagem exagerada, violadoras da boa-fé e da equidade como exemplos de cláusulas abusivas no CDC 715
        14.4.4.1. As controvérsias envolvendo o repasse da comissão de corretagem nos contratos imobiliários 732
    14.4.5. Estabelecer a inversão do ônus da prova em prejuízo do consumidor como exemplo de cláusula abusiva no CDC 734
    14.4.6. A utilização compulsória da arbitragem como exemplo de cláusula abusiva no CDC 735
    14.4.7. A imposição de representante como exemplo de cláusula abusiva no CDC 738
    14.4.8. As cláusulas potestativas como exemplos de cláusulas abusivas no CDC 740
    14.4.9. A imposição do ressarcimento pelos custos da cobrança como exemplo de cláusula abusiva no CDC 744
    14.4.10. A violação de normas ambientais como exemplo de cláusula abusiva no CDC 745
    14.4.11. Cláusula em desacordo com o sistema de proteção ao consumidor como exemplo de cláusula abusiva no CDC 746
    14.4.12. Cláusulas que possibilitem a renúncia do direito de indenização por benfeitorias necessárias como exemplos de cláusulas abusivas no CDC 747
    14.4.13. Cláusulas que condicionem ou limitem de qualquer forma o acesso aos órgãos do Poder Judiciário 748
    14.4.14. Cláusulas que estabeleçam prazos de carência em caso de impontualidade das prestações mensais ou impeçam o restabelecimento integral dos direitos do consumidor 748
14.5. Questões .... *online*

15. DA PREVENÇÃO E DO TRATAMENTO DO SUPERENDIVIDAMENTO 751
15.1. Introdução 751
15.2. Da prevenção e do tratamento do superendividamento como princípio geral do CDC . 752
15.3. Da prevenção e do tratamento do superendividamento como instrumento da intervenção estatal 753
15.4. Da prevenção e do tratamento do superendividamento como direito básico do CDC ... 754
15.5. Da prevenção e do tratamento do superendividamento como cláusula abusiva do CDC 754
15.6. Principais fases e objetivos da Lei n. 14.181/2021 755
    15.6.1. Beneficiários da nova Lei do Superendividamento: só pessoa natural de boa-fé ou pessoa jurídica também? 757
    15.6.2. Dívidas albergadas pela nova Lei do Superendividamento 763
    15.6.3. Reserva do mínimo existencial e o plano de pagamento 768
15.7. Da prevenção do superendividamento 778

15.7.1. Informações obrigatórias na oferta de crédito e a estratégia jurídica diante de uma ilegalidade 778
15.7.2. Dos contratos conexos, coligados ou interdependentes 781
15.7.3. Das práticas abusivas no fornecimento de crédito 782
15.8. Da conciliação no superendividamento 784
    15.8.1. Da conciliação judicial 784
    15.8.2. Da conciliação extrajudicial 786
15.9. Do contencioso no superendividamento 787
15.10. Do Plano de Pagamento 789
15.11. Questões .... online

16. PROTEÇÃO ADMINISTRATIVA DO CONSUMIDOR 793
16.1. Considerações preliminares 793
16.2. A proteção administrativa do consumidor no CDC 796
    16.2.1. As sanções administrativas previstas no CDC 800
        16.2.1.1. Da inexistência do *bis in idem* 800
        16.2.1.2. Da graduação da pena de multa 801
        16.2.1.3. Particularidades das demais sanções administrativas previstas no CDC 803
        16.2.1.4. A contrapropaganda 805
16.3. A proteção administrativa do consumidor no Decreto n. 2.181, de 20 de março de 1997 805
    16.3.1. As alterações introduzidas pelo Decreto n. 7.738/2012 e pelo Decreto n. 10.887/2021 807
16.4. Da convenção coletiva de consumo 810
16.5. Questões .... online

Referências 811

ANEXO — PROJETO DE LEI N. 281 (ATUAL PL N. 3.514/2015) APROVADO NO SENADO FEDERAL E REMETIDO À CÂMARA DOS DEPUTADOS 819

1

O DIREITO DO CONSUMIDOR

1.1. EVOLUÇÃO HISTÓRICA DO DIREITO DO CONSUMIDOR

1.1.1. A importância das revoluções industrial e tecnológica

O advento da **Revolução Industrial do aço e do carvão**, que se iniciou na Inglaterra entre os séculos XVIII e XIX, gerou grande migração da população residente na área rural para os centros urbanos. Esse novo contingente populacional começou, ao longo dos tempos, a manifestar **ávido interesse pelo consumo de novos produtos e serviços** capazes de satisfazer suas necessidades materiais.

Diante do modelo de sociedade que se formava, os fabricantes e produtores, além dos prestadores de serviços, começaram a se preocupar com o **atendimento da demanda**, que houvera aumentado em seu **aspecto quantitativo**, mas deixaram para um segundo plano o caráter qualitativo.

Ademais, a novel **sociedade de consumo** substituiu a característica da bilateralidade de produção — em que as partes contratantes discutiam cláusulas contratuais e eventual matéria-prima que seria utilizada na confecção de determinado produto — pela **unilateralidade da produção** — na qual uma das partes, o fornecedor, seria o responsável exclusivo por ditar os caminhos da relação de consumo, sem a participação efetiva, e, em regra, do consumidor.

SOCIEDADE DE CONSUMO	
ANTES	DEPOIS
◼ bilateralidade na produção	◼ unilateralidade na produção

Assim, à parte mais fraca da relação apresentada, o vulnerável, caberia apenas:

◻ **aderir ao contrato** previamente elaborado pelo fornecedor — **contrato de adesão**; ou

◻ **adquirir produto** confeccionado com material de origem e qualidade desconhecidas na maioria das vezes.

Com essa nova filosofia de mercado, **problemas começaram a surgir**. Evidentemente, quando o fornecedor passa a prezar pela quantidade em detrimento da qualidade, o consumidor depara-se com produtos e serviços viciados ou portadores de defeitos que lhe causarão prejuízos de ordem econômica ou física, respectivamente. Infelizmente, o

Direito existente à época não estava preparado para solucionar os conflitos oriundos de tais problemas, conforme analisaremos a seguir.

Com efeito, o modelo de sociedade de consumo ora apresentado ganhou força com a **Revolução Tecnológica** decorrente do período Pós-Segunda Guerra Mundial. Realmente, os avanços na tecnologia couberam na medida ao novel panorama de modelo produtivo que se consolidava na história. Tendo por objetivo principal o atendimento da enorme demanda no aspecto quantitativo, o moderno maquinário industrial facilitou a produção em escala e atendeu a este tipo de expectativa.

1.1.2. A quebra com o paradigma do direito civil clássico

Se vícios e defeitos começaram a se tornar recorrentes no novo modelo de sociedade apresentado, cumpre destacar inicialmente que o **Direito da época não estava "apto" a proteger** a parte mais fraca da relação jurídica de consumo, pois, no Brasil, por exemplo, a legislação aplicável na ocasião era o Código Civil de 1916, que foi elaborado para disciplinar relações individualizadas, e não para tutelar aquelas oriundas da demanda coletiva, como ocorre nas relações consumeristas.

RELAÇÕES INDIVIDUALIZADAS	RELAÇÕES DE CONSUMO
▪ Código Civil	▪ Diploma Jurídico inexistente

Assim, o **direito privado** de então **não tardaria a sucumbir** no tocante à tutela da nova sociedade de consumo que se formava, pois estava marcadamente influenciado por princípios e dogmas romanistas,[1] tais como:

- *pacta sunt servanda*;
- autonomia da vontade; e
- responsabilidade fundada na culpa.

De fato, a **obrigatoriedade dos termos pactuados**, analisada como um postulado praticamente absoluto, é manifestamente **incompatível com as relações de consumo**, pois, conforme analisaremos ainda neste capítulo, o Direito do Consumidor traz em seu conteúdo normas de ordem pública e de interesse social que possuem, como uma de suas principais repercussões, a impossibilidade de as partes derrogarem os direitos dos vulneráveis.

Desta forma, **não há falar em autonomia de vontade** se o contrato de consumo possuir cláusula abusiva, por serem estas nulas de pleno direito, podendo, inclusive, ser assim reconhecidas de ofício pelo Juiz de Direito, numa das manifestações da intervenção estatal.

No tocante à responsabilidade, ressalta-se aí outra diferença em relação ao Direito Civil clássico. Enquanto neste modelo prevalecia a responsabilidade subjetiva — pautada na comprovação de dolo ou culpa —, no **Código de Defesa do Consumidor a**

---

[1] CAVALIERI FILHO, Sergio. *Programa de direito do consumidor*. 3. ed. São Paulo: Atlas, 2011, p. 3.

responsabilidade é, em regra, quase que absoluta, **objetiva** — que independe da comprovação dos aspectos subjetivos, conforme será estudado no Capítulo 5 deste livro.

DIREITO CIVIL CLÁSSICO	DIREITO DO CONSUMIDOR
▪ Autonomia de vontades	▪ Normas de ordem pública e de interesse social
▪ *Pacta sunt servanda*	▪ Intervenção estatal
▪ Responsabilidade subjetiva	▪ Responsabilidade objetiva

Nesse sentido é a posição consolidada no Superior Tribunal de Justiça a respeito da quebra com o paradigma do Direito Civil clássico ao entender que: "A jurisprudência do STJ se posiciona firme no sentido que a **revisão das cláusulas contratuais pelo Poder Judiciário é permitida**, mormente diante dos princípios da boa-fé objetiva, da função social dos contratos e do **dirigismo contratual, devendo ser mitigada a força exorbitante que se atribuía ao princípio do** *pacta sunt servanda*" (AgRg no Ag 1.383.974/SC, Rel. Ministro Luis Felipe Salomão, 4.ª T., *DJe* 1.º.2.2012).

1.1.3. A intervenção estatal

Constatado, então, que o Direito da época não era suficiente para disciplinar as relações jurídicas de consumo, fez-se necessária a **intervenção estatal** para a elaboração e implementação de **legislações específicas, políticas públicas e jurisdição especializada de defesa do consumidor** em todo o mundo. Foi a interferência do:

Estado-Legislador, elaborando as leis de tutela do consumidor.

Estado-Administrador, implementando tais leis de forma direta ou indireta.

Estado-Juiz, dirimindo conflitos de interesses oriundos das relações jurídicas de consumo.

A intervenção estatal mostrou-se fundamental para diminuir a desigualdade existente entre o todo-poderoso fornecedor e o vulnerável da relação, o consumidor.

1.1.4. Citações históricas do direito do consumidor

Sobre as **origens do Direito do Consumidor**, a doutrina lembra:

SERGIO CAVALIERI FILHO	"Em Nova York, por exemplo, Josephine Lowell criou a **New York Consumers League**, uma **associação de consumidores** que tinha por objetivo a luta pela melhoria das condições de trabalho locais e contra a exploração do trabalho feminino em fábricas e comércio. Essa associação elaborava **"Listas Brancas"**, contendo o nome dos produtos que os consumidores deveriam escolher preferencialmente, pois as empresas que os produziam e comercializavam respeitavam os direitos dos trabalhadores, como salário mínimo, horários de trabalho razoáveis e condições de higiene condignas. Era uma forma de influenciar a conduta das empresas pelo poder de compra dos consumidores. (...) Já no **século XX (1906)**, Upton Sinclair publica o romance socialista *The jungle* (A selva), no qual descreve, de maneira bastante realista, as **condições de fabricação dos embutidos de carne** e o trabalho dos operários dos matadouros de Chicago, bem assim os perigos e as precárias condições de higiene que afetavam tanto os trabalhadores como o produto final."[2]

---

[2] CAVALIERI FILHO, Sergio. *Programa de direito do consumidor*, p. 4-5.

CLAUDIA LIMA MARQUES	"Considera-se que foi um **discurso de John F. Kennedy, no ano de 1962**, em que este presidente norte-americano **enumerou os direitos do consumidor e os considerou como novo desafio necessário para o mercado**, o início da reflexão jurídica mais profunda sobre este tema. O novo aqui foi considerar que 'todos somos consumidores', em algum momento de nossas vidas temos este *status*, este papel social e econômico, estes direitos ou interesses legítimos, que são individuais, mas também são os mesmos no grupo identificável (coletivo) ou não (difuso), que ocupa aquela posição de consumidor. (...) **A ONU (Organização das Nações Unidas), em 1985, estabeleceu diretrizes** para esta legislação e consolidou a ideia de que se trata de um **direito humano de nova geração** (ou dimensão), **um direito social e econômico, um direito de igualdade material do mais fraco**, do leigo, do cidadão civil nas suas relações privadas frente aos profissionais, os empresários, as empresas, os fornecedores de produtos e serviços, que nesta posição são *experts*, parceiros considerados 'fortes' ou em posição de poder *(Machtposition).*"[3]
BRUNO MIRAGEM	"Em 1972 realizou-se, em Estocolmo, a Conferência Mundial do Consumidor. No ano seguinte, a Comissão das Nações Unidas sobre os Direitos do Homem deliberou que o Ser Humano, considerado enquanto consumidor, deveria gozar de quatro direitos fundamentais (os mesmos enunciados por Kennedy, anos antes): o *direito à segurança*; o *direito à informação* sobre produtos, serviços e suas condições de venda; o *direito à escolha* de bens alternativos de qualidade satisfatória a preços razoáveis; e o *direito de ser ouvido* nos processos de decisão governamental. Neste mesmo ano, a Assembleia Consultiva da Comunidade Europeia aprovou a Resolução 543, que deu origem à *Carta Europeia de Proteção ao Consumidor.*"[4]

No tocante aos **precedentes legislativos mundiais** que de forma direta ou indireta inspiraram a elaboração do Código de Defesa do Consumidor no Brasil — pioneiro na codificação do assunto[5] —, podemos citar:

"(...) **leis francesas**: (a) Lei de 22.12.1972 que permitia aos consumidores um período de sete dias para refletir sobre a compra; (b) Lei de 27.12.1973 — *Loi Royer,* que em seu art. 44 dispunha sobre a proteção do consumidor contra a publicidade enganosa; (c) Leis n. 78, 22 e 23 (*Loi Scrivener*), de 10.1.1978, que protegiam os consumidores contra os perigos do crédito e cláusulas abusivas".[6]

"*Projet de Code de la Consommation,* redigido sob a presidência do professor Jean Calais-Auloy. Também importantes no processo de elaboração foram as leis gerais da Espanha (*Ley General para la Defensa de los Consumidores y Usuarios,* Lei n. 26/84), de Portugal (*Lei n.* 29/81, de 22 de agosto), do México (*Lei Federal de Protección al Consumidor,* de 5 de fevereiro de 1976) e de Quebec (*Loi sur la Protection du Cosomateur,* promulgada em 1979). Visto agora pelo prisma mais específico de algumas de suas matérias, o Código buscou inspiração, fundamentalmente, no Direito comunitário europeu: as

---

[3] BENJAMIN, Antônio Herman de V.; MARQUES, Claudia Lima; BESSA, Leonardo Roscoe. *Manual de direito do consumidor.* 3. ed. rev., atual. e ampl. São Paulo: Revista dos Tribunais, 2010, p. 30.

[4] MIRAGEM, Bruno. *Curso de direito do consumidor.* 2. ed. rev., atual. e ampl. São Paulo: Revista dos Tribunais, 2010, p. 28.

[5] GRINOVER, Ada Pellegrini; BENJAMIN, Antônio Herman de V.; FINK, Daniel Roberto; FILOMENO, José Geraldo Brito; NERY JR., Nelson; DENARI, Zelmo. *Código Brasileiro de Defesa do Consumidor*: comentado pelos autores do anteprojeto. Ed. revista, atualizada e reformulada. Rio de Janeiro: Forense, 2011. v. I: Direito material (arts. 1.º a 80 e 105 a 108), p. 5.

[6] CAVALIERI FILHO, Sergio. *Programa de direito do consumidor,* p. 6-7.

Diretivas ns. 84/450 (publicidade) e 85/374 (responsabilidade civil pelos acidentes de consumo). Foram utilizadas, igualmente, na formulação do traçado legal para o controle das cláusulas gerais de contratação, as legislações de Portugal (Decreto-lei n. 446, de 25 de outubro de 1985) e Alemanha (*Gesetz zur Regelung des Rechts der Allgemeinen Geschaftsbedingungen — AGB Gesetz*, de 9 de dezembro de 1976)."[7]

1.1.5. A importância da revolução da informática e da globalização

Com efeito, além dos marcos históricos da Revolução Industrial do aço e do carvão e da Revolução Tecnológica do período Pós-Segunda Guerra Mundial, outro importante momento balizador do surgimento de um Direito específico de tutela do consumidor foi a **Revolução da Informática e da Globalização** que vivemos no mundo contemporâneo.

As relações de consumo via internet estão cada vez mais presentes na vida do consumidor nacional e, enquanto não for inserido o capítulo do comércio eletrônico no Diploma Consumerista, conforme expresso no anexo deste livro, imprescindível a aplicação na íntegra do Código de Defesa do Consumidor vigente.[8]

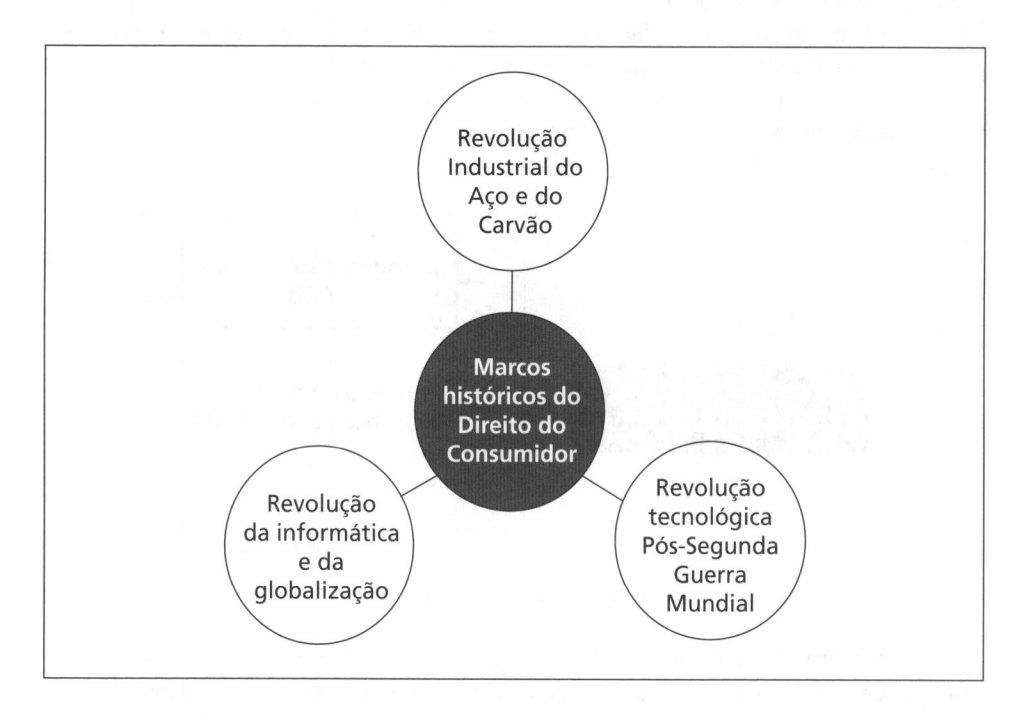

---

[7] GRINOVER, Ada Pellegrini; BENJAMIN, Antônio Herman de V.; FINK, Daniel Roberto; FILOMENO, José Geraldo Brito; NERY JR., Nelson; DENARI, Zelmo. *Código Brasileiro de Defesa do Consumidor*, p. 7-8.

[8] Verificar nossos comentários nos itens 2.4.2, 5.8.2 e 13.4.1 — uma análise da Lei n. 12.965, de 2014 (Marco Civil da Internet), do Decreto n. 8.771, de 2016, e do Decreto n. 7.962, de 2013, que dispõem sobre a contratação no comércio eletrônico —, bem como o Anexo deste livro e as referências expressas às relações via internet nos projetos de alteração do CDC.

Por fim, cumpre registrar ainda a título de introdução histórica que o dia 15 de março representa a data escolhida para a comemoração do "Dia Mundial dos Direitos dos Consumidores".

1.1.6. Maneiras de introduzir o direito do consumidor

Existem diversas maneiras de se introduzir determinado ramo do Direito, a depender da perspectiva que lhe for dada. No tocante à disciplina tutelar das relações de consumo, concordamos com Claudia Lima Marques ao ensinar que existem **três maneiras de introduzir o Direito do Consumidor**. Por meio da:

> "**Origem constitucional**, que poderíamos chamar de *introdução sistemática* através do sistema de valores (e direitos fundamentais) que a **Constituição Federal** de 1988 impôs no Brasil.
> **Filosofia de proteção dos mais fracos** ou do princípio tutelar *favor debilis*, que orienta o direito dogmaticamente, em especial as normas do direito que se aplicam a esta relação de consumo. Esta segunda maneira de introduzir o direito do consumidor poderíamos chamar de *dogmático-filosófica*.
> **Sociologia do direito**, ao estudar as sociedades de consumo de massa atuais, a visão econômica dos mercados de produção, de distribuição e de consumo, que destaca a importância do consumo e de sua regulação especial. Essa terceira maneira poderíamos denominar de *introdução socioeconômica* ao direito do consumidor".[9]

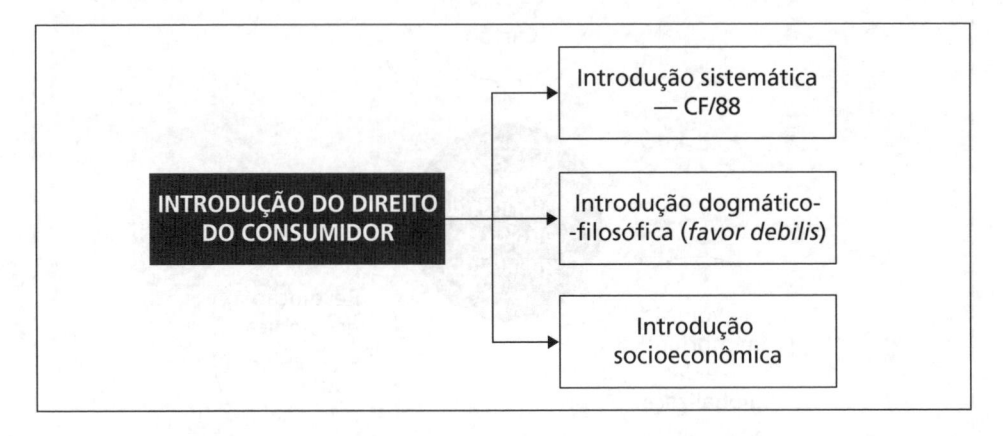

```
                              ┌─────────────────────────┐
                          ┌──▶│  Introdução sistemática │
                          │   │       — CF/88           │
                          │   └─────────────────────────┘
┌──────────────────────┐  │   ┌─────────────────────────┐
│ INTRODUÇÃO DO DIREITO│──┼──▶│  Introdução dogmático-  │
│   DO CONSUMIDOR      │  │   │ -filosófica (favor debilis)│
└──────────────────────┘  │   └─────────────────────────┘
                          │   ┌─────────────────────────┐
                          └──▶│      Introdução         │
                              │    socioeconômica       │
                              └─────────────────────────┘
```

A **primeira maneira** de introduzir o Direito do Consumidor deve ser vista sob o **enfoque constitucional**, na medida em que a defesa do vulnerável das relações de consumo é um direito fundamental (art. 5.º, XXXII, da CF). A importância do tema é tamanha que será analisada no próximo tópico.

Em relação à **introdução filosófica de proteção ao mais fraco**, cumpre destacar que fundamenta os inúmeros princípios e direitos básicos elencados no CDC, na medida

---

[9] BENJAMIN, Antônio Herman de V.; MARQUES, Claudia Lima; BESSA, Leonardo Roscoe. *Manual de direito do consumidor*, p. 30.

em que tais institutos buscam conferir direitos ao vulnerável da relação — o consumidor — e impor deveres à parte mais forte — o fornecedor —, como forma de reequilibrar uma relação que nasce desigual.

Já a **introdução socioeconômica** do Direito do Consumidor leva em consideração não apenas aspectos históricos como a quebra de ideologias, por exemplo a de Adam Smith de que o consumidor seria o rei do mercado, mas também questões do mundo contemporâneo, como as recorrentes práticas abusivas de alguns setores do mercado econômico.

O decorrer dos tempos nos ensinou que o consumidor não foi capaz de ditar as regras do jogo com seu "poder" de compra, num mercado facilmente manipulado pelo fornecedor. Ao contrário, se tornou o vulnerável da relação jurídica de consumo e vítima de abusividade na conduta de maus fornecedores que utilizam, por exemplo, práticas agressivas de *marketing* para reduzir a zero a liberdade de escolha do consumidor.

Em resumo, o consumidor recebe diariamente uma avalanche de informações sobre a falsa necessidade de adquirir novos produtos ou de contratar novos serviços para, ao final, consumir, consumir e consumir, mesmo sem a necessidade de.

1.2. FUNDAMENTO CONSTITUCIONAL DO DIREITO DO CONSUMIDOR

1.2.1. Mandamentos constitucionais de defesa do consumidor

No Brasil, o Direito do Consumidor tem amparo na Constituição Federal de 1988, que, aliás, trouxe dois mandamentos em seu corpo principal (arts. 5.º, XXXII, e 170, V) e um no Ato das Disposições Constitucionais Transitórias (art. 48):

■ CF/88: "**Art. 5.º** Todos são iguais perante a lei, sem distinção de qualquer natureza, garantindo-se aos brasileiros e aos estrangeiros residentes no País a inviolabilidade do direito à vida, à liberdade, à igualdade, à segurança e à propriedade, nos termos seguintes: (...) **XXXII** — o Estado promoverá, na forma da lei, a defesa do consumidor".

■ CF/88: "**Art. 170.** A ordem econômica, fundada na valorização do trabalho humano e na livre iniciativa, tem por fim assegurar a todos existência digna, conforme os ditames da justiça social, observados os seguintes princípios: (...) **V** — defesa do consumidor".

■ ADCT: "**Art. 48.** O Congresso Nacional, dentro de cento e vinte dias da promulgação da Constituição, elaborará código de defesa do consumidor".

1.2.2. O direito do consumidor como direito fundamental

A **relação jurídica de consumo** nasce **desigual**, conforme amplamente destacado nesse início de livro. Assim, encontramos o consumidor-vulnerável, de um lado, e o fornecedor detentor do monopólio dos meios de produção, do outro, e, nesse contexto, nada melhor que ser alçado o **Direito do Consumidor** ao patamar de **Direito Fundamental**.

A **constitucionalização ou publicização do direito privado** tem consequências importantes na proteção do consumidor e, segundo palavras de Claudia Lima Marques, "certos estão aqueles que consideram a Constituição Federal de 1988 como o centro irradiador e o marco de reconstrução de um **direito privado** brasileiro **mais social** e preocupado com os vulneráveis de nossa sociedade, um **direito privado solidário**. Em outras palavras, a Constituição seria *a garantia* (de existência e de proibição de retrocesso) e o *limite* (limite-guia e limite-função) de um direito privado construído sob seu sistema de valores e incluindo a defesa do consumidor como princípio geral".[10]

Sobre o tema, vale lembrar de Konrad Hesse e a força normativa da Constituição. Pedro Lenza observa que dentro "da ideia de **força normativa** (Konrad Hesse), pode-se afirmar que a norma constitucional tem *status* de norma jurídica, sendo dotada de **imperatividade**, com as consequências de seu descumprimento (assim como acontece com as normas jurídicas), permitindo o seu cumprimento forçado".[11]

Logo, o amparo constitucional que possui o Direito do Consumidor traz uma conotação imperativa no mandamento de ser do Estado a responsabilidade de promover a defesa do vulnerável da relação jurídica de consumo.

Ademais, ao longo do tempo muito se falou em **eficácia vertical dos Direitos Fundamentais** — respeito pela Administração dos Direitos Fundamentais de seus administrados. Nas relações entre Administração e administrado é evidente a supremacia daquela em razão da natureza do interesse tutelado, qual seja: o interesse público.

Como o advento do Direito do Consumidor foi alçado ao patamar constitucional, é possível tratar na atualidade da **eficácia horizontal dos direitos** ora em estudo, ou seja, mesmo sem a existência de hierarquia entre as partes envolvidas na relação, como ocorre entre fornecedor e consumidor, o respeito aos Direitos Fundamentais também se faz necessário.

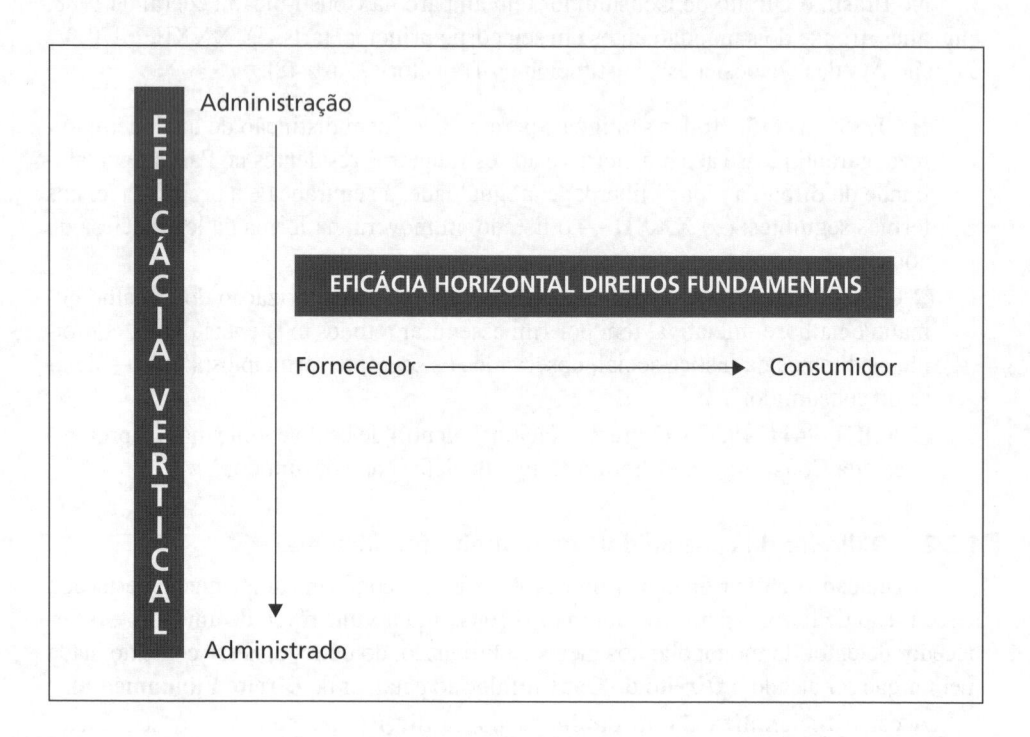

```
        Administração
             │
  E          ▼
  F
  I      ┌──────────────────────────────────────┐
  C      │ EFICÁCIA HORIZONTAL DIREITOS FUNDAMENTAIS │
  Á      └──────────────────────────────────────┘
  C
  I      Fornecedor ─────────────▶ Consumidor
  A
  V
  E
  R
  T
  I
  C
  A
  L
             ▼
        Administrado
```

---

[10] BENJAMIN, Antônio Herman de V.; MARQUES, Claudia Lima; BESSA, Leonardo Roscoe. *Manual de direito do consumidor*, p. 33-34.

[11] LENZA, Pedro. *Direito constitucional esquematizado*. 16. ed. São Paulo: Saraiva, 2012, p. 66.

Contudo, não poderemos generalizar a constitucionalização do Direito Privado, sob pena de corrermos o risco de tornarmos secundário este ramo do Direito.

Assiste razão a André Ramos Tavares quando trata da eficácia horizontal dos direitos fundamentais ao acentuar que "com a eficácia direta e imediata corre-se o **grave risco**, especialmente no Brasil, **de constitucionalizar todo o Direito e todas as relações particulares**, relegando o Direito privado a segundo plano no tratamento de tais matérias. Como produto dessa tese ter-se-ia, ademais, **a transformação do STF em verdadeira Corte de Revisão**, porque todas as relações sociais passariam imediatamente a ser relações de índole constitucional, o que não é desejável. Mas, de outra parte, não se pode negar, em situações de absoluta missão do legislador, que **os direitos 'apenas' constitucionalmente fundados sejam suporte para solução imediata de relação privada**".[12]

Em última análise, os benefícios da elevação do Direito do Consumidor ao *status* constitucional são evidentes e de suma importância na busca do reequilíbrio entre as partes na relação jurídica de consumo.

1.2.3. O direito do consumidor como princípio da ordem econômica

Conforme visto, o art. 170, inciso V, da Constituição Federal prevê como **um dos princípios da ordem econômica a defesa do consumidor**. Interessante ressaltar que o **inciso IV** do aludido dispositivo constitucional estabelece também como **princípio a livre concorrência**.[13]

> "Art. 170. A ordem econômica, fundada na valorização do trabalho humano e na livre iniciativa, tem por fim assegurar a todos existência digna, conforme os ditames da justiça social, observados os seguintes princípios:
> I — soberania nacional;
> II — propriedade privada;
> III — função social da propriedade;
> **IV — livre concorrência**;
> **V — defesa do consumidor**;
> VI — defesa do meio ambiente, inclusive mediante tratamento diferenciado conforme o impacto ambiental dos produtos e serviços e de seus processos de elaboração e prestação; *(Redação dada pela Emenda Constitucional n. 42, de 19.12.2003)*
> VII — redução das desigualdades regionais e sociais;
> VIII — busca do pleno emprego;
> IX — tratamento favorecido para as empresas de pequeno porte constituídas sob as leis brasileiras e que tenham sua sede e administração no País. *(Redação dada pela Emenda Constitucional n. 6, de 1995)*
> Parágrafo único. É assegurado a todos o livre exercício de qualquer atividade econômica, independentemente de autorização de órgãos públicos, salvo nos casos previstos em lei".

---

[12] TAVARES, André Ramos. *Curso de direito constitucional*. 8. ed. São Paulo: Saraiva, 2010, p. 527.
[13] No ano de 2019 foi editada a Lei n. 13.874, que instituiu a Declaração de Direitos de Liberdade Econômica e estabeleceu garantias de livre mercado.

Da interpretação dos incisos IV e V, a conclusão a que se chega é a de ser plenamente livre explorar a atividade econômica em nosso país, desde que de forma lícita — em respeito, por exemplo, aos demais princípios da ordem econômica —, e que, para **ganhar da concorrência, não poderá** colocar um produto ou prestar um serviço no mercado de consumo com **violação dos direitos dos consumidores**.

Sobre o tema, concordamos com Claudia Lima Marques ao ensinar que a "opção da Constituição Federal de 1988 de tutela especial aos consumidores, considerados agentes econômicos mais vulneráveis no mercado globalizado, foi uma demonstração de como a ordem econômica de direção devia preparar o Brasil para a economia e a sociedade do século XXI".[14]

Em nossa visão, a proteção dos direitos do consumidor é a contrapartida à livre concorrência. Dessa forma, o fornecedor poderá inserir no mercado de consumo produtos com preços mais baratos, desde que respeitados os demais princípios da ordem econômica. No entanto, os bens de consumo fornecidos, não poderão ter qualidade inferior àquela aceitável pelas entidades de regulamentação do setor.

| O Direito do Consumidor é a contrapartida da livre concorrência.

1.2.4. O ADCT e a codificação do direito do consumidor

O art. 48 do Ato das Disposições Constitucionais Transitórias conferiu um **prazo de cento e vinte** dias da promulgação da Constituição Federal para o Congresso Nacional elaborar o Código de Defesa do Consumidor. Demorou um tempo maior, mas temos uma referência de Diploma Consumerista na ordem mundial, com destaque especial na América do Sul.

O legislador constituinte optou pela elaboração codificada do Direito do Consumidor, e não pela edição de leis específicas, cada uma disciplinadora de assuntos afetos às relações jurídicas de consumo. Apesar de existirem outras leis especiais dentro do sistema de proteção do consumidor, no momento da elaboração do Diploma de defesa do consumidor a opção pela codificação foi a mais acertada.

Sobre os benefícios da opção pelo Código, ensinam Ada Pellegrini Grinover e Antônio Herman de Vasconcellos e Benjamin que **permite a reforma do Direito vigente** e apresenta, ainda, **outras vantagens**:

"Primeiramente, **dá coerência e homogeneidade** a um determinado ramo do Direito, possibilitando sua **autonomia**.
De outro, **simplifica e clarifica o regramento legal** da matéria, favorecendo, de uma maneira geral, os destinatários e os aplicadores da norma".[15]

---

[14] BENJAMIN, Antônio Herman de V.; MARQUES, Claudia Lima; BESSA, Leonardo Roscoe. *Manual de direito do consumidor*, p. 111.

[15] GRINOVER, Ada Pellegrini; BENJAMIN, Antônio Herman de V.; FINK, Daniel Roberto; FILOMENO, José Geraldo Brito; NERY JR., Nelson; DENARI, Zelmo. *Código Brasileiro de Defesa do Consumidor*, p. 6-7.

Por fim, o Direito do Consumidor está assim representado na Constituição Federal:

DIREITO FUNDAMENTAL	PRINCÍPIO DA ORDEM ECONÔMICA	PRAZO DE 120 DIAS PARA CODIFICAR
▪ Art. 5.º, XXXII, da CF	▪ Art. 170, V, da CF	▪ Art. 48 do ADCT

1.3. CARACTERÍSTICAS DO CÓDIGO DE DEFESA DO CONSUMIDOR

O Código de Defesa do Consumidor, Lei n. 8.078/90, possui três características principais:

- lei principiológica;
- normas de ordem pública e interesse social;
- microssistema multidisciplinar.

1.3.1. O CDC como lei principiológica

O Código de Defesa do Consumidor é considerado uma lei principiológica, isto é, está **constituído de uma série de princípios** que possuem como objetivo maior **conferir direitos aos consumidores**, que são os vulneráveis da relação, e **impor deveres aos fornecedores**.

Analisaremos no Capítulo 4 deste livro que os princípios — quer na conotação de norma com grau de generalidade relativamente alto ou de mandamento nuclear, quer no sentido de alicerce do sistema jurídico e de disposição fundamental — estão disciplinados no CDC da seguinte forma:

- **princípios gerais** do CDC — previstos em seu art. 4.º;
- **direitos básicos** do consumidor — estipulados no art. 6.º da Lei n. 8.078/90;
- **princípios específicos** do CDC — em especial aqueles referentes à publicidade e aos contratos de consumo; e
- **princípios complementares** do CDC — com destaque para os princípios constitucionais afetos às relações de consumo.

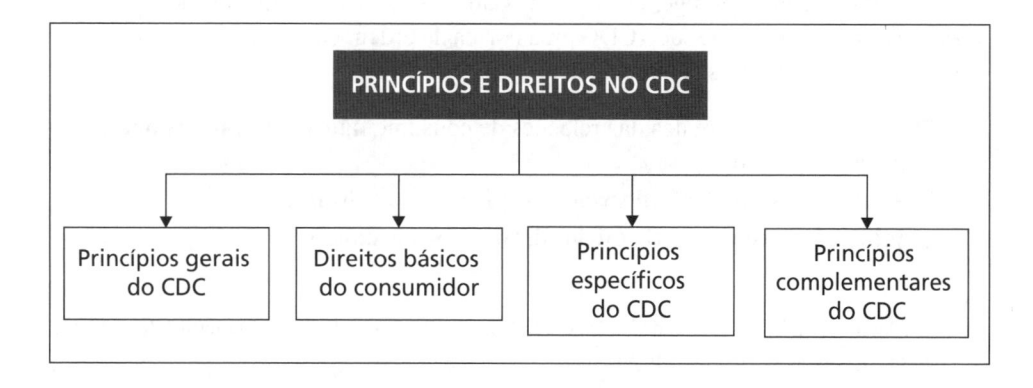

PRINCÍPIOS E DIREITOS NO CDC
- Princípios gerais do CDC
- Direitos básicos do consumidor
- Princípios específicos do CDC
- Princípios complementares do CDC

A eleição de certos **princípios** pelo legislador ordinário buscou, em última análise, o **reequilíbrio** de uma **relação jurídica** que é muito **desigual**. Busca-se, então, a concretização da **igualdade material** entre o fornecedor e o vulnerável consumidor.

Sobre o assunto, ensina Claudia Lima Marques que o "*favor debilis* é, pois, a superação da ideia — comum no direito civil do século XIX — de que basta a igualdade formal para que todos sejam iguais na sociedade, é o reconhecimento (presunção de vulnerabilidade — veja art. 4.º, I, do CDC) de que alguns são mais fortes ou detêm posição jurídica mais forte (em alemão, *Machtposition*), detêm mais informações, são *experts* ou profissionais, transferem mais facilmente seus riscos e custos profissionais para os outros, reconhecimento de que os 'outros' geralmente são leigos, não detêm informações sobre os produtos e serviços oferecidos no mercado, não conhecem as técnicas da contratação de massa ou os materiais que compõem os produtos ou a maneira de usar os serviços, são pois mais vulneráveis e vítimas fáceis de abusos".[16]

O próprio **Superior Tribunal de Justiça** pacificou posicionamento no sentido de coibir práticas abusivas de fornecedores no mercado de consumo quando violadoras de princípios do CDC, conforme entendimento assentado pela Segunda Seção desta Corte no sentido de que "**a pretensão da seguradora de modificar abruptamente as condições do seguro,** não renovando o ajuste anterior, **ofende os princípios da boa-fé objetiva, da cooperação, da confiança e da lealdade** que deve orientar a interpretação dos contratos que regulam relações de consumo" (REsp 1.073.595/MG, Rel. Ministra Nancy Andrighi, *DJe* 29.4.2011).

CDC = Lei Principiológica = reequilíbrio nas relações de consumo

1.3.2. O CDC como norma de ordem pública e interesse social

O **Código de Defesa do Consumidor** prevê em seu art. 1.º: "O presente código estabelece **normas de proteção e defesa do consumidor, de ordem pública e interesse social**, nos termos dos arts. 5.º, inciso XXXII, 170, inciso V, da Constituição Federal e art. 48 de suas Disposições Transitórias".

Além do triplo mandamento constitucional já estudado neste capítulo, o dispositivo citado deixa claro que o CDC traz em seu conteúdo normas de ordem pública e de interesse social.

Mas qual seria a abrangência da expressão? Três são, basicamente, as consequências que a característica de ser o CDC uma norma de ordem pública e de interesse social pode trazer no tocante à sua abrangência:

- as **decisões** decorrentes das relações de consumo **não se limitam às partes** envolvidas em litígio;
- as **partes não poderão derrogar os direitos** do consumidor;
- **juiz pode reconhecer de ofício direitos** do consumidor.

---

[16] BENJAMIN, Antônio Herman de V.; MARQUES, Claudia Lima; BESSA, Leonardo Roscoe. *Manual de direito do consumidor*, p. 38.

É evidente que as decisões proferidas em litígios decorrentes das relações de consumo não se limitam às partes envolvidas. Muitas delas **repercutem perante mais de uma pessoa, como ocorre na tutela dos interesses difusos, coletivos ou individuais homogêneos**, além de servirem de caráter educativo para **toda a sociedade** e de alerta para os **demais fornecedores** não continuarem com práticas ilícitas nas relações de consumo.

Ademais, **as partes** da aludida relação jurídica **não poderão derrogar direitos do consumidor**. Segundo pontuado anteriormente, a autonomia da vontade e a *pacta sunt servanda,* institutos muito presentes no Direito Civil clássico, foram mitigadas no CDC em razão da necessidade do intervencionismo estatal que buscou atingir, em última análise, o reequilíbrio da relação de consumo que é muito desigual.

Desta forma, **sendo abusiva uma cláusula** contratual, ela **será anulada**, não cabendo a alegação de que o consumidor estava consciente e de que gozava da plenitude de sua capacidade mental.

Por fim, não podemos deixar de lembrar que o juiz pode reconhecer de ofício direito do consumidor, inclusive declarar a nulidade de cláusula abusiva, exatamente em razão do caráter ora em estudo. Apesar da pacificação do tema na doutrina,[17] cumpre relembrar que o **Superior Tribunal de Justiça não admite** o **reconhecimento de ofício de nulidade de cláusula contratual pelo juiz**, tratando-se de **contratos bancários**.

O assunto foi sumulado no ano de 2009 pelo Enunciado 381 da Segunda Seção do STJ, *in verbis:* "Nos contratos bancários, é vedado ao julgador conhecer, de ofício, da abusividade das cláusulas".

Discordamos da posição expressa no verbete acima mencionado, *data maxima venia,* e não encontramos até o momento fundamentação jurídica para tal entendimento.

A viabilidade jurídica do teor da aludida súmula somente seria possível se levássemos em consideração alguns precedentes do STJ no sentido de não admitir que o Tribunal conheça de ofício cláusula abusiva, caso o tema não tenha sido discutido em primeira instância. Seria a aplicação do princípio do *tantum devolutum quantum appellatum*: "PROCESSO CIVIL. EMBARGOS DE DIVERGÊNCIA. A jurisprudência da Segunda Seção consolidou-se no sentido de que fere o princípio do *tantum devolutum quantum appellatum* a revisão, de ofício, pelo juiz, de cláusulas contratuais que não foram objeto de recurso (REsp 541.153/RS, Rel. Ministro Cesar Asfor Rocha, *DJ* 14.9.2005). Agravo regimental não provido" (AgRg nos EREsp 801.421/RS, Rel. Ministro Ari Pargendler, 2.ª Seção, *DJe* 16.4.2007).

Por mais que não se coadune com o posicionamento apresentado no julgado supracitado, existe amparo legal para tal entendimento, inclusive no Código de Processo Civil:

---

[17] Segundo Sergio Cavalieri Filho, normas de ordem pública são normas cogentes, imperativas, pelo que indispensáveis e de observância necessária. As partes não podem alterar o conteúdo do dever nelas estabelecido e o juiz deve aplicá-las *ex officio,* isto é, independentemente da provocação do consumidor. Normas de interesse social são aquelas que disciplinam um campo de relações sociais marcado pela desigualdade, razão pela qual têm por finalidade interesse que transcende o interesse meramente particular; são normas que interessam mais diretamente à sociedade que aos particulares. CAVALIERI FILHO, Sergio. *Programa de direito do consumidor,* p. 13.

> "Art. 1.013. A apelação devolverá ao tribunal o conhecimento da matéria impugnada.
> § 1.º Serão, porém, objeto de apreciação e julgamento pelo tribunal todas as questões suscitadas e discutidas no processo, ainda que não tenham sido solucionadas, desde que relativas ao capítulo impugnado".

Porém, defendemos a viabilidade do juiz de primeiro grau ou do Tribunal anular, sim, de ofício cláusula nula de qualquer contrato de consumo, inclusive os de natureza bancária, por ser o Direito do Consumidor uma norma de ordem pública.

Para fins de concurso público, no entanto, não prevalece ainda nossa posição, mas sim o entendimento esposado no teor da Súmula 381 do STJ e reiterado em julgados como: "1. É pacífica a compreensão jurisprudencial no âmbito da eg. Segunda Seção desta Corte Superior de Justiça, consolidada no julgamento do Recurso Especial n. 1.061.530/RS, nos termos do procedimento dos recursos representativos da controvérsia (Código de Processo Civil, art. 543-C e Resolução n. 8/2008 do STJ), de que, embora aplicável o Código de Defesa do Consumidor nos contratos bancários, não é possível, de ofício, o reconhecimento da nulidade e, por conseguinte, a revisão de cláusulas contratuais consideradas abusivas, sob pena de ofensa ao princípio do *tantum devolutum quantum apellatum*" (AgRg nos EDcl no REsp 1.206.203/RS, Rel. Ministro Raul Araújo, 4.ª T., *DJe* 25.6.2013).

1.3.3. O CDC como microssistema multidisciplinar

O Código de Defesa do Consumidor é considerado um microssistema multidisciplinar porque **alberga em seu conteúdo as mais diversas disciplinas jurídicas** com o objetivo maior de tutelar o consumidor, que é a parte mais fraca — o vulnerável — da relação jurídica de consumo. Com efeito, encontraremos no CDC normas de:

- **Direito Constitucional** — ex.: princípio da dignidade da pessoa humana.
- **Direito Civil** — ex.: responsabilidade do fornecedor.
- **Processo Civil** — ex.: ônus da prova.
- **Processo Civil Coletivo** — ex.: tutela coletiva do consumidor.
- **Direito Administrativo** — ex.: proteção administrativa do consumidor.
- **Direito Penal** — ex.: infrações e sanções penais pela violação do CDC.

Sobre o tema, lembramos a doutrina de Sergio Cavalieri Filho ao ensinar que microssistema: "é uma **expressão** cunhada pelo Prof. Natalino Irti, da Universidade de Roma, nos anos 1970, **para indicar a transformação ocorrida no âmbito do direito privado**".[18] Explica o autor em apertada síntese que, do **monossistema** característico no Código Civil, **mudou-se para o polissistema**, próprio da sociedade pluralista contemporânea.

Desta forma, a relação do CDC com outras fontes poderá ser exemplificada no seguinte quadro:

---

[18] CAVALIERI FILHO, Sergio. *Programa de direito do consumidor*, p. 13.

DIREITO CONSTITUCIONAL	▣ CDC — "Art. 4.º A Política Nacional das Relações de Consumo tem por **objetivo** o atendimento das necessidades dos **consumidores, o respeito à sua dignidade**, saúde e segurança, a proteção de seus interesses econômicos, a melhoria da sua qualidade de vida, bem como a transparência e harmonia das relações de consumo, atendidos os seguintes princípios:"
DIREITO CIVIL	▣ CDC — "Art. 12. **O fabricante, o produtor, o construtor, nacional ou estrangeiro, e o importador respondem, independentemente da existência de culpa**, pela **reparação dos danos** causados aos consumidores por defeitos decorrentes de projeto, fabricação, construção, montagem, fórmulas, manipulação, apresentação ou acondicionamento de seus produtos, bem como por informações insuficientes ou inadequadas sobre sua utilização e riscos."
PROCESSO CIVIL	▣ CDC — "Art. 6.º São direitos básicos do consumidor: (...) VIII — a facilitação da defesa de seus direitos, inclusive com a **inversão do ônus da prova**, a seu favor, no processo civil, quando, a critério do juiz, for verossímil a alegação ou quando for ele hipossuficiente, segundo as regras ordinárias de experiências;"
PROCESSO CIVIL COLETIVO	▣ CDC — "Art. 81. **A defesa** dos interesses e direitos **dos consumidores** e das vítimas **poderá ser** exercida em juízo individualmente, ou **a título coletivo**. Parágrafo único. A defesa coletiva será exercida quando se tratar de: I — **interesses ou direitos difusos**, assim entendidos, para efeitos deste código, os transindividuais, de natureza indivisível, de que sejam titulares pessoas indeterminadas e ligadas por circunstâncias de fato; II — **interesses ou direitos coletivos**, assim entendidos, para efeitos deste código, os transindividuais, de natureza indivisível de que seja titular grupo, categoria ou classe de pessoas ligadas entre si ou com a parte contrária por uma relação jurídica base; III — **interesses ou direitos individuais homogêneos**, assim entendidos os decorrentes de origem comum."
DIREITO ADMINISTRATIVO	▣ CDC — "Art. 56. As **infrações** das normas de defesa do consumidor ficam sujeitas, conforme o caso, às seguintes **sanções administrativas**, sem prejuízo das de natureza civil, penal e das definidas em normas específicas: I — multa; II — apreensão do produto; III — inutilização do produto; IV — cassação do registro do produto junto ao órgão competente; V — proibição de fabricação do produto; VI — suspensão de fornecimento de produtos ou serviço; VII — suspensão temporária de atividade; VIII — revogação de concessão ou permissão de uso; IX — cassação de licença do estabelecimento ou de atividade; X — interdição, total ou parcial, de estabelecimento, de obra ou de atividade; XI — intervenção administrativa; XII — imposição de contrapropaganda. Parágrafo único. As sanções previstas neste artigo serão aplicadas pela autoridade administrativa, no âmbito de sua atribuição, podendo ser aplicadas cumulativamente, inclusive por medida cautelar, antecedente ou incidente de procedimento administrativo."
DIREITO PENAL	▣ CDC — "Art. 61. Constituem **crimes contra as relações de consumo** previstas neste código, sem prejuízo do disposto no Código Penal e leis especiais, as condutas tipificadas nos artigos seguintes" e "Art. 63. Omitir dizeres ou sinais ostensivos sobre a nocividade ou periculosidade de produtos, nas embalagens, nos invólucros, recipientes ou publicidade: **Pena — Detenção de seis meses a dois anos e multa.**"

1.4. DIÁLOGO DAS FONTES

1.4.1. Rompimento com os critérios clássicos de resolução de conflito aparente de normas

Ante a existência de um **conflito aparente de normas**, ou seja, em razão da possibilidade de se aplicar mais de uma lei perante um mesmo caso, os critérios clássicos de resolução desse conflito sempre prezaram pela exclusão de uma das leis, e não pela conformação de todas as existentes na busca de tutelar da melhor forma possível o sujeito de direitos.

Assim, as **técnicas utilizadas classicamente** sempre foram pautadas no:

- **critério hierárquico** — lei de hierarquia superior prevalece em relação à lei de hierarquia inferior;
- **critério da especialidade** — lei especial prevalece sobre a lei geral, ainda que não seja capaz de revogar esta;
- **critério cronológico** — lei mais recente prevalece sobre a lei mais antiga.

Sobre o tema, estabelece a Lei de Introdução às Normas do Direito Brasileiro, Decreto-lei n. 4.657/42,[19] em seu art. 2.º, *in verbis*:

> "Art. 2.º Não se destinando à vigência temporária, a lei terá vigor até que outra a modifique ou revogue.
> § 1.º A lei posterior revoga a anterior quando expressamente o declare, quando seja com ela incompatível ou quando regule inteiramente a matéria de que tratava a lei anterior.
> **§ 2.º A lei nova, que estabeleça disposições gerais ou especiais a par das já existentes, não revoga nem modifica a lei anterior.**
> § 3.º Salvo disposição em contrário, a lei revogada não se restaura por ter a lei revogadora perdido a vigência".

Percebam que o § 2.º do citado dispositivo deixa bem clara a **visão de sistema jurídico** e, consequentemente, a **necessidade de o Direito ser analisado como um todo**.

1.4.2. A visão da doutrina alemã

Nesse contexto, a **doutrina alemã** apresentou no **ano de 1995** uma solução alternativa para a resolução de conflito aparente entre normas com o objetivo de conformar a aplicação de todos os Diplomas vigentes na busca de proteger de maneira mais apropriada o sujeito de direitos, realizando verdadeiro **diálogo** entre as **fontes** existentes.

A maior expoente no direito pátrio que muito bem estudou o assunto de coexistência e aplicação simultânea e coerente do Código de Defesa do Consumidor com outras normas, como o Código Civil e demais legislações especiais, é Claudia Lima Marques.

Segundo ensina a aludida autora, o mundo contemporâneo exigiu a necessidade de se "introduzir um conceito diferente (o de conflito de leis no tempo), um conceito de aplicação simultânea e coerente de muitas leis ou fontes de direito privado, sob a luz (ou com os valores-guia) da Constituição Federal de 1988. É o chamado **'diálogo das fontes'** (di + a = dois ou mais; logos = lógica ou modo de pensar), **expressão criada por Erik Jayme**, em seu **curso de Haia** (JAYME, *Recueil des Cours*, 251, p. 259), significando a atual aplicação simultânea, coerente e coordenada das plúrimas fontes

---

[19] A Lei de Introdução às Normas do Direito Brasileiro (LINDB) foi alterada em 2018 pela Lei n. 13.655, e as respectivas inclusões foram regulamentadas pelo Decreto n. 9.830 de 2019.

legislativas, leis especiais (como o CDC, a lei de seguro-saúde) e gerais (como o CC/2002), com campos de aplicação convergentes, mas não mais iguais".[20]

A expressão "diálogo" decorre exatamente da **relação de influências recíprocas** que se estabelece entre normas como critério de melhor solucionar eventuais conflitos e com o objetivo de proteger o vulnerável da relação jurídica de consumo.

Estando respaldado o Direito do Consumidor por um Direito Fundamental Constitucional, com maior razão é necessário buscar a conformação da aplicação de todas as leis existentes, sem a exclusão de qualquer delas.

1.4.3. Os tipos de "diálogo" existentes

Mas a grande questão que se levanta no momento é: como concretizar esta conformação de leis por meio do diálogo das fontes? Claudia Lima Marques nos dá a resposta ao trazer sua visão sobre os **três tipos de "diálogo"** possíveis **entre CDC e Código Civil**:

"**1) na aplicação simultânea das duas leis**, uma lei pode servir de base conceitual para a outra *(diálogo sistemático de coerência)*, especialmente se uma lei é geral e a outra especial, se uma é a lei central do sistema e a outra um microssistema específico, não completo materialmente, apenas com completude subjetiva de tutela de um grupo da sociedade;[21]
2) na aplicação coordenada das duas leis, uma lei pode complementar a aplicação da outra, a depender de seu campo de aplicação no caso concreto *(diálogo sistemático de complementaridade e subsidiariedade* em antinomias aparentes ou reais), a indicar a aplicação complementar tanto de suas normas, quanto de seus princípios, no que couber, no que for necessário ou subsidiariamente;[22]
3) ainda há o *diálogo das influências recíprocas sistemáticas*, como no caso de uma possível redefinição do campo de aplicação de uma lei (assim, por exemplo, as definições de consumidor *stricto sensu* e de consumidor equiparado podem sofrer influências finalísticas do Código Civil, uma vez que esta lei vem justamente para regular as relações entre iguais, dois iguais-consumidores ou dois iguais-fornecedores entre si — no caso de dois fornecedores, trata-se de relações empresariais típicas, em que o destinatário final fático da coisa ou do fazer comercial é um outro empresário ou comerciante —, ou, como no caso da possível transposição das conquistas do *Richterrecht* (direito dos juízes), alçadas de uma lei para a outra. **É a influência do sistema especial no geral e do geral no especial**, um diálogo de *double sens (diálogo de coordenação e adaptação sistemática)*".[23]

---

[20] BENJAMIN, Antônio Herman de V.; MARQUES, Claudia Lima; BESSA, Leonardo Roscoe. *Manual de direito do consumidor*, p. 108.

[21] O Código Civil serve de base conceitual para o CDC.

[22] É o que ocorre com a utilização dos prazos prescricionais do Código Civil quando a pretensão oriunda da relação jurídica de consumo envolver tema diverso da responsabilidade pelo fato do produto ou do serviço — acidente de consumo. Isto porque, conforme analisaremos no Capítulo 6 deste livro, o art. 27 do CDC, quando trata do prazo prescricional, refere-se apenas àquele de 5 anos para a pretensão de reparação de danos decorrentes de acidente de consumo. Nesse sentido, o STJ editou a Súmula 412 com o seguinte teor: "A ação de repetição de indébito de tarifas de água e esgoto sujeita-se ao prazo prescricional estabelecido no Código Civil".

[23] BENJAMIN, Antônio Herman de V.; MARQUES, Claudia Lima; BESSA, Leonardo Roscoe. *Manual de direito do consumidor*, p. 113-114.

Com efeito, é importante destacar ainda que o **diálogo das fontes** poderá estabelecer-se não apenas entre o Código Civil e o Código de Defesa do Consumidor, mas, ainda, **entre o Diploma Consumerista e outras leis especiais**, tais como:

- CDC e Lei dos planos e seguros de assistência à saúde — Lei n. 9.656,[24] de 1998.
- CDC e Lei das mensalidades escolares — Lei n. 9.870, de 1999.
- CDC e Lei dos consórcios — Lei n. 11.795, de 2008 (alterada pela Lei n. 13.506, de 2017).

1.4.4. O diálogo das fontes e a jurisprudência superior

O diálogo das fontes também vem sendo aplicado expressamente em alguns julgados do **Superior Tribunal de Justiça**, conforme posicionamento insculpido no julgamento do Recurso Especial 1.216.673/SP: "**Deve ser utilizada a técnica do 'diálogo das fontes' para harmonizar a aplicação concomitante de dois diplomas legais ao mesmo negócio jurídico**; no caso, as normas específicas que regulam os títulos de capitalização e o CDC, que assegura aos investidores a transparência e as informações necessárias ao perfeito conhecimento do produto" (Rel. Ministro João Otávio de Noronha, 4.ª T., *DJe* 9.6.2011).

Segundo visto ao final do subitem anterior, os contratos de planos e seguros de assistência à saúde estão disciplinados por legislação específica, Lei n. 9.656, de 1998, mas nem por isso estará excluída a incidência do CDC. Sobre o tema, o **STJ** editou a **Súmula 608**, com o seguinte teor: "**Aplica-se o Código de Defesa do Consumidor aos contratos de plano de saúde, salvo os administrados por entidades de autogestão**".[25]

Também em relação às instituições de ensino superior, quando o STJ tratou do tema na Súmula 595 com o seguinte teor: "**As instituições de ensino superior respondem objetivamente pelos danos suportados pelo aluno/consumidor pela realização de curso não reconhecido pelo Ministério da Educação**, sobre o qual não lhe tenha sido dada prévia e adequada informação" (2.ª Seção, aprovada em 25.10.2017, *DJe* 6.11.2017).

O próprio **Supremo Tribunal Federal** teve no voto do Ministro Joaquim Barbosa a fundamentação do diálogo das fontes para julgar improcedente a Ação Direta de Inconstitucionalidade n. 2.591 e entender pela incidência do CDC às atividades bancárias.[26]

---

[24] Essa lei foi alterada pela Lei n. 13.819, de 26 de abril de 2019, que instituiu a Política Nacional de Prevenção da Automutilação e do Suicídio, a ser implementada pela União, em cooperação com os Estados, o Distrito Federal e os Municípios. A Lei n. 9.656 também foi alterada recentemente pela Lei n. 14.454, de 21 de setembro de 2022, para consolidar, dentre outros aspectos, que o rol de procedimentos obrigatórios fixado pela Agência Nacional de Saúde é EXEMPLIFICATIVO.

[25] **A Súmula 469** do STJ foi cancelada pela Terceira Seção, na sessão de 11.4.2018, e substituída pela Súmula 608, acima colacionada. Possuía o seguinte teor: "**Aplica se o Código de Defesa do Consumidor aos contratos de plano de saúde**".

[26] O tema será mais bem explorado no Capítulo 2 deste livro, no subitem "2.5.3 Os serviços bancários como objeto da relação de consumo".

1.5. QUESTÕES

QUESTÕES DE CONCURSOS
http://uqr.to/1yf16

2

RELAÇÃO JURÍDICA DE CONSUMO

2.1. VISÃO GERAL SOBRE A RELAÇÃO JURÍDICA E O CÓDIGO DE DEFESA DO CONSUMIDOR

Antes de apreciarmos a definição de **relação jurídica de consumo**, necessário relembrar inicialmente a diferença básica entre relação social e relação jurídica.

Ato contínuo, concluiremos pela impossibilidade de se dissociarem do conceito de relação de consumo os seus **elementos subjetivos, objetivos e teleológico**.

Por fim, destacaremos a influência deste tipo de relação jurídica para o sepultamento da bipartição clássica entre responsabilidade contratual e extracontratual.

2.1.1. Relação social *vs.* relação jurídica

Ponto de partida para os aprofundamentos devidos a respeito da definição de relação de consumo, bem como da importância dos seus elementos constitutivos, consiste em saber **qual o conceito de relação jurídica** e, consequentemente, se a relação firmada entre consumidor e fornecedor pode ser qualificada como tal.

Ademais, imprescindível destacarmos o outro elo existente, qual seja: a **relevância das relações sociais** para a definição de relação jurídica e as dúvidas decorrentes desta conexão.

Questionamentos sobre o assunto são inúmeros, dentre os quais destacamos:

- Quando uma relação social se transforma em relação jurídica?
- Toda relação jurídica é social?
- E o inverso — toda relação social é jurídica — prevalece?

Conforme é cediço, uma relação social torna-se jurídica quando repercute no mundo do Direito.

Entretanto, em que pese a aparente simplicidade, traz-se à colação a abordagem de Sergio Cavalieri Filho sobre o que se deve entender por **relação jurídica**: "Para sua conceituação, parte-se da atividade social do homem. Vivendo em sociedade, necessariamente nos relacionamos com os nossos semelhantes, ensejando **relações sociais**. Muitas dessas relações são de natureza afetiva, cultural, religiosa, recreativa, vale dizer, sem relevância jurídica; outras, entretanto, têm natureza econômica, familiar, funcional, pública etc., exigindo, pela sua relevância social, disciplina jurídica. As relações sociais reguladas pelo Direito tornam-se relações jurídicas. (...) Podemos, então, conceituar **relação jurídica** como **toda relação social disciplinada pelo Direito**. Preferem outros defini-la como **toda relação da vida social que produz consequências jurídicas**".[1]

Assim, a resposta ao primeiro questionamento está na própria definição de relação jurídica, ou seja, **uma relação social se transformará em jurídica quando gerar repercussões jurídicas**. E a solução das demais indagações pode ser resumida na assertiva de que **toda relação jurídica é social, mas nem toda relação social é jurídica**, pois a configuração desta dependerá da demonstração de sua relevância para a disciplina do Direito.

Última dúvida afeta ao tema consiste em saber qual disciplina impõe o Direito à relação social para transformá-la em relação jurídica. Mais uma vez, Cavalieri Filho responde: "A norma jurídica estabelece um vínculo, um liame, um laço ou ligação entre aqueles que participam da relação social (e se é um vínculo criado pelo Direito então é vínculo jurídico), atribuindo a um dos sujeitos poder e a outro dever ou subordinação. O vínculo é emanação do Direito, um atributo da norma jurídica".[2]

2.1.2. Definição de relação jurídica de consumo

Efetivadas as balizas norteadoras da relação jurídica em geral, imprescindível adentrar ao tema principal desse item, a **relação jurídica de consumo**, que poderá ser definida como aquela **relação** firmada **entre consumidor e fornecedor**, a qual possui como **objeto** a **aquisição de um produto** ou a **contratação de um serviço**.

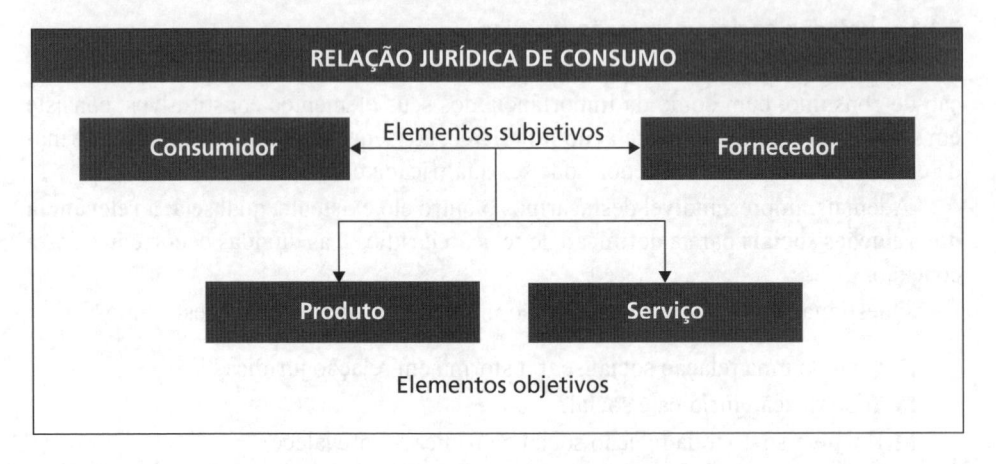

```
           RELAÇÃO JURÍDICA DE CONSUMO

                    Elementos subjetivos
      Consumidor  ◄──────────────────►  Fornecedor
                           │
                  ┌────────┴────────┐
               Produto            Serviço

                    Elementos objetivos
```

Sobre o tema, sobreleva notar que a opção adotada pelo legislador pátrio foi no sentido de não definir relação jurídica de consumo no Código de Defesa do Consumidor, mas de conceituar os elementos dessa relação, ou seja, trouxe apenas as definições de consumidor e de fornecedor (sujeitos da relação), assim como de produto e de serviço (objetos da relação).

Com efeito, importante a observação de Bruno Miragem[3] no sentido de que **consumidor** e **fornecedor**, além de **produto** ou **serviço**, são **"conceitos relacionais e**

---

[1] CAVALIERI FILHO, Sergio. *Programa de direito do consumidor*, p. 57.
[2] CAVALIERI FILHO, Sergio. *Programa de direito do consumidor*, p. 57.
[3] MIRAGEM, Bruno. *Curso de direito do consumidor*, p. 84.

dependentes", ou seja, "só existirá um *consumidor* se também existir um *fornecedor*, bem como um *produto* ou *serviço*".

De fato, os conceitos em apreço não se sustentam por si mesmos, nem podem ser considerados isoladamente. As definições estão atreladas umas nas outras, necessitando da presença de ambas para ensejar a aplicação do Diploma Consumerista.

Nesse sentido, destacar-se-á, na sequência, a relevância dos elementos subjetivos e objetivos para a definição da relação jurídica em comento.

2.1.3. Elementos subjetivos e objetivos da relação jurídica de consumo

Os **elementos** da relação jurídica de consumo são de **duas ordens:**

- **subjetiva**;
- **objetiva**.

Os **elementos subjetivos** consistem nos **sujeitos** da relação de consumo:

- **consumidor**; e
- **fornecedor**.

Já os **elementos objetivos** são os **objetos** perante os quais recaem os interesses dos fornecedores em aliená-los e dos consumidores em adquiri-los ou contratá-los. São eles:

- **produtos**; e
- **serviços**.

A esse respeito a **doutrina converge em suas manifestações**. Vejamos os ensinamentos de alguns dos principais doutrinadores consumeristas:

- **Sergio Cavalieri Filho:** "Didaticamente, os elementos da relação de consumo podem ser classificados em: a) subjetivos: relacionados aos sujeitos dessa relação jurídica; b) objetivos: relacionados ao objeto das prestações ali surgidas. No primeiro grupo, encontram-se os consumidores e os fornecedores; no segundo, os produtos e os serviços".[4]
- **Luiz Antonio Rizzatto Nunes:** "o CDC incide em toda relação que puder ser caracterizada como de consumo. Insta, portanto, que estabeleçamos em que hipóteses a relação jurídica pode ser assim definida. (...) haverá relação jurídica de consumo sempre que se puder identificar num dos polos da relação o consumidor, no outro, o fornecedor, ambos transacionando produtos e serviços".[5]
- **Zelmo Denari:** "No polo ativo da relação jurídica de consumo figura o *fornecedor*, assim entendido o operador econômico, pessoa física ou jurídica, que participa do ciclo produtivo-distributivo, desenvolvendo atividade de produção, montagem, criação, construção, transformação, importação, exportação, distribuição ou co-

---

[4] CAVALIERI FILHO, Sergio. *Programa de direito do consumidor*, p. 59.
[5] NUNES, Luiz Antonio Rizzatto. *Curso de direito do consumidor* (com exercícios). 4. ed. São Paulo: Saraiva, 2009, p. 71.

mercialização de produtos ou prestação de serviços (cf. art. 3.º). No polo passivo da mesma relação se encontra o *consumidor*, pessoa física ou jurídica que adquire ou utiliza produto ou serviço como destinatário (cf. art. 2.º)".[6]

Foi evidente a preocupação do legislador infraconstitucional quando da elaboração do Diploma Consumerista em definir os principais conceitos dos elementos que compõem a relação jurídica de consumo, como forma de minimizar os eventuais conflitos a existirem nesse novo modelo de sociedade e, assim, contribuir para uma maior efetivação da proteção da parte mais fraca dessa relação jurídica, o consumidor-vulnerável.

Ainda que louvável o esforço do legislador, muitas divergências surgiram na doutrina e na jurisprudência do nosso país, em especial no que se refere ao conceito legal de consumidor, pois alguns pretendem alargá-lo e outros restringi-lo, justamente em razão de se tentar descobrir qual seria a abrangência do conceito de consumidor destinatário final da relação jurídica de consumo, merecedor da proteção jurídica nos termos do art. 2.º, *caput*, do CDC.

Conforme aprofundaremos em breve, **inúmeros** foram os **conflitos** surgidos ao longo da história do Código de Defesa do Consumidor nacional, não apenas os **decorrentes das definições de consumidor** (em sentido estrito ou por equiparação), mas também oriundos dos conceitos **de fornecedor, de produto e de serviço**, dentre os quais destacamos:

CONCEITO	EXEMPLOS DE CONFLITOS SURGIDOS AO LONGO DA HISTÓRIA DO CDC
CONSUMIDOR	▫ Qual a abrangência do seu conceito? ▫ Quando a pessoa jurídica é considerada consumidora? ▫ Qual a diferença entre as teorias finalista e maximalista?
FORNECEDOR	▫ O profissionalismo é requisito indispensável para a sua definição? ▫ O condomínio é fornecedor? ▫ O que é fornecedor por equiparação?
PRODUTO	▫ A amostra grátis gera a tutela do CDC? ▫ Quando o produto usado gera a proteção contratual? ▫ Conceito legal *vs.* conceito doutrinário.
SERVIÇO	▫ Qual a abrangência de serviço remunerado? ▫ O serviço bancário como objeto da relação de consumo. ▫ O serviço público e a incidência do CDC.

2.1.4. Elemento teleológico da relação jurídica de consumo

No tocante à **relação jurídica de consumo**, destaca-se o posicionamento de Nelson Nery Jr., que identifica um **terceiro elemento** nuclear para a sua composição: o elemento **teleológico**.

O aludido autor nos ensina que os elementos da relação jurídica de consumo são três:

---

[6] GRINOVER, Ada Pellegrini; BENJAMIN, Antônio Herman de V.; FINK, Daniel Roberto; FILOMENO, José Geraldo Brito; NERY JR., Nelson; DENARI, Zelmo. *Código Brasileiro de Defesa do Consumidor*, p. 189-190.

2 ■ Relação Jurídica de Consumo

- os sujeitos;
- o objeto;
- o **elemento teleológico**.[7]

O elemento teleológico da relação de consumo nada mais é do que **a finalidade com a qual o consumidor adquire produtos ou contrata serviço**, qual seja: **a de destinatário final**.

Nery Jr. prossegue em seu raciocínio, ressaltando que se "a aquisição for apenas meio para que o adquirente possa exercer outra atividade, não terá adquirido como destinatário final e, consequentemente, não terá havido relação de consumo. A chave para a identificação de uma relação jurídica como sendo de consumo é, portanto, o elemento teleológico: *destinação final,* ao consumidor, do produto ou serviço".[8]

De fato, para os seguidores dessa corrente, o quadro ilustrativo da relação jurídica de consumo ficaria da seguinte forma com a inserção do elemento teleológico ou finalístico.

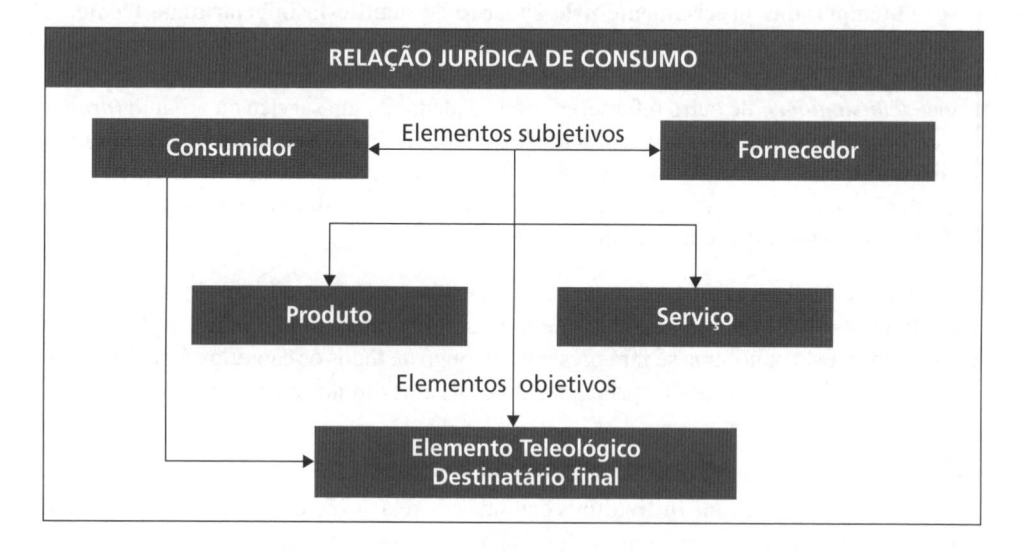

```
           RELAÇÃO JURÍDICA DE CONSUMO

   Consumidor  ← Elementos subjetivos →  Fornecedor
        │                                     │
        │                                     │
        ▼                                     ▼
     Produto                              Serviço
           Elementos objetivos
                     │
                     ▼
            Elemento Teleológico
             Destinatário final
```

Entretanto, **a questão é polêmica**. Analisaremos quando da abordagem sobre o conceito de consumidor em sentido estrito que a compreensão de "destinatário final" deu origem ao **surgimento de duas teorias — a maximalista e a finalista**.

E, a depender da tese adotada, constataremos que a utilização do bem de consumo como meio para o desempenho de sua atividade profissional não necessariamente afastará da relação jurídica o qualificativo de relação de consumo, em especial quando

---

[7] GRINOVER, Ada Pellegrini; BENJAMIN, Antônio Herman de V.; FINK, Daniel Roberto; FILOMENO, José Geraldo Brito; NERY JR., Nelson; DENARI, Zelmo. *Código Brasileiro de Defesa do Consumidor,* p. 555.

[8] GRINOVER, Ada Pellegrini; BENJAMIN, Antônio Herman de V.; FINK, Daniel Roberto; FILOMENO, José Geraldo Brito; NERY JR., Nelson; DENARI, Zelmo. *Código Brasileiro de Defesa do Consumidor,* p. 555.

tomamos por base o posicionamento consolidado pelo Superior Tribunal de Justiça sobre o tema.

2.1.5. Elementos conformadores da relação de consumo à luz do consumidor-vulnerável

O tema ora em apreço refere-se à relação jurídica de consumo. Mas, conforme exposto, o estudo desta relação jurídica não pode se dissociar dos seus elementos. Assim, levando em consideração que o Código de Defesa do Consumidor tem por objeto principal a proteção do consumidor-vulnerável, como seria a conformação da relação de consumo neste contexto tutelar da parte mais fraca da relação?

Quem abordou o tema com excelência foi o Prof. José Geraldo Brito Filomeno, ao ensinar que não:

> "Há como fugir, todavia, à definição de consumidor como um dos partícipes das **relações de *consumo***, que nada mais são do que *relações jurídicas por excelência,* mas que **devem ser obtemperadas precisamente pela** situação de **manifesta inferioridade frente ao fornecedor** de bens e serviços. Conclui-se, pois, que *toda relação de consumo:* envolve basicamente duas partes** bem definidas: de um lado o adquirente de um produto ou serviço *(consumidor);* de outro o fornecedor ou vendedor de um serviço ou produto *(produtor/fornecedor);* destina-se à **satisfação de uma necessidade privada do consumidor**; o **consumidor**, não dispondo, por si só, de controle sobre a produção de bens de consumo ou prestação de serviços que lhe são destinados, **arrisca-se a submeter-se ao poder e condições dos produtores** daqueles mesmos bens e serviços".[9]

Trata-se de observação oportuna, pois o princípio do *favor debilis* — da proteção ao mais fraco — dará o norte e a tônica de todo o teor protetivo do Código de Defesa do Consumidor. Este panorama se fará presente ao longo de todos os capítulos deste livro, em especial quando analisarmos os princípios do CDC e os direitos básicos do consumidor.

2.1.6. Dimensão coletiva das relações de consumo

Muitas das **demandas individuais** oriundas da relação de consumo coincidem com o **mesmo fundamento** para a propositura de **ações coletivas**. Há quem defenda até que não existem lides puramente individuais no tocante às relações de consumo. Até as aparentemente individuais encontrar-se-iam influenciadas por uma problemática mais abrangente, a coletiva.

José Augusto Garcia identifica a existência de um princípio afeto ao tema, o Princípio da **dimensão coletiva das relações de consumo**. Segundo a linha de raciocínio do autor, a dimensão coletiva confunde-se com a essência de qualquer matéria afeta aos direitos do consumidor. Vejamos a síntese do pensamento de Garcia:[10]

---

[9] FILOMENO, José Geraldo Brito. *Manual de direitos do consumidor.* 10. ed. São Paulo: Atlas, 2010, p. 23.

[10] GARCIA, José Augusto. *O princípio da dimensão coletiva das relações de consumo.* São Paulo: RT, 2011. v. 6: (Coleção doutrinas essenciais. Direito do consumidor: tutela das relações de consumo. Organizadores: Claudia Lima Marques e Bruno Miragem), p. 727-731.

INSTITUTOS DO CDC	DIMENSÃO COLETIVA
1.º) CONCEITO DE CONSUMIDOR POR EQUIPARAÇÃO	Na demarcação da figura de consumidor: "Equipara-se a consumidor a coletividade de pessoas, ainda que indetermináveis, que haja intervindo nas relações de consumo" (art. 2.º, parágrafo único). No campo da responsabilidade pelo fato do produto e do serviço: "(...) equiparam-se aos consumidores todas as vítimas do evento" (art. 17).
1.º) CONCEITO DE CONSUMIDOR POR EQUIPARAÇÃO	No terreno das práticas e da proteção contratual, "(...) equiparam-se aos consumidores todas as pessoas determináveis ou não, expostas às práticas nele previstas" (art. 29).
2.º) PRÁTICAS COMERCIAIS E PROTEÇÃO CONTRATUAL	"(...) as patologias encontradiças nesses recantos jamais atingirão somente um ou alguns consumidores, mas sim um universo bastante amplo, muitas vezes difuso. Ex.: publicidade."
3.º) REGIME DAS INVALIDADES	"Enquanto as anulabilidades atendem basicamente a interesses de caráter privado e natureza individualista, o regime das nulidades vai afinar-se com os imperativos da ordem pública e do interesse coletivo. Ex.: possibilidade de reconhecimento de ofício."
4.º) RESPONSABILIDADE DO FORNECEDOR	"De fato, o que não representa a teoria do risco profissional, adotada pelo Código, senão a socialização dos riscos do mercado de consumo?"
5.º) CRIMES DE CONSUMO	"Daí que se trata de 'crimes contra as relações de consumo' (art. 61 do CDC), tendo por sujeito passivo a coletividade de consumidores."
6.º) AÇÕES COLETIVAS	Arts. 81 e ss. do CDC.

Percebam que a análise dos direitos do consumidor no enfoque ora apresentado legitima a tutela coletiva não apenas quando o Código de Defesa do Consumidor expressamente determina, como o fez no tocante à tutela judicial, conforme disposto nos arts. 81 e seguintes.

A Lei n. 8.078/90 traz em seu conteúdo uma evidente preocupação com a dimensão coletiva das relações de consumo, daí a importância do respectivo princípio.

2.1.7. A relação jurídica de consumo e o fim da dicotomia entre responsabilidade contratual e extracontratual

Em que pese a existência nesta obra de um capítulo inteiramente dedicado à responsabilidade do fornecedor, cumpre destacar neste momento que a **relação jurídica de consumo** teve **importante papel para colocar fim à dicotomia entre responsabilidade contratual e extracontratual**, isto porque o fundamento da responsabilidade do fornecedor deixa de ser apenas um desses motivos clássicos e passa a ser qualquer um dos dois com amparo na própria relação de consumo.

A esse respeito a doutrina ensina que, no tocante à responsabilidade na visão do Direito Civil tradicional, poderá ser decorrente do inadimplemento de obrigação contratual (responsabilidade contratual) ou da violação de direitos protegidos pela ordem jurídica (responsabilidade extracontratual).

Sobre o tema, destacamos o pensamento de Antônio Herman de Vasconcellos e Benjamin ao ressaltar que o tratamento dado pelo CDC a esta matéria teve a finalidade de superar, em definitivo, a clássica divisão entre responsabilidade contratual e responsabilidade extracontratual. "Isso porque **o fundamento da responsabilidade civil do fornecedor** deixa de ser a relação contratual (responsabilidade contratual) ou o fato ilícito (responsabilidade aquiliana) para **se materializar em função da existência de um outro tipo de vínculo: a relação jurídica de consumo, contratual ou não.**"[11]

Em resumo, o simples fato de colocar produto ou fornecer serviço no mercado de consumo já gera o dever de indenizar o consumidor pelos eventuais prejuízos sofridos quer em razão de um inadimplemento contratual, quer em decorrência da prática de um ilícito.

Assim, a responsabilidade prevista no Diploma Consumerista unificou as duas modalidades de responsabilidades existentes — contratual e extracontratual — e criou uma nova: a responsabilidade pelo fato e pelo vício do produto ou do serviço. Nesse contexto, o fornecedor será responsabilizado em razão de participar única e exclusivamente da relação jurídica de consumo.

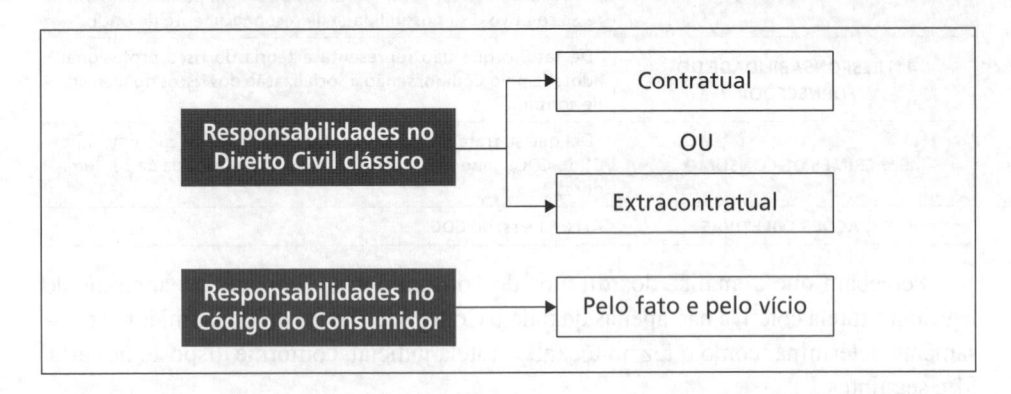

```
┌─────────────────────────────┐        ┌──────────────────┐
│ Responsabilidades no        │───────▶│   Contratual     │
│ Direito Civil clássico      │        ├──────────────────┤
│                             │        │       OU         │
│                             │        ├──────────────────┤
│                             │───────▶│  Extracontratual │
└─────────────────────────────┘        └──────────────────┘

┌─────────────────────────────┐        ┌──────────────────────┐
│ Responsabilidades no        │───────▶│ Pelo fato e pelo vício│
│ Código do Consumidor        │        └──────────────────────┘
└─────────────────────────────┘
```

Trata-se da chamada **teoria unitária da responsabilidade civil** do fornecedor no Código de Defesa do Consumidor.

2.1.8. Internacionalização das relações de consumo

O Brasil vive atualmente o seu principal momento de destaque no cenário internacional, principalmente em razão do fortalecimento de nossa economia, cada vez mais evidente com o passar dos anos. Crises econômicas assolam o mundo, mas apenas pequenos reflexos são sentidos em nosso país.

A atual conjuntura leva-nos, portanto, a consumir em grande quantidade no mercado externo — **"consumidor ativo internacional"** — ou a consumir no mercado interno o produto ou serviço estrangeiro — **"consumidor passivo internacional"**.

A utilização das denominações "consumidor ativo internacional" e "consumidor passivo internacional" foram bem colocadas por Claudia Lima Marques ao retratar a importância de voltarmos nossa atenção para as relações de consumo internacionais.

---

[11] BENJAMIN, Antônio Herman de V.; MARQUES, Claudia Lima; BESSA, Leonardo Roscoe. *Manual de direito do consumidor,* p. 138.

Observa a aludida autora que com "a **abertura dos mercados** a produtos e serviços estrangeiros, com a crescente integração econômica, a regionalização do comércio, as facilidades de transporte, o **turismo em massa**, o crescimento das telecomunicações, da conexão em rede de computadores, do **comércio eletrônico**, não há como negar que **o consumo já extrapola as fronteiras nacionais**".[12]

No entanto, a grande indagação a ser feita neste caso consiste em saber se o nosso Direito está preparado para a internacionalização das relações de consumo. E, a seguir, refletir sobre o enfrentamento da problemática pela jurisprudência superior.

2.1.8.1. A visão do STJ sobre a relação de consumo internacional

O Superior Tribunal de Justiça enfrentou a questão de saber se **seria possível a filiada nacional responder pelos reparos de bem de consumo adquirido no exterior**. O assunto foi apreciado no julgamento do REsp 63.981/SP, cuja ementa foi publicada com o seguinte teor:

DIREITO DO CONSUMIDOR. **FILMADORA ADQUIRIDA NO EXTERIOR. DEFEITO** DA MERCADORIA. **RESPONSABILIDADE DA EMPRESA NACIONAL DA MESMA MARCA ("PANASONIC"). ECONOMIA GLOBALIZADA.** PROPAGANDA. PROTEÇÃO AO CONSUMIDOR. PECULIARIDADES DA ESPÉCIE. SITUAÇÕES A PONDERAR NOS CASOS CONCRETOS. NULIDADE DO ACÓRDÃO ESTADUAL REJEITADA, PORQUE SUFICIENTEMENTE FUNDAMENTADO. RECURSO CONHECIDO E PROVIDO NO MÉRITO, POR MAIORIA.
I — **Se a economia globalizada não mais tem fronteiras rígidas e estimula e favorece a livre concorrência, imprescindível que as leis de proteção ao consumidor ganhem maior expressão em sua exegese,** na busca do equilíbrio que deve reger as relações jurídicas, dimensionando-se, inclusive, o fator risco, inerente à competitividade do comércio e dos negócios mercantis, sobretudo quando em escala internacional, em que presentes empresas poderosas, multinacionais, com filiais em vários países, sem falar nas vendas hoje efetuadas pelo processo tecnológico da informática e no forte mercado consumidor que representa o nosso País.
II — O mercado consumidor, não há como negar, vê-se hoje "bombardeado" diuturnamente por intensa e hábil propaganda, a induzir a aquisição de produtos, notadamente os sofisticados de procedência estrangeira, levando em linha de conta diversos fatores, dentre os quais, e com relevo, a respeitabilidade da marca.
III — **Se empresas nacionais se beneficiam de marcas mundialmente conhecidas, incumbe-lhes responder também pelas deficiências dos produtos que anunciam e comercializam,** não sendo razoável destinar-se ao consumidor as consequências negativas dos negócios envolvendo objetos defeituosos.
IV — Impõe-se, no entanto, nos casos concretos, ponderar as situações existentes.
V — Rejeita-se a nulidade arguida quando sem lastro na lei ou nos autos.
(REsp 63.981/SP, Rel. p/ Acórdão Ministro Sálvio de Figueiredo Teixeira, j. 11.4.2000, *DJ* 20.11.2000).

---

[12] MARQUES, Claudia Lima. *A insuficiente proteção do consumidor nas normas de direito internacional privado*. São Paulo: RT, 2011. v. 2 (Coleção doutrinas essenciais. Direito do consumidor: tutela das relações de consumo. Organizadores: Claudia Lima Marques e Bruno Miragem), p. 1099-1100.

Conforme bem pontuado por Elaine Cardoso de Matos Novais, "**a globalização** e a facilitação do comércio seja nacional seja internacional, nesse processo, principalmente com a sedimentação de empresas multinacionais, **faz com que tais empresas se apresentem com uma 'feição' única perante o consumidor**. Aquele que adquire o produto da X Americana, não o faz porque tal empresa o produz nos EUA, mas principalmente porque se trata de uma marca conhecida mundialmente e que, portanto, merece maior credibilidade do que outra pequena empresa local".[13]

Infelizmente, a jurisprudência superior não é farta em decisões emblemáticas como a acima citada, situação que poderia corroborar com a tese de que o produto "importado" diretamente pelo consumidor somente aceitaria reclamação perante o fornecedor estrangeiro.

Assim, se a filial nacional não se compromete em garantir a qualidade de um produto adquirido no exterior, dificilmente o consumidor conseguiria receber em seu país de origem os reparos necessários do bem adquirido.

Na prática, o Código de Defesa do Consumidor somente seria aplicável em face do importador nacional que importou e revendeu produto no mercado de consumo.

Trata-se, em nossa opinião, de omissão lamentável do Superior Tribunal de Justiça, que poderia ter aproveitado o momento em que foi julgado o REsp 63.981 — acima citado — para consolidar a responsabilidade da filial nacional, ao invés de se omitir e colocar à deriva a proteção do vulnerável da relação de consumo que está cada vez mais globalizada, em especial por meio do comércio eletrônico.

2.2. CONSUMIDOR COMO SUJEITO DA RELAÇÃO DE CONSUMO

Conforme visto, a **relação jurídica de consumo** é composta de **elementos subjetivos** (consumidor e fornecedor) e **objetivos** (produtos e serviços). Assim, é chegado o momento de aprofundarmos nossos estudos a respeito dos sujeitos da relação de consumo, iniciando pelos conceitos de consumidor insertos na Lei n. 8.078/90.

2.2.1. Conceito de consumidor em sentido estrito

O **Diploma Consumerista trouxe quatro definições de consumidor**, sendo que três delas retratam o denominado consumidor por equiparação. Iniciaremos os trabalhos sobre o tema com a análise de **consumidor em sentido estrito**, ou seja, aquele que efetivamente adquire ou contrata um produto ou serviço, conforme disposto no **art. 2.º do CDC**, *in verbis:* "**Consumidor é** toda pessoa física ou jurídica que adquire ou utiliza produto ou serviço como **destinatário final**".

Numa análise inicial e despretensiosa da **definição legal**, podemos concluir rapidamente que:

- **consumidores são as pessoas naturais ou jurídicas**;
- **consumidor** é aquele que **adquire** produto ou **contrata** serviço;

---

[13] NOVAIS, Elaine Cardoso de Matos. *Mercadoria adquirida no exterior*. São Paulo: RT, 2011. v. 2 (Coleção doutrinas essenciais. Direito do consumidor: tutela das relações de consumo. Organizadores: Claudia Lima Marques e Bruno Miragem), p. 1183.

▢ **consumidor** é também aquele que **utiliza** produto ou serviço;
▢ **consumidor** é o **destinatário final** do produto ou do serviço adquirido/contratado no mercado de consumo.

De fato e numa primeira análise, **o dispositivo não demonstra a complexidade** que está por trás desta definição, isto é, muitos são os **questionamentos** a respeito da abrangência do art. 2.º do CDC, tais como:

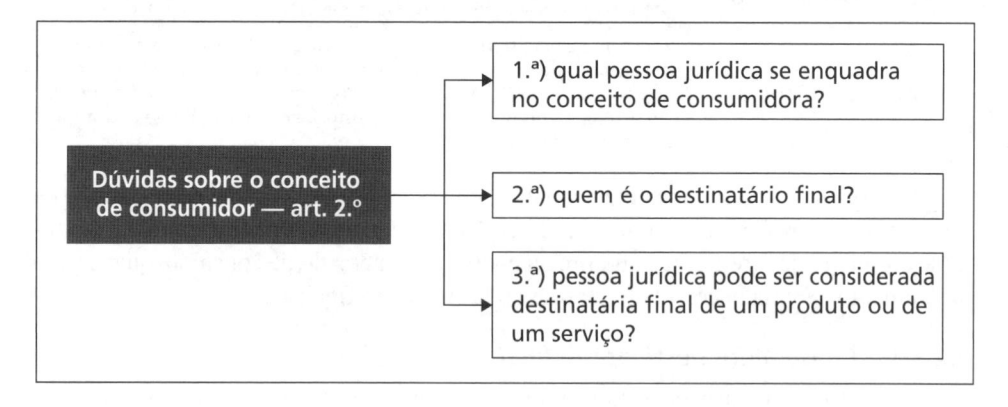

Dúvidas sobre o conceito de consumidor — art. 2.º

1.ª) qual pessoa jurídica se enquadra no conceito de consumidora?

2.ª) quem é o destinatário final?

3.ª) pessoa jurídica pode ser considerada destinatária final de um produto ou de um serviço?

Para enfrentarmos todas as complicações que envolvem o conceito de consumidor insculpido no *caput* do art. 2.º da Lei n. 8.078/90, traremos à colação o pensamento da melhor doutrina sobre o tema, além do posicionamento dominante na Jurisprudência Superior.

2.2.1.1. *O conceito econômico de consumidor adotado pelo CDC*

Muito se questionou a respeito do sentido do conceito de consumidor adotado pelo art. 2.º do CDC. Teria o Diploma Consumerista adotado um conceito de caráter econômico, sociológico, psicológico, filosófico ou uma mescla de todos estes?

Doutrinador que enfrentou o tema com propriedade foi o Prof. José Geraldo Brito Filomeno ao ensinar que "o **conceito** de consumidor **adotado pelo Código foi** exclusivamente **de caráter** *econômico,* ou seja, **levando-se em consideração tão somente o personagem que** no mercado de consumo **adquire bens ou** então **contrata a prestação de serviços, como destinatário final**, pressupondo-se que assim age com vistas ao atendimento de uma necessidade própria e não para o desenvolvimento de uma outra atividade negocial".[14]

Segundo o autor, excluíram-se de tal conceituação componentes de natureza sociológica, psicológica ou filosófica. Dos ensinamentos de Filomeno, ressaltamos:[15]

---

[14] GRINOVER, Ada Pellegrini; BENJAMIN, Antônio Herman de V.; FINK, Daniel Roberto; FILOMENO, José Geraldo Brito; NERY JR., Nelson; DENARI, Zelmo. *Código Brasileiro de Defesa do Consumidor,* p. 23.

[15] GRINOVER, Ada Pellegrini; BENJAMIN, Antônio Herman de V.; FINK, Daniel Roberto; FILOMENO, José Geraldo Brito; NERY JR., Nelson; DENARI, Zelmo. *Código Brasileiro de Defesa do Consumidor,* p. 23.

CONCEITO DE CONSUMIDOR	SIGNIFICADO
SENTIDO ECONÔMICO (ART. 2.º, *CAPUT* DO CDC)	"o personagem que no mercado de consumo **adquire bens ou** então **contrata a prestação de serviços, como destinatário final**, pressupondo-se que assim age com vistas ao atendimento de uma necessidade própria e não para o desenvolvimento de uma outra atividade negocial";
SENTIDO SOCIOLÓGICO	"é qualquer indivíduo que frui ou se utiliza de bens e serviços e pertence a uma determinada categoria ou classe social";
SENTIDO PSICOLÓGICO	"indivíduo sobre o qual se estudam as reações a fim de se individualizarem os critérios para a produção e as motivações internas que o levam ao consumo";
SENTIDO FILOSÓFICO	"consoante o magistério de Guido Alpa 'consumir' nesse aspecto ('homem consumidor') significa ceder sempre às sugestões veiculadas pela publicidade; significa — em última análise — estar sempre de acordo, a fim de que não se rompa o próprio consenso imposto, bem como alienar-se ante a apologia da sociedade de consumo".[16]

Dentre os quatro sentidos mencionados, entendemos que o conceito econômico de consumidor expresso no *caput* do art. 2.º do CDC é aquele que melhor retrata a finalidade do sujeito de direitos que adquire ou contrata no mercado de consumo, qual seja: o atendimento de uma necessidade própria do destinatário final.

2.2.1.2. Consumidor destinatário final

O tema mais controverso do capítulo em apreço é sem sombra de dúvidas saber como deve ser interpretada a **qualificação** de **"destinatário final"** atribuída ao consumidor na sua identificação prevista pelo *caput* do art. 2.º do CDC. Consumidor em sentido estrito nos termos da Lei n. 8.078/90 é, portanto, o destinatário final.

Desta forma, representa verdadeiro desafio resolver este entrave em razão das **distintas acepções** que a expressão nos fornece. Segundo Bruno Miragem, a respeito da qualificação "destinatário final" poderemos identificar:

> "O *destinatário fático,* ou seja, **aquele que** ao realizar o ato de consumo (adquirir ou utilizar) **retira o produto ou serviço do mercado de consumo**, usufruindo de modo definitivo sua utilidade.
> O *destinatário fático e econômico* do produto ou serviço em questão. Neste último caso, é destinatário final por ter praticado ato de consumo e não pela aquisição de insumos que posteriormente reempregará na atividade no mercado, transformando-os em outros produtos ou aproveitando-os no oferecimento de algum outro serviço."[17]

DESTINATÁRIO FÁTICO retira o produto ou serviço do mercado de consumo	vs.	DESTINATÁRIO FÁTICO E ECONÔMICO retira e consome o produto ou serviço

---

[16] ALPA, Guido. *Tutela del consumatore e controlli sull'impresa*. Bologna: Società Editrice Il Mulino, 1977.
[17] MIRAGEM, Bruno. *Curso de direito do consumidor*, p. 85.

Da citação colacionada, identificamos, *ab initio*, que a interpretação da **expressão "destinatário final" irá interferir diretamente no tema pessoa jurídica-consumidora** a ponto de saber se esta poderá valer-se ou não dos direitos e prerrogativas inerentes na lei tutelar do vulnerável na relação jurídica de consumo.

Tal assertiva busca amparo no fato de que, se considerarmos o consumidor como o destinatário fático do produto ou do serviço, isto é, aquele que retira o produto ou serviço do mercado de consumo, a pessoa jurídica se enquadraria perfeitamente no conceito de consumidor.

Em contexto diametralmente oposto, a pessoa jurídica não seria considerada destinatária final se a abrangência deste qualificativo exigisse, além da destinação fática, o consumo efetivo do produto e do serviço (destinação econômica). Isto porque uma empresa geralmente adquire um produto ou contrata um serviço para integrar a cadeia produtiva, ou seja, para produzir novos bens ou serviços.

Nesse sentido, sustenta Bruno Miragem "que o **conceito de consumidor** deve ser interpretado a partir de dois elementos:

a) a aplicação do **princípio da vulnerabilidade**; e

b) a **destinação econômica não profissional** do produto ou do serviço.

Ou seja, em linha de princípio e tendo em vista a teleologia da legislação protetiva deve-se identificar o *consumidor como* o *destinatário final fático e econômico do produto ou serviço"*.[18]

Fundamenta o autor que não é possível reempregar produto ou serviço no mercado de consumo com objetivo de lucro, salvo excepcionalmente para algumas empresas de pequeno porte, quando comprovadamente forem as vulneráveis da relação, podendo ser consideradas consumidores para a incidência das normas do CDC.

Percebam a necessidade de agregarmos mais um **elemento na definição de consumidor destinatário final, a vulnerabilidade**. Na mesma linha de raciocínio, entende José Geraldo Brito Filomeno que o "traço marcante da conceituação de 'consumidor', no nosso entender, está na *perspectiva* que se deve adotar, ou seja, no sentido de se o considerar como *vulnerável"*.[19]

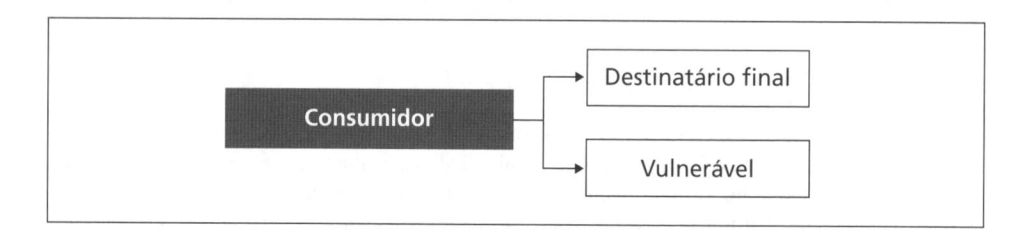

```
                    ┌─→  Destinatário final
       Consumidor ──┤
                    └─→  Vulnerável
```

---

[18] MIRAGEM, Bruno. *Curso de direito do consumidor*, p. 85-86.
[19] GRINOVER, Ada Pellegrini; BENJAMIN, Antônio Herman de V.; FINK, Daniel Roberto; FILOMENO, José Geraldo Brito; NERY JR., Nelson; DENARI, Zelmo. *Código Brasileiro de Defesa do Consumidor*, p. 26.

Trata-se de uma interpretação teleológica do Código de Defesa do Consumidor que surgiu num momento histórico de renovação em relação à lei privada vigente à época — Código Civil de 1916 —, que em sua maioria estava em total desacordo com as relações oriundas da nova sociedade de consumo de massa.

Entretanto, os avanços introduzidos no Código Civil de 2002, muitos inspirados no CDC e agora aplicáveis a uma relação jurídica individualizada, típica do Direito Civil clássico, impediram, para boa parte da doutrina, a ampliação do conceito de destinatário final para nele inserir a pessoa jurídica.

Defendem que doravante não haja mais a necessidade de aplicação do Código do Consumidor às relações em que não se encontrem consumidor de um lado e fornecedor do outro. Isto porque estão as partes em posição presumível de igualdade, bem como em razão da inserção no Código Civil de 2002 de princípios que buscaram inspiração nas relações de consumo, tais como:

- função social do contrato (art. 421[20]);
- probidade e da boa-fé (art. 422);
- interpretação mais favorável ao aderente (art. 423).

Parte da doutrina chega ao ponto de defender que apenas as pessoas jurídicas sem fins lucrativos poderiam ser albergadas no conceito de consumidor.

Este é o raciocínio desenvolvido por José Geraldo Brito Filomeno, que entende como "mais racional que sejam consideradas aqui as pessoas jurídicas *equiparadas aos consumidores vulneráveis,* ou seja, as que não tenham fins lucrativos, mesmo porque, insista-se, a conceituação é indissociável do aspecto da mencionada fragilidade. E, por outro lado, complementando essa pedra de toque do 'consumerismo', diríamos que a 'destinação final' de produtos e serviços, ou seja, sem fim negocial, ou 'uso não profissional', encerra esse conceito fundamental".[21]

O raciocínio parece simples: se a presunção de vulnerabilidade, de fragilidade, é inerente à pessoa física e, por outro lado, a presunção em relação a uma empresa é exatamente a oposta, ou seja, de preparo para contratar e defender-se, não seria possível incluí-la no conceito de consumidor destinatário final do art. 2.º do CDC.

---

[20] O citado dispositivo legal civilista foi alterado em 2019 pela Lei n. 13.874 (Lei da Liberdade Econômica) e passou a estabelecer: "Art. 421. A liberdade contratual será exercida nos limites da função social do contrato. Parágrafo único. Nas relações contratuais privadas, prevalecerão o princípio da intervenção mínima e a excepcionalidade da revisão contratual. Art. 421-A. Os contratos civis e empresariais presumem-se paritários e simétricos até a presença de elementos concretos que justifiquem o afastamento dessa presunção, ressalvados os regimes jurídicos previstos em leis especiais, garantido também que: I — as partes negociantes poderão estabelecer parâmetros objetivos para a interpretação das cláusulas negociais e de seus pressupostos de revisão ou de resolução; II — a alocação de riscos definida pelas partes deve ser respeitada e observada; e III — a revisão contratual somente ocorrerá de maneira excepcional e limitada".

[21] GRINOVER, Ada Pellegrini; BENJAMIN, Antônio Herman de V.; FINK, Daniel Roberto; FILOMENO, José Geraldo Brito; NERY JR., Nelson; DENARI, Zelmo. *Código Brasileiro de Defesa do Consumidor,* p. 26.

O mesmo pensamento é compartilhado por Claudia Lima Marques ao ensinar que "**se presume** que a **pessoa física** seja **sempre consumidora** frente a um fornecedor e **se permite que a pessoa jurídica vulnerável prove sua vulnerabilidade**".[22]

CONSUMIDOR PESSOA FÍSICA	CONSUMIDOR PESSOA JURÍDICA
▪ Vulnerabilidade presumida	▪ Vulnerabilidade a ser comprovada

No entanto, o tema é mais complexo do que aparenta, tanto que surgiram duas teorias para esclarecer o conceito de consumidor destinatário final — a teoria finalista e a maximalista — e existe uma posição intermediária dominante na jurisprudência do Superior Tribunal de Justiça — teoria finalista atenuada.

2.2.1.3. O conceito de consumidor na interpretação da teoria finalista

As **teorias** nascidas para explicar o conceito de consumidor destinatário final foram a **finalista** e a **maximalista**. Doutrina que bem estudou a existência destas duas teorias foi a de Claudia Lima Marques, mais precisamente desde 1992 em seu livro *Contratos no Código de Defesa do Consumidor*.[23]

Os seguidores da **corrente finalista**, também conhecida como **subjetiva**, entendem que o **consumidor** de um produto ou serviço nos termos da definição trazida no art. 2.º do CDC é o **destinatário fático e econômico**, ou seja, não basta retirar o bem do mercado de consumo, havendo a **necessidade de o produto ou serviço ser efetivamente consumido pelo adquirente ou por sua família**.

Desta forma, **numa visão mais extremada desta corrente estariam excluídas do conceito de consumidor todas as pessoas jurídicas e todos os profissionais**, na medida em que jamais poderiam ser considerados destinatários finais, pois o bem adquirido no mercado de alguma forma integraria a cadeia produtiva na elaboração de novos produtos ou na prestação de outros serviços.

A exclusão da própria pessoa jurídica do conceito de consumidora foi bem lembrada por Bruno Miragem, que destacou como exemplos o direito alemão, após a reforma do BGB de 2002, e o direito italiano em seu *Codice del Consumo*, de 2005. Mas o doutrinador ressaltou que "esta interpretação mais radical não se coaduna com o preceito normativo do artigo 2.º do CDC brasileiro, que prevê expressamente a pessoa jurídica como consumidora".[24]

Então, como enquadrar uma empresa na definição de consumidor ante a previsão legal? Seria possível tal enquadramento para a teoria finalista?

Uma das principais seguidoras da corrente finalista é Claudia Lima Marques, para quem a definição de consumidor é o centro que sustenta a tutela especial prevista no CDC e esta tutela só existe porque o consumidor é a parte mais fraca da relação, o vulnerável.

---

[22] BENJAMIN, Antônio Herman de V.; MARQUES, Claudia Lima; BESSA, Leonardo Roscoe. *Manual de direito do consumidor*, p. 85.
[23] BENJAMIN, Antônio Herman de V.; MARQUES, Claudia Lima; BESSA, Leonardo Roscoe. *Manual de direito do consumidor*, p. 85.
[24] MIRAGEM, Bruno. *Curso de direito do consumidor*, p. 92.

Assim, para os seguidores dessa corrente, **deveria ocorrer uma limitação do conceito de consumidor**, cabendo ao operador do Direito interpretar a expressão "destinatário final" de maneira restrita, como exigem os arts. 4.º e 6.º da Lei n. 8.078/90 ao disciplinarem os princípios da política nacional das relações de consumo e os direitos básicos do consumidor.

Conforme exposto, sobreleva notar que para Lima Marques "**destinatário final seria aquele** *destinatário fático e econômico* do bem ou serviço, seja ele pessoa jurídica ou física. Logo, segundo esta interpretação *teleológica*, **não basta ser destinatário fático do produto**, retirá-lo da cadeia de produção, levá-lo para o escritório ou residência — **é necessário ser destinatário final econômico do bem**, não adquiri-lo para revenda, não adquiri-lo para uso profissional, pois o bem seria novamente um instrumento de produção cujo preço será incluído no preço final do profissional que o adquiriu".[25]

Para a aludida autora, **não haveria, neste caso, "destinação final"** do produto ou do serviço, mas sim **consumo intermediário**, ainda dentro das cadeias de produção e de distribuição. Estaríamos diante, portanto, de uma interpretação restritiva de consumidor.

Entretanto, a própria doutrinadora finalista se rendeu ao **reconhecimento da existência de exceções**, isto é, de que **algumas pessoas jurídicas poderão ser enquadradas no conceito de consumidor**.

Destaca ainda que tal interpretação exige uma visão teleológica do Diploma Consumerista, além de cada caso dever ser analisado pelo Judiciário e, "reconhecendo a vulnerabilidade de uma pequena empresa ou profissional que adquiriu, uma vez que a vulnerabilidade pode ser fática, econômica, jurídica e informacional, por exemplo, um produto fora de seu campo de especialidade (uma farmácia); interpretar o art. 2.º de acordo com o *fim da norma*, isto é, proteção ao mais fraco na relação de consumo, e conceder a aplicação das normas especiais do CDC analogicamente também a estes profissionais".[26]

Ademais, interessante destacarmos que para alguns autores é importante analisar também a finalidade para a qual foi adquirido o bem no mercado de consumo, se como bem de capital ou não, para enquadrar a pessoa jurídica no conceito de consumidor.

Este é o pensamento, por exemplo, de José Geraldo Brito Filomeno,[27] que leciona ser essencial para enquadrar ou não a pessoa jurídica como consumidora a verificação de duas situações:

- se o consumidor-fornecedor na hipótese concreta adquiriu bem de capital ou não;
- se contratou serviço para satisfazer uma necessidade ou que lhe é imposta por lei ou natureza de seu negócio, principalmente por órgãos públicos.

---

[25] BENJAMIN, Antônio Herman de V.; MARQUES, Claudia Lima; BESSA, Leonardo Roscoe. *Manual de direito do consumidor,* p. 84-85.
[26] BENJAMIN, Antônio Herman de V.; MARQUES, Claudia Lima; BESSA, Leonardo Roscoe. *Manual de direito do consumidor,* p. 85.
[27] GRINOVER, Ada Pellegrini; BENJAMIN, Antônio Herman de V.; FINK, Daniel Roberto; FILOMENO, José Geraldo Brito; NERY JR., Nelson; DENARI, Zelmo. *Código Brasileiro de Defesa do Consumidor,* p. 31.

A conclusão a que se chega sobre o tema é a necessidade de se analisar cada caso em separado, até porque, sendo o objetivo principal do Código Consumerista tutelar a parte mais fraca nas relações de consumo, verdade seja dita que a pessoa jurídica pode ser considerada como tal e, portanto, beneficiária dos Direitos conferidos ao consumidor.

Em suma, consumidor destinatário final para a corrente finalista/subjetiva traz uma **conotação restritiva de seu conceito**.

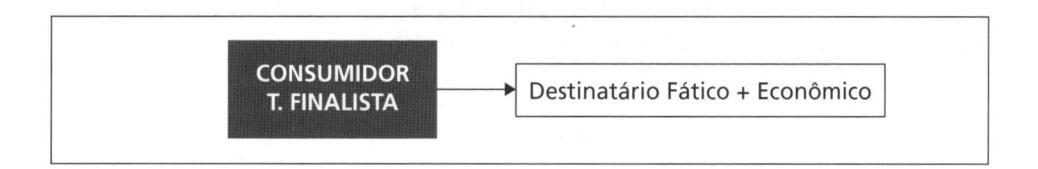

```
CONSUMIDOR
T. FINALISTA  ──▶  Destinatário Fático + Econômico
```

2.2.1.4. O conceito de consumidor na interpretação da teoria maximalista

Os seguidores da corrente **maximalista**, como o próprio nome sugere, trazem uma **definição mais ampla de consumidor**, nele incluindo a pessoa jurídica e o profissional, qualquer que seja a finalidade para a qual retirou o produto ou serviço do mercado de consumo.

Aliás, a teoria em apreço **exige apenas a retirada do bem do mercado de consumo** para reconhecer a figura do consumidor, ou seja, **basta ser o destinatário fático** do produto ou do serviço.

Mais uma vez, a precursora no estudo deste tema merece ser citada. Para Claudia Lima Marques, "os *maximalistas* viam nas normas do CDC o novo regulamento do mercado de consumo brasileiro, e não normas orientadas para proteger somente o consumidor não profissional. O CDC seria um código geral sobre o consumo, um código para a sociedade de consumo, que institui normas e princípios para todos os agentes do mercado, os quais podem assumir os papéis ora de fornecedores, ora de consumidores. **A definição do art. 2.º deve ser interpretada o mais extensamente possível**, segundo esta corrente, para que as normas do CDC possam ser aplicadas a um número cada vez maior de relações no mercado".[28]

Os seguidores dessa corrente consideram a definição do art. 2.º no enfoque exclusivamente objetivo, independentemente de a pessoa jurídica ou de o profissional terem finalidade de lucro quando adquirem um produto ou utilizam um serviço. Sendo o destinatário final simplesmente o destinatário fático do bem de consumo, bastará retirá-lo do mercado para ser considerado consumidor na visão maximalista.

Igualmente, a corrente **maximalista não enxerga o CDC como uma lei tutelar do mais fraco** numa relação jurídica tão desigual — a relação de consumo —, mas, segundo visto, entende ser o Diploma Consumerista o **novo regulamento do mercado de consumo brasileiro**, o qual albergaria sem maiores problemas a pessoa jurídica na definição de consumidor.

---

[28] BENJAMIN, Antônio Herman de V.; MARQUES, Claudia Lima; BESSA, Leonardo Roscoe. *Manual de direito do consumidor*, p. 85.

Se o questionamento levantado no estudo da teoria finalista foi a respeito da necessidade de se enquadrar a pessoa jurídica no conceito de consumidor, na medida em que a lei assim exige; aqui, a dúvida consiste em saber se o Código de Defesa do Consumidor seria o Diploma adequado para tutelar toda e qualquer relação de mercado, independentemente do sujeito que a desenvolve, pessoa física ou não.

Com a devida vênia aos maximalistas, **na atualidade não há por que defender tal posicionamento**, pois o próprio Código Civil vigente evoluiu muito na identificação e defesa da empresa mais frágil nas relações firmadas entre fornecedores. Conforme visto acima, o **Código Civil de 2002** trouxe em seu conteúdo institutos como:

- **função social do contrato**;
- **princípios de probidade e boa-fé**;
- **interpretação mais favorável ao aderente**.

Nessa linha de raciocínio, ensina Bruno Miragem que as razões do florescimento de interpretação tão extensiva devem-se a dois aspectos principais:

> "**Primeiro, a notada deficiência do Código Civil de 1916** e demais normas de direito civil para regularem o tema do contrato e sua complexidade, nos primeiros dez anos de vigência do CDC (até a promulgação do Código Civil de 2002).
> **Segundo, a ausência de normas de correção do desequilíbrio** contratual e proteção do contratante mais fraco fora do regime do CDC".[29]

Contudo, o Código Civil de 2002 trouxe em seu conteúdo muitas inovações tutelares inspiradas no Código de Defesa do Consumidor. Inovações estas que, para muitos doutrinadores, sepultariam qualquer tipo de sobrevida da teoria maximalista:

- Claudia Lima Marques defende que o "**problema desta visão é que transforma o direito do consumidor em direito privado geral**, pois retira do Código Civil quase todos os contratos comerciais, uma vez que comerciantes e profissionais consomem de forma intermediária insumos para a sua atividade-fim, de produção e de distribuição".[30]
- José Geraldo Brito Filomeno foi contundente ao lecionar, como querem os maximalistas, que **se aplica o Código, sem qualquer distinção, às pessoas jurídicas**, ainda que fornecedoras de bens e serviços, seria negar-se a própria epistemologia do microssistema jurídico de que se reveste.[31]

Como forma de encerramento do item, alguns exemplos trazidos pela doutrina do que seria **consumidor para a visão maximalista**, com o intuito de tornar mais cristalino o aprendizado:

---

[29] MIRAGEM, Bruno. *Curso de direito do consumidor*, p. 92.
[30] BENJAMIN, Antônio Herman de V.; MARQUES, Claudia Lima; BESSA, Leonardo Roscoe. *Manual de direito do consumidor,* p. 86.
[31] GRINOVER, Ada Pellegrini; BENJAMIN, Antônio Herman de V.; FINK, Daniel Roberto; FILOMENO, José Geraldo Brito; NERY JR., Nelson; DENARI, Zelmo. *Código Brasileiro de Defesa do Consumidor,* p. 31.

◘ as empresas que adquirem automóveis ou computadores para a realização de suas atividades;
◘ o agricultor que adquire adubo para o preparo do plantio;
◘ a empresa que contrata serviço de transporte de pedras preciosas ou de cartão de crédito;
◘ o Estado pode ser considerado consumidor quando adquire produtos para uso próprio em suas atividades administrativas;[32]
◘ a aquisição de um computador ou *software* para o exercício profissional da advocacia, pouco importa se por um advogado principiante ou por grande banca de advocacia, qualifica o adquirente como consumidor;
◘ o uso da eletricidade na fabricação de produtos por uma grande indústria ou o açúcar adquirido por uma doceira não são circunstâncias hábeis a elidir a relação de consumo, desde que o produto adquirido ou desaparece, ou sofre mutação substancial no processo produtivo. Portanto, sendo a grande indústria e a doceira destinatários finais, podem perfeitamente ser considerados consumidores, para efeito destas aquisições, não assim quando vendam os produtos fabricados ou os doces, relações em que serão considerados como fornecedores.[33]

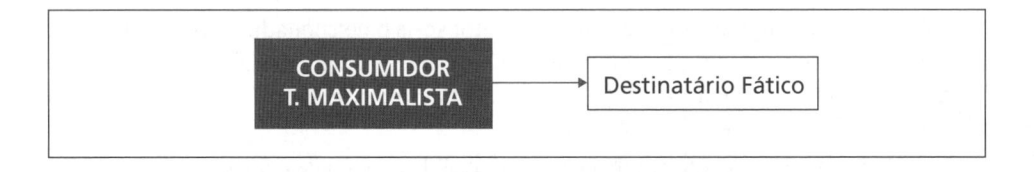

| CONSUMIDOR T. MAXIMALISTA | → | Destinatário Fático |

2.2.1.5. A pessoa jurídica como consumidora na jurisprudência do Superior Tribunal de Justiça — teoria finalista atenuada/mitigada/aprofundada

Após a entrada em vigor do Código Civil de 2002, foi inegável a perda de força da corrente maximalista, pois o novel Diploma civilista preocupou-se em inserir em seu conteúdo disposições capazes de proteger o mais fraco numa relação entre "iguais", como o reconhecimento, por exemplo, da boa-fé objetiva, segundo exaustivamente tratado nos subitens anteriores.

Ao mesmo tempo, uma nova teoria se firmava nos tribunais, tendo o **Superior Tribunal de Justiça** como principal expoente. Eis que surge a **corrente finalista mitigada ou atenuada**, pautada na ideia de se **enquadrar a pessoa jurídica como consumidora** desde que comprovada a sua **vulnerabilidade**, ou seja, tal posicionamento realiza o exame *in concreto* do conceito de consumidor.

---

[32] MIRAGEM, Bruno. *Curso de direito do consumidor*, p. 93-94.
[33] Apud Duciran Van Marsen Farena, Notas sobre o consumo e o conceito de consumidor: desenvolvimentos recentes, *Boletim Científico,* Escola Superior do Ministério Público da União, n. 2, Brasília, jan./mar. 2002, p. 42-43. In: CAVALIERI FILHO, Sergio. *Programa de direito do consumidor*, p. 60-61.

Ademais, apresenta-se como uma corrente intermediária quando cotejada com as teorias tradicionais finalista e maximalista, pois, apesar de o STJ ter adotado a teoria finalista, passou a interpretá-la de tal forma a enquadrar no conceito de consumidor destinatário final a pessoa jurídica, desde que a vulnerabilidade desta esteja presente no caso concreto.

Claudia Lima Marques leciona tratar-se do denominado **finalismo aprofundado** e explica tal teoria como "uma interpretação finalista mais aprofundada e madura, que deve ser saudada. Em casos difíceis envolvendo pequenas empresas que utilizam insumos para a sua produção, mas não em sua área de expertise ou com uma utilização mista, principalmente na área dos serviços, provada a vulnerabilidade, concluiu-se pela destinação final de consumo prevalente".[34]

Bruno Miragem[35] também ressalta a existência do finalismo aprofundado e identifica **dois critérios básicos na sua apresentação**:

- **primeiro**, de que a extensão do conceito de consumidor por equiparação é medida excepcional no regime do CDC;
- **segundo**, que é requisito essencial para esta extensão conceitual, e por intermédio da equiparação legal (art. 29), o reconhecimento da vulnerabilidade da parte que pretende ser considerada consumidora equiparada.

Percebam que aqui o enfoque dado pelo autor seria o de enquadrar a pessoa jurídica no conceito de consumidor por equiparação expresso no art. 29 do Diploma Consumerista, que envolve a tutela das pessoas expostas às práticas comerciais e contratuais abusivas.

Desta forma, sendo uma empresa a vulnerável da relação de consumo e demonstrada sua exposição a uma das práticas citadas, passível seria a incidência do CDC.[36]

Segundo posicionamento consolidado no **Superior Tribunal de Justiça**, a **comprovação da vulnerabilidade**[37] **da pessoa jurídica é pressuposto** *sine qua* **para o enquadramento desta no conceito de consumidor previsto no CDC**.

Trata-se da adoção pela jurisprudência da Teoria Finalista, porém de forma **atenuada, mitigada ou aprofundada** que admite a pessoa jurídica como consumidora, desde que comprovada sua fragilidade no caso concreto. Tal contexto é muito recorrente às relações envolvendo **microempresas, empresas de pequeno porte, profissionais liberais, profissionais autônomos**, dentre outros.

No mesmo sentido de reforçar a excepcionalidade e necessidade da presença de vulnerabilidade, destaca-se o posicionamento do STJ:

---

[34] BENJAMIN, Antônio Herman de V.; MARQUES, Claudia Lima; BESSA, Leonardo Roscoe. *Manual de direito do consumidor*, p. 87.
[35] MIRAGEM, Bruno. *Curso de direito do consumidor*, p. 94.
[36] *Vide* subitem: "2.2.1.6. Aplicação analógica do art. 29, do CDC: uma crítica ao finalismo atenuado".
[37] Tecnicamente, melhor seria dizer hipossuficiência, conforme analisaremos em breve quando tratarmos no subitem da inversão do ônus da prova a diferença deste instituto com o da vulnerabilidade.

CONSUMIDOR. DEFINIÇÃO. ALCANCE. TEORIA FINALISTA. REGRA. MITIGAÇÃO. FINALISMO APROFUNDADO. CONSUMIDOR POR EQUIPARAÇÃO. VULNERABILIDADE. 1. A jurisprudência do STJ se encontra consolidada no sentido de que a determinação da qualidade de consumidor deve, em regra, ser feita mediante aplicação da teoria finalista, que, numa exegese restritiva do art. 2.º do CDC, considera destinatário final tão somente o destinatário fático e econômico do bem ou serviço, seja ele pessoa física ou jurídica. 2. Pela teoria finalista, fica excluído da proteção do CDC o consumo intermediário, assim entendido como aquele cujo produto retorna para as cadeias de produção e distribuição, compondo o custo (e, portanto, o preço final) de um novo bem ou serviço. Vale dizer, só pode ser considerado consumidor, para fins de tutela pela Lei n. 8.078/90, aquele que exaure a função econômica do bem ou serviço, excluindo-o de forma definitiva do mercado de consumo. 3. A jurisprudência do STJ, tomando por base o conceito de consumidor por equiparação previsto no art. 29 do CDC, tem evoluído para uma aplicação temperada da teoria finalista frente às pessoas jurídicas, num processo que a doutrina vem denominando finalismo aprofundado, consistente em se admitir que, em determinadas hipóteses, a pessoa jurídica adquirente de um produto ou serviço pode ser equiparada à condição de consumidora, por apresentar frente ao fornecedor alguma vulnerabilidade, que constitui o princípio-motor da política nacional das relações de consumo, premissa expressamente fixada no art. 4.º, I, do CDC, que legitima toda a proteção conferida ao consumidor. 4. A doutrina tradicionalmente aponta a existência de três modalidades de vulnerabilidade: técnica (ausência de conhecimento específico acerca do produto ou serviço objeto de consumo), jurídica (falta de conhecimento jurídico, contábil ou econômico e de seus reflexos na relação de consumo) e fática (situações em que a insuficiência econômica, física ou até mesmo psicológica do consumidor o coloca em pé de desigualdade frente ao fornecedor). Mais recentemente, tem se incluído também a vulnerabilidade informacional (dados insuficientes sobre o produto ou serviço capazes de influenciar no processo decisório de compra). 5. A despeito da identificação in abstracto dessas espécies de vulnerabilidade, a casuística poderá apresentar novas formas de vulnerabilidade aptas a atrair a incidência do CDC à relação de consumo. Numa relação interempresarial, para além das hipóteses de vulnerabilidade já consagradas pela doutrina e pela jurisprudência, a relação de dependência de uma das partes frente à outra pode, conforme o caso, caracterizar uma vulnerabilidade legitimadora da aplicação da Lei n. 8.078/90, mitigando os rigores da teoria finalista e autorizando a equiparação da pessoa jurídica compradora à condição de consumidora. 6. Hipótese em que revendedora de veículos reclama indenização por danos materiais derivados de defeito em suas linhas telefônicas, tornando inócuo o investimento em anúncios publicitários, dada a impossibilidade de atender ligações de potenciais clientes. A contratação do serviço de telefonia não caracteriza relação de consumo tutelável pelo CDC, pois o referido serviço compõe a cadeia produtiva da empresa, sendo essencial à consecução do seu negócio. Também não se verifica nenhuma vulnerabilidade apta a equiparar a empresa à condição de consumidora frente à prestadora do serviço de telefonia. Ainda assim, mediante aplicação do direito à espécie, nos termos do art. 257 do RISTJ, fica mantida a condenação imposta a título de danos materiais, à luz dos arts. 186 e 927 do CC/02 e tendo em vista a conclusão das instâncias ordinárias quanto à existência de culpa da fornecedora pelo defeito apresentado nas linhas telefônicas e a relação direta deste defeito com os prejuízos suportados pela revendedora de veículos. 7.

Recurso especial a que se nega provimento (REsp 1.195.642/RJ, Rel. Ministra Nancy Andrighi, 3.ª T., *DJe* 21.11.2012).

Com o objetivo de identificar quando a pessoa jurídica estaria enquadrada no conceito de consumidor, Adalberto Pasqualotto dividiu as decisões do STJ em três grandes grupos:[38]

▪ **Grupo I — relações envolvendo pessoas jurídicas e contratos bancários ou de cartão de crédito:**[39]

Não incidência do CDC na relação envolvendo pessoa jurídica e banco na celebração de contrato bancário para fins de **aplicação em sua atividade produtiva**, por se tratar de **consumo intermediário** na visão do STJ: "I. Cuidando-se de contrato bancário celebrado com **pessoa jurídica para fins de aplicação em sua atividade produtiva, não incide na espécie o CDC**, com o intuito da inversão do ônus probatório, porquanto **não discutida a hipossuficiência** da recorrente nos autos. Precedentes. II. Nessa hipótese, não se configura relação de consumo, mas **atividade de consumo intermediária**, que não goza dos privilégios da legislação consumerista" (REsp 716.386/SP, Rel. Ministro Aldir Passarinho Júnior, 4.ª T., *DJe* 15.9.2008).

Não incidência do CDC na relação envolvendo pessoa jurídica e banco na celebração de **contrato de mútuo bancário** para fins de incrementar capital de giro da empresa, por se tratar também de **consumo intermediário** na visão do STJ:

AGRAVO REGIMENTAL NO AGRAVO DE INSTRUMENTO. **CONTRATO DE MÚTUO BANCÁRIO. CRÉDITO DESTINADO AO CAPITAL DE GIRO DA EMPRESA. CONCEITO DE DESTINATÁRIO FINAL AFASTADO. RELAÇÃO DE CONSUMO INEXISTENTE.** INAPLICABILIDADE DO CÓDIGO DE DEFESA DO CONSUMIDOR. PRECEDENTES DESTA CORTE. INCIDÊNCIA DA SÚMULA 83 DO STJ. AGRAVO REGIMENTAL IMPROVIDO (AgRg no Ag 900.563/PR, Rel. Ministro Luis Felipe Salomão, 4.ª T., *DJe* 3.5.2010).[40]

---

[38] PASQUALOTTO, Adalberto. *O destinatário final e o "consumidor intermediário"*. São Paulo: RT, 2011. v. 1 (Coleção doutrinas essenciais. Direito do consumidor: tutela das relações de consumo. Organizadores: Claudia Lima Marques e Bruno Miragem), p. 925-929.
[39] PASQUALOTTO, Adalberto. *O destinatário final e o "consumidor intermediário"*, p. 925-927.
[40] No mesmo sentido: "PROCESSUAL CIVIL. CONTRATO BANCÁRIO. PEDIDO DE RECONSIDERAÇÃO RECEBIDO COMO AGRAVO REGIMENTAL NO AGRAVO EM RECURSO ESPECIAL. EXCESSO DE EXECUÇÃO. REEXAME DE FATOS E PROVAS. IMPOSSIBILIDADE. SÚMULA N. 7/STJ. MÚTUO BANCÁRIO PARA OBTENÇÃO DE CAPITAL DE GIRO. INAPLICABILIDADE DO CDC. DECISÃO MANTIDA. 1. O recurso especial não comporta o exame de questões que impliquem revolvimento do contexto fático-probatório dos autos, a teor do que dispõe a Súmula n. 7/STJ. 2. No caso, o Tribunal de origem concluiu que o bem oferecido em penhora era de difícil alienação e, por isso, entendeu por justificada a recusa do credor. Alterar tal entendimento é inviável em recurso especial, pois demandaria o reexame da prova dos autos. 3. **A empresa que celebra contrato de mútuo bancário com a finalidade de obtenção de capital de giro não se enquadra no conceito de consumidor final previsto no art. 2.º do CDC. Precedente.** 4. Pedido de reconsideração recebido como agravo regimental, a que se nega provimento" (AgRg no AREsp 71.538/SP, Rel. Ministro Antonio Carlos Ferreira, 4.ª T., *DJe* 4.6.2013).

Não incidência do CDC e o consequente reconhecimento da legalidade do foro de eleição na relação envolvendo pessoa jurídica e a contratação de **serviço de crédito** junto a instituição financeira para fins de **aplicação em sua atividade produtiva**, por se tratar de **consumo intermediário** na visão do STJ: **"o serviço de crédito tomado pela pessoa jurídica junto à instituição financeira de certo foi utilizado para o fomento da atividade empresarial, no desenvolvimento da atividade lucrativa, de forma que a sua circulação econômica não se encerra nas mãos da pessoa jurídica, sociedade empresária, motivo pelo qual não resta caracterizada, *in casu*, relação de consumo entre as partes"** (CC 92.519/SP, Rel. Ministro Fernando Gonçalves, 2.ª Seção, *DJe* 4.3.2009).

Incidência do CDC na relação envolvendo pessoa jurídica e banco de fomento comercial (Banco Regional de Desenvolvimento do Extremo Sul — BRDE), por ser considerada a empresa **destinatária final** na visão do STJ:

> EMBARGOS DE DECLARAÇÃO RECEBIDOS COMO AGRAVO REGIMENTAL DADO O NÍTIDO CARÁTER INFRINGENTE. INEXISTÊNCIA DE ELEMENTOS QUE POSSAM INFIRMAR A DECISÃO AGRAVADA QUE MERECE SER MANTIDA POR SEUS PRÓPRIOS FUNDAMENTOS. NEGATIVA DE PRESTAÇÃO JURISDICIONAL NÃO VERIFICADA. AUSÊNCIA DE PREQUESTIONAMENTO DOS ARTIGOS 2.º E 43, § 1.º E § 4.º DA LEI N. 8.078/90; 1.º, § ÚNICO E 4.º, § 2.º DA LEI N. 9.507/95. INCIDÊNCIA DA SÚMULA 211/STJ. DISSÍDIO JURISPRUDENCIAL NÃO DEMONSTRADO. QUALIFICAÇÃO DA PESSOA JURÍDICA COMO CONSUMIDORA. DESTINATÁRIA FINAL DO PRODUTO OU SERVIÇO. POSSIBILIDADE. RELAÇÃO DE CONSUMO CONFIGURADA. AGRAVO REGIMENTAL IMPROVIDO (EDcl no Ag 770.346/RS, Rel. Ministro Luis Felipe Salomão, 4.ª T., *DJe* 8.2.2010).

■ **Grupo II** — casos pertinentes a profissionais ou contratos interempresariais (contratos nos quais o débil é uma empresa ou tem *expertise* no objeto do contrato):[41]

Não incidência do CDC na relação envolvendo pessoa jurídica na aquisição de **equipamentos médicos de vultoso valor** para fins de **incrementar a atividade profissional lucrativa**, por se tratar de **consumo intermediário** e pela **ausência de comprovação da hipossuficiência**[42] na visão do STJ: **"o hospital adquirente do equipamento médico não se utiliza do mesmo como destinatário final, mas para desenvolvimento de sua própria atividade negocial; não se caracteriza, tampouco, como hipossuficiente na relação contratual travada, pelo que, ausente a presença do consumidor, não se há falar em relação merecedora de tutela legal especial. Em outros termos, ausente a relação de consumo, afasta-se a incidência do CDC**, não se havendo falar em abusividade de cláusula de eleição de foro livremente pactuada pelas partes,

---

[41] PASQUALOTTO, Adalberto. *O destinatário final e o "consumidor intermediário"*, p. 927-928.
[42] Merece destaque a decisão ao utilizar a hipossuficiência, pois tecnicamente é esta que pode ser comprovada no caso concreto, e não a vulnerabilidade.

em atenção ao princípio da autonomia volitiva dos contratantes" (CC 46.747/SP, Rel. Ministro Jorge Scartezzini, *DJe* 20.3.2006).[43]

Não incidência do CDC na relação envolvendo **permuta de sacas de arroz por insumo agrícola** para fins de **incrementar a atividade negocial**, por se tratar de **consumo intermediário** na visão do STJ. A Segunda Seção disciplinou que "A aquisição de bens ou a utilização de serviços, por pessoa natural ou jurídica, com o **escopo de implementar ou incrementar a sua atividade negocial**, não se reputa como relação de consumo e, sim, como uma **atividade de consumo intermediária**" (REsp 541.867/BA, Rel. p/ Acórdão Ministro Barros Monteiro, *DJU* 16.5.2005).

Não incidência do CDC na relação envolvendo **aquisição de insumo agrícola** para fins de **investir na atividade produtiva**, por se tratar de **consumo intermediário** na visão do STJ: "**A aquisição de insumos agrícolas para investimento em atividade produtiva, não como destinatário final**, importa, de acordo com o entendimento sufragado nesta Corte, na **inaplicação do CDC** à espécie" (REsp 541.867/BA, Rel. p/ Acórdão Ministro Barros Monteiro, *DJU* 16.5.2005).

Não incidência do CDC na relação envolvendo **franqueador e franqueado**, pelo fato de este **não ser considerado consumidor** e pela **não comprovação da hipossuficiência** na visão do STJ:

> I. O contrato de franquia, por sua natureza, não está sujeito ao âmbito de incidência da Lei n. 8.078/1990, eis que **o franqueado não é consumidor de produtos ou serviços da franqueadora, mas aquele que os comercializa junto a terceiros, estes sim, os destinatários finais**.
> II. Situação, ademais, em que **não restou comprovada a hipossuficiência das autoras**, que buscavam que a ação em que pretendem a rescisão do contrato e indenização tramitasse na comarca da sede de algumas delas, em detrimento do foro contratual, situado em outro Estado (REsp 632.958/AL, Rel. Ministro Aldir Passarinho Junior, 4.ª T., *DJe* 29.3.2010).

Não incidência do CDC na relação envolvendo **cooperativa e cooperado**, pelo fato de este **não ser considerado consumidor** na visão do STJ:

> EXECUÇÃO. COOPERATIVA. CONFISSÃO DE DÍVIDA E NOTA PROMISSÓRIA. ENCARGOS PACTUADOS. ALEGAÇÃO DE ONEROSIDADE EXCESSIVA — Fundamentos expendidos pelas instâncias ordinárias que não são objeto de impugnação por parte do cooperado. — **Inaplicabilidade ao caso do disposto no art. 51, IV, do Código de Defesa do Consumidor, não só por ostentar o recorrente a qualidade de mero cooperado**, mas também porque a taxa cobrada dos encargos diz respeito também a serviços de utilização comum postos à disposição dos associados. Recurso especial não conhecido (REsp 93.291/PR, Rel. Ministro Barros Monteiro, 4.ª T., *DJe* 19.9.2005).

---

[43] No mesmo sentido, foi a posição do STJ no julgamento do REsp 1.162.649/SP: "As normas do CDC não são aplicáveis à aquisição e à importação de aparelho de raio X por entidade hospitalar, não hipossuficiente nem vulnerável, no intuito de incrementar sua atividade, ampliar a gama de serviços e aumentar os lucros" (Rel. Ministro Luis Felipe Salomão, Rel. p/ Acórdão Ministro Antônio Carlos Ferreira, 4.ª T., *DJe* 18.8.2014).

Não incidência do CDC na relação envolvendo **banco e empresa de vigilância contratada**, pelo fato de **não estar comprovada a vulnerabilidade** na visão do STJ: "A jurisprudência do STJ tem evoluído no sentido de **somente admitir a aplicação do CDC** à pessoa jurídica empresária excepcionalmente, **quando evidenciada a sua vulnerabilidade no caso concreto**; ou por equiparação, nas situações previstas pelos arts. 17 e 29 do CDC" (AgRg no REsp 687.239/RJ, Rel. Nancy Andrighi, 3.ª T., *DJe* 2.5.2006).

Incidência do CDC na relação envolvendo **proprietário de caminhão e montadora**, pelo fato de **estar comprovada a vulnerabilidade** na visão do STJ: "Excepcionalmente, **o profissional freteiro**, adquirente de caminhão zero-quilômetro, que assevera conter defeito, também **poderá ser considerado consumidor**, quando a **vulnerabilidade estiver caracterizada** por alguma hipossuficiência quer fática, técnica ou econômica. — Nesta hipótese está justificada a aplicação das regras de proteção ao consumidor, notadamente a concessão do benefício processual da inversão do ônus da prova" (REsp 1.080.719/MG, Rel. Ministra Nancy Andrighi, 3.ª T., *DJe* 17.8.2009).[44]

Também haverá relação de consumo na aquisição de aeronave por empresa administradora de imóveis, quando o produto for "adquirido para atender a uma necessidade própria da pessoa jurídica, não se incorporando ao serviço prestado aos clientes. Existência de relação de consumo, à luz da teoria finalista mitigada" (AgRg no REsp 1.321.083/PR, Rel. Ministro Paulo de Tarso Sanseverino, *DJe* 25.9.2014). Percebam que não é apenas a condição de fragilidade econômica de uma das empresas que configurará a existência da relação de consumo, mas também o fato de o bem adquirido não ser incorporado ao serviço prestado. Neste caso, o avião é utilizado para facilitar o deslocamento dos sócios da empresa.[45]

---

[44] O mesmo raciocínio vale para o taxista (REsp 611.872/RJ, Rel. Ministro Antonio Carlos Ferreira, 4.ª T., *DJe* 23.10.2012).

[45] No mesmo sentido, STJ no julgamento do REsp 1.352.419/SP: "RECURSO ESPECIAL. CIVIL. SEGURO EMPRESARIAL. VIOLAÇÃO DO ART. 535 DO CPC. INEXISTÊNCIA. PROTEÇÃO DO PATRIMÔNIO DA PRÓPRIA PESSOA JURÍDICA. DESTINATÁRIA FINAL DOS SERVIÇOS SECURITÁRIOS. RELAÇÃO DE CONSUMO. CARACTERIZAÇÃO. INCIDÊNCIA DO CDC. COBERTURA CONTRATUAL CONTRA ROUBO/FURTO QUALIFICADO. OCORRÊNCIA DE FURTO SIMPLES. INDENIZAÇÃO DEVIDA. CLÁUSULA CONTRATUAL ABUSIVA. FALHA NO DEVER GERAL DE INFORMAÇÃO AO CONSUMIDOR. 1. Não há falar em negativa de prestação jurisdicional se o tribunal de origem motiva adequadamente sua decisão, solucionando a controvérsia com a aplicação do direito que entende cabível à hipótese, apenas não no sentido pretendido pela parte. 2. Consumidor é toda pessoa física ou jurídica que adquire ou utiliza, como destinatário final, produto ou serviço oriundo de um fornecedor. Por sua vez, destinatário final, segundo a teoria subjetiva ou finalista, adotada pela Segunda Seção desta Corte Superior, é aquele que ultima a atividade econômica, ou seja, que retira de circulação do mercado o bem ou o serviço para consumi-lo, suprindo uma necessidade ou satisfação própria, não havendo, portanto, a reutilização ou o reingresso dele no processo produtivo. Logo, **a relação de consumo (consumidor final) não pode ser confundida com relação de insumo (consumidor intermediário)**. 3. Há relação de consumo no seguro empresarial se a pessoa jurídica o firmar visando a proteção do próprio patrimônio (destinação pessoal), sem o integrar nos produtos ou serviços que oferece, mesmo que seja para resguardar insumos utilizados em sua atividade comercial, pois será a destinatária final dos serviços securitários. Situação diversa seria

■ **Grupo III — viabilidade da eleição contratual de foro:**[46]

Não incidência do CDC na relação envolvendo **empresa com capacidade financeira, técnica e jurídica para contratar**, pelo fato de **não estar comprovada a hipossuficiência** na visão do STJ:

> PROCESSO CIVIL. RECURSO ESPECIAL. EXCEÇÃO DE INCOMPETÊNCIA. INEXISTÊNCIA, NA ESPÉCIE, DE CONTRATO DE ADESÃO. **PARTES COM CAPACIDADE FINANCEIRA, TÉCNICA E JURÍDICA PARA CONTRATAR.** COMPETÊNCIA TERRITORIAL. DOMICÍLIO DO RÉU. CRITÉRIO RELATIVO. DERROGAÇÃO PELAS PARTES. **PREVALECENTE O FORO DE ELEIÇÃO.** RECURSO ESPECIAL PROVIDO (REsp 415.150/PE, Rel. Ministro Massami Uyeda, 4.ª T., *DJe* 27.8.2007).

Não incidência do CDC na relação envolvendo **empresa de grande porte**, pelo fato de **não estar comprovada a hipossuficiência** na visão do STJ: "1 — Contratos firmados entre montadora e concessionária de veículos constituem **contratos empresariais pactuados entre empresas de porte, financeiramente capazes de demandar no foro de eleição contratual**" (REsp 827.318/RS, Rel. Ministro Jorge Scartezzini, 4.ª T., *DJe* 9.10.2006).

Por outro lado, em "uma relação interempresarial, para além das hipóteses de vulnerabilidade já consagradas pela doutrina e pela jurisprudência, a relação de dependência de uma das partes frente à outra pode, conforme o caso, caracterizar uma vulnerabilidade legitimadora da aplicação da Lei n. 8.078/90, mitigando os rigores da teoria finalista e autorizando a equiparação da pessoa jurídica compradora à condição de consumidora. Precedentes" (AgInt no AREsp 1415864/SC, Rel. Ministra Nancy Andrighi, 3.ª T., j. 4.5.2020, *DJe* 7.5.2020).

Em resumo, no entendimento majoritário do STJ, a pessoa jurídica para se enquadrar no conceito de consumidor deverá:

■ comprovar a sua vulnerabilidade (tecnicamente, a hipossuficiência) no caso concreto;

■ não ser consumidor intermediário.[47]

---

se o seguro empresarial fosse contratado para cobrir riscos dos clientes, ocasião em que faria parte dos serviços prestados pela pessoa jurídica, o que configuraria consumo intermediário, não protegido pelo CDC. 4. A cláusula securitária a qual garante a proteção do patrimônio do segurado apenas contra o furto qualificado, sem esclarecer o significado e o alcance do termo 'qualificado', bem como a situação concernente ao furto simples, está eivada de abusividade por falha no dever geral de informação da seguradora e por sonegar ao consumidor o conhecimento suficiente acerca do objeto contratado. Não pode ser exigido do consumidor o conhecimento de termos técnico-jurídicos específicos, ainda mais a diferença entre tipos penais de mesmo gênero. 5. Recurso especial provido" (Rel. Ministro Ricardo Villas Bôas Cueva, 3.ª T., *DJe* 8.9.2014).

[46] PASQUALOTTO, Adalberto. *O destinatário final e o "consumidor intermediário"*, p. 928-929.

[47] Sobre o tema, traz-se à colação trecho de decisão do STJ a respeito da figura do consumidor intermediário: "2. O art. 2.º do Código de Defesa do Consumidor abarca expressamente a possibilidade de as pessoas jurídicas figurarem como consumidores, sendo relevante saber se a pessoa — física

2.2.1.6. Aplicação analógica do art. 29 do CDC: uma crítica ao finalismo atenuado

Apesar de estar consolidado entendimento na jurisprudência superior da adoção da teoria finalista de forma atenuada para enquadrar a pessoa jurídica no conceito de consumidor destinatário final expresso no *caput* do art. 2.º do CDC, não é toda a doutrina que concorda com tal posicionamento.

Na visão de Adalberto Pasqualotto, o atual entendimento do Superior Tribunal de Justiça "não se trata de abrandamento da teoria finalista, mas de adequada aplicação do art. 29 do CDC",[48] conforme aprofundaremos no subitem 2.2.5. deste livro ao tratarmos da figura do consumidor por equiparação como sendo as pessoas expostas às práticas comerciais e contratuais.

Segundo o doutrinador, o "**art. 29 é o portal dos vulneráveis não consumidores**. É por ali que o Código de Defesa do Consumidor agasalha os que, não sendo destinatários finais, enfrentam no mercado as mesmas ou semelhantes dificuldades dos consumidores".[49]

Mais uma vez o elemento vulnerabilidade está presente e, em razão de sua força conceitual, é capaz de deixar clara a incidência do Código de Defesa do Consumidor não apenas para proteger os consumidores destinatários finais, mas também para tutelar aqueles que não se enquadram em tal definição, porém dele necessitam em razão da condição de inferioridade em que se encontram nas relações firmadas com o fornecedor.

Sobre o tema, destaca-se que a vulnerabilidade não é atributo exclusivo do consumidor pessoa física, mas atinge também pessoas jurídicas, oportunidade em que poderão ser consideradas consumidoras por equiparação nos termos do art. 29 do CDC.

Assim, nas oportunidades em que uma empresa for exposta a uma prática comercial ou contratual abusiva e desde que demonstrada sua hipossuficiência no caso concreto, será considerada consumidora por equiparação para os defensores da tese ora apresentada.

Ademais, Pasqualotto conclui seu raciocínio defendendo que "essa situação pode ser representada por dois círculos concêntricos: o círculo externo é o da vulnerabilidade em sentido amplo e o interno é o das relações jurídicas de consumo. Neste a vulnerabilidade é presumida (art. 4.º, I, do CDC) e é onde se situam os consumidores propriamente ditos (art. 2.º, *caput*, do CDC). O círculo externo é o da equiparação abrigando os sujeitos previstos no art. 29 do CDC. A correta hermenêutica do dispositivo é a proteção dos não consumidores em situação de vulnerabilidade".[50]

Segue o entendimento de Adalberto Pasqualotto esquematizado:

---

ou jurídica — é 'destinatária final' do produto ou serviço. Nesse passo, somente se desnatura a relação consumerista se o bem ou serviço passa a integrar a cadeia produtiva do adquirente, ou seja, torna-se objeto de revenda ou de transformação por meio de beneficiamento ou montagem, ou, ainda, quando demonstrada sua vulnerabilidade técnica, jurídica ou econômica frente à outra parte. (...)" (REsp 932.557/SP, Rel. Ministro Luis Felipe Salomão, 4.ª T., *DJe* 23.2.2012).

[48] PASQUALOTTO, Adalberto. *O destinatário final e o "consumidor intermediário"*, p. 924.
[49] PASQUALOTTO, Adalberto. *O destinatário final e o "consumidor intermediário"*, p. 930.
[50] PASQUALOTTO, Adalberto. *O destinatário final e o "consumidor intermediário"*, p. 931.

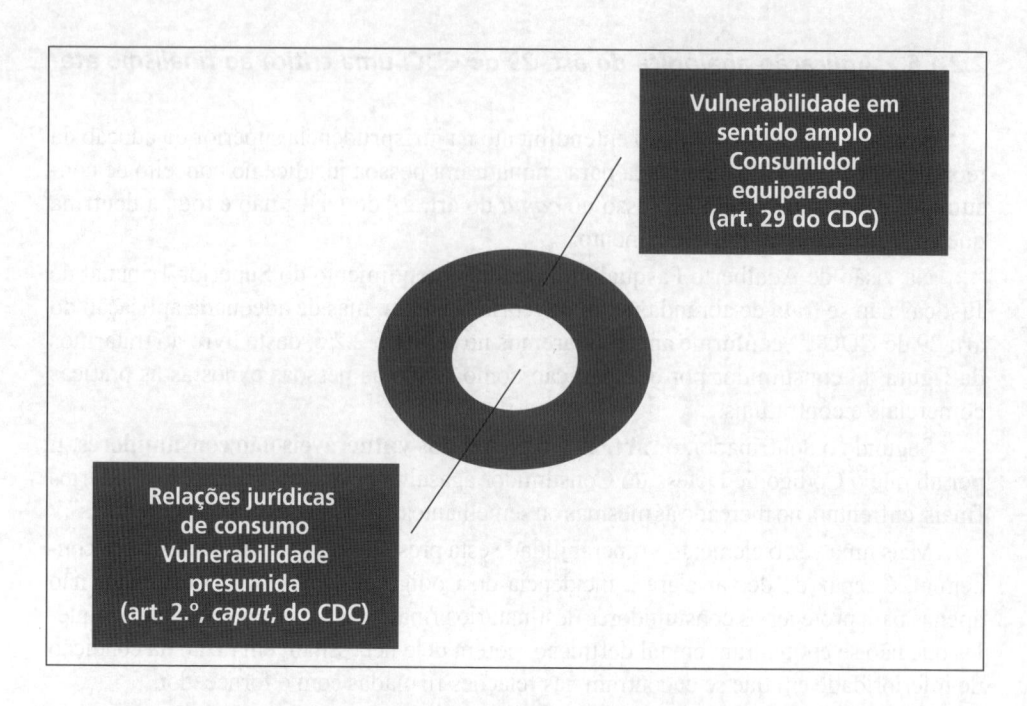

> **Vulnerabilidade em sentido amplo Consumidor equiparado (art. 29 do CDC)**
>
> **Relações jurídicas de consumo Vulnerabilidade presumida (art. 2.º, *caput*, do CDC)**

Conforme o exposto, o **princípio da vulnerabilidade** passa a figurar como **critério determinante do conceito de consumidor e da incidência** das normas do **CDC**.

Este é o pensamento de Bruno Miragem, para quem o "reconhecimento ou não da vulnerabilidade passa a servir, então, tanto para situações excepcionais, em que a pessoa jurídica empresária, embora não sendo destinatária final fática e econômica, é classificada como consumidora, quanto para excluir, em circunstâncias excepcionais, a aplicação das normas de proteção ao consumidor quando presentes condições particulares do adquirente ou usuário, que o coloquem em situação de superioridade em relação ao vendedor ou prestador de serviços".[51]

Estudaremos no momento oportuno que a vulnerabilidade admite uma interpretação ampla de seu conceito, na medida em que ela poderá ser técnica, jurídico-científica, fático-econômica ou informacional.

Desta forma, **não é qualquer dependência de uma das partes numa relação interempresarial que levará a efeito a aplicação das normas do CDC**. Nesta linha de raciocínio, ressalta Bruno Miragem, há a necessidade de se responder a duas questões específicas para saber se incidirá ou não o Diploma Consumerista nas relações envolvendo pessoas jurídicas:

> *Primeiro*, se o reconhecimento da vulnerabilidade e a aplicação das normas do CDC afastam a aplicação das leis próprias da relação entre empresários (Código Civil) ou de proteção da concorrência (Lei n. *8.884/94*);

---

[51] MIRAGEM, Bruno. *Curso de direito do consumidor*, p. 95-96.

segundo, se há de se considerar, para identificação da vulnerabilidade, um grau de intensidade na desigualdade de posições jurídicas e consequente fraqueza da parte a ser qualificada como consumidora.[52]

Exemplo característico desta linha de pensamento traduz-se no caso de um pequeno escritório de advocacia que decide informatizar o seu sistema de arquivamento das demandas judiciais propostas por seus advogados e contrata uma renomada empresa de informática para realizar este trabalho.

No aspecto econômico, não há dúvidas em se constatar a fragilidade do escritório de advocacia em relação à grande empresa de informática. Mas, se o problema que levou o caso à apreciação do Poder Judiciário **estiver relacionado com a análise contratual no tocante a aspectos jurídicos, a vulnerabilidade inexistirá** neste caso em razão da **impossibilidade de se considerar um escritório de advocacia a parte mais fraca numa relação em que os advogados possuem (ou deveriam possuir) a** *expertise* para a compreensão de cláusulas contratuais.

Em última análise, quer se considere a pessoa jurídica consumidora destinatária final nos termos do *caput* do art. 2.º do CDC, quer se considere consumidora por equiparação conforme art. 29 do Código do Consumidor, a comprovação da vulnerabilidade (tecnicamente, a hipossuficiência) será imprescindível, e a constatação da posição de fragilidade deverá levar em consideração:

- os conhecimentos técnicos da empresa-consumidora, se o que se pretende comprovar for a hipossuficiência técnica;
- os conhecimentos jurídicos ou científicos da empresa-consumidora, se o que se pretende comprovar for a hipossuficiência jurídico-científica;
- as condições fáticas e econômicas da empresa-consumidora, se o que se pretende comprovar for a hipossuficiência fático-econômica;
- as informações deficientes passadas à empresa-consumidora a respeito do produto ou do serviço, se o que se pretende comprovar for a hipossuficiência informacional.

Após o estudo de todos os tópicos acima mencionados, destacaremos os pontos mais marcantes a respeito do conceito de consumidor em sentido estrito, previsto no art. 2.º, *caput,* do Código de Defesa do Consumidor:

RESUMO DOS PONTOS MAIS RELEVANTES DO CONCEITO DE CONSUMIDOR EM SENTIDO ESTRITO	
PESSOA FÍSICA OU JURÍDICA COMO DESTINATÁRIO FINAL	◼ Consumidor pessoa física = a vulnerabilidade é presumida. ◼ Consumidor pessoa jurídica = a vulnerabilidade (hipossuficiência) deverá ser comprovada.
TEORIAS FINALISTA E MAXIMALISTA	◼ Teoria finalista traz um conceito restrito de consumidor que é o destinatário fático e econômico do produto ou do serviço (pessoa jurídica não pode ser consumidora). ◼ Teoria maximalista traz um conceito amplo de consumidor que passa a ser o destinatário fático do produto ou do serviço (pessoa jurídica pode ser consumidora).

---

[52] MIRAGEM, Bruno. *Curso de direito do consumidor*, p. 97. Sobre o tema, cumpre ressaltar que a Lei n. 8.884/94 foi revogada pela Lei n. 12.529/2011.

POSIÇÃO DO STJ	▫ Teoria finalista atenuada (mitigada ou aprofundada), que admite a pessoa jurídica como consumidora desde que comprovada a sua vulnerabilidade (hipossuficiência) no caso concreto e desde que não utilize o bem como consumo intermediário.
VULNERABILIDADE	▫ Quer se considere a pessoa jurídica consumidora destinatária final nos termos do *caput* do art. 2.º do CDC, quer se considere consumidora por equiparação conforme art. 29 do Código do Consumidor, a comprovação da vulnerabilidade (tecnicamente, a hipossuficiência) será imprescindível.

2.2.1.7. Bens de consumo vs. bens de produção

Apesar de constatarmos que a posição dominante no Superior Tribunal de Justiça considera como consumidor, além da pessoa física, cuja vulnerabilidade é presumida, o profissional ou a pessoa jurídica, desde que comprovada a vulnerabilidade, interessante trazer à colação a doutrina de Rizzatto Nunes que leva em conta mais um elemento na identificação da incidência ou não do CDC a dada relação jurídica, qual seja: a diferenciação entre bens de consumo (adquiridos para o consumo final) e bens de produção (adquiridos para integrar a cadeia produtiva).

Tal reflexão decorre basicamente do fato de o Código de Defesa do Consumidor, em seu art. 2.º, *caput*, não fazer distinção entre qual tipo de pessoa jurídica se enquadraria no conceito de consumidor e, se a norma não fez diferença, não caberia ao intérprete fazê-la, podendo dar a noção equivocada de que qualquer empresa poderia se enquadrar no conceito de consumidor, até mesmo uma multinacional.

Entretanto, é cediço que o Diploma Consumerista não foi editado para proteger tais pessoas, ao menos em regra, razão pela qual defende Rizzatto ser importante diferenciar as citadas modalidades de bens para saber, em última análise, se existe ou não relação jurídica de consumo.

Com efeito, como o CDC não tratou dos bens de produção ou de consumo, e limitou-se a especificar os sujeitos da sua relação como o consumidor destinatário final de um lado e o fornecedor do outro, destaca o referido autor que nos casos em que "se negociam e adquirem bens típicos de produção, o CDC não pode ser aplicado por **dois motivos óbvios:**

▫ **primeiro**, porque não está dentro de seus princípios ou finalidades;

▫ **segundo**, porque, dado o alto grau de protecionismo e restrições para contratar e garantir, o CDC seria um entrave nas relações comerciais desse tipo, e que muitas vezes são de grande porte".[53]

Para Rizzatto, o "Código de Defesa do Consumidor regula situações em que produtos e serviços são oferecidos ao mercado de consumo para que qualquer pessoa os adquira como destinatária final. Há, por isso, uma clara preocupação com bens típicos de consumo, fabricados em série, levados ao mercado numa rede de distribuição, com

---

[53] NUNES, Luiz Antonio Rizzatto. *Curso de direito do consumidor*, p. 76.

ofertas sendo feitas por meio de dezenas de veículos de comunicação para que alguém em certo momento os adquira".[54]

Outrossim, lembra o doutrinador, a Lei n. 8.078/90 pretende controlar os produtos e serviços distribuídos e vendidos com regularidade no mercado de consumo, independentemente do uso que se vá deles fazer.

E cita como caso exemplar a aquisição de uma caneta por um aluno e por um professor, ressaltando que: "quer se use o produto (ou o serviço) para fins de consumo (a caneta do aluno), quer para fins de produção (a caneta idêntica do professor), a relação estabelecida na compra foi de consumo, aplicando-se integralmente ao caso as regras do CDC".[55]

O raciocínio apresentado pode ser concluído no sentido de que, toda vez que a aquisição de produtos e/ou a contratação de serviços puderem ser utilizadas para o consumo próprio, incide o CDC. "Vale para a caneta do exemplo *supra*, mas vale também para a água e a eletricidade que se fornece e para o dinheiro que é emprestado por um banco porque tais bens são utilizados tanto por consumidores como por fornecedores."[56]

Em resumo, para Rizzatto Nunes, o Código de Defesa do Consumidor incidirá:

▪ "nas situações em que haja **'destinatário final'** que adquire produto ou serviço para uso próprio **sem finalidade de produção** de outros produtos ou serviços;

▪ nas situações em que haja **'destinatário final'** que adquire produto ou serviço **com finalidade de produção** de outros produtos ou serviços, desde que estes, uma vez adquiridos, sejam oferecidos regularmente no mercado de consumo, independentemente do uso e destino que o adquirente lhes vai dar;

▪ em situações nas quais, apesar de se poder identificar um 'destinatário final', o **produto ou serviço** é entregue com a finalidade específica de servir de **'bem de produção'** para outro produto ou serviço e via de regra não está colocado no mercado de consumo como bem de consumo, mas como de produção, o consumidor comum não o adquire. Por via de exceção, contudo, haverá caso em que a **aquisição** do produto ou serviço típico de produção será **feita pelo consumidor**, e nessa relação incidirão as regras do CDC".[57]

De fato, apesar da grandiosidade dos fundamentos apresentados, bem como da precisão na argumentação, **a tese aduzida nesse subitem não prevalece na posição majoritária do Superior Tribunal de Justiça**.

Vimos exaustivamente que a atividade bancária de concessão de crédito é fornecida regularmente no mercado de consumo, mas o **STJ não admite a incidência do Código de Defesa do Consumidor** nas relações em que uma empresa contrata o mútuo bancário como forma de dinamizar a sua atividade econômica, por estar configurado nesse caso o **consumo intermediário**.

---

[54] NUNES, Luiz Antonio Rizzatto. *Curso de direito do consumidor*, p. 77.
[55] NUNES, Luiz Antonio Rizzatto. *Curso de direito do consumidor*, p. 79.
[56] NUNES, Luiz Antonio Rizzatto. *Curso de direito do consumidor*, p. 79.
[57] NUNES, Luiz Antonio Rizzatto. *Curso de direito do consumidor*, p. 83.

A esse respeito, cumpre ressaltar ainda as lições de Antônio Carlos Morato, que destaca uma proposta interessante do ponto de vista jurídico: "verificação da causa como requisito da relação de consumo, tendo relevância a motivação do sujeito na aquisição ou na utilização do bem de consumo e sendo, portanto, visualizada por um prisma subjetivo".[58]

Trata-se de tese surgida para criticar a teoria econômica do bem de insumo, pois o advogado que adquire um computador para elaborar suas petições é consumidor pela teoria da causa, mas não o seria pela do bem de insumo.

2.2.1.8. O conceito em sentido estrito de consumidor no direito comparado

Chegamos ao ponto de buscarmos o conceito de consumidor no direito comparado para cotejarmos com a definição existente no Código de Defesa do Consumidor pátrio.

Na **França e na Alemanha**, a definição de **consumidor** está restrita à **pessoa física**, estando excluídas, portanto, as pessoas jurídicas. Assim como no **direito italiano**, a tendência é considerar **consumidor o não profissional**.[59]

Lembra Bruno Miragem que, no direito francês, esta orientação só é afastada em relação aos pequenos empresários ou profissionais liberais, desde que se apresentem em situação de vulnerabilidade, da mesma forma que ocorre a posição majoritária do STJ no Brasil.[60]

O conceito nacional de consumidor não se distancia também quando verificamos o **direito sueco**. A respectiva lei define consumidor como "a pessoa privada que compra de um comerciante uma mercadoria, principalmente **destinada ao seu uso privado** e que é vendida no âmbito da atividade profissional do comerciante".[61] Percebe-se aqui a delimitação não só do conceito de consumidor, mas da relação de consumo como um todo, visto restringir propositadamente quem é o fornecedor.

Por fim, destaca-se a lei **mexicana** vigente em seu ordenamento desde 1976, que traz no art. 3.º a definição segundo a qual "consumidor é quem contrata, para sua utilização, a aquisição, uso ou desfrute, de bens ou a prestação de um serviço".[62]

Em suma, independentemente das peculiaridades presentes nos ordenamentos alienígenas, o conceito de consumidor pátrio não sofre substancial alteração quando comparado com a definição de outros países, deixando a impressão de que a maioria das nações se atentou para a real importância de se proteger a parte mais vulnerável da relação de consumo, estando o Brasil incluído neste grupo.

2.2.1.9. Administração pública como consumidora final

Questão que suscita dúvidas na doutrina e na jurisprudência consiste em saber se a Administração Pública pode se enquadrar no conceito de consumidor destinatário final. A problemática resulta basicamente do fato de nos depararmos:

---

[58] MORATO, Antônio Carlos. *Pessoa jurídica consumidora*, p. 167-168.
[59] BENJAMIN, Antônio Herman de V.; MARQUES, Claudia Lima; BESSA, Leonardo Roscoe. *Manual de direito do consumidor*, p. 84.
[60] MIRAGEM, Bruno. *Curso de direito do consumidor*, p. 86, citando Claudia Lima Marques.
[61] FILOMENO, José Geraldo Brito. *Manual de direitos do consumidor*, p. 20.
[62] FILOMENO, José Geraldo Brito. *Manual de direitos do consumidor*, p. 23.

■ de um lado, com o art. 2.º, *caput,* do CDC, que define consumidor como toda pessoa física ou jurídica que adquire ou utiliza produto ou serviço como destinatário final, sem fazer qualquer restrição quanto ao alcance dos seus elementos conceituais subjetivos — enquadrando-se, portanto, a Administração neste conceito de consumidor por ser também uma pessoa jurídica; e

■ no outro polo, com o regime jurídico diferenciado sob a égide do qual atua boa parte das entidades administrativas — o regime de Direito Público, também conhecido como regime jurídico de Direito Administrativo.

Igualmente, **compõem o conceito de Administração Pública** tanto as entidades da **Administração Direta** como as integrantes da **Administração Indireta**. O primeiro grupo, conforme é cediço, é composto pela União, pelos Estados-membros, pelo Distrito Federal e pelos Municípios, todas estas entidades com personalidade jurídica de direito público.

Integram a Administração Indireta as Autarquias (com personalidade jurídica de direito público), as Fundações (com personalidade de direito público ou de direito privado), as Empresas Públicas (com personalidade jurídica de direito privado) e as Sociedades de Economia Mista (também com personalidade de direito privado).

De fato, conclui-se inicialmente que as **entidades administrativas com personalidade de direito público** seguirão o **regime jurídico de direito público** que é composto do binômio: **prerrogativas e sujeições.**

Significa dizer que tais pessoas jurídicas ora atuarão com vantagens conferidas pelo Direito (prerrogativas) em razão do Princípio da Supremacia do Interesse Público sobre o privado,[63] ora estarão submetidas a certas restrições (sujeições) com fundamento no Princípio da Indisponibilidade do Interesse Público.

O clássico **exemplo de prerrogativa** conferida à Administração está presente nos contratos administrativos cujas cláusulas e o objeto são definidos exclusivamente pela entidade administrativa, cabendo ao particular interessado em contratar com o Poder Público aderir ou não a um contrato previamente elaborado. Trata-se de contrato de adesão, uma das características do contrato administrativo.

Nessa mesma área, estão as **cláusulas exorbitantes**, assim entendidas aquelas que extrapolam as regras do direito privado comum e seriam consideradas nulas de pleno direito num contrato celebrado entre particulares, mas que são plenamente admitidas nos contratos administrativos, que possuem como finalidade maior satisfazer o interesse público primário, como regra.

Ante o contexto apresentado, indaga-se: seriam necessárias as regras do Código de Defesa do Consumidor para proteger tais entidades que já possuem em seu regime jurídico "privilégios" suficientes para a tutela de seus interesses (primários e secundários — quando estes forem admitidos pelo Direito por estarem em consonância com aqueles)?

---

[63] O Princípio da Supremacia do Interesse Público sobre o privado vem recebendo uma nova interpretação da doutrina contemporânea no sentido de supremacia dos Direitos Fundamentais, que aceita em algumas situações, e em razão de tal fundamento, o prevalecimento de um direito individual sobre o coletivo. Sobre o tema, nosso artigo realizado em coautoria com André Ramos Tavares: Poder de polícia: da supremacia do interesse público à primazia dos direitos fundamentais. In: MARTINS, Ives Gandra (Coord.). *Tratado de direito administrativo.* São Paulo: Saraiva, 2013.

Também é de conhecimento notório que as entidades administrativas com personalidade jurídica de direito público atuam, ainda que de forma excepcional, pelo regime privado. Tal atuação se faz presente quando celebram os denominados contratos privados da Administração, como no caso de contrato de locação, de *leasing,* de seguro, dentre outros.

E, nestes casos, quando o Poder Público atuar pelo regime dos particulares, seria viável a incidência do CDC?

Antes de responder aos questionamentos supracitados, algumas observações a respeito da Administração Indireta se fazem necessárias.

Conforme visto, algumas entidades integrantes da Administração Indireta possuem personalidade de direito público e outras de direito privado. Quanto a estas — como ocorre nos casos das empresas públicas e sociedades de economia mista —, vale lembrar que ora são exploradoras da atividade econômica, ora são prestadoras de serviços públicos.

Assim, pergunta-se: incide o CDC sobre todas as entidades da Administração Indireta com personalidade de direito privado, ou somente perante aquelas que exploram a atividade econômica?

Tal indagação tem razão para existir, pois para estas entidades é menor a incidência do regime de direito público se comparada com a incidência existente perante as empresas estatais prestadoras de serviços públicos.

Em outras palavras, se, por exemplo, a empresa pública for explorar a atividade econômica, atuará praticamente pelo regime das empresas privadas, segundo previsão constitucional expressa no art. 173, § 1.º, inciso II, situação bem diferente se comparada com uma empresa prestadora de um serviço público, em que o regime de direito público se faz mais presente.[64]

Introduzido o tema, constataremos a seguir a ausência de um posicionamento uníssono quer na doutrina, quer na jurisprudência, a respeito do enquadramento ou não da Administração Pública no conceito de consumidor destinatário final e da consequente incidência do Código de Defesa do Consumidor nas suas relações jurídicas.

Com efeito, **parcela da doutrina entende que o CDC não é aplicável** às relações envolvendo **Administração Pública**, basicamente por dois fundamentos:

- **não é** possível enquadrar o Poder Público no conceito de **vulnerável**, em razão de existirem servidores especializados em cada área de atuação que envolve eventual contratação no mercado de consumo, ou, quando inexistente o *expert* em seus quadros funcionais, sempre haverá a possibilidade de se contratar um assistente técnico ou jurídico, por exemplo, para auxiliar a Administração Pública em suas demandas, em decorrência do notório porte financeiro que a maioria dessas entidades possui;
- pelo **regime jurídico de direito público** norteador das contratações administrativas, como a possibilidade de definir o objeto e as condições da contratação.

---

[64] Basta lembrarmos da posição do Supremo Tribunal Federal, que entende pela impenhorabilidade dos bens dos Correios, conforme RE 393.032 AgR/MG. Disponível em: <http://redir.stf.jus.br/paginadorpub/paginador.jsp?docTP=AC&docID=606916>. Acesso em: 9 set. 2020.

Nesse sentido, podemos citar Marçal Justen Filho e Pedro Paulo Cristofaro.⁶⁵

Em posição diametralmente oposta, ou seja, entendendo pela **aplicação do Diploma Consumerista** às contratações realizadas pela **Administração**, trazem-se à colação alguns fundamentos doutrinários:

- **o conceito de consumidor** destinatário final inserto no *caput* do art. 2.º do CDC não restringe o alcance da pessoa jurídica que estaria albergada em tal definição, razão pela qual não caberia ao intérprete fazê-lo a ponto de excluir o Estado deste conceito de consumidor;
- a **previsão** expressa na **Lei Geral de Licitações e Contratos** da **incidência** aos contratos administrativos dos princípios da teoria geral dos contratos e as **disposições de direito privado**, ainda que supletivamente;⁶⁶
- a **presença** ao menos de uma das versões da **vulnerabilidade**, qual seja: a técnica dos servidores públicos.

São defensores dessa tese Leon Frejda Szklarowsky, Toshio Mukai e Jorge Ulisses Jacoby Fernandes.⁶⁷

A **jurisprudência do Superior Tribunal de Justiça é vacilante** a respeito do tema, ora entendendo pela inaplicabilidade do CDC, ora pela sua incidência.

Inicialmente, trazemos à colação um julgado que entendeu pela **não aplicabilidade do Código do Consumidor** a uma relação que tinha uma empresa pública como destinatária final de um serviço contratado no mercado de consumo: "**À luz do art. 37, XXI, da Constituição Federal, a natureza do vínculo jurídico entre a ECT e as empresas recorrentes, é de Direito Administrativo**, sendo certo que a questão *sub judice* **não envolve Direito Privado, tampouco de relação de consumo**. Aliás, apenas os consumidores, usuários do serviço dos correios é que têm relação jurídica de consumo com a ECT" (REsp 527.137/PR, Rel. Ministro Luiz Fux, 1.ª T., j. 11.5.2004).

Em outra oportunidade, encontramos o **STJ considerando a Administração Pública na condição de consumidora** e impedindo a interrupção de um serviço público quando puder afetar unidades públicas essenciais:

SUSPENSÃO DOS EFEITOS DE MEDIDA LIMINAR. CORTE DO FORNECIMENTO DE ÁGUA A ÓRGÃOS DE PREFEITURA MUNICIPAL, POR FALTA DE PAGAMENTO. **Mesmo quando o consumidor é órgão público**, o corte do fornecimento de água está autorizado por lei sempre que resultar da falta injustificada de pagamento, e desde que não afete a prestação de serviços públicos essenciais, *v.g.,* hospitais, postos de saúde, creches,

---

⁶⁵ Apud O Estado como consumidor, de Flávio Amaral Garcia. *Revista de Direito*, v. 60, Doutrina da Procuradoria Geral do Estado do Rio de Janeiro, p. 52-53. Disponível em: <http://www.rj.gov.br/web/pge/exibeConteudo?article-id=754709>. Acesso em: 3 dez. 2016.

⁶⁶ Lei n. 8.666/93 — art. 54: "Os contratos administrativos de que trata esta Lei regulam-se pelas suas cláusulas e pelos preceitos de direito público, aplicando-se-lhes, supletivamente, os princípios da teoria geral dos contratos e as disposições de direito privado".

⁶⁷ Apud SZKLAROWSKY, Leon Frejda. O Código de Proteção e Defesa do Consumidor e os contratos administrativos. *Jus Navigandi*, Teresina, ano 4, n. 30, 1.º.4.1999. Disponível em: <http://jus.com.br/revista/texto/470>. Acesso em: 3 dez. 2016.

escolas; caso em que só os órgãos burocráticos foram afetados pela medida. Agravo regimental provido (AgRg na SS 1.764/PB, CE — Corte Especial, j. 27.11.2008).

Em julgado mais recente, o **STJ entendeu pela inaplicabilidade do CDC à Administração Pública no tocante aos contratos administrativos, tendo em vista as prerrogativas já existentes e inerentes ao regime jurídico de direito público** norteador desse tipo de relação:

RECURSO ESPECIAL. DIREITO CIVIL E PROCESSUAL CIVIL (CPC/73). AÇÃO DE DECLARAÇÃO DE INEXISTÊNCIA DE RELAÇÃO JURÍDICA. FALSIFICAÇÃO DE ASSINATURA EM CONTRATO DE FIANÇA BANCÁRIA. EXCEÇÃO DE INCOMPETÊNCIA ACOLHIDA. FORO DO DOMICÍLIO DO RÉU. ALEGAÇÃO DE RELAÇÃO DE CONSUMO. DESCABIMENTO. FIANÇA BANCÁRIA ACESSÓRIA A CONTRATO ADMINISTRATIVO. INAPLICABILIDADE DA SÚMULA 297/STJ. 1. Controvérsia acerca do foro competente para julgamento de ação de declaração de inexistência de relação jurídica deduzida com base na alegação de falsificação de assinatura em contrato de fiança bancária acessória a contrato administrativo. 2. Nos termos da Súmula 297/STJ, "o Código de Defesa do Consumidor é aplicável às instituições financeiras". 3. Nos termos do art. 101, inciso I, do CDC, a ação de responsabilidade do fornecedor "pode ser proposta no domicílio do autor". 4. Inaplicabilidade do Código de Defesa do Consumidor aos contratos administrativos, tendo em vista as prerrogativas já asseguradas pela lei à Administração Pública. Julgado específico desta Corte Superior. 5. Inaplicabilidade também, por extensão, ao contrato de fiança bancária acessório ao contrato administrativo. 6. Impossibilidade de aplicação da Súmula 297/STJ a contrato bancário que não se origina de uma relação de consumo. 7. Competência do foro do domicílio do réu para o julgamento da demanda, tendo em vista a inaplicabilidade do Código de Defesa do Consumidor à espécie. 8. RECURSO ESPECIAL DESPROVIDO (REsp 1745415/SP, Rel. Ministro Paulo de Tarso Sanseverino, 3.ª T., j. 14.5.2019, *DJe* 21.5.2019).

O **Tribunal Superior do Trabalho**, no julgamento do Recurso de Revista n. 453--21.2010.5.03.0071, em 29 de fevereiro de 2012, sob a Relatoria do Ministro Márcio Eurico Vitral Amaro, **entendeu que entidade da Administração Direta não se enquadra no conceito de consumidor**, com forte argumentação jurídica, da qual destacamos o seguinte trecho: "Cumpre mencionar que não se trata da hipótese de relação de consumo, conforme argumenta o Reclamado, haja vista que **o Estado-membro não reúne os requisitos suficientes para que seja considerado hipossuficiente**, nos moldes do Código de Defesa do Consumidor, cuja análise é concebida sob o prisma dos princípios da vulnerabilidade e da proteção. O hipossuficiente, amplamente amparado nas relações de consumo, há de ser o prestador, e não o tomador dos serviços, sob pena de subversão da ordem jurídica pela qual se pauta a defesa do consumidor".

Encontramos na doutrina de Flávio Amaral Garcia[68] a defesa da incidência do CDC, nas seguintes hipóteses:

---

[68] GARCIA, Flávio Amaral. O Estado como consumidor. *Revista de Direito*, v. 60, Doutrina da Procuradoria-Geral do Estado do Rio de Janeiro, p. 50-58. Disponível em: <http://www.rj.gov.br/web/pge/exibeConteudo?article-id=754709>. Acesso em: 3 dez. 2016.

- nos contratos privados da Administração;
- nas relações envolvendo entidades da Administração Indireta, quando exploradoras da atividade econômica, pois não celebram contratos administrativos; e,
- para qualquer entidade administrativa, ainda que com personalidade de direito público ou pactuantes em contrato administrativo, em razão da vulnerabilidade técnica do servidor público.

O aludido autor chega a tal conclusão, sob o fundamento de que extrapolaria os limites do razoável acreditar que um órgão ou entidade pública, por mais bem aparelhado que seja, tenha em seu corpo funcional servidores e técnicos detentores de conhecimentos profundos em todos os campos de atuação que envolvem objetos adquiridos no mercado de consumo.

Mas o próprio Flávio Garcia admite que o regime de direito público resolve na maioria das vezes os problemas enfrentados pelo Poder Público quando adquire ou contrata bens de consumo, alegando que "numa perspectiva prática, o que se vê é que **a Administração Pública, como regra, não tem necessitado recorrer ao Código de Defesa do Consumidor**. Isto porque as ferramentas postas a sua disposição e previstas na Lei n. 8.666/93 têm se demonstrado satisfatórias".[69]

E cita como exemplos artigos da aludida Lei de Licitações e Contratos, tais como:

- art. 78, que traz os motivos que podem levar à rescisão unilateral do contrato pela Administração;
- art. 76, que prevê a possibilidade de se rejeitar, no todo ou em parte, obra, serviço ou fornecimento executado em desacordo com o contrato;
- art. 67, que trata do poder-dever de fiscalização do contrato administrativo.

No entanto, ressalta que, se da análise do caso concreto o **regime de direito público**, aqui representado pela Lei n. 8.666/93, **não for suficiente para tutelar o interesse público** na aquisição de bens ou contratação de serviços no mercado de consumo, **será possível a aplicação do Código de Defesa do Consumidor**, em especial quando se deparar com a ocorrência de vícios do produto ou do serviço.

Entretanto, finaliza Garcia defendendo que "considerando que se trata de tema que comporta mais de uma interpretação razoável, o que se recomenda, por precaução e por cautela, é que eventual acolhimento da tese que entenda **aplicável o Código de Defesa do Consumidor** aos entes públicos conste expressamente do edital e do contrato (ou ainda do processo administrativo que origina a contratação direta). A **expressa previsão nos instrumentos convocatório e contratual** assegura aos licitantes o direito de questionar a interpretação acolhida, atendendo-se ao princípio da segurança jurídica".[70]

Nesse ponto assiste razão ao autor, na medida em que o instrumento convocatório da licitação — em regra, o edital — não está limitado à reprodução dos dispositivos da Lei de Licitações e Contratos, podendo tratar de assuntos diversos afetos ao tema contratação administrativa, como a incidência ou não do CDC.

---

[69] GARCIA, Flávio Amaral. O Estado como consumidor, p. 56.
[70] GARCIA, Flávio Amaral. O Estado como consumidor, p. 58.

A nossa visão sobre o tema é semelhante à seguida por Flávio Amaral Garcia, mas alguns cuidados deverão ser tomados para se considerar a Administração consumidora quando adquirir bens ou contratar serviços no mercado de consumo.

A **Administração é pessoa jurídica** e, como tal, caberá seu enquadramento no conceito de consumidora da mesma forma que o **STJ entende** cabível em relação às demais empresas da iniciativa privada, de acordo com a adoção da **Teoria Finalista Mitigada**, ou seja, desde que **comprovada sua vulnerabilidade** em relação ao fornecedor.

Entretanto, **não é possível comparar a vulnerabilidade de uma entidade administrativa com a de uma empresa privada**, pois o Poder Público possui (ou deveria possuir) um quadro funcional composto por servidores especializados nas mais diversas áreas, selecionados por meio de concurso público, fato que refutaria, a princípio, a sua vulnerabilidade técnica e jurídica.

Ademais, ante a ausência de servidor especializado sobre determinado assunto, boa parte das entidades da Administração possui dotação orçamentária suficiente para a contratação de um especialista, até por meio da inexigibilidade de licitação do art. 25, inciso II, da Lei n. 8.666/93, situação muito comum na contratação de um renomado Consultor Jurídico para emitir parecer a respeito da viabilidade ou não de se realizar uma Parceria Público-Privada que envolve no mínimo 20 milhões de reais.

Queremos com tais preliminares deixar claro que não é possível considerar a Administração como consumidora de forma absoluta e abstrata. Mesmo que teoricamente seja possível considerá-la vulnerável numa dada relação jurídica, na prática, pelas razões acima expostas, tal enquadramento não é fácil.

Então se pergunta: quando a **Administração** será considerada **consumidora** a ponto de poder usufruir os direitos enumerados no CDC? Quando preencher cumulativamente os seguintes requisitos:

- **comprovação da vulnerabilidade** no caso concreto (que em regra é uma situação excepcional);
- **regime jurídico de direito público** (que traz inúmeras prerrogativas às entidades administrativas, em especial no tocante à contratação) **não for suficiente** para dar-lhe guarida nas relações envolvendo aquisição de bens e contratação de serviços.

Um exemplo de situação excepcional na qual é possível constatar a vulnerabilidade administrativa decorre do caso de um servidor que ficou encarregado de comprar material de expediente sem procedimento licitatório, por meio de suprimento de fundos, situação muito comum no dia a dia de quem atua na Administração.

O contexto fático nos leva a crer que, em situações como esta, em que não haja processo de licitação com a instrução de pareceres dos respectivos departamentos técnicos competentes, é possível constatar a vulnerabilidade da Administração (por meio de seu servidor que não é necessariamente um *expert*) perante o fornecedor.

Outra situação de vulnerabilidade que podemos destacar direciona o foco da questão para os beneficiários da atuação administrativa: a coletividade de pessoas. Desta forma, podemos identificar como vulneráveis os membros da coletividade que usufruem, por exemplo, dos serviços de saúde e de educação públicas.

Nessa linha de raciocínio, quando um Município se torna inadimplente perante a concessionária de energia elétrica, não é possível a interrupção do serviço de energia de um hospital público, nem de uma escola pública, não porque o ente municipal seja o vulnerável da relação, mas porque podemos identificar a característica da fragilidade nos beneficiários dos citados serviços públicos.[71]

No tocante ao requisito do regime jurídico de direito público, cumpre ressaltar que, em relação aos temas licitação e contratos, a sua incidência será a regra perante todas as entidades da Administração Direta e Indireta, com a ressalva das empresas estatais — empresa pública e sociedade de economia mista — em relação às atividades-fim.

Significa dizer em última análise que, salvo nas hipóteses em que a Administração celebrar contratos privados, além da necessidade de comprovação da vulnerabilidade, o regime jurídico administrativo tem que se mostrar ineficaz no caso concreto para legitimar a incidência do Código de Defesa do Consumidor.

2.2.2. Conceito de consumidor por equiparação: abordagem introdutória

A opção expressa no Código de Defesa do Consumidor de **proteger não apenas o consumidor destinatário final** surgiu da necessidade identificada pelo legislador de serem tuteladas outras pessoas, físicas ou jurídicas, de forma individual ou coletiva, além daquelas já protegidas segundo o disposto no art. 2.º, *caput,* do aludido Diploma, que tratou, conforme estudado, da conceituação de consumidor em sentido estrito, o consumidor *standard.*

Trata-se de uma consequência lógica à constatação de que não somente o adquirente direto de um produto ou serviço é a parte mais fraca de uma relação jurídica frente a um fornecedor que é o detentor do monopólio dos meios de produção.

Outras pessoas ou grupo de pessoas poderão enquadrar-se no **perfil da vulnerabilidade** e, consequentemente, valer-se da **proteção** insculpida no **Código de Defesa do Consumidor**, mesmo não se encaixando no conceito de consumidor em sentido estrito.

Esta é a visão de Claudia Lima Marques, para quem "pessoas, grupos e mesmo profissionais podem intervir nas relações de consumo de outra forma, a ocupar uma posição de vulnerabilidade. Mesmo não preenchendo as características de um consumidor *stricto sensu,* **a posição preponderante *(Machtposition)* do fornecedor e a posição de vulnerabilidade dessas pessoas sensibilizaram o legislador e, agora, os aplicadores da lei".**[72]

Daí a importância da figura do **consumidor por equiparação**, que, nos termos do CDC, alberga as seguintes definições:

■ a coletividade de pessoas, ainda que indetermináveis, que haja intervindo nas relações de consumo (art. 2.º, parágrafo único);

---

[71] No STJ prevalece o posicionamento de não admitir a interrupção do serviço público quando a Administração for inadimplente e puder afetar unidades públicas essenciais como hospitais e escolas públicas. É o caso do julgado AgRg na SS 1.764, acima mencionado.
[72] BENJAMIN, Antônio Herman de V.; MARQUES, Claudia Lima; BESSA, Leonardo Roscoe. *Manual de direito do consumidor,* p. 97.

■ as vítimas do evento danoso (art. 17);
■ as pessoas, determináveis ou não, expostas às práticas comerciais e contratuais abusivas (art. 29).

Com efeito, vale reforçar a ideia de que não precisa ser consumidor em sentido estrito — aquele que adquire produto ou contrata serviço como destinatário final — para se valer da proteção inserta no Diploma Consumerista, pois, nos casos de consumidor equiparado, "o que se percebe é a **desnecessidade da existência de um ato de consumo** (aquisição ou utilização direta), bastando para incidência da norma, que esteja o sujeito exposto às situações previstas no Código, seja na condição de integrante de uma coletividade de pessoas (artigo 2.º, parágrafo único), como vítima de um acidente de consumo (artigo 17), ou como destinatário de práticas comerciais, e de formação e execução do contrato (artigo 29)".[73]

Logo, podemos resumir o tema da seguinte forma:

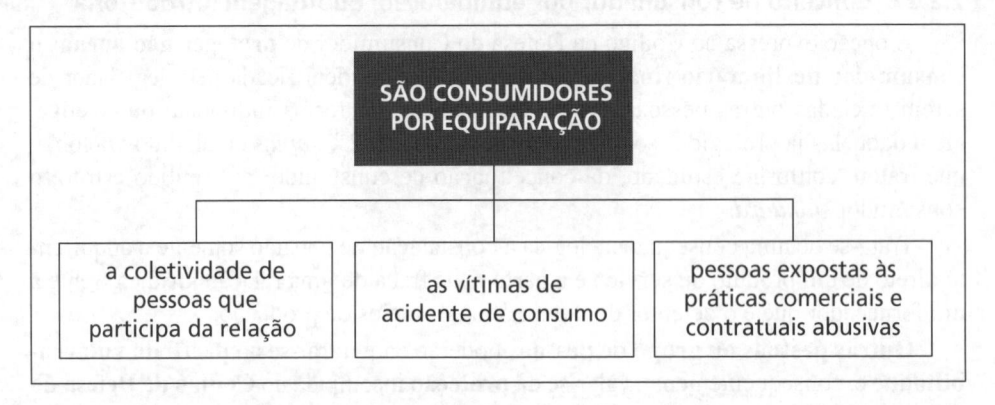

```
                    SÃO CONSUMIDORES
                     POR EQUIPARAÇÃO
       ┌──────────────────┼──────────────────┐
 a coletividade de    as vítimas de      pessoas expostas às
   pessoas que      acidente de consumo   práticas comerciais e
participa da relação                     contratuais abusivas
```

A seguir, analisaremos as peculiaridades de cada uma das definições de consumidor equiparado.

2.2.3. A coletividade de pessoas como consumidora por equiparação

O parágrafo único do art. 2.º do CDC equipara a consumidor **a coletividade de pessoas, ainda que indetermináveis, que haja intervindo nas relações de consumo**.

De fato, trata-se de norma de extensão geral com a importância de norma com conotação genérica, interpretadora, incidente, para alguns, a todos os capítulos e seções do Código de Defesa do Consumidor.[74] Estudaremos em breve que o disposto no aludido dispositivo **é o fundamento da tutela coletiva de consumidor**.

A extensão do dispositivo é tamanha, que envolve, além da relação efetiva e concreta, a relação potencial, e tem por finalidade evitar a ocorrência de um dano em face dessa coletividade de consumidores ou de repará-lo.

---

[73] MIRAGEM, Bruno. *Curso de direito do consumidor*, p. 87.
[74] BENJAMIN, Antônio Herman de V.; MARQUES, Claudia Lima; BESSA, Leonardo Roscoe. *Manual de direito do consumidor*, p. 97.

Desta forma, leciona Filomeno no sentido de que o alvo do parágrafo único do art. 2.º do Código do Consumidor "é a **universalidade, conjunto** de consumidores de produtos e serviços, ou mesmo grupo, classe ou categoria deles, e desde que relacionados a um determinado produto ou serviço, perspectiva essa extremamente relevante e realista, porquanto é natural que se *previna*, por exemplo, o consumo de produtos ou serviços perigosos ou então nocivos, beneficiando-se, assim, abstratamente as referidas universalidades e categorias de *potenciais* consumidores".[75]

A presente **definição** de consumidor equiparado é composta dos seguintes **elementos**:

- coletividade de pessoas;
- determináveis ou indetermináveis;
- intervenção nas relações de consumo.

Neste tocante, sobreleva notar que o Código de Defesa do Consumidor, ao determinar que está protegida a coletividade de pessoas "ainda que indetermináveis", fê-lo no sentido de proteger tanto a coletividade de pessoas passível de ser identificada como aquela cuja identificação, por algum motivo, não foi plausível. Em suma, protegidas estão tanto a **coletividade de pessoas determinável** como a **indeterminável**.

Ademais, a divisão do tema em três elementos é de suma importância, pois, numa leitura mais apressada, poderia surtir **dúvidas** no intérprete, tais como:

- Qual a abrangência da expressão "haja intervindo nas relações de consumo"?
- A citada coletividade de pessoas é composta apenas por pessoas físicas ou a pessoa jurídica também estaria albergada nesse conceito?

Analisaremos em subitens específicos cada um dos questionamentos levantados.

2.2.3.1. Abrangência da expressão "haja intervindo nas relações de consumo"

O questionamento pertinente a respeito do disposto no parágrafo único do art. 2.º do CDC consiste em saber o alcance da expressão "haja intervindo nas relações de consumo".

Seria necessário um **consumo efetivo** de determinado produto ou contratação direta de serviço no mercado de consumo, **ou bastaria a participação potencial da coletividade** de pessoas na relação de consumo para caracterizar a incidência dessa figura de consumidor por equiparação?

A título exemplificativo, a coletividade de pessoas deve consumir um medicamento nocivo para a saúde de todos ou basta a potencialidade de consumo de tal produto para configurar a intervenção nessa relação jurídica?

Compartilhamos com a doutrina de Bruno Miragem no sentido de ser prescindível o consumo efetivo, sendo **suficiente a mera exposição** da coletividade para identificar o alcance da "intervenção", conforme previsão legal.

---

[75] FILOMENO, José Geraldo Brito. *Manual de direitos do consumidor*, p. 47.

Sustenta o referido autor que "se deve considerar como **coletividade** de pessoas que haja intervindo nas relações de consumo, **não apenas os que tenham realizado atos de consumo** (adquirido ou utilizado produto ou serviço), **mas sim a todos que estejam expostos às práticas** dos fornecedores no mercado de consumo".[76]

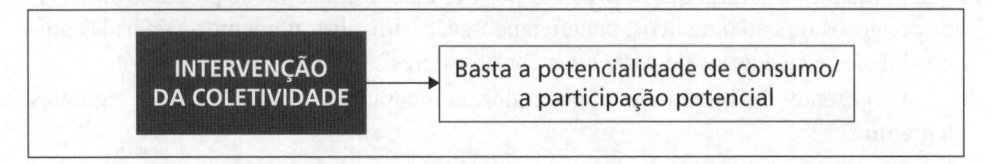

> **INTERVENÇÃO DA COLETIVIDADE** → Basta a potencialidade de consumo/ a participação potencial

2.2.3.2. *O profissional como integrante do conceito de coletividade de pessoas*

Outro questionamento que merece destaque consiste em saber se a **coletividade de pessoas** integrante do conceito de consumidor por equiparação do art. 2.º do CDC se resume ao conjunto de pessoas físicas ou **abrange também as pessoas jurídicas**.

Conforme visto no item "2.2.1. Conceito de consumidor em sentido estrito", o *caput* do art. 2.º do CDC incluiu a pessoa jurídica em sua definição. Mas enorme foi a discussão em relação a saber se a pessoa jurídica poderia ou não se enquadrar no qualificativo de destinatário final, uma vez que a aquisição ou contratação no mercado de consumo serve, na maioria das vezes, para reempregar o bem ou o serviço em sua cadeia produtiva, ou seja, para a elaboração de novos bens de consumo ou prestação de outros serviços.

Concluímos o tema com a **posição dominante no Superior Tribunal de Justiça** no sentido de que a comprovação da vulnerabilidade da pessoa jurídica seria essencial para o seu enquadramento no conceito de consumidor destinatário final **(Teoria Finalista Atenuada/Mitigada/Aprofundada)**.

E em relação à inclusão da pessoa jurídica no conceito de coletividade de pessoas que haja intervindo na relação de consumo, haveria algum óbice?

Sergio Cavalieri Filho, por exemplo, não encontra qualquer problema nesta inclusão, mesmo porque "**não fez a lei qualquer ressalva quanto ao fato da profissionalidade ou não desses terceiros equiparados a consumidores**. Os critérios são, a nosso sentir, estritamente objetivos e, novamente, o traço marcante continua a ser a *vulnerabilidade,* em todos os seus múltiplos aspectos".[77]

Mais uma vez a presença da vulnerabilidade é requisito *sine qua* para a inclusão da pessoa jurídica no conceito de consumidor, também por equiparação.

No mesmo diapasão, Rizzatto Nunes vai além e enquadra no conceito de coletividade de pessoas as **entidades despidas de personalidade jurídica:** "a regra do parágrafo único permite o enquadramento de universalidade ou conjunto de pessoas, mesmo que não se constituam em pessoa jurídica. Por exemplo, a **massa falida** pode figurar na relação de consumo como **consumidora** ao adquirir produtos, ou, então, **o condomínio**, quando contrata serviços".[78]

---

[76] MIRAGEM, Bruno. *Curso de direito do consumidor*, p. 87-88.
[77] CAVALIERI FILHO, Sergio. *Programa de direito do consumidor*, p. 70.
[78] NUNES, Luiz Antonio Rizzatto. *Curso de direito do consumidor*, p. 84.

Por fim, reiteramos as observações realizadas no subitem "2.2.1.6. Aplicação analógica do art. 29, do CDC: uma crítica ao finalismo atenuado", oportunidade em que aprofundamos os conhecimentos a respeito do tema e trouxemos à colação os ensinamentos de Adalberto Pasqualotto, que entende ser **o art. 29 do Código de Defesa do Consumidor o portal dos vulneráveis que não se encaixam no conceito de consumidor em sentido estrito**. Trata-se de dispositivo que "agasalha os que, não sendo destinatários finais, enfrentam no mercado as mesmas ou semelhantes dificuldades dos consumidores".[79]

2.2.3.3. Fundamento da tutela coletiva do consumidor

Conforme é cediço, uma das características do Código de Defesa do Consumidor é que se trata de um **microssistema multidisciplinar**, na medida em que encontramos em seu conteúdo diversas disciplinas jurídicas, tais como:

- direito civil (ex.: responsabilidade do fornecedor);
- processo civil (ex.: inversão do ônus da prova);
- direito penal (existem tipos penais no CDC); e
- direito administrativo (ex.: infrações e sanções administrativas).

As ações judiciais que protegem o consumidor coletivamente também integram o conceito de microssistema multidisciplinar do Diploma Consumerista, representando este um verdadeiro marco norteador da tutela coletiva ao lado da Lei de Ação Civil Pública.

O processo coletivo é de suma importância para a defesa do consumidor, pois a tutela individual, em muitos casos, em razão da insignificância do vício de um produto ou de danos causados, leva, na maioria das vezes, o vulnerável a permanecer inerte e não reclamar os prejuízos sofridos.

Mesmo porque, o tempo e o dinheiro que se gastaria na contratação de um advogado para propor uma ação de indenização num país onde não existe a cultura judicial de condenar os fornecedores ao pagamento de indenizações em valores consideráveis, desestimula qualquer ser humano com um mínimo de bom senso de reclamar seus direitos individualmente.

No entanto, a proteção coletiva visa solucionar este problema na medida em que entidades de defesa do consumidor e o próprio Ministério Público possuem legitimidade para tutelar, em uma única ação, direitos coletivos em sentido amplo.

Ademais, também possui legitimidade para a tutela coletiva de consumidores o ente público municipal ao questionar a cobrança de tarifas bancárias. Esta a posição do Superior Tribunal de Justiça:

> PROCESSUAL CIVIL. RECURSO ESPECIAL. AÇÃO CIVIL PÚBLICA. DIREITO DO CONSUMIDOR. BANCÁRIO. COBRANÇA DE TARIFA DE RENOVAÇÃO DE CADASTRO. INTERESSES INDIVIDUAIS HOMOGÊNEOS. LEGITIMIDADE

---

[79] PASQUALOTTO, Adalberto. *O destinatário final e o "consumidor intermediário"*, p. 930.

ATIVA. MUNICÍPIO. PERTINÊNCIA TEMÁTICA. REPRESENTAÇÃO ADEQUADA. 1. O propósito do presente recurso especial é determinar se o Município de Brusque tem legitimidade *ad causam* para ajuizar ação civil pública em defesa de direitos consumeristas, questionando a cobrança de tarifas bancárias de "renovação de cadastro". 2. Recurso especial interposto em: 23.7.2014. Conclusos ao gabinete em: 26.8.2016. Aplicação do CPC/73. 3. O traço que caracteriza o direito individual homogêneo como coletivo — alterando sua disponibilidade — é a eventual presença de interesse social qualificado em sua tutela, correspondente à transcendência da esfera de interesses puramente particulares pelo comprometimento de bens, institutos ou valores jurídicos superiores, cuja preservação importa à comunidade como um todo. 4. A ação civil coletiva em que se defendem interesses individuais homogêneos se desdobra em duas fases: a) a primeira, caracterizada pela legitimidade extraordinária, na qual são definidos, em sentença genérica, os contornos homogêneos do direito questionado; e b) a segunda, onde impera a legitimidade ordinária, na qual são estabelecidos a titularidade do direito e o *quantum debeatur*, essenciais à exequibilidade da primeira sentença. 5. A qualidade moral e técnica necessária para a configuração da pertinência temática e da representatividade adequada tem íntima relação com o respeito das garantias processuais das pessoas substituídas, a legitimidade do provimento jurisdicional com eficácia ampla e a própria instrumentalização da demanda coletiva, evitando o ajuizamento de ações temerárias, sem fundamento razoável, ou propostas por motivos simplesmente políticos ou emulatórios. 6. Em relação ao Ministério Público e aos entes políticos, que tem como finalidades institucionais a proteção de valores fundamentais, como a defesa coletiva dos consumidores, não se exige pertinência temática e representatividade adequada. **7. Na hipótese dos autos, o Tribunal de origem recusou legitimidade ao ente político em virtude de ter considerado que o Município estaria defendendo unicamente os direitos do grupo de servidores públicos, por entender que a proteção de direitos individuais homogêneos não estaria incluída em sua função constitucional e por não vislumbrar sua representatividade adequada ou pertinência temática. 8. Ainda que tenha sido mencionada como causa de pedir e pedido a cobrança da tarifa de "renovação de cadastro" de servidores municipais, é certo que o direito vindicado possui dimensão que extrapola a esfera de interesses puramente particulares dos citados servidores, o que é suficiente para o reconhecimento da legitimidade do ente político para essa primeira fase da tutela coletiva de interesses individuais homogêneos.** 9. Recurso especial conhecido e provido (REsp 1.509.586/SC, Rel. Ministra Nancy Andrighi, 3.ª T., j. 15.5.2018, *DJe* 18.5.2018).

Nesse contexto, "o Código analisado permite é que, **ao invés da pulverização de demandas individuais**, *seja ajuizada uma única ação,* passando-se depois da condenação obtida à liquidação conforme a extensão de cada dano individualizado".[80]

---

[80] GRINOVER, Ada Pellegrini; BENJAMIN, Antônio Herman de V.; FINK, Daniel Roberto; FILOMENO, José Geraldo Brito; NERY JR., Nelson; DENARI, Zelmo. *Código Brasileiro de Defesa do Consumidor,* p. 46.

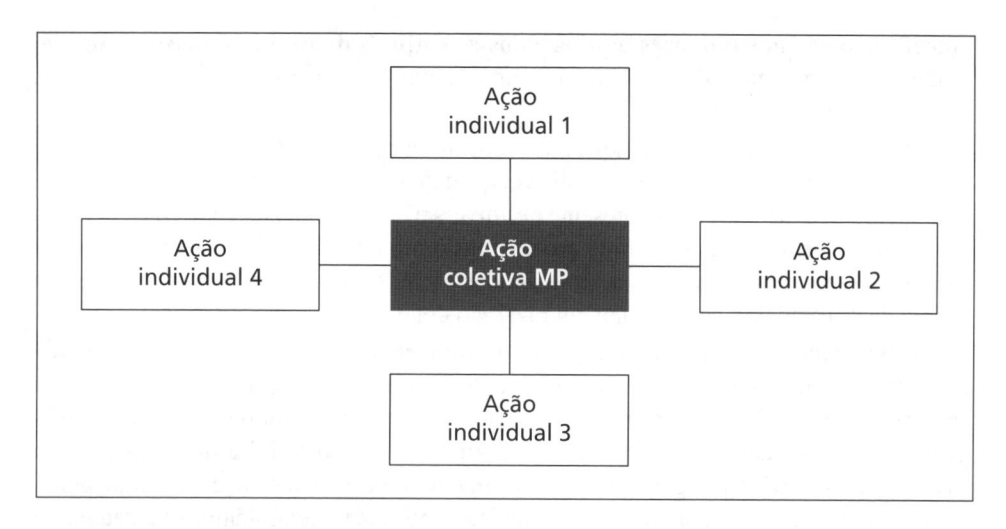

```
                    ┌──────────────┐
                    │    Ação      │
                    │ individual 1 │
                    └──────┬───────┘
                           │
┌──────────────┐    ┌──────┴───────┐    ┌──────────────┐
│    Ação      ├────┤    Ação      ├────┤    Ação      │
│ individual 4 │    │ coletiva MP  │    │ individual 2 │
└──────────────┘    └──────┬───────┘    └──────────────┘
                           │
                    ┌──────┴───────┐
                    │    Ação      │
                    │ individual 3 │
                    └──────────────┘
```

Em última análise, **a finalidade** da equiparação da coletividade de pessoas ao conceito de consumidor é **instrumental**. "No caso, serve para fundamentar a tutela coletiva dos direitos e interesses difusos, coletivos e individuais homogêneos estabelecidos nos arts. 81 e ss. do CDC."[81] Trata o art. 29 do Código de Defesa do Consumidor de verdadeiro fundamento da tutela coletiva das ações envolvendo a relação jurídica de consumo.

Sobre o tema, vale lembrar o teor da Súmula 601 do STJ ao entender: "**O Ministério Público tem legitimidade ativa para atuar na defesa de direitos difusos, coletivos e individuais homogêneos dos consumidores, ainda que decorrentes da prestação de serviço público**" (2.ª Seção, j. 7.2.2018, *DJe* 14.2.2018).

2.2.4. As vítimas do evento danoso como consumidoras por equiparação

A responsabilidade do fornecedor de produtos e de serviços nos termos do CDC terá um capítulo próprio neste livro, no entanto imprescindível uma breve contextualização do tema para melhor compreendermos a presente definição de consumidor por equiparação.

O Código de Defesa do Consumidor estabelece basicamente dois tipos de responsabilidade:

RESPONSABILIDADE PELO FATO DO PRODUTO OU DO SERVIÇO	RESPONSABILIDADE PELO VÍCIO DO PRODUTO OU DO SERVIÇO
▪ Acidente de consumo decorrente de produto ou serviço defeituosos.	▪ Inadequação do produto ou serviço para os fins a que se destinam.

De fato, a definição de consumidor por equiparação expressa no **art. 17** do Diploma Consumerista refere-se à seção onde está inserida a responsabilidade civil pelo fato do produto ou do serviço, isto é, oriunda de um acidente de consumo. Assim,

---

[81] MIRAGEM, Bruno. *Curso de direito do consumidor*, p. 87.

consideram-se consumidores equiparados as vítimas do evento danoso — de um acidente de consumo —, independentemente da efetiva aquisição de um produto ou da contratação de um serviço.

Para ostentar a presente condição de consumidor por equiparação basta sofrer danos em razão de um produto ou de um serviço defeituosos. Imaginem uma pessoa que ganhou uma TV de LED como presente de aniversário, portanto não comprou o bem, ou seja, não é consumidora em sentido estrito, mas o produto explodiu no rosto do aniversariante. Temos aí um exemplo de consumidor por equiparação, na medida em que foi vítima de um acidente de consumo em razão do defeito no produto.

O STJ considerou **vítima do evento danoso consumidor que teve cheque falsificado** para pagamento de estadia em hotel, **provocando a inscrição** do consumidor **em serviços de proteção ao crédito** e a consequente ocorrência de **danos morais**: "Configura-se, em tese, **acidente de consumo** em virtude da suposta **falta de segurança na prestação do serviço** por parte do estabelecimento hoteleiro que, alegadamente, poderia ter identificado a fraude mediante simples conferência de assinatura na cédula de identidade do portador do cheque. Equiparam-se aos consumidores todas as vítimas do acidente de consumo (CDC, art. 17). Conflito conhecido para declarar competente o foro do domicílio do consumidor" (CC 128.079/MT, Rel. Ministro Raul Araújo, 2.ª Seção, *DJe* 9.4.2014).

2.2.4.1. O bystander da doutrina norte-americana

Conforme visto, **a vítima** do evento danoso (exemplo: pessoa que fica paraplégica em razão da explosão de um *shopping center*) não precisa ter consumido nada efetivamente, ou seja, ela **será equiparada a consumidora não pelo fato de ser** destinatária final de um produto ou serviço, **mas pela condição de estar** no local dos fatos quando da ocorrência do acidente de consumo.

Trata-se do instituto que "a teoria da responsabilidade civil norte-americana chama de extensão aos *bystanders*, ou seja, **circunstantes ou terceiros**".[82] Vale dizer, são **pessoas estranhas à relação jurídica de consumo**, mas que sofreram danos em razão dos defeitos do produto ou serviço que podem ser de ordem intrínseca ou extrínseca.

A Segunda Seção do Superior Tribunal de Justiça considerou como exemplo de consumidor por equiparação nessa modalidade a população ribeirinha vítima de dano ambiental, decorrente do exercício de atividade de exploração de potencial hidroenergético:

> RECURSO ESPECIAL. CIVIL E CONSUMIDOR. COMPETÊNCIA DA SEGUNDA SEÇÃO. DANO AMBIENTAL. DANOS INDIVIDUAIS. IMPACTO DA ATIVIDADE PESQUEIRA E DE MARISCAGEM. CONSUMIDOR POR EQUIPARAÇÃO. CARACTERIZAÇÃO. RELAÇÃO DE CONSUMO. COMPETÊNCIA DO JUÍZO DA VARA ESPECIALIZADA.
> 1 — Recurso especial interposto em 18.8.2021 e concluso ao gabinete em 15.8.2022.

---

[82] FILOMENO, José Geraldo Brito. *Manual de direitos do consumidor*, p. 40.

2 — O propósito recursal consiste em determinar: a) se o acórdão recorrido seria nulo por deficiência de fundamentação; b) se os recorrentes podem ser considerados consumidores por equiparação por sofrerem os danos decorrentes do exercício de atividade de exploração de complexo hidroelétrico que causa danos ambientais; e c) o juízo competente para processar e julgar a presente ação.

3 — Recurso especial afetado pela Terceira Turma, em atenção aos princípios da efetividade da jurisdição e da celeridade processual, para julgamento perante a Segunda Seção em razão da existência de multiplicidade de recursos fundados em idêntica questão de fato e de direito.

4 — A Corte Especial, em 19.4.2023, por unanimidade, acolheu Questão de Ordem para declarar a competência da Segunda Seção do STJ para processar e julgar o presente recurso.

5 — Na espécie, extrai-se da causa de pedir que as recorridas, na Usina Hidrelétrica Pedra do Cavalo localizada no Estado da Bahia, desenvolve atividade exploração de potencial hidroenergético em local de extrema sensibilidade socioambiental provocando grave impacto ao meio ambiente com a modificação da vazão e do fluxo das águas, alterações hidrodinâmicas e de salinidade. As mencionadas alterações ambientais teriam promovido sensível redução das áreas de pesca e mariscagem, com morte em massa de peixes e moluscos, ocasionando graves prejuízos, não só de ordem econômica, social e de subsistência, mas também à própria saúde da população ribeirinha, que depende da integridade daquele ecossistema para sobreviver.

6 — Na hipótese de danos individuais decorrentes do exercício de atividade de exploração de potencial hidroenergético causadora de impacto ambiental, é possível, em virtude da caracterização do acidente de consumo, o reconhecimento da figura do consumidor por equiparação, o que atrai a incidência das disposições do Código de Defesa do Consumidor.

7 — Presente a relação de consumo, impõe-se o reconhecimento da competência do juízo da 20ª Vara de Relações de Consumo da Comarca de Salvador para o julgamento da presente demanda.

8 — Recurso especial parcialmente provido para declarar a competência do juízo da 20ª Vara de Relações de Consumo da Comarca de Salvador para o julgamento da presente demanda (REsp 2.018.386/BA, Rel. Ministra Nancy Andrighi, 2.ª Seção, j. 10.5.2023, *DJe* 12.5.2023).

2.2.4.2. *Pressuposto da equiparação: garantia vinculada ao produto/serviço*

O pressuposto da equiparação da vítima do evento danoso a consumidor está relacionado com a garantia do produto e do serviço. Também abordaremos no momento oportuno o tema garantias nas relações de consumo, mas vale destacar agora a garantia de que os "produtos e serviços colocados no mercado de consumo não acarretarão riscos à saúde ou segurança dos consumidores, exceto os considerados normais e previsíveis em decorrência de sua natureza e fruição, obrigando-se os fornecedores, em qualquer hipótese, a dar as informações necessárias e adequadas a seu respeito" (art. 8.º do CDC).

Ante a disposição legal, ressalta-se que a aludida garantia está diretamente atrelada ao produto e ao serviço, isto é, a garantia é concedida ao consumidor não em razão de ser ele o adquirente/contratante, mas pelo fato de o produto/serviço colocado no mercado de consumo não poder acarretar danos além dos normais e previsíveis.

Assim, pouco importa saber qual foi a pessoa que adquiriu o produto ou o serviço no mercado de consumo. Existindo vítima do evento danoso, esta será equiparada a consumidor e far-se-á necessária a incidência do CDC.

Portanto, a "regra da equiparação do CDC parte do pressuposto que a garantia de qualidade do fornecedor vincula-se ao produto ou serviço oferecido. Neste sentido, prescinde do contrato, de modo que o terceiro, consumidor equiparado, deve apenas realizar a prova de que o dano sofrido decorre de um defeito do produto".[83]

É o que ocorre, por exemplo, com uma pessoa que cai, no momento de entrar em um supermercado, em razão de minutos antes ter-se estourado uma garrafa de refrigerante e molhado todo o piso. Percebam que não houve tempo de ser celebrada a compra ou o contrato, mas a simples comprovação do dano é suficiente para fundamentar a ação de reparação civil.

Igualmente, a garantia deverá ser exigida de maneira ampla, quer perante o consumidor em sentido estrito, quer em relação à vítima do acidente de consumo.

A visão da doutrina caminha no sentido de que a finalidade do art. 17 do CDC é a de conferir a maior abrangência possível à responsabilidade do fornecedor pelo fato do produto e do serviço.

Esse é o raciocínio de Sergio Cavalieri Filho ao destacar que "**não faz qualquer sentido** exigir que o fornecedor disponibilize no mercado de consumo **produtos ou serviços seguros apenas para o consumidor**, não se importando com terceiros que possam vir a sofrer danos pelo fato do produto ou do serviço, razão pela qual **deu a estas vítimas um tratamento diferenciado**, que se justifica, repita-se, **pela relevância social** que atinge a prevenção e a reparação de tais danos".[84]

No mesmo sentido está a **jurisprudência do Superior Tribunal de Justiça** ao reconhecer, por exemplo, que, na queda de um avião em área residencial, todos os passageiros (consumidores em sentido estrito de destinatários finais do serviço) e as pessoas que tiverem suas casas destruídas pelo acidente aéreo (vítimas do evento danoso equiparadas ao consumidor) receberão todas as garantias legais instituídas no CDC: "(...) **pela aplicação conjugada com o artigo 17 do mesmo diploma legal, cabível, por equiparação, o enquadramento do autor, atingido em terra, no conceito de consumidor**. Logo, em tese, admissível a inversão do ônus da prova em seu favor" (REsp 540.235, Rel. Ministro Castro Filho, 3.ª T., *DJ* 6.3.2006).

O STJ já se posicionou no sentido de que até o comerciante poderá se enquadrar na figura do *bustander,* caso venha a ser vítima de um acidente de consumo:

> RECURSO ESPECIAL. CIVIL E PROCESSO CIVIL. RESPONSABILIDADE CIVIL. ACIDENTE DE CONSUMO. EXPLOSÃO DE GARRAFA PERFURANDO O OLHO ESQUERDO DO CONSUMIDOR. NEXO CAUSAL. **DEFEITO DO PRODUTO. ÔNUS DA PROVA.** PROCEDÊNCIA DO PEDIDO. RESTABELECIMENTO DA SENTENÇA. RECURSO ESPECIAL PROVIDO.

---

[83] MIRAGEM, Bruno. *Curso de direito do consumidor*, p. 89.
[84] CAVALIERI FILHO, Sergio. *Programa de direito do consumidor*, p. 70-71.

1 — Comerciante atingido em seu olho esquerdo pelos estilhaços de uma garrafa de cerveja, que estourou em suas mãos quando a colocava em um freezer, causando graves lesões.
2 — Enquadramento do comerciante, que é vítima de um acidente de consumo, no conceito ampliado de consumidor estabelecido pela regra do art. 17 do CDC ("bystander").
3 — Reconhecimento do nexo causal entre as lesões sofridas pelo consumidor e o estouro da garrafa de cerveja.
4 — Ônus da prova da inexistência de defeito do produto atribuído pelo legislador ao fabricante.
5 — Caracterização da violação à regra do inciso II do § 3.º do art. 12 do CDC.
6 — Recurso especial provido, julgando-se procedente a demanda nos termos da sentença de primeiro grau (REsp 1.288.008/MG, Rel. Ministro Paulo de Tarso Sanseverino, 3.ª T., j. 4.4.2013, *DJe* 11.4.2013).

2.2.5. As pessoas expostas às práticas comerciais e contratuais como consumidoras por equiparação

O CDC em seu art. 29 dispõe sobre o último conceito de consumidor por equiparação, *in verbis*: "Para os fins deste Capítulo e do seguinte, equiparam-se aos consumidores todas as pessoas, determináveis ou não, expostas às práticas nele previstas".

Os citados capítulos referem-se respectivamente às práticas comerciais e contratuais, **equiparando-se a consumidor**, portanto, **todas as pessoas, determináveis ou não, expostas às práticas comerciais e contratuais, em especial as abusivas**. Aqui também a interpretação do dispositivo deverá ser extensiva, albergando da maior forma possível as disposições do CDC relativas às fases:

- pré-contratual;
- contratual; e
- pós-contratual.

O conceito ora apresentado tem evidentes semelhanças com a definição de consumidor equiparado presente no parágrafo único do art. 2.º do CDC, qual seja: a coletividade de pessoas, ainda que indetermináveis, que haja intervindo nas relações de consumo.

Segundo ensinamentos de Herman Benjamin, **"o conceito do art. 29 integrava, a princípio, o corpo do art. 2.º"**.[85] No entanto, em razão do *lobby* empresarial que queria eliminá-lo por completo, foi transportado, por sugestão do aludido autor do anteprojeto do Código do Consumidor, para o Capítulo V. A esse respeito, concluiu Benjamin que não houve qualquer prejuízo, uma vez que foi mantido o conteúdo principal, não obstante a fragmentação do conceito.

---

[85] GRINOVER, Ada Pellegrini; BENJAMIN, Antônio Herman de V.; FINK, Daniel Roberto; FILOMENO, José Geraldo Brito; NERY JR., Nelson; DENARI, Zelmo. *Código Brasileiro de Defesa do Consumidor*, p. 271.

2.2.5.1. A mera exposição como requisito suficiente

Se alguma dúvida poderia ser levantada no tocante à expressão "que haja intervindo na relação de consumo", presente na redação do parágrafo único do art. 2.º do CDC, que equiparou a consumidor a coletividade de pessoas (questionamento levantado apenas a título de argumentação, pois concluímos no subitem 2.2.3.1 que basta a potencialidade de participação), tal problema inexiste no art. 29 do mesmo Diploma, na medida em que a redação deste dispositivo determina expressamente que **todas as pessoas "expostas" às práticas comerciais e contratuais serão equiparadas a consumidor**.

Prescindível neste caso, portanto, **a efetiva participação na relação de consumo**, isto é, não precisam as pessoas efetivamente ser induzidas a erro por uma publicidade enganosa, pois a mera exposição à mensagem publicitária será suficiente para equipará-las a consumidoras.

Fazendo um paralelo entre essa figura de consumidor por equiparação e a do destinatário final, traz-se à colação o pensamento de Antônio Herman de Vasconcellos e Benjamin, para quem o "consumidor é, então, não apenas aquele que 'adquire ou utiliza produto ou serviço' (art. 2.º), mas igualmente as pessoas 'expostas às práticas' previstas no Código (art. 29). Vale dizer: pode ser visto *concretamente* (art. 2.º), ou *abstratamente* (art. 29). No primeiro caso, impõe-se que haja ou que esteja por haver aquisição ou utilização. Diversamente, no segundo, o que se exige é a *simples exposição* à prática, mesmo que não se consiga apontar, concretamente, um consumidor que esteja em vias de adquirir ou utilizar o produto ou serviço".[86]

Desta forma, **o requisito da mera exposição** da pessoa às práticas comerciais ou contratuais **adquire importância ímpar no cenário da tutela preventiva e abstrata do consumidor**, na medida em que não se deve esperar o dano efetivo ou a boa vontade dos membros do Ministério Público, dos órgãos e associações de defesa do consumidor ou do próprio Poder Judiciário para só então implementar a tutela do vulnerável.

A visão de Rizzatto Nunes sobre o tema segue o caminho de que "não se trata de equiparação eventual a consumidor das pessoas que foram expostas às práticas. É mais do que isso. O que a lei diz é que, uma vez existindo qualquer prática comercial, *toda* a coletividade de pessoas já está exposta a ela, ainda que em nenhum momento se possa identificar um único consumidor real que pretenda insurgir-se contra tal prática".[87]

Nessa linha de raciocínio e retomando o exemplo da publicidade enganosa, ainda que ninguém reclame formalmente dela, não significa que o anúncio não foi enganoso, mesmo porque estudaremos em capítulo próprio que basta a potencialidade de enganar para a mensagem publicitária ser considerada enganosa.

Consequentemente, as entidades de defesa do consumidor, bem como o Ministério Público, na qualidade de legitimados que são para a propositura de ações coletivas nos termos do Código de Defesa do Consumidor e da Lei de Ação Pública, podem postular a medida judicial que entenderem necessária para obstar a veiculação do anúncio

---

[86] GRINOVER, Ada Pellegrini; BENJAMIN, Antônio Herman de V.; FINK, Daniel Roberto; FILOMENO, José Geraldo Brito; NERY JR., Nelson; DENARI, Zelmo. *Código Brasileiro de Defesa do Consumidor,* p. 271.
[87] NUNES, Luiz Antonio Rizzatto. *Curso de direito do consumidor,* p. 85.

enganoso ou abusivo, independentemente do surgimento de alguma pessoa que tenha se sentido enganada no caso concreto.

As conclusões tomadas por Rizzatto Nunes nesse tocante são:[88]

■ trata-se praticamente de uma **espécie de conceito difuso de consumidor**, tendo em vista que desde já e desde sempre **todas as pessoas são consumidoras por estarem potencialmente expostas** a toda e qualquer prática comercial;
■ **o consumidor** protegido pela norma **do art. 29 é uma potencialidade**, nem sequer precisa existir.

2.2.5.2. A empresa consumidora e a importância do art. 29 do CDC

Conforme estudado num pretérito não tão longínquo, quando ainda tratávamos do conceito de consumidor em sentido estrito, mais precisamente da viabilidade ou não de a pessoa jurídica enquadrar-se no conceito de consumidor, trouxemos, no subitem 2.2.1.6, a visão crítica de Adalberto Pasqualotto sobre a posição do Superior Tribunal de Justiça a respeito deste enquadramento. Para o autor, não seria o abrandamento da teoria finalista, mas da aplicação adequada do art. 29 do CDC.

Pasqualotto entende que o "**art. 29 é o portal dos vulneráveis não consumidores**. É por ali que o Código de Defesa do Consumidor agasalha os que, não sendo destinatários finais, enfrentam no mercado as mesmas ou semelhantes dificuldades dos consumidores".[89]

Assim, a doutrina reconhece, em sua maioria, que **o alcance do teor do art. 29** do CDC realmente **é amplo** e, por este motivo, seria o **legitimador** para albergar **no conceito de consumidor a pessoa jurídica**. Vejamos:

DOUTRINA	PENSAMENTO
BRUNO MIRAGEM	"A extensão semântica da regra permite, em tese, que a qualquer contratante seja possível a aplicação das normas dos artigos 30 a 54 do CDC. Todavia, a aplicação jurisprudencial da norma é que deve concentrar-se na finalidade básica do Código, que é a proteção do vulnerável."[90]
CLAUDIA LIMA MARQUES	"O art. 29 supera, portanto, os estritos limites da definição jurídica de consumidor para imprimir uma definição de política legislativa! Para harmonizar os interesses presentes no mercado de consumo, para reprimir eficazmente os abusos do poder econômico, para proteger os interesses econômicos dos consumidores finais, o legislador colocou um poderoso instrumento nas mãos daquelas pessoas (mesmo agentes econômicos) *expostas às práticas abusivas*. Estas, mesmo não sendo 'consumidores *stricto sensu*', poderão utilizar as normas especiais do CDC, seus princípios, sua ética de responsabilidade social no mercado, sua nova ordem pública, para combater as práticas comerciais abusivas."[91]

---

[88] NUNES, Luiz Antonio Rizzatto. *Curso de direito do consumidor*, p. 85.
[89] PASQUALOTTO, Adalberto. *O destinatário final e o "consumidor intermediário"*, p. 930.
[90] MIRAGEM, Bruno. *Curso de direito do consumidor*, p. 89.
[91] BENJAMIN, Antônio Herman de V.; MARQUES, Claudia Lima; BESSA, Leonardo Roscoe. *Manual de direito do consumidor*, p. 98.

SERGIO CAVALIERI FILHO	"Juntamente com o supramencionado artigo 17, apresenta-se como regra excepcionadora da abrangência original do Código de Defesa do Consumidor, objetivando alargar a incidência da legislação consumerista para além dos estritos limites da relação de consumo, originada da restrita aplicação dos conceitos de consumidor e fornecedor, estampadas no caput do art. 2.º e no caput do art. 3.º, respectivamente."[92]
JAMES MARINS	"considerado o ditame do art. 29 à luz da interpretação lógica e gramatical, é forçoso reconhecer-se que a extensão pretendida, ao equiparar a consumidores todas as pessoas, determináveis ou não, está disciplinando relações jurídicas de toda ordem, mesmo que não sejam relações de consumo, e consumidor não se trate. Se a norma não estabelece limitações ou discrimens à equiparação, não cabe ao intérprete fazê-lo, especialmente se não existe qualquer antinomia normativa a ser expurgada, não existindo também qualquer conflito com o sistema seja se considerado o microssistema das relações de consumo ou nosso sistema jurídico como um todo."[93]

Entretanto, vale lembrar que **a amplitude na aplicação do conceito** de consumidor equiparado **do art. 29 não pode** chegar ao ponto de **permitir a conversão do Diploma Consumerista em modelo de controle para todos os contratos de direito privado**.

Muito pelo contrário, a **única interpretação possível** e adequada do instituto deverá ser **aquela em consonância com a principiologia** que norteia a incidência do CDC, **em especial** de acordo com o princípio da **vulnerabilidade**.

No mesmo sentido, Marco Antonio Zanelatto entende que o art. 29 não pode ser interpretado isoladamente, mas sistematicamente, de acordo com o "espírito do Código de Defesa do Consumidor, presente, por excelência, num de seus princípios basilares, que deve conformar a interpretação de todas as normas do Código, qual seja, o *princípio da vulnerabilidade do consumidor,* positivado no art. 4.º, I, do CDC".[94]

A jurisprudência dominante do **Superior Tribunal de Justiça**, conforme exposto no subitem 2.2.1.5, entende que a pessoa jurídica ou o profissional serão considerados consumidores desde que comprovada a sua vulnerabilidade.

É, portanto, a adoção da **Teoria Finalista**, porém de forma **atenuada/mitigada**. Ou, nas palavras de Claudia Lima Marques, do **finalismo aprofundado**. Na visão desta autora, com essa nova linha de finalismo, o Superior Tribunal de Justiça iniciou a distinção entre pessoas jurídicas vulneráveis, ou seja, se consumidores finais do art. 2.º do CDC ou se apenas equiparados, nos termos do art. 29 do mesmo Diploma.

Para Marques, a "entrada em vigor do Código Civil de 2002 pode ter levado a este desenvolvimento do finalismo aprofundado. O Código Civil regula muitos contratos interempresariais, estabelecendo linhas gerais de boa-fé específicas para relações entre iguais e *experts* profissionais em sua atividade, como é o caso dos agentes e representantes autônomos, que podem ser vulneráveis e mesmo encontrarem-se em situação de dependência, mas são profissionais visando lucro, como ensinou o STJ: 'A relação

---

[92] CAVALIERI FILHO, Sergio. *Programa de direito do consumidor*, p. 72.
[93] MARINS, James. Proteção contratual do CDC a contratos interempresariais, inclusive bancários. *Revista de Direito do Consumidor,* São Paulo: RT, v. 18, p. 99.
[94] ZANELATTO, Marco Antonio. *Considerações jurídicas sobre o conceito de consumidor*. São Paulo: RT, 2011. v. 2 (Coleção doutrinas essenciais. Direito do consumidor: tutela das relações de consumo. Organizadores: Claudia Lima Marques e Bruno Miragem), p. 1035.

jurídica que se estabelece entre o representante comercial autônomo e a sociedade representada é regulada por disciplina jurídica própria, não se aplicando as regras protetivas do Código de Defesa do Consumidor' (REsp 761.557/RS, j. 24.11.2009, Rel. Ministro Sidnei Beneti). A verdade é que os empresários geralmente são fornecedores frente ao CDC".[95]

Decisão do STJ que bem demonstra a inclusão da pessoa jurídica no conceito de consumidor por equiparação nos termos do art. 29 do CDC está presente no AgRg no REsp 687.239: "**A jurisprudência do STJ** tem evoluído no sentido de somente **admitir a aplicação do CDC à pessoa jurídica empresária** excepcionalmente, quando evidenciada a sua **vulnerabilidade** no caso concreto; ou **por equiparação, nas situações previstas pelos arts. 17 e 29 do CDC**. Negado provimento ao agravo".

No mesmo sentido, o teor do julgamento do Recurso Especial 1.196.951, que demonstra a tendência do STJ em considerar as empresas não apenas como consumidoras finais, mas sim por equiparação nos termos do art. 29, do CDC: "(...) Embora consagre o critério finalista para interpretação do conceito de consumidor, **a jurisprudência do STJ também reconhece a necessidade de, em situações específicas, abrandar o rigor desse critério para admitir a aplicabilidade do CDC nas relações entre fornecedores e sociedades-empresárias** em que fique evidenciada a relação de consumo. **Afastada a aplicação do CDC, visto que não ficou caracterizada a superioridade técnica, jurídica, fática ou econômica da instituição financeira**, a revelar a excepcionalidade do caso a fim de abrandar o rigor do critério subjetivo do conceito de consumidor" (REsp 1.196.951/PI, Rel. Ministro Luis Felipe Salomão, 4.ª T., *DJe* 9.4.2012).

2.3. FORNECEDOR COMO SUJEITO DA RELAÇÃO DE CONSUMO

A **definição legal** de fornecedor está prevista no **art. 3.º do CDC**, que prevê: "Fornecedor é toda pessoa física ou jurídica, pública ou privada, nacional ou estrangeira, bem como os entes despersonalizados, que desenvolvem atividade de produção, montagem, criação, construção, transformação, importação, exportação, distribuição ou comercialização de produtos ou prestação de serviços".

Ab initio, destaca-se a **amplitude do conceito** quer no elenco das pessoas que se enquadram na definição de fornecedor, quer no tocante às atividades desenvolvidas. Em suma, desta extensão conceitual podemos concluir que **fornecedor é todo aquele que coloca produto ou presta serviço no mercado de consumo**.

Sobre o tema, ressalta a melhor doutrina:

▪ Bruno Miragem: "com relação ao elemento dinâmico da definição (desenvolvimento de atividade), o CDC buscou relacionar ampla gama de ações, com relação ao fornecimento de produtos e à prestação de serviços. Neste sentido, é correto indicar que são fornecedores, para os efeitos do CDC, **todos os membros da cadeia**

---

[95] BENJAMIN, Antônio Herman de V.; MARQUES, Claudia Lima; BESSA, Leonardo Roscoe. *Manual de direito do consumidor*, p. 99.

de fornecimento, o que será relevante ao definir-se a extensão de seus deveres jurídicos, sobretudo em matéria de responsabilidade civil".[96]

▪ Cavalieri Filho: "**fornecedor é gênero** — quer no que respeita ao sujeito em si (pessoa física ou jurídica; pública ou privada; nacional ou estrangeira), quer no que se refere às atividades que desenvolve — e não por acaso".[97]

▪ Claudia Lima Marques: o art. 3.º do CDC "bem especifica que o sistema de proteção do consumidor considera como **fornecedores todos os que participam da cadeia de fornecimento** de produtos e da cadeia de fornecimento de serviços (...), não importando sua relação direta ou indireta, contratual ou extracontratual, com o consumidor".[98]

Contudo, constataremos nos próximos subitens que tal amplitude não é absoluta, em razão das peculiaridades que cada sujeito deverá atender para seu enquadramento no conceito de fornecedor, bem como em decorrência da indissociabilidade da sua definição com os conceitos de produto e serviço, objetos da relação de consumo.

Um exemplo disso refere-se à necessidade da remuneração, ainda que indireta, para que o serviço possa ser considerado objeto de dada relação de consumo, fato que irá influenciar a definição de fornecedor, indicando o fim econômico da atividade de fornecimento.[99]

2.3.1. Pessoa física fornecedora

Primeiro sujeito considerado fornecedor que merece comentário é a pessoa física. Basicamente, a dúvida é: quais **requisitos** devemos identificar na pessoa física para enquadrá-la na definição de fornecedor?

José Geraldo Brito Filomeno entende que "fornecedor é qualquer *pessoa física,* ou seja, qualquer um que, a título singular, mediante desempenho de atividade mercantil ou civil e de forma habitual, ofereça no mercado produtos ou serviços".[100] Percebam aqui o requisito da **habitualidade** aparecendo em posição de destaque na definição de fornecedor.

Há autores, como Rizzatto Nunes, que defendem a viabilidade do enquadramento da pessoa física no conceito de fornecedor mesmo diante de uma **atividade eventual**, como no caso do estudante que vende joias a colegas para pagar a mensalidade escolar, desde que haja **finalidade de lucro** na atividade desenvolvida.[101]

Neste caso, destaca o doutrinador, "poder-se-ia objetar que o caso é de 'ente despersonalizado', uma vez que se trata de 'comerciantes de fato'. Do ponto de vista prático, a

---

[96] MIRAGEM, Bruno. *Curso de direito do consumidor,* p. 98.
[97] CAVALIERI FILHO, Sergio. *Programa de direito do consumidor,* p. 73.
[98] BENJAMIN, Antônio Herman de V.; MARQUES, Claudia Lima; BESSA, Leonardo Roscoe. *Manual de direito do consumidor,* p. 103.
[99] MIRAGEM, Bruno. *Curso de direito do consumidor,* p. 98.
[100] GRINOVER, Ada Pellegrini; BENJAMIN, Antônio Herman de V.; FINK, Daniel Roberto; FILOMENO, José Geraldo Brito; NERY JR., Nelson; DENARI, Zelmo. *Código Brasileiro de Defesa do Consumidor,* p. 48.
[101] NUNES, Luiz Antonio Rizzatto. *Curso de direito do consumidor,* p. 89.

objeção não traz nenhum resultado, porque em ambos os casos identifica-se o fornecedor, e isso é o que realmente interessa. Porém, diga-se que a pessoa física que vende produtos, especialmente aquela que o faz de forma eventual, não é exatamente comerciante de fato e muito menos sociedade de fato. Um 'camelô' constitui-se como verdadeira 'sociedade de fato'. Tem local ('sede') de atendimento, horário de funcionamento, até empregados etc. O aluno que vende joias não passa de pessoa física que desenvolve, de maneira rústica e eventual, uma atividade comercial, visando auferir certo lucro. Situa-se, então, entre a pessoa física que nada vende e a sociedade de fato. Mas, para fins de aplicação do CDC, essa pessoa física é fornecedora".[102]

Por fim, é possível albergar o **profissional liberal** como pessoa física fornecedora. Veremos que tal profissional foi incluído nas disposições do Código de Defesa do Consumidor, ganhando apenas um tratamento diferenciado no tocante à responsabilidade civil que será subjetiva em regra (cuidado em relação ao Advogado na visão da jurisprudência do STJ — estudaremos o tema em breve).

Além desta categoria de profissional, destaca-se ainda que poderão ser enquadradas no conceito de fornecedora outras **pessoas físicas que prestam serviços** com habitualidade, tais como **o eletricista, o encanador** etc.

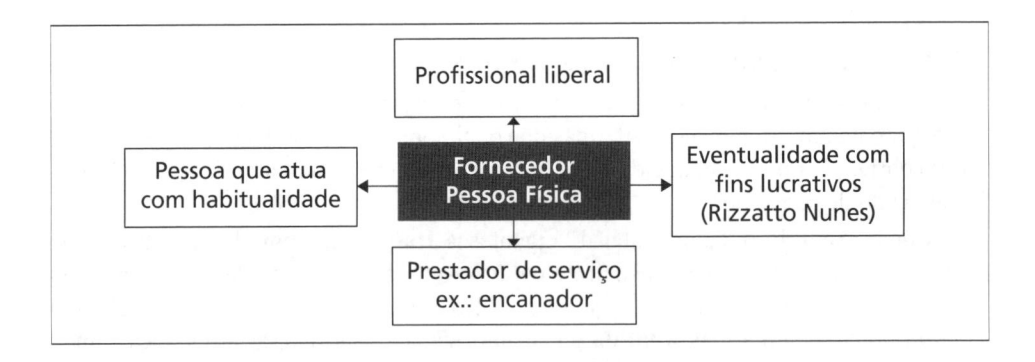

```
                    ┌─────────────────────┐
                    │ Profissional liberal│
                    └──────────┬──────────┘
                               │
┌──────────────────┐  ┌────────▼─────────┐  ┌──────────────────────┐
│ Pessoa que atua  │◄─┤   Fornecedor     ├─►│ Eventualidade com    │
│ com habitualidade│  │   Pessoa Física  │  │ fins lucrativos      │
└──────────────────┘  └────────┬─────────┘  │ (Rizzatto Nunes)     │
                               │            └──────────────────────┘
                    ┌──────────▼──────────┐
                    │ Prestador de serviço│
                    │ ex.: encanador      │
                    └─────────────────────┘
```

2.3.2. Pessoa jurídica fornecedora

O Código de Defesa do Consumidor especificou como pessoa jurídica fornecedora do mercado de consumo:

- pessoa jurídica privada;
- pessoa jurídica pública;
- pessoa jurídica nacional;
- pessoa jurídica estrangeira;
- entes despersonalizados.

Em nosso entendimento, a habitualidade também deverá estar presente na atividade desempenhada pela associação mercantil ou civil. Conforme pontuado acima,

---

[102] NUNES, Luiz Antonio Rizzatto. *Curso de direito do consumidor*, p. 89.

estudaremos em subitem específico deste livro se há identidade ou não nas definições de habitualidade e de profissionalismo.

De fato, o **art. 3.º do CDC incluiu** no conceito de fornecedor **o próprio Estado**, quer atuando diretamente (de forma centralizada) por meio de seus órgãos e agentes administrativos, quer indiretamente (de forma descentralizada) por intermédio de suas autarquias, fundações, empresas públicas e sociedades de economia mista, ou até por meio de seus agentes delegados, como as concessionárias e permissionárias de serviços públicos.

No entanto, em capítulo próprio constataremos que nem sempre o Estado será fornecedor de um serviço objeto da relação jurídica de consumo. É mais uma vez a constatação de que o conceito de fornecedor está atrelado aos conceitos de produtos e serviços colocados no mercado de consumo, ou seja, o Estado só será considerado fornecedor, por exemplo, se o serviço público por ele prestado (direta ou indiretamente) se enquadrar no conceito de serviço objeto da relação jurídica de consumo.

Destaca-se por último que o aludido dispositivo alberga ainda os **fornecedores nacionais** e **os estrangeiros** exportadores de produtos ou serviços para o Brasil. Nestes casos, a responsabilidade por eventuais danos ou reparos será do importador, que poderá, posteriormente, ingressar com ação de regresso contra os demais fornecedores da cadeia de produção.

2.3.3. Entes despersonalizados como fornecedores

Os entes despersonalizados são aqueles que não possuem personalidade jurídica (no âmbito mercantil, nem no civil), mas que o Diploma Consumerista considerou sujeitos de obrigações na qualidade de fornecedor, quando exercerem atividades produtivas no mercado de consumo.

Como **exemplo** podemos citar a "gigantesca **Itaipu Binacional**, em verdade um consórcio entre os governos brasileiro e paraguaio para a produção de energia hidrelétrica, e que tem regime jurídico *sui generis*. Outro exemplo significativo de *ente despersonalizado* é o de uma **massa falida** que é autorizada a continuar as atividades comerciais da empresa sob regime de quebra, para que se realizem ativos mais celeremente, fazendo frente ao concurso de credores. Ou, ainda, o **espólio de um comerciante**, em nome individual, cuja sucessão é representada pelo inventariante".[103]

Também é possível extrair do conceito de ente despersonalizado as **pessoas jurídicas de fato**, também denominadas **sociedades em comum ou irregular**, justamente em razão de sua constituição estar à margem das regras de direito. Estamos nos referindo àquelas pessoas "que, sem constituir uma pessoa jurídica, desenvolvem, de fato, atividade industrial, comercial, de prestação de serviços etc. A figura do '**camelô**' está aí inserida. O CDC não poderia deixar de incluir tais 'pessoas' pelo simples fato de que elas formam um bom número de fornecedores, que suprem de maneira relevante o mercado de consumo".[104]

---

[103] Essa é a visão de José Geraldo Brito Filomeno em: GRINOVER, Ada Pellegrini; BENJAMIN, Antônio Herman de V.; FINK, Daniel Roberto; FILOMENO, José Geraldo Brito; NERY JR., Nelson; DENARI, Zelmo. *Código Brasileiro de Defesa do Consumidor*, p. 48.
[104] NUNES, Luiz Antonio Rizzatto. *Curso de direito do consumidor*, p. 89.

2.3.4. Habitualidade *vs.* profissionalismo no conceito de fornecedor

Questão tormentosa consiste em saber se há necessidade de **profissionalismo** no desempenho de uma atividade no mercado de consumo para a caracterização do conceito de fornecedor.

O **Código de Defesa do Consumidor não exige expressamente** que o **fornecedor** de produtos e serviços seja um **profissional**. "O requisito de profissionalidade, expressamente referido em diversas leis estrangeiras, não constitui elemento da definição presente no artigo 3.º do CDC."[105]

Por outro lado e conforme visto anteriormente, quando tratamos do enquadramento da pessoa física e da pessoa jurídica na definição de fornecedor, citamos em ambos os casos o requisito da **habitualidade**.

Também vimos o posicionamento de Rizzatto Nunes em relação à pessoa física consumidora e novamente a habitualidade estava presente (lembrando que para este autor a pessoa física que desempenha atividade eventual com finalidade de lucro também se enquadraria no conceito de fornecedor).

Diante do contexto apresentado, pergunta-se:

■ Habitualidade e profissionalismo são conceitos sinônimos?

■ Caso negativa a resposta, a habitualidade na atividade desenvolvida é suficiente para o enquadramento no conceito de fornecedor?

Na visão de Bruno Miragem, a "atividade do fornecedor é *habitual* porque ela é *profissional*".[106] E continua o autor em seu raciocínio defendendo: "ainda que não esteja expresso em lei, ao indicar à atividade do fornecedor certa habitualidade, assim como a remuneração, o legislador remete ao critério de desenvolvimento profissional desta atividade. Daí por que a profissionalidade configura um requisito do conceito de fornecedor".[107]

No entanto, à luz de todo o raciocínio desenvolvido no item "2.3.1. Pessoa física fornecedora", entendemos que **o profissionalismo seria um *plus* em relação à habitualidade** e que esta seria suficiente para identificar o fornecedor como sujeito da relação jurídica de consumo.

Assim, se o profissionalismo fosse exigido para configurar o conceito de fornecedor, dificilmente enquadraríamos a pessoa física nesta definição. E tal interpretação contrariaria toda a principiologia do CDC, bem como a amplitude conceitual existente em seu art. 3.º, *caput*.

O **Superior Tribunal de Justiça também exige a habitualidade** como requisito imprescindível **na definição de fornecedor**, segundo consta do excerto extraído do Agravo em Recurso Especial 1.963, de relatoria do Ministro Mauro Campbell Marques, publicado em 4 de abril de 2011, no qual se discutiu a aplicabilidade ou não do CDC num caso envolvendo a venda de loteamento irregular: "Destaca-se que **para serem**

---

[105] MIRAGEM, Bruno. *Curso de direito do consumidor*, p. 98.
[106] MIRAGEM, Bruno. *Curso de direito do consumidor*, p. 99.
[107] MIRAGEM, Bruno. *Curso de direito do consumidor*, p. 99.

fornecedoras as recorrentes teriam que desenvolver habitualmente como sua atividade a comercialização de lotes, situação esta que como vimos acima não ocorreu, pois conforme se depreende dos documentos acostados com a exordial, elas somente cederam alguns lotes por imposição da situação já explanada".

No tocante à **pessoa jurídica como fornecedora**, entendemos que a **habitualidade** deverá estar presente **na atividade-fim**. Assim, se um pequeno mercado que desempenha com habitualidade a comercialização de frutas e verduras resolve vender o computador que está subutilizado para um de seus clientes, não há falar neste caso em relação jurídica de consumo, sendo, portanto, inaplicável o CDC em caso de eventual vício no bem alienado. Tal conclusão decorre da ausência de habitualidade na atividade-fim do comerciante, ou seja, se a atividade principal neste caso é comercializar frutas e verduras, inaplicável o Diploma Consumerista na venda do computador.

Claro que o adquirente da situação hipotética não ficaria desamparado, pois estaria protegido pelas regras do Código Civil, em especial as que regulamentam o vício redibitório (no momento oportuno analisaremos as diferenças entre este e os vícios do CDC).

2.3.5. O mercado de consumo como elemento conceitual de fornecedor

Bruno Miragem entende que o **mercado de consumo** é **elemento conceitual de fornecedor**, com fundamento no art. 3.º, § 2.º, que, "ao definir serviço, refere que se trata de *qualquer atividade fornecida no mercado de consumo*".[108]

Para o autor, "*mercado de consumo é o espaço ideal e não institucional, onde se desenvolvem as atividades de troca de produtos e serviços avaliáveis economicamente, mediante oferta irrestrita aos interessados e visando, por um lado, a obtenção de vantagens econômicas (por parte dos fornecedores), e por outro a satisfação de necessidades pela aquisição ou utilização destes produtos e serviços (por parte dos consumidores)*".[109]

A observação do doutrinador é de suma importância e será melhor explorada quando tratarmos das **hipóteses em que não houver relação jurídica de consumo**, sendo alguns casos representados **por situações nas quais os serviços não se consideram oferecidos neste mercado**, circunstância capaz de afastar a incidência do CDC.

Por ora, para melhor entendermos a definição de mercado de consumo nesse contexto, poderíamos cotejar a relação jurídica de consumo com um grande espetáculo teatral, no qual o palco principal estaria representado pelo mercado de consumo, os protagonistas seriam consumidor e fornecedor, e o cenário estaria plasmado nos produtos e serviços de consumo.

2.3.6. O fornecedor "equiparado"

Teoria interessante é a do fornecedor equiparado criada por Leonardo Roscoe Bessa. O autor ampliou o campo de incidência do Código de Defesa do Consumidor, por meio de uma visão mais abrangente do conceito de fornecedor.

---

[108] MIRAGEM, Bruno. *Curso de direito do consumidor*, p. 100.
[109] MIRAGEM, Bruno. *Curso de direito do consumidor*, p. 100.

Para Bessa, o "CDC ao lado do *conceito genérico* de fornecedor (*caput,* art. 3.º), indica e detalha, em outras passagens, *atividades* que estão sujeitas ao CDC. Talvez, o melhor exemplo seja o relativo aos bancos de dados e cadastros de consumidores (art. 43, CDC)".[110] A esse respeito, entende o doutrinador que, "até a edição da Lei n. 8.078/90, as atividades desenvolvidas pelos bancos de dados de proteção ao crédito (SPC, SERASA, CCF), não possuíam qualquer disciplina legal. A regulamentação integral de tais atividades surgiu justamente com o Código de Defesa do Consumidor, considerando sua vinculação direta com a crescente oferta e concessão de crédito no mercado. Portanto, não há como sustentar, ainda que se verifique que a entidade arquivista não atenda a todos os pressupostos do conceito de fornecedor do *caput* do art. 3.º, que não se aplica o CDC".[111]

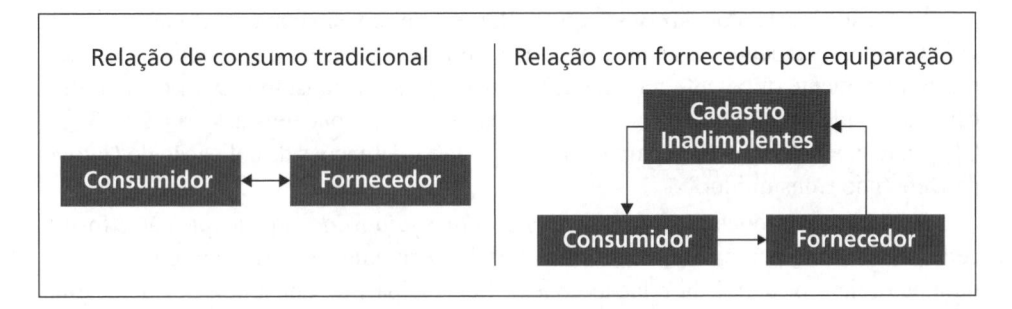

Relação de consumo tradicional	Relação com fornecedor por equiparação
Consumidor ↔ Fornecedor	Cadastro Inadimplentes → Consumidor → Fornecedor

O Superior Tribunal de Justiça, ainda que de forma indireta, corroborou, neste tema, com a tese apresentada ao editar a **Súmula 359**, que prevê: "Cabe ao órgão mantenedor do Cadastro de Proteção ao Crédito a notificação do devedor antes de proceder à inscrição". Constata-se, desta forma, que ao mantenedor do cadastro de inadimplentes foi imposta uma obrigação típica daquelas direcionadas ao fornecedor no mercado de consumo.

Claudia Lima Marques bem resumiu a teoria do fornecedor equiparado, definindo-o como "aquele terceiro na relação de consumo, um terceiro apenas intermediário ou ajudante da relação de consumo principal, mas que atua frente a um consumidor (aquele que tem seus dados cadastrados como mau pagador e não efetuou sequer uma compra) ou a um grupo de consumidores (por exemplo, um grupo formado por uma relação de consumo principal, como a de seguro de vida em grupo organizado pelo empregador e pago por este), como se fornecedor fosse (comunica o registro no banco de dados, comunica que é estipulante no seguro de vida em grupo etc.)".[112]

Leonardo Roscoe Bessa entende possível estender a teoria do fornecedor equiparado para outras situações relacionadas com a atividade de consumo, como ocorre com a publicidade, ou seja, todos que a promovem direta ou indiretamente seriam equiparados

---

[110] BESSA, Leonardo Roscoe. *Fornecedor equiparado.* São Paulo: RT, 2011. v. 2 (Coleção doutrinas essenciais. Direito do consumidor: tutela das relações de consumo. Organizadores: Claudia Lima Marques e Bruno Miragem), p. 1024.

[111] BESSA, Leonardo Roscoe. *Fornecedor equiparado,* p. 1024.

[112] BENJAMIN, Antônio Herman de V.; MARQUES, Claudia Lima; BESSA, Leonardo Roscoe. *Manual de direito do consumidor,* p. 104.

a fornecedor. "O anunciante no caso é um *fornecedor equiparado* e está sujeito, portanto, à disciplina do CDC".[113]

Entretanto, o STJ nesse ponto discorda sobre o tema. O veículo de comunicação que veicula publicidade enganosa ou abusiva e, nos termos da teoria em comento, seria um exemplo de fornecedor equiparado, não vem sendo responsabilizado, conforme entendimento expresso no REsp 1.157.228: "A responsabilidade pela qualidade do produto ou serviço anunciado ao consumidor é do fornecedor respectivo, assim conceituado nos termos do art. 3.º da Lei n. 8.078/90, não se estendendo à empresa de comunicação que veicula a propaganda por meio de apresentador durante programa de televisão, denominada 'publicidade de palco'" (REsp 1.157.228, Rel. Ministro Aldir Passarinho Junior, 4.ª T., *DJe* 27.4.2011).

Sobre sua teoria, conclui Bessa que o "fornecedor é visto como quem exerce a atividade especificamente regulada e não mais de modo genérico como aquele que atua profissionalmente (mediante remuneração) no mercado de consumo. Daí fica fácil perceber que a ideia da relação de consumo, baseando-se nos conceitos dos arts. 2.º e 3.º do CDC, não é o melhor método para identificar todas as situações de aplicação do Código de Defesa do Consumidor".[114]

Para Lima Marques, a "figura do *fornecedor equiparado,* aquele que não é fornecedor do contrato principal de consumo, mas é intermediário, antigo terceiro, ou estipulante, hoje é o 'dono' da relação conexa (e principal) de consumo, por deter uma posição de poder na relação outra com o consumidor. É realmente uma interessante teoria, que será muito usada no futuro, ampliando — e com justiça — o campo de aplicação do CDC".[115]

2.3.6.1. Fornecedor equiparado no Estatuto do Torcedor

A figura do fornecedor por equiparação também está prevista expressamente em lei. Trata-se do Estatuto do Torcedor, Lei n. 10.671/2003,[116] que dispõe em seu art. 3.º: "Para todos os efeitos legais, equiparam-se a fornecedor, nos termos da Lei n. 8.078, de 11 de setembro de 1990, a entidade responsável pela organização da competição, bem como a entidade de prática desportiva detentora do mando de jogo".

O referido estatuto foi declarado constitucional pelo Supremo Tribunal Federal, que, dentre outras questões, decidiu:

---

[113] BESSA, Leonardo Roscoe. *Fornecedor equiparado*, p. 1026.
[114] BESSA, Leonardo Roscoe. *Fornecedor equiparado*, p. 1029.
[115] BENJAMIN, Antônio Herman de V.; MARQUES, Claudia Lima; BESSA, Leonardo Roscoe. *Manual de direito do consumidor,* p. 105.
[116] A Lei n. 14.117/2021 acrescentou o inciso III ao § 5.º do art. 9.º nos seguintes termos: "É vedado proceder alterações no regulamento da competição desde sua divulgação definitiva, salvo nas hipóteses de: I — apresentação de novo calendário anual de eventos oficiais para o ano subsequente, desde que aprovado pelo Conselho Nacional do Esporte — CNE; II — após dois anos de vigência do mesmo regulamento, observado o procedimento de que trata este artigo; III — interrupção das competições por motivo de surtos, epidemias e pandemias que possam comprometer a integridade física e o bem-estar dos atletas, desde que aprovada pela maioria das agremiações partícipes do evento (Incluído pela Lei n. 14.117, de 2021)".

Ato contínuo, relativamente à responsabilização objetiva, prevista em seu art. 19, apontou-se que decorreria da expressa equiparação das entidades desportivas, consoante o art. 3.º da mesma lei, à figura do fornecedor do CDC.

A equiparação não seria apenas obra dela, mas conclusão necessária da relação jurídica que enlaçaria os eventos desportivos profissionais e os torcedores.

Consignou-se que não haveria falar, igualmente, em indevida imposição de sanção dupla, desproporcional ou irrazoável, haja vista que as penalidades do art. 37 seriam textualmente aplicáveis a hipóteses diversas, à vista da gravidade das condutas, segundo consideração do legislador.

O inciso I do art. 37 preveria destituição por violação das regras dos Capítulos II (transparência na organização), IV (segurança do torcedor) e V (ingressos), enquanto o inciso II diria respeito aos demais dispositivos do diploma que pudessem ser violados.

Por sua vez, o afastamento prévio e compulsório dos dirigentes e de outras pessoas que, de forma direta ou indireta, pudessem comprometer ou prejudicar a completa elucidação dos fatos, encontraria sua *ratio iuris* na necessidade de assegurar resultado útil ao processo de investigação e somente determinado pelo órgão competente, donde não constituiria sanção, mas autêntica medida cautelar que, compatível com a Constituição, seria regulada em várias áreas do direito.

Aduziu-se não haver, nesse instituto, contrariedade alguma à chamada presunção constitucional de inocência, da mesma maneira que as hipóteses de prisão cautelar não ofenderiam esse princípio. Mensurou-se que, conforme advertira a AGU, ao indicar punições por desrespeito às normas de direito público, inafastáveis por interesses particulares, os preceitos guardariam plena e equilibrada relação de causa e efeito, mediante apuração em devido processo legal, perante juiz de direito.

Do ponto de vista extrajurídico, observou-se que a legislação, além de tutelar diretamente o torcedor, favoreceria indiretamente — mesmo porque não estabeleceria normas tendentes a alterar o funcionamento e a organização administrativa das entidades — o aperfeiçoamento das instituições, ao incentivar-lhes a profissionalização e a busca da eficiência na gestão esportiva, com benefício a toda a sociedade.

Por fim, elucidou-se que o art. 8.º, I, do estatuto, garantiria às entidades de prática desportiva a participação em competições durante pelo menos dez meses do ano, sem obrigá-las. Não haveria nisso ofensa ao texto constitucional (ADI 2.937/DF, Rel. Ministro Cezar Peluso, j. 23.2.2012, *Informativo de Jurisprudência* do STF n. 655).

No tocante à responsabilidade do mandante de jogo (fornecedor por equiparação), nos termos do previsto no Estatuto do Torcedor, entendeu o Superior Tribunal de Justiça:

RECURSO ESPECIAL. RESPONSABILIDADE CIVIL. TUMULTO EM ESTÁDIO DE FUTEBOL. ARTEFATO EXPLOSIVO. NEGATIVA DE PRESTAÇÃO JURISDICIONAL. NÃO OCORRÊNCIA. ESTATUTO DO TORCEDOR. CÓDIGO DE DEFESA DO CONSUMIDOR. FALHA NA SEGURANÇA. FATO DO SERVIÇO. CULPA DE TERCEIROS. NÃO CONFIGURAÇÃO.
1. Recurso especial interposto contra acórdão publicado na vigência do Código de Processo Civil de 2015 (Enunciados Administrativos n. 2 e 3/STJ).
2. Não há falar em negativa de prestação jurisdicional se o tribunal de origem motiva adequadamente sua decisão, solucionando a controvérsia com a aplicação do direito que entende cabível à hipótese.

3. Na hipótese, deve responder pelos danos causados aos torcedores o time mandante que não se desincumbiu adequadamente do dever de minimizar os riscos da partida, deixando de fiscalizar o porte de artefatos explosivos nos arredores do estádio e de organizar a segurança de forma a evitar tumultos na saída da partida.
4. Recurso especial não provido (REsp n. 1.773.885/SP, Rel. Ministro Ricardo Villas Bôas Cueva, 3.ª T., j. 30.8.2022, *DJe* 5.9.2022).

2.4. PRODUTO COMO OBJETO DA RELAÇÃO DE CONSUMO

A relação jurídica de consumo — nunca é demais lembrar — é composta de elementos subjetivos (consumidor e fornecedor), bem como de elementos objetivos (produto e serviço). O Código de Defesa do Consumidor estabelece em seu art. 3.º, § 1.º, que: "**Produto** é qualquer **bem, móvel ou imóvel, material ou imaterial**".

A definição legal de produto e o seu enquadramento como objeto da relação de consumo foram alvo de algumas críticas doutrinárias. Destacamos inicialmente o posicionamento de Sergio Cavalieri Filho, para quem "o *objeto* da *relação jurídica* de *consumo* é a *prestação* à *qual tem direito* o *consumidor* e à *qual está obrigado* o *fornecedor*, em razão do vínculo jurídico que os une. (...) O *objeto desta prestação,* este sim, será um produto ou um serviço".[117]

No tocante à definição legal do objeto da relação jurídica em comento, José Geraldo Brito Filomeno não poupou críticas em face da opção do legislador pelo termo "produto" em detrimento de "bens". Para o autor, melhor "seria falar-se em '*bens*' e não '*produtos',* mesmo porque, como notório, o primeiro termo é bem *mais abrangente* do que o segundo, aconselhando tal nomenclatura, aliás, a boa técnica jurídica, bem como a economia política".[118]

Apesar de o conceito de produto previsto no CDC ter sido sucinto e objetivo, a doutrina entende pela necessidade de o **dispositivo ser interpretado da maneira mais ampla possível**, no sentido de albergar qualquer objeto colocado à venda no mercado de consumo. Vejamos:

■ **Na visão de Filomeno**, "*produto* (entenda-se '*bens*') é qualquer objeto de interesse em dada relação de consumo, e destinado a satisfazer uma necessidade do adquirente, como destinatário final".[119]

■ **Para Cavalieri Filho**, "*produto* é utilizado em seu sentido econômico e universal, isto é, aquilo que resulta do processo de produção ou fabricação".[120]

■ **Claudia Lima Marques** define produto como "qualquer bem, consumível fisicamente ou não, móvel ou imóvel, novo ou usado, material ou imaterial, fungível ou infungível, principal ou acessório".[121]

---

[117] CAVALIERI FILHO, Sergio. *Programa de direito do consumidor,* p. 74.
[118] FILOMENO, José Geraldo Brito. *Manual de direitos do consumidor,* p. 51.
[119] FILOMENO, José Geraldo Brito. *Manual de direitos do consumidor,* p. 52.
[120] CAVALIERI FILHO, Sergio. *Programa de direito do consumidor,* p. 74.
[121] BENJAMIN, Antônio Herman de V.; MARQUES, Claudia Lima; BESSA, Leonardo Roscoe. *Manual de direito do consumidor,* p. 100.

Destaca-se ainda a possibilidade de ser protegido o consumidor que adquire um produto usado no mercado de consumo, desde que os demais elementos dessa relação jurídica estejam presentes, isto é, desde que o vendedor se enquadre no conceito de fornecedor, por exemplo. É o caso da compra de um carro usado numa concessionária de veículos.

Tratando-se de bem usado e da categoria dos duráveis, analisaremos em capítulo próprio que o consumidor terá 90 dias para reclamar dos vícios existentes, levando-se em consideração o critério da vida útil do bem.

Em resumo, apesar de o Código do Consumidor ter disciplinado a definição de produto de forma bem reduzida, isso não é impeditivo para uma interpretação doutrinária extensiva que, em última análise, visa buscar a proteção do vulnerável perante a aquisição de qualquer bem colocado à disposição no mercado de consumo.

Desta forma, a conceituação legal e a doutrinária de produtos podem ser vistas da seguinte forma:

PRODUTO — DEFINIÇÃO LEGAL	PRODUTO — DEFINIÇÃO DOUTRINÁRIA
▪ Bem móvel	▪ Bem móvel
▪ Bem imóvel	▪ Bem imóvel
▪ Bem material	▪ Bem material
▪ Bem imaterial	▪ Bem imaterial
	▪ Bem consumível fisicamente
	▪ Bem não consumível fisicamente
	▪ Bem fungível
	▪ Bem infungível
	▪ Bem principal
	▪ Bem acessório
	▪ Bem novo
	▪ Bem usado
	▪ Bem durável
	▪ Bem não durável
	▪ Amostra grátis

Assim, munidos dessa introdução legislativa e doutrinária sobre a definição de produto, enfrentaremos as questões mais relevantes a respeito deste objeto da relação jurídica de consumo.

2.4.1. Bens móveis e imóveis

A lei brasileira, ao englobar na definição de produto, além dos bens móveis, também os imóveis, tornou nítida a intenção do legislador em reconhecer a total viabilidade da **aplicação das normas do CDC aos contratos imobiliários**, bem como em relação àqueles que de alguma forma estejam ligados a estes como nas hipóteses dos **contratos de empréstimo, financiamento e seguro** para a realização deste, quando o consumidor for adquirir a casa própria.[122]

---

[122] Nesse sentido: MIRAGEM, Bruno. *Curso de direito do consumidor*, p. 103.

Compartilha do mesmo posicionamento o Superior Tribunal de Justiça, que no Recurso Especial 804.202 assim entendeu:

> SFH. SEGURO HABITACIONAL. CONTRATAÇÃO FRENTE AO PRÓPRIO MUTUANTE OU SEGURADORA POR ELE INDICADA. DESNECESSIDADE. INEXISTÊNCIA DE PREVISÃO LEGAL. VENDA CASADA.
> — Discute-se neste processo se, na celebração de contrato de mútuo para aquisição de moradia, o mutuário está obrigado a contratar o seguro habitacional diretamente com o agente financeiro ou com seguradora por este indicada, ou se lhe é facultado buscar no mercado a cobertura que melhor lhe aprouver.
> — O seguro habitacional foi um dos meios encontrados pelo legislador para garantir as operações originárias do SFH, visando a atender a política habitacional e a incentivar a aquisição da casa própria. A apólice colabora para com a viabilização dos empréstimos, reduzindo os riscos inerentes ao repasse de recursos aos mutuários.
> — Diante dessa exigência da lei, tornou-se habitual que, na celebração do contrato de financiamento habitacional, as instituições financeiras imponham ao mutuário um seguro administrado por elas próprias ou por empresa pertencente ao seu grupo econômico.
> — **A despeito da aquisição do seguro ser fator determinante para o financiamento habitacional, a lei não determina que a apólice deva ser necessariamente contratada frente ao próprio mutuante ou seguradora por ele indicada.**
> — Ademais, **tal procedimento caracteriza a denominada "venda casada"**, expressamente vedada pelo **art. 39, I, do CDC**, que condena qualquer tentativa do fornecedor de se beneficiar de sua superioridade econômica ou técnica para estipular condições negociais desfavoráveis ao consumidor, cerceando-lhe a liberdade de escolha.
> Recurso especial não conhecido (REsp 804.202/MG, Rel. Ministra Nancy Andrighi, 3.ª T., j. 19.8.2008).

O tema é tão relevante que virou enunciado da **Súmula 473 do STJ:** "O mutuário do SFH não pode ser compelido a contratar o seguro habitacional obrigatório com a instituição financeira mutuante ou com a seguradora por ela indicada".

Apesar da especificidade citada na súmula, no tocante aos contratos envolvendo o Sistema Financeiro de Habitação, o Superior Tribunal de Justiça estendeu tal interpretação para os contratos bancários em geral, no julgamento do Tema Repetitivo 972:

> RECURSO ESPECIAL REPETITIVO. TEMA 972/STJ. DIREITO BANCÁRIO. DESPESA DE PRÉ-GRAVAME. VALIDADE NOS CONTRATOS CELEBRADOS ATÉ 25.2.2011. SEGURO DE PROTEÇÃO FINANCEIRA. VENDA CASADA. OCORRÊNCIA. RESTRIÇÃO À ESCOLHA DA SEGURADORA. ANALOGIA COM O ENTENDIMENTO DA SÚMULA 473/STJ. DESCARACTERIZAÇÃO DA MORA. NÃO OCORRÊNCIA. ENCARGOS ACESSÓRIOS.
> 1. DELIMITAÇÃO DA CONTROVÉRSIA: Contratos bancários celebrados a partir de 30.4.2008, com instituições financeiras ou equiparadas, seja diretamente, seja por intermédio de correspondente bancário, no âmbito das relações de consumo.
> 2. TESES FIXADAS PARA OS FINS DO ART. 1.040 DO CPC/2015: 2.1. Abusividade da cláusula que prevê o ressarcimento pelo consumidor da despesa com o registro do pré-gravame, em contratos celebrados a partir de 25.2.2011, data de entrada em vigor da Res.-CMN 3.954/2011, sendo válida a cláusula pactuada no período anterior a essa resolução, ressalvado o controle da onerosidade excessiva. **2.2. Nos contratos bancários em**

geral, o consumidor não pode ser compelido a contratar seguro com a instituição financeira ou com seguradora por ela indicada. 2.3. A abusividade de encargos acessórios do contrato não descaracteriza a mora.
3. CASO CONCRETO. 3.1. Aplicação da tese 2.1 para declarar válida a cláusula referente ao ressarcimento da despesa com o registro do pré-gravame, condenando-se porém a instituição financeira a restituir o indébito em virtude da ausência de comprovação da efetiva prestação do serviço. **3.2. Aplicação da tese 2.2 para declarar a ocorrência de venda casada no que tange ao seguro de proteção financeira.** 3.3. Validade da cláusula de ressarcimento de despesa com registro do contrato, nos termos da tese firmada no julgamento do Tema 958/STJ, tendo havido comprovação da prestação do serviço. 3.4. Ausência de interesse recursal no que tange à despesa com serviços prestados por terceiro.
4. RECURSO ESPECIAL PARCIALMENTE CONHECIDO E, NESSA EXTENSÃO, PARCIALMENTE PROVIDO (REsp 1.639.259/SP, Rel. Ministro Paulo de Tarso Sanseverino, Segunda Seção, j. 12.12.2018, *DJe* 17.12.2018).

2.4.2. Bens materiais e imateriais — as relações envolvendo a internet — uma análise da Lei n. 12.965, de 2014 (Marco Civil da Internet), do Decreto n. 8.771, de 2016, e do Decreto n. 7.962, de 2013, que dispõem sobre a contratação no comércio eletrônico

O grau de facilidade existente para buscar exemplos de bens materiais se depara, em contrapartida, com as dificuldades em vislumbrar relações de consumo que tenham por objeto bens imateriais. Mesmo porque encontrar **exemplos** de algo que não é passível de ser tocado é realmente dificultoso.

Rizzatto Nunes identifica nas atividades bancárias algumas relações marcadas por bens imateriais, tais como: **o mútuo bancário, a aplicação em renda fixa, a caução de títulos** etc.[123]

Igualmente, cumpre destacar que o CDC, ao estabelecer o produto objeto da relação de consumo como também aquele com característica de bem imaterial, albergou ainda que de forma inconsciente nesse conceito as relações oriundas de meios eletrônicos, como da **internet**.[124] Tal assertiva nos leva a crer pela incidência das disposições do Diploma Consumerista às atividades prestadas por este meio.

O tema foi enfrentado com muita propriedade por Bruno Miragem, que, ao analisar a abrangência do conceito de produto também para bens imateriais, ressaltou que "a importância desta definição é ainda maior quando se observa o crescimento da importância econômica da informática e dos bens e serviços produzidos exclusivamente por este meio. No caso da Internet, e das relações estabelecidas exclusivamente por seu intermédio, não significa que os conceitos criados pela ciência jurídica, tradicionalmente afetos à realidade do mundo físico, não tenham de ser, muitos deles, interpretados e adaptados ao fenômeno informático. Uma das marcas distintivas das relações estabelecidas através da internet é a *ubiquidade,* característica dos tempos atuais, e que, em última análise, revela a dificuldade de precisar a localização territorial de uma relação

---

[123] NUNES, Luiz Antonio Rizzatto. *Curso de direito do consumidor,* p. 92.
[124] Conforme facilmente constatado no Anexo deste livro, o projeto de reforma do CDC traz expressamente a disciplina das relações de consumo via internet.

jurídica estabelecida através de meio eletrônico. Por tal razão, a doutrina especializada aponta, como elemento distintivo das relações estabelecidas por meio eletrônico, a *desterritorialização*".[125]

Em tempos anteriores à chegada do marco regulatório da internet, a doutrina lançava quais seriam os desafios de hoje sobre o assunto:[126]

- à definição de como legislar sobre o tema;
- ao estabelecimento de um nível adequado de efetividade às normas específicas produzidas para regular as relações pelo meio eletrônico;
- à interpretação das normas já existentes com vista a esta mesma finalidade.

Sobre o tema, cumpre destacar o Decreto n. 7.962, de 15 de março de 2013, que regulamenta o CDC e dispõe sobre a contratação no comércio eletrônico, abrangendo os seguintes aspectos:

- informações claras a respeito do produto, serviço e do fornecedor;
- atendimento facilitado ao consumidor; e
- respeito ao direito de arrependimento.

O art. 2.º do aludido Decreto prevê que os sítios eletrônicos ou demais meios eletrônicos utilizados para oferta ou conclusão de contrato de consumo devem disponibilizar, em local de destaque e de fácil visualização, as seguintes informações:

- nome empresarial e número de inscrição do fornecedor, quando houver, no Cadastro Nacional de Pessoas Físicas ou no Cadastro Nacional de Pessoas Jurídicas do Ministério da Fazenda;
- endereço físico e eletrônico, e demais informações necessárias para sua localização e contato;
- características essenciais do produto ou do serviço, incluídos os riscos à saúde e à segurança dos consumidores;
- discriminação, no preço, de quaisquer despesas adicionais ou acessórias, tais como as de entrega ou seguros;
- condições integrais da oferta, incluídas modalidades de pagamento, disponibilidade, forma e prazo da execução do serviço ou da entrega ou disponibilização do produto; e
- informações claras e ostensivas a respeito de quaisquer restrições à fruição da oferta.

Para garantir o atendimento facilitado ao consumidor no comércio eletrônico, prevê o art. 4.º do Decreto n. 7.962/2013 que o fornecedor deverá:

- apresentar sumário do contrato antes da contratação, com as informações necessárias ao pleno exercício do direito de escolha do consumidor, enfatizadas as cláusulas que limitem direitos;

---

[125] MIRAGEM, Bruno. *Curso de direito do consumidor*, p. 104-105.
[126] MIRAGEM, Bruno. *Curso de direito do consumidor*, p. 104.

- fornecer ferramentas eficazes ao consumidor para identificação e correção imediata de erros ocorridos nas etapas anteriores à finalização da contratação;
- confirmar imediatamente o recebimento da aceitação da oferta;
- disponibilizar o contrato ao consumidor em meio que permita sua conservação e reprodução, imediatamente após a contratação;
- manter serviço adequado e eficaz de atendimento em meio eletrônico, que possibilite ao consumidor a resolução de demandas referentes a informação, dúvida, reclamação, suspensão ou cancelamento do contrato, cuja respectiva manifestação do fornecedor será encaminhada ao vulnerável dentro do prazo de cinco dias;
- confirmar imediatamente o recebimento das demandas do consumidor referidas no inciso, pelo mesmo meio empregado pelo consumidor; e
- utilizar mecanismos de segurança eficazes para pagamento e para tratamento de dados do consumidor.

As contratações no comércio eletrônico deverão observar o cumprimento das condições da oferta, com a entrega dos produtos e serviços contratados, observados prazos, quantidade, qualidade e adequação, sob pena de incidência das sanções administrativas previstas no art. 56 do CDC.[127]

No ano de 2014, foi finalmente editado o tão esperado Marco Civil da Internet, Lei n. 12.965, que deixou muito a desejar, pois não enfrentou pontos importantes e esperados pelos operadores do Direito.

Em seu art. 1.º ficaram estabelecidos os propósitos da citada lei, quais sejam: princípios, garantias, direitos e deveres para o uso da internet no Brasil; e as diretrizes para atuação da União, dos Estados, do Distrito Federal e dos Municípios em relação à matéria.

São fundamentos do uso da internet no Brasil o respeito à liberdade de expressão, bem como: I — o reconhecimento da escala mundial da rede; II — os direitos humanos, o desenvolvimento da personalidade e o exercício da cidadania em meios digitais; III — a pluralidade e a diversidade; IV — a abertura e a colaboração; V — a livre-iniciativa, a livre concorrência e a defesa do consumidor; e VI — a finalidade social da rede (art. 2.º).

O art. 3.º da Lei n. 12.965 trata dos princípios da utilização da internet nos seguintes termos: "Art. 3.º A disciplina do uso da internet no Brasil tem os seguintes princípios: I — garantia da liberdade de expressão, comunicação e manifestação de pensamento, nos termos da Constituição Federal; II — proteção da privacidade; III — proteção dos dados pessoais, na forma da lei; IV — preservação e garantia da neutralidade de rede; V — preservação da estabilidade, segurança e funcionalidade da rede, por meio de medidas técnicas compatíveis com os padrões internacionais e pelo estímulo ao uso de boas práticas; VI — responsabilização dos agentes de acordo com suas atividades, nos

---

[127] Verificar nossos comentários nos itens 5.8.2 e 13.4.1 — uma análise da Lei n. 12.965, de 2014 (Marco Civil da Internet), do Decreto n. 8.771, de 2016, e do Decreto n. 7.962, de 2013, que dispõem sobre a contratação no comércio eletrônico —, bem como o Anexo deste livro e as referências expressas às relações via internet nos projetos de alteração do CDC.

termos da lei; VII — preservação da natureza participativa da rede; VIII — liberdade dos modelos de negócios promovidos na internet, desde que não conflitem com os demais princípios estabelecidos nesta Lei. Parágrafo único. Os princípios expressos nesta Lei não excluem outros previstos no ordenamento jurídico pátrio relacionados à matéria ou nos tratados internacionais em que a República Federativa do Brasil seja parte".

No tocante aos objetivos do Marco Civil da Internet, cumpre destacar: I — promoção do direito de acesso à internet a todos; II — do acesso à informação, ao conhecimento e à participação na vida cultural e na condução dos assuntos públicos; III — da inovação e do fomento à ampla difusão de novas tecnologias e modelos de uso e acesso; e IV — da adesão a padrões tecnológicos abertos que permitam a comunicação, a acessibilidade e a interoperabilidade entre aplicações e bases de dados (art. 4.º).

Um ponto polêmico diz respeito à responsabilidade do provedor de internet pelo conteúdo veiculado por terceiros. O art. 18 assim estabelece: "O provedor de conexão à internet não será responsabilizado civilmente por danos decorrentes de conteúdo gerado por terceiros".

Com o intuito de assegurar a liberdade de expressão e impedir a censura, o provedor de aplicações de internet somente poderá ser responsabilizado civilmente por danos decorrentes de conteúdo gerado por terceiros se, após ordem judicial específica, não tomar as providências para, no âmbito e nos limites técnicos do seu serviço e dentro do prazo assinalado, tornar indisponível o conteúdo apontado como infringente, ressalvadas as disposições legais em contrário (art. 19). A citada ordem judicial deverá conter identificação clara e específica do conteúdo apontado como infringente, que permita a localização inequívoca do material.

Sobre o tema, entendeu o Superior Tribunal de Justiça que fica caracterizada a concorrência desleal quando: (i) a ferramenta *Google Ads* é utilizada para a compra de palavra-chave correspondente à marca registrada ou a nome empresarial; (ii) o titular da marca ou do nome e o adquirente da palavra-chave atuam no mesmo ramo de negócio (concorrentes), oferecendo serviços e produtos tidos como semelhantes; e (iii) o uso da palavra-chave é suscetível de violar as funções identificadora e de investimento da marca e do nome empresarial adquiridos como palavra-chave.

> RECURSO ESPECIAL. PROPRIEDADE INDUSTRIAL. OBRIGAÇÃO DE NÃO FAZER. NOME EMPRESARIAL. USO INDEVIDO. PALAVRA-CHAVE. FERRAMENTA DE BUSCA. CLIENTELA. DESVIO. CONCORRÊNCIA DESLEAL. CARACTERIZAÇÃO. TUTELA INIBITÓRIA. NECESSIDADE. MARCO CIVIL DA INTERNET. NÃO INCIDÊNCIA. SÚMULA N. 284/STF.
> 1. A controvérsia posta está em verificar se: (i) a utilização da ferramenta *Google AdWords* a partir da inserção como palavra-chave de nome empresarial implica uso indevido e prática de concorrência desleal; (ii) na hipótese, incide o artigo 19 do Marco Civil da Internet e, em caso afirmativo, se estão presentes os requisitos de responsabilização ali previstos e (iii) estão presentes os requisitos para condenação no pagamento de lucros cessantes.
> **2. A proteção emprestada aos nomes empresariais, assim como às marcas, tem como objetivo proteger o consumidor, evitando que incorra em erro quanto à origem do produto ou serviço ofertado, e preservar o investimento do titular, coibindo a usurpação, o proveito econômico parasitário e o desvio de clientela. Precedentes.**

3. A distinção entre concorrência leal e desleal está na forma como a conquista de clientes é feita. Se a concorrência se dá a partir de atos de eficiência próprios ou de ineficiência alheias, esse ato tende a ser leal. Por outro lado, se a concorrência é estabelecida a partir de atos injustos, em muito se aproximando da lógica do abuso de direito, fala-se em concorrência desleal.

4. O consumidor, ao utilizar como palavra-chave um nome empresarial ou marca, indica que tem preferência por ela ou, ao menos, tem essa referência na memória, o que decorre dos investimentos feitos pelo titular na qualidade do produto e/ou serviço e na divulgação e fixação do nome.

5. A contratação de links patrocinados, em regra, caracteriza concorrência desleal quando: (i) a ferramenta *Google Ads* é utilizada para a compra de palavra-chave correspondente à marca registrada ou a nome empresarial; (ii) o titular da marca ou do nome e o adquirente da palavra-chave atuam no mesmo ramo de negócio (concorrentes), oferecendo serviços e produtos tidos por semelhantes, e (iii) o uso da palavra-chave é suscetível de violar as funções identificadora e de investimento da marca e do nome empresarial adquiridos como palavra-chave.

6. Na hipótese, não incide o artigo 19 da Lei n. 12.965/2014, pois não se trata da responsabilização do provedor de aplicações por conteúdo de terceiros, mas do desfazimento de hyperlink decorrente da contratação da ferramenta *Google Ads*, o que atrai a censura da Súmula n. 284/STF.

7. No caso de concorrência desleal, tendo em vista o desvio de clientela, os danos materiais se presumem, podendo ser apurados em liquidação de sentença. Precedentes.

8. Recurso especial parcialmente conhecido e, nessa parte, não provido (REsp 2.032.932/SP, Rel. Ministro Ricardo Villas Bôas Cueva, 3.ª T., j. 8.8.2023, *DJe* 24.8.2023).

Percebam que num primeiro momento o provedor somente estaria obrigado a cumprir uma ordem judicial, como todo e qualquer cidadão ou empresário no gozo de suas capacidades mentais. Porém, o art. 21 estabelece que: "O provedor de aplicações de internet que disponibilize conteúdo gerado por terceiros será responsabilizado subsidiariamente pela violação da intimidade decorrente da divulgação, sem autorização de seus participantes, de imagens, de vídeos ou de outros materiais contendo cenas de nudez ou de atos sexuais de caráter privado quando, após o recebimento de notificação pelo participante ou seu representante legal, deixar de promover, de forma diligente, no âmbito e nos limites técnicos do seu serviço, a indisponibilização desse conteúdo". Mais uma vez a aludida notificação deverá conter, sob pena de nulidade, elementos que permitam a identificação específica do material apontado como violador da intimidade do participante e a verificação da legitimidade para apresentação do pedido.

Sobre o tema, já se pronunciou o Superior Tribunal de Justiça:

RECURSO ESPECIAL. DIREITO CIVIL. AÇÃO DE OBRIGAÇÃO DE FAZER. 1. OMISSÃO, CONTRADIÇÃO OU OBSCURIDADE. AUSÊNCIA. 2. JULGAMENTO *EXTRA PETITA*. NÃO CONFIGURADO. 3. PROVEDOR DE APLICAÇÃO DE PESQUISA NA INTERNET. PROTEÇÃO A DADOS PESSOAIS. POSSIBILIDADE JURÍDICA DO PEDIDO. DESVINCULAÇÃO ENTRE NOME E RESULTADO DE PESQUISA. PECULIARIDADES FÁTICAS. CONCILIAÇÃO ENTRE O DIREITO INDIVIDUAL E O DIREITO COLETIVO À INFORMAÇÃO. 4. MULTA DIÁRIA APLICADA. VALOR INICIAL EXORBITANTE. REVISÃO EXCEPCIONAL. 5.

RECURSO ESPECIAL PARCIALMENTE PROVIDO. **1. Debate-se a possibilidade de se determinar o rompimento do vínculo estabelecido por provedores de aplicação de busca na internet entre o nome do prejudicado, utilizado como critério exclusivo de busca, e a notícia apontada nos resultados.** 2. O Tribunal de origem enfrentou todas as questões postas pelas partes, decidindo nos estritos limites da demanda e declinando, de forma expressa e coerente, todos os fundamentos que formaram o livre convencimento do Juízo. **3. A jurisprudência desta Corte Superior tem entendimento reiterado no sentido de afastar a responsabilidade de buscadores da internet pelos resultados de busca apresentados, reconhecendo a impossibilidade de lhe atribuir a função de censor e impondo ao prejudicado o direcionamento de sua pretensão contra os provedores de conteúdo, responsáveis pela disponibilização do conteúdo indevido na internet.** Precedentes. **4. Há, todavia, circunstâncias excepcionalíssimas em que é necessária a intervenção pontual do Poder Judiciário para fazer cessar o vínculo criado, nos bancos de dados dos provedores de busca, entre dados pessoais e resultados da busca, que não guardam relevância para interesse público à informação, seja pelo conteúdo eminentemente privado, seja pelo decurso do tempo. 5. Nessas situações excepcionais, o direito à intimidade e ao esquecimento, bem como a proteção aos dados pessoais deverá preponderar, a fim de permitir que as pessoas envolvidas sigam suas vidas com razoável anonimato, não sendo o fato desabonador corriqueiramente rememorado e perenizado por sistemas automatizados de busca.** 6. O rompimento do referido vínculo sem a exclusão da notícia compatibiliza também os interesses individual do titular dos dados pessoais e coletivo de acesso à informação, na medida em que viabiliza a localização das notícias àqueles que direcionem sua pesquisa fornecendo argumentos de pesquisa relacionados ao fato noticiado, mas não àqueles que buscam exclusivamente pelos dados pessoais do indivíduo protegido. **7. No caso concreto, passado mais de uma década desde o fato noticiado, ao se informar como critério de busca exclusivo o nome da parte recorrente, o primeiro resultado apresentado permanecia apontando link de notícia de seu possível envolvimento em fato desabonador, não comprovado, a despeito da existência de outras tantas informações posteriores a seu respeito disponíveis na rede mundial.** 8. O arbitramento de multa diária deve ser revisto sempre que seu valor inicial configure manifesta desproporção, por ser irrisório ou excessivo, como é o caso dos autos. 9. Recursos especiais parcialmente providos (REsp 1.660.168/RJ, Rel. Ministra Nancy Andrighi, Rel. p/ Acórdão Ministro Marco Aurélio Bellizze, 3.ª T., j. 8.5.2018, *DJe* 5.6.2018).

Fazemos coro àqueles que se decepcionaram com o Marco Civil da Internet, pois não atendeu à tutela de todos os principais pontos que mereceriam proteção nas relações efetivadas pelos meios eletrônicos.[128]

---

[128] A Lei n. 13.709, que dispõe sobre a proteção de dados pessoais, alterou a Lei n. 12.965, de 23 de abril de 2014 (Marco Civil da Internet), mais precisamente nos seguintes termos: "Art. 60. A Lei n. 12.965, de 23 de abril de 2014 (Marco Civil da Internet), passa a vigorar com as seguintes alterações:

'Art. 7.º O acesso à internet é essencial ao exercício da cidadania, e ao usuário são assegurados os seguintes direitos: (...) **X — exclusão definitiva dos dados pessoais que tiver fornecido a determinada aplicação de internet, a seu requerimento, ao término da relação entre as partes, ressalvadas as hipóteses de guarda obrigatória de registros previstas nesta Lei e na que dis-**

Com a pretensão de tentar minimizar essa má impressão, no ano de 2016 foi editado o Decreto n. 8.771, que regulamentou a Lei n. 12.965 e tratou das hipóteses admitidas de discriminação de pacotes de dados na internet e de degradação de tráfego, indicando procedimentos para guarda e proteção de dados por provedores de conexão e de aplicações, apontando medidas de transparência na requisição de dados cadastrais pela administração pública e estabelecendo parâmetros para fiscalização e apuração de infrações contidas no Marco Civil da Internet.

Um dos pontos interessantes do citado Decreto refere-se às diretrizes sobre os padrões de segurança na internet. Sobre o assunto, prevê o art. 13: "Os provedores de conexão e de aplicações devem, na guarda, armazenamento e tratamento de dados pessoais e comunicações privadas, observar as seguintes diretrizes sobre padrões de segurança: I — o estabelecimento de controle estrito sobre o acesso aos dados mediante a definição de responsabilidades das pessoas que terão possibilidade de acesso e de privilégios de acesso exclusivo para determinados usuários; II — a previsão de mecanismos de autenticação de acesso aos registros, usando, por exemplo, sistemas de autenticação dupla para assegurar a individualização do responsável pelo tratamento dos registros; III — a criação de inventário detalhado dos acessos aos registros de conexão e de acesso a aplicações, contendo o momento, a duração, a identidade do funcionário ou do responsável pelo acesso designado pela empresa e o arquivo acessado, inclusive para cumprimento do disposto no art. 11, § 3.º, da Lei n. 12.965, de 2014; e IV — o uso de soluções de gestão dos registros por meio de técnicas que garantam a inviolabilidade dos dados, como encriptação ou medidas de proteção equivalentes".

Por fim, remetemos o leitor ao Anexo deste livro, que traz o Projeto de Lei n. 3.514/2015, o qual insere no CDC uma seção sobre o Comércio Eletrônico.

2.4.3. Bens duráveis e não duráveis

Por mais que nenhum bem de consumo possa ser considerado eterno, podemos classificá-los em bens duráveis e não duráveis, de acordo com o maior ou menor grau de exaurimento em razão do uso.

No entendimento de Sergio Cavalieri Filho, os **bens "duráveis são os bens tangíveis que não se extinguem após o seu uso regular**. Foram feitos para durar, para serem utilizados várias vezes".[129] De fato, podemos citar como exemplos os veículos automotores, as peças de vestuário, os eletrodomésticos e os eletroeletrônicos, dentre outros.

No entanto, em razão de não durarem para sempre, mais cedo ou mais tarde sofrerão desgastes naturais que não poderão ser confundidos com vícios. De fato, o tempo faz com que as finalidades originais de produtos e de serviços deixem de ser as mesmas,

---

põe sobre a proteção de dados pessoais;' (...) 'Art. 16. Na provisão de aplicações de internet, onerosa ou gratuita, é vedada a guarda: (...) **II — de dados pessoais que sejam excessivos em relação à finalidade para a qual foi dado consentimento pelo seu titular, exceto nas hipóteses previstas na Lei que dispõe sobre a proteção de dados pessoais'"** (Tais inovações entrarão em vigor 180 dias da publicação da nova lei, que ocorreu em 15.8.2018).

[129] CAVALIERI FILHO, Sergio. *Programa de direito do consumidor*, p. 74.

e tal contexto não implicará necessariamente em inadequação do bem de consumo, mas em redução natural de sua eficiência ou até de seu desempenho funcional.

Por isso, quando analisarmos os prazos decadenciais do art. 26 do CDC que definem o lapso temporal para a reclamação de vícios nos produtos ou nos serviços, trabalharemos, conforme acima citado, com o **critério da vida útil** do bem de consumo.

No caso dos **bens não duráveis, são aqueles cujas finalidades para as quais se destinam desaparecem com o seu uso regular** em período curto de tempo. "A extinção pode ser imediata (alimentos, remédios, bebidas) ou paulatina (caneta, sabonete)", mas sempre será em prazo menor se comparado com os bens duráveis.[130] Esta distinção é tão relevante que os próprios prazos para reclamação dos vícios também são diferentes, nos termos dos incisos I e II do art. 26 do Código de Defesa do Consumidor (prazos de 30 e de 90 dias, respectivamente).

2.4.4. Amostra grátis

Questão relevante muito comum de ser levantada quando do estudo de produtos como objeto da relação jurídica de consumo é saber se o bem entregue sem exigir contraprestação pecuniária do consumidor, mais conhecido como amostra grátis, está submetido a toda principiologia e exigências do Diploma Consumerista.

Pensemos no caso de uma mulher convidada para ser madrinha de um casamento que, na saída do *shopping center* onde comprou o par de sapatos a ser usado na cerimônia, deparou-se com um quiosque no qual pessoas distribuíam gratuitamente amostras de um xampu importado. Imediatamente, a amostra grátis foi recebida e utilizada pela agora "ex-madrinha", que nem foi ao casamento, pois, ao utilizar o produto em seus cabelos, teve a infeliz surpresa de se ver sem suas madeixas à frente do espelho.

Neste caso, em que o produto foi adquirido de forma gratuita e causou danos a esta consumidora, podemos aplicar as regras do CDC? **Entendemos que sim**, que a Lei n. 8.078/90 incide sobre as relações que possuem amostras grátis como objeto, basicamente pelos seguintes motivos:

- ■ Primeiro, em razão de o **Código de Defesa do Consumidor**, ao definir produto no § 1.º do art. 3.º, **não exigir** que a forma de **aquisição** fosse **remunerada**, como o fez em relação à definição de serviço disposta no § 2.º do mesmo dispositivo legal.

- ■ Segundo, porque, diferentemente dos serviços, não conseguimos vislumbrar uma hipótese em que a entrega de produtos gratuitamente no mercado de consumo não tenha uma **finalidade lucrativa**. Trata-se de prática de *marketing* — a entrega de **amostra grátis** em local público — com o **objetivo de conquistar o consumidor** que, ao conhecer determinado produto e gostar dele, terá chances reais de optar por ele na próxima compra do mês, por exemplo.

- ■ Por fim, em razão da **teoria do risco** que fundamenta a **responsabilidade objetiva** que é a regra do CDC. Estudaremos no momento oportuno que todo aquele que colocar produto ou serviço no mercado de consumo deverá arcar com os riscos da atividade desenvolvida. Assim, se o produto gratuito que visa conquistar o consu-

---

[130] CAVALIERI FILHO, Sergio. *Programa de direito do consumidor*, p. 74.

midor lhe causar algum dano, o respectivo fornecedor deverá responder pelo seu ressarcimento independentemente de comprovação de dolo ou de culpa.

A doutrina consumerista também reconhece o produto gratuito como objeto da relação jurídica de consumo. Destacamos o entendimento de Rizzatto Nunes, para quem "o produto entregue como amostra grátis está submetido a todas as exigências legais de qualidade, garantia, durabilidade, proteção contra vícios, defeitos etc.".[131]

2.4.5. Definição de produto no direito comparado

Doutrinador que bem abordou o tema sobre a definição dos objetos da relação jurídica de consumo no Direito estrangeiro foi Bruno Miragem.[132] Esquematizando seus ensinamentos, deparamo-nos com a seguinte visão alienígena sobre o assunto, em especial no que toca à definição de produto:

DIREITO BELGA	"optou por definir produto simplesmente como sendo os 'bens móveis corpóreos' (art. 1.º, item 1, da lei Belga)";
DIREITO CANADENSE	"o Código Civil do Quebec refere-se aos contratos de consumo como sendo relativos a 'bens e serviços' (art. 1.384 do Código Civil do Quebec), distinguindo-os dos demais contratos com respeito apenas à sua destinação";
DIREITO ALEMÃO	"a definição de consumidor prescindiu do conceito de produto, considerando que preferiu indicá-lo apenas genericamente como quem 'conclui um negócio', vinculando-o à finalidade não profissional e não comercial (§ 13 do BGB)";
DIREITO ITALIANO	"o recente Código de Consumo de 2005, refere produto como aquele disponível a título oneroso ou gratuito no âmbito de uma atividade comercial, independente do fato de que seja novo ou usado, excluindo apenas as peças de antiquário ou reutilizados para outro fim (art. 3, e)".

2.5. SERVIÇO COMO OBJETO DA RELAÇÃO DE CONSUMO

O Código de Defesa do Consumidor define serviço em seu art. 3.º, § 2.º, como: "qualquer atividade fornecida no mercado de consumo, mediante remuneração, inclusive as de natureza bancária, financeira, de crédito e securitária, salvo as decorrentes das relações de caráter trabalhista".

Conforme visto anteriormente, o serviço, para ser objeto da relação jurídica de consumo, deverá ser prestado por alguém que se enquadre no conceito de fornecedor e contratado, em contrapartida, pelo denominado consumidor (destinatário final ou por equiparação).

Assim, o CDC entrelaça mais uma vez o conceito de um elemento subjetivo à configuração dos sujeitos da relação de consumo. "Aqui o Código de Defesa do Consumidor abrange todo e qualquer tipo de serviço, entendido como uma utilidade usufruída pelo consumidor, e prestada por um fornecedor determinado, *num facere* (fazer)."[133]

A definição legal de serviço nos chama a atenção ainda sobre três aspectos que serão devidamente analisados nos subitens a seguir:

■ exigência de remuneração;

---

[131] NUNES, Luiz Antonio Rizzatto. *Curso de direito do consumidor*, p. 95.
[132] MIRAGEM, Bruno. *Curso de direito do consumidor*, p. 103.
[133] FILOMENO, José Geraldo Brito. *Manual de direitos do consumidor*, p. 47.

◘ exclusão das relações trabalhistas;
◘ rol exemplificativo de serviços, com destaque para a inclusão dos serviços bancários.

2.5.1. Exigência de remuneração

A doutrina já consagrou a tese de que tanto a **remuneração direta como a indireta** são suficientes para configurar a remuneração exigida pelo Código de Defesa do Consumidor ao caracterizar o serviço como objeto da relação de consumo.

Por remuneração direta entende-se a contraprestação imediata feita pelo consumidor ao utilizar um serviço no mercado de consumo. Cita-se, como exemplo, o pagamento em pecúnia efetuado pelo consumidor imediatamente após utilizar o estacionamento de um *shopping center*.

Entretanto, constatou-se que além desta forma de remunerar um serviço existiam outras, ou seja, muitos serviços considerados "gratuitos" num primeiro momento continham remuneração embutida a ponto de não se enquadrarem no conceito de meras benesses. Eis que surge a identificação da **remuneração indireta**, que tem como exemplo clássico o **estacionamento "gratuito" do *shopping center***, que não deixa de ser remunerado, uma vez que o valor deste serviço está embutido nos diversos produtos vendidos nesses centros de compras.

O **Superior Tribunal de Justiça** também **acolheu a tese** da remuneração indireta como requisito suficiente para caracterizar o serviço objeto da relação de consumo, conforme posicionamento inserto no Recurso Especial 566.468, no qual entendeu que "para a caracterização da relação de consumo, o serviço pode ser prestado pelo fornecedor mediante remuneração obtida de forma indireta" (Rel. Ministro Jorge Scartezzini, 4.ª T., *DJ* 17.12.2004).

Em tempos em que quase todas as compras são efetuadas por meio de cartões de crédito com o objetivo de o consumidor acumular "milhas" e beneficiar-se, por exemplo, de serviços como o de transportes aéreos "gratuitos", importantíssima a observação de que tais atividades nada possuem de cortesia e benesse, muito pelo contrário, são práticas que visam fidelizar o consumidor a ponto de adquirirem e contratarem cada vez mais pelos seus serviços, caracterizando verdadeira forma de remuneração indireta.

No tocante à cobrança indireta, destaca-se a posição de Rizzatto Nunes no sentido de que "ela pode nem estar ligada ao consumidor beneficiário da suposta 'gratuidade'".[134] Exemplifica com o caso do estacionamento grátis no *shopping,* em que "o beneficiário pode não adquirir qualquer produto e ainda assim tem-se de falar em custo. Nesse caso é outro consumidor que paga, ou melhor, são todos os outros consumidores que pagam".[135]

Assim, levando-se em conta que o Código de Defesa do Consumidor substituiu a classificação de negócios onerosos e gratuitos pela de remunerados e não remunerados, importante ressaltarmos os ensinamentos de Lima Marques, que enxerga três possibilidades sobre o tema:[136]

---

[134] NUNES, Luiz Antonio Rizzatto. *Curso de direito do consumidor*, p. 102.
[135] NUNES, Luiz Antonio Rizzatto. *Curso de direito do consumidor*, p. 102.
[136] BENJAMIN, Antônio Herman de V.; MARQUES, Claudia Lima; BESSA, Leonardo Roscoe. *Manual de direito do consumidor,* p. 103.

◼ ou o **serviço é remunerado diretamente** pelo consumidor;

◼ ou o **serviço não é oneroso** para o consumidor, **mas remunerado indiretamente**, não havendo enriquecimento ilícito do fornecedor, pois o seu enriquecimento tem causa no contrato de fornecimento de serviço, causa esta que é justamente a remuneração indireta do fornecedor;

◼ ou o **serviço não é oneroso de maneira nenhuma** (serviço gratuito totalmente) nem o fornecedor remunerado de nenhuma maneira, pois, se este fosse "remunerado" indiretamente, haveria enriquecimento sem causa de uma das partes.

E a conclusão da autora é a de que a "gratuidade não deixa de ser uma falácia".[137] Tal assertiva busca amparo no fato de que "no mercado de consumo, em quase todos os casos, há remuneração do fornecedor, direta ou indireta, há 'enriquecimento' dos fornecedores pelos serviços ditos 'gratuitos', que é justamente sua remuneração".[138]

Em suma, são três as situações envolvendo remuneração ou não do serviço no mercado de consumo:

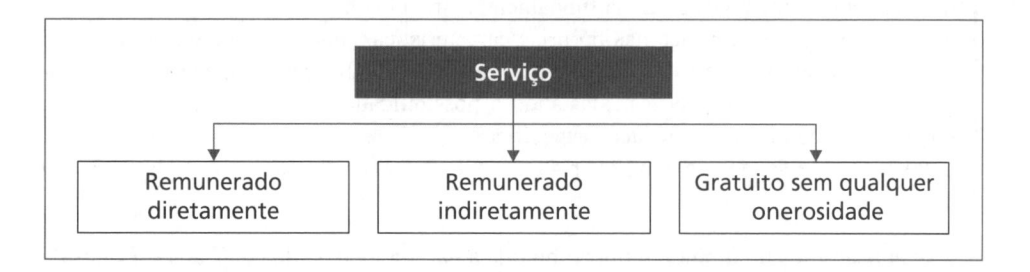

```
                    ┌─────────────┐
                    │   Serviço   │
                    └──────┬──────┘
          ┌────────────────┼────────────────┐
          ▼                ▼                ▼
   ┌─────────────┐  ┌─────────────┐  ┌──────────────────┐
   │ Remunerado  │  │ Remunerado  │  │ Gratuito sem     │
   │ diretamente │  │ indiretamente│ │ qualquer         │
   │             │  │             │  │ onerosidade      │
   └─────────────┘  └─────────────┘  └──────────────────┘
```

Por outro lado, **serviço totalmente gratuito**, que estaria fora do conceito de objeto da relação de consumo, seria aquele prestado:

◼ sem qualquer tipo de remuneração (nem direta, nem indireta), isto é, não há ressarcimento dos custos de forma alguma; ou

◼ em razão da natureza do serviço, o seu prestador não tenha cobrado o preço.

Quem fornece o exemplo de serviço prestado como verdadeira benesse é Rizzatto Nunes, ao destacar o caso do "médico que atenda uma pessoa que está passando mal na rua e nada cobre por isso enquadra-se na hipótese legal de não recebimento de remuneração".[139]

Por fim, ressalta-se que o próximo capítulo tratará exclusivamente dos serviços públicos e a incidência do CDC; entretanto, permitimo-nos adentrar ao tema para discordarmos, *data venia*, da posição do Superior Tribunal de Justiça exarada no Recurso

---

[137] BENJAMIN, Antônio Herman de V.; MARQUES, Claudia Lima; BESSA, Leonardo Roscoe. *Manual de direito do consumidor*, p. 102-103.

[138] BENJAMIN, Antônio Herman de V.; MARQUES, Claudia Lima; BESSA, Leonardo Roscoe. *Manual de direito do consumidor*, p. 103.

[139] NUNES, Luiz Antonio Rizzatto. *Curso de direito do consumidor*, p. 102.

Especial *infra* que entendeu pela não incidência do Diploma Consumerista ao serviço público de saúde por não considerá-lo um serviço remunerado:

> PROCESSUAL CIVIL. RECURSO ESPECIAL. EXCEÇÃO DE COMPETÊNCIA. AÇÃO INDENIZATÓRIA. PRESTAÇÃO DE SERVIÇO PÚBLICO. AUSÊNCIA DE REMUNERAÇÃO. RELAÇÃO DE CONSUMO NÃO CONFIGURADA. DESPROVIMENTO DO RECURSO ESPECIAL.
> 1. Hipótese de discussão do foro competente para processar e julgar ação indenizatória proposta contra o Estado, em face de morte causada por prestação de **serviços médicos em hospital público**, sob a alegação de existência de relação de consumo.
> 2. O conceito de "serviço" previsto na legislação consumerista exige para a sua configuração, necessariamente, que a atividade seja prestada mediante remuneração (art. 3.º, § 2.º, do CDC).
> 3. Portanto, no caso dos autos, **não se pode falar em prestação de serviço subordinada às regras previstas no Código de Defesa do Consumidor, pois inexistente qualquer forma de remuneração** direta referente ao serviço de saúde prestado pelo hospital público, o qual pode ser classificado como uma atividade geral exercida pelo Estado à coletividade em cumprimento de garantia fundamental (art. 196 da CF).
> 4. Referido serviço, em face das próprias características, normalmente é prestado pelo Estado de maneira universal, o que impede a sua individualização, bem como a mensuração de remuneração específica, afastando a possibilidade da incidência das regras de competência contidas na legislação específica.
> 5. Recurso especial desprovido (REsp 493.181/SP, Rel. Ministra Denise Arruda, 1.ª T., *DJ* 1.º.2.2006).

Analisaremos no momento oportuno que a não incidência do CDC aos serviços de saúde pública deve-se ao fato de estes serviços serem remunerados, sim, mas por impostos, que têm natureza de espécie tributária, portanto cogente e incompatível com a incidência do Código do Consumidor, que pressupõe a facultatividade da relação.

2.5.2. A exclusão das relações trabalhistas

Basicamente são três os fundamentos da exclusão das relações trabalhistas como objeto da relação jurídica de consumo na visão da doutrina:[140]

- existência de lei específica regulatória das relações empregatícias, a Consolidação das Leis do Trabalho — CLT;
- a posição constitucional em que se encontram os direitos dos trabalhadores (direitos fundamentais sociais, arts. 6.º e 7.º da Constituição Federal);
- uma justiça especializada para dirimir os conflitos de interesses decorrentes das relações de emprego (a Justiça do Trabalho).

Ademais, imprescindível muito cuidado para não excluirmos relações aparentemente trabalhistas que, em verdade, são relações típicas de consumo. O Superior Tribunal de Justiça já se manifestou sobre o assunto:

---

[140] MIRAGEM, Bruno. *Curso de direito do consumidor*, p. 106.

CONFLITO NEGATIVO DE COMPETÊNCIA. JUSTIÇA COMUM ESTADUAL E JUSTIÇA ESPECIALIZADA DO TRABALHO. AÇÃO DE OBRIGAÇÃO DE FAZER. MANUTENÇÃO DE EX-EMPREGADO APOSENTADO EM PLANO DE SAÚDE COLETIVO DE ENTIDADE DE AUTOGESTÃO VINCULADA AO EMPREGADOR. NATUREZA PREDOMINANTEMENTE CIVIL DO LITÍGIO. 1. **Conflito negativo de competência suscitado pelo Juízo Trabalhista.** Conclusão ao gabinete em 10.4.2018. 2. **O propósito do presente conflito consiste em definir a competência para julgar controvérsias estabelecidas entre ex-empregados (nas hipóteses de aposentadoria, rescisão ou exoneração do contrato de trabalho sem justa causa) e operadoras de plano de saúde na modalidade autogestão vinculadas ao empregador, acerca do direito de manter a condição de beneficiário, nas mesmas condições de cobertura assistencial de que gozava quando da vigência do contrato de trabalho.** 3. Se a demanda é movida com base em conflitos próprios da relação empregatícia ou do pagamento de verbas dela decorrentes, então a competência para seu julgamento será da Justiça do Trabalho, de acordo com o art. 114, IX, da CF/88. 4. Plano de saúde coletivo disponibilizado pelo empregador ao empregado não é considerado salário, conforme disposto no art. 458, § 2.º, IV, da Consolidação das Leis Trabalhistas, em redação dada pela Lei n. 10.243/01. 5. A operadora de plano de saúde de autogestão, vinculada à instituição empregadora, é disciplinada no âmbito do sistema de saúde suplementar, conforme disposto em Resolução Normativa n. 137/06 da ANS. 6. **O fundamento jurídico para avaliar a procedência ou improcedência do pedido está estritamente vinculado à interpretação da Lei dos Planos de Saúde, sobretudo dos arts. 30 e 31.** 7. **Essas razões permitem concluir pela inexistência de discussão sobre o contrato de trabalho ou de direitos trabalhistas, mas um litígio acerca da manutenção ou não do ex-empregado em plano de saúde coletivo, cuja natureza é preponderantemente civil e não trabalhista.** 8. Declarada a competência da Justiça comum Estadual para julgamento da demanda (CC 157.664/SP, Rel. Ministra Nancy Andrighi, 2.ª Seção, j. 23.5.2018, *DJe* 25.5.2018).[141]

---

[141] No tocante a competência para apreciar controvérsias envolvendo plano de saúde de autogestão empresarial a regra remete à Justiça Comum como sendo a competente, salvo se o benefício for instituído em contrato de trabalho, convenção ou acordo coletivo, bem como quando o plano for operado pela própria empresa contratante do trabalhador, hipóteses excepcionais em que a competência será da Justiça do Trabalho. Este foi o entendimento da 2.ª Seção do STJ nos seguintes incidentes de assunção de competência: "INCIDENTE DE ASSUNÇÃO DE COMPETÊNCIA. RECURSO ESPECIAL. AÇÃO DE OBRIGAÇÃO DE FAZER. CONTRATO DE PLANO DE SAÚDE. MODALIDADE DE AUTOGESTÃO INSTITUÍDA. INATIVIDADE DO EX-EMPREGADO. MANUTENÇÃO DAS MESMAS CONDIÇÕES. COMPETÊNCIA. JUSTIÇA COMUM. 1. Ação de obrigação de fazer ajuizada em 2015, da qual foi extraído o presente recurso especial, interposto em 6.11.2017. 2. Incidente de assunção de competência instaurado para decidir sobre a Justiça competente para julgamento de demanda relativa a contrato de plano de saúde assegurado em contrato de trabalho, acordo ou convenção coletiva. 3. A jurisprudência da 2.ª Seção reconhece a autonomia da saúde suplementar em relação ao Direito do Trabalho, tendo em vista que plano de saúde coletivo disponibilizado pelo empregador ao empregado não é considerado salário, a operadora de plano de saúde de autogestão, vinculada à instituição empregadora, é disciplinada no âmbito do sistema de saúde suplementar, e o fundamento jurídico para avaliar a procedência ou improcedência do pedido está estritamente vinculado à interpretação da Lei dos Planos de Saúde, o que evidencia a natureza eminentemente civil da demanda. **4. Tese firmada para efeito do art. 947 do CPC/15: Compete à Justiça comum julgar as demandas relativas a**

O autor desta lembrança foi José Geraldo Brito Filomeno, para quem "não poderão ser objeto das disposições do Código de Defesa do Consumidor *as relações de caráter trabalhista,* exceto no que diz respeito à chamada *locação de serviços,* ou, então, as *empreitadas de mão de obra* ou de *empreitada mista* (*i. e.,* mão de obra e materiais), exclusão essa presente nos diplomas legais de todos os países que dispõem de leis ou códigos de defesa do consumidor, como, por exemplo, de Portugal, Espanha, México, Venezuela e outros".[142]

2.5.3. Os serviços bancários como objeto da relação de consumo

Dentre os **serviços integrantes** do rol exemplificativo do § 2.º do art. 3.º do CDC, destacam-se os **serviços bancários** em razão de toda a polêmica que esteve presente desde a época da discussão do anteprojeto sobre sua inclusão ou não como objeto da relação de consumo, até os dias atuais, em que sempre aparece um projeto de lei com o intuito de excluir as atividades bancárias do conceito de serviço de consumo.

---

plano de saúde de autogestão empresarial, exceto quando o benefício for instituído em contrato de trabalho, convenção ou acordo coletivo, hipótese em que a competência será da Justiça do Trabalho, ainda que figure como parte trabalhador aposentado ou dependente do trabalhador. 5. Hipótese que trata de contrato de plano de saúde na modalidade autogestão instituída, pois operado por uma fundação instituída pelo empregador, o que impõe seja declarada a competência da Justiça comum Estadual. 6. Recurso especial conhecido e provido" (REsp 1799343/SP, Rel. Ministro Paulo de Tarso Sanseverino, Rel. p/ Acórdão Ministra Nancy Andrighi, 2.ª Seção, j. 11.3.2020, *DJe* 18.3.2020). "INCIDENTE DE ASSUNÇÃO DE COMPETÊNCIA. CONFLITO NEGATIVO DE COMPETÊNCIAS. CIVIL E PROCESSUAL CIVIL (CPC/2015). PLANO DE SAÚDE COLETIVO EMPRESARIAL. CONTROVÉRSIA ACERCA DA COMPETÊNCIA DA JUSTIÇA DO TRABALHO. CASO CONCRETO. RECUSA DE COBERTURA DE PROCEDIMENTO MÉDICO. PLANO "SAÚDE CAIXA". MODALIDADE AUTOGESTÃO EMPRESARIAL. COMPETÊNCIA DA JUSTIÇA DO TRABALHO. 1. Controvérsia acerca da competência da Justiça do Trabalho para julgamento de demanda entre usuário e operadora de plano de saúde coletivo empresarial. 2. Teses para os efeitos do art. 947, § 3.º, do CPC/2015: 2.1. Compete à Justiça comum o julgamento das demandas entre usuário e operadora de plano de saúde, exceto quando o plano é organizado na modalidade autogestão empresarial, sendo operado pela própria empresa contratante do trabalhador, hipótese em que a competência é da Justiça do Trabalho. 2.2. Irrelevância, para os fins da tese 2.1, da existência de norma acerca da assistência à saúde em contrato de trabalho, acordo ou convenção coletiva. 2.3. Aplicabilidade da tese 2.1 também para as demandas em que figure como parte trabalhador aposentado ou dependente do trabalhador. 3. Julgamento do caso concreto: 3.1. Demanda ajuizada no Juizado Especial Federal por empregada e seu dependente contra a empregadora (e operadora de plano de saúde autogestão empresarial), tendo como causa de pedir a recusa de cobertura de procedimento médico. 3.2. Declinação de competência pelo juízo federal ao juízo do trabalho, tendo este suscitado o presente conflito de competências. 3.3. Aplicação das teses 2.1 e 2.3, *in fine,* ao caso concreto para se declarar competente o juízo do trabalho, suscitante. 4. CONFLITO ACOLHIDO PARA SE DECLARAR COMPETENTE O JUÍZO DA 52.ª VARA DO TRABALHO DE SÃO PAULO — SP" (CC 165.863/SP, Rel. Ministro Paulo de Tarso Sanseverino, 2.ª Seção, j. 11.3.2020, *DJe* 17.3.2020).

[142] FILOMENO, José Geraldo Brito. *Manual de direitos do consumidor,* p. 60.

Segundo Bruno Miragem, a referência expressa dos serviços bancários no Código do Consumidor "tem razão de ser em face de uma discussão original no direito brasileiro, se poderiam os correntistas ou investidores que para tais fins realizassem contratos bancários, serem considerados consumidores. Isto porque, dentre os argumentos contrários à aplicação do CDC aos titulares de contas correntes em bancos, argumentava-se que nesta condição não se encontravam na qualidade de destinatário final, uma vez que realizavam em verdade um depósito, cujos recursos deixados sob a guarda do banco seriam todos devolvidos ao próprio correntista, ou a quem este determinasse".[143]

A questão mais polêmica sobre o tema envolveu o depósito realizado em caderneta de poupança, que, sob o fundamento de tratar-se de serviço não remunerado, não seria passível de regulamentação pela lei do consumidor.

Porém, em 2001, entendeu o STJ no julgamento do Recurso Especial 106.888 que o "Código de Defesa do Consumidor (Lei n. 8.078/90) é aplicável aos contratos firmados entre as instituições financeiras e seus clientes referentes à caderneta de poupança".

Assim, **prevaleceu na doutrina e na jurisprudência do Superior Tribunal de Justiça e do Supremo Tribunal Federal a incidência do CDC aos serviços bancários** em razão de suas atividades se enquadrarem, sim, no conceito de objeto das relações de consumo.

Visão clássica na doutrina sobre o tema vem de Nelson Nery Jr., que trouxe os motivos da inserção das atividades bancárias na definição de serviços sobre os quais recaem as regras da Lei n. 8.078/90:[144]

- por serem **remunerados** (e muito bem remunerados, diga-se de passagem);
- por serem **oferecidos de modo amplo e geral**, portanto despersonalizado;
- por serem **vulneráveis os tomadores** de tais serviços, na nomenclatura própria do CDC (não apenas no aspecto econômico, mas também técnico, jurídico-científico e informacional);
- pela **habitualidade e profissionalismo** na sua prestação (percebam que basta a habitualidade para caracterizar o fornecedor na relação de consumo, mas no caso dos serviços bancários o *plus* do profissionalismo faz-se presente).

Mesmo com o assunto consolidado na lei, bem como entre os estudiosos do Direito, o tema foi levado inúmeras vezes à apreciação do **STJ**, que não vacilou e acabou por editar no ano de 2004 a **Súmula 297**, com o seguinte teor: **"O Código de Defesa do Consumidor é aplicável às instituições financeiras".**[145]

---

[143] MIRAGEM, Bruno. *Curso de direito do consumidor*, p. 107.
[144] Apud GRINOVER, Ada Pellegrini; BENJAMIN, Antônio Herman de V.; FINK, Daniel Roberto; FILOMENO, José Geraldo Brito; NERY JR., Nelson; DENARI, Zelmo. *Código Brasileiro de Defesa do Consumidor*, p. 55-56.
[145] Tal incidência vale ainda para os contratos de aplicação financeira. Nesse sentido, o STJ: "Por estar caracterizada relação de consumo, incidem as regras do CDC aos contratos relativos a aplicações em fundos de investimento celebrados entre instituições financeiras e seus clientes. Enunciado n. 297 da Súmula do STJ" (REsp 656.932/SP, Rel. Ministro Antonio Carlos Ferreira, 4.ª T., *DJe* 2.6.2014).

Não satisfeita com a pacificação do assunto na jurisprudência do Superior Tribunal de Justiça, a **CONSIF** (Confederação Nacional do Sistema Financeiro) levou a questão à apreciação do **Supremo Tribunal Federal**. Trata-se da **Ação Direta de Inconstitucionalidade n. 2.591**, que teve, em resumo, a pretensão de "que não fossem consideradas 'relações de consumo' as cadernetas de poupança, os depósitos bancários, os contratos de mútuo, os de utilização de cartões de crédito, os de seguro, os de abertura de crédito e todas as operações bancárias, ativas e passivas, sob a alegação de que o vício de inconstitucionalidade estaria na **ofensa ao art. 192 da Carta Magna**, visto que a **regulação do Sistema Financeiro Nacional seria matéria de lei complementar, e não do Código de Defesa do Consumidor, uma lei ordinária**".[146]

De fato, o art. 192 da Constituição Federal estabelece que o sistema financeiro nacional será regulado por leis complementares e, realmente, o Código de Defesa do Consumidor — Lei n. 8.078/90 — tem natureza de lei ordinária. Mas a questão que se levantou à época foi: o CDC regulamenta o sistema financeiro nacional?

Na sequência, um resumo dos principais votos dos Ministros do STF no julgamento da ADI 2.591:

MINISTRO DO STF	VOTO
CARLOS VELLOSO	▫ Julgou procedente em parte, admitindo a incidência do CDC às atividades bancárias, mas decidiu pela interpretação conforme à Constituição do § 2.º do art. 3.º do aludido Diploma para dela afastar a exegese que nela inclua a taxa dos juros das operações bancárias ou sua fixação em 12% ao ano, dado que essa questão diz respeito ao sistema financeiro nacional (art. 192, § 3.º, da CF — antes da sua revogação).
SEPÚLVEDA PERTENCE	▫ Julgou improcedente a ação sob o fundamento de que não há nada no Código de Defesa do Consumidor que estivesse compreendido na disciplina reservada à lei complementar pelo art. 192 da Constituição. Ademais, entendeu por prejudicada a ADI no tocante à limitação dos juros em 12% ao ano em razão da revogação do § 3.º do art. 192 da Constituição Federal, pela Emenda 40, de 2003.
NÉRI DA SILVEIRA	▫ Julgou improcedente a ação, de tal maneira que o Código do Consumidor deverá continuar a ser aplicado às relações envolvendo atividades bancárias e, caso surja algum conflito com o sistema financeiro nacional, a questão será resolvida especificamente.
NELSON JOBIM	▫ Julgou procedente em parte a ADI no sentido de que a **incidência do CDC somente** seria possível nas relações oriundas dos **serviços bancários e impossível sua aplicação** em face das **operações bancárias**, estas reguladas pelo Sistema Financeiro Nacional. Logo, as operações bancárias seriam controladas pelo BACEN, e os clientes bancários, para essas operações, submetidos a um sistema próprio de proteção. Já os serviços bancários, por serem atividades desatreladas do sistema financeiro — não tendo por objeto dinheiro ou crédito —, estão submetidos à incidência do CDC. Os clientes bancários dessas atividades são equiparados a consumidores e protegidos pelos órgãos oficiais de defesa do consumidor, além do Ministério Público.
EROS GRAU	▫ Entendeu **inexistirem dúvidas de que a relação entre banco e cliente é, nitidamente, uma relação de consumo**, protegida constitucionalmente. Entendeu que o Banco Central deve continuar a exercer o controle e revisão de eventual abusividade, onerosidade excessiva e outras distorções na composição contratual da taxa de juros no tocante ao quanto exceda a taxa base.

---

[146] CAVALIERI FILHO, Sergio. *Programa de direito do consumidor*, p. 85.

JOAQUIM BARBOSA	**Julgou improcedente** no mesmo sentido do Ministro Néri da Silveira, ou seja, não há falar em interpretação conforme, pois inexiste inconstitucionalidade a ser declarada. Na mesma linha, seguiram os Ministro Carlos Ayres Britto, Cezar Peluso, Ellen Gracie, Marco Aurélio de Mello e Celso de Mello.

O **resultado** final do julgamento da ADI em apreço foi **por maioria pela improcedência da ação**, deixando bem claro que, também **para o Pretório Excelso, o CDC incide** nas relações de consumo oriundas das **atividades bancárias**. Seguem os principais pontos do Acórdão publicado em 29 de setembro de 2006:

As instituições financeiras estão, todas elas, alcançadas pela incidência das normas veiculadas pelo Código de Defesa do Consumidor.

'Consumidor', para os efeitos do Código de Defesa do Consumidor, é toda pessoa física ou jurídica que utiliza, como destinatário final, atividade bancária, financeira e de crédito.

O preceito veiculado pelo art. 3.º, § 2.º, do Código de Defesa do Consumidor deve ser interpretado em coerência com a Constituição, o que importa em que o custo das operações ativas e a remuneração das operações passivas praticadas por instituições financeiras na exploração da intermediação de dinheiro na economia estejam excluídas da sua abrangência.

Ao Conselho Monetário Nacional incumbe a fixação, desde a perspectiva macroeconômica, da taxa base de juros praticável no mercado financeiro.

O Banco Central do Brasil está vinculado pelo dever-poder de fiscalizar as instituições financeiras, em especial na estipulação contratual das taxas de juros por elas praticadas no desempenho da intermediação de dinheiro na economia.

Ação direta julgada improcedente, afastando-se a exegese que submete às normas do Código de Defesa do Consumidor [Lei n. 8.078/90] a definição do custo das operações ativas e da remuneração das operações passivas praticadas por instituições financeiras no desempenho da intermediação de dinheiro na economia, sem prejuízo do controle, pelo Banco Central do Brasil, e do controle e revisão, pelo Poder Judiciário, nos termos do disposto no Código Civil, em cada caso, de eventual abusividade, onerosidade excessiva ou outras distorções na composição contratual da taxa de juros. Art. 192, da CB/88. Norma-objetivo. Exigência de lei complementar exclusivamente para a regulamentação do sistema financeiro.

O preceito veiculado pelo art. 192 da Constituição do Brasil consubstancia norma-objetivo que estabelece os fins a serem perseguidos pelo sistema financeiro nacional, a promoção do desenvolvimento equilibrado do País e a realização dos interesses da coletividade.

A exigência de lei complementar veiculada pelo art. 192 da Constituição abrange exclusivamente a regulamentação da estrutura do sistema financeiro. Conselho Monetário Nacional. Art. 4.º, VIII, da Lei n. 4.595/64.[147] Capacidade normativa atinente à constituição, funcionamento e fiscalização das instituições financeiras. Ilegalidade de resoluções que excedem essa matéria.

O Conselho Monetário Nacional é titular de capacidade normativa — a chamada capacidade normativa de conjuntura — no exercício da qual lhe incumbe regular, além da

---

[147] A citada Lei foi amplamente alterada no ano de 2017 pela Lei n. 13.506, bem como pela Lei Complementar n. 179/2021.

constituição e fiscalização, o funcionamento das instituições financeiras, isto é, o desempenho de suas atividades no plano do sistema financeiro.

Tudo o quanto exceda esse desempenho não pode ser objeto de regulação por ato normativo produzido pelo Conselho Monetário Nacional.

A produção de atos normativos pelo Conselho Monetário Nacional, quando não respeitem ao funcionamento das instituições financeiras, é abusiva, consubstanciando afronta à legalidade.

Em posterior julgamento dos Embargos de Declaração propostos pelas entidades de defesa do consumidor BRASILCON e IDEC, posicionou-se de forma coerente o STF ao entender que: "Embargos de declaração providos para reduzir o teor da ementa referente ao julgamento da Ação Direta de Inconstitucionalidade n. 2.591, que passa a ter o seguinte conteúdo, dela excluídos enunciados em relação aos quais não há consenso: '1. **As instituições financeiras estão, todas elas, alcançadas pela incidência das normas veiculadas pelo Código de Defesa do Consumidor**. 2. 'Consumidor', para os efeitos do Código de Defesa do Consumidor, é toda pessoa física ou jurídica que utiliza, como destinatário final, atividade bancária, financeira e de crédito. 3. Ação direta julgada improcedente'".

A respeito do julgamento da aludida ação direta de inconstitucionalidade, restou claro o posicionamento do **Supremo Tribunal Federal** no sentido de **não admitir a interferência do Poder Judiciário na fixação dos juros bancários**, sendo esta uma **atribuição do Conselho Monetário Nacional**. Ademais, é competência do **Banco Central do Brasil** fiscalizar as instituições financeiras, em especial na estipulação contratual das taxas de juros por elas praticadas no desempenho da intermediação de dinheiro na economia.

O tema é relevante, pois, enquanto o julgamento da ADI 2.591 não havia sido concluído, sobreveio a Emenda Constitucional n. 40, de 2003, que alterou a redação do art. 192 da Constituição e revogou incisos, alíneas e parágrafos, dentre os quais o § 3.º, que previa o limite de juros reais em 12% ao ano.

Assim, conjugando a decisão do STF *supra* com a nova redação dada ao art. 192 da CF, editou o **Superior Tribunal de Justiça** a Súmula 382, que dispõe: **"A estipulação de juros remuneratórios superiores a 12% ao ano, por si só, não indica abusividade"**. Desde que dentro de uma média de mercado, não são abusivos os juros remuneratórios superiores a 12% ao ano.[148]

---

[148] Essa regra não vale para instituição não financeira, como o comércio varejista. Esta a posição do STJ no julgamento do REsp 1.720.656: RECURSO ESPECIAL. CIVIL. COMPRA E VENDA A PRAZO. EMPRESA DO COMÉRCIO VAREJISTA. INSTITUIÇÃO NÃO FINANCEIRA. ART. 2.º DA LEI N. 6.463/77. EQUIPARAÇÃO. INVIABILIDADE. JUROS REMUNERATÓRIOS/ COMPENSATÓRIOS. COBRANÇA. LIMITES. ARTS. 406 C/C 591 DO CC/02. SUBMISSÃO. DESPROVIMENTO. 1. Cuida-se de ação revisional de cláusulas contratuais de pacto firmado para a aquisição de mercadorias com pagamento em prestações, cujas parcelas contariam com a incidência de juros remuneratórios superiores a 1% ao mês. 2. Recurso especial interposto em: 4.8.2017; conclusão ao Gabinete em: 2.2.2018; aplicação do CPC/15. **3. O propósito recursal consiste em determinar se é possível à instituição não financeira — dedicada ao comércio varejista em geral — estipular, em suas vendas a crédito, pagas em prestações, juros remune-**

Tal posicionamento não retrocedeu no tocante à incidência do CDC em relação aos contratos bancários em que, por exemplo, os juros remuneratórios são estipulados. Assim, caso o contrato bancário não estipule percentual algum dos juros a serem cobrados, deixando ao arbítrio da instituição financeira a fixação deste percentual, caberá a aplicação do Código do Consumidor para coibir tal prática abusiva.[149]

Por outro lado, não podemos confundir os juros remuneratórios (devidos como forma de compensar ou remunerar o capital) com os juros moratórios (decorrentes do atraso no pagamento). Neste último caso, prevalece o entendimento de que não poderão ser superiores a 12% ao ano. O STJ sumulou a questão no Enunciado de n. 379: "Nos contratos bancários não regidos por legislação específica, **os juros moratórios poderão ser convencionados até o limite de 1% ao mês**".

Os posicionamentos consagrados no STF e no STJ, no sentido de que o Poder Judiciário não tem competência para intervir na fixação dos juros remuneratórios, não excluem a possibilidade de o juiz, uma vez provocado, reconhecer da abusividade de um contrato bancário que não fixa qualquer percentual de juros no instrumento de adesão e deixa ao arbítrio da instituição financeira cobrar quanto ela quiser do consumidor. Sobre o tema, cumpre destacar o teor da Súmula 530 do STJ que estabelece: "Nos contratos bancários, na impossibilidade de comprovar a taxa de juros efetivamente contratada — por ausência de pactuação ou pela falta de juntada do instrumento aos autos —, aplica-se a taxa média de mercado, divulgada pelo Bacen, praticada nas operações da mesma espécie, salvo se a taxa cobrada for mais vantajosa para o devedor" (2.ª Seção, aprovada em 13.5.2015, *DJe* 18.5.2015).

Julgado interessante foi o proferido pelo Superior Tribunal de Justiça no REsp 1.510.310/RS, em 3 de outubro de 2017, quando firmou posicionamento de que, em se tratando de conta corrente conjunta solidária, na ausência de comprovação dos valores que integram o patrimônio de cada um, presume-se a divisão do saldo em partes iguais,

---

ratórios superiores a 1% ao mês, ou a 12% ao ano, de acordo com as taxas médias de mercado. 4. A cobrança de juros remuneratórios superiores aos limites estabelecidos pelo Código Civil de 2002 é excepcional e deve ser interpretada restritivamente. 5. Apenas às instituições financeiras, submetidas à regulação, controle e fiscalização do Conselho Monetário Nacional, é permitido cobrar juros acima do teto legal. Súmula 596/STF e precedente da 2.ª Seção. 6. A previsão do art. 2.º da Lei n. 6.463/77 faz referência a um sistema obsoleto, em que a aquisição de mercadorias a prestação dependia da atuação do varejista como instituição financeira e no qual o controle dos juros estava sujeito ao escrutínio dos próprios consumidores e à regulação e fiscalização do Ministério da Fazenda. 8. Após a Lei n. 4.595/64, o art. 2.º da Lei n. 6.463/77 passou a não mais encontrar suporte fático apto a sua incidência, sendo, pois, ineficaz, não podendo ser interpretado extensivamente para permitir a equiparação dos varejistas a instituições financeiras e não autorizando a cobrança de encargos cuja exigibilidade a elas é restrita. **9. Na hipótese concreta, o contrato é regido pelas disposições do Código Civil e não pelos regulamentos do CMN e do BACEN, haja vista a ora recorrente não ser uma instituição financeira. Assim, os juros remuneratórios devem observar os limites do art. 406 c/c art. 591 do CC/02.** 10. Recurso especial não provido (REsp 1720656/MG, Rel. Ministra Nancy Andrighi, 3.ª T., j. 28.4.2020, *DJe* 7.5.2020).

[149] Nesse sentido, REsp 715.894.

de forma que os atos praticados por quaisquer dos titulares em suas relações com terceiros não afetam os demais correntistas:

> CIVIL, PROCESSO CIVIL E **BANCÁRIO**. RECURSO ESPECIAL. OMISSÃO, CONTRADIÇÃO E OBSCURIDADE. AUSÊNCIA. EMBARGOS DE TERCEIRO. **BLOQUEIO DE VALOR DEPOSITADO EM CONTA CORRENTE CONJUNTA. NÃO OCORRÊNCIA DE SOLIDARIEDADE PASSIVA EM RELAÇÃO A TERCEIROS. NÃO COMPROVAÇÃO DA TITULARIDADE INTEGRAL. PENHORA. APENAS DA METADE PERTENCENTE AO EXECUTADO.** (...) 4. Há duas espécies de conta corrente bancária: (i) individual (ou unipessoal); e (ii) coletiva (ou conjunta). A conta corrente bancária coletiva pode ser (i) fracionária ou (ii) solidária. A fracionária é aquela que é movimentada por intermédio de todos os titulares, isto é, sempre com a assinatura de todos. Na conta solidária, cada um dos titulares pode movimentar a integralidade dos fundos disponíveis. 5. **Na conta corrente conjunta solidária, existe solidariedade ativa e passiva entre os correntistas apenas em relação à instituição financeira mantenedora da conta corrente, de forma que os atos praticados por qualquer dos titulares não afeta os demais correntistas em suas relações com terceiros**. Precedentes. 6. **Aos titulares da conta corrente conjunta é permitida a comprovação dos valores que integram o patrimônio de cada um, sendo certo que, na ausência de provas nesse sentido, presume-se a divisão do saldo em partes iguais**. Precedentes do STJ. 7. Na hipótese dos autos, segundo o Tribunal de origem, não houve provas que demonstrassem a titularidade exclusiva da recorrente dos valores depositados em conta corrente conjunta. 8. Mesmo diante da ausência de comprovação da propriedade, a constrição não pode atingir a integralidade dos valores contidos em conta corrente conjunta, mas apenas a cota-parte de cada titular. 9. Na controvérsia em julgamento, a constrição poderá recair somente sobre a metade pertencente ao executado, filho da recorrente. 10. Recurso especial conhecido e provido (REsp 1.510.310/RS, Rel. Ministra Nancy Andrighi, 3.ª T., *DJe* 13.10.2017).

Outras súmulas relevantes e afetas a disciplinar os serviços bancários são:

■ **Súmula 322 do STJ:** "Para a devolução de indébito, nos contratos de abertura de crédito em conta corrente, não se exige a prova do erro".

■ **Súmula 381 do STJ:** "Nos contratos bancários, é vedado ao julgador conhecer, de ofício, da abusividade das cláusulas".

■ **Súmula 388 do STJ:** "A simples devolução indevida de cheque caracteriza dano moral".

■ **Súmula 479 do STJ:** "As instituições financeiras respondem objetivamente pelos danos gerados por fortuito interno relativo a fraudes e delitos praticados por terceiros no âmbito de operações bancárias".

■ **Súmula 541 do STJ:** "A previsão no contrato bancário de taxa de juros anual superior ao duodécuplo da mensal é suficiente para permitir a cobrança da taxa efetiva anual contratada" (2.ª Seção, j. 10.6.2015, *DJe* 15.6.2015).

■ **Súmula 566 do STJ:** "Nos contratos bancários posteriores ao início da vigência da Resolução-CMN n. 3.518/2007, em 30.4.2008, pode ser cobrada a tarifa de cadastro no início do relacionamento entre o consumidor e a instituição financeira" (2.ª Seção, j. 24.2.2016, *DJe* 29.2.2016).

■ **Súmula 565 do STJ:** "A pactuação das tarifas de abertura de crédito (TAC) e de emissão de carnê (TEC), ou outra denominação para o mesmo fato gerador, é válida apenas nos contratos bancários anteriores ao início da vigência da Resolução--CMN n. 3.518/2007, em 30.4.2008" (2.ª Seção, j. 24.2.2016, *DJe* 29.2.2016).

■ **Súmula 638 do STJ:** "É abusiva a cláusula contratual que restringe a responsabilidade de instituição financeira pelos danos decorrentes de roubo, furto ou extravio de bem entregue em garantia no âmbito de contrato de penhor civil" (2.ª Seção, j. 27.11.2019, *DJe* 2.12.2019).

2.6. RELAÇÃO JURÍDICA DE CONSUMO — CASOS ESPECIAIS

A evolução histórica da vigência da Lei n. 8.078/90 nos mostrou a existência de relações que nos deixaram em dúvida a respeito da incidência ou não do Código de Defesa do Consumidor. Neste item, trabalharemos com casos especiais em que a jurisprudência do Superior Tribunal de Justiça reconheceu a existência da relação jurídica de consumo e, em outras situações, em que tal relação não restou configurada.

2.6.1. Da existência de relação jurídica de consumo em casos especiais

2.6.1.1. *Relação entre entidade de previdência privada e seus participantes*

O art. 3.º, § 2.º, do Código de Defesa do Consumidor, ao definir serviço como objeto da relação jurídica de consumo, incluiu, dentre outras atividades, a securitária. Esta atividade abrange, sem qualquer dúvida, as relações oriundas da atividade de **entidade de previdência privada e seus participantes**.

Nesse sentido, destaca-se a Súmula 321 do STJ, que dispõe: **"O Código de Defesa do Consumidor é aplicável à relação jurídica entre a entidade de previdência privada e seus participantes"**. Sobre o tema, cumpre ressaltar que a 2.ª Seção do STJ, na sessão de 24.2.2016, ao apreciar o Projeto de Súmula n. 627 e o julgado no REsp 1.536.786/MG, determinou o CANCELAMENTO da Súmula 321 do STJ (*DJe* 29.2.2016).

Muito cuidado nesse ponto, portanto, pois a incidência do CDC somente será cabível em se tratando de entidade de previdência complementar aberta. Por outro lado, em sendo entidade fechada, a incidência do CDC não será permitida. Esta é a nova posição do STJ, nos termos da **Súmula 563: "O Código de Defesa do Consumidor é aplicável às entidades abertas de previdência complementar, não incidindo nos contratos previdenciários celebrados com entidades fechadas"** (2.ª Seção, j. 24.2.2016, *DJe* 29.2.2016).

Um exemplo de incidência do Código de Defesa do Consumidor nas relações estabelecidas com entidades abertas de previdência é a aplicação do Princípio da Vinculação da Oferta. A esse respeito, entendeu o Superior Tribunal de Justiça:

> DIREITO DO CONSUMIDOR. AÇÃO DE COBRANÇA. **PLANO DE PREVIDÊN-CIA COMPLEMENTAR. ENTIDADE ABERTA DE PREVIDÊNCIA PRIVA-DA. DEVER DE INFORMAÇÃO ADEQUADA DO FORNECEDOR. DIFEREN-ÇA ENTRE VALOR INFORMADO AO CONSUMIDOR E PAGO

ADMINISTRATIVAMENTE AO BENEFICIÁRIO. VINCULAÇÃO DO FORNECEDOR. RECURSO ESPECIAL DESPROVIDO.
1. No caso dos autos, debate-se a possibilidade de pagamento de indenização em valor substancialmente inferior àquele prometido ao consumidor-contratante, cuja informação foi reiterada ao longo de quase duas décadas, por entidade de previdência privada sob o argumento de equívoco no cálculo atuarial.
2. "O Código de Defesa do Consumidor é aplicável às entidades de previdência complementar, não incidindo nos contratos previdenciários celebrados com entidades fechadas" (Súmula 563 do STJ).
3. Tratando-se de sociedade anônima que oferece planos de previdência privada em regime de mercado, impõe-se a observância estrita do dever de informar adequadamente o consumidor, desde a fase pré-contratual até o encerramento da relação jurídica, no caso, o efetivo pagamento do pecúlio contratualmente previsto.
4. **No caso concreto, a entidade de previdência privada informava periodicamente ao consumidor o valor estimado da indenização do pecúlio contratado, o qual acompanhava os aumentos periódicos da prestação mensal. Entretanto, após aproximadamente 20 anos de contribuição, com a efetiva ocorrência do risco contratado falecimento do contratante —, a entidade pagou à beneficiária indenização em valor substancialmente inferior ao prometido, a pretexto de adequá-lo aos cálculos atuariais.**
5. As entidades de previdência privada devem observar o equilíbrio atuarial ao estabelecer os planos de previdência oferecidos no mercado, equilibrando, de um lado, as contribuições mensais dos aderentes, de outro, os benefícios a serem pagos. Entretanto, a existência de erro de cálculo atuarial insere-se no risco do negócio e não pode servir de escudo para subtrair da entidade de previdência o dever de pagar ao beneficiário a indenização informada na contratação.
6. **A informação equivocada prestada de forma reiterada ao consumidor vincula o prestador de serviço, uma vez que a opção do consumidor de se manter vinculado ao contrato é também periodicamente reiterada a partir dessas informações.**
7. Recurso especial não provido (REsp 1.966.034/MG, Rel. Ministro Luis Felipe Salomão, Rel. p/ Acórdão Ministro Raul Araújo, 4.ª T., j. 24.5.2022, *DJe* 1.º.8.2022).

O Superior Tribunal de Justiça identificou as principais diferenças entre as entidades de previdência privada abertas e fechadas e o porquê da incidência do CDC para aquelas e impossibilidade para estas: "(...) conforme disposto no art. 36 da Lei Complementar n. 109/2001, as entidades abertas de previdência complementar, equiparadas por lei às instituições financeiras, são constituídas unicamente sob a forma de sociedade anônima. Elas, salvo as instituídas antes da mencionada lei, têm, pois, necessariamente, finalidade lucrativa e são formadas por instituições financeiras e seguradoras, autorizadas e fiscalizadas pela Superintendência de Seguros Privados — Susep, vinculada ao Ministério da Fazenda, tendo por órgão regulador o Conselho Nacional de Seguros Privados — CNSP. (...) 5. No tocante às entidades fechadas, o artigo 34, I, da Lei Complementar n. 109/2001 deixa límpido que 'apenas' administram os planos, havendo, conforme dispõe o art. 35 da Lei Complementar n. 109/2001, gestão compartilhada entre representantes dos participantes e assistidos e dos patrocinadores nos conselhos deliberativo (órgão máximo da estrutura organizacional) e fiscal (órgão de controle interno). Ademais, os valores alocados ao fundo comum obtido, na verdade, pertencem aos participantes e beneficiários do plano, existindo explícito mecanismo de solidariedade, de modo que todo excedente do fundo de pensão é aproveitado em favor de seus próprios integrantes" (REsp 1.536.786/MG, Rel. Ministro Luis Felipe Salomão, 2.ª Seção, DJe 20.10.2015).

No entanto, a não incidência do CDC às relações estabelecidas com entidades de previdência fechada, não significa que essas poderão atuar ao arbítrio da ordem jurídica pátria. Aliás, o STJ entendeu recentemente que nos contratos de mútuo celebrados pelas entidades fechadas de previdência complementar com seus beneficiários, é ilegítima a cobrança de juros remuneratórios acima do limite legal:

> RECURSO ESPECIAL. AÇÃO REVISIONAL DE CONTRATO FIRMADO COM ENTIDADE FECHADA DE PREVIDÊNCIA. INSTÂNCIA ORDINÁRIA QUE AFIRMOU SER A RÉ EQUIPARADA A INSTITUIÇÃO FINANCEIRA DE MODO A VIABILIZAR A COBRANÇA DE CAPITALIZAÇÃO DE JUROS PELA TESE DO DUODÉCUPLO. IRRESIGNAÇÃO DO AUTOR.
> Hipótese: Controvérsia principal atinente à possibilidade ou não de entidade fechada de previdência privada atuar como instituição financeira e, consequentemente, cobrar juros capitalizados, em qualquer periodicidade, nas relações creditícias mantidas com seus beneficiários.
> 1. Afasta-se a preliminar de violação aos arts. 489, § 1.º, IV e VI, 1.022 e 1.025 do Código de Processo Civil de 2015, pois se depreende do acórdão recorrido que a Corte local analisou detidamente todos os aspectos necessários ao deslinde da controvérsia, não podendo se admitir eventual negativa de prestação jurisdicional apenas em razão de não ter sido acolhida a pretensão veiculada pela parte recorrente.
> 2. Nos termos do Enunciado Sumular 563/STJ, o Código de Defesa do Consumidor não é aplicável à relação jurídica mantida entre a entidade fechada de previdência privada e seus participantes porquanto o patrimônio da instituição e os respectivos rendimentos revertem-se integralmente na concessão e manutenção do pagamento de benefícios, prevalecendo o associativismo e o mutualismo, o que afasta o intuito lucrativo e a natureza comercial da atividade.
> 2.1 Por isso, inviável equiparar as entidades fechadas de previdência complementar a instituições financeiras, pois em virtude de não integrarem o sistema financeiro nacional, têm a destinação precípua de conferir proteção previdenciária aos seus participantes.
> 2.2 Tendo em vista que tais entidades não estão inseridas no sistema financeiro nacional, inviável a cobrança de capitalização de juros dos seus participantes nos contratos de crédito entabulados com base no art. 5.º da MP n. 1.963-17/2000, posterior MP n. 2.170-36 de 2001, haja vista que, por expressa disposição legal, tais normativos somente se aplicam às operações realizadas pelas instituições integrantes do referido Sistema Financeiro Nacional.
> **2.3 Assim, nos contratos de mútuo celebrados pelas entidades fechadas de previdência complementar com seus participantes/beneficiários, é ilegítima a cobrança de juros remuneratórios acima do limite legal e apenas estão autorizados a arrecadar capitalização de juros na periodicidade anual, desde que pactuado o encargo, após a entrada em vigor do Código Civil de 2002, ou seja, há expressa proibição legal à obtenção de lucro pelas entidades fechadas (art. 31, § 1.º, da LC n. 109/2001 e art. 9.º, parágrafo único, da LC n. 108/2001), e, também, evidente vedação para a cobrança de juros remuneratórios acima da taxa legal e capitalização em periodicidade**

diversa da anual (art. 1.º do Decreto n. 22.626/33, arts. 406 e 591 do CC/2002 e art. 161, § 1.º, do CTN), já que as entidades fechadas de previdência complementar não são equiparadas ou equiparáveis a instituições financeiras.
3. No caso concreto, tendo em vista que, pelo regramento legal, somente poderia a entidade de previdência fechada cobrar juros remuneratórios à taxa legal (12% ao ano) e capitalização anual sobre esse montante, não se pode admitir a incidência deste último encargo na modalidade contratada, pois a "tese do duodécuplo" diz respeito à formação da taxa de juros e não à existência de pactuação de capitalização, que pressupõe juros vencidos e não pagos, incorporados ao capital.
3.1 A Súmula 541/STJ, segundo a qual "a previsão no contrato bancário de taxa de juros anual superior ao duodécuplo da mensal é suficiente para permitir a cobrança da taxa efetiva anual contratada" foi elaborada com base no entendimento sedimentado no recurso repetitivo n. 973.827/RS, rel. p/ acórdão a e. Ministra Maria Isabel Gallotti, j. 8.8.2012, *DJe* 24.9.2012, no qual expressamente delineado que a mera circunstância de estarem pactuadas taxas efetiva e nominal de juros não implica capitalização, mas apenas processo de formação da taxa de juros pelo método composto".
4. Recurso especial parcialmente provido para afastar eventual cobrança de capitalização (REsp 1.854.818/DF, Rel. Ministra Maria Isabel Gallotti, Rel. p/ Acórdão Ministro Marco Buzzi, 4.ª T., j. 7.6.2022, *DJe* 30.6.2022).

2.6.1.2. Relação entre bancos de sangue e doador

Questão relevante consiste em saber se incide o CDC a uma relação estabelecida entre banco de sangue e doador quando, por exemplo, postula-se indenização por erro no diagnóstico de alguma doença.

A resposta foi afirmativa na visão do STJ ao julgar o Recurso Especial 540.922 no ano de 2009, afirmando que: "A **coleta de sangue** de doador, exercida pelo hemocentro como parte de sua atividade comercial, **configura-se como serviço** para fins de enquadramento **no Código de Defesa do Consumidor**, de sorte que a regra de foro privilegiado prevista no art. 101, I, se impõe para efeito de firmar a competência do foro do domicílio da autora para julgar **ação indenizatória por dano moral em razão de alegado erro** no fornecimento de informação sobre **doença inexistente** e registro negativo em bancos de sangue do país".

2.6.1.3. Relação entre emissora de TV e telespectador

É vacilante a jurisprudência do Superior Tribunal de Justiça a respeito da incidência ou não do Código do Consumidor nas relações existentes entre emissora de TV e telespectador. No tocante à veiculação de eventual publicidade abusiva ou enganosa, o STJ já entendeu pela não responsabilidade do veículo de comunicação, pois, nos termos do parágrafo único do art. 36 do CDC, bem como do art. 38 do mesmo Diploma, é ônus do fornecedor comprovar os dados fáticos, técnicos e científicos que dão sustentação à mensagem publicitária.[150]

---

[150] Nesse sentido, foi o posicionamento do STJ ao julgar o REsp 1.157.228 em 3.2.2011.

Entretanto, vão existir situações em que a emissora de TV não será uma simples intermediária que veicula uma publicidade enganosa ou abusiva, ou seja, ocorrerão hipóteses em que o canal de televisão prestará um serviço diretamente, como a realização de um jogo — como ocorreu com o **Show do Milhão** — e, existindo qualquer tipo de abusividade na relação estabelecida, cabível a incidência do Diploma Consumerista.[151]

Nesse sentido, foi a decisão do STJ ao apreciar o REsp 436.135, entendendo que: "**A emissora de televisão presta um serviço e como tal se subordina às regras do Código de Defesa do Consumidor**. Divulgação de concurso com promessa de recompensa segundo critérios que podem prejudicar o participante. Manutenção da liminar para suspender a prática. Recurso não conhecido".

Diante do caso apreciado, a grande pergunta que se faz é: poderíamos utilizar o mesmo raciocínio do aludido julgado para responsabilizarmos nos termos do CDC a emissora de TV que figurar como administradora de um *reality show* quando cometer práticas abusivas perante os seus participantes, bem como em face da coletividade de telespectadores? Entendemos que sim. Esta também foi a posição do Superior Tribunal de Justiça em julgado de 2018:

RECURSO ESPECIAL. AÇÃO CIVIL PÚBLICA. DIGNIDADE DE CRIANÇAS E ADOLESCENTES OFENDIDA POR QUADRO DE PROGRAMA TELEVISIVO. DANO MORAL COLETIVO. EXISTÊNCIA. 1. O dano moral coletivo é aferível *in re ipsa*, ou seja, sua configuração decorre da mera constatação da prática de conduta ilícita que, de maneira injusta e intolerável, viole direitos de conteúdo extrapatrimonial da coletividade, revelando-se despicienda a demonstração de prejuízos concretos ou de efetivo abalo moral. Precedentes. 2. **Na espécie, a emissora de televisão exibia programa vespertino chamado "Bronca Pesada", no qual havia um quadro que expunha a vida e a intimidade de crianças e adolescentes cuja origem biológica era objeto de investigação, tendo sido cunhada, inclusive, expressão extremamente pejorativa para designar tais hipervulneráveis. 3. A análise da configuração do dano moral coletivo, na espécie, não reside na identificação de seus telespectadores, mas sim nos prejuízos causados a toda sociedade, em virtude da vulnerabilização de crianças e adolescentes, notadamente daqueles que tiveram sua origem biológica devassada e tratada de forma jocosa, de modo a, potencialmente, torná-los alvos de humilhações e chacotas pontuais ou, ainda, da execrável violência conhecida por *bullying*.** 4. Como de sabença, o artigo 227 da Constituição da República de 1988 impõe a todos (família, sociedade e Estado) o dever de assegurar às crianças e aos adolescentes, com absoluta prioridade, o direito à dignidade e ao respeito e de lhes colocar a salvo de toda forma de discriminação, violência, crueldade ou opressão. 5. No mesmo sentido, os artigos 17 e 18 do ECA consagram a inviolabilidade da integridade física, psíquica e moral das crianças e dos

---

[151] Nesse sentido, foi o posicionamento do STJ ao julgar o REsp 1.383.437 em 27.8.2013: "RECURSO ESPECIAL. AÇÃO INDENIZATÓRIA. PROGRAMA TELEVISIVO DE PERGUNTAS E RESPOSTAS. BOA-FÉ OBJETIVA DO PARTICIPANTE. CONTRATO QUE ESTABELECIA OBRA--BASE COMPOSTA DE DUAS PARTES, UMA REAL E OUTRA FICTÍCIA. CONTRATO QUE NÃO OBRIGAVA A RESPONDER ERRADO DE ACORDO COM PARTE FICTÍCIA DA OBRA--BASE. PERDA DE UMA CHANCE. PECULIARIDADES DO CASO. PREQUESTIONAMENTO INEXISTENTE. APLICAÇÃO DAS SÚMULAS 5, 7, 282 E 356 DO STF".

adolescentes, inibindo qualquer tratamento vexatório ou constrangedor, entre outros. 6. **Nessa perspectiva, a conduta da emissora de televisão — ao exibir quadro que, potencialmente, poderia criar situações discriminatórias, vexatórias, humilhantes às crianças e aos adolescentes — traduz flagrante dissonância com a proteção universalmente conferida às pessoas em franco desenvolvimento físico, mental, moral, espiritual e social, donde se extrai a evidente intolerabilidade da lesão ao direito transindividual da coletividade, configurando-se, portanto, hipótese de dano moral coletivo indenizável, razão pela qual não merece reforma o acórdão recorrido.** 7. *Quantum* indenizatório arbitrado em R$ 50.000,00 (cinquenta mil reais). Razoabilidade e proporcionalidade reconhecidas. 8. Recurso especial não provido (REsp 1.517.973/PE, Rel. Ministro Luis Felipe Salomão, 4.ª T., j. 16.11.2017, *DJe* 1.º.2.2018).

2.6.1.4. Relação entre cooperativa de assistência à saúde e filiados e a nossa crítica sobre a exclusão dos planos de saúde geridos pelo sistema de autogestão

Outro tema polêmico envolve saber se o fato de o prestador de serviço à saúde estar constituído em cooperativa seria suficiente para a exclusão da incidência do Código de Defesa do Consumidor.

O fundamento principal da referida tentativa de imunidade em relação ao CDC consistiria na inexistência de vínculo empregatício entre a cooperativa e o médico associado. Sobre o tema, entende o STJ desde 2002 que: "A **inexistência de vínculo empregatício** entre a cooperativa de trabalho médico e o profissional a ela associado **não é fator impeditivo** do reconhecimento da sua responsabilidade civil, com base nas disposições da lei substantiva e do **Código de Defesa do Consumidor**, em relação aos atos praticados em decorrência de serviços prestados em plano de saúde".[152]

O Tribunal de Justiça de São Paulo reconhece a solidariedade entre todas as entidades do mesmo grupo econômico, nos termos do enunciado da Súmula 99: "Não havendo, na área do contrato de plano de saúde, atendimento especializado que o caso requer, e existindo urgência, há responsabilidade solidária no atendimento ao conveniado entre as cooperativas de trabalho médico da mesma operadora, ainda que situadas em bases geográficas distintas".

O mesmo raciocínio vale quando se tratar de cooperativa habitacional. O STJ sumulou o tema no enunciado 602 ao entender: **"O Código de Defesa do Consumidor é aplicável aos empreendimentos habitacionais promovidos pelas sociedades cooperativas"** (2.ª Seção, j. 22.2.2018, *DJe* 26.2.2018).

Cuidado se o conflito envolver contrato de plano de saúde administrado por entidade de autogestão. Neste caso, o STJ entende pela não incidência do CDC, nos mesmos moldes do acima estudado sobre as entidades de previdência privada fechadas. Vejamos:

RECURSO ESPECIAL. ASSISTÊNCIA PRIVADA À SAÚDE. PLANOS DE SAÚDE DE AUTOGESTÃO. FORMA PECULIAR DE CONSTITUIÇÃO E ADMINISTRAÇÃO.

---

[152] EDcl no REsp 309.760, j. 18.4.2002.

PRODUTO NÃO OFERECIDO AO MERCADO DE CONSUMO. INEXISTÊNCIA DE FINALIDADE LUCRATIVA. RELAÇÃO DE CONSUMO NÃO CONFIGURADA. NÃO INCIDÊNCIA DO CDC.
1. A operadora de planos privados de assistência à saúde, na modalidade de autogestão, é pessoa jurídica de direito privado sem finalidades lucrativas que, vinculada ou não à entidade pública ou privada, opera plano de assistência à saúde com exclusividade para um público determinado de beneficiários.
2. A constituição dos planos sob a modalidade de autogestão diferencia, sensivelmente, essas pessoas jurídicas quanto à administração, forma de associação, obtenção e repartição de receitas, diverso dos contratos firmados com empresas que exploram essa atividade no mercado e visam ao lucro.
3. Não se aplica o Código de Defesa do Consumidor ao contrato de plano de saúde administrado por entidade de autogestão, por inexistência de relação de consumo.
4. Recurso especial não provido (REsp 1.285.483/PB, Rel. Ministro Luis Felipe Salomão, 2.ª Seção, *DJe* 16.8.2016).

O assunto foi sumulado no ano de 2018: **Súmula 608 do STJ**: "Aplica-se o Código de Defesa do Consumidor aos contratos de plano de saúde, salvo os administrados por entidades de autogestão".

No entanto, o assunto é polêmico e merece algumas reflexões críticas de nossa parte para que a citada súmula não seja aplicada de forma absorta e indistinta para toda e qualquer relação envolvendo plano de saúde gerido pelo sistema de autogestão.

Iniciaremos tal intento lembrando um pouco do momento histórico em que surgiu no mundo a necessidade da existência de leis específicas na defesa dos consumidores, pelo **desequilíbrio entre os sujeitos de uma nova sociedade de consumo** no período moderno.

O advento da **Revolução Industrial do aço e do carvão**, que se iniciou na Inglaterra entre os séculos XVIII e XIX, gerou grande migração da população residente na área rural para os centros urbanos. Esse novo contingente populacional começou, ao longo dos tempos, a manifestar **ávido interesse pelo consumo de novos produtos e serviços capazes de satisfazer suas necessidades materiais**.

Diante do modelo de sociedade que se formava, os fabricantes e produtores, além dos prestadores de serviços, começaram a se preocupar mais com o atendimento da demanda, que houvera aumentado em seu aspecto quantitativo, **mas deixaram para um segundo plano o caráter qualitativo**.

A nova sociedade de consumo substituiu a característica da bilateralidade de **produção** — em que as partes contratantes discutiam cláusulas contratuais e eventual matéria-prima que seria utilizada na confecção de determinado produto — **pela unilateralidade da produção** — na qual uma das partes, o fornecedor, seria o responsável exclusivo por ditar os caminhos da relação de consumo, sem a participação efetiva, e, em regra, do consumidor.

Assim, à parte mais fraca da relação apresentada, o consumidor vulnerável, caberia apenas: (i) aderir ao contrato previamente elaborado pelo fornecedor — contrato de adesão; ou (ii) adquirir produto confeccionado com material de origem e qualidade desconhecidas, na maioria das vezes.

Com essa nova filosofia de mercado, problemas começaram a surgir. Evidentemente, quando o fornecedor passa a prezar pela quantidade em detrimento da qualidade, o consumidor depara-se com produtos e serviços viciados ou portadores de defeitos que lhe causarão prejuízos de ordem econômica ou física, respectivamente. Infelizmente, **o Direito existente à época não estava preparado para solucionar os conflitos oriundos de tais problemas**.

Com efeito, o modelo de sociedade de consumo ora apresentado ganhou força com a **Revolução Tecnológica decorrente do período Pós-Segunda Guerra Mundial**. Realmente, os avanços na tecnologia couberam na medida ao novo panorama de modelo produtivo que se consolidava na história. Tendo por objetivo principal o atendimento da enorme demanda no aspecto quantitativo, o moderno maquinário industrial facilitou a produção em escala e atendeu a este tipo de expectativa.

Se vícios e defeitos começaram a se tornar recorrentes no novo modelo de sociedade apresentado, cumpre reiterar que **o Direito da época não estava "apto" a proteger a parte mais fraca da relação jurídica de consumo**, pois, no Brasil, por exemplo, a legislação aplicável na ocasião era o Código Civil de 1916, que foi elaborado para disciplinar relações individualizadas, e não para tutelar aquelas oriundas da demanda coletiva, como ocorre nas relações consumeristas.

Assim, o direito privado de então não tardaria a sucumbir no tocante à tutela da nova sociedade de consumo que se formava, pois estava marcadamente influenciado por princípios e dogmas romanistas, tais como: (i) *pacta sunt servanda*; (ii) autonomia da vontade; e (iii) responsabilidade fundada na culpa.

De fato, **a obrigatoriedade dos termos pactuados, analisada como um postulado praticamente absoluto, é manifestamente incompatível com as relações de consumo**, pois o Direito do Consumidor traz em seu conteúdo normas de ordem pública e de interesse social que possuem, como uma de suas principais repercussões, a impossibilidade de as partes derrogarem os direitos dos vulneráveis.

Desta forma, **não há falar em autonomia de vontade se o contrato de consumo possuir cláusulas abusivas, por serem estas nulas de pleno direito**, podendo, inclusive, ser assim reconhecidas de ofício pelo Juiz de Direito, numa das manifestações da intervenção estatal.

No tocante à responsabilidade, ressalta-se aí outra diferença em relação ao Direito Civil clássico. Enquanto neste modelo prevalecia a responsabilidade subjetiva — pautada na comprovação de dolo ou culpa —, **no Código de Defesa do Consumidor a responsabilidade é, em regra, quase absoluta, objetiva** — que independe da comprovação dos aspectos subjetivos de dolo ou culpa.

Constatado, então, que **o Direito da época não era suficiente para disciplinar as relações jurídicas de consumo, fez-se necessária a intervenção estatal para a elaboração e implementação de legislações específicas, políticas públicas e jurisdição especializada de defesa do consumidor em todo o mundo**.

A intervenção estatal mostrou-se fundamental para diminuir a desigualdade existente entre o todo-poderoso fornecedor e o vulnerável da relação, o consumidor.

No Brasil, vale lembrar ainda que **o Direito do Consumidor tem amparo na Constituição Federal de 1988**, que, aliás, trouxe dois mandamentos em seu corpo principal (arts. 5.º, XXXII, e 170, V) e um no Ato das Disposições Constitucionais Transitórias (art. 48):

> CF/88: "Art. 5.º Todos são iguais perante a lei, sem distinção de qualquer natureza, garantindo-se aos brasileiros e aos estrangeiros residentes no País a inviolabilidade do direito à vida, à liberdade, à igualdade, à segurança e à propriedade, nos termos seguintes: (...) XXXII — **o Estado promoverá, na forma da lei, a defesa do consumidor**".
> CF/88: "Art. 170. A ordem econômica, fundada na valorização do trabalho humano e na livre-iniciativa, tem por fim assegurar a todos existência digna, conforme os ditames da justiça social, observados os seguintes princípios: (...) V — defesa do consumidor".
> ADCT: "Art. 48. O Congresso Nacional, dentro de cento e vinte dias da promulgação da Constituição, elaborará código de defesa do consumidor". (g.n.)

A relação jurídica de consumo nasce desigual, conforme amplamente destacado. Assim, encontramos o consumidor vulnerável, de um lado, e o fornecedor detentor do monopólio dos meios de produção, do outro, e, nesse contexto, nada melhor que ser alçado o Direito do Consumidor ao patamar de Direito Fundamental.

A constitucionalização ou publicização do direito privado tem consequências importantes na proteção do consumidor, e, segundo palavras de Claudia Lima Marques:

> "Certos estão aqueles que consideram a Constituição Federal de 1988 como o centro irradiador e o marco de reconstrução de um direito privado brasileiro mais social e preocupado com os vulneráveis de nossa sociedade, um direito privado solidário. Em outras palavras, a Constituição seria a garantia (de existência e de proibição de retrocesso) e o limite (limite-guia e limite-função) de um direito privado construído sob seu sistema de valores e incluindo a defesa do consumidor como princípio geral".[153]

Sobre o tema, vale lembrar de Konrad Hesse e a força normativa da Constituição. Pedro Lenza observa que dentro "da ideia de força normativa (Konrad Hesse), pode-se afirmar que a norma constitucional tem *status* de norma jurídica, sendo dotada de imperatividade, com as consequências de seu descumprimento (assim como acontece com as normas jurídicas), permitindo o seu cumprimento forçado".[154]

Logo, o amparo constitucional que possui o Direito do Consumidor traz uma conotação imperativa no mandamento de ser do Estado a responsabilidade de promover a defesa do vulnerável da relação jurídica de consumo.

Ademais, ao longo do tempo muito se falou em eficácia vertical dos Direitos Fundamentais — respeito pela Administração dos Direitos Fundamentais de seus administrados. Nas relações entre Administração e administrado é evidente a supremacia daquela em razão da natureza do interesse tutelado, qual seja: o interesse público.

Como o advento do Direito do Consumidor foi alçado ao patamar constitucional, é possível tratar na atualidade da eficácia horizontal dos direitos ora em estudo, ou seja, mesmo sem a existência de hierarquia entre as partes envolvidas na relação,

---

[153] BENJAMIN, Antônio Herman de V.; MARQUES, Claudia Lima; BESSA, Leonardo Roscoe. *Manual de direito do consumidor*, p. 33-34.
[154] LENZA, Pedro. *Direito constitucional esquematizado*. 16. ed. São Paulo: Saraiva, 2012, p. 66.

como ocorre entre fornecedor e consumidor, o respeito aos Direitos Fundamentais também se faz necessário.

Em última análise, **os benefícios da elevação do Direito do Consumidor ao *status* constitucional são evidentes e de suma importância na busca do reequilíbrio entre as partes na relação jurídica de consumo.**

Diante de todo contexto histórico apresentado para fundamentar a necessidade do surgimento de lei específica de defesa do consumidor, bem como para demonstrar a inaplicabilidade da Súmula 608 do STJ para todo e qualquer caso, **cumpre apresentar alguns elementos fáticos.**

Existe plano de saúde gerido pelo sistema de autogestão em que **o universo de beneficiários gira ao entorno da marca de 700 mil participantes, e a "Receita de contraprestações" supera o montante de um bilhão de reais.**[155]

Nesse contexto fático, importante registrar dois pontos: (i) o número de aproximadamente 700 mil participantes é mais do que considerável e o 8.º lugar dentre as maiores operadoras de planos de saúde do país, num universo de 753 empresas; (ii) a sua receita de contraprestações (faturamento) de mais de um bilhão de reais afasta a ideia de que a entidade de autogestão atua no mercado sem fins lucrativos.

Somando o contexto histórico trazido sobre a necessidade do surgimento de leis específicas em todo o mundo para defender o consumidor, aos elementos fáticos apresentados, de se destacar a inaplicabilidade da Súmula 608 do STJ a todo e qualquer plano de saúde de autogestão.

Não cabe ao intérprete definir qual o número mínimo de pessoas para caracterizar um plano de saúde regido pelo sistema de autogestão, porém o fato de conter **aproximadamente 700 mil beneficiários extrapola todos os limites do razoável para enquadramento do enunciado citado do Superior Tribunal de Justiça, que determina a exclusão da incidência do CDC para o fornecedor com a característica da autogestão.**

Se não for esse o entendimento a prevalecer, logo mais **todas as operadoras realizarão alterações contratuais para se tornarem de autogestão e fugirem da sistemática protetiva do Código de Defesa do Consumidor.** Contexto fático que não está longe de acontecer, tendo em vista a exiguidade de oferta de planos de saúde individuais e familiares no mercado de consumo atual, cuja **maioria esmagadora é composta de planos empresariais e coletivos.**

Nesse sentido, basta às operadoras se transformarem em entidades de autogestão para gerenciar o serviço de plano de saúde de cada empresa contratante ou de grupo coletivo, com o intuito ardiloso de afastar as regras do Código de Defesa do Consumidor.

E mais, **o afastamento do Diploma Consumerista em casos como o apresentado estará na contramão de todos os apontamentos históricos resumidamente apresentados neste item, pois a essência do CDC é proteger o vulnerável de relações jurídicas como essas, marcadas por um serviço prestado em escala, de forma**

---

[155] Disponível em: http://www.ans.gov.br/perfil-do-setor/dados-e-indicadores-do-setor/sala-de-situacao. Acesso em: 9 set. 2020.

massificada, para aproximadamente 700 mil consumidores fragilizados e sujeitos a práticas abusivas.

Em outras palavras, o surgimento de uma lei específica de defesa do consumidor teve por objetivo principal conferir direitos à parte mais fraca e impor deveres à parte mais forte com o intuito de reequilibrar relações desiguais como as situações ora apontadas, quais sejam: (i) um consumidor vulnerável perante um fornecedor que presta serviços de plano de saúde para aproximadamente 700 mil beneficiários; e (ii) um consumidor assalariado perante um faturamento anual de mais de um bilhão de reais.

Por todo o exposto, importante os juízes de primeiro grau avaliarem caso a caso o afastamento da incidência da Súmula 608 do STJ, pois existem casos diversos do teor do respectivo enunciado, sob pena de colocar por água abaixo toda a essência principiológica presente no Código de Defesa do Consumidor.[156]

---

[156] **No tocante a competência para apreciar controvérsias envolvendo plano de saúde de autogestão empresarial a regra remete à Justiça Comum como sendo a competente, salvo se o benefício for instituído em contrato de trabalho, convenção ou acordo coletivo, bem como quando o plano for operado pela própria empresa contratante do trabalhador, hipóteses excepcionais em que a competência será da Justiça do Trabalho.** Este foi o entendimento da 2.ª Seção do STJ nos seguintes incidentes de assunção de competência: "INCIDENTE DE ASSUNÇÃO DE COMPETÊNCIA. RECURSO ESPECIAL. AÇÃO DE OBRIGAÇÃO DE FAZER. CONTRATO DE PLANO DE SAÚDE. MODALIDADE DE AUTOGESTÃO INSTITUÍDA. INATIVIDADE DO EX-EMPREGADO. MANUTENÇÃO DAS MESMAS CONDIÇÕES. COMPETÊNCIA. JUSTIÇA COMUM. 1. Ação de obrigação de fazer ajuizada em 2015, da qual foi extraído o presente recurso especial, interposto em 6.11.2017. 2. Incidente de assunção de competência instaurado para decidir sobre a Justiça competente para julgamento de demanda relativa a contrato de plano de saúde assegurado em contrato de trabalho, acordo ou convenção coletiva. 3. A jurisprudência da 2.ª Seção reconhece a autonomia da saúde suplementar em relação ao Direito do Trabalho, tendo em vista que o plano de saúde coletivo disponibilizado pelo empregador ao empregado não é considerado salário, a operadora de plano de saúde de autogestão, vinculada à instituição empregadora, é disciplinada no âmbito do sistema de saúde suplementar, e o fundamento jurídico para avaliar a procedência ou improcedência do pedido está estritamente vinculado à interpretação da Lei dos Planos de Saúde, o que evidencia a natureza eminentemente civil da demanda. 4. **Tese firmada para efeito do art. 947 do CPC/15: Compete à Justiça comum julgar as demandas relativas a plano de saúde de autogestão empresarial, exceto quando o benefício for instituído em contrato de trabalho, convenção ou acordo coletivo, hipótese em que a competência será da Justiça do Trabalho, ainda que figure como parte trabalhador aposentado ou dependente do trabalhador. 5. Hipótese que trata de contrato de plano de saúde na modalidade autogestão instituída, pois operado por uma fundação instituída pelo empregador, o que impõe seja declarada a competência da Justiça comum Estadual. 6. Recurso especial conhecido e provido"** (REsp 1799343/SP, Rel. Ministro Paulo de Tarso Sanseverino, Rel. p/ Acórdão Ministra Nancy Andrighi, 2.ª Seção, j. 11.3.2020, *DJe* 18.3.2020). "INCIDENTE DE ASSUNÇÃO DE COMPETÊNCIA. CONFLITO NEGATIVO DE COMPETÊNCIAS. CIVIL E PROCESSUAL CIVIL (CPC/2015). PLANO DE SAÚDE COLETIVO EMPRESARIAL. CONTROVÉRSIA ACERCA DA COMPETÊNCIA DA JUSTIÇA DO TRABALHO. CASO CONCRETO. RECUSA DE COBERTURA DE PROCEDIMENTO MÉDICO. PLANO "SAÚDE CAIXA". MODALIDADE AUTOGESTÃO EMPRESARIAL.COMPETÊNCIA DA JUSTIÇA DO TRABALHO. 1. Contro-

O fato de a entidade de autogestão ter personalidade jurídica de direito público, como ocorre com algumas autarquias que prestam serviço de assistência à saúde de caráter suplementar aos servidores municipais, não exclui a incidência da Lei n. 9.656/98 (Lei dos Planos de Saúde), pois o legislador ordinário, a despeito de ter inserido expressamente no *caput* do art. 1.º "pessoas jurídicas de direito privado" como sendo aquelas disciplinadas pelo citado Diploma Legal, valeu-se do termo "entidade" no § 2.º, denotando a sua intenção de ampliar o alcance da lei às pessoas jurídicas de direito público que prestam serviço de assistência à saúde suplementar. Esta a posição do STJ no julgamento do REsp 1.766.181:

> RECURSO ESPECIAL. PLANO DE SAÚDE. PESSOA JURÍDICA DE DIREITO PÚBLICO. AUTARQUIA MUNICIPAL. AUTOGESTÃO. CÓDIGO DE DEFESA DO CONSUMIDOR. INAPLICABILIDADE. SÚMULA 608/STJ. LEI DOS PLANOS. APLICABILIDADE. ART. 1.º, § 2.º, DA LEI N. 9.656/98. INTERNAÇÃO DOMICILIAR. *HOME CARE*. VEDAÇÃO. ABUSIVIDADE.
> 1. Recurso especial interposto contra acórdão publicado na vigência do Código de Processo Civil de 2015 (Enunciados Administrativos ns. 2 e 3/STJ).
> 2. Cinge-se a controvérsia a discutir a aplicação do Código de Defesa do Consumidor e da Lei n. 9.656/98 à pessoa jurídica de direito público de natureza autárquica que presta serviço de assistência à saúde de caráter suplementar aos servidores municipais.
> 3. Inaplicável o Código de Defesa do Consumidor às operadoras de plano de saúde administrado por entidade de autogestão. Súmula 608/STJ.
> 4. Considerando que as pessoas jurídicas de direito privado são mencionadas expressamente no *caput* do art. 1.º da Lei n. 9.656/98, a utilização do termo "entidade" no § 2.º denota a intenção do legislador de ampliar o alcance da lei às pessoas jurídicas de direito público que prestam serviço de assistência à saúde suplementar.

---

vérsia acerca da competência da Justiça do Trabalho para julgamento de demanda entre usuário e operadora de plano de saúde coletivo empresarial. **2. Teses para os efeitos do art. 947, § 3.º, do CPC/2015: 2.1. Compete à Justiça comum o julgamento das demandas entre usuário e operadora de plano de saúde, exceto quando o plano é organizado na modalidade autogestão empresarial, sendo operado pela própria empresa contratante do trabalhador, hipótese em que a competência é da Justiça do Trabalho. 2.2. Irrelevância, para os fins da tese 2.1, da existência de norma acerca da assistência à saúde em contrato de trabalho, acordo ou convenção coletiva. 2.3. Aplicabilidade da tese 2.1 também para as demandas em que figure como parte trabalhador aposentado ou dependente do trabalhador.** 3. Julgamento do caso concreto: 3.1. Demanda ajuizada no Juizado Especial Federal por empregada e seu dependente contra a empregadora (e operadora de plano de saúde autogestão empresarial), tendo como causa de pedir a recusa de cobertura de procedimento médico. 3.2. Declinação de competência pelo juízo federal ao juízo do trabalho, tendo este suscitado o presente conflito de competências. 3.3. Aplicação das teses 2.1 e 2.3, *in fine*, ao caso concreto para se declarar competente o juízo do trabalho, suscitante. 4. CONFLITO ACOLHIDO PARA SE DECLARAR COMPETENTE O JUÍZO DA 52.ª VARA DO TRABALHO DE SÃO PAULO — SP" **(CC 165.863/SP, Rel. Ministro Paulo de Tarso Sanseverino, 2.ª Seção, j. 11.3.2020, *DJe* 17.3.2020)**.

5. À luz da Lei n. 9.656/98, é pacífica a jurisprudência do Superior Tribunal de Justiça no sentido de ser abusiva a cláusula contratual que veda a internação domiciliar (*home care*) como alternativa à internação hospitalar. Precedentes.
6. Distinção entre internação domiciliar e assistência domiciliar, sendo esta entendida como conjunto de atividades de caráter ambulatorial, programadas e continuadas desenvolvidas em domicílio.
7. No caso, do contexto delineado no acórdão recorrido, conclui-se que o tratamento pretendido pela autora amolda-se à hipótese de assistência domiciliar, e não de internação domiciliar, o que afasta a obrigatoriedade de custeio do plano de saúde.
8. Recurso especial não provido (REsp 1766181/PR, Rel. Ministra Nancy Andrighi, Rel. p/ Acórdão Ministro Ricardo Villas Bôas Cueva, 3.ª T., j. 3.12.2019, *DJe* 13.12.2019).

2.6.1.5. Relação entre agente financeiro do Sistema de Habitação — SFH — e mutuário

Numa primeira análise, **não há qualquer óbice no tocante à incidência do CDC** nas relações decorrentes do agente financeiro do SFH e do mutuário. Tal assertiva tem amparo, por exemplo, no reconhecimento da venda casada quando o mutuário é obrigado a contratar seguro habitacional diretamente com o agente financeiro do SFH ou com seguradora por este indicada.[157]

Aliás, o Superior Tribunal de Justiça já reconheceu a **responsabilidade solidária do agente financeiro por vícios na construção do imóvel** cuja obra foi financiada com recursos do SFH, sob o fundamento de que "a legitimidade passiva da instituição financeira não **decorreria** da mera circunstância de haver financiado a obra e nem de se tratar de mútuo contraído no âmbito do SFH, mas **do fato de ter a CEF provido o empreendimento, elaborado o projeto com todas as especificações, escolhido a construtora e o negociado diretamente, dentro de programa de habitação popular**" (REsp 738.071/SC, 4.ª T., j. 9.8.2011).[158]

---

[157] Nesse sentido, foi o posicionamento do STJ ao julgar o REsp 969.129 em 9.12.2009. Também a Súmula do STJ 473, publicada no *DJe* em 19.6.2012 com o seguinte teor: "O mutuário do SFH não pode ser compelido a contratar o seguro habitacional obrigatório com a instituição financeira mutuante ou com a seguradora por ela indicada".

[158] No julgamento do REsp 1.804.965 o STJ voltou a entender que "os vícios estruturais de construção estão cobertos pelo seguro habitacional obrigatório vinculado ao crédito imobiliário concedido pelo Sistema Financeiro da Habitação — SFH, ainda que só se revelem depois da extinção do contrato": RECURSO ESPECIAL. PREQUESTIONAMENTO. AUSÊNCIA. SÚMULA 211/STJ. NEGATIVA DE PRESTAÇÃO JURISDICIONAL. AUSÊNCIA. AÇÃO DE INDENIZAÇÃO SECURITÁRIA. IMÓVEL ADQUIRIDO PELO SFH. ADESÃO AO SEGURO HABITACIONAL OBRIGATÓRIO. RESPONSABILIDADE DA SEGURADORA. VÍCIOS DE CONSTRUÇÃO (VÍCIOS OCULTOS). BOA-FÉ OBJETIVA. FUNÇÃO SOCIAL DO CONTRATO. JULGAMENTO: CPC/15. 1. Ação de indenização securitária proposta em 11.3.2011, de que foi extraído o presente recurso especial, interposto em 12.7.2018 e concluso ao gabinete em 16.4.2019. 2. O propósito recursal é decidir se os prejuízos resultantes de sinistros relacionados a vícios estruturais de construção estão acobertados pelo seguro habitacional obrigatório, vinculado a crédito imobiliário concedido para aquisição de imóvel pelo Sistema Financeiro da Habitação — SFH. 3. A ausência de decisão acerca dos dispositivos legais indicados como violados impede o conhecimento do recurso especial (Súmula 211/STJ). 4. Devidamente analisadas e discutidas as questões de mérito, e

O mesmo raciocínio vale para a incidência do CDC quando o empreendimento habitacional for promovido por entidade cooperativa. Nesse sentido, sumulou o STJ no enunciado de n. 602: **"O Código de Defesa do Consumidor é aplicável aos empreendimentos habitacionais promovidos pelas sociedades cooperativas"** (2.ª Seção, j. 22.2.2018, *DJe* 26.2.2018).

No entanto, nem sempre será cabível o CDC nas relações envolvendo SFH. Assim, é preciso lembrar que a Primeira Seção do STJ, no julgamento do REsp 489.701, firmou entendimento quanto à **inaplicabilidade do Código de Defesa do Consumidor aos contratos de mútuo habitacional firmados no âmbito do SFH com cobertura do Fundo de Compensação de Variações Salariais — FCVS**, pois nestes casos existe uma garantia ofertada pelo Governo Federal de quitar o saldo residual do contrato com recursos do aludido Fundo, caracterizando, desta forma, **cláusula protetiva do mutuário e do SFH**.

---

suficientemente fundamentado o acórdão recorrido, de modo a esgotar a prestação jurisdicional, não há falar em violação do art. 1.022 do CPC/15. 5. Em virtude da mutualidade ínsita ao contrato de seguro, o risco coberto é previamente delimitado e, por conseguinte, limitada é também a obrigação da seguradora de indenizar; mas o exame dessa limitação não pode perder de vista a própria causa do contrato de seguro, que é a garantia do interesse legítimo do segurado. 6. Assim como tem o segurado o dever de veracidade nas declarações prestadas, a fim de possibilitar a correta avaliação do risco pelo segurador, a boa-fé objetiva impõe ao segurador, na fase pré-contratual, o dever, dentre outros, de dar informações claras e objetivas sobre o contrato, para permitir que o segurado compreenda, com exatidão, o verdadeiro alcance da garantia contratada, e, nas fases de execução e pós-contratual, o dever de evitar subterfúgios para tentar se eximir de sua responsabilidade com relação aos riscos previamente determinados. 7. Esse dever de informação do segurador ganha maior importância quando se trata de um contrato de adesão — como, em regra, são os contratos de seguro —, pois se trata de circunstância que, por si só, torna vulnerável a posição do segurado. 8. A necessidade de se assegurar, na interpretação do contrato, um padrão mínimo de qualidade do consentimento do segurado, implica o reconhecimento da abusividade formal das cláusulas que desrespeitem ou comprometam a sua livre manifestação de vontade, enquanto parte vulnerável. 9. No âmbito do SFH, o seguro habitacional ganha conformação diferenciada, uma vez que integra a política nacional de habitação, destinada a facilitar a aquisição da casa própria, especialmente pelas classes de menor renda da população, tratando-se, pois, de contrato obrigatório que visa à proteção da família e a salvaguarda do imóvel que garante o respectivo financiamento imobiliário, resguardando, assim, os recursos públicos direcionados à manutenção do sistema. 10. A interpretação fundada na boa-fé objetiva, contextualizada pela função socioeconômica que desempenha o contrato de seguro habitacional obrigatório vinculado ao SFH, leva a concluir que a restrição de cobertura, no tocante aos riscos indicados, deve ser compreendida como a exclusão da responsabilidade da seguradora com relação aos riscos que resultem de atos praticados pelo próprio segurado ou do uso e desgaste natural e esperado do bem, tendo como baliza a expectativa de vida útil do imóvel, porque configuram a atuação de forças normais sobre o prédio. **11. Os vícios estruturais de construção provocam, por si mesmos, a atuação de forças anormais sobre a edificação, na medida em que, se é fragilizado o seu alicerce, qualquer esforço sobre ele — que seria naturalmente suportado acaso a estrutura estivesse íntegra — é potencializado, do ponto de vista das suas consequências, porque apto a ocasionar danos não esperados na situação de normalidade de fruição do bem.** 12. Recurso especial parcialmente conhecido e, nessa extensão, provido (REsp 1804965/SP, Rel. Ministra Nancy Andrighi, 2.ª Seção, j. 27.5.2020, *DJe* 1.6.2020).

Mantendo tal posicionamento, julgou a Segunda Turma do Superior Tribunal de Justiça o AgRg no REsp 1.234.858, entendendo que a "jurisprudência do STJ firmou-se no sentido de que, aos contratos do Sistema Financeiro de Habitação, com cobertura do FCVS, como a hipótese dos autos, não se aplicam as regras do Código de Defesa do Consumidor".

2.6.1.6. Relação entre sociedade civil sem fins lucrativos e associados

O Superior Tribunal de Justiça já decidiu no REsp 519.310 que **sociedade civil sem fins lucrativos**, de caráter beneficente, que presta serviços médicos, hospitalares, odontológicos e jurídicos a seus associados, **enquadra-se no conceito de fornecedor** da relação jurídica de consumo, sob a fundamentação de que **para: "o fim de aplicação do Código de Defesa do Consumidor**, o reconhecimento de uma pessoa física ou jurídica ou de um ente despersonalizado como fornecedor de serviços atende aos critérios puramente objetivos, sendo **irrelevantes a sua natureza jurídica**, a espécie dos serviços que prestam e até mesmo o fato de se tratar de uma sociedade civil, sem fins lucrativos, de caráter beneficente e filantrópico, bastando que desempenhem determinada atividade no mercado de consumo mediante remuneração".

No entanto, devemos tomar cuidado, nos dias atuais, pois se tornou muito comum a Administração Pública celebrar contratos de gestão com Organizações Sociais — entidades do Terceiro Setor — para esta prestar serviço de saúde pública em algumas localidades.

Sem a pretensão de exaurir o tema, em especial no tocante à constitucionalidade ou não de tal pactuação, a verdade é que veremos no próximo capítulo — serviço público e incidência do CDC — que o serviço de saúde pública é remunerado por imposto e, sendo este uma das espécies tributárias existentes, não seria passível de incidência do Código de Defesa do Consumidor.

2.6.1.7. Relação entre empresa de corretagem de valores e títulos mobiliários e seus clientes

O Superior Tribunal de Justiça entende que deve ser reconhecida a relação de consumo existente entre a pessoa natural, que visa a atender necessidades próprias, e as sociedades que prestam de forma habitual e profissional o serviço de corretagem de valores e títulos mobiliários:

> CONSUMIDOR E PROCESSUAL CIVIL. RECURSO ESPECIAL. **CORRETAGEM DE VALORES E TÍTULOS MOBILIÁRIOS**. OMISSÃO, CONTRADIÇÃO OU OBSCURIDADE. NÃO OCORRÊNCIA. RELAÇÃO DE CONSUMO. INCIDÊNCIA DO CDC. — Recurso especial interposto em 16.12.2015 e distribuído a este gabinete em 25.8.2016. — Cinge-se a controvérsia à incidência do CDC aos contratos de corretagem de valores e títulos mobiliários. — Na ausência de contradição, omissão ou obscuridade, não existe violação ao art. 535, II, do CPC/73. — **O valor operação comercial envolvida em um determinado contrato é incapaz de retirar do cidadão a natureza de consumidor a ele conferida pela legislação consumerista.** — É incabível retirar a condição de consumidor de uma determinada pessoa em razão da presunção de seu nível de discernimento comparado ao da média dos consumidores. — Impõe-se reconhecer a

relação de consumo existente entre o contratante que visa a atender necessidades próprias e as sociedades que prestam de forma habitual e profissional o serviço de corretagem de valores e títulos mobiliários. — Recurso especial conhecido e provido (REsp 1.599.535, Rel. Ministra Nancy Andrighi, *DJ* 21.3.2017).

Muito cuidado se a relação envolver acionistas investidores e a sociedade anônima de capital aberto com ações negociadas no mercado de valores mobiliários, pois, nestes casos, o STJ entende tratar-se de relação empresarial, não cabendo a incidência do CDC:

RECURSOS ESPECIAIS. DIREITO CIVIL E EMPRESARIAL. AÇÃO DE INDENIZAÇÃO POR DANOS MATERIAIS E MORAIS. DIVIDENDOS. INVESTIDOR. ACIONISTA MINORITÁRIO. SUCESSORES. SOCIEDADE ANÔNIMA DE CAPITAL ABERTO. MERCADO DE VALORES MOBILIÁRIOS. AÇÕES NEGOCIADAS. RELAÇÃO EMPRESARIAL. CÓDIGO DE DEFESA DO CONSUMIDOR. NÃO INCIDÊNCIA. INVERSÃO DO ÔNUS DA PROVA. INVIABILIDADE.
1. Recurso especial interposto contra acórdão publicado na vigência do Código de Processo Civil de 2015 (Enunciados Administrativos ns. 2 e 3/STJ).
2. Cinge-se a controvérsia a perquirir se incidentes na **relação entre o investidor acionista e a sociedade anônima** as regras protetivas do direito do consumidor a ensejar, em consequência, a inversão do ônus da prova do pagamento de dividendos pleiteado na via judicial.
3. Não é possível identificar na atividade de aquisição de ações nenhuma prestação de serviço por parte da instituição financeira, mas, sim, relação de cunho puramente societário e empresarial.
4. A não adequação aos conceitos legais de consumidor e fornecedor descaracteriza a relação jurídica de consumo, afastando-a, portanto, do âmbito de aplicação do Código de Defesa do Consumidor.
5. **Não se aplica o Código de Defesa do Consumidor às relações entre acionistas investidores e a sociedade anônima de capital aberto com ações negociadas no mercado de valores mobiliários.**
6. Recurso especial de ITAÚ UNIBANCO S.A. provido a fim de julgar integralmente improcedentes os pedidos iniciais. Recurso especial de DIAIR REMONDI BORDON e outros não provido. Embargos de declaração de DIAIR REMONDI BORDON e outros rejeitados (REsp 1685098/SP, Rel. Ministro Moura Ribeiro, Rel. p/ Acórdão Ministro Ricardo Villas Bôas Cueva, 3.ª T., j. 10.3.2020, *DJe* 7.5.2020).

2.6.2. Da inexistência de relação jurídica de consumo em casos especiais

2.6.2.1. *Relação entre associações desportivas e condomínios com os respectivos associados e condôminos*

Questão interessante consiste em saber se as relações existentes entre um clube e seus associados, assim como entre um condomínio e seus condôminos, podem ser consideradas como de consumo e, consequentemente, fazerem-se incidir as regras do Código de Defesa do Consumidor.

Prevalece a não incidência do CDC às relações citadas, pois tais universalidades **não se enquadram no conceito de fornecedor.**

Esta é a posição doutrinária de José Geraldo Brito Filomeno, que fundamenta sua tese argumentando: "quer no que diz respeito às entidades associativas, quer no que concerne aos condomínios em edificações, *seu fim ou objetivo social é deliberado pelos próprios interessados, em última análise, sejam representados ou não por intermédio de conselhos deliberativos, ou então* mediante participação direta em assembleias-gerais que, como se sabe, são os órgãos deliberativos soberanos nas chamadas 'sociedades contingentes'".[159]

Assim, se **o objeto social é deliberado pelos próprios interessados, não há falar em relação jurídica de consumo.**

O **Superior Tribunal de Justiça** também entende assim, no tocante às associações desportivas e condomínios, **"dada a natureza comunitária entre os filiados, sem caráter lucrativo".**[160]

Mas não podemos esquecer de uma **exceção a esta regra** prevista no **Estatuto do Torcedor**, Lei n. 10.671/2003, que dispõe em seu art. 3.º: "Para todos os efeitos legais, equiparam-se a fornecedor, nos termos da Lei n. 8.078, de 11 de setembro de 1990, a entidade responsável pela organização da competição, bem como a entidade de prática desportiva detentora do mando de jogo". Assim, em relação às práticas desportivas haverá incidência do CDC, não sendo cabível este Diploma nas relações sociais entre clube e associados.

Neste caso, diante da figura do **fornecedor equiparado**, nos termos da referida lei, o CDC incide sem qualquer discussão, conforme observado no item 2.3.6.1 *supra*.

Ainda em relação ao condomínio, o STJ já deixou bem clara a exclusão do CDC para regular as relações com seus respectivos condôminos, reconhecendo, em contrapartida, **o enquadramento do condomínio dentro do conceito de consumidor** quando, por exemplo, lhe for cobrada indevidamente tarifa de água e de esgoto. O tema será aprofundado no próximo capítulo, mas se destaca o seguinte julgado do Superior Tribunal de Justiça:

PROCESSUAL CIVIL E ADMINISTRATIVO. AÇÃO DE REPETIÇÃO DE INDÉBITO. PRAZO PRESCRICIONAL. CÓDIGO CIVIL. SÚMULA 412/STJ. FORNECIMENTO DE ESGOTO. AUSÊNCIA DA PRESTAÇÃO DO SERVIÇO. **RELAÇÃO DE CONSUMO. ART. 42, PARÁGRAFO ÚNICO, DO CDC.** DEVOLUÇÃO EM DOBRO. TARIFA COBRADA INDEVIDAMENTE. PRECEDENTES.
1. "A ação de repetição de indébito de água e esgoto sujeita-se ao prazo prescricional estabelecido no Código Civil" (Súmula 412/STJ). 2. A jurisprudência do STJ é pacífica no sentido de que, **inexistente rede de esgotamento sanitário, fica caracterizada a cobrança abusiva, sendo devida a repetição de indébito em dobro ao consumidor.**
3. "Não é razoável falar em engano justificável, pois a agravada, **mesmo sabendo que o condomínio não usufruía do serviço público de esgoto, cobrou a tarifa de modo dissimulado na fatura de água."**

---

[159] GRINOVER, Ada Pellegrini; BENJAMIN, Antônio Herman de V.; FINK, Daniel Roberto; FILOMENO, José Geraldo Brito; NERY JR., Nelson; DENARI, Zelmo. *Código Brasileiro de Defesa do Consumidor*, p. 49-50.
[160] Nesse sentido foi o posicionamento do STJ ao julgar o REsp 310.953 em 10.4.2007.

(AgRg no Ag 777.344/RJ, Rel. Ministra Denise Arruda, *DJ* 23.4.2007) Agravo regimental improvido (AgRg no REsp 1.135.528/RJ, Ministro Humberto Martins, 2.9.2010).

2.6.2.2. Relação entre atividade bancária e os beneficiários do crédito educativo

Pontuamos neste livro que a incidência do Código de Defesa do Consumidor às instituições financeiras é tema pacificado na doutrina, jurisprudência do Superior Tribunal de Justiça e do Supremo Tribunal Federal.[161]

No entanto, em relação ao serviço de crédito educativo disponibilizado a estudantes por tais instituições, vem prevalecendo a **não incidência do CDC**. Os fundamentos de tal interpretação são os seguintes:[162]

- trata-se de **programa governamental**;
- em **benefício do aluno** que busca a formação superior;
- **sem conotação de serviço bancário**.

Apesar da existência de pertinentes questionamentos na doutrina sobre tal posição jurisprudencial — como aquele levantado por Filomeno no sentido de saber "qual é a diferença entre um crédito concedido *ao destinatário final para compra de um bem de consumo durável e outro para que outro destinatário final possa concluir seus estudos?*"[163] —, o que **predomina na visão do STJ** é a **não existência da relação jurídica de consumo quando o serviço prestado pela instituição financeira envolver crédito educativo**. Vejamos: "Os contratos de **crédito educativo têm por objetivo subsidiar a educação superior** e são regidos pela Lei n. 8.436/92. **Não se trata de relação de consumo**, descabendo cogitar de aplicação das normas do CDC" (REsp 560.405, Rel. Ministro Castro Meira, 2.ª T., *DJ* 29.9.2006).[164]

2.6.2.3. Relação entre advogado e cliente

Questão tormentosa consiste em saber se a relação estabelecida entre Advogado e seu cliente representa uma relação de consumo. Os principais fundamentos daqueles que entendem pela não incidência do CDC são:

- a existência de lei específica, Lei n. 8.906/94 — o Estatuto da Advocacia —, a regulamentar tais relações;

---

[161] *Vide* item "2.5.3. Os serviços bancários como objeto da relação de consumo".
[162] Nesse sentido, foi o posicionamento do STJ ao julgar o REsp 479.863 em 3.8.2004.
[163] GRINOVER, Ada Pellegrini; BENJAMIN, Antônio Herman de V.; FINK, Daniel Roberto; FILOMENO, José Geraldo Brito; NERY JR., Nelson; DENARI, Zelmo. *Código Brasileiro de Defesa do Consumidor*, p. 63.
[164] No mesmo sentido, já pacificou o STJ: "(...) 2. Nos termos da iterativa jurisprudência desta Corte, consolidada no julgamento do REsp 1.155.684/RN, submetido ao rito dos recursos repetitivos, não se aplicam as disposições do Código de Defesa do Consumidor aos contratos de financiamento estudantil. (...)" (REsp 1.348.354/RS, Rel. Ministra Eliana Calmon, 2.ª T., *DJe* 24.5.2013).

■ o serviço advocatício não consiste em atividade fornecida no mercado de consumo.

Por outro lado, aqueles que entendem pela existência de relação jurídica de consumo nesses casos — José Geraldo Brito Filomeno, por exemplo — defendem que "o advogado autônomo, liberal, sem vínculo empregatício, obviamente exerce atividade ou serviços especialíssimos, em prol de seu cliente e, por conseguinte, está inserido na categoria 'fornecedor de serviços', com a ressalva de que, em termos de responsabilização por eventuais danos causados aos clientes — consumidores, sem dúvida, de seus serviços —, somente responderá por culpa demonstrada, e não objetivamente, como outros fornecedores, já que exercem 'atividade de risco'".[165]

Outra polêmica sobre o tema aconteceu com o advento da Emenda Constitucional n. 45 — Emenda da reforma do Judiciário —, pois surgiu dúvida no sentido de que teria sido transferida para a Justiça de Trabalho a competência para apreciar conflitos envolvendo cobrança de honorários advocatícios, contexto que, se existente, afastaria a aplicação do CDC.

O **Tribunal Superior do Trabalho** já decidiu pela incompetência da Justiça do Trabalho para apreciar questões envolvendo a cobrança de honorários pelo advogado em face de seu cliente, sob o fundamento de se tratar de uma **verdadeira relação de consumo**. Nesse sentido:

> Em atenção à determinação do STF, que estabeleceu as balizas exegéticas para a interpretação do art. 114, I, da Constituição da República, com vistas a impedir o indevido alargamento da competência material da Justiça do Trabalho, e em observância ao entendimento jurisprudencial segundo o qual o contrato de resultado firmado entre o advogado legalmente constituído e a parte assistida insere-se no âmbito das relações de consumo, foi reconhecida a **incompetência da Justiça do Trabalho para a apreciação de matéria que envolva litígio decorrente de prestação de serviços de advocacia**, no que se refere à relação jurídico-contratual estabelecida entre mandatário e mandante, o que inclui as controvérsias decorrentes da cobrança de honorários advocatícios.
> Com efeito, a Súmula 363 do STJ estabelece que **é da Justiça Comum a competência para o julgamento de matéria relativa a ação de cobrança proposta por profissional liberal contra cliente**. Assim, restou assente o entendimento de que a matéria relativa à ação de cobrança proposta por profissional liberal contra cliente encontra óbice intransponível para veiculação perante a Justiça do Trabalho, por tratar de relação contratual de mandato de advogado, afeta às relações de consumo reguladas pelo Código de Defesa do Consumidor, não se configurando, portanto, relação de trabalho (TST, Processo RR 453.21.2010.5.03.0071, j. 29.2.2012, Rel. Ministro Márcio Eurico Vitral Amaro, 8.ª T., *DEJT* 2.3.2012).

Em relação à jurisprudência do **Superior Tribunal de Justiça**, existem decisões para ambos os lados. Algumas entenderam pela incidência do Código do Consumidor, reconhecendo a abusividade de cláusula do contrato de prestação de serviços

---

[165] GRINOVER, Ada Pellegrini; BENJAMIN, Antônio Herman de V.; FINK, Daniel Roberto; FILOMENO, José Geraldo Brito; NERY JR., Nelson; DENARI, Zelmo. *Código Brasileiro de Defesa do Consumidor*, p. 69.

advocatícios no tocante à fixação do percentual de honorários (REsp 651.278, j. 28.10.2004, e REsp 364.168, j. 20.4.2004).

Entretanto, em **decisões mais recentes**, o STJ vem posicionando-se pela **não incidência do CDC** a estas relações. É o caso do entendimento insculpido no REsp 914.104, j. em 9.9.2008: **"As normas protetivas dos direitos do consumidor não se prestam a regular as relações derivadas de contrato de prestação de serviços de advocacia, regidas por legislação própria"**.

No ano de 2011, o STJ reafirmou a posição de não incidência do Diploma Consumerista nas relações envolvendo serviços advocatícios, mas revisou percentual de honorários advocatícios sob o fundamento da caracterização do instituto da lesão previsto no Código Civil: "2. **O CDC não se aplica à regulação de contratos de serviços advocatícios**. Precedentes" (REsp 1.155.200/DF, 3.ª T., 22-2.2011, Ministra Nancy Andrighi).[166]

Entendemos, em última análise, que os fundamentos apresentados para afastar a incidência do CDC aos serviços advocatícios são insuficientes. Não há por que estabelecer um tratamento diferenciado aos advogados sob a fundamentação de existir uma lei específica regulamentadora dos serviços advocatícios.

Se assim o fosse, também deveríamos excluir do conceito de objeto da relação de consumo outros serviços, como os dos médicos que também possuem regulamentação própria. O tratamento diferenciado já existe na Lei n. 8.078/90 e consiste na responsabilidade pessoal subjetiva de todo e qualquer profissional liberal (art. 14, § 4.º). Mais que isso, é interpretação que extrapola os limites do razoável.

Corroborando com nosso posicionamento, a 4.ª Turma do STJ entendeu, em 2015, pela não ocorrência de abusividade num contrato advocatício à luz do CDC: "1. Inexiste abuso na exigência, pelo credor, de honorários advocatícios extrajudiciais a serem suportados pelo devedor em mora em caso de cobrança extrajudicial, pois, além de não causar prejuízo indevido para o devedor em atraso, tem previsão expressa nas normas dos arts. 389, 395 e 404 do Código Civil de 2002 (antes, respectivamente, nos arts. 1.056, 956 e 1.061 do CC/16). 2. Nas relações de consumo, havendo expressa previsão contratual, ainda que em contrato de adesão, não se tem por abusiva a cobrança de honorários advocatícios extrajudiciais em caso de mora ou inadimplemento do consumidor. Igual direito é assegurado ao consumidor, em decorrência de imposição legal, nos termos do art. 51, XII, do CDC, independentemente de previsão contratual" (REsp 1.002.445/DF, Rel. originário Ministro Marco Buzzi, Rel. p/ Acórdão Ministro Raul Araújo, 4.ª T., *DJe* 14.12.2015).

2.6.2.4. Relação entre locador e locatário de imóveis

Já pontuamos neste livro que o Código de Defesa do Consumidor incide nas relações imobiliárias, como ocorre num compromisso ou contrato de compra e venda, mas em relação à locação de imóveis o raciocínio não é o mesmo. Prevalece na jurisprudência do **Superior Tribunal de Justiça** que a relação locatícia, por estar regulada por lei especial (Lei de Locações), não constitui relação de consumo e, consequentemente, não incide o CDC. Segue um julgado do STJ para ilustrar a pacificação do tema:

---

[166] No mesmo sentido, o STJ no REsp 1.228.104/PR, Rel. Ministro Sidnei Beneti, 3.ª T., *DJe* 10.4.2012.

LOCAÇÃO. MULTA MORATÓRIA. REDUÇÃO. **CÓDIGO DE DEFESA DO CONSUMIDOR. INAPLICABILIDADE.** Consoante iterativos julgados desse Tribunal, as disposições contidas no Código de Defesa do Consumidor não são aplicáveis ao contrato de locação predial urbana, que se regula por legislação própria — Lei n. 8.245/91. Recurso especial conhecido e provido (REsp 399.938/MS, Rel. Ministro Vicente Leal, 6.ª T., j. 18.4.2002, *DJ* 13.5.2002).

De fato, não incide o Diploma Consumerista à relação entre locador e locatário, mas tal afirmativa não impede **a incidência do CDC às relações estabelecidas com a imobiliária ou administradora de imóveis** que intermediou, por exemplo, um contrato de locação.

Não se quer defender aqui a incidência da Lei n. 8.078/90 às relações locatícias, mas sim às **relações firmadas entre o locador e a administradora de imóveis ou entre esta e o locatário**, como única forma viável de proteger aqueles que são os vulneráveis da relação.

Sobre o tema, destaca-se a observação de Bruno Miragem no sentido de que, em regra, "as relações de locação sendo intermediadas por um **profissional-imobiliária ou administradora de imóveis tem-se neste polo da relação contratual a expertise**, o conhecimento e a direção da relação contratual que se exige para aplicação do CDC".[167]

Nesse sentido, segue posição do Superior Tribunal de Justiça:

RECURSO ESPECIAL. CONTRATO DE ADMINISTRAÇÃO IMOBILIÁRIA. PRESTAÇÃO DE SERVIÇO. DESTINAÇÃO FINAL ECONÔMICA. VULNERABILIDADE. RELAÇÃO DE CONSUMO. INCIDÊNCIA DO CÓDIGO DE DEFESA DO CONSUMIDOR. 1. O contrato de administração imobiliária possui natureza jurídica complexa, em que convivem características de diversas modalidades contratuais típicas — corretagem, agenciamento, administração, mandato —, não se confundindo com um contrato de locação, nem necessariamente dele dependendo. 2. No cenário caracterizado pela presença da administradora na atividade de locação imobiliária se sobressaem pelo menos duas relações jurídicas distintas: a de prestação de serviços, estabelecida entre o proprietário de um ou mais imóveis e essa administradora, e a de locação propriamente dita, em que a imobiliária atua como intermediária de um contrato de locação. 3. Na primeira, o dono do imóvel ocupa a posição de destinatário final econômico daquela serventia, vale dizer, aquele que contrata os serviços de uma administradora de imóvel remunera a *expertise* da contratada, o *know-how* oferecido em benefício próprio, não se tratando propriamente de atividade que agrega valor econômico ao bem. 4. É relação autônoma que pode se operar com as mais diversas nuances e num espaço de tempo totalmente aleatório, sem que sequer se tenha como objetivo a locação daquela edificação. 5. A atividade da imobiliária, que é normalmente desenvolvida com o escopo de propiciar um outro negócio jurídico, uma nova contratação, envolvendo uma terceira pessoa física ou jurídica, pode também se resumir ao cumprimento de uma agenda de pagamentos (taxas, impostos e emolumentos) ou apenas à conservação do bem, à sua manutenção e até mesmo, em casos extremos, ao simples exercício da posse, presente uma eventual impossibilidade do próprio dono, tudo a evidenciar a sua destinação final

---

[167] MIRAGEM, Bruno. *Curso de direito do consumidor*, p. 104.

econômica em relação ao contratante. 6. Recurso especial não provido (REsp 509.304/PR, Rel. Ministro Ricardo Villas Bôas Cueva, 3.ª T., *DJe* 23.5.2013).

Por fim, cumpre destacar que o Superior Tribunal de Justiça vem reconhecendo a ilegitimidade do Ministério Público em razão da não identificação, em regra, de direitos individuais homogêneos a ponto de justificar a iniciativa do *Parquet* na investigação a que se propõe sobre critérios de administração e reajuste de contratos de locação diversificados (REsp 1.057.713).

2.6.2.5. Relação envolvendo contrato de edificação por condomínio

Entende o Superior Tribunal de Justiça que na "hipótese de **contrato em que as partes ajustaram a construção conjunta de um edifício** de apartamentos, a cada qual destinadas respectivas unidades autônomas, **não se caracteriza**, na espécie, **relação de consumo**, regendo-se os direitos e obrigações pela Lei n. 4.591/64".[168] Tal raciocínio vale inclusive para a imposição da multa moratória prevista no art. 12 da aludida lei, que prevê um percentual de até 20% sobre o valor do débito.[169]

Entretanto, na visão do Superior Tribunal de Justiça, se o **contrato** for **de incorporação com permuta no local**, o proprietário do terreno assumirá, em regra, "o *status* jurídico de mero condômino, em igualdade de condições com qualquer outro adquirente de unidades da incorporação. A figura do **proprietário do terreno se equipara à do consumidor**, nos termos do art. 2.º do CDC, tendo o **incorporador como fornecedor**. O dono do imóvel só difere dos demais adquirentes porque paga sua unidade autônoma com o próprio terreno no qual foi erguido o empreendimento, mas tal circunstância não tem o condão de desvirtuar a relação de consumo".[170]

E conclui o STJ, alegando que a "natureza da **relação entre o proprietário do terreno e os demais adquirentes**, contudo, **não é de consumo**, mas civil, tanto na conclusão regular do empreendimento — quando serão todos condôminos".[171]

2.6.2.6. Relação entre franqueador e franqueado

Também **não constitui relação jurídica de consumo** aquela celebrada entre **franqueado e franqueador**, pois, no entendimento do STJ, o **"contrato de franquia, por sua natureza, não está sujeito ao âmbito de incidência da Lei n. 8.078/90, eis que o franqueado não é consumidor** de produtos ou serviços da franqueadora, mas aquele que os comercializa junto a terceiros, estes sim, os destinatários finais".[172]

2.6.2.7. Relação entre seguro obrigatório DPVAT e beneficiário

As normas protetivas do Código de Defesa do Consumidor não se aplicam ao seguro obrigatório — DPVAT — por se tratar este de imposição legal, bem como pela ausência de ingerência das seguradoras componentes do consórcio desse seguro nas regras

---

[168] Nesse sentido, STJ no julgamento do AgRg no Ag 1.307.222, publicado em 12.8.2011.
[169] Nesse sentido, STJ no julgamento do REsp 407.310, publicado em 30.8.2004.
[170] Nesse sentido, STJ no julgamento do REsp 686.198, publicado em 1.º.2.2008.
[171] Nesse sentido, STJ no julgamento do REsp 686.198, publicado em 1.º.2.2008.
[172] Nesse sentido, STJ no julgamento do REsp 632.958, publicado em 29.3.2010.

atinentes à indenização securitária. Essa foi a posição do Superior Tribunal de Justiça no julgamento do REsp 1.635.398/PR:

> RECURSO ESPECIAL. AÇÃO DE COBRANÇA DE SEGURO OBRIGATÓRIO (DPVAT). OBRIGAÇÃO IMPOSTA POR LEI. AUSÊNCIA DE QUALQUER MARGEM DE DISCRICIONARIEDADE NO TOCANTE AO OFERECIMENTO E ÀS REGRAS DA INDENIZAÇÃO SECURITÁRIA PELAS RESPECTIVAS SEGURADORAS, NÃO HAVENDO SEQUER A OPÇÃO DE CONTRATAÇÃO, TAMPOUCO DE ESCOLHA DO FORNECEDOR E/OU DO PRODUTO PELO SEGURADO. INEXISTÊNCIA DE RELAÇÃO DE CONSUMO. IMPOSSIBILIDADE DE INVERSÃO DO ÔNUS DA PROVA COM BASE NO CÓDIGO DE DEFESA DO CONSUMIDOR. RECURSO DESPROVIDO. 1. **Diversamente do que se dá no âmbito da contratação de seguro facultativo, as normas protetivas do Código de Defesa do Consumidor não se aplicam ao seguro obrigatório (DPVAT).** 1.1. Com efeito, em se tratando de **obrigação imposta por lei**, na qual **não há acordo de vontade entre as partes, tampouco qualquer ingerência das seguradoras** componentes do consórcio do seguro DPVAT nas regras atinentes à indenização securitária (**extensão do seguro; hipóteses de cobertura; valores correspondentes**; dentre outras), **além de inexistir sequer a opção de contratação ou escolha do produto** ou fornecedor pelo segurado, revela-se ausente relação consumerista na espécie, ainda que se valha das figuras equiparadas de consumidor dispostas na Lei n. 8.078/90. 2. Recurso especial desprovido (REsp 1.635.398/PR, Rel. Ministro Marco Aurélio Bellizze, 3.ª T., j. 17.10.2017, *DJe* 23.10.2017).[173]

---

[173] "RECURSO ESPECIAL. AÇÃO CIVIL PÚBLICA. ASSOCIAÇÃO DEMANDANTE QUE TEM POR OBJETO A PROTEÇÃO DOS DIREITOS DO CONSUMIDOR. AÇÃO QUE TEM POR OBJETO A CONDENAÇÃO DAS DEMANDAS (SEGURADORAS) A INDENIZAR AS VÍTIMAS DE DANOS PESSOAIS OCORRIDOS COM VEÍCULOS AUTOMOTORES, BENEFICIÁRIAS DO DPVAT, NOS MONTANTES FIXADOS PELO ART. 3.º DA LEI N. 6.194/1974. AUSÊNCIA DE PERTINÊNCIA TEMÁTICA. RECONHECIMENTO. EXTINÇÃO DO PROCESSO, SEM JULGAMENTO DE MÉRITO, ANTE A AUSÊNCIA DE LEGITIMIDADE ATIVA *AD CAUSAM* DA ASSOCIAÇÃO AUTORA. NECESSIDADE. RECURSO ESPECIAL PROVIDO. 1. O seguro DPVAT não tem por lastro uma relação jurídica contratual estabelecida entre o proprietário do veículo e as seguradoras que compõem o correlato consórcio. Trata-se, pois, de um seguro obrigatório por força de lei, que tem por escopo contemporizar os danos advindos da circulação de veículos automotores — cujos riscos são naturalmente admitidos pela sociedade moderna —, que impactam sobremaneira, econômica e socialmente, as pessoas envolvidas no acidente e, reflexamente, ao Estado e à sociedade como um todo, a quem incumbe financiar a Seguridade Social. A partir de sua finalidade precípua, já se pode antever, com segurança, que o funcionamento hígido do sistema de seguro DPVAT consubstancia interesse que, claramente, transcende ao do beneficiário, sendo, em verdade, de titularidade de toda a sociedade, considerada como um todo. 2. Em se tratando de uma obrigação imposta por lei, não há, por conseguinte, qualquer acordo de vontades e, principalmente, voluntariedade, entre o proprietário do veículo (a quem compete, providenciar o pagamento do 'prêmio') e as seguradoras componentes do consórcio seguro DPVAT (que devem efetivar o pagamento da indenização mínima pelos danos pessoais causados à vítima do acidente automobilístico), o que, por si, evidencia, de contrato, não se cuidar. Cuida-se, a toda evidência, de hipótese de responsabilidade legal objetiva, vinculada à teoria do risco, afigurando-se de todo desinfluente a demonstração, por parte do beneficiário (vítima do acidente automobilístico), de culpa do causador do acidente. 3. Diversamente do que se dá no âmbito da contratação de seguro facultativo (esta sim, de inequívoca incidência da legislação protetiva do consumidor), a atuação das seguradoras integrantes do consórcio do seguro DPVAT, adstrita à lei de regência, não é

RELAÇÃO JURÍDICA DE CONSUMO — CASOS ESPECIAIS	
De existência	De inexistência
Relação entre entidade de previdência privada e seus participantes.	Relação entre associações desportivas e condomínios com os respectivos associados e condôminos (exceção é o Estatuto do Torcedor).
Relação entre bancos de sangue e doador.	Relação entre atividade bancária e os beneficiários do crédito educativo.
Relação entre emissora de TV e telespectador (em alguns casos, como no jogo "Show do Milhão").	Relação entre Advogado e cliente (ao menos nas questões contratuais para a maioria no STJ).
Relação entre cooperativa de assistência à saúde e filiados.	Relação entre locador e locatário de imóveis.
Relação entre sociedades cooperativas de empreendimentos habitacionais e compradores.	Relação envolvendo contrato de edificação por condomínio.
Relação entre agente financeiro do Sistema de Habitação — SFH — e mutuário.	Relação entre franqueador e franqueado.
Sociedade civil sem fins lucrativos e associados.	Relação entre seguro obrigatório DPVAT e beneficiário.

2.7. QUESTÕES

QUESTÕES DE CONCURSOS
http://uqr.to/1yf17

concorrencial, tampouco destinada à obtenção de lucro, na medida em que a respectiva arrecadação possui destinação legal específica. 4. Tampouco seria possível falar-se em vulnerabilidade, na acepção técnico-jurídica, das vítimas de acidente de trânsito e muito menos do proprietário do veículo a quem é imposto o pagamento do 'prêmio' do seguro DPVAT perante as seguradoras, as quais não possuem qualquer margem discricionária para efetivação do pagamento da indenização securitária, sempre que presentes os requisitos estabelecidos na lei. Aliás, a Lei n. 6.194/74, em atendimento a sua finalidade social, é absolutamente protetiva à vítima do acidente, afigurando-se de todo impróprio invocar, para tal escopo, também o CDC, quando ausente relação de consumo. 5. Ausente, sequer tangencialmente, relação de consumo, não se afigura correto atribuir a uma associação, com fins específicos de proteção ao consumidor, legitimidade para tutelar interesses diversos, como é o caso dos que se referem ao seguro DPVAT, sob pena de desvirtuar a exigência da representatividade adequada, própria das ações coletivas. A ausência de pertinência temática é manifesta. Em se tratando do próprio objeto da lide, afinal, como visto, a causa de pedir encontra-se fundamentalmente lastreada na proteção do consumidor, cuja legislação não disciplina a relação jurídica subjacente, afigura-se absolutamente infrutífera qualquer discussão quanto à possibilidade de prosseguimento da presente ação por outros entes legitimados. 6. Recurso especial provido para extinguir o processo sem julgamento de mérito, ante a ausência de legitimidade ativa *ad causam* da associação demandante, restando prejudicadas as questões remanescentes" (REsp 1.091.756/MG, Rel. Ministro Marco Buzzi, Rel. p/ Acórdão Ministro Marco Aurélio Bellizze, Segunda Seção, j. 13.12.2017, *DJe* 5.2.2018).

3

SERVIÇO PÚBLICO E INCIDÊNCIA DO CDC

3.1. QUESTIONAMENTOS INTRODUTÓRIOS

O tema **Serviço Público** é de grande importância no contexto do **novo modelo de Administração Pública**, em boa parte **descentralizada**, após a reforma administrativa do Estado. Este, em razão da insuficiência de recursos, assume o papel de orientador, deixando até para os particulares a função de executar certas atividades estatais.

Em razão da vastidão dos serviços públicos existentes, faremos um corte metodológico para enfrentarmos as principais controvérsias da teoria geral e abordaremos questões polêmicas envolvendo casos concretos, como aqueles afetos aos serviços de saneamento básico e de transporte coletivo, no que tange à incidência do Código de Defesa do Consumidor.

Com efeito, dentre **questões polêmicas** a serem abordadas, destacamos:

☐ O serviço público é ou não objeto de relação de consumo?
☐ Incide ou não o Código de Defesa do Consumidor na disciplina de tais serviços?
☐ O conceito de consumidor é ou não sinônimo de usuário do serviço público?
☐ Há a necessidade de lei regulamentadora dos direitos dos usuários do serviço público ou o CDC é suficiente?
☐ É possível interromper serviço público essencial?
☐ A interrupção deste serviço viola o princípio da continuidade dos serviços públicos?
☐ Qual o posicionamento da jurisprudência pátria sobre o assunto?
☐ Qual a natureza da contraprestação pecuniária dos serviços de saneamento básico à luz da legislação e da jurisprudência pátrias?
☐ Quais as consequências do enquadramento dessa contraprestação nas modalidades taxa ou tarifa?
☐ É possível o terceiro não usuário do serviço de transporte coletivo invocar a responsabilidade objetiva em face do concessionário?

De fato, o propósito deste capítulo é o de trazer respostas adequadas aos questionamentos levantados à luz do Direito Administrativo e do Direito do Consumidor, conformando as duas disciplinas e tendo por enfoque principal os serviços públicos delegados.

A última observação introdutória consiste em aclarar nossa proposta de enfrentarmos temas polêmicos nesse contexto de Estado pós-reforma administrativa, deixando de lado as críticas ufanistas para, de forma lúcida, trazer soluções aos beneficiários do serviço público, muitas vezes ineficiente, além de enquadrá-los na relação jurídica de consumo como a única forma eficaz de proteger o vulnerável dessa relação.

3.2. APROXIMAÇÕES E DISTINÇÕES ENTRE AS NOÇÕES DE CONSUMIDOR E DE USUÁRIO DO SERVIÇO PÚBLICO

Muitos foram os administrativistas e consumeristas que estudaram as semelhanças e distinções entre os conceitos de usuário do serviço público e de consumidor. Constatamos em nossas pesquisas que a maior parte dos estudiosos do Direito Público tem uma tendência para ressaltar as diferenças entre os institutos, enquanto os doutrinadores especializados no Direito Privado possuem, em sua maioria, mais capacidade de enxergar a existência de pontos comuns.

Na qualidade de especialista e entusiasta em ambas as disciplinas — direito administrativo e direito do consumidor —, tentaremos passar um posicionamento imparcial e à luz das principais repercussões que envolvem esses ramos do direito. Mas, antes, passemos ao entendimento de alguns doutrinadores sobre a matéria.

Antônio Carlos Cintra do Amaral, no artigo "Distinção entre usuário do serviço público e consumidor", encontra **semelhanças entre as definições de usuário do serviço público e de consumidor apenas no aspecto econômico**, *in verbis*: "(...) parece-me que se está incorrendo em um equívoco generalizado quando se afirma que o usuário de serviço público é um consumidor. Considerar-se o usuário como consumidor do serviço público a ele prestado pela concessionária talvez seja possível sob a ótica econômica. Mas sob a ótica jurídica o usuário de serviço público e o consumidor estão em situações distintas. Uma coisa é a relação jurídica de serviço público. Outra, a de consumo (...)".[1]

Outro argumento utilizado pelo autor para fundamentar a **diferença** existente é que **a Constituição Federal, ao tratar dos dois institutos, valeu-se de dispositivos diferentes:**

- a proteção ao usuário do serviço público está prevista no art. 175, parágrafo único, inciso II;
- a defesa do consumidor, nos arts. 5.º, XXXII, e 170, V.

Ademais, continua Cintra do Amaral, **teria o art. 27 da Emenda Constitucional n. 19/98 determinado ao Congresso Nacional a elaboração de lei de defesa do usuário de serviços públicos**, fato que demonstra o reconhecimento implícito de que a defesa deste usuário é juridicamente diversa da defesa do consumidor, já regulada pela Lei n. 8.078/90.[2]

---

[1] CINTRA DO AMARAL, Antônio Carlos. Distinção entre usuário do serviço público e consumidor. *Revista Eletrônica de Direito Administrativo Econômico*, Salvador, Instituto de Direito Público da Bahia, n. 6, maio/jul. 2006, p. 2. Disponível em: <http://www.direitodoestado.com/revista/REDAE-6-MAIO-2006-CARLOS%20CINTRA.pdf>. Acesso em: 3 dez. 2016.

[2] CINTRA DO AMARAL, Antônio Carlos. Distinção entre usuário do serviço público e consumidor, p. 4.

3 ■ Serviço Público e Incidência do CDC

Diante dessa distinção, fundamenta o citado administrativista pela impossibilidade da incidência do Diploma Consumerista ao serviço público em dois gráficos:

■ o primeiro, destacando a visão do Poder Concedente diante da prestação do serviço público

(i)
```
Poder Concedente ——▶ Concessionária ——▶ Usuário
```

■ o segundo, demonstrando como estaria posicionado o Poder Público à luz da relação jurídica de consumo

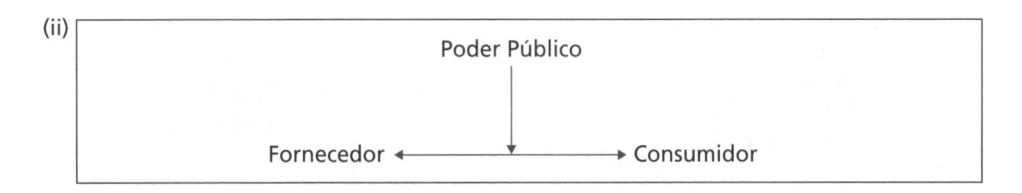

(ii)
```
              Poder Público
                   │
                   ▼
Fornecedor ◀───────────────▶ Consumidor
```

Na situação inicialmente apresentada, conclui Cintra do Amaral que a concessionária é obrigada a prestar o serviço cujo exercício lhe foi atribuído, mas o poder concedente continua com o dever constitucional de prestá-lo, embora escolha a opção de fazê-lo indiretamente sob regime de concessão ou permissão, como lhe é autorizado pelo art. 175 da Constituição.

O inadimplemento pela concessionária gera sua responsabilidade perante o usuário, mas também é responsável, solidariamente,[3] o poder concedente, na medida em que mantém a titularidade do serviço concedido.

No segundo gráfico, entende o autor que o fornecedor é a pessoa obrigada a prestar o serviço ao consumidor, cabendo ao Poder Público apenas o dever de regular a relação contratual entre eles, protegendo a parte considerada mais fraca. Dessa forma, o inadimplemento por parte do fornecedor gera sua responsabilidade perante o consumidor, não respondendo o Poder Público pelo cumprimento das obrigações nas relações de consumo.[4]

Com a devida vênia, **por mais que existam particularidades no conceito de usuário de serviço público**, fundadas basicamente na natureza do regime jurídico que alberga essa prestação — o de direito público —, entendemos **não existirem óbices no seu enquadramento no conceito de consumidor**, principalmente quando figurar na

---

[3] Prevalece que a responsabilidade do Poder Concedente é subsidiária pelos danos causados pelos concessionários e permissionários aos usuários do serviço público. Isto implica dizer que somente responderá o Poder Concedente quando for comprovado o exaurimento patrimonial do particular prestador do serviço público por delegação.

[4] CINTRA DO AMARAL, Antônio Carlos. Distinção entre usuário do serviço público e consumidor, p. 3.

posição de destinatário final de um serviço público remunerado por tarifa, conforme pontuaremos a seguir.

Ademais, Antônio Carlos Cintra do Amaral chegou a essa conclusão porque partiu da premissa de que o Poder Público ou seus delegados jamais poderiam figurar na condição de fornecedores da relação de consumo. Entretanto, concluir desta forma significa ignorar as previsões expressas sobre o tema no CDC. E desconsiderar as previsões da Lei n. 8.078/90 consiste em renunciar a um direito constitucional fundamental (art. 5.º, XXXII, da Constituição da República).

Nesse contexto, defendemos em outra oportunidade que nos termos da legislação vigente em nosso ordenamento jurídico é perfeitamente possível o seguinte gráfico representativo dos elementos subjetivos da apontada relação jurídica de consumo:[5]

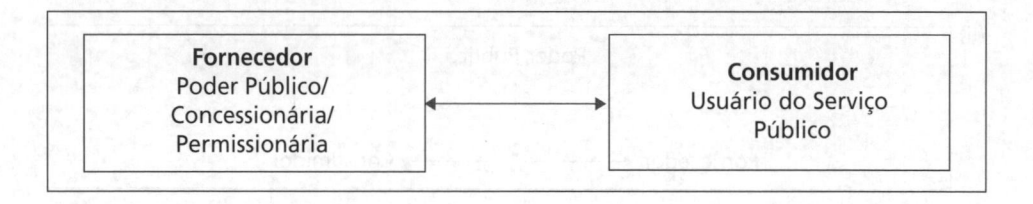

Fornecedor Poder Público/ Concessionária/ Permissionária	⟷	Consumidor Usuário do Serviço Público

Com efeito, posicionando-se também pela impossibilidade de aplicação da legislação consumerista à prestação dos serviços públicos, encontramos os ensinamentos de Ana Maria Goffi Flaquer Scartezzini: "Quando o prestador do serviço ingressa no mercado, sua finalidade é a obtenção do lucro, através do serviço, cuja remuneração dará a exata medida desse lucro. (...) O Estado pode ser equiparado a fornecedor, muito embora com ele não se identifique, tão somente para fins de responsabilização; a relação jurídica, contudo, instituída com a prestação do serviço não se reveste das características e da natureza de uma relação de consumo".[6]

Realmente, quando o Estado presta um serviço público diretamente, seu objetivo não é o lucro, mas sim concretizar necessidades coletivas. Contudo, o mesmo raciocínio não poderá ser feito quando a prestação do serviço público é delegada a particular.

Em nossa opinião, o lucro não consiste apenas num "componente relevante para o concessionário, para a garantia do equilíbrio de seu contrato",[7] mas sim num elemento a ser considerado no momento da formulação da proposta quando da participação na respectiva licitação. *Data venia,* pensar de modo diverso ou defender que não há lucro na prestação do serviço público, mas sim superávit, é interpretar o instituto com excesso de romantismo, incompatível com a nossa atual realidade.

---

[5] BOLZAN, Fabrício. Serviço público e a incidência do Código de Defesa do Consumidor. In: MARINELA, Fernanda; BOLZAN, Fabrício (Org.). *Leituras complementares de direito administrativo:* advocacia pública. 2. ed. Salvador: JusPodivm, 2009, p. 239.

[6] SCARTEZZINI, Ana Maria Goffi Flaquer. *O princípio da continuidade do serviço público.* São Paulo: Malheiros, 2006, p. 98.

[7] SCARTEZZINI, Ana Maria Goffi Flaquer. *O princípio da continuidade do serviço público,* p. 98.

Em consonância com nosso pensamento, Joana Paula Batista expõe que: "não se pode esquecer que na prestação de serviços públicos por particulares, mediante concessão ou permissão, o elemento lucro é considerado no oferecimento da proposta e garantido ao longo do ajuste pela regra de intangibilidade da equação econômico-financeira inicialmente pactuada, nos termos do art. 37, XXI, da CF. **A tarifa que remunera o concessionário**, portanto, é o resultado da soma de pelo menos **dois elementos**, quais sejam, o **custo da atividade** e a margem de efetivo ganho, **o lucro**".[8]

Assim, fazendo um paralelo com as empresas estatais prestadoras de serviços públicos que devem aplicar na própria prestação do serviço o excedente alcançado, conclui Joana Paula Batista que "os concessionários, por sua vez, podem dispor livremente do lucro auferido na prestação do serviço público, inclusive na aplicação em investimentos totalmente estranhos à atividade que exercem".[9]

Ademais, essa **discussão foi atenuada pelo CDC** quando tratou da definição de serviço objeto da relação de consumo, na medida em que exigiu como requisito para a sua caracterização apenas a remuneração (direta ou indireta), dispensando a obtenção de lucro.

Nessa linha de pesquisa, autor que muito bem estudou as **semelhanças e distinções existentes entre os conceitos de consumidor e de usuário do serviço público** foi Cesar A. Guimarães Pereira, que ressalta a proximidade dos dois conceitos, na medida em que ambos são destinatários de prestações realizadas por outrem no âmbito de uma relação de conteúdo econômico de caráter massificado.[10]

Destaca, ainda, que nos casos das prestações executadas por "concessionários de serviço público — e mediante uma contrapartida pecuniária (tarifa), a semelhança é tão intensa que a distinção se torna difícil".[11] Entretanto, conclui o autor que as diferenças existem e sintetiza suas ideias acerca do cotejo entre usuário do serviço público e consumidor da seguinte forma:

"(a) usuário, ao contrário do consumidor, não é necessariamente o destinatário final do serviço público;
(b) o usuário, ao contrário do consumidor, não está necessariamente envolvido em uma prestação onerosa do serviço público;
(c) o usuário, ao contrário do consumidor, detém direitos relativos à organização e à gestão do serviço público, delas podendo participar de modo ativo, independentemente até da efetiva fruição do serviço;
(d) a vulnerabilidade, que integra o conceito jurídico de consumidor, não é característica essencial do usuário;
(e) a vulnerabilidade, especialmente a técnica, está frequentemente (ou praticamente sempre) presente nas relações de serviço público e deve ser levada em conta na aplicação das normas de direito público, conduzindo ao reconhecimento do dever do prestador de,

---

[8] BATISTA, Joana Paula. *Remuneração dos serviços públicos.* São Paulo: Malheiros, 2005, p. 76.
[9] BATISTA, Joana Paula. *Remuneração dos serviços públicos*, p. 77.
[10] PEREIRA, César A. Guimarães. *Usuários de serviços públicos:* usuários, consumidores e os aspectos econômicos dos serviços públicos. São Paulo: Saraiva, 2006, p. 134.
[11] PEREIRA, César A. Guimarães. *Usuários de serviços públicos*, p. 134.

sendo o principal detentor das informações pertinentes, comprovar a regularidade de sua conduta em certos casos;

(f) a relação de serviço público, por envolver o desempenho de função administrativa, é protegida pelo regime jurídico de direito público, que assegura deveres-poderes ao Poder Público e, se houver, ao delegatário da prestação do serviço (embora os *poderes de autoridade* estejam reservados ao Poder Público, atribuindo-se ao prestador privado apenas prerrogativas limitadas e compatíveis com a sua natureza);

(g) o usuário não é um agente da economia de mercado porquanto o serviço público está, por definição, fora do mercado da economia privada (art. 173 da Constituição); o usuário está ligado a uma atividade econômica apenas em sentido amplo, uma vez que o serviço público submete-se ao regramento especial do art. 175 da Constituição;

(h) o CDC contém disciplina específica para o serviço público em geral (arts. 22 e 59, § 1.º), cuja aplicação independe da parte remanescente do CDC e não pressupõe nem acarreta a caracterização de uma relação de consumo;

(i) *o modo de pensar* consagrado no CDC é fundamental para a evolução nas relações administrativas atinentes ao serviço público, proporcionando novas perspectivas de interpretação e aplicação do regime de direito público em face da similaridade das situações de *consumidores e usuários;*

(j) a aplicação do CDC nos espaços de liberdade deixados pela regulação pública, especialmente nos serviços públicos prestados em regime competitivo (por exemplo, alguns serviços de telecomunicações, transportes e operações portuárias), não transforma *usuário* em *consumidor,* pois mesmo nestes campos prevalece a disciplina de direito público em caso de conflito — o que reafirma a distinção original entre essas figuras".[12]

Em que pese a propriedade com que fundamentou cada um dos argumentos citados, permitimo-nos discordar de alguns pontos da posição em comento, levando em consideração o raciocínio já esposado neste capítulo de que o **conceito de usuário do serviço público pode sim enquadrar-se na definição de consumidor** e de que o **Diploma Consumerista incide sobre os serviços *uti singuli* remunerados por tarifas**, desde que não haja conflito com o regime de direito público. Senão, vejamos.

Entendemos inicialmente que o **usuário** pode ser **destinatário final** de um serviço público, situação corriqueira e facilmente constatada nos serviços de transporte coletivo, de energia elétrica, de telefonia, de saneamento básico, dentre outros, quer na condição de **destinatário fático** do serviço público — ao retirá-lo do mercado de consumo —, na visão da Teoria Maximalista, quer na qualidade ainda de **destinatário econômico**, que utiliza o serviço público diretamente ou por meio de seus familiares, segundo se posicionam os seguidores da Teoria Finalista.

Ademais, a Lei n. 8.078/90 não considera consumidor apenas o destinatário final do produto ou do serviço. O CDC traz ainda mais três definições de **consumidor por equiparação**:

■ a coletividade de pessoas que haja intervindo na relação de consumo (art. 2.º, parágrafo único);

■ as **vítimas do evento danoso** (art. 17); e

---

[12] PEREIRA, César A. Guimarães. *Usuários de serviços públicos,* p. 202-203.

◘ as pessoas expostas às práticas comerciais e contratuais abusivas (art. 29).

Desta forma, ser ou não destinatário final não é requisito imprescindível para a definição de consumidor, podendo, portanto, enquadrar-se em seu alcance a figura do usuário do serviço público.

Igualmente, não nos convence a alegação de que o usuário não está necessariamente envolvido em uma prestação onerosa como critério que o diferencie do consumidor.

Conforme é cediço, o **serviço público é remunerado por tributos ou preços públicos**, sendo que somente na última **modalidade** de remuneração citada — **tarifa**, em razão de seu **caráter negocial**, admite-se a **incidência do CDC**. Nesse sentido, cabe recordar que a remuneração exigida pela lei para caracterizar o serviço na relação de consumo pode ser a direta e a indireta.

Assim, mesmo na hipótese de serviço de transporte coletivo "gratuito" para idosos, cabíveis as regras da Lei n. 8.078/90 ante a evidente remuneração indireta, "pelo preço pago por toda a coletividade e pelo benefício da manutenção da concessão pública daquele fornecedor de serviços".[13]

Outrossim, ressalta-se que a **vulnerabilidade** (fragilidade) do consumidor pode ser configurada nos aspectos:

◘ técnico (fornecedor é o detentor do monopólio dos meios de produção na prestação de um serviço);
◘ econômico (fornecedor, em regra, é a parte mais forte no quesito financeiro);
◘ jurídico-científico (consumidor, em regra, é a parte mais frágil na análise de questões jurídicas da contratação ou de qualquer outro ramo da ciência);
◘ informacional (*expertise* do fornecedor no tocante às informações do serviço prestado), conforme analisaremos no Capítulo 4 deste livro.

Neste contexto, concordamos com a tese de que a **vulnerabilidade não é uma característica essencial do usuário, mas subsiste nas relações de serviços públicos, especialmente na modalidade técnica**, cabendo ao respectivo prestador o dever de comprovar a regularidade de sua conduta em certos casos.

Tal posicionamento reforça nosso entendimento de que o usuário pode enquadrar-se perfeitamente no alcance do conceito de consumidor, mesmo porque a característica maior deste está presente, qual seja: a vulnerabilidade.

Com efeito, corroboramos com o pensamento de Cesar Guimarães Pereira ao levantar a questão do **regime jurídico de direito público** para fundamentar os direitos dos usuários relativos à organização e à gestão do serviço público, bem como os deveres-poderes assegurados ao Poder Público e aos seus delegados quando da sua prestação.

Contudo, dissentimos que tal regime seja capaz de obstar a incidência do CDC. Condicionar sim, impedir jamais. O condicionamento é inevitável em razão da natureza dessa comodidade, além da importância que representa para a coletividade. Portanto,

---

[13] MARQUES, Claudia Lima. *Contratos no Código de Defesa do Consumidor:* o novo regime das relações contratuais. 5. ed. São Paulo: RT, 2006, p. 452.

em caso de conflito entre norma de direito administrativo e lei do consumidor, aquela prevalecerá.

Como exemplo do prevalecimento do regime de direito público, citamos a responsabilidade *subsidiária* do Poder Concedente em face da responsabilidade *solidária* prevista, como regra, no CDC (arts. 7.º, parágrafo único, e 25, § 1.º, por exemplo).

Sobre o tema, coadunamos com o pensamento de Sergio Cavalieri Filho de que as "entidades de Direito Privado, prestadoras de serviços públicos, *respondem em nome próprio, com o seu patrimônio,* e não o Estado por elas e nem com elas",[14] fazendo uma alusão à responsabilidade *subsidiária* do Poder Concedente. O autor fundamenta sua tese em três aspectos a seguir resumidos:

- ■ "trata-se de objetivo da norma constitucional e, quem tem o bônus, deve suportar o ônus;
- ■ no caso, não há falar em responsabilidade *solidária*, pois a solidariedade decorre de lei ou de contrato, inexistindo norma legal capaz de fundamentar tal teoria. Ressalta ainda a existência da Lei 8.987/95 que, em seu artigo 25, dispõe exatamente o contrário, pois fixa a responsabilidade direta e pessoal da concessionária por todos os prejuízos causados ao Poder Concedente, aos usuários ou a terceiros".[15]

Constata-se com o exemplo que a regra de Direito Público — responsabilidade *subsidiária* do Poder Concedente — prevalece sobre a regra de Direito Privado — responsabilidade *solidária* prevista no CDC.

Nessa linha de raciocínio, não concordamos com as lições em sentido contrário de Gustavo Tepedino, que, com base no Código do Consumidor, sustenta que a prestação dos serviços públicos atrai para tais hipóteses a solidariedade dos diversos entes públicos e privados que se apresentem como fornecedores dos respectivos serviços, prestados (direta ou indiretamente) pela atividade estatal.[16]

Também discordamos da posição já citada de Cesar Guimarães, que entende formarem os **arts. 22 e 59, § 1.º**, da lei do consumidor uma sistematização estanque, independente e autônoma referente aos serviços públicos em relação às demais determinações constantes na **Lei n. 8.078/90**. Tal assertiva busca amparo no fato de o **art. 4.º** do referido diploma, ao tratar dos Princípios da Política Nacional das Relações de Consumo, citar no **inciso VII** a racionalização e melhoria dos serviços públicos como um de seus preceitos fundamentais.

No mesmo sentido, o **art. 6.º do CDC**, ao disciplinar os direitos básicos dos consumidores, estabeleceu no **inciso X** a adequada e eficaz prestação dos serviços públicos em geral. Também não poderíamos deixar de lembrar o disposto no **art. 3.º**, *caput*, do Diploma Consumerista, que ao definir fornecedor nas relações de consumo incluiu expressamente as pessoas jurídicas de direito público.

---

[14] CAVALIERI FILHO, Sergio. *Programa de responsabilidade civil.* 6. ed. São Paulo: Malheiros, 2006, p. 267.
[15] CAVALIERI FILHO, Sergio. *Programa de responsabilidade civil*, p. 267.
[16] CAVALIERI FILHO, Sergio. *Programa de responsabilidade civil*, p. 197.

Diante desse contexto, incabível a alegação de existência de um sistema independente dentro do CDC referente única e exclusivamente à prestação dos serviços públicos, visto que eles também foram disciplinados por outras disposições gerais ligadas à relação jurídica de consumo.

Finalmente, concordamos que a filosofia consagrada na **Lei n. 8.078/90 é fundamental para a evolução das relações administrativas atinentes ao serviço público**, assim também com a necessidade da incidência de suas regras nas lacunas deixadas pela regulação pública.

Nesse sentido, reiteramos o posicionamento de que nem o regramento especial previsto no art. 175, da Constituição da República, nem as peculiaridades inerentes à definição de usuário do serviço público são suficientes para afastar a sua tipificação no conceito de consumidor.

Portanto, enquadrar o usuário na definição de consumidor e o Poder Público e seus agentes delegados no conceito de fornecedor, além de alguns serviços públicos — os remunerados por tarifas — como objeto da relação jurídica de consumo, é imprescindível para legitimar a incidência do CDC.

Conforme analisaremos nos tópicos do item 3.7 deste livro, o advento do Código de Defesa dos Usuários dos Serviços Públicos, Lei n. 13.460, de 26 de junho de 2017 não obstou a incidência da lei do consumidor,[17] e estabeleceu a aplicação simultânea de ambos os diplomas, aplicando-se a Teoria do Diálogo das Fontes nos termos analisados no Capítulo 1 deste livro.

Por fim, esquematizando o nosso raciocínio sobre o tema, deparamo-nos com o seguinte quadro:

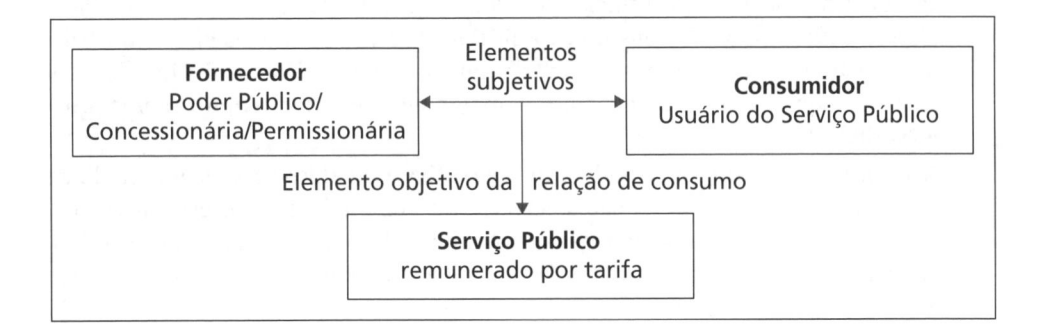

Fornecedor Poder Público/ Concessionária/Permissionária	← Elementos subjetivos →	**Consumidor** Usuário do Serviço Público
	Elemento objetivo da relação de consumo	
	Serviço Público remunerado por tarifa	

3.3. DIFERENÇAS PRINCIPAIS ENTRE TARIFAS E TAXAS

Numa visão inicial e superficial sobre o tema, constatamos que se a Constituição define como fundamentos jurídicos da **taxa** o exercício do poder de polícia ou a

---

[17] Lei n. 13.460 — Art. 1.º, § 2.º: "A aplicação desta Lei não afasta a necessidade de cumprimento do disposto: I — em normas regulamentadoras específicas, quando se tratar de serviço ou atividade sujeitos a regulação ou supervisão; e **II — na Lei n. 8.078, de 11 de setembro de 1990, quando caracterizada relação de consumo**".

utilização, efetiva ou potencial, de serviços públicos específicos e divisíveis, prestados ao contribuinte ou postos a sua disposição, estamos diante de espécie tributária que **não se confunde com o imposto** (cujo fato gerador independe de qualquer atividade estatal específica), **nem com a contribuição de melhoria** (que tem por fato gerador a valorização imobiliária em razão de obra pública).

Igualmente, como espécie do gênero tributo, não podemos esquecer que a taxa consiste numa prestação pecuniária compulsória, em moeda ou cujo valor nela se possa exprimir, que não constitua sanção de ato ilícito, instituída em lei e cobrada mediante atividade administrativa plenamente vinculada (art. 3.º do CTN).

Após essa contextualização, trabalharemos com as **características** essenciais da **taxa** para os fins deste capítulo:

■ **Prestação pecuniária:** A taxa traduz-se numa prestação pecuniária em moeda ou cujo valor nela possa se exprimir. Conforme ensinamentos de Guido Zanobini, o direito moderno aboliu a prestação de bens *in natura* para o Poder Público.[18] A assertiva é muito apropriada, pois, quando o Estado quer adquirir coativamente um bem móvel ou imóvel, vale-se da desapropriação, instituto diferente do tributo.

■ **Prestação compulsória:** Sobre esta característica, colacionam-se os ensinamentos de Bernardo Ribeiro de Moraes, para quem a "taxa, como tributo, é devida em razão da obrigação jurídica, instituída unilateralmente pelo Estado, como emanação da sua soberania. O poder tributante, dentro de sua competência tributária, unilateralmente, institui a taxa, obrigando a todos que estejam ligados à situação de fato prevista em lei".[19]

■ **Instituída por Lei:** O princípio da legalidade deve nortear toda a atuação fiscal, quer no tocante à instituição do tributo, quer em relação à sua majoração. Nesse sentido, prevê a Constituição da República: "Art. 150. Sem prejuízo de outras garantias asseguradas ao contribuinte, é vedado à União, aos Estados, ao Distrito Federal e aos Municípios: I — **exigir ou aumentar tributo sem lei que o estabeleça**".

■ **Cobrada mediante atividade administrativa vinculada:** Isso significa dizer que a arrecadação tributária não se caracteriza como atividade discricionária, ou seja, não cabe ao administrador realizar um juízo de oportunidade e conveniência no tocante à cobrança da taxa. Assim, concretizado o fato gerador previsto em lei, a taxa deverá ser exigida.

■ **Atividade específica do Estado:** Conforme visto, a taxa difere do imposto, pois, enquanto este envolve um serviço geral, aquela tem por fato gerador um serviço específico — exercício do poder de polícia ou utilização efetiva ou potencial de um serviço público divisível — relacionado diretamente com a pessoa do contribuinte.

---

[18] ZANOBINI, Guido. *Corso di diritto amministrativo*. 5. ed. Milano: Giuffrè, 1958. v. 4, p. 352.
[19] MORAES, Bernardo Ribeiro de. *Doutrina e prática das taxas*. 2. ed. São Paulo: Quartier Latin, 2007, p. 88.

Concluída a análise das principais características da taxa, passemos à análise da tarifa. Para as finalidades deste capítulo, acrescentamos inicialmente que tarifa significa tábua, catálogo ou pauta, ou seja, trata-se de uma lista em que se fixam quotas.[20]

A **tarifa é espécie de preço público**, ou seja, tem natureza negocial, razão pela qual o vocábulo será utilizado como sinônimo de preço público, a despeito de existir doutrina autorizada que se vale da terminologia para conceituar o preço cobrado pelas empresas concessionárias e permissionárias dos serviços públicos.[21]

Outrossim, duas são as **características** essenciais do preço público — **tarifa** para os fins deste capítulo:

- **Ausência de compulsoriedade:** Na instituição da tarifa, o Estado não se vale do seu poder de império, isto é, da soberania que possui em relação aos particulares. Muito pelo contrário. Na hipótese, o Estado atua como o particular no objetivo de auferir receitas com a exploração de bens ou com a prestação de certos serviços públicos.
- **Natureza negocial:** No preço público, a obrigação de pagar tem natureza contratual, ficando seu adimplemento à vontade do interessado. Neste caso, não há a imposição legal que existe na cobrança da taxa.

Sobre essas características, existe súmula do Supremo Tribunal Federal com o seguinte teor: "Súmula 545 — Preços de serviços públicos e taxas não se confundem, porque estas, diferentemente daqueles, são compulsórias e têm sua cobrança condicionada à prévia autorização orçamentária, em relação à lei que as instituiu".

Assim, a **principal diferença entre taxa e tarifa decorre do caráter facultativo — voluntariedade — presente nesta e ausente na espécie tributária que é compulsória.** Sobre o tema, alguns questionamentos são levantados pela doutrina, por exemplo:

- Qual a abrangência do conceito de voluntariedade?
- Basta uma liberdade formal, existente no momento da formação do vínculo obrigacional, ou há necessidade de uma liberdade material, liberdade efetiva de fruir ou não fruir um serviço?

Nesse tocante, Fabiano Verli entende que: "continuamos apegados a conceitos formais de liberdade de escolha do usuário a respeito de serviços públicos fundamentais à própria dignidade humana. Tratando-se de atividades essenciais como os serviços públicos, é necessário um novo conceito de liberdade no Direito brasileiro. Conceito que seja adequado à efetivação dos princípios cardeais da Constituição Federal de 1988, pois ele se mostra cada vez mais necessário ao cidadão em face da modernização da economia e das relações do Estado com a sociedade".[22]

---

[20] MORAES, Bernardo Ribeiro de. *Doutrina e prática das taxas*, p. 126.
[21] MORAES, Bernardo Ribeiro de. *Doutrina e prática das taxas*, p. 126.
[22] VERLI, Fabiano. *Taxas e preços públicos*. São Paulo: RT, 2005, p. 206-207.

O aludido autor demonstra a preocupação de que tão importante quanto a **voluntariedade** vista sob a ótica **formal — liberdade para dizer sim ou não** — é a pesquisa sobre as reais condições de fruição e de não fruição de qualquer serviço público ou prestação.[23]

Entretanto, em que pese a respeitável argumentação jurídica acima mencionada, **prevalece em nossa jurisprudência** (Súmula 545 do STF) que é suficiente para a configuração do preço público a **livre vontade em sentido formal**, ou seja, a liberdade necessária para a sua caracterização não é a absoluta, mas aquela de dizer sim ou não, ainda que esse não implique a negativa na prestação do serviço público.

Desta forma, se o usuário não paga a contraprestação pecuniária, não terá direito a usufruir do serviço remunerado por tarifa, por mais essencial que seja.

Outros doutrinadores entendiam que, se não fosse oferecido um serviço alternativo ao usuário, caracterizada estaria a compulsoriedade. Atualmente, essa tese parece estar superada, mesmo porque a Lei n. 8.987/95, em seu art. 9.º, § 1.º, com redação dada pela Lei n. 9.648/98, estabelece que, **somente nos casos expressamente previstos em lei, a cobrança da tarifa poderá ser condicionada à existência de serviço público alternativo e gratuito para o usuário.**

Sobre a divergência a respeito da incidência ou não do CDC aos serviços remunerados por tributos, Leonardo Roscoe Bessa sintetiza seu pensamento, informando sobre a existência de três posições a respeito do tema:

"1) **interpretação extensiva** (todos os serviços públicos estão sujeitos ao CDC);
2) a **prestação do serviço deve ser remunerada** (art. 3.º, § 2.º);
3) **somente os serviços remunerados por tarifa ou preço público estariam sujeitos ao CDC:** os serviços custeados por tributos não estariam sob a incidência do CDC, pois não há uma remuneração específica".[24]

E conclui o autor no sentido de "que estão sujeitos ao CDC os serviços públicos cuja remuneração, independentemente de sua natureza, seja feita diretamente pelo consumidor".[25]

Entretanto, por mais que defendamos a incidência do CDC para o **serviço público *uti singuli***, tal aplicação não recairá sobre todos os serviços individualizados, mas somente sobre aqueles cuja **contraprestação pecuniária seja por meio de tarifa**, quer em razão de se tratar de uma remuneração facultativa, quer em razão da natureza contratual em que imperam a manifestação da vontade e a possibilidade da interrupção deste contrato a qualquer tempo pelo consumidor-usuário.

No mesmo sentido, o Superior Tribunal de Justiça no julgamento do Recurso Especial 793.422/RS, *DJ* 17.8.2006, relatado pela Ministra Eliana Calmon:

---

[23] VERLI, Fabiano. *Taxas e preços públicos*, p. 155.
[24] BENJAMIN, Antônio Herman de V.; MARQUES, Claudia Lima; BESSA, Leonardo Roscoe. *Manual de direito do consumidor*, p. 171 e 173.
[25] BENJAMIN, Antônio Herman de V.; MARQUES, Claudia Lima; BESSA, Leonardo Roscoe. *Manual de direito do consumidor*, p. 171 e 173.

ADMINISTRATIVO. SERVIÇO PÚBLICO CONCEDIDO. ENERGIA ELÉTRICA. INADIMPLÊNCIA.
1. Os serviços públicos podem ser próprios e gerais, sem possibilidade de identificação dos destinatários. São financiados pelos tributos e prestados pelo próprio Estado, tais como segurança pública, saúde, educação, etc. Podem ser também impróprios e individuais, com destinatários determinados ou determináveis. Neste caso, têm uso específico e mensurável, tais como os serviços de telefone, água e energia elétrica.
2. Os serviços públicos impróprios podem ser prestados por órgãos da administração pública indireta ou, modernamente, por delegação, como previsto na CF (art. 175). São regulados pela Lei n. 8.987/95, que dispõe sobre a concessão e permissão dos serviços públicos.
3. **Os serviços prestados por concessionárias são remunerados por tarifa, sendo facultativa a sua utilização, que é regida pelo CDC, o que a diferencia da taxa, esta, remuneração do serviço público próprio.**
4. Os serviços públicos essenciais, remunerados por tarifa, porque prestados por concessionárias do serviço, podem sofrer interrupção quando há inadimplência, como previsto no art. 6.º, § 3.º, II, da Lei 8.987/95. Exige-se, entretanto, que a interrupção seja antecedida por aviso, existindo na Lei n. 9.427/97, que criou a ANEEL, idêntica previsão.
5. A continuidade do serviço, sem o efetivo pagamento, quebra o princípio da igualdade das partes e ocasiona o enriquecimento sem causa, repudiado pelo Direito (arts. 42 e 71 do CDC, em interpretação conjunta).
6. Hipótese em que não há respaldo legal para a suspensão do serviço, pois tem por objetivo compelir o usuário a pagar multa por suposta fraude no medidor e diferença de consumo apurada unilateralmente pela Cia. de Energia.
7. Recurso especial improvido (REsp 793.422/RS, Rel. Ministra Eliana Calmon, 2.ª T., *DJ* 17.8.2006).[26]

Sobre a **responsabilidade objetiva das concessionárias de rodovias pelos danos oriundos de acidentes causados pela presença de animais domésticos nas pistas de rolamento, aplicando-se as regras do Código de Defesa do Consumidor,** o Superior Tribunal de Justiça fixou tese, no julgamento pelo rito do Recurso Especial Repetitivo — **Tema 1.122**, nos seguintes termos:

RECURSO ESPECIAL REPETITIVO. RESPONSABILIDADE CIVIL DAS CONCESSIONÁRIAS DE RODOVIAS POR ACIDENTES CAUSADOS PELO INGRESSO DE ANIMAIS DOMÉSTICOS NA PISTA DE ROLAMENTO (TEMA 1.122). RESPONSABILIDADE INDEPENDENTEMENTE DA EXISTÊNCIA DE CULPA. APLICAÇÃO. CÓDIGO DE DEFESA DO CONSUMIDOR. INCIDÊNCIA. OBSERVÂNCIA DOS PADRÕES DE SEGURANÇA PREVISTOS NOS CONTRATOS DE CONCESSÃO. INSUFICIÊNCIA. TEORIA DA CULPA ADMINISTRATIVA. INAPLICABILIDADE. PRINCÍPIOS DA PREVENÇÃO, DA SOLIDARIEDADE E DA PRIMAZIA DO INTERESSE DA VÍTIMA. APLICAÇÃO. DEVER DE FISCALIZAÇÃO DOS ENTES

---

[26] No mesmo sentido, o STJ no julgamento do AgRg no AREsp 84.014/RJ, Rel. Ministro Castro Meira, 2.ª T., *DJe* 28.3.2012, ao entender que: **"O Código de Defesa do Consumidor aplica-se na hipótese de serviço público prestado por concessionária, tendo em vista que a relação jurídica tem natureza de Direito Privado e o pagamento é contraprestação feita sob a modalidade de tarifa, que não se classifica como taxa".**

PÚBLICOS. AFASTAMENTO DA RESPONSABILIDADE DA CONCESSIONÁRIA. NÃO OCORRÊNCIA.
**1. Aplicam-se as regras do Código de Defesa do Consumidor aos casos de reparação de danos oriundos de acidentes causados pelo ingresso de animais domésticos nas faixas de rolamento das rodovias objeto de contrato de concessão.
2. A concessionária responde, independentemente da existência de culpa, pelos danos sofridos pelo usuário, sem prejuízo da observância dos padrões mínimos de segurança previstos no contrato, sendo inaplicável a teoria da culpa administrativa.**
3. O princípio da primazia do interesse da vítima, decorrente do princípio da solidariedade, impõe a reparação dos danos independentemente da identificação do proprietário do animal cujo ingresso na rodovia causou o acidente.
4. O dever de fiscalização dos entes públicos não afasta a responsabilidade civil das concessionárias, nos termos do art. 25 da Lei das Concessões.
5. Tese fixada: "As concessionárias de rodovias respondem, independentemente da existência de culpa, pelos danos oriundos de acidentes causados pela presença de animais domésticos nas pistas de rolamento, aplicando-se as regras do Código de Defesa do Consumidor e da Lei das Concessões" (REsp 1.908.738/SP, Rel. Ministro Ricardo Villas Bôas Cueva, Corte Especial, j. 21.8.2024, *DJe* 26.8.2024).

No tocante ao serviço *uti universi* e a não incidência do Diploma Consumerista, o STJ decidiu que a "participação complementar da iniciativa privada — seja das pessoas jurídicas, seja dos respectivos profissionais — na execução de atividades de saúde caracteriza-se como serviço público indivisível e universal (*uti universi*), o que afasta, por conseguinte, a incidência das regras do CDC":

RECURSOS ESPECIAIS. AÇÃO DE COMPENSAÇÃO DE DANO MORAL. FUNDAMENTAÇÃO DEFICIENTE. SÚMULA 284/STF. NEGATIVA DE PRESTAÇÃO JURISDICIONAL.
AUSÊNCIA. MORTE DE PACIENTE ATENDIDO EM HOSPITAL PARTICULAR CONVENIADO AO SUS. RESPONSABILIDADE CIVIL DOS MÉDICOS. PRESTAÇÃO DE SERVIÇO PÚBLICO INDIVISÍVEL E UNIVERSAL (*UTI UNIVERSI*). NÃO INCIDÊNCIA DO CDC. ART. 1.º-C DA LEI N. 9.494/97. PRAZO PRESCRICIONAL QUINQUENAL. ALEGADA MÁ VALORAÇÃO DA PROVA. CULPA DOS MÉDICOS E CARACTERIZAÇÃO DO DANO MORAL. SÚMULA 07/STJ. DISSÍDIO JURISPRUDENCIAL NÃO DEMONSTRADO. JULGAMENTO: CPC/15.
1. Ação de compensação de dano moral ajuizada em 6.9.2011, da qual foram extraídos os presentes recursos especiais, interpostos em 16.3.2018, 10.4.2018 e 13.4.2018, e atribuídos ao gabinete em 25.10.2018.
2. O propósito recursal consiste em decidir sobre: (i) a prescrição da pretensão deduzida, relativa à responsabilidade civil dos médicos pela morte do paciente, em atendimento custeado pelo SUS; (ii) a valoração da prova quanto à culpa dos médicos e à caracterização do dano moral; (iii) o valor arbitrado a título de compensação do dano moral.
3. Os argumentos invocados pela recorrente não demonstram como o Tribunal de origem ofendeu os dispositivos legais indicados, o que importa na inviabilidade do recurso especial (Súmula 284/STF).
4. É inviável o recurso especial em que não se aponta violação de qualquer dispositivo infraconstitucional (Súmula 284/STF).

5. A mera referência à ocorrência de omissão e contradição, sem demonstrar, concreta e efetivamente, em que consistiriam tais vícios, não é apta a anulação do acórdão por negativa de prestação jurisdicional.
6. Segundo estabelecem os arts. 196 e s. da CF/88, a saúde, enquanto direito fundamental de todos, é dever do Estado, cabendo à iniciativa privada participar, em caráter complementar (art. 4.º, § 2.º, da Lei n. 8.080/90), do conjunto de ações e serviços que visa a favorecer o acesso universal e igualitário às atividades voltadas a sua promoção, proteção e recuperação, assim constituindo um sistema único — o SUS —, o qual é financiado com recursos do orçamento dos entes federativos.
7. A participação complementar da iniciativa privada na execução de ações e serviços de saúde se formaliza mediante contrato ou convênio com a administração pública (parágrafo único do art. 24 da Lei n. 8.080/90), nos termos da Lei n. 8.666/90 (art. 5.º da Portaria n. 2.657/2016 do Ministério da Saúde), utilizando-se como referência, para efeito de remuneração, a Tabela de Procedimentos do SUS (§ 6.º do art. 3.º da Portaria n. 2.657/2016 do Ministério da Saúde).
8. Quando prestado diretamente pelo Estado, no âmbito de seus hospitais ou postos de saúde, ou quando delegado à iniciativa privada, por convênio ou contrato com a administração pública, para prestá-lo às expensas do SUS, o serviço de saúde constitui serviço público social.
9. A participação complementar da iniciativa privada — seja das pessoas jurídicas, seja dos respectivos profissionais — na execução de atividades de saúde caracteriza-se como serviço público indivisível e universal (*uti universi*), o que afasta, por conseguinte, a incidência das regras do CDC.
10. Hipótese em que tem aplicação o art. 1.º-C da Lei n. 9.494/97, segundo o qual prescreverá em cinco anos o direito de obter indenização dos danos causados por agentes de pessoas jurídicas de direito privado prestadoras de serviços públicos.
11. Não há como alterar as conclusões do Tribunal de origem, relativas à configuração da conduta culposa dos médicos e à caracterização do dano moral, sem o vedado reexame de fatos e provas (Súmula 07/STJ).
12. As circunstâncias que levam o Tribunal de origem a fixar o valor da condenação a título de compensação por dano moral são de caráter personalíssimo, de modo que, ainda que haja grande semelhança nas características externas e objetivas, no aspecto subjetivo, os acórdãos serão sempre distintos, o que impossibilita a comparação para efeito de configuração da divergência, com outras decisões assemelhadas. Precedentes.
13. Entre os acórdãos trazidos à colação, não há o necessário cotejo analítico nem a comprovação da similitude fática, elementos indispensáveis à demonstração da divergência (arts. 1.029, § 1.º, do CPC/15, e 255, § 1.º, do RISTJ).
14. Recurso especial de JOSÉ ARNALDO DE SOUZA e RITA DE CASSIA MORAIS DE MENDONÇA não conhecidos. Recurso especial de RODRIGO HENRIQUE CANABARRO FERNANDES conhecido e desprovido (REsp 1771169/SC, Rel. Ministra Nancy Andrighi, 3.ª T., j. 26.5.2020, *DJe* 29.5.2020).

3.4. PRINCÍPIO DA CONTINUIDADE DO SERVIÇO PÚBLICO
3.4.1. Visão geral sobre o tema

Outro assunto que liga o Direito Administrativo ao Direito do Consumidor é o princípio da continuidade do serviço público.

O referido princípio traz direitos, garantias e consequências para aqueles que desempenham ou são beneficiários da atividade administrativa, tais como:

- legitima a intervenção da Administração para utilizar equipamentos e instalações da empresa, visando assegurar a continuidade do serviço;
- com a mesma finalidade, admite a encampação da concessão;
- restringe a aplicação da exceção do contrato não cumprido;
- condiciona o direito de greve no setor público;
- admite institutos como suplência, delegação e substituição para não deixar vagas as funções públicas.

Em suma, o princípio da continuidade do serviço público no entendimento de Celso Antônio Bandeira de Mello "é um subprincípio, ou, se se quiser, princípio derivado, que decorre da obrigatoriedade do desempenho da atividade administrativa".[27]

Para os fins deste capítulo, concentrar-nos-emos na possibilidade ou não da interrupção de serviço público essencial em razão do inadimplemento do usuário-consumidor em face do princípio da continuidade.

3.4.2. Inadimplemento do usuário e interrupção do serviço — doutrina

Segundo Celso Antônio Bandeira de Mello, o princípio da continuidade compõe, como os demais princípios, o elemento formal caracterizador do serviço público, qual seja, o seu regime jurídico administrativo.[28] No entender do aludido doutrinador, princípio da continuidade do serviço público significa "a impossibilidade de sua interrupção e o pleno direito dos administrados a que não seja suspenso ou interrompido".[29]

Com efeito, a grande questão sobre o assunto envolve o princípio ora em apreço e a possibilidade da interrupção do serviço público em razão do inadimplemento do usuário. A polêmica resulta das disposições expressas em dois diplomas legais, quais sejam, a Lei n. 8.078/90 (Código de Defesa do Consumidor) e a Lei n. 8.987/95 (Lei das Concessões e Permissões do Serviço Público).

O art. 22 do CDC prevê: "Os órgãos públicos, por si ou suas empresas, concessionárias, permissionárias ou sob qualquer outra forma de empreendimento, são obrigados a fornecer serviços adequados, eficientes, seguros e, quanto aos essenciais, contínuos".

Já o art. 6.º, § 3.º, inciso II, da Lei n. 8.987/95 determina que:

> "**Não se caracteriza como descontinuidade do serviço a sua interrupção** em situação de emergência ou **após prévio aviso**, quando:
> I — motivada por razões de ordem técnica ou de segurança das instalações; e,
> II — **por inadimplemento do usuário**, considerado o interesse da coletividade".[30]

---

[27] MELLO, Celso Antônio Bandeira de, op. cit., p. 78.
[28] MELLO, Celso Antônio Bandeira de, op. cit., p. 661-663.
[29] MELLO, Celso Antônio Bandeira de, op. cit., p. 663.
[30] No ano de 2020 foi inserido o § 4.º ao aludido dispositivo com o seguinte teor: "A interrupção do serviço na hipótese prevista no inciso II do § 3.º deste artigo não poderá iniciar-se na sexta-feira, no sábado ou no domingo, nem em feriado ou no dia anterior a feriado". (Incluído pela Lei n.

Os posicionamentos da doutrina a respeito da possibilidade ou não da interrupção do serviço público em razão do inadimplemento do consumidor-usuário se resumem a três correntes:

- 1.ª) aqueles que admitem a interrupção;
- 2.ª) aqueles que não a admitem;
- 3.ª) aqueles que, dependendo da natureza do serviço — compulsório ou não compulsório —, podem ou não admitir a sua interrupção.

A **corrente que admite a interrupção** traz o somatório dos seguintes fundamentos jurídicos:

- **existência de dispositivo legal** legitimando essa prática (Lei n. 8.987/95, art. 6.º, § 3.º, II);
- **aplicação do princípio da supremacia do interesse público** sobre o privado (a continuidade na prestação dos serviços para usuários inadimplentes comprometeria a sua prestação perante o restante da coletividade);
- **violação do princípio da isonomia** (tratamento igual — manutenção do serviço — aos desiguais — adimplentes e inadimplentes);
- **gratuidade não se presume** (decorre de lei ou de contrato).

Dentre os autores que admitem a suspensão, citamos: Caio Tácito, Luiz Alberto Blanchet e José Geraldo Brito Filomeno.[31]

Representando os defensores desse posicionamento, ensina Zelmo Denari: "Pacifica-se, na doutrina, o entendimento de que a gratuidade não se presume e que as concessionárias de serviço público não podem ser compelidas a prestar serviços ininterruptos se o usuário deixa de satisfazer suas obrigações relativas ao pagamento. Assim como o particular, no contrato *facio ut des,* pode recusar o cumprimento da obrigação

---

1.4015, de 2020) Sobre o tema, a Lei n. 9.427 de 1996 que institui a Agência Nacional de Energia Elétrica — ANEEL e disciplinou o regime das concessões de serviços públicos de energia elétrica, foi alterada no ano de 2020, quando foi incluído o art. 16-A com a seguinte redação: "A interrupção no fornecimento de energia elétrica pela empresa prestadora do serviço público de distribuição de energia elétrica, observado o disposto no § 1.º, importa na aplicação de multa em benefício dos usuários finais que forem diretamente prejudicados, na forma do regulamento. § 1.º A multa prevista no *caput*: I — será aplicável quando for superado o valor limite de indicadores de qualidade do serviço prestado; II — não será devida, entre outras situações a serem definidas na forma do regulamento: a) quando a interrupção for causada por falha nas instalações da unidade consumidora; b) em caso de suspensão por inadimplemento do usuário; III — estará sujeita a um valor mínimo e a um valor máximo; IV — poderá ser paga sob a forma de crédito na fatura de energia elétrica ou em espécie, em prazo não superior a 3 (três) meses após o período de apuração; V — não inibe a aplicação de qualquer outra penalidade prevista em lei. § 2.º Deverão ser implantadas ferramentas que permitam a auditoria dos indicadores referidos no inciso I do § 1.º independentemente de informações da empresa prestadora do serviço público de distribuição de energia elétrica". (Dispositivos incluídos pela Lei n. 14.052, de 2020)

[31] Apud GROTTI, Dinorá Adelaide Musetti. *O serviço público e a Constituição Brasileira de 1988.* São Paulo: Malheiros, 2003, p. 267-269.

de fazer, na ausência do correspectivo, assim também não há negar às concessionárias a mesma faculdade, nos contratos de Direito Público. Do contrário, seria admitir, de um lado, o enriquecimento sem causa do usuário e, de outro, o desvio de recursos públicos por mera inatividade da concessionária, sem prejuízo da ofensa ao princípio da igualdade de tratamento entre os destinatários do serviço público".[32]

Por outro lado, existem aqueles que defendem a **impossibilidade da interrupção** do serviço público em razão do inadimplemento do usuário-consumidor, com a coletânea dos seguintes argumentos:

- **viola o princípio constitucional da dignidade da pessoa humana** (cláusula pétrea que garante aos cidadãos a utilização de serviços públicos essenciais para a manutenção da vida);
- **afronta ao princípio da continuidade** inserto no art. 22 do CDC (se serviços essenciais são contínuos, significa que não podem ser interrompidos);
- **extrapola os limites legais de cobrança** (ao violar o art. 42 do CDC, que impede o constrangimento do consumidor na cobrança de dívidas);
- **viola o preceito de que a responsabilidade por dívidas deverá incidir sobre o patrimônio do devedor**, e não sobre a sua pessoa ou sobre sua família.

Não se trata de apologia ao inadimplemento, porém, defendem os seguidores dessa segunda corrente, o direito de crédito do fornecedor, nos casos especiais de prestação de serviço público, deverá ser concretizado por meio dos instrumentos processuais hábeis, tais como a ação de cobrança.

Dentre os doutrinadores que defendem essa tese, traz-se à colação entendimento de Luiz Antonio Rizzatto Nunes: "Infelizmente alguns juristas, de forma equivocada, têm se manifestado no sentido contrário à norma (e mesmo com sua clara letra expressa), admitindo que o prestador do serviço público corte o fornecimento do serviço essencial em caso de inadimplemento. (...) A Carta Constitucional proíbe que terminantemente isso ocorra: a) O meio ambiente no qual vive o cidadão — sua residência, seu local de trabalho, sua cidade etc. — deve ser equilibrado e sadio. (...) c) Se para a manutenção desse meio ambiente e da saúde e vida sadia do indivíduo têm de ser fornecidos serviços públicos essenciais, eles só podem ser ininterruptos".[33]

Em outra passagem, conclui o consumerista: "É plenamente aceitável que seja fornecido ao cidadão um serviço público gratuito. Aliás, em última instância é essa a função do Estado, que deve distribuir serviços de qualidade e gratuitos a partir dos tributos arrecadados".[34]

Por fim, a **terceira corrente defende a necessidade de diferenciar serviços compulsórios dos facultativos. Somente os últimos poderiam ser interrompidos** em caso de inadimplemento em razão da facultatividade na sua obtenção.

---

[32] GRINOVER, Ada Pellegrini et al. *Código Brasileiro de Defesa do Consumidor comentado pelos autores do anteprojeto*. 8. ed. Rio de Janeiro: Forense Universitária, 2005, p. 215-216.
[33] NUNES, Luiz Antonio Rizzatto. *Curso de direito do consumidor*, p. 109 e 113.
[34] NUNES, Luiz Antonio Rizzatto. *Curso de direito do consumidor*, p. 111.

Defendendo este raciocínio, encontramos Marçal Justen Filho e Hely Lopes Meirelles,[35] e, sobre o assunto, trazemos os ensinamentos de José dos Santos Carvalho Filho, que entende pela necessidade de se distinguirem os serviços compulsórios e os facultativos:

■ **Se o serviço for facultativo**, o Poder Público **pode suspender-lhe a prestação no caso de não pagamento**, o que guarda coerência com a facultatividade em sua obtenção. É o que sucede, por exemplo, com os serviços prestados por concessionários, cuja suspensão é expressamente autorizada pela Lei n. 8.987/95, que dispõe sobre concessões de serviços públicos (art. 6.º, § 3.º, II).

■ **Tratando-se, no entanto, de serviço compulsório, não será permitida a suspensão**, e isso não somente porque o **Estado o impôs coercitivamente**, como também porque, sendo remunerado por taxa, **tem a Fazenda mecanismos privilegiados para a cobrança da dívida**. Tais soluções são as que nos parecem mais compatíveis na relação Estado-usuário.[36]

Inicialmente defendíamos a posição que impede a interrupção do serviço público em razão do inadimplemento do usuário. No entanto, refletindo melhor sobre o tema, constatamos que eventual prevalecimento dessa teoria afastaria as empresas privadas de participarem de licitação para firmarem contrato de concessão de serviço público com a Administração, pois o seu principal poder de forçar o consumidor a pagar as tarifas — a possibilidade de interrupção do serviço — estaria fora de cogitação.

Por outro lado, também não concordamos que a interrupção seja a regra e feita de forma desarrazoada, como vem ocorrendo na grande maioria das vezes em nosso país. Assim, criamos uma proposta de bem interpretar o final do inciso III do § 3.º do art. 6.º da Lei n. 8.987/95, quando determina a possibilidade de interrupção do serviço em razão do inadimplemento do usuário, "considerado o interesse da coletividade".

Considerar o interesse da coletividade, em nossa visão, significa primeiro analisar se o percentual de inadimplentes no caso concreto chegou a tal ponto capaz de afetar o equilíbrio econômico-financeiro do contrato administrativo de concessão. Comprovada pela Concessionária a quebra do equilíbrio financeiro, somente a partir de então a interrupção seria legítima, como forma de manter a boa prestação de um serviço público, "considerado o interesse da coletividade". Ou seja, se existem muitos inadimplentes, não haverá dinheiro suficiente para prestar um bom serviço público a todos nós.

Dessa forma, antes de restar cabalmente comprovada a aludida quebra a ponto de não comprometer a boa prestação de um serviço público à coletividade, a interrupção em nossa visão é ilegítima.

Os críticos à nossa tese levantam as dificuldades de se comprovar tal quebra no caso concreto. Respeitamos, porém discordamos. Se não há dificuldade de, por meio de cálculos, demonstrar a necessidade dos constantes aumentos de tarifas de serviços públicos que deixaram a população brasileira tão indignada e estimularam manifestações

---

[35] Apud GROTTI, Dinorá Adelaide Musetti. *O serviço público e a Constituição Brasileira de 1988*, p. 265.
[36] CARVALHO FILHO, José dos Santos. *Manual de direito administrativo*. 18. ed. Rio de Janeiro: Lumen Juris, 2007, p. 296-297.

por todo o país, também não é difícil comprovar, pelos mesmos cálculos, que o número de inadimplentes foi tamanho a ponto de quebrar o equilíbrio econômico-financeiro do contrato de concessão.

Aliás, sobre o tema, destacamos que a Lei n. 8.987, de 1995, sofreu alteração no ano de 2018 pela Lei n. 13.673, que acrescentou o § 5.º ao art. 9.º, com a seguinte redação: "§ 5.º A concessionária deverá divulgar em seu sítio eletrônico, de forma clara e de fácil compreensão pelos usuários, tabela com o valor das tarifas praticadas e a evolução das revisões ou reajustes realizados nos últimos cinco anos".

Diante desse contexto e ciente da existência de três posicionamentos da doutrina, além da nossa, a respeito da interrupção do serviço público à luz do princípio da continuidade, passemos à análise do entendimento da jurisprudência do Superior Tribunal de Justiça sobre o tema.

3.4.3. Inadimplemento do usuário e interrupção do serviço — jurisprudência do STJ

O Superior Tribunal de Justiça já chegou a se posicionar pela impossibilidade da interrupção do serviço público em razão do inadimplemento do usuário-consumidor, conforme REsp 442.814: "(...) **A energia é, na atualidade, um bem essencial à população, constituindo-se serviço público indispensável subordinado ao princípio da continuidade de sua prestação, pelo que se torna impossível a sua interrupção.** (...) O direito do cidadão de se utilizar dos serviços públicos essenciais para a sua vida em sociedade deve ser interpretado com vistas a beneficiar a quem deles se utiliza" (REsp 442.814/RS, Rel. Ministro José Delgado, 1.ª T., *DJ* 11.11.2002).

Contudo, tal posicionamento não mais prevalece no **STJ**, isto é, o **entendimento majoritário passou a ser pela legalidade da interrupção**, conforme entendimento consolidado pela Primeira Seção no julgamento do Recurso Especial 363.943, de relatoria do Ministro Humberto Gomes de Barros, Primeira Seção, *DJ* 1.º.3.2004: "**É lícito à concessionária interromper o fornecimento de energia elétrica, se, após aviso prévio, o consumidor de energia elétrica permanecer inadimplente no pagamento da respectiva conta (Lei n. 8.987/95, art. 6.º, § 3.º, II)**".

Entretanto, o próprio Superior Tribunal faz algumas **ressalvas quanto à possibilidade da interrupção**. Quando essa conduta **afetar unidades públicas essenciais, como hospital, escola e logradouro públicos**, não será admitida a interrupção, em razão de existirem interesses maiores que o direito de crédito do fornecedor, como os direitos a vida, saúde, educação e segurança:

> A suspensão do serviço de energia elétrica, por empresa concessionária, em razão de inadimplemento de unidades públicas essenciais — hospitais; prontos-socorros; escolas; creches; fontes de abastecimento d'água e iluminação pública; e serviços de segurança pública —, como forma de compelir o usuário ao pagamento de tarifa ou multa, despreza o interesse da coletividade.
> É que resta assente nesta Corte que: "O princípio da continuidade do serviço público assegurado pelo art. 22 do Código de Defesa do Consumidor deve ser obtemperado, ante a exegese do art. 6.º, § 3.º, II da Lei n. 8.987/95 que prevê a possibilidade de interrupção do fornecimento de energia elétrica quando, após aviso, permanecer inadimplente o usuário,

considerado o interesse da coletividade. Precedentes de ambas as Turmas de Direito Público (...)" REsp 845.982/RJ.
Deveras, não se concebe a aplicação da legislação infraconstitucional, *in casu*, art. 6.º, § 3.º, II, da Lei 8.987/95, sem o crivo dos princípios constitucionais, dentre os quais sobressai o da dignidade da pessoa humana, que é um dos fundamentos da República como previsto na Constituição Federal.
In casu, o acórdão recorrido (REsp 845.982/RJ), de relatoria do Ministro Castro Meira, Segunda Turma, decidiu pela impossibilidade de interrupção no fornecimento de energia elétrica das unidades de ensino do Colégio Pedro II, autarquia federal que presta serviço educacional, situado na Cidade do Rio de Janeiro, consoante se infere do voto-condutor: "(...) Entretanto, *in casu*, **a concessionária pretende interromper o fornecimento de energia elétrica das unidades de ensino do Colégio Pedro II, autarquia federal que presta serviço educacional a 'aproximadamente quinze mil alunos'.**
Ainda que a falta de pagamento pelos entes públicos deva ser repudiada, neste caso, a Corte regional que, ao tempo em que proibiu o corte da energia, também determinou que a verba seja afetada para o pagamento do valor devido, se for o caso, pela requisição de complementação orçamentária.
Nas hipóteses em que o consumidor seja pessoa jurídica de direito público, prevalece nesta Turma a tese de que o corte de energia é possível, desde que não aconteça de forma indiscriminada, preservando-se as unidades públicas essenciais (...) Ressalto que a interrupção de fornecimento de energia elétrica de ente público somente é considerada ilegítima quando atinge necessidades inadiáveis da comunidade, entendidas essas — por analogia à Lei de Greve — como 'aquelas que, não atendidas, coloquem em perigo iminente a sobrevivência, a saúde ou a segurança da população' (art. 11, parágrafo único, da Lei n. 7.783/89), aí incluídos, hospitais, prontos-socorros, centros de saúde, escolas e creches (...)".
O acórdão paradigma (REsp 619.610/RS), de relatoria do Ministro Francisco Falcão, Primeira Turma, examinando hipótese análoga, decidiu pela possibilidade de corte no fornecimento de energia elétrica, em razão de inadimplência, em se tratando de Estado--consumidor, mesmo no caso de prestação de serviços públicos essenciais, como a educação, *verbis*: "(...) Com efeito, ainda que se trate o consumidor de ente público, é cabível realizar-se o corte no fornecimento de energia elétrica, mesmo no caso de prestação de serviços públicos essenciais, como a educação, desde que antecedido de comunicação prévia por parte da empresa concessionária, a teor do art. 17 da Lei n. 9.427/96. Tal entendimento se justifica em atendimento aos interesses da coletividade, na medida em que outros usuários sofrerão os efeitos da inadimplência do Poder Público, podendo gerar uma mora continuada, assim como um mau funcionamento do sistema de fornecimento de energia (...)" (EREsp 845.982/RJ, Rel. Ministro Luiz Fux, 1.ª Seção, *DJe* 3.8.2009).

Trata-se de posicionamento que busca amparo na **proteção de direitos inadiáveis da coletividade**, e não no fato de ser o Poder Público um consumidor, mesmo porque entendemos que dificilmente este será considerado o vulnerável da relação em qualquer de suas hipóteses (técnica, jurídica/científica, socioeconômica ou informacional).[37]

---

[37] O assunto foi aprofundado no Capítulo 2 deste livro.

Também é vedada a interrupção no entendimento do STJ quando comprovada uma situação excepcional, como no caso de **consumidor portador de doença grave, ou em fase terminal**, na dependência de aparelhos para garantir sua sobrevivência, ou até de **miserabilidade** do usuário-consumidor, sempre com base na **dignidade da pessoa humana**.

No julgamento do EDcl no AgRg no Ag 46.612, o STJ concluiu que: **"Esses fatos conduzem a conclusão contrária à possibilidade de corte do fornecimento de serviços essenciais de pessoa física em situação de miserabilidade, em contrapartida ao corte de pessoa jurídica portentosa, que pode pagar e protela a prestação da sua obrigação, aproveitando-se dos meios judiciais cabíveis"**.[38]

O Superior Tribunal de Justiça também **não admite a interrupção decorrente da alegação de fraude no medidor apurada de maneira unilateral**: "A jurisprudência desta Corte pacificou o entendimento de que **é ilegítimo o corte no fornecimento de energia elétrica se o débito decorrer de suposta fraude no medidor de consumo de energia elétrica, apurada unilateralmente** pela concessionária de serviço público, uma vez que a **suspensão pressupõe o inadimplemento de conta regular, relativa ao mês de consumo**, devendo a concessionária utilizar-se dos meios ordinários de cobrança. Incidência, na espécie, do enunciado n. 83 da Súmula do STJ" (AgRg no AREsp 101.624/RS, Rel. Ministro Cesar Asfor Rocha, 2.ª T., *DJe* 22.3.2012).

Por outro lado, garantidos os direitos ao contraditório e à ampla defesa, a interrupção poderá ser realizada. Esta a posição do Superior Tribunal de Justiça ao decidir o REsp 1.412.433/RS pelo regime de recurso repetitivo referente ao tema 699: "Na hipótese de débito estrito de recuperação de consumo efetivo por fraude no aparelho medidor atribuída ao consumidor, desde que apurado em observância aos princípios do contraditório e da ampla defesa, é possível o corte administrativo do fornecimento do serviço de energia elétrica, mediante prévio aviso ao consumidor, pelo inadimplemento do consumo recuperado correspondente ao período de 90 (noventa) dias anterior à constatação da fraude, contanto que executado o corte em até 90 (noventa) dias após o vencimento do débito, sem prejuízo do direito de a concessionária utilizar os meios judiciais ordinários de cobrança da dívida, inclusive antecedente aos mencionados 90 (noventa)

---

[38] No mesmo sentido está a posição do STJ no seguinte julgado, ao reconhecer a legitimidade do Ministério Público na tutela de pessoa portadora de doença grave, visando impedir a interrupção de serviço público de energia elétrica. Vejamos: "ADMINISTRATIVO. PROCESSUAL CIVIL. AGRAVO REGIMENTAL. AÇÃO CIVIL PÚBLICA. DIREITO À SAÚDE. DIGNIDADE DA PESSOA HUMANA. PROTEÇÃO DE DIREITOS FUNDAMENTAIS E INDISPONÍVEIS. LEGITIMIDADE ATIVA *AD CAUSAM* DO MINISTÉRIO PÚBLICO. PRECEDENTES. 1. O Ministério Público ajuizou ação civil pública visando à condenação da concessionária de energia elétrica à obrigação de não fazer, consistente na proibição de interromper o fornecimento do serviço à pessoa carente de recursos financeiros, diagnosticada com enfermidade grave e que depende, para sobreviver, da utilização doméstica de equipamento médico com alto consumo de energia. 2. Conforme jurisprudência deste Superior Tribunal de Justiça, o Ministério Público detém legitimidade ativa *ad causam* para propor ação civil pública, objetivando a proteção do direito à saúde de pessoa hipossuficiente, porquanto se trata de direito fundamental e indisponível, cuja relevância interessa a toda a sociedade. 3. Agravo regimental a que se nega provimento" (AgRg no REsp 1.162.946/MG, Rel. Ministro Sérgio Kukina, 1.ª T., *DJe* 7.6.2013).

dias de retroação" (REsp 1.412.433/RS, Rel. Ministro Herman Benjamin, 1.ª Seção, j. 25.4.2018, *DJe* 28.9.2018).

O mesmo raciocínio foi aplicado pelo STJ no tocante às **dívidas pretéritas** — AgRg no AgRg no AREsp 59.058/RS: "A jurisprudência desta Corte firmou-se no sentido de que **não é lícito à concessionária interromper o fornecimento de energia elétrica por dívida pretérita**, em face da existência de outros meios legítimos de cobrança de débitos antigos não pagos, considerando 'débitos pretéritos' aqueles consolidados, situados no passado, e que a companhia energética cobra tempos depois da inadimplência do consumidor. Diferentemente, o débito atual é aquele débito presente, efetivo, real, que se realiza na época presente".

No julgamento do AgRg no AREsp 257.749/PE do ano de 2013, o Superior Tribunal concluiu que, **para "tais casos, deve a companhia utilizar-se dos meios ordinários de cobrança, pois não se admite qualquer espécie de constrangimento ou ameaça ao consumidor, nos termos do art. 42 do Código de Defesa do Consumidor"**.[39]

Esquematizando a visão do Superior Tribunal de Justiça sobre a viabilidade da interrupção de serviço público em razão do inadimplemento do usuário consumidor, encontramos o seguinte:

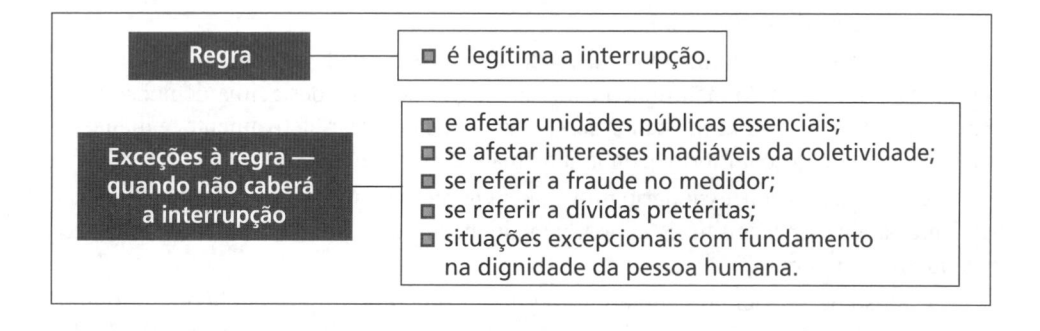

Regra	■ é legítima a interrupção.
Exceções à regra — quando não caberá a interrupção	■ e afetar unidades públicas essenciais; ■ se afetar interesses inadiáveis da coletividade; ■ se referir a fraude no medidor; ■ se referir a dívidas pretéritas; ■ situações excepcionais com fundamento na dignidade da pessoa humana.

---

[39] No mesmo sentido, segue posição do STJ: "PROCESSUAL CIVIL. AGRAVO REGIMENTAL NO AGRAVO EM RECURSO ESPECIAL. FORNECIMENTO DE ENERGIA ELÉTRICA. FRAUDE NO MEDIDOR. RESOLUÇÃO 456/00. IMPOSSIBILIDADE DE EXAME EM SEDE DE RECURSO ESPECIAL. INTERRUPÇÃO DO FORNECIMENTO DE ENERGIA ELÉTRICA. RECUPERAÇÃO DE CONSUMO. IMPOSSIBILIDADE. FRAUDE. VERIFICAÇÃO UNILATERAL. INVALIDADE. ACÓRDÃO RECORRIDO EM CONSONÂNCIA COM A ORIENTAÇÃO DO SUPERIOR TRIBUNAL DE JUSTIÇA. SÚMULA 83/STJ. AGRAVO NÃO PROVIDO. 1. Não é lícito à concessionária interromper os serviços de fornecimento de energia elétrica por dívida pretérita, a título de recuperação de consumo, em face da existência de outros meios legítimos de cobrança de débitos antigos não pagos. 2. É ilegítima a suspensão do fornecimento de energia elétrica quando o débito decorrer de suposta fraude no medidor de energia, apurada unilateralmente pela concessionária. 3. É inviável, em sede de recurso especial, a análise de malferimento a resolução, portaria ou instrução normativa. 4. Incidência do verbete sumular 83/STJ. 5. Agravo regimental não provido" (AgRg no AREsp 243.389/PE, Rel. Ministro Arnaldo Esteves Lima, 1.ª T., j. 11.12.2012, *DJe* 4.2.2013).
Cumpre esclarecer que a Resolução 456/00 da ANEEL, mencionada nesta nota de rodapé, foi substituída pela 414/2010.

Diante de todo o exposto, defendemos a **incidência do CDC** na relação envolvendo a prestação de **serviço público** *uti singuli* **remunerado por tarifa**, inclusive quanto à aplicação do princípio da continuidade.

Nossa posição sobre o tema sempre foi a da impossibilidade da interrupção do serviço público em razão do inadimplemento do usuário-consumidor, sob os fundamentos:

- violação do princípio constitucional da dignidade da pessoa humana, afronta ao princípio da continuidade inserto no art. 22 do CDC;
- extrapolação dos limites legais de cobrança (art. 42 do CDC); e
- desrespeito ao preceito de que a responsabilidade por dívidas deverá incidir sobre o patrimônio do devedor, e não sobre a sua pessoa ou sobre sua família.

Contudo, não podemos esquecer que boa parte dos serviços públicos tem a respectiva execução delegada a particulares, geralmente por contratos administrativos de concessão e de permissão. E, conforme já demonstrado, o lucro é elemento presente na formulação das propostas oferecidas em licitação pelas concessionárias e permissionárias do serviço público. Diante deste contexto, confessamos que, caso prevalecesse nossa posição, seria grande o desinteresse das empresas privadas em participar de licitação para a prestação do serviço público.

Nesse diapasão, continuamos a defender a impossibilidade da interrupção do serviço público em razão do inadimplemento do usuário pelas razões acima demonstradas, salvo quando o particular prestador desse serviço demonstrar efetivamente, e diante do caso concreto, o desequilíbrio econômico-financeiro no seu contrato.

Assim, caso o concessionário prove que o número de usuários inadimplentes é suficiente para afetar o equilíbrio econômico-financeiro do contrato, a partir de então seria possível a interrupção.[40]

Trata-se de raciocínio pautado no regime jurídico de direito público e, portanto, escoimado de qualquer incompatibilidade jurídica com o instituto serviço público. Ademais, este critério serviria de importante "divisor de águas" na tão banalizada interrupção do serviço público em razão do inadimplemento do usuário-consumidor, com raríssimas exceções de usuários que tiveram acesso ao Poder Judiciário.

A comprovação do desequilíbrio deverá ser realizada perante o Poder Concedente — nos mesmos moldes quando o contratado pela Administração busca a revisão ou repactuação do valor contratado, demonstrando que um percentual de inadimplemento afetou a proposta oferecida e consagrada vencedora no momento da licitação —, bem como perante um conselho de usuários.

---

[40] O posicionamento apontado foi a base da nossa Tese de Doutoramento na PUC-SP em que fomos aprovados por unanimidade com nota máxima, em 17 de fevereiro de 2020. O título da Tese é: "*O Desequilíbrio Econômico-Financeiro do Contrato de Concessão por Inadimplemento do Usuário como Critério Objetivo e Legitimador da Interrupção do Serviço Público à Luz dos Princípios do Estado Constitucional de Direito*". O assunto será melhor desenvolvido no próximo item deste livro.

Ademais, a prova do desequilíbrio econômico-financeiro não poderá deixar de levar em consideração a condição particular de cada usuário.

Assim, tratando-se de usuário em situação de miserabilidade ou de proteção de direitos inadiáveis da coletividade (exemplos: direito à vida, à saúde, à educação e à segurança), ainda que houvesse a prova do desequilíbrio, não seria possível a interrupção, cabendo ao concessionário ou permissionário buscar, nestes casos, os instrumentos da revisão ou da repactuação do contrato para reequilibrarem a equação econômico-financeira.

Logo, é imprescindível a aplicação do CDC como forma de melhor proteger o usuário-consumidor, mesmo porque a própria Lei das Concessões e Permissões admite essa possibilidade.[41] No mesmo sentido, prevê o Código de Defesa dos usuários dos serviços públicos — Lei n. 13.460, de 26 de junho de 2017 — em seu art. 1.º, § 2.º: "**A aplicação desta Lei não afasta a necessidade de cumprimento do disposto: I** — em normas regulamentadoras específicas, quando se tratar de serviço ou atividade sujeitos a regulação ou supervisão; e **II — na Lei n. 8.078, de 11 de setembro de 1990, quando caracterizada relação de consumo**".

O Diploma Consumerista foi aplicado exclusivamente até a entrada em vigor da lei especial de defesa dos seus usuários — Lei n. 13.460, de 26 de junho de 2017.[42] Com o advento desse Diploma, imprescindível conformar as regras do regime de Direito Administrativo com as regras de Defesa do Consumidor, estabelecendo um verdadeiro diálogo entre as fontes.

Por fim, cumpre ressaltar que o STJ — no julgamento do REsp 873.174/RS, *DJ* 17.9.2007 — entendeu em um dos pontos do respectivo Acórdão que: "Destarte, mister analisar que **as empresas concessionárias ressalvam evidentemente um percentual de inadimplemento na sua avaliação de perdas, e os fatos notórios não dependem de prova (*notoria nom egent probationem*), por isso que a empresa recebe mais do que experimenta inadimplementos**".

Por essa razão, a interrupção do serviço sob a alegação do inadimplemento do usuário não poderá ser banalizada pelo fundamento de comprometimento da boa prestação do serviço público perante toda a coletividade.

3.4.4. O desequilíbrio econômico-financeiro do contrato de concessão por inadimplemento do usuário como critério objetivo e legitimador da interrupção do serviço público

A **manutenção do equilíbrio econômico-financeiro é um direito do contratado** de manter inatingível a equação existente entre objeto do contrato e preço

---

[41] Lei n. 8.987/95, art. 7.º: "Sem prejuízo do disposto na Lei n. 8.078, de 11 de setembro de 1990, são direitos e obrigações dos usuários".

[42] Lei n. 13.460 — Art. 25: "Esta Lei entra em vigor, a contar da sua publicação, em: I — trezentos e sessenta dias para a União, os Estados, o Distrito Federal e os Municípios com mais de quinhentos mil habitantes; II — quinhentos e quarenta dias para os Municípios entre cem mil e quinhentos mil habitantes; e III — setecentos e vinte dias para os Municípios com menos de cem mil habitantes".

correspondente durante toda a execução do pactuado, tendo em vista que esse tipo de contratação carrega a característica da mutabilidade em sua essência.

Assim, a **Administração Pública tem a prerrogativa de exigir a alteração unilateral (cláusula exorbitante) do objeto contratado, sob o fundamento da satisfação do interesse público**, desde que o faça dentro dos limites legais. Em contrapartida, o contratado tem o consequente direito à manutenção do equilíbrio econômico-financeiro do contrato, podendo solicitar, por exemplo, o aumento no preço inicialmente pactuado na proporção à quantidade maior eventualmente solicitada pelo Poder Público.

Na doutrina, quem abordou de maneira aprofundada a relação entre mutabilidade contratual e manutenção do equilíbrio econômico-financeiro foi **Maria Sylvia Zanella Di Pietro:**

> "**Um dos traços característicos do contrato administrativo é a sua mutabilidade**, que, segundo muitos doutrinadores, decorre de determinadas cláusulas exorbitantes, ou seja, das que conferem à Administração o poder de, unilateralmente, alterar as cláusulas regulamentares ou rescindir o contrato antes do prazo estabelecido, por motivo de interesse público.
> Segundo entendemos, a mutabilidade pode decorrer também de outras circunstâncias, que dão margem à aplicação das teorias do fato do príncipe e da imprevisão.
> O assunto tem que ser analisado sob dois aspectos: o das circunstâncias que fazem mutável o contrato administrativo e o da **consequência dessa mutabilidade, que é o direito do contratado à manutenção de equilíbrio econômico-financeiro**.
> Já foi visto que o equilíbrio econômico-financeiro ou equação econômico-financeira é a relação que se estabelece, no momento da celebração do contrato, entre o encargo assumido pelo contratado e a contraprestação assegurada pela Administração".[43]

Maria Sylvia lembra que **o equilíbrio financeiro deve estar presente em todos os contratos**, quer os celebrados pela Administração Pública, quer aqueles realizados entre particulares, porém, é nos contratos administrativos que a citada equação se rompe com maior facilidade, em razão da mutabilidade inerente a esse tipo de contratação. Assim, em razão da insegurança que se gera em maior escala nos contratos administrativos quando cotejados com os contratos privados é que se criou uma teoria da manutenção do equilíbrio econômico-financeiro nos contratos com a Administração Pública como forma de se conceder uma garantia de manutenção da equação entre objeto e preço ao contratado. Vejamos os ensinamentos da aludida doutrinadora:

> "Na realidade, todos os contratos, sejam eles públicos ou privados, supõem a existência de um equilíbrio financeiro que, conforme demonstrado por Gaspar Arifío Ortiz (1968:6), costuma ser visto sob dois aspectos: o da equivalência material das prestações, ou seja, a equivalência objetiva, atendendo à valoração econômica das contraprestações e invocando em sua defesa um ideal de justiça comutativa; e o da equivalência subjetiva, atendendo ao valor subjetivo que para cada uma das partes tem a prestação da outra".[44]

---

[43] DI PIETRO, Maria Sylvia Zanella. *Direito administrativo*. 25. ed. São Paulo: Atlas, 2012, p. 284-285.

[44] DI PIETRO, Maria Sylvia Zanella. *Direito administrativo*, p. 285.

Di Pietro ensina que, nos contratos entre particulares, nem sempre a equivalência material corresponde à equivalência subjetiva, sendo comum esta prevalecer sobre aquela, por isso autorizado está o princípio da autonomia da vontade. Estabelecida essa equivalência no momento em que se firma o contrato, ela só poderá ser alterada por novo acordo entre as partes.

> "**Nos contratos administrativos e nos contratos em geral de que participa a Administração, não existe a mesma autonomia da vontade do lado da Administração Pública**; ela tem que buscar sempre que possível a equivalência material, já que não tem a livre disponibilidade do interesse público. Além disso, é mais difícil fazer, no momento do contrato, uma previsão adequada do equilíbrio, uma vez que os acordos administrativos em geral envolvem muitos riscos decorrentes de várias circunstâncias, como a longa duração, o volume grande de gastos públicos, a natureza da atividade, que exige muitas vezes mão de obra especializada, a complexidade da execução etc. **O próprio interesse público que à Administração compete defender não é estável, exigindo eventuais alterações do contrato** para ampliar ou reduzir o seu objeto ou incorporar novas técnicas de execução".[45]

Concluiu a autora no sentido de identificar, portanto, que o equilíbrio do contrato administrativo é essencialmente mais dinâmico e que pode se romper muito mais facilmente do que o de direito privado. É por causa dessa insegurança que se elaborou toda uma teoria do equilíbrio econômico do contrato administrativo.

A administrativista continuou seu raciocínio apontando três tipos de áleas ou riscos que o particular enfrenta quando contrata com a Administração:

> "1. **álea ordinária ou empresarial**, que está presente em qualquer tipo de negócio; é um risco que todo empresário corre, como resultado da própria flutuação do mercado; sendo previsível, por ele responde o particular. Há quem entenda que mesmo nesses casos a Administração responde, tendo em vista que nos contratos administrativos os riscos assumem maior relevância por causa do porte dos empreendimentos, o que torna mais difícil a adequada previsão dos gastos; não nos parece aceitável essa tese, pois, se os riscos não eram previsíveis, a álea deixa de ser ordinária;
> 2. **álea administrativa, que abrange três modalidades:** a) uma decorrente do poder de alteração unilateral do contrato administrativo, para atendimento do interesse público; por ela responde a Administração, incumbindo-lhe a obrigação de restabelecer o equilíbrio voluntariamente rompido; b) a outra corresponde ao chamado fato do príncipe, que seria um ato de autoridade, não diretamente relacionado com o contrato, mas que repercute indiretamente sobre ele; nesse caso, a Administração também responde pelo restabelecimento do equilíbrio rompido; c) a terceira constitui o fato da Administração, entendido como 'toda conduta ou comportamento desta que torne impossível, para o cocontratante particular, a execução do contrato' (Escola, 1977, v. 1:434); ou, de forma mais completa, é 'toda ação ou omissão do Poder Público que, incidindo direta e especificamente sobre ocontrato, retarda, agrava ou impede a sua execução' (Hely Lopes Meirelles, 2003:233);

---

[45] Ibidem.

3. **álea econômica**, que corresponde a circunstâncias externas ao contrato, estranhas à vontade das partes, imprevisíveis, excepcionais, inevitáveis, que causam desequilíbrio muito grande no contrato, dando lugar à aplicação da teoria da imprevisão; a Administração Pública, em regra, responde pela recomposição do equilíbrio econômico-financeiro".[46]

Conforme destacado por Maria Sylvia Zanella Di Pietro, a alteração unilateral do contrato imposta pela Administração Pública não é a única causa propulsora da quebra do equilíbrio econômico-financeiro. Outras causas existem, tais como: (i) álea econômica extraordinária; (ii) caso fortuito e força maior; (iii) fato do príncipe; (iv) fato da administração; e (v) interferências imprevistas.

Sobre a álea econômica extraordinária, aplicamos a Teoria da Imprevisão, uma vez que o desequilíbrio contratual decorre de fato superveniente, externo ao contrato, alheio à vontade das partes, imprevisível e inevitável, capaz de onerar excessivamente sua execução pelo contratado.

Diante das situações apresentadas de desequilíbrio contratual, existem instrumentos jurídicos para se buscar o restabelecimento do equilíbrio econômico-financeiro. São eles: (i) Revisão — equação econômico-financeira é afetada por eventos posteriores e imprevisíveis que alteram substancialmente o conteúdo ou a extensão das prestações impostas ao contratante. Não tem relação com questões inflacionárias, como no caso fortuito ou força maior (REsp 612.123); (ii) Reajuste — existe a recomposição preestabelecida do poder aquisitivo da moeda, por meio da aplicação de índice de preços fixado contratualmente. Exige o decurso mínimo de 12 meses. Tem relação com questões inflacionárias (STJ — MS 11.539); (iii) Repactuação — consiste na recomposição do valor contratado aplicável aos contratos de serviços contínuos e se vincula à variação de custos do contrato. O contratado deverá demonstrar de forma analítica a proporção do desequilíbrio econômico-financeiro de acordo com a planilha de custos e a formação dos preços, como no caso de aumento salarial da categoria de trabalhadores em razão da data-base (TCU — Acórdão 1.827). Exigem-se previsão contratual e o decurso do interregno de 12 meses.

Conforme visto no desenvolvimento deste capítulo, **o fundamento legal para legitimar a interrupção do serviço público em razão do inadimplemento do usuário está pautado na expressão: "considerado o interesse da coletividade"**. Trata-se do disposto na parte final do art. 6.º, § 3.º, II, da Lei n. 8.987/95: "Não se caracteriza como descontinuidade do serviço a sua interrupção em situação de emergência ou após prévio aviso, quando: (...) II — por inadimplemento do usuário, **considerado o interesse da coletividade**".

Concluímos em passagens pretéritas que **o dispositivo legal tem por fundamento o Princípio da Supremacia do Interesse Público sobre o Privado**, ou seja, a interrupção do serviço público seria uma forma de coagir o consumidor a pagar o valor devido e, com isso, a concessionária teria condições de bem prestar o serviço perante toda a coletividade.

---

[46] DI PIETRO, Maria Sylvia Zanella. *Direito administrativo*, p. 286.

No entanto, defendemos que, no atual contexto histórico em que vivemos — um Estado Constitucional e Democrático de Direito —, o princípio em análise deve ser interpretado no sentido de **Supremacia dos Direitos Fundamentais**. Nessa linha, concluímos que no conceito de interesse público também está albergada a tutela de direito individual. Assim, entendemos que, a depender do grau de relevância dos direitos fundamentais, ora irá prevalecer o interesse de muitos e ora irá prevalecer o interesse de um, sem identificar qualquer problema nessa conclusão, tendo em vista que a proteção de ambos os direitos citados será, em última análise, proteção ao interesse público.[47]

Seguindo nessa linha de raciocínio e trazendo à colação novamente os ensinamentos de Maria Sylvia Zanella Di Pietro, vimos que são três os tipos de áleas que podem quebrar o equilíbrio econômico-financeiro do contrato: (i) álea ordinária ou empresarial; (ii) álea administrativa; e (iii) álea econômica.

Sobre o tema, Maria Sylvia concluiu ainda que, diferentemente do Direito Francês, nosso Direito determina que **Administração Pública é responsável exclusiva pela recomposição do equilíbrio econômico-financeiro do contrato administrativo nos casos de desequilíbrio oriundos das áleas administrativa e econômica**:

"No direito francês, onde se buscou inspiração para a adoção dessas teorias, a distinção entre as áleas administrativas e econômicas é relevante, porque, nas primeiras, o poder público responde sozinho pela recomposição do equilíbrio econômico-financeiro, enquanto nas segundas os prejuízos se repartem, já que não decorrem da vontade de nenhuma das partes. No direito brasileiro, entende-se que, seja nas áleas administrativas, seja nas áleas econômicas, o contratado tem direito à manutenção do equilíbrio econômico-financeiro do contrato, por força do artigo 37, XXI, da Constituição, que exige, nos processos de licitação para obras, serviços, compras e alienações, sejam mantidas 'as condições efetivas da proposta'. Além disso, a mesma ideia resulta da Lei n. 8.666/93 (art. 65, inciso II, e §§ 5.º e 6.º) e da Lei n. 8.987/95 (art. 9.º e parágrafos), em matéria de concessão e permissão de serviços públicos.
Em consequência, a solução tem sido a mesma em qualquer das teorias (fato do príncipe, fato da Administração e imprevisão); inclusive é a solução adotada também para as hipóteses de caso fortuito e força maior (art. 78, XVII, combinado com art. 79, I, da Lei n. 8.666/93). **Em todos os casos, a Administração Pública responde sozinha pela recomposição do equilíbrio econômico-financeiro. A invocação das teorias serve apenas para fins de enquadramento jurídico e fundamentação para a revisão das cláusulas financeiras do contrato.**
Nos contratos de parceria público-privada (concessão patrocinada e concessão administrativa), regidos pela Lei n. 11.079, de 30.12.04, adota-se solução diversa, uma vez que é

---

[47] O Princípio da Supremacia do Interesse Público sobre o privado vem recebendo uma nova interpretação da doutrina contemporânea no sentido de supremacia dos Direitos Fundamentais, que aceita em algumas situações, e em razão de tal fundamento, o prevalecimento de um direito individual sobre o coletivo. Sobre o tema, nosso artigo realizado em coautoria com André Ramos Tavares: Poder de polícia: da supremacia do interesse público à primazia dos direitos fundamentais. In: MARTINS, Ives Gandra (Coord.). *Tratado de direito administrativo*. São Paulo: Saraiva, 2013.

prevista a repartição de riscos entre as partes, inclusive os referentes a caso fortuito, força maior, fato do príncipe e álea econômica extraordinária (art. 5.º, III)".[48]

A doutrinadora não citou a álea ordinária ou empresarial como de responsabilidade da Administração Pública, por se tratar de um risco que todo empresário corre, além de ser previsível, respondendo por ele o particular exclusivamente. Di Pietro destaca que há doutrina entendendo que, mesmo nesses casos, a Administração Pública responderia, em razão dos riscos assumidos nos contratos administrativos em maior relevância, se comparados aos contratos privados por causa do porte dos empreendimentos, o que tornaria mais difícil a adequada previsão dos gastos, porém discorda desse posicionamento, pois, se os riscos não eram previsíveis, a álea deixaria de ser ordinária.

Exemplo de risco previsível e inerente aos contratos de concessão de serviço público é o inadimplemento do usuário. Isso decorre do fato de ser dele, usuário do serviço público, o dever de remunerar o concessionário por meio do pagamento de tarifa na grande maioria dos contratos administrativos dessa natureza.

O tema é tão relevante que Maria Sylvia Zanella Di Pietro, ao definir o equilíbrio econômico-financeiro ou equação econômico-financeira, preferiu utilizar a expressão "contraprestação assegurada" pela Administração do que "devida", tendo em vista que nos contratos de concessão de serviço público é o usuário o responsável por arcar com o pagamento das tarifas:

"Preferimos falar em contraprestação assegurada e não devida pela Administração, porque nem sempre é ela que paga; em determinados contratos, é o usuário do serviço público que paga a prestação devida, por meio da tarifa; é o que ocorre nos contratos de concessão de serviço público."[49]

A previsibilidade do inadimplemento do consumidor é tão real que o percentual médio de inadimplentes do setor de serviço público a ser prestado é levado em consideração quando da formulação da proposta na licitação no tocante ao valor da tarifa a ser cobrada. O relator, à época no Superior Tribunal de Justiça, hoje integrante do Supremo Tribunal Federal, Ministro Luiz Fux, já se atentou ao assunto no julgado anteriormente colacionado entendendo que: "Destarte, mister analisar que **as empresas concessionárias ressalvam evidentemente um percentual de inadimplemento na sua avaliação de perdas, e os fatos notórios não dependem de prova (*notoria nom egent probationem*), por isso que a empresa recebe mais do que experimenta inadimplementos**" (AgRg no REsp 873.174/RS, Rel. Ministro Luiz Fux, 1.ª T., j. 14.8.2007, *DJ* 17.9.2007, p. 218).

No contexto apresentado, em que o usuário do serviço público é quem remunera o concessionário, somado ao fato de que o seu inadimplemento se enquadra numa álea ordinária e previsível nesse tipo de contrato, concordamos com a doutrina majoritária no sentido de que não é possível transferir para a Administração

---

[48] DI PIETRO, Maria Sylvia Zanella. *Direito administrativo*, p. 286-287.
[49] DI PIETRO, Maria Sylvia Zanella. *Direito administrativo*, p. 285.

Pública a responsabilidade para recompor o equilíbrio econômico-financeiro do contrato administrativo de concessão de serviço público.

Dessa forma, **qual seria o instrumento a se lançar mão pelo concessionário para buscar o reequilíbrio da equação financeira do contrato de que é signatário? Defendemos que é a interrupção do serviço público a partir da comprovação dessa quebra da equação financeira.**

No entanto, tal interrupção não pode ser a aplicada de forma desproporcional, como ocorre na atualidade. Mesmo porque vivemos num Estado Constitucional e Democrático de Direito em que direitos individuais foram alçados à condição de cláusulas pétreas na qualidade de direitos fundamentais que são.

Assim, defendemos neste item, com base em nossa tese de doutoramento, que **o critério legitimador para a interrupção do serviço público em razão do inadimplemento do usuário é a comprovação, por parte do concessionário, de que o número de inadimplentes chegou a tal percentual que foi capaz de desequilibrar a equação econômico-financeira do contrato. Somente com essa demonstração de grande número de inadimplentes seria admitida a interrupção do serviço público para continuar a bem prestá-lo perante toda a coletividade.**

A quebra da equação financeira já legitima outros institutos do Direito Administrativo Contratual, tais como a revisão, o reajuste e a repactuação. Em outras palavras, além da alteração unilateral do contrato administrativo imposta pela Administração Pública, das hipóteses geradoras da álea administrativa e da álea econômica, **o inadimplemento contratual também pode ser uma causa desse desequilíbrio contratual**, gerando ao concessionário, a partir de então, a possibilidade de interromper o serviço público como forma de coagir o usuário a pagar o valor devido e, com esse adimplemento realizado, ver recomposto o equilíbrio econômico-financeiro de seu contrato de concessão.

Ademais, **a expressão "considerado o interesse da coletividade" inserta na Lei n. 8.987/95**, mais precisamente na parte final do art. 6.º, II, deve ser interpretada à luz dos princípios do Estado Constitucional e Democrático de Direito, que **exige a comprovação da quebra do equilíbrio econômico-financeiro como critério objetivo e legitimador da interrupção**. Vejamos:

Segundo José Afonso da Silva, são princípios do Estado Constitucional e Democrático de Direito: (i) princípio da constitucionalidade; (ii) princípio democrático; (iii) sistema de direitos fundamentais; (iv) princípio da justiça social; (v) princípio da igualdade; (vi) princípio da divisão de poderes da independência do juiz; (vii) princípio da legalidade; e (viii) princípio da segurança jurídica.[50]

O critério defendido neste item atende, inicialmente, ao princípio da constitucionalidade, que coloca em posição de supremacia a Constituição Federal e seus preceitos, e não um interesse público de conceito fluido e indeterminado, conforme defendido de forma absorta pela doutrina clássica.

---

[50] SILVA, José Afonso da. *Curso de direito constitucional positivo*. 34. ed. São Paulo: Malheiros, 2011, p. 122.

Ademais, **a participação popular na fiscalização dos contratos de concessão de serviço público**, em especial se houve ou não a quebra do equilíbrio econômico-financeiro do contrato em razão do inadimplemento dos usuários, **concretizará o princípio democrático** proposto pelo aludido constitucionalista na consecução de uma democracia participativa.

O **princípio do sistema de direitos fundamentais**, que, nos ensinamentos de José Afonso da Silva, **compreende também os interesses individuais**, está em consonância com a tese aqui defendida, no sentido de que **a tutela do interesse individual representa também uma forma de proteger o interesse público, e exigir a comprovação da quebra da equação financeira contratual seria a forma mais adequada de se interpretar a expressão "considerado o interesse da coletividade" inserta na Lei n. 8.987/95.**

O **princípio da justiça social** é concretizado pela fraternidade prevista no preâmbulo da Constituição Federal (justiça como valores supremos de uma sociedade fraterna), além de ser um dos objetivos da República Federativa do Brasil consubstanciados em construir uma sociedade livre, justa e solidária (art. 3.º, I, da CF). Trata-se o serviço público de maior instrumento na busca dessa fraternidade pretendida pela Constituição Federal. Dessa forma, a interrupção de um serviço público que é tão essencial para a coletividade não seria realizada de maneira tão desvairada e desproporcional por afrontar, dentre outros, o princípio da justiça social.

O **princípio da igualdade** também é afrontado por essa falta de controle na interrupção do serviço público. Se a concepção aristotélica desse princípio é tratar de forma igual os iguais e de forma desigual os desiguais, na medida de suas desigualdades, **não seria possível a interrupção de um serviço público para uma pessoa em condição de miserabilidade ou portadora de doença grave**. Aliás, esse tipo de conduta abusiva vem sendo coibida pelo Poder Judiciário, conforme anteriormente demonstrado, em verdadeira aplicação do princípio da independência do juiz.

No tocante ao **princípio da legalidade, não é possível interpretar a expressão "considerado o interesse da coletividade" sem utilizar o critério aqui defendido**, isto é, a interrupção do serviço público, nos termos do disposto no art. 6.º, § 3.º, II, da Lei n. 8.987/95, depende da comprovação por parte do concessionário de que o número de inadimplentes chegou a um tamanho considerável a ponto de desequilibrar a equação econômico-financeira do contrato de concessão e de impedir, por esse motivo, a boa prestação desse serviço perante a coletividade. Somente essa interpretação do citado dispositivo legal está em consonância com os princípios constitucionais do Estado Democrático de Direito.

Por fim, se a fundamentação, até o momento, na defesa desse critério teve **por objetivo maior proteger os usuários dos serviços públicos de interrupções realizadas de maneira descontrolada na garantia dos seus direitos fundamentais**, importante destacar que **o concessionário também será beneficiado por esses argumentos numa típica concretização do princípio da segurança jurídica**. Vejamos:

Conforme já informamos, inicialmente éramos contra a interrupção do serviço público por violar, entre outros, o princípio da dignidade da pessoa humana. No entanto, refletindo melhor sobre o tema, concluímos que o prevalecimento desse posicionamento inviabilizaria a presença de interessados em participar de licitações prévias aos contratos de concessão de serviço público.

Com efeito, **o critério aqui defendido de somente legitimar a interrupção do serviço público em razão de o número de inadimplentes chegar ao ponto de quebrar a equação financeira do contrato é uma forma de garantir estabilidade a esse tipo de relação jurídica**, pois o concessionário terá um elemento objetivo para demonstrar a necessidade de tomar a conduta extremada da interrupção, sob pena de, não o fazendo, comprometer a boa prestação do serviço perante a coletividade.

O critério defendido neste item, baseado em nossa tese de doutoramento, de somente legitimar a interrupção do serviço público em razão do inadimplemento do usuário quando restar comprovado que o número de inadimplentes afetou a equação econômico-financeira do contrato de concessão, **facilita inclusive a intervenção judicial**, na medida em que, **demonstrado pelo concessionário que o número de inadimplentes foi tamanho a ponto de quebrar o equilíbrio do contrato, evidenciado estará que o grau de relevância dos direitos fundamentais da coletividade é maior do que o grau de relevância dos direitos fundamentais do usuário inadimplente e, a partir desse momento, e só desse momento, legitimada estará a interrupção desse serviço em razão do inadimplemento.**

Em última análise, **a tese aqui defendida é favorável tanto ao usuário do serviço público, porque impede a interrupção automática, desproporcional e desvairada pelo simples inadimplemento, quanto ao concessionário, pois gera segurança jurídica quanto ao momento legitimador da interrupção**, uma vez que esta somente será implementada **após a comprovação do desequilíbrio da equação econômico-financeira do contrato de concessão e o possível prejuízo da boa prestação do serviço público perante o restante da coletividade.**

3.5. A NATUREZA DA CONTRAPRESTAÇÃO PECUNIÁRIA DOS SERVIÇOS DE SANEAMENTO BÁSICO À LUZ DA LEGISLAÇÃO E DA JURISPRUDÊNCIA PÁTRIAS

A Lei n. 11.445, de 2007, revogou a Lei n. 6.528/78 e passou a estabelecer as diretrizes nacionais acerca do saneamento básico. Mais recentemente, foi consideravelmente alterada pela Lei n. 14.026, de 15 de julho de 2020.

Dentre os seus sessenta artigos, tratou em diversos deles sobre a natureza da contraprestação pecuniária desse tipo de serviço de forma um tanto quanto genérica (art. 11, II, e § 2.º, IV; art. 12, §§ 1.º, 2.º e 4.º).

No entanto, no Capítulo IV — Dos Aspectos Econômicos e Sociais, a Lei n. 11.445/2007 definiu com maior precisão a natureza da contraprestação pecuniária em relação a cada um dos serviços que compõem os de saneamento básico:

> "Art. 29. Os serviços públicos de saneamento básico terão a sustentabilidade econômico-financeira assegurada por meio de remuneração pela cobrança dos serviços, e, quando necessário, por outras formas adicionais, como subsídios ou subvenções, vedada a cobrança em duplicidade de custos administrativos ou gerenciais a serem pagos pelo usuário, nos seguintes serviços: (Redação dada pela Lei n. 14.026, de 2020)

> I — de abastecimento de água e esgotamento sanitário, na forma de taxas, tarifas e outros preços públicos, que poderão ser estabelecidos para cada um dos serviços ou para ambos, conjuntamente; (Redação dada pela Lei n. 14.026, de 2020)
> II — de limpeza urbana e manejo de resíduos sólidos, na forma de taxas, tarifas e outros preços públicos, conforme o regime de prestação do serviço ou das suas atividades; e (Redação dada pela Lei n. 14.026, de 2020)
> III — de drenagem e manejo de águas pluviais urbanas, na forma de tributos, inclusive taxas, ou tarifas e outros preços públicos, em conformidade com o regime de prestação do serviço ou das suas atividades. (Redação dada pela Lei n. 14.026, de 2020)".[51]

Colocada a visão do legislador infraconstitucional sobre o tema, analisaremos a partir de agora a adequação da natureza da contraprestação inserta na lei à luz da Jurisprudência do Supremo Tribunal Federal e do Superior Tribunal de Justiça.

Iniciaremos pelos **serviços de abastecimento de água e de esgoto sanitário**. Para esses serviços públicos, a Lei n. 11.445/2007 estabeleceu em sua redação original que a natureza da contraprestação pecuniária seria preferencialmente na forma de tarifas e outros preços públicos. No entanto, por força da alteração sofrida pela Lei n. 14.026/2020, a redação do art. 29 da Lei n. 11.445 passou a admitir como forma de contraprestação pecuniária dos serviços de abastecimento de água e coleta de esgoto "taxas, tarifas e outros preços públicos".

Porém, cumpre ressaltar que a jurisprudência do Pretório Excelso entende, desde o ano de 1963, que a natureza da contraprestação pecuniária desses serviços é de tarifa.

Senão, vejamos: "**A contraprestação pela utilização da rede de águas e esgotos corresponde à utilização de um bem e serviço instalado e operado pelo Estado. A renda dessas contraprestações não vem de taxa, mas de um pagamento que, na técnica fiscal e administrativa, se denomina preço público**. Além disso, a cobrança determinada pelo Departamento de Saneamento do Estado estava autorizada pela Lei n. 3.821, de 21.12.60" (RE 54.491, Rel. Ministro Hermes Lima, j. 15.10.1963).

Tal posicionamento persiste no STF até os dias atuais (RE-AgR 201.630 e RE 464.952/MS), fato que forçou a mudança de entendimento do Superior Tribunal de Justiça, que, durante muito tempo, relutou em aceitar a natureza de preço público da contraprestação dos serviços de água e esgoto:

> Processual civil. Recurso especial. Ausência de prequestionamento. Súmula n. 282, do STF. **Contraprestação pelos serviços de água e esgoto. Natureza jurídica. Não tributária. Preço público. Jurisprudência do STJ contrária à do STF. Revisão que se impõe.**
> 1. A natureza jurídica da contraprestação pelos serviços de fornecimento de água e esgoto por concessionária do Poder Público, sobre se caracterizar como tarifa ou taxa, constitui-se a matéria controvertida nos presentes autos.

---

[51] A Lei n. 13.312, de 12 de julho de 2016, incluiu o § 3.º ao citado art. 29 com a seguinte redação: "§ 3.º As novas edificações condominiais adotarão padrões de sustentabilidade ambiental que incluam, entre outros procedimentos, a medição individualizada do consumo hídrico por unidade imobiliária".

2. **A jurisprudência do E. STJ é no sentido de que a natureza jurídica do valor cobrado pelas concessionárias de serviço público de água e esgoto é tributária**, motivo pelo qual a sua instituição está adstrita ao Princípio da Estrita Legalidade, por isso que somente por meio de "lei em sentido estrito" pode exsurgir a exação e seus consectários. Nesse sentido os seguintes arestos: REsp 848.287/RS, Rel. Ministro José Delgado, *DJ* 14.9.2006; REsp 830.375/MS, Rel. Ministro Teori Albino Zavascki, *DJ* 30.6.2006; REsp 782.270/MS, Rel. Ministro Teori Albino Zavascki, *DJ* 7.11.2005; REsp 818.649/MS, Rel. Ministro José Delgado, *DJ* 2.5.2006; REsp 690.609/RS, Rel. Ministro José Delgado, *DJ* 19.12.2005.
3. **O Colendo STF, não obstante, vem decidindo, reiteradamente, tratar-se de tarifa ou preço público, consubstanciando, assim, contraprestação de caráter não tributário** (Acórdãos: RE-ED 447.536/SC — Relator(a): Ministro Carlos Velloso, *DJ* 26.8.2005, EDcl no RE 456.048/SC, Rel. Ministro Carlos Velloso, *DJ* 6.9.2005, e Decisões monocráticas: AG 225.143/SP, Rel. Ministro Marco Aurélio, *DJ* 23.2.1999; RE 207.609/DF, Rel. Ministro Néri da Silveira, *DJ* 19.9.1999, RE 424.664/SC, Rel. Ministro Cézar Peluso, *DJ* 4.10.2004, RE 330.353/RS, Rel. Ministro Carlos Brito, *DJ* 10.5.2004, AG 409.693/SC, Rel. Ministro Cézar Peluso, *DJ* 19.5.2004, AG 480.559/SC, Rel. Ministro Cézar Peluso, *DJ* 19.5.2004, RE 488.200/MS, Rel. Ministro Eros Grau, *DJ* 13.9.2006, RE 484.692/MS, Rel. Ministro Eros Grau, *DJ* 29.5.2006, RE 464.952/MS, Rel. Ministra Ellen Gracie, *DJ* 23.3.2006).
4. **"...não obstante a sua obrigatoriedade, a contraprestação ao serviço de esgotamento sanitário não tem caráter tributário**. Trata-se, na realidade, de tarifa, não dependendo, portanto, da edição de lei específica para sua instituição ou majoração (RE 464.952/MS, Rel. Ministra Ellen Gracie, *DJ* 23.3.2006). É inviável o processamento do Recurso Especial quando ausente o prequestionamento da questão nele versada.
5. **A jurisprudência do E. STF uniformizou-se no sentido de considerar a remuneração paga pelos serviços de água e esgoto como tarifa, afastando, portanto, seu caráter tributário, ainda quando vigente a Constituição anterior** (RE 54.491/PE, Rel. Ministro Hermes Lima, *DJ* 15.10.1963).
6. A interposição do recurso especial impõe que o dispositivo de Lei Federal tido por violado, como meio de se aferir a admissão da impugnação, tenha sido ventilado no acórdão recorrido, sob pena de padecer o recurso da imposição jurisprudencial do prequestionamento, requisito essencial à admissão do mesmo, o que atrai a incidência do enunciado n. 282 da Súmula do STF. Ausência de prequestionamento do art. 13 da Lei n. 8.987/95.
7. **Recurso especial provido, em razão da necessária revisão da jurisprudência desta Corte Superior para adequá-la ao entendimento do E. STF, afastando-se o caráter tributário da contraprestação pelos serviços de água e esgoto, com inversão dos ônus sucumbenciais** (REsp 887.908/MS, Rel. Ministro Luiz Fux, j. 14.8.2007).

No tocante à natureza da contraprestação pelos **serviços de limpeza urbana e manejo de resíduos sólidos urbanos**, a lei de saneamento básico, com redação dada pela Lei n. 14.026/2020, define como de taxas ou de tarifas e outros preços públicos. Sobre o tema, a discussão que se levanta diz respeito à possibilidade de estes serviços serem remunerados por taxas.

Seriam eles serviços públicos divisíveis a ponto de se admitir como remuneração o pagamento por meio de taxa? Ou se trata de serviços indivisíveis cuja contraprestação só poderia advir de imposto?

Toshio Mukai já se posicionou sobre o tema, ensinando que "limpeza urbana e manejo de resíduos sólidos só podem ser custeados por recursos hauridos por imposto".[52]

O STF se posicionou sobre o tema "taxa de coleta de lixo" da seguinte forma: "**A taxa de limpeza pública, quando não vinculada a limpeza de ruas e de logradouros públicos, constitui tributo divisível e específico, atendido ao disposto no artigo 145, II, da CB/88**. O fato de um dos elementos utilizados na fixação da base de cálculo do IPTU ser considerado quando da determinação da alíquota da taxa de coleta de lixo não significa que ambos tenham a mesma base de cálculo" (RE-AgR 532.940/PR, Rel. Ministro Eros Grau, j. 24.6.2008, grifos nossos).

Com efeito, o aludido julgado merece dois destaques. O primeiro diz respeito à **constitucionalidade da exigência da taxa de limpeza pública, quando o serviço não estiver vinculado à limpeza de ruas e de logradouros públicos**. Nestas hipóteses, estaremos diante de serviços públicos indivisíveis (*uti universi*), que exigem como contraprestação pecuniária o pagamento de imposto.

Nesse sentido, o AI-AgR 245.539/RJ, de relatoria do Ministro Ilmar Galvão — julgamento em 14.12.1999: "Tributário. Município do Rio de Janeiro. Ilegalidade da taxa de coleta de lixo e limpeza pública. Art. 145, II, da Constituição Federal. **Tributo vinculado não apenas à coleta de lixo domiciliar, mas também à limpeza de logradouros públicos, hipótese em que os serviços são executados em benefício da população em geral** (*uti universi*), **sem possibilidade de individualização dos respectivos usuários** e, consequentemente, da referibilidade a contribuintes determinados, **não se prestando para custeio mediante taxa**. Impossibilidade, no caso, de separação das duas parcelas".

Referido posicionamento foi consolidado pelo Supremo na Súmula Vinculante 19: "**A taxa cobrada exclusivamente em razão dos serviços públicos de coleta, remoção e tratamento ou destinação de lixo ou resíduos provenientes de imóveis, não viola o artigo 145, II, da Constituição Federal**".

A outra observação a ser realizada sobre o julgado no RE-AgR 532.940/PR refere-se basicamente ao disposto no § 2.º do art. 145 da Constituição Federal: "As taxas não poderão ter base de cálculo própria de impostos".

Para o Supremo, a utilização de um dos elementos da base de cálculo do IPTU na fixação da alíquota da taxa de coleta de lixo não significa que ambos tenham a mesma base de cálculo. Assim, a cobrança da citada taxa com base na metragem do imóvel (um dos elementos utilizados no IPTU) está em consonância com nosso ordenamento jurídico.

O Superior Tribunal de Justiça também se posicionou sobre o tema: "**A jurisprudência desta Corte, na linha de entendimento do STF, já decidiu que a cobrança da Taxa de Remoção de Lixo com base na metragem do imóvel (um dos elementos da base de cálculo do IPTU) é legal**" (REsp 722.281/SP, Rel. Ministra Eliana Calmon, j. 6.5.2008).

Tal posicionamento foi igualmente consolidado por meio da Súmula Vinculante 29 do STF: "**É constitucional a adoção, no cálculo do valor de taxa, de um ou mais

---

[52] MUKAI (Coord.). *Saneamento básico*: diretrizes gerais — comentários à Lei 11.445 de 2007, p. 73.

elementos da base de cálculo própria de determinado imposto, desde que não haja integral identidade entre uma base e outra".

Em última análise, cumpre tecermos alguns comentários a respeito da natureza da contraprestação pecuniária dos **serviços de manejo de águas pluviais urbanas**. Nos termos da Lei n. 11.445/2007, com redação dada pela Lei n. 14.026/2020, a contraprestação destes serviços dar-se-á por meio de tributos, inclusive taxas, ou tarifas e outros preços públicos.

Conforme analisado em outras oportunidades neste capítulo, o fato gerador da taxa consiste em serviço estatal específico e divisível. Desta forma, para o aludido serviço de saneamento, não conseguimos enxergar beneficiários determinados.

Geralmente lembramos desse serviço, ou da falha na sua prestação, quando estudamos a "Responsabilidade Civil Subjetiva do Estado por Omissão". A inundação das vias públicas em razão das fortes chuvas e da má prestação desse serviço de saneamento não afeta apenas as periferias dos grandes centros urbanos. Também as regiões centrais e até áreas nobres são atingidas, tornando, por exemplo, o já caótico trânsito de veículos de São Paulo ainda pior.

Imprescindível esse parêntese para demonstrar que, de fato, o bom **serviço de limpeza das vias de escoamento de águas pluviais urbanas beneficia toda a coletividade**, razão pela qual a única contraprestação cabível é por meio de imposto.

Na mesma linha de raciocínio, trazemos à colação mais uma vez os ensinamentos de Toshio Mukai: "Os serviços de manejo de águas pluviais urbanas só podem ser custeados com recursos hauridos de impostos, por ser genérico".[53]

A referida posição encontra respaldo, ainda, do Supremo Tribunal Federal, que assim entendeu sobre o tema: "(...) **Quanto às demais taxas, esta Corte tem afirmado que a limpeza pública — prestação que envolve, por exemplo, a varrição de ruas, a limpeza de bueiros ou o escoamento de águas pluviais — é serviço de caráter universal e indivisível, ao contrário da coleta domiciliar de lixo, este sim, serviço individualizável e, portanto, passível de custeio mediante taxa**" (nesse sentido, AI 439.132/SP) (AI 476.364/SP, Rel. Ministra Ellen Gracie, j. 13.10.2004).

Ante o exposto, destaca-se que a Lei n. 11.445/2007, com redação dada pela Lei n. 14.026/2020, não tratou o tema natureza da contraprestação pecuniária dos serviços de saneamento básico em conformidade com os posicionamentos majoritários do Supremo Tribunal Federal e do Superior Tribunal de Justiça. Entendemos, então, que o legislador perdeu a oportunidade de colocar um ponto-final em tema tão discutível e contribuiu para a elaboração de mais capítulos na "novela" serviços de saneamento básico e a natureza da respectiva contraprestação.

3.5.1. Consequências da natureza da contraprestação pecuniária dos serviços de água e de esgoto no âmbito do direito do consumidor

Sobre o tema, cumpre ressaltar que o Código de Defesa do Consumidor é aplicável aos serviços de saneamento básico, quando remunerados por tarifas. Isso ocorrerá sem

---

[53] MUKAI (Coord.). *Saneamento básico*, p. 73.

discussão nos serviços de abastecimento de água e esgoto sanitário, em que a própria Lei n. 11.445/2007 entende pela natureza preferencial de tarifa da contraprestação, além da existência de vasta jurisprudência a esse respeito.

Assim, aplicaremos a estes serviços institutos do CDC, tais como:

■ a obrigatoriedade da devolução em dobro da quantia cobrada e paga indevidamente;

■ a nulidade de cláusulas abusivas;

■ o reconhecimento da vítima do evento danoso como consumidor por equiparação;

■ a facilitação da defesa do consumidor em juízo, inclusive com a inversão do ônus da prova, entre outros.

A restituição em dobro da quantia paga em excesso e decorrente de cobrança indevida nos serviços de água e de esgoto, nos termos do art. 42, parágrafo único, do CDC, encontra respaldo da jurisprudência do Superior Tribunal de Justiça: "**No que toca à apontada ofensa ao art. 42, parágrafo único, do CDC, esta Corte já apreciou casos análogos, nos quais restou assentada a obrigatoriedade de a CEDAE restituir, em dobro, o valor indevidamente cobrado, uma vez que não configura engano justificável a cobrança de taxa de esgoto em local onde o serviço não é prestado**" (REsp 821.634/RJ, Rel. Ministro Teori Albino Zavascki, j. 11.3.2008).

Percebam, uma vez mais, que a contraprestação pelo serviço de água e esgoto não possui natureza de taxa, pois, se assim fosse, bastaria o serviço ser colocado à disposição do usuário para restar configurado o fato gerador do tributo (art. 145, II, da CF).

O STJ no julgado acima citado deixou bem claro tal posicionamento ao exigir a restituição em dobro do valor cobrado e pago indevidamente, uma vez que não basta a alegação de estar o serviço colocado à disposição para legitimar a cobrança da tarifa.

Nesse tocante, destaca-se a mensagem trazida pela Súmula 412 do Superior Tribunal de Justiça que entende ser de 20 ou de 10 anos o prazo prescricional da pretensão para a repetição do indébito, nos termos do Código Civil de 1916 ou de 2002, respectivamente, a depender do caso concreto, além da incidência ou não das regras de transição, não prevalecendo à situação o prazo quinquenal previsto no art. 27 do CDC.

Tal consolidação da citada posição decorre do fato de inexistir, no caso, acidente de consumo, mas sim cobrança indevida como fundamento da aludida repetição do indébito, somado à circunstância de o Diploma Consumerista silenciar em relação a outro prazo prescricional que não seja referente ao fato do produto ou do serviço. *In verbis*, a Súmula 412 do STJ: "**A ação de repetição de indébito de tarifas de água e esgoto sujeita-se ao prazo prescricional estabelecido no Código Civil**".[54]

No julgamento do REsp 1.532.514/SP a Primeira Seção do Superior Tribunal de Justiça firmou a seguinte tese no rito do recurso repetitivo: "O prazo prescricional para as ações de repetição de indébito relativo às tarifas de serviços de água e esgoto cobradas indevidamente é de: (a) 20 (vinte) anos, na forma do art. 177 do Código Civil de

---

[54] O tema será aprofundado no Capítulo 6 deste livro.

1916; ou (b) 10 (dez) anos, tal como previsto no art. 205 do Código Civil de 2002, observando-se a regra de direito intertemporal, estabelecida no art. 2.028 do Código Civil de 2002" (Rel. Ministro Og Fernandes, *DJe* 17.5.2017).

Com efeito, trazemos à baila a discussão envolvendo o tema cobrança da **tarifa mínima** em razão da prestação de determinados serviços públicos. O serviço de abastecimento de água é um bom exemplo desta prática, e a dúvida que se levanta envolve o **condomínio edilício comercial ou residencial** cujo consumo total de água é medido por um **único hidrômetro**.

Nesse caso, o faturamento deverá ser realizado com base na única medição aferida pelo hidrômetro ou com base na multiplicação da tarifa mínima pelo número de unidades autônomas? O Superior Tribunal de Justiça já se posicionou sobre o tema: **"O Superior Tribunal de Justiça firmou já entendimento de não ser lícita a cobrança de tarifa de água no valor do consumo mínimo multiplicado pelo número de economias existentes no imóvel, quando houver único hidrômetro no local"** (REsp 1.166.561/RJ, Rel. Ministro Hamilton Carvalhido, 1.ª Seção, *DJe* 5.10.2010).

No entanto, importante destacar que as diretrizes para instituição da tarifa de água e de esgoto, previstas nos arts. 29 e 30 da Lei n. 11.445/2007, não foram inseridas aleatoriamente pelo legislador no marco regulatório do saneamento básico adotado no Brasil. Ao contrário, elas decorrem do modelo econômico organizado para o desenvolvimento do mercado de prestação desses serviços públicos, em que a cobrança da tarifa mínima aparece em posição de destaque para garantir sustentabilidade e proporcionar a boa prestação dos serviços de água e de esgoto para toda a coletividade.

A esse respeito, **em proposta de revisão do entendimento estabelecido em tese repetitiva firmada pela Primeira Seção relativa ao Tema 414, quanto à forma de cálculo da tarifa progressiva dos serviços de fornecimento de água e de esgoto sanitário em unidades compostas por várias economias e hidrômetro único, após a aferição do consumo, fixou o Superior Tribunal de Justiça a seguinte tese jurídica:**

Tema 414:
"**1. Nos condomínios formados por múltiplas unidades de consumo (economias) e um único hidrômetro é lícita a adoção de metodologia de cálculo da tarifa devida pela prestação dos serviços de saneamento por meio da exigência de uma parcela fixa ('tarifa mínima'), concebida sob a forma de franquia de consumo devida por cada uma das unidades consumidoras (economias); bem como por meio de uma segunda parcela, variável e eventual, exigida apenas se o consumo real aferido pelo medidor único do condomínio exceder a franquia de consumo de todas as unidades conjuntamente consideradas.
2. Nos condomínios formados por múltiplas unidades de consumo (economias) e um único hidrômetro é ilegal a adoção de metodologia de cálculo da tarifa devida pela prestação dos serviços de saneamento que, utilizando-se apenas do consumo real global, considere o condomínio como uma única unidade de consumo (uma única economia).
3. Nos condomínios formados por múltiplas unidades de consumo (economias) e um único hidrômetro é ilegal a adoção de metodologia de cálculo da tarifa devida pela prestação dos serviços de saneamento que, a partir de um hibridismo de regras e**

conceitos, dispense cada unidade de consumo do condomínio da tarifa mínima exigida a título de franquia de consumo" (REsp 1.937.891/RJ, Rel. Ministro Paulo Sérgio Domingues, 1.ª Seção, j. 20.6.2024, *DJe* 25.6.2024).

3.6. REPERCUSSÕES DA RESPONSABILIDADE CIVIL OBJETIVA COMO DIREITO A SER INVOCADO TAMBÉM PELO TERCEIRO NÃO USUÁRIO DO SERVIÇO PÚBLICO

A principal repercussão, em nosso entendimento, a respeito da inclusão do usuário na definição de consumidor para fins de responsabilização do Estado consiste em saber se o direito de invocar a responsabilidade objetiva pode ser considerado uma prerrogativa exclusiva do usuário do serviço público ou se tal direito alcança também o terceiro não usuário.[55]

A polêmica surgiu em 16 de novembro de **2004, quando o Supremo Tribunal Federal entendeu no Recurso Extraordinário 262.651** que a exegese do art. 37, § 6.º, da Constituição da República traduz-se no sentido de que a **responsabilidade** civil das pessoas jurídicas de direito privado prestadoras de serviço público é **objetiva relativamente aos usuários do serviço, não se estendendo a pessoas outras que não ostentem a condição de usuários.**[56]

O julgamento resultou de um acidente automobilístico envolvendo um ônibus pertencente a uma concessionária de transporte coletivo e um particular que sofreu prejuízos em razão de ter sido a traseira de seu veículo abalroada pelo prestador do serviço público.

Assim, o lesado ingressou com uma ação de reparação de danos, fundada na responsabilidade objetiva, segundo o disposto no art. 37, § 6.º, da CF, na medida em que o causador dos prejuízos era pessoa jurídica de direito privado prestadora de serviço público de transporte coletivo por delegação.

A questão chegou ao STF, que, nos termos do voto do relator Carlos Velloso, entendeu por maioria pela impossibilidade de o terceiro não usuário do serviço público invocar a responsabilidade objetiva, sob o argumento de que apenas **"o usuário é detentor do direito subjetivo de receber um serviço público ideal".**[57] Segundo o Relator, sua posição decorreu da interpretação que fez à época das lições de Romeu Felipe Bacellar Filho.

Sobre o julgado, anotamos duas observações antes de pontuarmos nosso entendimento e a atual visão do STF sobre o assunto. Inicialmente, destaca-se a carta dirigida pelo Ministro Relator a **Celso Antônio Bandeira de Mello**, solicitando um pronunciamento a respeito do tema. O administrativista, com muita propriedade, deixou claro que o art. 37, § 6.º, do texto constitucional exige dois requisitos apenas para a configuração da responsabilidade objetiva:

---

[55] BOLZAN, Fabrício. Aproximações e distinções entre as noções de consumidor e usuário na responsabilidade civil do Estado na prestação de serviços. In: PIRES, Luis Manuel Fonseca (Coord.). *Responsabilidade civil do Estado*: desafios contemporâneos. São Paulo: Quartier Latin, 2010.
[56] STF no julgamento do Recurso Extraordinário 262.651. Disponível em: <http://www.stf.jus.br/portal/jurisprudencia/listarJurisprudencia.asp?s1=%28262651%2ENUME%2E+OU+262651%2EACMS%2E%29&base=baseAcordaos>. Acesso em: 9 set. 2020.
[57] STF, RE 262.651, p. 10, voto do Relator. Disponível em: <http://redir.stf.jus.br/paginador/paginador.jsp?docTP=AC&docID=258931>. Acesso em: 9 set. 2020.

"que se trate de pessoa prestadora de serviço público;
que seus agentes (causadores do dano) estejam a atuar na qualidade de prestadores de serviços públicos".[58]

E conclui o administrativista, ensinando que **"nada se exige quanto à qualificação do sujeito passivo do dano; isto é: não se exige que sejam usuários, nesta qualidade atingidos pelo dano".**[59]

Ressalta-se, ainda, o voto-vista do Ministro Joaquim Barbosa, que relembrou à Corte o fato de o Brasil adotar, desde 1946, um regime de responsabilidade que figura entre os mais liberais, propício a atender aos interesses da vítima em razão de atos praticados pelo Estado ou por seus prepostos, agentes ou colaboradores.[60]

Fundamentou sua tese nos ensinamentos oriundos da escola de Direito Francês, citando expoentes como René Chapus, Maurice Hauriou, Leon Duguit, Georges Vedel e Dominique Phillipp.[61] E finalizou seu raciocínio sob o entendimento de que "introduzir uma distinção adicional entre os usuários e não usuários do serviço significa um perigoso enfraquecimento do princípio da responsabilidade objetiva, cujo alcance o constituinte de 1988 quis o mais amplo possível".[62]

Concordamos com as duas últimas posições apontadas, mesmo porque a **Constituição da República não faz qualquer distinção entre usuários e não usuários como beneficiários do direito de invocar a responsabilidade objetiva do Estado**, bem como em face da pessoa jurídica de direito privado quando prestadora de serviço público. Importante perceber que o legislador constituinte originário valeu-se no § 6.º do art. 37 da Constituição da expressão *terceiros* para identificar os lesados por um ato estatal ou de seus delegados.

Assim, inconcebível a posição do Supremo Tribunal Federal no citado julgamento.

Ademais, a lei geral que dispõe sobre o regime de concessões e permissões dos serviços públicos, **Lei n. 8.987/95, em seu art. 25,** *caput,* é clara ao definir a responsabilidade objetiva por todos os prejuízos causados ao Poder Concedente, aos usuários ou a *terceiros,* sem que a fiscalização exercida pelo órgão competente exclua ou atenue essa responsabilidade.

Diante desse contexto, pergunta-se: a quem se refere a lei como *terceiro,* senão ao particular que teve seu veículo abalroado na traseira por um concessionário do serviço público?

Inegável que a disposição constitucional e a aludida previsão infraconstitucional são fundamentos para considerar os usuários e os terceiros não usuários do serviço público como beneficiários da responsabilidade objetiva. Entretanto, **se dúvidas existissem, sempre defendemos a análise do tema também sob o enfoque do Código de Defesa do Consumidor.** Vejamos.

---

[58] Ibidem.
[59] Ibidem.
[60] Ibidem.
[61] STF, RE 262.651, p. 3-8, voto do Relator. Disponível em: <http://redir.stf.jus.br/paginador/paginador.jsp?docTP=AC&docID=258931>. Acesso em: 9 set. 2020.
[62] Ibidem, p. 9-10, voto-vista Ministro Joaquim Barbosa.

Posicionamo-nos ao longo deste capítulo pela necessidade da incidência do CDC a alguns serviços públicos, em razão do perfeito enquadramento dos seus elementos (subjetivos = usuário/consumidor e Poder Público ou delegados/fornecedor; objetivo = serviço público *uti singuli*, remunerado por tarifa) na relação jurídica de consumo. Logo, perfeitamente cabível a responsabilidade objetiva prevista no art. 14 da referida lei, que determina a responsabilização do fornecedor, independentemente da existência de culpa, pelos danos causados aos consumidores por defeitos relativos à prestação dos serviços.

Assim, **equiparando-se a consumidor o particular que sofreu prejuízos — vítima do evento danoso — decorrentes da colisão provocada pelo concessionário do serviço de transporte coletivo**, nos termos do **art. 17 da Lei n. 8.078/90**, plenamente viável a invocação da responsabilidade objetiva por esse terceiro não usuário do serviço público.

Destacamos, ainda, a interessante visão de Sergio Cavalieri Filho, ao comentar a polêmica decisão do STF no RE 262.651: "O entendimento é surpreendente, porque a norma constitucional fala expressamente em *terceiros*. E *terceiro* indica alguém estranho ao prestador de serviços públicos, alguém com o qual não tem relação jurídica preexistente. Logo, o § 6.º do art. 37 da Constituição só se aplica à responsabilidade extracontratual. Ora, o usuário do serviço de transporte tem contrato com o transportador, pelo que não pode ser considerado *terceiro*. A responsabilidade deste para com aquele é contratual".[63]

O autor finaliza seu raciocínio ensinando que "os prestadores de serviços públicos respondem objetivamente pela mesma razão do Estado — o risco administrativo —, e não pela eficiência do serviço, que é objeto da legislação consumerista. Preocupante, por derradeiro, porque o entendimento que prevaleceu contraria a jurisprudência cristalizada em todos os Tribunais ao longo de quase duas décadas de vigência da Constituição".[64]

O Supremo Tribunal Federal, no dia 8 de março de 2007, quando da apreciação do RE 459.749, manifestou quatro votos (Ministros Joaquim Barbosa — o Relator, Cármen Lúcia, Ricardo Lewandowski e Carlos Britto) pelo reconhecimento da responsabilidade objetiva como um direito do terceiro não usuário, mas o pedido de vista do Ministro Eros Grau interrompeu a decisão na oportunidade.

No entanto, o Supremo não chegou a mudar de posicionamento nesse recurso extraordinário, pois em 31 de outubro de 2007 foi informado o acordo celebrado entre as partes.

Somente no dia **26 de agosto de 2009, o Pretório Excelso**, sob a relatoria do Ministro Ricardo Lewandowski, **mudou por maioria seu entendimento** e **passou a admitir o direito de invocar a responsabilidade objetiva como também prerrogativa dos terceiros não usuários do serviço público, ao julgar o RE 951.874 pelo regime de repercussão geral**. Prevaleceu a tese de que "o nexo de causalidade entre o ato administrativo e o dano causado ao não usuário do serviço público, é condição suficiente para estabelecer a responsabilidade objetiva da pessoa jurídica de direito privado".

Em última análise, em razão de estar no período de *vacatio legis* a legislação específica de defesa dos usuários dos serviços públicos — Lei n. 13.460, de 26 de junho de 2017[65]

---

[63] CAVALIERI FILHO, Sergio. *Programa de responsabilidade civil*, p. 266-267.
[64] CAVALIERI FILHO, Sergio. *Programa de responsabilidade civil*, p. 266-267.
[65] Lei n. 13.460 — Art. 25: "Esta Lei entra em vigor, a contar da sua publicação, em: I — trezentos e sessenta dias para a União, os Estados, o Distrito Federal e os Municípios com mais de

(tema a ser analisado no item 3.7 deste livro), imperiosa se faz a incidência do Código de Defesa do Consumidor para regulamentar esse tipo de relação jurídica. Tal aplicação decorre, em suma, das semelhanças existentes entre os conceitos de usuário e de consumidor, além do perfeito enquadramento do Poder Público ou de seus delegados na definição de fornecedor no mercado de consumo.

Nesse sentido, mesmo com o advento do regramento especial, entendemos perfeitamente possível a observância de ambos os diplomas, num verdadeiro diálogo entre as fontes.

Entretanto, a incidência do CDC deverá recair apenas nos serviços *uti singuli*, remunerados por tarifas, na medida em que possuem natureza de preço público e, portanto, caráter negocial, bem diferente da coercibilidade inerente às espécies tributárias.

Ademais, a Lei n. 8.078/90 não pode ser aplicada de forma irrestrita, devendo-se respeitar o regime de direito administrativo que regulamenta a prestação dos serviços públicos. Assim, existindo conflito com regra de direito administrativo, esta prevalecerá.

Por fim, demonstramos que a principal repercussão a respeito da inclusão do usuário na definição de consumidor para fins de responsabilização estatal consiste em saber se o direito de invocar a responsabilidade objetiva traduz-se numa prerrogativa exclusiva do usuário do serviço público ou se tal direito é estendido também ao terceiro não usuário.

Portanto, trata-se sim de um direito do terceiro não usuário, quer pela ausência de tratamento discriminatório conferido pela Constituição da República, quer pelo disposto na lei geral de concessões e permissões do serviço público, quer pelo fato de poder ser o terceiro não usuário uma vítima do evento danoso, equiparado a consumidor, nos termos do CDC.

3.7. CÓDIGO DE DEFESA DOS USUÁRIOS DOS SERVIÇOS PÚBLICOS — NOVIDADE INTRODUZIDA PELA LEI N. 13.460, DE 2017

Nos termos do que vimos ao longo deste capítulo, em especial no tocante à incidência do CDC aos serviços públicos remunerados por tarifas, foi editado em 26 de junho de 2017 o **Código de Defesa dos usuários dos serviços públicos, com o advento da Lei n. 13.460**.

O fato de ter surgido uma lei específica de defesa dos usuários do serviço público em nada obsta a incidência do Código de Defesa do Consumidor a tais atividades. Aliás, essa foi a determinação trazida pela Lei de 2017 que, em seu artigo inaugural, § 2.º, assim estipulou: "**A aplicação desta Lei não afasta a necessidade de cumprimento do disposto: I — em normas regulamentadoras específicas, quando se tratar de serviço ou atividade sujeitos a regulação ou supervisão; e II — na Lei n. 8.078, de 11 de setembro de 1990, quando caracterizada relação de consumo**".

Desta forma, o advento do Código de Defesa dos usuários dos serviços públicos não só não impediu a incidência do CDC e de outras leis específicas — exemplos: Lei n. 8.987/95 e Lei n. 11.445 — como determinou expressamente o não afastamento desses

---

quinhentos mil habitantes; II — quinhentos e quarenta dias para os Municípios entre cem mil e quinhentos mil habitantes; e III — setecentos e vinte dias para os Municípios com menos de cem mil habitantes".

Diplomas, estabelecendo um verdadeiro diálogo entre as fontes existentes na busca da melhor proteção aos usuários/consumidores dos serviços prestados pelo Poder Público.

Corroborando com tal entendimento está o posicionamento do STJ ao editar a Súmula 601 com o seguinte teor: **"O Ministério Público tem legitimidade ativa para atuar na defesa de direitos difusos, coletivos e individuais homogêneos dos consumidores, ainda que decorrentes da prestação de serviço público"** (2.ª Seção, j. 7.2.2018, *DJe* 14.2.2018).

Ainda a título introdutório do assunto, cumpre ressaltar que **a Lei de 2017 estabelece normas básicas para participação, proteção e defesa dos direitos do usuário dos serviços públicos prestados direta ou indiretamente pela Administração Pública**.

Conforme é cediço a Administração Pública presta seus serviços públicos de forma direta — por meio de seus órgãos e agentes públicos — ou de forma indireta — com o auxílio de um terceiro. Quando esse terceiro for entidade da Administração Pública Indireta, estaremos diante da chamada **descentralização administrativa por outorga**, também conhecida como descentralização legal, tendo em vista ser a lei o elo entre o ente público descentralizador e o ente público descentralizado.

Por outro lado, quando o terceiro a auxiliar a Administração no desempenho da prestação indireta de um serviço público for um particular, a **descentralização** será **por delegação** ou contratual, uma vez que o vínculo estabelecido entre Poder Concedente e concessionário ou permissionário do serviço público consiste em contrato administrativo precedido de licitação.

Nesse sentido, o art. 1.º, § 3.º, do Código de Defesa dos usuários dos serviços públicos determina a aplicação subsidiária das suas disposições aos serviços prestados por particular. A regulamentação nesse caso está disciplinada na Lei Geral de Concessões e Permissões dos serviços públicos, nos termos da Lei n. 8.987/95.

Apesar de publicada em 27 de junho de 2017, a lei ora em estudo tem prazos diferenciados para sua entrada em vigor a depender do ente público e do número de habitantes. Essa a redação do art. 25 do Código de Defesa dos usuários dos serviços públicos:

> "Art. 25. Esta Lei entra em vigor, a contar da sua publicação, em:
> I — trezentos e sessenta dias para a União, os Estados, o Distrito Federal e os Municípios com mais de quinhentos mil habitantes;
> II — quinhentos e quarenta dias para os Municípios entre cem mil e quinhentos mil habitantes; e
> III — setecentos e vinte dias para os Municípios com menos de cem mil habitantes".

A título introdutório, cumpre ressaltar ainda que a citada lei foi regulamentada pelos Decretos n. 9.094 de 2017, n. 9.492 e n. 9.723 de 2019.

3.7.1. As definições e os princípios presentes no Código de Defesa dos usuários dos serviços públicos

No tocante às definições, a Lei n. 13.460 estabelece em seu art. 2.º:

■ **usuário do serviço público:** pessoa física ou jurídica que se beneficia ou utiliza, efetiva ou potencialmente, de serviço público;

■ **serviço público:** atividade administrativa ou de prestação direta ou indireta de bens ou serviços à população, exercida por órgão ou entidade da administração pública;

■ **administração pública:** órgão ou entidade integrante da administração pública de qualquer dos Poderes da União, dos Estados, do Distrito Federal e dos Municípios, a Advocacia Pública e a Defensoria Pública;

■ **agente público:** quem exerce cargo, emprego ou função pública, de natureza civil ou militar, ainda que transitoriamente ou sem remuneração;

■ **manifestações:** reclamações, denúncias, sugestões, elogios e demais pronunciamentos de usuários que tenham como objeto a prestação de serviços públicos e a conduta de agentes públicos na prestação e fiscalização de tais serviços.

Em relação aos princípios, o Código de Defesa dos usuários dos serviços públicos praticamente reproduziu os princípios insertos na Lei Geral de Concessões e Permissões de serviços públicos, Lei n. 8.987/95, ao estabelecer em seu art. 4.º: "Os serviços públicos e o atendimento do usuário serão realizados de forma adequada, observados os princípios da regularidade, continuidade, efetividade, segurança, atualidade, generalidade, transparência e cortesia". Sobre tais princípios, alguns comentários se fazem pertinentes:

■ **Princípio da Regularidade na prestação dos serviços públicos:** por esse princípio é dever do Estado a prestação regular do serviço público, direta ou indiretamente. A ausência do Poder Público na prestação desse serviço poderá causar danos e, consequentemente, dever de indenizar terceiros prejudicados. Exemplo: se o ônibus que passa todos os dias às 6 horas no ponto começa a chegar às 6h30min, depois às 7 horas, e no outro dia não passa, viola o princípio da regularidade.

■ **Princípio da Efetividade/Eficiência:** Entendemos que o sentido de efetividade está colocado na lei como sendo sinônimo de eficiência. Assim, serviço efetivo/eficiente é aquele que atinge o resultado pretendido, seja no tocante à qualidade, seja no aspecto da quantidade. A efetividade/eficiência é um *plus* em relação à adequação. Exemplificando: o ônibus é um instrumento adequado para a prestação do transporte coletivo. Entretanto, se o ônibus não atender aos quesitos de qualidade, não será considerado eficiente.

■ **Princípio da Segurança:** Por esse princípio, o Estado deverá prestar o serviço público de forma a não colocar em perigo a integridade física e a vida do usuário, nem de terceiros alheios à relação de prestação do serviço. Sobre o tema, importante observar que o princípio da segurança não se confunde com segurança pública. A segurança almejada pela lei deve ter relação direta com o serviço público prestado. Assim, o motorista de um ônibus deverá manter a integridade de seus passageiros, não fazendo curvas em alta velocidade, mas não estará obrigado a enfrentar um bandido que venha assaltar os usuários desse serviço. No mesmo sentido, está a jurisprudência do STJ ao entender que assalto à mão armada no interior de coletivo é causa excludente de responsabilidade do prestador do transporte (AgRg no REsp 1.456.690).

■ **Princípio da Atualidade:** A atualidade compreende a modernidade das técnicas, do equipamento e das instalações e a sua conservação, bem como a melhoria e a expansão do serviço (art. 6.º, § 2.º, da Lei n. 8.987/95).

■ **Princípio da Generalidade/Universalidade:** Esse princípio busca a universalidade na prestação do serviço público, isto é, o serviço deve ser prestado a todos os usuários de forma igualitária e impessoal, sem qualquer espécie de discriminação. Trata-se de uma vertente do princípio da isonomia. Exemplo: o ônibus qua passa na periferia deve ter a mesma qualidade dos que circulam nos centros empresariais.

■ **Princípio da Cortesia na Prestação:** O serviço público deve ser prestado por pessoas que tratem os usuários com respeito, educação e cordialidade.

No tocante ao princípio da continuidade, remetemos o leitor ao item 3.4 deste livro, onde o tema foi amplamente discutido. Em relação ao **princípio da transparência**, sugerimos ao leitor os comentários feitos logo mais, ainda neste capítulo, a respeito **dos Direitos dos usuários do serviço público e da Carta de Serviços ao Usuário**, institutos esses que tornarão a prestação do serviço público bastante transparente.

3.7.2. Dos direitos e deveres presentes no Código de Defesa dos usuários dos serviços públicos

A respeito dos direitos dos usuários dos serviços públicos previstos na Lei n. 13.460, importante reiterar a informação acima mencionada de que os direitos que serão apresentados a seguir não excluem outros previstos em legislações específicas, como os elencados pela Lei n. 8.987/95 — Lei Geral de Concessões e Permissões dos Serviços Públicos —, nem mesmo os estipulados pelo Código de Defesa do Consumidor. Conforme também comentado acima, prevalece a aplicação simultânea de todas as leis existentes em concretude à Teoria do Diálogo das Fontes.

O **Código de Defesa dos usuários dos serviços públicos** estabelece em seu art. 6.º:

"Art. 6.º **São direitos básicos do usuário**:
I — participação no acompanhamento da prestação e na avaliação dos serviços;
II — obtenção e utilização dos serviços com liberdade de escolha entre os meios oferecidos e sem discriminação;
III — acesso e obtenção de informações relativas à sua pessoa constantes de registros ou bancos de dados, observado o disposto no inciso X do *caput* do art. 5.º da Constituição Federal e na Lei n. 12.527, de 18 de novembro de 2011;
IV — proteção de suas informações pessoais, nos termos da Lei n. 12.527, de 18 de novembro de 2011;
V — atuação integrada e sistêmica na expedição de atestados, certidões e documentos comprobatórios de regularidade; e
VI — obtenção de informações precisas e de fácil acesso nos locais de prestação do serviço, assim como sua disponibilização na internet, especialmente sobre: *a*) horário de funcionamento das unidades administrativas; *b*) serviços prestados pelo órgão ou entidade, sua localização exata e a indicação do setor responsável pelo atendimento ao público; *c*) acesso ao agente público ou ao órgão encarregado de receber manifestações; *d*) situação da tramitação dos processos administrativos em que figure como interessado; e *e*) valor das taxas e tarifas cobradas pela prestação dos serviços, contendo informações para a compreensão exata da extensão do serviço prestado;
VII — comunicação prévia da suspensão da prestação de serviço. (Incluído pela Lei n. 14.015, de 2020)

> Parágrafo único. É vedada a suspensão da prestação de serviço em virtude de inadimplemento por parte do usuário que se inicie na sexta-feira, no sábado ou no domingo, bem como em feriado ou no dia anterior a feriado". (Incluído pela Lei n. 14.015, de 2020)

A citada Lei n. 12.527 é a famosa lei de acesso a informações que veio para regulamentar a publicidade como princípio regra da atuação da Administração Pública, nos termos do art. 5.º, XXXIII, da Constituição Federal.[66]

A implementação de tais direitos, bem como da adequada prestação dos serviços públicos, exige o **cumprimento de diretrizes** por parte dos agentes públicos, na prestação direta e na indireta por outorga, e dos particulares, na prestação indireta por delegação. Sobre o tema, prevê o art. 5.º da Lei n. 13.460:

> "O usuário de serviço público tem direito à adequada prestação dos serviços, devendo os agentes públicos e prestadores de serviços públicos observar as seguintes diretrizes:
> I — urbanidade, respeito, acessibilidade e cortesia no atendimento aos usuários;
> II — presunção de boa-fé do usuário;
> III — atendimento por ordem de chegada, ressalvados casos de urgência e aqueles em que houver possibilidade de agendamento, asseguradas as prioridades legais às pessoas com deficiência, aos idosos, às gestantes, às lactantes e às pessoas acompanhadas por crianças de colo;[67]
> IV — adequação entre meios e fins, vedada a imposição de exigências, obrigações, restrições e sanções não previstas na legislação;
> V — igualdade no tratamento aos usuários, vedado qualquer tipo de discriminação;
> VI — cumprimento de prazos e normas procedimentais;
> VII — definição, publicidade e observância de horários e normas compatíveis com o bom atendimento ao usuário;
> VIII — adoção de medidas visando a proteção à saúde e a segurança dos usuários;
> IX — autenticação de documentos pelo próprio agente público, à vista dos originais apresentados pelo usuário, vedada a exigência de reconhecimento de firma, salvo em caso de dúvida de autenticidade;
> X — manutenção de instalações salubres, seguras, sinalizadas, acessíveis e adequadas ao serviço e ao atendimento;
> XI — eliminação de formalidades e de exigências cujo custo econômico ou social seja superior ao risco envolvido;

---

[66] A Lei n. 12.527 foi alterada em 2021 e a redação do seu art. 12 ficou da seguinte forma: "Art. 12. O serviço de busca e de fornecimento de informação é gratuito. (Redação dada pela Lei n. 14.129, de 2021) § 1.º O órgão ou a entidade poderá cobrar exclusivamente o valor necessário ao ressarcimento dos custos dos serviços e dos materiais utilizados, quando o serviço de busca e de fornecimento da informação exigir reprodução de documentos pelo órgão ou pela entidade pública consultada. (Incluído pela Lei n. 14.129, de 2021) § 2.º Estará isento de ressarcir os custos previstos no § 1.º deste artigo aquele cuja situação econômica não lhe permita fazê-lo sem prejuízo do sustento próprio ou da família, declarada nos termos da Lei nº 7.115, de 29 de agosto de 1983. (Incluído pela Lei n. 14.129, de 2021)".

[67] São os hipervulneráveis.

XII — observância dos códigos de ética[68] ou de conduta aplicáveis às várias categorias de agentes públicos;
XIII — aplicação de soluções tecnológicas que visem a simplificar processos e procedimentos de atendimento ao usuário e a propiciar melhores condições para o compartilhamento das informações;
XIV — utilização de linguagem simples e compreensível, evitando o uso de siglas, jargões e estrangeirismos; e
XV — vedação da exigência de nova prova sobre fato já comprovado em documentação válida apresentada;
XVI — comunicação prévia ao consumidor de que o serviço será desligado em virtude de inadimplemento, bem como do dia a partir do qual será realizado o desligamento, necessariamente durante horário comercial. (Incluído pela Lei n. 14.015, de 2020)
Parágrafo único. A taxa de religação de serviços não será devida se houver descumprimento da exigência de notificação prévia ao consumidor prevista no inciso XVI do *caput* deste artigo, o que ensejará a aplicação de multa à concessionária, conforme regulamentação". (Incluído pela Lei n. 14.015, de 2020)

Sobre os **deveres**, o Código de Defesa **dos usuários dos serviços públicos** prevê em seu art. 8.º: "São deveres do usuário: I — utilizar adequadamente os serviços, procedendo com urbanidade e boa-fé; II — prestar as informações pertinentes ao serviço prestado quando solicitadas; III — colaborar para a adequada prestação do serviço; e IV — preservar as condições dos bens públicos por meio dos quais lhe são prestados os serviços de que trata esta Lei".

---

[68] No âmbito federal temos o Código de Ética do serviço público federal presente no anexo do Decreto n. 1.171, que prevê em mais de uma disposição o direito a reclamar dano moral diante da falha na prestação do serviço público: "IX — A cortesia, a boa vontade, o cuidado e o tempo dedicados ao serviço público caracterizam o esforço pela disciplina. Tratar mal uma pessoa que paga seus tributos direta ou indiretamente significa causar-lhe dano moral. Da mesma forma, causar dano a qualquer bem pertencente ao patrimônio público, deteriorando-o, por descuido ou má vontade, não constitui apenas uma ofensa ao equipamento e às instalações ou ao Estado, mas a todos os homens de boa vontade que dedicaram sua inteligência, seu tempo, suas esperanças e seus esforços para construí-los. X — Deixar o servidor público qualquer pessoa à espera de solução que compete ao setor em que exerça suas funções, permitindo a formação de longas filas, ou qualquer outra espécie de atraso na prestação do serviço, não caracteriza apenas atitude contra a ética ou ato de desumanidade, mas principalmente grave dano moral aos usuários dos serviços públicos. (...) XIV — São deveres fundamentais do servidor público: (...) b) exercer suas atribuições com rapidez, perfeição e rendimento, pondo fim ou procurando prioritariamente resolver situações procrastinatórias, principalmente diante de filas ou de qualquer outra espécie de atraso na prestação dos serviços pelo setor em que exerça suas atribuições, com o fim de evitar dano moral ao usuário; (...) g) ser cortês, ter urbanidade, disponibilidade e atenção, respeitando a capacidade e as limitações individuais de todos os usuários do serviço público, sem qualquer espécie de preconceito ou distinção de raça, sexo, nacionalidade, cor, idade, religião, cunho político e posição social, abstendo-se, dessa forma, de causar-lhes dano moral; (...) XV — É vedado ao servidor público: (...) d) usar de artifícios para procrastinar ou dificultar o exercício regular de direito por qualquer pessoa, causando-lhe dano moral ou material".

3.7.3. Da Carta de Serviços ao Usuário prevista no Código de Defesa dos usuários dos serviços públicos

Em cumprimento ao princípio da transparência acima citado, o art. 7.º da Lei n. 13.460 estabelece que os órgãos e entidades da Administração Pública direta e indireta da União, dos Estados, do Distrito Federal e dos Municípios divulgarão a denominada "Carta de Serviços ao Usuário".

A **Carta de Serviços ao Usuário tem por objetivo informar sobre os serviços prestados** pelo órgão ou entidade, as **formas de acesso** a esses serviços e **seus compromissos e padrões de qualidade** de atendimento ao público. Regulamento específico de cada Poder e esfera de Governo disporá sobre a operacionalização da Carta de Serviços ao Usuário.

A Carta de Serviços ao Usuário deverá trazer informações claras e precisas em relação a cada um dos serviços prestados, **apresentando, no mínimo, informações** relacionadas a:

- serviços oferecidos;
- requisitos, documentos, formas e informações necessárias para acessar o serviço;
- principais etapas para processamento do serviço;
- previsão do prazo máximo para a prestação do serviço;
- forma de prestação do serviço; e
- locais e formas para o usuário apresentar eventual manifestação sobre a prestação do serviço.

Ademais, a Carta de Serviços ao Usuário **deverá detalhar os compromissos e padrões de qualidade** do atendimento relativos, no mínimo, aos seguintes aspectos:

- prioridades de atendimento;
- previsão de tempo de espera para atendimento;
- mecanismos de comunicação com os usuários;
- procedimentos para receber e responder as manifestações dos usuários; e
- mecanismos de consulta, por parte dos usuários, acerca do andamento do serviço solicitado e de eventual manifestação.

Por fim, destacamos que a aludida Carta será atualizada periodicamente, com permanente divulgação em sítio eletrônico do órgão ou entidade na internet respectiva.[69]

3.7.4. Das manifestações dos usuários e ouvidorias previstas no Código de Defesa dos usuários dos serviços públicos

Com o **objetivo de garantir seus direitos**, o usuário poderá apresentar manifestações perante a Administração Pública acerca da prestação de serviços públicos.

---

[69] No ano de 2021 foi incluído o § 6.º ao art. 7.º pela Lei n. 14.129 nos seguintes termos: "Compete a cada ente federado disponibilizar as informações dos serviços prestados, conforme disposto nas suas Cartas de Serviços ao Usuário, na Base Nacional de Serviços Públicos, mantida pelo Poder Executivo federal, em formato aberto e interoperável, nos termos do regulamento do Poder Executivo federal".

Deverão os órgãos e entidades públicos colocar à disposição do usuário formulários simplificados e de fácil compreensão para a apresentação do requerimento, facultada sua utilização. Trata-se apenas de um facilitador para a elaboração da manifestação que, conforme veremos logo mais, poderá ser feita de maneira bastante informal.

Apesar de o art. 10 da Lei n. 13.460 exigir a identificação do requerente quando da apresentação de sua manifestação e determinar que essa identificação é informação pessoal protegida com restrição de acesso nos termos da Lei n. 12.527, **entendemos que a denúncia anônima** de qualquer tipo de irregularidade também **implicará o dever da Administração Pública de apurar eventual infração à ordem jurídica**. Isso porque em sede de processo administrativo vige o princípio da verdade material em que o Poder Público tem o dever de saber o que realmente aconteceu independentemente das provas trazidas aos autos pelas partes litigantes, tendo em vista a natureza do interesse tutelado, qual seja: o interesse público.

A princípio, tal **manifestação será dirigida à ouvidoria** do órgão ou entidade responsável. **Inexistindo ouvidoria, o usuário poderá apresentar manifestações diretamente ao órgão ou entidade** responsável pela execução do serviço e ao órgão ou entidade a que se subordinem ou se vinculem.

Mais uma vez invocando princípio do processo administrativo, mais precisamente o princípio do informalismo, também conhecido como informalismo moderado, **a manifestação poderá ser feita por meio eletrônico, ou correspondência convencional, ou verbalmente**, hipótese em que deverá ser reduzida a termo (art. 10, § 4.º, da Lei n. 13.460). Os princípios da eficiência e da celeridade também estão previstos na Lei n. 13.460 como norteadores do processo administrativo de manifestação dos usuários dos serviços públicos (art. 12).

No ano de 2021 foi incluído o art. 10-A pela Lei n. 14.129, alterado no ano de 2023, nos seguintes termos:

> "Para fins de acesso a informações e serviços, de exercício de direitos e obrigações ou de obtenção de benefícios perante os órgãos e as entidades federais, estaduais, distritais e municipais ou os serviços públicos delegados, a apresentação de documento de identificação com fé pública em que conste o número de inscrição no Cadastro de Pessoas Físicas (CPF) será suficiente para identificação do cidadão, dispensada a apresentação de qualquer outro documento. (Incluído pela Lei n. 14.129, de 2021)
> § 1.º Os cadastros, os formulários, os sistemas e outros instrumentos exigidos dos usuários para a prestação de serviço público deverão disponibilizar campo para registro do número de inscrição no CPF, de preenchimento obrigatório, que será suficiente para sua identificação, vedada a exigência de apresentação de qualquer outro número para esse fim. (Redação dada pela Lei n. 14.534, de 2023)
> § 2.º O número de inscrição no CPF poderá ser declarado pelo usuário do serviço público, desde que acompanhado de documento de identificação com fé pública, nos termos da lei. (Incluído pela Lei n. 14.129, de 2021)
> § 3.º Ato de cada ente federativo ou Poder poderá dispor sobre casos excepcionais ao previsto no *caput* deste artigo. (Incluído pela Lei n. 14.129, de 2021)"

Prevê o art. 11 do Código de Defesa dos usuários dos serviços públicos que o recebimento da manifestação não poderá ser recusado em nenhuma hipótese, sob pena de responsabilidade do agente público.

A efetiva resolução das manifestações dos usuários dos serviços públicos compreende:

- recepção da manifestação no canal de atendimento adequado;
- emissão de comprovante de recebimento da manifestação;
- análise e obtenção de informações, quando necessário;
- decisão administrativa final; e
- ciência ao usuário.

No tocante às **ouvidorias**, atos normativos específicos de cada Poder e esfera de Governo disporão sobre a respectiva organização e funcionamento. No entanto, a Lei n. 13.460 estabelece suas **atribuições principais**:

- promover a participação do usuário na Administração Pública, em cooperação com outras entidades de defesa dos usuários;
- acompanhar a prestação dos serviços, visando a garantir a sua efetividade;
- propor aperfeiçoamentos na prestação dos serviços;
- auxiliar na prevenção e correção dos atos e procedimentos incompatíveis com os princípios estabelecidos no Código de Defesa dos usuários dos serviços públicos;
- propor a adoção de medidas para a defesa dos direitos do usuário;
- receber, analisar e encaminhar às autoridades competentes as manifestações, acompanhando o tratamento e a efetiva conclusão das manifestações de usuário perante órgão ou entidade a que se vincula; e
- promover a adoção de mediação e conciliação entre o usuário e o órgão ou a entidade pública, sem prejuízo de outros órgãos competentes.

Com vistas à realização de seus objetivos, as ouvidorias deverão receber, analisar e responder, por meio de mecanismos proativos e reativos, as manifestações encaminhadas por usuários de serviços públicos. Deverão ainda elaborar relatório de gestão anual, apontando falhas e sugerindo melhorias na prestação de serviços públicos.

O relatório de gestão deverá indicar:

- o número de manifestações recebidas no ano anterior;
- os motivos das manifestações;
- a análise dos pontos recorrentes; e
- as providências adotadas pela Administração Pública nas soluções apresentadas.

O aludido relatório será encaminhado à autoridade máxima do órgão a que pertence a unidade de ouvidoria e disponibilizado integralmente na internet, como forma de dar transparência e publicidade na atuação da Administração Pública.

O art. 16 do Código de Defesa dos usuários dos serviços públicos prevê que a "ouvidoria encaminhará a **decisão administrativa final** ao usuário, observado o **prazo de**

trinta dias, prorrogável de forma justificada uma única vez, por igual período".
Observado esse prazo, a ouvidoria poderá solicitar informações e esclarecimentos diretamente a agentes públicos do órgão ou entidade a que se vincula, e as solicitações devem ser respondidas no prazo de vinte dias, prorrogável de forma justificada uma única vez, por igual período.

3.7.5. Dos Conselhos dos Usuários e da avaliação continuada dos serviços públicos

A **participação dos usuários** no acompanhamento da prestação e na avaliação dos serviços públicos será feita **por meio de conselhos de usuários** (art. 18 da Lei n. 13.460).

A composição dos conselhos deve observar os critérios de representatividade e pluralidade das partes interessadas, com vistas ao equilíbrio em sua representação. A escolha dos representantes será feita em processo aberto ao público e diferenciado por tipo de usuário a ser representado (art. 19 da Lei n. 13.460).

Sobre o tema, prevê o art. 21 da lei em comento: "A participação do usuário no conselho será considerada serviço relevante e sem remuneração".

Regulamento específico de cada Poder e esfera de Governo disporá sobre a organização e funcionamento dos **conselhos de usuários**. No entanto, o Código de Defesa dos usuários dos serviços públicos estabelece que tais conselhos **são órgãos consultivos e dotados das seguintes atribuições**:

■ acompanhar a prestação dos serviços;
■ participar na avaliação dos serviços;
■ propor melhorias na prestação dos serviços;
■ contribuir na definição de diretrizes para o adequado atendimento ao usuário;
■ acompanhar e avaliar a atuação do ouvidor;
■ opinar quanto à indicação do ouvidor.

Em relação à **avaliação continuada**, importante informar que Administração Pública direta e indireta da União, dos Estados, do Distrito Federal e dos Municípios deverá **examinar os serviços prestados, nos seguintes aspectos:**

■ satisfação do usuário com o serviço prestado;
■ qualidade do atendimento prestado ao usuário;
■ cumprimento dos compromissos e prazos definidos para a prestação dos serviços;
■ quantidade de manifestações de usuários; e
■ medidas adotadas pela Administração Pública para melhoria e aperfeiçoamento da prestação do serviço.

Regulamento específico de cada Poder e esfera de Governo disporá sobre a avaliação da efetividade e dos níveis de satisfação dos usuários. O que o Código de Defesa dos usuários dos serviços públicos define é que a avaliação será realizada por pesquisa de satisfação feita, no mínimo, a cada um ano, ou por qualquer outro meio que garanta significância estatística aos resultados (art. 23, § 1.º, da Lei n. 13.460).

O resultado da avaliação deverá ser publicado, na íntegra, anualmente no sítio do órgão ou entidade, incluindo o *ranking* das entidades com maior incidência de reclamação dos usuários.[70] Tal conduta servirá de subsídio para reorientar e ajustar os serviços prestados, em especial quanto ao cumprimento dos compromissos e dos padrões de qualidade de atendimento divulgados na Carta de Serviços ao Usuário.

3.8. QUESTÕES

QUESTÕES DE CONCURSOS
http://uqr.to/1yf18

---

[70] Previsão semelhante é aquela expressa no art. 44 do CDC, que prevê, *in verbis*: "Os órgãos públicos de defesa do consumidor manterão cadastros atualizados de reclamações fundamentadas contra fornecedores de produtos e serviços, devendo divulgá-lo pública e anualmente. A divulgação indicará se a reclamação foi atendida ou não pelo fornecedor".

4

PRINCÍPIOS E DIREITOS NO CDC

4.1. INTRODUÇÃO

O Código de Defesa do Consumidor possui **três características principais:**

- consiste num **microssistema multidisciplinar**;
- é uma **lei principiológica**;
- alberga em seu conteúdo **normas de ordem pública e de interesse social**.

O estudo deste capítulo requer um aprofundamento da citada segunda característica, pois, sendo o CDC uma lei principiológica, definidora de uma série de princípios capazes de conferir direitos ao vulnerável e de impor obrigações ao fornecedor, imprescindível pontuarmos e estudarmos cada um deles.

Antes de tudo, é necessário **delimitar o conceito de princípio** a ser adotado nesta obra, além de traçar as diferenças básicas em relação **às regras**.

A noção de **princípio para Ronald Dworkin** é emanada muitas vezes de "maneira genérica, para indicar todo esse conjunto de padrões que não são regras".[1] Nessa linha de raciocínio, o renomado autor denomina "'princípio' um padrão que deve ser observado, não porque vá promover ou assegurar uma situação econômica, política ou social considerada desejável, mas porque é uma exigência de justiça ou equidade ou alguma outra dimensão da moralidade".[2]

Dworkin arremata o tema, ensinando que "os princípios desempenham um papel fundamental nos argumentos que sustentam as decisões a respeito de direitos e obrigações jurídicos particulares".[3]

Apesar de a generalidade ser uma marca característica dos princípios, cumpre ressaltar que estes alçaram no mundo moderno ao *status* de norma jurídica, de forma a superar a mera posição axiológica que possuíam em sua origem. Desta forma, destaca-se que no plano da eficácia os princípios ganharam importância quando cotejados com as pontuações primeiras a respeito do instituto.

É certo que a generalidade estará presente não apenas na definição de princípios, como também na das regras, na medida em que estas são elaboradas para atingir um

---

[1] DWORKIN, Ronald. *Levando os direitos a sério.* Tradução de Nelson Boeira. 3. ed. São Paulo: Martins Fontes, 2002, p. 36.
[2] DWORKIN, Ronald. *Levando os direitos a sério,* p. 36.
[3] DWORKIN, Ronald. *Levando os direitos a sério,* p. 36.

número indeterminado de atos e fatos. Entretanto, no tocante aos princípios, o grau de generalidade é maior em razão da "série indefinida de aplicações — tipicidade aberta".[4]

Ao tratar do tema, **Robert Alexy** ensina que há "diversos critérios para distinguir regras de princípios. Provavelmente aquele que é utilizado com mais frequência é o da generalidade. Segundo esse critério, princípios são normas com grau de generalidade relativamente alto, enquanto o grau de generalidade das regras é relativamente baixo. Um exemplo de norma de grau de generalidade relativamente alto é a norma que garante a liberdade de crença. De outro lado, uma norma de grau de generalidade relativamente baixo seria a norma que prevê que todo o preso tem o direito de converter outros presos à sua crença. Segundo o critério da generalidade, seria possível pensar em classificar a primeira norma como princípio, e a segunda como regra".[5]

Na visão do autor, existem ainda outros critérios para diferenciar princípios de regras, tais como:[6]

■ a determinabilidade dos casos de aplicação;
■ o caráter explícito do seu conteúdo axiológico;
■ a referência à ideia de direito ou a uma lei jurídica suprema;
■ a importância para a ordem jurídica.

Outra visão conceitual de princípio, diferente daquela compartilhada em termos por Dworkin e Alexy, é a defendida por **Celso Antônio Bandeira de Mello** desde o ano de 1971. Para este renomado administrativista, princípio "é, pois, por definição, mandamento nuclear de um sistema, verdadeiro alicerce dele, disposição fundamental que se irradia sobre diferentes normas, compondo-lhes o espírito e servindo de critério para exata compreensão e inteligência delas, exatamente porque define a lógica e a racionalidade do sistema normativo, conferindo-lhe a tônica que lhe dá sentido harmônico".[7]

Seja na toada de norma com grau de generalidade relativamente alto ou de mandamento nuclear, de alicerce do sistema jurídico e de disposição fundamental, iremos desenvolver o capítulo sobre princípios e direitos no CDC da seguinte forma:

■ princípios gerais do CDC previstos em seu art. 4.º;
■ direitos básicos do consumidor estipulados no art. 6.º da Lei n. 8.078/90;
■ princípios específicos do CDC — em especial aqueles referentes à publicidade e aos contratos de consumo; e
■ princípios complementares do CDC — com destaque para os princípios constitucionais afetos às relações de consumo.

---

[4] CAVALIERI FILHO, Sergio. *Programa de direito do consumidor*, p. 33.
[5] ALEXY, Robert. *Teoria dos direitos fundamentais*. São Paulo: Malheiros, 2008, p. 87-88.
[6] ALEXY, Robert. *Teoria dos direitos fundamentais*, p. 88.
[7] BANDEIRA DE MELLO, Celso Antônio. *Curso de direito administrativo*. 27. ed. São Paulo: Malheiros, 2010, p. 53.

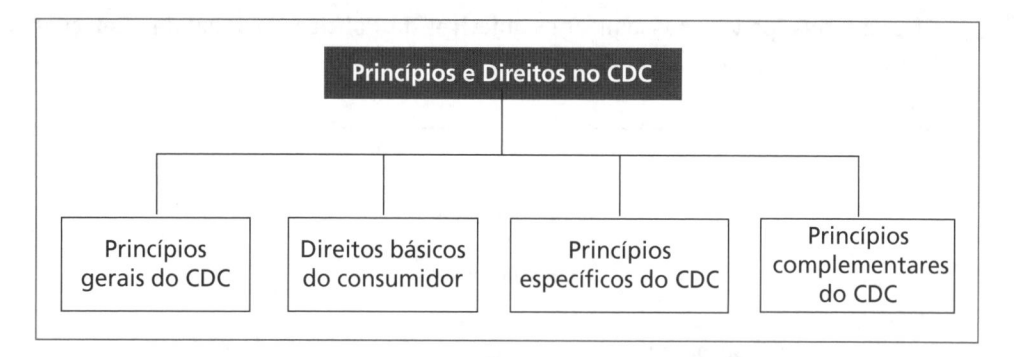

4 ■ Princípios e Direitos no CDC

Princípios e Direitos no CDC
- Princípios gerais do CDC
- Direitos básicos do consumidor
- Princípios específicos do CDC
- Princípios complementares do CDC

Analisaremos, desta forma, princípios explicitados na Lei n. 8.078/90 e eventuais princípios implícitos que poderão ser identificados no contexto normativo do Diploma Consumerista ou fora dele. Aliás, o *caput* do art. 7.º do CDC admite expressamente tal possibilidade ao dispor que: "Os direitos previstos neste código não excluem outros decorrentes de tratados ou convenções internacionais de que o Brasil seja signatário, da legislação interna ordinária, de regulamentos expedidos pelas autoridades administrativas competentes, bem como dos que derivem dos princípios gerais do direito, analogia, costumes e equidade".

4.2. PRINCÍPIOS GERAIS DO CÓDIGO DE DEFESA DO CONSUMIDOR

Os temas princípios gerais do CDC e direitos básicos do consumidor são tratados conjuntamente em diversas oportunidades, sendo determinado instituto — como o direito à informação — ora estudado como princípio, ora como direito dos vulneráveis da relação jurídica de consumo.

Adotaremos nesta obra a divisão topográfica presente no Código de Defesa do Consumidor e trabalharemos inicialmente com os princípios gerais insertos no Diploma Consumerista para, na sequência, voltarmos os holofotes aos direitos básicos do consumidor. Mas reiteramos a informação de que no aspecto semântico cada um dos institutos a seguir analisados poderá perfeitamente enquadrar-se nas definições de princípio ou de direito básico, pois:

■ o grau de generalidade de ambos é o mesmo — relativamente alto na visão de Robert Alexy; e

■ podem ser considerados vetores do ordenamento jurídico no entendimento de Celso Antônio Bandeira de Mello.

Com efeito, define o **art. 4.º** do Código de Defesa do Consumidor os **objetivos da Política Nacional das Relações de Consumo** e prevê os **princípios que devem ser seguidos pelo mercado:** "A Política Nacional das Relações de Consumo tem por objetivo o atendimento das necessidades dos consumidores, o respeito à sua dignidade, saúde e segurança, a proteção de seus interesses econômicos, a melhoria da sua qualidade de vida, bem como a transparência e harmonia das relações de consumo, atendidos os seguintes princípios: (...)".

Desta forma, podemos visualizar **os objetivos da Política Nacional das Relações de Consumo** no seguinte esquema:

Objetivos da Política Nacional:
- Atender necessidades dos consumidores
- Respeito à dignidade, saúde e segurança
- Proteção dos interesses econômicos
- Melhoria da qualidade de vida
- Transparência e harmonia nas relações de consumo

Claudia Lima Marques considera o art. 4.º do CDC como "uma **norma narrativa**, expressão criada por Erik Jayme para descrever estas **normas renovadoras e abertas, que trazem objetivos e princípios**, e evitar de chamá-las de normas-programa ou normas programáticas, que não tinham eficácia prática e por isso não eram usadas".[8]

As normas narrativas, portanto, exercem o papel de direcionar o intérprete, ao iluminarem todas as outras disposições da lei do consumidor. Daí a importância do artigo em comento para a boa compreensão da tutela do vulnerável da relação.

Constata-se da leitura do dispositivo supracitado que os objetivos a serem alcançados na regulamentação das relações jurídicas de consumo têm como enfoque principal a tutela da parte mais fraca dessa relação, conferindo direitos a esta e impondo deveres ao fornecedor.

Assim, o princípio da isonomia em seu sentido material é concretizado, pois trata o vulnerável no mercado de consumo de forma desigual com a finalidade única de equipará-lo numa relação jurídica tão díspar.

Nunca é demasiado lembrar que o fornecedor é o detentor do monopólio dos meios de produção. É ele quem dita as regras do mercado, definindo, por exemplo, aquilo que o consumidor irá comprar ou contratar, a forma pela qual se dará esta relação... Ante esse contexto, **merece o vulnerável uma proteção** especificamente voltada para ele, **que poderá ser traduzida**:

---

[8] BENJAMIN, Antônio Herman de V.; MARQUES, Claudia Lima; BESSA, Leonardo Roscoe. *Manual de direito do consumidor,* p. 65.

☐ **por meio de uma legislação tutelar** cujo conteúdo está repleto de princípios e direitos básicos;

☐ **por meio de instrumentos capazes de implementar a aludida proteção**, quer com o auxílio do Estado — direta (exemplo: por meio do PROCON) ou indiretamente (exemplo: incentivando a criação das associações de defesa do consumidor) —, quer pela própria iniciativa do consumidor lesado — individual ou coletivamente.

Em última análise, a proteção do consumidor é ampla e poderá ser efetivada diretamente pelo vulnerável, pelo Estado ou pelas entidades de defesa do consumidor. Tal proteção está bem consubstanciada nos artigos iniciais do CDC, que, na visão de Rizzatto Nunes, seriam suficientes para nortear toda a tutela do vulnerável da relação de consumo.

Para o citado consumerista, "se a Lei n. 8.078/90 se tivesse limitado a seus primeiros sete artigos, ainda assim o consumidor poderia receber uma ampla proteção, pois eles refletem concretamente os princípios constitucionais de proteção ao consumidor e bastaria aos intérpretes compreender seus significados".[9]

Passaremos agora ao estudo dos princípios em espécie.

4.2.1. Princípio da vulnerabilidade

O art. 4.º, inciso I, do Código de Defesa do Consumidor identificou como o primeiro princípio da Política Nacional das Relações de Consumo o da Vulnerabilidade, que expressa o "reconhecimento da vulnerabilidade do consumidor no mercado de consumo". O **consumidor** é considerado a **parte mais frágil** da relação jurídica de consumo.

4.2.1.1. A justificativa de sua existência

Coloca-se tal princípio numa posição inaugural da Lei n. 8.078/90, que é considerada uma lei principiológica, e este enquadramento não poderia ser diferente. Com a constatação de que a relação de consumo é extremamente desigual, imprescindível foi buscar instrumentos jurídicos para tentar reequilibrar os negócios firmados entre consumidor e fornecedor, sendo o reconhecimento da presunção de **vulnerabilidade** do consumidor **o princípio norteador da igualdade material entre os sujeitos do mercado de consumo**.

Na tentativa de justificar a existência do princípio da vulnerabilidade no ordenamento jurídico e o tratamento diferenciado que ele propõe, ensina Jorge Miranda que "os direitos são os mesmos para todos; mas, como nem todos se acham em igualdade de condições para os exercer, é preciso que estas condições sejam criadas ou recriadas através da transformação da vida e das estruturas dentro das quais as pessoas se movem (...) mesmo quando a igualdade social se traduz na concessão de certos direitos ou até certas vantagens especificamente a determinadas pessoas — as que se encontram em

---

[9] NUNES, Luiz Antonio Rizzatto. *Curso de direito do consumidor*, p. 127.

situações de inferioridade, de carência, de menor proteção — a diferenciação ou a discriminação (positiva) tem em vista alcançar a igualdade e tais direitos ou vantagens configuram-se como instrumentais no rumo para esses fins".[10]

Estamos diante, portanto, de uma norma estruturante que dá a base e o fundamento para todos os demais direitos conferidos aos consumidores-vulneráveis e obrigações impostas aos fornecedores. Sendo, pois, o consumidor a parte mais fraca da relação jurídica, necessita ele de tratamento diferenciado para que possa se relacionar com um mínimo de independência no mercado de consumo — igualdade real, e não apenas perante a lei.

A vulnerabilidade do consumidor pessoa física constitui presunção absoluta no Diploma Consumerista, não necessitando de qualquer comprovação outra para demonstrar o desequilíbrio existente entre consumidor e fornecedor nas relações jurídicas estabelecidas entre si.

No entanto, vale lembrar que no caso de consumidor pessoa jurídica ou profissional — como é o caso, por exemplo, das microempresas e dos profissionais liberais — tal comprovação é pressuposto sem o qual não será possível a utilização das regras tutelares do CDC para alcançar tais pessoas em suas relações de consumo.

4.2.1.2. Vulnerabilidade vs. hipossuficiência

Mas se todos os consumidores pessoas físicas são considerados vulneráveis, por que só alguns terão o direito, por exemplo, de gozar da inversão do ônus da prova para facilitar sua defesa em juízo? Porque **vulnerabilidade não é sinônimo de hipossuficiência**.

Apesar de ambos os institutos estarem relacionados com a fraqueza do consumidor perante o fornecedor em suas relações no mercado de consumo, a **vulnerabilidade é fenômeno de direito material — com presunção absoluta — e a hipossuficiência é fenômeno de direito processual — com presunção relativa**.

Desta forma, no plano do direito material, todos os consumidores pessoas físicas são considerados vulneráveis, mas na via processual nem todos são hipossuficientes, devendo a fragilidade ser demonstrada no caso concreto. É o que ocorre com a inversão no ônus da prova.

O art. 6.º, inciso VIII, do Código de Defesa do Consumidor, quando se refere à inversão do ônus da prova no processo civil como forma de facilitar a defesa do consumidor em juízo, estabelece que tal benesse ocorrerá quando, a critério do juiz e segundo as regras ordinárias de experiência:

- for verossímil a alegação do consumidor; **ou**
- for este hipossuficiente.

---

[10] MIRANDA, Jorge. *Manual de direito constitucional*. 3. ed. Coimbra: Coimbra Editora, t. IV, p. 225 apud CAVALIERI FILHO, Sergio. *Programa de direito do consumidor*, p. 48.

Percebam o instituto da hipossuficiência relacionado com a fragilidade do consumidor a ser demonstrada no caso concreto para só então poder se valer da inversão do ônus da prova. Essa também é a posição que prevalece na melhor doutrina:

BRUNO MIRAGEM	"Neste sentido, é necessário distinguir entre *vulnerabilidade* e *hipossuficiência*, ambas expressões presentes no CDC. No caso da hipossuficiência, presente no art. 6.º, VIII, do CDC, a noção aparece como critério de avaliação judicial para a decisão sobre a possibilidade ou não de inversão do ônus da prova em favor do consumidor. (...) A noção de vulnerabilidade no direito associa-se à identificação de fraqueza ou debilidade de um dos sujeitos da relação jurídica em razão de determinadas condições ou qualidades que lhe são inerentes ou, ainda, de uma posição de força que pode ser identificada no outro sujeito da relação jurídica."[11]
ANTÔNIO HERMAN DE VASCONCELLOS E BENJAMIN	"A vulnerabilidade é um traço universal de todos os consumidores, ricos ou pobres, educados ou ignorantes, crédulos ou espertos. Já a hipossuficiência é marca pessoal, limitada a alguns — até mesmo a uma coletividade — mas nunca a todos os consumidores. A utilização, pelo fornecedor, de técnicas mercadológicas que se aproveitem da hipossuficiência do consumidor caracteriza a abusividade da prática.
ANTÔNIO HERMAN DE VASCONCELLOS E BENJAMIN	A vulnerabilidade do consumidor justifica a existência do Código. A hipossuficiência, por seu turno, legitima alguns tratamentos diferenciados no interior do próprio Código, como, por exemplo, a previsão de inversão do ônus da prova (art. 6.º, VIII)."[12]
SERGIO CAVALIERI FILHO	"Hipossuficiência é um agravamento da situação de vulnerabilidade, um *plus*, uma vulnerabilidade qualificada. Além de vulnerável, o consumidor vê-se agravado nessa situação por sua individual condição de carência cultural, material ou ambos. O conceito de hipossuficiência está mais ligado a aspectos processuais. O CDC empregou a expressão *hipossuficiência* só para as hipóteses de inversão do ônus da prova (art. 6.º, VIII) a ser determinada pelo juiz em face do caso concreto."[13]

Apesar de a hipossuficiência estar limitada a algumas pessoas, analisaremos, logo mais, que certos grupos, em razão de suas condições consideradas especialíssimas, merecerão um tratamento tutelar de grau máximo por serem considerados os hipervulneráveis. Mas, antes, estudaremos as espécies de vulnerabilidade.

4.2.1.3. Espécies de vulnerabilidade

A vulnerabilidade do consumidor poderá ser identificada numa das seguintes espécies:

---

[11] MIRAGEM, Bruno. *Curso de direito do consumidor*, p. 66.
[12] GRINOVER, Ada Pellegrini; BENJAMIN, Antônio Herman de V.; FINK, Daniel Roberto; FILOMENO, José Geraldo Brito; NERY JR., Nelson; DENARI, Zelmo. *Código Brasileiro de Defesa do Consumidor*, p. 384.
[13] CAVALIERI FILHO, Sergio. *Programa de direito do consumidor*, p. 47-48.

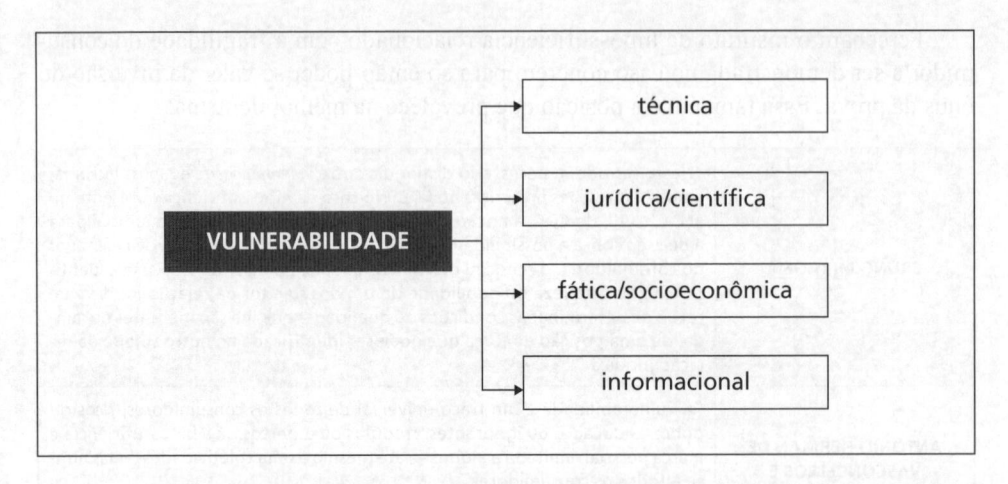

```
VULNERABILIDADE ──┬──► técnica
                  ├──► jurídica/científica
                  ├──► fática/socioeconômica
                  └──► informacional
```

A **vulnerabilidade técnica** consiste na fragilidade do consumidor no tocante à **ausência de conhecimentos técnicos sobre o produto ou o serviço** adquirido/contratado no mercado de consumo. Conforme exaustivamente tratado nos capítulos anteriores, o **fornecedor** é o detentor do monopólio dos meios de produção e é dele o conhecimento a respeito dos bens de consumo produzidos ou vendidos.

Sendo ele o presumido *expert* **da relação**, o conhecedor, por exemplo, da matéria-prima utilizada na confecção de um terno, da espécie de placa-mãe que integra um computador ou do tipo do agrotóxico utilizado na produção de hortifrutigranjeiros, restou para o outro sujeito — o consumidor — o qualificativo da vulnerabilidade nas questões de ordem técnica. "O que determina a vulnerabilidade, neste caso, é a falta de conhecimentos específicos pelo consumidor e, por outro lado, a presunção ou exigência destes conhecimentos pelo fornecedor."[14]

> **Vulnerabilidade técnica**
> Consumidor é frágil nos conhecimentos técnicos do produto/serviço.

Já a **vulnerabilidade jurídica ou científica** envolve a debilidade do consumidor em relação à **falta do conhecimento sobre a matéria jurídica ou a respeito de outros ramos científicos como da economia ou da contabilidade**. Durante muito tempo esta vulnerabilidade foi classificada de jurídica, como se apenas esta ciência fosse relevante nas transações realizadas no mercado de consumo.

Tal situação se deve à evidente fraqueza do consumidor na apreciação das cláusulas dos contratos de consumo que são, em sua maioria, contratos de adesão, cuja elaboração é realizada exclusivamente pelo fornecedor. A impossibilidade de se discutirem os termos da contratação no contrato-formulário maximiza a vulnerabilidade jurídica do consumidor.

No entanto, é patente a fragilidade do consumidor em outros ramos científicos, como no caso da contratação de crédito bancário e a dificuldade na compreensão das

---

[14] MIRAGEM, Bruno. *Curso de direito do consumidor*, p. 67.

diversas fórmulas utilizadas para a fixação do cálculo dos juros remuneratórios, por exemplo.

Nesse contexto, **tem maior dificuldade em demonstrar a vulnerabilidade jurídica ou científica o consumidor pessoa jurídica ou o profissional**, visto que a presunção nestas hipóteses é exatamente a contrária, ou seja, presume-se que a empresa tenha funcionário com conhecimento científico sobre o produto adquirido ou serviço contratado — é o exemplo do Advogado responsável pelo departamento jurídico —, ou que, ao menos, tenha condições financeiras de contratar um *expert* para auxiliá-la na realização do negócio de consumo.

Tal presunção é relativa e admite prova em contrário, podendo, sim, a pessoa jurídica ou o profissional ser considerados consumidores, conforme visto no subitem "2.2.1.5. A pessoa jurídica como consumidora na jurisprudência do Superior Tribunal de Justiça — teoria finalista atenuada/mitigada/aprofundada".

> **Vulnerabilidade jurídica/científica**
> Consumidor é frágil nos conhecimentos jurídicos e demais ramos científicos.

Em relação à **vulnerabilidade fática ou socioeconômica**, deparamo-nos geralmente com a fragilidade do consumidor no aspecto econômico. Entretanto, seria esta uma "espécie ampla, que abrange, genericamente, diversas situações concretas de reconhecimento da debilidade do consumidor. A mais comum, neste caso, é a vulnerabilidade econômica do consumidor em relação ao fornecedor".[15]

Trata-se de modalidade aberta de vulnerabilidade capaz de albergar situações outras que no caso concreto identificam a fragilidade de uma das partes, como no caso do consumidor crédulo, o mais humilde, que se deixa levar pela conversa enganosa de um vendedor que afirma ser o melhor presente a joia mais cara daquele estabelecimento.

Nesta hipótese, não necessariamente o preposto da empresa se referiu a questões de ordem técnica afetas ao produto ou jurídica relacionadas ao contrato de consumo, mas ainda assim faticamente o consumidor pode ser considerado a parte mais fraca da relação.

> **Vulnerabilidade fática/socioeconômica**
> Consumidor é frágil no aspecto econômico e demais situações fáticas.

Para alguns autores, existe ainda mais um tipo de **vulnerabilidade, a informacional**.[16] Referem-se basicamente à **importância das informações a respeito dos bens de consumo e sobre sua influência cada vez maior no poder de persuadir o consumidor no momento de escolher** o que comprar ou contratar no mercado consumidor.

Outra parcela da doutrina defende que seria uma subespécie da fragilidade fática a vulnerabilidade informacional, na qual a "característica da atual sociedade, conhecida como sociedade da informação, em que o acesso às informações do produto, e a

---

[15] MIRAGEM, Bruno. *Curso de direito do consumidor*, p. 68.
[16] MARQUES, Claudia Lima. *Contratos no Código de Defesa do Consumidor*: o novo regime das relações contratuais, p. 330.

confiança despertada em razão da comunicação e da publicidade, colocam o consumidor em uma posição passiva e sem condições, *a priori,* de atestar a veracidade dos dados, bem como suscetível aos apelos do *marketing* dos fornecedores".[17]

Em nossa visão, quer a vulnerabilidade informacional seja considerada como modalidade autônoma de vulnerabilidade, quer como subespécie da vulnerabilidade fática ou até mesmo da técnica, o importante é deixar bem clara a sua relevância no mundo contemporâneo, em que o consumidor é constantemente persuadido em sua liberdade de opinião pelas técnicas agressivas da oferta e por ser o fornecedor o manipulador e conhecedor dessas informações, evidenciando uma relação completamente díspar e merecedora da proteção do mais frágil também no aspecto da informação.

> **Vulnerabilidade informacional**
> Consumidor é frágil em relação às informações veiculadas do produto/serviço.

4.2.1.4. A hipervulnerabilidade

A doutrina[18] e a jurisprudência[19] pátrias vêm reconhecendo que determinado grupo de consumidor, em razão do alto nível de fragilidade em que se encontra no mercado de consumo, é merecedor de maiores cuidados em relação aos demais consumidores em geral.[20]

Isto é, se já existe uma presunção legal de que os consumidores não profissionais são os vulneráveis da relação jurídica de consumo, foi identificado mais recentemente uma nova categoria de pessoas que se encontram na condição de **hipervulneráveis**, ou seja, aqueles cuja **fragilidade se apresenta em maior grau de relevância ou de forma agravada**.

É o caso dos consumidores personificados nas gestantes, nas crianças, nos idosos, nos enfermos, nos portadores de necessidades especiais, nos analfabetos, dentre outros. Realmente, se pararmos para analisar, existem consumidores mais vulneráveis que outros, tais como:

- **a gestante e os portadores de necessidades especiais** e a impossibilidade física de se dirigirem a um caixa preferencial no segundo andar de uma agência bancária cujo acesso se dá apenas por escadas;

---

[17] MIRAGEM, Bruno. *Curso de direito do consumidor*, p. 68.
[18] MARQUES, Claudia Lima. *Contratos no Código de Defesa do Consumidor*: o novo regime das relações contratuais, p. 330.
[19] STJ, REsp 586.316/MG, j. 17.4.2007, Ministro Herman Benjamin.
[20] O próprio Estatuto da Pessoa Idosa, Lei n. 10.741, teve redação alterada em alguns dos seus dispositivos por força da Lei n. 13.466, de 2017, depois pela Lei n. 14.423, de 2022, para reconhecer tratamento mais que diferenciado às pessoas idosas com idade acima de 80 anos. Vejamos: Art. 3.º, § 2.º "Entre as pessoas idosas, é assegurada prioridade especial aos maiores de 80 (oitenta) anos, atendendo-se suas necessidades sempre preferencialmente em relação às demais pessoas idosas. (Redação dada pela Lei n. 14.423, de 2022); (...) Art. 15, § 7.º "Em todo atendimento de saúde, os maiores de 80 (oitenta) anos terão preferência especial sobre as demais pessoas idosas, exceto em caso de emergência. (Redação dada pela Lei n. 14.423, de 2022); Art. 71, § 5.º "Dentre os processos de pessoas idosas, dar-se-á prioridade especial aos das maiores de 80 (oitenta) anos. (Redação dada pela Lei n. 14.423, de 2022).

■ **a criança** e a questão da publicidade voltada para o público infantil que merece maiores cuidados em razão da sua deficiência de julgamento, cuja maturidade intelectual ainda está em formação;

■ **o idoso** e os tentadores serviços de crédito consignado em folha de pagamento de aposentadoria ou os aumentos estratosféricos nos valores dos planos de seguro-saúde envolvendo a mudança de faixa etária;

■ **os doentes** e as inúmeras práticas abusivas, como a limitação do tempo de internação.

Vale lembrar que o STJ tem fixado um critério de vedação ao crédito consignado para o idoso nos seguintes termos: "**O critério de vedação ao crédito consignado — a soma da idade do cliente com o prazo do contrato não pode ser maior que 80 anos** — não representa discriminação negativa que coloque em desvantagem exagerada a população idosa que pode se socorrer de outras modalidades de acesso ao crédito bancário. 10. Recurso especial conhecido e não provido" (REsp 1783731/PR, Rel. Ministra Nancy Andrighi, 3.ª T., j. 23.4.2019, *DJe* 26.4.2019).[21]

---

[21] A íntegra desse julgado é bastante interessante no tocante à fundamentação apresentada para demonstrar a ausência de discriminação para com os idosos: "RECURSO ESPECIAL. AÇÃO CIVIL PÚBLICA. NEGATIVA DE PRESTAÇÃO JURISDICIONAL. REJEITADA. COMPREENSÃO DA PESSOA IDOSA COMO REALIDADE BIOLÓGICA E CULTURAL. OPERAÇÕES FINANCEIRAS. RACIONALIDADE TÉCNICO-FUNCIONAL. LIMITES. CONTROLE NORMATIVO DE RAZOABILIDADE ETICAMENTE DENSIFICADA. AVALIAÇÃO DAS RAZÕES QUE JUSTIFICAM O TRATAMENTO DIFERENCIADO. SUPERENDIVIDAMENTO. LIMITE DE OPERAÇÕES POR CLIENTE. ALTERNATIVAS FINANCEIRAS ALÉM DO EMPRÉSTIMO CONSIGNADO. CONDUTA ABUSIVA DO BANCO. NÃO CONFIGURADA. RISCOS COMPREENDIDOS. JUSTIFICAÇÃO RAZOÁVEL DA LIMITAÇÃO CONTRATUAL. 1. Ação ajuizada em 30.6.2016. Recurso especial interposto em 16.8.2018 e concluso ao gabinete em 12.12.2018. 2. O propósito recursal consiste em dizer da negativa de prestação jurisdicional pelo Tribunal de origem e se existe discriminação abusiva de idosos na restrição ao empréstimo consignado em instituição financeira quando a soma da idade do cliente com o prazo do contrato for maior que 80 anos. 3. A linha de raciocínio do Tribunal de origem não contém vício de julgamento nem representa negativa de prestação jurisdicional, pois apenas importa conteúdo contrário aos interesses da parte recorrente, insuficiente a caracterizar qualquer hipótese do art. 1.022, II, do CPC, tampouco violação do art. 489, § 1.º, VI, do CPC. 4. A partir da reflexão sobre o valor humano no tratamento jurídico dos conflitos surgidos na sociedade diante do natural e permanente envelhecimento da população, torna-se imprescindível avaliar também sobre a racionalidade econômica e suas intencionalidades de eficiência pragmática na organização da comunidade, por vezes, (con)fundida com a ética utilitarista de "garantir a cada um o máximo possível". 5. Indispensável compreender a velhice em sua totalidade, como fato biológico e cultural, absorvendo a preocupação assinalada em âmbito internacional (v.g. Plano de Ação Internacional sobre o Envelhecimento, fruto da Assembleia Mundial sobre o Envelhecimento, da Organização das Nações Unidas) e nacional (sobretudo o Estatuto do Idoso) de respeito e valorização da pessoa idosa. 6. A adoção de critério etário para distinguir o tratamento da população em geral é válida quando adequadamente justificada e fundamentada no Ordenamento Jurídico, sempre atentando-se para a sua razoabilidade diante dos princípios da igualdade e da dignidade da pessoa humana. 7. O próprio Código Civil se utiliza de critério positivo de discriminação ao instituir, por exemplo, que é obrigatório o regime da separação de bens no casamento da pessoa maior de 70 anos (art. 1.641, II). 8. A instituição financeira declinou as razões acerca da realidade de

Sobre o tema, vale lembrar que a **Lei n. 14.181, de 1.º de julho de 2021** —, a Nova Lei do Superendividamento —, **acrescentou o § 3.º ao art. 96 do Estatuto da Pessoa Idosa** —, Lei n. 10.741/2003 —, prevendo que: **"Não constitui crime a negativa de crédito motivada por superendividamento da pessoa idosa" (Redação dada pela Lei n. 14.423, de 2022).**[22]

Conforme dito, **a jurisprudência também vem reconhecendo a figura do hipervulnerável** e conferindo maior proteção a todos aqueles que se enquadrarem em tal conceito, em razão da relevante situação de fragilidade em que se encontram. Vejamos:

DIREITO DO CONSUMIDOR. ADMINISTRATIVO. NORMAS DE PROTEÇÃO E DEFESA DO CONSUMIDOR. ORDEM PÚBLICA E INTERESSE SOCIAL. PRINCÍPIO DA VULNERABILIDADE DO CONSUMIDOR. PRINCÍPIO DA TRANSPARÊNCIA. PRINCÍPIO DA BOA-FÉ OBJETIVA. PRINCÍPIO DA CONFIANÇA. OBRIGAÇÃO DE SEGURANÇA. DIREITO À INFORMAÇÃO. DEVER POSITIVO DO FORNECEDOR DE INFORMAR, ADEQUADA E CLARAMENTE, SOBRE RISCOS DE PRODUTOS E SERVIÇOS. DISTINÇÃO ENTRE INFORMAÇÃO-CONTEÚDO E INFORMAÇÃO-ADVERTÊNCIA. ROTULAGEM. **PROTEÇÃO DE CONSUMIDORES HIPERVULNERÁVEIS.** CAMPO DE APLICAÇÃO DA LEI DO GLÚTEN (LEI 8.543/92 AB-ROGADA PELA LEI 10.674/2003) E EVENTUAL ANTINOMIA COM O ART. 31 DO CÓDIGO DE DEFESA DO CONSUMIDOR. MANDADO DE SEGURANÇA PREVENTIVO. JUSTO RECEIO DA IMPETRANTE DE OFENSA À SUA LIVRE-INICIATIVA E À COMERCIALIZAÇÃO DE SEUS PRODUTOS. SANÇÕES ADMINISTRATIVAS POR DEIXAR DE ADVERTIR SOBRE OS RISCOS DO GLÚTEN AOS DOENTES CELÍACOS. INEXISTÊNCIA DE DIREITO LÍQUIDO E CERTO. DENEGAÇÃO DA SEGURANÇA.
(...)
17. No campo da saúde e da segurança do consumidor (e com maior razão quanto a alimentos e medicamentos), em que as normas de proteção devem ser interpretadas com maior rigor, por conta dos bens jurídicos em questão, seria um despropósito falar em dever de informar baseado no *homo medius* ou na generalidade dos consumidores, o que levaria

---

superendividamento da população idosa, da facilidade de acesso ao empréstimo consignado e o caráter irrevogável da operação, ao mesmo tempo em que registrou disponibilizar outras opções de acesso ao crédito em conformidade aos riscos assumidos na sua atividade no mercado financeiro. 9. O critério de vedação ao crédito consignado — a soma da idade do cliente com o prazo do contrato não pode ser maior que 80 anos — não representa discriminação negativa que coloque em desvantagem exagerada a população idosa que pode se socorrer de outras modalidades de acesso ao crédito bancário. 10. Recurso especial conhecido e não provido" (REsp 1.783.731/PR, Rel. Ministra Nancy Andrighi, 3.ª T., j. 23.4.2019, *DJe* 26.4.2019).

[22] Nesse tocante de proteção ao idoso, o STF entendeu: "Ação direta de inconstitucionalidade. 2. Lei n. 12.027, de 26 de agosto de 2021, do Estado da Paraíba. 3. Normas que obrigam pessoas idosas a assinarem fisicamente contratos de operação de crédito firmados por meio eletrônico ou telefônico. Possibilidade. 4. Competência suplementar dos Estados para dispor sobre proteção do consumidor. Precedentes. 5. Adequação e proporcionalidade da norma impugnada para a proteção do idoso. 6. Ação direta de constitucionalidade conhecida e julgada improcedente" (ADI 7.027, Tribunal Pleno, Rel. Ministro Gilmar Mendes, j. 17.12.2022, *DJe* 25.1.2023).

a informação a não atingir quem mais dela precisa, pois os que padecem de enfermidades ou de necessidades especiais são frequentemente a minoria no amplo universo dos consumidores. 18. **Ao Estado Social importam não apenas os vulneráveis, mas sobretudo os hipervulneráveis, pois são esses que, exatamente por serem minoritários e amiúde discriminados ou ignorados, mais sofrem com a massificação do consumo e a "pasteurização" das diferenças que caracterizam e enriquecem a sociedade moder-na. 19. Ser diferente ou minoria, por doença ou qualquer outra razão, não é ser menos consumidor, nem menos cidadão, tampouco merecer direitos de segunda classe ou proteção apenas retórica do legislador. 20.** O fornecedor tem o dever de informar que o produto ou serviço pode causar malefícios a um grupo de pessoas, embora não seja prejudicial à generalidade da população, pois o que ordenamento pretende resguardar não é somente a vida de muitos, mas também a vida de poucos. 21. Existência de lacuna na Lei 10.674/2003, que tratou apenas da informação-conteúdo, o que leva à aplicação do art. 31 do CDC, em processo de integração jurídica, de forma a obrigar o fornecedor a estabelecer e divulgar, clara e inequivocamente, a conexão entre a presença de glúten e os doentes celíacos. 22. Recurso Especial parcialmente conhecido e, nessa parte, provido (REsp 586.316/MG, Rel. Ministro Herman Benjamin, 2.ª T., *DJe* 19-3-2009).[23]

---

[23] Nesse sentido, entendeu o Superior Tribunal de Justiça, no julgamento do EREsp 1.515.895/MS, que o fornecedor de alimentos deve complementar a informação-conteúdo "contém glúten" com a informação-advertência de que o glúten é prejudicial à saúde dos consumidores com doença celíaca: "PROCESSO CIVIL. PROCESSO COLETIVO. DIREITO DO CONSUMIDOR. AÇÃO COLETIVA. DIREITO À INFORMAÇÃO. DEVER DE INFORMAR. ROTULAGEM DE PRODUTOS ALIMENTÍCIOS. PRESENÇA DE GLÚTEN. PREJUÍZOS À SAÚDE DOS DOENTES CELÍACOS. INSUFICIÊNCIA DA INFORMAÇÃO-CONTEÚDO 'CONTÉM GLÚTEN'. NECESSIDADE DE COMPLEMENTAÇÃO COM A INFORMAÇÃO-ADVERTÊNCIA SOBRE OS RISCOS DO GLÚTEN À SAÚDE DOS DOENTES CELÍACOS. INTEGRAÇÃO ENTRE A LEI DO GLÚTEN (LEI ESPECIAL) E O CÓDIGO DE DEFESA DO CONSUMIDOR (LEI GERAL). **1. Cuida-se de divergência entre dois julgados desta Corte: o acórdão embargado da Terceira Turma que entendeu ser suficiente a informação 'contém glúten' ou 'não contém glúten', para alertar os consumidores celíacos afetados pela referida proteína; e o paradigma da Segunda Turma, que entendeu não ser suficiente a informação 'contém glúten', a qual deve ser complementada com a advertência sobre o prejuízo do glúten à saúde dos doentes celíacos.** 2. O CDC traz, entre os direitos básicos do consumidor, a 'informação adequada e clara sobre os diferentes produtos e serviços, com especificação correta de quantidade, características, composição, qualidade e preço, bem como sobre os riscos que apresentam' (art. 6.º, inciso III). 3. Ainda de acordo com o CDC, 'a oferta e a apresentação de produtos ou serviços devem assegurar informações corretas, claras, precisas, ostensivas e em língua portuguesa sobre suas características, qualidades, quantidade, composição, preço, garantia, prazos de validade e origem, entre outros dados, bem como sobre os riscos que apresentam à saúde e segurança dos consumidores' (art. 31). 4. O art. 1.º da Lei n. 10.674/2003 (Lei do Glúten) estabelece que os alimentos industrializados devem trazer em seu rótulo e bula, conforme o caso, a informação 'não contém glúten' ou 'contém glúten', isso é, apenas a informação--conteúdo. Entretanto, a superveniência da Lei n. 10.674/2003 não esvazia o comando do art. 31, *caput*, do CDC (Lei n. 8.078/1990), que determina que o fornecedor de produtos ou serviços deve informar 'sobre os riscos que apresentam à saúde e segurança dos consumidores', ou seja, a informação-advertência. 5. Para que a informação seja correta, clara e precisa, torna-se necessária a integração entre a Lei do Glúten (lei especial) e o CDC (lei geral), pois, no fornecimento de alimentos e medicamentos, ainda mais a consumidores hipervulneráveis, não se pode contentar com o *stan-*

No julgado *infra*, o Superior Tribunal de Justiça reconheceu de forma excepcional[24] a viabilidade do dano moral coletivo num contexto em que uma agência bancária instalou caixa preferencial no segundo andar de seu estabelecimento, cujo acesso somente pode ser realizado por meio de escadas.

Apesar de não ter menção expressa aos hipervulneráveis, foram eles os tutelados com esse paradigma jurisprudencial, pois o fundamento principal do *decisum* foi a ausência de razoabilidade em exigir que pessoas com dificuldade de locomoção sejam obrigadas a subir vinte e três degraus para receber o atendimento "preferencial".

> RECURSO ESPECIAL. DANO MORAL COLETIVO. CABIMENTO. ARTIGO 6.º, VI, DO CÓDIGO DE DEFESA DO CONSUMIDOR. REQUISITOS. RAZOÁVEL SIGNIFICÂNCIA E REPULSA SOCIAL. OCORRÊNCIA, NA ESPÉCIE. **CONSUMIDORES COM DIFICULDADE DE LOCOMOÇÃO. EXIGÊNCIA DE SUBIR LANCES DE ESCADAS PARA ATENDIMENTO. MEDIDA DESPROPORCIONAL E DESGASTANTE.** INDENIZAÇÃO. FIXAÇÃO PROPORCIONAL. DIVERGÊNCIA JURISPRUDENCIAL. AUSÊNCIA DE DEMONSTRAÇÃO. RECURSO ESPECIAL IMPROVIDO. I — A dicção do artigo 6.º, VI, do Código de Defesa do Consumidor é clara ao possibilitar o cabimento de indenização por danos morais aos consumidores, tanto de ordem individual quanto coletivamente. II — Todavia, não é qualquer atentado aos interesses dos consumidores que pode acarretar dano moral difuso. É preciso que o fato transgressor seja de razoável significância e desborde os limites da tolerabilidade. Ele deve ser grave o suficiente para produzir verdadeiros sofrimentos, intranquilidade social e alterações relevantes na ordem extrapatrimonial coletiva. Ocorrência, na espécie. III — **Não é razoável submeter aqueles que já possuem dificuldades de locomoção, seja pela idade, seja por deficiência física, ou por causa transitória, à situação desgastante de subir lances de escadas, exatos 23 degraus, em agência bancária que possui plena capacidade e condições de propiciar melhor forma de atendimento a tais consumidores.** IV — Indenização moral coletiva fixada de forma proporcional e razoável ao dano, no

---

dard mínimo, e sim com o *standard* mais completo possível. 6. O fornecedor de alimentos deve complementar a informação-conteúdo 'contém glúten' com a informação-advertência de que o glúten é prejudicial à saúde dos consumidores com doença celíaca. Embargos de divergência providos para prevalecer a tese do acórdão paradigma no sentido de que a informação-conteúdo 'contém glúten' é, por si só, insuficiente para informar os consumidores sobre o prejuízo que o alimento com glúten acarreta à saúde dos doentes celíacos, tornando-se necessária a integração com a informação-advertência correta, clara, precisa, ostensiva e em vernáculo: 'CONTÉM GLÚTEN: O GLÚTEN É PREJUDICIAL À SAÚDE DOS DOENTES CELÍACOS'" (EREsp 1.515.895/MS, Rel. Ministro Humberto Martins, Corte Especial, *DJe* 27.9.2017).

[24] Realmente, não é costume do STJ o reconhecimento de dano moral coletivo. Nesse sentido, entendeu o Superior Tribunal de Justiça: "Assim, por violação a direitos transindividuais, é cabível, em tese, a condenação por dano moral coletivo como categoria autônoma de dano, a qual não se relaciona necessariamente com aqueles tradicionais atributos da pessoa humana (dor, sofrimento ou abalo psíquico). Porém, na hipótese em julgamento, não se vislumbram danos coletivos, difusos ou sociais. Da ilegalidade constatada nos contratos de consumo não decorreram consequências lesivas além daquelas experimentadas por quem, concretamente, teve o tratamento embaraçado ou por aquele que desembolsou os valores ilicitamente sonegados pelo plano" (REsp 1.293.606/MG, Rel. Ministro Luis Felipe Salomão, 4.ª T., *DJe* 26.9.2014).

importe de R$ 50.000,00 (cinquenta mil reais). V — Impõe-se reconhecer que não se admite recurso especial pela alínea "c" quando ausente a demonstração, pelo recorrente, das circunstâncias que identifiquem os casos confrontados. VI — Recurso especial improvido (REsp 1.221.756/RJ, Rel. Ministro Massami Uyeda, 3.ª T., *DJe* 10.2.2012).[25]

No mesmo sentido, entendeu o STJ:

RECURSO ESPECIAL. **CONSUMIDOR. TEMPO DE ATENDIMENTO PRESENCIAL EM AGÊNCIAS BANCÁRIAS. DEVER DE QUALIDADE, SEGURANÇA, DURABILIDADE E DESEMPENHO.** ART. 4.º, II, "D", DO CDC. **FUNÇÃO SOCIAL DA ATIVIDADE PRODUTIVA. MÁXIMO APROVEITAMENTO DOS RECURSOS PRODUTIVOS. TEORIA DO DESVIO PRODUTIVO DO CONSUMIDOR. DANO MORAL COLETIVO.** OFENSA INJUSTA E INTOLERÁVEL. VALORES ESSENCIAIS DA SOCIEDADE. FUNÇÕES. PUNITIVA, REPRESSIVA E REDISTRIBUTIVA.
1. Cuida-se de coletiva de consumo, por meio da qual a recorrente requereu a condenação do recorrido ao cumprimento das regras de atendimento presencial em suas agências bancárias relacionadas ao tempo máximo de espera em filas, à disponibilização de sanitários e ao oferecimento de assentos a pessoas com dificuldades de locomoção, além da compensação dos danos morais coletivos causados pelo não cumprimento de referidas obrigações.
2. Recurso especial interposto em: 23.3.2016; conclusos ao gabinete em: 11.4.2017; julgamento: CPC/73.
3. O propósito recursal é determinar se o descumprimento de normas municipais e federais que estabelecem parâmetros para a adequada prestação do serviço de atendimento presencial em agências bancárias é capaz de configurar dano moral de natureza coletiva.
4. O dano moral coletivo é espécie autônoma de dano que está relacionada à integridade psicofísica da coletividade, bem de natureza estritamente transindividual e que, portanto, não se identifica com aqueles tradicionais atributos da pessoa humana (dor, sofrimento ou abalo psíquico), amparados pelos danos morais individuais.
5. O dano moral coletivo não se confunde com o somatório das lesões extrapatrimoniais singulares, por isso não se submete ao princípio da reparação integral (art. 944, *caput*, do CC/02), cumprindo, ademais, funções específicas.
6. No dano moral coletivo, a função punitiva — sancionamento exemplar ao ofensor — é, aliada ao caráter preventivo — de inibição da reiteração da prática ilícita — e ao princípio da vedação do enriquecimento ilícito do agente, a fim de que o eventual

---

[25] O STJ também reconheceu o dano moral coletivo no seguinte caso: "(...) 11. A prática de venda casada por parte de operadora de telefonia é capaz de romper com os limites da tolerância. No momento em que oferece ao consumidor produto com significativas vantagens — no caso, o comércio de linha telefônica com valores mais interessantes do que a de seus concorrentes — e de outro, impõe-lhe a obrigação de aquisição de um aparelho telefônico por ela comercializado, realiza prática comercial apta a causar sensação de repulsa coletiva a ato intolerável, tanto intolerável que encontra proibição expressa em lei. 12. Afastar, da espécie, o dano moral difuso, é fazer tábula rasa da proibição elencada no art. 39, I, do CDC e, por via reflexa, legitimar práticas comerciais que afrontem os mais basilares direitos do consumidor" (REsp 1.397.870/MG, Rel. Ministro Mauro Campbell Marques, 2.ª T., *DJe* 10.12.2014).

proveito patrimonial obtido com a prática do ato irregular seja revertido em favor da sociedade.
7. O dever de qualidade, segurança, durabilidade e desempenho que é atribuído aos fornecedores de produtos e serviços pelo art. 4.º, II, *d*, do CDC, tem um conteúdo coletivo implícito, uma função social, relacionada à otimização e ao máximo aproveitamento dos recursos produtivos disponíveis na sociedade, entre eles, o tempo.
8. O desrespeito voluntário das garantias legais, com o nítido intuito de otimizar o lucro em prejuízo da qualidade do serviço, revela ofensa aos deveres anexos ao princípio boa-fé objetiva e configura lesão injusta e intolerável à função social da atividade produtiva e à proteção do tempo útil do consumidor.
9. Na hipótese concreta, a instituição financeira recorrida optou por não adequar seu serviço aos padrões de qualidade previstos em lei municipal e federal, impondo à sociedade o desperdício de tempo útil e acarretando violação injusta e intolerável ao interesse social de máximo aproveitamento dos recursos produtivos, o que é suficiente para a configuração do dano moral coletivo.
10. Recurso especial provido (REsp 1.737.412/SE, Rel. Ministra Nancy Andrighi, 3.ª T., j. 5.2.2019, *DJe* 8.2.2019).

De fato, o princípio da vulnerabilidade do consumidor norteará toda a Política Nacional das Relações de Consumo, na medida em que identifica quem é o sujeito mais fraco da relação — o consumidor — e a ele confere um sistema tutelar cujo único propósito é reequilibrar uma relação jurídica tão desigual como é a de consumo.

4.2.2. Princípio da intervenção estatal

No estudo da evolução histórica do Direito do Consumidor realizado neste livro, constatou-se a necessidade da edição de leis específicas para disciplinar o tema, em razão da ineficácia do Direito Civil clássico no tocante à tutela desse novo modelo de relação jurídica — a de consumo. Concluiu-se, na oportunidade, que o **Estado precisaria intervir no mercado consumidor** com o **objetivo de proteger a parte mais vulnerável da respectiva relação jurídica**. Tal intervenção deu-se pelo:

■ **Estado-Legislador**, que edita leis de defesa do consumidor.

■ **Estado-Julgador**, que dirime conflitos de interesses envolvendo os sujeitos da relação de consumo — consumidor e fornecedor.

■ **Estado-Administrador**, que implementa *in concreto*, direta ou indiretamente, a tutela do consumidor vulnerável.

Assim, o "princípio da intervenção do Estado resulta do reconhecimento da necessidade da atuação do Estado na defesa do consumidor. A Constituição brasileira, ao consagrar o direito do consumidor como direito fundamental, o faz impondo ao Estado o dever de defesa deste direito".[26]

Em cumprimento ao mandamento constitucional insculpido no art. 5.º, inciso XXXII, a **Lei n. 8.078/90** definiu em seu **art. 4.º, inciso II**, como **Princípio** da Política

---

[26] MIRAGEM, Bruno. *Curso de direito do consumidor*, p. 80.

Nacional das Relações de Consumo a **"ação governamental no sentido de proteger efetivamente o consumidor"**. Percebam a necessidade de uma **proteção efetiva do vulnerável** da relação de consumo, segundo muito bem pontuado pelo legislador. E tal efetividade tutelar será alcançada pelo Estado da seguinte forma:

- por iniciativa direta;
- por meio de incentivos à criação e desenvolvimento de associações representativas;
- pela sua presença no mercado de consumo;
- pela garantia de qualidade, segurança, durabilidade e desempenho dos produtos e serviços;
- pelo estudo constante das modificações do mercado de consumo.

4.2.2.1. Intervenção estatal por iniciativa direta

O art. 4.º, inciso II, alínea *a*, do CDC trata da **intervenção estatal "por iniciativa direta"**. É o que ocorre, por exemplo, com a instituição dos **PROCONs** pelo Brasil. O PROCON, no Estado de São Paulo, passou a ser uma fundação de Direito Público por força da Lei Estadual n. 9.192, de 23.11.1995. As fundações com personalidade de Direito Público são equiparadas às autarquias pelo entendimento do STF, fator que conferiu maior autonomia no desempenho de suas funções de defesa do consumidor.

Portanto, no Estado de São Paulo, a Fundação de Proteção e Defesa do Consumidor — PROCON possui personalidade jurídica de Direito Público e está vinculada à Secretaria de Estado da Justiça e da Defesa da Cidadania.

Igualmente, destaca-se o belo trabalho realizado nos PROCONs de diversos Estados e Municípios da federação, ainda que na condição de órgãos públicos e, portanto, sem personalidade jurídica, demonstrando a efetiva preocupação estatal na defesa direta dos consumidores de todo o país.

4.2.2.2. Intervenção estatal por meio de incentivos à criação e ao desenvolvimento de associações representativas

Dispõe o art. 4.º, inciso II, alínea *b*, da Lei n. 8.078/90 uma forma de **intervenção estatal indireta** por meio de **"incentivos à criação e desenvolvimento de associações representativas"**. Podemos citar como exemplos de entidades representativas:

- a **ADECON** (Associação de Defesa do Consumidor), do Rio Grande do Sul;
- o **IDEC** (Instituto Brasileiro de Defesa do Consumidor), sediado em São Paulo; e
- o **BRASILCON** (Instituto Brasileiro de Política e Direito do Consumidor), com sede na capital federal, Brasília/DF.

Destaca-se que o Estado-Legislador por meio do Código de Defesa do Consumidor previu em seu art. 87 uma **boa forma de incentivar** a atuação das **entidades representativas** do consumidor ao estabelecer que: "Nas ações coletivas de que trata este código **não haverá adiantamento de custas, emolumentos, honorários periciais e quaisquer outras despesas, nem condenação da associação autora, salvo comprovada má-fé**, em honorários de advogados, custas e despesas processuais".

4.2.2.3. Intervenção estatal pela sua presença no mercado de consumo

Prevê o **art. 4.º, inciso II, alínea c, do CDC** a forma de **intervenção direta** representada "pela presença do Estado no mercado de consumo".

Observação pertinente sobre o tema foi emanada por José Geraldo Brito Filomeno, para quem a "proclamada **presença do Estado no mercado de consumo** (alínea c do inciso II do art. 4.º), obviamente, dependerá da ideologia que move a ordem econômica do país. Como **hoje se pratica a desestatização, ou privatização da economia**, ou seja, com a reserva, para o Estado, apenas das atividades que digam respeito ao bem comum (ou seja, no campo político, a manutenção da ordem e segurança internas, pela manutenção das forças policiais, e na ordem externa pelas forças armadas; no campo jurídico, pela busca do Estado de Direito, mediante a criação, execução e aplicação das normas jurídicas; e no campo social, propiciando-se educação, saúde, saneamento básico, lazer etc.)".[27]

E o autor finaliza seu raciocínio observando que "**essa presença, nas relações de consumo, se faz mediante a regulação, disciplina e fiscalização, sobretudo no que tange aos chamados serviços públicos concedidos ou permitidos**, como se viu noutro passo, à luz do art. 175 da Constituição Federal".[28]

Nesse modelo de **Administração Gerencial**, a presença estatal no mercado consumidor acaba se fazendo evidenciada pelo **importante papel das Agências Reguladoras**, que possuem, dentre outros objetivos,[29] o de fiscalizar a prestação de serviços públicos delegados à execução de particular, como ocorre com a ANATEL (Agência Nacional de Telecomunicações), com a ANEEL (Agência Nacional de Energia Elétrica) e com a ANS (Agência Nacional de Saúde).[30]

Por outro lado, nunca é demais lembrar que o próprio texto do art. 173 da **Constituição Federal admite de forma excepcional a exploração direta de atividade econômica pelo Estado**, por intermédio de suas empresas estatais — empresas públicas, sociedades de economia mista e subsidiárias —, quando necessária aos imperativos da segurança nacional ou a relevante interesse coletivo. Trata-se, sem dúvidas, de mais uma forma de intervenção Estatal no mercado de consumo.

Ainda consoante previsão constitucional, mais precisamente nos termos do art. 170 da CF, cabe ao Estado propiciar a livre concorrência sem deixar de lado a defesa do consumidor (incisos IV e V), intervindo no mercado apenas em casos de abuso do poder econômico ou para suprir lacunas da iniciativa privada.

---

[27] FILOMENO, José Geraldo Brito. *Manual de direitos do consumidor*, p. 13.
[28] FILOMENO, José Geraldo Brito. *Manual de direitos do consumidor*, p. 13.
[29] Sobre o tema Agências Reguladoras, cumpre ressaltar que são autarquias em regime especial e que seus objetivos não se resumem à fiscalização dos serviços públicos prestados por particulares. Existem Agências Reguladoras com outras finalidades institucionais, tais como: (i) regulamentar a exploração de monopólios públicos como a ANP (Agência Nacional do Petróleo); (ii) regulamentar a exploração da atividade econômica privada como a ANVISA (Agência Nacional de Vigilância Sanitária) e a ANS (Agência Nacional de Saúde Suplementar); (iii) regulamentar a exploração de bens públicos, como a ANA (Agência Nacional de Águas).
[30] Foi o que ocorreu, por exemplo, quando a ANS proibiu 28 operadoras de vender 225 planos de saúde no início do ano de 2013.

Com efeito, o Governo Federal criou a Secretaria Nacional do Consumidor, órgão do Ministério da Justiça, com competência para coordenar a política do Sistema Nacional de Defesa do Consumidor (art. 3.º do Decreto n. 2.181/97, com redação dada pelo Decreto n. 7.738, de 2012).

Sobre o tema, encontramos o Sistema Alternativo de Solução de Conflitos de Consumo criado pelo **Decreto n. 8.573, de 19 de novembro de 2015**, em que a Secretaria Nacional do Consumidor — Senacon do Ministério da Justiça prestará o apoio administrativo e os meios necessários para o funcionamento do Consumidor.gov.br. Dispõe art. 1.º do aludido decreto: "Este Decreto dispõe sobre o Consumidor.gov.br, **sistema alternativo de solução de conflitos de consumo, de natureza gratuita e alcance nacional, na forma de sítio na internet, com a finalidade de estimular a autocomposição entre consumidores e fornecedores para solução de demandas de consumo**". Art. 1.º-A O Consumidor.gov.br é a plataforma digital oficial da administração pública federal direta, autárquica e fundacional para a autocomposição nas controvérsias em relações de consumo. (Incluído pelo Decreto n. 10.197, de 2020) § 1.º Os órgãos e as entidades que possuam plataformas próprias para solução de conflitos de consumo migrarão os seus serviços para o Consumidor.gov.br até 31 de dezembro de 2020. (Incluído pelo Decreto n. 10.197, de 2020) § 2.º Poderão manter plataformas próprias os órgãos e entidades que possuam canais de atendimento cuja escala e especificidade assim se justifique. (Incluído pelo Decreto n. 10.197, de 2020) § 3.º Na hipótese do § 2.º, a plataforma será adequada para atender aos parâmetros de experiência do usuário e de interoperabilidade de dados com a plataforma digital Consumidor. gov.br. § 4.º Os órgãos e as entidades da administração pública federal direta, autárquica e fundacional terão acesso às manifestações cadastradas no Consumidor.gov.br relativas à sua área de atuação para fins de formulação, monitoramento e avaliação de suas ações. (Incluído pelo Decreto n. 10.197, de 2020) § 5.º Ato conjunto do Secretário Nacional do Consumidor do Ministério da Justiça e Segurança Pública e do Secretário de Governo Digital da Secretaria Especial de Desburocratização, Gestão e Governo Digital do Ministério da Economia poderá regular o disposto neste artigo. (Incluído pelo Decreto n. 10.197, de 2020) **São objetivos do Consumidor.gov.br: I — ampliar o atendimento ao consumidor; II — prevenir condutas que violem os direitos do consumidor; III — promover a transparência nas relações de consumo; IV — contribuir na elaboração e implementação de políticas públicas de defesa do consumidor; V — estimular a harmonização das relações entre consumidores e fornecedores; e VI — incentivar a competitividade por meio da melhoria da qualidade do atendimento ao consumidor (art. 2.º).**[31]

---

[31] O aludido decreto foi alterado pelo Decreto n. 9.882, de 27 de junho 2019, em especial no tocante ao Comitê Gestor do Consumidor.gov.br, no âmbito do Ministério da Justiça e Segurança Pública, bem como pelo Decreto n. 13.197, de 2 de janeiro de 2020, para estabelecer o Consumidor.gov.br como plataforma oficial da administração pública federal direta, autárquica e fundacional para a autocomposição nas controvérsias em relações de consumo.

4.2.2.4. Intervenção estatal pela garantia de qualidade, segurança, durabilidade e desempenho dos produtos e serviços

O art. 4.º, inciso II, alínea *d*, do **Diploma Consumerista** estabelece a forma de **intervenção Estatal direta** "pela garantia dos produtos e serviços com padrões adequados de qualidade, segurança, durabilidade e desempenho".

Estudaremos no momento oportuno a garantia legal prevista no art. 24 do CDC, porém adiantamos desde logo tratar-se de **garantia de adequação dos produtos e serviços** fornecidos no mercado de consumo **às finalidades esperadas pelos consumidores**.

Assim, criada uma expectativa legítima no público consumidor por meio de uma oferta veiculada em âmbito nacional, por exemplo, imprescindível o produto atender às finalidades anunciadas.

Sobre o tema das garantias de qualidade, segurança, durabilidade e desempenho dos produtos e serviços disponibilizados no mercado de consumo, destacam-se:

- **O SINMETRO** — Sistema Nacional de Metrologia, Normalização e Qualidade Industrial —, com a finalidade de formular e executar a política nacional de metrologia, normalização industrial e certificação de qualidade de produtos industriais (art. 1.º da Lei n. 5.966/73).

- **O CONMETRO** — Conselho Nacional de Metrologia, Normalização e Qualidade Industrial — é órgão normativo do Sistema Nacional de Metrologia, Normalização e Qualidade Industrial.

- **O INMETRO** — Instituto Nacional de Metrologia, Qualidade e Tecnologia — é autarquia federal vinculada ao Ministério do Desenvolvimento, Indústria e Comércio Exterior, com personalidade jurídica e patrimônio próprios (art. 4.º da Lei n. 5.966/73, com redação dada pela Lei n. 12.545, de 2011).

Destaca a doutrina que a "**missão desse sistema é de fundamental importância**, não apenas no que diz respeito à **segurança e atendimento das necessidades e expectativas dos consumidores**, como também no que tange à **competitividade de nossos produtos no mercado externo**".[32]

De fato, nunca se ouviu falar tanto no certificado ISO — *International for Standardization Organization* — como na atualidade. Tal contexto demonstra a preocupação dos fornecedores, bem como dos consumidores, na produção e aquisição/contratação, respectivamente, de bens e serviços de qualidade e com segurança.

4.2.2.5. Intervenção estatal por meio do estudo constante das modificações do mercado de consumo

Dispõe o **art. 4.º, inciso VIII**, do Código de Defesa do Consumidor a **intervenção Estatal** representada no "**estudo constante das modificações do mercado de consumo**".

---

[32] GRINOVER, Ada Pellegrini; BENJAMIN, Antônio Herman de V.; FINK, Daniel Roberto; FILOMENO, José Geraldo Brito; NERY JR., Nelson; DENARI, Zelmo. *Código Brasileiro de Defesa do Consumidor*, p. 78-79.

Apesar de o dispositivo não integrar o inciso II, que trata da ação governamental no sentido de proteger efetivamente o consumidor, entendemos ser atribuição do Estado ficar atento às alterações ocorridas no mercado, bem como emitir a resposta respectiva e imediata a tais modificações com o intuito de preservar a marca tutelar das políticas de defesa do consumidor.

Evidente modificação ocorrida no mercado de consumo nos últimos tempos refere-se ao crescimento das operações realizadas pelo meio eletrônico. As compras e contratações celebradas pela internet estão cada vez mais introduzidas no cotidiano das relações de consumo, fato que despertou a atenção do Estado.

Cite-se, ainda, o **"banco de dados positivo"**, regulamentado pela Lei n. 12.414/2011, que disciplinou a formação e a consulta a bancos de dados com informações de adimplemento, de pessoas naturais ou de pessoas jurídicas, para formação de histórico de crédito. Aqui o objetivo Estatal foi criar o polêmico banco de dados dos considerados "bons consumidores", assim entendidos aqueles que cumprem em dia com o pagamento de suas dívidas oriundas das relações de consumo.

4.2.2.6. *Instrumentos para o Estado implementar a Política Nacional de Consumo e a prevenção/tratamento do superendividamento*

Prevê o **art. 5.º do CDC os instrumentos** para a realização pelo Estado **da Política Nacional das Relações de Consumo** e, consequentemente, para o cumprimento dos seus objetivos e princípios. *In verbis*:

> "Art. 5.º Para a execução da Política Nacional das Relações de Consumo, contará o poder público com os seguintes instrumentos, entre outros:
> I — manutenção de assistência jurídica, integral e gratuita para o consumidor carente;
> II — instituição de Promotorias de Justiça de Defesa do Consumidor, no âmbito do Ministério Público;
> III — criação de delegacias de polícia especializadas no atendimento de consumidores vítimas de infrações penais de consumo;
> IV — criação de Juizados Especiais de Pequenas Causas e Varas Especializadas para a solução de litígios de consumo;
> V — concessão de estímulos à criação e desenvolvimento das Associações de Defesa do Consumidor;[33]

---

[33] Sobre o tema, vale lembrar posicionamento do STJ e do STF no sentido de que as associações de defesa do consumidor não possuem legitimidade para defender contribuintes em matéria tributária. Vejamos: "PROCESSUAL CIVIL. TRIBUTÁRIO. ASSOCIAÇÃO DE CONSUMIDORES. AÇÃO CIVIL PÚBLICA. REPETIÇÃO DE INDÉBITO. VIA INADEQUADA. PRECEDENTES. SÚMULA 83/STJ. 1. A jurisprudência do STJ e a do STF firmaram-se no sentido da inviabilidade da Ação Civil Pública em matéria tributária, mesmo nas demandas anteriores à MP n. 2.180-35/2001. 2. Precedentes desta Corte: REsp 840.752/PR, Rel. Ministro Herman Benjamin, 2.ª T., j. 28.9.2010, *DJe* 2.2.2011; EREsp 505.303/SC, Rel. Ministro Humberto Martins, Primeira Seção, j. 11.6.2008, *DJe* 18.8.2008; AgRg no REsp 969.087/ES, Rel. Ministro Castro Meira, 2.ª T., j. 18.12.2008, *DJe* 9.2.2009; AgRg no REsp 757.608/DF, Rel. Ministro Mauro Campbell Marques, 2.ª T., j. 6.8.2009, *DJe* 19.8.2009. **3. A associação de defesa do consumidor não tem legitimidade para propor**

VI — instituição de mecanismos de prevenção e tratamento extrajudicial e judicial do superendividamento e de proteção do consumidor pessoa natural;
VII — instituição de núcleos de conciliação e mediação de conflitos oriundos de superendividamento".

Conforme é cediço, **no dia 1.º de julho de 2021 foi editada a Lei n. 14.181 — a Nova Lei do Superendividamento** —, que alterou o Código de Defesa do Consumidor e **inseriu os dois últimos instrumentos de intervenção estatal anteriormente elencados.**

O tema será melhor desenvolvido no Capítulo 15 deste livro, mas vale lembrar, *ab initio*, a **importância dos escritórios de advocacia nessa mediação extrajudicial** com instituições financeiras e de crédito para tentar uma conciliação amigável em benefício do consumidor superendivado.

A prevenção ao superendividamento também teve um destaque especial na nova Lei, cabendo ao **Estado implementar políticas públicas relacionadas à educação financeira do consumidor**, como forma de evitar a sua exclusão social de uma vida economicamente ativa no mercado de consumo, por conta da situação de superendividamento.

Ademais, experiência nos tem mostrado que a **criação de varas judiciais especializadas na disciplina Direito do Consumidor**, assim como já vem ocorrendo com as Promotorias e Defensorias de Defesa do Consumidor, facilita o trabalho dos operadores do Direito que militam nessa área, na medida em que exige dos Magistrados o conhecimento específico dessa sistemática toda que é diferenciada e envolve, em última análise, a tutela do vulnerável da relação jurídica de consumo.

4.2.3. Princípio da harmonia nas relações de consumo

Dispõe o Código do Consumidor em seu **art. 4.º, inciso III**, sobre o **princípio da harmonia**, também denominado **princípio da "harmonização** dos interesses dos participantes das relações de consumo e compatibilização da proteção do consumidor com a necessidade de desenvolvimento econômico e tecnológico, de modo a viabilizar os princípios nos quais se funda a ordem econômica (art. 170, da Constituição Federal), sempre com base na boa-fé e equilíbrio nas relações entre consumidores e fornecedores".

O princípio da harmonia/harmonização nos termos do citado dispositivo legal apresenta **dois objetivos** a serem alcançados:

- compatibilização dos interesses dos participantes das relações de consumo;
- compatibilização da proteção do consumidor com a necessidade de desenvolvimento econômico e tecnológico.

---

ação civil pública na defesa de contribuintes. Agravo regimental improvido" (AgRg no AREsp 247.753/SP, Rel. Ministro Humberto Martins, 2.ª T., *DJe* 17.12.2012).

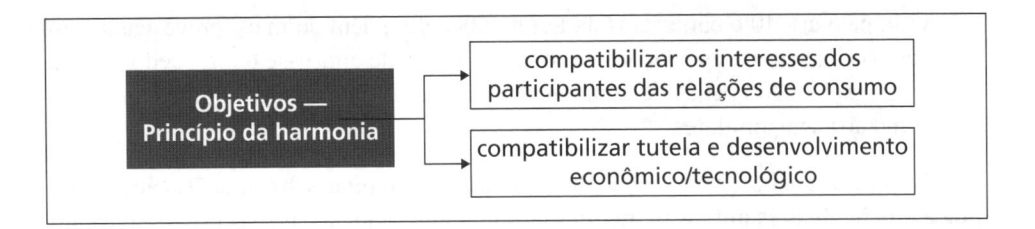

```
┌─────────────────────────┐      ┌──────────────────────────────────────┐
│      Objetivos —        │─────▶│   compatibilizar os interesses dos   │
│  Princípio da harmonia  │      │ participantes das relações de consumo│
│                         │      └──────────────────────────────────────┘
│                         │      ┌──────────────────────────────────────┐
│                         │─────▶│ compatibilizar tutela e desenvolvimento │
│                         │      │       econômico/tecnológico          │
└─────────────────────────┘      └──────────────────────────────────────┘
```

A respeito do segundo objetivo do princípio da harmonia, não podemos aceitar que a defesa do vulnerável da relação de consumo seja capaz de obstar o desenvolvimento tecnológico ou científico.

No entanto, tal progresso deverá ser feito de maneira harmoniosa a ponto de satisfazer ambos os interesses citados. Aliás, essa foi a intenção do legislador ordinário ao inserir no CDC dispositivos que não reconhecem o defeito do bem de consumo quando for colocado no mercado outro produto de melhor qualidade ou quando o serviço for prestado com a adoção de novas técnicas.

Já o **primeiro objetivo** do princípio em comento está relacionado com a **igualdade substancial das partes**, na medida em que suas normas não se limitaram à busca de uma igualdade perante a lei, mas sim de conferir direitos aos mais frágeis da relação, bem como de impor deveres aos fornecedores com o propósito maior de concretizar a isonomia material.

Assim, a conclusão a que se chega é que o **Código de Defesa do Consumidor**, apesar de estabelecer toda uma sistemática voltada à **proteção do vulnerável**, **não** quis se impor como um **Diploma arbitrário**, mas sim "privilegiar" uma das partes da relação com o **objetivo de harmonizar** os interesses envolvidos e reequilibrar uma relação jurídica que é desigual em seu nascedouro.

Na visão de José Geraldo Brito Filomeno, a referida harmonização tem como caminhos **três grandes instrumentos**:

- "Os chamados SAC's — Serviços de Atendimento ao Consumidor — se revestem de vital importância para a boa imagem das empresas, além da fidelização de seus consumidores. Como se sabe, a relação consumidor-fornecedor não termina com a entrega do produto comprado ou execução do serviço contratado. Esse relacionamento continua na fase pós-venda ou pós-contratação, sobretudo quando se trata de vícios ou defeitos presentes nos produtos e serviços.

- A 'convenção coletiva de consumo': assim definidos os pactos estabelecidos entre as 'entidades civis de consumidores' e as 'associações de fornecedores ou sindicatos de categoria econômica' de molde a regularem relações de consumo que tenham por objeto estabelecer condições relativas ao preço, à qualidade, à quantidade, à garantia e características de produtos e serviços, bem como à reclamação e composição de conflito de consumo (art. 107 do Código do Consumidor).

- Práticas efetivas de *recall*, ou seja, a convocação dos consumidores, geralmente de máquinas e veículos, para o reparo de algum vício ou defeito. Impende salientar, nesse aspecto, que referida prática, antes do advento do Código de Defesa do Consumidor, uma mera praxe ou liberalidade do fabricante, é expressamente prevista pelo art. 10 e parágrafos da Lei n. 8.078/90. Além do mais, prevê seu art. 64 como crime contra as relações de consumo o fato de omitir-se o fornecedor quanto à obrigação não apenas de comunicar o defeito às autoridades competentes, bem como aos consumidores".[34]

Em última análise, a realização do **princípio da harmonia/harmonização pressupõe a adição de dois outros princípios** de suma importância nas relações de consumo, quais sejam: **a boa-fé objetiva e o equilíbrio.**

> Princípio da Harmonia = Boa-fé Objetiva + Equilíbrio

4.2.4. Princípio da boa-fé objetiva

Para alguns autores, o princípio da boa-fé- representa no plano infraconstitucional tudo aquilo que o princípio da dignidade da pessoa humana significa para a ordem constitucional contemporânea.[35] A boa-fé passa a ser então "**um dos princípios basilares do direito do consumidor**, assim como no direito privado em geral".[36]

O dispositivo no Código de Defesa do Consumidor que prevê o princípio da boa-fé é o **art. 4.º, inciso III**, que tratou, conforme visto, do princípio da harmonia nas relações de consumo. Mas, apesar da ausência de previsão expressa, vale lembrar que **a boa-fé prevista na Lei n. 8.078/90 é a objetiva.**

Sempre que adentramos ao tema boa-fé, a questão preliminar a ser levantada consiste em saber se estamos nos referindo à modalidade subjetiva ou objetiva. A **boa-fé subjetiva** tem seus holofotes voltados para **questões internas, psicológicas** dos sujeitos de direito. Na verdade, busca-se saber se o titular de um direito tinha ciência ou não da existência do vício que estava por trás da prática de determinado ato jurídico.

Por outro lado, quando o tema envolve a **boa-fé objetiva**, o enfoque a ser analisado não se preocupa com questões de ordem subjetiva, mas sim com **regras de conduta**, ou seja, analisa-se a relação no **plano dos fatos**, de forma objetiva, para então concluir se os sujeitos da relação atuaram ou não com boa-fé. Vejam, "sujeitos" está no plural porque **não só os fornecedores deverão atuar com boa-fé, como também os consumidores.**[37]

---

[34] GRINOVER, Ada Pellegrini; BENJAMIN, Antônio Herman de V.; FINK, Daniel Roberto; FILOMENO, José Geraldo Brito; NERY JR., Nelson; DENARI, Zelmo. *Código Brasileiro de Defesa do Consumidor,* p. 81-84.
[35] CAVALIERI FILHO, Sergio. *Programa de direito do consumidor,* p. 38.
[36] MIRAGEM, Bruno. *Curso de direito do consumidor,* p. 75.
[37] A amplitude da abrangência de sujeitos relacionados à disciplina da boa-fé objetiva é tamanha que envolve até mesmo a relação entre patrão e empregado e a necessidade daquele de comunicar no prazo de trinta dias sobre a possibilidade de seu ex-subordinado continuar com um plano de saúde após sua retirada da empresa. Esta é a posição do STJ: "Decorre do princípio da boa-fé objetiva o dever de comunicação expressa ao ex-empregado do seu direito de optar pela manutenção da condição de beneficiário do plano de saúde, no prazo razoável de 30 dias a partir do seu desligamento da empresa. A contagem desse prazo somente inicia-se a partir da 'comunicação inequívoca ao ex-empregado sobre a opção de manutenção da condição de beneficiário de que gozava quando da

Este também é o pensamento da doutrina consumerista, da qual destacamos os ensinamentos de:

- **Rizzatto Nunes**, para quem "a boa-fé objetiva, que é a que está presente no CDC, pode ser definida, *grosso modo,* como sendo uma regra de conduta, isto é, o **dever das partes de agir conforme certos parâmetros de honestidade e lealdade**, a fim de se estabelecer o equilíbrio nas relações de consumo".[38]

- **Bruno Miragem** ensina que "a boa-fé subjetiva não se trata de princípio jurídico, mas tão somente de um *estado psicológico* que se reconhece à pessoa e que constitui requisito presente no suporte fático presente em certas normas jurídicas, para produção de efeitos jurídicos. A **boa-fé subjetiva**, neste sentido, diz respeito, invariavelmente, à **ausência de conhecimento sobre determinado fato**, ou simplesmente a **falta da intenção de prejudicar outrem** (assim, por exemplo, quando se diga que determinada pessoa 'agiu de boa-fé')".[39]

Boa-fé subjetiva análise de aspectos internos psicológicos	vs.	Boa-fé objetiva análise de aspectos externos regras de conduta

Mas a questão que se levanta no introito do princípio da boa-fé objetiva é a seguinte: como identificar na prática se as partes na relação de consumo atuaram com boa-fé objetiva? E a resposta está em analisar a presença ou não dos denominados deveres anexos.

4.2.4.1. A boa-fé objetiva e os deveres anexos/laterais/secundários

Se por um lado nos deparamos com os **deveres principais** da relação de consumo, como os deveres do consumidor **de pagar** o prestador de um serviço e o do fornecedor de **prestá-lo**, existem também os **deveres anexos, laterais ou secundários**, relacionados basicamente aos deveres:

- de informação;
- de cooperação;
- de proteção.

No tocante ao **dever de informar**, cumpre ressaltar que não basta oferecer informações sobre o conteúdo, qualidades, características, modo de utilização do produto ou

---

vigência do contrato de trabalho' (parágrafo único do art. 10 da RN 275/2011 da ANS)" (REsp 1.237.054/PR, Rel. Ministro Paulo de Tarso Sanseverino, 3.ª T., *DJe* 19.5.2014).
[38] NUNES, Luiz Antonio Rizzatto. *Curso de direito do consumidor*, p. 132.
[39] MIRAGEM, Bruno. *Curso de direito do consumidor*, p. 75-76.

do serviço, se tais informações não forem inteligíveis. De fato, estamos nos referindo aqui a "um **dever de informar qualificado**, uma vez que não exige simplesmente o cumprimento formal do oferecimento de informações, senão o **dever substancial** de que estas sejam **efetivamente compreendidas pelo consumidor**".[40]

Sobre o tema, cabe trazer à colação o entendimento de Paulo Luiz Netto Lôbo ao defender que o dever de informar estará cumprido quando preencher os **requisitos de adequação, suficiência e veracidade**:[41]

REQUISITOS	EXPLICAÇÃO
ADEQUAÇÃO	"A *adequação* diz com os **meios de informação** utilizados e com o **respectivo conteúdo**. Os meios devem ser compatíveis com o produto ou o serviço determinados e com o consumidor destinatário típico. Os signos empregados (imagens, palavras, sons) devem ser claros e precisos, estimulantes do conhecimento e da compreensão. No caso de produtos, a informação deve referir à composição, aos riscos, à periculosidade."
SUFICIÊNCIA	"A *suficiência* relaciona-se com a **completude e a integralidade da informação**. Antes do advento do direito do consumidor, era comum a omissão, a precariedade, a lacuna, quase sempre intencionais, relativamente a dados ou referências não vantajosas ao produto ou serviço. A ausência de informação sobre prazo de validade de um produto alimentício, por exemplo, gera a confiança no consumidor de que possa ainda ser consumido, enquanto a informação suficiente permite-lhe escolher aquele que seja de fabricação mais recente. Situação amplamente divulgada pela imprensa mundial foi a das indústrias de tabaco que sonegaram informação, de seu domínio, acerca dos danos à saúde dos consumidores."
VERACIDADE	"A *veracidade* é o terceiro dos mais importantes requisitos do dever de informar. **Considera-se veraz a informação correspondente às reais características do produto e do serviço**, além dos dados corretos acerca de composição, conteúdo, preço, prazos, garantias e riscos. A publicidade não verdadeira, ou parcialmente verdadeira, é considerada enganosa e o direito do consumidor destina especial atenção a suas consequências."

O **dever de cooperação** muito bem representa a boa-fé objetiva e, mais do que isso, concretiza a harmonia nas relações jurídicas de consumo. Fornecedor que coopera com o consumidor, por exemplo, no momento do pagamento de um carnê de venda financiada, sem lhe impor óbices como a fixação de local e hora para o seu adimplemento na medida em que a dívida pode ser paga em qualquer estabelecimento bancário, age com a boa-fé esperada pelo Código de Defesa do Consumidor.

Por fim, "no que se refere aos **deveres de proteção e cuidado** com *relação à pessoa e ao patrimônio da outra parte,* o CDC igualmente prevê este efeito decorrente do princípio da boa-fé ao consagrar os direitos do consumidor a saúde e segurança, e ao estabelecer, em consequência, o dever do fornecedor de respeitá-los (arts. 8.º a 10 do CDC)".[42]

Nesse sentido, viola a boa-fé objetiva a rescisão do contrato de plano de saúde pela operadora com fundamento na inadimplência, se, quando da notificação exigida pela Lei n. 9.656/98, o consumidor não mais se encontra inadimplente, tendo adimplido todas as parcelas devidas com correção monetária e juros de mora:

---

[40] MIRAGEM, Bruno. *Curso de direito do consumidor*, p. 77.
[41] LÔBO, Paulo Luiz Netto. *A informação como direito fundamental do consumidor*. Doutrinas Essenciais, v. III, p. 605-608.
[42] MIRAGEM, Bruno. *Curso de direito do consumidor*, p. 77.

> RECURSO ESPECIAL. NEGATIVA DE PRESTAÇÃO JURISDICIONAL. AUSÊNCIA. AÇÃO DE OBRIGAÇÃO DE FAZER. CONTRATO DE PLANO DE SAÚDE. RESCISÃO POR INADIMPLEMENTO DURANTE A PANDEMIA APÓS O PAGAMENTO DE TODAS AS PARCELAS DEVIDAS COM CORREÇÃO MONETÁRIA E JUROS DE MORA. OFENSA À BOA-FÉ OBJETIVA. COMPORTAMENTO CONTRADITÓRIO DA OPERADORA.
> 1. Ação de obrigação de fazer ajuizada em 18.1.2021, da qual foi extraído o presente recurso especial, interposto em 7.4.2022 e concluso ao gabinete em 24.5.2022.
> 2. O propósito recursal é decidir sobre a ocorrência de negativa de prestação jurisdicional e sobre a abusividade da rescisão do contrato de plano de saúde pela operadora durante a pandemia de COVID-19, após o pagamento de todas as parcelas devidas com correção monetária e juros de mora.
> 3. Devidamente analisadas e discutidas as questões de mérito, e suficientemente fundamentado o acórdão recorrido, de modo a esgotar a prestação jurisdicional, não há falar em negativa de prestação jurisdicional.
> **4. A boa-fé objetiva impõe à operadora o dever de agir visando à preservação do vínculo contratual, dada a natureza dos contratos de plano de saúde e a posição de dependência dos beneficiários, especialmente dos idosos.**
> 5. A situação de pandemia não constitui, por si só, justificativa para o não pagamento, mas é circunstância que, por seu grave impacto na situação socioeconômica mundial, não pode ser desprezada pelos contratantes, tampouco pelo Poder Judiciário.
> **6. Hipótese em que se revela contraditório o comportamento da operadora de rescindir o contrato de plano de saúde em 2020, em meio à crise sanitária provocada pela pandemia do COVID-19, depois de receber pagamentos com atraso desde ao menos 2005 e de todas as mensalidades vencidas terem sido pagas com correção monetária e juros de mora.**
> 7. Recurso especial conhecido e desprovido, com majoração de honorários (REsp 2.001.686/MS, Rel. Ministra Nancy Andrighi, 3.ª T., j. 16.8.2022, *DJe* de 18.8.2022).

4.2.4.2. Classificação dos deveres anexos

Ruy Rosado de Aguiar Júnior apresenta duas classificações dos deveres anexos: quanto ao momento de sua constituição e quanto à natureza.

No tocante ao **momento da sua constituição, os deveres anexos** podem ser classificados como:

- ■ "**deveres próprios da etapa de formação do contrato** (de informação, de segredo, de custódia);
- ■ **deveres da etapa da celebração** (equivalência das prestações, clareza, explicitação);
- ■ **deveres da etapa do cumprimento** (dever de recíproca cooperação para garantir a realização dos fins do contrato; satisfação dos interesses do credor);
- ■ **deveres após a execução do contrato** (dever de reserva, dever de segredo, dever de garantia da fruição do resultado do contrato, *culpa post pactum finitum*)".[43]

---

[43] AGUIAR JÚNIOR, Ruy Rosado de. *A boa-fé na relação de consumo*. São Paulo: RT, 2011. v. 1 (Coleção doutrinas essenciais. Direito do consumidor: tutela das relações de consumo. Organizadores: Claudia Lima Marques e Bruno Miragem), p. 386.

Em relação à **natureza**, podem ser agrupados em:

- **"deveres de proteção** (a evitar a inflição de danos mútuos);
- **deveres de esclarecimentos** (obrigação de informar-se e de prestar informações);
- **deveres de lealdade** (a impor comportamentos tendentes à realização do objetivo do negócio, proibindo falsidades ou desequilíbrios)".[44]

Ambas as classificações servem para ilustrar ainda mais a tese de que, para saber se os sujeitos da relação jurídica de consumo atuaram com boa-fé objetiva, basta analisar os deveres laterais, secundários ou anexos.

4.2.4.3. Funções da boa-fé objetiva

Sergio Cavalieri Filho identifica três funções da boa-fé objetiva:[45]

- função integrativa;
- função interpretativa; e
- função de controle.

Segundo o autor, cada uma das funções citadas possui importante papel na definição da cláusula geral de boa-fé objetiva insculpida no art. 4.º, inciso III, do Código de Defesa do Consumidor. A seguir, um resumo das ideias mais importantes sobre o tema:

Função Integrativa[46]
"é fonte de novos deveres anexos ou acessórios (função criadora ou integrativa), tais como o dever de informar, de cuidado, de cooperação, de lealdade. Importa dizer que **em toda e qualquer relação jurídica obrigacional de consumo esses deveres estarão presentes**, ainda que não inscritos expressamente no instrumento contratual. Quem contrata não contrata apenas a prestação principal; contrata também cooperação, respeito, lealdade etc. (...) A função integrativa da cláusula geral da boa-fé objetiva está agora expressamente consagrada também no art. 422 do Código Civil de 2002."

Função Interpretativa[47]
"**critério hermenêutico** ou **paradigma interpretativo** destinado ao juiz para ser utilizado na interpretação de todo negócio jurídico que gera relação de consumo. Tal critério, na medida em que privilegia o sentido mais conforme à lealdade e honestidade entre as partes, proíbe a interpretação que dê a uma disposição contratual um sentido malicioso ou de qualquer forma dirigido a iludir, prejudicar ou tirar vantagem sem justa causa. Para aplicação da cláusula da boa-fé, **o juiz parte do princípio de que em todas as relações de consumo as partes devem pautar-se por um padrão ético de confiança e lealdade**, indispensável para o próprio desenvolvimento normal da convivência social."

---

[44] AGUIAR JÚNIOR, Ruy Rosado de. *A boa-fé na relação de consumo*, p. 386.
[45] CAVALIERI FILHO, Sergio. *Programa de direito do consumidor*, p. 40.
[46] CAVALIERI FILHO, Sergio. *Programa de direito do consumidor*, p. 40.
[47] CAVALIERI FILHO, Sergio. *Programa de direito do consumidor*, p. 40.

> **Função de Controle**[48]
> "o Código de Defesa do Consumidor refere-se a essa função de controle da boa-fé em seu art. 51, IV, ao decretar a nulidade, por abusividade, das cláusulas contratuais que 'estabeleçam obrigações consideradas iníquas, abusivas, que coloquem o consumidor em desvantagem exagerada, ou sejam incompatíveis com a boa-fé ou a equidade'. (...) **Em sua função de controle, a boa-fé representa**, pois, o padrão ético de confiança e lealdade, indispensável para a convivência social; **um limite a ser respeitado no exercício de todo e qualquer direito subjetivo**; uma espécie de cinto de segurança de toda a ordem jurídica; a bitola geral de comportamento no tráfego jurídico."

A função de controle limita o exercício da autonomia da vontade e, consequentemente, da liberdade negocial, norteando o exercício de direitos dos sujeitos da relação jurídica de consumo. Ensina Ruy Rosado de Aguiar Júnior que, na "sua função limitadora da conduta, a boa-fé se manifesta através da teoria dos atos próprios,[49]

■ proibindo o ***venire contra factum proprium*** [proíbe o comportamento contraditório, uma vez criada a expectativa legítima na outra parte];[50-51]

---

[48] CAVALIERI FILHO, Sergio. *Programa de direito do consumidor*, p. 41.
[49] AGUIAR JÚNIOR, Ruy Rosado de. *A boa-fé na relação de consumo*, p. 386.
[50] Observação nossa inserida nos comentários de Ruy Rosado de Aguiar Júnior.
[51] Nesse sentido o STJ: "RECURSO ESPECIAL — AÇÃO DECLARATÓRIA DE INEXISTÊNCIA DE RELAÇÃO JURÍDICA C/C PEDIDO CONDENATÓRIO E RECONVENÇÃO COM PEDIDO DE NÃO FAZER C/C INDENIZAÇÃO — ALEGAÇÃO DE VEICULAÇÃO DE ANÚNCIOS PUBLICITÁRIOS ILÍCITOS A ENSEJAR PROPAGANDA ENGANOSA, CONCORRÊNCIA DESLEAL E VANTAGEM COMPETITIVA INDEVIDA — INSTÂNCIAS ORDINÁRIAS QUE CONFIRMARAM A LEGALIDADE DAS VEICULAÇÕES E INEXISTÊNCIA DE CONCORRÊNCIA DESLEAL — JUIZ DE PRIMEIRO GRAU QUE APLICOU MULTA PELO SUPOSTO DESCUMPRIMENTO DE OBRIGAÇÃO DE PUBLICAÇÃO DE FONTE DE PESQUISA SOBRE A FRASE 'O KETCHUP MAIS VENDIDO DO MUNDO' — TRIBUNAL *A QUO* QUE AFASTOU A APLICAÇÃO DE ASTREINTES. INSURGÊNCIA DA DEMANDADA/RECONVINTE. 1. Não cabe recurso especial por violação a artigos do Código Brasileiro de Autorregulamentação Publicitária por ser norma privada e não se enquadrar no conceito de lei federal previsto no art. 105, III, 'a', da Constituição Federal. 2. Inexistência de negativa jurisdicional na espécie. Instância precedente que analisou todos os pontos necessários ao correto deslinde da controvérsia, apenas não acolhendo a tese aventada pela parte ora recorrente. 3. Inocorrência de julgamento *extra petita* no tocante à condenação em multa diária, porque ao recorrer da imposição de astreintes a ora recorrida devolveu àquela Corte toda matéria relativa ao julgamento desta controvérsia, em virtude da profundidade do efeito devolutivo, sobremaneira os pontos concernentes à expressão 'O ketchup mais vendido do mundo'. 4. Não há ilicitude na assertiva publicitária 'O melhor em tudo que faz', tendo em vista caracterizar-se como *puffing*, mero exagero tolerável, conduta amplamente aceita no mercado publicitário brasileiro e praticada pela própria recorrente. Tal frase não é passível de avaliação objetiva e advém de uma crítica subjetiva do produto. Portanto, é razoável permitir ao fabricante ou prestador de serviço que se declare o melhor naquilo que faz, mormente porque esta é a autoavaliação do seu produto e aquilo que se busca alcançar, ainda mais quando não há qualquer mensagem depreciativa no tocante aos seus concorrentes. 5. As expressões utilizadas pela recorrida — 'O ketchup mais vendido do mundo' e 'O melhor em tudo que faz' — são lícitas, bem como não há prova de dano material pela ocorrência de suposta vantagem competitiva, em decorrência

■ vedando o uso abusivo da *exceptio non adimpleti contractus*, quando o inadimplemento da outra parte, no contexto do contrato, não o autorizava;

■ impedindo o exercício do direito potestativo de resolução quando houver adimplemento substancial, na linguagem do direito anglo-americano, ou quando o inadimplemento foi de escassa importância, na nomenclatura do Código Civil Italiano [**adimplemento substancial do contrato**];[52-53]

---

do uso das mencionadas assertivas, nos autos, o que afasta a obrigação de indenizar. 5.1. As peças publicitárias da recorrente contêm anúncios e expressões tão ou mais apelativos do que os da recorrida. A pretensão de abstenção de ato similar ao praticado pela própria insurgente não pode ser acolhida sob pena de violação ao princípio da boa-fé objetiva, em especial ao seu conceito parcelar de vedação ao comportamento contraditório (*venire contra factum proprium*). 6. Recurso especial desprovido" (REsp 1.759.745/SP, Rel. Ministro Marco Buzzi, 4.ª T., j. 28.2.2023, *DJe* 29.3.2023).

[52] Observação nossa inserida nos comentários de Ruy Rosado de Aguiar Júnior.

[53] Sobre o tema, destaca-se julgado do STJ: "DIREITO CIVIL. CONTRATO DE VENDA E COMPRA DE IMÓVEL. OTN COMO INDEXADOR. AUSÊNCIA DE ESTIPULAÇÃO CONTRATUAL QUANTO AO NÚMERO DE PARCELAS A SEREM ADIMPLIDAS. CONTRATO DE ADESÃO. INTERPRETAÇÃO MAIS FAVORÁVEL AO ADERENTE. EXCEÇÃO DO CONTRATO NÃO CUMPRIDO. AFASTADA. INADIMPLEMENTO MÍNIMO VERIFICADO. ADJUDICAÇÃO COMPULSÓRIA CABÍVEL. APLICAÇÃO DA EQUIDADE COM VISTAS A CONSERVAÇÃO NEGOCIAL. APLICAÇÃO DA TEORIA DO ADIMPLEMENTO SUBSTANCIAL. DISSÍDIO NÃO DEMONSTRADO. 1. — Demanda entre promitente vendedor e promitente comprador que se comprometeu a pagar o valor do imóvel em parcelas indexadas pela já extinta OTN. Na ocasião, as partes acordaram que o adquirente arcaria com um valor equivalente a certo número de OTNs estabelecido no contrato. No entanto, no instrumento particular de compra e venda não restou definido o número de prestações a serem pagas. 2. — O Tribunal de origem sopesou o equilíbrio entre o direito do adquirente de ter o bem adjudicado, após pagamento de valor expressivo, e o direito do vendedor de cobrar eventuais resíduos. Nesse diapasão, não há que se falar em violação do dispositivo mencionado referente à equidade. O artigo 127 do Código de Processo Civil, apontado como violado, não constitui imperativo legal apto a desconstituir o fundamento declinado no acórdão recorrido no sentido de se admitir a ação do autor para garantir o domínio do imóvel próprio, reservando-se ao vendedor o direito de executar eventual saldo remanescente. 3. — Aparente a incompatibilidade entre dois institutos, a exceção do contrato não cumprido e o adimplemento substancial, pois, na verdade, tais institutos coexistem perfeitamente podendo ser identificados e incidirem conjuntamente sem ofensa à segurança jurídica oriunda da autonomia privada. 4. — No adimplemento substancial tem-se a evolução gradativa da noção de tipo de dever contratual descumprido, para a verificação efetiva da gravidade do descumprimento, consideradas as consequências que, da violação do ajuste, decorre para a finalidade do contrato. Nessa linha de pensamento, devem-se observar dois critérios que embasam o acolhimento do adimplemento substancial: a seriedade das consequências que de fato resultaram do descumprimento, e a importância que as partes aparentaram dar à cláusula pretensamente infringida. 5. — Recurso Especial improvido" (REsp 1.215.289/SP, Rel. Ministro Sidnei Beneti, 3.ª T., *DJe* 21.2.2013).

Em sentido contrário, o STJ entendeu que não se aplica a teoria do adimplemento substancial aos contratos de alienação fiduciária em garantia regidos pelo Decreto-Lei n. 911/69, no julgamento do REsp 1.622.555/MG, *DJe* 16.3.2017.

- afastando a exigência de um direito cujo titular permaneceu inerte por tempo considerável incompatível *(supressio)*[54] [e em sentido contrário a **surrectio**, que envolve o surgimento de um direito];[55]
- desprezando a exigência de cumprimento de preceito, feita por aquele que já o descumprira *(tu quoque)* etc.".

4.2.5. Princípio do equilíbrio

O outro princípio que somado à boa-fé realiza a harmonização na relação de consumo é o princípio do equilíbrio expresso no **art. 4.º, inciso III**, do Diploma Consumerista: "**harmonização** dos interesses dos participantes das relações de consumo e compatibilização da proteção do consumidor com a necessidade de desenvolvimento econômico e tecnológico, de modo a viabilizar os princípios nos quais se funda a ordem econômica (art. 170, da Constituição Federal), sempre com base na **boa-fé e equilíbrio** nas relações entre consumidores e fornecedores".

Conforme é cediço, a relação jurídica de consumo seria representada por uma balança que penderia para um dos lados em razão da superioridade do fornecedor quando comparado com o consumidor. O peso da fragilidade deste o deixaria no posto inferior da balança.

---

[54] Sobre o tema, entendeu o STJ: "RECURSO ESPECIAL. DIREITO CIVIL E PROCESSUAL CIVIL. PLANO DE SAÚDE COLETIVO. NULIDADE DO ACÓRDÃO RECORRIDO. INOCORRÊNCIA. DIREITO DE MANUTENÇÃO. EX-EMPREGADO DESPEDIDO SEM JUSTA CAUSA. LIMITAÇÃO AO PRAZO DE 24 MESES. PERMANÊNCIA NO PLANO DE SAÚDE POR MAIS DE 10 ANOS. INÉRCIA DE ESTIPULANTE EM PROMOVER A EXCLUSÃO. 'SUPRESSIO'. OCORRÊNCIA. RESPEITO À DIGNIDADE DA PESSOA IDOSA NO MERCADO DE PLANOS DE SAÚDE. 1. Controvérsia acerca da possibilidade de se excluir ex-empregado do plano de saúde, após ultrapassado, em quase 10 anos, a data do rompimento do vínculo empregatício. 2. Inocorrência de nulidade no acórdão recorrido por aplicação do CDC à estipulante, uma vez que o fundamento da 'supressio' (que tem lastro no Código Civil), seria suficiente para fundamentar o resultado do julgamento. 3. Nos termos do art. 30, § 1.º, da Lei n. 9.656/1998, o ex-empregado despedido sem justa causa tem direito de permanecer no plano de saúde pelo tempo equivalente a um terço do tempo em que contribuiu para o plano, observado o limite mínimo de 6 meses e máximo de 24 meses após a rescisão do contrato de trabalho. 4. Caso concreto em que estipulante deixou de exercer o direito de excluir o ex-empregado do plano de saúde ao término do prazo de 24 meses, mantendo-o vinculado ao plano por quase uma década, quando então decidiu exercer tal direito. 5. Criação de legítima expectativa para o ex-empregado (já aposentado e idoso) de que permaneceria vinculado ao plano de saúde, a exemplo dos ex-empregados que se aposentaram na empresa. 6. Aplicação ao caso do princípio da boa-fé objetiva, na concreção do brocardo jurídico da 'supressio'. 7. Perda de eficácia do direito de excluir o ex-empregado do plano de saúde, em virtude da legítima expectativa criada pelo longo período de inércia da estipulante. 8. Proteção da pessoa idosa no mercado de planos de saúde por meio da solidariedade intergeracional. Doutrina sobre o tema. 9. Caso concreto em que a exclusão tardia do ex-empregado romperia com a solidariedade intergeracional em desfavor deste. 10. Existência de precedente específico desta Turma em que a 'supressio' foi aplicada em caso análogo, porém com um período de manutenção no plano de saúde superior a 10 anos. 11. Possibilidade de aplicação das razões de decidir desse precedente ao caso dos autos, embora o período de manutenção tenha sido inferior a 10 anos (9 anos), uma vez que o ex-empregado já se encontrava na condição de idoso quando foi comunicado da futura exclusão. 12. Recurso especial desprovido" (REsp 1.918.599/RJ, Rel. Ministro Paulo de Tarso Sanseverino, 3.ª T., j. 9.3.2021, *DJe* 15.3.2021).

[55] Observação nossa inserida nos comentários de Ruy Rosado de Aguiar Júnior.

Sendo o consumidor o vulnerável da relação e o fornecedor o detentor do monopólio dos meios de produção, imprescindível foi o surgimento de **legislação específica** em todo o mundo **capaz de tutelar a parte mais fraca** dessa relação e, desta forma, **materializar uma igualdade** que não pode sobreviver apenas no plano formal. Assim, o princípio do equilíbrio foi uma decorrência natural do contexto histórico de desigualdade em que surgiu a necessidade da defesa do consumidor.

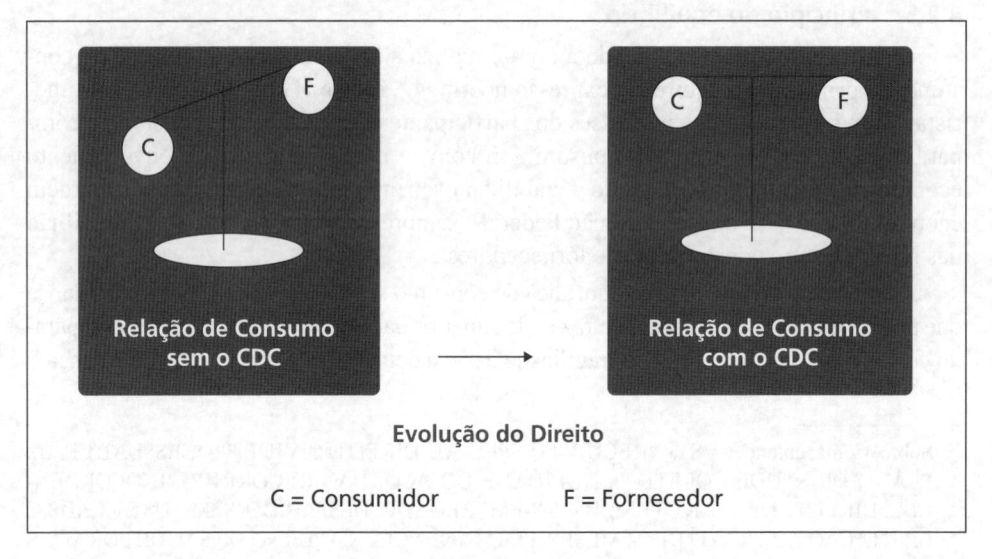

Relação de Consumo sem o CDC	→	Relação de Consumo com o CDC

Evolução do Direito

C = Consumidor   F = Fornecedor

No mesmo sentido, ressalta Bruno Miragem que o "reconhecimento da vulnerabilidade do consumidor, e o caráter desigual com que este se relaciona com o fornecedor, ressaltam a importância do princípio do equilíbrio no direito do consumidor. Este parte, exatamente, do pressuposto da vulnerabilidade do consumidor e, portanto, sustenta a necessidade de reequilíbrio da situação fática de desigualdade por intermédio da tutela jurídica do sujeito vulnerável. Da mesma forma, o princípio do equilíbrio incide sobre as consequências patrimoniais das relações de consumo em geral para o consumidor, protegendo o equilíbrio econômico das prestações do contrato de consumo".[56]

4.2.6. Princípios da educação e da informação

O **art. 4.º, inciso IV**, do Código de Defesa do Consumidor, prevê os **princípios da "educação e informação** de fornecedores e consumidores, quanto aos seus direitos e deveres, com vistas à melhoria do mercado de consumo". São princípios de relevante importância numa sociedade tão carente de um sistema educacional adequado e mínimo.

José Geraldo Brito Filomeno ressalta a existência de **dois tipos de educação** a respeito do tema: **a formal e a informal**. No tocante à **educação formal**, destaca o autor a relevância de a **criança ter contato** desde os primeiros passos com o **Direito do Consumidor**, ainda que seja desnecessária a criação de uma disciplina para tratar do tema.

Na visão do citado consumerista, a materialização de tal ideal seria absolutamente factível como no caso "de professores ao embutirem nos **conteúdos curriculares** de

---

[56] MIRAGEM, Bruno. *Curso de direito do consumidor*, p. 78.

disciplinas como a **matemática**, por exemplo, a **matéria de cálculo de juros e percentuais**; em **ciências**, a preocupação com a **qualidade dos alimentos, prazos de validade, a responsabilidade pelo consumo sustentável** etc.".[57]

Em outra obra, Filomeno enaltece a importância da **educação informal** e o belo trabalho realizado nesse sentido pelos órgãos e entidades de defesa do consumidor, como ocorre com a elaboração de "**cartilhas**, material informativo, e outros instrumentos fornecidos pelos **PROCONs** constituem-se em utilíssimo instrumental para os consumidores inteirarem-se de seus direitos e prerrogativas".[58]

Iniciativa que merece ser destacada foi a edição da **lei que exige um exemplar do Código de Defesa do Consumidor em cada estabelecimento comercial**. Trata-se da **Lei n. 12.291, de 20 de julho de 2010**, que, apesar da conotação compulsória, reputamos ser um instrumento de grande valia na concretização da "educação e informação de fornecedores e consumidores, quanto aos seus direitos e deveres".

Um exemplo importante envolvendo o dever de informação está relacionado ao contrato de seguro de vida que pode ser efetivado na modalidade individual ou coletiva (em grupo).

No contrato de seguro de vida individual, a pessoa física ou jurídica é quem contrata diretamente com a seguradora, podendo atuar como intermediário um corretor que integra a cadeia de fornecedores, respondendo junto com o segurador pelo dever de prestar informações adequadas antes da formalização da contratação (CDC e arts. 2.º, VIII, *b*, e 3.º, *caput*, e § 1.º, V, VI e VIII, da Resolução CNSP n. 382/2020).

Nos contratos de seguro de vida em grupo existe a figura do estipulante (pessoa natural ou jurídica que estipula o seguro de pessoas em proveito do grupo que a ela se vincula — arts. 2.º e 3.º da Resolução CNSP n. 434/2021). Nesses seguros, o estipulante é mandatário dos segurados (art. 21, § 2.º, do Decreto-lei n. 73/66). Logo, é dever dele o correto esclarecimento ao segurado em potencial do produto coletivo contratado, competindo ao estipulante bem exercer o dever de informação, inclusive quanto às cláusulas restritivas e limitativas de direitos.

Sobre o assunto, a Segunda Seção do Superior Tribunal de Justiça afetou o Tema 1.112 com a seguinte tese:

> (i) na modalidade de contrato de seguro de vida coletivo, cabe exclusivamente ao estipulante, mandatário legal e único sujeito que tem vínculo anterior com os membros do grupo segurável (estipulação própria), a obrigação de prestar informações prévias aos potenciais segurados acerca das condições contratuais quando da formalização da adesão, incluídas as cláusulas limitativas e restritivas de direito previstas na apólice mestre, e
> (ii) não se incluem, no âmbito da matéria afetada, as causas originadas de estipulação imprópria e de falsos estipulantes, visto que as apólices coletivas nessas figuras devem ser consideradas apólices individuais, no que tange ao relacionamento dos segurados com a sociedade seguradora (Afetação em 5.11.2021; Julgado em 2.3.2023; Trânsito em julgado em 13.9.2023; Acórdão publicado em 10.3.2023).

---

[57] FILOMENO, José Geraldo Brito. *Manual de direitos do consumidor*, p. 15.
[58] GRINOVER, Ada Pellegrini; BENJAMIN, Antônio Herman de V.; FINK, Daniel Roberto; FILOMENO, José Geraldo Brito; NERY JR., Nelson; DENARI, Zelmo. *Código Brasileiro de Defesa do Consumidor*, p. 88.

4.2.7. Princípio da qualidade e segurança e a novidade introduzida pela Lei n. 13.486, de 2017

O princípio da qualidade e segurança está previsto no **art. 4.º, inciso V, do CDC** e disciplina o "incentivo à **criação pelos fornecedores de meios eficientes de controle de qualidade e segurança de produtos e serviços**, assim como de mecanismos alternativos de solução de conflitos de consumo".

De fato, o controle de qualidade e segurança de produtos e serviços está cada vez mais incorporado ao dia a dia dos fornecedores no mercado nacional. Isto porque o Código do Consumidor é claro ao estabelecer que os "**produtos e serviços** colocados no mercado de consumo **não acarretarão riscos à saúde ou segurança dos consumidores**, exceto os considerados normais e previsíveis em decorrência de sua natureza e fruição, obrigando-se os fornecedores, em qualquer hipótese, a dar as informações necessárias e adequadas a seu respeito" (art. 8.º, *caput*).

Em se tratando de produto industrial, ao fabricante cabe prestar as informações a que se refere este artigo, por meio de impressos apropriados que devam acompanhar o produto (art. 8.º, § 1.º).

Sobre o tema, cumpre ressaltar o **advento da Lei n. 13.486, de 3 de outubro de 2017**, que incluiu o § 2.º ao aludido art. 8.º do Código do Consumidor, dispondo, *in verbis*: "**O fornecedor deverá higienizar os equipamentos e utensílios utilizados no fornecimento de produtos ou serviços, ou colocados à disposição do consumidor, e informar, de maneira ostensiva e adequada, quando for o caso, sobre o risco de contaminação**".

Trata-se de inovação normativa que teve origem em projeto de lei de autoria do então Senador Marcelo Crivella, sob a justificativa de necessidade de ampliação da norma prevista no art. 8.º do Código de Defesa do Consumidor, na medida em que **pesquisas divulgadas na imprensa concluíram que carrinhos de supermercado e *mouses* utilizados em computadores de cybercafés estão entre os objetos mais contaminados por bactérias** dentre os utensílios comumente usados pelos consumidores.

Segundo o parecer final da comissão de constituição e justiça e de cidadania,[59] o autor do PL, que tramitou na Câmara dos Deputados sob o n. 3.411, de 2015, fundamentou seu pleito na interpretação de que a exceção prevista no *caput* do art. 8.º do CDC — riscos considerados normais e previsíveis — não alcançaria a falta de higienização dos equipamentos e utensílios colocados à disposição do consumidor na aquisição de produtos ou fruição de serviços. Em outras palavras, **a falta de higienização de tais equipamentos e utensílios não poderá ser considerada jamais um ato normal e previsível**.

Ademais, em se tratando de **produtos e serviços potencialmente nocivos ou perigosos** à saúde ou segurança, a **informação** deverá ser prestada de maneira **ostensiva e adequada**, a respeito da sua nocividade ou periculosidade (art. 9.º do CDC).

Por outro lado, se o bem de consumo apresentar **alto grau de nocividade ou periculosidade** à saúde ou segurança, o fornecedor não **poderá colocá-lo no mercado**, segundo determina a Lei n. 8.078/90 em seu art. 10, *caput*.

---

[59] Disponível em: <http://www.camara.gov.br/proposicoesWeb/prop_mostrarintegra;jsessionid=929DA059BEB0D2F01E0FD0C8931E22C9.proposicoesWebExterno2?codteor=1571333&filename=Tramitacao-PL+3411/2015>. Acesso em: 9 set. 2020.

Por fim, **descoberta a periculosidade** do produto ou do serviço após a sua colocação no mercado de consumo, estão obrigados, fornecedores e Poder Público, a **comunicar o fato imediatamente às autoridades** competentes **e aos consumidores**, mediante anúncios publicitários (art. 10, §§ 1.º e 2.º).

Em síntese, o princípio da qualidade e segurança está cercado dos seguintes preceitos:

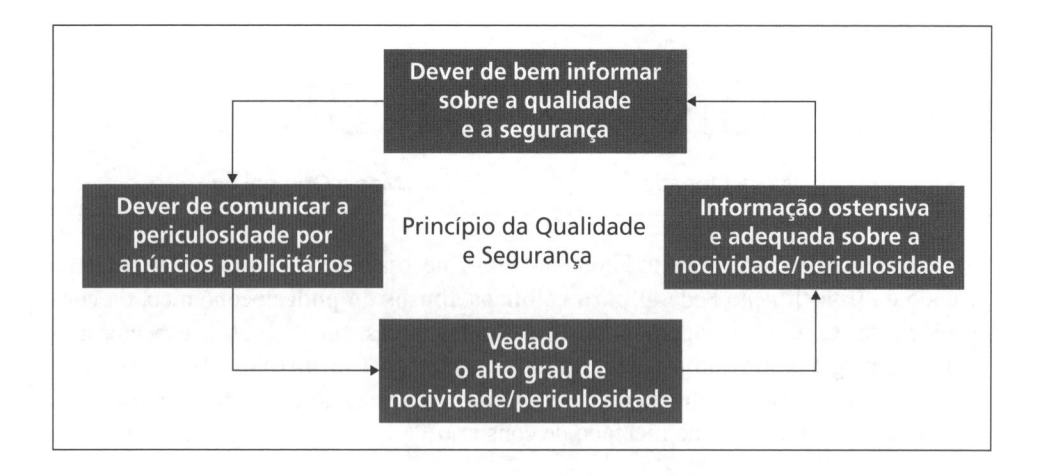

```
                    ┌─────────────────────────┐
                    │  Dever de bem informar  │
                    │   sobre a qualidade     │
                    │     e a segurança       │
                    └─────────────────────────┘
    ┌──────────────────┐                      ┌──────────────────────┐
    │ Dever de comunicar a │   Princípio da   │ Informação ostensiva │
    │ periculosidade por   │   Qualidade      │ e adequada sobre a   │
    │ anúncios publicitários│   e Segurança    │ nocividade/periculosidade│
    └──────────────────┘                      └──────────────────────┘
                    ┌─────────────────────────┐
                    │        Vedado           │
                    │    o alto grau de       │
                    │ nocividade/periculosidade│
                    └─────────────────────────┘
```

4.2.8. Princípio da coibição e repressão ao abuso

Dispõe o **art. 4.º, inciso VI, da Lei n. 8.078/90** o princípio que estabelece a "**coibição e repressão eficientes de todos os abusos praticados no mercado de consumo**, inclusive a concorrência desleal e utilização indevida de inventos e criações industriais das marcas e nomes comerciais e signos distintivos, que possam causar prejuízos aos consumidores".

Identifica-se inicialmente a preocupação do legislador ordinário em tentar coibir primeiramente o abuso e, ante a falha em tal intento, reprimi-lo de maneira eficaz.

Assim, as autoridades competentes devem se esforçar ao máximo para bem fiscalizar e evitar a ocorrência de condutas abusivas no mercado de consumo. Mas, diante da comprovação da configuração de abusividade, não restará alternativa senão reprimi-la. O CDC coíbe em diversas passagens o abuso no mercado de consumo, tais como:

- **nos incisos do art. 39**, ao exemplificar **práticas abusivas** peremptoriamente vedadas;
- **nos termos do art. 51**, ao trazer um rol exemplificativo de **cláusulas abusivas** que são consideradas **nulas de pleno direito**.

Percebe-se ainda que o aludido princípio também se preocupa em **coibir e reprimir o abuso de infrações da ordem econômica**. Tal postura não quis em momento algum estabelecer qualquer ingerência indevida em disciplina na qual não teria atribuição para intervir.

No entanto, o Código do Consumidor também disciplinou o tema, pois, em última análise, **o abuso do poder econômico refletirá no mercado de consumo** e lesará mais uma vez o já tão combalido consumidor-vulnerável. Basta lembrarmos aqui dos prejuízos que podem ser causados pela utilização indevida das marcas e nomes comerciais.

Caso clássico ocorreu com a **clonagem de marcas de postos de gasolina** de distribuidoras consagradas. "Pintados com as cores de distribuidoras tradicionais, como BR, Ipiranga, Esso e Shell, e com logotipos que lembram os dessas marcas, os postos-clones estão tomando o mercado de revendas com bandeiras e, consequentemente, de seus fornecedores, além de iludirem os consumidores."[60-61]

I3R	vs.	BR
Marca Clonada		Marca Original

Segundo José Geraldo Brito Filomeno, faz-se necessário todo **o arsenal legislativo** oriundo da Constituição Federal **para coibir os abusos do poder** econômico, da concorrência desleal e da clonagem ou falsificação de marcas, sinais e outros aspectos distintivos protegidos pela propriedade industrial, pois "**o fim mediato** de tudo isso **é**, certamente, **a defesa e proteção do consumidor**, uma vez que este é destinatário final de tudo quanto é colocado no mercado de consumo".[62]

4.2.9. Princípio da racionalização e melhoria dos serviços públicos

Prevê o **art. 4.º, inciso VII**, do Diploma Consumerista o **princípio da "racionalização e melhoria dos serviços públicos"**. Trata-se de princípio de suma importância para reforçar a ideia de que o CDC incide sim sobre alguns serviços públicos. Aliás, remetemos o leitor ao estudo do Capítulo 3 deste livro, onde foram desenvolvidos os pontos mais importantes sobre o tema "Serviço Público e a incidência do Código de Defesa do Consumidor".

No tocante ao princípio ora analisado, destaca-se a sua **inevitável relação** com:

■ **o direito básico** do consumidor **à adequada e eficaz prestação dos serviços públicos** em geral (art. 6.º, X, do CDC);

---

[60] *Folha online*, notícia de 21.8.2006. Disponível em: <http://www1.folha.uol.com.br/folha/dinheiro/ult91u110361.shtml>. Acesso em: 9 set. 2020.

[61] No mesmo sentido, STJ julgando caso semelhante: "5. A possibilidade de confusão ou associação entre as marcas fica nítida no caso, pois, como é notório e as próprias embalagens dos produtos da marca 'CHEE.TOS' e 'CHEESE.KI.TOS' reproduzidas no corpo do acórdão recorrido demonstram, o público consumidor alvo do produto assinalado pelas marcas titularizadas pelas sociedades empresárias em litígio são as crianças, que têm inegável maior vulnerabilidade, por isso denominadas pela doutrina — o que encontra supedâneo na inteligência do 37, § 2.º, do Código de Defesa do Consumidor — como consumidores hipervulneráveis" (REsp 1.188.105/RJ, Rel. Ministro Luis Felipe Salomão, 4.ª T., *DJe* 12.4.2013).

[62] GRINOVER, Ada Pellegrini; BENJAMIN, Antônio Herman de V.; FINK, Daniel Roberto; FILOMENO, José Geraldo Brito; NERY JR., Nelson; DENARI, Zelmo. *Código Brasileiro de Defesa do Consumidor,* p. 110.

◘ **o Princípio da Eficiência**, expressamente previsto na **Constituição Federal** como um dos princípios expressos e norteador de toda a atuação da Administração Pública (art. 37, *caput*).

No entendimento de Rizzatto Nunes, "o legislador constitucional acresceu ao elemento obrigatório da adequação do serviço público o da eficiência. Isso significa que **não basta haver adequação**, nem estar à disposição das pessoas. **O serviço tem de ser *realmente* eficiente**; tem de cumprir sua finalidade na realidade concreta. O significado de **eficiência remete ao resultado: é eficiente aquilo que funciona**. A eficiência é um *plus* necessário **da adequação**".[63]

Corroborando com o pensamento do citado consumerista, cumpre ressaltar que a **Lei n. 8.987/95** — Lei Geral de Concessões e Permissões de Serviços Públicos —, ao definir serviço adequado em seu art. 6.º, § 1.º, deixou bem claro que **é aquele que satisfaz**, dentre outras condições, **a da eficiência**.[64]

4.2.10. Princípio da educação financeira e ambiental dos consumidores

A **Lei n. 14.181, de 1.º de julho de 2021**, conhecida como a **nova Lei do Superendividamento, incluiu o inciso IX ao art. 4.º do CDC**, que passou a prever como sendo um dos **princípios básicos** da política nacional das relações de consumo o *"fomento de ações direcionadas à educação financeira e ambiental dos consumidores"*.

Conforme é cediço, a crise econômica mundial, decorrente em grande parte da pandemia fruto da COVID-19, tem afetado milhões de brasileiros que se encontram em **situação de superendividamento**, isto é, **pessoas que não conseguem pagar as suas dívidas sem comprometer o mínimo existencial familiar**.

Os consumidores endividados acabam embarcando em situações de extrema dificuldade financeira, muitas vezes por não receberem orientações mínimas sobre educação financeira e contratação de crédito de forma consciente.

Temerosos de não conseguirem pagar suas contas, muitos acabam se endividando sem qualquer noção das dificuldades que enfrentarão diante da situação de superendividamento que, em última análise, irá excluir esse tipo de consumidor de uma vida econômica ativa no mercado de consumo.

Assim, com o nome "sujo", não conseguirão crédito para consumir, ainda que de forma parcelada, e a exclusão social será o futuro inevitável do superendividado.

Elevar a educação financeira ao *status* de princípio, faz com que o Poder Público e a iniciativa privada se mobilizem na implementação de práticas eficazes capazes de levar as pessoas à contratação de um crédito consciente.

O Professor José Geraldo Brito Filomeno, que muito nos honrou com o prefácio deste nosso livro, sempre defendeu em suas aulas e em seus livros a importância de se incluir na grade curricular do ensino fundamental e médio a disciplina referente a

---

[63] NUNES, Luiz Antonio Rizzatto. *Curso de direito do consumidor*, p. 150.
[64] Lei n. 8.987/95, art. 6.º, § 1.º: "Serviço adequado é o que satisfaz as condições de regularidade, continuidade, eficiência, segurança, atualidade, generalidade, cortesia na sua prestação e modicidade das tarifas".

noções básicas de Direito do Consumidor, por um motivo muito simples, qual seja: TODOS SOMOS CONSUMIDORES.

Dessa forma, ainda que estejamos distantes desse mundo ideal pensado pelo Professor Filomeno, é dever do Estado implementar políticas públicas capazes de orientar o consumidor no tocante a noções básicas de educação financeira e de contratação de crédito de maneira consciente.

Por outro lado, é também dever da iniciativa privada, em especial das instituições financeiras e de crédito, instruir adequadamente os consumidores antes desses tipos de contratações, como forma de evitar o superendividamento.

Aliás, a própria **Lei do Superendividamento acrescentou ao Código de Defesa do Consumidor o Capítulo VI-A — DA PREVENÇÃO E DO TRATAMENTO DO SUPERENDIVIDAMENTO — do Título I do CDC** que, dentre as disposições que estudaremos em momento oportuno sobre os cuidados com a oferta de crédito, destacamos o disposto no parágrafo único do art. 54-D, *in verbis*: **"O descumprimento de qualquer dos deveres previstos no *caput* deste artigo e nos arts. 52 e 54-C deste Código poderá acarretar judicialmente a redução dos juros, dos encargos ou de qualquer acréscimo ao principal e a dilação do prazo de pagamento previsto no contrato original, conforme a gravidade da conduta do fornecedor e as possibilidades financeiras do consumidor, sem prejuízo de outras sanções e de indenização por perdas e danos, patrimoniais e morais, ao consumidor"**.

Sobre a **educação ambiental dos consumidores**, importante ressaltar que a pauta do consumo consciente no aspecto de preservação ao meio ambiente está cada vez mais presente no Brasil e no mundo. Até a Administração Pública vem realizando as chamadas Licitações Sustentáveis, que admitem a vitória do certame de empresa que oferece um produto "selo verde" ou "amigo do meio ambiente", que são menos poluentes, ainda que com preço mais caro, quando comparado ao produto convencional.

Reitero aqui a mesma necessidade de políticas públicas serem implementadas pelo Estado na busca de um consumo ambiental consciente, bem como da colaboração do setor privado para alcançarmos com sucesso tal intento.

4.2.11. Princípio da prevenção e tratamento do superendividamento

A **Nova Lei do Superendividamento** acrescentou também, como princípio da política nacional das relações de consumo, o **inciso X ao art. 4.º** do Diploma Consumerista, que determina como tal a **"prevenção e tratamento do superendividamento como forma de evitar a exclusão social do consumidor"**.

Conforme analisaremos ao longo deste livro, **a Lei n. 14.181/2021 estabeleceu três fases** envolvendo os temas do aludido princípio: **(i) fase preventiva; (ii) fase conciliativa; e, por fim, (iii) fase contenciosa**.[65]

O novel **Capítulo VI-A (DA PREVENÇÃO E DO TRATAMENTO DO SUPERENDIVIDAMENTO)** do Título I do CDC tratará basicamente dos cuidados que deverão ser observados pelos fornecedores quando da concessão de crédito no mercado de consumo, estabelecendo a concretização da primeira fase, por nós denominada de preventiva.

---

[65] O aprofundamento do tema dar-se-á no Capítulo 15 deste livro, ao tratarmos sobre a prevenção e o tratamento do superendividamento.

O **Capítulo V (DA CONCILIAÇÃO NO SUPERENDIVIDAMENTO)** do Título III do CDC foi também incluído pela Lei n. 14.181 e materializa a segunda fase, a conciliativa. A tentativa de composição amigável entre consumidor e credor poderá ser realizada extrajudicialmente com a ajuda de um escritório de advocacia mediador, ou por intermédio de entidades/órgãos públicos de defesa do consumidor, como os Procons, por exemplo, bem como pelos caminhos judiciais existentes.

Por fim, diante da violação das regras de prevenção e da frustração de eventual tentativa de composição amigável, restará ao consumidor a fase contenciosa, prevista no aludido **Capítulo V do Título III do CDC, em especial no art. 104-B,** *caput* **e parágrafos, incluídos pela Lei n. 14.181/2021.**

4.2.12. Princípio da responsabilidade solidária

O princípio da responsabilidade solidária produz implicações práticas relevantes para a tutela do consumidor. Tal assertiva busca amparo no fato de que, sendo **reconhecida a solidariedade** dentro da cadeia de fornecedores, **terá o consumidor a prerrogativa de eleger quem será acionado** ou até mesmo o **direito de acionar todos os sujeitos** que colocaram o produto ou o serviço no mercado de consumo.

Nesse sentido, ensina Rizzatto Nunes, ao explicar que "o **consumidor pode escolher a quem acionar: um ou todos**. Como a solidariedade obriga a todos os responsáveis simultaneamente, todos respondem pelo total dos danos causados".[66] E conclui o tema lembrando que caberá "ao responsável acionado, depois de indenizar o consumidor, caso queira, voltar-se contra os outros responsáveis solidários para se ressarcir ou repartir os gastos, com base na relação jurídica existente entre eles".[67]

4.2.12.1. Disposições do Código de Defesa do Consumidor afetas à responsabilidade solidária

O CDC se refere à responsabilidade solidária dos fornecedores na relação de consumo em diversas passagens. Vejamos:

DISPOSITIVO DO CDC	CONTEÚDO NORMATIVO
ART. 7.º, PARÁGRAFO ÚNICO	"Tendo mais de um autor a ofensa, todos responderão solidariamente pela reparação dos danos previstos nas normas de consumo."
ART. 18, *CAPUT*	"Os fornecedores de produtos de consumo duráveis ou não duráveis respondem solidariamente pelos vícios de qualidade ou quantidade que os tornem impróprios ou inadequados ao consumo a que se destinam ou lhes diminuam o valor, assim como por aqueles decorrentes da disparidade, com as indicações constantes do recipiente, da embalagem, rotulagem ou mensagem publicitária, respeitadas as variações decorrentes de sua natureza, podendo o consumidor exigir a substituição das partes viciadas."
ART. 19, *CAPUT*	"Os fornecedores respondem solidariamente pelos vícios de quantidade do produto sempre que, respeitadas as variações decorrentes de sua natureza, seu conteúdo líquido for inferior às indicações constantes do recipiente, da embalagem, rotulagem ou de mensagem publicitária, podendo o consumidor exigir, alternativamente e à sua escolha:"

---

[66] NUNES, Luiz Antonio Rizzatto. *Curso de direito do consumidor*, p. 150-151.
[67] NUNES, Luiz Antonio Rizzatto. *Curso de direito do consumidor*, p. 151.

ART. 25, § 1.º	"Havendo mais de um responsável pela causação do dano, todos responderão solidariamente pela reparação prevista nesta e nas seções anteriores."
ART. 25, § 2.º	"Sendo o dano causado por componente ou peça incorporada ao produto ou serviço, são responsáveis solidários seu fabricante, construtor ou importador e o que realizou a incorporação."
ART. 28, § 3.º	"As sociedades consorciadas são solidariamente responsáveis pelas obrigações decorrentes deste código."
ART. 34	"O fornecedor do produto ou serviço é solidariamente responsável pelos atos de seus prepostos ou representantes autônomos."

Dentre os dispositivos citados, destacam-se os arts. 18 e 19 supracitados ao tratarem da responsabilidade de todos os fornecedores da cadeia de produção pelos vícios do produto e do serviço, respectivamente. Apesar de existir nesta obra capítulo específico sobre o tema responsabilidade do fornecedor no mercado de consumo, o princípio da responsabilidade solidária nos exige algumas pontuações neste momento.

Tanto o **art. 18 como o 19 do CDC preveem** a responsabilidade solidária de todos aqueles que participaram ou se beneficiaram da colocação de um produto ou de um serviço no mercado de consumo — os fornecedores.

Trata-se de conclusão retirada do fato de o legislador ter utilizado o termo "fornecedores" no início de cada dispositivo, além de citar expressamente a existência da responsabilidade solidária entre todos os membros da cadeia de fornecimento. Assim, existe uma presunção legal expressa nos citados dispositivos legais de que **todos os fornecedores da cadeia de produção responderão solidariamente pelos vícios dos produtos ou dos serviços.**

Desta forma, são responsáveis pelo vício de uma TV tanto o comerciante como o fabricante, na medida em que o CDC prevê a responsabilidade solidária de todos os fornecedores.

Por outro lado, **a aludida presunção não está presente expressamente nos artigos que tratam da responsabilidade do fornecedor pelo fato do produto ou do serviço** — responsabilidade por acidente de consumo — em razão da existência de defeito em determinado produto ou serviço. Muito pelo contrário.

Ao analisarmos o disposto nos arts. 12, 13 e 14, concluiremos pela existência de uma especificação dos fornecedores e, consequentemente, a constatação de que cada um responderá, a princípio e individualmente, pelos danos a que der causa. Isto é:

- o fabricante responde pelo que fabricou;
- o produtor, pelo que produziu;
- o construtor, pelo que construiu;
- o importador, pelo que importou;
- o comerciante, nas hipóteses do art. 13 do CDC.

Em suma, **a ausência de presunção legal expressa** nos arts. 12, 13 e 14 de responsabilidade solidária de todos os fornecedores pelo fato do produto ou do serviço **não impede o seu reconhecimento** pelo princípio ora em estudo, ou seja, se for demonstrado no caso concreto que mais de um fornecedor contribuiu para a causação do dano, todos responderão solidariamente.

Um exemplo para tornar cristalina a explicação: a princípio, a montadora de veículos é a responsável pelo carro que montou. Entretanto, se houver dúvida sobre quem inseriu indevidamente determinada peça no veículo adquirido — montadora ou concessionária —, o consumidor que sofreu um acidente de consumo poderá acionar qualquer um dos dois fornecedores dessa cadeia ou até mesmo ambos, sob o fundamento do princípio da responsabilidade solidária.

4.2.12.2. O princípio da solidariedade e a divisão de riscos no CDC

Conforme ensina Bruno Miragem, orienta-se "pelo princípio da solidariedade a divisão de riscos estabelecidos pelo CDC. A regra da responsabilidade civil objetiva estendida a toda a cadeia de fornecimento (todos os fornecedores que participam do ciclo econômico do produto ou serviço no mercado) é resultado dos ditames de solidariedade social, uma vez que orienta a adoção de um critério sobre quem deve arcar com os riscos da atividade econômica no mercado de consumo, afastando-se a regra da culpa para imputação da responsabilidade. A responsabilidade civil do fornecedor no CDC, deste modo, apresenta um novo critério de repartição dos riscos sociais, em vista, justamente, dos reflexos da sua atividade econômica frente ao mercado".[68]

No mesmo sentido vem decidindo a jurisprudência do Superior Tribunal de Justiça quando reconhece a responsabilidade solidária da instituição financeira nos contratos de incorporação imobiliária: "Em se tratando de empreendimento de natureza popular, destinado a mutuários de baixa renda, como na hipótese em julgamento, o **agente financeiro é parte legítima para responder, solidariamente, por vícios na construção de imóvel cuja obra foi por ele financiada com recursos do Sistema Financeiro da Habitação**" (REsp 738.071/SC, Rel. Ministro Luis Felipe Salomão, DJe 9.12.2011).

Muito cuidado se o caso envolver contrato de financiamento de automóvel e o agente financeiro não integrar grupo econômico da montadora do veículo adquirido, porque, nesse caso, o STJ vem entendendo pela ausência de responsabilidade solidária:

> RECURSO ESPECIAL. DIREITO CIVIL E DO CONSUMIDOR. COMPRA E VENDA DE AUTOMÓVEL. VÍCIO DO PRODUTO. RESOLUÇÃO DO CONTRATO DE FINANCIAMENTO. DESCABIMENTO. AGENTE FINANCEIRO NÃO VINCULADO À MONTADORA. JURISPRUDÊNCIA PACÍFICA DESTA CORTE SUPERIOR. RECURSO REPRESENTATIVO DA CONTROVÉRSIA N. 326/STJ.
> **1. Controvérsia acerca da possibilidade de resolução do contrato de financiamento, com devolução das parcelas pagas, em virtude da resolução do contrato de compra e venda de automóvel por vício do produto.**
> **2. Existência de jurisprudência pacífica nesta Corte Superior no sentido de que os agentes financeiros ("bancos de varejo") que financiam a compra e venda de automóvel não respondem pelos vícios do produto, subsistindo o contrato de financiamento mesmo após a resolução do contrato de compra e venda, exceto no caso dos bancos integrantes do grupo econômico da montadora ("bancos da montadora").**
> **3. Caso concreto em que o financiamento foi obtido junto a um "banco de varejo", sendo descabida, portanto, a resolução do contrato de financiamento.**

---

[68] MIRAGEM, Bruno. *Curso de direito do consumidor*, p. 73.

4. Recurso especial provido (REsp n. 1.946.388/SP, Rel. Ministro Paulo de Tarso Sanseverino, 3.ª T., j. 7.12.2021, *DJe* 17.12.2021).

O mesmo entendimento já ocorreu em relação ao incorporador: "1. **O incorporador, como impulsionador do empreendimento imobiliário em condomínio, atrai para si a responsabilidade pelos danos que possam resultar da inexecução ou da má execução do contrato de incorporação, incluindo-se aí os danos advindos de construção defeituosa. (...)** 4. Mesmo quando o incorporador não é o executor direto da construção do empreendimento imobiliário, mas contrata construtor, fica, juntamente com este, responsável pela solidez e segurança da edificação (CC/2002, art. 618). **Trata-se de obrigação de garantia assumida solidariamente com o construtor**" (REsp 884.367/DF, Rel. Ministro Raul Araújo, *DJe* 15.3.2012).

Por outro lado, temos a decisão do STJ que concluiu pela ausência de responsabilidade solidária da empresa patrocinadora de evento, que não participou da sua organização, não podendo ser enquadrada no conceito de fornecedor para fins de responsabilização por acidente de consumo ocorrido no local:

CIVIL E PROCESSUAL CIVIL. RECURSO ESPECIAL. AÇÃO DE INDENIZAÇÃO POR DANOS MATERIAIS E MORAIS. EVENTO DE EXIBIÇÃO DE MOTOCICLETAS. ACIDENTE DE CONSUMO. EXPLOSÃO DE CILINDRO. FALECIMENTO. DEVER DE FUNDAMENTAÇÃO. SÚMULA 284/STF. PREQUESTIONAMENTO PARCIAL. EMPRESA PATROCINADORA DE EVENTO. NÃO INTEGRANTE DA CADEIA DE FORNECIMENTO. RESPONSABILIDADE AFASTADA.
1. Ação de indenização por danos materiais e morais ajuizada em 8.1.2008, da qual foi extraído o presente recurso especial interposto em 5.9.2019 e concluso ao gabinete em 30.8.2021.
2. O propósito recursal consiste em definir se o Tribunal local observou o dever legal de fundamentação e se a patrocinadora do evento pode ser responsabilizada por acidente ocorrido no local, que vitimou integrante da plateia.
3. A alegação de ausência de fundamentação do acórdão recorrido é genérica, incidindo, por analogia, o óbice da Súmula 284/STF.
4. A ausência de decisão acerca de dispositivos legais indicados como violados (art. 219, §§ 2° e 4°, do CPC/73, art. 3.º do CPC/2015, arts. 202, I e parágrafo único, 206, § 3°, V, 393 e 945 do CC/2002) impede o conhecimento do recurso especial.
5. Para a incidência do microssistema consumerista, é imprescindível a existência, de um lado, de um fornecedor e, de outro, de um consumidor e que essa relação tenha por objeto o fornecimento de um produto ou serviço. Tratando-se de hipótese de acidente de consumo por defeito do serviço, é de suma importância averiguar se aquele a quem se pretende atribuir a responsabilidade integra a cadeia de consumo. Isso porque, são quatro os pressupostos para a responsabilidade civil, a saber: (i) o dano; (ii) o defeito do serviço; (iii) o nexo de causalidade entre o defeito e o prejuízo e (iv) o nexo de imputação, sendo este o vínculo entre a atividade desenvolvida pelo fornecedor o defeito do serviço.
6. Aquele que comparece a espetáculo aberto ao público se qualifica como consumidor nos termos da teoria finalista, já que não dá continuidade ao serviço.
7. A ausência de cobrança de ingresso para assistir ao evento não afasta, por si só, a incidência do CDC. O termo "mediante remuneração" presente no art. 3.º, § 2.º, desse diploma legal inclui o ganho indireto e não significa que o serviço deva ser oneroso ao consumidor.

8. O legislador, com o propósito de conferir proteção mais efetiva às vítimas de acidentes de consumo, ampliou o conceito de fornecedor previsto no art. 3.º do CDC, imputando os danos causados pelo defeito a todos os envolvidos na prestação do serviço (art. 14 do CDC). Ou seja, ao valer-se do vocábulo fornecedor, pretendeu-se viabilizar a responsabilização do terceiro que, embora não tenha prestado o serviço diretamente, integrou a cadeia de consumo. Cuida-se do fornecedor indireto ou mediato. Porém, para ser considerado integrante da cadeia de consumo, o terceiro deve ter contribuído com produtos ou serviços para o fornecimento do serviço final.
9. Sendo o terceiro mero patrocinador do evento, que não participou da sua organização e, assim, não assumiu a garantia de segurança dos participantes, não pode ser enquadrado no conceito de "fornecedor" para fins de responsabilização pelo acidente de consumo.
10. Recurso especial parcialmente conhecido e, nessa extensão, provido (REsp 1.955.083/BA, Rel. Ministra Nancy Andrighi, 3.ª T., j. 15.2.2022, *DJe* de 18.2.2022).

A relação entre cooperativas de plano de saúde que vendem o serviço de intercâmbio no tratamento entre todas as integrantes com mesma denominação, respondem solidariamente perante o Código de Defesa do Consumidor, ainda que possuam personalidades jurídicas e bases geográficas distintas. Esse o posicionamento do STJ:

RECURSO ESPECIAL. CIVIL. PLANO DE SAÚDE. SISTEMA UNIMED. RECUSA INDEVIDA DE COBERTURA. USUÁRIO EM INTERCÂMBIO. UNIMED EXECUTORA. LEGITIMIDADE PASSIVA *AD CAUSAM*. RESPONSABILIDADE SOLIDÁRIA. UNIMED DE ORIGEM. COOPERATIVAS DE TRABALHO MÉDICO. REDE INTERLIGADA. MARCA ÚNICA. ABRANGÊNCIA NACIONAL. TEORIA DA APARÊNCIA. CADEIA DE FORNECEDORES. CDC. INCIDÊNCIA.
1. Cinge-se a controvérsia a saber se a cooperativa de trabalho médico que atendeu, por meio do sistema de intercâmbio, usuário de plano de saúde de cooperativa de outra localidade possui legitimidade passiva *ad causam* na hipótese de negativa indevida de cobertura.
2. Apesar de os planos e seguros privados de assistência à saúde serem regidos pela Lei n. 9.656/98, as operadoras da área que prestarem serviços remunerados à população enquadram-se no conceito de fornecedor, existindo, pois, relação de consumo, devendo ser aplicadas também, nesses tipos contratuais, as regras do Código de Defesa do Consumidor (art. 35-G da Lei n. 9.656/1998 e Súmula n. 469/STJ).
3. O Complexo Unimed do Brasil é constituído sob um sistema de cooperativas de saúde, independentes entre si e que se comunicam através de um regime de intercâmbio, o que possibilita o atendimento de usuários de um plano de saúde de dada unidade em outras localidades, ficando a Unimed de origem responsável pelo ressarcimento dos serviços prestados pela Unimed executora. Cada ente é autônomo, mas todos são interligados e se apresentam ao consumidor sob a mesma marca, com abrangência em todo território nacional, o que constitui um fator de atração de novos usuários.
4. Há responsabilidade solidária entre as cooperativas de trabalho médico que integram a mesma rede de intercâmbio, ainda que possuam personalidades jurídicas e bases geográficas distintas, sobretudo para aquelas que compuseram a cadeia de fornecimento de serviços que foram mal prestados (teoria da aparência). Precedente da Quarta Turma.

5. É transmitido ao consumidor a imagem de que o Sistema Unimed garante o atendimento à saúde em todo o território nacional, haja vista a integração existente entre as cooperativas de trabalho médico, a gerar forte confusão no momento da utilização do plano de saúde, não podendo ser exigido dele que conheça pormenorizadamente a organização interna de tal complexo e de suas unidades.
6. Tanto a Unimed de origem quanto a Unimed executora possuem legitimidade passiva *ad causam* na demanda oriunda de recusa injustificada de cobertura de plano de saúde.
7. Recurso especial não provido (REsp 1665698/CE, Rel. Ministro Ricardo Villas Bôas Cueva, 3.ª T., j. 23.5.2017, *DJe* 31.5.2017).

Ainda no tocante à responsabilidade solidária, entendeu o STJ que a operadora do plano de saúde, na condição de fornecedora de serviço, responde perante o consumidor pelos defeitos em sua prestação, seja quando os fornece por meio de hospital próprio e médicos contratados ou por meio de médicos e hospitais credenciados:

AGRAVO INTERNO NO AGRAVO EM RECURSO ESPECIAL. RESPONSABILIDADE CIVIL. DANOS MORAIS. FALHA NA PRESTAÇÃO DE SERVIÇOS HOSPITALARES. DEMORA PARA AUTORIZAÇÃO DE CIRURGIA DE URGÊNCIA. ÓBITO DA PACIENTE. HOSPITAL E PLANO DE SAÚDE PERTENCENTES À MESMA REDE. RESPONSABILIDADE SOLIDÁRIA. NEXO CAUSAL ENTRE CONDUTA E RESULTADO. AGRAVO INTERNO NÃO PROVIDO.
1. Se o contrato é fundado na prestação de serviços médicos e hospitalares próprios e/ou credenciados, no qual a operadora de plano de saúde mantém hospitais e emprega médicos ou indica um rol de conveniados, não há como afastar sua responsabilidade solidária pela má prestação do serviço.
2. A operadora do plano de saúde, na condição de fornecedora de serviço, responde perante o consumidor pelos defeitos em sua prestação, seja quando os fornece por meio de hospital próprio e médicos contratados ou por meio de médicos e hospitais credenciados, nos termos dos arts. 2.º, 3.º, 14 e 34 do Código de Defesa do Consumidor, art. 1.521, III, do Código Civil de 1916 e art. 932, III, do Código Civil de 2002. Essa responsabilidade é objetiva e solidária em relação ao consumidor, mas, na relação interna, respondem o hospital, o médico e a operadora do plano de saúde nos limites da sua culpa (REsp 866.371/RS, Rel. Ministro Raul Araújo, 4.ª T., j. 27.3.2012, *DJe* 20.8.2012).
3. Hipótese em que a paciente, tendo sofrido uma queda em 20.5.2013, foi diagnosticada com trauma grave na coluna cervical, com indicação de cirurgia de urgência, e somente foi operada em 12.6.2013, vindo a óbito no dia seguinte, em virtude de tromboembolia pulmonar. Nos termos do consignado pelas instâncias ordinárias, o estado de saúde da paciente, idosa e portadora de patologias de alto risco, agravou-se em decorrência da demora injustificada — 22 (vinte e dois) dias — para a autorização da cirurgia, resultando na evolução para o quadro de choque fatal.
4. A demora para a autorização da cirurgia indicada como urgente pela equipe médica do hospital, sem justificativa plausível, caracteriza defeito na prestação do serviço da operadora do plano de saúde, resultando na sua responsabilização.
5. Agravo interno a que se nega provimento (AgInt no AREsp 1414776/SP, Rel. Ministro Raul Araújo, 4.ª T., j. 11.2.2020, *DJe* 4.3.2020).

4.2.13. Princípio da continuidade do serviço público

O princípio da continuidade do serviço público impede a interrupção de sua prestação, salvo em situações excepcionais admitidas pela ordem jurídica. Trata-se de princípio que visa proteger a coletividade, que não poderá ficar desamparada de um serviço tão essencial para o desempenho das atividades comuns do cotidiano.

O art. 22, do CDC, prevê: "Os órgãos públicos, por si ou suas empresas, concessionárias, permissionárias ou sob qualquer outra forma de empreendimento, são obrigados a fornecer serviços adequados, eficientes, seguros e, quanto aos essenciais, contínuos".

Por outro lado, quando tratamos do tema serviço público, impossível analisar o tema sem a apreciação das regras de Direito Administrativo. De fato, vale lembrar que o art. 6.º, § 3.º, inciso II, da Lei n. 8.987/95 admite a interrupção do aludido serviço nas seguintes situações:

> "**Não se caracteriza como descontinuidade do serviço a sua interrupção** em situação de emergência ou **após prévio aviso**, quando:
> I — motivada por razões de ordem técnica ou de segurança das instalações; e,
> II — **por inadimplemento do usuário**, considerado o interesse da coletividade".

Em razão das inúmeras polêmicas que circundam o tema, sugerimos ao leitor aprofundar seus conhecimentos no Capítulo 3 deste livro.

4.3. DIREITOS BÁSICOS DO CONSUMIDOR

4.3.1. Introdução

Conforme ressaltado em diversas passagens deste livro, o novo modelo de produção em massa, surgido no período pós-revolução industrial do aço e do carvão, exigiu uma legislação específica capaz de proteger o vulnerável da relação jurídica de consumo. Assim, a **forma** encontrada **para** conseguir **reequilibrar uma relação** tão **desigual foi conferir direitos aos consumidores e impor deveres aos fornecedores**.

Sobre o tema, vale lembrar que a Constituição Federal de 1988 determinou como dever do Estado a proteção do consumidor, nos termos do art. 5.º, inciso XXXII. Logo, estamos diante de um direito fundamental e, como tal, imprescindível a concessão de direitos básicos ao consumidor como forma de concretizar o preceito constitucional.

Direitos básicos, nesse contexto, **podem ser definidos como "aquelas interesses mínimos, materiais ou instrumentais, relacionados a direitos fundamentais universalmente consagrados** que, diante de sua relevância social e econômica, pretendeu o legislador ver expressamente tutelados".[69] No mesmo sentido, Carlos Alberto Bittar define os direitos básicos como de duas espécies:

> "**os materiais** — voltados à proteção de componentes de sua estrutura jurídico-patrimonial; e,

---

[69] CAVALIERI FILHO, Sergio. *Programa de direito do consumidor*, p. 90.

os instrumentais — dirigidos à obtenção, quando necessária, da satisfação efetiva desses direitos administrativa e juridicamente (art. 6.º)".[70]

Em que pese o **art. 6.º do CDC** elencar uma série de **direitos básicos** do consumidor, ressalta-se que **o rol** desses direitos **é bastante amplo**, não se limitando ao dispositivo citado, nem ao próprio texto do Código do Consumidor.

Aliás, esta é a *mens legis* do **art. 7.º, *caput*, da Lei n. 8.078/90**, que prevê: "**Os direitos previstos neste código não excluem outros** decorrentes de tratados ou convenções internacionais de que o Brasil seja signatário, da legislação interna ordinária, de regulamentos expedidos pelas autoridades administrativas competentes, bem como dos que derivem dos princípios gerais do direito, analogia, costumes e equidade".[71]

Fonte internacional muito citada pela doutrina é a Resolução n. 39/248, de 1985, da Organização das Nações Unidas. Trata-se da Resolução da ONU que se refere aos direitos fundamentais dos consumidores. José Geraldo Brito Filomeno destaca o item 2 da referida resolução, segundo o qual "os governos devem desenvolver, reforçar ou manter uma política firme de proteção ao consumidor, considerando as normas abaixo discriminadas", acrescentando ainda que, ao fazê-lo, "cada governo deve determinar suas próprias prioridades para a proteção dos consumidores, de acordo com as circunstâncias econômicas e sociais do país e as necessidades de sua população, verificando os custos e benefícios das medidas propostas".[72]

E lembra o aludido doutrinador do item 3 da Resolução n. 39/248 da ONU, que encontra a síntese das normas de proteção do consumidor:[73]

3. As normas servirão para atingir as seguintes necessidades:
proteger o consumidor quanto a prejuízos à saúde e segurança;
fomentar e proteger os interesses econômicos dos consumidores;
fornecer aos consumidores informações adequadas para capacitá-los a fazer escolhas acertadas de acordo com as necessidades e desejos individuais;
educar o consumidor;
criar possibilidade de real ressarcimento ao consumidor;
garantir a liberdade para formar grupos de consumidores e outros grupos ou organizações de relevância e oportunidades para que estas organizações possam apresentar seus enfoques nos processos decisórios a ela referentes.

Tenha origem no art. 6.º ou em qualquer outro dispositivo do CDC, tenha origem fora dele, a verdade é que a concessão de direitos básicos ao consumidor é pressuposto sem o qual não haveria uma relação jurídica de consumo com harmonia, com equilíbrio.

---

[70] BITTAR, Carlos Alberto. *Direitos do consumidor*: Código de Defesa do Consumidor. 7. ed. rev., atual. e ampl. por Eduardo C. B. Bittar. Rio de Janeiro: Forense, 2011, p. 29.
[71] O dispositivo citado tem total correlação com a Teoria do Diálogo das Fontes estudada no Capítulo 1 deste livro, ao qual remetemos o leitor.
[72] GRINOVER, Ada Pellegrini; BENJAMIN, Antônio Herman de V.; FINK, Daniel Roberto; FILOMENO, José Geraldo Brito; NERY JR., Nelson; DENARI, Zelmo. *Código Brasileiro de Defesa do Consumidor*, p. 149-150.
[73] GRINOVER, Ada Pellegrini; BENJAMIN, Antônio Herman de V.; FINK, Daniel Roberto; FILOMENO, José Geraldo Brito; NERY JR., Nelson; DENARI, Zelmo. *Código Brasileiro de Defesa do Consumidor*, p. 150.

4.3.2. Direito à vida, à saúde e à segurança

O **art. 6.º** do Código de Defesa do Consumidor dispõe em seu **inciso I**, como direito básico do consumidor, *"***a proteção da vida, saúde e segurança** contra os riscos provocados por práticas no fornecimento de produtos e serviços considerados perigosos ou nocivos".

O CDC previu no Capítulo IV — "Da Qualidade de Produtos e Serviços, da Prevenção e da Reparação dos Danos" — uma Seção exclusiva para tratar do tema "Proteção à Saúde e Segurança". Vejamos:

Proteção à saúde e segurança do consumidor	
	Art. 8° Os produtos e serviços colocados no mercado de consumo não acarretarão riscos à saúde ou segurança dos consumidores, exceto os considerados normais e previsíveis em decorrência de sua natureza e fruição, obrigando-se os fornecedores, em qualquer hipótese, a dar as informações necessárias e adequadas a seu respeito.
	Art. 8°, § 1° Em se tratando de produto industrial, ao fabricante cabe prestar as informações a que se refere este artigo, através de impressos apropriados que devam acompanhar o produto.
	Art. 8°, § 2° O fornecedor deverá higienizar os equipamentos e utensílios utilizados no fornecimento de produtos ou serviços, ou colocados à disposição do consumidor, e informar, de maneira ostensiva e adequada, quando for o caso, sobre o risco de contaminação.
	Art. 9° O fornecedor de produtos e serviços potencialmente nocivos ou perigosos à saúde ou segurança deverá informar, de maneira ostensiva e adequada, a respeito da sua nocividade ou periculosidade, sem prejuízo da adoção de outras medidas cabíveis em cada caso concreto.
	Art. 10. O fornecedor não poderá colocar no mercado de consumo produto ou serviço que sabe ou deveria saber apresentar alto grau de nocividade ou periculosidade à saúde ou segurança.
	Art. 10, § 1° O fornecedor de produtos e serviços que, posteriormente à sua introdução no mercado de consumo, tiver conhecimento da periculosidade que apresentem, deverá comunicar o fato imediatamente às autoridades competentes e aos consumidores, mediante anúncios publicitários.
	Art. 10, § 2° Os anúncios publicitários a que se refere o parágrafo anterior serão veiculados na imprensa, rádio e televisão, às expensas do fornecedor do produto ou serviço.
	Art. 10, § 3° Sempre que tiverem conhecimento de periculosidade de produtos ou serviços à saúde ou segurança dos consumidores, a União, os Estados, o Distrito Federal e os Municípios deverão informá-los a respeito.

Os aludidos direitos estão em plena consonância com os objetivos da Política Nacional das Relações de Consumo, dentre os quais destacamos, mais precisamente, o respeito para com:

- a dignidade do consumidor;
- a vida do consumidor;
- a saúde do consumidor;
- a melhoria da qualidade de vida do consumidor.

Ademais, cumpre ressaltar que o **CDC trouxe instrumentos para concretizar tais direitos**. **No âmbito civil**, podemos citar a **responsabilidade objetiva** do fornecedor — aquela que independe da comprovação do dolo ou da culpa —, que é a regra nas relações de consumo envolvendo a responsabilidade pelo fato do produto ou do serviço e o consequente **dever de indenizar** (arts. 12 a 17).[74]

Na esfera administrativa, o art. 58 do Diploma Consumerista prevê **penas de apreensão, de inutilização** de produtos, de **proibição de fabricação** de produtos, de **suspensão do fornecimento** de produto ou serviço, de **cassação do registro** do produto e revogação da concessão ou permissão de uso por inadequação ou insegurança do produto ou serviço.

No **âmbito penal**, ressaltamos os **arts. 63 a 66 e 68** do Código do Consumidor, que preveem tipos penais como forma de coibir condutas no mercado de consumo capazes de comprometer a vida, a saúde e a segurança dos consumidores.

A jurisprudência do Superior Tribunal de Justiça anda bem atenta na proteção de direitos do consumidor de tão alto grau de relevância, a ponto de reconhecer a relativização do prazo de carência de um contrato de plano de seguro-saúde, quando a vida do consumidor estiver em risco: "**Como se trata de situação-limite em que há nítida possibilidade de violação ao direito fundamental à vida, 'se o juiz não reconhece, no caso concreto, a influência dos direitos fundamentais sobre as relações privadas, então ele não apenas lesa o direito constitucional objetivo, como também afronta direito fundamental considerado como pretensão em face do Estado, ao qual, enquanto órgão estatal, está obrigado a observar'**" (REsp 962.980/SP, Rel. Ministro Luis Felipe Salomão, 4.ª T., *DJe* 15.5.2012).

4.3.3. Direito à liberdade de escolha e igualdade nas contratações

Estabelece o **art. 6.º, inciso II, do CDC** que são direitos básicos do consumidor "a educação e divulgação sobre o consumo adequado dos produtos e serviços, asseguradas a **liberdade de escolha e a igualdade nas contratações**". A maioria da doutrina trata os citados direitos de maneira estanque, sem identificar qualquer relação entre eles. Nós enxergamos o dispositivo de maneira integrada.

Iniciaremos o estudo na visão majoritária da doutrina. No entendimento de Claudia Lima Marques, por exemplo, estes "direitos estão consolidados em todas as normas de proteção contratual do CDC (art. 46 e ss.), mas com especial atenção naquelas que

---

[74] Em capítulo específico, o tema será devidamente aprofundado.

cuidam da parte pré-contratual e publicidade (art. 30 e ss.) e de práticas comerciais abusivas (art. 39 e ss.), inclusive combatendo a discriminação de consumidores (art. 39, II, IV e IX), as práticas anticoncorrenciais e vendas casadas (art. 4.º, VI e 39, I). O Código de Defesa do Consumidor reconhece a importância das novas técnicas de vendas, muitas delas agressivas, do *marketing* e do contrato como forma de informação do consumidor, protegendo o seu direito de escolha e sua autonomia racional, através do reconhecimento de um direito mais forte de informação (arts. 30, 31, 34, 46, 48 e 54) e um direito de reflexão (art. 49)".[75]

Em nossa visão, está muito clara a **conexão existente entre cada um dos direitos pontuados no inciso II do art. 6.º** do Código do Consumidor, isto é, a educação e divulgação sobre o consumo adequado dos produtos e serviços assegurarão a liberdade mínima de escolha ao consumidor e, consequentemente, estará concretizada a igualdade nas contratações realizadas no mercado de consumo.

| Educação e informação | asseguram | Liberdade de escolha | concretiza | Igualdade na contratação |

Nesse contexto, vale reforçar a ideia de que apenas a educação e a divulgação sobre o consumo conferirão ao vulnerável da relação a liberdade de, munido das informações necessárias sobre o produto ou o serviço, decidir se vai ou não realizar o negócio no mercado de consumo.

Desta forma, conferida a oportunidade de educação e informação, bem como a manifestação de vontade formal e materialmente livre, caracterizada estará a igualdade material na relação de consumo.

No mesmo sentido, Cavalieri Filho ao entender que "**aumentados os níveis de conhecimento e de informação do consumidor, também se aumente o seu poder de reflexão** e de formulação de um juízo crítico sobre a oportunidade e a conveniência da contratação, a fim de que possa o mesmo, dentre os diversos produtos e/ou serviços colocados no mercado a sua disposição, escolher, em manifestação de vontade formal e materialmente livre, esclarecida e, portanto, consciente, aquele que melhor se ajuste às suas necessidades".[76]

Ponto de vista interessante que merece destaque é aquele afeto à identificação dos dois aspectos do direito à igualdade:

- igualdade entre consumidores e fornecedores;
- igualdade entre consumidores.

---

[75] BENJAMIN, Antônio Herman de V.; MARQUES, Claudia Lima; BESSA, Leonardo Roscoe. *Manual de direito do consumidor*, p. 68.
[76] CAVALIERI FILHO, Sergio. *Programa de direito do consumidor*, p. 94.

Quem bem tratou do assunto foi Sergio Cavalieri Filho, que ensina:[77]

IGUALDADE CONSUMIDOR/FORNECEDOR	IGUALDADE ENTRE CONSUMIDORES
"o direito à igualdade realça a importância do sinalagma nas relações de consumo, na moderna concepção dos contratos. Nesse contexto, assumem a lei e os seus intérpretes papel de relevo no novo fenômeno da contratação, zeladores que são do equilíbrio e da harmonia nas relações de consumo, e da fidelidade que devem aos princípios da equidade e da boa-fé. Não se pode mais tolerar a submissão da vontade do consumidor à do fornecedor, ao argumento, hoje despropositado, do *pacta sunt servanda*."	"não é mais de se admitir a diferenciação dos consumidores entre si pelos fornecedores, o que igualmente afronta o disposto no art. 52, *caput*, da Constituição. Assim, o fornecedor deverá oferecer as mesmas condições para todos os consumidores, só se justificando um tratamento diferenciado naqueles casos em que a própria lei autorizar, como se dá, a título de ilustração, com os idosos, com as gestantes, com as crianças."

A respeito da igualdade entre os consumidores, nunca é demais lembrar que, apesar da existência da presunção de vulnerabilidade para as pessoas físicas consumidoras, algumas são consideradas mais frágeis do que outras no mercado de consumo e são denominadas hipervulneráveis.[78]

4.3.4. Direito à informação adequada e clara

Previa o **art. 6.º, inciso III, do CDC**, em sua redação original, o direito básico à "**informação adequada e clara sobre os diferentes produtos e serviços**, com especificação correta de quantidade, características, composição, qualidade e preço, bem como sobre os riscos que apresentem".

Sobre o tema, importante ressaltar que, por força da Lei n. 12.741, de 8 de dezembro de 2012, a redação do inciso III do art. 6.º do Código de Defesa do Consumidor foi alterada para o seguinte teor: "**São direitos básicos do consumidor:** (...) III — **a informação** adequada e clara **sobre os** diferentes produtos e serviços, com especificação correta de quantidade, características, composição, qualidade, **tributos incidentes** e preço, bem como sobre os riscos que apresentem".[79]

Conforme visto no estudo do princípio da boa-fé objetiva, o dever do fornecedor de informar é um dos deveres anexos, laterais ou secundários da relação de consumo. É desse sujeito da relação tal dever, pois se presume ser ele o *expert*, o detentor do monopólio dos meios produtivos.

Assim, se por um lado é **dever do fornecedor informar**, por outro é **direito básico do consumidor ser informado**, mesmo porque este é sujeito vulnerável da relação jurídica de consumo.

De fato, constata-se da análise do dispositivo citado a existência de duas importantes **características das informações** a serem emanadas no mercado de consumo, quais sejam:

---

[77] CAVALIERI FILHO, Sergio. *Programa de direito do consumidor*, p. 95.
[78] *Vide* subitem 4.2.1.4 sobre "A hipervulnerabilidade".
[79] A aludida inovação será melhor comentada no próximo subitem.

■ adequação; e
■ clareza.

Na visão da doutrina, a adequação da informação remete à finalidade que se pretende alcançar com ela.[80] Já a característica da clareza da informação refere-se a uma mensagem inteligível, facilmente identificada pelo consumidor.

No entendimento do Superior Tribunal de Justiça, informação adequada é a informação completa, gratuita e útil: "O direito à informação visa a assegurar ao consumidor uma escolha consciente, permitindo que suas expectativas em relação ao produto ou serviço sejam de fato atingidas, manifestando o que vem sendo denominado de consentimento informado ou vontade qualificada. Diante disso, o comando do art. 6.º, III, do CDC, somente estará sendo efetivamente cumprido quando a **informação** for prestada ao consumidor de forma **adequada**, assim entendida como **aquela que se apresenta simultaneamente completa, gratuita e útil**, vedada, neste último caso, a diluição da comunicação efetivamente relevante pelo uso de informações soltas, redundantes ou destituídas de qualquer serventia para o consumidor" (REsp 1.144.840/SP, Ministra Nancy Andrighi, 3.ª T., *DJe* 11.4.2012).

A maquiagem de produto também se caracteriza como uma prática abusiva, violadora do direito básico à informação. Sobre o tema, destaca-se posição consolidada no STJ coibindo tal conduta:

> **1. No caso, o Procon estadual instaurou processo administrativo contra a recorrente pela prática da infração às relações de consumo conhecida como "maquiagem de produto" e "aumento disfarçado de preços", por alterar quantitativamente o conteúdo dos refrigerantes "Coca-Cola", "Fanta", "Sprite" e "Kuat" de 600 ml para 500 ml, sem informar clara e precisamente aos consumidores, porquanto a informação foi aposta na parte inferior do rótulo e em letras reduzidas. Na ação anulatória ajuizada pela recorrente, o Tribunal de origem, em apelação, confirmou a improcedência do pedido de afastamento da multa administrativa, atualizada para R$ 459.434,97, e majorou os honorários advocatícios para R$ 25.000,00.**
> **2. Hipótese, no cível, de responsabilidade objetiva em que o fornecedor (*lato sensu*) responde solidariamente pelo vício de quantidade do produto.**
> **3. O direito à informação, garantia fundamental da pessoa humana expressa no art. 5.º, inciso XIV, da Constituição Federal, é gênero do qual é espécie também previsto no Código de Defesa do Consumidor** (REsp 1.364.915/MG, Rel. Ministro Humberto Martins, 2.ª T., j. 14.5.2013, *DJe* 24.5.2013).

Com efeito, apesar de a informação estar prevista como um direito básico no art. 6.º do CDC, cumpre ressaltar a sua propagação em diversas passagens específicas da Lei n. 8.078/90, dentre as quais destacamos:

---

[80] MIRAGEM, Bruno. *Curso de direito do consumidor*, p. 129.

Direito básico à informação Art. 6.º, III, do CDC

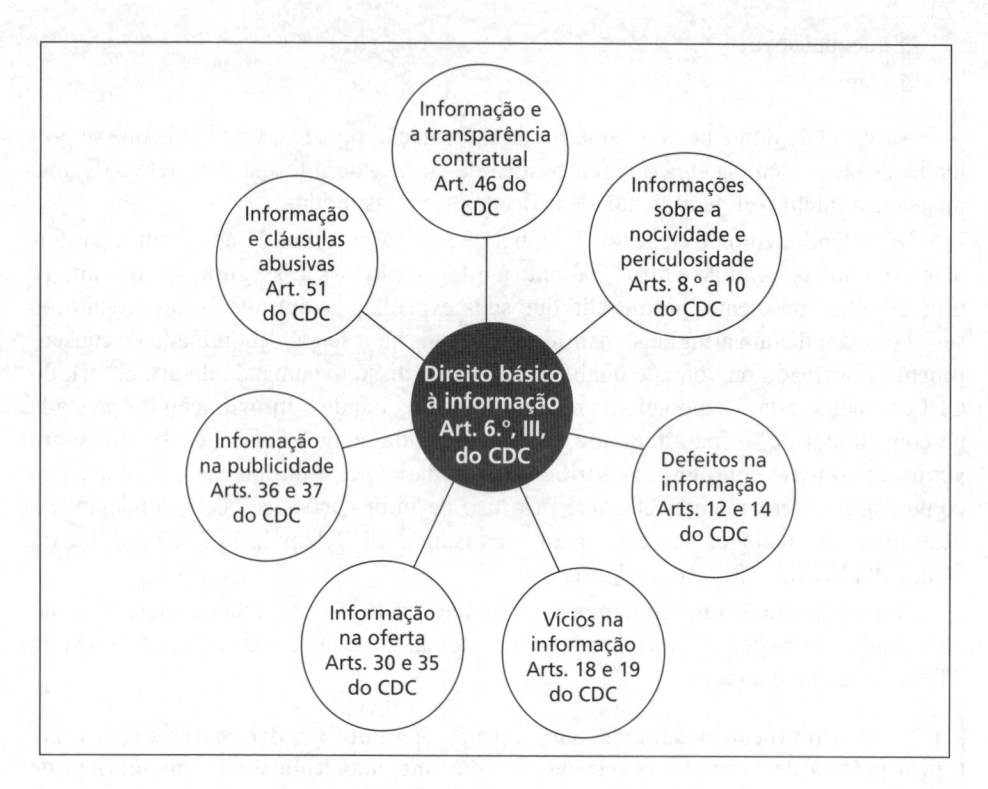

- Informação e a transparência contratual Art. 46 do CDC
- Informações sobre a nocividade e periculosidade Arts. 8.º a 10 do CDC
- Defeitos na informação Arts. 12 e 14 do CDC
- Vícios na informação Arts. 18 e 19 do CDC
- Informação na oferta Arts. 30 e 35 do CDC
- Informação na publicidade Arts. 36 e 37 do CDC
- Informação e cláusulas abusivas Art. 51 do CDC

Nos termos do que foi estudado no subitem anterior, podemos concluir que a informação não é um fim em si próprio, na medida em que se trata de elemento importantíssimo para assegurar a liberdade de escolha do consumidor e, desta forma, concretizar a igualdade material na relação de consumo. Igualmente, contribuirá para o equilíbrio entre os sujeitos consumidor e fornecedor e, consequentemente, para uma relação harmoniosa.

Nesse sentido, entendeu o Superior Tribunal de Justiça, no julgamento do EREsp 1.515.895/MS, que o fornecedor de alimentos deve complementar a informação-conteúdo "contém glúten" com a informação-advertência de que o glúten é prejudicial à saúde dos consumidores com doença celíaca:

> PROCESSO CIVIL. PROCESSO COLETIVO. DIREITO DO CONSUMIDOR. AÇÃO COLETIVA. DIREITO À INFORMAÇÃO. DEVER DE INFORMAR. **ROTULAGEM DE PRODUTOS ALIMENTÍCIOS. PRESENÇA DE GLÚTEN. PREJUÍZOS À SAÚDE DOS DOENTES CELÍACOS. INSUFICIÊNCIA DA INFORMAÇÃO-CONTEÚDO "CONTÉM GLÚTEN". NECESSIDADE DE COMPLEMENTAÇÃO COM A INFORMAÇÃO-ADVERTÊN-CIA SOBRE OS RISCOS DO GLÚTEN À SAÚDE DOS DOENTES CELÍACOS.** INTEGRAÇÃO ENTRE A LEI DO GLÚTEN (LEI ESPECIAL) E O CÓDIGO DE DEFESA DO CONSUMIDOR (LEI GERAL). 1. Cuida-se de divergência entre dois julgados desta Corte: o acórdão embargado da Terceira Turma que entendeu ser suficiente a informação "contém glúten" ou "não contém glúten", para alertar os consumidores celíacos afetados pela referida proteína; e o paradigma da Segunda Turma, que entendeu não ser suficiente a informação "contém glúten", a qual

deve ser complementada com a advertência sobre o prejuízo do glúten à saúde dos doentes celíacos. 2. **O CDC traz, entre os direitos básicos do consumidor, a "informação adequada e clara sobre os diferentes produtos e serviços, com especificação correta de quantidade, características, composição, qualidade e preço, bem como sobre os riscos que apresentam" (art. 6.º, inciso III).** 3. Ainda de acordo com o CDC, "a oferta e a apresentação de produtos ou serviços devem assegurar informações corretas, claras, precisas, ostensivas e em língua portuguesa sobre suas características, qualidades, quantidade, composição, preço, garantia, prazos de validade e origem, entre outros dados, bem como sobre os riscos que apresentam à saúde e segurança dos consumidores" (art. 31). 4. O art. 1.º da Lei 10.674/2003 (Lei do Glúten) estabelece que os alimentos industrializados devem trazer em seu rótulo e bula, conforme o caso, a informação "não contém glúten" ou "contém glúten", isso é, apenas a informação-conteúdo. Entretanto, a superveniência da Lei 10.674/2003 não esvazia o comando do art. 31, *caput*, do CDC (Lei 8.078/90), que determina que o fornecedor de produtos ou serviços deve informar "sobre os riscos que apresentam à saúde e segurança dos consumidores", ou seja, a informação-advertência. 5. **Para que a informação seja correta, clara e precisa, torna-se necessária a integração entre a Lei do Glúten (lei especial) e o CDC (lei geral), pois, no fornecimento de alimentos e medicamentos, ainda mais a consumidores hipervulneráveis, não se pode contentar com o *standard* mínimo, e sim com o *standard* mais completo possível. 6. O fornecedor de alimentos deve complementar a informação-conteúdo "contém glúten" com a informação-advertência de que o glúten é prejudicial à saúde dos consumidores com doença celíaca.** Embargos de divergência providos para **prevalecer a tese do acórdão paradigma no sentido de que a informação-conteúdo "contém glúten" é, por si só, insuficiente para informar os consumidores sobre o prejuízo que o alimento com glúten acarreta à saúde dos doentes celíacos, tornando-se necessária a integração com a informação-advertência correta, clara, precisa, ostensiva e em vernáculo:** "CONTÉM GLÚTEN: O GLÚTEN É PREJUDICIAL À SAÚDE DOS DOENTES CELÍACOS" (EREsp 1.515.895/MS, Rel. Ministro Humberto Martins, Corte Especial, *DJe* 27.9.2017).

O mesmo ocorre em relação ao **dever do médico em informar e esclarecer o paciente** sobre os riscos do tratamento, suas vantagens e desvantagens, as possíveis técnicas a serem empregadas, bem como a revelação quanto aos prognósticos e aos quadros clínico e cirúrgico. Sobre o tema, entendeu o STJ:

RECURSO ESPECIAL. VIOLAÇÃO AO ART. 535 DO CPC/73. NÃO OCORRÊNCIA. RESPONSABILIDADE CIVIL DO MÉDICO POR INADIMPLEMENTO DO DEVER DE INFORMAÇÃO. NECESSIDADE DE ESPECIALIZAÇÃO DA INFORMAÇÃO E DE CONSENTIMENTO ESPECÍFICO. OFENSA AO DIREITO À AUTODETERMINAÇÃO. VALORIZAÇÃO DO SUJEITO DE DIREITO. DANO EXTRAPATRIMONIAL CONFIGURADO. INADIMPLEMENTO CONTRATUAL. BOA-FÉ OBJETIVA. ÔNUS DA PROVA DO MÉDICO.
1. Não há violação ao artigo 535, II, do CPC, quando, embora rejeitados os embargos de declaração, a matéria em exame foi devidamente enfrentada pelo Tribunal de origem, que emitiu pronunciamento de forma fundamentada, ainda que em sentido contrário à pretensão da recorrente.

2. É uma prestação de serviços especial a relação existente entre médico e paciente, cujo objeto engloba deveres anexos, de suma relevância, para além da intervenção técnica dirigida ao tratamento da enfermidade, entre os quais está o dever de informação.
3. **O dever de informação é a obrigação que possui o médico de esclarecer o paciente sobre os riscos do tratamento, suas vantagens e desvantagens, as possíveis técnicas a serem empregadas, bem como a revelação quanto aos prognósticos e aos quadros clínico e cirúrgico, salvo quando tal informação possa afetá-lo psicologicamente, ocasião em que a comunicação será feita a seu representante legal.**
4. O princípio da autonomia da vontade, ou autodeterminação, com base constitucional e previsão em diversos documentos internacionais, é fonte do dever de informação e do correlato direito ao consentimento livre e informado do paciente e preconiza a valorização do sujeito de direito por trás do paciente, enfatizando a sua capacidade de se autogovernar, de fazer opções e de agir segundo suas próprias deliberações.
5. Haverá efetivo cumprimento do dever de informação quando os esclarecimentos se relacionarem especificamente ao caso do paciente, não se mostrando suficiente a informação genérica. Da mesma forma, para validar a informação prestada, não pode o consentimento do paciente ser genérico (*blanket consent*), necessitando ser claramente individualizado.
6. O dever de informar é dever de conduta decorrente da boa-fé objetiva e sua simples inobservância caracteriza inadimplemento contratual, fonte de responsabilidade civil per se. A indenização, nesses casos, é devida pela privação sofrida pelo paciente em sua autodeterminação, por lhe ter sido retirada a oportunidade de ponderar os riscos e vantagens de determinado tratamento, que, ao final, lhe causou danos, que poderiam não ter sido causados, caso não fosse realizado o procedimento, por opção do paciente.
7. **O ônus da prova quanto ao cumprimento do dever de informar e obter o consentimento informado do paciente é do médico ou do hospital, orientado pelo princípio da colaboração processual, em que cada parte deve contribuir com os elementos probatórios que mais facilmente lhe possam ser exigidos.**
8. **A responsabilidade subjetiva do médico (CDC, art. 14, § 4.º) não exclui a possibilidade de inversão do ônus da prova, se presentes os requisitos do art. 6.º, VIII, do CDC, devendo o profissional demonstrar ter agido com respeito às orientações técnicas aplicáveis.** Precedentes.
9. **Inexistente legislação específica para regulamentar o dever de informação, é o Código de Defesa do Consumidor o diploma que desempenha essa função,** tornando bastante rigorosos os deveres de informar com clareza, lealdade e exatidão (art. 6.º, III, art. 8.º, art. 9.º).
10. Recurso especial provido, para reconhecer o dano extrapatrimonial causado pelo inadimplemento do dever de informação. (REsp 1540580/DF, Rel. Ministro Lázaro Guimarães (Desembargador Convocado do TRF 5.ª Região), Rel. p/ Acórdão Ministro Luis Felipe Salomão, 4.ª T., j. 2.8.2018, *DJe* 4.9.2018).

O **dever de informar**, na visão de Sergio Cavalieri Filho, é de **duas ordens** em relação aos seus destinatários:

- ■ **dever de informar nas relações individualizadas**; e
- ■ **dever de informar nas relações com pessoas indeterminadas**.[81]

---

[81] CAVALIERI FILHO, Sergio. *Programa de direito do consumidor*, p. 99.

Esquematizando as ideias do autor, encontramos os seguintes quadros:

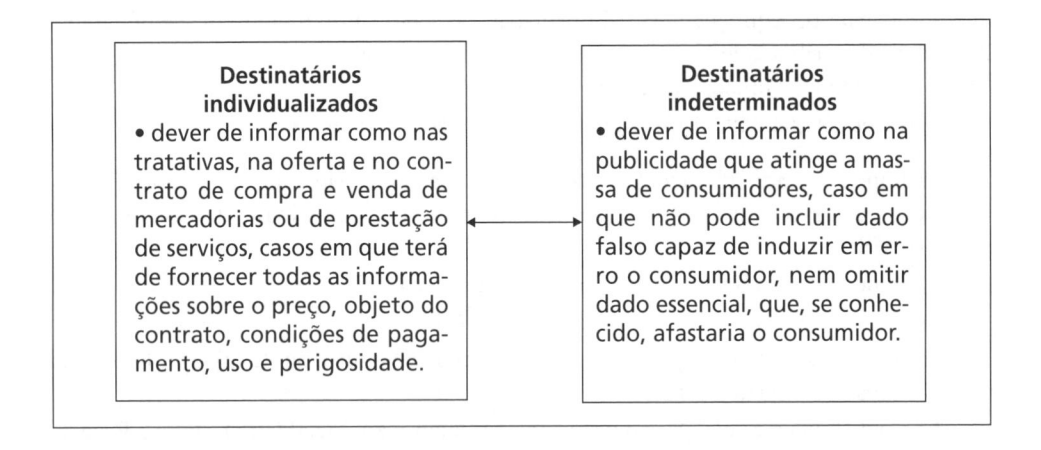

Destinatários individualizados	Destinatários indeterminados
• dever de informar como nas tratativas, na oferta e no contrato de compra e venda de mercadorias ou de prestação de serviços, casos em que terá de fornecer todas as informações sobre o preço, objeto do contrato, condições de pagamento, uso e perigosidade.	• dever de informar como na publicidade que atinge a massa de consumidores, caso em que não pode incluir dado falso capaz de induzir em erro o consumidor, nem omitir dado essencial, que, se conhecido, afastaria o consumidor.

4.3.4.1. Direito à informação sobre o valor dos tributos — alteração introduzida pela Lei n. 12.741, de 8 de dezembro de 2012

A partir de junho de 2013, entrou em vigor um **novo Direito Básico do Consumidor**, por força da novel redação dada ao inciso III do art. 6.º do CDC, que passou a ter o seguinte teor por força do advento da Lei n. 12.741, de 8 de dezembro de 2012: "**a informação** adequada e clara **sobre os** diferentes produtos e serviços, com especificação correta de quantidade, características, composição, qualidade, **tributos incidentes** e preço, bem como sobre os riscos que apresentem".

Assim como ocorre em países como Estados Unidos da América e Reino Unido, o consumidor brasileiro terá a possibilidade de conhecer e, principalmente, de distinguir aquilo que é valor real do produto e a respectiva carga tributária.[82]

---

[82] Segundo notícia veiculada no site do jornal *Folha de S.Paulo*: "Nos EUA, o único discriminado é o imposto sobre consumo de mercadorias e serviços, o VAT (imposto de valor agregado, espécie de ICMS). Ele é estadual. (...) No Reino Unido, as notas fiscais de serviços e produtos também discriminam o valor pago relativo ao VAT. Para compras de até 250 libras, é possível que os estabelecimentos façam uma nota fiscal simplificada". Disponível em: <http://www1.folha.uol.com.br/mercado/1199307-imposto-na-nota-fiscal-e-lei-nos-estados-unidos-e-praxe-no-reino-unido.shtml>. Acesso em: 9 set. 2020. Segundo o mesmo jornal: "O momento não poderia ser mais propício. Menos de uma semana depois de a Receita Federal divulgar que a carga tributária atingiu 35,3% do PIB em 2011 — ou R$ 1,46 trilhão, um recorde histórico —, o debate sobre impostos pode agora deixar a seara das abstrações de economistas para adentrar o cotidiano dos consumidores. A transparência decerto será pedagógica. O cidadão poderá perceber, em suas decisões diárias de consumo, a multiplicidade e o peso dos tributos recolhidos, que muitas vezes superam 50% do valor final dos produtos, inclusive os mais básicos. Além da carga tributária muito acima do padrão dos países em desenvolvimento, que arrecadam pouco mais que 20% do PIB, em média, a anomalia brasileira está na tributação sobre o consumo e na cumulatividade dos impostos. Enquanto a média internacional de arrecadação na rubrica do consumo é de 10% do PIB, o Brasil coleta 15% do PIB (apenas PIS/Cofins e ICMS, somados, arrecadam 12% do PIB). O quadro dramático se completa com a impossibilidade

Segundo consta do art. 1.º da Lei n. 12.741/2012, "por ocasião da venda ao consumidor de mercadorias e serviços, em todo território nacional, deverá constar, dos documentos fiscais ou equivalentes, a informação do valor aproximado correspondente à totalidade dos tributos federais, estaduais e municipais, cuja incidência influi na formação dos respectivos preços de venda".

Os tributos que deverão ser computados são os seguintes:

☐ Imposto sobre Operações relativas à Circulação de Mercadorias e sobre Prestações de Serviços de Transporte Interestadual e Intermunicipal e de Comunicação (**ICMS**);
☐ Imposto sobre Serviços de Qualquer Natureza (**ISS**);
☐ Imposto sobre Produtos Industrializados (**IPI**);
☐ Imposto sobre Operações de Crédito, Câmbio e Seguro, ou Relativas a Títulos ou Valores Mobiliários (**IOF**);
☐ Contribuição Social para o Programa de Integração Social (**PIS**) e para o Programa de Formação do Patrimônio do Servidor Público (**Pasep**) — (PIS/Pasep);
☐ Contribuição para o Financiamento da Seguridade Social (**Cofins**);
☐ Contribuição de Intervenção no Domínio Econômico, incidente sobre a importação e a comercialização de petróleo e seus derivados, gás natural e seus derivados, e álcool etílico combustível (**Cide**);
☐ **Imposto de Importação, PIS/Pasep/Importação e Cofins/Importação**, na hipótese de produtos cujos insumos ou componentes sejam oriundos de operações de comércio exterior e representem percentual superior a 20% (vinte por cento) do preço de venda.

Na redação do projeto de lei aprovado e encaminhado à sanção presidencial, constava ainda a necessidade de se computar o Imposto sobre a Renda e Proventos de Qualquer Natureza (**IR**) e a Contribuição Social sobre o Lucro Líquido (**CSLL**). Entretanto, tais dispositivos **foram vetados** sob o argumento de que a "apuração dos tributos que incidem indiretamente na formação do preço é de difícil implementação, e a sanção desses dispositivos induziria a apresentação de valores muito discrepantes daqueles efetivamente recolhidos, em afronta à própria finalidade de trazer informação adequada ao consumidor final".

De fato, o Imposto sobre a Renda e a Contribuição Social sobre o Lucro Líquido incidem apenas posteriormente ao lucro das empresas, sem afetar diretamente o preço dos produtos, numa primeira análise.

O **descumprimento** do disposto na Lei n. 12.741/2012 sujeitará o infrator às sanções previstas no **Capítulo VII do Título I da Lei n. 8.078, de 1990**, que alberga as **penalidades administrativas**, dentre as quais destacamos:

---

de empresas abaterem de sua despesa a totalidade do que já foi pago de imposto, nos estágios anteriores da cadeia, por fornecedores. Vêm daí os exageros, como a carga de 35% a 40% nas contas de luz e água e em outros insumos de produção, que oneram as empresas e engordam o custo Brasil". Disponível em: <http://www1.folha.uol.com.br/opiniao/1199779-editoriais-impostos-a-vista.shtml>. Acesso em: 9 set. 2020.

- multa;
- suspensão temporária de atividade;
- cassação de licença do estabelecimento ou de atividade;
- interdição, total ou parcial, de estabelecimento.

4.3.4.2. Direito à informação acessível à pessoa portadora de deficiência — alteração introduzida pela Lei n. 13.146, de 6 de julho de 2015 (Estatuto da Pessoa com Deficiência)

No início de janeiro de 2016 entrou em vigor o parágrafo único do art. 6.º do CDC a respeito da informação adequada e clara sobre os diferentes produtos e serviços, nos seguintes termos: "A informação de que trata o inciso III do *caput* deste artigo deve ser acessível à pessoa com deficiência, observado o disposto em regulamento".[83]

Excelente a alteração apresentada e incluída pelo Estatuto da Pessoa com Deficiência, ou Estatuto da Acessibilidade, como preferimos denominar. Por esse dispositivo, além do acesso à informação aos consumidores em geral, em sendo este portador de deficiência, o conteúdo informativo deverá ser fornecido de acordo e com respeito à deficiência apresentada pelo vulnerável da relação jurídica.

Conforme o próprio dispositivo determina, ficará para regulamento as formas de especificações de como será levada a informação ao consumidor, a depender da deficiência que possui. No entanto, desde logo conseguimos identificar alguns exemplos do novel dispositivo legal, como contratos impressos em braille para os consumidores cegos e o acesso a informações escritas de determinada oferta para os consumidores surdos.

Mesmo antes da citada alteração legislativa, o STJ assim se posicionou a respeito do tema: "**A adoção do método braille nos ajustes bancários com pessoas portadoras de deficiência visual encontra lastro, ainda, indiscutivelmente, na legislação consumerista, que preconiza ser direito básico do consumidor o fornecimento de informação suficientemente adequada e clara do produto ou serviço oferecido, encargo, é certo, a ser observado não apenas por ocasião da celebração do ajuste, mas também durante toda a contratação.** No caso do consumidor deficiente visual, a consecução deste direito, no bojo de um contrato bancário de adesão, somente é alcançada (de modo pleno, ressalta-se), por meio da utilização do método braille, a facilitar, e mesmo a viabilizar, a integral compreensão e reflexão acerca das cláusulas contratuais submetidas a sua apreciação, especialmente aquelas que impliquem limitações de direito, assim como dos extratos mensais, dando conta dos serviços prestados, taxas cobradas, etc." (REsp 1.315.822/RJ, Rel. Ministro Marco Aurélio Bellizze, 3.ª T., *DJe* 16.4.2015).

---

[83] No dia 11 de abril de 2019 foi editado o Decreto n. 9.762 que regulamentou os arts. 51 e 52 da Lei n. 13.146, de 6 de julho de 2015 (Estatuto da Pessoa com Deficiência), para dispor sobre as diretrizes para a transformação e a modificação de veículos automotores a fim de comporem frotas de táxi e de locadoras de veículos acessíveis a pessoas com deficiência.

4.3.5. Direito à proteção contra as práticas comerciais e contratuais abusivas

Dispõe o **art. 6.º, inciso IV, do Código de Defesa do Consumidor**, como Direito Básico do vulnerável, "**a proteção contra a publicidade enganosa e abusiva, métodos comerciais coercitivos ou desleais**, bem como contra **práticas e cláusulas abusivas** ou impostas no fornecimento de produtos e serviços". Apesar de trabalharmos em capítulos específicos com cada um destes temas, cabem neste momento do trabalho algumas considerações iniciais.

Ao longo da história, o **consumidor foi refém de práticas comerciais abusivas**, como a **publicidade**, e **vítima de contratos de consumo** elaborados exclusivamente por uma das partes com **letras tão miúdas** que mal conseguia ler o conteúdo das cláusulas que estava assinando. Diante desse contexto, surge o CDC com a proibição de toda e qualquer prática comercial ou contratual abusiva.

Os doutrinadores relacionam a **coibição da abusividade** ora em análise com a **doutrina do abuso do direito** inserta no Código Civil e que vale para todo o Direito Privado. Nesse sentido, encontramos o pensamento de:

■ **Sergio Cavalieri Filho**, que defende "ser considerado abusivo tudo o que afronte a principiologia e a finalidade do sistema protetivo do consumidor, bem assim se relacione à **noção de abuso do direito** (art. 187, Código Civil c/c art. 7.º, *caput*, CDC), o que vale tanto para a relação fornecedor-consumidor, quanto para a relação dos fornecedores, entre si, como a concorrência desleal, por exemplo".[84]

■ **Rizzatto Nunes**, para quem a "ideia da abusividade tem relação com a **doutrina do abuso do direito**. Foi a constatação de que o titular de um direito subjetivo pode dele abusar no seu exercício que acabou por levar o legislador a tipificar certas ações como abusivas".[85] Em outra passagem, o autor defende que se pode definir "o abuso do direito como o resultado do excesso de exercício de um direito, capaz de causar dano a outrem. Ou, em outras palavras, o abuso do direito se caracteriza pelo uso irregular e desviante do direito em seu exercício, por parte do titular".[86]

■ **Claudia Lima Marques**, ao ensinar que o "inciso IV do art. 6.º do CDC **proíbe o abuso de direito** e impõe transparência e boa-fé nos métodos comerciais, na publicidade e nos contratos. Como vimos, é possível afirmar que a boa-fé é o princípio máximo orientador do CDC; aqui também o princípio da transparência (art. 4.º, *caput*) atua como um reflexo da boa-fé exigida aos agentes contratuais. O CDC preocupa-se tanto com os aspectos pré-contratuais como com os de formação e execução dos contratos de consumo".[87]

Qualquer que seja o momento da prática de uma **conduta abusiva** — pré-contratual, contratual ou pós-contratual —, **sua configuração está relacionada à posição de domínio do fornecedor** na relação jurídica de consumo e, consequentemente, **por**

---

[84] CAVALIERI FILHO, Sergio. *Programa de direito do consumidor*, p. 101.
[85] NUNES, Luiz Antonio Rizzatto. *Curso de direito do consumidor*, p. 138.
[86] NUNES, Luiz Antonio Rizzatto. *Curso de direito do consumidor*, p. 139.
[87] BENJAMIN, Antônio Herman de V.; MARQUES, Claudia Lima; BESSA, Leonardo Roscoe. *Manual de direito do consumidor*, p. 70.

aproveitar-se desse *status* de superioridade em relação ao consumidor **para realizar conduta em desconformidade com a boa-fé objetiva** e seus deveres anexos, conforme acima esposados.

Nunca é demais lembrar que **o princípio da livre concorrência**,[88] insculpido no art. 170, inciso IV, da Constituição Federal, **tem uma contrapartida**, qual seja: **a defesa do consumidor**, que, além de ser direito fundamental (art. 5.º, XXXII, da CF), está previsto no mesmo art. 170 — agora no inciso V — como também um princípio da ordem econômica.

Com esta assertiva, queremos chamar a atenção para o fato de que o **princípio da livre concorrência não se caracteriza como um salvo-conduto para a prática de qualquer conduta, abusiva** ou não, no mercado consumidor. Muito pelo contrário, o legislador constituinte, ao definir como princípios da ordem econômica num inciso do art. 170 a livre concorrência e no outro a defesa do consumidor, quis conectar ambos os dispositivos, isto é, teve por objetivo deixar bem clara a ideia de que **a concorrência é livre, desde que realizada de maneira salutar**, sem a investida em práticas abusivas como forma de bem atender ao cumprimento da defesa do vulnerável.

Em última análise, os **objetivos** do Direito Básico da **proteção contra práticas comerciais e contratuais abusivas são de restabelecer o equilíbrio** numa relação jurídica que em seu nascedouro é tão desigual **e de tornar real a expectativa legítima do consumidor** em relação àquilo que se espera da postura de um fornecedor de produto ou serviço no mercado de consumo.

4.3.6. Direito à modificação e revisão como formas de preservação (implícita) do contrato de consumo

Prevê o **art. 6.º, inciso V, da Lei n. 8.078/90** que "a **modificação das cláusulas** contratuais que estabeleçam prestações **desproporcionais** ou sua **revisão** em razão de **fatos supervenientes** que as tornem **excessivamente onerosas**" constituem um dos Direitos Básicos do consumidor.

Na medida em que o CDC estabelece a possibilidade de modificar cláusulas desproporcionais e de revisar as excessivamente onerosas, determina, em última instância, a **preservação do contrato de consumo**, ainda que de forma implícita. Em resumo, o Diploma Consumerista traz dois direitos ao consumidor que, implicitamente, visam garantir a preservação do contrato de consumo:

◼ **modificação** das cláusulas contratuais que estabeleçam **prestações desproporcionais**;

◼ **revisão** das cláusulas em razão de fatos supervenientes que as tornem **excessivamente onerosas**.

---

[88] No ano de 2019 foi editada a Lei n. 13.874, que instituiu Declaração de Direitos de Liberdade Econômica e estabeleceu garantias de livre mercado.

O **princípio da conservação dos contratos** está **mais explicitado no art. 51, § 2.º**, do Código de Defesa do Consumidor e será tratado no momento oportuno quando trabalharmos com o tema "princípios específicos dos contratos de consumo".

Por ora, direcionaremos nossa atenção para sabermos quando será possível a modificação de cláusulas contratuais desproporcionais, bem como os requisitos necessários para legitimar a revisão das excessivamente onerosas e, principalmente, analisar se tais institutos previstos no CDC recebem o mesmo tratamento de institutos afins insertos no Código Civil.

4.3.6.1. Direito à modificação no CDC vs. Código Civil

Doutrinador que muito bem pontua as diferenças sobre a modificação de cláusulas desproporcionais no âmbito do CDC em cotejo com o Código Civil é Bruno Miragem.

Para o autor, **enquanto no "direito civil**, em acordo com as normas do CC, **a desproporção originária das prestações** das partes no momento da celebração (afetando o chamado sinalagma genético), **só pode se dar pela alegação de algum dos defeitos do negócio jurídico** (por via direta, a lesão e o estado de perigo; por via indireta, o erro e o dolo), levando à anulação do negócio (salvo na lesão, quando se permite ao beneficiário reduzir o proveito para, reequilibrando o contrato, convalidá-lo, ou no erro, em que a parte beneficiada pode concordar com a realização do negócio de acordo com a vontade real do declarante), **no direito do consumidor**, em razão do que dispõe o artigo 6.º, V, do CDC, **o mero fato da desproporção** original das prestações **permite modificação**, com vista ao equilíbrio do contrato".[89]

Sobre o tema, trazemos à colação passagens do Código Civil que tratam dos institutos da lesão, do estado de perigo, do dolo e do erro:

LESÃO (ART. 157 DO CC)	▫ Ocorre a lesão quando uma pessoa, sob premente necessidade, ou por inexperiência, se obriga a prestação manifestamente desproporcional ao valor da prestação oposta.
ESTADO DE PERIGO (ART. 156 DO CC)	▫ Configura-se o estado de perigo quando alguém, premido da necessidade de salvar-se, ou a pessoa de sua família, de grave dano conhecido pela outra parte, assume obrigação excessivamente onerosa.
DOLO (ART. 145 DO CC)	▫ São os negócios jurídicos anuláveis por dolo, quando este for a sua causa.
ERRO (ART. 139, I, DO CC)	▫ O erro é substancial quando: I — interessa à natureza do negócio, ao objeto principal da declaração, ou a alguma das qualidades a ele essenciais.

Em todos os casos previstos **no Código Civil, o elemento subjetivo está presente** como requisito caracterizador da quebra do equilíbrio do negócio jurídico.

Tal **requisito** é **dispensável pelo CDC**, e a demonstração da necessidade ou não de se modificar um contrato desproporcional dar-se-á pelo **enfoque** exclusivamente **objetivo** do negócio, ou seja, deparando-se o consumidor com uma cláusula desproporcional, o

---

[89] MIRAGEM, Bruno. *Curso de direito do consumidor*, p. 132.

contrato poderá ser modificado independentemente de se analisarem aspectos internos dos sujeitos de direito, como ocorre na lesão, estado de perigo, dolo ou erro.

Ademais, no Código do Consumidor, a finalidade é preservar o contrato e, consequentemente, o negócio jurídico, diferentemente do Código Civil, em que haverá nulidade ou anulabilidade do negócio.

Desproporção do negócio no CDC pressupõe análise **objetiva**	vs.	Desproporção do negócio no CC pressupõe análise **subjetiva**

4.3.6.2. Direito à revisão no CDC vs. Código Civil

A grande questão a se saber no momento é: o mesmo raciocínio que fizemos em relação à modificação das cláusulas desproporcionais poderá ser realizado no tocante à revisão das cláusulas excessivamente onerosas em razão do advento de fato superveniente? Em outras palavras, **esta revisão tem ou não fundamento na teoria da imprevisão** do Código Civil?

O tema é polêmico na doutrina e na jurisprudência. Rizzatto Nunes entende que não "se trata da cláusula *rebus sic stantibus*, mas, sim, de revisão pura, decorrente de fatos posteriores ao pacto, independentemente de ter havido ou não previsão ou possibilidade de previsão dos acontecimentos".[90]

Por outro lado, José Geraldo Brito Filomeno defende que ficou "definitivamente consagrada entre nós a cláusula *rebus sic stantibus,* implícita em qualquer contrato, sobretudo nos que impuserem ao consumidor obrigações iníquas ou excessivamente onerosas".[91]

A **teoria da imprevisão**, oriunda do Direito francês do início do século XX, **exige a imprevisibilidade do fato superveniente** como requisito *sine qua non* para dar causa à revisão do contrato (*rebus sic stantibus*). Tal exigência permanece vigente até os dias atuais, como ocorre com a disciplina prevista no art. 317 do CC: "Quando, por motivos imprevisíveis, sobrevier desproporção manifesta entre o valor da prestação devida e o do momento de sua execução, poderá o juiz corrigi-lo, a pedido da parte, de modo que assegure, quanto possível, o valor real da prestação".

Prevalece na doutrina que o Código de Defesa do Consumidor não adotou a teoria da imprevisão, na medida em que o art. 6.º, inciso V, em nenhum momento exigiu o requisito da imprevisibilidade. Desta forma, **basta a ocorrência do fato superveniente** para legitimar a revisão do contrato caso este venha a se tornar excessivamente oneroso ao consumidor.

---

[90] NUNES, Luiz Antonio Rizzatto. *Curso de direito do consumidor*, p. 141.
[91] FILOMENO, José Geraldo Brito. *Manual de direitos do consumidor,* p. 156.

Prevaleceu mais uma vez o enfoque objetivo sobre o assunto, isto é, ocorrido o fato superveniente e gerada a onerosidade excessiva, necessária a revisão contratual.

Então, qual seria a teoria a fundamentar a revisão do contrato de consumo no CDC? Segundo a doutrina majoritária, foi adotada a **teoria da base objetiva do negócio jurídico** com berço no Direito alemão por Karl Larenz. "Segundo Larenz, a base objetiva do negócio seria composta de circunstâncias cuja existência e sua permanência são objetivamente necessárias para que o contrato, tal qual concebido por ambos os contratantes, permaneça válido e útil, como algo dotado de sentido."[92]

De fato, concordamos com a maioria da doutrina, pois a Lei n. 8.078/90 exige uma **análise objetiva** sobre o tema e, **ocorrendo o rompimento da base objetiva** do negócio jurídico — marcado pelo surgimento de fato superveniente capaz de gerar onerosidade excessiva ao consumidor —, **necessária será a revisão** do contrato.

Segundo o STJ, a teoria da base objetiva ou da base do negócio jurídico tem sua aplicação restrita às relações jurídicas de consumo, não sendo aplicável às contratuais puramente civis: "5. A teoria da base objetiva, que teria sido introduzida em nosso ordenamento pelo art. 6.º, inciso V, do Código de Defesa do Consumidor — CDC, difere da teoria da imprevisão por prescindir da previsibilidade de fato que determine oneração excessiva de um dos contratantes. Tem por pressuposto a premissa de que a celebração de um contrato ocorre mediante consideração de determinadas circunstâncias, as quais, se modificadas no curso da relação contratual, determinam, por sua vez, consequências diversas daquelas inicialmente estabelecidas, com repercussão direta no equilíbrio das obrigações pactuadas. Nesse contexto, a intervenção judicial se daria nos casos em que o contrato fosse atingido por fatos que comprometessem as circunstâncias intrínsecas à formulação do vínculo contratual, ou seja, sua base objetiva. 6. **Em que pese sua relevante inovação, tal teoria, ao dispensar, em especial, o requisito de imprevisibilidade, foi acolhida em nosso ordenamento apenas para as relações de consumo, que demandam especial proteção.** Não se admite a aplicação da teoria do diálogo das fontes para estender a todo direito das obrigações regra incidente apenas no microssistema do direito do consumidor, mormente com a finalidade de conferir amparo à revisão de contrato livremente pactuado com observância da cotação de moeda estrangeira (REsp 1.321.614/SP, Rel. Ministro Paulo de Tarso Sanseverino, 3.ª T., *DJe* 3.3.2015).

Teoria da base do negócio jurídico no CDC pressupõe análise objetiva	vs.	Teoria da imprevisão no CC pressupõe análise subjetiva

---

[92] LARENZ, Karl. *Base del negocio jurídico y cumplimiento de los contratos*. Tradução de Carlos Fernandez Rodriguez. Madrid: Editorial Revista de Derecho Privado, 1956, p. 41. Apud MIRAGEM, Bruno. *Curso de direito do consumidor*, p. 135.

4.3.6.3. Visão do Superior Tribunal de Justiça sobre a revisão do contrato de consumo

Inicialmente, o **STJ** adotou a linha defendida pela maioria da doutrina ao **não exigir a necessidade de comprovação da imprevisibilidade** nos contratos de *leasing* firmados em moeda estrangeira — dólar, para viabilizar a revisão dos contratos de consumo. Nesse primeiro momento, a jurisprudência superior condenava o fornecedor a assumir integralmente os riscos do negócio. Vejamos: **"O preceito insculpido no inciso V do artigo 6.º do CDC dispensa a prova do caráter imprevisível do fato superveniente, bastando a demonstração objetiva da excessiva onerosidade advinda para o consumidor"** (REsp 268.661/RJ, Rel. Ministra Nancy Andrighi, 3.ª T., *DJ* 24.9.2001).

No entanto, **tal posicionamento foi modificado** no âmbito do Superior Tribunal de Justiça, que deixou de fixar o ônus total para o credor, passando a determinar uma espécie de **repartição dos riscos e prejuízos do negócio**. Nesse sentido, destacamos o seguinte julgado:

> CIVIL. ARRENDAMENTO MERCANTIL. CONTRATO COM CLÁUSULA DE REAJUSTE PELA VARIAÇÃO CAMBIAL. VALIDADE. ELEVAÇÃO ACENTUADA DA COTAÇÃO DA MOEDA NORTE-AMERICANA. FATO NOVO. ONEROSIDADE EXCESSIVA AO CONSUMIDOR. REPARTIÇÃO DOS ÔNUS. LEI N. 8.880/94, ART. 6.º. CDC, ART. 6.º, V.
> I. **Não é nula cláusula de contrato** de arrendamento mercantil que prevê reajuste das prestações com base na variação da cotação de moeda estrangeira, eis que expressamente autorizada em norma legal específica (art. 6.º da Lei n. 8.880/94).[93]
> II. Admissível, contudo, a incidência da Lei n. 8.078/90, nos termos do art. 6.º, V, quando verificada, em razão de fato superveniente ao pacto celebrado, consubstanciado, no caso, por aumento repentino e substancialmente elevado do dólar, situação de onerosidade excessiva para o consumidor que tomou o financiamento.
> III. **Índice de reajuste repartido, a partir de 19.1.99 inclusive, equitativamente, pela metade, entre as partes** contratantes, mantida a higidez legal da cláusula, decotado, tão somente, o excesso que tornava insuportável ao devedor o adimplemento da obrigação, **evitando-se**, de outro lado, **a total transferência dos ônus ao credor**, igualmente prejudicado pelo fato econômico ocorrido e também alheio à sua vontade.
> IV. Recurso especial conhecido e parcialmente provido (REsp 472.594/SP, Rel. Ministro Carlos Alberto Menezes Direito, Segunda Seção, *DJ* 4.8.2003).

Em julgado mais recente, o **STJ manteve a nova posição** de repartição dos riscos e prejuízos: "**O Superior Tribunal de Justiça, em julgado da Segunda Seção no REsp 472.594/SP, firmou entendimento de que devem ser divididas, entre arrendador e arrendatário, as diferenças resultantes da desvalorização do real ocorrida em janeiro de 1999, quando esse fato seja superveniente ao pacto celebrado.** Portanto, aquele que contratou quando a situação de desvalorização já era acontecimento concretizado assumiu o risco da onerosidade, não podendo se valer desse argumento para

---

[93] A Lei n. 14.286, de 29 de dezembro de 2021, revogou o art. 6.º da Lei n. 8.880/94, porém tal determinação somente entrará em vigor um ano após a sua publicação, que se deu no dia 30 de dezembro de 2021 (art. 28, XXVI, c/c art. 29).

auferir revisão de seu contrato" (REsp 897.591/PB, Rel. Ministro Aldir Passarinho Junior, 4.ª T., *DJe* 18.2.2010).

Concordamos com Claudia Lima Marques quando ensina que as "mudanças — equitativas — da interpretação do STJ no caso do *leasing* em dólar parecem ter como fundamento, (...), **mais uma ideia de tratamento justo pela boa-fé, a evitar a ruína de ambos os contraentes, do que uma nova teoria sobre a imprevisão**, ainda mais se pensarmos que tais decisões não faziam diferença normalmente quanto à profissionalidade do 'consumidor' e seu diferente porte econômico. De outro lado, como gênero, as teorias sobre a imprevisão sempre visaram prioritariamente a liberação do contratante supervenientemente debilitado, sua desobrigação, retirando assim do consumidor — ou, pelo menos, diminuindo em intensidade — seu novo direito de manter o vínculo e ver recriado o equilíbrio contratual original por atuação modificadora do juiz. Essa possibilidade de revisão contratual por fatores objetivos e supervenientes parece-me efetivamente a maior contribuição do art. 6.º, V, do CDC e sua exceção ao sistema de nulidades absolutas".[94]

4.3.6.4. Visão do Superior Tribunal de Justiça sobre a revisão de contratos em decorrência da pandemia COVID-19

O STJ vem entendendo que a revisão dos contratos em razão da pandemia COVID-19 não constitui decorrência lógica ou automática, devendo ser analisadas a natureza do contrato e a conduta das partes no âmbito material e na esfera processual. Tal posicionamento da Corte Superior vem ocorrendo especialmente quando o evento superveniente e imprevisível não se encontra no domínio da atividade econômica das partes.

No julgado a seguir, restou comprovada a onerosidade excessiva e, consequentemente, o dever de revisar o contrato de consumo:

> RECURSO ESPECIAL. DIREITO CIVIL. REVISÃO CONTRATUAL. COVID-19. LOCAÇÃO NÃO RESIDENCIAL. EMPRESA DE *COWORKING*. DECRETO DISTRITAL. SUSPENSÃO DAS ATIVIDADES DESENVOLVIDAS PELA EMPRESA LOCATÁRIA. PRETENSÃO DE REDUÇÃO PROPORCIONAL DO VALOR DOS ALUGUÉIS DURANTE AS MEDIDAS DE RESTRIÇÃO. CABIMENTO. MEDIDA QUE VISA RESTABELECER O EQUILÍBRIO ECONÔMICO E FINANCEIRO DO CONTRATO. ARTS. 317 E 478 DO CC. TEORIA DA ONEROSIDADE EXCESSIVA. DIMINUIÇÃO DA RECEITA DA LOCATÁRIA COMPROVADA. ENRIQUECIMENTO SEM CAUSA DO LOCADOR. SITUAÇÃO EXTERNA. REPARTIÇÃO DOS ÔNUS. OBSERVÂNCIA AOS POSTULADOS DA FUNÇÃO SOCIAL E DA BOA-FÉ, QUE APONTAM PARA A REVISÃO DO CONTRATO NO CASO CONCRETO. RECURSO ESPECIAL NÃO PROVIDO.
> 1. A revisão dos contratos com base nas teorias da imprevisão ou da onerosidade excessiva, previstas no Código Civil, exige que o fato (superveniente) seja imprevisível e

---

[94] BENJAMIN, Antônio Herman de V.; MARQUES, Claudia Lima; BESSA, Leonardo Roscoe. *Manual de direito do consumidor*, p. 72.

extraordinário e que dele, além do desequilíbrio econômico e financeiro, decorra situação de vantagem extrema para uma das partes, situação evidenciada na hipótese.
2. Consoante as diretrizes firmadas no julgamento do REsp 1.998.206/DF, "a revisão dos contratos em razão da pandemia não constitui decorrência lógica ou automática, devendo ser analisadas a natureza do contrato e a conduta das partes — tanto no âmbito material como na esfera processual —, especialmente quando o evento superveniente e imprevisível não se encontra no domínio da atividade econômica das partes" (REsp 1.998.206/DF, de minha relatoria, 4.ª T., j. 14.6.2022, *DJe* de 4.8.2022).
3. Na hipótese, ficou demonstrada a efetiva redução do faturamento da empresa locatária em virtude das medidas de restrição impostas pela pandemia da Covid-19. Por outro lado, a locatária manteve-se obrigada a cumprir a contraprestação pelo uso do imóvel pelo valor integral e originalmente firmado, situação que evidencia o desequilíbrio econômico e financeiro do contrato.
4. Nesse passo, embora não se contestem os efeitos negativos da pandemia nos contratos de locação para ambas as partes — as quais são efetivamente privadas do uso do imóvel ou da percepção dos rendimentos sobre ele — no caso em debate, considerando que a empresa locatária exerce a atividade de coworking e teve seu faturamento drasticamente reduzido, a revisão do contrato mediante a redução proporcional e temporária do valor dos aluguéis constitui medida necessária para assegurar o restabelecimento do equilíbrio entre as partes.
5. Recurso especial não provido (REsp 1.984.277/DF, Rel. Ministro Luis Felipe Salomão, 4.ª T., j. 16.8.2022, *DJe* 9.9.2022).

Nessa linha de raciocínio a **situação decorrente da pandemia pela COVID-19 não constitui, por si só, fato superveniente apto a viabilizar a revisão judicial de contrato de prestação de serviços educacionais com a redução proporcional do valor das mensalidades**:

RECURSO ESPECIAL. REVISÃO CONTRATUAL. PANDEMIA DA COVID-19. CDC. REDUÇÃO DO VALOR DAS MENSALIDADES ESCOLARES. SUPRESSÃO DE DISCIPLINAS E VEICULAÇÃO DAS AULAS PELO MODO VIRTUAL. SERVIÇO DEFEITUOSO E ONEROSIDADE EXCESSIVA. INEXISTÊNCIA. QUEBRA DA BASE OBJETIVA DO NEGÓCIO JURÍDICO. ART. 6.º, INCISO V, DO CDC. EXIGÊNCIA DE DESEQUILÍBRIO ECONÔMICO-FINANCEIRO IMODERADO. ENRIQUECIMENTO SEM CAUSA DO FORNECEDOR. IRRELEVÂNCIA. OBSERVÂNCIA AOS POSTULADOS DA FUNÇÃO SOCIAL E DA BOA-FÉ CONTRATUAL. SITUAÇÃO EXTERNA. REPARTIÇÃO DOS ÔNUS. AUSÊNCIA DE FUNDAMENTO APTO À REVISÃO DO CONTRATO NA HIPÓTESE. RECURSO ESPECIAL NÃO PROVIDO.
1. As vertentes revisionistas no âmbito das relações privadas, embora encontrem fundamento em bases normativas diversas, a exemplo da teoria da onerosidade excessiva (art. 478 do CC) ou da quebra da base objetiva (art. 6.º, inciso V, do CDC), apresentam como requisito necessário a ocorrência de fato superveniente capaz de alterar — de maneira concreta e imoderada — o equilíbrio econômico e financeiro da avença, situação não evidenciada no caso concreto. Precedentes.
2. O STJ de há muito consagrou a compreensão de que o preceito insculpido no inciso V do art. 6.º do CDC exige a "demonstração objetiva da excessiva onerosidade advinda para

o consumidor" (REsp 417.927/SP, Rel. Ministra Nancy Andrighi, 3.ª T., j. 21.5.2002, *DJ* de 1.º.7.2002, p. 339.)

3. Nesse contexto, a revisão dos contratos em razão da pandemia não constitui decorrência lógica ou automática, devendo ser analisadas a natureza do contrato e a conduta das partes — tanto no âmbito material como na esfera processual —, especialmente quando o evento superveniente e imprevisível não se encontra no domínio da atividade econômica do fornecedor.

4. Os princípios da função social e da boa-fé contratual devem ser sopesados nesses casos com especial rigor a fim de bem delimitar as hipóteses em que a onerosidade sobressai como fator estrutural do negócio — condição que deve ser reequilibrada tanto pelo Poder Judiciário quanto pelos envolvidos —, e aquelas que evidenciam ônus moderado ou mesmo situação de oportunismo para uma das partes.

5. No caso, não houve comprovação do incremento dos gastos pelo consumidor, invocando-se ainda como ponto central à revisão do contrato, por outro lado, o enriquecimento sem causa do fornecedor — situação que não traduz a tônica da revisão com fundamento na quebra da base objetiva dos contratos. A redução do número de aulas, por sua vez, decorreu de atos das autoridades públicas como medida sanitária. Ademais, somente foram inviabilizadas as aulas de caráter extracurricular (aulas de cozinha experimental, educação física, robótica, laboratório de ciências e arte/música). Nesse contexto, não se evidencia base legal para se admitir a revisão do contrato na hipótese.

6. Recurso especial não provido (REsp 1.998.206/DF, Rel. Ministro Luis Felipe Salomão, 4.ª T., j. 14.6.2022, *DJe* 4.8.2022)[95].

4.3.7. Direito à efetiva prevenção e reparação de danos materiais e morais

Estabelece o **art. 6.º, VI, do CDC** que são **Direitos Básicos** do consumidor "a **efetiva prevenção e reparação de danos** patrimoniais e morais, individuais, coletivos e difusos". Percebam a existência de dois direitos:

---

[95] O STF entendeu ser inconstitucional, por violação à competência privativa da União para legislar sobre direito civil (CF/88, art. 22, I), norma estadual que impede as instituições particulares de ensino superior de recusarem a matrícula de estudantes inadimplentes e de cobrar juros, multas, correção monetária ou quaisquer outros encargos durante o período de calamidade pública causado pela pandemia da COVID-19: AÇÃO DIRETA DE INCONSTITUCIONALIDADE. DIREITO CONSTITUCIONAL E OUTRAS MATÉRIAS DE DIREITO PÚBLICO. LEI N. 8.915/2020 DO ESTADO DO RIO DE JANEIRO. LEI N. 9.870/99. OBRIGAÇÃO DE RENOVAÇÃO DE MATRÍCULA DE ESTUDANTES INADIMPLENTES E VEDAÇÃO DA COBRANÇA DE JUROS, MULTAS, CORREÇÃO MONETÁRIA, OU OUTROS ENCARGOS MONETÁRIOS. INVASÃO DA COMPETÊNCIA DA UNIÃO PARA LEGISLAR SOBRE DIREITO CIVIL. VIOLAÇÃO AO PRINCÍPIO DA LIVRE-INICIATIVA E AO ATO JURÍDICO PERFEITO. PROCEDÊNCIA. 1. Normas estaduais que impeçam as instituições de ensino de recusarem a matrícula de estudantes inadimplentes, e também de cobrar juros, multas, correção monetária ou quaisquer outros encargos, violam a competência privativa da União para legislar sobre direito civil (art. 22, I, da CRFB), conforme precedentes da Corte. 2. Pedido julgado procedente, a fim de declarar a inconstitucionalidade do art. 6.º, *caput* e parágrafo único, da Lei n. 8.915/2020, do Estado do Rio de Janeiro (ADI 7.104, Tribunal Pleno, Rel. Ministro Edson Fachin, j. 8.8.2022, Publicação: 18.8.2022).

- efetiva prevenção de danos;
- efetiva reparação de danos.

O grau de abrangência do dispositivo é merecedor de destaque na medida em que a efetiva prevenção e a efetiva reparação albergam:

- danos patrimoniais;
- danos morais;
- danos individuais (incluídos os individuais homogêneos);
- danos coletivos;
- danos difusos.

Sobre o assunto, algumas súmulas do Superior Tribunal de Justiça corroboram com a citada abrangência:

SÚMULA 387	"É lícita a cumulação das indenizações de dano estético e dano moral."
SÚMULA 402	"O contrato de seguro por danos pessoais compreende danos morais, salvo cláusula expressa de exclusão."
SÚMULA 642	"O direito à indenização por danos morais transmite-se com o falecimento do titular, possuindo os herdeiros da vítima legitimidade para ajuizarem ou prosseguirem na ação indenizatória."

A conotação ampla do dispositivo é tamanha que, conforme visto no subitem "4.2.1.4. A hipervulnerabilidade", o Superior Tribunal de Justiça reconheceu de forma excepcional a viabilidade do **dano moral coletivo** no julgamento do Recurso Especial 1.221.756/RJ, de Relatoria do Ministro Massami Uyeda, publicado no *DJe* em 10 de fevereiro de 2012.

Não podemos deixar de lembrar ainda da Teoria do Desvio Produtivo, de Marcos Dessaune, que consiste numa modalidade de dano extrapatrimonial e que merece reparação ao consumidor que perde muito tempo que lhe seria útil para tentar resolver um problema ligado a uma relação de consumo ao qual não deu causa. Mais uma vez o STJ reconheceu o dano moral coletivo em razão das longas esperas em filas de bancos:

> RECURSO ESPECIAL. AÇÃO CIVIL PÚBLICA. OMISSÃO. AUSÊNCIA. DANO MORAL COLETIVO. DIREITOS INDIVIDUAIS HOMOGÊNEOS. COMPATIBILIDADE. DANO MORAL COLETIVO. AFERIÇÃO *IN RE IPSA*. CAIXAS ELETRÔNICOS INOPERANTES. FALTA DE NUMERÁRIO. DESABASTECIMENTO. EXCESSIVA ESPERA EM FILAS POR TEMPO SUPERIOR AO LIMITE PREVISTO EM LEI MUNICIPAL. REITERAÇÃO DAS CONDUTAS. DANO MORAL COLETIVO CARACTERIZADO. VALOR DA COMPENSAÇÃO. RAZOABILIDADE. JUROS DE MORA. TERMO INICIAL. EVENTO DANOSO. *ASTREINTES. BIS IN IDEM*. PREQUESTIONAMENTO. AUSÊNCIA. MULTA DIÁRIA. VALOR ARBITRADO. SÚMULA 7 DO STJ. SÚMULA 284 DO STF. DISSÍDIO JURISPRUDENCIAL PREJUDICADO (REsp 1.929.288/TO, Rel. Ministra Nancy Andrighi, 3.ª T., j. 22.2.2022, *DJe* 24.2.2022).

Outro aspecto que merece destaque é a ordem com que foram elencados os direitos no Código do Consumidor, qual seja:

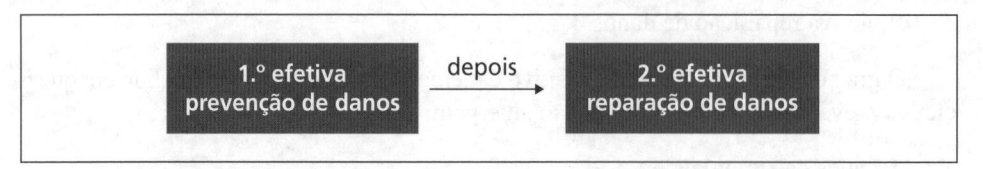

> **1.º efetiva prevenção de danos** → depois → **2.º efetiva reparação de danos**

Assim, imprescindível a utilização de todas as regras de boa conduta para que os danos no mercado de consumo sejam evitados. Nunca é demais lembrar que **"prevenir significa eliminar ou reduzir, antecipadamente, causas capazes de produzir um determinado resultado"**.[96]

O **dever** de prevenir danos **recai sobre o fornecedor e** também sobre o **Estado**. O primeiro deve se abster de colocar no mercado produtos ou serviços com alto grau de nocividade ou periculosidade, nos termos do art. 10, *caput*, do CDC. Quanto aos riscos normais e previsíveis, as informações devem ser adequadas a tal contexto (art. 8.º, *caput*, do CDC),[97] e no tocante aos produtos e serviços potencialmente nocivos e perigosos a informação deverá ser ostensiva (art. 9.º do CDC).

Ademais, tomando ciência de eventuais riscos após a introdução mercadológica do bem ou serviço, caberá ao fornecedor comunicar imediatamente o fato aos consumidores, bem como às autoridades competentes nos termos do disposto nos §§ 1.º a 3.º do art. 10 do Diploma Consumerista.

Ao Poder Público, na condição de responsável pela defesa do vulnerável da relação jurídica de consumo, caberá implementar por meio de seus órgãos competentes a efetiva fiscalização pelo seu poder de polícia daquilo que for fornecido ao consumidor.

Não se obtendo êxito no intento de prevenção de danos no mercado de consumo, **imprescindível reparação efetiva dos prejuízos** sofridos pelos consumidores.

Efetiva reparação significa reparação integral, não se admitindo qualquer tipo de tarifação de indenização. Assim, são nulas de pleno direito cláusulas como aquelas existentes em quase todos os estacionamentos de qualquer região do país com dizeres do tipo: "Não nos responsabilizamos pelos objetos deixados no interior do veículo". O fornecedor desse serviço é responsável, sim, sendo a matéria objeto da Súmula 130 do Superior Tribunal de Justiça, editada no ano de 1995: "A empresa responde, perante o cliente, pela reparação de dano ou furto de veículo ocorridos em seu estacionamento".

Igualmente, essa é a tônica do próprio Código de Defesa do Consumidor, que prevê no conteúdo do:

> **Art. 25, *caput*:** "É vedada a estipulação contratual de cláusula que impossibilite, exonere ou atenue a obrigação de indenizar prevista nesta e nas seções anteriores".

---

[96] MIRAGEM, Bruno. *Curso de direito do consumidor*, p. 173.
[97] Importante lembrar da novidade introduzida pela Lei n. 13.486, de 2017, ao dispor: "O fornecedor deverá higienizar os equipamentos e utensílios utilizados no fornecimento de produtos ou serviços, ou colocados à disposição do consumidor, e informar, de maneira ostensiva e adequada, quando for o caso, sobre o risco de contaminação". Assim carrinhos de supermercados e *mouses* em cybercafés, por exemplo, deverão ser higienizados e a sua falta não poderá ser considerada como conduta normal e previsível, não se incluindo na exceção prevista no *caput* do art. 8.º do CDC.

> **Art. 51:** "São nulas de pleno direito, entre outras, as cláusulas contratuais relativas ao fornecimento de produtos e serviços que: I — impossibilitem, exonerem ou atenuem a responsabilidade do fornecedor por vícios de qualquer natureza dos produtos e serviços ou impliquem renúncia ou disposição de direitos. Nas relações de consumo entre o fornecedor e o consumidor pessoa jurídica, a indenização poderá ser limitada, em situações justificáveis".

Desta forma, salvo nos casos de consumidor pessoa jurídica e em situações justificáveis, impossível a limitação da indenização, sob pena de violação do Direito Básico ora em estudo.[98]

Este também é o posicionamento consolidado na melhor doutrina. Para Sergio Cavalieri Filho, aplica-se nesses casos "o princípio da *restitutio in integrum*, sendo expressamente **vedado qualquer tipo de tarifação e/ou tabelamento da indenização**".[99]

A respeito de tal princípio, importante destacar julgamento do Superior Tribunal de Justiça em que não se considerou abusiva cláusula contratual que estabeleceu o repasse dos custos administrativos da instituição financeira com as ligações telefônicas dirigidas ao consumidor inadimplente:

> 3. À luz do princípio *restitutio in integrum*, consagrado no art. 395 do Código Civil/2002, imputa-se ao devedor a responsabilidade por todas as despesas a que ele der causa em razão da sua mora ou inadimplemento, estando o consumidor, por conseguinte, obrigado a ressarcir os custos decorrentes da cobrança de obrigação inadimplida. 4. Havendo expressa previsão contratual, não se pode afirmar que a exigibilidade das despesas de cobrança em caso de mora ou inadimplemento, ainda que em contrato de adesão, seja indevida, cabendo à instituição financeira apurar e comprovar os danos e os respectivos valores despendidos de forma absolutamente necessária e razoável, para efeito de ressarcimento (REsp 1.361.699/MG, Rel. Ministro Ricardo Villas Bôas, 3.ª T., j. 12.9.2017, *DJe* 21.9.2017).

Caso relevante que está na pauta do dia refere-se à possibilidade ou não de tarifação da indenização por **danos ocorridos em transporte aéreo** nacional ou internacional, como a perda de bagagens. No âmbito do direito interno, o tema está disciplinado no **Código Brasileiro de Aeronáutica** (Lei n. 7.565/86);[100] e, em relação ao transporte aéreo internacional, na **Convenção de Varsóvia**,[101] **da qual o Brasil é signatário**.

---

[98] O tema envolvendo o art. 51 do CDC será estudado com o aprofundamento devido no Capítulo — Cláusulas Abusivas.
[99] CAVALIERI FILHO, Sergio. *Programa de direito do consumidor*, p. 104.
[100] *In verbis:* "Art. 246. A responsabilidade do transportador (arts. 123, 124 e 222, parágrafo único), por danos ocorridos durante a execução do contrato de transporte (arts. 233, 234, § 1.º, 245), está sujeita aos limites estabelecidos neste Título (arts. 257, 260, 262, 269 e 277)".
[101] Modificada pela Convenção de Montreal, conforme consta do Decreto n. 2.860, de 1998, que promulgou os Protocolos Adicionais ns. 1 e 2, assinados em Montreal, em 25 de setembro de 1975, que modificam a Convenção para a Unificação de Certas Regras Relativas ao Transporte Aéreo Internacional, concluída em Varsóvia, em 12 de outubro de 1929, e emendada pelo Protocolo celebrado na Haia, em 28 de setembro de 1955, com a reserva constante do artigo X, do Protocolo n. 2.

A jurisprudência do **Superior Tribunal de Justiça sempre foi majoritária no sentido de refutar qualquer tipo de tarifação da indenização** dos prejuízos decorrentes do transporte aéreo nacional ou internacional, **prevalecendo**, em última análise, o direito à **efetiva reparação de danos** nos termos propostos pelo CDC no art. 6.º, inciso VI. Seguem algumas decisões nesse sentido:

■ **"A jurisprudência desta Corte Superior perfilha, atualmente, o entendimento de que, estabelecida relação jurídica de consumo entre as partes, a indenização pelo extravio de mercadoria transportada por via aérea deve ser integral, não se aplicando, por conseguinte, a limitação tarifada prevista no Código de Aeronáutica e da Convenção de Varsóvia. Dessa orientação não se dissuade"** (REsp 1.289.629/SP, Rel. Ministro Marco Aurélio Bellizze, 3.ª T., *DJe* 3.11.2015).

■ **"A responsabilidade civil por atraso de voo internacional deve ser apurada à luz do Código de Defesa do Consumidor, não se restringindo às situações descritas na Convenção de Varsóvia, eis que aquele, traz em seu bojo a orientação constitucional de que o dano moral é amplamente indenizável"** (REsp 299.532/SP, Rel. Ministro Honildo Amaral de Mello Castro, 4.ª T., *DJe* 23.11.2009).

■ **"Após o advento do Código de Defesa do Consumidor, não mais prevalece, para efeito indenizatório, a tarifação prevista tanto na Convenção de Varsóvia, quanto no Código Brasileiro de Aeronáutica, segundo o entendimento pacificado no âmbito da 2.ª Seção do STJ. Precedentes do STJ"** (REsp 740.968/RS, Rel. Ministro Aldir Passarinho Junior, 4.ª T., *DJ* 12.11.2007).

A Primeira Turma do Pretório Excelso já se manifestou em julgamentos pelo prevalecimento dos direitos insertos no Código de Defesa do Consumidor. Vejamos:

RECURSO EXTRAORDINÁRIO. DANOS MORAIS DECORRENTES DE ATRASO OCORRIDO EM VOO INTERNACIONAL. APLICAÇÃO DO CÓDIGO DE DEFESA DO CONSUMIDOR. MATÉRIA INFRACONSTITUCIONAL. NÃO CONHECIMENTO.
1. O princípio da defesa do consumidor se aplica a todo o capítulo constitucional da atividade econômica.
2. **Afastam-se as normas especiais do Código Brasileiro da Aeronáutica e da Convenção de Varsóvia quando implicarem retrocesso social ou vilipêndio aos direitos assegurados pelo Código de Defesa do Consumidor.**
3. Não cabe discutir, na instância extraordinária, sobre a correta aplicação do Código de Defesa do Consumidor ou sobre a incidência, no caso concreto, de específicas normas de consumo veiculadas em legislação especial sobre o transporte aéreo internacional. Ofensa indireta à Constituição da República.
4. Recurso não conhecido (RE 351.750/RJ, Rel. Ministro Marco Aurélio, Rel. p/ Acórdão Ministro Carlos Britto, 1.ª T., *DJe* 24.9.2009).

INDENIZAÇÃO. DANO MORAL. ATRASO. CONVENÇÃO DE VARSÓVIA. OBSERVAÇÃO MITIGADA. CONSTITUIÇÃO FEDERAL. SUPREMACIA. **O fato de a convenção de Varsóvia revelar, como regra, a indenização tarifada por danos materiais** não exclui a relativa aos danos morais. Configurados esses pelo sentimento de desconforto, de constrangimento, aborrecimento e humilhação, cumpre observar a Carta Política da República, no que se sobrepõe a tratados e convenções ratificados pelo Brasil. AGRAVO — ARTIGO 557, § 2.º, DO CÓDIGO DE PROCESSO CIVIL — MULTA. Se o agravo é manifestamente infundado, impõe-se a aplicação da multa prevista no § 2.º do artigo 557 do Código de Processo Civil, arcando a parte com o ônus decorrente da litigância de má-fé (RE 391.032 AgR/RJ, Rel. Ministro Marco Aurélio, 1.ª T., *DJe* 22.3.2012).

No entanto, o Supremo Tribunal Federal reconheceu a repercussão geral do tema no AI 762.184/RJ, nos seguintes termos: "Extravio de bagagem. Limitação de danos materiais e morais. Convenção de Varsóvia. Código de Defesa do Consumidor. Princípio constitucional da indenizabilidade irrestrita. Norma prevalecente. Relevância da questão. Repercussão geral reconhecida. **Apresenta repercussão geral o recurso extraordinário que verse sobre a possibilidade de limitação, com fundamento na Convenção de Varsóvia, das indenizações de danos morais e materiais, decorrentes de extravio de bagagem**" (Rel. Ministro Cezar Peluso, *DJe* 18.12.2009).

Em 16 de março de 2011 houve a substituição do paradigma em sede de repercussão geral, deixando de ser Agravo de Instrumento n. 762.184 e passando para Recurso Extraordinário n. 636.331. No ano de 2017, mais precisamente no dia 25 de maio, o Plenário do Supremo Tribunal Federal entendeu por maioria de votos pelo prevalecimento da Convenção de Varsóvia, alterada pela Convenção de Montreal, em detrimento do Código de Defesa do Consumidor. Eis a Ementa:

Recurso extraordinário com repercussão geral. 2. Extravio de bagagem. Dano material. Limitação. Antinomia. Convenção de Varsóvia. Código de Defesa do Consumidor. 3. Julgamento de mérito. É aplicável o limite indenizatório estabelecido na Convenção de Varsóvia e demais acordos internacionais subscritos pelo Brasil, em relação às condenações por dano material decorrente de extravio de bagagem, em voos internacionais. 5. Repercussão geral. **Tema 210**. Fixação da tese: "**Nos termos do art. 178 da Constituição da República, as normas e os tratados internacionais limitadores da responsabilidade das transportadoras aéreas de passageiros, especialmente as Convenções de Varsóvia e Montreal, têm prevalência em relação ao Código de Defesa do Consumidor**". 6. Caso concreto. Acórdão que aplicou o Código de Defesa do Consumidor. Indenização superior ao limite previsto no art. 22 da Convenção de Varsóvia, com as modificações efetuadas pelos acordos internacionais posteriores. Decisão recorrida reformada, para reduzir o valor da condenação por danos materiais, limitando-o ao patamar estabelecido na legislação internacional. 7. Recurso a que se dá provimento (RE 636.331/RJ, Rel. Ministro Gilmar Mendes, Plenário, j. 25.5.2017, *DJe* 13.11.2017).[102]

---

[102] O mesmo entendimento de prevalecimento da Convenção de Varsóvia/Montreal sobre o CDC foi concluído pelo STF, também em sede de repercussão geral, quando firmou o prazo prescricional de dois anos para ingressar com a ação de responsabilidade civil, nos termos do art. 29 da citada Convenção (Decreto 20.704/1931): "(1) A ação de responsabilidade deverá intentar-se, sob pena de caducidade, dentro do prazo de dois anos, a contar da data de chegada, ou do dia, em que a aeronave devia ter chegado a seu destino, ou do da interrupção do transporte. (2) O prazo será computado de

Após a consolidação do tema pelo Supremo, o Superior Tribunal de Justiça adéqua seu entendimento sobre o assunto e assim decide:

> RECURSO ESPECIAL. AÇÃO INDENIZATÓRIA. TRANSPORTE DE MERCADORIAS. INDENIZAÇÃO TARIFADA. PREPONDERÂNCIA DAS CONVENÇÕES DE VARSÓVIA E MONTREAL EM RELAÇÃO AO CÓDIGO DE DEFESA DO CONSUMIDOR. REPERCUSSÃO GERAL RECONHECIDA PELO STF. RE N. 636.331/RJ (TEMA 210/STF). JUÍZO DE RETRATAÇÃO. RECURSO ESPECIAL DESPROVIDO.
> 1. No julgamento do RE n. 636.331/RJ, o Supremo Tribunal Federal, reconhecendo a repercussão geral da matéria (Tema 210/STF), firmou a tese de que, "nos termos do art. 178 da Constituição da República, as normas e os tratados internacionais limitadores da responsabilidade das transportadoras aéreas de passageiros, especialmente as Convenções de Varsóvia e Montreal, têm prevalência em relação ao Código de Defesa do Consumidor". 2. Recurso especial desprovido, em juízo de retratação, nos termos do art. 1.040, inciso II, do CPC/2015 (REsp 673.048/RS, Rel. Ministro Marco Aurélio Bellizze, 3.ª T., j. 8.5.2018, *DJe* 18.5.2018).

Desta forma, e, em sede de repercussão geral, entendeu o STF pelo prevalecimento da tarifação da indenização prevista na Convenção de Varsóvia em face da indenização irrestrita prevista no Diploma Consumerista. A citada Convenção prevê em seu art. 22:

> "(1) No transporte de pessoas, limita-se a responsabilidade do transportador, à importância de cento e vinte e cinco mil francos, por passageiro. Se a indenização, de conformidade com a lei do tribunal que conhecer da questão, puder ser arbitrada em constituição de renda, não poderá o respectivo capital exceder aquele limite. Entretanto, por acordo especial com o transportador, poderá o viajante fixar em mais o limite de responsabilidade. (2) No transporte de mercadorias, ou de bagagem despachada, limita-se a responsabilidade do transportador à quantia de duzentos e cinquenta francos por quilograma, salvo declaração especial de 'interesse na entrega', feita pelo expedidor no momento de confiar ao transportador os volumes, e mediante o pagamento de uma taxa suplementar eventual. Neste caso, fica o transportador obrigado a pagar até a importância da quantia declarada,

---

acordo com a lei nacional do tribunal que conhecer da questão". O aludido posicionamento do Supremo se deu no ARE 766.618/SP, com a seguinte Ementa: "Direito do consumidor. Transporte aéreo internacional. Conflito entre lei e tratado. Indenização. **Prazo prescricional previsto em convenção internacional. Aplicabilidade.** 1. Salvo quando versem sobre direitos humanos, os tratados e convenções internacionais ingressam no direito brasileiro com *status* equivalente ao de lei ordinária. Em princípio, portanto, as antinomias entre normas domésticas e convencionais resolvem-se pelos tradicionais critérios da cronologia e da especialidade. 2. Nada obstante, **quanto à ordenação do transporte internacional, o art. 178 da Constituição estabelece regra especial de solução de antinomias, no sentido da prevalência dos tratados sobre a legislação doméstica, seja ela anterior ou posterior àqueles. Essa conclusão também se aplica quando o conflito envolve o Código de Defesa do Consumidor.** 3. Tese afirmada em sede de repercussão geral: 'Nos termos do art. 178 da Constituição da República, as normas e os tratados internacionais limitadores da responsabilidade das transportadoras aéreas de passageiros, especialmente as Convenções de Varsóvia e Montreal, têm prevalência em relação ao Código de Defesa do Consumidor'. 4. Recurso extraordinário provido" (ARE 766.618/SP, Rel. Ministro Roberto Barroso, Plenário, j. 25.5.2017, *DJe* 13.11.2017).

salvo se provar ser esta superior ao interesse real que o expedidor tinha entrega. (3) Quanto aos objetos que o viajante conserve sob os guarda, limita-se a cinco mil francos por viajante a responsabilidade do transportador. (4) As quantias acima indicadas consideram-se referentes ao franco francês, constituído de sessenta e cinco e meio miligramas do ouro, ao título de novecentos milésimos de mental fino. Elas se poderão converter, em números redondos na moeda nacional de cada país".

No entanto, segundo entendimento do STJ "as indenizações por danos morais decorrentes de extravio de bagagem e de atraso de voo internacional não estão submetidas à tarifação prevista na Convenção de Montreal, devendo-se observar, nesses casos, a efetiva reparação do consumidor preceituada pelo CDC":

CIVIL E PROCESSUAL CIVIL. RECURSO ESPECIAL. RECURSO MANEJADO SOB A ÉGIDE DO NCPC. AÇÃO INDENIZATÓRIA. TRANSPORTE AÉREO INTERNACIONAL. DIREITO DO CONSUMIDOR. EXTRAVIO DE BAGAGEM. PEDIDO DE REPARAÇÃO POR DANOS MATERIAIS E MORAIS. NORMAS E TRATADOS INTERNACIONAIS. CONVENÇÃO DE MONTREAL. LIMITAÇÃO DA RESPONSABILIDADE CIVIL DA TRANSPORTADORA APENAS QUANTO AOS DANOS MATERIAIS. APLICAÇÃO DO CÓDIGO DE DEFESA DO CONSUMIDOR EM RELAÇÃO AOS DANOS MORAIS. RECURSO ESPECIAL NÃO PROVIDO.
1. Aplica-se o NCPC a este recurso ante os termos do Enunciado Administrativo n. 3, aprovado pelo Plenário do STJ na sessão de 9.3.2016: Aos recursos interpostos com fundamento no CPC/2015 (relativos a decisões publicadas a partir de 18 de março de 2016) serão exigidos os requisitos de admissibilidade recursal na forma do novo CPC.
2. O STF, no julgamento do RE 636.331/RJ, com repercussão geral reconhecida, fixou a seguinte tese jurídica: Nos termos do artigo 178 da Constituição da República, as normas e os tratados internacionais limitadores da responsabilidade das transportadoras aéreas de passageiros, especialmente as Convenções de Varsóvia e Montreal, têm prevalência em relação ao Código de Defesa do Consumidor.
3. Referido entendimento tem aplicação apenas aos pedidos de reparação por danos materiais.
4. As indenizações por danos morais decorrentes de extravio de bagagem e de atraso de voo não estão submetidas à tarifação prevista na Convenção de Montreal, devendo-se observar, nesses casos, a efetiva reparação do consumidor preceituada pelo CDC.
5. Recurso especial não provido (REsp 1842066/RS, Rel. Ministro Moura Ribeiro, 3.ª T., j. 9.6.2020, *DJe* 15.6.2020).[103]

---

[103] No mesmo sentido o STJ: "AGRAVO INTERNO NO RECURSO ESPECIAL. INDENIZAÇÃO. DANOS MORAIS. TRANSPORTE AÉREO INTERNACIONAL DE PESSOAS. DEFINIÇÃO DA NORMA QUE REGE A MATÉRIA. CONVENÇÃO DE MONTREAL. CDC. 1. A limitação/restrição de responsabilidade do transportador aéreo internacional de pessoas, prevista em normas, acordos, tratados e demais atos internacionais subscritos pela República Federativa do Brasil, não tem aplicação aos pedidos de condenação ao pagamento de indenização por dano moral. Precedentes. 2. Agravo interno a que se nega provimento" (AgInt no REsp 1.981.229/SP, Rel. Ministra Maria Isabel Gallotti, 4.ª T., j. 5.6.2023, *DJe* 9.6.2023).

O Supremo Tribunal Federal reconheceu o Tema 1.240 — "Conflito entre o Código de Defesa do Consumidor e a Convenção de Varsóvia, no que diz com a reparação por dano moral decorrente da má prestação de serviço de transporte aéreo internacional" — e fixou a seguinte Tese: "Não se aplicam as Convenções de Varsóvia e Montreal às hipóteses de danos extrapatrimoniais decorrentes de contrato de transporte aéreo internacional". O *Leading Case* que originou a decisão está assim ementado:

> Direito civil. Responsabilidade civil. Danos extrapatrimoniais decorrentes de contrato de transporte aéreo internacional. Inaplicabilidade do Tema 210 da repercussão geral. Distinção. Não incidência das normas previstas na Convenções de Varsórvia e Montreal. Questão constitucional. Potencial multiplicador da controvérsia. Repercussão geral reconhecida com reafirmação de jurisprudência. Recurso extraordinário a que se nega provimento. 1. O entendimento da Corte de origem não diverge da jurisprudência do Supremo Tribunal Federal, no sentido de que a aplicação dos limites das Convenções de Varsóvia e de Montreal, definida no julgamento do Tema 210 da repercussão geral, está adstrita aos casos de indenização por danos materiais. 2. Recurso extraordinário não provido. 3. Fixada a seguinte tese: Não se aplicam as Convenções de Varsóvia e Montreal às hipóteses de danos extrapatrimoniais decorrentes de contrato de transporte aéreo internacional (RE 1.394.401 RG, Tribunal Pleno, Rel. Ministra Presidente, j. 15.12.2022, Publicação: 3.3.2023).

Assim, a tese do Tema 210 da repercussão geral foi reajustada para abranger o novo entendimento do Tribunal, ficando com a seguinte redação: **"Nos termos do art. 178 da Constituição da República, as normas e os tratados internacionais limitadores da responsabilidade das transportadoras aéreas de passageiros, especialmente as Convenções de Varsóvia e Montreal, têm prevalência em relação ao Código de Defesa do Consumidor. O presente entendimento não se aplica às hipóteses de danos extrapatrimoniais".**

Ainda no tocante às relações jurídicas envolvendo voo internacional, entendeu o STJ que a hipótese de atraso de voo não admite a configuração do dano moral *in re ipsa*:

> DIREITO DO CONSUMIDOR E CIVIL. RECURSO ESPECIAL. AÇÃO DE REPARAÇÃO DE DANOS MATERIAIS E COMPENSAÇÃO DE DANOS MORAIS. PREQUESTIONAMENTO. AUSÊNCIA. SÚMULA 282/STF. **ATRASO EM VOO INTERNACIONAL. DANO MORAL NÃO CONFIGURADO.** EXTRAVIO DE BAGAGEM. ALTERAÇÃO DO VALOR FIXADO A TÍTULO DE DANOS MORAIS. INCIDÊNCIA DA SÚMULA 7/STJ.
> 1. Ação de reparação de danos materiais e compensação de danos morais, tendo em vista falha na prestação de serviços aéreos, decorrentes de atraso de voo internacional e extravio de bagagem.
> 2. Ação ajuizada em 3.6.2011. Recurso especial concluso ao gabinete em 26.8.2016. Julgamento: CPC/73.
> 3. O propósito recursal é definir i) se a companhia aérea recorrida deve ser condenada a compensar os danos morais supostamente sofridos pelo recorrente, em razão de atraso de voo internacional; e ii) se o valor arbitrado a título de danos morais em virtude do extravio de bagagem deve ser majorado.

4. A ausência de decisão acerca dos argumentos invocados pelo recorrente em suas razões recursais impede o conhecimento do recurso especial.

5. Na específica hipótese de atraso de voo operado por companhia aérea, não se vislumbra que o dano moral possa ser presumido em decorrência da mera demora e eventual desconforto, aflição e transtornos suportados pelo passageiro. Isso porque vários outros fatores devem ser considerados a fim de que se possa investigar acerca da real ocorrência do dano moral, exigindo-se, por conseguinte, a prova, por parte do passageiro, da lesão extrapatrimonial sofrida.

6. Sem dúvida, as circunstâncias que envolvem o caso concreto servirão de baliza para a possível comprovação e a consequente constatação da ocorrência do dano moral. A exemplo, pode-se citar particularidades a serem observadas: i) a averiguação acerca do tempo que se levou para a solução do problema, isto é, a real duração do atraso; ii) se a companhia aérea ofertou alternativas para melhor atender aos passageiros; iii) se foram prestadas a tempo e modo informações claras e precisas por parte da companhia aérea a fim de amenizar os desconfortos inerentes à ocasião; iv) se foi oferecido suporte material (alimentação, hospedagem, etc.) quando o atraso for considerável; v) se o passageiro, devido ao atraso da aeronave, acabou por perder compromisso inadiável no destino, dentre outros.

7. Na hipótese, não foi invocado nenhum fato extraordinário que tenha ofendido o âmago da personalidade do recorrente. Via de consequência, não há como se falar em abalo moral indenizável.

8. Quanto ao pleito de majoração do valor a título de danos morais, arbitrado em virtude do extravio de bagagem, tem-se que a alteração do valor fixado a título de compensação dos danos morais somente é possível, em recurso especial, nas hipóteses em que a quantia estipulada pelo Tribunal de origem revela-se irrisória ou exagerada, o que não ocorreu na espécie, tendo em vista que foi fixado em R$ 5.000,00 (cinco mil reais).

9. Recurso especial parcialmente conhecido e, nessa extensão, não provido (REsp 1584465/MG, Rel. Ministra Nancy Andrighi, 3.ª T., j. 13.11.2018, *DJe* 21.11.2018).

4.3.8. Direito ao acesso à justiça

Prevê o **art. 6.º, inciso VII, da Lei n. 8.078/90** que "o **acesso aos órgãos judiciários e administrativos** com vistas à prevenção ou reparação de danos patrimoniais e morais, individuais, coletivos ou difusos, assegurada a proteção Jurídica, administrativa e técnica aos necessitados", é **Direito Básico do consumidor**.

Conforme visto neste livro no subitem "4.2.2. Princípio da intervenção estatal", em dado momento histórico constatou-se a necessidade de uma atuação mais efetiva do Poder Público na defesa da parte mais fraca da então novel relação de consumo, com o propósito específico de reequilibrar uma relação jurídica tão desigual.

O CDC, no dispositivo ora analisado, cumpriu seu papel ao definir como Direito Básico o acesso ao Judiciário e às vias administrativas com a finalidade de prevenir ou reparar danos ocorridos no mercado consumidor.

No tocante ao **acesso** do vulnerável às **vias judiciais**, destacamos novamente o disposto no **art. 5.º do CDC**, ao elencar os **instrumentos para a execução da Política Nacional das Relações de Consumo**, dentre os quais citamos:

- manutenção de **assistência jurídica gratuita**;

■ **instituição de Promotorias de Justiça de Defesa do Consumidor**;

■ **criação de delegacias de polícia** especializadas nas infrações penais de consumo;

■ criação de **Juizados Especiais e Varas Especializadas** para a solução de litígios de consumo.

Ponto alto na concretização do acesso à justiça está, em nossa visão, na manutenção de **assistência jurídica gratuita** e no belo trabalho desenvolvido pelas Defensorias Públicas de todo o país.

Sobre o tema, trazemos à colação os ensinamentos de Rizzatto Nunes, para quem a "Lei n. 1.060/50 dá o direito subjetivo à pessoa de, mediante simples afirmação especial, pleitear os benefícios de assistência judiciária gratuita. Exercida essa prerrogativa, ao Juiz só cabe indeferi-la se tiver fundadas razões para tanto (art. 5.º). Não tendo, nada pode fazer a não ser deferir o pleito. Daí, caberá à parte contrária — caso queira — impugnar a concessão, sendo dela o ônus da prova da inveracidade da afirmação. Se a parte contrária fizer tal prova, então, o beneficiário será condenado ao pagamento do décuplo das custas judiciais (§ 1.º do art. 4.º)".[104]

Em relação ao acesso às **vias administrativas**, destaca-se a atuação dos **PROCONs e Agências Reguladoras**, que também estão cada vez mais presentes na consciência dos consumidores e cujo serviço de atendimento vem ganhando especialização como forma de melhor atender e concretizar a prevenção e a reparação de danos nas relações jurídicas de consumo.

4.3.9. Direito à inversão do ônus da prova

O **art. 6.º, inciso VIII, do Código de Defesa do Consumidor** considera **Direito Básico** do vulnerável "a facilitação da defesa de seus direitos, inclusive com a **inversão do ônus da prova**, a seu favor, no processo civil, quando, **a critério do juiz**, for **verossímil a alegação ou quando for ele hipossuficiente**, segundo as regras ordinárias de experiências".

Assim, a facilitação da defesa do consumidor em juízo tem como principal manifestação de ordem processual a inversão do ônus probante.

O Código de Processo Civil de 2015 trata do tema no art. 373 ao estabelecer que:

> "Art. 373. O ônus da prova incumbe:
> I — ao autor, quanto ao fato constitutivo do seu direito;
> II — ao réu, quanto à existência de fato impeditivo, modificativo ou extintivo do direito do autor".

Percebam que **no CPC/2015 existe uma distribuição prévia do ônus probatório**, ou seja, cada uma das partes sabe de antemão aquilo que deve ser demonstrado por cada qual.[105]

---

[104] NUNES, Luiz Antonio Rizzatto. *Curso de direito do consumidor*, p. 149.

[105] No entanto, a novidade introduzida pelo atual CPC, que alguns autores consideram como sendo uma forma de inversão do ônus da prova, está expressa no art. 373, § 1.º, que prevê: "Nos casos

Com efeito, numa eventual lide envolvendo relação de consumo, permanece, a princípio, a regra do Código de Processo Civil, isto é, caberá ao consumidor-autor comprovar os fatos constitutivos do seu direito. No entanto, como forma de facilitar a sua defesa em juízo, prevê o CDC a possibilidade da inversão do ônus da prova, a critério do juiz, desde que presente um desses dois requisitos:

Verossimilhança das alegações do consumidor	OU	Hipossuficiência do consumidor

Trata-se da denominada **inversão *ope judicis*,** pois o ônus probante será invertido **a critério do juiz** segundo suas regras ordinárias de experiência. A **inversão** neste caso **não é automática**, por **não** ser **obrigatória**.

Nesse sentido, segue decisão do Superior Tribunal de Justiça: "**A inversão do ônus da prova prevista no inciso VIII do artigo 6.º da Lei n. 8.078/90 não é obrigatória, mas regra de julgamento,** *ope judicis*, **desde que o consumidor seja hipossuficiente ou seja verossímil sua alegação**" (REsp 241.831/RJ, Rel. Ministro Castro Filho, 3.ª T., *DJ* 3.2.2003).

A outra modalidade de **inversão** existente no CDC é a *ope legis*, decorrente da lei. Esta inversão **é obrigatória** e ocorrerá independentemente de qualquer critério de apreciação judicial.

Sobre o tema, destacamos as observações de Sergio Cavalieri Filho, para quem o "Código de Defesa do Consumidor, destarte, rompendo dogmas e estabelecendo novos paradigmas para as relações entre desiguais, fê-lo, também, no que se refere à carga probatória, ora transferindo o ônus da prova ao fornecedor (inversão *ope legis*), do que nos dão exemplos os arts. 12, § 3.º, 14, § 3.º e 38, ora admitindo que tal se opere por determinação do julgador (inversão *ope judicis*), conforme art. 6.º, VIII".[106]

No mesmo sentido vem entendendo o STJ:

RECURSO ESPECIAL. CONSUMIDOR. RESPONSABILIDADE POR VÍCIO NO PRODUTO (ART. 18 DO CDC). ÔNUS DA PROVA. INVERSÃO "OPE JUDICIS" (ART.

---

previstos em lei ou diante de peculiaridades da causa relacionadas à impossibilidade ou à excessiva dificuldade de cumprir o encargo nos termos do *caput* ou à maior facilidade de obtenção da prova do fato contrário, poderá o juiz atribuir o ônus da prova de modo diverso, desde que o faça por decisão fundamentada, caso em que deverá dar à parte a oportunidade de se desincumbir do ônus que lhe foi atribuído". A abrangência não é a mesma da inversão prevista no CDC — conforme veremos nesse subitem —, conclusão que tiramos do disposto no § 2.º do mesmo artigo citado da Lei Processual: "A decisão prevista no § 1.º deste artigo não pode gerar situação em que a desincumbência do encargo pela parte seja impossível ou excessivamente difícil".

[106] CAVALIERI FILHO, Sergio. *Programa de direito do consumidor*, p. 107.

6.º, VIII, DO CDC). MOMENTO DA INVERSÃO. PREFERENCIALMENTE NA FASE DE SANEAMENTO DO PROCESSO.
A inversão do ônus da prova pode decorrer da lei ("ope legis"), como na responsabilidade pelo fato do produto ou do serviço (arts. 12 e 14 do CDC), ou por determinação judicial ("ope judicis"), como no caso dos autos, versando acerca da responsabilidade por vício no produto (art. 18 do CDC). Inteligência das regras dos arts. 12, § 3.º, II, e 14, § 3.º, I, e 6.º, VIII, do CDC. (...) (REsp 802.832/MG, Rel. Ministro Paulo de Tarso Sanseverino, 2.ª Seção, DJe 21.9.2011)[107].

O fechamento deste assunto merece um quadro comparativo entre a inversão do ônus da prova *ope judicis* e a inversão *ope legis*:

INVERSÃO *OPE JUDICIS*	INVERSÃO *OPE LEGIS*
Art. 6.º, inciso VIII, do CDC	Outros artigos do CDC — ex.: art. 38
A critério do juiz deferir ou não	Inversão é automática — decorre da lei
A inversão não é obrigatória	A inversão é obrigatória

4.3.9.1. Requisitos para a inversão ope judicis

Segundo acima exposto, basta ser **verossímil a alegação** do consumidor **OU** ser ele **hipossuficiente** para legitimar a inversão judicial do ônus da prova, conforme disposto pelo art. 6.º, inciso VIII, do CDC. A **demonstração de apenas um desses requisitos será suficiente** para fundamentar a inversão ou não do ônus, a critério do juiz.

Por **verossimilhança** compreende-se a **plausibilidade de verdade**, ou seja, a probabilidade de serem verdadeiros os fatos narrados na inicial pelo consumidor.

Como exemplo, cita-se o caso da ação judicial proposta por um consumidor em face da empresa concessionária do serviço de energia elétrica domiciliar que teve seu computador queimado por uma interrupção brusca desse serviço. Ora, a verossimilhança dessa alegação poderá ser demonstrada por uma notícia de jornal destacando a queda da energia na região onde o consumidor está domiciliado.

Diante desse contexto, poderá o juiz inverter o ônus da prova, determinando que a concessionária do serviço de energia daquele local demonstre que a falha no seu serviço não foi a causadora do prejuízo sofrido pelo consumidor.

---

[107] Vale lembrar ainda passagem que demonstra a posição do STJ: "(...) 2. **Diferentemente do comando contido no art. 6.º, inciso VIII, que prevê a inversão do ônus da prova 'a critério do juiz', quando for verossímil a alegação ou hipossuficiente a parte, o § 3.º, do art. 12, preestabelece — de forma objetiva e independentemente da manifestação do magistrado —, a distribuição da carga probatória em desfavor do fornecedor, que 'só não será responsabilizado se provar: I — que não colocou o produto no mercado; II — que, embora haja colocado o produto no mercado, o defeito inexiste; III — a culpa exclusiva do consumidor ou de terceiro'. É a diferenciação já clássica na doutrina e na jurisprudência entre a inversão *ope judicis* (art. 6.º, inciso VIII, do CDC) e inversão *ope legis* (arts. 12, § 3.º, e art. 14, § 3.º, do CDC). Precedente da Segunda Seção"** (REsp 1.095.271/RS, Rel. Ministro Luis Felipe Salomão, 4.ª T., *DJe* 5.3.2013).

O **outro requisito** legitimador **da inversão é a hipossuficiência** do consumidor, que também está relacionada com a **fragilidade** deste, mas tal instituto não se confunde com a vulnerabilidade. Conforme visto neste livro, no subitem 4.2.1.2:

- **vulnerabilidade é fenômeno de direito material — com presunção absoluta**; e
- **hipossuficiência é fenômeno de direito processual — com presunção relativa**.

A hipossuficiência geralmente está relacionada com a **fraqueza econômica** do consumidor, mas nada impede que no caso concreto seja constatada pelo juiz sua fragilidade em qualquer outro **aspecto fático ou mesmo técnico**. De fato, não possuindo o consumidor condições econômicas, fáticas, técnicas ou de informação para comprovar o seu direito, poderá o juiz inverter o ônus probante e exigir do fornecedor a demonstração de que não foi o responsável pelos danos alegados pelo autor.

4.3.9.2. Inversão do ônus da prova e as custas periciais

Questionamento relevante a respeito do tema **inversão do ônus da prova** implica saber se, uma vez **deferido** tal **pedido** pelo juiz, estaria também **obrigado o fornecedor a arcar** com eventuais **custas de provas periciais**.

O caso chegou ao **Superior Tribunal de Justiça**, que vem entendendo de forma negativa, ou seja, **a inversão do ônus da prova não gera a obrigatoriedade de arcar com as custas da perícia**.

No entanto, diz o STJ, caso o fornecedor não arque com este encargo, **deverá assumir as consequências da não realização da prova pericial** ou comprovar que não é o responsável por outro meio probatório em direito admitido.

Em suma, diante do deferimento da inversão do ônus da prova numa lide em que haja a necessidade da realização de prova pericial, o fornecedor poderá tomar uma das seguintes condutas:

- arcar com as custas periciais, ainda que não esteja obrigado;
- não arcar com as custas da perícia (pois não está obrigado), mas assumir as eventuais consequências da sua não realização;
- demonstrar que não é responsável por outro meio probatório admitido em direito.

Nesse tocante, segue decisão emanada pelo Superior Tribunal de Justiça: "**A inversão do ônus da prova não implica a obrigatoriedade de a parte contrária arcar com as custas da prova requerida pelo adversário; sujeita-se ela, contudo, às eventuais consequências de sua não realização, a serem aferidas quando do julgamento da causa, em face do conjunto probatório trazido aos autos**" (AgRg na MC 17.695/PR, Rel. Ministra Maria Isabel Gallotti, 4.ª T., *DJe* 12.5.2011).

4.3.9.3. Momento adequado para a inversão do ônus da prova

Outra questão, não menos tormentosa, consiste em saber **qual o melhor momento** para a realização **da inversão** do ônus da prova, se no **despacho de citação**, se no **saneamento** ou se na **sentença**.

A **posição minoritária** é a que defende a inversão do ônus da prova no **despacho de citação**.[108] **As críticas fundadas a essa corrente são no sentido de que seria um momento muito prematuro** para o magistrado formar sua convicção e identificar um dos dois requisitos legitimadores da inversão, nos termos do art. 6.º, inciso VIII, do Código de Defesa do Consumidor, quais sejam: verossimilhança das alegações ou hipossuficiência do consumidor.

A polêmica está concentrada entre a segunda e a terceira correntes. Os defensores da **inversão na fase de saneamento**[109] **entendem que ônus da prova é regra de procedimento**, sendo esse o momento mais adequado para o reconhecimento do Direito Básico ora analisado.

Já os seguidores da corrente que entende que a **inversão** do ônus da prova deve ocorrer **na sentença**[110] **fundamentam-se na tese de que ônus da prova é regra de julgamento**.

Comentando essa divergência, Cavalieri Filho entende que, conquanto "não se esteja a discutir que, ordinariamente, os dispositivos sobre a produção de provas estão direcionados à formação da convicção do julgador e, assim sendo, constituiriam regras de julgamento, não se pode deixar de observar que as disposições sobre repartição do ônus probatório consubstanciam, de igual modo, parâmetros de comportamento processual para os litigantes, razão pela qual respeitáveis juristas nelas identificam regras de procedimento".[111]

Vejam, temos argumentos relevantes tanto para um lado como para o outro. Por isso, o próprio STJ demorou anos para pacificar a questão. Ora posicionou-se pela sentença como o melhor momento para o juiz inverter o ônus da prova, ora pela fase de saneamento. Seguem algumas decisões demonstrando a divergência jurisprudencial instaurada na Corte do Superior Tribunal de Justiça:

> ■ **Inversão na fase de saneamento:** "Mesmo que controverso o tema, **dúvida não há quanto ao cabimento da inversão do ônus da prova ainda na fase instrutória** — momento, aliás, logicamente mais adequado do que na sentença, na medida em que não impõe qualquer surpresa às partes litigantes —, posicionamento que vem sendo adotado por este Superior Tribunal, conforme precedentes" (REsp 662.608/SP, Rel. Ministro Hélio Quaglia Barbosa, 4.ª T., *DJ* 5.2.2007).
>
> ■ **Inversão na sentença:** "Conforme posicionamento dominante da doutrina e da jurisprudência, **a inversão do ônus da prova, prevista no inc. VIII, do art. 6.º do CDC é regra de julgamento**. Vencidos os Ministros Castro Filho e Humberto Gomes de Barros, que entenderam que a inversão do ônus da prova deve ocorrer no momento da dilação probatória" (REsp 422.778/SP, Rel. Ministra Nancy Andrighi, 3.ª T., *DJ* 27.8.2007).

---

[108] Nesse sentido, Tânia Liz Tizzoni Nogueira, apud BARBOSA MOREIRA, Carlos Roberto. *Inversão do ônus da prova em benefício do consumidor*. Doutrinas, v. VI, p. 502.

[109] Nesse sentido, BARBOSA MOREIRA, Carlos Roberto. *Inversão do ônus da prova em benefício do consumidor*, p. 503-504.

[110] Nesse sentido, Ada Pellegrini Grinover, Kazuo Watanabe e Nelson Nery Júnior, apud BARBOSA MOREIRA, Carlos Roberto. *Inversão do ônus da prova em benefício do consumidor*, p. 503.

[111] CAVALIERI FILHO, Sergio. *Programa de direito do consumidor*, p. 107.

No final do ano de 2011, a **Segunda Seção do Superior Tribunal de Justiça pacificou o tema** ao julgar o Recurso Especial 802.832, posicionando-se pela **fase de saneamento como o momento** processual mais adequado para ocorrer a inversão do ônus da prova. *In verbis:*

> RECURSO ESPECIAL. CONSUMIDOR. RESPONSABILIDADE POR VÍCIO NO PRODUTO (ART. 18 DO CDC). ÔNUS DA PROVA. INVERSÃO "OPE JUDICIS" (ART. 6.º, VIII, DO CDC). MOMENTO DA INVERSÃO. PREFERENCIALMENTE NA FASE DE SANEAMENTO DO PROCESSO.
> A inversão do ônus da prova pode decorrer da lei ("ope legis"), como na responsabilidade pelo fato do produto ou do serviço (arts. 12 e 14 do CDC), ou por determinação judicial ("ope judicis"), como no caso dos autos, versando acerca da responsabilidade por vício no produto (art. 18 do CDC). Inteligência das regras dos arts. 12, § 3.º, II, e 14, § 3.º, I, e 6.º, VIII, do CDC.
> A distribuição do ônus da prova, além de constituir regra de julgamento dirigida ao juiz (aspecto objetivo), apresenta-se também como norma de conduta para as partes, pautando, conforme o ônus atribuído a cada uma delas, o seu comportamento processual (aspecto subjetivo). Doutrina.
> **Se o modo como distribuído o ônus da prova influi no comportamento processual das partes (aspecto subjetivo), não pode a inversão "ope judicis" ocorrer quando do julgamento da causa pelo juiz (sentença) ou pelo tribunal (acórdão). Previsão nesse sentido do art. 262, § 1.º, do Projeto de Código de Processo Civil.**
> **A inversão "ope judicis" do ônus probatório deve ocorrer preferencialmente na fase de saneamento do processo ou, pelo menos, assegurando-se à parte a quem não incumbia inicialmente o encargo, a reabertura de oportunidade para apresentação de provas.**
> Divergência jurisprudencial entre a Terceira e a Quarta Turma desta Corte.
> RECURSO ESPECIAL DESPROVIDO (REsp 802.832/MG, Rel. Ministro Paulo de Tarso Sanseverino, 2.ª Seção, *DJe* 21.9.2011).[112]

---

[112] O posicionamento do STJ persiste o mesmo até os dias atuais: "RECURSO ESPECIAL — AÇÃO CIVIL PÚBLICA MOVIDA PELO MINISTÉRIO PÚBLICO ESTADUAL — NEGATIVA DE PAGAMENTO DE INDENIZAÇÃO SECURITÁRIA PELA SEGURADORA FUNDADA EM SUPOSTA APURAÇÃO DE FRAUDE — PROCEDIMENTO ILÍCITO DOLOSAMENTE ENGENDRADO PARA POSSIBILITAR A RECUSA DO PAGAMENTO DO CAPITAL SEGURADO, VISANDO A CONSUMAÇÃO DA PRESCRIÇÃO DA PRETENSÃO, COM O ENVOLVIMENTO DE DOCUMENTOS FALSOS OBTIDOS NO ESTRANGEIRO — TRIBUNAL DE ORIGEM QUE MANTEVE A CONDENAÇÃO COM BASE NA INVERSÃO DO ÔNUS DA PROVA APLICADA ENQUANTO REGRA DE JULGAMENTO NO ÂMBITO RESTRITO DA SEGUNDA INSTÂNCIA. INSURGÊNCIA DA RÉ. 1. Existência de omissões relevantes cujo saneamento, pelo Tribunal *a quo*, se afigura imprescindível ao correto deslinde da controvérsia. 2. Julgamento empreendido pela Corte local mediante a aplicação da inversão do ônus da prova, como regra de julgamento, já em sede de apelação. 2.1 A jurisprudência desta Corte é no sentido de que a inversão do ônus da prova prevista no art. 6.º, VIII, do CDC, é regra de instrução e não regra de julgamento, motivo pelo qual a decisão judicial que a determina deve ocorrer antes da etapa instrutória, ou quando proferida em momento posterior, garantir a parte a quem foi imposto o ônus a oportunidade de apresentar suas provas. Precedentes. 2.2 Inviabilidade da inversão do ônus probatório em sede de apelação, notadamente quando fundado em premissa equivocada ati-

Compartilhamos com o atual posicionamento do Superior Tribunal de Justiça no sentido de ser a **fase de saneamento o momento mais adequado** para o magistrado inverter o ônus da prova, pelos seguintes motivos:

1.º) É a fase mais compatível para **assegurar** os direitos constitucionais do **contraditório e da ampla defesa** (inversão na sentença, *data venia,* frustraria o exercício de tais direitos pelo fornecedor).

2.º) Não surpreende qualquer das partes (nem o consumidor, que, diante do indeferimento do pedido da inversão, tentará comprovar seu direito por outra via, nem o fornecedor, que terá tempo suficiente para demonstrar a ausência de responsabilidade, caso a inversão ocorra até o saneamento).

3.º) É o momento temporal do processo em que estará **presente a maturidade do juiz para decidir** a respeito do **deferimento ou não** do pedido de **inversão** do ônus da prova (não é tão prematuro para formar sua convicção, como seria se a inversão ocorresse no momento do despacho de citação, nem tão tarde como se fosse na sentença).

Esquematizando na linha do tempo processual as três correntes a respeito do melhor momento para inverter o ônus da prova, nos termos do art. 6.º, inciso VIII, do CDC, encontramos:

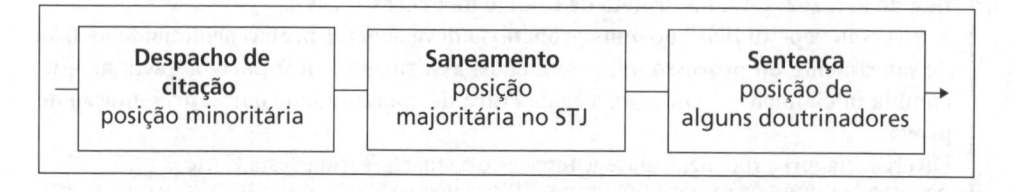

Despacho de citação posição minoritária	Saneamento posição majoritária no STJ	Sentença posição de alguns doutrinadores

4.3.9.4. A inversão do ônus da prova a pedido do Ministério Público

Para finalizar o tema inversão do ônus da prova, não poderíamos deixar de tratar de mais um ponto polêmico. Tal inversão poderia ser deferida em ação civil pública proposta pelo Ministério Público? A pergunta é de extrema pertinência, haja vista ser, hodiernamente, o MP no Brasil um órgão extremamente estruturado, cujo atributo da hipossuficiência jamais lhe poderia ser imputado.

O **Superior Tribunal de Justiça** vem entendendo que sim, **é possível a inversão do ônus da prova em ação proposta pelo** *Parquet*, pois, em última análise, **a beneficiada** dessa demanda seria a **coletividade**. Segue julgado sobre o tema: "Não há óbice

---

nente a suposta hipossuficiência da parte autora, visto que o órgão do Ministério Público não é de ser considerado opositor enfraquecido ou impossibilitado de promover, ainda que minimamente, o ônus de comprovar os fatos constitutivos de seu direito. 3. Recurso especial conhecido em parte e, na extensão, provido, para cassar os acórdãos dos embargos de declaração e apelação relativamente ao recurso manejado pela seguradora e determinar o retorno dos autos à instância precedente para, uma vez afastada a inversão probatória, proceda a Corte local a análise da apelação interposta pela ré como entender por direito. Ficam prejudicadas as demais teses arguidas no reclamo" (REsp 1.286.273/SP, Rel. Ministro Marco Buzzi, 4.ª T., j. 8.6.2021, *DJe* 22.6.2021).

a que seja invertido o ônus da prova em ação coletiva — providência que, em realidade, beneficia a coletividade consumidora —, ainda que se cuide de ação civil pública ajuizada pelo Ministério Público" (REsp 951.785/RS, Rel. Ministro Luis Felipe Salomão, 4.ª T., *DJe* 18.2.2011).

4.3.10. Direito ao recebimento de serviços públicos adequados e eficazes

O último Direito Básico do consumidor previsto no art. 6.º da Lei n. 8.078/90 está no inciso X, que prevê "a adequada e eficaz prestação dos serviços públicos em geral". Sobre o tema, remetemos o leitor ao Capítulo 3 deste livro, que trata de forma ampla a respeito do assunto "O Serviço Público e a incidência do CDC".

4.3.11. Direito à garantia de práticas de crédito responsável, de educação financeira e de prevenção/tratamento do superendividamento

A Lei n. 14.181, de 1.º de julho de 2021, mais conhecida como **Nova Lei do Superendividamento**, alterou o Código de Defesa do Consumidor e **inseriu em seu art. 6.º o inciso XI**, estabelecendo o seguinte direito básico do consumidor: **"a garantia de práticas de crédito responsável, de educação financeira e de prevenção e tratamento de situações de superendividamento, preservado o mínimo existencial, nos termos da regulamentação, por meio da revisão e da repactuação da dívida, entre outras medidas"**.

O assunto será melhor desenvolvido no Capítulo 15 deste livro, porém vale lembrar que já introduzimos o tema do superendividamento nos itens relacionados ao estudo dos arts. 4.º (Princípios da Política Nacional das Relações de Consumo) e 5.º (Instrumentos da Intervenção Estatal).

No tocante aos direitos básicos de **garantia de práticas de crédito responsável, de educação financeira e de prevenção e tratamento de situações de superendividamento**, analisaremos, quando do estudo do Capítulo VI-A — DA PREVENÇÃO E DO TRATAMENTO DO SUPERENDIVIDAMENTO —, introduzido ao Título I do CDC pela nova lei, a preocupação do legislador ordinário em disciplinar a oferta de crédito no mercado de consumo, como forma de evitar o superendividamento do consumidor e, consequentemente, impedir a sua exclusão social.

4.3.12. Direito à preservação do mínimo existencial na proteção do consumidor superendividado

Outro dispositivo incluído no **art. 6.º do Diploma Consumerista** pela Lei do Superendividamento foi o **inciso XII**, que definiu como **direito básico** do consumidor **"a preservação do mínimo existencial, nos termos da regulamentação, na repactuação de dívidas e na concessão de crédito"**.

Entendemos por mínimo existencial os gastos familiares considerados essenciais para uma existência digna, tais como aqueles afetos a moradia, alimentação, saúde, educação, vestuário e transporte. Outros gastos poderão ser definidos como essenciais por meio de regulamento, porém é indiscutível a **aplicação imediata da Lei n. 14.181 no tocante ao reconhecimento desses gastos** como sendo componentes do mínimo existencial dos consumidores de todo o Brasil.

Em palavras mais precisas, **quando o consumidor for apresentar um plano de pagamento aos seus credores, deverá informar a existência de gastos familiares essenciais**, integrantes do mínimo existencial desse núcleo de pessoas, capazes de lhes garantir uma existência digna, **a ponto de justificar o valor da parcela** a ser paga quando da repactuação de suas dívidas.[113]

4.3.13. Direito à informação acerca dos preços dos produtos por unidade de medida

O **inciso XIII** foi o último direito básico incluído no **art. 6.º do CDC pela Lei n. 14.181/2021**, ao estabelecer como tal **"a informação acerca dos preços dos produtos por unidade de medida, tal como por quilo, por litro, por metro ou por outra unidade, conforme o caso"**.

O novel dispositivo inserido pela Lei do Superendividamento nada mais fez do que reforçar o princípio geral previsto no art. 4.º, IV, bem como o direito básico disposto no art. 6.º, III, ambos relacionados com o dever/direito à informação, previstos no Código do Consumidor.

4.4. PRINCÍPIOS ESPECÍFICOS DO CÓDIGO DE DEFESA DO CONSUMIDOR

Além dos Princípios Gerais do CDC e dos Direitos Básicos do consumidor, imprescindível esclarecer a existência de princípios específicos afetos à publicidade e aos contratos de consumo na Lei n. 8.078/90, os quais serão merecedores da nossa atenção neste momento do trabalho.

4.4.1. Princípios específicos da publicidade

Conforme estudaremos em capítulo próprio, a publicidade tem conotação comercial e, como tal, deve ser norteada pelos princípios a seguir elencados.

4.4.1.1. Princípio da identificação fácil e imediata da publicidade

O Código de Defesa do Consumidor prevê em seu **art. 36**, *caput*, que a **"publicidade deve ser veiculada de tal forma que o consumidor, fácil e imediatamente, a identifique como tal"**. Desta forma, a publicidade só estará em consonância com o princípio ora analisado se o consumidor puder identificá-la de forma imediata e facilmente.

Diante desse princípio, **alguns tipos de publicidade** passaram a ter sua **legitimidade questionada**, na medida em que suas mensagens nem sempre são captadas imediatamente pelos consumidores no tocante ao seu conteúdo comercial. Referimo-nos à:

- publicidade dissimulada;
- publicidade subliminar;
- publicidade clandestina — *merchandising*.

---

[113] O assunto será devidamente aprofundado no Capítulo 15 deste livro.

> **Publicidade Dissimulada**
> É mensagem com **conotação jornalística**, de cunho redacional. Nela geralmente ocorre uma entrevista ou pesquisa em que o ator principal da publicidade se passa por um jornalista, mas o objetivo comercial de promover um produto ou um serviço é o seu enfoque principal.

Sobre o tema, destacamos os ensinamentos de Rizzatto Nunes, segundo os quais uma "boa tática para iludir consumidores é a de plantar publicidade nos veículos de comunicação (especialmente mídia impressa — jornais e revistas —, mas também rádio e TV) travestida de matéria jornalística. É que, como o consumidor tende a acreditar na peça jornalística como que apresentando um evento verdadeiro, toma a ficção como realidade e é enganado".[114]

Na regulamentação privada da publicidade realizada pelo **CONAR** (Conselho Nacional de Autorregulamentação Publicitária), ressalta-se que o próprio **Código de Autorregulamentação Publicitária** define em seu **art. 30** que a "peça jornalística sob a forma de reportagem, artigo, nota, texto-legenda ou qualquer outra que se veicule mediante pagamento, **deve ser apropriadamente identificada** para que se distinga das matérias editoriais e não confunda o Consumidor".

Assim, desde que este tipo de **publicidade** venha **acompanhado de avisos**, por exemplo **"informe publicitário"**, a mensagem estará compatível com o princípio da identificação fácil e imediata da publicidade.[115]

> **Publicidade Subliminar**
> É a mensagem que **não é percebida pelo consciente**, mas **é captada pelo inconsciente** do consumidor.

A esse respeito, Antônio Herman de Vasconcellos e Benjamin cita o trabalho de "David Gurnick, 'Subliminal advertising: threat to consumer autonomy?', in Beverly Hills Bar Association Journal, vol. 21, n. 1, 1986-87, p. 56-72. **A eficácia da publicidade subliminar foi testada**, experimentalmente, **em 1957**. Em um **cinema dos Estados Unidos**, a audiência foi bombardeada com as seguintes **frases, na velocidade de 1/3000 de segundo: 'Drink Coca-Cola' e 'Hungry? Eat Popcorn'**.[116] **O consumo de tais produtos, durante a apresentação, aumentou bastante.** Não há, contudo, casos registrados de utilização comercial de publicidade subliminar. Por via das dúvidas, como mera cautela preventiva, a Federal Trade Commission, em 1974, emitiu uma *public notice*, alertando contra a abusividade da publicidade subliminar".[117]

O Código Brasileiro de Autorregulamentação Publicitária não se ocupa da publicidade subliminar, "por não se tratar de técnica comprovada, jamais detectada de forma

---

[114] NUNES, Luiz Antonio Rizzatto. *Curso de direito do consumidor*, p. 266.
[115] MIRAGEM, Bruno. *Curso de direito do consumidor*, p. 173.
[116] "Beba Coca-Cola" e "Fome? Coma pipoca".
[117] GRINOVER, Ada Pellegrini; BENJAMIN, Antônio Herman de V.; FINK, Daniel Roberto; FILOMENO, José Geraldo Brito; NERY JR., Nelson; DENARI, Zelmo. *Código Brasileiro de Defesa do Consumidor*, p. 337.

juridicamente inconteste. São condenadas, no entanto, quaisquer tentativas destinadas a produzir efeitos 'subliminares' em publicidade ou propaganda" (art. 29).

De fato, esse tipo de mensagem publicitária, quando passível de ser comprovada, será violador do princípio da fácil e imediata identificação da publicidade.

> **Publicidade Clandestina — *Merchandising***
> É a técnica de veiculação indireta de produtos ou serviços por meio da respectiva inserção no cotidiano da vida de personagens de novelas, filmes, programas de rádio ou TV, dentre outros. É o caso do galã da novela que aparece em determinada cena, sentado a uma mesa de bar, tomando certa marca de refrigerante que aparece com seu rótulo no plano central da imagem.

O **Código de Defesa do Consumidor não veda expressamente a veiculação do *merchandising***, mas a doutrina entende pela necessidade de **compatibilizá-lo com o princípio da identificação fácil e imediata da publicidade**.

Segundo Herman Benjamin, a melhor forma de se atingir tal intento seria por meio da "**utilização de 'créditos'**, ou seja, a **veiculação antecipada de uma informação comunicando que**, naquele programa, peça ou filme, **ocorrerá *merchandising*** de tais e tais produtos ou serviços. Não vejo aí violação do requisito da imediatidade. Esta tem por *ratio* evitar a identificação *a posteriori*. Ora, o crédito simplesmente fornece os elementos necessários para que o consumidor, no momento da veiculação do *merchandising*, possa identificá-lo, de imediato, como publicidade. Por cautela, o crédito, nos programas que são fragmentados, deve ser reapresentado tantas vezes quantos sejam os fragmentos".[118]

E conclui o autor que, "para proteger os consumidores que não tenham oportunidade de assistir ao início do programa (ligaram a televisão após a abertura da novela, por exemplo), também se deve exigir que os créditos sejam repetidos ao final de cada fragmento".[119]

No âmbito da regulamentação privada, o Código de Autorregulamentação Publicitária "encoraja" em seu art. 29, parágrafo único, "os Veículos de Comunicação a adotarem medidas ao seu alcance destinadas a facilitar a apreensão da natureza publicitária da ação de 'merchandising'". Assim, destaca-se que até o CONAR entende pela necessidade de se deixar bem claro ao consumidor que o *merchandising* é uma peça publicitária.

No tocante à **publicidade clandestina**, cabem ainda algumas observações sobre o ***teaser***, isto é, **o anúncio do anúncio**. Para o CONAR, em seu Código de Autorregulamentação, o *teaser* pode ser entendido como "a mensagem que visa a criar expectativa ou curiosidade no público, poderá prescindir da identificação do anunciante, do produto ou do serviço" (art. 9.º, § 2.º).

---

[118] GRINOVER, Ada Pellegrini; BENJAMIN, Antônio Herman de V.; FINK, Daniel Roberto; FILOMENO, José Geraldo Brito; NERY JR., Nelson; DENARI, Zelmo. *Código Brasileiro de Defesa do Consumidor*, p. 338-339.

[119] GRINOVER, Ada Pellegrini; BENJAMIN, Antônio Herman de V.; FINK, Daniel Roberto; FILOMENO, José Geraldo Brito; NERY JR., Nelson; DENARI, Zelmo. *Código Brasileiro de Defesa do Consumidor*, p. 338-339.

Tratando-se, portanto, de parte do anúncio — que será veiculado por completo num futuro próximo —, compartilhamos com a posição de Bruno Miragem segundo a qual o atendimento ao princípio da identificação da publicidade "deverá ser avaliado a partir da compreensão de toda a peça publicitária, desde seu anúncio prévio, no formato de *teaser,* até a divulgação da peça final, razão pela qual sua utilização parece ser admissível, contanto que não viole normas específicas do CDC, como as relativas à publicidade enganosa e abusiva".[120]

4.4.1.2. Princípio da vinculação da oferta/publicidade

O dispositivo no CDC responsável pelo princípio da vinculação é o **art. 30**, ao prever que toda **"informação ou publicidade**, suficientemente precisa, veiculada por qualquer forma ou meio de comunicação com relação a produtos e serviços oferecidos ou apresentados, **obriga o fornecedor que a fizer veicular ou dela se utilizar** e integra o contrato que vier a ser celebrado".

Trata-se de dispositivo que traz as principais características da oferta e, sendo a publicidade a principal manifestação desta, o princípio da vinculação é plenamente aplicável às mensagens publicitárias. Assim, **ofertou, vinculou**. Ou, nas palavras de José Geraldo Brito Filomeno, **"prometeu, tem de cumprir"**.[121]

Sobre o tema, destaca-se a posição do Superior Tribunal de Justiça:

> DIREITO DO CONSUMIDOR. PUBLICIDADE ENGANOSA. EMPREENDIMENTO DIVULGADO E COMERCIALIZADO COMO HOTEL. MERO RESIDENCIAL COM SERVIÇOS. INTERDIÇÃO PELA MUNICIPALIDADE. OCULTAÇÃO DELIBERADA DE INFORMAÇÃO PELO FORNECEDOR. ANULAÇÃO DO NEGÓCIO JURÍDICO. INDENIZAÇÃO POR LUCROS CESSANTES E POR DANOS MORAIS DEVIDA. 1. O direito à informação, no Código de Defesa do Consumidor, é corolário das normas intervencionistas ligadas à função social e à boa-fé, em razão das quais a liberdade de contratar assume novel feição, impondo a necessidade de transparência em todas as fases da contratação: o momento pré-contratual, o de formação e o de execução do contrato e até mesmo o momento pós-contratual. 2. **O princípio da vinculação da publicidade reflete a imposição da transparência e da boa-fé nos métodos comerciais, na publicidade e nos contratos, de modo que o fornecedor de produtos ou serviços obriga-se nos exatos termos da publicidade veiculada, sendo certo que essa vinculação estende-se também às informações prestadas por funcionários ou representantes do fornecedor.** 3. Se a informação se refere a dado essencial capaz de onerar o consumidor ou restringir seus direitos, deve integrar o próprio anúncio, de forma precisa, clara e ostensiva, nos termos do art. 31 do CDC, sob pena de configurar publicidade enganosa por omissão. 4. No caso concreto, desponta estreme de dúvida que o principal atrativo do projeto foi a sua divulgação como um empreendimento hoteleiro — o que se dessume à toda vista da proeminente reputação que a Rede Meliá ostenta nesse ramo —, bem como foi omitida a falta de autorização do Município para que funcionasse empresa dessa envergadura na área, o que, à toda evidência, constitui publicidade enganosa, nos termos do art. 37, *caput* e § 3.º,

---

[120] MIRAGEM, Bruno. *Curso de direito do consumidor*, p. 174.
[121] FILOMENO, José Geraldo Brito. *Manual de direitos do consumidor*, p. 202.

do CDC, rendendo ensejo ao desfazimento do negócio jurídico, à restituição dos valores pagos, bem como à percepção de indenização por lucros cessantes e por dano moral. 5. Recurso especial de Antônio Rogério Saldanha Maia provido. 6. Recursos especiais de Gafisa S/A e Banco BBM S/A não conhecidos. Prejudicadas as demais questões suscitadas (REsp 1.188.442/RJ, Rel. Ministro Luis Felipe Salomão, 4.ª T., DJe 5.2.2013).

O **art. 35** do Diploma Consumerista determina as **opções** conferidas ao consumidor nos casos de violação deste princípio:

> "Art. 35. Se o fornecedor de produtos ou serviços **recusar cumprimento à oferta**, apresentação ou publicidade, o consumidor poderá, alternativamente e à sua livre escolha:
> I — exigir o cumprimento forçado da obrigação, nos termos da oferta, apresentação ou publicidade;
> II — aceitar outro produto ou prestação de serviço equivalente;
> III — rescindir o contrato, com direito à restituição de quantia eventualmente antecipada, monetariamente atualizada, e a perdas e danos."

Sobre a recusa no cumprimento da publicidade, cumpre destacar que a própria Lei n. 8.078/90 prevê em seu **art. 84** quais seriam os **instrumentos** processuais hábeis para exigir o **cumprimento forçado da oferta** como forma de concretizar a efetividade do princípio ora analisado, resumindo o dispositivo da seguinte forma:

- ação de obrigação de fazer (art. 84, *caput*);
- pedido de liminar, tratando-se de relevante fundamento da demanda e havendo justificado receio de ineficácia do provimento final (art. 84, § 3.º);
- o juiz poderá impor multa diária independentemente de pedido do autor (art. 84, § 4.º);
- o juiz poderá determinar outras medidas necessárias, como a busca e apreensão (art. 84, § 5.º).

O aprofundamento devido destes temas, bem como das repercussões do erro na publicidade e a viabilidade ou não do descumprimento do ofertado no mercado de consumo, será objeto de capítulo próprio, quando tratarmos da "Oferta no CDC".

4.4.1.3. Princípio da proibição da publicidade ilícita

Nos termos do **art. 37** do Código de Defesa do Consumidor, é **"proibida toda publicidade enganosa ou abusiva"**. É evidente que estas duas espécies de publicidade não são as únicas modalidades de peças publicitárias ilícitas. Outras mensagens são coibidas pela Lei n. 8.078/90, como aquelas que violam, por exemplo, os princípios da identificação fácil e imediata da publicidade ou o da vinculação.

No entanto, em razão da importância de se disciplinarem as duas manifestações ilícitas mais corriqueiras no mundo publicitário, vem o CDC e expressamente proíbe a publicidade enganosa e a abusiva no mercado de consumo.

A **publicidade enganosa** consiste em "qualquer modalidade de informação ou comunicação de caráter publicitário, inteira ou parcialmente falsa, ou, por qualquer outro modo, mesmo por omissão, capaz de induzir em erro o consumidor a respeito da natureza, características, qualidade, quantidade, propriedades, origem, preço e quaisquer outros dados sobre produtos e serviços" **(art. 37, § 1.º, do CDC)**.

A **publicidade** será considerada **enganosa por omissão** "quando deixar de informar sobre dado essencial do produto ou serviço" **(art. 37, § 3.º, do CDC)**.

Já a **publicidade abusiva** é a antiética, capaz de ferir valores da coletividade, tais como "a publicidade discriminatória de qualquer natureza, a que incite à violência, explore o medo ou a superstição, se aproveite da deficiência de julgamento e experiência da criança, desrespeita valores ambientais, ou que seja capaz de induzir o consumidor a se comportar de forma prejudicial ou perigosa à sua saúde ou segurança" **(art. 37, § 2.º, do CDC)**.

Portanto, o princípio da proibição da publicidade ilícita alberga:

▪ Princípio da veracidade — segundo o qual a publicidade não poderá induzir em erro o consumidor.

▪ Princípio da não abusividade — pelo qual a mensagem publicitária não poderá ferir valores da coletividade.

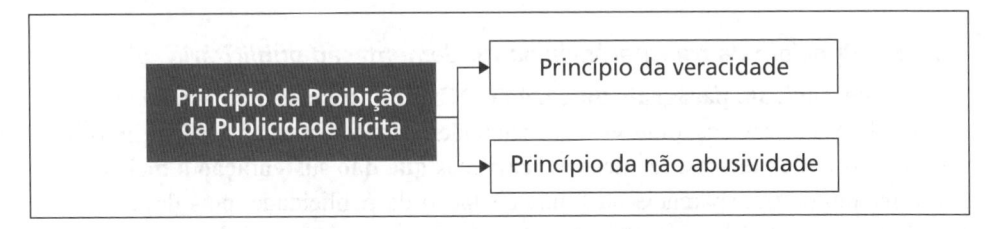

Princípio da Proibição da Publicidade Ilícita → Princípio da veracidade / Princípio da não abusividade

Além da publicidade proibida, Bruno Miragem[122] lembra ainda da publicidade restrita nos termos do art. 220, § 4.º, da Constituição Federal, que prevê: "A propaganda comercial de tabaco, bebidas alcoólicas, agrotóxicos, medicamentos e terapias estará sujeita a restrições legais, nos termos do inciso II do parágrafo anterior, e conterá, sempre que necessário, advertência sobre os malefícios decorrentes de seu uso". A lei que regulamenta o aludido dispositivo constitucional é a Lei n. 9.294/96.[123]

4.4.1.4. Princípio da inversão obrigatória do ônus da prova

No tocante à publicidade, determina o **art. 38 do CDC** uma modalidade de **inversão obrigatória**, *ope legis*, do ônus probante, ao estabelecer, *in verbis*: "O **ônus da prova da veracidade e correção** da informação ou comunicação publicitária **cabe a quem as patrocina**".

Com efeito, o ônus de provar que a publicidade não é enganosa nem abusiva será do fornecedor, sendo tal inversão decorrente da lei e, portanto, independentemente do reconhecimento de qualquer requisito pelo magistrado, como ocorre com a inversão do

---

[122] MIRAGEM, Bruno. *Curso de direito do consumidor*, p. 182.
[123] As definições e repercussões apontadas pela doutrina e jurisprudência a respeito da publicidade enganosa e da publicidade abusiva, além das peças publicitárias sobre bebidas alcoólicas, serão estudadas em capítulo específico.

art. 6.º, inciso VIII, do CDC — inversão *ope judicis* —, cujo deferimento dar-se-á ante a presença da verossimilhança das alegações do consumidor ou caso seja ele o hipossuficiente da relação, conforme estudado no subitem 4.3.9 deste livro.

A **inversão obrigatória** do ônus da prova é **corolário dos princípios da veracidade e da não abusividade da publicidade**, pois, se ao fornecedor incumbe veicular mensagens que não sejam capazes de induzir o consumidor em erro, bem como que não sejam violadoras de valores da coletividade, caberá também a ele — fornecedor — comprovar a veracidade e a correção de sua peça publicitária.

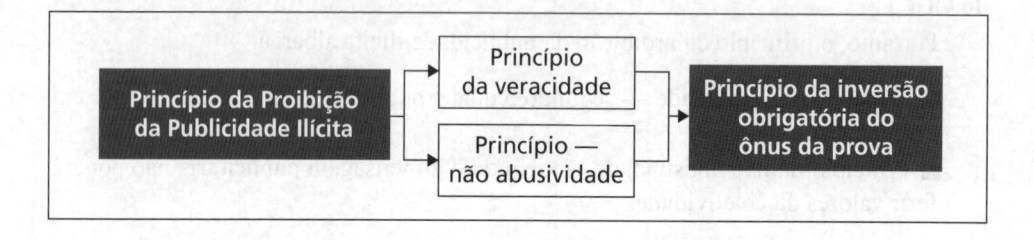

```
                              Princípio
                              da veracidade
Princípio da Proibição                              Princípio da inversão
da Publicidade Ilícita                              obrigatória do
                              Princípio —           ônus da prova
                              não abusividade
```

4.4.1.5. Princípio da transparência na fundamentação publicitária

Dispõe o **art. 36, parágrafo único, do CDC** que o "**fornecedor**, na publicidade de seus produtos ou serviços, **manterá**, em seu poder, para informação dos legítimos interessados, **os dados fáticos, técnicos e científicos que dão sustentação à mensagem**". É o princípio da transparência na fundamentação da publicidade, pois deverá tornar acessíveis aos interessados os dados que fundamentam a mensagem.[124]

Muito se discute se esse dever se limitaria ao fornecedor ou também seria estendido à agência de publicidade e aos veículos de comunicação veiculadores da mensagem. José Geraldo Brito Filomeno entende que se cuida "de princípio eminentemente ético, e

---

[124] Sobre o princípio da transparência, já se posicionou o STJ: "5. Por expressa disposição legal, só respeitam o princípio da transparência e da boa-fé objetiva, em sua plenitude, as informações que sejam 'corretas, claras, precisas, ostensivas' e que indiquem, nessas mesmas condições, as 'características, qualidades, quantidade, composição, preço, garantia, prazos de validade e origem, entre outros dados' do produto ou serviço, objeto da relação jurídica de consumo (art. 31 do CDC, grifo acrescentado). 6. Exigidas literalmente pelo art. 31 do CDC, informações sobre preço, condições de pagamento e crédito são das mais relevantes e decisivas na opção de compra do consumidor e, por óbvio, afetam diretamente a integridade e a retidão da relação jurídica de consumo. Logo, em tese, o tipo de fonte e localização de restrições, condicionantes e exceções a esses dados devem observar o mesmo tamanho e padrão de letra, inserção espacial e destaque, sob pena de violação do dever de ostensividade. 7. Rodapé ou lateral de página não são locais adequados para alertar o consumidor, e, tais quais letras diminutas, são incompatíveis com os princípios da transparência e da boa-fé objetiva, tanto mais se a advertência disser respeito à informação central na peça publicitária e a que se deu realce no corpo principal do anúncio, expediente astucioso que caracterizará publicidade enganosa por omissão, nos termos do art. 37, §§ 1.º e 3.º, do CDC, por subtração sagaz, mas nem por isso menos danosa e condenável, de dado essencial do produto ou serviço. (...)" (AgRg no AgRg no REsp 1.261.824/SP, Rel. Ministro Herman Benjamin, 2.ª T., *DJe* 9.5.2013).

tem por base o dever que é imposto tanto aos anunciantes, como aos seus agentes publicitários e veículos, que, ao transmitirem alguma característica especial sobre determinado produto ou serviço, e caso haja dúvidas a respeito, que a justifiquem cientificamente".[125]

No entanto, o Superior Tribunal de Justiça, quando invocado a apreciar eventual responsabilidade dos veículos de comunicação no tocante às publicidades enganosa ou abusiva, vem posicionando-se no sentido de não reconhecer a responsabilização: "**A responsabilidade pela qualidade do produto ou serviço anunciado ao consumidor é do fornecedor respectivo, assim conceituado nos termos do art. 3.º da Lei n. 8.078/90, não se estendendo à empresa de comunicação que veicula a propaganda por meio de apresentador durante programa de televisão, denominada 'publicidade de palco'**" (REsp 1.157.228/RS, Rel. Ministro Aldir Passarinho Junior, 4.ª T., *DJe* 27.4.2011).

De qualquer forma, dúvida não há de que **o princípio da transparência na fundamentação da publicidade é decorrência do princípio da inversão obrigatória do ônus da prova**, na medida em que, se ao patrocinador da mensagem cabe o ônus de demonstrar a sua veracidade e a sua correção, deverá fazê-lo por meio dos dados fáticos, técnicos e científicos que dão sustentação à peça publicitária. Assim, demonstraremos pelo esquema abaixo a total conexão entre o princípio ora analisado e os dois antecessores:

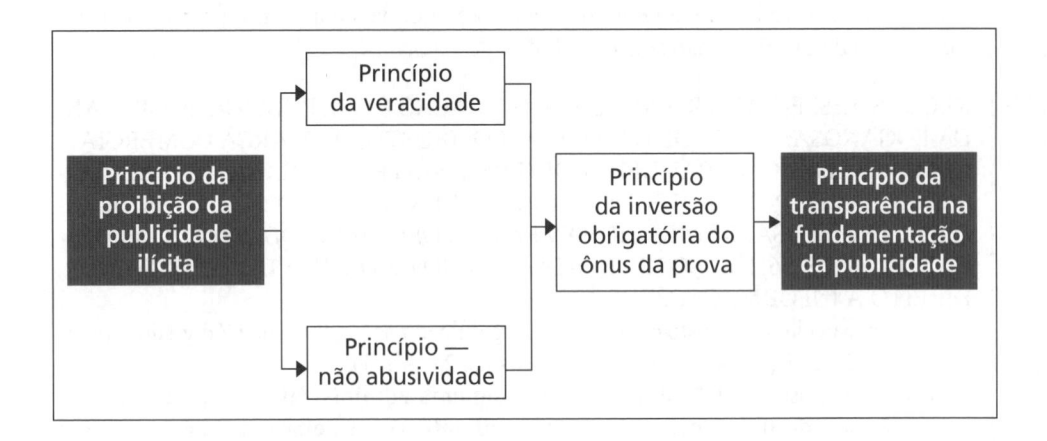

```
                            ┌─────────────────┐
                            │   Princípio     │
                         ┌─▶│ da veracidade   │──┐
                         │  └─────────────────┘  │
┌──────────────────┐     │                       │  ┌──────────────────┐  ┌──────────────────┐
│  Princípio da    │     │                       │  │   Princípio      │  │  Princípio da    │
│  proibição da    │─────┤                       ├─▶│  da inversão     │─▶│ transparência na │
│   publicidade    │     │                       │  │  obrigatória do  │  │  fundamentação   │
│     ilícita      │     │                       │  │   ônus da prova  │  │  da publicidade  │
└──────────────────┘     │                       │  └──────────────────┘  └──────────────────┘
                         │  ┌─────────────────┐  │
                         │  │  Princípio —    │  │
                         └─▶│ não abusividade │──┘
                            └─────────────────┘
```

4.4.1.6. *Princípio do dever da contrapropaganda*

Determina o **art. 60**, *caput*, do Diploma Consumerista que a **imposição de contrapropaganda** será cominada quando o **fornecedor incorrer na prática de publicidade enganosa ou abusiva**, sempre às expensas do infrator. Veiculada uma publicidade ilícita, qualquer que seja a sua natureza, o mercado de consumo é acometido imediatamente de danos muitas vezes irreparáveis.

---

[125] FILOMENO, José Geraldo Brito. *Manual de direitos do consumidor*, p. 204.

Desta forma, para tentar minimizar tais prejuízos, poderá ser imposto em face do fornecedor o dever da contrapropaganda, que possui natureza de **obrigação de fazer**, isto é, de **veicular uma nova mensagem publicitária**, só que, desta vez, **escoimada dos vícios** da enganosidade ou da abusividade.

Prevê ainda o CDC que **a contrapropaganda**, para atingir a eficácia pretendida, **deverá ser veiculada nas mesmas proporções** da mensagem viciada, como a única forma de desfazer ou, ao menos, minimizar os malefícios da publicidade enganosa ou abusiva. Nesse sentido, estabelece o art. 60, § 1.º, do CDC que a contrapropaganda será divulgada:

- da mesma forma, frequência e dimensão; e
- preferencialmente no mesmo veículo, local, espaço e horário.

De fato, se a **publicidade enganosa ou abusiva** foi veiculada **no intervalo** de um **jornal** televisivo de âmbito **nacional** com duração de cinco minutos, a respectiva **contrapropaganda** para atingir os efeitos desejados **não poderá ser divulgada altas horas** da madrugada com tempo de trinta segundos, pois não foi da mesma forma, nem dimensão, ainda que possa ter ocorrido no mesmo veículo de comunicação.

É o que frequentemente ocorre com as erratas inseridas na mídia impressa num espaço bem pequenino, no canto de uma folha qualquer do jornal.

Entendimento interessante do STJ sobre o tema, envolveu j. em que a Corte Superior ser possível o redirecionamento da condenação de veicular contrapropaganda imposta a posto de gasolina matriz à sua filial:

> RECURSO ESPECIAL. PROCESSUAL CIVIL. AÇÃO CIVIL PÚBLICA. PROPAGANDA ENGANOSA. POSTO DE GASOLINA. COMBUSTÍVEL. MARCA COMERCIAL. COMERCIALIZAÇÃO. BANDEIRA DIVERSA. MATRIZ E FILIAL. ESTABELECIMENTOS. AUTONOMIA JURÍDICA. INOCORRÊNCIA. CONDENAÇÃO. PUBLICIDADE ENGANOSA. REDIRECIONAMENTO. POSSIBILIDADE. CONTRAPROPAGANDA. ARTS. 56, INCISO XII, E 60 DO CÓDIGO DE DEFESA DO CONSUMIDOR. DIREITO À INFORMAÇÃO.
> 1. Recurso especial interposto contra acórdão publicado na vigência do Código de Processo Civil de 2015 (Enunciados Administrativos ns. 2 e 3/STJ).
> 2. **Ainda que possuam CNPJ diversos e autonomia administrativa e operacional, as filiais são um desdobramento da matriz por integrar a pessoa jurídica como um todo.**
> 3. Eventual decisão contrária à matriz por atos prejudiciais a consumidores é extensível às filiais.
> 4. **A contrapropaganda visa evitar a nocividade da prática comercial de propaganda enganosa ou abusiva.**
> 5. A existência de dívida ilíquida excepciona o princípio da universalidade do juízo recuperacional.
> 6. Recurso especial não provido (REsp 1.655.796/MT, Rel. Ministro Ricardo Villas Bôas Cueva, 3.ª T., j. 11.2.2020, *DJe* 20.2.2020).

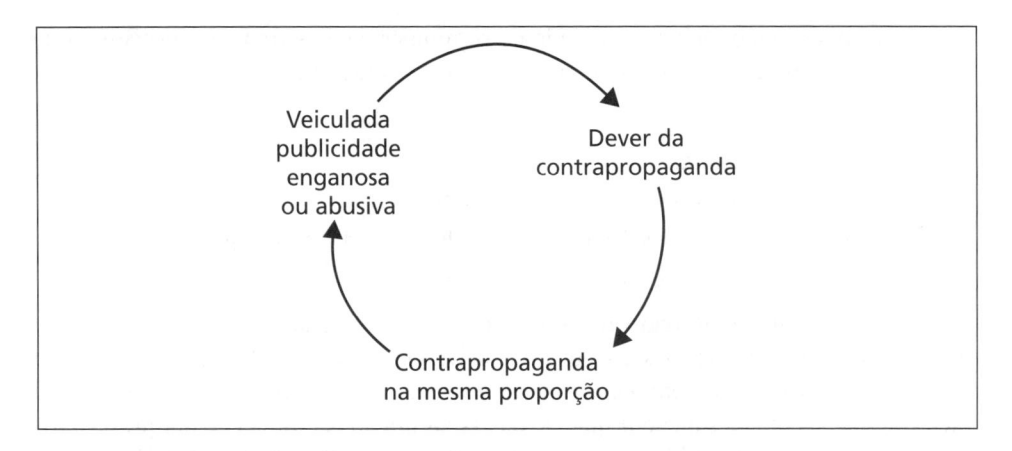

```
        Veiculada              Dever da
       publicidade           contrapropaganda
        enganosa
        ou abusiva

           Contrapropaganda
           na mesma proporção
```

4.4.2. Princípios específicos dos contratos de consumo

Os contratos de consumo também possuem seus princípios específicos e norteadores de toda a relação envolvendo contratação no correspondente mercado. Sobre o tema, analisaremos a seguir esses princípios.

4.4.2.1. Princípio do rompimento com a tradição privatista do Código Civil

Conforme estudado no Capítulo inaugural deste livro, com o surgimento da sociedade de consumo, marcada pela produção em série, constatou-se que o **Código Civil da época não era um Diploma compatível com a tutela desse novo modelo de relação jurídica, a de consumo**.

Tal assertiva tem amparo basicamente no fato de o Direito Civil clássico regulamentar situações individualizadas e a então novel relação de consumo ser marcada justamente pelo fim desta bilateralidade nas relações entre fornecedor e consumidor. A unilateralidade na produção e contratação passou a ser a marca registrada nas relações de consumo, ou seja, apenas uma das partes passaria a ditar as regras do "jogo".

Em suma, os produtos e serviços passaram a ser produzidos e prestados a um número indeterminado de destinatários, e as relações contratuais também deveriam ser regulamentadas por uma nova disciplina jurídica, condizente com sua nova realidade.

Nos dizeres de Sergio Cavalieri Filho, "o ponto de vista atual do contrato é social. A sua principal função é criar uma cooperação social saudável. A sociedade atual luta por liberdade com igualdade (substancial), ou seja, por solidariedade, por justiça social. Estamos deixando a era dos 'direitos declarados', para ingressarmos na dos 'direitos concretizados'. Nesse contexto, as pedras angulares do novo Direito contratual são a equidade e a boa-fé. Daí, o recrudescimento e a valorização do aspecto sinalagmático da relação jurídica. Não mais se conforma a sociedade com a igualdade formal dos contratantes, pura e simplesmente. Ao contrário, deseja muito mais do que isso; pretende o reequilíbrio, o balanceamento total da relação, inclusive e principalmente no que respeita aos seus aspectos éticos".[126]

---

[126] CAVALIERI FILHO, Sergio. *Programa de direito do consumidor*, p. 116.

Conclui-se, então, pela necessidade de se romper com as tradições privatistas do Direito Civil clássico, bem como com os institutos caracterizadores daquele modelo, tais como:

■ *Pacta sunt servanda.*
■ Oferta como mero convite e não vinculativa.
■ Cláusulas contratuais elaboradas por ambas as partes em igualdade de condições.

Quando o tema é **contrato de consumo**, impossível falar em obrigatoriedade do que foi pactuado, pois se existe cláusula abusiva esta será nula de pleno direito, **não cabendo a invocação da** *pacta sunt servanda* nem de que as partes estavam no gozo pleno de suas faculdades mentais quando da assinatura do contrato. Isto porque o **Código de Defesa do Consumidor traz** em seu conteúdo **normas de ordem pública e de interesse social** que não poderão ser derrogadas pela vontade das partes.

Ademais, analisaremos no momento oportuno que a oferta no CDC é diferente da proposta do Direito Civil clássico, bem como do próprio Código Civil de 2002. **No Diploma Consumerista, a oferta vincula** o fornecedor que a fizer veicular, além daqueles que dela se beneficiarem. Já **a proposta do Direito Civil** — clássico e contemporâneo — consiste num mero convite à oferta, **passível**, inclusive, **de ser revogada** em algumas circunstâncias.

Conforme visto na análise do princípio da vinculação da publicidade — subitem 4.4.1.2 *supracitado* —, **ofertou, vinculou**, isto é, nos termos do art. 30 da Lei n. 8.078/90, veiculada a oferta, o fornecedor estará obrigado a cumprir o prometido.

Um último exemplo de diferença entre a tradição privatista e a **relação de consumo** é que, nesta, **os contratos são elaborados** por apenas um dos sujeitos da relação jurídica de consumo, **pelo fornecedor**.

Aquele contexto "romântico" de as partes sentarem-se à mesa de um bar para de comum acordo convencionar as cláusulas de eventual contrato de prestação de serviços, por exemplo, inexiste nas relações de consumo.

Aqui, a unilateralidade é característica marcante nos **contratos**, que são, em sua maioria, **de adesão**, em que uma das partes elabora todas as cláusulas, cabendo à outra aderir ou não ao que foi previamente formulado, e em que a participação do consumidor mais se aproxima do preenchimento de um formulário do que de um instrumento contratual clássico. Daí a denominação **contrato-formulário**.

Em resumo, nos ensinamentos de Rizzatto Nunes, a "Lei n. 8.078 rompe de vez com o princípio do *pacta sunt servanda*. Ao reconhecer que em matéria de relação de consumo vige a regra da oferta que vincula e os contratos são elaborados unilateralmente (contratos de adesão) ou nem sequer são apresentados (verbais, comportamento socialmente típico, cláusulas gerais), estabelece que não vige a regra milenar representada no brocardo latino".[127]

---

[127] NUNES, Luiz Antonio Rizzatto. *Curso de direito do consumidor*, p. 600-601.

4.4.2.2. Princípio da preservação (explícita) dos contratos de consumo

Determina o **art. 51, § 2.º**, do CDC que a "**nulidade de uma cláusula contratual abusiva não invalida o contrato**, exceto quando de sua ausência, apesar dos esforços de integração, decorrer ônus excessivo a qualquer das partes". Demonstra o Código do Consumidor a intenção explícita de preservar o contrato ainda que seja necessário o reconhecimento da nulidade de uma cláusula abusiva.

De fato, o disposto no art. 51, § 2.º, do CDC traz o princípio da preservação dos contratos de consumo de forma mais explicitada quando cotejado com o previsto no art. 6.º, inciso V, do mesmo Diploma, conforme analisado neste livro no subitem "4.3.6. Direito à modificação e revisão como formas de preservação (implícita) do contrato de consumo".

Desta forma, comungamos com o entendimento de Rizzatto Nunes, para quem o "princípio do inciso V do art. 6.º volta como norma de declaração de nulidade da cláusula desproporcional no art. 51 (inciso IV e § 1.º), mas a nulidade não significa que o contrato será extinto. Como o inciso V garante a modificação, pelo princípio da conservação do contrato, o magistrado que reconhecer a nulidade deve fazer a integração das demais cláusulas e do sentido estabelecido no contrato, em função de seu objeto, no esforço de mantê-lo em vigor. Como dissemos, **o princípio da conservação, que é implícito no princípio do inciso V do art. 6.º está explicitado no § 2.º do art. 51**".[128]

4.4.2.3. Princípio da transparência contratual

A disciplina referente ao princípio da transparência contratual consta do teor do **art. 46** da Lei n. 8.078/90, segundo o qual os "contratos que regulam as relações de consumo não obrigarão os consumidores, se não lhes for dada a **oportunidade de tomar conhecimento prévio de seu conteúdo**, ou se os respectivos instrumentos forem redigidos de modo a dificultar a compreensão de seu sentido e alcance".

Com efeito, **não basta** dar a oportunidade ao consumidor de ter **acesso formal** ao contrato. O princípio em comento exige a **necessidade do acesso material, efetivo e real do objeto contratual**, isto é, que o contrato deve ser redigido de tal forma que o consumidor ao lê-lo será capaz de compreender o seu conteúdo.

Assim, para que o vulnerável da relação de consumo possa ser obrigado a cumprir com a sua parte nos termos pactuados, imprescindível que o contrato tenha sido redigido de modo a facilitar o entendimento do seu sentido e alcance.

O excesso de expressões técnicas no bojo do contrato sem a correspondente explicação torna bem evidente uma das modalidades de vulnerabilidade do consumidor, qual seja: a jurídica/científica.

Sobre o tema, importante trazer à colação recente decisão do Superior Tribunal de Justiça que considerou **abusiva a prática comercial consistente no cancelamento unilateral e automático de um dos trechos da passagem aérea, sob a justificativa de não ter o passageiro se apresentado para embarque no voo antecedente:**

---

[128] NUNES, Luiz Antonio Rizzatto. *Curso de direito do consumidor*, p. 602.

RECURSO ESPECIAL. VIOLAÇÃO AO ART. 535 DO CPC/73. CONTRATO DE TRANSPORTE AÉREO DE PESSOAS. TRECHOS DE IDA E VOLTA ADQUIRIDOS CONJUNTAMENTE. NÃO COMPARECIMENTO DO PASSAGEIRO PARA O TRECHO DE IDA (*NO SHOW*). CANCELAMENTO DA VIAGEM DE VOLTA. CONDUTA ABUSIVA DA TRANSPORTADORA. FALTA DE RAZOABILIDADE. OFENSA AO DIREITO DE INFORMAÇÃO. VENDA CASADA CONFIGURADA. INDENIZAÇÃO POR DANOS MORAIS DEVIDA. 1. Não há falar em ofensa ao art. 535 do CPC/73, se a matéria em exame foi devidamente enfrentada pelo Tribunal de origem, que emitiu pronunciamento de forma fundamentada, ainda que em sentido contrário à pretensão da parte recorrente. 2. **É abusiva a prática comercial consistente no cancelamento unilateral e automático de um dos trechos da passagem aérea, sob a justificativa de não ter o passageiro se apresentado para embarque no voo antecedente, por afrontar direitos básicos do consumidor, tais como a vedação ao enriquecimento ilícito, a falta de razoabilidade nas sanções impostas e, ainda, a deficiência na informação sobre os produtos e serviços prestados.** 3. Configura-se o enriquecimento ilícito, no caso, no momento em que o consumidor, ainda que em contratação única e utilizando-se de tarifa promocional, adquire o serviço de transporte materializado em dois bilhetes de embarque autônomos e vê-se impedido de fruir um dos serviços que contratou, o voo de volta. 4. O cancelamento da passagem de volta pela empresa aérea significa a frustração da utilização de um serviço pelo qual o consumidor pagou, caracterizando, claramente, o cumprimento adequado do contrato por uma das partes e o inadimplemento desmotivado pela outra, não bastasse o surgimento de novo dispêndio financeiro ao consumidor, dada a necessidade de retornar a seu local de origem. 5. **A ausência de qualquer destaque ou visibilidade, em contrato de adesão, sobre as cláusulas restritivas dos direitos do consumidor, configura afronta ao princípio da transparência (CDC, art. 4.º, *caput*) e, na medida em que a ampla informação acerca das regras restritivas e sancionatórias impostas ao consumidor é desconsiderada, a cláusula que prevê o cancelamento antecipado do trecho ainda não utilizado se reveste de caráter abusivo e nulidade, com fundamento no art. 51, inciso XV, do CDC.** 6. Constando-se o condicionamento, para a utilização do serviço, o pressuposto criado para atender apenas o interesse da fornecedora, no caso, o embarque no trecho de ida, caracteriza-se a indesejável prática de venda casada. A abusividade reside no condicionamento de manter a reserva do voo de volta ao embarque do passageiro no voo de ida. 7. Ainda que o valor estabelecido no preço da passagem tenha sido efetivamente promocional, a empresa aérea não pode, sob tal fundamento, impor a obrigação de utilização integral do trecho de ida para validar o de volta, pelo simples motivo de que o consumidor paga para ir e para voltar, e, porque pagou por isso, tem o direito de se valer do todo ou de apenas parte do contrato, sem que isso, por si só, possa autorizar o seu cancelamento unilateral pela empresa aérea. 8. Ademais, a falta de razoabilidade da prática questionada se verifica na sucessão de penalidades para uma mesma falta cometida pelo consumidor. É que o não comparecimento para embarque no primeiro voo acarreta outras penalidades, que não apenas o abusivo cancelamento do voo subsequente. 9. O equacionamento dos custos e riscos da fornecedora do serviço de transporte aéreo não legitima a falta de razoabilidade das prestações, tendo em vista a desigualdade evidente que existe entre as partes desse contrato, anotando-se a existência de diferença considerável entre o saneamento da empresa e o lucro excessivo, mais uma vez, às custas do consumidor vulnerável. 10. Constatado o ilícito, é devida a indenização por dano moral, arbitrado a partir das manifestações sobre a questão pela instância de origem.

11. Recurso especial a que se nega provimento (REsp 1.595.731/RO, Rel. Ministro Luis Felipe Salomão, 4.ª T., j. 14.11.2017, DJe 1.º.2.2018).

No mesmo sentido foi a decisão do STJ que considerou abusiva a conduta do plano de saúde que descredenciou clínica conveniada sem a comunicação prévia do consumidor:

RECURSO ESPECIAL. CIVIL. **PLANO DE SAÚDE. DESCREDENCIAMENTO DE CLÍNICA MÉDICA. COMUNICAÇÃO PRÉVIA AO CONSUMIDOR. AUSÊNCIA. VIOLAÇÃO DO DEVER DE INFORMAÇÃO. RESPONSABILIDADE SOLIDÁRIA. PREJUÍZO AO USUÁRIO. SUSPENSÃO DE TRATAMENTO QUIMIOTERÁPICO.**
1. Recurso especial interposto contra acórdão publicado na vigência do Código de Processo Civil de 1973 (Enunciados Administrativos ns. 2 e 3/STJ).
2. Cinge-se a controvérsia a saber se a obrigação das operadoras de plano de saúde de comunicar aos seus beneficiários o descredenciamento de entidades hospitalares também envolve as clínicas médicas, ainda que a iniciativa pela rescisão do contrato tenha partido da própria clínica.
3. Os planos e seguros privados de assistência à saúde são regidos pela Lei n. 9.656/98. Não obstante isso, incidem as regras do Código de Defesa do Consumidor (Súmula n. 608), pois as operadoras da área que prestam serviços remunerados à população enquadram-se no conceito de fornecedor, existindo, pois, relação de consumo.
4. **Os instrumentos normativos (CDC e Lei n. 9.656/98) incidem conjuntamente, sobretudo porque esses contratos, de longa duração, lidam com bens sensíveis, como a manutenção da vida. São essenciais, assim, tanto na formação quanto na execução da avença, a boa-fé entre as partes e o cumprimento dos deveres de informação, de cooperação e de lealdade (arts. 6.º, III, e 46 do CDC).**
5. **O legislador, atento às inter-relações que existem entre as fontes do direito, incluiu, dentre os dispositivos da Lei de Planos de Saúde, norma específica acerca do dever da operadora de informar o consumidor quanto ao descredenciamento de entidades hospitalares (art. 17, § 1.º, da Lei n. 9.656/98).**
6. O termo entidade hospitalar inscrito no art. 17, § 1.º, da Lei n. 9.656/98, à luz dos princípios consumeristas, deve ser entendido como gênero, a englobar também clínicas médicas, laboratórios, médicos e demais serviços conveniados. O usuário de plano de saúde tem o direito de ser informado acerca da modificação da rede conveniada (rol de credenciados), pois somente com a transparência poderá buscar o atendimento e o tratamento que melhor lhe satisfaz, segundo as possibilidades oferecidas. Precedente.
7. É facultada à operadora de plano de saúde substituir qualquer entidade hospitalar cujos serviços e produtos foram contratados, referenciados ou credenciados desde que o faça por outro equivalente e **comunique, com 30 (trinta) dias de antecedência, aos consumidores e à Agência Nacional de Saúde Suplementar (ANS)**, ainda que o descredenciamento tenha partido da clínica médica (art. 17, § 1.º, da Lei n. 9.656/98).
8. Recurso especial não provido (REsp 1561445/SP, Rel. Ministro Ricardo Villas Bôas Cueva, 3.ª T., j. 13.8.2019, DJe 16.8.2019).

4.4.2.4. Princípio da interpretação mais favorável ao consumidor

Segundo dispõe o Diploma Consumerista, **as "cláusulas contratuais serão interpretadas de maneira mais favorável ao consumidor" (art. 47).**

Sobre o tema, cumpre destacar que o Código Civil possui disposição semelhante no art. 423, *in verbis*: "Quando houver no contrato de adesão cláusulas ambíguas ou contraditórias, dever-se-á adotar a interpretação mais favorável ao aderente". Apesar da semelhança, os dispositivos legais não se confundem. Vejamos:

INTERPRETAÇÃO MAIS FAVORÁVEL NO CC	INTERPRETAÇÃO MAIS FAVORÁVEL NO CDC
▫ Contrato de adesão	▫ Qualquer contrato de consumo
▫ Depende de cláusulas ambíguas ou contraditórias	▫ Independe de cláusulas ambíguas ou contraditórias

Sobre o tema, destaca-se que o STJ vem determinando o cumprimento do aludido princípio, em especial quando se tratar de contrato de adesão, conforme julgado ora colacionado:

RECURSO ESPECIAL. DIREITO DO CONSUMIDOR. SEGURO DE SAÚDE. ALEGAÇÃO DE VIOLAÇÃO DE DISPOSITIVOS CONSTITUCIONAIS. INVIABILIDADE. INCLUSÃO DE DEPENDENTE. INAPLICABILIDADE DO § 5.º DO ART. 35 DA LEI 9.656/98. OPORTUNIDADE DE ADAPTAÇÃO AO NOVO SISTEMA. NÃO CONCESSÃO. CLÁUSULA CONTRATUAL. POSSIBILIDADE DE INCLUSÃO DE QUALQUER PESSOA COMO DEPENDENTE. EXCLUSÃO DE COBERTURA DE LESÕES DECORRENTES DE MÁ-FORMAÇÃO CONGÊNITA. EXCEÇÃO. FILHO DE SEGURADA NASCIDO NA VIGÊNCIA DO SEGURO. INTERPRETAÇÃO MAIS FAVORÁVEL AO CONSUMIDOR ADERENTE. ABUSIVIDADE DA NEGATIVA DE COBERTURA DE SITUAÇÃO DE URGÊNCIA. 1. A análise de suposta violação de dispositivo constitucional é vedada nesta instância especial, sob pena de usurpação da competência atribuída ao Supremo Tribunal Federal. 2. Inaplicabilidade da regra do § 5.º do art. 35 da Lei n. 9.656/98 quando ao consumidor não foi dada a oportunidade de optar pela adaptação de seu contrato de seguro de saúde ao novo sistema. 3. Afastada a restrição legal à inclusão de dependentes, permanece em plena vigência a cláusula contratual que prevê a possibilidade de inclusão de qualquer pessoa como dependente em seguro de saúde. 4. Obrigação contratual da seguradora de oferecer cobertura às lesões decorrentes de má-formação congênita aos filhos das seguradas nascidos na vigência do contrato. **5. Cláusulas contratuais devem ser interpretadas de maneira mais favorável ao consumidor, mormente quando se trata de contrato de adesão. Inteligência do art. 47 do CDC.** 6. Cobertura que não poderia, de qualquer forma, ser negada pela seguradora, por se tratar de situação de urgência, essencial à manutenção da vida do segurado, sob pena de se configurar abusividade contratual. 7. RECURSO ESPECIAL PROVIDO (REsp 1.133.338/SP, Rel. Ministro Paulo de Tarso Sanseverino, 3.ª T., *DJe* 9.4.2013).

4.4.2.5. Princípio da vinculação pré-contratual

Determina o **art. 48 do CDC** que as "declarações de vontade constantes de **escritos particulares, recibos e pré-contratos** relativos às relações de consumo **vinculam o fornecedor**, ensejando inclusive execução específica, nos termos do art. 84 e parágrafos". Desta forma, na Lei n. 8.078/90, não somente a oferta ou a publicidade são vinculantes. Também o serão:

▪ os escritos particulares;

- os recibos;
- os pré-contratos.

Clássico **exemplo de pré-contrato** capaz de gerar vinculação da obrigação é o **compromisso de compra e venda** e o correspondente direito à adjudicação compulsória, quando comprovada a quitação do pactuado por parte do adquirente, ainda que o instrumento não tenha sido levado a registro.

O tema é objeto, inclusive, da Súmula 239 do STJ: "O direito à adjudicação compulsória não se condiciona ao registro do compromisso de compra e venda no cartório de imóveis".

Ainda sobre a promessa de compra e venda, o STJ consolidou entendimento no julgamento do REsp 1.300.418 pelo regime de recurso repetitivo que: "1. Para efeitos do art. 543-C do CPC: em contratos submetidos ao Código de Defesa do Consumidor, é **abusiva a cláusula** contratual **que determina a restituição dos valores devidos somente ao término da obra ou de forma parcelada**, na hipótese de resolução de **contrato de promessa de compra e venda de imóvel**, por culpa de quaisquer contratantes. Em tais avenças, deve ocorrer a imediata restituição das parcelas pagas pelo promitente-comprador — integralmente, em caso de culpa exclusiva do promitente vendedor/construtor, ou parcialmente, caso tenha sido o comprador quem deu causa ao desfazimento" (*DJe* 10.12.2013).

Nesse sentido, foi editada a Súmula 543 do STJ, com o seguinte teor: **"Na hipótese de resolução de contrato de promessa de compra e venda de imóvel submetido ao Código de Defesa do Consumidor, deve ocorrer a imediata restituição das parcelas pagas pelo promitente-comprador — integralmente, em caso de culpa exclusiva do promitente vendedor/construtor, ou parcialmente, caso tenha sido o comprador quem deu causa ao desfazimento"** (*DJe* 31.8.2015).

4.5. PRINCÍPIOS COMPLEMENTARES AO CÓDIGO DE DEFESA DO CONSUMIDOR

Os princípios norteadores das relações de consumo não se resumem àqueles expressos no Código de Defesa do Consumidor e acima estudados. Outros, inclusive de âmbito constitucional, também incidirão na relação entre consumidor e fornecedor, sendo o objetivo deste item abordar as disposições mais relevantes e afetas à disciplina do Direito do Consumidor.

Desta forma, compartilhamos com o entendimento de Rizzatto Nunes, pois no "que respeita às normas constitucionais que tratam da questão dos direitos e garantias do consumidor, elas são várias, algumas explícitas, outras implícitas. A rigor, **como a figura do consumidor, em larga medida, equipara-se à do cidadão, todos os princípios e normas constitucionais de salvaguarda dos direitos do cidadão são também, simultaneamente, extensivos ao consumidor** pessoa física. Dessarte, por exemplo, os princípios fundamentais instituídos no art. 5.º da Constituição Federal são, no que forem compatíveis com a figura do consumidor na relação de consumo, aplicáveis como comando normativo constitucional".[129]

Esquematizando todo o sistema de proteção do consumidor, iremos nos deparar com o seguinte diagrama:

---

[129] NUNES, Luiz Antonio Rizzatto. *Curso de direito do consumidor*, p. 12.

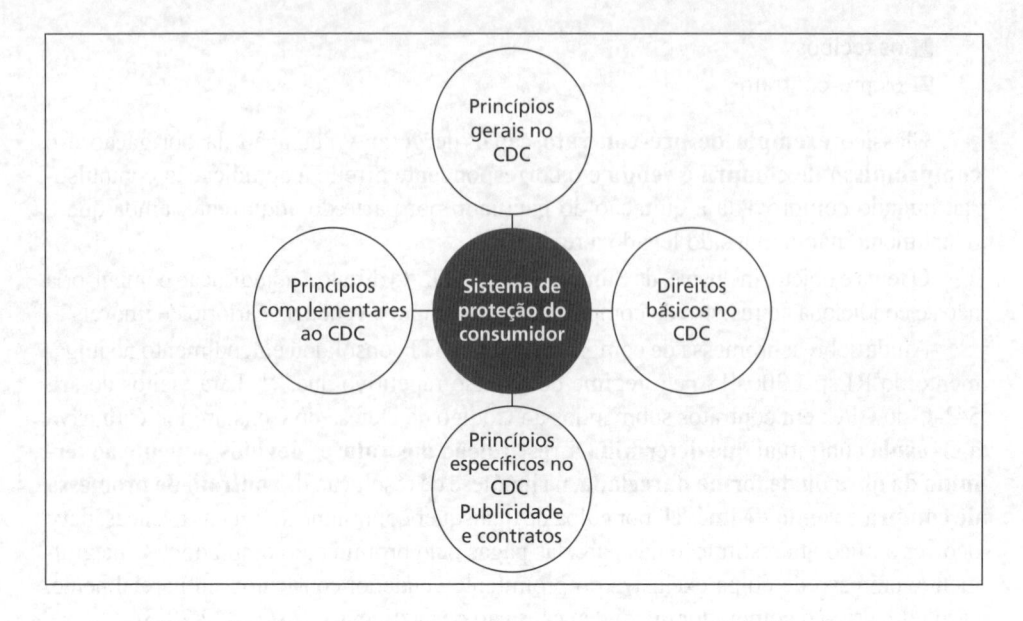

```
              ┌─────────┐
              │Princípios│
              │gerais no│
              │   CDC   │
              └─────────┘
┌──────────┐  ┌─────────┐  ┌─────────┐
│Princípios│  │Sistema de│  │ Direitos│
│complemen-│──│proteção do│──│básicos no│
│tares     │  │consumidor│  │   CDC   │
│ao CDC    │  │          │  │         │
└──────────┘  └─────────┘  └─────────┘
              ┌─────────┐
              │Princípios│
              │específicos no│
              │   CDC   │
              │Publicidade│
              │e contratos│
              └─────────┘
```

4.5.1. Princípio da dignidade da pessoa humana

A **dignidade da pessoa humana**, que para muitos autores se confundiria com a própria definição de direitos humanos fundamentais,[130] também representa **importante princípio norteador das relações de consumo**.

Para Rizzatto Nunes, a "dignidade da pessoa humana — e do consumidor — é garantia fundamental que ilumina todos os demais princípios e normas e que, então, a ela devem respeito, dentro do sistema constitucional soberano brasileiro. A dignidade garantida no *caput* do art. 4.º da Lei n. 8.078/90 está, assim, ligada diretamente àquela maior, estampada no texto constitucional".[131]

Talvez a **questão mais relevante** envolvendo o tema dignidade da pessoa humana e consumidor refira-se à utilização do aludido princípio constitucional para **fundamentar a tese da corrente contrária à interrupção do serviço público** em razão do inadimplemento do usuário, conforme visto no Capítulo 3 deste livro.

4.5.2. Princípios do contraditório e da ampla defesa

Os princípios de origem constitucional do contraditório e da ampla defesa **são aplicáveis aos procedimentos administrativos**, nos termos do art. 5.º, inciso LV, da Constituição

---

[130] Sobre o tema, concordamos com André Ramos Tavares, que nos ensina: "Embora inúmeros direitos fundamentais encontrem-se preenchidos, em diversos graus, pelo respeito à dignidade humana como o direito à vida, à liberdade, a um salário capaz de atender às necessidades vitais básicas, e outros, não seria admissível utilizar-se unicamente do método lógico-indutivo para afirmar, intransigentemente, que todo e qualquer direito fundamental ou princípio possui em sua essência uma lasca da dignidade da pessoa humana. Não se pode transformar o princípio em referência em um axioma jurídico, em uma verdade universal, incontestável e absoluta: em outras palavras, em um mito" (TAVARES, André Ramos. *Curso de direito constitucional*, p. 588).

[131] NUNES, Luiz Antonio Rizzatto. *Curso de direito do consumidor*, p. 127.

Federal: "aos litigantes, em processo judicial ou administrativo, e aos acusados em geral são assegurados o contraditório e ampla defesa, com os meios e recursos a ela inerentes".

Trata-se de disposições igualmente **relevantes nas relações de consumo**, em especial quando da **imposição de sanções administrativas** que pressupõem a instauração de processo no âmbito da administração e a consequente efetividade de uma defesa ampla. Analisaremos no último Capítulo deste livro que a ausência da oportunidade ao contraditório e à ampla defesa tem gerado a nulidade de diversas sanções administrativas impostas pelo PROCON, por meio de determinação Judicial.

4.5.3. Princípio da segurança jurídica na modalidade confiança legítima

O **princípio da segurança jurídica**, bastante trabalhado no Direito Administrativo, que busca certeza e estabilidade às relações sociais, possui uma **conotação subjetiva** quando relacionada à **confiança legítima** que muitas vezes é criada no consumidor em razão de uma prática comercial, como ocorre com a publicidade.

Uma consequência desse princípio é a **vinculação da mensagem publicitária** anteriormente estudada, pois se cria uma expectativa legítima no consumidor que se dirige ao estabelecimento comercial do patrocinador do anúncio e depara-se com a recusa no cumprimento da oferta.

Outra decorrência do princípio da confiança relaciona-se com a aplicação da **teoria do rompimento da base objetiva do negócio jurídico** no caso do advento de fato superveniente gerador de onerosidade excessiva ao consumidor, como ocorreu na década de 1990 com os **contratos de *leasing*** firmados em **moeda estrangeira**.

Sobre o tema, trazemos à colação a posição de Sergio Cavalieri Filho, com a qual concordamos, no sentido de que "viola também dita cláusula o princípio da confiança na medida em que a súbita elevação do dólar frustrou a legítima expectativa do consumidor de que teria condições de continuar pagando as prestações até o final do financiamento e, assim, adquirir definitivamente o seu veículo. A cláusula de reajuste pela variação do dólar viola, ainda, o princípio da boa-fé objetiva porque o financiador, através dela (cláusula), procurou transferir para o consumidor os riscos do seu negócio, riscos esses que não lhe eram desconhecidos, tanto assim que deles procurou se livrar".[132]

4.5.4. Princípio da precaução nas relações de consumo

O **princípio da precaução**, amplamente difundido no Direito Ambiental, tem **total relação** com o sistema de **proteção do consumidor**. Ademais, não podemos confundir princípio da precaução com o direito básico da prevenção de danos expresso no art. 6.º, inciso VI, do CDC e já estudado.

Nos ensinamentos de Mário Frota, "o princípio da precaução é invocável em situações em que os saberes científicos não permitem, no estado em que se acham, afastar a regra que justifique a prevenção, mas supor tão só a subsistência de um risco. O princípio da prevenção, que há muito se reconhece no direito europeu (leia-se na União Europeia), tem um âmbito de aplicação mais amplo que o da precaução".[133]

---

[132] CAVALIERI FILHO, Sergio. *Programa de direito do consumidor*, p. 46.
[133] FROTA, Mário. *Segurança alimentar* — imperativo e cidadania. São Paulo: RT, 2011. v. 5 (Coleção doutrinas essenciais. Direito do consumidor: tutela das relações de consumo. Organizadores: Claudia Lima Marques e Bruno Miragem), p. 181.

E continua o Professor da Universidade Lusíada do Porto, em Portugal, discorrendo no sentido de que o **princípio da prevenção** visa reduzir um **risco identificado**. Já "o **princípio da precaução** depende do **caráter incerto da superveniência de um prejuízo**".[134]

De fato, o aludido princípio **impõe ao fornecedor o dever de precaver a ocorrência de danos** no mercado de consumo, mesmo porque a teoria do risco do desenvolvimento não é considerada causa excludente de sua responsabilidade, conforme analisaremos no próximo capítulo deste livro.

Tal argumentação já foi objeto das decisões envolvendo o caso dos portadores da **síndrome da talidomida** — os filhos da primeira geração de mães que consumiram o medicamento para diminuir as náuseas, os quais nasceram com deformações físicas —, e também vale na atualidade para impor o dever de precaução dos fornecedores, bem como das autoridades públicas no tocante aos Organismos Geneticamente Modificados (OGMs), popularmente conhecidos como os **produtos transgênicos**.

Sobre o tema, entendeu **o Superior Tribunal de Justiça pela compatibilidade da proteção ao consumidor com os princípios da ordem econômica o disposto no Decreto n. 4.680/2003, na parte que estabelece o limite de 1 (um) por cento, acima do qual se torna obrigatória a informação expressa nos rótulos dos produtos alimentícios comercializados da presença de organismos geneticamente modificados (OGM)**:

> ADMINISTRATIVO. AÇÃO CIVIL PÚBLICA. CONSUMIDOR. DECRETO N. 3.871/2001. ALIMENTOS TRANSGÊNICOS — OGM. PERCENTUAL: 4% (QUATRO POR CENTO). DIREITO À INFORMAÇÃO. ROTULAGEM. REVOGAÇÃO PELO DECRETO N. 4.680/2003. NOVO PERCENTUAL: 1% (UM POR CENTO). RAZOABILIDADE E PROPORCIONALIDADE NOS QUESITOS NECESSIDADE E ADEQUAÇÃO. COMPATIBILIDADE DA PROTEÇÃO AO CONSUMIDOR COM OS PRINCÍPIOS DA ORDEM ECONÔMICA (ART. 170 DA CRFB/1988). AUSÊNCIA DE RISCO CONHECIDO À SAÚDE PÚBLICA, PASSADOS MAIS DE VINTE ANOS DA UTILIZAÇÃO DOS TRANGÊNICOS NA INDÚSTRIA. POSSIBILIDADE DE OBTENÇÃO DE PRODUTOS OFERTADOS NO MERCADO ESPECIALIZADO. NECESSIDADE DE VIABILIZAÇÃO DO DESENVOLVIMENTO ECONÔMICO E TECNOLÓGICO SUSTENTÁVEL, EM PROL DE TODA A SOCIEDADE. RECURSOS ESPECIAIS PROVIDOS.
> I — Na origem, nos idos de 2001, o Ministério Público Federal e o Instituto Brasileiro de Defesa do Consumidor — IDEC ajuizaram ação civil pública contra a União, no intuito de que a ré se abstenha de autorizar ou permitir a comercialização de qualquer tipo de alimento que contenha OGMs — organismos geneticamente modificados — sem a expressa referência de tal dado em sua rotulagem, independentemente da quantidade, declarando a ilegalidade do Decreto n. 3.871/2001 porteriormente revogado pelo Decreto n. 4.680/2003, que reduziu o limite para 1% (um por cento).
> II — A ação foi julgada procedente, no sentido de impedir a comercialização de qualquer alimento que contenha OGM, independentemente do percentual, sem a expressa referência em sua rotulagem, decisão mantida em grau recursal, pelo Tribunal Regional Federal da 1.ª Região.
> III — No Brasil o início do plantio, em pouquíssimas culturas, somente ocorreu em 1999/2000, após o início na Argentina. Naquele momento era compreensível, diante da

---

[134] FROTA, Mário. *Segurança alimentar*, p. 181.

novidade, a preocupação do Ministério Público e do IDEC, com a informação absoluta nos rótulos dos produtos.

IV — Passados quase vinte e cinco anos, hoje já se sabe que os alimentos 100% (cem por cento) transgênicos não representam risco comprovado à saúde, como se imaginava pudessem vir a se mostrar nocivos, muito menos em proporções ínfimas, abaixo de 1% (um por cento).

V — Considerando a proliferação do uso dos transgênicos em inúmeros setores da indústria alimentícia, dificilmente se poderia identificar algum produto que fosse 100% (cem por cento) isento de alguma partícula de alimentos transgênicos, já que o próprio processo produtivo ou a mera armazenagem dos grãos, por exemplo, pode implicar a presença de algum percentual mínimo de OGM nos produtos finais.

VI — O entendimento perfilhado pelo e. Tribunal *a quo* ultrapassa os limites da razoabilidade e proporcionalidade, mostrando-se contrário ao ordenamento vigente, mormente no que concerne aos parâmetros de necessidade e adequação, tendo em vista o atual estado da técnica e a harmonização dos interesses dos participantes das relações de consumo em face do necessário desenvolvimento econômico e tecnológico, a fim de viabilizar os princípios nos quais se funda a ordem econômica (art. 170 da Constituição Federal).

VII — O referido Decreto, atualmente em vigor, obedece aos ditames legais, no tocante ao limite de tolerância dos OGMs, dispensando a rotulagem em 1% (um por cento), porcentagem que não afronta a razoabilidade e a proporcionalidade, em vista ao desenvolvimento econômico sustentável, sem qualquer risco conhecido aos consumidores e à saúde pública.

VIII — Para aqueles que, por questões pessoais de cunho individual, seja insuportável a possibilidade de que algum alimento contenha ínfimas partículas de OGMs, podem buscar no mercado alimentos produzidos com extremo cuidado ascético que lhes garanta sejam 100% (cem por cento) livres de quaisquer resquícios de OGM, como ocorre em outros nichos, que oferecem alimentos 100% (cem por cento) orgânicos, 100% (cem por cento) livres de agrotóxicos, 100% (cem por cento) veganos, e outros similares.

IX — Todavia, exigir de toda a indústria que submeta todos os produtos a rigorosos testes, de alto custo, para garantir a informação específica de qualquer ínfimo resquício de OGM, em toda a cadeia produtiva, é providência exagerada, assaz desproporcional, que afronta a razoabilidade e a proporcionalidade, e impede a convivência harmoniosa dos interesses dos participantes do mercado, a fim de compatibilizar a proteção do consumidor com os princípios nos quais se funda a ordem econômica (art. 170 da Constituição Federal) e viabilizar o desenvolvimento econômico e tecnológico sustentável, em prol de toda a sociedade.

X — Recursos especiais da União e da ABIA conhecidos e providos, para reconhecer a legalidade e compatibilidade com o ordenamento jurídico do Decreto n. 4.680/2003, na parte que estabelece o limite de 1% (um por cento), acima do qual se torna obrigatória a informação da presença de organismos geneticamente modificados nos produtos comercializados. Pedido de tutela provisória de urgência prejudicado (REsp 1.788.075/DF, Rel. Ministro Francisco Falcão, 2.ª T., j. 15.10.2024, *DJe* 24.10.2024).

Em última análise, todas as medidas possíveis e imagináveis deverão ser tomadas pelo fornecedor para precaver acidentes de consumo, ainda que não haja um consenso sobre os malefícios de determinado produto ou serviço na comunidade científica mundial. Mesmo porque tal princípio poderá ser extraído do próprio texto do Código de Defesa do Consumidor, mais precisamente dos arts. 8.º a 10, quando tratou no Capítulo IV — Seção I da "proteção à saúde e segurança" do vulnerável da relação jurídica de consumo.

4.5.5. Princípio do não retrocesso

Conforme é cediço, os princípios e direitos afetos ao sistema de proteção do consumidor representam importante evolução no progresso da tutela de direitos fundamentais, nos termos do mandamento constitucional insculpido no art. 5.º, inciso XXXII. Desta forma, não poderá prevalecer frente à Lei n. 8.078/90 qualquer Diploma que represente um retrocesso na tutela dos direitos do consumidor.

Nesse sentido, já decidiu o Supremo Tribunal Federal:

"Afastam-se as normas especiais do Código Brasileiro da Aeronáutica e da Convenção de Varsóvia quando implicarem retrocesso social ou vilipêndio aos direitos assegurados pelo Código de Defesa do Consumidor (...)" (RE 351.750/RJ, 1.ª T., Rel. Ministro Marco Aurélio, Rel. p/ Acórdão: Ministro Carlos Britto, *DJe* 24.9.2009).

No entanto, o Supremo Tribunal Federal reconheceu a repercussão geral do tema no AI 762.184/RJ. Em 16 de março de 2011 houve a substituição do paradigma em sede de repercussão geral, deixando de ser Agravo de Instrumento n. 762.184 e passando para Recurso Extraordinário n. 636.331. No ano de 2017, mais precisamente no dia 25 de maio, o Plenário do Supremo Tribunal Federal entendeu por maioria de votos pelo prevalecimento da Convenção de Varsóvia, alterada pela Convenção de Montreal, em detrimento do Código de Defesa do Consumidor. *Data venia*, um verdadeiro retrocesso (o tema será melhor desenvolvido no item 4.3.7 deste livro).

Após a consolidação do tema pelo Supremo, o Superior Tribunal de Justiça adéqua seu entendimento sobre o assunto e assim decide:

RECURSO ESPECIAL. AÇÃO INDENIZATÓRIA. TRANSPORTE DE MERCADORIAS. INDENIZAÇÃO TARIFADA. PREPONDERÂNCIA DAS CONVENÇÕES DE VARSÓVIA E MONTREAL EM RELAÇÃO AO CÓDIGO DE DEFESA DO CONSUMIDOR. REPERCUSSÃO GERAL RECONHECIDA PELO STF. RE N. 636.331/RJ (TEMA 210/STF). JUÍZO DE RETRATAÇÃO. RECURSO ESPECIAL DESPROVIDO. 1. No julgamento do RE n. 636.331/RJ, o Supremo Tribunal Federal, reconhecendo a repercussão geral da matéria (Tema 210/STF), firmou a tese de que, "nos termos do art. 178 da Constituição da República, as normas e os tratados internacionais limitadores da responsabilidade das transportadoras aéreas de passageiros, especialmente as Convenções de Varsóvia e Montreal, têm prevalência em relação ao Código de Defesa do Consumidor". 2. Recurso especial desprovido, em juízo de retratação, nos termos do art. 1.040, inciso II, do CPC/2015 (REsp 673.048/RS, Rel. Ministro Marco Aurélio Bellizze, 3.ª T., j. 8.5.2018, *DJe* 18.5.2018).

4.6. QUESTÕES

QUESTÕES DE CONCURSOS
http://uqr.to/1yf19

5

RESPONSABILIDADE DO FORNECEDOR NO CDC

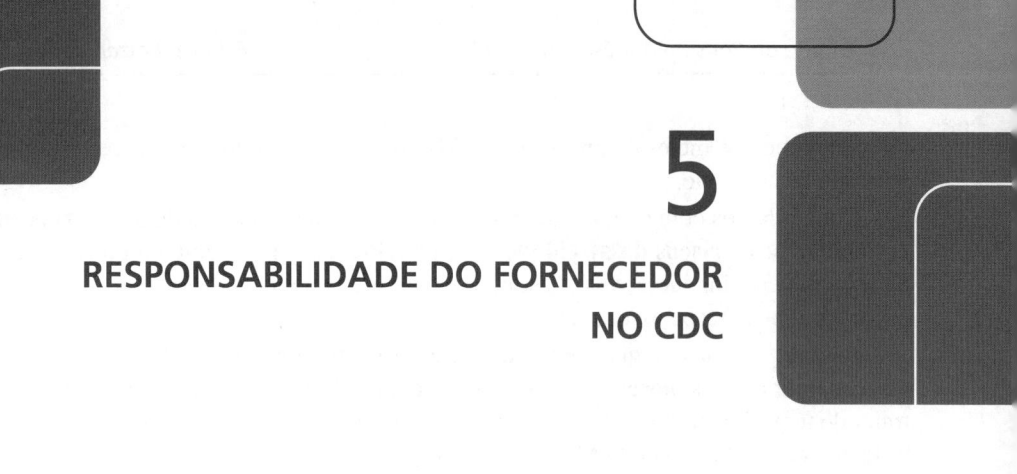

5.1. CONSIDERAÇÕES INICIAIS

Conforme exposto no Capítulo inicial deste livro, a revolução industrial e o surgimento da sociedade de massa exigiram algumas mudanças que transcenderam o Direito Civil clássico, justamente com o objetivo de **adequar a legislação vigente à nova realidade mercadológica**, em especial para proteger a parte mais fraca da então novel relação jurídica de consumo.

Tal relação, marcada pela unilateralidade na produção, **passou a priorizar a quantidade** e a atender à grande demanda que passou a existir nos grandes centros urbanos, fruto da migração do campo para a cidade em razão da **revolução industrial**, deixando para um plano secundário a preocupação com a qualidade dos produtos e serviços fornecidos ao mercado consumidor.

Ante esse contexto, concluímos na oportunidade que **prejuízos e danos começaram a surgir**, e a **nova lei** de defesa do consumidor teria a incumbência, dentre outras, de **definir um modelo de responsabilização do fornecedor** de forma **eficiente e compatível com a vulnerabilidade** de uma das partes da relação citada.

Eis que surge a **responsabilidade objetiva**, aquela que independe da comprovação de dolo ou de culpa, como a modalidade perfeita e adequada para integrar um Código cuja principiologia está totalmente voltada para a proteção do mais fraco.

Segundo José Geraldo Brito Filomeno,[1] a eleição da responsabilidade objetiva como a regra no Código de Defesa do Consumidor deveu-se, em suma, aos seguintes fatores:

- a produção em massa;
- a vulnerabilidade do consumidor;
- a insuficiência da responsabilidade subjetiva;
- o fornecedor há de responder pelos riscos que seus produtos acarretam;
- em decorrência de antecedentes legislativos.

Realmente, **a responsabilidade** pautada na comprovação do dolo ou da culpa (a **subjetiva**) **seria incompatível** com esse novo modelo de relação jurídica que é marcado pela desigualdade, tendo de um dos lados o todo-poderoso fornecedor, que é o detentor

---

[1] FILOMENO, José Geraldo Brito. *Manual de direitos do consumidor,* p. 192-193.

do monopólio dos meios de produção, e, do outro, o consumidor-vulnerável, o débil no mercado de consumo.

Concordamos com o citado autor quando identifica a necessidade de o **fornecedor responder pelos riscos da atividade desenvolvida**, principalmente porque suas atividades possuem fins lucrativos. Assim, quem aufere benefícios deverá, em contrapartida, arcar com os respectivos riscos.

Por fim, destaca-se que, sendo **a responsabilidade objetiva** uma modalidade de responsabilidade que **necessita de previsão legal**, o CDC não foi o primeiro diploma a tratar do tema. Tal responsabilidade esteve presente muito antes, por exemplo na lei que trata da Política Nacional do Meio Ambiente, Lei n. 6.938, de 1981.

5.1.1. Teoria do risco da atividade desenvolvida — o fundamento da responsabilidade civil objetiva no CDC

Segundo ensinamentos de Karl Larenz, a responsabilidade pelo risco é "uma imputação mais intensa desde o ponto de vista social a respeito de uma determinada esfera de riscos, de uma distribuição de riscos de dano inerentes a uma determinada atividade segundo os padrões ou medidas, não da imputabilidade e da culpa, senão da assunção de risco àquele que o cria ou domina, ainda que somente em geral".[2]

Nesse sentido, pela **teoria do risco da atividade ou do empreendimento**, todo **aquele que fornece** produto ou serviço no mercado de consumo **cria um risco de dano** aos consumidores **e, concretizado** este, surge o **dever de repará-lo** independentemente da comprovação de dolo ou de culpa.

Com esta teoria, o enfoque da responsabilidade é deslocado da ideia de culpa para a questão do risco que a atividade desempenhada é capaz de causar. Mais uma vez, o fato de auferir os cômodos de um lado e arcar com os incômodos do outro **(risco-proveito)**, somado ao princípio da confiança legítima, faz com que o fornecedor, pela teoria do risco ora citada, responda de forma objetiva.

Fornecer produtos e serviços	cria	Risco de dano	concretizado o dano	Dever de reparação — Responsabilidade objetiva

Sobre o tema, o STJ editou a Súmula 595 com o seguinte teor: "**As instituições de ensino superior respondem objetivamente pelos danos suportados pelo aluno/consumidor pela realização de curso não reconhecido pelo Ministério da Educação**, sobre o qual não lhe tenha sido dada prévia e adequada informação" (2.ª Seção, aprovada em 25.10.2017, *DJe* 6.11.2017).

---

[2] LARENZ, Karl. *Derecho de obligaciones*. Tradução de Jaime Santos Briz. Madrid: Editorial Revista de Derecho Privado, t. II, p. 665. Apud MIRAGEM, Bruno. *Curso de direito do consumidor*, p. 354.

No entanto, veremos adiante que o Código de Defesa do Consumidor admite **causas excludentes de responsabilidade** do fornecedor, o que afasta **a teoria do risco da atividade** de outra teoria, a do risco integral, que não admite tais excludentes. Aquela se enquadra, portanto, numa espécie de **risco mitigado**.

5.1.2. Elementos a serem comprovados na responsabilidade objetiva

Os elementos a serem comprovados na responsabilidade objetiva nos termos do Código de Defesa do Consumidor são:

- ▪ defeito ou vício do produto ou serviço;
- ▪ evento danoso (*eventus damni*) ou prejuízo causado ao consumidor;
- ▪ relação de causalidade entre o defeito/vício e o evento danoso/prejuízo.

Já foi visto que, se a responsabilidade fosse subjetiva, um novo elemento deveria ser demonstrado — dolo ou culpa —, requisito que tornaria mais difícil a reparação de danos do consumidor.

De fato, cabe ao consumidor comprovar inicialmente o vício ou defeito do produto ou do serviço. No entanto, nunca é demais lembrar que para facilitar a defesa do consumidor em juízo poderá ocorrer, a critério do juiz, a **inversão do ônus da prova**, desde que constatada a verossimilhança das suas alegações ou a hipossuficiência postulante (art. 6.º, VIII, do CDC).

O tema já foi exaustivamente abordado no capítulo anterior, mas cabe trazer à colação alguns julgados do Superior Tribunal de Justiça que muito bem demonstram a importância do instituto do ônus da prova como elemento decisivo na efetivação ou não da reparação de danos/prejuízos sofridos pelo vulnerável da relação jurídica de consumo. Inicialmente, traremos uma **decisão em que a inversão não foi deferida e o consumidor perdeu a ação**:

> RECURSO ESPECIAL. GRAVIDEZ ALEGADAMENTE DECORRENTE DE CONSUMO DE PÍLULAS ANTICONCEPCIONAIS SEM PRINCÍPIO ATIVO ("PÍLULAS DE FARINHA"). INVERSÃO DO ÔNUS DA PROVA. ENCARGO IMPOSSÍVEL. ADEMAIS, MOMENTO PROCESSUAL INADEQUADO. AUSÊNCIA DE NEXO CAUSAL ENTRE A GRAVIDEZ E O AGIR CULPOSO DA RECORRENTE.
> 1. O Tribunal *a quo*, muito embora reconhecendo ser a prova "franciscana", entendeu que bastava à condenação o fato de ser a autora consumidora do anticoncep-cional "Microvlar" e ter esta apresentado cartelas que diziam respeito a período posterior à concepção, cujo medicamento continha o princípio ativo contraceptivo.
> **2. A inversão do ônus da prova regida pelo art. 6.º, inciso VIII, do CDC, está ancorada na assimetria técnica e informacional existente entre as partes em litígio. Ou seja, somente pelo fato de ser o consumidor vulnerável, constituindo tal circunstância um obstáculo à comprovação dos fatos por ele narrados, e que a parte contrária possui informação e os meios técnicos aptos à produção da prova, é que se excepciona a distribuição ordinária do ônus.**
> **3. Com efeito, ainda que se trate de relação regida pelo CDC, não se concebe inverter--se o ônus da prova para, retirando tal incumbência de quem poderia fazê-lo mais facilmente, atribuí-la a quem, por impossibilidade lógica e natural, não o**

conseguiria. Assim, diante da não comprovação da ingestão dos aludidos placebos pela autora — quando lhe era, em tese, possível provar —, bem como levando em conta a inviabilidade de a ré produzir prova impossível, a celeuma deve se resolver com a improcedência do pedido.

4. Por outro lado, entre a gravidez da autora e o extravio das "pílulas de farinha", mostra-se patente a ausência de demonstração do nexo causal, o qual passaria, necessariamente, pela demonstração ao menos da aquisição dos indigitados placebos, o que não ocorreu.

5. De outra sorte, é de se ressaltar que a distribuição do ônus da prova, em realidade, determina o agir processual de cada parte, de sorte que nenhuma delas pode ser surpreendida com a inovação de um ônus que, antes de uma decisão judicial fundamentada, não lhe era imputado. Por isso que não poderia o Tribunal *a quo* inverter o ônus da prova, com surpresa para as partes, quando do julgamento da apelação.

6. Recurso especial parcialmente conhecido e, na extensão, provido (REsp 720.930/RS, Rel. Ministro Luis Felipe Salomão, 4.ª T., *DJe* 9.11.2009).

A seguir, trecho de um **julgamento em que a inversão do ônus da prova foi deferida e o consumidor venceu a demanda:** "Reconhecida a hipossuficiência técnica do consumidor, em ação que versa sobre a realização de saques não autorizados em contas bancárias, mostra-se imperiosa a inversão do ônus probatório" (REsp 1.155.770/PB, Rel. Ministra Nancy Andrighi, 3.ª T., *DJe* 9.3.2012).

Não queremos com tais julgados afirmar de maneira absoluta que se ocorrer a inversão do ônus o consumidor vencerá a demanda ou que perderá diante do indeferimento de tal pedido. Mas, sim, deixar claro que **a inversão do ônus é um verdadeiro facilitador da efetivação dos direitos do consumidor**, que é o vulnerável da relação jurídica de consumo e, na maioria das vezes, **não consegue demonstrar a existência de um vício ou defeito** no bem adquirido.

Ademais, sendo o fornecedor o *expert* da relação, caberá a ele, diante do deferimento pelo juiz do pedido da inversão, demonstrar que o problema em seu produto ou serviço inexiste.

5.1.3. Vício e defeito — institutos sinônimos ou distintos?

Há divergência na doutrina quanto a saber se vício e defeito são institutos sinônimos ou distintos. Uma primeira corrente entende que são distintos, na medida em que:

- **vício** estaria ligado à **inadequação** do produto ou serviço **aos fins a que se destinam**; e
- **defeito** refere-se à **insegurança** do bem de consumo.

A segunda corrente defende que vício e defeito são expressões sinônimas, existindo, assim:

- vício/defeito de qualidade; e
- vício/defeito de segurança.

Por fim, existe ainda uma terceira visão sobre o assunto, que entende existir no ordenamento consumerista:

■ o vício de qualidade por inadequação;
■ o vício de qualidade por insegurança.

Com efeito, trazemos à colação a visão de quatro doutrinadores renomados para demonstrar a ausência de pacificação sobre o tema.

■ **Rizzatto Nunes:** "São consideradas **vícios** as características de qualidade ou quantidade que tornem os **produtos ou serviços impróprios ou inadequados** ao consumo a que se destinam e também **que lhes diminuam o valor**. Da mesma forma são considerados vícios os decorrentes da **disparidade havida em relação às indicações** constantes do recipiente, embalagem, rotulagem, oferta ou mensagem publicitária. (...) O defeito é o vício acrescido de um problema extra, alguma coisa extrínseca ao produto ou serviço, que causa um dano maior que simplesmente o mau funcionamento, o não funcionamento, a quantidade errada, a perda do valor pago — já que o produto ou serviço não cumpriram o fim ao qual se destinavam. O **defeito causa**, além desse dano do vício, **outro ou outros danos ao patrimônio jurídico material e/ou moral e/ou estético e/ou à imagem do consumidor**".[3]

■ **Sergio Cavalieri Filho:** "A palavra-chave neste ponto é defeito. **Ambos decorrem de um defeito** do produto ou do serviço, só que **no fato do produto ou do serviço** o defeito é tão grave que provoca um **acidente** que atinge o consumidor, causando-lhe dano material ou moral. O **defeito compromete a segurança do produto ou serviço**. **Vício**, por sua vez, **é defeito menos grave**, circunscrito ao produto ou serviço em si; um defeito que lhe é inerente ou intrínseco, que apenas causa o seu **mau funcionamento ou não funcionamento**".[4]

■ **Herman Benjamin:** "A qualidade dos produtos e serviços, já afirmamos, pode ser maculada de duas formas: através dos **vícios de qualidade por inadequação** e por intermédio da presença de **vícios de qualidade por insegurança**. Estes poderiam ser conceituados como sendo *a desconformidade de* um *produto ou serviço* com *as expectativas legítimas dos consumidores e que têm a capacidade de provocar acidentes de consumo*".[5]

■ **Bruno Miragem:** "No direito brasileiro, **o regime de responsabilidade distingue-se** em razão do dever jurídico violado pelo fornecedor. A responsabilidade pelo **fato do produto ou do serviço** decorre da violação de um *dever de segurança*, ou seja, quando o produto ou serviço não oferece a segurança que o consumidor deveria legitimamente esperar. Já a **responsabilidade pelo vício** do produto ou do serviço decorre da violação de um *dever de adequação*, qual seja, o dever dos fornecedores de oferecer produtos ou serviços no mercado de consumo que sirvam aos fins que legitimamente deles se esperam".[6]

---

[3] NUNES, Luiz Antonio Rizzatto. *Curso de direito do consumidor*, p. 180-181.
[4] CAVALIERI FILHO, Sergio. *Programa de direito do consumidor*, p. 288.
[5] BENJAMIN, Antônio Herman de V.; MARQUES, Claudia Lima; BESSA, Leonardo Roscoe. *Manual de direito do consumidor*, p. 139.
[6] MIRAGEM, Bruno. *Curso de direito do consumidor*, p. 358.

A própria **jurisprudência superior não se entende** a respeito do tema, ora denominando de defeito o acidente de consumo, ora a mera inadequação aos fins a que se destinam.

Entretanto, **adotaremos neste livro a posição que diferencia vício de defeito**, pois entendemos que **assim o faz o Código de Defesa do Consumidor** ao relacionar defeito com a insegurança do produto ou do serviço e vício com a mera inadequação aos fins a que se destinam. Vejamos:

▪ O art. 12 definiu um produto como defeituoso em seu § 1.º da seguinte forma: "O **produto é defeituoso** quando **não oferece a segurança** que dele legitimamente se espera (...)". No mesmo sentido, o art. 14, § 1.º, conceituou **serviço defeituoso** como aquele que "**não fornece a segurança** que o consumidor dele pode esperar (...)".

▪ O art. 18, ao tratar do vício do produto, fê-lo da seguinte forma: "Os fornecedores de produtos de consumo duráveis ou não duráveis respondem solidariamente pelos **vícios** de qualidade ou quantidade que os tornem **impróprios ou inadequados** ao consumo a que se destinam ou **lhes diminuam o valor**, assim como por aqueles decorrentes da **disparidade, com as indicações** constantes do recipiente, da embalagem, rotulagem ou mensagem publicitária, respeitadas as variações decorrentes de sua natureza, podendo o consumidor exigir a substituição das partes viciadas". Na mesma linha, quando tratou do vício do serviço, assim o fez no art. 20: "O fornecedor de serviços responde pelos **vícios** de qualidade que os tornem **impróprios ao consumo ou lhes diminuam o valor**, assim como por aqueles decorrentes da **disparidade com as indicações** constantes da oferta ou mensagem publicitária (...)".

▪ O art. 24, que trata da **garantia legal de adequação** do produto ou serviço, combinado com o art. 26, que traz os **prazos decadenciais para reclamar os vícios**, representam bons exemplos de dispositivos da Lei do Consumidor a adotar uma postura que demonstra a diferença de tratamento entre vício e defeito.

Desta forma, em nossa visão, se a TV adquirida não liga teremos um vício. Por outro lado, se a TV ao ser ligada explodir no rosto do consumidor, haverá defeito e a respectiva responsabilidade pelo fato do produto.

5.1.4. As modalidades de responsabilidade do fornecedor previstas no Código de Defesa do Consumidor

Conforme visto no Capítulo 2 deste livro, o simples fato de colocar produto ou fornecer serviço no mercado de consumo já gera o dever de indenizar o consumidor pelos eventuais prejuízos sofridos, quer em razão de um inadimplemento contratual, quer em decorrência da prática de um ilícito.

Assim, **a responsabilidade prevista no CDC unificou as duas modalidades de responsabilidades até então existentes no Código Civil — contratual e extracontratual —** e criou uma **nova: a responsabilidade pelo fato e pelo vício do produto ou do serviço.**

Nesse contexto, o fornecedor será responsabilizado em razão de participar única e exclusivamente da relação jurídica de consumo. Trata-se da chamada **teoria unitária da responsabilidade civil** do fornecedor no CDC.

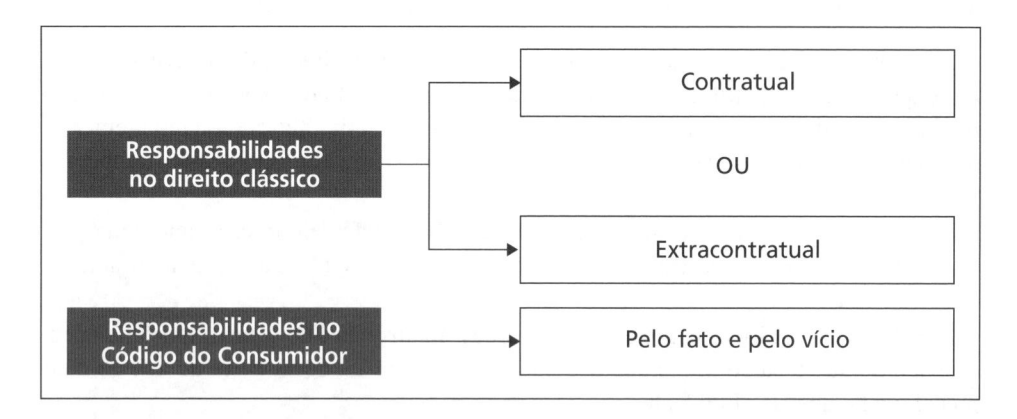

```
Responsabilidades          ┌─→ Contratual
no direito clássico ───────┤
                           │    OU
                           │
                           └─→ Extracontratual

Responsabilidades no ─────→ Pelo fato e pelo vício
Código do Consumidor
```

No tocante à **responsabilidade pelo fato** do produto e do serviço, as atenções estão centradas basicamente na **incolumidade física e psicológica** do consumidor. Tal assertiva busca amparo no fato de que a expressão "fato do produto ou do serviço" refere-se a **acidente de consumo** decorrente de um **produto ou de um serviço defeituosos**.

Assim, na mesma linha do exemplo acima pontuado, aquele que compra um *Tablet* **que explode em seu rosto** ao ser ligado sofre um acidente de consumo em razão de um produto defeituoso. Nessa modalidade de responsabilidade, a **preocupação** está mais voltada para a **segurança** do consumidor.

Trata-se de responsabilidade que teve como berço para seu desenvolvimento o direito norte-americano no início do século XX. Sobre o tema, destaca Bruno Miragem o paradigmático caso "*McPherson* vs. *Buick Motor Co.*, decidido pelo Tribunal de Apelações de New York, em 1916. No caso em questão, discutia-se a extensão da responsabilidade de uma fábrica de automóveis pelos veículos por ela fabricados. Na ocasião, decidiu o tribunal que, tendo em vista se tratar de produtos 'perigosos', o fabricante tinha a obrigação de adotar precauções não apenas em relação ao comprador do produto, mas também em relação a quaisquer usuários do automóvel, razão pela qual poderia ser imputada responsabilidade por negligência na hipótese de danos a quaisquer terceiros usuários do bem".[7]

Já em relação à **responsabilidade por vício** do produto e do serviço, o foco da proteção direciona-se mais para a incolumidade econômica. De fato, quando o *Tablet* adquirido **não liga**, configurada está a inadequação do produto aos fins a que se destina. Apesar das semelhanças com os vícios redibitórios do Código Civil, concluiremos em breve tratar-se de institutos distintos.

---

[7] MIRAGEM, Bruno. *Curso de direito do consumidor*, p. 355.

RESPONSABILIDADE PELO FATO	RESPONSABILIDADE PELO VÍCIO
Preocupação: incolumidade física e psíquica	Preocupação: incolumidade econômica
Defeito no produto/serviço	Vício no produto/serviço
Acidente de consumo	Inadequação aos fins pretendidos

No entanto, vale ressaltar que **inexiste um objetivo exclusivo de proteção**. O máximo que pode ser identificado é o **predomínio de um objeto** tutelado em face de outro. Assim, no acidente de consumo, a integridade física é atingida preponderantemente, mas de forma secundária a econômica também será afetada. O inverso também é verdadeiro.

Com efeito, devemos destacar as **situações limítrofes** em que o vício começa a adquirir proporções tamanhas que acaba por se configurar em risco iminente de acidente de consumo.

Em contextos fáticos como estes, a repercussão jurídica é de suma importância, em especial no que toca ao prazo que deverá prevalecer: os da decadência do art. 26 ou o prescricional do art. 27 do CDC?

Sobre o tema, segue posição do Superior Tribunal de Justiça no sentido de prevalecer, diante da iminência de acidente de consumo causado por um vício de grandes proporções, o prazo prescricional de 5 anos do art. 27 do Diploma Consumerista:

> **Tendo a corte local entendido que a hipótese dos autos cuida de defeito do produto, por trazer vício intrínseco que potencializa um acidente de consumo, sujeitando-se o consumidor a um perigo iminente, correta é a aplicação do art. 27 do CDC. Precedentes** (REsp 810.353/ES, Rel. Ministro Aldir Passarinho Junior, 4.ª T., *DJe* 11.5.2009).
> **Verifica-se, *in casu*, que se trata de defeito relativo à falha na segurança, de caso em que o produto traz um vício intrínseco que potencializa um acidente de consumo, sujeitando-se o consumidor a um perigo iminente (defeito na mangueira de alimentação de combustível do veículo, propiciando vazamento causador do incêndio). Aplicação da regra do artigo 27 do CDC** (REsp 575.469/RJ, Rel. Ministro Jorge Scartezzini, 4.ª T., *DJ* 6.12.2004).

Em decisão mais recente, o STJ reconheceu o defeito no produto alimentício contendo em seu interior corpo estranho, expondo o consumidor a risco concreto de lesão à sua saúde e segurança, ainda que não ocorra a ingestão de seu conteúdo: "A aquisição de produto de gênero alimentício contendo em seu interior corpo estranho, expondo o consumidor à risco concreto de lesão à sua saúde e segurança, ainda que não ocorra a ingestão de seu conteúdo, dá direito à compensação por dano moral, dada a ofensa ao direito fundamental à alimentação adequada, corolário do princípio da dignidade da pessoa humana. Hipótese em que se caracteriza defeito do produto (art. 12, CDC), o qual expõe o consumidor à risco concreto de dano à sua saúde e segurança, em clara infringência ao dever legal dirigido ao fornecedor, previsto no art. 8.º do CDC" (REsp 1.424.304/SP, Rel. Ministra Nancy Andrighi, 3.ª T., *DJe* 19.5.2014).[8]

---

[8] Em sentido contrário, STJ no julgamento do REsp 1.395.647-SC: "No âmbito da jurisprudência do STJ, não se configura o dano moral quando ausente a ingestão do produto considerado impróprio

No mesmo sentido, o Superior Tribunal de Justiça abordou novamente o assunto nos seguintes termos:

> RECURSO ESPECIAL. DIREITO DO CONSUMIDOR. AÇÃO DE COMPENSAÇÃO POR DANO MORAL. AQUISIÇÃO DE PACOTE DE BISCOITO RECHEADO COM CORPO ESTRANHO NO RECHEIO DE UM DOS BISCOITOS. NÃO INGESTÃO. LEVAR À BOCA. EXPOSIÇÃO DO CONSUMIDOR A RISCO CONCRETO DE LESÃO À SUA SAÚDE E SEGURANÇA. FATO DO PRODUTO. EXISTÊNCIA DE DANO MORAL. VIOLAÇÃO DO DEVER DE NÃO ACARRETAR RISCOS AO CONSUMIDOR. 1. Ação ajuizada em 4.9.2012. Recurso especial interposto em 16.8.2016 e concluso ao Gabinete em 16.12.2016. 2. O propósito recursal consiste em determinar se, para ocorrer danos morais em função do encontro de corpo estranho em alimento industrialização, é necessária sua ingestão ou se o simples fato de levar tal resíduo à boca é suficiente para a configuração do dano moral. 3. **A aquisição de produto de gênero alimentício contendo em seu interior corpo estranho, expondo o consumidor a risco concreto de lesão à sua saúde e segurança, ainda que não ocorra a ingestão de seu conteúdo, dá direito à compensação por dano moral, dada a ofensa ao direito fundamental à alimentação adequada, corolário do princípio da dignidade da pessoa humana.** 4. Hipótese em que se caracteriza defeito do produto (art. 12, CDC), o qual expõe o consumidor a risco concreto de dano à sua saúde e segurança, em clara infringência ao dever legal dirigido ao fornecedor, previsto no art. 8.º do CDC. 5. Na hipótese dos autos, o simples "levar à boca" do corpo estranho possui as mesmas consequências negativas à saúde e à integridade física do consumidor que sua ingestão propriamente dita. 6. Recurso especial provido (REsp 1.644.405/RS, Rel. Ministra Nancy Andrighi, 3.ª T., j. 9.11.2017, *DJe* 17.11.2017).

Por fim, cabe destacar entendimento sobre o assunto do Superior Tribunal de Justiça, nos seguintes termos: "2. O vício do produto é aquele que afeta apenas a sua funcionalidade ou a do serviço, sujeitando-se ao prazo decadencial do art. 26 do Código de Defesa do Consumidor — CDC. Quando esse vício for grave a ponto de repercutir sobre o patrimônio material ou moral do consumidor, a hipótese será de responsabilidade pelo fato do produto, observando-se, assim, o prazo prescricional quinquenal do art. 27 do referido diploma legal. 3. A eclosão tardia do vício do revestimento, quando já se encontrava devidamente instalado na residência do consumidor, determina a existência de danos materiais indenizáveis e relacionados com a necessidade de, no mínimo, contratar serviços destinados à substituição do produto defeituoso. Desse modo, a hipótese é de fato do produto, sujeito ao prazo prescricional de 5 (cinco) anos" (REsp 1.176.323-SP, Rel. Ministro Villas Bôas Cueva, 3.ª T., *DJe* 16.3.2015).

No ano de 2020 o STJ editou a Súmula 642 com o seguinte teor: "O direito à indenização por danos morais transmite-se com o falecimento do titular, possuindo os herdeiros da vítima legitimidade para ajuizarem ou prosseguirem na ação indenizatória.

---

para o consumo, em virtude da presença de objeto estranho no seu interior, por não extrapolar o âmbito individual que justifique a litigiosidade, porquanto atendida a expectativa do consumidor em sua dimensão plural" (Rel. Ministro Ricardo Villas Bôas Cueva, 3.ª T., *DJe* 19.12.2014).

5.2. RESPONSABILIDADE PELO FATO DO PRODUTO

A responsabilidade pelo fato do produto está prevista no *caput* **do art. 12 do CDC**, que estabelece: "O fabricante, o produtor, o construtor, nacional ou estrangeiro, e o importador respondem, independentemente da existência de culpa, pela reparação dos danos causados aos consumidores por defeitos decorrentes de projeto, fabricação, construção, montagem, fórmulas, manipulação, apresentação ou acondicionamento de seus produtos, bem como por informações insuficientes ou inadequadas sobre sua utilização e riscos".

Constata-se inicialmente da leitura do dispositivo *supra* que houve uma **especificação dos fornecedores** e, consequentemente, concluímos que **cada um responderá, a princípio e individualmente**, pelos danos a que der causa. Isto significa dizer, conforme já pontuado no Capítulo 4, que:

- o fabricante responde pelo que fabricou;
- o produtor, pelo que produziu;
- o construtor, pelo que construiu;
- o importador, pelo que importou.

Tal constatação não impede, entretanto, **o reconhecimento da responsabilidade solidária pelo princípio da solidariedade insculpido**, dentre outros, nos arts. 7.º, parágrafo único, e 25, § 1.º, da Lei n. 8.078/90, ou seja, se for demonstrado no caso concreto que mais de um da cadeia de fornecedores contribuiu para a causação do dano, todos responderão solidariamente.

Para elucidar o tema, segue exemplo também citado no Capítulo 4: a princípio, a montadora de veículos é a responsável pelo carro que montou. Entretanto, se houver dúvida sobre quem inseriu indevidamente determinada peça no veículo adquirido — montadora ou concessionária —, o consumidor que sofreu um acidente de consumo poderá acionar qualquer um dos dois fornecedores dessa cadeia ou até mesmo ambos, sob o fundamento do princípio da responsabilidade solidária.

Na visão de Zelmo Denari, são três as categorias clássicas de fornecedores:[9]

FORNECEDOR REAL	FORNECEDOR PRESUMIDO	FORNECEDOR APARENTE
fabricante, produtor e construtor	importador	coloca seu nome ou marca no produto final, ou seja, o franqueador[10]

No tocante à responsabilidade solidária do fornecedor aparente, entendeu o Superior Tribunal de Justiça:

---

[9] GRINOVER, Ada Pellegrini; BENJAMIN, Antônio Herman de V.; FINK, Daniel Roberto; FILOMENO, José Geraldo Brito; NERY JR., Nelson; DENARI, Zelmo. *Código Brasileiro de Defesa do Consumidor*, p. 197.

[10] No entendimento de Herman Benjamin, o comerciante também se enquadraria no conceito de fornecedor aparente quando não fosse possível identificar o responsável real, conforme será visto logo mais quando da análise do art. 13 do CDC. In: BENJAMIN, Antônio Herman de V.; MARQUES, Claudia Lima; BESSA, Leonardo Roscoe. *Manual de direito do consumidor*, p. 146.

RECURSO ESPECIAL — AÇÃO DE INDENIZAÇÃO — DANOS MATERIAL E MORAL — RELAÇÃO DE CONSUMO — DEFEITO DO PRODUTO — FORNECEDOR APARENTE — MARCA DE RENOME GLOBAL — LEGITIMIDADE PASSIVA — RECURSO ESPECIAL DESPROVIDO. INSURGÊNCIA RECURSAL DA EMPRESA RÉ.
Hipótese: A presente controvérsia cinge-se a definir o alcance da interpretação do art. 3.º do Código de Defesa do Consumidor, a fim de aferir se na exegese de referido dispositivo contempla-se a figura do fornecedor aparente — e, consequentemente, sua responsabilidade —, entendido como aquele que, sem ser o fabricante direto do bem defeituoso, compartilha a mesma marca de renome mundial para comercialização de seus produtos.
1. **A adoção da teoria da aparência pela legislação consumerista conduz à conclusão de que o conceito legal do art. 3.º do Código de Defesa do Consumidor abrange também a figura do fornecedor aparente, compreendendo aquele que, embora não tendo participado diretamente do processo de fabricação, apresenta-se como tal por ostentar nome, marca ou outro sinal de identificação em comum com o bem que foi fabricado por um terceiro, assumindo a posição de real fabricante do produto perante o mercado consumidor.**
2. **O fornecedor aparente em prol das vantagens da utilização de marca internacionalmente reconhecida, não pode se eximir dos ônus daí decorrentes, em atenção à teoria do risco da atividade adotada pelo Código de Defesa do Consumidor. Dessa forma, reconhece-se a responsabilidade solidária do fornecedor aparente** para arcar com os danos causados pelos bens comercializados sob a mesma identificação (nome/marca), de modo que resta configurada sua legitimidade passiva para a respectiva ação de indenização em razão do fato ou vício do produto ou serviço.
3. **No presente caso, a empresa recorrente deve ser caracterizada como fornecedora aparente para fins de responsabilização civil pelos danos causados pela comercialização do produto defeituoso que ostenta a marca TOSHIBA, ainda que não tenha sido sua fabricante direta**, pois ao utilizar marca de expressão global, inclusive com a inserção da mesma em sua razão social, beneficia-se da confiança previamente angariada por essa perante os consumidores. É de rigor, portanto, o reconhecimento da legitimidade passiva da empresa ré para arcar com os danos pleiteados na exordial.
4. Recurso especial desprovido (REsp 1580432/SP, Rel. Ministro Marco Buzzi, 4.ª T., j. 6.12.2018, *DJe* 4.2.2019).

Sobre o tema modalidades de fornecedores, cabe lembrar ainda do fornecedor por equiparação tratado no item 2.3.6 deste livro.

O aludido autor do Anteprojeto do CDC identifica na doutrina a citação de três modalidades de defeitos do produto:[11]

- **defeito de concepção/criação:** defeitos no projeto, na formulação ou *design* dos produtos;
- **defeito de produção/fabricação:** defeitos de fabricação, construção, montagem, manipulação e acondicionamento dos produtos;

---

[11] GRINOVER, Ada Pellegrini; BENJAMIN, Antônio Herman de V.; FINK, Daniel Roberto; FILOMENO, José Geraldo Brito; NERY JR., Nelson; DENARI, Zelmo. *Código Brasileiro de Defesa do Consumidor*, p. 199.

◼ **defeito de informação/comercialização:** defeito na apresentação, informação insuficiente ou inadequada, inclusive a publicidade.

5.2.1. Definição de produto defeituoso no CDC

O Código de Defesa do Consumidor definiu no **art. 12, § 1.º**, o produto defeituoso como aquele que **"não oferece a segurança** que dele legitimamente se espera, levando-se em consideração as circunstâncias relevantes, entre as quais: I — sua apresentação; II — o uso e os riscos que razoavelmente dele se esperam; III — a época em que foi colocado em circulação".

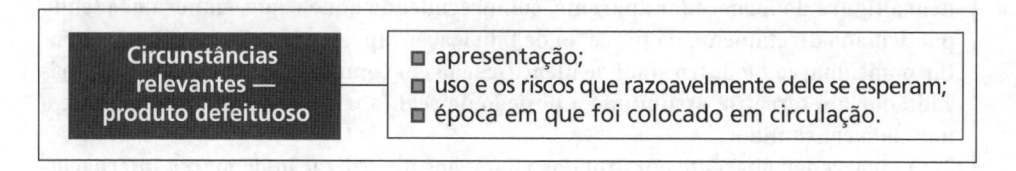

Circunstâncias relevantes — produto defeituoso	◼ apresentação; ◼ uso e os riscos que razoavelmente dele se esperam; ◼ época em que foi colocado em circulação.

Conforme dito anteriormente, o Diploma Consumerista **atrela ao conceito de defeito a questão da segurança** que legitimamente o consumidor espera de um produto, no caso do art. 12. Ante este contexto, a pergunta que se faz é a seguinte: **é vedada a colocação de produtos inseguros ou perigosos no mercado de consumo?** E, a resposta, nós já vimos que é negativa quando a analisamos no Capítulo 4, mais precisamente no subitem "4.3.2. Direito à vida, à saúde e à segurança", e na apreciação dos arts. 8.º a 10 do CDC.

Mas vale trazer à colação os ensinamentos de Herman Benjamin, que divide a análise do tema de acordo com a natureza da periculosidade, se inerente, adquirida ou exagerada:[12]

PERICULOSIDADE INERENTE (LATENTE)	"Os bens de consumo de *periculosidade inerente* ou *latente (unavoidably unsafe product or service)* trazem um risco intrínseco atado a sua própria qualidade ou modo de funcionamento. Embora se mostre capaz de causar acidentes, a periculosidade dos produtos e serviços, nesses casos, diz-se *normal* e *previsível* em decorrência de sua natureza ou fruição, ou seja, está em sintonia com as expectativas legítimas dos consumidores." Ex.: facas.[13]

---

[12] BENJAMIN, Antônio Herman de V.; MARQUES, Claudia Lima; BESSA, Leonardo Roscoe. *Manual de direito do consumidor*, p. 142-145.

[13] O CDC legitima a introdução de produtos com periculosidade inerente nos termos dos seguintes artigos: "Art. 8.º Os produtos e serviços colocados no mercado de consumo não acarretarão riscos à saúde ou segurança dos consumidores, exceto os considerados normais e previsíveis em decorrência de sua natureza e fruição, obrigando-se os fornecedores, em qualquer hipótese, a dar as informações necessárias e adequadas a seu respeito. § 1.º Em se tratando de produto industrial, ao fabricante cabe prestar as informações a que se refere este artigo, através de impressos apropriados que devam acompanhar o produto. (Redação dada pela Lei n. 13.486, de 2017). § 2.º O fornecedor deverá higienizar os equipamentos e utensílios utilizados no fornecimento de produtos ou serviços, ou colocados à disposição do consumidor, e informar, de maneira ostensiva e adequada, quando for o caso, sobre o risco de contaminação. (Incluído pela Lei n. 13.486, de 2017). Art. 9.º O fornecedor de produtos e serviços potencialmente nocivos ou

PERICULOSIDADE ADQUIRIDA	"Os chamados produtos ou serviços de *periculosidade adquirida* tornam-se perigosos em decorrência de um *defeito* que, por qualquer razão, apresentam. São bens de consumo que, se ausente o vício de qualidade por insegurança que trazem, não manifestam risco superior àquele legitimamente esperado pelo consumidor. A característica principal da periculosidade adquirida é exatamente a sua *imprevisibilidade* para o consumidor. É impossível (ou, quando possível, inútil) qualquer modalidade de advertência, já que esta não tem o condão de eliminá-la."[14]
PERICULOSIDADE EXAGERADA	"Estes são, em verdade, uma espécie dos bens de consumo de *periculosidade inerente* embora Eike von Hippel (*Verbraucherschutz*, p. 50) prefira situá-los como portadores de defeito de concepção. Só que, ao contrário dos bens de periculosidade inerente, a informação adequada aos consumidores não produz maior resultado na mitigação de seus riscos. Seu potencial danoso é tamanho que o requisito da previsibilidade não consegue ser totalmente preenchido pelas informações prestadas pelos fornecedores."[15]

Sobre a periculosidade inerente, importante destacar ainda que o STJ entendeu que a comprovação de graves lesões decorrentes da abertura indevida de *air bag*, por se tratar de acidente automobilístico em baixíssima velocidade, que, portanto, extrapolou os limites do razoável no tocante ao mecanismo de segurança, configura a responsabilidade objetiva da montadora de veículos pela reparação dos danos ao consumidor:

DIREITO DO CONSUMIDOR. AÇÃO DE INDENIZAÇÃO POR DANO MATERIAL E COMPENSAÇÃO POR DANO MORAL. ACIDENTE DE TRÂNSITO. SEGURANÇA. GRAVES LESÕES. FUNDAMENTO DO ACÓRDÃO NÃO IMPUGNADO. SÚMULA 283/STF. INTERESSE RECURSAL. QUESTÕES RESOLVIDAS PELO TRIBUNAL DE ORIGEM. AUSÊNCIA. REEXAME DE FATOS E PROVAS. INADMISSIBILIDADE. **MECANISMO DE SEGURANÇA. RISCO INERENTE. PRODUTO DEFEITUOSO. EXCESSO.** REVISÃO DO VALOR DA COMPENSAÇÃO. 1. Ação de indenização por dano material e compensação por dano moral ajuizada em 17.3.2009. Recurso especial atribuído ao gabinete em 25.8.2016. Julgamento: CPC/73. 2. O propósito recursal consiste em afastar a responsabilidade objetiva da Mitsubishi Motors Corporation decorrente de alegado dano ocasionado por fato de produto. 3. A existência de fundamento do acórdão recorrido não impugnado — quando suficiente para a manutenção de suas conclusões — impede a apreciação do recurso especial. 4. Ausência de interesse recursal da recorrente em questões já deferidas pelo Tribunal de origem. 5. O reexame de fatos e provas em recurso especial é inadmissível. 6. **Considera-se o produto como defeituoso quando não fornece a segurança que o consumidor dele se espera, levando-se em consideração a época e o modo em que foi prestado, e no que mais**

---

perigosos à saúde ou segurança deverá informar, de maneira ostensiva e adequada, a respeito da sua nocividade ou periculosidade, sem prejuízo da adoção de outras medidas cabíveis em cada caso concreto".

[14] Segundo Herman Benjamin, são os defeitos de fabricação, os defeitos de concepção (*design* ou projeto) e os defeitos de comercialização, também denominados de informação ou de instrução presentes no art. 12 do CDC (BENJAMIN, Antônio Herman de V.; MARQUES, Claudia Lima; BESSA, Leonardo Roscoe. *Manual de direito do consumidor*, p. 144).

[15] O CDC veda a introdução de produtos com o citado grau de periculosidade no seguinte dispositivo: "Art. 10. O fornecedor não poderá colocar no mercado de consumo produto ou serviço que sabe ou deveria saber apresentar alto grau de nocividade ou periculosidade à saúde ou segurança".

importa para a espécie, os riscos inerentes a sua regular utilização. 7. O fato da utilização do *air bag*, como mecanismo de segurança de periculosidade inerente, não autoriza que as montadoras de veículos se eximam da responsabilidade em ressarcir danos fora da normalidade do "uso e os riscos que razoavelmente dele se esperam" (art. 12, § 1.º, II, do CDC). 8. É clara a necessidade de se arbitrar valor proporcional e estritamente adequado à compensação do prejuízo extrapatrimonial sofrido e ao desestímulo de práticas lesivas. Por outro ângulo, a compensação financeira arbitrada não pode representar o enriquecimento sem causa da vítima. 9. Recurso especial parcialmente conhecido, e nessa parte, parcialmente provido para fixar definitivamente neste julgamento o valor da compensação pelo dano moral (REsp 1.656.614/SC, Rel. Ministra Nancy Andrighi, 3.ª T., j. 23.5.2017, *DJe* 2.6.2017).

5.2.2. As circunstâncias relevantes para a caracterização do produto defeituoso

O art. 12, § 1.º, do Código de Defesa do Consumidor leva em consideração algumas circunstâncias para o enquadramento do produto como defeituoso, dentre as quais:

- a sua apresentação;
- o uso e os riscos que razoavelmente dele se esperam;
- a época em que foi colocado em circulação.

No tocante à circunstância primeira, o próprio *caput* do art. 12 do Código do Consumidor prevê o **defeito como decorrência da apresentação**, bem como por **informações insuficientes ou inadequadas** sobre sua utilização e riscos.

Nesse diapasão, a falha na informação constante da rotulagem, embalagem, mensagem publicitária ou qualquer outra forma de manifestação de oferta poderá tornar o produto defeituoso e, consequentemente, gerar um acidente de consumo. Como exemplo, podemos citar um produto cortante, fabricado com lâminas e tecnologia de última geração, cuja embalagem deverá informar adequadamente sobre os riscos na sua utilização.

A segunda circunstância presente no rol exemplificativo do dispositivo legal em estudo envolve os **usos e os riscos que razoavelmente dele se esperam**. Já foi estudado nos subitens precedentes que, a depender da natureza da periculosidade existente, o produto poderá ser fornecido no mercado de consumo.

Referimo-nos à **periculosidade inerente ou latente**, desde que **dentro dos limites da normalidade e previsibilidade que razoavelmente são esperadas** pelo consumidor, nos termos do art. 8.º do CDC.[16] Ainda assim, vale lembrar, o fornecedor deverá informar de maneira ostensiva e adequada sobre a nocividade e periculosidade

---

[16] Importante lembrar da novidade introduzida pela Lei n. 13.486, de 2017, ao dispor: "O fornecedor deverá higienizar os equipamentos e utensílios utilizados no fornecimento de produtos ou serviços, ou colocados à disposição do consumidor, e informar, de maneira ostensiva e adequada, quando for o caso, sobre o risco de contaminação". Assim carrinhos de supermercados e *mouses* em cybercafés, por exemplo, deverão ser higienizados e a sua falta não poderá ser considerada como conduta normal e previsível, não se incluindo na exceção prevista no *caput* do art. 8.º do CDC.

existentes (art. 9.º do CDC), sob pena de o produto tornar-se defeituoso em razão da falha na apresentação, conforme estudado na circunstância *supra*.

O último exemplo leva em consideração a **época em que o produto foi colocado em circulação**, isto é, se era possível prever a essa época os riscos que o bem de consumo poderia causar no mercado de consumo.

Trata-se da análise dos **riscos do desenvolvimento**, tema que será estudado juntamente com as causas excludentes de responsabilidade do fornecedor, justamente por existir polêmica em torno do assunto.

De qualquer forma, o art. 10, § 1.º, da Lei n. 8.078/90 é cristalino ao determinar que o "fornecedor de produtos e serviços que, posteriormente à sua introdução no mercado de consumo, tiver conhecimento da periculosidade que apresentem, deverá comunicar o fato imediatamente às autoridades competentes e aos consumidores, mediante anúncios publicitários".

5.2.3. A inovação tecnológica

O art. 12, § 2.º, do Código de Defesa do Consumidor estabelece que: "O produto **não é considerado defeituoso pelo fato de outro de melhor qualidade ter sido colocado no mercado**".

O dispositivo demonstra mais uma vez que o **CDC**, apesar de ser um Diploma voltado para a proteção do mais fraco, não é um Código arbitrário. Muito pelo contrário, confere direitos ao consumidor, impõe deveres ao fornecedor, mas **não impede**, por exemplo, o **desenvolvimento tecnológico** ao prever que a colocação de novidades no mercado de consumo não tornará defeituosos os produtos antigos.

Situação teratológica que merece destaque foi o pleito de um consumidor inconformado pelo fato de ter adquirido seu veículo automotor pouco tempo antes da introdução de novo modelo no mercado.

Vejamos a posição do Superior Tribunal de Justiça sobre o assunto: "**A pretensão de o apelante receber o veículo novo ou ser ressarcido por danos materiais não se enquadra à hipótese do artigo 18, § 1.º, inc. I e II, do Código de Defesa do Consumidor eis que não há vícios de qualidade ou quantidade e o bem não é impróprio nem inadequado para o fim a que se destina. Ao contrário, como dispõe o § 2.º do artigo 12, o produto não é considerado defeituoso pelo fato de outro de melhor qualidade ter sido colocado no mercado**" (Ag 693.303, Rel. Ministro Aldir Passarinho Junior, publicado em 11.11.2005).

No Agravo Regimental interposto sobre o aludido julgado, assim entendeu o STJ: "**Ademais, o direito do consumidor se dá em relação à fidedignidade e qualidade do produto que está comprando, não abrangendo, no caso de aquisição de veículo novo, o acesso a informações precisas sobre futuros lançamentos da montadora, dado ao sigilo e dinâmica de mercado próprios da indústria automobilística. Indevida, portanto, indenização, se após a aquisição outro modelo, mais atualizado, veio a ser produzido**" (publicado em 8.5.2006).[17]

---

[17] No mesmo sentido o STJ entendeu: "DIREITO DO CONSUMIDOR. 'REESTILIZAÇÃO' LÍCI-

Trata-se de "reestilização" lícita que não gera qualquer dano ao consumidor. Diferente é a situação em que o fornecedor vende determinado veículo como do ano seguinte e, na sequência, lança outro modelo, parando de fabricar aquele adquirido pelo consumidor.

Neste caso, a prática abusiva é evidente na visão do STJ: "Embora lícito ao fabricante de veículos antecipar o lançamento de um modelo meses antes da virada do ano, prática usual no país, constitui prática comercial abusiva e propaganda enganosa e não de 'reestilização' lícita, lançar e comercializar veículo no ano como sendo modelo do ano seguinte e, depois, adquiridos esses modelos pelos consumidores, paralisar a fabricação desse modelo e lançar outro, com novos detalhes, no mesmo ano, como modelo do ano seguinte, nem mesmo comercializando mais o anterior em aludido ano seguinte. Caso em que o fabricante, após divulgar e passar a comercializar o automóvel 'Pálio Fire Ano 2006 Modelo 2007', vendido apenas em 2006, simplesmente lançou outro automóvel 'Pálio Fire Modelo 2007', com alteração de vários itens, o que leva a concluir haver ele oferecido em 2006 um modelo 2007 que não viria a ser produzido em 2007, ferindo a fundada expectativa de consumo de seus adquirentes em terem, no ano de 2007, um veículo do ano" (REsp 1.342.899/RS, Rel. Ministro Sidnei Beneti, 3.ª T., *DJe* 9.9.2013).

5.2.4. Responsabilidade do comerciante pelo fato do produto

O Diploma Consumerista prevê no *caput* do art. 13 que o comerciante será igualmente responsabilizado pelo fato do produto (acidente de consumo) quando:

- ▪ o fabricante, o construtor, o produtor ou o importador não puderem ser identificados (produto anônimo);[18]
- ▪ o produto for fornecido sem identificação clara do seu fabricante, produtor, construtor ou importador (produto cuja identificação do fornecedor principal não é clara);
- ▪ não conservar adequadamente os produtos perecíveis.

TA DE PRODUTO. VEÍCULO 2007 COMERCIALIZADO COMO MODELO 2008. LANÇAMENTO NO ANO DE 2008 DE PRODUTO REFORMULADO, COMO SENDO MODELO 2009. PRÁTICA COMERCIAL ABUSIVA E PROPAGANDA ENGANOSA NÃO VERIFICADAS. 1. — Lícito ao fabricante de veículos antecipar o lançamento de um modelo meses antes da virada do ano, prática usual no mercado de veículos. 2. — Não há falar em prática comercial abusiva ou propaganda enganosa quando o consumidor, no ano de 2007, adquire veículo modelo 2008 e a reestilização do produto atinge apenas os de modelo 2009, ou seja, não realizada no mesmo ano. Situação diversa da ocorrida no julgamento do REsp 1.342.899-RS (Rel. Ministro SIDNEI BENETI, 3.ª T., j. 20.8.2013, *DJe* 9.9.2013). 3. — No caso, a alegação de que o consumidor deveria ter sido advertido, no momento da compra, quanto à alteração das características do produto em futuro próximo, tendo em vista o direito de ampla informação, não foi enfrentada pelo Tribunal de origem. Ausência de prequestionamento. 4. — Recurso Especial a que se nega provimento" (REsp 1.330.174/MG, Rel. Ministro Sidnei Beneti, 3.ª T., *DJe* 4.11.2013).

[18] A denominação de produto anônimo foi muito bem colocada por Herman Benjamin (BENJAMIN, Antônio Herman de V.; MARQUES, Claudia Lima; BESSA, Leonardo Roscoe. *Manual de direito do consumidor*, p. 160).

As duas primeiras situações são corriqueiras na venda de hortifrutigranjeiros em geral, quando, por exemplo, não é possível identificar o produtor de uma verdura.[19]

Esquematizando a responsabilidade do comerciante pelo fato do produto, encontramos:

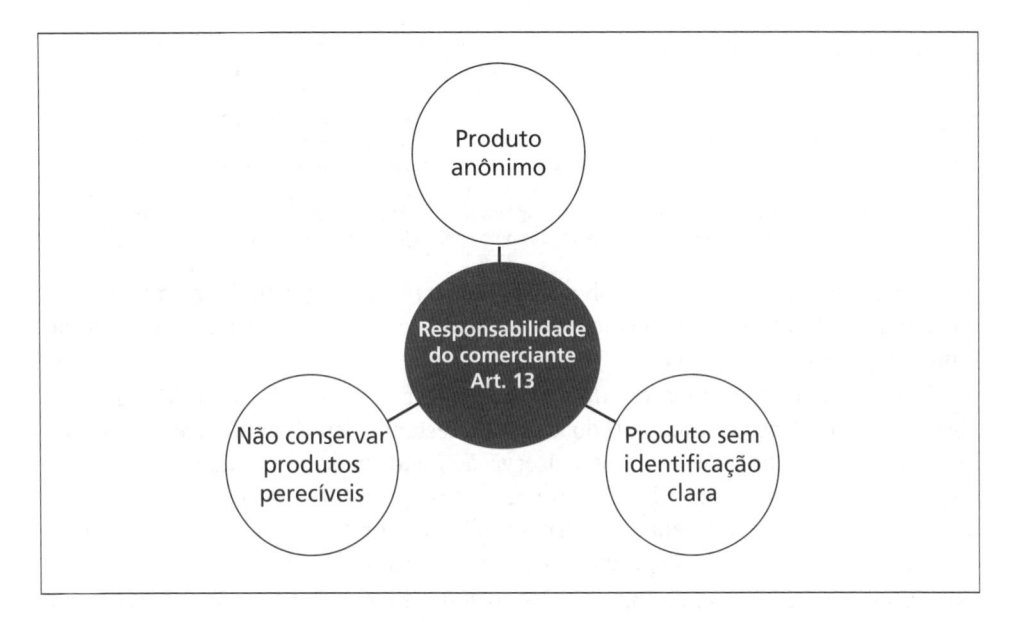

[Diagrama: Responsabilidade do comerciante Art. 13 — Produto anônimo; Não conservar produtos perecíveis; Produto sem identificação clara]

Segundo Sergio Cavalieri Filho, o "comerciante foi excluído em via principal porque ele, nas relações de consumo em massa, não tem nenhum controle sobre a segurança e qualidade das mercadorias. Recebe os produtos fechados, embalados, enlatados, como ocorre, por exemplo, nos super e hipermercados, nas grandes lojas de departamentos e drogarias, e assim os transfere aos consumidores. Em suma, **o comerciante não tem poder para alterar nem controlar técnicas de fabricação e produção**".[20]

Existe divergência na doutrina a respeito da natureza da responsabilidade do comerciante, **se subsidiária ou solidária**. No entendimento de **Rizzatto Nunes**, no "que respeita ao *caput* do art. 13, é necessário ressaltar que o vocábulo 'igualmente' tem de ser interpretado no duplo sentido de que **o comerciante** tem as mesmas responsabilidades firmadas no artigo anterior (o 12) e que ele **é solidariamente responsável** com os agentes do art. 12. E, assim, todos são solidários".[21]

Entretanto, concordamos com o **posicionamento majoritário** no sentido de que a **responsabilidade do comerciante é subsidiária**, e assim fazemos apoiados nas seguintes doutrinas:

---

[19] Com a maior facilidade de acesso aos produtos orgânicos, a identificação do produtor vem fazendo cada vez mais parte do dia a dia dos supermercados.
[20] CAVALIERI FILHO, Sergio. *Programa de direito do consumidor*, p. 297.
[21] NUNES, Luiz Antonio Rizzatto. *Curso de direito do consumidor*, p. 289.

ZELMO DENARI	"A responsabilidade do comerciante, nos acidentes de consumo, é **meramente subsidiária**, pois os obrigados principais são aqueles elencados no art. 12."[22]
HERMAN BENJAMIN	"No contexto do Código, a responsabilidade do comerciante é **subsidiária**, isto é, secundária em relação àquela dos outros agentes econômicos, que é principal. Subsidiariedade esta que vem acrescentar, ao rol primitivo do art. 12, *caput*, o sujeito faltante: o comerciante. Fecha-se o círculo."[23]
BRUNO MIRAGEM	"O *caput* do artigo 13 ('O comerciante é igualmente responsável...') induz a pensar-se trata a hipótese de responsabilidade solidária. Todavia, as hipóteses estabelecidas nos incisos I e II da norma, fazendo referência à circunstância de que os responsáveis não possam ser identificados, seja porque esta identificação não exista, seja porque é obscura ou insuficiente, determina a responsabilidade em questão como espécie de **responsabilidade subsidiária ou supletiva**. Ocorrendo, todavia, qualquer das hipóteses do artigo 13, ele passa a integrar, em conjunto — e portanto, solidariamente — com os demais responsáveis indicados no artigo 12 do CDC — o rol de fornecedores que poderão ser demandados pelo consumidor."[24]

É evidente que não podemos olvidar do **inciso terceiro**, que trata de uma hipótese de **responsabilidade direta** do comerciante quando este deixar de **conservar adequadamente produtos perecíveis**.

Nesse sentido, mais uma vez trazemos à colação as lições de Bruno Miragem, ao observar que no "caso do inciso III do artigo 13, restando demonstrado que o dano causado aos consumidores decorreu da conservação inadequada de produtos perecíveis, a responsabilidade do comerciante decorre de fato próprio, razão pela qual não se há de falar em subsidiariedade, senão de responsabilidade direta, que vincula sua conduta como causa do evento danoso produzido contra o consumidor-vítima".[25]

No entanto, em nossa visão, não cabe ao consumidor identificar se o comerciante conservou ou não adequadamente o produto adquirido.

De fato, o **vulnerável da relação pode entrar com a ação contra o fabricante**, ser indenizado e, caso este fornecedor queira, pode exercer seu direito de regresso contra o comerciante, demonstrando que o bem de consumo não teve um defeito de fabricação, mas sim que os danos foram decorrentes de má conservação.

Sobre o tema, segue entendimento do **STJ**: **"A eventual configuração da culpa do comerciante que coloca à venda produto com prazo de validade vencido não tem o condão de afastar o direito de o consumidor propor ação de reparação pelos danos resultantes da ingestão da mercadoria estragada em face do fabricante"** (REsp 980.860/SP, Rel. Ministra Nancy Andrighi, 3.ª T., *DJe* 2.6.2009).

Igualmente, vale lembrar que existem **outras hipóteses de responsabilidade direta do comerciante** por acidente de consumo que não estejam relacionadas diretamente com o fato do produto. Lembremos do caso do **consumidor que se fere ao escorregar no interior de um supermercado** em razão de o piso estar molhado pela quebra de

---

[22] GRINOVER, Ada Pellegrini; BENJAMIN, Antônio Herman de V.; FINK, Daniel Roberto; FILOMENO, José Geraldo Brito; NERY JR., Nelson; DENARI, Zelmo. *Código Brasileiro de Defesa do Consumidor*, p. 207.

[23] BENJAMIN, Antônio Herman de V.; MARQUES, Claudia Lima; BESSA, Leonardo Roscoe. *Manual de direito do consumidor*, p. 158.

[24] MIRAGEM, Bruno. *Curso de direito do consumidor*, p. 395.

[25] MIRAGEM, Bruno. *Curso de direito do consumidor*, p. 395.

garrafas de refrigerante e da ausência de qualquer placa indicativa da situação de risco apresentada.

Por fim, destaca-se que o Superior Tribunal de Justiça, quando reconheceu a responsabilidade do comerciante na modalidade solidária, assim o fez tendo por fundamento da demanda o art. 18 do CDC, que trata da responsabilidade pelo vício do produto, e não pelo fato do produto exclusivamente, como previsto nos arts. 12 e 13. Vejamos:

> ADMINISTRATIVO. REGULAÇÃO. PODER DE POLÍCIA ADMINISTRATIVA. FISCALIZAÇÃO DE RELAÇÃO DE CONSUMO. INMETRO. COMPETÊNCIA RELACIONADA A ASPECTOS DE CONFORMIDADE E METROLOGIA. **DEVERES DE INFORMAÇÃO E DE TRANSPARÊNCIA QUANTITATIVA.** VIOLAÇÃO. AUTUAÇÃO. ILÍCITO ADMINISTRATIVO DE CONSUMO. **RESPONSABILIDADE SOLIDÁRIA DOS FORNECEDORES.** POSSIBILIDADE.
> 1. A Constituição Federal/88 elegeu a defesa do consumidor como fundamento da ordem econômica pátria, inciso V do art. 170, possibilitando, assim, a criação de autarquias regulatórias como o INMETRO, com competência fiscalizatória das relações de consumo sob aspectos de conformidade e metrologia.
> 2. As violações a deveres de informação e de transparência quantitativa representam também ilícitos administrativos de consumo que podem ser sancionados pela autarquia em tela.
> 3. A responsabilidade civil nos ilícitos administrativos de consumo tem a mesma natureza ontológica da responsabilidade civil na relação jurídica base de consumo. Logo, é, por disposição legal, solidária.
> **4. O argumento do comerciante de que não fabricou o produto e de que o fabricante foi identificado não afasta a sua responsabilidade administrativa, pois não incide,** *in casu*, **o § 5.º do art. 18 do CDC.**
> Recurso especial provido (REsp 1.118.302/SC, Rel. Ministro Humberto Martins, 2.ª T., *DJe* 14.10.2009).

5.2.5. Direito de regresso

O direito de regresso está previsto no CDC, no art. 13, parágrafo único, que estabelece, *in verbis*: "**Aquele que efetivar o pagamento** ao prejudicado poderá **exercer o direito de regresso** contra os demais responsáveis, segundo sua participação na causação do evento danoso".

Anotem que a regra do **direito de regresso vale para qualquer hipótese de responsabilidade solidária**, e o fato de estar previsto no parágrafo único do art. 13 não limita esse direito apenas ao comerciante.

Nesse sentido é também o entendimento de Sergio Cavalieri Filho, para quem aquele "que paga a indenização nem sempre é o único causador do dano, razão pela qual o Código (art. 13, parágrafo único) lhe assegura o direito de regresso contra os demais responsáveis, segundo sua participação na causação do evento danoso. É uma consequência natural da solidariedade passiva e da sub-rogação legal que se opera em favor do devedor que paga a dívida dos outros. **O fato de ter o legislador**, talvez por desatenção, **inserido o dispositivo** que trata do direito de regresso como parágrafo único do artigo que cuida da responsabilidade subsidiária do comerciante **(art. 13) não deve levar ao** entendimento de que a sua aplicação fica limitada aos casos de solidariedade entre o comerciante e o fabricante, produtor ou importador".[26]

Apesar de o direito de regresso não estar vinculado apenas ao comerciante, bom exemplo para esquematizar o tema envolve o seguinte contexto:

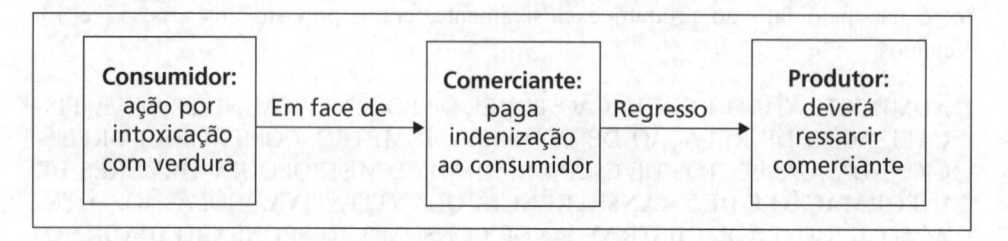

```
┌─────────────────────────────────────────────────────────────────────────────┐
│  Consumidor:                    Comerciante:                 Produtor:      │
│  ação por      Em face de  →    paga           Regresso  →   deverá         │
│  intoxicação                    indenização                  ressarcir      │
│  com verdura                    ao consumidor                comerciante    │
└─────────────────────────────────────────────────────────────────────────────┘
```

Em suma, qualquer um que for solidariamente responsável pelo dano, ainda que não seja o causador direto deste (por exemplo, defeito de produção, e não de comercialização), arca com a indenização perante o consumidor e terá o direito de reaver o valor pago — direito de regresso — em face do verdadeiro responsável pelo dano.

5.2.6. Denunciação da lide

Apesar de o Código de Defesa do Consumidor admitir o direito de regresso, um de seus principais instrumentos de realização foi vedado, qual seja: a denunciação da lide. Tal vedação está prevista no **art. 88 do CDC**, que estabelece: "Na hipótese do art. 13, parágrafo único deste código, a ação de regresso poderá ser ajuizada em processo autônomo, facultada a possibilidade de prosseguir-se nos mesmos autos, **vedada a denunciação da lide**".

Nos termos legais, a denunciação da lide está vedada e o direito de regresso poderá ser exercido:

- em processo autônomo;
- no mesmo feito proposto pelo consumidor após a indenização deste.

Os **fundamentos** dessa vedação são basicamente dois:

- **evitar o retardamento da reparação de danos do consumidor**, na medida em que, se fosse permitida a denunciação, nova pessoa seria trazida ao processo, mediante nova citação, com abertura de novo prazo para apresentar defesa, além da apresentação de novo rol de testemunhas;
- **fundamento jurídico inédito** trazido à demanda consubstanciado na discussão sobre a **responsabilidade subjetiva entre fornecedores** numa ação proposta pelo consumidor e pautada na responsabilidade objetiva.

---

[26] CAVALIERI FILHO, Sergio. *Programa de direito do consumidor*, p. 318.

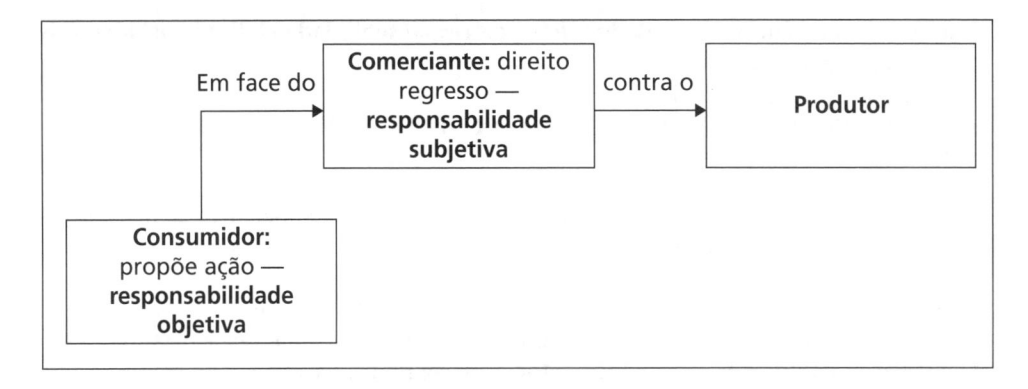

```
                          ┌──────────────────┐
            Em face do    │ Comerciante: direito │   contra o    ┌──────────┐
         ┌───────────────▶│    regresso —         │──────────────▶│ Produtor │
         │                │  responsabilidade    │               └──────────┘
         │                │    subjetiva          │
         │                └──────────────────┘
┌────────┴────────┐
│   Consumidor:   │
│  propõe ação —  │
│ responsabilidade│
│     objetiva    │
└─────────────────┘
```

Na **visão da doutrina, a vedação da denunciação**, ainda que remissiva ao art. 13, que trata da responsabilidade pelo fato do produto, **estender-se-ia também à responsabilidade pelo fato do serviço**, tendo em vista que os fundamentos da vedação estariam plenamente em consonância com este modelo de responsabilidade.

Este é o entendimento de Herman Benjamin ao destacar que "a impossibilidade de denunciação da lide, nos termos do art. 88 do CDC, que, embora se refira unicamente à hipótese relativa a fato do produto (art. 13), deve ser aplicado analogicamente para todos os casos de responsabilidade solidária previstos no CDC".

No entanto, a jurisprudência do **Superior Tribunal de Justiça vem admitindo a denunciação da lide** quando o caso estiver relacionado com o **fato do serviço**, sendo vedada apenas para o fato do produto. Segue trecho de julgado que bem demonstra a posição do STJ sobre o tema: **"Nas relações de consumo, a denunciação da lide é vedada apenas na responsabilidade pelo fato do produto (artigo 13 do Código de Defesa do Consumidor), admitindo-o nos casos de defeito no serviço (artigo 14 do CDC), desde que preenchidos os requisitos do artigo 70 do Código de Processo Civil, inocorrente, na espécie"** (REsp 1.123.195/SP, Rel. Ministro Massami Uyeda, 3.ª T., *DJe* 3.2.2011).

Exemplo comum de falha no serviço capaz de gerar um acidente de consumo ocorre quando o consumidor, barrado na porta giratória e humilhado pelo segurança, ingressa com ação de indenização contra a instituição financeira que comumente denuncia a lide em face da empresa de segurança, e o STJ vem admitindo tal situação (Recurso Especial 439.233). Também da relação entre hospital e médico: **"Admite-se a denunciação da lide na hipótese de defeito na prestação de serviço"** (REsp 1.216.424/MT, Rel. Ministra Nancy Andrighi, 3.ª T., *DJe* 19.8.2011).

A demonstração de que o tema é realmente polêmico está expressa no julgado proferido pela 3.ª Turma do STJ em maio de 2012, ao entender pela vedação total da denunciação da lide, quer para o fato do produto, quer para o fato do serviço:

INDENIZAÇÃO POR DANOS MORAIS. DEFEITO NA PRESTAÇÃO DO SERVIÇO A CONSUMIDOR. DENUNCIAÇÃO DA LIDE. INTERPRETAÇÃO DO ART. 88 DO CDC. IMPOSSIBILIDADE.
1. **A vedação à denunciação da lide prevista no art. 88 do CDC não se restringe à responsabilidade de comerciante por fato do produto (art. 13 do CDC), sendo**

aplicável também nas demais hipóteses de responsabilidade civil por acidentes de consumo (arts. 12 e 14 do CDC).
2. Revisão da jurisprudência desta Corte.
3. RECURSO ESPECIAL DESPROVIDO (REsp 1.165.279/SP, Rel. Ministro Paulo de Tarso Sanseverino, 3.ª T., *DJe* 28.5.2012).

No *Informativo* n. 498 do Superior Tribunal de Justiça a notícia parece mais esclarecedora, nos seguintes termos:

DENUNCIAÇÃO DA LIDE. CDC. DEFEITO NA PRESTAÇÃO DE SERVIÇO.
A Turma, ao rever orientação dominante desta Corte, assentou que é incabível a denunciação da lide nas ações indenizatórias decorrentes da relação de consumo seja no caso de responsabilidade pelo fato do produto, seja no caso de responsabilidade pelo fato do serviço (arts. 12 a 17 do CDC). Asseverou o Min. Relator que, segundo melhor exegese do enunciado normativo do art. 88 do CDC, a vedação ao direito de denunciação da lide não se restringiria exclusivamente à responsabilidade do comerciante pelo fato do produto (art. 13 do CDC), mas a todo e qualquer responsável (real, aparente ou presumido) que indenize os prejuízos sofridos pelo consumidor. Segundo afirmou, **a proibição do direito de regresso na mesma ação objetiva evitar a procrastinação do feito, tendo em vista a dedução no processo de uma nova causa de pedir, com fundamento distinto da formulada pelo consumidor, qual seja, a discussão da responsabilidade subjetiva.** Destacou-se, ainda, que **a única hipótese na qual se admite a intervenção de terceiro nas ações que versem sobre relação de consumo é o caso de chamamento ao processo do segurador — nos contratos de seguro celebrado pelos fornecedores para garantir a sua responsabilidade pelo fato do produto ou do serviço (art. 101, II, do CDC).** Com base nesse entendimento, a Turma negou provimento ao recurso especial para manter a exclusão de empresa prestadora de serviço da ação em que se pleiteia compensação por danos morais em razão de instalação indevida de linhas telefônicas em nome do autor e posterior inscrição de seu nome em cadastro de devedores de inadimplentes (REsp 1.165.279/SP, Rel. Ministro Paulo de Tarso Sanseverino, j. 22.5.2012).[27]

No mesmo sentido de impossibilidade de denunciação da lide nas relações de consumo, entendeu o STJ, no julgamento de uma ação em que envolveu um *shopping center* e o estacionamento vinculado, pelo reconhecimento da possibilidade de responsabilidade solidária de ambos por roubo à mão armada ocorrido na cancela para ingresso no estabelecimento comercial, em via pública:

RECURSO ESPECIAL. CONSUMIDOR. CONSUMIDOR. TEORIA FINALISTA. FUNCIONÁRIA DE LOJA EM *SHOPPING CENTER*. ACIDENTE EM ÁREA COMUM. BANHEIRO. LESÃO GRAVE. RELAÇÃO DE CONSUMO. CARACTERIZAÇÃO. ACIDENTE EM HORÁRIO DE TRABALHO. IRRELEVÂNCIA. **DENUNCIAÇÃO À LIDE. IMPOSSIBILIDADE.**

---

[27] Mantendo a mesma linha de raciocínio, entendeu o STJ no AgRg no AREsp 694.980/MS, 4.ª T., *DJe* 29.9.2015, bem como no AgInt no REsp 1.635.254/SP, 3.ª T., *DJe* 30.3.2017.

1. Ação indenizatória ajuizada em 6.3.2018, do qual foi extraído o presente recurso especial, interposto em 9.2.2022 e concluso ao gabinete em 25.4.2023.
2. O propósito recursal consiste em dizer se: a) o fato de a vítima ser funcionária de loja de *shopping center* e ter sofrido acidente durante o horário de trabalho em área de uso comum (banheiro) afasta a aplicação do CDC; e b) era admissível, na hipótese dos autos, a denunciação à lide da sociedade empresária responsável pela limpeza e manutenção do local do acidente.
3. A determinação da qualidade de consumidor deve, em regra, ser feita mediante aplicação da teoria finalista, que, numa exegese restritiva do art. 2.º do CDC, considera destinatário final tão somente o destinatário fático e econômico do bem ou serviço, seja ele pessoa física ou jurídica.
4. Os *shoppings centers* são empreendimentos prestadores de serviço consistente na colocação à disposição dos clientes de ambiente seguro que reúne, em um único local, uma multiplicidade de fornecedores, tais como lojas, restaurantes e supermercados, com o objetivo de atrair consumidores em virtude da facilidade de acesso a produtos e serviços.
5. Ao acessar o ambiente disponibilizado pelo *shopping center*, o cliente passa a desfrutar, direta ou indiretamente, do serviço prestado, ainda que não adquira novos produtos ou serviços no local, estando caracterizada, portanto, a relação de consumo.
6. Ao entrar no *shopping center*, assim como qualquer outro cliente, a funcionária de loja localizada em seu interior estabelece com a referida pessoa jurídica uma verdadeira relação de consumo, porquanto presentes todos os seus requisitos configuradores, nos termos dos arts. 2.º e 3.º, do CDC.
7. O fato de a vítima ser funcionária de loja de *shopping center* e ter sofrido acidente durante o horário de trabalho em área de uso comum (banheiro) não afasta a aplicação do CDC.
8. Eventual infração trabalhista decorrente da utilização do horário de trabalho para a prática de atividade estranha ao ofício, diz respeito, exclusivamente, à relação jurídica de emprego entabulada entre a parte autora e seu empregador, o que deve ser apurado em ação própria, não integrando o objeto do presente recurso.
9. **É firme a jurisprudência desta Corte Superior no sentido de que em se tratando de relação de consumo, descabe a denunciação à lide, nos termos do art. 88 do CDC.** Precedentes.
10. Na hipótese dos autos, merece reforma o acórdão recorrido, pois configurada a relação de consumo, devendo ser afastada a denunciação à lide, impondo-se o retorno dos autos à Corte de origem para que prossiga no julgamento dos recursos de apelação interpostos por ambas as partes, apreciando as teses recursais que restaram prejudicadas, como entender de direito.
11. Recurso especial provido (REsp 2.080.225/SP, Rel. Ministra Nancy Andrighi, 3.ª T., j. 3.10.2023, *DJe* 10.10.2023).

Posição intermediária entre a vedação expressa à denunciação no art. 88 do CDC e a admissão genérica presente no art. 125, inciso II, do CPC/2015 é defendida por Daniel Amorim Assumpção Neves ao afirmar que se "o objetivo da vedação é proteger o consumidor, evitando uma demora maior no tempo de duração de seu processo, parece ser viável que o consumidor no caso concreto renuncie a essa proteção legal, admitindo expressamente a denunciação da lide realizada pelo réu".[28]

Nessa linha de raciocínio do ilustre amigo processualista, encontramos o seguinte julgado do Superior Tribunal de Justiça admitindo, excepcionalmente, a denunciação da lide numa relação de consumo:

> RECURSO ESPECIAL. AÇÃO DE OBRIGAÇÃO DE FAZER C/C INDENIZAÇÃO POR DANOS MATERIAIS E COMPENSAÇÃO POR DANO MORAL. ERRO MÉDICO EM PROCEDIMENTO CIRÚRGICO. LEGITIMIDADE PASSIVA DO HOSPITAL. TEORIA DA ASSERÇÃO. RESPONSABILIDADE OBJETIVA DO HOSPITAL. SOLIDARIEDADE COM OS MÉDICOS RESPONSÁVEIS PELA CIRURGIA. COMPROVAÇÃO DA CULPA DOS PROFISSIONAIS. **DENUNCIAÇÃO DA LIDE. HIPÓTESE EXCEPCIONAL.** JULGAMENTO: CPC/2015.
> 1. Ação de obrigação de fazer c/c indenização por danos materiais e compensação por dano moral ajuizada em 24.11.2014, da qual foi extraído o presente recurso especial, interposto em 19.12.2018 e concluso ao gabinete em 19.8.2019.
> 2. O propósito recursal é decidir sobre a legitimidade passiva do hospital recorrente, bem como sobre a denunciação da lide aos médicos responsáveis pelos procedimentos cirúrgicos ou à formação de litisconsórcio passivo necessário entre o hospital recorrente e os respectivos médicos.
> 3. Os fatos narrados na petição inicial, interpretados à luz da teoria da asserção, não autorizam reconhecer a ilegitimidade passiva do hospital, na medida em que revelam que os procedimentos cirúrgicos foram realizados nas dependências do nosocômio, sendo, pois, possível inferir, especialmente sob a ótica da consumidora, o vínculo havido com os médicos e a responsabilidade solidária de ambos — hospital e respectivos médicos — pelo evento danoso.
> 4. Segundo a jurisprudência do STJ, quanto aos atos técnicos praticados de forma defeituosa pelos profissionais da saúde vinculados de alguma forma ao hospital, respondem solidariamente a instituição hospitalar e o profissional responsável, apurada a sua culpa profissional; nesse caso, o hospital é responsabilizado indiretamente por ato de terceiro, cuja culpa deve ser comprovada pela vítima de modo a fazer emergir o dever de indenizar da instituição, de natureza absoluta (arts. 932 e 933 do Código Civil), sendo cabível ao juiz, demonstrada a hipossuficiência do paciente, determinar a inversão do ônus da prova (art. 6.º, inciso VIII, do CDC). Precedentes.
> **5. Em circunstâncias específicas como a destes autos, na qual se imputa ao hospital a responsabilidade objetiva por suposto ato culposo dos médicos a ele vinculados, deve ser admitida, excepcionalmente, a denunciação da lide, sobretudo com o intuito de assegurar o resultado prático da demanda e evitar a indesejável situação de haver decisões contraditórias a respeito do mesmo fato.**
> 6. Recurso especial conhecido e provido (REsp 1.832.371/MG, Rel. Ministra Nancy Andrighi, 3.ª T., j. 22.6.2021, *DJe* 1.7.2021).

---

[28] TARTUCE, Flávio; NEVES, Daniel Amorim Assumpção. *Manual de direito do consumidor*: direito material e processual. Rio de Janeiro/São Paulo: Forense/Método, 2012, p. 492.

Apesar do brilhantismo na elaboração da proposta, não podemos deixar de lembrar que o Código de Defesa do Consumidor traz em seu conteúdo normas de ordem pública que não podem ser derrogadas pela vontade das partes.

Desta forma, a opção legislativa foi pela vedação "genérica" como forma de proteger de maneira eficaz o vulnerável da relação de consumo em razão de ocorrer, na maioria das vezes em que a denunciação é realizada, a demora no ressarcimento do consumidor.

Segundo Rizzatto Nunes: "a norma do art. 88 é incompleta. Obviamente está vedada a denunciação da lide e também o chamamento ao processo. Se a regra pretende evitar o prolongamento do processo com ações paralelas, tem de proibir tanto a denunciação da lide quanto o chamamento ao processo".[29-30]

Destaca-se ainda o teor da Súmula 537 do STJ, que assim estabelece: "Em ação de reparação de danos, a seguradora denunciada, se aceitar a denunciação ou contestar o pedido do autor, pode ser condenada, direta e solidariamente junto com o segurado, ao pagamento da indenização devida à vítima, nos limites contratados na apólice" (*DJe* 15.6.2015).

Por fim, importante ressaltar o teor da Súmula 529 do STJ, que assim prevê: "No seguro de responsabilidade civil facultativo, não cabe o ajuizamento de ação pelo terceiro prejudicado direta e exclusivamente em face da seguradora do apontado causador do dano" (*DJe* 18.5.2015).

A Segunda Seção do Superior Tribunal de Justiça consagrou o entendimento sumulado no enunciado 529 porque a obrigação da seguradora de ressarcir danos sofridos por terceiros pressupõe a responsabilidade civil do segurado, a qual, via de regra, não poderá ser reconhecida em demanda em que a empresa de seguro não tenha participado, sob pena de violação dos princípios do contraditório e ampla defesa.

No entanto, há hipóteses, em que a obrigação civil de indenizar do segurado se revela incontroversa, como quando reconhece a culpa pelo acidente de trânsito. Em casos como esse, mesmo não havendo relação contratual entre a seguradora e o terceiro lesado, forma-se uma relação jurídica entre ambos. Por isso, em situações excepcionais como a apresentada, o STJ tem admitido a ação do terceiro prejudicado diretamente contra a empresa de seguros:

> RECURSO ESPECIAL. CIVIL E PROCESSUAL CIVIL. SEGURO DE AUTOMÓVEL. GARANTIA DE RESPONSABILIDADE CIVIL. ACIDENTE DE TRÂNSITO. TERCEIRO PREJUDICADO. AÇÃO DE REPARAÇÃO DE DANOS. INCLUSÃO ÚNICA

---

[29] NUNES, Luiz Antonio Rizzatto. *Curso de direito do consumidor*, p. 810.
[30] Sobre o tema chamamento ao processo, destaca-se o disposto no art. 101, inciso II, do CDC: "o réu que houver contratado seguro de responsabilidade poderá chamar ao processo o segurador, vedada a integração do contraditório pelo Instituto de Resseguros do Brasil. Nesta hipótese, a sentença que julgar procedente o pedido condenará o réu nos termos do art. 132 do Código de Processo Civil de 2015. Se o réu houver sido declarado falido, o síndico será intimado a informar a existência de seguro de responsabilidade, facultando-se, em caso afirmativo, o ajuizamento de ação de indenização diretamente contra o segurador, vedada a denunciação da lide ao Instituto de Resseguros do Brasil e dispensado o litisconsórcio obrigatório com este".

DA SEGURADORA. POSSIBILIDADE. SEGURADO. CAUSADOR DO SINISTRO. ADMISSÃO DO FATO. ACIONAMENTO DA APÓLICE. PAGAMENTO NA ESFERA ADMINISTRATIVA. OBJETO DA LIDE. VALOR DA INDENIZAÇÃO SECURITÁRIA. 1. Recurso especial interposto contra acórdão publicado na vigência do Código de Processo Civil de 1973 (Enunciados Administrativos n. 2 e 3/STJ). 2. **Cinge-se a controvérsia a saber se a vítima de acidente de trânsito (terceiro prejudicado) pode ajuizar demanda direta e exclusivamente contra a seguradora do causador do dano quando reconhecida, na esfera administrativa, a responsabilidade dele pela ocorrência do sinistro e paga, a princípio, parte da indenização securitária.** 3. A Segunda Seção do Superior Tribunal de Justiça consagrou o entendimento de que, no seguro de responsabilidade civil facultativo, descabe ação do terceiro prejudicado ajuizada direta e exclusivamente contra a seguradora do apontado causador do dano (Súmula n. 529/STJ). Isso porque a obrigação da seguradora de ressarcir danos sofridos por terceiros pressupõe a responsabilidade civil do segurado, a qual, de regra, não poderá ser reconhecida em demanda em que não interveio, sob pena de vulneração do devido processo legal e da ampla defesa. 4. **Há hipóteses em que a obrigação civil de indenizar do segurado se revela incontroversa, como quando reconhece a culpa pelo acidente de trânsito ao acionar o seguro de automóvel contratado**, ou quando firma acordo extrajudicial com a vítima obtendo a anuência da seguradora, ou, ainda, quando esta celebra acordo diretamente com a vítima. **Nesses casos, mesmo não havendo liame contratual entre a seguradora e o terceiro prejudicado, forma-se, pelos fatos sucedidos, uma relação jurídica de direito material envolvendo ambos, sobretudo se paga a indenização securitária, cujo valor é o objeto contestado.** 5. **Na pretensão de complementação de indenização securitária decorrente de seguro de responsabilidade civil facultativo, a seguradora pode ser demandada direta e exclusivamente pelo terceiro prejudicado no sinistro, pois, com o pagamento tido como parcial na esfera administrativa, originou-se uma nova relação jurídica substancial entre as partes.** Inexistência de restrição ao direito de defesa da seguradora ao não ser incluído em conjunto o segurado no polo passivo da lide. 6. Recurso especial provido (REsp 1.584.970/MT, Rel. Ministro Ricardo Villas Bôas Cueva, 3.ª T., j. 24.10.2017, DJe 30.10.2017).

5.2.7. Causas excludentes de responsabilidade do fornecedor pelo fato do produto no CDC

O Código de Defesa do Consumidor adotou a responsabilidade objetiva como regra, entretanto admitiu causas excludentes da responsabilização do fornecedor, numa nítida evidência de que **a teoria do risco fundamentadora** da aludida responsabilidade **não foi a do risco integral**, que, por sua vez, não admite causas excludentes.

De fato, **não evidenciado o nexo de causalidade** entre o dano e o defeito do produto ou do serviço, **isento** estará o fornecedor de ser **responsabilizado**.

Nesse contexto, prevê o art. 12, § 3.º, da Lei n. 8.078/90:

> "§ 3.º O fabricante, o construtor, o produtor ou importador só não será responsabilizado quando provar:
> I — que não colocou o produto no mercado;
> II — que, embora haja colocado o produto no mercado, o defeito inexiste;
> III — a culpa exclusiva do consumidor ou de terceiro".

Fornecedor não responderá pelo fato do produto quando:
- não colocou produto no mercado;
- defeito inexiste;
- culpa **exclusiva** da vítima ou de terceiro.

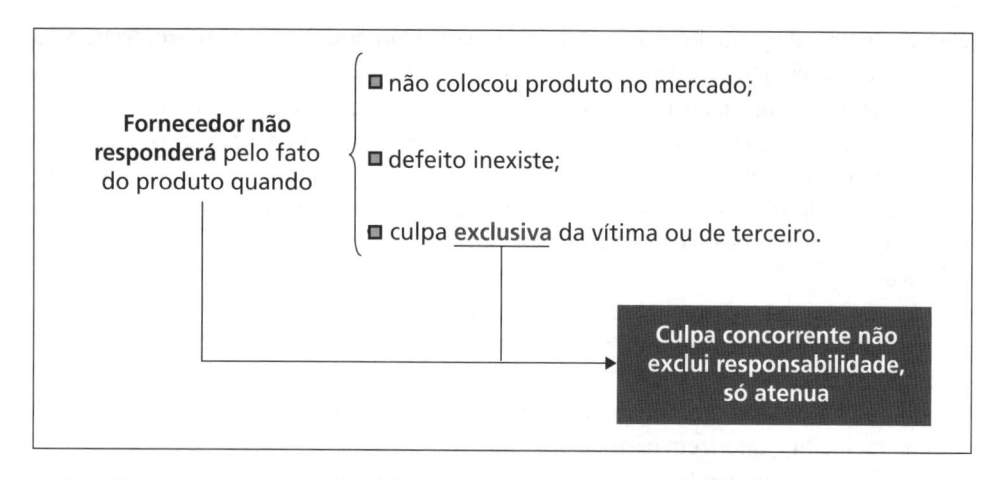

Culpa concorrente não exclui responsabilidade, só atenua

Note-se que em todos os casos **o ônus da prova será do fornecedor**. Por este motivo, muitos autores defendem que o dispositivo citado é mais um exemplo de **inversão *ope legis*** do ônus probante.

Nesse sentido, as lições de Sergio Cavalieri Filho, para quem no § 3.º do art. 12 do Código de Defesa do Consumidor temos, "induvidosamente, uma inversão do ônus da prova quanto ao defeito do produto ou do serviço e o nexo causal, porquanto, em face da ocorrência do acidente de consumo (fato do produto ou do serviço), caberá ao fornecedor provar que o defeito inexiste, ou da ocorrência de qualquer outra causa de exclusão de responsabilidade. Essa inversão do ônus da prova — cumpre ressaltar — não é igual àquela que está prevista no art. 6.º, VIII. Aqui a inversão é *ope legis*, isto é, por força da lei; ao passo que ali a inversão é *ope iudicis*, que, a critério do juiz, poderá ser feita quando a alegação for verossímil ou quando o consumidor for hipossuficiente, segundo as regras ordinárias de experiência".[31]

No mesmo sentido, já entendeu o **Superior Tribunal de Justiça**: "A inversão do **ônus da prova pode decorrer da lei ('ope legis'), como na responsabilidade pelo fato do produto ou do serviço (arts. 12 e 14 do CDC), ou por determinação judicial ('ope judicis'), como no caso dos autos, versando acerca da responsabilidade por vício no produto (art. 18 do CDC)**" (REsp 802.832/MG, Rel. Ministro Paulo de Tarso Sanseverino, 2.ª Seção, *DJe* 21.9.2011).

5.2.7.1. A não colocação do produto no mercado como causa excludente de responsabilidade do fornecedor pelo fato do produto

A primeira causa excludente de responsabilidade do fornecedor pelo fato do produto prevista no CDC consiste na demonstração, pelo fornecedor, de que o produto não foi inserido por ele no mercado de consumo.

Numa análise desapercebida, tal dispositivo pode parecer inócuo, mas na atual conjuntura em que vive nossa sociedade, muitas vezes despida de qualquer valor moral e

---

[31] CAVALIERI FILHO, Sergio. *Programa de direito do consumidor*, p. 310.

com estilo de vida pautado no lema "tudo é possível em prol de minha sobrevivência", a citada causa excludente de responsabilidade ganha relevância.

Basta pensarmos na situação de um lote de medicamentos em que foi constatado o defeito e, por essa razão, acabou sendo alocado para determinado galpão isolado até a realização da respectiva incineração. Neste meio-tempo, enquanto se aguardava o momento de sua destruição, o **lote foi furtado e vendido no "mercado paralelo"** ou dentro de transportes coletivos, situação corriqueira no dia a dia dos grandes centros urbanos.

Em tal contexto, caso um consumidor venha a adquirir medicamento nessas condições irregulares e sofra algum tipo de dano, poderá o fornecedor invocar a excludente de responsabilidade de que não colocou o produto no mercado de consumo, demonstrando que tal produto era integrante de determinado lote que fora objeto de furto. O mesmo raciocínio valerá em caso de produtos falsificados.

Com efeito, cumpre destacar que a excludente ora estudada enaltece a existência da presunção de que o produto foi introduzido no mercado de consumo pelo fornecedor, na medida em que apareceu no mercado. Assim, **caberá ao fornecedor elidir tal presunção**.

5.2.7.2. A comprovação da inexistência do defeito como causa excludente de responsabilidade do fornecedor pelo fato do produto

Na segunda causa excludente de responsabilidade prevista no § 3.º do art. 12 do Código do Consumidor, o fornecedor assume que colocou o produto no mercado de consumo, mas comprova que o defeito inexiste. Neste caso, rompido estará mais uma vez o nexo de causalidade, isentando-o, portanto, de responsabilidade.

Mais uma vez, concordamos com Cavalieri Filho ao ensinar que há "igualmente, aqui, uma **presunção que milita contra o fornecedor**, ao qual caberá elidi-la".[32]

5.2.7.3. A culpa exclusiva do consumidor ou de terceiro como causa excludente de responsabilidade do fornecedor pelo fato do produto

A última causa excludente de responsabilidade do fornecedor pelo fato do produto prevista no Código de Defesa do Consumidor é a culpa exclusiva do consumidor ou de terceiro.

Percebam que somente se a exclusividade da responsabilidade pelo causar do dano for atribuída ao consumidor ou a terceiro é que estará isento o fornecedor de responder pelos prejuízos sofridos pelo vulnerável.

Colocamos como exemplo um produto como o veneno para matar insetos cuja periculosidade é normal e previsível, com todas as informações sobre os riscos expressas de maneira ostensiva e adequada, mas, mesmo assim, o consumidor faz mau uso e acaba sofrendo danos por culpa exclusiva sua.

Tratando-se de **culpa concorrente do consumidor não há falar em causa excludente de responsabilidade**, mas em **atenuante** desta. Esse também é o entendimento

---

[32] CAVALIERI FILHO, Sergio. *Programa de direito do consumidor*, p. 302.

consolidado no STJ: **"A circunstância de o paciente ter consumido o produto sem prescrição médica não retira do fornecedor a obrigação de indenizar. Pelo sistema do CDC, o fornecedor somente se desobriga nas hipóteses de culpa exclusiva do consumidor (art. 12, § 3.º, do CDC), o que não ocorre na hipótese, já que a própria bula do medicamento não indicava os riscos associados à sua administração, caracterizando culpa concorrente do laboratório"** (REsp 971.845/DF, Rel. Ministro Humberto Gomes de Barros, 3.ª T., *DJe* 1.º.12.2008).

A questão mais polêmica sobre o tema consiste em saber se no conceito de **"terceiro"** podemos enquadrar a figura do **comerciante**, ou seja, poderia o fabricante alegar como causa excludente de responsabilidade na modalidade culpa exclusiva de terceiro o fato de um comerciante não conservar adequadamente os produtos perecíveis conforme disposto no art. 13, inciso III, do CDC?

E a resposta é negativa tanto para a maioria da doutrina como para a jurisprudência pátrias, sob o fundamento básico de que esse **"terceiro" deve ser pessoa estranha à cadeia de fornecedores**. Vejamos:

SERGIO CAVALIERI FILHO	Quem é **terceiro**? É alguém que não integra a relação de consumo; estranho ao vínculo entre o fornecedor e o consumidor; alheio à cadeia de fornecimento. Assim, se a enfermeira, por descuido ou intencionalmente, aplica medicamento errado no paciente — ou em dose excessiva —, causando-lhe a morte, não haverá nenhuma responsabilidade do fornecedor do medicamento.[33]
BRUNO MIRAGEM	"(...) no regime do CDC, por **terceiro deve ser considerado apenas quem não faça parte, de qualquer modo, da cadeia de fornecimento**. Assim, por exemplo, **não se poderá considerar como terceiro o comerciante**, o distribuidor ou o varejista, que integram a cadeia de fornecimento, para efeito de exclusão da responsabilidade dos fornecedores mencionados no *caput* do artigo 12 (fabricante, produtor, importador)."[34]
HERMAN BENJAMIN	"Ao comerciante (atacadista ou varejista) não se aplica a excludente do inciso III — seu afastamento decorre do próprio *caput* do art. 12, e também porque para ele há norma especial (art. 13). De fato, **o comerciante**, embora não sendo responsável principal, nos termos do art. 12, é parte fundamental da relação de consumo. E **se é parte não pode ser considerada terceiro**. Só razões de política legislativa (e também econômicas, em função da repartição dos riscos de produtos e serviços) é que justificam sua exclusão da regra geral do art. 12."[35]
RIZZATTO NUNES	"É preciso que seja **terceiro** mesmo, isto é, **pessoa estranha à relação** existente entre o consumidor e o agente produtor, relação essa estabelecida por força da aquisição do produto."[36]

O Superior Tribunal de Justiça entende da mesma forma: **"O comerciante e o fabricante estão inseridos no âmbito da cadeia de produção e distribuição, razão pela qual não podem ser tidos como terceiros estranhos à relação de consumo"** (REsp 980.860/SP, Rel. Ministra Nancy Andrighi, 3.ª T., *DJe* 2.6.2009).

Comerciante não é terceiro	faz parte da cadeia de fornecimento.

---

[33] CAVALIERI FILHO, Sergio. *Programa de direito do consumidor*, p. 305.
[34] MIRAGEM, Bruno. *Curso de direito do consumidor*, p. 384.
[35] BENJAMIN, Antônio Herman de V.; MARQUES, Claudia Lima; BESSA, Leonardo Roscoe. *Manual de direito do consumidor*, p. 154-155.
[36] NUNES, Luiz Antonio Rizzatto. *Curso de direito do consumidor*, p. 286.

5.2.7.4. Caso fortuito e força maior como causas excludentes de responsabilidade do fornecedor pelo fato do produto

Tema não menos polêmico consiste em saber se **caso fortuito e força maior seriam causas excludentes de responsabilidade** do fornecedor pelo fato do produto, na medida em que não estão expressas no art. 12, § 3.º, do Código de Defesa do Consumidor.

Nelson Nery Júnior entende que não são causas excludentes, sob o fundamento de que: "No regime da responsabilidade objetiva pelo risco da atividade, regulado pelo CDC, não há lugar para as causas ou cláusulas de exclusão dessa responsabilidade. O caso fortuito e a força maior não excluem o dever de indenizar porque são circunstâncias que quebram o nexo de causalidade na *conduta* do agente. Só são válidas para excluir a responsabilidade *subjetiva*, mas não a objetiva. Como o sistema do CDC é fundado na responsabilidade objetiva, não se aplicam, aqui, o caso fortuito e a força maior como excludentes do dever de indenizar. Caso fortuito e força maior excluem a culpa, elemento estranho e irrelevante para a fixação do dever de indenizar no regime do CDC".[37] **No mesmo sentido, Rizzatto Nunes.**[38]

Apesar da relevância da argumentação jurídica *supra*, **não é essa a posição dominante na doutrina**[39] **nem na jurisprudência.**[40]

---

[37] GRINOVER, Ada Pellegrini; BENJAMIN, Antônio Herman de V.; FINK, Daniel Roberto; FILOMENO, José Geraldo Brito; NERY JR., Nelson; DENARI, Zelmo. *Código Brasileiro de Defesa do Consumidor*, p. 552.

[38] NUNES, Luiz Antonio Rizzatto. *Curso de direito do consumidor*, p. 285.

[39] Nesse sentido: (i) Bruno Miragem: "No regime de responsabilidade do CDC, tendência parece ser o da admissão do caso fortuito e da força maior como excludentes da responsabilidade do fornecedor, ainda que não expressamente previstos dentre as causas excludentes dos artigos 12, § 3.º, e 14, § 3.º, do CDC. Neste sentido, aliás, já se posiciona boa parte da doutrina consumerista e a própria jurisprudência, identificando-se na presença do caso fortuito e da força maior um elemento de rompimento do nexo de causalidade entre a conduta do fornecedor e o dano, indicando a este uma outra causa". In: MIRAGEM, Bruno. *Curso de direito do consumidor*, p. 387; (ii) Herman Benjamin: "A regra no nosso direito é que o caso fortuito e a força maior excluem a responsabilidade civil. O Código, entre as causas excludentes de responsabilidade, não os elenca. Também não os nega. Logo, quer me parecer que o sistema tradicional, neste ponto, não foi afastado, mantendo-se, então, a capacidade do caso fortuito e da força maior para impedir o dever de indenizar". In: BENJAMIN, Antônio Herman de V.; MARQUES, Claudia Lima; BESSA, Leonardo Roscoe. *Manual de direito do consumidor*, p. 55; (iii) Zelmo Denari: "(...) quando o caso fortuito ou força maior se manifesta após a introdução do produto no mercado de consumo, ocorre uma ruptura do nexo de causalidade que liga o defeito ao evento danoso. Nem tem cabimento qualquer alusão ao defeito do produto, uma vez que aqueles acontecimentos, na maior parte das vezes imprevisíveis, criam obstáculos de tal monta que a boa vontade do fornecedor não pode suprir. Na verdade, diante do impacto do acontecimento, a vítima sequer pode alegar que o produto se ressentia de defeito, vale dizer, fica afastada a responsabilidade do fornecedor pela inocorrência dos respectivos pressupostos". In: GRINOVER, Ada Pellegrini; BENJAMIN, Antônio Herman de V.; FINK, Daniel Roberto; FILOMENO, José Geraldo Brito; NERY JR., Nelson; DENARI, Zelmo. *Código Brasileiro de Defesa do Consumidor*, p. 207.

[40] Existe farta jurisprudência do STJ admitindo o caso fortuito e a força maior como causas excludentes de responsabilidade, ainda que não inseridas expressamente no CDC, conforme analisaremos logo mais ao tratarmos da responsabilidade pelo fato do serviço.

Concordamos com a **posição majoritária que compreende que caso fortuito e força maior rompem o nexo de causalidade** e, portanto, **são causas excludentes** de responsabilidade nas relações de consumo **desde que ocorram após a inserção do produto no mercado de consumo**. Isto porque é dever do fornecedor inserir no mercado de consumo produto de qualidade — escoimado de defeitos —, não podendo invocar conduta humana ou fenômeno da natureza como responsáveis pela deterioração de um produto se tal acontecimento ocorrer antes de introduzir o bem no mercado.

Assim, se um laboratório de medicamentos tem seu galpão inundado por fortes chuvas que foram as responsáveis pela deterioração de seus medicamentos, estes não poderão jamais ser introduzidos no mercado de consumo, pois o fenômeno da natureza aqui ocorreu antes da colocação do bem no mercado.

Fortes chuvas que deterioram o produto antes de ser inserido no mercado de consumo	Não excluem responsabilidade do fornecedor

Última questão relevante sobre o tema envolve a necessária diferença que deve ser pontuada entre **fortuito interno e fortuito externo** e a respectiva repercussão perante a análise da responsabilidade do fornecedor nas relações jurídicas de consumo.

Quem trata do tema com a propriedade de costume é Sergio Cavalieri Filho, ao entender que "a distinção entre *fortuito interno* e *externo* é totalmente pertinente no que respeita aos acidentes de consumo. O *fortuito interno*, assim entendido o fato imprevisível e, por isso, inevitável ocorrido no momento da fabricação do produto ou da realização do serviço, **não exclui a responsabilidade do fornecedor porque faz parte da sua atividade, liga-se aos riscos do empreendimento**, submetendo-se à noção geral de defeito de concepção do produto ou de formulação do serviço. Vale dizer, se o defeito ocorreu antes da introdução do produto no mercado de consumo ou durante a prestação do serviço, não importa saber o motivo que determinou o defeito; o fornecedor é sempre responsável pelas suas consequências, ainda que decorrente de fato imprevisível e inevitável. O mesmo já não ocorre com o *fortuito externo,* assim entendido aquele **fato que não guarda nenhuma relação com a atividade do fornecedor**, absolutamente estranho ao produto ou serviço, via de regra ocorrido em momento posterior ao da sua fabricação ou formulação. Em caso tal, nem se pode falar em defeito do produto ou do serviço (...)".[41]

FORTUITO INTERNO	VS.	FORTUITO EXTERNO
Relaciona-se com a atividade		Não tem relação com a atividade
Risco do empreendimento		Fato estranho à relação
Não exclui a responsabilidade		Exclui a responsabilidade

---

[41] CAVALIERI FILHO, Sergio. *Programa de direito do consumidor*, p. 307.

5.2.7.5. Os riscos do desenvolvimento: causa excludente de responsabilidade do fornecedor pelo fato do produto?

O Código de Defesa do Consumidor **não considera como causa excludente** de responsabilidade a alegação dos **riscos de desenvolvimento**, isto é, "os defeitos que — em face do estado da ciência e da técnica à época da colocação em circulação do produto ou serviço eram desconhecidos e imprevisíveis".[42]

Desta forma, se um medicamento é colocado no mercado de consumo e à época de sua inserção não era possível saber dos malefícios que tal bem seria capaz de causar ao consumidor, não poderá invocar o fornecedor o desconhecimento da situação maléfica para eximir-se de sua responsabilidade.

Para Herman Benjamin, trata-se de espécie do gênero de defeito de concepção e, mesmo para aqueles que admitem os riscos do desenvolvimento como causa excludente de responsabilidade, a apreciação do desconhecimento dos prejuízos não poderá limitar-se a um só fornecedor, ou seja, a excludente de responsabilidade somente estaria presente se toda a comunidade científica desconhecesse tais consequências.[43] Já Cavalieri Filho entende tratar-se de fortuito interno, razão pela qual não há falar em excludente de responsabilidade.

Em nossa visão, os riscos do desenvolvimento não podem ser considerados como causa excludente de responsabilidade do fornecedor pelos seguintes motivos, que deverão estar presentes de forma cumulativa:

- ausência de previsão legal;
- teoria do risco do empreendimento é a base da responsabilidade objetiva no CDC;
- fortuito interno não é causa excludente de responsabilidade.

No mesmo sentido de não reconhecer a teoria do risco do desenvolvimento como causa excludente de responsabilidade do fornecedor, entendeu o STJ que o "laboratório tem responsabilidade objetiva na ausência de prévia informação qualificada quanto aos possíveis efeitos colaterais da medicação ainda que se trate do chamado risco de desenvolvimento":

> RECURSO ESPECIAL. AÇÃO DE INDENIZAÇÃO POR DANOS MATERIAIS E COMPENSAÇÃO DO DANO MORAL. MORTE DA PARTE AUTORA ANTES DA INTERPOSIÇÃO DO RECURSO. DESCONHECIMENTO DO FATO PELOS ADVOGADOS E AUSÊNCIA DE DEMONSTRAÇÃO DA MÁ-FÉ. SUCESSÃO PROCESSUAL REQUERIDA PELO ESPÓLIO E REGULARIZAÇÃO DA REPRESENTAÇÃO PROCESSUAL. VALIDADE DOS ATOS PROCESSUAIS. NEGATIVA DE PRESTAÇÃO JURISDICIONAL. AUSÊNCIA. RISCO INERENTE AO MEDICAMENTO. DEVER DE INFORMAR QUALIFICADO DO FABRICANTE. VIOLAÇÃO. DEFEITO

---

[42] BENJAMIN, Antônio Herman de V.; MARQUES, Claudia Lima; BESSA, Leonardo Roscoe. *Manual de direito do consumidor,* p. 155.

[43] BENJAMIN, Antônio Herman de V.; MARQUES, Claudia Lima; BESSA, Leonardo Roscoe. *Manual de direito do consumidor,* p. 156-157.

DO PRODUTO. RISCO DO DESENVOLVIMENTO. DEFEITO DE CONCEPÇÃO. FORTUITO INTERNO. RESPONSABILIDADE OBJETIVA DO FABRICANTE CONFIGURADA. CULPA CONCORRENTE DO CONSUMIDOR AFASTADA. COMPROVAÇÃO DOS DANOS EMERGENTES E DOS LUCROS CESSANTES. NECESSIDADE DE LIQUIDAÇÃO DA SENTENÇA. REEXAME DE FATOS E PROVAS. SÚMULA 7/STJ. DANO MORAL. MAJORAÇÃO DA VERBA FIXADA. VERBA ALIMENTAR RECEBIDA EM ANTECIPAÇÃO DE TUTELA. NATUREZA IRREPETÍVEL. COMPENSAÇÃO INVIÁVEL. INCIDENTE DE FALSIDADE JULGADO IMPROCEDENTE. ÔNUS DA SUCUMBÊNCIA QUE RECAI SOBRE A PARTE VENCIDA. JULGAMENTO: CPC/15.
1. Ação de indenização por danos materiais e compensação do dano moral ajuizada em 30.4.2004, da qual foram extraídos os presentes recursos especiais, ambos interpostos em 24.11.2017 e atribuídos ao gabinete em 7.11.2018.
2. O propósito dos recursos é decidir sobre: (i) a sucessão processual; (ii) a negativa de prestação jurisdicional; (iii) a responsabilidade civil do laboratório e a culpa concorrente da paciente; (iv) a comprovação dos danos materiais e a necessidade de liquidação da sentença; (v) o valor arbitrado a título de compensação do dano moral; (vi) a compensação dos valores pagos em sede de antecipação de tutela com os devidos em virtude da condenação; e (vii) o ônus da sucumbência relativo ao incidente de falsidade.
3. Esta Corte tem o entendimento, com base no art. 689 do CC/02, de que são válidos os atos praticados pelo mandatário após a morte do mandante, na hipótese de desconhecimento do fato e, notadamente, quando ausente a má-fé, razão pela qual, requerida a sucessão processual e promovida a devida regularização da representação nos autos, ratificando-se, inclusive, os atos anteriormente praticados, não há falar em inexistência do recurso.
4. Devidamente analisadas e discutidas as questões de mérito, e suficientemente fundamentado o acórdão recorrido, de modo a esgotar a prestação jurisdicional, não há falar em violação dos arts. 489, § 1°, IV, 1.013, 1.022, II, do CPC/15.
5. O risco inerente ao medicamento impõe ao fabricante um dever de informar qualificado (art. 9.º do CDC), cuja violação está prevista no § 1.º, II, do art. 12 do CDC como hipótese de defeito do produto, que enseja a responsabilidade objetiva do fornecedor pelo evento danoso dele decorrente.
6. O ordenamento jurídico não exige que os medicamentos sejam fabricados com garantia de segurança absoluta, até porque se trata de uma atividade de risco permitido, mas exige que garantam a segurança legitimamente esperável, tolerando os riscos considerados normais e previsíveis em decorrência de sua natureza e fruição, desde que o consumidor receba as informações necessárias e adequadas a seu respeito (art. 8.º do CDC).
**7. O fato de o uso de um medicamento causar efeitos colaterais ou reações adversas, por si só, não configura defeito do produto se o usuário foi prévia e devidamente informado e advertido sobre tais riscos inerentes, de modo a poder decidir, de forma livre, refletida e consciente, sobre o tratamento que lhe é prescrito, além de ter a possibilidade de mitigar eventuais danos que venham a ocorrer em função dele.
8. O risco do desenvolvimento, entendido como aquele que não podia ser conhecido ou evitado no momento em que o medicamento foi colocado em circulação, constitui defeito existente desde o momento da concepção do produto, embora não perceptível *a priori*, caracterizando, pois, hipótese de fortuito interno.**

9. Embora a bula seja o mais importante documento sanitário de veiculação de informações técnico-científicas e orientadoras sobre um medicamento, não pode o fabricante se aproveitar da tramitação administrativa do pedido de atualização junto a Anvisa para se eximir do dever de dar, prontamente, amplo conhecimento ao público — pacientes e profissionais da área de saúde —, por qualquer outro meio de comunicação, dos riscos inerentes ao uso do remédio que fez circular no mercado de consumo.

10. Hipótese em que o desconhecimento quanto à possibilidade de desenvolvimento do jogo patológico como reação adversa ao uso do medicamento SIFROL subtraiu da paciente a capacidade de relacionar, de imediato, o transtorno mental e comportamental de controle do impulso ao tratamento médico ao qual estava sendo submetida, sobretudo por se tratar de um efeito absolutamente anormal e imprevisível para a consumidora leiga e desinformada, especialmente para a consumidora portadora de doença de Parkinson, como na espécie.

11. De um lado, a culpa concorrente do consumidor não está elencada dentre as hipóteses que excluem a responsabilidade do fabricante, previstas no rol do § 3.º do art. 12 do CDC; de outro lado, a responsabilidade por eventual superdosagem ou interação medicamentosa não pode recair sobre o paciente que ingere a dose prescrita por seu médico, considerando, sobretudo, a sua vulnerabilidade técnica enquanto consumidor.

12. Para alterar a conclusão a que chegou o Tribunal de origem sobre a comprovação dos danos emergentes, a desnecessidade de liquidação da sentença e a ausência de provas dos lucros cessantes, é necessário o reexame do conjunto fático-probatório, vedado nesta instância por incidência da Súmula 7/STJ.

13. Para o arbitramento do dano moral, há de ser acrescentado o fato de que a vítima do evento danoso era pessoa portadora de doença de Parkinson, circunstância agravada pelo fato de contar, à época em que se afastou de seu escritório de advocacia, com mais de 50 anos de idade, fase da vida em que, sabidamente, é maior a dificuldade de retorno ao mercado de trabalho e de recuperação da clientela perdida. Ademais, afastada a culpa concorrente da vítima, circunstância que foi considerada em seu desfavor no momento da fixação do valor da condenação a título de compensação do dano moral, há de ser majorada a verba de R$ 20.000,00 (vinte mil reais) para R$ 30.000,00 (trinta mil reais).

14. Reconhecida a natureza alimentar da verba recebida em antecipação de tutela, não há como acolher o pleito de compensação com o valor a ser executado em cumprimento de sentença, em virtude da natureza irrepetível dos alimentos.

15. Se o incidente de falsidade instaurado a requerimento do laboratório foi julgado improcedente, a ele incumbe suportar as respectivas despesas.

16. Recursos especiais de BOEHRINGER INGELHEIM DO BRASIL QUÍMICA E FARMACÊUTICA LTDA e MARIA AMÉLIA SOUZA DA ROCHA-ESPÓLIO conhecidos, sendo desprovido o primeiro e provido, em parte, o segundo (REsp 1774372/RS, Rel. Ministra Nancy Andrighi, 3.ª T., j. 5.5.2020, *DJe* 18.5.2020).

> Risco do desenvolvimento não exclui responsabilidade do fornecedor.

5.3. RESPONSABILIDADE PELO FATO DO SERVIÇO

A responsabilidade pelo fato do serviço está prevista no **art. 14 do CDC** nos seguintes termos: "O fornecedor de serviços responde, independentemente da existência de culpa, pela reparação dos danos causados aos consumidores por defeitos relativos à prestação dos serviços, bem como por informações insuficientes ou inadequadas sobre sua fruição e riscos".

Vale lembrar que em razão de um **serviço defeituoso** ocorre um **acidente de consumo** e o consequente dever de reparar os danos independentemente da comprovação de dolo ou de culpa. Trata-se mais uma vez de responsabilidade objetiva.

Concordamos com Zelmo Denari ao identificar que "além dos *defeitos intrínsecos,* o dispositivo responsabiliza os prestadores de serviços pelos *defeitos extrínsecos* quando os respectivos contratos de prestação de serviços ou os meios publicitários não prestam informações claras e precisas a respeito da fruição".[44]

5.3.1. Definição de serviço defeituoso no CDC

O Código de Defesa do Consumidor definiu serviço defeituoso como aquele que

> **não fornece a segurança** que o consumidor dele pode esperar, levando-se em consideração as circunstâncias relevantes, entre as quais:
> I — o modo de seu fornecimento;
> II — o resultado e os riscos que razoavelmente dele se esperam;
> III — a época em que foi fornecido.

Mais uma vez, a Lei n. 8.078/90 relaciona defeito com insegurança, agora do serviço, corroborando com a tese que diferencia defeito de vício, conforme exposto em subitem pretérito.

Igualmente à definição de produto defeituoso, o CDC identificou alguns exemplos de circunstâncias relevantes capazes de configurar um serviço como defeituoso.

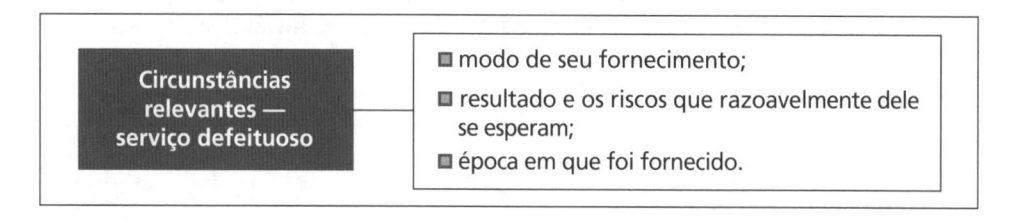

Circunstâncias relevantes — serviço defeituoso	◼ modo de seu fornecimento; ◼ resultado e os riscos que razoavelmente dele se esperam; ◼ época em que foi fornecido.

Segundo visto no subitem 5.2.2, afeto à conceituação de produto com defeito, também na definição de serviço defeituoso o CDC levou em consideração a forma como o serviço fora prestado e os eventuais riscos sobre os quais, se inerentes, normais, previsíveis e dentro de uma razoabilidade esperada pelo consumidor, não há falar em defeito na sua prestação.

---

[44] GRINOVER, Ada Pellegrini; BENJAMIN, Antônio Herman de V.; FINK, Daniel Roberto; FILOMENO, José Geraldo Brito; NERY JR., Nelson; DENARI, Zelmo. *Código Brasileiro de Defesa do Consumidor*, p. 210.

Ademais, a **época em que foi fornecido** o serviço no mercado de consumo tem relação com os chamados **"riscos de desenvolvimento", que também não é causa excludente de responsabilidade do fornecedor pelo fato do serviço**.

5.3.2. A inovação tecnológica

O art. 14, § 2.º, do CDC prevê: **"O serviço não é considerado defeituoso pela adoção de novas técnicas"**. Igualmente ao tratamento dado ao produto defeituoso, o dispositivo demonstra novamente que **o CDC**, apesar de ser um Diploma voltado para a proteção do débil, não é um Código arbitrário. Muito pelo contrário, **respeita o desenvolvimento tecnológico** ao prever que a adoção de novas técnicas não tornará defeituosos os serviços que não as adotarem.

5.3.3. Causas excludentes de responsabilidade do fornecedor pelo fato do serviço no CDC

O Diploma Consumerista prevê em seu art. 14, § 3.º, quais são as causas excludentes de responsabilidade do fornecedor pelo fato do serviço, ou seja, em decorrência de um acidente de consumo fruto da prestação de um serviço, *in verbis*:

> "§ 3.º O fornecedor de serviços só não será responsabilizado quando provar:
> I — que, tendo prestado o serviço, o defeito inexiste;
> II — a culpa exclusiva do consumidor ou de terceiro".

Comparando com as **causas excludentes** de responsabilidade do **fornecedor de produtos**, a única **diferença** é que o fornecedor de serviço **não pode**, por questões óbvias, **alegar que não colocou o serviço no mercado de consumo**, isto é, que não foi por ele prestado. Impossível aqui argumentar, por exemplo, pelo furto de serviço, como é comum no caso de um produto, logo se trata de hipótese inviável ao prestador de serviço.

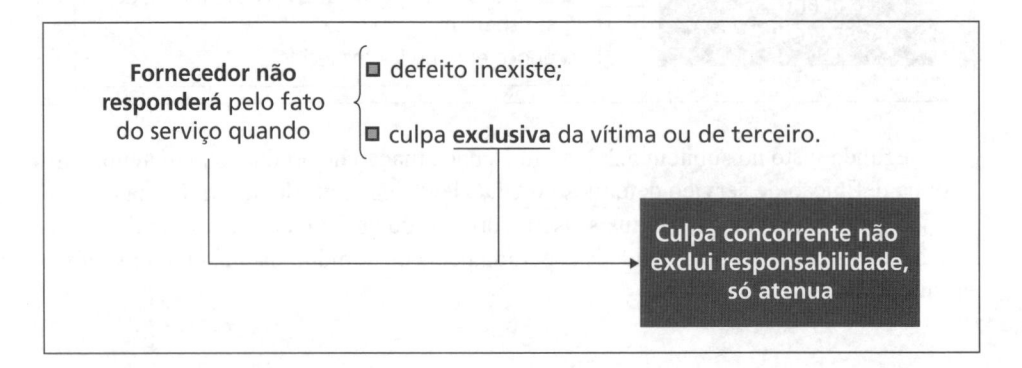

Fornecedor não responderá pelo fato do serviço quando
- defeito inexiste;
- culpa **exclusiva** da vítima ou de terceiro.

→ Culpa concorrente não exclui responsabilidade, só atenua

Sobre o tema, entendeu o Superior Tribunal de Justiça que companhia aérea é civilmente responsável por não promover condições dignas de acessibilidade de pessoa cadeirante ao interior da aeronave:

RECURSO ESPECIAL — AÇÃO CONDENATÓRIA — **ACESSIBILIDADE EM TRANSPORTE AÉREO — CADEIRANTE SUBMETIDO A TRATAMENTO INDIGNO AO EMBARCAR EM AERONAVE — AUSÊNCIA DOS MEIOS MATERIAIS NECESSÁRIOS AO INGRESSO DESEMBARAÇADO NO AVIÃO DO DEPENDENTE DE TRATAMENTO ESPECIAL — RESPONSABILIDADE DA PRESTADORA DE SERVIÇOS CONFIGURADA** — REDUÇÃO DO *QUANTUM* INDENIZATÓRIO IMPROCEDENTE. RECURSO ESPECIAL DESPROVIDO.

Hipótese: Trata-se de ação condenatória cuja pretensão é o reconhecimento da responsabilidade civil da companhia aérea por não promover condições dignas de acessibilidade de pessoa cadeirante ao interior da aeronave. 1. Recurso sujeito aos requisitos de admissibilidade do Código de Processo Civil de 1973, conforme Enunciado Administrativo 2/2016 do STJ.

2. Não há violação ao art. 535 do CPC/73 quando não indicada a omissão e a demonstrada a importância da análise da matéria para a resolução da controvérsia. Na hipótese de fundamentação genérica incide a regra da Súmula 284 do STF.

3. O Brasil assumiu no plano internacional compromissos destinados à concretização do convívio social de forma independente da pessoa portadora de deficiência, sobretudo por meio da garantia da acessibilidade, imprescindível à autodeterminação do indivíduo com dificuldade de locomoção.

3.1. A Resolução n. 9/2007 da Agência Nacional de Aviação Civil, cuja vigência perdurou de 14.6.2007 até 12.1.2014, atribuiu às empresas aéreas a obrigação de assegurar os meios para o acesso desembaraçado da pessoa com deficiência no interior da aeronave, aplicando-se, portanto, aos fatos versados na demanda.

4. Nos termos do art. 14, *caput,* **da Lei n. 8.078/90, o fornecedor de serviços responde, objetivamente, pela reparação dos danos causados ao consumidor, em razão da incontroversa má-prestação do serviço por ela fornecido, o que ocorreu na hipótese.**

4.1. O fato de terceiro, excludente da responsabilidade do transportador, é aquele imprevisto e que não tem relação com a atividade de transporte, não sendo o caso dos autos, uma vez que o constrangimento, previsível no deslocamento coletivo de pessoas, decorreu da própria relação contratual entre os envolvidos e, preponderantemente, da forma que o serviço foi prestado pela ora recorrente.

5. A indenização por danos morais fixada em quantia sintonizada aos princípios da razoabilidade e proporcionalidade não enseja a interposição do recurso especial, dada a necessidade de exame de elementos de ordem fática, cabendo sua revisão apenas em casos de manifesta excessividade ou irrisoriedade do montante arbitrado. Incidência da Súmula 7 do STJ. Verba indenizatória mantida em R$ 15.000,00 (quinze mil reais).

6. Recurso parcialmente conhecido e, nessa extensão, desprovido (REsp 1611915/RS, Rel. Ministro Marco Buzzi, 4.ª T., j. 6.12.2018, *DJe* 4.2.2019).

5.3.3.1. *A comprovação da inexistência do defeito como causa excludente de responsabilidade do fornecedor pelo fato do serviço*

A primeira causa excludente de responsabilidade prevista no art. 14, § 3.º, do CDC consiste na comprovação pelo fornecedor de que o defeito na prestação do seu serviço inexiste.

Ensina Bruno Miragem que: "no regime europeu, basta a demonstração de uma mera probabilidade de inexistência do defeito para excluir-se a responsabilidade do produtor. Não é, a toda vista, a regra da lei brasileira. Dentre nós, **optou o legislador por um regime mais rigoroso** de responsabilidade, em conta da proteção do consumidor-vítima de acidentes de consumo, **ao exigir prova positiva da inexistência do defeito**".[45]

5.3.3.2. *A culpa exclusiva do consumidor ou de terceiro como causa excludente de responsabilidade do fornecedor pelo fato do serviço*

O Código do Consumidor prevê como segunda causa excludente de responsabilidade do fornecedor pelo fato do serviço a culpa exclusiva do consumidor ou de terceiro.

Sobre o tema, o STJ reiterou entendimento no sentido de que concessionária de rodovia não responde por roubo e sequestro ocorridos nas dependências de estabelecimento por ela mantido para a utilização de usuários:

> RECURSO ESPECIAL. RESPONSABILIDADE CIVIL. EMPRESA CONCESSIONÁRIA DE RODOVIA. ROUBO E SEQUESTRO OCORRIDOS EM DEPENDÊNCIA DE SUPORTE AO USUÁRIO, MANTIDO PELA CONCESSIONÁRIA. FORTUITO EXTERNO. EXCLUDENTE DE RESPONSABILIDADE.
> 1. Ação ajuizada em 20.9.2011. Recurso especial interposto em 16.9.2016 e distribuído ao Gabinete em 4.4.2018.
> 2. O propósito recursal consiste em definir se a concessionária de rodovia deve ser responsabilizada por roubo e sequestro ocorridos nas dependências de estabelecimento por ela mantido para a utilização de usuários (Serviço de Atendimento ao Usuário).
> 3. "A inequívoca presença do nexo de causalidade entre o ato administrativo e o dano causado ao terceiro não usuário do serviço público, é condição suficiente para estabelecer a responsabilidade objetiva da pessoa jurídica de direito privado" (STF, RE 591874, Repercussão Geral).
> 4. O fato de terceiro pode romper o nexo de causalidade, exceto nas circunstâncias que guardar conexidade com as atividades desenvolvidas pela concessionária de serviço público.
> 5. Na hipótese dos autos, é impossível afirmar que a ocorrência do dano sofrido pelos recorridos guarda conexidade com as atividades desenvolvidas pela recorrente.
> 6. A ocorrência de roubo e sequestro, com emprego de arma de fogo, é evento capaz e suficiente para romper com a existência de nexo causal, afastando-se, assim, a responsabilidade da recorrente.
> 7. Recurso especial provido (REsp 1749941/PR, Rel. Ministra Nancy Andrighi, 3.ª T., j. 4.12.2018, *DJe* 7.12.2018).

Mais uma vez vale ressaltar que a culpa **concorrente atenua a responsabilidade** do fornecedor, mas não a exclui. Este é o posicionamento dominante na jurisprudência do Superior Tribunal de Justiça quando, por exemplo, pedestre é atropelado em via férrea ao tentar atravessá-la.

---

[45] MIRAGEM, Bruno. *Curso de direito do consumidor*, p. 381.

Neste caso, concorrem com culpa a concessionária do serviço de transporte coletivo que não impede a travessia e o consumidor que sabia — ou deveria saber — dos riscos de sua conduta: "**É civilmente responsável, por culpa concorrente, a concessionária do transporte ferroviário pelo falecimento de pedestre vítima de atropelamento por trem em via férrea, porquanto incumbe à empresa que explora essa atividade cercar e fiscalizar, devidamente, a linha, de modo a impedir sua invasão por terceiros, notadamente em locais urbanos e populosos**" (AgRg no AREsp 34.287/RJ, Rel. Ministra Nancy Andrighi, 3.ª T., *DJe* 14.12.2011).

Sobre o assunto, vale lembrar ainda que o tema foi decidido em regime de recurso repetitivo pelo STJ: "A Segunda Seção, no julgamento do REsp 1.172.421/SP, que foi submetido ao rito dos processos representativos da controvérsia (art. 543-C do CPC), consolidou o entendimento de que 'no caso de atropelamento de pedestre em via férrea, configura-se a concorrência de causas, impondo a redução da indenização por dano moral pela metade, quando: (i) a concessionária do transporte ferroviário descumpre o dever de cercar e fiscalizar os limites da linha férrea, mormente em locais urbanos e populosos, adotando conduta negligente no tocante às necessárias práticas de cuidado e vigilância tendentes a evitar a ocorrência de sinistros; e (ii) a vítima adota conduta imprudente, atravessando a via férrea em local inapropriado'" (AgRg no REsp 1.283.764/RJ, *DJe* 12.11.2015).

O mesmo posicionamento está consolidado no reconhecimento da culpa concorrente do consumidor que viaja pendurado pelo lado de fora do transporte coletivo, o cognominado "pingente":

DIREITO CIVIL E PROCESSUAL CIVIL. AÇÃO DE INDENIZAÇÃO POR DANOS MORAIS E COMPENSAÇÃO POR DANOS MATERIAIS. PREQUESTIONAMENTO. AUSÊNCIA. FUNDAMENTAÇÃO. AUSENTE. DEFICIENTE. SÚMULA 284/STF. ACIDENTE FERROVIÁRIO. VÍTIMA FATAL. CULPA CONCORRENTE. INDENIZAÇÃO POR DANOS MATERIAIS E MORAIS.
1. A ausência de decisão acerca dos dispositivos legais indicados como violados, não obstante a interposição de embargos de declaração, impede o conhecimento do recurso especial.
2. A ausência de fundamentação ou a sua deficiência importa no não conhecimento do recurso quanto ao tema.
3. A jurisprudência do STJ firmou entendimento no sentido de que há culpa concorrente entre a concessionária do transporte ferroviário e a vítima, seja pelo atropelamento desta por composição ferroviária, hipótese em que a primeira tem o dever de cercar e fiscalizar os limites da linha férrea, mormente em locais de adensamento populacional, seja pela queda da vítima que, adotando um comportamento de elevado risco, viaja como "pingente". Em ambas as circunstâncias, concomitantemente à conduta imprudente da vítima, está presente a negligência da concessionária de transporte ferroviário, que não se cerca das práticas de cuidado necessário para evitar a ocorrência de sinistros. Precedentes.
4. Por não se enquadrar como excludente de responsabilidade, a concorrência de culpas não é suficiente para afastar o dever da concessionária de transporte ferroviário de indenizar pelos danos morais e materiais configurados, mas mostra-se como fundamento para que as indenizações sejam fixadas pelo critério da proporcionalidade. (...)

10. Recurso especial provido (REsp 1.034.302/RS, Ministra Nancy Andrighi, 3.ª T., *DJe* 27.4.2011).

Invocando a Teoria do Risco Criado, o STJ não considerou o fato de terceiro como causa excludente de responsabilidade no caso a ser analisado e entendeu que o "ato de vandalismo que resulta no rompimento de cabos elétricos de vagão de trem não exclui a responsabilidade da concessionária/transportadora, pois cabe a ela cumprir protocolos de atuação para evitar tumulto, pânico e submissão dos passageiros a mais situações de perigo":

RECURSO ESPECIAL. AÇÃO DE COMPENSAÇÃO DE DANOS MORAIS. ACIDENTE EM LINHA FÉRREA. TRANSPORTE DE PASSAGEIROS. RESPONSABILIDADE CIVIL OBJETIVA. ART. 734 DO CC/02. TEORIA DO RISCO CRIADO. ART. 927, PARÁGRAFO ÚNICO, DO CC/02. CONCRETIZAÇÃO DO RISCO EM DANO. EXCLUDENTES DA RESPONSABILIDADE. ROMPIMENTO DO NEXO CAUSAL. FORTUITOS INTERNOS. PADRÕES MÍNIMOS DE QUALIDADE NO EXERCÍCIO DA ATIVIDADE DE RISCO. FORTUITOS EXTERNOS. INOCORRÊNCIA. FATO DE TERCEIRO. CAUSA EXCLUSIVA DO DANO. NÃO DEMONSTRAÇÃO. EXONERAÇÃO DA RESPONSABILIDADE. HIPÓTESE CONCRETA. IMPOSSIBILIDADE.
1. Ação de compensação de danos morais, em virtude de explosão elétrica no vagão da recorrente durante o transporte entre a Estação de Guaianases e Ferraz de Vasconcelos que gerou tumulto e pânico entre os passageiros.
2. Recurso especial interposto em: 17.11.2017; conclusos ao gabinete em: 10.12.2018; aplicação do CPC/15.
3. O propósito recursal cinge-se a determinar se, na hipótese concreta, o evento causador do dano moral sofrido pelo recorrido se enquadra nos riscos inerentes aos serviços de transporte de passageiros prestados pela recorrente, ou se, alternativamente, se encontra fora desses riscos, caracterizando um fortuito externo, apto a afastar sua responsabilidade objetiva.
4. Na responsabilidade civil objetiva, os danos deixam de ser considerados acontecimentos extraordinários, ocorrências inesperadas e atribuíveis unicamente à fatalidade ou à conduta (necessariamente no mínimo) culposa de alguém, para se tornarem consequências, na medida do possível, previsíveis e até mesmo naturais do exercício de atividades inerentemente geradoras de perigo, cujos danos demandam, por imperativo de solidariedade e justiça social, a adequada reparação.
5. Para a responsabilidade objetiva da teoria do risco criado, adotada pelo art. 927, parágrafo único, do CC/02, o dever de reparar exsurge da materialização do risco — da inerente e inexorável potencialidade de qualquer atividade lesionar interesses alheios — em um dano; da conversão do perigo genérico e abstrato em um prejuízo concreto e individual. Assim, o exercício de uma atividade obriga a reparar um dano, não na medida em que seja culposa (ou dolosa), porém na medida em que tenha sido causal.
6. A exoneração da responsabilidade objetiva ocorre com o rompimento do nexo causal, sendo que, no fato de terceiro, pouco importa que o ato tenha sido doloso ou culposo, sendo unicamente indispensável que ele tenha sido a única e exclusiva causa do evento lesivo, isto é, que se configure como causa absolutamente independente da relação causal estabelecida entre o dano e o risco do serviço.
7. Ademais, na teoria do risco criado, somente o fortuito externo, a impossibilidade absoluta — em qualquer contexto abstrato, e não unicamente em uma situação fática

específica — de que o risco inerente à atividade tenha se concretizado no dano, é capaz de romper o nexo de causalidade, isentando, com isso, aquele que exerce a atividade da obrigação de indenizar.

8. O conceito de fortuito interno reflete um padrão de comportamento, um *standard* de atuação, que nada mais representa que a fixação de um quadrante à luz das condições mínimas esperadas do exercício profissional, que deve ser essencialmente dinâmico, e dentro dos quais a concretização dos riscos em dano é atribuível àquele que exerce a atividade.

9. Se a conduta do terceiro, mesmo causadora do evento danoso, coloca-se nos lindes do risco do transportador, se relacionando, mostrando-se ligada à sua atividade, então não configura fortuito interno, não se excluindo a responsabilidade.

10. O contrato de transporte de passageiros envolve a chamada cláusula de incolumidade, segundo a qual o transportador deve empregar todos os expedientes que são próprios da atividade para preservar a integridade física do passageiro, contra os riscos inerentes ao negócio, durante todo o trajeto, até o destino final da viagem. Precedente.

11. Na hipótese dos autos, segundo a moldura fática delimitada pelo acórdão recorrido, o ato de vandalismo não foi a causa única e exclusiva da ocorrência do abalo moral sofrido pelo autor, pois outros fatores, como o tumulto decorrente da falta de informações sobre a causa, gravidade e precauções a serem tomadas pelos passageiros diante das explosões elétricas no vagão de trem que os transportava, aliada à falta de socorro às pessoas que se jogavam às vias férreas, contribuíram para as lesões reportadas nos presentes autos.

12. Não o suficiente, a incolumidade dos passageiros diante de eventos inesperados, mas previsíveis, como o rompimento de um cabo elétrico, encontra-se indubitavelmente inserido nos fortuitos internos da prestação do serviço de transporte, pois o transportador deve possuir protocolos de atuação para evitar o tumulto, o pânico e a submissão dos passageiros a mais situações de perigo, como ocorreu com o rompimento dos lacres das portas de segurança dos vagões e o posterior salto às linhas férreas de altura considerável e entre duas estações de parada.

13. Recurso especial desprovido (REsp 1786722/SP, Rel. Ministra Nancy Andrighi, 3.ª T., j. 9.6.2020, *DJe* 12.6.2020).

5.3.3.3. O caso fortuito e a força maior como causas excludentes de responsabilidade do fornecedor pelo fato do serviço

Prevalece também na responsabilidade pelo fato do serviço que o **fornecedor estará isento de responder** pelos danos decorrentes da prestação de serviços defeituosos quando ocorrer **caso fortuito ou força maior** durante ou após a prestação da atividade no mercado de consumo. Mais uma vez, tema que volta à tona envolve a discussão sobre o **fortuito interno** (não exclui a responsabilidade) e o **fortuito externo** (exclui a responsabilidade).

Tratando-se de **atividade principal ao serviço** desenvolvido, como é o caso da **segurança nas atividades bancárias, não é possível alegar** que o roubo será uma **causa excludente de responsabilidade** do fornecedor, por se tratar de **fortuito interno**.[46]

---

[46] Nesse sentido, o STJ no julgamento do REsp 750.418. Também no julgamento do REsp 1.183.121, envolvendo os Correios e o serviço de banco postal: "6. Além de prestar atividades tipicamente

Diferente seria a situação do **roubo no interior de coletivos**, que representa fato de terceiro que não tem conexão com o serviço de transporte coletivo, caracterizando verdadeira hipótese de **fortuito externo, excludente**, portanto, da responsabilidade do fornecedor.⁴⁷

Exclui a responsabilidade do fornecedor	Roubo no interior de coletivos — Fortuito externo

No mesmo sentido, colacionamos alguns julgados para demonstrar a consolidação do tema no Superior Tribunal de Justiça:

■ Contudo, tratando-se de postos de combustíveis, a ocorrência de delito (roubo) a clientes de tal estabelecimento, não traduz, em regra, evento inserido no âmbito da prestação específica do comerciante, cuidando-se de caso fortuito externo, ensejando-se, por conseguinte, a exclusão de sua responsabilidade pelo lamentável incidente (REsp 1.243.970/SE, Rel. Ministro Massami Uyeda, 3.ª T., DJe 10.5.2012).⁴⁸

---

bancárias, a ECT oferece publicamente esses serviços (equipamentos, logomarca, prestígio etc.), de forma que, ao menos de forma aparente, de um banco estamos a tratar; aos olhos do usuário, inclusive em razão do nome e da prática comercial, não se pode concluir de outro modo, a não ser pelo fato de que o consumidor efetivamente crê que o banco postal (correspondente bancário) nada mais é do que um banco com funcionamento dentro de agência dos Correios. 7. As contratações tanto dos serviços postais como dos serviços de banco postal oferecidos pelos Correios revelam a existência de contrato de consumo, desde que o usuário se qualifique como 'destinatário final' do produto ou serviço. 8. Na hipótese, o serviço prestado pelos Correios foi inadequado e ineficiente porque descumpriu o dever de segurança legitimamente esperado pelo consumidor, não havendo falar em caso fortuito para fins de exclusão da responsabilidade com rompimento da relação de causalidade, mas sim fortuito interno, porquanto incide na proteção dos riscos esperados da atividade empresarial desenvolvida" (Rel. Ministro Luis Felipe Salomão, 4.ª T., DJe 7.4.2015).

⁴⁷ Nesse sentido, o STJ no julgamento do REsp 142.186. Também no julgamento do REsp 1.224.236/RS, em relação às Lotéricas e os serviços de receber o pagamento de contas em seu interior: "2. A relação firmada entre unidades lotéricas e a Caixa Econômica Federal tem cunho social, ampliando o acesso da população brasileira a alguns pontuais serviços prestados por instituições financeiras, o que não é suficiente para transmudar a natureza daquelas em instituições financeiras. 3. As unidades lotéricas não possuem como atividade-fim — (ou mesmo acessória) — a captação, intermediação e aplicação de recursos financeiros. É que as instituições financeiras brasileiras somente podem funcionar no País mediante a prévia autorização do Banco Central da República Federativa do Brasil, nos termos do art. 18 da Lei n. 4.595/1964. Por isso que as regras de segurança previstas na Lei n. 7.102/1983 não alcançam as unidades lotéricas" (Rel. Ministro Luis Felipe Salomão, 4.ª T., DJe 2.4.2014).

⁴⁸ Importante destacar que a alegação de fortuito externo nem sempre é aceita pelo STJ. Vejamos: "RECURSO ESPECIAL. RESPONSABILIDADE CIVIL. 1. **TRANSPORTE AÉREO QUE SEGUIU VIA TERRESTRE (ÔNIBUS), EM VIRTUDE DE CANCELAMENTO DO VOO. PASSAGEIROS ROUBADOS DURANTE O TRAJETO. CONCORRÊNCIA DE CULPA**

■ Na relação de consumo, existindo caso fortuito interno, ocorrido no momento da realização do serviço, como na hipótese em apreço, permanece a responsabilidade do fornecedor, pois, tendo o fato relação com os próprios riscos da atividade, não ocorre o rompimento do nexo causal (REsp 762.075/DF, Rel. Ministro Luis Felipe Salomão, 4.ª T., *DJe* 29.6.2009).[49]

DA TRANSPORTADORA. ALTERAÇÃO SUBSTANCIAL E UNILATERAL DO CONTRATO. PECULIARIDADES DO CASO CONCRETO. AUSÊNCIA DE CONFIGURAÇÃO DE FORTUITO EXTERNO. 2. VALORES ARBITRADOS A TÍTULO DE DANOS MATERIAIS E MORAIS. ACÓRDÃO RECORRIDO BEM FUNDAMENTADO. INEXISTÊNCIA DE ILEGALIDADE. 3. JUROS DE MORA. RESPONSABILIDADE CONTRATUAL. TERMO INICIAL A PARTIR DA CITAÇÃO. JURISPRUDÊNCIA PACÍFICA DO STJ. 4. RECURSO ESPECIAL PARCIALMENTE PROVIDO. 1. No que concerne ao transporte de pessoas, o ordenamento jurídico estabelece a responsabilidade civil objetiva do transportador, o qual deverá responder pelos danos causados às pessoas transportadas e suas bagagens, salvo a existência de alguma excludente de responsabilidade, como motivo de força maior, caso fortuito, culpa exclusiva da vítima ou de terceiro. 1.1. Em relação ao fato de terceiro, todavia, a teor do que dispõe o art. 735 do Código Civil, a responsabilidade só será excluída se ficar comprovado que a conduta danosa era completamente independente em relação à atividade de transporte e aos riscos inerentes à sua exploração, caracterizando-se, nesse caso, como fortuito externo. Precedentes. 1.2. Nessa linha de entendimento, a jurisprudência do STJ reconhece que o roubo dentro de ônibus configura hipótese de fortuito externo, por se tratar de fato de terceiro inteiramente independente ao transporte em si, afastando-se, com isso, a responsabilidade da empresa transportadora por danos causados aos passageiros. 1.3. Não obstante essa seja a regra, o caso em análise guarda peculiaridade que comporta solução diversa. Com efeito, a alteração substancial e unilateral do contrato firmado pela recorrente — de transporte aéreo para terrestre —, sem dúvida alguma, acabou criando uma situação favorável à ação de terceiros (roubo), pois o transporte rodoviário é sabidamente muito mais suscetível de ocorrer crimes dessa natureza, ao contrário do transporte aéreo. Dessa forma, a conduta da transportadora concorreu para o evento danoso, pois ampliou significativamente o risco de ocorrência desse tipo de situação, não podendo, agora, se valer da excludente do fortuito externo para se eximir da responsabilidade. 2. Em relação aos danos morais, não se verifica qualquer exorbitância no valor arbitrado de R$ 15.000,00 (quinze mil reais), pois, além do cancelamento do voo pela recorrente, o autor foi obrigado a seguir o trajeto por via terrestre (ônibus), viagem que durou mais de 14h (quatorze horas), sendo, ainda, durante o percurso e na madrugada, roubado e agredido por meliantes. 3. No tocante aos danos materiais, conquanto haja uma certa dificuldade em comprovar os bens efetivamente subtraídos em casos dessa natureza, as instâncias ordinárias, após amplo exame do conjunto fático-probatório produzido, decidiram de forma correta a questão, levando-se em consideração para a aferição do *quantum* indenizatório, na linha de precedentes desta Corte, além da inversão do ônus da prova, nos termos do art. 6.º, VIII, do Código de Defesa do Consumidor, a verossimilhança das alegações, embasada na estrita observância ao princípio da razoabilidade. 4. Tratando-se de responsabilidade contratual, os juros de mora devem ser computados a partir da citação, a teor do art. 405 do Código Civil. Precedentes. 5. Recurso especial parcialmente provido (REsp 1.728.068/SP, Rel. Ministro Marco Aurélio Bellizze, 3.ª T., j. 5.6.2018, *DJe* 8.6.2018).

[49] Havia divergência no STJ no tocante aos reconhecimento da responsabilidade da empresa transportadora pela ocorrência de atos libidinosos contra uma passageira no interior do coletivo. A primeira decisão a seguir colacionada entendeu pela responsabilidade reconhecendo o fortuito interno e, no segundo julgamento, reconheceu fortuito externo. Vejamos: "DIREITO CIVIL. RECURSO ESPECIAL. **AÇÃO DE INDENIZAÇÃO POR DANOS MATERIAIS E COMPEN-**

SAÇÃO POR DANOS MORAIS. ATO LIBIDINOSO PRATICADO CONTRA PASSAGEIRA NO INTERIOR DE UMA COMPOSIÇÃO DE TREM NA CIDADE DE SÃO PAULO/SP ('ASSÉDIO SEXUAL'). FUNDAMENTAÇÃO DEFICIENTE. SÚMULA 284/STF. RESPONSABILIDADE DA TRANSPORTADORA. NEXO CAUSAL. ROMPIMENTO. FATO EXCLUSIVO DE TERCEIRO. AUSÊNCIA DE CONEXIDADE COM A ATIVIDADE DE TRANSPORTE. 1. Ação ajuizada em 2.7.2014. Recurso especial interposto em 28.10.2015 e distribuído ao Gabinete em 31.3.2017. 2. O propósito recursal consiste em definir se a concessionária de transporte de trens metropolitanos da cidade de São Paulo/SP deve responder pelos danos morais sofridos por passageira que foi vítima de ato libidinoso ou assédio sexual praticado por outro usuário, no interior de um vagão. 3. Os argumentos invocados pela recorrente não demonstram como o acórdão recorrido violou os arts. 212, IV, do CC/02 e 334, IV, do CPC/73, o que inviabiliza o julgamento do recurso especial quanto ao ponto. Aplica-se, na hipótese, a Súmula 284/STF. 4. A cláusula de incolumidade é ínsita ao contrato de transporte, implicando obrigação de resultado do transportador, consistente em levar o passageiro com conforto e segurança ao seu destino, salvo se demonstrada causa de exclusão do nexo de causalidade, notadamente o caso fortuito, a força maior ou a culpa exclusiva da vítima ou de terceiro. 5. **O fato de terceiro, conforme se apresente, pode ou não romper o nexo de causalidade. Exclui-se a responsabilidade do transportador quando a conduta praticada por terceiro, sendo causa única do evento danoso, não guarda relação com a organização do negócio e os riscos da atividade de transporte, equiparando-se a fortuito externo. De outro turno, a culpa de terceiro não é apta a romper o nexo causal quando se mostra conexa à atividade econômica e aos riscos inerentes à sua exploração, caracterizando fortuito interno. 6. Na hipótese, conforme consta no acórdão recorrido, a recorrente foi vítima de ato libidinoso praticado por outro passageiro do trem durante a viagem, isto é, um conjunto de atos referidos como assédio sexual.** 7. O momento é de reflexão, pois não se pode deixar de ouvir o grito por socorro das mulheres, vítimas costumeiras desta prática odiosa, que poderá no futuro ser compartilhado pelos homens, também objetos potenciais da prática de assédio. **8. É evidente que ser exposta a assédio sexual viola a cláusula de incolumidade física e psíquica daquele que é passageiro de um serviço de transporte de pessoas. 9. Mais que um simples cenário ou ocasião, o transporte público tem concorrido para a causa dos eventos de assédio sexual. Em tal contexto, a ocorrência desses fatos acaba sendo arrastada para o bojo da prestação do serviço de transporte público, tornando-se assim mais um risco da atividade, a qual todos os passageiros, mas especialmente as mulheres, tornam-se sujeitos. 10. Na hipótese em julgamento, a ocorrência do assédio sexual guarda conexidade com os serviços prestados pela recorrida CPTM e, por se tratar de fortuito interno, a transportadora de passageiros permanece objetivamente responsável pelos danos causados à recorrente.** 11. Recurso especial conhecido e provido" (REsp 1.662.551/SP, Rel. Ministra Nancy Andrighi, 3.ª T., j. 15.5.2018, DJe 25.6.2018). "RECURSO ESPECIAL — DIREITO CIVIL — AÇÃO DE INDENIZAÇÃO POR DANOS MORAIS — **ATO LIBIDINOSO PRATICADO CONTRA PASSAGEIRA NO INTERIOR DE UMA COMPOSIÇÃO DE TREM DO METRÔ PAULISTA — AUSÊNCIA DE RESPONSABILIDADE DA TRANSPORTADORA — FATO EXCLUSIVO DE TERCEIRO E ESTRANHO AO CONTRATO DE TRANSPORTE** — PRECEDENTES DO STJ. INCONFORMISMO DA AUTORA. 1. **Nos termos da jurisprudência desta Corte Superior, não há responsabilidade da empresa de transporte coletivo em caso de ilícito alheio e estranho à atividade de transporte, pois o evento é considerado caso fortuito ou força maior**, excluindo-se, portanto, a responsabilidade da empresa transportadora. Precedentes do STJ. 2. **Não pode haver diferenciação quanto ao tratamento da questão apenas à luz da natureza dos delitos.** 3. Na hipótese, sequer é possível imputar à transportadora eventual negligência pois, como restou consignado pela instância ordinária, o autor do ilícito foi identificado e detido pela equipe

O tema é tão relevante que no dia 1.º de agosto de 2012 o STJ publicou no *DJe* a Súmula 479, com o seguinte teor: "As instituições financeiras respondem objetivamente pelos danos gerados por fortuito interno relativo a fraudes e delitos praticados por terceiros no âmbito de operações bancárias".[50]

Sobre o assunto, o Superior Tribunal de Justiça entendeu que **a instituição financeira responde nos termos do art. 14, § 3.º, do CDC, quando descumpre o dever de segurança que lhe cabe e não obsta a realização de compras com cartão de crédito em estabelecimento comercial suspeito, com perfil de compra de consumidor que discrepa das aquisições costumeiramente efetivadas pelo vulnerável da relação jurídica**:

> AGRAVO INTERNO NO AGRAVO EM RECURSO ESPECIAL. AÇÃO DECLARATÓRIA DE INEXIGIBILIDADE DE DÉBITO CUMULADA COM INDENIZAÇÃO POR DANOS MATERIAIS E MORAIS. COMPRAS REALIZADAS POR TERCEIRO. USO DO CARTÃO DE CRÉDITO E DE DÉBITO. FALHA NO DEVER DE SEGURANÇA DA INSTITUIÇÃO FINANCEIRA. AGRAVO INTERNO DESPROVIDO.

---

de segurança da concessionária de transporte coletivo, tendo sido, inclusive, conduzido à Delegacia de Polícia, estando apto, portanto, a responder pelos seus atos penal e civilmente. 4. Recurso especial desprovido (REsp 1748295/SP, Rel. Ministro Luis Felipe Salomão, Rel. p/ Acórdão Ministro Marco Buzzi, 4.ª T., j. 13.12.2018, *DJe* 13.2.2019). No ano de 2020 a 2.ª Seção do STJ pacificou a questão no julgamento do REsp 1.833.722 e REsp 1.853.361 afastando a responsabilidade objetiva de empresas de transporte por assédio sexual cometido por terceiro.

[50] Sobre o tema, vale lembrar julgamento do Superior Tribunal de Justiça no seguinte sentido: "AGRAVO REGIMENTAL NO AGRAVO DE INSTRUMENTO. RESPONSABILIDADE CIVIL. INSTITUIÇÃO FINANCEIRA. DANOS CAUSADOS POR ATO DE TERCEIRO. RESPONSABILIDADE OBJETIVA. FORTUITO INTERNO. MATÉRIA SUBMETIDA AO REGIME DOS RECURSOS REPETITIVOS. ACÓRDÃO FUNDADO EM MATÉRIA FÁTICO-PROBATÓRIA. SÚMULA N. 7/STJ.
1. As instituições bancárias respondem objetivamente por danos causados por fraudes ou delitos praticados por terceiros, visto que tal responsabilidade decorre do risco do empreendimento, caracterizando-se como fortuito interno, consoante entendimento firmado em julgamento submetido ao procedimento do art. 543-C do CPC (REsp 1.199.782/PR, Rel. Ministro Luis Felipe Salomão, 2.ª Seção, j. 24.8.2011, *DJe* 12.9.2011) e consagrado na Súmula n. 479/STJ.
2. Somente nas hipóteses excludentes previstas no art. 14, § 3.º, da Lei n. 8.078/90 é que ficaria afastada a responsabilidade objetiva das instituições financeiras por fraudes praticadas por terceiros e que sejam danosas aos consumidores, dentre as quais se encontra culpa exclusiva do consumidor ou de terceiro, conforme se colhe da dicção do inciso II do citado dispositivo.
3. Hipótese em que o tribunal de origem não considerou presente nenhuma hipótese excludente da responsabilidade da instituição financeira. Consectariamente, rever tais conclusões demandaria o reexame de matéria fático-probatória, o que é inviável em sede de recurso especial, nos termos da Súmula n. 7 do Superior Tribunal de Justiça ('A pretensão de simples reexame de prova não enseja recurso especial').
4. Agravo regimental não provido" (AgRg no Ag 1.388.725/SP, Rel. Ministro Ricardo Villas Bôas Cueva, 3.ª T., j. 7.3.2013, *DJe* 13.3.2013).

1. Nos termos da jurisprudência desta Corte, a responsabilidade da instituição financeira deve ser afastada quando o evento danoso decorre de transações que, embora contestadas, são realizadas com a apresentação física do cartão original e mediante uso de senha pessoal do correntista, situação, contudo, que não ocorreu no caso concreto.
2. "A vulnerabilidade do sistema bancário, que admite operações totalmente atípicas em relação ao padrão de consumo dos consumidores, viola o dever de segurança que cabe às instituições financeiras e, por conseguinte, incorre em falha da prestação de serviço" (REsp 1.995.458/SP, Rel. Ministra Nancy Andrighi, 3.ª T., j. 9.8.2022, *DJe* 18.8.2022).
3. Na hipótese, não é possível afastar a responsabilidade da instituição financeira, notadamente quando descumpriu o respectivo dever de segurança ao não obstar a realização de compras por cartão de crédito em estabelecimento comercial objeto de suspeita em transações anteriores, na mesma data, pois latente que o perfil de compra da agravada discrepava do volume das transações fraudulentas efetivamente engendradas.
4. Agravo interno a que se nega provimento (AgInt no AREsp 1.728.279/SP, Rel. Ministro Raul Araújo, 4.ª T., j. 8.5.2023, *DJe* 17.5.2023).

A responsabilidade objetiva do banco pelo fortuito interno fica mais evidente ainda quando a vítima da fraude for pessoa idosa, que se enquadra no conceito de hipervulnerável:

CONSUMIDOR. PROCESSUAL CIVIL. RECURSO ESPECIAL. AÇÃO DECLARATÓRIA DE INEXISTÊNCIA DE DÉBITOS. **DEVER DE SEGURANÇA. FRAUDE PERPETRADA POR TERCEIRO. CONTRATAÇÃO DE MÚTUO. MOVIMENTAÇÕES ATÍPICAS E ALHEIAS AO PADRÃO DE CONSUMO. RESPONSABILIDADE OBJETIVA DA INSTITUIÇÃO FINANCEIRA.** RECURSO CONHECIDO E PROVIDO.
1. Ação declaratória de inexistência de débitos, ajuizada em 14.8.2020, da qual foi extraído o presente recurso especial, interposto em 21.6.2022 e concluso ao gabinete em 17.2.2023.
2. O propósito recursal consiste em decidir (I) se a instituição financeira responde objetivamente por falha na prestação de serviços bancários, consistente na contratação de empréstimo realizada por estelionatário; e (II) se possui o dever de identificar e impedir movimentações financeiras que destoam do perfil do consumidor.
3. O dever de segurança é noção que abrange tanto a integridade psicofísica do consumidor, quanto sua integridade patrimonial, sendo dever da instituição financeira verificar a regularidade e a idoneidade das transações realizadas pelos consumidores, desenvolvendo mecanismos capazes de dificultar fraudes perpetradas por terceiros, independentemente de qualquer ato dos consumidores.
4. A instituição financeira, ao possibilitar a contratação de serviços de maneira facilitada, por intermédio de redes sociais e aplicativos, tem o dever de desenvolver mecanismos de segurança que identifiquem e obstem movimentações que destoam do perfil do consumidor, notadamente em relação a valores, frequência e objeto.
5. Como consequência, a ausência de procedimentos de verificação e aprovação para transações atípicas e que aparentam ilegalidade corresponde a defeito na prestação de serviço, capaz de gerar a responsabilidade objetiva por parte da instituição financeira.

6. Entendimento em conformidade com Tema Repetitivo 466/STJ e Súmula 479/STJ: "As instituições financeiras respondem objetivamente pelos danos gerados por fortuito interno relativo a fraudes e delitos praticados por terceiros no âmbito de operações bancárias".

7. Idêntica lógica se aplica à hipótese em que o falsário, passando-se por funcionário da instituição financeira e após ter instruído o consumidor a aumentar o limite de suas transações, contrata mútuo com o banco e, na mesma data, vale-se do alto montante contratado e dos demais valores em conta corrente para quitar obrigações relacionadas, majoritariamente, a débitos fiscais de ente federativo diverso daquele em que domiciliado o consumidor.

8. Na hipótese, inclusive, verifica-se que o consumidor é pessoa idosa (75 anos — imigrante digital), razão pela qual a imputação de responsabilidade há de ser feita sob as luzes do Estatuto do Idoso e da Convenção Interamericana sobre a Proteção dos Direitos Humanos dos Idosos, considerando a sua peculiar situação de consumidor hipervulnerável.

9. Recurso especial conhecido e provido para declarar a inexigibilidade das transações bancárias não reconhecidas pelos consumidores e condenar o recorrido a restituir o montante previamente existente em conta bancária, devidamente atualizado (REsp 2.052.228/DF, Rel. Ministra Nancy Andrighi, 3.ª T., j. 12.9.2023, *DJe* 15.9.2023).

As instituições financeiras também respondem de forma objetiva pelo defeito na prestação de serviço consistente no tratamento indevido de dados pessoais bancários, quando tais informações são utilizadas por estelionatário para facilitar a aplicação de golpe em desfavor do consumidor, em flagrante afronta ao Código de Defesa do Consumidor e à Lei Geral de Proteção de Dados:

CONSUMIDOR. RECURSO ESPECIAL. AÇÃO DECLARATÓRIA DE INEXIGIBILIDADE DE DÉBITO POR VAZAMENTO DE DADOS BANCÁRIOS CUMULADA COM INDENIZAÇÃO POR DANOS MORAIS E REPETIÇÃO DE INDÉBITO. GOLPE DO BOLETO. TRATAMENTO DE DADOS PESSOAIS SIGILOSOS DE MANEIRA INADEQUADA. FACILITAÇÃO DA ATIVIDADE CRIMINOSA. FATO DO SERVIÇO. DEVER DE INDENIZAR PELOS PREJUÍZOS. SÚMULA 479/STJ. RECURSO ESPECIAL PROVIDO.

1. Ação declaratória de inexigibilidade de débito por vazamento de dados bancários cumulada com indenização por danos morais e repetição de indébito, ajuizada em 13.2.2020, da qual foi extraído o presente recurso especial, interposto em 15.2.2022 e concluso ao gabinete em 19.6.2023.

2. O propósito recursal consiste em decidir se a instituição financeira responde por falha na prestação de serviços bancários, consistente no vazamento de dados que facilitou a aplicação de golpe em desfavor do consumidor.

3. Se comprovada a hipótese de vazamento de dados da instituição financeira, será dela, em regra, a responsabilidade pela reparação integral de eventuais danos. Do contrário, inexistindo elementos objetivos que comprovem esse nexo causal, não há que se falar em responsabilidade das instituições financeiras pelo vazamento de dados utilizados por estelionatários para a aplicação de golpes de engenharia social (REsp 2.015.732/SP, j. 20.6.2023, *DJe* 26.6.2023).

4. Para sustentar o nexo causal entre a atuação dos estelionatários e o vazamento de dados pessoais pelo responsável por seu tratamento, é imprescindível perquirir, com exatidão,

quais dados estavam em poder dos criminosos, a fim de examinar a origem de eventual vazamento e, consequentemente, a responsabilidade dos agentes respectivos. Os nexos de causalidade e imputação, portanto, dependem da hipótese concretamente analisada.
5. Os dados sobre operações bancárias são, em regra, de tratamento exclusivo pelas instituições financeiras. No ponto, a Lei Complementar 105/2001 estabelece que as instituições financeiras conservarão sigilo em suas operações ativas e passivas e serviços prestados (art. 1.º), constituindo dever jurídico dessas entidades não revelar informações que venham a obter em razão de sua atividade profissional, salvo em situações excepcionais. Desse modo, seu armazenamento de maneira inadequada, a possibilitar que terceiros tenham conhecimento de informações sigilosas e causem prejuízos ao consumidor, configura defeito na prestação do serviço (art. 14 do CDC e art. 44 da LGPD).
6. No particular, não há como se afastar a responsabilidade da instituição financeira pela reparação dos danos decorrentes do famigerado "golpe do boleto", uma vez que os criminosos têm conhecimento de informações e dados sigilosos a respeito das atividades bancárias do consumidor. Isto é, os estelionatários sabem que o consumidor é cliente da instituição e que encaminhou *e-mail* à entidade com a finalidade de quitar sua dívida, bem como possuem dados relativos ao próprio financiamento obtido (quantidade de parcelas em aberto e saldo devedor do financiamento).
7. O tratamento indevido de dados pessoais bancários configura defeito na prestação de serviço, notadamente quando tais informações são utilizadas por estelionatário para facilitar a aplicação de golpe em desfavor do consumidor.
8. Entendimento em conformidade com Tema Repetitivo 466/STJ e Súmula 479/STJ: "As instituições financeiras respondem objetivamente pelos danos gerados por fortuito interno relativo a fraudes e delitos praticados por terceiros no âmbito de operações bancárias".
9. Recurso especial conhecido e provido para reformar o acórdão recorrido e reestabelecer a sentença proferida pelo Juízo de primeiro grau (REsp 2.077.278/SP, Rel. Ministra Nancy Andrighi, 3.ª T., j. 3.10.2023, *DJe* 9.10.2023).

No entanto, o saque indevido de numerário em conta corrente, reconhecido e devolvido pela instituição financeira poucos dias após a prática do ilícito, não configura, por si só, e a princípio, dano moral presumido (*in re ipsa*). Esse foi o posicionamento do Superior Tribunal de Justiça no julgamento do REsp 1573.859/SP:

RECURSO ESPECIAL. AÇÃO DE INDENIZAÇÃO POR DANOS MORAIS. SAQUE INDEVIDO DE NUMERÁRIO NA CONTA CORRENTE DO AUTOR. RESSARCIMENTO DOS VALORES PELA INSTITUIÇÃO BANCÁRIA. AUSÊNCIA DE DANO MORAL *IN RE IPSA*. TRIBUNAL DE ORIGEM QUE, DIANTE DAS PECULIARIDADES DO CASO, AFASTOU A OCORRÊNCIA DE DANO EXTRAPATRIMONIAL. MANUTENÇÃO DO ACÓRDÃO RECORRIDO. RECURSO DESPROVIDO. 1. **O saque indevido de numerário em conta corrente não configura dano moral *in re ipsa* (presumido), podendo, contudo, observadas as particularidades do caso, ficar caracterizado o respectivo dano se demonstrada a ocorrência de violação significativa a algum direito da personalidade do correntista.** 2. Na hipótese, o Tribunal de origem consignou, diante do conjunto fático-probatório dos autos, que o autor não demonstrou qualquer excepcionalidade a justificar a compensação por danos morais, razão pela qual nada há a ser modificado no acórdão recorrido. 3. Recurso especial desprovido (REsp 1.573.859/SP, Rel. Ministro Marco Aurélio Bellizze, 3.ª T., j. 7.11.2017, *DJe* 13.11.2017).

No mesmo diapasão, no caso de assalto ocorrido em via pública, fora do estabelecimento bancário, vem entendendo o STJ pela impossibilidade de responsabilização da instituição financeira, quando não demonstrada falha na prestação do serviço, bem como por se tratar de exemplo de fortuito externo. Vejamos:

DIREITO CIVIL. AGRAVO INTERNO NO AGRAVO EM RECURSO ESPECIAL. RECONSIDERAÇÃO. RESPONSABILIDADE CIVIL. INSTITUIÇÃO FINANCEIRA. ROUBO COMETIDO CONTRA CLIENTE EM VIA PÚBLICA, APÓS CHEGADA EM SEU DESTINO PORTANDO VALORES RECENTEMENTE SACADOS NO CAIXA BANCÁRIO. FORTUITO EXTERNO. EXCLUDENTE DE RESPONSABILIDADE OBJETIVA DA CASA BANCÁRIA. ACÓRDÃO RECORRIDO EM CONFRONTO COM A JURISPRUDÊNCIA DO STJ. AGRAVO INTERNO PROVIDO. AGRAVO CONHECIDO. RECURSO ESPECIAL PROVIDO.
**1. Nos termos da jurisprudência do Superior Tribunal de Justiça, o risco inerente à atividade exercida pela instituição financeira não revela sua responsabilidade objetiva pelo crime sofrido pelo correntista fora das suas dependências.
2. A instituição financeira não pode ser responsabilizada pelo roubo de que o cliente fora vítima, em via pública, após chegada ao seu destino portando valores recentemente sacados diretamente no caixa bancário, porquanto evidencia-se fato de terceiro, que exclui a responsabilidade objetiva, por se tratar de caso fortuito externo.**
3. Agravo interno provido para reconsiderar a decisão agravada e, em novo exame, conhecer do agravo e dar provimento ao recurso especial (AgInt no AREsp 1.379.845/BA, Rel. Ministro Raul Araújo, 4.ª T., j. 14.5.2024, *DJe* 28.6.2024).[51]

---

[51] Sobre a responsabilidade do estacionamento independente e autônomo da instituição financeira, também entendeu o STJ pela excludente de reponsabilidade no caso de assalto em seu interior: "DIREITO CIVIL E CONSUMIDOR. ESTACIONAMENTO DE VEÍCULOS. ROUBO ARMADO DE CLIENTE QUE ACABARA DE EFETUAR SAQUE EM AGÊNCIA BANCÁRIA. RESPONSABILIDADE CIVIL DO ESTACIONAMENTO. ALCANCE. LIMITES. 1. Em se tratando de estacionamento de veículos oferecido por instituição financeira, o roubo sofrido pelo cliente, com subtração do valor que acabara de ser sacado e de outros pertences, não caracteriza caso fortuito apto a afastar o dever de indenizar, tendo em vista a previsibilidade de ocorrência desse tipo de evento no âmbito da atividade bancária, cuidando-se, pois, de risco inerente ao seu negócio. Precedentes. 2. Diferente, porém, é o caso do estacionamento de veículo particular e autônomo — absolutamente independente e desvinculado do banco — a quem não se pode imputar a responsabilidade pela segurança individual do cliente, tampouco pela proteção de numerário anteriormente sacado na agência e dos pertences que carregava consigo, elementos não compreendidos no contrato firmado entre as partes, que abrange exclusivamente o depósito do automóvel. Não se trata, aqui, de resguardar os interesses da parte hipossuficiente da relação de consumo, mas de assegurar ao consumidor apenas aquilo que ele legitimamente poderia esperar do serviço contratado, no caso a guarda do veículo. 3. O roubo à mão armada exclui a responsabilidade de quem explora o serviço de estacionamento de veículos. Precedentes. 4. Recurso especial a que se nega provimento" (REsp 1.232.795/SP, Rel. Ministra Nancy Andrighi, 3.ª T., *DJe* 10.4.2013).

5.3.3.4. Recall e excludente de responsabilidade

Em última análise, cumpre destacar que o fato de o consumidor **não cumprir o atendimento ao *recall*** (chamamento do consumidor pelo fornecedor para consertar um problema do bem de consumo nos termos do art. 10, § 1.º, do CDC) **não isenta o fornecedor de responsabilidade**.

O **STJ** já se posicionou nos mesmos termos: "A circunstância de o adquirente não levar o veículo para conserto, em atenção a *RECALL*, não isenta o fabricante da obrigação de indenizar" (REsp 1.010.392, Rel. Ministro Humberto Gomes de Barros, 3.ª T., *DJe* 13.5.2008).

5.3.4. Responsabilidade pessoal do profissional liberal — exceção à regra da responsabilidade objetiva do CDC

O presente capítulo trata da responsabilidade do fornecedor, que é, em regra, objetiva, ou seja, terá que reparar os danos/prejuízos causados aos consumidores independentemente da comprovação do dolo ou da culpa.

No entanto, esta regra não é absoluta, sendo admitido um caso de **responsabilidade subjetiva**, nos termos do **art. 14, § 4.º, do CDC**, que assim prevê: "A **responsabilidade pessoal dos profissionais liberais** será apurada mediante a **verificação de culpa**".

Trata-se da responsabilidade pessoal do profissional liberal que deverá ser configurada mediante a comprovação de dolo ou de culpa (responsabilidade subjetiva).

REGRA NO CDC	EXCEÇÃO NO CDC
▪ Responsabilidade objetiva (independe de dolo ou culpa).	▪ Responsabilidade subjetiva (necessidade de dolo ou culpa).
▪ Fato do produto e fato do serviço (regra); vício do produto e do serviço.	▪ Fato do serviço no caso de responsabilidade pessoal do profissional liberal.

5.3.4.1. Elementos constituintes da definição de profissional liberal

Segundo Bruno Miragem, como "traços essenciais da atividade do profissional liberal encontram-se a **ausência de subordinação** com o tomador do serviço ou com terceira pessoa, e que realize na atividade o **exercício permanente de uma profissão**, em geral vinculada a **conhecimentos técnicos especializados**, inclusive com **formação específica**".[52]

Prevalece que **não há necessidade de formação superior**, mas apenas formação específica, ainda que técnica. Assim, os exemplos mais representativos de profissionais liberais são, dentre outros:

▪ advogado;
▪ médico;
▪ dentista;
▪ engenheiro;
▪ arquiteto.

---

[52] MIRAGEM, Bruno. *Curso de direito do consumidor*, p. 398.

5.3.4.2. Fundamentos do tratamento diferenciado concedido ao profissional liberal

As razões do tratamento diferenciado concedido aos profissionais liberais podem ser resumidas nos seguintes argumentos:

- natureza *intuitu personae* da atividade desempenhada;
- exercer, em regra, atividade de meio;
- serviço diferenciado em comparação ao disponível no mercado massificado.

De fato, há um **caráter personalíssimo (*intuitu personae*)** na relação existente, por exemplo, entre paciente e médico. Isto significa identificar o requisito da **fidúcia** — **confiança** — neste tipo de relação.

Ademais, a atividade do profissional liberal desempenhada é, em regra, uma **atividade de meio**, em que o profissional **compromete-se a empregar** todo o seu **conhecimento** e todas as **técnicas** existentes **para atingir o resultado** pretendido, **mas não há obrigatoriedade** de atingi-lo, pois sua atividade não é preponderantemente de resultado.

Assim, o médico se compromete a tentar salvar um paciente com câncer, entretanto não poderá assegurar que seus serviços médicos levarão o enfermo à cura. Logo mais analisaremos o tratamento jurídico dispensado ao profissional liberal que desempenha atividade de resultado.

Por fim, no tocante às razões fundamentadoras do tratamento diferenciado concedido ao profissional liberal, não poderíamos deixar de citar uma decorrência da natureza *intuitu personae* da atividade desempenhada quando comparada com os demais serviços disponibilizados no mercado de consumo.

O profissional liberal desenvolve uma **atividade personalizada**, isto é, nenhum paciente é igual ao outro, por mais que a doença seja mundialmente reconhecida. Tal situação exige, a depender das características do enfermo, um **tratamento personalíssimo** a ser estudado caso a caso. Tal contexto reflete inclusive no momento da contratação.

Nessa linha de raciocínio, Zelmo Denari, ao ensinar que nem "se deve deslembrar que o dispositivo excepcional supõe a contratação de um profissional liberal que, autonomamente, desempenha seu ofício no mercado de trabalho. Trata-se, portanto, de disciplina dos ***contratos negociados***, e não dos *contratos de adesão* a *condições gerais*".[53]

5.3.4.3. O profissional liberal no desempenho de atividade de resultado

Um dos fundamentos do tratamento diferenciado dispensado ao profissional liberal que responde subjetivamente pelo fato do serviço — acidente de consumo decorrente de um serviço defeituoso — é que desempenha em regra uma atividade de meio, sem a

---

[53] GRINOVER, Ada Pellegrini; BENJAMIN, Antônio Herman de V.; FINK, Daniel Roberto; FILOMENO, José Geraldo Brito; NERY JR., Nelson; DENARI, Zelmo. *Código Brasileiro de Defesa do Consumidor*, p. 213.

obrigatoriedade de se atingir o resultado pretendido. As questões colocadas sobre o tema são as seguintes:

- Profissional liberal desempenha atividade-fim, de resultado?
- Se sim, a responsabilidade volta a ser a objetiva nestes casos?

Na denominada **atividade-fim**, o profissional liberal **compromete-se a atingir o resultado pretendido** pelo consumidor. O caso clássico envolve a **cirurgia plástica de embelezamento**.[54] Com este exemplo, constatamos que a resposta à primeira indagação é afirmativa, ou seja, **o profissional liberal pode sim desempenhar atividade de resultado**.

E a responsabilidade neste caso permanece subjetiva ou volta para a regra da responsabilidade objetiva prevista no Código de Defesa do Consumidor?

Inicialmente, cumpre destacar **divergência na doutrina** sobre o tema, muito bem pontuada pelas observações de Zelmo Denari: "certo setor doutrinário acena para uma particularidade muito sutil, sustentando que nos *contratos de resultado* — em que a remuneração do profissional fica condicionada a determinado resultado favorável ao cliente, em contraposição aos *contratos de meio* — deve ser aplicada, excepcionalmente, a regra da responsabilidade objetiva, e não subjetiva. Não se pode compartir esse ponto de vista, pois a natureza do contrato (de resultado ou de meio) não tem nada a ver com a natureza *intuitu personae* da responsabilidade do profissional liberal".[55]

As turmas terceira e quarta do **Superior Tribunal de Justiça** vêm entendendo que a **atividade de resultado não transforma a responsabilidade** subjetiva do profissional liberal **em objetiva**, mas ocorrerá a **presunção de culpa** do prestador do serviço pelos danos causados, com a respectiva inversão do ônus da prova.

Assim, apesar de se discutir culpa (responsabilidade subjetiva), caberá ao profissional liberal demonstrar a inexistência desta no caso concreto para se eximir do dever de indenizar. Vejamos:

RECURSO ESPECIAL. RESPONSABILIDADE CIVIL. ERRO MÉDICO. ART. 14 DO CDC. CIRURGIA PLÁSTICA. OBRIGAÇÃO DE RESULTADO. CASO FORTUITO. EXCLUDENTE DE RESPONSABILIDADE.
1. Os **procedimentos cirúrgicos** de fins meramente **estéticos** caracterizam verdadeira **obrigação de resultado**, pois neles o cirurgião assume verdadeiro compromisso pelo efeito embelezador prometido.
2. **Nas obrigações de resultado, a responsabilidade do profissional da medicina permanece subjetiva. Cumpre ao médico, contudo, demonstrar que os eventos danosos decorreram de fatores externos e alheios à sua atuação durante a cirurgia.**
3. Apesar de não prevista expressamente no CDC, a eximente de caso fortuito possui força liberatória e exclui a responsabilidade do cirurgião plástico, pois rompe o nexo de causalidade entre o dano apontado pelo paciente e o serviço prestado pelo profissional.

---

[54] Não é qualquer tipo de intervenção cirúrgica que se revela como atividade de resultado. A cirurgia plástica reparadora, por exemplo, continua a representar uma atividade de meio.
[55] GRINOVER, Ada Pellegrini; BENJAMIN, Antônio Herman de V.; FINK, Daniel Roberto; FILOMENO, José Geraldo Brito; NERY JR., Nelson; DENARI, Zelmo. *Código Brasileiro de Defesa do Consumidor*, p. 214-215.

4. Age com cautela e conforme os ditames da boa-fé objetiva o médico que colhe a assinatura do paciente em "termo de consentimento informado", de maneira a alertá-lo acerca de eventuais problemas que possam surgir durante o pós-operatório. RECURSO ESPECIAL A QUE SE NEGA PROVIMENTO (REsp 1.180.815/MG, Rel. Ministra Nancy Andrighi, 3.ª T., *DJe* 26.8.2010).

No mesmo sentido, o STJ ao entender que: **"Em procedimento cirúrgico para fins estéticos, conquanto a obrigação seja de resultado, não se vislumbra responsabilidade objetiva pelo insucesso da cirurgia, mas mera presunção de culpa médica, o que importa a inversão do ônus da prova, cabendo ao profissional elidi-la de modo a exonerar-se da responsabilidade contratual pelos danos causados ao paciente, em razão do ato cirúrgico"** (REsp 985.888/SP, Rel. Ministro Luis Felipe Salomão, 4.ª T., *DJe* 13.3.2012).

RESPONSABILIDADE — OBJETIVA	VS.	RESPONSABILIDADE — CULPA PRESUMIDA
▪ Não se discute culpa.		▪ Discute-se culpa.
▪ Inversão facultativa do ônus.		▪ Inversão obrigatória do ônus.

Sobre o tema, cumpre lembrar ainda que prevalece na jurisprudência do **STJ** a **não incidência do CDC nas relações contratuais firmadas entre advogado e seus clientes:** "Não incide o CDC nos contratos de prestação de serviços advocatícios. Portanto, não se pode considerar, simplesmente, abusiva a cláusula contratual que prevê honorários advocatícios em percentual superior ao usual. Prevalece a regra do *pacta sunt servanda*" (REsp 757.867/RS).[56]

5.3.4.4. A responsabilidade da empresa diante da falha na atuação do profissional liberal — a problemática da responsabilidade do hospital

Qual será a responsabilidade do hospital pelos danos causados aos pacientes?

A resposta dos mais incautos será imediatamente a objetiva, sob o fundamento de que o art. 14, § 4.º, do CDC, ao tratar da responsabilidade subjetiva, referiu-se expressamente à responsabilidade pessoal do profissional liberal, logo a responsabilidade da empresa — no caso, do hospital — voltaria para a regra do dever de responsabilização independentemente da comprovação de dolo ou de culpa.

No entanto, a questão é bem mais complexa do que parece. Bruno Miragem destaca a discussão "sobre a eventual dependência da responsabilidade objetiva do hospital ou clínica em relação a verificação da culpa do profissional médico que nelas atua, sobretudo em vista da exigência de que este seja demandado obrigatoriamente para que se possa alcançar a responsabilidade da instituição. Ou seja, que só haveria condições de imputação da responsabilidade aos hospitais ou clínicas na medida em que se provasse a culpa do profissional médico, como, aliás, é admitido no direito civil, na hipótese da responsabilidade por preposição (art. 932, III, do CC).

---

[56] Remetemos o leitor ao Capítulo 2 deste livro, mais precisamente ao subitem "2.6.2.3. Relação entre advogado e cliente".

Este raciocínio, contudo, parece confundir os pressupostos de ambas as relações de responsabilidade, do profissional que é subjetiva e, portanto, dependente da verificação da culpa, e a do hospital ou clínica que é objetiva, neste caso exigindo a presença de defeito na prestação do serviço".[57]

Sobre o assunto, apesar da ausência de pacificação, o **STJ chegou a identificar três tipos de relações para pontuar quando o hospital será responsabilizado e em qual modalidade (objetiva ou subjetiva)**. Desta forma, esquematizando a aludida posição, identificamos:

TIPO DE RELAÇÃO	TIPO DE RESPONSABILIDADE
◙ Falha na estrutura hospitalar:	◙ Responsabilidade objetiva (art. 14, *caput*, CDC).
◙ Falha de profissional liberal sem vínculo com hospital:	◙ Ausência de responsabilidade.
◙ Falha de profissional liberal com vínculo com o hospital:	◙ Responsabilidade subjetiva (arts. 932 e 933 do Código Civil).

Nesse sentido, segue julgamento paradigmático do Superior Tribunal de Justiça que bem resume as três situações elencadas. A responsabilidade das sociedades empresárias hospitalares por dano causado ao paciente-consumidor pode ser assim sintetizada:

◙ as obrigações assumidas diretamente pelo complexo hospitalar limitam-se ao fornecimento de recursos materiais e humanos auxiliares adequados à prestação dos serviços médicos e à supervisão do paciente, hipótese em que a responsabilidade objetiva da instituição (por ato próprio) exsurge somente em decorrência de defeito no serviço prestado (art. 14, *caput*, do CDC);

◙ os atos técnicos praticados pelos médicos sem vínculo de emprego ou subordinação com o hospital são imputados ao profissional pessoalmente, eximindo-se a entidade hospitalar de qualquer responsabilidade (art. 14, § 4.º, do CDC), se não concorreu para a ocorrência do dano;

◙ quanto aos atos técnicos praticados de forma defeituosa pelos profissionais da saúde vinculados de alguma forma ao hospital, respondem solidariamente a instituição hospitalar e o profissional responsável, apurada a sua culpa profissional. Nesse caso, o hospital é responsabilizado indiretamente por ato de terceiro, cuja culpa deve ser comprovada pela vítima de modo a fazer emergir o dever de indenizar da instituição, de natureza absoluta (arts. 932 e 933 do CC), sendo cabível ao juiz, demonstrada a hipossuficiência do paciente, determinar a inversão do ônus da prova (art. 6.º, VIII, do CDC) (REsp 1.145.728/MG, Rel. p/ Acórdão Ministro Luis Felipe Salomão, 4.ª T., *DJe* 8.9.2011).[58]

---

[57] MIRAGEM, Bruno. *Curso de direito do consumidor*, p. 402-403.
[58] No *informativo de jurisprudência* do STJ 778, de 13 de junho de 2023, saiu notícia de um processo que tramita em segredo de justiça em que o entendimento prevalecente foi de que a infecção hospitalar impõe o afastamento das concausas — a prematuridade e o baixo peso do bebê recém-nascido —, atraindo, assim, a responsabilidade objetiva do hospital pelo pagamento integral das indenizações, à luz da teoria da causalidade adequada (dano direto e imediato): "A jurisprudência

5.4. RESPONSABILIDADE PELO VÍCIO DO PRODUTO

Encerrada a responsabilidade decorrente de acidente de consumo (fato do produto ou do serviço), resta analisarmos a **responsabilidade pelo vício**, ou seja, **pela mera inadequação do produto ou do serviço aos fins a que se destinam**. Aqui a preocupação maior do legislador foi predominantemente com a incolumidade econômica do consumidor, conforme pontuado no início deste capítulo.

5.4.1. Vícios do CDC e os vícios redibitórios do Código Civil

Tema inicial relevante é saber se a responsabilidade por vício no Código de Defesa do Consumidor é a mesma responsabilidade por vícios redibitórios prevista no Código Civil. Zelmo Denari identifica os seguintes **elementos caracterizadores dos vícios redibitórios**:

- "defeitos ocultos;
- que a coisa seja recebida em virtude de uma relação contratual *(v.g.,* contrato comutativo ou doação com encargo);
- que os defeitos ocultos sejam graves, por isso que os defeitos de somenos importância não afetam o princípio de garantia, além do que '*de minimis non curat praetor*';
- que os defeitos sejam contemporâneos à celebração do contrato, pois, se forem supervenientes, não tem cabimento a invocação da garantia".[59]

A disciplina da responsabilidade pelos vícios no CDC tem regulamentação específica e, portanto, diferente da inserta no Código Civil. Quem bem resume o regime da responsabilidade pelo **vício previsto no Diploma Consumerista** em contraposição com o existente no Código Civil é Bruno Miragem, para quem seus **traços característicos** são:

- "a espécie e qualidade dos vícios do produto e do serviço no regime do CDC (superação da bipartição entre vícios aparentes e ocultos);

---

deste Superior Tribunal de Justiça, no tocante à responsabilidade do hospital, é no sentido de ser objetiva sua responsabilidade nos casos relacionados à falha na prestação de serviço, sobretudo nos quais os danos sofridos resultam de infecção hospitalar, revelando-se desnecessária a comprovação de erro médico (culpa *lato sensu*). Ademais, consoante estabelecido no § 3.º do art. 14 do CDC, as causas excludentes de responsabilidade são — a inexistência de defeito do serviço e o fato exclusivo da vítima ou de terceiro. E, nesses casos, o ônus da prova decorre de imposição legal, *ope legis* (a qual dispensa os requisitos do art. 6.º VIII, do CDC), cabendo ao hospital comprovar a existência de tais circunstâncias. No mesmo sentido é o entendimento desta Corte Superior: 'a culpa exclusiva do consumidor ou de terceiro deve ser cabalmente comprovada pelo fornecedor de serviços, a fim de romper o nexo de causalidade e, consequentemente, ilidir a sua responsabilidade objetiva [...]' (AgInt no AREsp 1.604.779/SP, Rel. Ministro Marco Aurélio Bellizze, 3.ª T., j. 20.4.2020, *DJe* 24.4.2020). Também nesse viés: AgInt no REsp 1.830.752/RJ, Rel. Ministro Luis Felipe Salomão, 4.ª T., j. 29.6.2020, *DJe* 3.8.2020; REsp 1.734.099/MG, Rel. Ministra Nancy Andrighi, 3.ª T., j. 4.12.2018, *DJe* 7.12.2018".

[59] GRINOVER, Ada Pellegrini; BENJAMIN, Antônio Herman de V.; FINK, Daniel Roberto; FILOMENO, José Geraldo Brito; NERY JR., Nelson; DENARI, Zelmo. *Código Brasileiro de Defesa do Consumidor*, p. 217-218.

☐ a responsabilidade objetiva do fornecedor;
☐ a solidariedade entre todos os fornecedores frente ao consumidor para satisfação dos direitos previstos pelo CDC;
☐ os efeitos da existência de vício em face do consumidor (surgimento do direito potestativo de escolha do consumidor em relação às alternativas previstas em lei);
☐ as normas legais que disciplinam a matéria são normas de ordem pública, insuscetíveis de derrogação por acordo das partes (arts. 24, 25 e 51, I, do CDC), a não ser dentro dos limites que o próprio CDC autoriza (a redução ou ampliação do prazo de 30 dias para sanar o vício, previsto no artigo 18, dentro dos limites entre 7 e 180 dias — art. 18, § 2.º, do CDC)".[60]

Em suma, para **se configurar um vício no Código do Consumidor não há a necessidade de o problema ser oculto, nem grave, nem contemporâneo à celebração do contrato.**

VÍCIO REDIBITÓRIO DO CÓDIGO CIVIL	VÍCIO NO CDC
Vício oculto.	Vício oculto ou aparente.
Vício grave.	Vício grave ou leve.
Vício contemporâneo ao contrato.	Vício contemporâneo ou não.

5.4.2. Responsabilidade pelo vício do produto no CDC

A responsabilidade pelo vício do produto está prevista no **art. 18,** *caput,* **do Código de Defesa do Consumidor:** "Os fornecedores de produtos de consumo duráveis ou não duráveis respondem solidariamente pelos **vícios de qualidade ou quantidade** que os tornem impróprios ou inadequados ao consumo a que se destinam ou lhes diminuam o valor, assim como por aqueles decorrentes da disparidade, com as indicações constantes do recipiente, da embalagem, rotulagem ou mensagem publicitária, respeitadas as variações decorrentes de sua natureza, podendo o consumidor exigir a substituição das partes viciadas".

Diferentemente do art. 12 do CDC, quando o legislador optou por especificar cada um dos fornecedores (fabricante, produtor, construtor e importador), no **art. 18** foi utilizada a expressão **"fornecedores"**, fazendo alusão ao gênero, representação maior da **solidariedade** de todos os que integram a cadeia de fornecedores. Aliás, a solidariedade está expressamente prevista no aludido dispositivo.

Assim, poderá o consumidor, em nossa opinião, por exemplo, reclamar o vício de uma TV que não liga perante o comerciante, sem precisar dirigir-se ao fabricante.

No entanto, a terceira turma do STJ entendeu no ano de 2015 que se existir assistência técnica na mesma cidade do comerciante, este não teria o dever de tentar resolver o problema no prazo legal. Vejamos: "(...) 3. A assistência técnica é caracterizada pela especialização do serviço prestado, com finalidade de correção de vícios de produtos comercializados. 4. Sua organização eficaz e eficiente concretiza a proteção do consumidor em razão de produtos viciados postos no comércio, bem como o direito de reparação do vício no prazo legal de 30 dias garantido aos fornecedores e seus equiparados.

---
[60] MIRAGEM, Bruno. *Curso de direito do consumidor,* p. 413.

5. Disponibilizado serviço de assistência técnica, de forma eficaz, efetiva e eficiente, na mesma localidade do estabelecimento do comerciante, a intermediação do serviço apenas acarretaria delongas e acréscimo de custos, não justificando a imposição pretendida na ação coletiva (...)" (REsp 1.411.136/RS, Rel. Ministro Marco Aurélio Bellizze, 3.ª T., *DJe* 10.3.2015).

Em decisão mais recente, o Superior Tribunal de Justiça decidiu conforme posição por nós defendida, qual seja: cabe ao consumidor decidir perante quem vai reclamar o vício:

> PROCESSO CIVIL E DIREITO DO CONSUMIDOR. RECURSO ESPECIAL. AÇÃO CIVIL PÚBLICA. NEGATIVA DE PRESTAÇÃO JURISDICIONAL. AUSÊNCIA. JUNTADA DE DOCUMENTOS COM A APELAÇÃO. POSSIBILIDADE. VÍCIO DO PRODUTO. REPARAÇÃO EM 30 DIAS. RESPONSABILIDADE OBJETIVA DO COMERCIANTE. 1. Ação civil pública ajuizada em 7.1.2013, de que foi extraído o presente recurso especial, interposto em 8.6.2015 e concluso ao Gabinete em 25.8.2016. Julgamento pelo CPC/73. 2. Cinge-se a controvérsia a decidir sobre: (i) a negativa de prestação jurisdicional (art. 535, II, do CPC/73); (ii) a preclusão operada quanto à produção de prova (arts. 462 e 517 do CPC/73); (iii) a responsabilidade do comerciante no que tange à disponibilização e prestação de serviço de assistência técnica (art. 18, *caput* e § 1.º, do CDC). 3. Devidamente analisadas e discutidas as questões de mérito, e fundamentado o acórdão recorrido, de modo a esgotar a prestação jurisdicional, não há que se falar em violação do art. 535, II, do CPC/73. 4. Esta Corte admite a juntada de documentos, que não apenas os produzidos após a inicial e a contestação, inclusive na via recursal, desde que observado o contraditório e ausente a má-fé. 5. À frustração do consumidor de adquirir o bem com vício, não é razoável que se acrescente o desgaste para tentar resolver o problema ao qual ele não deu causa, o que, por certo, pode ser evitado — ou, ao menos, atenuado — se o próprio comerciante participar ativamente do processo de reparo, intermediando a relação entre consumidor e fabricante, inclusive porque, juntamente com este, tem o dever legal de garantir a adequação do produto oferecido ao consumo. 6. À luz do princípio da boa-fé objetiva, se a inserção no mercado do produto com vício traz em si, inevitavelmente, um gasto adicional para a cadeia de consumo, esse gasto deve ser tido como ínsito ao risco da atividade, e não pode, em nenhuma hipótese, ser suportado pelo consumidor. Incidência dos princípios que regem a política nacional das relações de consumo, em especial o da vulnerabilidade do consumidor (art. 4.º, I, do CDC) e da garantia de adequação, a cargo do fornecedor (art. 4.º, V, do CDC), e observância do direito do consumidor de receber a efetiva reparação de danos patrimoniais sofridos por ele (art. 6.º, VI, do CDC). **7. Como a defesa do consumidor foi erigida a princípio geral da atividade econômica pelo art. 170, V, da Constituição Federal, é ele — consumidor — quem deve escolher a alternativa que lhe parece menos onerosa ou embaraçosa para exercer seu direito de ter sanado o vício em 30 dias — levar o produto ao comerciante, à assistência técnica ou diretamente ao fabricante —, não cabendo ao fornecedor impor-lhe a opção que mais convém.** 8. Recurso especial desprovido (REsp 1.634.851/RJ, Rel. Ministra Nancy Andrighi, 3.ª T., j. 12.9.2017, *DJe* 15.2.2018).

Numa interpretação inicial do citado dispositivo, constatamos a existência de duas modalidades de vício do produto:

- vício de qualidade (cuja disciplina está no próprio art. 18 do CDC);
- vício de quantidade (citado no art. 18 e disciplinado no art. 19 do CDC).

5.4.2.1. Vício de qualidade do produto

Segundo visto no Capítulo 4, ao tratarmos dos Princípios e Direitos Básicos no CDC, o fornecedor tem o dever de disponibilizar no mercado de consumo **produtos e serviços de qualidade**, ou seja, **"inteiramente adequados ao consumo a que se destinam"**.[61]

De fato, a análise do *caput* do art. 18 do CDC nos leva a crer que haverá vícios de qualidade quando tornar os produtos "impróprios ou inadequados ao consumo a que se destinam ou lhes diminuam o valor, assim como por aqueles decorrentes da disparidade, com as indicações constantes do recipiente, da embalagem, rotulagem ou mensagem publicitária".

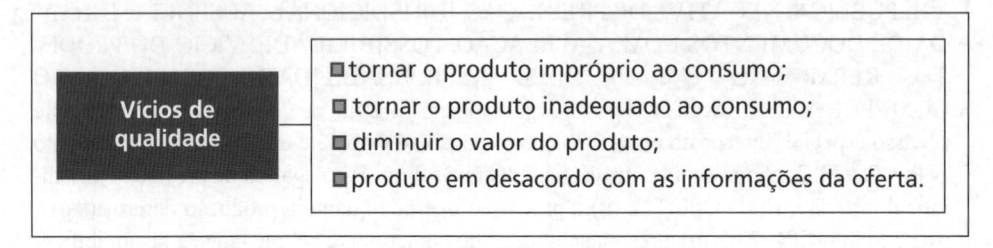

Vícios de qualidade	• tornar o produto impróprio ao consumo; • tornar o produto inadequado ao consumo; • diminuir o valor do produto; • produto em desacordo com as informações da oferta.

O próprio art. 18 define o que seriam **produtos impróprios** ao consumo em seu § 6.º:

> "São impróprios ao uso e consumo:
> I — os produtos cujos prazos de validade estejam vencidos;
> II — os produtos deteriorados, alterados, adulterados, avariados, falsificados, corrompidos, fraudados, nocivos à vida ou à saúde, perigosos ou, ainda, aqueles em desacordo com as normas regulamentares de fabricação, distribuição ou apresentação;
> III — os produtos que, por qualquer motivo, se revelem inadequados ao fim a que se destinam".

Produtos impróprios
- prazos de validade estejam vencidos
- deteriorados, alterados, adulterados, avariados, falsificados, corrompidos, fraudados, nocivos, perigosos, em desacordo com as normas
- produtos que, por qualquer motivo, se revelem inadequados ao fim a que se destinam

Está nítida a ideia de que o **CDC não proíbe a venda de produtos com pequenos vícios, desde que conhecidos pelo consumidor**, ou seja, pelo princípio da boa-fé objetiva

---

[61] CAVALIERI FILHO, Sergio. *Programa de direito do consumidor*, p. 322.

e os seus deveres anexos de informação, proteção e cooperação, há a necessidade de ampla divulgação quanto à existência do vício, a ponto de ficar bem esclarecido que o motivo do preço diferenciado decorre justamente de tal impropriedade do produto.

Desta forma, roupas com pequenos vícios, por exemplo, deverão:

- estar em **local separado** na loja e jamais no meio das demais peças da loja sem qualquer problema **(dever de proteção)**;
- com a respectiva **placa indicativa** do valor a menor em razão **do vício (dever de informar)**; e
- de preferência, com algum **selo ou sinal indicativo do local onde se encontra o vício** na peça de roupa **(dever de cooperação)**.

É evidente que pela principiologia inerente ao Código do Consumidor **tais impropriedades deverão estar dentro dos limites do razoável**, não sendo admitido, em "nenhuma hipótese, contudo, o vício do produto comercializado nestas condições poderá comprometer toda sua utilidade, nem apresentar riscos à saúde ou segurança do consumidor (qualificando-se como defeito), hipótese em que se estará violando diretamente as normas de proteção prevista no CDC".[62]

Outro caso interessante caracterizador dessa modalidade de vício envolveu o julgamento em que o Superior Tribunal de Justiça entendeu que **a instituição financeira responde por vício na qualidade do produto ao emitir comprovantes de suas operações por meio de papel termossensível:**

> RECURSO ESPECIAL. AÇÃO CIVIL PÚBLICA. **COMPROVANTE DE OPERAÇÕES FINANCEIRAS. EMISSÃO EM PAPEL TERMOSSENSÍVEL. BAIXA DURABILIDADE. PRESTAÇÃO DE SERVIÇO DEFICIENTE. OBRIGAÇÃO DE EMISSÃO GRATUITA DE SEGUNDA VIA DO COMPROVANTE.**
> **1. O Código de Defesa do Consumidor, para além da responsabilidade decorrente dos acidentes de consumo (arts. 12 a 17), cuja preocupação primordial é a segurança física e patrimonial do consumidor, regulamentou também a responsabilidade pelo vício do produto ou do serviço (arts. 18 a 25), em que a atenção se voltou à análise da efetiva adequação à finalidade a que se destina.** Previu, assim, que o fornecedor responderá pelos vícios de qualidade que tornem os serviços impróprios ao consumo ou lhes diminuam o valor ou, ainda, pelos decorrentes da disparidade com as indicações constantes da oferta ou da mensagem publicitária (art. 20).
> **2. A noção de vício passou a ser objetivada, tendo a norma trazido parâmetros a serem observados, independentemente do que fora disposto no contrato, além de ter estabelecido um novo dever jurídico ao fornecedor: o dever de qualidade e funcionalidade, a ser analisado de acordo com as circunstâncias do caso concreto, devendo-se ter em conta ainda a efetiva adequação à finalidade a que se destina e às expectativas legítimas do consumidor com aquele serviço, bem como se se trata de obrigação de meio ou de resultado.**
> **3. A instituição financeira, ao emitir comprovantes de suas operações por meio de papel termossensível, acabou atraindo para si a responsabilidade pelo vício de qualidade do produto. Isso porque, por sua própria escolha, em troca do aumento dos

---

[62] MIRAGEM, Bruno. *Curso de direito do consumidor*, p. 414.

lucros — já que a impressão no papel térmico é mais rápida e bem mais em conta —, passou a ofertar o serviço de forma inadequada, emitindo comprovantes cuja durabilidade não atendem as exigências e as necessidades do consumidor, vulnerando o princípio da confiança.
4. É da natureza específica do tipo de serviço prestado emitir documentos de longa vida útil, a permitir que os consumidores possam, quando lhes for exigido, comprovar as operações realizadas. Em verdade, a "fragilidade" dos documentos emitidos em papel termossensível acaba por ampliar o desequilíbrio na relação de consumo, em vista da dificuldade que o consumidor terá em comprovar o seu direito pelo desbotamento das informações no comprovante.
5. Condicionar a durabilidade de um comprovante às suas condições de armazenamento, além de incompatível com a segurança e a qualidade que se exigem da prestação de serviços, torna a relação excessivamente onerosa para o consumidor, que, além dos custos de emitir um novo recibo em outra forma de impressão (fotocópia), teria o ônus de arcar, em caso de perda, com uma nova tarifa pela emissão da 2.ª via do recibo, o que se mostra abusivo e desproporcional.
6. O reconhecimento da falha do serviço não pode importar, por outro lado, em repasse pelo aumento de tarifa ao consumidor nem em prejuízos ao meio ambiente.
7. Na hipótese, o serviço disponibilizado foi inadequado e ineficiente, porquanto incidente na frustração da legítima expectativa de qualidade e funcionalidade do consumidor-médio em relação ao esmaecimento prematuro das impressões em papel térmico, concretizando-se o nexo de imputação na frustração da confiança a que fora induzido o cliente.
8. Recurso especial não provido (REsp 1414774/RJ, Rel. Ministro Luis Felipe Salomão, 4.ª T., j. 16.5.2019, *DJe* 5.6.2019).

5.4.2.2. As variações que não são vícios de qualidade do produto

O art. 18, *caput,* do Código de Defesa do Consumidor, ao tratar dos vícios do produto decorrentes da disparidade com as indicações constantes do recipiente, da embalagem, rotulagem ou mensagem publicitária, faz uma ressalva no sentido de que deverão ser **"respeitadas as variações decorrentes de sua natureza"**. Isto significa dizer que **nem todas as variações são consideradas vícios**, isto é, certas alterações são decorrentes da própria natureza do produto e, portanto, não caracterizam violação ao CDC.

Um bom exemplo é a tinta de pintar parede. A depender do tipo de material utilizado na construção da parede que receberá o produto, a cor ficará mais clara ou mais escura, e isso é uma variação decorrente da sua natureza, não configurando vício.

> Variações decorrentes da natureza do produto não são vícios de qualidade.

5.4.2.3. O direito do fornecedor de tentar consertar o vício como primeira solução eleita pela lei diante do vício de um produto

Estabelece o § 1.º do art. 18 do Diploma Consumerista como **solução primeira**, diante da constatação de um vício, o **direito do fornecedor de tentar sanar o problema no prazo de 30 dias**.

Isto implica dizer que, antes de se dar a oportunidade ao consumidor de escolher uma das alternativas elencadas pela Lei n. 8.078/90, como a substituição do produto viciado por outro, por exemplo, há o direito do fornecedor de tentar sanar o vício no prazo legal de 30 dias.

No mesmo sentido, encontramos a posição do **Superior Tribunal de Justiça:**

> ADMINISTRATIVO. CÓDIGO DE DEFESA DO CONSUMIDOR. PROCON. REPRESENTAÇÃO DO CONSUMIDOR PELO ESTADO. VÍCIO DE QUALIDADE NO PRODUTO. RESPONSABILIDADE DO FORNECEDOR. EXEGESE DO ARTIGO 18, § 1.º, I, DO CDC.
> 1. O § 1.º e incisos do artigo 18 do Código de Defesa do Consumidor prescrevem que, se o vício do produto não for sanado no prazo máximo de trinta dias pelo fornecedor, o consumidor poderá exigir, alternativamente e ao seu arbítrio, as seguintes opções: a) substituição do produto por outro da mesma espécie, em perfeitas condições de uso; b) a restituição imediata da quantia paga, monetariamente atualizada, sem prejuízo de eventuais perdas e danos; c) o abatimento proporcional do preço.
> 2. **A exegese do dispositivo é clara. Constatado o defeito, concede-se ao fornecedor a oportunidade de sanar o vício no prazo máximo de trinta dias. Não sendo reparado o vício, o consumidor poderá exigir, à sua escolha, as três alternativas constantes dos incisos I, II e III do § 1.º do artigo 18 do CDC.**
> 3. No caso dos autos, inexiste ofensa ao disposto no art. 18 do CDC, pois imediatamente após a reclamação, o fornecedor prontificou-se a reparar o produto — veículo automotor. Não aceita a oferta pelo consumidor, propôs a substituição do bem por outro nas mesmas condições e em perfeitas condições de uso ou a compra pelo preço de mercado. Ainda assim, o consumidor manteve-se renitente.
> 4. **"A primeira solução que o Código apresenta ao consumidor é a substituição das partes viciadas do produto. Não se está diante de uma 'opção' propriamente dita, de vez que, como regra, o consumidor não tem outra alternativa a não ser aceitar tal substituição"** (Antônio Herman de Vasconcellos Benjamin, in *Comentários ao Código de Proteção do Consumidor,* coordenador Juarez de Oliveira. São Paulo: Saraiva, 1991).
> 5. "Vício de qualidade. Automóvel. Não sanado o vício de qualidade, cabe ao consumidor a escolha de uma das alternativas previstas no art. 18, § 1.º, do CDC" (REsp 185.836/SP, Rel. Ministro Ruy Rosado de Aguiar, *DJU* 22.3.1999).
> 6. O dispositivo em comento não confere ao consumidor o direito à troca do bem por outro novo, determina apenas que, "não sendo o vício sanado no prazo máximo de trinta dias, pode o consumidor exigir, alternativamente e à sua escolha: I — a substituição do produto por outro da mesma espécie, em perfeitas condições de uso (...)".
> 7. "Poderia o juiz deferir-lhe integralmente o pedido ou conceder-lhe a reparação em menor valor, seja com a condenação do réu a entregar um carro usado, ou ao pagamento de uma certa quantia, desde que nos limites constantes do pedido" (REsp 109.294/RS, Rel. Ministro Ruy Rosado de Aguiar, *DJU* 18.2.1997).
> 8. Recurso especial não provido (REsp 991.985/PR, Rel. Ministro Castro Meira, 2.ª T., *DJ* 11.2.2008).

De fato, constatamos que o STJ continua a reconhecer que, antes das alternativas conferidas ao consumidor, há o direito do fornecedor de tentar sanar o vício do produto: **"Nos termos do § 1.º do art. 18 do Código de Defesa do Consumidor — CDC, caso o vício de qualidade do produto não seja sanado no prazo de 30 dias, o consumidor poderá, sem apresentar nenhuma justificativa, optar entre as alternativas ali** contidas, ou seja: **(I) a substituição do produto por outro da mesma espécie, em perfeitas condições de uso; (II) a restituição imediata da quantia paga; ou (III) o abatimento proporcional do preço"** (REsp 1.016.519/PR, Rel. Ministro Raul Araújo, 4.ª T., *DJe* 25.5.2012).

O prazo de trinta dias para o fornecedor sanar o vício é o prazo legal que deverá imperar, salvo se as partes da relação de consumo convencionarem de forma distinta.

Para evitar a utilização de prazos desproporcionais, o CDC estabeleceu os períodos mínimos e máximos no art. 18, § 2.º, *in verbis*: **"Poderão as partes convencionar a redução ou ampliação do prazo previsto no parágrafo anterior, não podendo ser inferior a sete nem superior a cento e oitenta dias.** Nos contratos de adesão, a cláusula de prazo deverá ser convencionada em separado, por meio de manifestação expressa do consumidor".

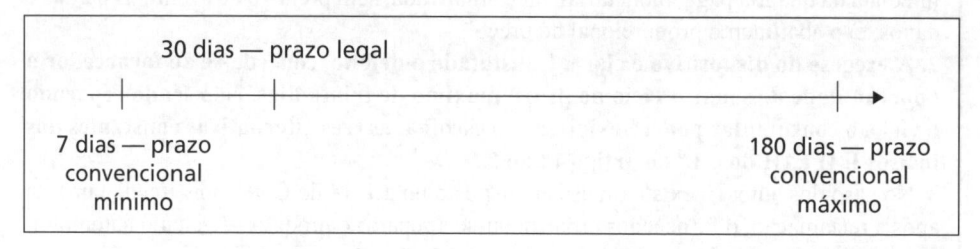

```
                30 dias — prazo legal
    |—————————————|————————————————————————————|——▶
  7 dias — prazo                          180 dias — prazo
  convencional                            convencional
  mínimo                                  máximo
```

Parte da doutrina consumerista não se conforma com um prazo máximo convencional tão extenso. Esta é a visão de Rizzatto Nunes, para quem, "Por essa regra, o tempo para que um produto viciado fosse consertado poderia ser elevado para 180 dias! É algo inimaginável. O consumidor adquire um produto; paga por ele; ele não funciona; tem de ser levado para conserto; quando lá chega, o fornecedor responde: 'volte daqui a 6 meses, que o produto estará novinho em folha!'. Pareceria brincadeira, se não fosse norma".[63]

Apesar de respeitar a indignação do renomado doutrinador, vale lembrar que o próprio **CDC exige o preenchimento de alguns requisitos** para a efetivação de tal convenção sem a violação dos direitos do vulnerável nas relações de consumo:

- nos **contratos de adesão**, a **cláusula** de prazo deverá ser **convencionada em separado**;
- **manifestação expressa de concordância pelo consumidor**.

Com efeito, muitas vezes a **complexidade** de determinado produto pode exigir um prazo maior para resolver o respectivo vício. Mesmo porque, tratando-se de **produtos importados**, a chegada da peça de reposição pode efetivamente demorar meses.

Assim, preenchidos os requisitos citados e estando o **consumidor devidamente informado** a ponto de compreender materialmente o que significa esperar 180 dias pelo conserto de um produto, não encontramos qualquer problema no dispositivo legal, desde que o **fornecedor** lhe **conceda uma solução alternativa e provisória** até que o produto receba o conserto definitivo, por exemplo entregar em comodato bem equivalente para suprir as necessidades do consumidor.

---

[63] NUNES, Luiz Antonio Rizzatto. *Curso de direito do consumidor*, p. 209.

Claro que no caso da solução alternativa nenhum outro ônus poderá ser imposto ao consumidor.

Logo mais concluiremos que o direito do fornecedor de tentar sanar o vício como solução primeira dada pelo Diploma Consumerista é uma regra que admite exceções, a serem estudadas quando da análise do § 3.º do art. 18.

5.4.2.4. As opções conferidas ao consumidor diante do vício de qualidade do produto

Não sendo o vício sanado pelo fornecedor no prazo legal de 30 dias ou no eventual prazo convencionado pelas partes da relação de consumo — mínimo 7 e máximo 180 dias —, **prevê o art. 18, § 1.º, do CDC as opções conferidas ao consumidor para a solução do problema:**[64]

> "§ 1.º Não sendo o vício sanado no prazo máximo de trinta dias, pode o consumidor exigir, alternativamente e à sua escolha:
> I — a substituição do produto por outro da mesma espécie, em perfeitas condições de uso;
> II — a restituição imediata da quantia paga, monetariamente atualizada, sem prejuízo de eventuais perdas e danos;
> III — o abatimento proporcional do preço".

Percebam que a lei deixou bem clara a **desnecessidade de se seguir a ordem por ela elencada**, isto é, o consumidor poderá escolher qualquer das opções conferidas na ordem que bem entender.

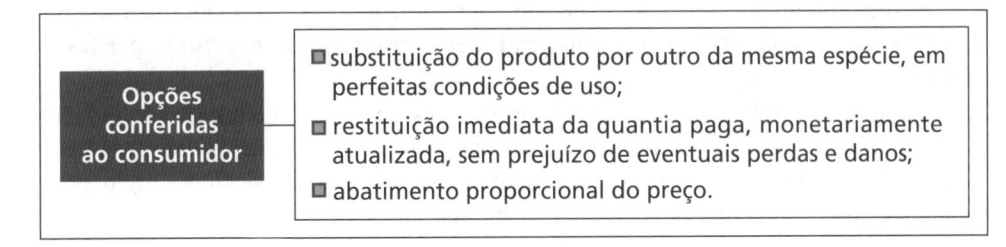

Opções conferidas ao consumidor	▪ substituição do produto por outro da mesma espécie, em perfeitas condições de uso; ▪ restituição imediata da quantia paga, monetariamente atualizada, sem prejuízo de eventuais perdas e danos; ▪ abatimento proporcional do preço.

No tocante à **primeira alternativa, substituição do produto por outro da mesma espécie, em perfeitas condições de uso**, vale lembrar que o próprio Código de Defesa

---

[64] O Decreto n. 7.986, de 15 de abril de 2013, alterou o Decreto n. 7.963, de 15 de março de 2013, que instituiu o Plano Nacional de Consumo e Cidadania e criou a Câmara das Relações de Consumo e seu art. 16 passou a ter a seguinte redação: "O Conselho de Ministros da Câmara Nacional das Relações de Consumo elaborará, em prazo definido por seus membros e formalizado em ato do Ministro de Estado da Justiça, proposta de regulamentação do § 3.º do art. 18 da Lei n. 8.078, de 1990, para especificar produtos de consumo considerados essenciais e dispor sobre procedimentos para uso imediato das alternativas previstas no § 1.º do art. 18 da referida Lei". (Vale ressaltar que o Decreto n. 7.963, de 2013, foi também alterado pelo Decreto n. 8.953/2017.)

do Consumidor traz em seu **art. 84 instrumentos processuais hábeis** para concretizar tal pretensão, tais como:

- ação de obrigação de fazer (*caput* do art. 84);
- tutela liminar (§ 3.º do art. 84);
- multa diária, independentemente de pedido do autor (§ 4.º do art. 84);
- tutela específica, por meio de medidas necessárias, tais como busca e apreensão (§ 5.º do art. 84).

Ainda em relação à opção inicial estabelecida pela Lei n. 8.078/90, em caso de **inexistência de outro produto de mesma espécie**, dispõe seu **art. 18, § 4.º**, que: "Tendo o consumidor optado pela alternativa do inciso I do § 1.º deste artigo, e não sendo possível a substituição do bem, **poderá haver substituição por outro de espécie, marca ou modelo diversos, mediante complementação ou restituição de eventual diferença de preço**, sem prejuízo do disposto nos incisos II e III do § 1.º deste artigo".

Desta forma, **quando impossível a substituição do bem por outro da mesma espécie**, em razão do fim de sua fabricação, por exemplo, **poderá o consumidor exigir a substituição por outro:**

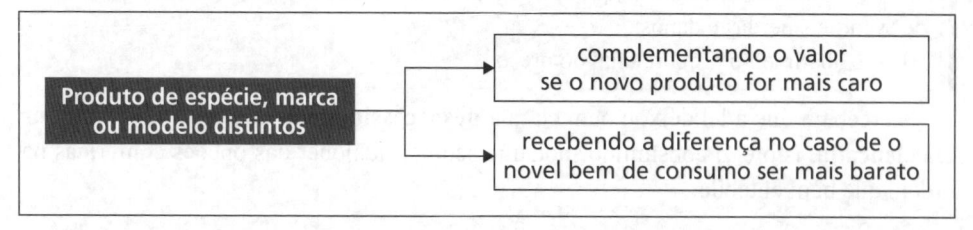

Produto de espécie, marca ou modelo distintos	→	complementando o valor se o novo produto for mais caro
	→	recebendo a diferença no caso de o novel bem de consumo ser mais barato

A **segunda opção** conferida ao consumidor consiste na **"restituição imediata da quantia paga, monetariamente atualizada, sem prejuízo de eventuais perdas e danos"**.

Infelizmente, o consumidor muitas vezes necessita de uma determinação judicial capaz de concretizar o seu desejo de receber de volta aquilo que pagou e, em razão dos inúmeros transtornos que teve na tentativa extrajudicial de composição do litígio, postula também uma indenização pelos danos morais.

No entanto, a jurisprudência superior vem entendendo, infelizmente, que quase tudo é mero dissabor[65] do dia a dia e dificilmente condena o fornecedor por danos

---

[65] Nesse sentido é a posição dominante no Superior Tribunal de Justiça: "RECURSOS ESPECIAIS. AÇÃO DE INDENIZAÇÃO. VEÍCULO NOVO. DEFEITO. INTEMPESTIVIDADE DE UM DOS RECURSOS ESPECIAIS. DANOS MATERIAIS E MORAIS. ART. 18, § 3.º, DO CDC. DEPRECIAÇÃO DO VEÍCULO. SUBSTITUIÇÃO DO BEM. SÚMULA 7. DANO MORAL INEXISTENTE. 1. É intempestivo o recurso especial interposto fora do prazo de 15 dias previsto no artigo 508 do Código de Processo Civil. 2. Ainda que tenham sido substituídas as partes viciadas do veículo no prazo estabelecido no art. 18, § 1.º, do CDC, o consumidor pode se valer da substituição do produto, com base no § 3.º do mesmo artigo, se depreciado o bem. 3. A conclusão acerca da depreciação do bem, a que chegou o Tribunal de origem com base nas provas dos autos,

morais. Trata-se de postura jurisprudencial equivocada, *data venia*, e que estimula o mau fornecedor a continuar a cometer suas práticas abusivas no mercado de consumo.

Contudo, **o tratamento teórico para fins acadêmicos do tema admite a reparação dos danos, além da restituição imediata da quantia paga.**

A **última escolha** que poderá ser feita pelo consumidor traduz-se na exigência do **"abatimento proporcional do preço"**. A descrença do consumidor no fornecedor muitas vezes chega a tal nível que ele prefere permanecer com o produto viciado e consertá-lo por conta própria a aguardar a boa vontade de um mau fornecedor em resolver seu problema.

Em situações como estas, o abatimento proporcional no preço acaba sendo a melhor saída a esse tipo de consumidor cético.

5.4.2.5. *A viabilidade da cumulação de alternativas*

Numa análise teórica sobre o tema, sempre que o consumidor comprovar prejuízo ele poderá postular reparação de danos materiais e/ou morais.

Nesse diapasão, **perfeitamente cabível a acumulação de perdas e danos não apenas quando da solicitação da restituição de quantia paga, mas também quando o consumidor exigir a substituição do bem**, mesmo o CDC silenciando a respeito do tema.

Este também é o posicionamento de Rizzatto Nunes ao ensinar que: "se o consumidor, servindo-se da prerrogativa do inciso I, requerer a substituição do produto, tem também direito ao pleito de indenização por danos materiais e/ou morais. (...) Não há, de fato, muita diferença prática entre requerer a troca do produto por outro da mesma espécie, marca e modelo e pedir a restituição da quantia paga. Em ambos os casos, o resultado pode ser adquirir novo produto".[66]

Aliás, é **Direito Básico** do consumidor a **"efetiva prevenção e reparação de danos patrimoniais e morais"**, nos termos do art. 6.º, VI, do Diploma Consumerista.

No entanto, reiteramos a crítica acima formulada no sentido de que na prática a jurisprudência do Superior Tribunal de Justiça vem se posicionando em diversos julgados pelo não reconhecimento de danos morais e enquadrando várias situações desagradáveis suportadas pelo consumidor como "meros dissabores, sem humilhação, perigo ou abalo à honra e à dignidade do autor".[67]

---

não pode ser revista no âmbito do recurso especial (Súmula 7/STJ). 4. A jurisprudência do STJ, em hipóteses de aquisição de veículo novo com defeito, orienta-se no sentido de que não cabe indenização por dano moral quando os fatos narrados estão no contexto de meros dissabores, sem humilhação, perigo ou abalo à honra e à dignidade do autor. 5. Hipótese em que o defeito, reparado no prazo legal pela concessionária, causou situação de mero aborrecimento ou dissabor não suscetível de indenização por danos morais. 6. Recurso especial de Alvema — Alcântara Veículos e Máquinas LTDA não conhecido e recurso especial de Fiat Automóveis S/A parcialmente provido" (REsp 1.232.661/MA, Rel. Ministra Maria Isabel Gallotti, 4.ª T., *DJe* 15.5.2012).

[66] NUNES, Luiz Antonio Rizzatto. *Curso de direito do consumidor*, p. 207.
[67] REsp 1.232.661/MA, cuja ementa se encontra na nota de rodapé anterior.

5.4.2.6. As opções conferidas ao consumidor diante do vício do produto como solução primeira — hipóteses de desnecessidade de se aguardar o prazo de conserto

O Código do Consumidor não poderia deixar de consignar que, em alguns contextos fáticos, seria inviável aguardar o prazo legal de 30 dias ou o convencionado pelas partes de 7 dias no mínimo ou 180 dias no máximo, razão pela qual elencou em seu art. 18, § 3.º, situações em que o "**consumidor poderá fazer uso imediato das alternativas** do § 1.º deste artigo sempre que, em razão da extensão do vício, a substituição das partes viciadas puder comprometer a qualidade ou características do produto, diminuir-lhe o valor ou se tratar de produto essencial".

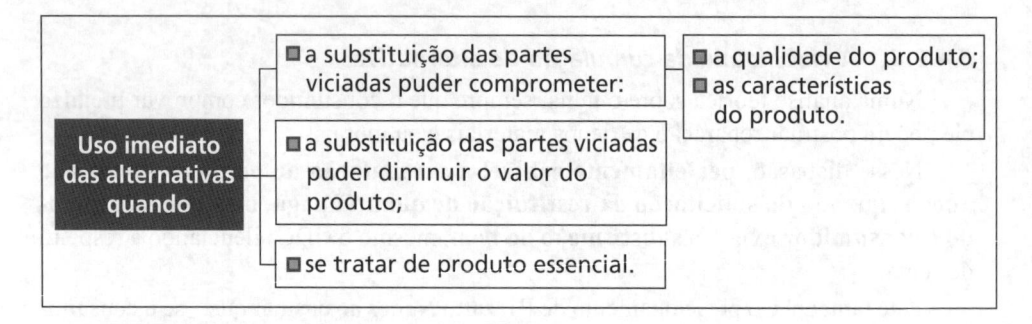

Uso imediato das alternativas quando
- a substituição das partes viciadas puder comprometer:
  - a qualidade do produto;
  - as características do produto.
- a substituição das partes viciadas puder diminuir o valor do produto;
- se tratar de produto essencial.

Na doutrina, o pensamento é o seguinte:

■ Zelmo Denari entende que esse prazo legal de 30 dias para saneamento dos vícios "somente deve ser observado em se tratando de *produtos industrializados dissociáveis*, é dizer, que permitam a dissociação de seus componentes, como é o caso dos eletrodomésticos, veículos de transporte, computadores, armários de cozinha, copa ou dormitório. Se os vícios afetarem *produtos industrializados ou naturais essenciais*, que não permitem dissociação de seus elementos — *v.g.*, vestimentas, calçados, utensílios domésticos, medicamentos, bebidas de todo gênero, produtos *in natura* —, não se oferece a oportunidade de saneamento, e o consumidor pode exigir que sejam imediatizadas as reparações previstas alternativamente no § 1.º do art. 18, como prevê expressamente o § 3.º, *in fine*".[68]

■ Leonardo Roscoe Bessa defende que somente "para situações excepcionais, em caso de exercício abusivo do direito do consumidor, deve incidir o prazo de 30 dias. Para tanto, as hipóteses previstas no § 3.º do art. 18, que permitem o afastamento do referido prazo, devem ser visualizadas com atenção ao princípio da efetiva proteção aos interesses materiais e morais do consumidor (art. 6.º, VI), ou seja, a regra é considerar a essencialidade dos produtos e, ainda, que a substituição das partes viciadas, em princípio, compromete a qualidade do produto ou diminui o seu valor.

---

[68] GRINOVER, Ada Pellegrini; BENJAMIN, Antônio Herman de V.; FINK, Daniel Roberto; FILOMENO, José Geraldo Brito; NERY JR., Nelson; DENARI, Zelmo. *Código Brasileiro de Defesa do Consumidor*, p. 224.

(...) A interpretação adequada da matéria deve-se pautar por um *diálogo das fontes* entre o CDC e o CC, primando pela coerência entre os dois diplomas, o que significa interpretação restritiva da exigência do prazo de 30 dias e sua conjugação com a noção de abuso do direito".[69]

Apesar da excelência nos argumentos apresentados, analisamos no subitem 5.4.2.3 que **no posicionamento do STJ a leitura do Código do Consumidor deve ser feita no sentido de reconhecer inicialmente o direito ao fornecedor de tentar sanar o vício no prazo de 30 dias ou naquele convencionado pelas partes.**

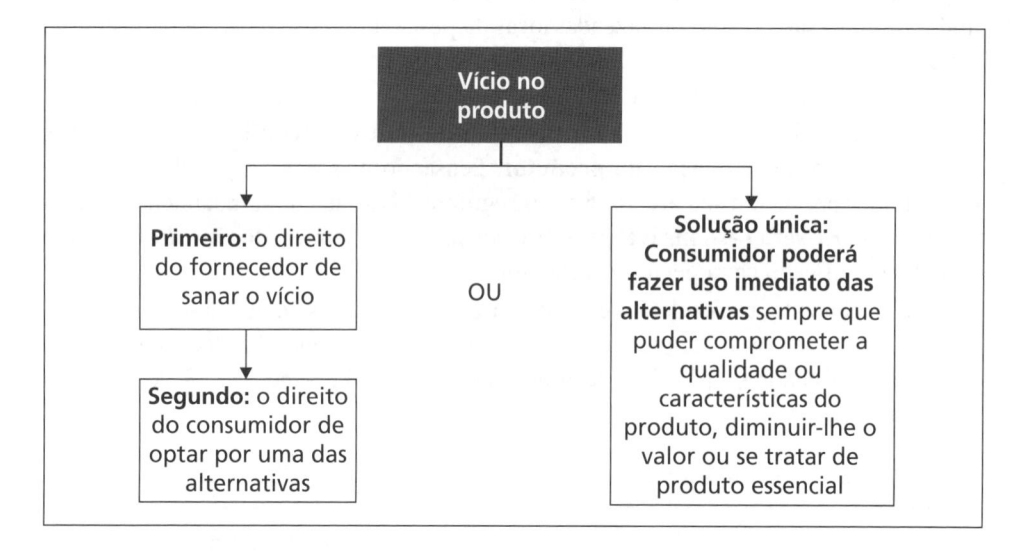

```
                    ┌─────────────┐
                    │  Vício no   │
                    │   produto   │
                    └──────┬──────┘
              ┌────────────┴────────────┐
    ┌─────────────────┐           ┌──────────────────────┐
    │ Primeiro: o     │           │ Solução única:       │
    │ direito do      │           │ Consumidor poderá    │
    │ fornecedor de   │    OU     │ fazer uso imediato   │
    │ sanar o vício   │           │ das alternativas     │
    └────────┬────────┘           │ sempre que puder     │
             │                    │ comprometer a        │
    ┌─────────────────┐           │ qualidade ou         │
    │ Segundo: o      │           │ características do   │
    │ direito do      │           │ produto, diminuir-   │
    │ consumidor de   │           │ lhe o valor ou se    │
    │ optar por uma   │           │ tratar de produto    │
    │ das alternativas│           │ essencial            │
    └─────────────────┘           └──────────────────────┘
```

Fato interessante que merece nossa análise envolve a **reiteração do problema após a realização do conserto** pelo fornecedor. Numa situação como esta, haveria a necessidade de o consumidor esperar mais trinta dias para o fornecedor sanar o vício do seu produto ou poderia ir direto às alternativas do § 1.º do art. 18 do CDC?

Entendemos que o **consumidor não precisará esperar mais trinta dias e poderá fazer uso imediato das opções legais**, nos termos do § 3.º do citado artigo, pois nesse contexto haveria no mínimo uma presunção de **perda de qualidade do produto** ou, até, de **diminuição do seu valor**.

Sobre o tema, o STJ reconheceu **danos morais quando o consumidor de veículo automotor zero quilômetro necessita retornar à concessionária por diversas vezes para reparar defeitos apresentados no veículo adquirido:** "Não é possível afirmar que o vício do produto tenha sido sanado no prazo de 30 dias, estabelecido pelo artigo 18, § 1.º, *caput*, do Código de Defesa do Consumidor, se o automóvel, após retornar da oficina, reincidiu no mesmo problema, por diversas vezes. A necessidade de novos e sucessivos reparos é indicativo suficiente de que o veículo, embora substituídas as peças

---

[69] BENJAMIN, Antônio Herman de V.; MARQUES, Claudia Lima; BESSA, Leonardo Roscoe. *Manual de direito do consumidor*, p. 183.

danificadas pela utilização do combustível impróprio, não foi posto em condições para o uso que dele razoavelmente se esperava. A jurisprudência do STJ orienta-se no sentido de ser cabível indenização por dano moral quando o consumidor de veículo zero quilômetro necessita retornar à concessionária por diversas vezes, para reparos" (REsp 1.443.268/DF, Rel. Ministro Sidnei Beneti, 3.ª T., *DJe* 8.9.2014).

5.4.2.7. A responsabilidade do fornecedor imediato pelos vícios de qualidade nos produtos in natura

Segundo Rizzatto Nunes, **produto *in natura*** "é aquele que vai ao mercado consumidor diretamente do sítio ou fazenda, local de pesca, produção agrícola ou pecuária, em suas hortas, pomares, pastos, granjas etc. São os produtos hortifrutigranjeiros, os grãos, cereais, vegetais em geral, legumes, verduras, carnes, aves, peixes etc.".[70]

Neste tipo de produto **não há o processo de industrialização** o que **dificulta**, muitas vezes, a **identificação do produtor**. Pensando nisso, o Código de Defesa do Consumidor previu em seu art. 18, § 5.º, o seguinte: "No caso de fornecimento de produtos *in natura*, **será responsável** perante o consumidor o **fornecedor imediato**, exceto quando identificado claramente seu produtor".

Neste contexto, responderá **o comerciante** pelas verduras vendidas sem a identificação clara do seu produtor, numa verdadeira exceção à responsabilidade solidária de todos os fornecedores da cadeia de produção, que é a regra no art. 18 do Diploma Consumerista.

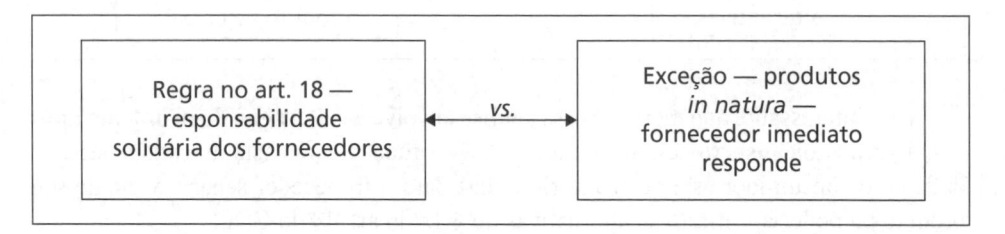

Regra no art. 18 — responsabilidade solidária dos fornecedores	vs.	Exceção — produtos in natura — fornecedor imediato responde

Questão interessante sobre o tema é saber se o prazo de trinta dias para o fornecedor tentar sanar o vício é aplicável ao caso. Entendemos que não, mesmo porque os bens *in natura* referem-se a produtos essenciais que, como tais, admitem a escolha direta das alternativas pelo consumidor nos termos do art. 18, § 3.º, do Código do Consumidor.[71]

5.4.2.8. Vício de quantidade do produto

A outra modalidade de vício do produto expressa no Código de Defesa do Consumidor refere-se à inadequação quanto aos limites quantitativos.

Sobre o assunto, prevê o **CDC** em seu **art. 19:** "Os fornecedores respondem solidariamente pelos **vícios de quantidade** do produto sempre que, respeitadas as variações

---

[70] NUNES, Luiz Antonio Rizzatto. *Curso de direito do consumidor*, p. 94.
[71] No mesmo sentido, NUNES, Luiz Antonio Rizzatto. *Curso de direito do consumidor*, p. 218.

decorrentes de sua natureza, seu **conteúdo líquido for inferior** às indicações constantes do recipiente, da embalagem, rotulagem ou de mensagem publicitária (...)".

Apesar de a Lei relacionar o vício de quantidade ao conteúdo líquido, a inadequação se fará presente ante a existência de disparidade em relação a qualquer unidade de medida.

Mais uma vez, há **solidariedade entre todos os fornecedores** da cadeia de produção também aqui no vício de quantidade, não se limitando ao fornecedor imediato. O inverso também é verdadeiro, ou seja, não poderá o comerciante se escusar de responder pelo vício de quantidade, alegando falha do fabricante.

Nesse sentido é a posição do STJ: **"O argumento do comerciante de que não fabricou o produto e de que o fabricante foi identificado não afasta a sua responsabilidade administrativa, pois não incide, *in casu*, o § 5.º do art. 18 do CDC. Recurso especial provido"** (REsp 1.118.302/SC, Rel. Ministro Humberto Martins, 2.ª T., *DJe* 14.10.2009).

VÍCIO DE QUALIDADE	VÍCIO DE QUANTIDADE
▪ tornar o produto impróprio ao consumo; ▪ tornar o produto inadequado ao consumo; ▪ diminuir o valor do produto; ▪ produto em desacordo com as informações da oferta.	▪ conteúdo líquido ou qualquer outra unidade de medida inferior às informações constantes do recipiente, da embalagem, rotulagem ou de mensagem publicitária.

5.4.2.9. *As variações que não são vícios de quantidade do produto*

Também aqui a Lei de defesa do consumidor deixou claro no *caput* do art. 19 que **nem todas as variações constituem vício de quantidade do produto**. Algumas alterações decorrem da própria natureza do bem, o que não implicará, necessariamente, no surgimento de vício.

Contexto fático que bem demonstra este tipo de variação envolve o **engarrafamento do gás**. Em razão da natureza do citado bem, de consumo, poderá ocorrer a perda de certa quantidade quando do seu acondicionamento. Se a perda do gás estiver dentro do percentual admitido pelos órgãos de metrologia do país — INMETRO, por exemplo —, vício algum existirá.

Assim, existirão casos em que o consumidor verificará diferença a menor na quantidade líquida encontrada em relação com a que está informada na embalagem, mas sem caracterização do vício.[72]

> Variações decorrentes da natureza do produto não são vícios de quantidade.

Questão interessante apreciada pelo Supremo Tribunal Federal em sede de Ação Direta de Inconstitucionalidade referiu-se a uma lei do Estado do Paraná que obrigava as empresas distribuidoras de gás a pesarem os botijões à vista dos consumidores e a conceder desconto proporcional a eventual diferença entre o conteúdo líquido e a quantidade especificada no recipiente.

---

[72] NUNES, Luiz Antonio Rizzatto. *Curso de direito do consumidor*, p. 228.

A ação foi julgada procedente, com a consequente declaração de inconstitucionalidade do aludido diploma estadual, dentre outros fundamentos, pela violação dos princípios da proporcionalidade e razoabilidade da medida restritiva de direitos. Vejamos:

> Ação direta de inconstitucionalidade. 2. **Lei** 10.248/93, do Estado do Paraná, **que obriga os estabelecimentos** que comercializem Gás Liquefeito de Petróleo — GLP **a pesarem, à vista do consumidor, os botijões ou cilindros entregues ou recebidos para substituição, com abatimento proporcional do preço do produto ante a eventual verificação de diferença a menor entre o conteúdo e a quantidade líquida especificada no recipiente.** 3. Inconstitucionalidade formal, por ofensa à competência privativa da União para legislar sobre o tema (CF/88, arts. 22, IV, 238). 4. **Violação ao princípio da proporcionalidade e razoabilidade das leis restritivas de direitos.** 5. **Ação julgada procedente** (ADI 855/ PR, Rel. Ministro Octavio Gallotti, Tribunal Pleno, *DJe* 26.3.2009).[73]

5.4.2.10. As opções conferidas ao consumidor diante do vício de quantidade do produto

Ante a constatação de **vício de quantidade** do produto, prevê o Código de Defesa do Consumidor que o **vulnerável poderá exigir, alternativamente e à sua escolha**:

- abatimento proporcional do preço;
- complementação do peso ou medida;
- substituição do produto por outro da mesma espécie, marca ou modelo, sem os aludidos vícios;
- restituição da quantia paga, monetariamente atualizada, sem prejuízos das perdas e danos.

Igualmente ao estipulado no *caput* do art. 18, trata-se de opções que poderão ser selecionadas na ordem que o consumidor assim entender. Nós, para fins didáticos, analisaremos cada uma das alternativas na sequência estipulada pelo legislador ordinário.

---

[73] Em julgado de 2024, o STF vem mantendo o mesmo posicionamento: Ementa: Ação direta de inconstitucionalidade. Competência privativa da União. Energia. Gás liquefeito de petróleo — GLP. Comercialização. Aferição do peso do botijão ou cilindro à vista do consumidor. Procedência do pedido. I. Caso em exame 1. Ação direta de inconstitucionalidade em face da Lei do Distrito Federal n. 4.274/2008, que "dispõe sobre a pesagem obrigatória de botijões e cilindros de gás liquefeito de petróleo — GLP à vista do consumidor". II. Questão em discussão 2. A questão em discussão consiste em saber se a legislação impugnada usurpou competência privativa da União, consagrada no art. 22, IV, da Constituição Federal. III. Razões de decidir 3. Compete privativamente à União legislar sobre energia, já tendo sido editadas leis federais específicas sobre a matéria, a exemplo da Lei n. 9.048/1995, pela qual tornada "obrigatória a existência de instrumentos de medição de peso nos postos de revenda de gás liquefeito de petróleo para uso doméstico", ou seja, obrigando revendedores do "gás de cozinha" a disponibilizarem "balanças que permitam aos consumidores a aferição de peso real do produto". IV. Dispositivo 5. Pedido julgado procedente. Dispositivos relevantes citados: CF/1988, art. 22, IV. Jurisprudência relevante citada: ADI 855, Rel. Ministro Gilmar Mendes (ADI 4676, Tribunal Pleno, Rel. Ministro Nunes Marques, Rel. do acórdão Ministro Flávio Dino, j. 30.9.2024, *DJe* 16.10.2024).

No tocante à **primeira opção**, se o consumidor compra um quilo de feijão, nos termos da informação constante na embalagem e, efetivamente, a medida correta representa quinhentos gramas, **poderá exigir abatimento proporcional** no preço ou, nos termos da **segunda alternativa, a complementação do peso**.

A **terceira opção** conferida ao consumidor consiste na **substituição do bem** por outro da mesma espécie, marca ou modelo, sem os aludidos vícios. **Inexistente o produto**, prevê o § 1.º do art. 19 por remissão ao § 4.º do art. 18, todos do CDC, que a **substituição** poderá ser exigida em relação a **outro de espécie, marca ou modelo diversos**, mediante complementação do preço se o novo produto for mais caro ou restituição proporcional do valor pago, se o outro produto for mais barato.

Desta forma, ante a impossibilidade de troca pelo mesmo bem, **poderá o consumidor exigir a substituição por outro**:

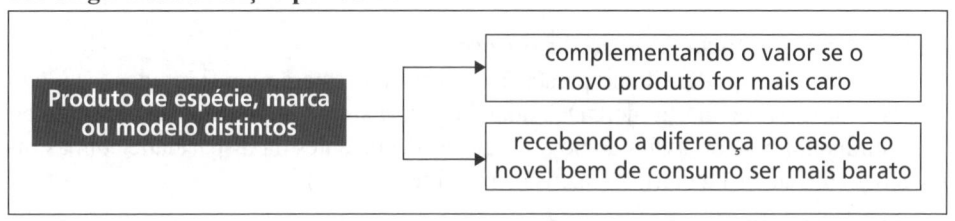

Produto de espécie, marca ou modelo distintos	→	complementando o valor se o novo produto for mais caro
	→	recebendo a diferença no caso de o novel bem de consumo ser mais barato

A **última alternativa** conferida ao consumidor envolve a **restituição da quantia paga**, monetariamente atualizada, sem prejuízos das **perdas e danos**. Vale lembrar que o direito à indenização depende de comprovação efetiva de prejuízos materiais e/ou morais.

5.4.2.11. *A responsabilidade do fornecedor imediato pelos vícios de quantidade em razão da falha na medição*

O art. 19, § 2.º, do CDC prevê que o **"fornecedor imediato será responsável** quando fizer a pesagem ou a medição e o **instrumento** utilizado **não estiver aferido segundo os padrões oficiais"**.

Segundo Leonardo Roscoe Bessa, quando "há medição da quantidade no momento da venda, fica demasiadamente evidente a responsabilidade do fornecedor imediato, seja por falta de aferição do instrumento, seja por má-fé do vendedor, e daí se deduz o objetivo normativo de afastar excepcionalmente a responsabilidade solidária dos demais integrantes da cadeia de fornecedores".[74]

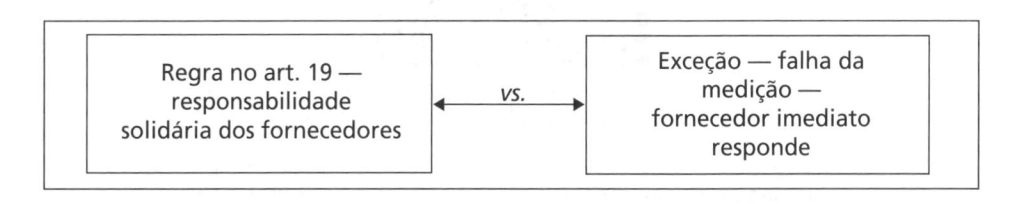

Regra no art. 19 — responsabilidade solidária dos fornecedores	vs.	Exceção — falha da medição — fornecedor imediato responde

---

[74] BENJAMIN, Antônio Herman de V.; MARQUES, Claudia Lima; BESSA, Leonardo Roscoe. *Manual de direito do consumidor*, p. 179.

5.5. RESPONSABILIDADE PELO VÍCIO DO SERVIÇO

O **art. 20 do CDC** trata da **responsabilidade pelo vício na prestação de serviços** nos seguintes termos:

> "Art. 20. O fornecedor de serviços responde pelos vícios de qualidade que os tornem impróprios ao consumo ou lhes diminuam o valor, assim como por aqueles decorrentes da disparidade com as indicações constantes da oferta ou mensagem publicitária, podendo o consumidor exigir, alternativamente e à sua escolha:
> I — a reexecução dos serviços, sem custo adicional e quando cabível;
> II — a restituição imediata da quantia paga, monetariamente atualizada, sem prejuízo de eventuais perdas e danos;
> III — o abatimento proporcional do preço".

5.5.1. A abrangência do vício do serviço

Os **vícios de qualidade** na prestação de serviços estarão configurados, segundo previsto no *caput* do art. 20 do CDC, quando os tornarem "impróprios ao consumo ou lhes diminuam o valor, assim como por aqueles decorrentes da disparidade com as indicações constantes da oferta ou mensagem publicitária (...)".

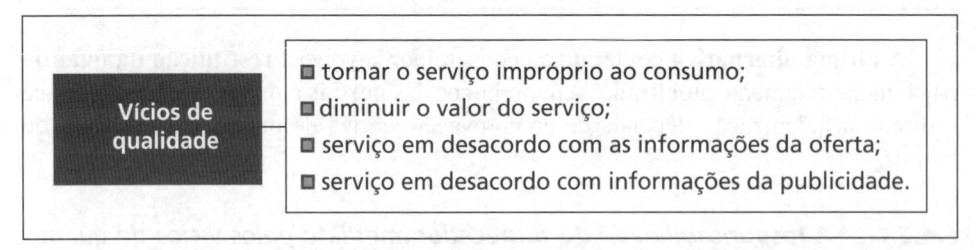

Vícios de qualidade:
- tornar o serviço impróprio ao consumo;
- diminuir o valor do serviço;
- serviço em desacordo com as informações da oferta;
- serviço em desacordo com informações da publicidade.

O próprio **§ 2.º do art. 20** do Código de Defesa do Consumidor **define** o que seria **serviço impróprio** ao consumo: "São impróprios os serviços que se mostrem **inadequados para os fins que razoavelmente deles se esperam, bem como aqueles que não atendam as normas regulamentares de prestabilidade**".

Mais uma vez, o CDC valeu-se da relação entre vício e inadequação aos fins a que se destina, no caso, o serviço. Assim, se o serviço de polimento e cristalização de um veículo automotor não atingir a finalidade pretendida, tal serviço será considerado viciado, momento em que o consumidor poderá valer-se de uma das opções a seguir analisadas.

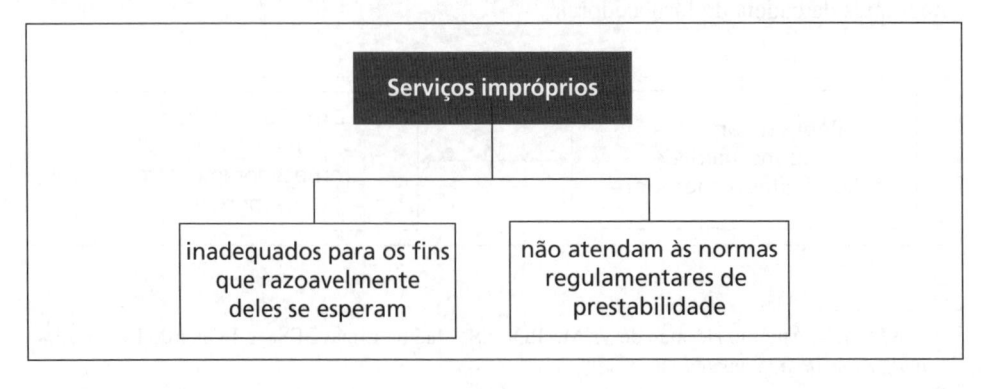

Serviços impróprios:
- inadequados para os fins que razoavelmente deles se esperam
- não atendam às normas regulamentares de prestabilidade

Apesar de não estar expressa no dispositivo ora analisado referência ao **vício de quantidade** do serviço, Zelmo Denari identifica sua disciplina na seguinte alusão legal: "**disparidade com as indicações constantes da oferta ou mensagem publicitária**".

O citado autor entende que, ainda "que sem denominá-los, o dispositivo alude aos vícios de quantidade dos serviços prestados. Assim, se uma escola oferece um curso com determinado conteúdo programático, o descumprimento do programa autoriza o aluno a pleitear a completitude da matéria, o que significa a reexecução dos serviços educativos prestados (inc. I), sem prejuízo das sanções previstas nos incs. II e III do dispositivo comentado".[75]

5.5.2. As opções conferidas ao consumidor diante do vício no serviço

Ante a constatação de **vício no serviço**, prevê o Código de Defesa do Consumidor que o **vulnerável poderá exigir, alternativamente e à sua escolha:**

- a reexecução dos serviços, sem custo adicional e quando cabível;
- a restituição imediata da quantia paga, monetariamente atualizada, sem prejuízo de eventuais perdas e danos;
- o abatimento proporcional do preço.

A **alternativa do inciso I** do art. 20 prevê a **reexecução dos serviços**, sem custo adicional e quando cabível.

No entanto, é comum o consumidor não mais confiar num fornecedor que, por exemplo, transforma seu carro preto num prata com o seu serviço de polimento e cristalização. Pensando em casos como este, dispôs o § 1.º do art. 20: "A **reexecução dos serviços poderá ser confiada a terceiros** devidamente capacitados, **por conta e risco do fornecedor**".

Assim, no exemplo citado, o consumidor poderá levar seu veículo a um funileiro de sua confiança para a realização de um novo serviço, que será custeado integralmente pelo fornecedor originário responsável pelo vício.

A **segunda alternativa** conferida ao consumidor envolve a **restituição da quantia paga**, monetariamente atualizada, sem prejuízos das **perdas e danos**. Nunca é demais destacar que o direito à indenização depende de comprovação efetiva de prejuízos materiais e/ou morais.

A **última escolha** que poderá ser feita pelo vulnerável traduz-se na exigência do "**abatimento proporcional do preço**".

Muitas vezes o consumidor prefere resolver o problema por conta própria a aguardar a boa vontade de um mau fornecedor. Nestes casos, o abatimento proporcional no preço acaba sendo a melhor saída.

Sobre o tema, Bruno Miragem ensina que "a pretensão de abatimento do preço deve respeitar a proporção entre a parcela da prestação efetivamente cumprida, e o

---

[75] GRINOVER, Ada Pellegrini; BENJAMIN, Antônio Herman de V.; FINK, Daniel Roberto; FILOMENO, José Geraldo Brito; NERY JR., Nelson; DENARI, Zelmo. *Código Brasileiro de Defesa do Consumidor*, p. 230.

comprometimento causado pelo vício do serviço, sem prejuízo do direito à indenização por perdas e danos, quando apurados prejuízos ressarcíveis".[76]

5.5.3. O serviço de reparo e o regramento na utilização das peças de reposição

O Código de Defesa do Consumidor prevê em seu **art. 21** o regramento na utilização das peças de reposição, estabelecendo, *in verbis:* "No fornecimento de serviços que tenham por objetivo a reparação de qualquer produto considerar-se-á implícita a obrigação do fornecedor de empregar componentes de reposição originais adequados e novos, ou que mantenham as especificações técnicas do fabricante, salvo, quanto a estes últimos, autorização em contrário do consumidor".

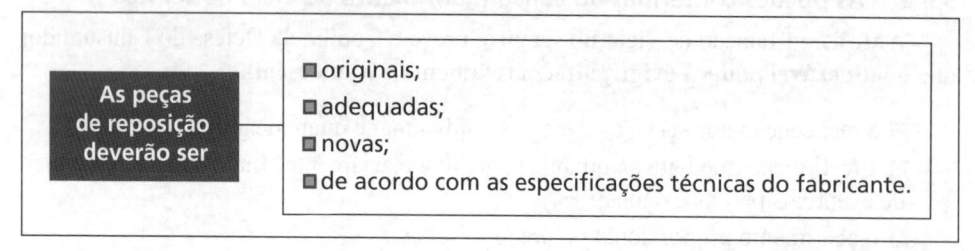

As peças de reposição deverão ser	• originais; • adequadas; • novas; • de acordo com as especificações técnicas do fabricante.

A **única ressalva** colocada pela lei levaria a crer, numa primeira interpretação, na possibilidade de o consumidor autorizar a utilização de peças de reposição que não estivessem de acordo com as especificações técnicas do fabricante.

No entanto, tal observação estaria em desacordo com toda a principiologia que norteia o Código do Consumidor, por exemplo em cumprimento à boa-fé objetiva.

Por este princípio e por seus deveres laterais ou anexos, o fornecedor do serviço deverá informar ao consumidor sobre as vantagens e desvantagens que a inserção de qualquer peça de reposição poderá causar-lhe (dever de informação) e que tal conduta não irá comprometer a qualidade do bem de consumo, nem colocar em risco a integridade e/ou a vida do vulnerável da relação (dever de proteção).

No mesmo sentido é o entendimento de Leonardo Roscoe Bessa ao defender que a "*autorização em contrário* **do consumidor deve ser compreendida em relação a componentes originais e novos e jamais às especificações técnicas das peças de reposição**, já que o **CDC, norma de ordem pública**, tem como forte diretriz garantir padrão mínimo de qualidade que atenda à funcionalidade e segurança dos produtos e serviços oferecidos no mercado de consumo (arts. 6.º, I e VI, e 8.º)".[77]

De fato, o citado dispositivo não tratou expressamente da possibilidade de se utilizarem **peças de reposição usadas**. Mas uma interpretação sistemática do art. 21 com o art. 70, ambos do CDC, faz-nos concluir que o próprio Diploma Consumerista admite tal contexto como plenamente viável, desde que haja **autorização expressa do consumidor**.

O aludido art. 70 dispõe: "Empregar na reparação de produtos, peça ou componentes de reposição usados, sem autorização do consumidor: Pena Detenção de três meses

---

[76] MIRAGEM, Bruno. *Curso de direito do consumidor*, p. 426.
[77] BENJAMIN, Antônio Herman de V.; MARQUES, Claudia Lima; BESSA, Leonardo Roscoe. *Manual de direito do consumidor,* p. 188-189.

a um ano e multa". Mais uma vez, a informação da utilização de peça usada de reposição e as eventuais consequências deverão estar bem claras ao consumidor.

A doutrina também reconhece tal possibilidade. Nesse sentido, Zelmo Denari, ao tratar do disposto no art. 21 do CDC ensina que "o consumidor, por medida de economia, poderá autorizar, expressamente, a reutilização de componentes, afastando a incidência desta norma".[78]

PEÇAS DE REPOSIÇÃO				
Obrigação implícita		Ressalva legal		Autorização expressa
▪ originais; ▪ adequadas; ▪ novas; ▪ de acordo com as especificações técnicas do fabricante.	ou	▪ Contrário às especificações técnicas = peças não originais ou usadas.	=	▪ Consumidor poderá autorizar a utilização depeças usadas, desde que devidamente informado sobre o assunto.

5.6. A RESPONSABILIDADE OBJETIVA DO FORNECEDOR PELO VÍCIO DE QUALIDADE, DE QUANTIDADE E DE SERVIÇO

Apesar da ausência de previsão expressa nos arts. 18, 19 e 20, todos do CDC, a **responsabilidade do fornecedor pelo vício é objetiva** em nossa opinião, mesmo porque esta é a **regra prevista no Diploma Consumerista**. Artigo desta lei que corrobora com tal tese é o **23**: "**A ignorância do fornecedor sobre os vícios** de qualidade por inadequação dos produtos e serviços **não o exime de responsabilidade**".

O dispositivo trata da irrelevância da alegação de ignorância do vício pelo fornecedor, fato que nos leva a crer que a alegação de culpa ou dolo é irrelevante para configurar a responsabilidade num sistema pautado na modalidade de responsabilização objetiva.

Ademais, ainda que o artigo se refira aos "vícios de qualidade por inadequação", a interpretação deverá ser estendida aos demais tipos de vícios — quantidade e de serviço —, pois a expressão utilizada teve influência de Herman Benjamin e de sua classificação a respeito do tema.

Ressalta o renomado autor que a "terminologia *vício de qualidade por insegurança* e *vício de qualidade por inadequação* raramente aparece no Código. No art. 23, por sugestão minha, mencionam-se, expressamente, os vícios de qualidade por inadequação".[79]

PREVALECE NO CDC	CORRENTE DOUTRINÁRIA	VISÃO DE HERMAN
▪ Vício = inadequação;	▪ vício/defeito de qualidade;	▪ vício de qualidade por insegurança;
▪ Defeito = insegurança.	▪ vício/defeito de segurança.	▪ vício de qualidade por inadequação.

---

[78] GRINOVER, Ada Pellegrini; BENJAMIN, Antônio Herman de V.; FINK, Daniel Roberto; FILOMENO, José Geraldo Brito; NERY JR., Nelson; DENARI, Zelmo. *Código Brasileiro de Defesa do Consumidor*, p. 232.

[79] BENJAMIN, Antônio Herman de V.; MARQUES, Claudia Lima; BESSA, Leonardo Roscoe. *Manual de direito do consumidor*, p. 134.

No entanto, destaca-se que **o reconhecimento da responsabilidade objetiva do fornecedor por vício não é pacífico na doutrina**.

Leonardo Roscoe Bessa nos lembra que tanto "no CC como, com muito mais razão, no CDC, não se perquire se o vício decorre de conduta culposa ou dolosa do vendedor ou de qualquer outro integrante da cadeia de produção e circulação do bem. Constatado o vício, surge a responsabilidade. Portanto, parece desnecessário, como faz parcela da doutrina, discutir se a responsabilidade por vício é objetiva ou subjetiva".[80]

O **Superior Tribunal de Justiça**, porém, já reconheceu que a responsabilidade do fornecedor pelo vício é objetiva: **"Não havendo nos autos prova de que o defeito foi ocasionado por culpa do consumidor, subsume-se o caso vertente na regra contida no** caput **do artigo 18 da Lei n. 8.078/90, o qual consagra a responsabilidade objetiva dos fornecedores de bens de consumo duráveis pelos vícios de qualidade que os tornem impróprios ou inadequados ao consumo a que se destinam ou lhes diminuam o valor, impondo-se o ressarcimento integral dos prejuízos sofridos"** (REsp 760.262/DF, Rel. Ministro Sidnei Beneti, 3.ª T., *DJe* 15.4.2008).

5.7. RESPONSABILIDADE DAS ENTIDADES PÚBLICAS NAS RELAÇÕES DE CONSUMO

O presente livro possui um capítulo específico sobre o tema serviço público e a incidência do CDC, no qual as questões referentes à relação de consumo envolvendo entidades públicas foram exaustivamente debatidas.

Entretanto, aproveitamos a oportunidade para tecer algumas considerações a respeito da responsabilidade de tais entidades no mercado de consumo.

O **art. 22** da Lei n. 8.078/90 prevê:

- *Caput:* "Os **órgãos públicos**, por si ou suas empresas, concessionárias, permissionárias ou sob qualquer outra forma de empreendimento, são obrigados a fornecer serviços adequados, eficientes, seguros e, quanto aos essenciais, contínuos".
- Parágrafo único. "Nos casos de **descumprimento**, total ou parcial, **das obrigações** referidas neste artigo, **serão as pessoas jurídicas compelidas a cumpri-las e a reparar os danos causados**, na forma prevista neste código".

Dúvida não há sobre o **dever de indenizar** das entidades públicas, quer integrantes da **Administração Direta** — União, Estados, Distrito Federal e Municípios, quer da **Administração Indireta** — Autarquias, Fundações, Empresas Públicas e Sociedades de Economia Mista.

Todavia, questão que se coloca consiste em saber em **qual modalidade responderão tais entidades**. E a indagação se faz, levando em consideração o disposto no **art. 37, § 6.º, da Constituição Federal**, que, ao tratar da responsabilidade objetiva do Estado, dispõe: "As pessoas jurídicas de direito público e as de direito privado prestadoras de serviços públicos responderão pelos danos que seus agentes, nessa qualidade,

---

[80] BENJAMIN, Antônio Herman de V.; MARQUES, Claudia Lima; BESSA, Leonardo Roscoe. *Manual de direito do consumidor*, p. 182.

causarem a terceiros, assegurado o direito de regresso contra o responsável nos casos de dolo ou culpa".

Nos termos do citado dispositivo constitucional, responderão de forma objetiva apenas as entidades com personalidade jurídica de direito público (entidades da Administração Direta, além das Autarquias e algumas Fundações) e as possuidoras de personalidade privada quando prestadoras de serviços públicos (algumas Empresas Públicas, como a Empresa Brasileira de Correios e Telégrafos; algumas Sociedades de Economia Mista, como SABESP — entidade responsável pelo serviço de abastecimento de água e coleta e tratamento de esgoto no Estado de São Paulo —; além das concessionárias e permissionárias de serviços públicos, como empresas de ônibus que prestam o serviço de transporte coletivo por delegação de um ente municipal).

Nesse contexto, se a entidade pública com personalidade de direito privado for exploradora da atividade econômica, como ocorre com algumas Empresas Públicas e algumas Sociedades de Economia Mista (exemplo: Banco do Brasil), a responsabilidade será subjetiva.

O raciocínio está em plena consonância com a citada disposição constitucional, porém não vale se os danos forem oriundos de uma relação jurídica de consumo, ou seja, se a Sociedade de Economia Mista Banco do Brasil causar dano a um consumidor, responderá de forma objetiva nos termos da regra prevista no Código de Defesa do Consumidor.

RESPONSABILIDADE DAS ENTIDADES PÚBLICAS — ART. 37, § 6.º, CF		
Responsabilidade Objetiva	**Responsabilidade Subjetiva**	**Responsabilidade Objetiva**
◼ Administração Direta. ◼ Autarquias. ◼ Fundações com PJ de Direito Público. ◼ Empresas Públicas e Sociedades de Economia Mista prestadoras de serviços públicos, Concessionárias e Permissionárias do Serviço Público.	◼ Empresas Públicas e Sociedades de Economia Mista — entidades com PJ de Direito Privado — quando exploradoras de atividade econômica e o dano/prejuízo não for decorrência de relação de consumo.	◼ Empresas Públicas e Sociedades de Economia Mista — entidades com PJ de Direito Privado — quando exploradoras de atividade econômica e o dano/prejuízo for decorrência de relação de consumo.

5.8. RESPONSABILIDADE NAS RELAÇÕES DE CONSUMO POR MEIO ELETRÔNICO

A chegada do **Marco Regulatório da Internet** decepcionou muitos operadores do Direito, porém os consumidores estão protegidos pelas disposições do Código de Defesa do Consumidor.[81]

Na busca pela defesa de um direito fundamental, como o é o Direito do Consumidor (art. 5.º, XXXII, da Constituição Federal), defendemos o diálogo entre as fontes, e não o prevalecimento de um diploma em face do outro, quer pelo critério cronológico, hierárquico ou da especialidade.

---

[81] Verificar nossos comentários nos itens 2.4.2, 5.8.2 e 13.4.1 — uma análise da Lei n. 12.965, de 2014 (Marco Civil da Internet), do Decreto n. 8.771, de 2016, e do Decreto n. 7.962, de 2013, que dispõem sobre a contratação no comércio eletrônico —, bem como o Anexo deste livro e as referências expressas às relações via internet nos projetos de alteração do CDC.

Desta forma, a incidência do CDC às relações oriundas dos meios eletrônicos faz-se necessária, em especial às mais modernas, como ocorre com os *sites* de relacionamentos — exemplo: Facebook —, bem como com os *sites* de compras coletivas — exemplos: Peixe Urbano e Groupon.

5.8.1. A responsabilidade do fornecedor administrador de *sites* de relacionamentos

Conforme acima apontado, somos plenamente favoráveis à incidência do CDC às relações oriundas dos meios eletrônicos.

Com efeito, os ***sites*** **de relacionamentos**, mesmo não exigindo em sua maioria qualquer tipo de remuneração direta — a indireta existe, com certeza —, representam um **serviço** que se enquadra perfeitamente como **objeto da relação jurídica de consumo** e, portanto, estão submetidos à disciplina da Lei n. 8.078/90.

Assim, o dano causado aos consumidores usuários desses serviços será passível de ser indenizado, nos termos da **responsabilidade objetiva**, que é a regra no CDC. Esta também é a visão de Bruno Miragem ao defender que, na "circunstância da realização de danos por atos ilícitos realizados a partir da atividade destes *sites*, é de ser reconhecida a responsabilidade daqueles que aproveitem da sua exploração econômica".[82]

Todavia, cumpre destacar que o **Superior Tribunal de Justiça vem fazendo uma ponderação** interessante a respeito do tema em seus julgados, a ponto de não reconhecer a **responsabilidade** do fornecedor administrador de *sites* de relacionamento de forma prévia e irrestrita, mas **apenas quando tomar ciência da ocorrência de um ilícito e nenhuma providência tomar** para desfazer o dano decorrente, por exemplo, de informações inverídicas a respeito de algum consumidor usuário dos seus serviços. Vejamos:

CIVIL E CONSUMIDOR. INTERNET. RELAÇÃO DE CONSUMO. INCIDÊNCIA DO CDC. GRATUIDADE DO SERVIÇO. INDIFERENÇA. PROVEDOR DE CONTEÚDO. FISCALIZAÇÃO PRÉVIA DO TEOR DAS INFORMAÇÕES POSTADAS NO *SITE* PELOS USUÁRIOS. DESNECESSIDADE. MENSAGEM DE CONTEÚDO OFENSIVO. DANO MORAL. RISCO INERENTE AO NEGÓCIO. INEXISTÊNCIA. CIÊNCIA DA EXISTÊNCIA DE CONTEÚDO ILÍCITO. RETIRADA IMEDIATA DO AR. DEVER. DISPONIBILIZAÇÃO DE MEIOS PARA IDENTIFICAÇÃO DE CADA USUÁRIO. DEVER. REGISTRO DO NÚMERO DE IP. SUFICIÊNCIA.
1. A exploração comercial da internet sujeita as relações de consumo daí advindas à Lei n. 8.078/90.
2. O **fato de o serviço prestado pelo provedor de serviço de internet ser gratuito não desvirtua a relação de consumo**, pois o termo *mediante remuneração*, contido no **art. 3.º, § 2.º, do CDC**, deve ser interpretado de forma ampla, de modo a **incluir o ganho indireto do fornecedor**.
3. **A fiscalização prévia**, pelo provedor de conteúdo, do teor das informações postadas na *web* por cada usuário **não é atividade intrínseca ao serviço prestado**, de modo que não

---

[82] MIRAGEM, Bruno. *Curso de direito do consumidor*, p. 407.

se pode reputar defeituoso, nos termos do art. 14 do CDC, o *site* que não examina e filtra os dados e imagens nele inseridos.

4. **O dano moral decorrente de mensagens com conteúdo ofensivo inseridas no *site* pelo usuário não constitui risco inerente à atividade dos provedores de conteúdo**, de modo que não se lhes aplica a responsabilidade objetiva prevista no art. 927, parágrafo único, do CC/2002.

5. **Ao ser comunicado de que determinado texto ou imagem possui conteúdo ilícito, deve o provedor agir de forma enérgica, retirando o material do ar imediatamente, sob pena de responder solidariamente com o autor direto do dano, em virtude da omissão praticada.**

6. Ao oferecer um serviço por meio do qual se possibilita que os usuários externem livremente sua opinião, deve o provedor de conteúdo ter o cuidado de propiciar meios para que se possa identificar cada um desses usuários, coibindo o anonimato e atribuindo a cada manifestação uma autoria certa e determinada. Sob a ótica da diligência média que se espera do provedor, deve este adotar as providências que, conforme as circunstâncias específicas de cada caso, estiverem ao seu alcance para a individualização dos usuários do *site*, sob pena de responsabilização subjetiva por culpa *in omittendo*.

7. A iniciativa do provedor de conteúdo de manter em *site* que hospeda rede social virtual um canal para denúncias é louvável e condiz com a postura esperada na prestação desse tipo de serviço — de manter meios que possibilitem a identificação de cada usuário (e de eventuais abusos por ele praticados) — mas a mera disponibilização da ferramenta não é suficiente. É crucial que haja a efetiva adoção de providências tendentes a apurar e resolver as reclamações formuladas, mantendo o denunciante informado das medidas tomadas, sob pena de se criar apenas uma falsa sensação de segurança e controle.

8. Recurso especial não provido (REsp 1.308.830/RS, Rel. Ministra Nancy Andrighi, 3.ª T., *DJe* 21.5.2012).

No entanto, há posição no STJ entendendo que a responsabilidade do provedor é subjetiva neste caso: "**1. Os provedores de conteúdo da internet não se submetem ao art. 927 do CC/2002, que trata da responsabilidade objetiva, pois a inserção de mensagens com conteúdo ofensivo no *site* não constitui um risco inerente à atividade, nem tampouco ao art. 14 do CDC, por não se tratar de produto defeituoso. 2. Possuem responsabilidade subjetiva por omissão os provedores de internet que, após serem notificados sobre a existência de página com conteúdo ofensivo, permanecem inertes**" (AgRg no AREsp 137.944/RS, Rel. Ministro Antonio Carlos Ferreira, 4.ª T., j. 21.3.2013, *DJe* 8.4.2013).

Sobre o assunto, cabe a transcrição de parte do *Informativo* n. 558 do STJ, de março de 2015: "Inicialmente, cumpre registrar que, de acordo com a classificação dos provedores de serviços na internet apresentada pela Ministra Nancy Andrighi no REsp 1.381.610/RS, essa sociedade se enquadra nas categorias: **provedora de informação** — que produz as informações divulgadas na Internet —, no que tange à matéria jornalística divulgada no *site*; e **provedora de conteúdo** — que disponibiliza na rede as informações criadas ou desenvolvidas pelos provedores de informação —, no tocante às postagens dos usuários. Essa classificação é importante porque tem reflexos diretos na responsabilidade civil do provedor. **De fato, a doutrina e a jurisprudência do STJ têm se manifestado pela ausência de responsabilidade dos provedores de conteúdo pelas mensagens postadas diretamente pelos usuários (REsp 1.338.214-MT, 3.ª T., *DJe***

2.12.2013) e, de outra parte, pela responsabilidade dos provedores de informação pelas matérias por eles divulgadas (REsp 1.381.610/RS, 3.ª T., *DJe* 12.9.2013)".

Vale lembrar, ainda, que no ano de 2014 foi finalmente editado o tão esperado **Marco Civil da Internet, Lei n. 12.965**, que deixou muito a desejar, pois não enfrentou pontos importantes e esperados pelos operadores do Direito.

No tocante à responsabilidade do provedor de internet pelo conteúdo veiculado por terceiros, o art. 18 assim estabelece: **"O provedor de conexão à internet não será responsabilizado civilmente por danos decorrentes de conteúdo gerado por terceiros"**.

Com o intuito de assegurar a liberdade de expressão e impedir a censura, o provedor de aplicações de internet somente poderá ser responsabilizado civilmente por danos decorrentes de conteúdo gerado por terceiros se, após ordem judicial específica, não tomar as providências para, no âmbito e nos limites técnicos do seu serviço e dentro do prazo assinalado, tornar indisponível o conteúdo apontado como infringente, ressalvadas as disposições legais em contrário (art. 19). A citada ordem judicial deverá conter identificação clara e específica do conteúdo apontado como infringente, que permita a localização inequívoca do material.

Percebam que num primeiro momento o provedor somente estaria obrigado a cumprir uma ordem judicial, como todo e qualquer cidadão ou empresário no gozo de suas capacidades mentais. Porém, o art. 21 estabelece que: "O provedor de aplicações de internet que disponibilize conteúdo gerado por terceiros será responsabilizado subsidiariamente pela violação da intimidade decorrente da divulgação, sem autorização de seus participantes, de imagens, de vídeos ou de outros materiais contendo cenas de nudez ou de atos sexuais de caráter privado quando, após o recebimento de notificação pelo participante ou seu representante legal, deixar de promover, de forma diligente, no âmbito e nos limites técnicos do seu serviço, a indisponibilização desse conteúdo". Mais uma vez a aludida notificação deverá conter, sob pena de nulidade, elementos que permitam a identificação específica do material apontado como violador da intimidade do participante e a verificação da legitimidade para apresentação do pedido.

5.8.2. A responsabilidade do fornecedor administrador de *site* de compras coletivas — uma análise da Lei n. 12.965, de 2014 (Marco Civil da Internet), do Decreto n. 8.771, de 2016, e do Decreto n. 7.962, de 2013, que dispõem sobre a contratação no comércio eletrônico

Outro tema relevante da atualidade envolve os *sites* de compras coletivas, como "Peixe Urbano" e "Groupon", que vinculam a compra de determinado número de produtos ou contratação de serviços para baixar em muito o valor do bem de consumo.

A prestação de tal serviço via internet vem causando verdadeira "febre" de consumo e transformou-se num excelente instrumento de divulgação para os fornecedores que, diminuindo seus preços em razão da alta procura de consumidores que aderem a tais práticas comerciais, acabam por apresentar seus produtos/serviços a um número grande de pessoas.

Mas danos inúmeros vêm ocorrendo em razão dessas práticas. O mais comum consiste na situação de o consumidor chegar a um restaurante, por exemplo, e não poder ser atendido em razão do considerável número de clientes presentes naquele dia e da consequente recusa do fornecedor em aceitar o *voucher* emitido em virtude da compra coletiva.[83-84]

Entendemos que **não só o fornecedor direto** que vende seus produtos e serviços nos *sites* de compras coletivas **deverá ser responsabilizado**, mas **também o respectivo administrador do sítio eletrônico**, caracterizando verdadeira **responsabilidade solidária** nos termos do art. 7.º, parágrafo único, do CDC. Isto porque os fornecedores administradores deverão compartilhar os riscos da atividade desenvolvida.

---

[83] Nesse sentido, veja notícia divulgada no *site* do PROCON-SP: "Mais reclamadas — Em 2019, a empresa TIM se manteve no topo do Ranking Estadual de Reclamações pelo 2.º ano consecutivo, com um aumento de 63% no número de registros, que saltaram de 2.325 em 2018 para 3.787 em 2019, dos quais 2.824 foram atendidos e 963 não foram atendidos. Desde 2017, a TIM tem se destacado como uma das empresas mais reclamadas, no Estado de São Paulo, porém, neste ano, o problema se acentuou com a empresa abrindo uma diferença de mais de 1.000 reclamações em relação ao ano anterior. No segundo lugar, está o grupo Via Varejo (Casas Bahia, Ponto Frio e Extra.Com) cujas empresas integrantes têm alternado posições nos primeiros lugares do Ranking (1.º lugar em 2017 e 3.º em 2018). Em 2019, além de permanecer em destaque negativo, ela também apresentou um aumento significativo no número de reclamações registradas, passando de 2.264 em 2018, para 3.556 em 2019, um aumento de 57%. Em terceiro lugar está a Vivo/Telefônica, que caiu uma posição em relação ao ano de 2018, mas, da mesma forma que a TIM e a Via Varejo, apresentou um aumento no número de reclamações, passando de 2.279 em 2018 para 2.437 em 2019. Porém, mais grave do que o aumento no número de registros foi a sensível piora no índice de solução das reclamações, que caiu de 65% de reclamações atendidas em 2018 (um índice que já era baixo) para 57% de atendidas em 2019. A Claro/Net/Embratel permanece no 4.º lugar do Ranking, apesar de uma pequena redução no número de reclamações, que passou de 2.069 em 2018 para 1.924 em 2019. O grupo Itaú Unibanco, que estava em 8.º lugar em 2018, com 1.137 reclamações, passou para a 5.º posição com 1.673 reclamações em 2019, mantendo um baixíssimo índice de atendimento, apenas 32% de reclamações atendidas em 2019. Disponível em: https://www.procon.sp.gov.br/wp-content/uploads/2020/09/ranking_estadual_2019.pdf. Acesso em: 9 set. 2020.

[84] No mesmo sentido, matéria na revista *Veja*: "A Fundação Procon-SP autuou os *sites* Groupon, Click On e Peixe Urbano e mais onze estabelecimentos por irregularidades na venda de produtos e serviços por meio de compras coletivas. Entre as falhas encontradas pela fiscalização da entidade estão falta de garantia da qualidade dos serviços oferecidos, não devolução dos valores nos casos de não prestação do serviço e informação incorreta do percentual de desconto oferecido. Segundo o Procon-SP, os *sites* de compras coletivas responderam por 767 reclamações de consumidores à entidade de janeiro a setembro deste ano. As empresas irão responder a processos administrativos e correm o risco de serem multadas de 400 reais a 6 milhões de reais, com base no artigo 57 do Código de Defesa do Consumidor. Nos estabelecimentos físicos, os fiscais encontraram ausência na informação de preço para que o consumidor ficasse impossibilitado de comparar o valor ofertado no *site* e o praticado, alteração dos preços anunciados no período da promoção e recusa na devolução do dinheiro nos casos de não prestação do serviço. Os onze estabelecimentos autuados foram Bioplastica Brasil Clínica Médica Ltda. EPP; Praça dos Amores Morumbi Ltda. EPP; Radisson Hotel Maceió (Atlântica Hotels International Brasil Ltda.); Leandro Augusto Ferreira Cosméticos ME; Instituto R Hartmann & Costa Ltda. ME; M. F. Com. E Serviços de Embelezamento Ltda. ME (Summer In); Mirante Mooca Restaurante Ltda. EPP; Form & Elegance Estética Ltda. ME; Thermas de São Paulo S/C Ltda.; Hotel Pousada São Roque Ltda. ME; Digispace Com. de Equip. Eletrônicos Ltda. ME". Disponível em: <http://veja.abril.com.br/economia/procon-autua-sites-de-compra-coletiva-por-irregularidade/>. Acesso em: 9 set. 2020.

Sobre o tema, cumpre destacar o Decreto n. 7.962, de 15 de março de 2013, que regulamenta o CDC e dispõe sobre a contratação no comércio eletrônico, abrangendo os seguintes aspectos:

■ informações claras a respeito do produto, serviço e do fornecedor;
■ atendimento facilitado ao consumidor; e
■ respeito ao direito de arrependimento.

O aludido decreto determina ainda, em seu art. 3.º, que os sítios eletrônicos ou demais meios eletrônicos utilizados para ofertas de **compras coletivas** ou modalidades análogas de contratação deverão conter as seguintes informações:

■ quantidade mínima de consumidores para a efetivação do contrato;
■ prazo para utilização da oferta pelo consumidor; e
■ identificação do fornecedor responsável pelo sítio eletrônico e do fornecedor do produto ou serviço ofertado.

Outras informações imprescindíveis às relações formalizadas via comércio eletrônico que deverão ser disponibilizadas em local de destaque e de fácil visualização, nos termos do art. 2.º do Decreto n. 7.962/2013, são:

■ nome empresarial e número de inscrição do fornecedor, quando houver, no Cadastro Nacional de Pessoas Físicas ou no Cadastro Nacional de Pessoas Jurídicas do Ministério da Fazenda;
■ endereço físico e eletrônico, e demais informações necessárias para sua localização e contato;
■ características essenciais do produto ou do serviço, incluídos os riscos à saúde e à segurança dos consumidores;
■ discriminação, no preço, de quaisquer despesas adicionais ou acessórias, tais como as de entrega ou seguros;
■ condições integrais da oferta, incluídas modalidades de pagamento, disponibilidade, forma e prazo da execução do serviço ou da entrega ou disponibilização do produto; e
■ informações claras e ostensivas a respeito de quaisquer restrições à fruição da oferta.[85]

5.9. RESPONSABILIDADE DAS EMPRESAS CONSORCIADAS, CONTROLADAS E COLIGADAS

O art. 28 do Código de Defesa do Consumidor trata da desconsideração da personalidade jurídica nas relações de consumo, mas alguns de seus parágrafos preveem

---

[85] Verificar nossos comentários nos itens 2.4.2 e 13.4.1 — uma análise da Lei n. 12.965, de 2014 (Marco Civil da Internet), do Decreto n. 8.771, de 2016, e do Decreto n. 7.962, de 2013, que dispõem sobre a contratação no comércio eletrônico —, bem como o Anexo deste livro e as referências expressas às relações via internet nos projetos de alteração do CDC.

temas afetos à responsabilidade do fornecedor a depender do elo entre mais de uma empresa. São eles:

> "§ 2.º As sociedades integrantes dos grupos societários e as sociedades controladas, são subsidiariamente responsáveis pelas obrigações decorrentes deste código.
> § 3.º As sociedades consorciadas são solidariamente responsáveis pelas obrigações decorrentes deste código.
> § 4.º As sociedades coligadas só responderão por culpa".

As **sociedades controladas ou integrantes de grupos societários**[86] **responderão de forma subsidiária**, pois, diferentemente das empresas consorciadas, não estão em posição de igualdade na busca de objetivos comuns. As **consorciadas**,[87] **por estarem em tal contexto, responderão solidariamente** entre si. Por fim, as **sociedades coligadas**[88] somente responderão mediante a comprovação de culpa (**responsabilidade subjetiva**).

Sobre as sociedades consorciadas, entendeu o STJ: "Na hipótese de responsabilidade derivada de relação de consumo, afasta-se a regra geral da ausência de solidariedade entre as consorciadas por força da disposição expressa contida no art. 28, § 3.º, do CDC. Essa exceção em matéria consumerista justifica-se pela necessidade de se atribuir máxima proteção ao consumidor, mediante o alargamento da base patrimonial hábil a suportar a indenização. 8. Não obstante, é certo que, por se tratar de exceção à regra geral, a previsão de solidariedade contida no art. 28, § 3.º, do CDC deve ser interpretada restritivamente, de maneira a abarcar apenas as obrigações resultantes do objeto do consórcio, e não quaisquer obrigações assumidas pelas consorciadas em suas atividades empresariais" (REsp 1.635.637/RJ, Rel. Ministra Nancy Andrighi, 3.ª T., j. 18.9.2018, *DJe* 21.9.2018).

---

[86] A Lei das Sociedades por Ações, Lei n. 6.404/76, dispõe sobre entidade controlada: "Art. 243, § 2.º Considera-se controlada a sociedade na qual a controladora, diretamente ou através de outras controladas, é titular de direitos de sócio que lhe assegurem, de modo permanente, preponderância nas deliberações sociais e o poder de eleger a maioria dos administradores".

[87] A Lei das Sociedades por Ações, Lei n. 6.404/76, dispõe sobre o consórcio de empresas: "Art. 278. As companhias e quaisquer outras sociedades, sob o mesmo controle ou não, podem constituir consórcio para executar determinado empreendimento, observado o disposto neste Capítulo. § 1.º O consórcio não tem personalidade jurídica e as consorciadas somente se obrigam nas condições previstas no respectivo contrato, respondendo cada uma por suas obrigações, sem presunção de solidariedade. § 2.º A falência de uma consorciada não se estende às demais, subsistindo o consórcio com as outras contratantes; os créditos que porventura tiver a falida serão apurados e pagos na forma prevista no contrato de consórcio". Apesar de bem ressaltar a união de esforços das empresas consorciadas na busca de objetivos comuns, deixa clara a ausência de presunção de solidariedade entre elas. Assim, a responsabilidade solidária destas empresas nas relações de consumo decorre da expressa previsão no art. 28, § 3.º, do CDC.

[88] A Lei das Sociedades por Ações, Lei n. 6.404/76, com redação dada pela Lei n. 11.941/2009, dispõe sobre entidades coligadas: "Art. 243, § 1.º São coligadas as sociedades nas quais a investidora tenha influência significativa. (...) § 4.º Considera-se que há influência significativa quando a investidora detém ou exerce o poder de participar nas decisões das políticas financeira ou operacional da investida, sem controlá-la. § 5.º É presumida influência significativa quando a investidora for titular de 20% (vinte por cento) ou mais dos votos conferidos pelo capital da investida, sem controlá-la. (Redação dada pela Lei n. 14.195, de 2021)".

```
┌─────────────────────────────────────────────────────────────────┐
│                    ┌─────────────────────┐                      │
│                    │     Sociedades      │                      │
│                    │   consorciadas —    │                      │
│                    │  Respons. solidária │                      │
│                    └─────────────────────┘                      │
│                         Três modalidades                        │
│                    distintas de responsabilidade                │
│                      a depender do elo entre                    │
│                           as empresas                           │
│  ┌─────────────────────┐                 ┌─────────────────────┐│
│  │ Grupos societários e│                 │     Sociedades      ││
│  │sociedades controladas│                │     coligadas —     ││
│  │ Respons. subsidiária│                 │ Respons. subjetiva  ││
│  └─────────────────────┘                 └─────────────────────┘│
└─────────────────────────────────────────────────────────────────┘
```

5.10. QUESTÕES

QUESTÕES DE CONCURSOS
http://uqr.to/1yf1a

6

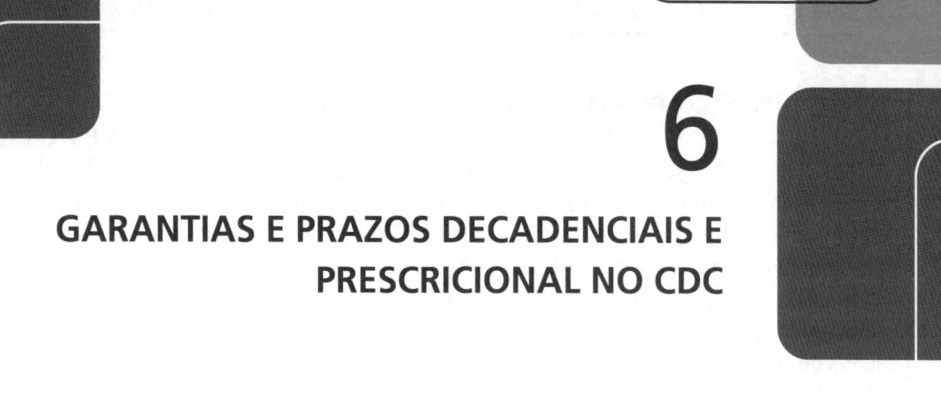

GARANTIAS E PRAZOS DECADENCIAIS E PRESCRICIONAL NO CDC

6.1. INTROITO

As **garantias** previstas no Código de Defesa do Consumidor — legal e contratual — estão diretamente **relacionadas** com os **prazos decadenciais** previstos no mesmo diploma, razão pela qual optamos por trabalhar em conjunto ambos os temas de tamanha relevância prática nas relações jurídicas de consumo.

Questões a respeito da contagem do prazo da garantia legal, se deve ser adicionado ou incluído no prazo da garantia contratual, bem como se as causas obstativas da decadência possuem natureza suspensiva ou interruptiva, são apenas alguns dos temas polêmicos a serem tratados neste capítulo.

6.2. GARANTIAS NO CDC

O Código de Defesa do Consumidor prevê duas modalidades de garantia:

- garantia legal;
- garantia contratual.

Cada uma das modalidades de garantia previstas no Diploma Consumerista possui características distintas entre si, que serão pontuadas a partir do próximo subitem.

6.2.1. Garantia legal no CDC

O dispositivo da Lei n. 8.078/90 que trata da garantia legal é o **art. 24**, que prevê, *in verbis*: "A **garantia legal de adequação do produto ou serviço** independe de termo expresso, vedada a exoneração contratual do fornecedor". Trata-se de modalidade de garantia obrigatória a todos os produtos e serviços colocados no mercado de consumo, inclusive os usados, e independe de termo expresso.

Nos termos da citada disposição legal, a garantia **não poderá ser afastada por convenção** entre as partes envolvidas na relação de consumo, mesmo porque se trata de norma de ordem pública inderrogável pela vontade das partes.

Nesse tocante, entende o STJ:

> RECURSO ESPECIAL. AÇÃO CIVIL COLETIVA. DIREITO DO CONSUMIDOR. DEVER DE INFORMAÇÃO. SENTENÇA *A QUO* QUE REPUTOU NECESSÁRIA A INSCRIÇÃO DO PRAZO DA GARANTIA LEGAL EM RÓTULOS E EMBALAGENS

DE PRODUTOS. ARESTO ESTADUAL QUE AFASTOU TAL OBRIGAÇÃO. INSURGÊNCIA DA ASSOCIAÇÃO NACIONAL DE DEFESA DA CIDADANIA E DO CONSUMIDOR. 1. Alegada ausência de prequestionamento. Inocorrência. "O STJ admite o prequestionamento implícito nas hipóteses em que os pontos debatidos no Recurso Especial foram decididos no acórdão recorrido, sem explícita indicação dos artigos de lei que fundamentam a decisão." REsp 1345910/MG, Rel. Ministro Herman Benjamin, 2.ª T., DJe 31.10.2012. 2. Hipótese em que a agremiação nacional representativa dos interesses do consumidor pleiteou a inclusão do prazo da garantia legal nos rótulos/embalagens de lâmpadas de fabricação própria da empresa recorrida. Desnecessidade. Interpretação do art. 31 do Código de Defesa do Consumidor. Alcance do termo "garantia". Não abrangência da legal, mas, sim, da contratual. **3. O dever de o fornecedor assegurar informações corretas, claras e precisas na apresentação dos produtos e serviços ofertados no mercado de consumo (art. 31 da Lei n. 8.078/90) não contempla a obrigação de transcrever a garantia legal nos rótulos/embalagens, porquanto esta deflui diretamente da própria lei (art. 24 e 26 do CDC), a qual o ordenamento jurídico presume ser de conhecimento de todos ("ninguém se escusa de cumprir a lei, alegando que não a conhece" — art. 3.º da Lei de Introdução do Direito Brasileiro).** 4. A norma em voga prescreve um rol mínimo de itens a serem informados pelo fabricante e comerciante, cujo objetivo é conferir dados suficientes ao consumidor, a fim de que possa emitir um juízo particularizado sobre o bem ou serviço que tenciona adquirir, destacando-se as condições e vantagens oferecidas, aí incluída a garantia contratual, e não a legal (30 ou 90 dias, conforme o caso), justamente por esta última decorrer do próprio sistema. 5. Recurso especial a que se nega provimento (REsp 1.067.530/SP, Rel. Ministro Marco Buzzi, 4.ª T., *DJe* 10.6.2013).

Ademais, destaca-se que os **prazos** para reclamar a garantia legal são os **decadenciais** previstos no art. 26 do CDC, em breve analisados.

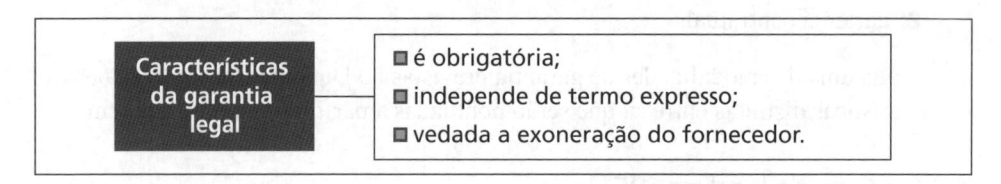

Características da garantia legal	▪ é obrigatória; ▪ independe de termo expresso; ▪ vedada a exoneração do fornecedor.

6.2.2. Garantia contratual no CDC

A segunda modalidade de garantia prevista no Código do Consumidor é a contratual, que está disciplinada em seu **art. 50**:

▪ *Caput:* "A **garantia contratual** é **complementar à legal** e será conferida mediante **termo escrito**".

▪ Parágrafo único: "O termo de garantia ou equivalente deve ser padronizado e esclarecer, de maneira adequada em que consiste a mesma garantia, bem como a forma, o prazo e o lugar em que pode ser exercitada e os ônus a cargo do consumidor, devendo ser-lhe entregue, devidamente preenchido pelo fornecedor, no ato do fornecimento, acompanhado de manual de instrução, de instalação e uso do produto em linguagem didática, com ilustrações".

De fato, por ser modalidade de garantia contratual, conclui-se que possui natureza de **mera liberalidade** a sua concessão por parte do fornecedor, razão pela qual a lei somente a considerará numa relação de consumo mediante a existência de termo escrito.

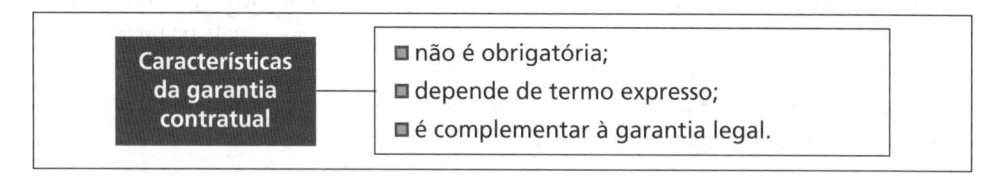

Características da garantia contratual
- não é obrigatória;
- depende de termo expresso;
- é complementar à garantia legal.

O termo de garantia, por sua vez, deverá preencher os seguintes elementos:

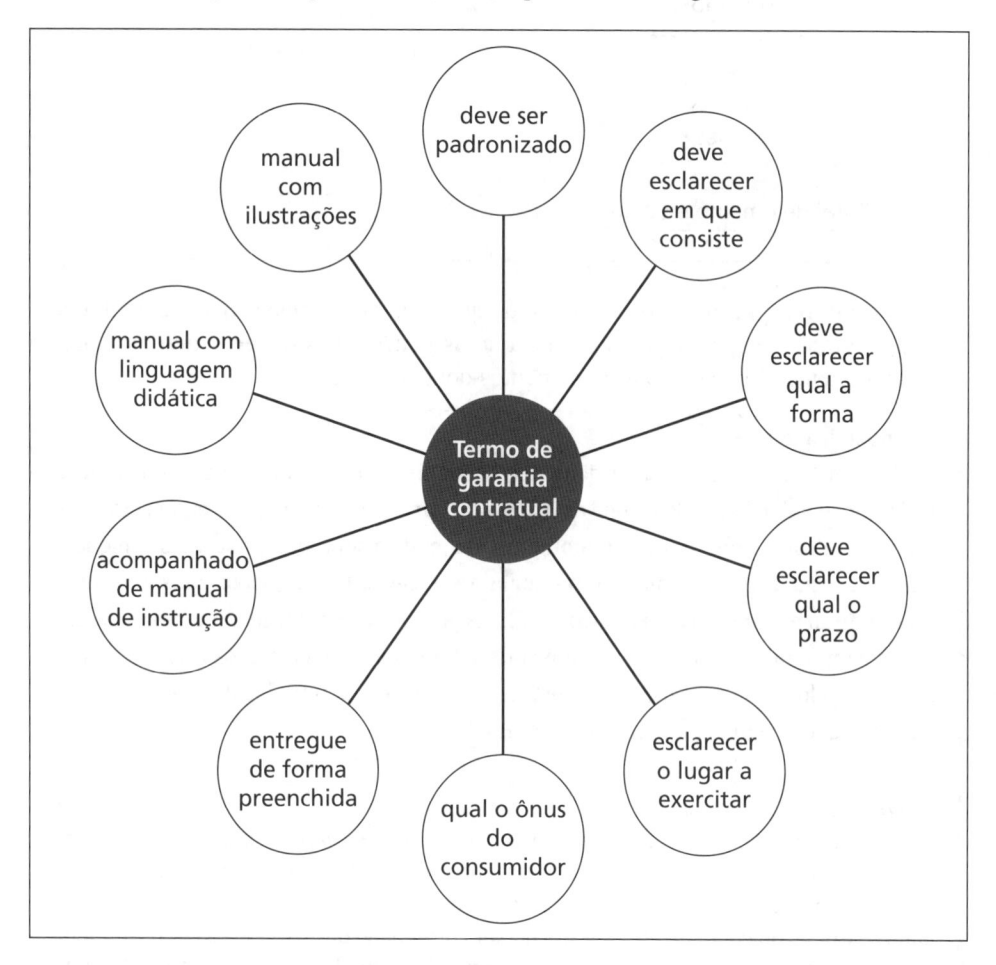

Termo de garantia contratual:
- manual com ilustrações
- deve ser padronizado
- deve esclarecer em que consiste
- deve esclarecer qual a forma
- deve esclarecer qual o prazo
- esclarecer o lugar a exercitar
- qual o ônus do consumidor
- entregue de forma preenchida
- acompanhado de manual de instrução
- manual com linguagem didática

6.2.2.1. O alcance do conceito de a garantia contratual ser complementar à garantia legal

Muito se discutiu na doutrina e na jurisprudência a respeito do alcance de o conceito da garantia contratual ser complementar à legal, conforme previsão expressa no *caput* do art. 50 do Código de Defesa do Consumidor.

O **questionamento** principal sempre girou em torno de saber se o **termo complementar significa somar os prazos** da garantia legal ao da contratual **ou se o prazo da garantia legal estaria inserido no lapso da garantia contratual**.

Primeira vertente: somam-se os prazos, por exemplo, de um ano da garantia contratual de uma TV — fornecida facultativamente pelo fornecedor — mais os noventa dias da garantia legal, prazo este previsto no art. 26 do CDC.

Segunda vertente: se a garantia contratual no exemplo é de um ano, os noventa dias da garantia legal já estariam aí incluídos.

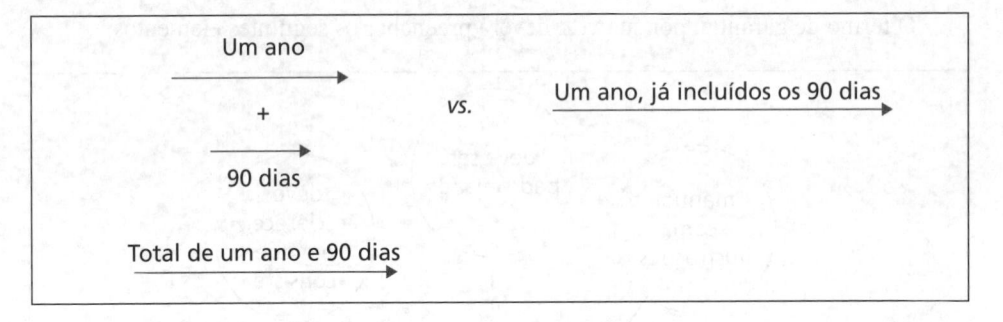

```
        Um ano
       ─────────▶
          +                vs.    Um ano, já incluídos os 90 dias
       ─────────▶                 ─────────────────────────────▶
        90 dias

   Total de um ano e 90 dias
```

Na **doutrina prevalece** o raciocínio de que se a lei estabelece que a garantia contratual é complementar à legal, significa que **os prazos devem ser somados**. Sobre o assunto, trazemos à colação posicionamentos doutrinários:

> **Bruno Miragem**
> "Esta relação de complementaridade deu fundamento a entendimento doutrinário e jurisprudencial, no sentido de que **os prazos de garantia não iniciariam, necessariamente**, sua contagem **no mesmo momento**, de modo a sobreporem-se, mas sim que a **garantia legal** (30 ou 90 dias) **só passaria a ser contada seu prazo após o esgotamento do prazo da garantia contratual**. Assim, por exemplo, sendo o prazo da garantia contratual de um produto durável de 1 (um) ano, somente após o esgotamento deste período é que passaria a ser contado o prazo da garantia legal de 90 (noventa) dias, somando-se um ano mais noventa dias."[1]

> **Rizzatto Nunes**
> "Não temos dúvida, por isso, em afirmar que o sentido de *complementar* utilizado na redação do *caput* do art. 50 é o de que a garantia contratual vai até onde prever, e ao seu término tem início o prazo para o consumidor apresentar reclamação. Com isso, completamos o exame do *caput* do art. 26, para deixar consignado que o direito de o consumidor reclamar pelos vícios, quando se tratar de garantia contratual, caduca ao término do **tempo** estabelecido para **reclamação na norma**, cuja **contagem tem início ao final do termo de garantia contratual**."[2]

---

[1] MIRAGEM, Bruno. *Curso de direito do consumidor*, p. 433-434.
[2] NUNES, Luiz Antonio Rizzatto. *Curso de direito do consumidor*, p. 394.

> **Sergio Cavalieri Filho**
> "Ora, como a garantia legal é independente da manifestação do fornecedor e a garantia contratual, de sua livre disposição, é complementar, tem se entendido que o prazo da primeira (garantia legal) começa a correr após esgotado o prazo da segunda (garantia contratual). Complementar é aquilo que complementa; indica algo que se soma, que aumenta o tempo da garantia legal. De acordo com esse entendimento, o prazo da garantia convencional começa a correr a partir da entrega do produto ou da prestação do serviço, enquanto o prazo da **garantia legal (30 ou 90 dias) tem por termo inicial o dia seguinte do último dia da garantia convencional**. (...) Corrobora esse entendimento o Código Civil de 2002, que, ao tratar dos vícios redibitórios, que guardam certa semelhança com os vícios do produto ou do serviço do CDC, dispõe no seu art. 446 que os prazos de decadência previstos no art. 445 'não correrão na constância de cláusula de garantia: mas o adquirente deve denunciar o defeito ao alienante nos 30 (trinta) dias seguintes ao seu descobrimento, sob pena de decadência'. Em outras palavras, havendo garantia convencional, o prazo prescricional para o exercício da redibição só começa a correr a partir do fim da garantia."[3]

O **Superior Tribunal de Justiça** também vem se posicionando no sentido de que os **prazos decadenciais** para a reclamação da garantia legal **não correm enquanto não expirar o prazo da garantia contratual**: "O prazo de decadência para a reclamação de vícios do produto (art. 26 do CDC) não corre durante o período de garantia contratual, em cujo curso o veículo foi, desde o primeiro mês da compra, reiteradamente apresentado à concessionária com defeitos" (REsp 547.794/PR, Rel. Ministra Maria Isabel Gallotti, 4.ª T., *DJe* 22.2.2011).

Concordamos com a visão da doutrina apresentada que está consolidada na jurisprudência do STJ de que a melhor interpretação do alcance de garantia contratual ser complementar à legal é que os prazos não começam a correr do mesmo instante e devem, portanto, ser somados.

6.2.3. Garantia estendida

Na atualidade, é muito comum o oferecimento por parte do fornecedor direto de uma garantia estendida por um preço adicional. Alguns questionamentos surgem em relação ao tema, como se a prática é vedada pelo CDC, bem como quais seriam as vantagens da contratação de mais esse serviço.

Conforme já analisado, **todos os fornecedores** da cadeia de fornecimento, **inclusive o comerciante, respondem pelos vícios** do produto e do serviço.

Ademais, veremos adiante que não apenas os vícios aparentes recebem proteção do CDC, mas também os ocultos, e, pelo critério da vida útil do produto, inadequação surgida após o prazo de 90 dias e dentro da vida útil do produto também caracterizaria uma relação sob a égide da proteção da Lei n. 8.078/90.

Em resumo, não enxergamos vantagem na contratação desse tipo de serviço. No mesmo sentido é o pensamento de Leonardo Roscoe Bessa: "Portanto, não se vê qualquer vantagem em adquirir a garantia estendida. Se a contagem do prazo para reclamar dos vícios do produto for realizada corretamente — considerando o critério da

---

[3] CAVALIERI FILHO, Sergio. *Programa de direito do consumidor*, p. 163-164.

vida útil —, o CDC já oferece proteção adequada e suficiente aos interesses do consumidor. É incorreto, inclusive, falar-se em extensão de garantia. Na prática, todavia, o consumidor possui dificuldades em fazer valer o critério da vida útil do produto, seja por desinformação muitas vezes dos próprios órgãos de proteção ao consumidor, seja por lhe faltar disposição de brigar por seus direitos na Justiça".[4]

Por fim, cumpre ressaltar que a Resolução do Conselho Nacional de Seguros Privados n. 296, de 25 de outubro de 2013, publicada no *Diário Oficial* em 28 outubro de 2013, dispõe sobre as regras e os critérios para operação do seguro de garantia estendida, quando da aquisição de bens ou durante a vigência da garantia do fornecedor, e dá outras providências.

6.3. PRAZOS DECADENCIAIS NO CDC

Os prazos decadenciais estão previstos no **art. 26** do Código de Defesa do Consumidor e referem-se ao período de **tempo** que terá o consumidor para **reclamar os vícios** do produto ou do serviço, isto é, prazo para reclamar o descumprimento da garantia legal.

Dispõe o aludido dispositivo:

> "O direito de reclamar pelos vícios aparentes ou de fácil constatação caduca em:
> I — trinta dias, tratando-se de fornecimento de serviço e de produtos não duráveis;
> II — noventa dias, tratando-se de fornecimento de serviço e de produtos duráveis".

Nos termos citados, o Diploma Consumerista prevê **dois prazos decadenciais** distintos, a depender da natureza do bem de consumo viciado:

- produtos ou serviços **não duráveis** = prazo decadencial de **30 dias**;
- produtos ou serviços **duráveis** = prazo decadencial de **90 dias**.

Destaca-se inicialmente que os **prazos decadenciais relacionam-se à reclamação de vícios**, enquanto o **prazo prescricional** no CDC refere-se ao **acidente de consumo**, conforme veremos logo mais ao analisarmos o art. 27 da Lei n. 8.078/90.

Na visão de Rizzatto Nunes, "**Produto durável** é aquele que, como o próprio nome diz, **não se extingue com o uso**. Ele dura, leva tempo para se desgastar".[5] São exemplos de produtos duráveis a TV, uma geladeira, um carro, ou até um vestido de noiva, na visão do STJ.[6] Já o **produto não durável** "é aquele que se **acaba com o uso**".[7] É o caso de uma bebida ou de um alimento.

---

[4] BENJAMIN, Antônio Herman de V.; MARQUES, Claudia Lima; BESSA, Leonardo Roscoe. *Manual de direito do consumidor*, p. 202.
[5] NUNES, Luiz Antonio Rizzatto. *Curso de direito do consumidor*, p. 92.
[6] "O vestuário representa produto durável por natureza, porque não se exaure no primeiro uso ou em pouco tempo após a aquisição, levando certo tempo para se desgastar, mormente quando classificado como artigo de luxo, a exemplo do vestido de noiva, que não tem uma razão efêmera. O bem durável é aquele fabricado para servir durante determinado transcurso temporal, que variará conforme a qualidade da mercadoria, os cuidados que lhe são emprestados pelo usuário, o grau de utilização e o meio ambiente no qual inserido. Por outro lado, os produtos 'não duráveis' extinguem-se em um único ato de consumo, porquanto imediato o seu desgaste" (REsp 1.161.941/DF, Rel. Ministro Ricardo Villas Bôas Cueva, 3.ª T., *DJe* 14.11.2013).
[7] NUNES, Luiz Antonio Rizzatto. *Curso de direito do consumidor*, p. 93.

O mesmo raciocínio poderemos aplicar quando da distinção entre serviços duráveis e não duráveis, com a observação de que **a durabilidade dos serviços** será calculada no **tempo** em que irá **perdurar o resultado** da atividade desempenhada, e não no período que levou para efetivar sua prestação.

Nesse sentido, é a lição de Leonardo Roscoe Bessa, para quem em "relação aos serviços, a durabilidade concerne ao resultado e não ao tempo de duração da atividade desenvolvida pelo fornecedor".[8]

Assim, pouco importa se o funileiro vai demorar cinco horas ou cinco dias para desamassar e pintar um veículo, pois se trata de atividade com natureza de serviço durável em relação ao resultado esperado.

Estes são os prazos para reclamar a garantia legal. Mas, e a **garantia contratual**, qual o **prazo para a reclamação** desta, tendo em vista o silêncio do Código do Consumidor a respeito do tema?

Concordamos com a posição já manifestada pelo **Superior Tribunal de Justiça** no sentido de realizar uma interpretação sistemática para aplicar por analogia os **prazos do art. 26**, que se referem à garantia legal, ao descumprimento da garantia contratual: **"Diferentemente do que ocorre com a garantia legal contra vícios de adequação, cujos prazos de reclamação estão contidos no art. 26 do CDC, a lei não estabelece prazo de reclamação para a garantia contratual. Nessas condições, uma interpretação teleológica e sistemática do CDC permite integrar analogicamente a regra relativa à garantia contratual, estendendo-lhe os prazos de reclamação atinentes à garantia legal, ou seja, a partir do término da garantia contratual, o consumidor terá 30 (bens não duráveis) ou 90 (bens duráveis) dias para reclamar por vícios de adequação surgidos no decorrer do período desta garantia"** (REsp 967.623/RJ, Rel. Ministra Nancy Andrighi, 3.ª T., DJe 29.6.2009).

Trata-se mais uma vez da confirmação da tese de que os prazos das garantias contratual e legal não possuem termo inicial juntos, isto é, devem somar-se, conforme já analisado.

6.3.1. Início da contagem dos prazos decadenciais

O Código de Defesa do Consumidor estabelece em seu art. 26, *caput*, c.c. o § 1.º do mesmo dispositivo, que se o vício for de fácil constatação ou aparente inicia-se a contagem do prazo a partir da entrega efetiva do produto ou do término da execução do serviço. Por outro lado, tratando-se de vício oculto, o prazo decadencial inicia-se a partir do momento em que ficar evidenciado o problema (art. 26, § 3.º, do CDC).

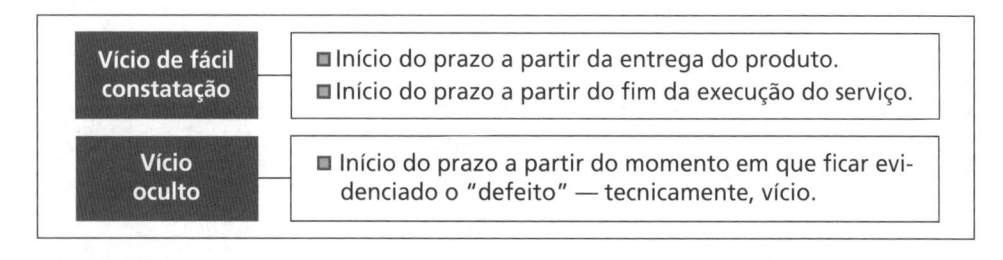

Vício de fácil constatação	■ Início do prazo a partir da entrega do produto. ■ Início do prazo a partir do fim da execução do serviço.
Vício oculto	■ Início do prazo a partir do momento em que ficar evidenciado o "defeito" — tecnicamente, vício.

---

[8] BENJAMIN, Antônio Herman de V.; MARQUES, Claudia Lima; BESSA, Leonardo Roscoe. *Manual de direito do consumidor*, p. 190.

A questão polêmica nesse tocante consiste em saber se, enquanto não aparecer o **vício oculto**, não começa a contar o prazo decadencial, estaríamos diante de uma **"garantia legal do CDC eterna"**?[9]

A indagação é de suma importância, pois imaginem um vício num veículo automotor que resolva aparecer vinte anos após a aquisição do bem. Será que neste caso, após vinte anos, seria possível falar em início da contagem do prazo decadencial em razão do surgimento de um vício oculto?

Compartilhamos os ensinamentos de Claudia Lima Marques ao responder que não, "**os bens de consumo possuem uma durabilidade determinada**. É a chamada **vida útil** do produto".[10] Como exemplo, a autora fez alusão à durabilidade de cinco anos de um aparelho de DVD.

Esta também foi a visão do Superior Tribunal de Justiça ao julgar o Recurso Especial 1.123.004 no final do ano de 2011: **"De fato, conforme premissa de fato fixada pela corte de origem, o vício do produto era oculto. Nesse sentido, o *dies a quo* do prazo decadencial de que trata o art. 26, § 3.º, do Código de Defesa do Consumidor é a data em ficar evidenciado o aludido vício, ainda que haja uma garantia contratual, sem abandonar, contudo, o critério da vida útil do bem durável, a fim de que o fornecedor não fique responsável por solucionar o vício eternamente. A propósito, esta Corte já apontou nesse sentido"** (REsp 1.123.004/DF, Rel. Ministro Mauro Campbell Marques, 2.ª T., *DJe* 9.12.2011).

Sobre o tema critério da vida útil de um bem de consumo, vale lembrar que o consumidor que adquire um **produto usado** no mercado de consumo também estará protegido pelas regras do Código de Defesa do Consumidor, conforme ementa do STJ:

> AÇÃO DE INDENIZAÇÃO. COMPRA E VENDA DE VEÍCULO USADO. VÍCIO DE QUALIDADE DO PRODUTO. ARTIGO 18, § 1.º, DO CÓDIGO DE DEFESA DO CONSUMIDOR. DANOS MATERIAIS. RESPONSABILIDADE OBJETIVA DO FORNECEDOR. CÁLCULO DOS JUROS DE MORA (REsp 760.262/DF, Rel. Ministro Sidnei Beneti, 3.ª T., *DJe* 15.4.2008).

No entanto, deve-se levar em consideração o tempo de vida do bem para analisar a existência ou não de um vício, bem como para que o fornecedor não seja responsabilizado pela eternidade.

6.3.2. Causas obstativas da decadência

Dispõe o art. 26, § 2.º, do CDC:

> "§ 2.º Obstam a decadência:
> I — a reclamação comprovadamente formulada pelo consumidor perante o fornecedor de produtos e serviços até a resposta negativa correspondente, que deve ser transmitida de forma inequívoca;

---

[9] MARQUES, Claudia Lima. *Contratos no Código de Defesa do Consumidor*: o novo regime das relações contratuais, p. 1197.

[10] MARQUES, Claudia Lima. *Contratos no Código de Defesa do Consumidor:* o novo regime das relações contratuais, p. 1197.

> II — (Vetado).
> III — a instauração de inquérito civil, até seu encerramento".

Causas obstativas da decadência	▪ da reclamação do consumidor até a resposta negativa do fornecedor; ▪ a instauração de inquérito civil até o seu encerramento.

A reclamação obstativa da decadência, prevista no art. 26, § 2.º, I, do CDC, **pode ser feita documentalmente ou verbalmente**. Esse foi o entendimento do Superior Tribunal de Justiça no julgamento do REsp 1.442.597/DF:

DIREITO DO CONSUMIDOR E PROCESSUAL CIVIL. RECURSO ESPECIAL. AÇÃO REDIBITÓRIA. RECLAMAÇÃO QUE OBSTA A DECADÊNCIA. COMPROVAÇÃO PELO CONSUMIDOR. POSSIBILIDADE DE DAR-SE DOCUMENTALMENTE OU VERBALMENTE. PLEITO DE PRODUÇÃO DE PROVA TESTEMUNHAL. JULGAMENTO ANTECIPADO DA LIDE. CERCEAMENTO DE DEFESA. OCORRÊNCIA. 1. Ação ajuizada em 22.6.2012. Recurso especial concluso ao gabinete em 5.9.2016. Julgamento: CPC/73. 2. O propósito recursal é definir i) se a reclamação, prevista no art. 26, § 2.º, I, do CDC, hábil a obstar a decadência do direito do consumidor de reclamar pelos vícios do produto, pode ser feita de forma verbal ou somente de forma documental e ii) consequentemente, se houve cerceamento de defesa à recorrente, em virtude do indeferimento da produção de prova testemunhal requerida. 3. A lei não preestabelece uma forma para a realização da reclamação, exigindo apenas comprovação de que o fornecedor tomou ciência inequívoca quanto ao propósito do consumidor de reclamar pelos vícios do produto ou serviço. 4. **A reclamação obstativa da decadência, prevista no art. 26, § 2.º, I, do CDC, pode ser feita documentalmente — por meio físico ou eletrônico — ou mesmo verbalmente — pessoalmente ou por telefone — e, consequentemente, a sua comprovação pode dar-se por todos os meios admitidos em direito.** 5. Admitindo-se que a reclamação ao fornecedor pode dar-se pelas mais amplas formas admitidas, sendo apenas exigível ao consumidor que comprove a sua efetiva realização, inviável o julgamento antecipado da lide, quando este pleiteou a produção de prova oral para tal desiderato. Ocorrência de cerceamento de defesa. 6. Recurso especial conhecido e provido (REsp 1.442.597/DF, Rel. Ministra Nancy Andrighi, 3.ª T., *DJe* 30.10.2017).

O inciso vetado previa como causa obstativa "a reclamação formalizada perante os órgãos ou entidades com atribuições de defesa do consumidor, pelo prazo de noventa dias". As razões do veto voltaram-se basicamente para "a ameaça à estabilidade das relações jurídicas, pois atribui a entidade privada função reservada, por sua própria natureza, aos agentes públicos".[11]

> Reclamação perante órgão/entidade de defesa do consumidor não obsta a decadência.

---

[11] Disponível em: <https://www.planalto.gov.br/ccivil_03/Leis/Mensagem_Veto/anterior_98/vep664--L8078-90.htm>. Acesso em: 9 set. 2020.

Com efeito, ressalta-se que o **tema mais polêmico** a respeito do dispositivo ora analisado consiste em saber qual a **natureza** dessas causas obstativas, **se interruptivas ou suspensivas do prazo decadencial**.

O assunto é de importância ímpar, pois, se considerarmos como interruptivas tais causas, o prazo decadencial recomeça do zero. Assim, no exemplo em que o consumidor venha a formalizar sua reclamação de vício num produto durável perante o fornecedor no 89.º dia, após a resposta negativa e inequívoca deste, o prazo de 90 dias recomeçaria do início.

Por outro lado, entendendo tratar-se de causas suspensivas, terminado o prazo decadencial voltará a correr de onde parou — se reclamou no 89.º dia, o prazo decadencial terminaria em apenas mais um dia.

Na **doutrina, há divergência** a respeito da natureza das causas obstativas da decadência, com uma **tendência majoritária** aos que defendem tratar-se de **causas suspensivas** do prazo decadencial. A seguir, alguns posicionamentos sobre o tema polêmico:

ZELMO DENARI	"Ora, se a reclamação ou o inquérito civil paralisam o curso decadencial durante um lapso de tempo (até a resposta negativa ou o encerramento do inquérito), **parece intuitivo que o propósito do legislador não foi interromper, mas suspender o curso decadencial**. Do contrário, não teria estabelecido um hiato, com previsão de um termo final (*dies a quo*), mas, simplesmente, um ato interruptivo. Assim sendo, exaurido o intervalo obstativo, vale dizer, suspensivo, a decadência retoma o seu curso até completar o prazo de 30 ou 90 dias, legalmente previsto."[12]
CAVALIERI FILHO	"Diferentemente da doutrina tradicional e majoritária, que não admite a interrupção nem a suspensão do prazo decadencial, o **Código do Consumidor prevê duas causas de suspensão**. Obstam à decadência (art. 26, § 2.º) a reclamação comprovadamente formulada pelo consumidor perante o fornecedor de produto e serviços até a resposta negativa correspondente, que deve ser transmitida de forma inequívoca, e a instauração do inquérito civil, até seu encerramento. Obstar significa impedir, embaraçar, estorvar. Desse modo, **as causas enumeradas nesse dispositivo impedem a decadência, isto é, o prazo não começa a correr.**"[13]
RIZZATTO NUNES	"Para fugir da discussão — especialmente doutrinária — a respeito da possibilidade ou não de que um prazo decadencial pudesse suspender-se ou não, interromper-se ou não, o legislador, inteligentemente, lançou mão do verbo 'obstar'. (...) No entanto, antecipamos nosso entendimento de que **tais causas não são nem suspensivas nem interruptivas**. A melhor maneira de entender o efeito da reclamação é relacioná-la aos direitos consequentes da não resolução do problema apresentado pelo consumidor na reclamação. Daí achamos que — conforme se verá adiante — a reclamação formulada no prazo tem efeito constitutivo do direito consequente do consumidor."[14]
SCARTEZZINI GUIMARÃES	"**Feita a reclamação, o prazo fica interrompido até o recebimento da resposta negativa dada pelo fornecedor.** Isso significa que, enquanto o consumidor não a receber, o prazo não terá novo início. Também não voltará a correr o prazo se o fornecedor, reconhecendo o problema e se comprometendo a saná-lo, assim não agir."[15]

---

[12] GRINOVER, Ada Pellegrini; BENJAMIN, Antônio Herman de V.; FINK, Daniel Roberto; FILOMENO, José Geraldo Brito; NERY JR., Nelson; DENARI, Zelmo. *Código Brasileiro de Defesa do Consumidor*, p. 247.
[13] CAVALIERI FILHO, Sergio. *Programa de direito do consumidor*, p. 337.
[14] NUNES, Luiz Antonio Rizzatto. *Curso de direito do consumidor*, p. 196.
[15] SCARTEZZINI GUIMARÃES, Paulo José. *Vícios do produto e do serviço por qualidade, quantidade e insegurança:* cumprimento imperfeito do contrato. São Paulo: RT, 2004, p. 399-400. Apud BENJAMIN, Antônio Herman de V.; MARQUES, Claudia Lima; BESSA, Leonardo Roscoe. *Manual de direito do consumidor*, p. 196.

Apesar de a interpretação mais favorável ao consumidor ser aquela que entende tratar-se de causas interruptivas da decadência, compreendemos que a *mens legis* coloca-se no sentido de serem causas suspensivas do prazo decadencial, na medida em que o legislador fixou dois marcos:

- marco inicial1 — a reclamação formulada pelo consumidor; e
- marco final1 — a resposta negativa do fornecedor.
- marco inicial2 — a instauração do inquérito civil; e
- marco final2 — o respectivo encerramento.

6.4. PRAZO PRESCRICIONAL NO CDC

O prazo prescricional previsto no **art. 27** do Código de Defesa do Consumidor **refere-se ao acidente de consumo**, nos termos da seguinte previsão: "**Prescreve em cinco anos** a pretensão à reparação pelos **danos causados por fato do produto ou do serviço** prevista na Seção II deste Capítulo, iniciando-se a contagem do prazo a partir do conhecimento do dano e de sua autoria".

Conforme visto no capítulo anterior, fato do produto ou do serviço nada mais é do que o acidente de consumo decorrente de produto ou de serviço defeituosos.[16]

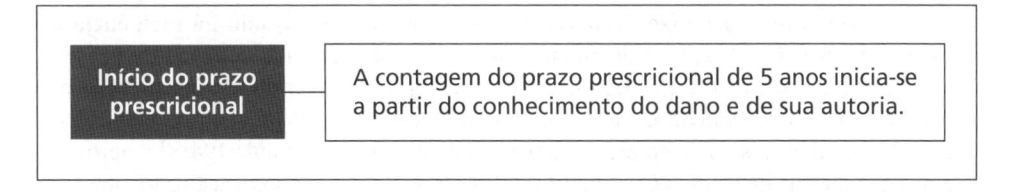

Início do prazo prescricional	A contagem do prazo prescricional de 5 anos inicia-se a partir do conhecimento do dano e de sua autoria.

Cotejando o prazo prescricional com os prazos decadenciais, encontraremos o seguinte quadro:

PRESCRIÇÃO	DECADÊNCIA
Prazo	Prazos
▪ 5 anos	▪ 30 dias — produtos/serviços não duráveis; ▪ 90 dias — produtos/serviços duráveis.
▪ Fato do produto ou do serviço — acidente de consumo	▪ Vício do produto ou do serviço — mera inadequação aos fins esperados

Posição interessante que muito bem elucida a diferença entre prazo prescricional e decadencial está inserta no julgado decidido pelo Superior Tribunal de Justiça:

---

[16] O STJ entendeu no julgamento do REsp 1.225.883, *DJe* 10.4.2014, que: "1. Demanda indenizatória movida por correntista contra instituição financeira em face da entrega talonário de cheques a terceiro, com a emissão de várias cártulas devolvidas, gerando a sua inscrição indevida em órgãos de proteção ao crédito. 2. Caracterização do fato do serviço, disciplinado no art. 14 do CDC, em face da defeituosa prestação de serviço pela instituição bancária, não atendendo à segurança legitimamente esperada pelo consumidor. 3. Aplicação do prazo prescricional previsto no art. 27 do CDC".

DIREITO CIVIL E DO CONSUMIDOR. RECURSO ESPECIAL. AÇÃO DE INDENIZAÇÃO POR DANOS MATERIAIS. PROMESSA DE COMPRA E VENDA DE IMÓVEL. EMBARGOS DE DECLARAÇÃO. OMISSÃO, CONTRADIÇÃO OU OBSCURIDADE. AUSÊNCIA. ACÓRDÃO RECORRIDO. FUNDAMENTAÇÃO ADEQUADA. DEFEITOS APARENTES DA OBRA. METRAGEM A MENOR. PRAZO DECADENCIAL. INAPLICABILIDADE.PRETENSÃO INDENIZATÓRIA. SUJEIÇÃO À PRESCRIÇÃO. PRAZO DECENAL. ART. 205 DO CÓDIGO CIVIL. 1. O propósito recursal, para além da negativa de prestação jurisdicional, é o afastamento da prejudicial de decadência em relação à pretensão de indenização por vícios de qualidade e quantidade no imóvel adquirido pela consumidora. 2. Ausentes os vícios de omissão, contradição ou obscuridade, é de rigor a rejeição dos embargos de declaração. 3. Devidamente analisadas e discutidas as questões de mérito, e fundamentado corretamente o acórdão recorrido, de modo a esgotar a prestação jurisdicional, não há que se falar em violação do art. 458 do CPC/73. 4. **É de 90 (noventa) dias o prazo para o consumidor reclamar por vícios aparentes ou de fácil constatação no imóvel por si adquirido, contado a partir da efetiva entrega do bem (art. 26, II e § 1.º, do CDC). 5. No referido prazo decadencial, pode o consumidor exigir qualquer das alternativas previstas no art. 20 do CDC, a saber: a reexecução dos serviços, a restituição imediata da quantia paga ou o abatimento proporcional do preço.** Cuida-se de verdadeiro direito potestativo do consumidor, cuja tutela se dá mediante as denominadas ações constitutivas, positivas ou negativas. 6. **Quando, porém, a pretensão do consumidor é de natureza indenizatória (isto é, de ser ressarcido pelo prejuízo decorrente dos vícios do imóvel) não há incidência de prazo decadencial. A ação, tipicamente condenatória, sujeita-se a prazo de prescrição.** 7. À falta de prazo específico no CDC que regule a pretensão de indenização por inadimplemento contratual, deve incidir o prazo geral decenal previsto no art. 205 do CC/02, o qual corresponde ao prazo vintenário de que trata a Súmula 194/STJ, aprovada ainda na vigência do Código Civil de 1916 ("Prescreve em vinte anos a ação para obter, do construtor, indenização por defeitos na obra"). 8. Recurso especial conhecido e parcialmente provido (REsp 1.534.831/DF, Rel. Ministro Ricardo Villas Bôas Cueva, Rel. p/ Acórdão Ministra Nancy Andrighi, 3.ª T., j. 20.2.2018, *DJe* 2.3.2018).

6.4.1. Prazo prescricional no CDC e na Convenção de Varsóvia

Segundo pontuado no Capítulo 4 deste livro, caso relevante e discutido na oportunidade referia-se a eventual **conflito entre o CDC e a Convenção de Varsóvia** (modificada pela Convenção de Montreal), da qual o Brasil é signatário, disciplinadora das regras do transporte aéreo internacional.

Destaca-se nesse momento do presente trabalho que a discussão não se limita à questão relacionada à possibilidade ou não da tarifação da indenização oriunda dos danos decorrentes da falha na prestação desse serviço, conforme exaustivamente trabalhado no capítulo pretérito.

O tema afeto ao **prazo prescricional** também é polêmico, pois na aludida **Convenção estipula-se um período de 2 anos**[17] para a prescrição da pretensão, enquanto no

---

[17] Art. 29 da Convenção de Varsóvia (Decreto n. 20.704/1931): "(1) A ação de responsabilidade deverá intentar-se, sob pena de caducidade, dentro do prazo de dois anos, a contar da data de chegada,

Código do Consumidor o prazo é de 5 anos. Nesse contexto, qual norma deverá prevalecer?

O Supremo Tribunal Federal no ano de 2006 entendeu pelo prevalecimento do prazo prescricional de dois anos da Convenção de Varsóvia sob o fundamento de que nos termos do art. 178 da Constituição Federal[18] devem-se observar os acordos firmados pela União no tocante ao transporte aéreo internacional:

> PRAZO PRESCRICIONAL. CONVENÇÃO DE VARSÓVIA E CÓDIGO DE DEFESA DO CONSUMIDOR. 1. O art. 5.º, § 2.º, da Constituição Federal se refere a tratados internacionais relativos a direitos e garantias fundamentais, matéria não objeto da Convenção de Varsóvia, que trata da limitação da responsabilidade civil do transportador aéreo internacional. 2. **Embora válida a norma do Código de Defesa do Consumidor quanto aos consumidores em geral, no caso específico de contrato de transporte internacional aéreo, com base no art. 178 da Constituição Federal de 1988, prevalece a Convenção de Varsóvia, que determina prazo prescricional de dois anos.** 3. Recurso provido (RE 297.901/RN, Rel. Ministra Ellen Gracie, 2.ª T., *DJ* 31.3.2006).

Apesar do teor da decisão de 2006 *supra*, o **Pretório Excelso** se manifestou em julgamentos posteriores pelo **prevalecimento dos direitos insertos no Código de Defesa do Consumidor** quando confrontados com as previsões da Convenção de Varsóvia. Apesar de não se referir especificamente ao prazo prescricional, identificamos no julgado *infra* aquilo que poderia representar uma **tendência do STF em relação ao assunto** que conflitos possíveis e imagináveis entre o CDC e a aludida Convenção internacional: "**Afastam-se as normas especiais do Código Brasileiro da Aeronáutica e da Convenção de Varsóvia quando implicarem retrocesso social ou vilipêndio aos direitos assegurados pelo Código de Defesa do Consumidor**" (RE 351.750/RJ, Rel. Ministro Marco Aurélio, Rel. p/ Acórdão Ministro Carlos Britto, 1.ª T., *DJe* 24.9.2009).

A jurisprudência do **Superior Tribunal de Justiça** sempre foi no sentido de refutar o **prazo prescricional da Convenção de Varsóvia** e do **Código Brasileiro de Aeronáutica** em razão dos prejuízos decorrentes do transporte aéreo internacional ou nacional, respectivamente, **prevalecendo**, em última análise, o **prazo de 5 anos** nos termos propostos pelo **CDC no art. 27**: "A decisão da Corte local, que aplicou o prazo prescricional de cinco anos, nos termos do Código de Defesa do Consumidor, em detrimento do prazo previsto na Convenção de Varsóvia, está em harmonia com a jurisprudência desta Corte" (AgRg no AREsp 96.109/MG, Rel. Ministro Luis Felipe Salomão, 4.ª T., *DJe* 14.5.2012).[19]

---

ou do dia, em que a aeronave devia ter chegado a seu destino, ou do da interrupção do transporte. (2) O prazo será computado de acordo com a lei nacional do tribunal que conhecer da questão".

[18] Constituição Federal — "Art. 178. A lei disporá sobre ordenação dos transportes aéreo, aquático e terrestre, devendo, quanto à ordenação do transporte internacional, observar os acordos firmados pela União, atendido o princípio da reciprocidade (Redação dada pela Emenda Constitucional n. 7, de 1995)".

[19] No mesmo sentido, STJ no seguinte julgamento: "DIREITO CIVIL. RECURSO ESPECIAL. RESPONSABILIDADE CIVIL DE TRANSPORTADOR AÉREO PERANTE TERCEIROS EM SUPERFÍCIE. PRETENSÃO DE RESSARCIMENTO POR DANOS MATERIAIS E MORAIS.

O **Supremo Tribunal Federal reconheceu a repercussão geral** do tema no AI 762.184/RJ, nos seguintes termos: "Extravio de bagagem. **Limitação de danos materiais e morais. Convenção de Varsóvia. Código de Defesa do Consumidor. Princípio constitucional da indenizabilidade irrestrita. Norma prevalecente. Relevância da questão. Repercussão geral reconhecida.** Apresenta repercussão geral o recurso extraordinário que verse sobre a possibilidade de limitação, com fundamento na Convenção de Varsóvia, das indenizações de danos morais e materiais, decorrentes de extravio de bagagem" (Rel. Ministro Cezar Peluso, *DJe* 18-12-2009).

Em 16 de março de 2011 houve a substituição do paradigma em sede de repercussão geral, deixando de ser Agravo de Instrumento n. 762.184 e passando para Recurso Extraordinário n. 636.331. No ano de 2017, mais precisamente no dia 25 de maio, o Plenário do Supremo Tribunal Federal entendeu por maioria de votos pelo prevalecimento da Convenção de Varsóvia, alterada pela Convenção de Montreal, em detrimento do Código de Defesa do Consumidor. Eis a Ementa:

Recurso extraordinário com repercussão geral. 2. Extravio de bagagem. Dano material. Limitação. Antinomia. Convenção de Varsóvia. Código de Defesa do Consumidor. 3. Julgamento de mérito. É aplicável o limite indenizatório estabelecido na Convenção de Varsóvia e demais acordos internacionais subscritos pelo Brasil, em relação às condenações por dano material decorrente de extravio de bagagem, em voos internacionais. 5. Repercussão geral. **Tema 210. Fixação da tese: "Nos termos do art. 178 da Constituição da República, as normas e os tratados internacionais limitadores da responsabilidade das transportadoras aéreas de passageiros, especialmente as Convenções de Varsóvia e Montreal, têm prevalência em relação ao Código de Defesa do Consumidor".** 6. Caso concreto. Acórdão que aplicou o Código de Defesa do Consumidor. Indenização superior ao limite previsto no art. 22 da Convenção de Varsóvia, com as modificações efetuadas pelos acordos internacionais posteriores. Decisão recorrida reformada, para reduzir o valor da condenação por danos materiais, limitando-o ao patamar estabelecido na legislação internacional. 7. Recurso a que se dá provimento (RE 636.331/RJ, Rel. Ministro Gilmar Mendes, Plenário, j. 25.5.2017, *DJe* 13.11.2017).

PRAZO PRESCRICIONAL. CÓDIGO BRASILEIRO DE AERONÁUTICA AFASTADO. INCIDÊNCIA DO CDC.

1. O Código Brasileiro de Aeronáutica não se limita a regulamentar apenas o transporte aéreo regular de passageiros, realizado por quem detém a respectiva concessão, mas todo serviço de exploração de aeronave, operado por pessoa física ou jurídica, proprietária ou não, com ou sem fins lucrativos, de forma que seu art. 317, II, não foi revogado e será plenamente aplicado, desde que a relação jurídica não esteja regida pelo CDC, cuja força normativa é extraída diretamente da CF (5.º, XXXII).

2. Demonstrada a existência de relação de consumo entre o transportador e aqueles que sofreram o resultado do evento danoso (consumidores por equiparação), configurado está o fato do serviço, pelo qual responde o fornecedor, à luz do art. 14 do CDC, incidindo, pois, na hipótese, o prazo prescricional quinquenal previsto no seu art. 27.

3. Recurso especial conhecido e desprovido" (REsp 1.202.013/SP, Rel. Ministra Nancy Andrighi, 3.ª T., j. 18.6.2013, *DJe* 27.6.2013).

Após a consolidação do tema pelo Supremo, o Superior Tribunal de Justiça adéqua seu entendimento sobre o assunto e assim decide:

> RECURSO ESPECIAL. AÇÃO INDENIZATÓRIA. TRANSPORTE DE MERCADORIAS. INDENIZAÇÃO TARIFADA. PREPONDERÂNCIA DAS CONVENÇÕES DE VARSÓVIA E MONTREAL EM RELAÇÃO AO CÓDIGO DE DEFESA DO CONSUMIDOR. REPERCUSSÃO GERAL RECONHECIDA PELO STF. RE N. 636.331/RJ (TEMA 210/STF). JUÍZO DE RETRATAÇÃO. RECURSO ESPECIAL DESPROVIDO. 1. No julgamento do RE n. 636.331/RJ, o Supremo Tribunal Federal, reconhecendo a repercussão geral da matéria (Tema 210/STF), firmou a tese de que, "nos termos do art. 178 da Constituição da República, as normas e os tratados internacionais limitadores da responsabilidade das transportadoras aéreas de passageiros, especialmente as Convenções de Varsóvia e Montreal, têm prevalência em relação ao Código de Defesa do Consumidor". 2. Recurso especial desprovido, em juízo de retratação, nos termos do art. 1.040, inciso II, do CPC/2015 (REsp 673.048/RS, Rel. Ministro Marco Aurélio Bellizze, 3.ª T., j. 8.5.2018, *DJe* 18.5.2018).

Na mesma data o **STF também entendeu, em sede de repercussão geral, pelo prevalecimento da Convenção de Varsóvia no tocante ao prazo prescricional de dois anos em face dos cinco anos previstos no CDC:**

> Direito do consumidor. Transporte aéreo internacional. Conflito entre lei e tratado. Indenização. **Prazo prescricional previsto em convenção internacional. Aplicabilidade.** 1. Salvo quando versem sobre direitos humanos, os tratados e convenções internacionais ingressam no direito brasileiro com *status* equivalente ao de lei ordinária. Em princípio, portanto, as antinomias entre normas domésticas e convencionais resolvem-se pelos tradicionais critérios da cronologia e da especialidade. 2. Nada obstante, **quanto à ordenação do transporte internacional, o art. 178 da Constituição estabelece regra especial de solução de antinomias, no sentido da prevalência dos tratados sobre a legislação doméstica, seja ela anterior ou posterior àqueles. Essa conclusão também se aplica quando o conflito envolve o Código de Defesa do Consumidor.** 3. Tese afirmada em sede de repercussão geral: "Nos termos do art. 178 da Constituição da República, as normas e os tratados internacionais limitadores da responsabilidade das transportadoras aéreas de passageiros, especialmente as Convenções de Varsóvia e Montreal, têm prevalência em relação ao Código de Defesa do Consumidor". 4. Recurso extraordinário provido (ARE 766.618/SP, Rel. Ministro Roberto Barroso, Plenário, j. 25.5.2017, *DJe* 13.11.2017).

Em relação ao dano moral, prevalece a aplicação do Código de Defesa do Consumidor:

> AGRAVO INTERNO NO RECURSO ESPECIAL. INDENIZAÇÃO. DANOS MORAIS. TRANSPORTE AÉREO INTERNACIONAL DE PESSOAS. DEFINIÇÃO DA NORMA QUE REGE A MATÉRIA. CONVENÇÃO DE MONTREAL. CDC. 1. A limitação/restrição de responsabilidade do transportador aéreo internacional de pessoas, prevista em normas, acordos, tratados e demais atos internacionais subscritos pela República Federativa do Brasil, não tem aplicação aos pedidos de condenação ao pagamento de indenização por dano moral. Precedentes. 2. Agravo interno a que se nega provimento (AgInt no REsp 1.981.229/SP, Rel. Ministra Maria Isabel Gallotti, 4.ª T., j. 5.6.2023, *DJe* 9.6.2023).

Sobre o assunto, cumpre destacar que o Supremo Tribunal Federal reconheceu o Tema 1.240 — "Conflito entre o Código de Defesa do Consumidor e a Convenção de Varsóvia, no que diz com a reparação por dano moral decorrente da má prestação de serviço de transporte aéreo internacional" — e fixou a seguinte Tese: "Não se aplicam as Convenções de Varsóvia e Montreal às hipóteses de danos extrapatrimoniais decorrentes de contrato de transporte aéreo internacional". O *Leading Case* que originou a decisão está assim ementado:

> Direito civil. Responsabilidade civil. Danos extrapatrimoniais decorrentes de contrato de transporte aéreo internacional. Inaplicabilidade do Tema 210 da repercussão geral. Distinção. Não incidência das normas previstas na Convenções de Varsórvia e Montreal. Questão constitucional. Potencial multiplicador da controvérsia. Repercussão geral reconhecida com reafirmação de jurisprudência. Recurso extraordinário a que se nega provimento. 1. O entendimento da Corte de origem não diverge da jurisprudência do Supremo Tribunal Federal, no sentido de que a aplicação dos limites das Convenções de Varsóvia e de Montreal, definida no julgamento do Tema 210 da repercussão geral, está adstrita aos casos de indenização por danos materiais. 2. Recurso extraordinário não provido. 3. Fixada a seguinte tese: Não se aplicam as Convenções de Varsóvia e Montreal às hipóteses de danos extrapatrimoniais decorrentes de contrato de transporte aéreo internacional (RE 1.394.401 RG, Tribunal Pleno, Rel. Ministra Presidente, j. 15.12.2022, Publicação: 3.3.2023).

Assim, a tese do Tema 210 da repercussão geral foi reajustada para abranger o novo entendimento do Tribunal, ficando com a seguinte redação: **"Nos termos do art. 178 da Constituição da República, as normas e os tratados internacionais limitadores da responsabilidade das transportadoras aéreas de passageiros, especialmente as Convenções de Varsóvia e Montreal, têm prevalência em relação ao Código de Defesa do Consumidor. O presente entendimento não se aplica às hipóteses de danos extrapatrimoniais".**

6.4.2. Prazo prescricional do Código Civil no caso de inadimplemento contratual

Acima foi exposto que o prazo prescricional previsto no Código de Defesa do Consumidor refere-se ao acidente de consumo em razão da existência de produto ou de serviço defeituosos. Assim, em **qualquer outra situação que não envolva acidente de consumo deverá prevalecer o prazo prescricional disposto no Código Civil**. Sobre o tema, entendeu o STJ:

> RECURSO ESPECIAL. DIREITO CIVIL E PROCESSUAL CIVIL. INCORPORAÇÃO IMOBILIÁRIA. REGISTRO. AUSÊNCIA. MULTA. ARTIGO 35, § 5.º, DA LEI N. 4.591/64. AÇÃO DO ADQUIRENTE. PRAZO PRESCRICIONAL DECENAL. ARTIGO 205 DO CÓDIGO CIVIL. APLICABILIDADE. ARTIGO 27 DO CÓDIGO DE DEFESA DO CONSUMIDOR. NÃO INCIDÊNCIA. PRESCRIÇÃO. NÃO OCORRÊNCIA.
> 1. Recurso especial interposto contra acórdão publicado na vigência do Código de Processo Civil de 1973 (Enunciados Administrativos ns. 2 e 3/STJ) 2. O descumprimento do dever de arquivar os documentos relativos ao empreendimento no Cartório de Registro

Imobiliário competente sujeita o incorporador à multa prevista no art. 35, § 5.º, da Lei n. 4.591/64. Precedentes.
3. A jurisprudência desta Corte se firmou no sentido de que o prazo prescricional quinquenal do art. 27 do Código de Defesa do Consumidor não se aplica a qualquer hipótese de inadimplemento contratual em relações de consumo, restringindo-se às ações que buscam a reparação de danos causados por fato do produto ou do serviço, o que não é o caso. Precedentes.
4. Diante da falta de previsão legal específica na Lei de Incorporações Imobiliárias e no Código de Defesa do Consumidor, a ação do adquirente contra a incorporadora que visa a cobrança da multa prevista no art. 35, § 5.º, da Lei n. 4.591/64 se submete ao prazo prescricional geral do art. 205 do Código Civil, ou seja, 10 (dez) anos.
5. No caso concreto, tendo sido a ação ajuizada em 2012 e o negócio jurídico celebrado em 2006, não há falar em prescrição.
6. Recurso especial não provido (REsp 1497254/ES, Rel. Ministro Ricardo Villas Bôas Cueva, 3.ª T., j. 18.9.2018, *DJe* 24.9.2018).

Esta também é a posição predominante no **Superior Tribunal de Justiça** nos julgados envolvendo o reconhecimento do **prazo prescricional ânuo do Código Civil** no tocante à pretensão do consumidor em propor **ação de cobrança de valor complementar de indenização securitária**.

Dentre suas decisões, destacamos o Recurso Especial 574.947/BA, de relatoria da Ministra Nancy Andrighi, da Segunda Seção, nos seguintes termos: "**O não cumprimento das obrigações por parte do segurador consistentes no ressarcimento dos danos sofridos pelo segurado constitui inadimplemento contratual, e não fato do serviço**. Caracterizada a inexecução contratual, **é ânuo o prazo prescricional** para ação de cobrança de valor complementar de indenização securitária" (*DJ* 28.6.2004).[20]

Muito cuidado se o tema envolver contrato de plano/seguro saúde e tiver por objeto a pretensão condenatória decorrente da declaração de nulidade de cláusula de reajuste nele prevista. Nesse caso a prescrição será trienal e não ânua, conforme a regra acima apresentada. Esse o entendimento do Superior Tribunal de Justiça no julgamento do REsp 1.360.969/RS, pelo regime de recurso repetitivo:

---

[20] No mesmo sentido, STJ em decisão proferida no ano de 2012: "DIREITO CIVIL. CONTRATO DE SEGURO DE VIDA EM GRUPO. AÇÃO DE COBRANÇA DE DIFERENÇA DE INDENIZAÇÃO SECURITÁRIA. PRESCRIÇÃO. TERMO INICIAL. 1. **O prazo prescricional ânuo (art. 178, § 6.º, II, do CC/1916) para o ajuizamento da ação de cobrança de diferença de indenização securitária tem início na data da ciência inequívoca do pagamento incompleto ou a menor. Precedentes do STJ**. 2. O depósito do valor relativo à indenização securitária, mesmo depois de decorrido longo período da ocorrência do sinistro, configura reconhecimento da obrigação. 3. No caso concreto, o pagamento foi realizado em 22.11.2001 (fl. 21) e a ação de cobrança, ajuizada para recebimento da diferença correspondente à referida indenização, protocolizada em 9.7.2002 (fl. 2), portanto dentro do prazo prescricional ânuo. 4. Recurso especial provido para afastar a prescrição e determinar que o Tribunal local prossiga no exame das demais questões articuladas no recurso de apelação" (REsp 831.543/RJ, Rel. Ministro Antonio Carlos Ferreira, 4.ª T., *DJe* 2.8.2012).

> 1. RECURSO ESPECIAL REPRESENTATIVO DE CONTROVÉRSIA. CIVIL. CONTRATO DE PLANO OU SEGURO DE ASSISTÊNCIA À SAÚDE. PRETENSÃO DE NULIDADE DE CLÁUSULA DE REAJUSTE. ALEGADO CARÁTER ABUSIVO. CUMULAÇÃO COM PRETENSÃO DE RESTITUIÇÃO DOS VALORES PAGOS INDEVIDAMENTE. EFEITO FINANCEIRO DO PROVIMENTO JUDICIAL. AÇÃO AJUIZADA AINDA NA VIGÊNCIA DO CONTRATO. NATUREZA CONTINUATIVA DA RELAÇÃO JURÍDICA. DECADÊNCIA. AFASTAMENTO. PRAZO PRESCRICIONAL TRIENAL. ART. 206, § 3.º, IV, DO CÓDIGO CIVIL DE 2002. PRETENSÃO FUNDADA NO ENRIQUECIMENTO SEM CAUSA. 2. CASO CONCRETO: ENTENDIMENTO DO TRIBUNAL *A QUO* CONVERGE COM A TESE FIRMADA NO REPETITIVO. PRESCRIÇÃO TRIENAL. ENRIQUECIMENTO SEM CAUSA. PEDIDO DE RECONHECIMENTO DA PRESCRIÇÃO ÂNUA PREVISTA NO ART. 206, § 1.º, II, DO CC/2002. AFASTAMENTO. RECURSO ESPECIAL A QUE SE NEGA PROVIMENTO. (...) 10. Para os efeitos do julgamento do recurso especial repetitivo, fixa-se a seguinte tese: Na vigência dos contratos de plano ou de seguro de assistência à saúde, a pretensão condenatória decorrente da declaração de nulidade de cláusula de reajuste nele prevista prescreve em 20 anos (art. 177 do CC/16) ou em 3 anos (art. 206, § 3.º, IV, do CC/2002), observada a regra de transição do art. 2.028 do CC/2002 (REsp 1.360.969/RS, Rel. Ministro Marco Aurélio Bellizze, 2.ª Seção, *DJe* 19.9.2016).[21]

Nesse diapasão, o Superior Tribunal de Justiça fez proposta de incidente de assunção de competência no REsp 1.303.374/ES a fim de uniformizar o entendimento acerca da seguinte controvérsia: Prazo anual de prescrição em todas as pretensões que envolvam interesses de segurado e segurador em contrato de seguro, e não apenas as indenizatórias (IAC no REsp 1.303.374-ES, Rel. Ministro Luis Felipe Salomão, *DJe* 1.º.8.2017).

Trata-se do Tema IAC 2 em que a Segunda Seção da aludida Corte Superior fixou a seguinte tese:

> 8. Tese firmada para efeito do art. 947 do CPC de 2015: "É ânuo o prazo prescricional para exercício de qualquer pretensão do segurado em face do segurador e vice-versa — baseada em suposto inadimplemento de deveres (principais, secundários ou anexos) derivados do contrato de seguro, *ex vi* do disposto no art. 206, § 1.º, II, "b", do Código Civil de 2002 (art. 178, § 6.º, II, do Código Civil de 1916)" (REsp 1.303.374/ES, Rel. Ministro Luis Felipe Salomão, 2.ª Seção, j. 30.11.2021, *DJe* 16.12.2021).

Tal proposição não alcança os seguros-saúde e os planos de saúde — dada a natureza *sui generis* desses contratos, em relação aos quais o STJ assentou a observância dos prazos prescricionais vintenário (Código Civil de 1916) ou trienal (Código Civil de 2002), a depender da natureza da pretensão. Trata-se do Tema 610, em que o STJ fixou a seguinte Tese:

> Na vigência dos contratos de plano ou de seguro de assistência à saúde, a pretensão condenatória decorrente da declaração de nulidade de cláusula de reajuste nele prevista prescreve em 20 anos (art. 177 do CC/1916) ou em 3 anos (art. 206, § 3.º, IV, do CC/2002), observada a regra de transição do art. 2.028 do CC/2002.

---

[21] O mesmo entendimento foi proferido pelo STJ no REsp 1.361.182/RS, também em regime de repercussão geral, sendo fixada a mesma tese.

Também não alcança o contrato de seguro de responsabilidade civil obrigatório (o seguro Dpvat), cujo prazo trienal decorre de dicção legal específica (art. 206, § 3.º, inciso IX, do Código Civil), já tendo sido reconhecida pela Segunda Seção a inexistência de relação jurídica contratual entre o proprietário do veículo e as seguradoras que compõem o correlato consórcio (REsp 1.091.756/MG, Rel. Ministro Marco Buzzi, Rel. p/ Acórdão Ministro Marco Aurélio Bellizze, 2.ª Seção, j. 13.12.2017, *DJe* 5.2.2018).

Por outro lado, quando restar configurada falha na prestação de serviço e não o mero inadimplemento contratual, prevalecerá o prazo prescricional quinquenal:

> RECURSO ESPECIAL. ART. 535 DO CPC/73. NÃO VIOLAÇÃO. DIVERGÊNCIA JURISPRUDENCIAL DEMONSTRADA. FLEXIBILIZAÇÃO DOS REQUISITOS FORMAIS. CONTRATO DE MÚTUO GARANTIDO POR PENHOR DE JOIAS SUBTRAÍDAS NA CONSTÂNCIA DO CONTRATO. FALHA NO SERVIÇO. AÇÃO DE INDENIZAÇÃO. PRAZO PRESCRICIONAL. ART. 27 DO CDC. 5 (CINCO) ANOS. 1. Não se viola o art. 535 do CPC/73, quando a matéria em exame foi devidamente enfrentada pelo Tribunal de origem, que emitiu pronunciamento de forma fundamentada, ainda que em sentido contrário à pretensão da recorrente. 2. A Corte Especial deste Egrégio Tribunal há muito decidiu que, nos casos em que a ementa do acórdão colacionado como paradigma espelha o entendimento do aresto impugnado e evidencia a divergência, os requisitos formais para a demonstração da divergência podem ser flexibilizados (EREsp 80.602/SP, Rel. Ministro Sálvio de Figueiredo Teixeira, Corte Especial, *DJ* 1.º.3.1999). 3. No contrato de penhor, está embutido o de depósito do bem e, por conseguinte, o dever do credor pignoratício de devolver esse bem após o pagamento do mútuo. No entanto, a guarda do bem penhorado não se configura como prestação contratual *stricto sensu*. A contraprestação devida nos contratos de mútuo garantido por penhor é o pagamento do valor acordado para o empréstimo. **4. O furto das joias, objeto do penhor, constitui falha do serviço prestado pela instituição financeira e não inadimplemento contratual, devendo incidir o prazo prescricional de 5 (cinco) anos para as ações de indenização, previsto no art. 27 do Código de Defesa do Consumidor.** 5. Recurso especial provido (REsp 1.369.579/PR, Rel. Ministro Luis Felipe Salomão, 4.ª T., j. 24.10.2017, *DJe* 23.11.2017).

Essa multiplicidade de posicionamentos a respeito do assunto levou o STJ a proferir o seguinte julgamento: "Nas controvérsias relacionadas à responsabilidade contratual, aplica-se a regra geral (art. 205 CC/02) que prevê dez anos de prazo prescricional e, quando se tratar de responsabilidade extracontratual, aplica-se o disposto no art. 206, § 3.º, V, do CC/02, com prazo de três anos. 6. Para o efeito da incidência do prazo prescricional, o termo 'reparação civil' não abrange a composição da toda e qualquer consequência negativa, patrimonial ou extrapatrimonial, do descumprimento de um dever jurídico, mas, de modo geral, designa indenização por perdas e danos, estando associada às hipóteses de responsabilidade civil, ou seja, tem por antecedente o ato ilícito. 7. Por observância à lógica e à coerência, o mesmo prazo prescricional de dez anos deve ser aplicado a todas as pretensões do credor nas hipóteses de inadimplemento contratual, incluindo o da reparação de perdas e danos por ele causados. 8. Há muitas diferenças de ordem fática, de bens jurídicos protegidos e regimes jurídicos aplicáveis entre responsabilidade contratual e extracontratual que largamente justificam o tratamento distinto atribuído pelo legislador pátrio, sem qualquer ofensa ao princípio da isonomia. 9. Embargos de divergência parcialmente conhecidos e, nessa parte, não providos" (EREsp 1.280.825/RJ, Rel. Ministra Nancy Andrighi, 2.ª Seção, j. 27.6.2018, *DJe* 2.8.2018).

A Corte Especial do STJ voltou a apreciar a questão do prazo prescricional referente à reparação civil decorrente de uma relação contratual e extracontratual:

> CIVIL E PROCESSUAL CIVIL. EMBARGOS DE DIVERGÊNCIA NO RECURSO ESPECIAL. DISSENSO CARACTERIZADO. **PRAZO PRESCRICIONAL INCIDENTE SOBRE A PRETENSÃO DECORRENTE DA RESPONSABILIDADE CIVIL CONTRATUAL. INAPLICABILIDADE DO ART. 206, § 3.º, V, DO CÓDIGO CIVIL. SUBSUNÇÃO À REGRA GERAL DO ART. 205, DO CÓDIGO CIVIL,** SALVO EXISTÊNCIA DE PREVISÃO EXPRESSA DE PRAZO DIFERENCIADO. CASO CONCRETO QUE SE SUJEITA AO DISPOSTO NO ART. 205 DO DIPLOMA CIVIL. EMBARGOS DE DIVERGÊNCIA PROVIDOS.
> I — Segundo a jurisprudência deste Superior Tribunal de Justiça, os embargos de divergência tem como finalidade precípua a uniformização de teses jurídicas divergentes, o que, *in casu*, consiste em definir o prazo prescricional incidente sobre os casos de responsabilidade civil contratual.
> II — A prescrição, enquanto corolário da segurança jurídica, constitui, de certo modo, regra restritiva de direitos, não podendo assim comportar interpretação ampliativa das balizas fixadas pelo legislador.
> III — A unidade lógica do Código Civil permite extrair que **a expressão "reparação civil" empregada pelo seu art. 206, § 3.º, V, refere-se unicamente à responsabilidade civil aquiliana, de modo a não atingir o presente caso, fundado na responsabilidade civil contratual.**
> IV — **Corrobora com tal conclusão a bipartição existente entre a responsabilidade civil contratual e extracontratual, advinda da distinção ontológica, estrutural e funcional entre ambas, que obsta o tratamento isonômico.**
> V — **O caráter secundário assumido pelas perdas e danos advindas do inadimplemento contratual, impõe seguir a sorte do principal (obrigação anteriormente assumida). Dessa forma, enquanto não prescrita a pretensão central alusiva à execução da obrigação contratual, sujeita ao prazo de 10 anos (caso não exista previsão de prazo diferenciado), não pode estar fulminado pela prescrição o provimento acessório relativo à responsabilidade civil atrelada ao descumprimento do pactuado.**
> VI — Versando o presente caso sobre responsabilidade civil decorrente de possível descumprimento de contrato de compra e venda e prestação de serviço entre empresas, está sujeito à prescrição decenal (art. 205, do Código Civil).
> Embargos de divergência providos (EREsp 1281594/SP, Rel. Ministro Benedito Gonçalves, Rel. p/ Acórdão Ministro Felix Fischer, Corte Especial, j. 15.5.2019, *DJe* 23.5.2019).

6.4.3. Prazo prescricional do Código Civil no caso de cobrança indevida

O mesmo raciocínio vale no tocante ao prazo para a repetição do indébito em caso de cobrança indevida, nos termos do parágrafo único do art. 42 do CDC, que estabelece: "O consumidor cobrado em quantia indevida tem direito à repetição do indébito, por valor igual ao dobro do que pagou em excesso, acrescido de correção monetária e juros legais, salvo hipótese de engano justificável".[22]

---

[22] O tema da cobrança indevida será aprofundado no momento oportuno em capítulo específico — Capítulo 11.

Sobre o tema, o **Superior Tribunal de Justiça** vem compreendendo que, por se tratar de **cobrança indevida e não de acidente de consumo**, o **prazo prescricional** a prevalecer no caso é o do **Código Civil**, e não o do CDC, que se refere ao acidente de consumo — fato do produto ou do serviço.

■ "**A incidência da regra de prescrição prevista no art. 27 do CDC tem como requisito essencial a formulação de pedido de reparação de danos causados por fato do produto ou do serviço, o que não ocorreu na espécie.** Ante a ausência de disposições no CDC acerca do prazo prescricional aplicável à prática comercial indevida de cobrança excessiva, é de rigor a aplicação das normas relativas a prescrição insculpidas no Código Civil" (REsp 1.032.952/SP, Rel. Ministra Nancy Andrighi, 3.ª T., *DJe* 26.3.2009).

■ **Súmula 412 do STJ**: "A ação de repetição de indébito de tarifas de água e esgoto sujeita-se ao prazo prescricional estabelecido no Código Civil".

■ "**O prazo prescricional para as ações de repetição de indébito relativo às tarifas de serviços de água e esgoto cobradas indevidamente é de: (a) 20 (vinte) anos, na forma do art. 177 do Código Civil de 1916; ou (b) 10 (dez) anos, tal como previsto no art. 205 do Código Civil de 2002, observando-se a regra de direito intertemporal, estabelecida no art. 2.028 do Código Civil de 2002**" (Tese firmada pelo STJ no rito do recurso repetitivo REsp 1.532.514/SP, Rel. Ministro Og Fernandes, 1.ª Seção, *DJe* 17.5.2017).

No ano de 2019 a Corte Especial do Superior Tribunal de Justiça firmou entendimento no sentido de que a pretensão de repetição de indébito por cobrança indevida de valores referentes a serviços de TV por assinatura não previstos no contrato sujeita-se à norma geral do lapso prescricional de dez anos:

EMBARGOS DE DIVERGÊNCIA EM AGRAVO EM RECURSO ESPECIAL. CIVIL. PROCESSUAL CIVIL. TELEFONIA FIXA. COBRANÇA INDEVIDA. AÇÃO DE REPETIÇÃO DE INDÉBITO DE TARIFAS. APLICAÇÃO DO PRAZO PRESCRICIONAL DECENAL DO CÓDIGO CIVIL (ART. 205 DO CÓDIGO CIVIL). CONHECIMENTO, EM PARTE. PROVIMENTO.
1. Trata-se de embargos de divergência interpostos contra acórdão em que se discute o lapso prescricional cabível aos casos de repetição de indébito por cobrança indevida de valores referentes a serviços não contratados, promovida por empresa de telefonia. Discute-se, ainda, acerca da necessidade de comprovação da má-fé pelo consumidor para aplicação do art. 42, parágrafo único, do Código de Defesa do Consumidor.
2. A suposta divergência apresentada em relação à aplicação do art. 42, parágrafo único, do Código de Defesa do Consumidor, não se mostra existente, pois já está pacificado o entendimento acerca do cabimento da repetição em dobro apenas nos casos em que demonstrada a má-fé do credor. Incide, pois, a Súmula 168/STJ: "Não cabem embargos de divergência, quando a jurisprudência do Tribunal se firmou no mesmo sentido do acórdão embargado."
3. A Primeira Seção, no julgamento do REsp 1.113.403/RJ, de relatoria do Ministro Teori Albino Zavascki (*DJe* 15.9.2009), submetido ao regime dos recursos repetitivos do art. 543-C do Código de Processo Civil e da Resolução STJ 8/2008, firmou o entendimento de que, ante a ausência de disposição específica acerca do prazo prescricional aplicável à

prática comercial indevida de cobrança excessiva, é de rigor a incidência das normas gerais relativas à prescrição insculpidas no Código Civil na ação de repetição de indébito de tarifas de água e esgoto. Assim, tem-se prazo vintenário, na forma estabelecida no art. 177 do Código Civil de 1916, ou decenal, de acordo com o previsto no art. 205 do Código Civil de 2002. Diante da mesma conjuntura, não há razões para adotar solução diversa nos casos de repetição de indébito dos serviços de telefonia.

4. A tese adotada, no âmbito do acórdão recorrido, de que a pretensão de repetição de indébito por cobrança indevida de valores referentes a serviços não contratados, promovida por empresa de telefonia, configuraria enriquecimento sem causa e, portanto, estaria abrangida pelo prazo fixado no art. 206, § 3.º, IV, do Código Civil, não parece a melhor. A pretensão de enriquecimento sem causa (ação in rem verso) possui como requisitos: enriquecimento de alguém; empobrecimento correspondente de outrem; relação de causalidade entre ambos; ausência de causa jurídica; inexistência de ação específica. Trata-se, portanto, de ação subsidiária que depende da inexistência de causa jurídica. **A discussão acerca da cobrança indevida de valores constantes de relação contratual e eventual repetição de indébito não se enquadra na hipótese do art. 206, § 3.º, IV, do Código Civil, seja porque a causa jurídica, em princípio, existe (relação contratual prévia em que se debate a legitimidade da cobrança), seja porque a ação de repetição de indébito é ação específica. Doutrina.**

5. Embargos de divergência conhecidos, em parte, e providos, de sorte a vingar a tese de que a repetição de indébito por cobrança indevida de valores referentes a serviços não contratados, promovida por empresa de telefonia, deve seguir a norma geral do lapso prescricional (10 anos — art. 205 do Código Civil), a exemplo do que decidido e sumulado (Súmula 412/STJ) no que diz respeito ao lapso prescricional para repetição de indébito de tarifas de água e esgoto (EAREsp 738.991/RS, Rel. Ministro Og Fernandes, Corte Especial, j. 20.2.2019, *DJe* 11.6.2019).

6.4.4. Prazo prescricional do Código Civil no caso de prestação de contas

O **Superior Tribunal de Justiça**, por meio de sua Segunda Seção, entendeu pelo regime dos Recursos Repetitivos que o **prazo prescricional do Código Civil incidirá nas ações de prestação de contas**.

No caso concreto não prevaleceu a incidência do prazo decadencial do art. 26 do Código de Defesa do Consumidor: **"O art. 26 do Código de Defesa do Consumidor dispõe sobre o prazo decadencial para a reclamação por vícios em produtos ou serviços prestados ao consumidor, não sendo aplicável à ação de prestação de contas ajuizada pelo correntista com o escopo de obter esclarecimentos acerca da cobrança de taxas, tarifas e/ou encargos bancários"** (REsp 1.117.614/PR, Rel. Ministra Maria Isabel Gallotti, 2.ª Seção, *DJe* 10.10.2011).

A notícia publicada no *Informativo* n. 480 do STJ traz mais elementos explicativos sobre o caso, razão pela qual a colacionamos a seguir:

REPETITIVO. CDC. AÇÃO. PRESTAÇÃO. CONTA. Trata-se de REsp sob o regime do art. 543-C do CPC c/c art. 5.º da Resolução n. 8/2008 do STJ em que a controvérsia cinge-se à verificação da incidência da regra estabelecida no art. 26, II, do CDC à ação de prestação de contas ajuizada pelo ora recorrente, cliente da instituição financeira ora recorrida, com o fim de obter esclarecimentos sobre cobrança de taxas, tarifas e/ou encargos, os quais reputa indevidos, em conta corrente de sua titularidade. A Seção, ao prosseguir o julgamento, por maioria, proveu o recurso ao entendimento de que, **tendo o consumidor dúvidas quanto à lisura dos lançamentos efetuados pelo banco, é cabível a ação de prestação de contas sujeita ao prazo de prescrição regulado pelo CC/2002.** Assim, o prazo decadencial estabelecido no art. 26 do CDC não é aplicável a tal ação ajuizada com o escopo de obter esclarecimentos acerca da cobrança de taxas, tarifas e/ou encargos bancários, uma vez que essa não se confunde com a reclamação por vício do produto ou do serviço prevista no mencionado dispositivo legal. Precedentes citados: AgRg no REsp 1.021.221-PR, *DJe* 12.8.2010; AgRg no REsp 1.045.528/PR, *DJe* 5.9.2008, e REsp 1.094.270/PR, *DJe* 19.12.2008 (REsp 1.117.614/PR, Rel. Ministra Maria Isabel Gallotti, j. 10.8.2011).

O tema ganhou tamanha relevância que foi publicada no *DJe* do dia 16 de junho de 2012 a **Súmula 477 do STJ**, com o seguinte teor: **"A decadência do art. 26 do CDC não é aplicável à prestação de contas para obter esclarecimentos sobre cobrança de taxas, tarifas e encargos bancários".**

PRAZO PRESCRICIONAL DO CDC	PRAZO PRESCRICIONAL DO CÓDIGO CIVIL
▪ Acidente de consumo em razão de fato do produto ou do serviço.	▪ Complementação de indenização securitária; ▪ Cobrança indevida; ▪ Prestação de contas.

6.4.5. Prazo prescricional do Código Civil no caso de enriquecimento sem causa

No tocante ao prazo de prescrição da pretensão condenatória decorrente de nulidade de cláusula de reajuste de plano ou seguro de assistência à saúde, entendeu o Superior Tribunal de Justiça pelo regime de recurso repetitivo que a pretensão condenatória decorrente da declaração de nulidade de cláusula de reajuste nele prevista prescreve em 20 anos (art. 177 do CC/16) ou em 3 anos (art. 206, § 3.º, IV, do CC/2002), observada a regra de transição do art. 2.028 do CC/2002. Vejamos:

1. RECURSO ESPECIAL REPRESENTATIVO DE CONTROVÉRSIA. CIVIL. CONTRATO DE PLANO OU SEGURO DE ASSISTÊNCIA À SAÚDE. PRETENSÃO DE NULIDADE DE CLÁUSULA DE REAJUSTE. ALEGADO CARÁTER ABUSIVO. CUMULAÇÃO COM PRETENSÃO DE RESTITUIÇÃO DOS VALORES PAGOS INDEVIDAMENTE. EFEITO FINANCEIRO DO PROVIMENTO JUDICIAL. AÇÃO AJUIZADA AINDA NA VIGÊNCIA DO CONTRATO. NATUREZA CONTINUATIVA DA RELAÇÃO JURÍDICA. DECADÊNCIA. AFASTAMENTO. PRAZO PRESCRICIONAL TRIENAL. ART. 206, § 3.º, IV, DO CÓDIGO CIVIL DE 2002. PRETENSÃO FUNDADA NO ENRIQUECIMENTO SEM CAUSA. 2. CASO CONCRETO: ENTENDIMENTO DO TRIBUNAL *A QUO* CONVERGE COM A TESE FIRMADA NO REPETITIVO. PRESCRIÇÃO TRIENAL. ENRIQUECIMENTO SEM CAUSA. PEDIDO DE RECONHECIMENTO DA PRESCRIÇÃO ÂNUA PREVISTA NO ART. 206, § 1.º, II, DO CC/2002. AFASTAMENTO. RECURSO ESPECIAL A QUE SE NEGA PROVIMENTO (REsp 1.360.969, Rel. Ministro Marco Buzzi, j. 19.9.2016).

Por outro lado, será decenal o prazo prescricional aplicável para o exercício da pretensão de reembolso de despesas médico-hospitalares alegadamente cobertas pelo contrato de plano de saúde (ou de seguro saúde), mas que não foram adimplidas pela operadora. Esta a posição da 2.ª Seção do STJ no julgamento do REsp 1.756.283:

> RECURSO ESPECIAL. AÇÃO DE RESSARCIMENTO DE DESPESAS MÉDICAS. SEGURO SAÚDE. DESCUMPRIMENTO DE CLÁUSULA CONTRATUAL. PRAZO PRESCRICIONAL.
> **1. É decenal o prazo prescricional aplicável para o exercício da pretensão de reembolso de despesas médico-hospitalares alegadamente cobertas pelo contrato de plano de saúde (ou de seguro saúde), mas que não foram adimplidas pela operadora.**
> **2. Isso porque, consoante cediço na Segunda Seção e na Corte Especial, nas controvérsias relacionadas à responsabilidade contratual, aplica-se a regra geral (art. 205 do Código Civil) que prevê dez anos de prazo prescricional (EREsp 1.280.825/RJ**, Rel. Ministra Nancy Andrighi, 2.ª Seção, j. 27.6.2018, *DJe* 2.8.2018; e EREsp 1.281.594/SP, Rel. Ministro Benedito Gonçalves, Rel. p/ Acórdão Ministro Felix Fischer, Corte Especial, j. 15.5.2019, *DJe* 23.5.2019).
> **3. De outro lado, a tese da prescrição trienal firmada nos Recursos Especiais 1.361.182/RS e 1.360.969/RS (ambos julgados sob o rito dos repetitivos) não abrange toda e qualquer pretensão deduzida em decorrência de planos privados de assistência à saúde, mas tão somente àquelas referentes à nulidade de cláusula contratual com a consequente repetição do indébito, que foram traduzidas como pretensões de ressarcimento de enriquecimento sem causa (artigo 206, § 3.º, inciso IV, do Código Civil de 2002).**
> 4. Recurso especial não provido (REsp 1756283/SP, Rel. Ministro Luis Felipe Salomão, 2.ª Seção, j. 11.3.2020, *DJe* 3.6.2020).[23]

O prazo de prescrição decenal também é aplicável no caso de ação que visa ao reconhecimento do direito ao resgate, após o prazo assinado em contrato, de capital segurado de seguro de vida com cláusula de sobrevivência:

---

[23] No mesmo sentido: RECURSO ESPECIAL. DIREITO CIVIL, PREVIDENCIÁRIO E PROCESSUAL CIVIL (CPC/2015). PREVIDÊNCIA COMPLEMENTAR. RESTITUIÇÃO DE CONTRIBUIÇÕES INDEVIDAS. PLANO 4819. FUNDAÇÃO CESP. PRESCRIÇÃO TRIENAL. INAPLICABILIDADE. EXISTÊNCIA DE CAUSA JURÍDICA PARA AS CONTRIBUIÇÕES. SUBSIDIARIEDADE DA PRETENSÃO DE ENRIQUECIMENTO SEM CAUSA. PRECEDENTE DA CORTE ESPECIAL. 1. Controvérsia acerca do prazo prescricional aplicável à pretensão de restituição de contribuições vertidas indevidamente para fundo de previdência complementar. 2. Nos termos do art. 206, § 3.º, inciso IV, do Código Civil de 2002, prescreve em três anos a pretensão fundada no enriquecimento sem causa. 3. Subsidiariedade da ação de enriquecimento sem causa, sendo inaplicável a prescrição trienal na hipótese em que o enriquecimento tenha causa jurídica. Precedentes da CORTE ESPECIAL. 4. Caso concreto em que as contribuições foram vertidas com base no plano de benefícios então vigente, havendo, portanto, causa jurídica para o enriquecimento da entidade de previdência complementar. 5. Inaplicabilidade da prescrição trienal na espécie, pois a existência de causa jurídica afasta a hipótese de enriquecimento sem causa. 6. Aplicação do prazo geral de 10 anos de prescrição (art. 205, *caput*, do CC/2002). 7. RECURSO ESPECIAL PARCIALMENTE PROVIDO (REsp 1803627/SP, Rel. Ministro Paulo de Tarso Sanseverino, 3.ª T., j. 23.6.2020, *DJe* 1.7.2020).

PROCESSUAL CIVIL. RECURSO ESPECIAL. VIOLAÇÃO DO ART. 535 DO CPC DE 1973. NÃO OCORRÊNCIA. CONTRATO DE SEGURO. RESOLUÇÃO CNSP N. 348/2017, ARTS. 2.º, *CAPUT* E PARÁGRAFO ÚNICO, E 7.º, VI, VI E VIII. SEGURO DE VIDA COM CLÁUSULA DE SOBREVIVÊNCIA DOTAL. RESGATE PELO SEGURADO EM VIDA. POSSIBILIDADE. NATUREZA COMPLEXA. PRAZO DE PRESCRIÇÃO DECENAL. RESPONSABILIDADE CIVIL EXTRACONTRATUAL. EXISTÊNCIA DE ATO ILÍCITO. AFERIÇÃO. SÚMULA N. 7 DO STJ.
1. Inexiste ofensa ao art. 1.022 do CPC quando a corte de origem examina e decide, de modo claro e objetivo, as questões que delimitam a controvérsia, não ocorrendo nenhum vício que possa nulificar o acórdão recorrido.
2. O seguro de vida é um tipo de seguro de pessoas com cobertura de riscos cujo objetivo é garantir indenização a segurado ou a seus beneficiários nos termos das condições e garantias contratualmente estabelecidas.
3. A cobertura por sobrevivência oferecida em seguros de vida é estruturada sob regime financeiro de capitalização e tem por finalidade o pagamento do capital segurado, de uma única vez ou em forma de renda, após atingido o período de diferimento previsto no contrato.
4. O plano dotal, que pode ser puro, misto ou misto com performance, constitui um dos tipos de contrato de seguro de vida por sobrevivência.
5. O contrato de seguro individual de vida com cláusula de sobrevivência tem natureza complexa, visto que o capital de segurado pode ser pago aos beneficiários quando do falecimento do segurado, ao qual é permitido optar por resgatar, em vida, o valor econômico capitalizado após transcorrido o período de diferimento.
6. Aplica-se o prazo decenal à ação que visa ao reconhecimento do direito ao resgate, após o prazo assinado em contrato, de capital segurado de seguro de vida com cláusula de sobrevivência.
7. O acolhimento da tese de não ocorrência de dano moral indenizável diante da inexistência de ato ilícito encontra óbice na Súmula n. 7 do STJ, uma vez que demanda nova incursão no conjunto probatório dos autos.
8. Recurso especial parcialmente conhecido e desprovido (REsp 1.678.432/RJ, Rel. Ministro João Otávio de Noronha, 4.ª T., j. 23.4.2024, *DJe* 2.5.2024).

6.5. QUESTÕES

QUESTÕES DE CONCURSOS
http://uqr.to/1yf1b

7

DESCONSIDERAÇÃO DA PERSONALIDADE JURÍDICA — *DISREGARD OF LEGAL ENTITY* — NO CDC

7.1. INTRODUÇÃO

Conforme é cediço, a **pessoa jurídica é distinta** da pessoa dos seus **sócios**, não apenas no **aspecto subjetivo**, mas também no tocante à questão patrimonial **(aspecto objetivo)** segundo a qual os **bens da sociedade não se confundem com o patrimônio dos respectivos sócios**.

Aliás, tal preceito foi inserido expressamente no Código Civil pela Lei n. 13.874, de 20 de setembro de 2019 (Lei da Liberdade Econômica), conforme reproduzimos *in verbis*:

> "Art. 49-A. A pessoa jurídica não se confunde com os seus sócios, associados, instituidores ou administradores.
> Parágrafo único. A autonomia patrimonial das pessoas jurídicas é um instrumento lícito de alocação e segregação de riscos, estabelecido pela lei com a finalidade de estimular empreendimentos, para a geração de empregos, tributo, renda e inovação em benefício de todos".

No entanto, em razão desta separação estanque entre patrimônio dos sócios e patrimônio da sociedade, os **maus administradores começaram a aplicar golpes** no mercado em nome da pessoa jurídica que representavam, sendo a sociedade constituída na maioria das vezes com patrimônio irrisório.

Num contexto assim, as pessoas lesadas acabavam sempre no prejuízo, pois na busca do ressarcimento em ação ajuizada em face da pessoa jurídica "causadora" dos danos deparavam-se com patrimônio algum, e o sócio fraudador **não poderia ver seus bens atingidos** em razão da separação patrimonial objetiva acima pontuada.

Sobre o tema, ensina Bruno Miragem que, diante "desta situação, mediante desenvolvimento da **jurisprudência norte-americana** por intermédio da via especial da *equity,* e sistematizada no direito alemão por Rolf Serick, tem origem tese na qual **passa-se a admitir a hipótese de responsabilização dos sócios e administradores** pelas obrigações assumidas pela sociedade, afastando a limitação porventura existente em seus atos constitutivos, quando houver abuso ou fraude no exercício da atividade da pessoa jurídica. É a origem da *disregard of legal entity,* ou simplesmente teoria da ***desconsideração da personalidade jurídica***".[1]

---

[1] MIRAGEM, Bruno. *Curso de direito do consumidor*, p. 438-439.

A teoria da desconsideração da personalidade jurídica legitima, portanto, a retirada do manto protetor que a personalidade de uma empresa possui para atingir o patrimônio do sócio fraudador em caso de eventual ação proposta em razão de prejuízos causados em nome da entidade "fraudadora".[2]

Em outras palavras, ainda que em sua origem o patrimônio dos sócios seja distinto dos bens da sociedade, aquele poderá ser atingido quando comprovada a fraude do representante da empresa por meio da desconsideração da personalidade jurídica.

No direito pátrio, apesar de a tese da desconsideração ter aceitação jurisprudencial desde há muito tempo, a estipulação normativa somente ocorreu no ano de 1990, com o advento do Código de Defesa do Consumidor (art. 28) e, posteriormente, no Código Civil de 2002 (art. 50).

Apesar de a dupla previsão possuir pontos comuns, concluiremos em breve pela existência de diferenças cruciais entre elas, que serão apontadas no momento oportuno.

Por fim, cumpre ressaltar a possibilidade de o inverso também ocorrer, ou seja, em razão do esvaziamento patrimonial do sócio é admissível se chegar no patrimônio da empresa por meio da **desconsideração inversa da personalidade jurídica**. Essa a posição do Superior Tribunal de Justiça:

> AGRAVO INTERNO NO AGRAVO EM RECURSO ESPECIAL. AGRAVO DE INSTRUMENTO. VIOLAÇÃO AOS ARTS. 489 E 1.022 DO NCPC. INEXISTÊNCIA. INCIDENTE DE DESCONSIDERAÇÃO DA PERSONALIDADE JURÍDICA INVERSA. ABUSO DA PERSONALIDADE JURÍDICA. RECONHECIMENTO. REVISÃO. IMPOSSIBILIDADE. SÚMULA 7/STJ. AGRAVO DESPROVIDO.
> 1. Não se verifica a alegada violação aos arts. 489 e 1.022 do CPC/2015, na medida em que a eg. Corte de origem dirimiu, fundamentadamente, a questão que lhe foi submetida, não sendo possível confundir julgamento desfavorável, como no caso, com negativa de prestação jurisdicional ou ausência de fundamentação.
> 2. A teoria da desconsideração da personalidade jurídica (*disregard of legal entity doctrine*) incorporada ao nosso ordenamento jurídico tem por escopo alcançar o patrimônio dos sócios-administradores que se utilizam da autonomia patrimonial da pessoa jurídica para fins ilícitos, abusivos ou fraudulentos, nos termos do que dispõe o art. 50 do CC.
> 3. A Corte de origem, analisando o acervo fático-probatório dos autos, concluiu pela presença dos requisitos para decretar a **desconsideração inversa da personalidade jurídica, sobretudo o esvaziamento patrimonial do recorrente e o abuso da personalidade jurídica consubstanciado na confusão patrimonial**.
> 4. Rever a conclusão a que chegou o acórdão recorrido importaria, necessariamente, o reexame de provas, o que é vedado em sede de recurso especial, nos termos da Súmula 7 do STJ.
> 5. Agravo interno a que se nega provimento (AgInt no AREsp 1.826.448/PR, Rel. Ministro Raul Araújo, 4.ª T., j. 29.11.2021, *DJe* 9.12.2021).

---

[2] As aspas são oportunas, pois a empresa não foi a fraudadora, na realidade. Quem causou prejuízos ao mercado foi o sócio fraudador em nome da pesso*a jurídica que integra*.

Sobre o tema, o STJ vem entendendo que o sócio executado possui legitimidade e interesse recursal para impugnar a decisão que defere o pedido de desconsideração inversa da personalidade jurídica dos entes empresariais dos quais é integrante dos quadros societários:

> RECURSO ESPECIAL. PROCESSUAL CIVIL. AGRAVO DE INSTRUMENTO. DECISÃO QUE DEFERIU O PEDIDO DE DESCONSIDERAÇÃO INVERSA DA PERSONALIDADE DO SÓCIO EXECUTADO. LEGITIMIDADE E INTERESSE RECURSAL DO SÓCIO PARA RECORRER DA DECISÃO. EXISTÊNCIA. RECURSO ESPECIAL CONHECIDO E PARCIALMENTE PROVIDO.
> 1. O propósito recursal consiste em definir, além da ocorrência de negativa de prestação jurisdicional, a legitimidade e o interesse recursal do sócio executado para impugnar a decisão que deferiu o pedido de desconsideração inversa da personalidade jurídica dos entes empresariais dos quais é sócio.
> 2. Verifica-se que o Tribunal de origem analisou todas as questões relevantes para a solução da lide, de forma fundamental, não havendo falar em negativa de prestação jurisdicional.
> 3. A jurisprudência desta Corte Superior assenta-se no sentido de que, sendo deferido o pedido de desconsideração, o interesse recursal da empresa devedora originária é excepcional, evidenciado no propósito de defesa do seu patrimônio moral, da honra objetiva, do bom nome, ou seja, da proteção da sua personalidade, abrangendo, inclusive, a sua autonomia e a regularidade da administração, inexistindo, por outro lado, interesse na defesa da esfera de direitos dos sócios/administradores.
> 4. Na desconsideração inversa da personalidade jurídica, por sua vez, verifica-se que o resultado do respectivo incidente pode interferir não apenas na esfera jurídica do devedor (decorrente do surgimento de eventual direito de regresso da sociedade em seu desfavor ou do reconhecimento do seu estado de insolvência), mas também na relação jurídica de material estabelecida entre ele e os demais sócios do ente empresarial, como porventura a ingerência na affectio societatis.
> 5. Desse modo, sobressaem hialinos o interesse e a legitimidade do sócio devedor, tanto para figurar no polo passivo do incidente de desconsideração inversa da personalidade jurídica, quanto para recorrer da decisão que lhe ponha fim, seja na condição de parte vencida, seja na condição de terceiro em relação ao incidente, em interpretação sistemática dos arts. 135 e 996 do Código de Processo Civil de 2015, notadamente para questionar sobre a presença ou não, no caso concreto, dos requisitos ensejadores ao deferimento do pedido.
> 6. Recurso especial conhecido e parcialmente provido (REsp 1.980.607/DF, Rel. Ministro Marco Aurélio Bellizze, 3.ª T., j. 9.8.2022, *DJe* 12.8.2022).

7.2. A DESCONSIDERAÇÃO DA PERSONALIDADE JURÍDICA NO CDC E NO CÓDIGO CIVIL

No **Código de Defesa do Consumidor**, a desconsideração da personalidade jurídica está prevista no **art. 28**, que estabelece, *in verbis*:

> "Art. 28. O juiz poderá desconsiderar a personalidade jurídica da sociedade quando, em detrimento do consumidor, houver abuso de direito, excesso de poder, infração da lei, fato ou ato ilícito ou violação dos estatutos ou contrato social. A desconsideração

> também será efetivada quando houver falência, estado de insolvência, encerramento ou inatividade da pessoa jurídica provocados por má administração.
> § 1.º (Vetado).
> § 2.º As sociedades integrantes dos grupos societários e as sociedades controladas, são subsidiariamente responsáveis pelas obrigações decorrentes deste código.
> § 3.º As sociedades consorciadas são solidariamente responsáveis pelas obrigações decorrentes deste código.
> § 4.º As sociedades coligadas só responderão por culpa.
> § 5.º Também poderá ser desconsiderada a pessoa jurídica sempre que sua personalidade for, de alguma forma, obstáculo ao ressarcimento de prejuízos causados aos consumidores".

No ano de 2002, o **Código Civil** tratou do tema dentro do **Título II — Das Pessoas Jurídicas —**, mais precisamente em seu **art. 50**, ao prever: "Em caso de abuso da personalidade jurídica, caracterizado pelo desvio de finalidade, ou pela confusão patrimonial, pode o juiz decidir, a requerimento da parte, ou do Ministério Público quando lhe couber intervir no processo, que os efeitos de certas e determinadas relações de obrigações sejam estendidos aos bens particulares dos administradores ou sócios da pessoa jurídica".

No ano de 2019 a redação do Diploma Civilista foi alterada inicialmente pela MP n. 881 (MP da Liberdade Econômica), mas a redação final do art. 50 do Código Civil ficou nos seguintes termos por força das alterações trazidas pela Lei n. 13.874, de 20 de setembro de 2019:

> "Art. 50. Em caso de abuso da personalidade jurídica, caracterizado pelo desvio de finalidade ou pela confusão patrimonial, pode o juiz, a requerimento da parte, ou do Ministério Público quando lhe couber intervir no processo, desconsiderá-la para que os efeitos de certas e determinadas relações de obrigações sejam estendidos aos bens particulares de administradores ou de sócios da pessoa jurídica beneficiados direta ou indiretamente pelo abuso.
> § 1.º Para os fins do disposto neste artigo, desvio de finalidade é a utilização da pessoa jurídica com o propósito de lesar credores e para a prática de atos ilícitos de qualquer natureza.
> § 2.º Entende-se por confusão patrimonial a ausência de separação de fato entre os patrimônios, caracterizada por:
> I — cumprimento repetitivo pela sociedade de obrigações do sócio ou do administrador ou vice-versa;
> II — transferência de ativos ou de passivos sem efetivas contraprestações, exceto os de valor proporcionalmente insignificante; e
> III — outros atos de descumprimento da autonomia patrimonial.
> § 3.º O disposto no *caput* e nos §§ 1.º e 2.º deste artigo também se aplica à extensão das obrigações de sócios ou de administradores à pessoa jurídica.
> § 4.º A mera existência de grupo econômico sem a presença dos requisitos de que trata o *caput* deste artigo não autoriza a desconsideração da personalidade da pessoa jurídica.
> § 5.º Não constitui desvio de finalidade a mera expansão ou a alteração da finalidade original da atividade econômica específica da pessoa jurídica".

Da leitura preliminar dos dispositivos citados, identificamos diferenças pontuais e importantes que passamos a analisar.

7.2.1. Características da desconsideração da personalidade jurídica no Código Civil

O Código Civil de 2002 estabelece como requisitos para o deferimento da desconsideração: (i) o abuso da personalidade jurídica caracterizado pelo desvio de finalidade ou pela confusão patrimonial; (ii) requerimento da parte ou do Ministério Público.

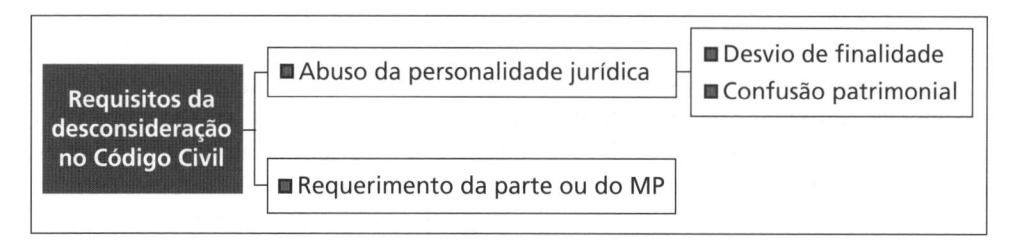

Requisitos da desconsideração no Código Civil:
- Abuso da personalidade jurídica
  - Desvio de finalidade
  - Confusão patrimonial
- Requerimento da parte ou do MP

7.2.2. Características da desconsideração da personalidade jurídica no CDC

Conforme visto, o art. 28 do Código de Defesa do Consumidor prevê a desconsideração da personalidade jurídica nas seguintes hipóteses:

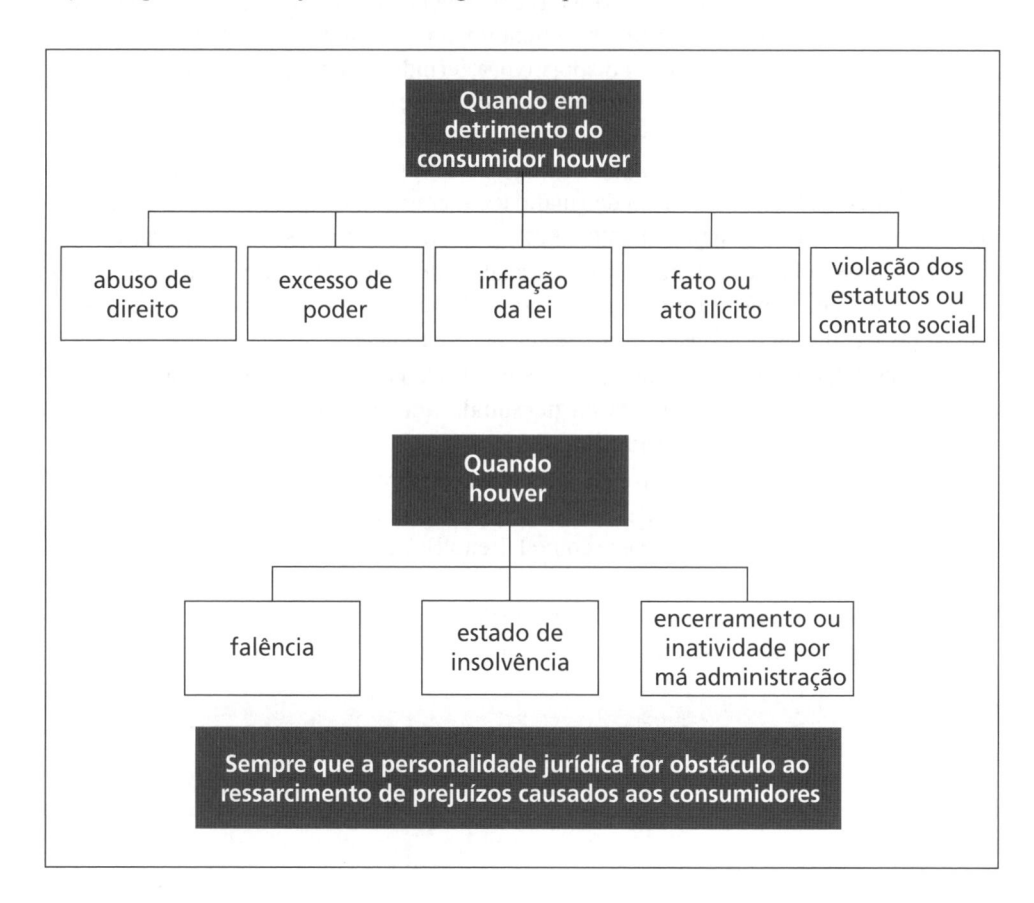

Quando em detrimento do consumidor houver:
- abuso de direito
- excesso de poder
- infração da lei
- fato ou ato ilícito
- violação dos estatutos ou contrato social

Quando houver:
- falência
- estado de insolvência
- encerramento ou inatividade por má administração

Sempre que a personalidade jurídica for obstáculo ao ressarcimento de prejuízos causados aos consumidores

Constatamos, *ab initio*, que a **primeira parte do *caput* do art. 28** relaciona-se com o preenchimento dos **requisitos clássicos** da desconsideração ao exigir:

- o abuso de direito;
- o excesso de poder;
- a ilicitude; ou
- a irregularidade.

A **parte final** do dispositivo citado trata da **falência**, da **insolvência** e do **encerramento ou inatividade por má administração** da sociedade como causas legitimadoras da desconsideração da personalidade jurídica. O grande problema aqui consiste em saber **qual o significado de má administração**.

Nos ensinamentos de Bruno Miragem, um "primeiro entendimento vai sustentar que má-administração equivale à gestão dos negócios da sociedade mediante fraude ou má-fé. Por outro lado, há os que vão defender a noção, como espécie de atos de gerência incompetente dos sócios ou administradores que deem causa à extinção da pessoa jurídica. Não é desconhecido que o alcance da expressão má-administração, nesta segunda parte do art. 28, *caput,* é essencial para circunscrever os limites da responsabilidade dos sócios e administradores. O primeiro entendimento, exigindo a má-fé, fixa o mesmo sentido do que a primeira parte do dispositivo, referindo-se à necessidade de reprovação jurídica da conduta dos sócios e administradores. Já a exigência de simples incompetência administrativa abre a possibilidade de desconsideração, via interpretação extensiva, a qualquer espécie de falência ou estado de insolvência uma vez que é de se pressupor que, racionalmente, a consecução da finalidade lucrativa das sociedades não é alcançada em vista de falta de conhecimento ou competência na administração do negócio".[3]

Em nossa opinião, caberá ao juiz na análise do caso concreto verificar de forma cautelosa quando a má administração geradora do fim das atividades da sociedade será capaz de legitimar a desconsideração de sua personalidade.

O **art. 28, § 5.º, do CDC** traz uma espécie de cláusula geral da desconsideração ao estabelecer a viabilidade da perda da **personalidade** sempre que esta for **obstáculo para o ressarcimento do consumidor**.

Percebam que aqui não houve alusão a abuso de direito ou qualquer irregularidade, caracterizando-se como verdadeira norma concretizadora do art. 6.º, inciso VI, do Diploma Consumerista, que estabelece como Direito Básico do consumidor a efetiva reparação de danos.

Assim, se preciso for, até a desconsideração da personalidade jurídica será admitida como forma de ressarcir integralmente o vulnerável da relação jurídica de consumo.

---

[3] MIRAGEM, Bruno. *Curso de direito do consumid*or, p. 441.

Requisitos da desconsideração no CDC

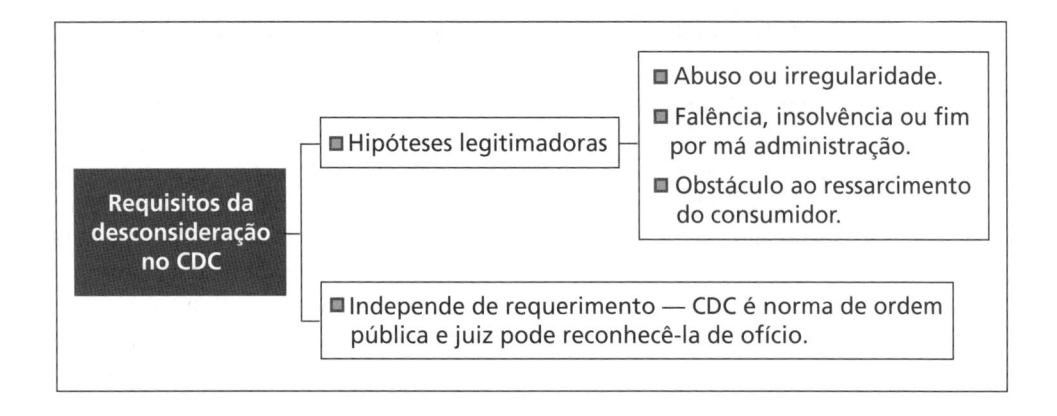

- Hipóteses legitimadoras
  - Abuso ou irregularidade.
  - Falência, insolvência ou fim por má administração.
  - Obstáculo ao ressarcimento do consumidor.
- Independe de requerimento — CDC é norma de ordem pública e juiz pode reconhecê-la de ofício.

7.2.3. Teorias maior e menor da desconsideração da personalidade jurídica

São duas as teorias existentes a tratar dos pressupostos de incidência da teoria da desconsideração da pessoa jurídica: a teoria maior e a teoria menor da desconsideração. Doutrinador que bem explica o tema é Sergio Cavalieri Filho, para quem:

TEORIA MAIOR	TEORIA MENOR
"A teoria maior condiciona o afastamento episódico da autonomia patrimonial das pessoas jurídicas à caracterização da manipulação fraudulenta ou abusiva do instituto. Não admite a desconsideração com a mera demonstração de estar a pessoa jurídica insolvente para o cumprimento de suas obrigações. Exige-se, aqui, para além da prova de insolvência, a demonstração de desvio de finalidade, ou a demonstração de confusão patrimonial." "A prova do desvio de finalidade faz incidir a teoria maior subjetiva da desconsideração. O desvio de finalidade, como já ressaltamos, é caracterizado pelo ato intencional dos sócios em fraudar terceiros com o uso abusivo da personalidade jurídica." "A demonstração da confusão patrimonial, por sua vez, faz incidir a teoria maior objetiva da desconsideração. A confusão patrimonial caracteriza-se pela inexistência, no campo dos fatos, de separação do patrimônio da pessoa jurídica e dos seus sócios."[4]	"A teoria menor é aquela que se refere à desconsideração em toda e qualquer hipótese de execução do patrimônio do sócio por obrigação social. Como se vê, a sua incidência parte de premissas distintas da teoria maior: bastará a prova da insolvência da pessoa jurídica para o pagamento de suas obrigações, independentemente da existência de desvio de finalidade ou de confusão patrimonial. Para esta teoria, o risco empresarial, normal às atividades econômicas, não pode ser suportado pelo terceiro que contratou com a pessoa jurídica, mas pelos sócios e/ou administradores desta, ainda que estes demonstrem conduta administrativa proba, isto é, mesmo que não exista qualquer prova capaz de identificar conduta culposa ou dolosa por parte dos sócios, ou administradores da pessoa jurídica."[5]

A conclusão a que chegamos dos ensinamentos supracitados é a de que o **Código Civil** adotou em seu **art. 50** a **teoria maior** da desconsideração nas modalidades **subjetiva e objetiva**.

Desta forma, **não basta** para o Diploma Civilista a **insolvência** para desconsiderar a personalidade jurídica; necessária ainda a demonstração do **desvio de finalidade** (teoria maior subjetiva) ou da **confusão patrimonial** (teoria maior objetiva).

---

[4] CAVALIERI FILHO, Sergio. *Programa de direito do consumidor*, p. 363-364.
[5] CAVALIERI FILHO, Sergio. *Programa de direito do consumidor*, p. 364.

Já o **Código de Defesa do Consumidor adotou a teoria menor, bastando a insolvência** do fornecedor para legitimar a desconsideração da personalidade jurídica.

Pontuamos em outra oportunidade que, da mesma forma como ocorre no Direito Ambiental e no Direito do Trabalho, a adoção da teoria menor da desconsideração da personalidade jurídica está relacionada com o direito protecionista, pois visa "assegurar o ressarcimento ou indenização ao consumidor antes que seja tarde demais, antes que nada mais exista no patrimônio garantidor. O legislador, mais uma vez astuto à realidade encontrada, se antecipa e permite a desconsideração, isso antes mesmo de haver um grande perigo de não ressarcimento, é mais uma medida de cautela legislativa".[6]

A evidente diferença das teorias adotadas pelo Código Civil e pelo CDC também é reconhecida na jurisprudência do Superior Tribunal de Justiça, como ocorreu no julgamento do Recurso Especial 279.273/SP, relatoria do Ministro Ari Pargendler, 3.ª T., publicado no *DJ* 29.3.2004, do qual destacamos os seguintes trechos:

☐ "**A teoria maior da desconsideração**, regra geral no sistema jurídico brasileiro, não pode ser aplicada com a mera demonstração de estar a pessoa jurídica insolvente para o cumprimento de suas obrigações. **Exige-se, aqui**, para além da prova de insolvência, ou a demonstração de **desvio de finalidade** (teoria subjetiva da desconsideração), **ou a demonstração de confusão patrimonial** (teoria objetiva da desconsideração).

☐ **A teoria menor da desconsideração**, acolhida em nosso ordenamento jurídico excepcionalmente no Direito do Consumidor e no Direito Ambiental, incide com a **mera prova de insolvência da pessoa jurídica** para o pagamento de suas obrigações, independentemente da existência de desvio de finalidade ou de confusão patrimonial".[7]

---

[6] BOLZAN, Fabrício; GALVÃO, Emiliano. *Desconsideração da personalidade jurídica no CDC e um diálogo com o Direito Ambiental e com o Direito Civil*. In: GAJARDONI, Fernando da Fonseca. *Temas aprofundados*: magistratura. Salvador: JusPodivm, 2013, p. 331.

[7] No mesmo sentido, STJ no seguinte julgado: "DIREITO DO CONSUMIDOR E PROCESSUAL CIVIL. RECURSO ESPECIAL. EXECUÇÃO FRUSTRADA. PEDIDO DE DESCONSIDERAÇÃO DA PERSONALIDADE JURÍDICA. INDEFERIMENTO. FUNDAMENTAÇÃO APOIADA NA INEXISTÊNCIA DOS REQUISITOS PREVISTOS NO ART. 50 DO CÓDIGO CIVIL DE 2002 (TEORIA MAIOR). ALEGAÇÃO DE QUE SE TRATAVA DE RELAÇÃO DE CONSUMO. INCIDÊNCIA DO ART. 28, § 5.º, DO CDC (TEORIA MENOR). OMISSÃO. OFENSA AO ART. 535 DO CPC RECONHECIDA. 1. É possível, em linha de princípio, em se tratando de vínculo de índole consumerista, a utilização da chamada Teoria Menor da desconsideração da personalidade jurídica, a qual se contenta com o estado de insolvência do fornecedor, somado à má administração da empresa, ou, ainda, com o fato de a personalidade jurídica representar um 'obstáculo ao ressarcimento de prejuízos causados aos consumidores' (art. 28 e seu § 5.º, do Código de Defesa do Consumidor). 2. Omitindo-se o Tribunal *a quo* quanto à tese de incidência do art. 28, § 5.º, do CDC (Teoria Menor), acolhe-se a alegação de ofensa ao art. 535 do CPC. 3. Recurso especial parcialmente conhecido e provido" (REsp 1.111.153/RJ, Rel. Ministro Luis Felipe Salomão, 4.ª T., *DJe* 4.2.2013).

No entanto, ainda que não se exija prova de abuso ou fraude, tampouco de confusão patrimonial, para fins de aplicação da Teoria Menor da desconsideração da personalidade jurídica prevista no § 5.º do art. 28 do CDC, não é possível admitir a responsabilização pessoal de quem jamais atuou como gestor da empresa. Este foi o posicionamento do Superior Tribunal de Justiça no julgamento do REsp 1.766.093:

> RECURSO ESPECIAL. CIVIL E PROCESSUAL CIVIL. EXCEÇÃO DE PRÉ-EXECUTIVIDADE. EMPREENDIMENTO HABITACIONAL. SOCIEDADE COOPERATIVA. DESCONSIDERAÇÃO DA PERSONALIDADE JURÍDICA. TEORIA MENOR. ART. 28, § 5.º, DO CDC. MEMBRO DE CONSELHO FISCAL. ATOS DE GESTÃO. PRÁTICA. COMPROVAÇÃO. AUSÊNCIA. INAPLICABILIDADE.
> 1. Para fins de aplicação da Teoria Menor da desconsideração da personalidade jurídica (art. 28, § 5.º, do CDC), basta que o consumidor demonstre o estado de insolvência do fornecedor ou o fato de a personalidade jurídica representar um obstáculo ao ressarcimento dos prejuízos causados.
> 2. A despeito de não se exigir prova de abuso ou fraude para fins de aplicação da Teoria Menor da desconsideração da personalidade jurídica, tampouco de confusão patrimonial, o § 5.º do art. 28 do CDC não dá margem para admitir a responsabilização pessoal de quem jamais atuou como gestor da empresa.
> 3. A desconsideração da personalidade jurídica de uma sociedade cooperativa, ainda que com fundamento no art. 28, § 5.º, do CDC (Teoria Menor), não pode atingir o patrimônio pessoal de membros do Conselho Fiscal sem que haja a mínima presença de indícios de que estes contribuíram, ao menos culposamente, e com desvio de função, para a prática de atos de administração.
> 4. Recurso especial provido (REsp 1766093/SP, Rel. Ministra Nancy Andrighi, Rel. p/ Acórdão Ministro Ricardo Villas Bôas Cueva, 3.ª T., j. 12.11.2019, *DJe* 28.11.2019).[8]

Em resumo, completando o quadro comparativo dos requisitos característicos da desconsideração da personalidade jurídica no Código Civil e no Código de Defesa do Consumidor, encontramos os seguintes esquemas:

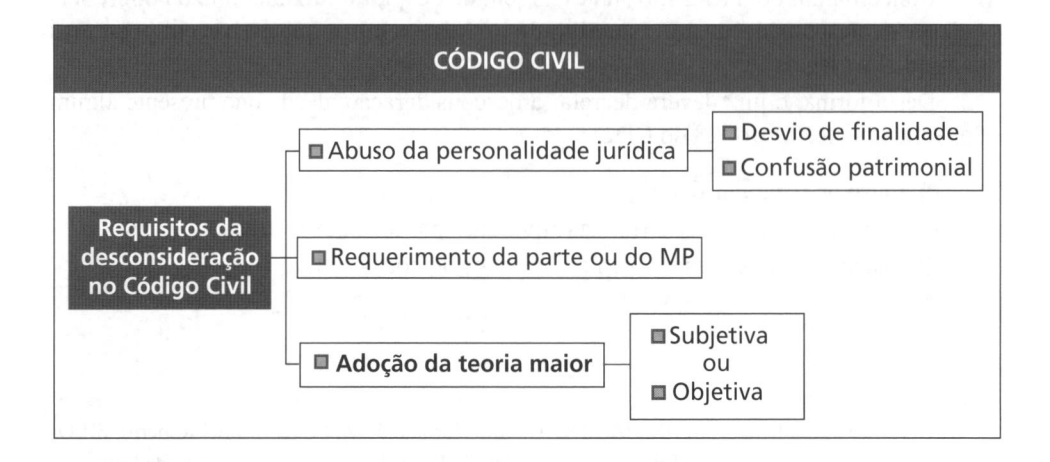

CÓDIGO CIVIL

Requisitos da desconsideração no Código Civil:
- Abuso da personalidade jurídica
  - Desvio de finalidade
  - Confusão patrimonial
- Requerimento da parte ou do MP
- Adoção da teoria maior
  - Subjetiva ou
  - Objetiva

---

[8] No mesmo sentido o STJ no julgamento do REsp 2.034.442/DF, Rel. Ministro Ricardo Villas Bôas Cueva, 3.ª T., j. 12.9.2023, *DJe* 15.9.2023.

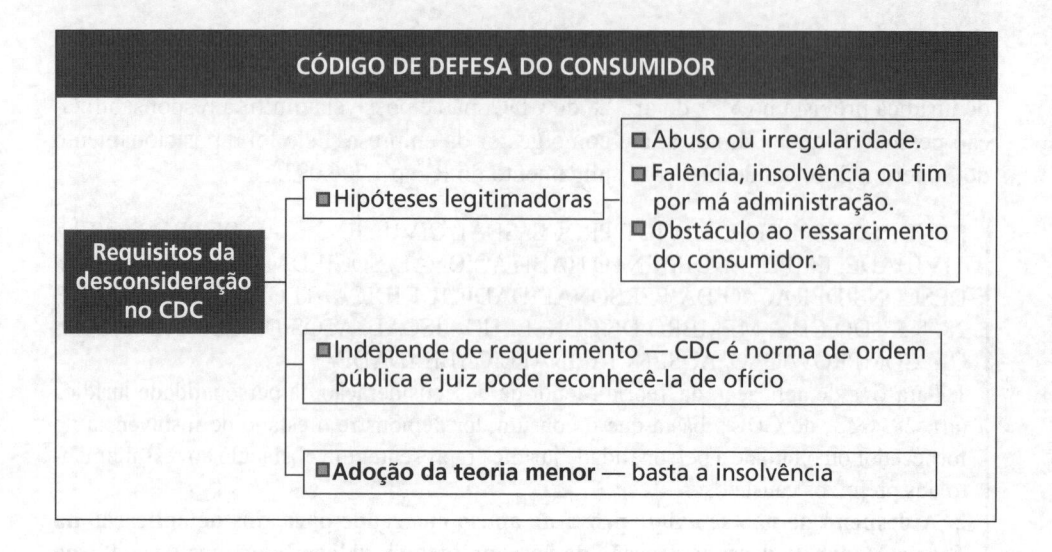

CÓDIGO DE DEFESA DO CONSUMIDOR

Requisitos da desconsideração no CDC
- Hipóteses legitimadoras
  - Abuso ou irregularidade.
  - Falência, insolvência ou fim por má administração.
  - Obstáculo ao ressarcimento do consumidor.
- Independe de requerimento — CDC é norma de ordem pública e juiz pode reconhecê-la de ofício
- Adoção da teoria menor — basta a insolvência

7.2.4. Desconsideração da personalidade jurídica no CDC: faculdade ou obrigação do juiz?

Questão interessante consiste em saber se é faculdade ou obrigação do magistrado realizar a desconsideração da personalidade jurídica. O art. 28 estabelece, *in verbis*: "O juiz poderá desconsiderar a personalidade jurídica da sociedade quando (...)", numa alusão inicial à faculdade em razão da utilização do verbo "poder".

Na visão de Zelmo Denari, "a tarefa do juiz não é puramente cognoscitiva, muito menos mecânica, mas valorativa dos interesses em conflito, além de criativa de novas normas —, o dispositivo teve o cuidado de autorizar a aplicação da desconsideração como faculdade do juiz, a cujo prudente arbítrio confiou o exame preliminar e a aferição dos pressupostos, para concessão da medida extrema".[9]

Concordamos com Rizzatto Nunes no sentido de que **"o juiz não tem o poder, mas o dever de desconsiderar a personalidade jurídica sempre que estiverem presentes os requisitos legais"**.[10]

Desta forma, o juiz deverá decretar a desconsideração, desde que presente algum dos fundamentos do art. 28 do CDC:

- abuso ou irregularidade;
- falência, insolvência ou fim das atividades por má administração;
- obstáculo para o ressarcimento dos danos do consumidor.

---

[9] GRINOVER, Ada Pellegrini; BENJAMIN, Antônio Herman de V.; FINK, Daniel Roberto; FILOMENO, José Geraldo Brito; NERY JR., Nelson; DENARI, Zelmo. *Código Brasileiro de Defesa do Consumidor*, p. 254.
[10] NUNES, Luiz Antonio Rizzatto. *Curso de direito do consumidor*, p. 716.

7.3. RESPONSABILIDADES ENTRE EMPRESAS CONTROLADAS, CONSORCIADAS E COLIGADAS

O art. 28 do Código de Defesa do Consumidor, ao tratar da desconsideração da personalidade jurídica nas relações de consumo, estabeleceu, em seus §§ 2.º a 4.º, quando haveria responsabilidade do fornecedor a depender do elo entre mais de uma empresa.

Ou seja, na linha do capítulo estudado de desconsiderar a personalidade de uma sociedade para atingir o patrimônio de pessoa distinta, quando restaria configurada a responsabilidade de empresas controladas e integrantes de grupos societários diante de atos da sociedade controladora? E entre entidades consorciadas, ou, ainda, entre sociedades coligadas?

Sobre o tema, o art. 28 do CDC assim prevê nos citados parágrafos:

> "§ 2.º As sociedades integrantes dos grupos societários e as sociedades controladas, são subsidiariamente responsáveis pelas obrigações decorrentes deste código.
>
> § 3.º As sociedades consorciadas são solidariamente responsáveis pelas obrigações decorrentes deste código.
>
> § 4.º As sociedades coligadas só responderão por culpa".

Conforme estudado no Capítulo 5, as **sociedades controladas ou integrantes de grupos societários**[11] **responderão de forma subsidiária**, pois, diferentemente das empresas consorciadas, não estão em posição de igualdade na busca de objetivos comuns.

As **consorciadas,**[12] **por estarem em tal contexto, responderão solidariamente** entre si.

Por fim, as **sociedades coligadas**[13] somente responderão mediante a comprovação de culpa **(responsabilidade subjetiva).**

---

[11] A Lei das Sociedades por Ações, Lei n. 6.404/76, dispõe sobre entidade controlada: "Art. 243, § 2.º Considera-se controlada a sociedade na qual a controladora, diretamente ou através de outras controladas, é titular de direitos de sócio que lhe assegurem, de modo permanente, preponderância nas deliberações sociais e o poder de eleger a maioria dos administradores".

[12] A Lei das Sociedades por Ações, Lei n. 6.404/76, dispõe sobre o consórcio de empresas: "Art. 278. As companhias e quaisquer outras sociedades, sob o mesmo controle ou não, podem constituir consórcio para executar determinado empreendimento, observado o disposto neste Capítulo. § 1.º O consórcio não tem personalidade jurídica e as consorciadas somente se obrigam nas condições previstas no respectivo contrato, respondendo cada uma por suas obrigações, sem presunção de solidariedade. § 2.º A falência de uma consorciada não se estende às demais, subsistindo o consórcio com as outras contratantes; os créditos que porventura tiver a falida serão apurados e pagos na forma prevista no contrato de consórcio". Apesar de bem ressaltar a união de esforços das empresas consorciadas na busca de objetivos comuns, deixa clara a ausência de presunção de solidariedade entre elas. Assim, a responsabilidade solidária destas empresas nas relações de consumo decorre da expressa previsão no art. 28, § 3.º, do CDC.

[13] A Lei das Sociedades por Ações, Lei n. 6.404/76 com redação dada pela Lei n. 11.941/2009, dispõe sobre entidades coligadas: "Art. 243, § 1.º São coligadas as sociedades nas quais a investidora tenha influência significativa. (...) § 4.º Considera-se que há influência significativa quando a investidora detém ou exerce o poder de participar nas decisões das políticas financeira ou operacional da investida, sem controlá-la. § 5.º É presumida influência significativa quando a investidora for

O esquema, na oportunidade, foi assim elaborado:

```
                    ┌──────────────────┐
                    │   Sociedades     │
                    │  consorciadas —  │
                    │ Respons. solidária│
                    └──────────────────┘

                  Três modalidades
            distintas de responsabilidade
              a depender do elo entre
                    as empresas

┌──────────────────────┐              ┌──────────────────────┐
│  Grupos societários e │              │  Sociedades coligadas │
│ sociedades controladas│              │  — Respons. subjetiva │
│  Respons. subsidiária │              │                       │
└──────────────────────┘              └──────────────────────┘
```

7.4. QUESTÕES

QUESTÕES DE CONCURSOS
http://uqr.to/1yf1c

---

titular de 20% (vinte por cento) ou mais dos votos conferidos pelo capital da investida, sem controlá-la. (Redação dada pela Lei n. 14.195, de 2021)".

8

OFERTA NO CDC

8.1. INFORMAÇÕES PRELIMINARES

A título introdutório, a **comparação** entre a **oferta** disciplinada pelo **Código de Defesa do Consumidor** e a proposta do **Código Civil** faz-se necessária. Não há confundir um instituto com o outro basicamente por três motivos:

- a **vinculação do fornecedor** presente na oferta regulamentada pelo Diploma Consumerista e inexistente tal obrigatoriedade no Código Civil;
- **impossibilidade da revogação** da oferta nas relações de consumo, como corolário do motivo anterior; situação diametralmente oposta encontramos nas relações pautadas pelo Diploma Civilista, que admite o não prevalecimento da proposta em algumas situações;
- **público-alvo** protegido pelo CDC é diferente daquele tutelado pelo Código Civil.

Tais conclusões são retiradas dos seguintes dispositivos insertos no Código de Defesa do Consumidor e do Código Civil:

OFERTA — CDC	PROPOSTA — CÓDIGO CIVIL
"Art. 30. Toda informação ou publicidade, suficientemente precisa, veiculada por qualquer forma ou meio de comunicação com relação a produtos e serviços oferecidos ou apresentados, **obriga o fornecedor que a fizer veicular** ou dela se utilizar e integra o contrato que vier a ser celebrado."	"Art. 427. **A proposta** de contrato **obriga** o proponente, **se o contrário não resultar** dos termos dela, da natureza do negócio, ou das circunstâncias do caso. Art. 428. **Deixa de ser obrigatória a proposta:** I — se, feita sem prazo a pessoa presente, não foi imediatamente aceita. Considera-se também presente a pessoa que contrata por telefone ou por meio de comunicação semelhante; II — se, feita sem prazo a pessoa ausente, tiver decorrido tempo suficiente para chegar a resposta ao conhecimento do proponente; III — se, feita a pessoa ausente, não tiver sido expedida a resposta dentro do prazo dado; IV — se, antes dela, ou simultaneamente, chegar ao conhecimento da outra parte a retratação do proponente. Art. 429. A oferta ao público equivale a proposta quando encerra os requisitos essenciais ao contrato, salvo se o contrário resultar das circunstâncias ou dos usos. Parágrafo único. **Pode revogar-se a oferta** pela mesma via de sua divulgação, desde que ressalvada esta faculdade na oferta realizada."

As diferenças são evidentes na disciplina da oferta nos citados diplomas. O **público--alvo de consumidores** que são os vulneráveis da relação a que estão submetidos exigiu um regramento mais rígido na Lei n. 8.078/90 quando comparado com o existente no Código Civil.

Daí a **vinculação do fornecedor no CDC**, inexistente no Código Civil, por mais que numa primeira análise a obrigatoriedade pareça estar presente também nesta Lei.

O art. 427 do **CC/2002** inicia sua redação, passando essa aparência ao prever que a "proposta de contrato obriga o proponente", mas, logo na sequência, admite o **não prevalecimento da oferta** ao dispor: "se o contrário não resultar dos termos dela, da natureza do negócio, ou das circunstâncias do caso".

O art. 428 do Diploma Civilista traz uma série de situações em que a proposta deixa de ser obrigatória.

E, por fim, o parágrafo único do art. 429, responsável por disciplinar a oferta ao público, admitiu a revogação da oferta pela mesma via de sua divulgação, desde que ressalvada esta faculdade na proposta realizada. Nas palavras de Herman Benjamin, trata-se de verdadeiro "convite a fazer oferta".[1]

Ressalta-se aqui que o **público-alvo do Código Civil é o de empresários e comerciantes**, diferentemente do público consumidor que está muito bem tutelado pelo Código de Defesa do Consumidor.

Aliás, no regramento da Lei n. 8.078/90, a impossibilidade de revogação da oferta é de tal nível que até o erro, em regra quase que absoluta, não será capaz de eximir o fornecedor do cumprimento daquilo que foi ofertado, conforme analisaremos a seguir.

8.2. OFERTA NO CÓDIGO DE DEFESA DO CONSUMIDOR

8.2.1. Conceito de oferta nas relações de consumo

Oferta, no contexto de sociedade massificada e disciplinada pelo Código de Defesa do Consumidor, é, nos ensinamentos de Herman Benjamin, "**sinônimo de marketing**, significando todos os **métodos, técnicas e instrumentos que aproximam o consumidor dos produtos e serviços** colocados à sua disposição no mercado pelos fornecedores. Qualquer dessas técnicas, desde que 'suficientemente precisa', pode transformar-se em veículo eficiente de oferta vinculante."[2]

Segundo o citado doutrinador, a disciplina da oferta no CDC representa uma das maiores contribuições à reforma da teoria clássica da formação dos contratos.

A **principal manifestação de oferta** é, sem dúvida, a **publicidade**, que será analisada em capítulo autônomo.

Segundo Silvio Luís Ferreira da Rocha, a **oferta poderá manifestar-se** por **algumas espécies**:

■ "**oferta determinada** pode ser dirigida a uma única pessoa, chamada, então, de oferta **individual**, ou, a várias pessoas, facilmente identificadas por uma relação

---

[1] BENJAMIN, Antônio Herman de V.; MARQUES, Claudia Lima; BESSA, Leonardo Roscoe. *Manual de direito do consumidor,* p. 273.

[2] BENJAMIN, Antônio Herman de V.; MARQUES, Claudia Lima; BESSA, Leonardo Roscoe. *Manual de direito do consumidor,* p. 274.

jurídica base (*v.g.*, a todos os portadores de um determinado cartão de crédito, ou a todos os professores de uma dada universidade), denominada de oferta **coletiva**.

◼ A **oferta indeterminada** é aquela feita ao público e o seu traço característico é, justamente, a indeterminação dos destinatários. A oferta indeterminada interessa--nos mais do que as outras espécies porque ela seria o principal ato pré-contratual nos contratos de consumo".[3]

8.2.2. Características da oferta no CDC

As **características da oferta no Código de Defesa do Consumidor** estão previstas em seu **art. 30**, que dispõe: "Toda informação ou publicidade, suficientemente precisa, veiculada por qualquer forma ou meio de comunicação com relação a produtos e serviços oferecidos ou apresentados, obriga o fornecedor que a fizer veicular ou dela se utilizar e integra o contrato que vier a ser celebrado".

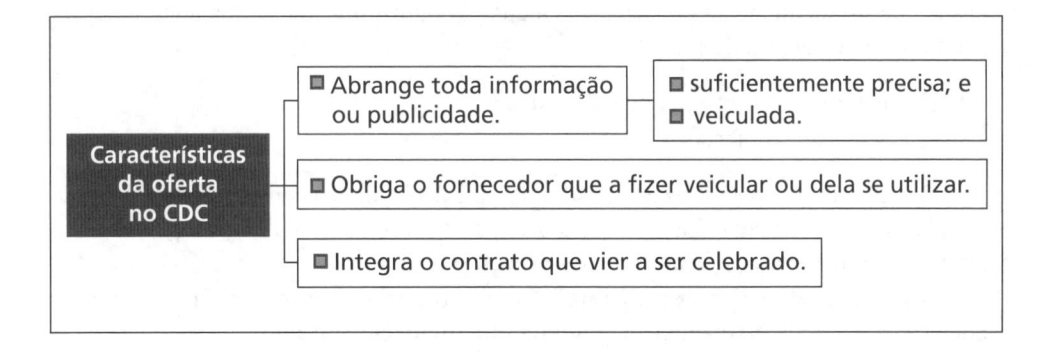

```
┌──────────────┐     ┌─────────────────────────────┐   ┌──────────────────────────┐
│              │────▶│ ◼ Abrange toda informação   │   │ ◼ suficientemente precisa; e│
│ Características│    │   ou publicidade.           │   │ ◼ veiculada.             │
│ da oferta    │     └─────────────────────────────┘   └──────────────────────────┘
│ no CDC       │────▶│ ◼ Obriga o fornecedor que a fizer veicular ou dela se utilizar. │
│              │     
│              │────▶│ ◼ Integra o contrato que vier a ser celebrado. │
└──────────────┘
```

Analisaremos uma a uma as citadas características com o intuito de enfrentarmos as questões polêmicas pertinentes.

8.2.2.1. *Toda informação ou publicidade suficientemente precisa e veiculada como característica de oferta*

O art. 30 do CDC estabelece uma **conotação bem ampla** sobre a abrangência que o conceito de oferta deverá ter nas relações de consumo, ou seja, **a citada prática comercial** — a oferta está dentro do Capítulo V da Lei n. 8.078/90, que trata das "Práticas Comerciais" — **não se resume à publicidade**, por mais que esta seja a principal manifestação de oferta, conforme já pontuado.

Toda e qualquer informação, desde que suficientemente precisa e veiculada, poderá enquadrar-se no conceito de oferta para fins da disciplina do Código do Consumidor. Desta forma, podemos considerar a oferta como gênero do qual a publicidade é uma de suas espécies.

---

[3] ROCHA, Silvio Luís Ferreira da. *A oferta no Código de Defesa do Consumidor*. 2. ed. Belo Horizonte: Fórum, 2010, p. 55.

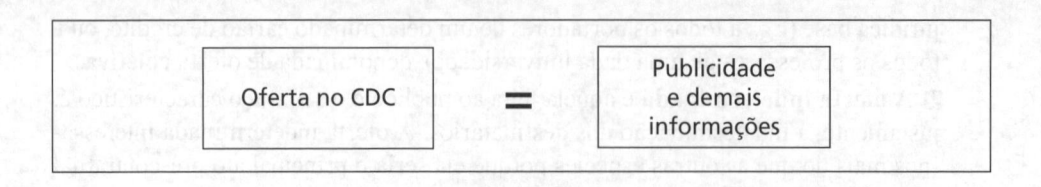

| Oferta no CDC | = | Publicidade e demais informações |

Ademais, o dispositivo citado também traz conotação abrangente ao estabelecer que a oferta poderá ser **"veiculada por qualquer forma ou meio de comunicação"**.

Sobre o tema, leciona Rizzatto Nunes que seguindo "a proposição da redação do art. 30, temos que a norma não estabelece limite ao meio de comunicação no qual a mensagem será transmitida. Toda e 'qualquer forma ou meio de comunicação' está prevista. Vale dizer, televisão, rádio, cinema, jornal, revista, mala direta, folheto, cartaz, *outdoor, telemarketing* etc.".[4]

Com efeito, **a informação de um vendedor pode caracterizar-se como oferta**, desde que suficientemente precisa e veiculada. Aí outros dois requisitos integrantes da primeira característica de oferta:

- precisão da informação ou publicidade;
- veiculação da oferta.

De fato, se o vendedor diz ao consumidor que determinada corrente de lata dourada é de ouro, estará vinculado a cumprir o ofertado e a vender ao vulnerável pelo mesmo preço inicialmente ofertado uma corrente de ouro.

A **precisão significa exatidão** na informação e relaciona-se com um mínimo de concisão a ponto de **influenciar o comportamento do consumidor**.

Ademais, a **oferta deverá ser veiculada**, ou seja, **exteriorizada**, levada ao conhecimento do público consumidor ou, ao menos, de um só consumidor.[5] Assim, panfletos impressos com várias ofertas, porém trancados no armário do fornecedor, não podem ser considerados publicidade para o enquadramento na disciplina do CDC.

8.2.2.2. Obrigatoriedade do fornecedor que a fizer veicular ou dela se utilizar como característica de oferta

Trata-se do Princípio da vinculação da oferta que é plenamente aplicável às mensagens publicitárias. Assim, **ofertou, vinculou**. Ou, conforme já pontuado no Capítulo 4 deste livro, nas palavras de José Geraldo Brito Filomeno, **"prometeu, tem de cumprir"**.[6]

Existe posicionamento respeitável na doutrina, **desatrelando a obrigatoriedade da revogabilidade**, ou seja, o fato de o CDC tratar como obrigatória a oferta não significa que ela seja irrevogável.

Nesse sentido, é a visão de Silvio Luís Ferreira da Rocha, para quem o "artigo 30 da Lei n. 8.078 menciona a obrigatoriedade da oferta suficientemente precisa. A

---

[4] NUNES, Luiz Antonio Rizzatto. *Curso de direito do consumidor*, p. 416.
[5] *Vide* no subitem 8.2.1, *supra*, as espécies de oferta na visão de Silvio Luís Ferreira da Rocha.
[6] FILOMENO, José Geraldo Brito. *Manual de direitos do consumidor*, p. 202.

obrigatoriedade da oferta consistiria no dever imposto ao ofertante de cumpri-la incondicionalmente. Para alguns autores a obrigatoriedade é idêntica à irrevogabilidade da oferta".[7]

Logo adiante o citado autor coloca sua posição, iniciando seu raciocínio no sentido de que a "obrigatoriedade da oferta suficientemente precisa, mencionada no Código de Defesa do Consumidor, significa o inevitável dever imposto ao ofertante de cumprir integralmente com o declarado, não lhe sendo permitido arrepender-se. É a vinculação completa do ofertante ao conteúdo por ele declarado e nesse sentido a obrigatoriedade da oferta seria incompatível com a livre revogabilidade pelo ofertante. Contudo, a obrigatoriedade, efeito da oferta, pode não ocorrer em face de certas situações, como: a interrupção do processo formativo da oferta; o implemento de condições resolutivas; o advento de termos resolutivos e a própria revogação pelo ofertante. Constata-se a rigor que obrigatória não é sinônimo de irrevogável, porque a revogação da oferta pelo proponente é uma das possíveis causas infirmadoras da obrigatoriedade da oferta. No plano lógico obrigatoriedade e revogabilidade estão em categorias diversas. A primeira é efeito ou qualidade da oferta, enquanto a segunda é causa de perda desse efeito ou qualidade".[8]

Apesar da propriedade com que foi construído o raciocínio colacionado, para efeitos práticos de defesa do vulnerável nas relações de consumo, **o melhor posicionamento é aquele que atrela o conceito de obrigatoriedade do cumprimento da oferta ao de sua irrevogabilidade**.

Defendendo esta posição, podemos citar Herman Benjamin ao entender que a **vinculação** atua de duas maneiras:

- primeiro, **obrigando o fornecedor**, mesmo que se negue a contratar;
- segundo, **introduzindo-se (e prevalecendo) em contrato** eventualmente celebrado, inclusive quando seu texto o diga de modo diverso, pretendendo afastar o caráter vinculante.[9]

Tanto deve ser este o posicionamento a prevalecer que a **alegação de erro na oferta não exime, em regra, o fornecedor de cumprir** integralmente o teor daquilo que foi **ofertado**. Este é o posicionamento da doutrina dominante.

A seguir, a colação das principais passagens doutrinárias sobre o assunto:

HERMAN BENJAMIN	"**Fortes argumentos há, por conseguinte, para negar ao equívoco** — do anunciante, da agência ou do veículo — **o poder de eximir a responsabilidade do fornecedor**, afastando a aplicação do princípio da vinculação da mensagem publicitária. Aliás, essa solução não discrepa do saber contratual tradicional, principalmente em se tratando de proposta telegraficamente transmitida. Os fundamentos para tal são que o primeiro a utilizar o telégrafo deve arcar com os riscos a ele inerentes, que o telégrafo é representante do policitante ou que essa regra melhor atende aos interesses do mercado. Em outras palavras, o normal é que a oferta é válida como transmitida, exceto quando seu destinatário sabe ou razoavelmente deveria saber que se tratava de equívoco."[10]

---

[7] ROCHA, Silvio Luís Ferreira da. *A oferta no Código de Defesa do Consumidor*, p. 77.
[8] ROCHA, Silvio Luís Ferreira da. *A oferta no Código de Defesa do Consumidor*, p. 78.
[9] BENJAMIN, Antônio Herman de V.; MARQUES, Claudia Lima; BESSA, Leonardo Roscoe. *Manual de direito do consumidor*, p. 215.
[10] BENJAMIN, Antônio Herman de V.; MARQUES, Claudia Lima; BESSA, Leonardo Roscoe. *Manual de direito do consumidor*, p. 218-219.

BRUNO MIRAGEM	"Não há de se considerar, portanto, tendo a oferta ou informação qualidades que despertem a confiança do consumidor, **a possibilidade do fornecedor alegar erro ou equívoco na sua formulação**. Não há relevância do elemento volitivo, razão pela qual descabe fazer referência a qualquer espécie de defeito da vontade do fornecedor (erro de objeto, por exemplo) como óbice ao seu caráter vinculativo. Naturalmente que ao se referir o fato da oferta ser apta a despertar a confiança do consumidor, **ficam excluídas desta hipótese as ofertas manifestamente incorretas, com erros crassos e evidentes ao observador razoável**."[11]
RIZZATTO NUNES	"Mas, então, pode-se perguntar, **não haveria erro escusável?** Não pode o fornecedor voltar atrás na oferta se agiu em erro ao veiculá-la? **A resposta à pergunta acima é não, com uma única exceção: é de aceitar o erro como escusa do cumprimento da oferta, se a mensagem, ela própria, deixar patente o erro**, pois, caso contrário, o fornecedor sempre poderia alegar que agiu em erro para negar-se a cumprir a oferta. Elucidemos com dois exemplos: um de erro visível na mensagem e outro não, que inclusive foi julgado pelo Poder Judiciário."[12]
SERGIO CAVALIERI FILHO	"Em nosso entender, a solução de cada caso dependerá da gravidade do erro. Nos termos do § 1.º do art. 37 do CDC, a publicidade é enganosa quando tiver capacidade de induzir a erro o consumidor. Essa é pedra de toque para a caracterização da publicidade enganosa. Vale dizer, se a publicidade induzir a erro o consumidor ela será enganosa independentemente de ter ou não havido erro na sua veiculação. Destarte, **será preciso verificar, em cada caso, se o erro da publicidade teve ou não potencial de induzir a erro o consumidor**. A publicidade de um televisor — tela plana, por exemplo — **que em lugar de R$ 1.000,00, por erro, foi veiculada por R$ 10,00, não pode obrigar o anunciante**. Qualquer consumidor de boa-fé é capaz de perceber o erro por não ser possível comprar um televisor por 1% do seu valor."[13]

Evidentemente, a **responsabilidade objetiva também norteará as relações oriundas da oferta** e disciplinadas no CDC. Desta forma, pouco importa a alegação do fornecedor de que o anúncio saiu com erro ou de que não era sua intenção enganar ninguém.

Por outro lado, o princípio da boa-fé objetiva regulamenta a relação de consumo como um todo, devendo, portanto, ser respeitado não apenas pelo fornecedor como também pelo consumidor.

Realmente, diante de um erro grosseiro, patente e identificável de plano pelo ser de inteligência mediana, a mensagem veiculada na oferta não prevalecerá. Foi o exemplo acima de uma TV de R$ 1.000,00 (mil reais) que saiu anunciada por R$ 10,00 (dez reais).

Esta é a visão da doutrina majoritária, conforme acima exposto. No entanto, em nossa visão, outro elemento deverá ser analisado ainda com base no princípio da boa-fé objetiva, qual seja: **a periodicidade com que o fornecedor "equivoca-se" na veiculação da oferta**.

De fato, **incorrer constantemente neste tipo de equívoco demonstra a ausência de boa-fé objetiva**, sendo, portanto, obrigado a cumprir aquilo que foi ofertado, em nossa opinião.

---

[11] MIRAGEM, Bruno. *Curso de direito do consumidor*, p. 163.
[12] NUNES, Luiz Antonio Rizzatto. *Curso de direito do consumidor*, p. 417.
[13] CAVALIERI FILHO, Sergio. *Programa de direito do consumidor*, p. 144.

Não é admitido nas relações de consumo o chamado *dolus bunus,* e condutas como essas de quem se equivoca frequentemente com o objetivo único e exclusivo de atrair o consumidor consistem em **verdadeira prática abusiva** a ser coibida completamente nos termos do Código do Consumidor.

O Superior Tribunal de Justiça também já se manifestou pela impossibilidade da alegação de erro pelo fornecedor como forma de eximir-se do dever de cumprir o inteiro teor do que foi ofertado: **"O sistema do CDC, que incide nessa relação de consumo, não permite à fornecedora — que se beneficia com a publicidade — exonerar-se do cumprimento da sua promessa apenas porque a numeração que ela mesma imprimiu é defeituosa. A regra do art. 17 do Dec. 70.951/72 apenas regula a hipótese em que o defeito tiver sido comprovadamente causado pelo consumidor"** (REsp 396.943/RJ, Rel. Ministro Ruy Rosado de Aguiar, 4.ª T., *DJ* 5.8.2002).

No entanto, o STJ entendeu que erro sistêmico grosseiro no carregamento de preços e a rápida comunicação ao consumidor podem afastar a falha na prestação do serviço e o princípio da vinculação da oferta:

> DIREITO CIVIL E DO CONSUMIDOR. RECURSO ESPECIAL. AÇÃO DE OBRIGAÇÃO DE FAZER CUMULADA COM COMPENSAÇÃO DE DANOS MORAIS. EMBARGOS DE DECLARAÇÃO. OMISSÃO, CONTRADIÇÃO OU OBSCURIDADE. NÃO OCORRÊNCIA. VIOLAÇÃO DO ART. 489 DO CPC/2015. INOCORRÊNCIA. CANCELAMENTO DE RESERVA DE BILHETE AÉREO. FALHA NO SISTEMA DE CARREGAMENTO DE PREÇOS. AUSÊNCIA DE EMISSÃO DE BILHETE ELETRÔNICO. AUSÊNCIA DE LANÇAMENTO DO DÉBITO NO CARTÃO DE CRÉDITO DO CONSUMIDOR. COMUNICAÇÃO RÁPIDA A RESPEITO DA NÃO FORMALIZAÇÃO DA COMPRA. FALHA NA PRESTAÇÃO DO SERVIÇO. INOCORRÊNCIA. OBRIGAÇÃO DE FAZER AFASTADA. ALTERAÇÃO DO VALOR FIXADO A TÍTULO DE DANOS MORAIS. INCIDÊNCIA DA SÚMULA 7/STJ.
> 1. Ação de obrigação de fazer cumulada com compensação de danos morais, em virtude de cancelamento de reserva de bilhetes aéreos.
> 2. Ação ajuizada em 21.8.2015. Recurso especial concluso ao gabinete em 18.1.2019. Julgamento: CPC/2015.
> 3. O propósito recursal, a par de analisar acerca da ocorrência de negativa de prestação jurisdicional, é definir, dado o cancelamento dois dias após a reserva de passagens aéreas para a Europa a preços baixíssimos por alegado erro no sistema de carregamento de preços, i) se as recorridas devem ser condenadas à emissão de novas passagens aéreas aos recorrentes sob os mesmos termos e valores previamente ofertados; e ii) se o valor arbitrado a título de danos morais deve ser majorado.
> 4. Não há que se falar em violação do art. 1.022 do CPC/2015 quando o Tribunal de origem, aplicando o direito que entende cabível à hipótese, soluciona integralmente a controvérsia submetida à sua apreciação, ainda que de forma diversa daquela pretendida pela parte.
> 5. Devidamente analisadas e discutidas as questões de mérito, e fundamentado corretamente o acórdão recorrido, de modo a esgotar a prestação jurisdicional, não há que se falar em violação do art. 489 do CPC/2015.
> **6. Na espécie, os consumidores promoveram a reserva de bilhetes aéreos com destino internacional (Amsterdã), a preço muito aquém do praticado por outras empresas**

aéreas, não tendo sequer havido a emissão dos bilhetes eletrônicos (*e-tickets*) que pudessem, finalmente, formalizar a compra. Agrega-se a isto o fato de que os valores sequer foram debitados do cartão de crédito do primeiro recorrente e, em curto período de tempo, os consumidores receberam *e-mail* informando a não conclusão da operação.

7. Diante da particularidade dos fatos, em que se constatou inegável erro sistêmico grosseiro no carregamento de preços, não há como se admitir que houve falha na prestação de serviços por parte das fornecedoras, sendo inviável a condenação das recorridas à obrigação de fazer pleiteada na inicial, relativa à emissão de passagens aéreas em nome dos recorrentes nos mesmos termos e valores previamente disponibilizados.

8. Com efeito, deve-se enfatizar o real escopo da legislação consumerista que, reitera-se, não tem sua razão de ser na proteção ilimitada do consumidor — ainda que reconheça a sua vulnerabilidade —, mas sim na promoção da harmonia e equilíbrio das relações de consumo.

9. Quanto ao pleito de majoração do valor a título de danos morais, tem-se que a alteração do valor somente é possível, em recurso especial, nas hipóteses em que a quantia estipulada pelo Tribunal de origem revela-se irrisória ou exagerada, o que não ocorreu na espécie, tendo em vista que foi fixado em R$ 2.000,00 (dois mil reais) — R$ 1.000,00 (mil reais) para cada autor.

10. Recurso especial conhecido e não provido (REsp 1794991/SE, Rel. Ministra Nancy Andrighi, 3.ª T., j. 5.5.2020, *DJe* 11.5.2020).

Em suma, para eximir-se do dever de cumprir aquilo que foi ofertado, em cumprimento ao princípio da vinculação da oferta, o erro deve ser grosseiro e não poderá decorrer de prática frequente nas relações envolvendo determinado fornecedor.[14]

---

[14] Há doutrina respeitável como a de Silvio Luís Ferreira da Rocha que identifica outros limitadores da obrigatoriedade da oferta no CDC como o termo, ou seja, o decurso de tempo suficiente para o consumidor aceitar a oferta. E propõe o aludido doutrinador que, na "falta de previsão específica aplicar-se-ia o prazo de validade do orçamento de fornecimento de serviços, previsto no § 1.º do art. 40 do Código de Defesa do Consumidor, de 10 (dez) dias, contados de seu recebimento pelo consumidor" (ROCHA, Silvio Luís Ferreira da. *A oferta no Código de Defesa do Consumidor*, p. 86). Concordamos com o autor no tocante a este limitador, pois não seria razoável admitir que uma oferta perdurasse por período indeterminado de tempo. O STJ também considerou como limitador da oferta a pretensão do consumidor de levar quantidade incompatível com o consumo individual ou de sua família: "RECURSO ESPECIAL. CÓDIGO DE DEFESA DO CONSUMIDOR. DANO MORAL. VENDA DE PRODUTO A VAREJO. RESTRIÇÃO QUANTITATIVA. FALTA DE INDICAÇÃO NA OFERTA. DANO MORAL. INOCORRÊNCIA. QUANTIDADE EXIGIDA INCOMPATÍVEL COM O CONSUMO PESSOAL E FAMILIAR. ABORRECIMENTOS QUE NÃO CONFIGURAM OFENSA À DIGNIDADE OU AO FORO ÍNTIMO DO CONSUMIDOR. 1. A falta de indicação de restrição quantitativa relativa à oferta de determinado produto, pelo fornecedor, não autoriza o consumidor exigir quantidade incompatível com o consumo individual ou familiar, nem, tampouco, configura dano ao seu patrimônio extramaterial. 2. Os aborrecimentos vivenciados pelo consumidor, na hipótese, devem ser interpretados como 'fatos do cotidiano', que não extrapolam as raias das relações comerciais, e, portanto, não podem ser entendidos como ofensivos ao foro íntimo ou à dignidade do cidadão. Recurso especial, ressalvada a terminologia, não conhecido" (REsp 595.734/RS, Rel. Ministra Nancy Andrighi, 3.ª T., *DJ* 28.11.2005).

8.2.2.3. Integrar o contrato que vier a ser celebrado como característica de oferta

A **oferta também integra o contrato que vier a ser celebrado**, ainda que não constante expressamente do teor das cláusulas contratuais. Desta forma, se um vendedor afirmar que em determinado contrato de prestação de plano de saúde haverá tais coberturas ao segurado, ainda que estes benefícios não constem formalmente do contrato, nele estará incluído o seu teor.

Nesse sentido é a posição do Superior Tribunal de Justiça: **"Sob a égide do Código de Defesa do Consumidor, as informações prestadas por corretor a respeito de contrato de seguro-saúde (ou plano de saúde) integram o contrato que vier a ser celebrado e podem ser comprovadas por todos os meios probatórios admitidos"** (REsp 531.281/SP, Rel. Ministra Nancy Andrighi, 3.ª T., *DJ* 23.8.2004).

Por isso, a importância de se guardarem os panfletos da oferta distribuídos no mercado de consumo, bem como a gravação das ligações às centrais de atendimento do consumidor, na medida em que todas essas informações, quando suficientemente precisas e veiculadas, além de obrigar o fornecedor pelo princípio da vinculação da oferta, também integrarão o contrato de consumo.

8.2.3. Características da informação na oferta

Enquanto o art. 30 do Código de Defesa do Consumidor tratou das características da oferta de forma geral, o disposto no **art. 31** do mesmo Diploma cuidou especificamente das **características das informações na oferta** da seguinte maneira:

> "A oferta e apresentação de produtos ou serviços devem assegurar informações corretas, claras, precisas, ostensivas e em língua portuguesa sobre suas características, qualidades, quantidade, composição, preço, garantia, prazos de validade e origem, entre outros dados, bem como sobre os riscos que apresentam à saúde e segurança dos consumidores. Parágrafo único. As informações de que trata este artigo, nos produtos refrigerados oferecidos ao consumidor, serão gravadas de forma indelével (Incluído pela Lei n. 11.989, de 2009)".

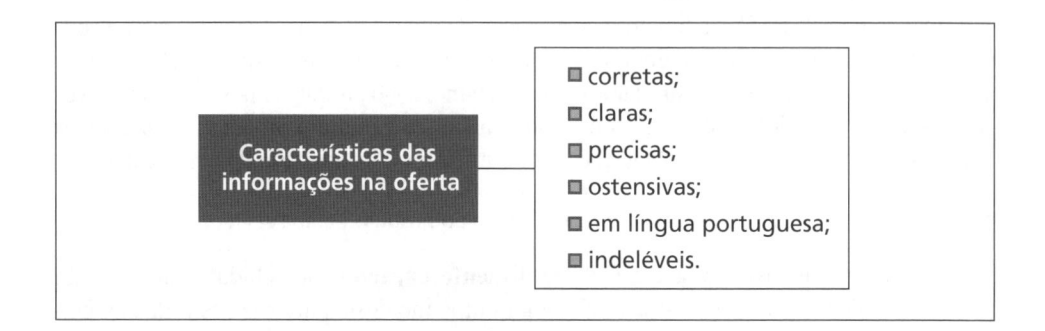

Características das informações na oferta	• corretas; • claras; • precisas; • ostensivas; • em língua portuguesa; • indeléveis.

As informações **corretas** são aquelas **não enganosas**, ou seja, são as mensagens verdadeiras, que não sejam capazes de induzir o consumidor em erro.

Segundo Sergio Cavalieri Filho, a oferta "é fundada na transparência, e isso está claro no art. 31 do CDC, enquanto a aceitação, melhor dizendo, a adesão do consumidor é fundada no princípio da confiança. Confiar significa crer naquilo que o fornecedor está ofertando; acreditar que aquilo que está sendo prometido vai ser cumprido, de tal forma que a oferta possa ser aceita mediante simples adesão, sem qualquer questionamento".[15]

Realmente, a **confiança legítima** que é criada no consumidor diante da veiculação da oferta está pautada na presunção de que suas **informações são corretas**, entendam: não enganosas e não abusivas.

| Informação correta = informação verdadeira. |

Informações **claras** são mensagens cristalinas, de **fácil compreensão** por parte do vulnerável da relação jurídica de consumo. A compreensão da oferta deve ser imediata, sem exigir maior esforço do consumidor.

O Decreto n. 5.903/2006 — que regulamenta o CDC e a Lei n. 10.962/2004 (dispõe sobre a oferta e as formas de afixação de preços de produtos e serviços para o consumidor) — define clareza como "a informação que pode ser entendida de imediato e com facilidade pelo consumidor, sem abreviaturas que dificultem a sua compreensão, e sem a necessidade de qualquer interpretação ou cálculo" (art. 2.º, § 1.º, II).

| Informação clara = entendida de imediato e com facilidade. |

Por informações **precisas** devemos entender a informação **exata, pontualmente ligada ao produto ou serviço** a que se refere. Nas vitrines de um *shopping* é muito comum o preço não estar afixado numa peça de roupa, mas sim numa legenda cheia de informações.

Assim, cada número fica colado numa peça de roupa e abaixo vem a legenda identificando o preço de cada produto. Esta forma de afixar preços no mercado de consumo deverá ser feita de tal maneira a não violar a característica da precisão das informações da oferta. Nessa linha, prevê o Decreto n. 5.903/2006 como precisa "a informação que seja exata, definida e que esteja física ou visualmente ligada ao produto a que se refere, sem nenhum embaraço físico ou visual interposto" (art. 2.º, § 1.º, III).

O mesmo Decreto disciplina a afixação de preços por meio do código referencial, determinando que: "Art. 5.º Na hipótese de afixação de preços de bens e serviços para o consumidor, em vitrines e no comércio em geral, de que trata o inciso I do art. 2.º da Lei n. 10.962, de 2004, a etiqueta ou similar afixada diretamente no produto exposto à venda deverá ter sua face principal voltada ao consumidor, a fim de garantir a pronta visualização do preço, independentemente de solicitação do consumidor ou intervenção do comerciante".

| Informação precisa = exata = ligada ao produto ou ao serviço. |

A informação **ostensiva** é aquela **facilmente captada**, percebida e identificada pelo consumidor, sem a necessidade de maior empenho deste para sua assimilação. Um grande problema enfrentado pela jurisprudência superior esteve relacionado com a afixação de preços de maneira ostensiva e a legitimidade da utilização do **código de barras**. Em razão da sua relevância, o tema será estudado a seguir em tópico próprio.

---

[15] CAVALIERI FILHO, Sergio. *Programa de direito do consumidor*, p. 147.

> Informação ostensiva = de fácil percepção.

As **informações em língua portuguesa** devem ser a regra no tocante à manifestação da oferta. O **vernáculo**, no entanto, **não representa regra absoluta**.

Sobre o tema, ensina Herman Benjamin que em "alguns casos, quando absolutamente **inexistente similar na nossa língua**, o fornecedor pode utilizar a palavra estrangeira, explicando-a, contudo, sempre que necessário. Acrescente-se que informações em outras línguas não estão proibidas. Desde que conjugadas, com igual ou maior destaque, a outras em português. Com isso atende-se às preocupações daqueles fornecedores que, além de serviem o mercado interno, ainda exportam seus bens. Poupa-se o esforço de elaboração de dois rótulos ou manuais distintos: um para o comércio local e outro para o externo".[16]

Na sequência, o aludido doutrinador também ressalva do ônus de se comunicar em língua portuguesa "os **estabelecimentos que só vendem produtos importados**, exatamente porque o seu consumidor tem clara percepção do caráter especial daquele fornecimento. Igual solução merecem as **seções de importados** dos grandes supermercados e magazines, desde que total e suficientemente separadas das restantes. **Tal exceção**, contudo, **não se aplica às advertências contra riscos e instruções de manuseio**. A saúde do consumidor vem sempre em primeiro lugar".[17]

> Informação em língua portuguesa = vernáculo é a regra.

Segundo o disposto no **parágrafo único do art. 31 do CDC**, as **informações** constantes dos **produtos refrigerados** serão gravadas de forma **indelével**, isto é, que **não se apaga**.

A realidade destes produtos exige informações que não se apaguem para evitar situações como a do vulnerável sair com o rótulo nas mãos ao retirar o produto de um refrigerador de supermercado, pois papel molhado, conforme é cediço, perde toda a cola, além de apagar as informações sobre o bem de consumo.

Tal dispositivo foi inserido no Código do Consumidor pela Lei n. 11.989, de 2009, mas podemos afirmar que pela principiologia do referido Diploma sempre esteve presente em seu conteúdo.

Ademais, o próprio **Decreto n. 5.903/2006** ao tratar das formas de afixação de preços no mercado de consumo sempre exigiu que as **informações na oferta** fossem prestadas **com legibilidade**; e explica seu significado no art. 2.º, § 1.º, inciso V, como "a informação que seja visível e indelével".

> Informação indelével = não se apaga.
> Informação legível = visível e indelével.

---

[16] BENJAMIN, Antônio Herman de V.; MARQUES, Claudia Lima; BESSA, Leonardo Roscoe. *Manual de direito do consumidor,* p. 224.
[17] BENJAMIN, Antônio Herman de V.; MARQUES, Claudia Lima; BESSA, Leonardo Roscoe. *Manual de direito do consumidor,* p. 224.

A jurisprudência do Superior Tribunal de Justiça vem firmemente exigindo o respeito ao art. 31 do CDC no tocante às características das informações da oferta veiculada pelos fornecedores no mercado consumidor, conforme entendimento insculpido no Recurso Especial 586.316/MG, de relatoria do Ministro Herman Benjamin, pela Segunda Turma, publicado no *DJe* em 19.3.2009, de cujo Acórdão trouxemos os principais trechos:

▉ **A informação deve ser** correta (= verdadeira), clara (= de fácil entendimento), precisa (= não prolixa ou escassa), ostensiva (= de fácil constatação ou percepção) e, por óbvio, em língua portuguesa.

▉ **A obrigação de informação** é desdobrada, pelo art. 31 do CDC, em quatro categorias principais, imbricadas entre si: a) informação-conteúdo (= características intrínsecas do produto e serviço), b) informação-utilização (= como se usa o produto ou serviço), c) informação-preço (= custo, formas e condições de pagamento), e d) informação-advertência (= riscos do produto ou serviço).

▉ **Inexistência de antinomia** entre a Lei n. 10.674/2003, que surgiu para proteger a saúde (imediatamente) e a vida (mediatamente) dos portadores da doença celíaca, e o art. 31 do CDC, que prevê sejam os consumidores informados sobre o "conteúdo" e alertados sobre os "riscos" dos produtos ou serviços à saúde e à segurança.[18]

---

[18] Nesse sentido, entendeu o Superior Tribunal de Justiça, no julgamento do EREsp 1.515.895/MS, que o fornecedor de alimentos deve complementar a informação-conteúdo "contém glúten" com a informação-advertência de que o glúten é prejudicial à saúde dos consumidores com doença celíaca:
"PROCESSO CIVIL. PROCESSO COLETIVO. DIREITO DO CONSUMIDOR. AÇÃO COLETIVA. DIREITO À INFORMAÇÃO. DEVER DE INFORMAR. ROTULAGEM DE PRODUTOS ALIMENTÍCIOS. PRESENÇA DE GLÚTEN. PREJUÍZOS À SAÚDE DOS DOENTES CELÍACOS. INSUFICIÊNCIA DA INFORMAÇÃO-CONTEÚDO 'CONTÉM GLÚTEN'. NECESSIDADE DE COMPLEMENTAÇÃO COM A INFORMAÇÃO-ADVERTÊNCIA SOBRE OS RISCOS DO GLÚTEN À SAÚDE DOS DOENTES CELÍACOS. INTEGRAÇÃO ENTRE A LEI DO GLÚTEN (LEI ESPECIAL) E O CÓDIGO DE DEFESA DO CONSUMIDOR (LEI GERAL). 1. Cuida-se de divergência entre dois julgados desta Corte: o acórdão embargado da Terceira Turma que entendeu ser suficiente a informação 'contém glúten' ou 'não contém glúten', para alertar os consumidores celíacos afetados pela referida proteína; e o paradigma da Segunda Turma, que entendeu não ser suficiente a informação 'contém glúten', a qual deve ser complementada com a advertência sobre o prejuízo do glúten à saúde dos doentes celíacos. 2. O CDC traz, entre os direitos básicos do consumidor, a 'informação adequada e clara sobre os diferentes produtos e serviços, com especificação correta de quantidade, características, composição, qualidade e preço, bem como sobre os riscos que apresentam' (art. 6.º, inciso III). 3. Ainda de acordo com o CDC, 'a oferta e a apresentação de produtos ou serviços devem assegurar informações corretas, claras, precisas, ostensivas e em língua portuguesa sobre suas características, qualidades, quantidade, composição, preço, garantia, prazos de validade e origem, entre outros dados, bem como sobre os riscos que apresentam à saúde e segurança dos consumidores' (art. 31). 4. O art. 1.º da Lei 10.674/2003 (Lei do Glúten) estabelece que os alimentos industrializados devem trazer em seu rótulo e bula, conforme o caso, a informação 'não contém glúten' ou 'contém glúten', isso é, apenas a informação-conteúdo. Entretanto, a superveniência da Lei 10.674/2003 não esvazia o comando do art. 31, *caput*, do CDC (Lei 8.078/1990), que determina que o fornecedor de produtos ou serviços deve informar 'sobre os riscos que apresentam à saúde e segurança dos consumidores', ou seja, a infor-

■ **Complementaridade entre os dois textos legais.** Distinção, na análise das duas leis, que se deve fazer entre obrigação geral de informação e obrigação especial de informação, bem como entre informação-conteúdo e informação-advertência.
■ Embora toda advertência seja informação, nem toda informação é advertência. **Quem informa nem sempre adverte.**
■ **Existência de lacuna na Lei n. 10.674/2003**, que tratou apenas da informação-conteúdo, o que leva à aplicação do art. 31 do CDC, em processo de integração jurídica, de forma a obrigar o fornecedor a estabelecer e divulgar, clara e inequivocamente, a conexão entre a presença de glúten e os doentes celíacos.

8.2.3.1. Informações obrigatórias na oferta

O art. 31 do Código de Defesa do Consumidor determina que oferta e apresentação de produtos ou serviços devem assegurar informações "sobre suas características, qualidades, quantidade, composição, preço, garantia, prazos de validade e origem, entre outros dados, bem como sobre os riscos que apresentam à saúde e segurança dos consumidores".

O fato de o legislador ter se valido do verbo "dever" nos faz presumir a obrigatoriedade de certas informações na veiculação de uma oferta sobre produtos e serviços.

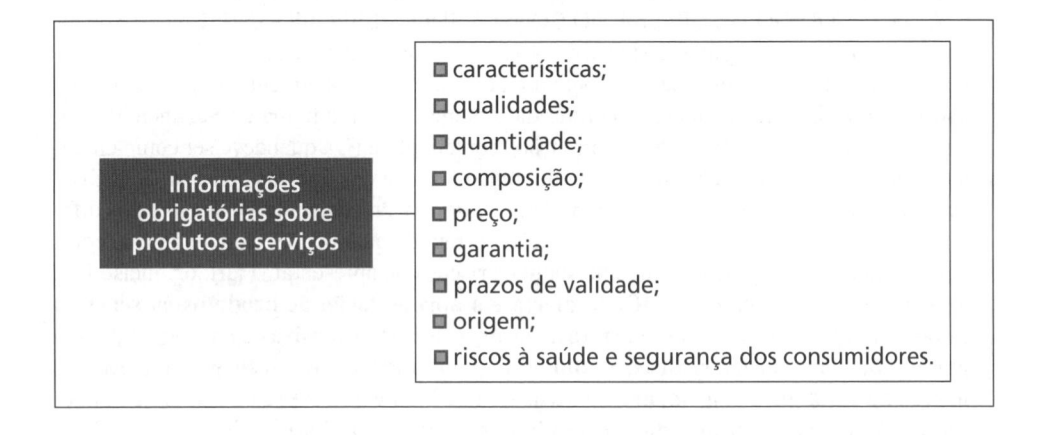

Informações obrigatórias sobre produtos e serviços	■ características; ■ qualidades; ■ quantidade; ■ composição; ■ preço; ■ garantia; ■ prazos de validade; ■ origem; ■ riscos à saúde e segurança dos consumidores.

---

mação-advertência. 5. Para que a informação seja correta, clara e precisa, torna-se necessária a integração entre a Lei do Glúten (lei especial) e o CDC (lei geral), pois, no fornecimento de alimentos e medicamentos, ainda mais a consumidores hipervulneráveis, não se pode contentar com o *standard* mínimo, e sim com o *standard* mais completo possível. 6. O fornecedor de alimentos deve complementar a informação-conteúdo 'contém glúten' com a informação-advertência de que o glúten é prejudicial à saúde dos consumidores com doença celíaca. Embargos de divergência providos para prevalecer a tese do acórdão paradigma no sentido de que a informação-conteúdo 'contém glúten' é, por si só, insuficiente para informar os consumidores sobre o prejuízo que o alimento com glúten acarreta à saúde dos doentes celíacos, tornando-se necessária a integração com a informação-advertência correta, clara, precisa, ostensiva e em vernáculo: 'CONTÉM GLÚTEN: O GLÚTEN É PREJUDICIAL À SAÚDE DOS DOENTES CELÍACOS'" (EREsp 1.515.895/MS, Rel. Ministro Humberto Martins, Corte Especial, *DJe* 27.9.2017).

O Superior Tribunal de Justiça, no julgamento do Recurso Especial 586.316 — ementa colacionada acima —, identificou que a obrigação de informação inserta no art. 31 do CDC é desdobrada em quatro categorias principais, ligadas entre si:

- informação-conteúdo (= características intrínsecas do produto e serviço);
- informação-utilização (= como se usa o produto ou serviço);
- informação-preço (= custo, formas e condições de pagamento);
- informação-advertência (= riscos do produto ou serviço).

Sobre o tema, entendeu o Superior Tribunal de Justiça, no julgamento do EREsp 1.515.895/MS, que o fornecedor de alimentos deve complementar a informação-conteúdo "contém glúten" com a informação-advertência de que o glúten é prejudicial à saúde dos consumidores com doença celíaca:

PROCESSO CIVIL. PROCESSO COLETIVO. DIREITO DO CONSUMIDOR. AÇÃO COLETIVA. DIREITO À INFORMAÇÃO. DEVER DE INFORMAR. **ROTULAGEM DE PRODUTOS ALIMENTÍCIOS. PRESENÇA DE GLÚTEN. PREJUÍZOS À SAÚDE DOS DOENTES CELÍACOS. INSUFICIÊNCIA DA INFORMAÇÃO-CONTEÚDO "CONTÉM GLÚTEN". NECESSIDADE DE COMPLEMENTAÇÃO COM A INFORMAÇÃO-ADVERTÊNCIA SOBRE OS RISCOS DO GLÚTEN À SAÚDE DOS DOENTES CELÍACOS.** INTEGRAÇÃO ENTRE A LEI DO GLÚTEN (LEI ESPECIAL) E O CÓDIGO DE DEFESA DO CONSUMIDOR (LEI GERAL). 1. Cuida-se de divergência entre dois julgados desta Corte: o acórdão embargado da Terceira Turma que entendeu ser suficiente a informação "contém glúten" ou "não contém glúten", para alertar os consumidores celíacos afetados pela referida proteína; e o paradigma da Segunda Turma, que entendeu não ser suficiente a informação "contém glúten", a qual deve ser complementada com a advertência sobre o prejuízo do glúten à saúde dos doentes celíacos. 2. O CDC traz, entre os direitos básicos do consumidor, a "informação adequada e clara sobre os diferentes produtos e serviços, com especificação correta de quantidade, características, composição, qualidade e preço, bem como sobre os riscos que apresentam" (art. 6.º, inciso III). 3. **Ainda de acordo com o CDC, "a oferta e a apresentação de produtos ou serviços devem assegurar informações corretas, claras, precisas, ostensivas e em língua portuguesa sobre suas características, qualidades, quantidade, composição, preço, garantia, prazos de validade e origem, entre outros dados, bem como sobre os riscos que apresentam à saúde e segurança dos consumidores" (art. 31).** 4. O art. 1.º da Lei 10.674/2003 (Lei do Glúten) estabelece que os alimentos industrializados devem trazer em seu rótulo e bula, conforme o caso, a informação "não contém glúten" ou "contém glúten", isso é, apenas a informação-conteúdo. Entretanto, a superveniência da Lei 10.674/2003 não esvazia o comando do art. 31, *caput*, do CDC (Lei 8.078/90), que determina que o fornecedor de produtos ou serviços deve informar "sobre os riscos que apresentam à saúde e segurança dos consumidores", ou seja, a informação-advertência. 5. **Para que a informação seja correta, clara e precisa, torna-se necessária a integração entre a Lei do Glúten (lei especial) e o CDC (lei geral), pois, no fornecimento de alimentos e medicamentos, ainda mais a consumidores hipervulneráveis, não se pode contentar com o *standard* mínimo, e sim com o *standard* mais completo possível. 6. O fornecedor de alimentos deve complementar a informação-conteúdo "contém glúten" com a informação-advertência de que o glúten é prejudicial à saúde dos consumidores com doença celíaca.** Embargos de divergência providos para **prevalecer a tese do acórdão paradigma no sentido de que a** informação-conteúdo "contém glúten" é, por si só, insuficiente para informar os consumidores sobre o prejuízo que o alimento com glúten acarreta à saúde dos doentes celíacos, tornando-se necessária a integração com a informação-advertência correta, clara, precisa, ostensiva e em vernáculo: "CONTÉM GLÚTEN: O GLÚTEN É PREJUDICIAL À SAÚDE DOS DOENTES CELÍACOS" (EREsp 1.515.895/MS, Rel. Ministro Humberto Martins, Corte Especial, *DJe* 27.9.2017).

Nesse tocante, além de remeter o leitor ao Capítulo 4 deste livro, que trata dos Princípios e Direitos Básicos do CDC, em especial no que se refere à informação dos produtos e serviços nocivos à saúde e segurança do consumidor, cumpre destacar que o Decreto regulamentador do assunto é o supracitado n. 5.903/2006, que prevê, dentre outras questões:

- os preços de produtos e serviços deverão ser informados adequadamente, de modo a garantir ao consumidor a correção, clareza, precisão, ostensividade e legibilidade das informações prestadas (art. 2.º, *caput*);
- o preço de produto ou serviço deverá ser informado discriminando-se o total à vista (art. 3.º, *caput*);
- no caso de outorga de crédito, como nas hipóteses de financiamento ou parcelamento, deverão ser também discriminados: I — o valor total a ser pago com financiamento; II — o número, periodicidade e valor das prestações; III — os juros; e IV — os eventuais acréscimos e encargos que incidirem sobre o valor do financiamento ou parcelamento (art. 3.º, parágrafo único);
- os preços dos produtos e serviços expostos à venda devem ficar sempre visíveis aos consumidores enquanto o estabelecimento estiver aberto ao público (art. 4.º, *caput*);
- a montagem, rearranjo ou limpeza, se em horário de funcionamento, deve ser feito sem prejuízo das informações relativas aos preços de produtos ou serviços expostos à venda (art. 4.º, parágrafo único).

8.2.3.2. Consequências da quebra do dever de informar

Segundo os ensinamentos de Silvio Luís Ferreira da Rocha, o não cumprimento do dever de informar as características da oferta nos termos previstos no art. 31 do CDC pode acarretar:

- "a ineficácia do contrato (art. 46);
- a nulidade de alguma cláusula contratual incompatível com a boa-fé (art. 51, IV);
- o dever de indenizar o consumidor que em razão da ausência ou da insuficiência de informações sofra danos à sua saúde ou integridade física (art. 12), ou ainda
- o dever de indenizar os gastos feitos pelo consumidor na atividade de adquirir bens ou serviços, quando o ato de consumo não se concretiza em razão de o consumidor ter tomado conhecimento de informações, até então, omitidas pelo fornecedor".[19]

---

[19] ROCHA, Silvio Luís Ferreira da. *A oferta no Código de Defesa do Consumidor*, p. 68-69.

Concordamos plenamente com o aludido doutrinador, razão pela qual a preocupação com a oferta faz-se necessária não apenas em relação às suas características gerais, mas também no tocante à forma como suas informações serão veiculadas.

8.2.3.3. Afixação de preços por meio de código de barras

Tema interessante a ser discutido consiste em saber se a afixação de preços no mercado de consumo por meio de código de barras viola ou não as características da informação da oferta prevista no art. 31 do Código do Consumidor, em especial no tocante à ostensividade.

A jurisprudência do Superior Tribunal de Justiça chegou a entender que o "fato de já existir, em cada produto, o código de barras não é suficiente para assegurar a todos os consumidores estas informações. Para atender realmente o que estabelece o Código do Consumidor, além do código de barras e do preço nas prateleiras, devem os supermercados colocar o preço em cada produto" (MS 6.010/DF, Rel. Ministro Garcia Vieira, Primeira Seção, *DJ* 6.12.1999).

Com o advento da Lei n. 10.962, do ano de 2004, que dispõe sobre a oferta e as formas de afixação de preços de produtos e serviços para o consumidor, passou-se a admitir o código de barras como forma legítima de colocação de preços no mercado de consumo:

> "Art. 2.º São admitidas as seguintes formas de afixação de preços em vendas a varejo para o consumidor:
> I — no comércio em geral, por meio de etiquetas ou similares afixados diretamente nos bens expostos à venda, e em vitrines, mediante divulgação do preço à vista em caracteres legíveis;
> II — em autosserviços, supermercados, hipermercados, mercearias ou estabelecimentos comerciais onde o consumidor tenha acesso direto ao produto, sem intervenção do comerciante, mediante a impressão ou afixação do preço do produto na embalagem, ou a afixação de código referencial, ou ainda, com a **afixação de código de barras**;
> III — no comércio eletrônico, mediante divulgação ostensiva do preço à vista, junto à imagem do produto ou descrição do serviço, em caracteres facilmente legíveis com tamanho de fonte não inferior a doze (Incluído pela Lei n. 13.543, de 2017);
> Parágrafo único. Nos casos de utilização de código referencial ou de barras, o comerciante deverá expor, de forma clara e legível, junto aos itens expostos, informação relativa ao preço à vista do produto, suas características e código".

Ante a existência da citada lei, a própria jurisprudência do STJ se rende ao novo contexto normativo e passa a admitir como legítimo afixar preços por meio de código de barras: **"Após a vigência da Lei Federal 10.962 em 13.10.2004, permite-se aos estabelecimentos comerciais a afixação de preço do produto por meio de código de barras, sendo desnecessária a utilização de etiqueta com preço individual de cada mercadoria"** (REsp 688.151/MG, Rel. Ministra Nancy Andrighi, 3.ª T., *DJU* 8.8.2005).

Com efeito, vale lembrar que **alguns requisitos deverão ser cumpridos** para que o preço fixado por código de barras esteja de acordo com o ordenamento jurídico pátrio, por exemplo a existência de leitores óticos próximos ao produto, como forma de dar acesso à informação do respectivo valor.

O Decreto n. 5.903/2006 regulamentou o tema, determinando, dentre outros aspectos:

> "Art. 7.º Na hipótese de utilização do código de barras para apreçamento, os fornecedores **deverão disponibilizar**, na área de vendas, para consulta de preços pelo consumidor, **equipamentos de leitura ótica** em perfeito estado de funcionamento.
> § 1.º Os **leitores óticos deverão ser indicados por cartazes suspensos** que informem a sua localização.
> § 2.º Os leitores óticos deverão ser dispostos na área de vendas, observada a **distância máxima de quinze metros entre qualquer produto e a leitora ótica mais próxima**.
> § 3.º Para efeito de fiscalização, os fornecedores deverão prestar as informações necessárias aos agentes fiscais mediante disponibilização de croqui da área de vendas, com **a identificação clara e precisa da localização dos leitores óticos e a distância que os separa**, demonstrando graficamente o cumprimento da distância máxima fixada neste artigo".

8.2.4. Oferta de peças de reposição no CDC

O art. 32 do Código de Defesa do Consumidor estabelece que: "Os **fabricantes e importadores deverão assegurar a oferta de componentes e peças de reposição** enquanto não cessar a fabricação ou importação do produto. Parágrafo único. Cessadas a produção ou importação, a **oferta deverá ser mantida por período razoável** de tempo, na forma da lei".

O *caput* do citado dispositivo do CDC determina que durante a fabricação ou importação de produtos as peças de reposição deverão ser ofertadas no mercado de consumo.

Em razão da clareza de sua redação, passemos à análise do parágrafo único, que exige a continuidade da oferta de tais peças mesmo após o término da produção ou da importação por prazo razoável, na forma da lei.

A grande questão sobre o tema consiste em saber **qual critério utilizar** para aferir o que seja prazo razoável diante da inexistência de lei ou regulamento disciplinando o tema? Um juiz de direito valer-se-ia de qual parâmetro para exigir do fornecedor a continuidade da oferta das peças de reposição no mercado de consumo, mesmo após o término da produção ou importação?

E a resposta para ambos os questionamentos é: utilização do **critério da vida útil do bem**, ou seja, se determinado produto tem durabilidade média de dez anos, após o encerramento da produção ou importação do bem, ficará o fornecedor obrigado a ofertar ao mercado peças de reposição pelo prazo de dez anos.

Outro ponto importante a ser abordado refere-se ao fato de o legislador apontar a responsabilidade apenas do fabricante e do importador para garantir a oferta de peças de reposição.

No entanto, cumpre ressaltar que concordamos com a opinião de Herman Benjamin ao afirmar que "o dever de assistência técnica, como mera prestação de serviços, é devido não apenas pelo fabricante e importador, mas também pelo próprio distribuidor, uma vez que inerente à sua atividade no mercado".[20]

---

[20] GRINOVER, Ada Pellegrini; BENJAMIN, Antônio Herman de V.; FINK, Daniel Roberto; FILOMENO, José Geraldo Brito; NERY JR., Nelson; DENARI, Zelmo. *Código Brasileiro de Defesa do Consumidor*, p. 297.

8.2.5. Oferta por telefone ou reembolso postal

O Diploma Consumerista estabelece a respeito da oferta ou venda por telefone ou reembolso postal que "deve constar o nome do fabricante e endereço na embalagem, publicidade e em todos os impressos utilizados na transação comercial" (art. 33, *caput*).

Entendemos pela aplicabilidade do dispositivo às relações de consumo oriundas de meios eletrônicos — internet —, na medida em que a *mens legis* do dispositivo ora estudado tem total conexão com esta transação econômica.

Isto é, se a obrigatoriedade de constar o nome do fabricante e endereço na embalagem, publicidade e em todos os impressos utilizados na transação comercial decorrente da via telefônica ou postal existe em razão da maior exposição do consumidor-vulnerável neste tipo de relação, com igual razão **deverá se utilizar o mesmo procedimento nas relações oriundas da internet**.[21]

O parágrafo único do art. 33 foi incluído pela Lei n. 11.800, de 29 de outubro de 2008, no CDC e estabelece que: "É proibida a publicidade de bens e serviços por telefone, quando a chamada for onerosa ao consumidor que a origina".

De fato, a Lei n. 8.078/90, ao tratar da proibição, foi expressa ao referir-se à chamada onerosa, e a dúvida que fica é a seguinte: nas chamadas gratuitas, tipo SAC — Serviço de Atendimento ao Consumidor —, que geralmente são concretizadas pelo sistema 0800, portanto gratuitamente, seria admitida a veiculação de publicidade enquanto o consumidor aguarda o atendimento?

Em nossa opinião, a resposta deve ser negativa, mesmo porque o Decreto regulamentador do SAC é o de n. 11.034, de 2022,[22] que estabelece em seu art. 4.º, § 5.º, que é "vedada a veiculação de mensagens publicitárias durante o tempo de espera para o atendimento, exceto se houver consentimento prévio do consumidor".[23]

---

[21] Verificar nossos comentários nos itens 2.4.2, 5.8.2 e 13.4.1 — uma análise da Lei n. 12.965, de 2014 (Marco Civil da Internet), do Decreto n. 8.771, de 2016, e do Decreto n. 7.962, de 2013, que dispõem sobre a contratação no comércio eletrônico —, bem como o Anexo deste livro e as referências expressas às relações via internet nos projetos de alteração do CDC.

[22] O Decreto n. 11.034/2022, revogou o Decreto n. 6.523/2008.

[23] O STF, seguindo a linha do disposto no Decreto n. 11.034, de 2022, regulamentador do SAC — Serviço de Atendimento ao Consumidor, que em seu art. 3.º estabelece que esse tipo de serviço "será gratuito e o atendimento das demandas não acarretará ônus para o consumidor", entendeu **válida lei estadual que obrigue empresas prestadoras de serviços de televisão por assinatura e estabelecimentos comerciais de vendas no varejo e no atacado — que já possuam Serviço de Atendimento ao Consumidor (SAC) — a fornecerem atendimento telefônico gratuito a seus clientes:** CONSTITUCIONAL. ILEGITIMIDADE ATIVA *AD CAUSAM*. CONHECIMENTO PARCIAL DA AÇÃO DIRETA. ESTATURA CONSTITUCIONAL DA MATÉRIA. AFRONTA DIRETA. COMPETÊNCIA LEGISLATIVA CONCORRENTE. FEDERALISMO COOPERATIVO. ART. 24 DA CONSTITUIÇÃO FEDERAL. ART. 1.º DA LEI N. 5.273/2008 DO ESTADO DO RIO DE JANEIRO. DIREITO DO CONSUMIDOR. GRATUIDADE DO ATENDIMENTO TELEFÔNICO. SERVIÇO DE ATENDIMENTO AO CONSUMIDOR — SAC. EMPRESAS DE TELEVISÃO POR ASSINATURA E ESTABELECIMENTOS COMERCIAIS DE VENDAS NO VAREJO E NO ATACADO. PRECEDENTES JUDICIAIS. IMPROCEDÊNCIA. 1. Presente o vínculo da pertinência temática entre o objeto da ação direta e a finalidade institucional da entidade autora, integrante da estrutura sindical em grau máximo, a representar, em âmbito nacional, os

8.2.6. Recusa do cumprimento da oferta pelo fornecedor

Diante da recusa do fornecedor em cumprir o disposto na oferta veiculada, prevê o Código de Defesa do Consumidor:

> "Art. 35. Se o fornecedor de produtos ou serviços recusar cumprimento à oferta, apresentação ou publicidade, o consumidor poderá, alternativamente e à sua livre escolha:
> I — exigir o cumprimento forçado da obrigação, nos termos da oferta, apresentação ou publicidade;
> II — aceitar outro produto ou prestação de serviço equivalente;
> III — rescindir o contrato, com direito à restituição de quantia eventualmente antecipada, monetariamente atualizada, e a perdas e danos".

Alternativas ante a recusa da oferta	▪ cumprimento forçado da obrigação; ▪ aceitar outro produto ou prestação de serviço equivalente; ▪ rescindir o contrato, com direito à restituição de quantia eventualmente antecipada, monetariamente atualizada, e a perdas e danos.

Com efeito, o *caput* do art. 35 do CDC confere ao consumidor alternativas de escolha livre para o exercício de seu direito. Caso opte pela primeira solução — cumprimento

---

interesses corporativos das categorias econômicas do comércio brasileiro, detém a Confederação Nacional do Comércio — CNC legitimidade ativa para deflagrar o processo de controle abstrato. 2. Nos termos do art. 3.º, I, da Lei n. 9.868/99, que disciplina o processo e o julgamento da ação direta de inconstitucionalidade perante esta Casa, deve a peça de ingresso indicar "os fundamentos jurídicos do pedido em relação a cada uma das impugnações", ônus do qual não se desvencilhou a autora, silente a exordial sobre os aspectos contidos nos arts. 2.º e 3.º da Lei n. 5.273/2008 do Estado do Rio de Janeiro, a merecer conhecimento parcial a presente ação direta, apenas quanto ao art. 1.º da lei estadual impugnada. 3. Firme a jurisprudência desta Suprema Corte de que constitucional a controvérsia acerca da competência legislativa concorrente, estatura que não se afasta ante eventual necessidade de aferição da compatibilidade entre normas federais e estaduais — entre si ou com o texto da Lei Maior. 4. No modelo federativo brasileiro, estabelecidas pela União as normas gerais para disciplinar sobre relação de consumo, aos Estados e Distrito Federal compete, além da supressão de eventuais lacunas, a previsão de normas destinadas a complementar a norma geral e a atender as peculiaridades locais, respeitados os critérios i) da preponderância do interesse local, ii) do exaurimento dos efeitos dentro dos respectivos limites territoriais, e iii) da vedação da proteção insuficiente. 5. O art. 1.º da Lei estadual n. 5.273/2008, editada na vigência da Lei federal n. 8.078/90 (Código de Defesa do Consumidor — CDC), ostenta nítido caráter suplementar — silente a lei geral acerca da gratuidade no canal telefônico, caso disponibilizado no âmbito do Serviço de Atendimento ao Consumidor — SAC, por empresas de televisão por assinatura e estabelecimentos comerciais de venda no atacado e no varejo —, bem como amplia o campo protetivo dos direitos do consumidor, sem desrespeitar os limites territoriais do ente federado estadual. 6. Ação direta de inconstitucionalidade parcialmente conhecida e, nessa parte, julgado improcedente o pedido (ADI 4.118, Tribunal Pleno, Rel. Ministra Rosa Weber, j. 2.3.2022, Publicação: 16.3.2022).

forçado da oferta, o consumidor poderá valer-se dos instrumentos processuais hábeis para concretizar esse direito existentes no art. 84 do Diploma Consumerista, tais como:

- ação de obrigação de fazer (*caput* do art. 84);
- tutela liminar (§ 3.º do art. 84);
- multa diária, independentemente de pedido do autor (§ 4.º do art. 84);
- tutela específica, por meio de medidas necessárias, tais como busca e apreensão (§ 5.º do art. 84).

O STJ já entendeu que o mero fato de o fornecedor do produto não o possuir em estoque no momento da contratação não é condição suficiente para eximi-lo do cumprimento forçado da obrigação:

RECURSO ESPECIAL. DIREITO DO CONSUMIDOR. AÇÃO DE OBRIGAÇÃO DE FAZER. COMÉRCIO ELETRÔNICO. COMPRA E VENDA DE MERCADORIA PELA INTERNET. **RECURSA AO CUMPRIMENTO DA OFERTA. ART. 35 DO CDC. ANTECIPAÇÃO DA TUTELA. AUSÊNCIA DE PRODUTO EM ESTOQUE. CUMPRIMENTO FORÇADO DA OBRIGAÇÃO. POSSIBILIDADE. PROVIMENTO.**
1. Cuida-se de ação de obrigação de fazer, com pedido de antecipação de tutela, ajuizada em razão do descumprimento da entrega de mercadoria adquirida pela internet, fundada na alegação de ausência de estoque do produto.
2. Recurso especial interposto em: 5.8.2019; conclusos ao gabinete em: 2.3.2020; aplicação do CPC/15.
3. O propósito recursal consiste em determinar se, diante da vinculação do fornecedor à oferta, a alegação de ausência de produto em estoque é suficiente para inviabilizar o pedido do consumidor pelo cumprimento forçado da obrigação, previsto no art. 35, I, do CDC.
4. No direito contratual clássico, firmado entre pessoas que se presumem em igualdades de condições, a proposta é uma firme manifestação de vontade, que pode ser dirigida a uma pessoa específica ou ao público em geral, que somente vincula o proponente na presença da firmeza da intenção de concreta de contratar e da precisão do conteúdo do futuro contrato, configurando, caso contrário, mero convite à contratação.
**5. Como os processos de publicidade e de oferta ao público possuem importância decisiva no escoamento da produção em um mercado de consumo em massa, conforme dispõe o art. 30 do CDC, a informação no contida na própria oferta é essencial à validade do conteúdo da formação da manifestação de vontade do consumidor e configura proposta, integrando efetiva e atualmente o contrato posteriormente celebrado com o fornecedor.
6. Como se infere do art. 35 do CDC, a recusa à oferta oferece ao consumidor a prerrogativa de optar, alternativamente e a sua livre escolha, pelo cumprimento forçado da obrigação, aceitar outro produto, ou rescindir o contrato, com direito à restituição de quantia eventualmente antecipada, monetariamente atualizada, somada a perdas e danos.**
7. O CDC consagrou expressamente, em seus arts. 48 e 84, o princípio da preservação dos negócios jurídicos, segundo o qual se pode determinar qualquer providência a fim de que seja assegurado o resultado prático equivalente ao adimplemento da obrigação de fazer, razão pela qual a solução de extinção do contrato e sua conversão em perdas e danos é a *ultima ratio*, o último caminho a ser percorrido.

8. As opções do art. 35 do CDC são intercambiáveis e produzem, para o consumidor, efeitos práticos equivalentes ao adimplemento, pois guardam relação com a satisfação da intenção validamente manifestada ao aderir à oferta do fornecedor, por meio da previsão de resultados práticos equivalentes ao adimplemento da obrigação de fazer ofertada ao público.
9. A impossibilidade do cumprimento da obrigação de entregar coisa, no contrato de compra e venda, que é consensual, deve ser restringida exclusivamente à inexistência absoluta do produto, na hipótese em que não há estoque e não haverá mais, pois aquela espécie, marca e modelo não é mais fabricada.
10. Na hipótese dos autos, o acórdão recorrido impôs à recorrente a adequação de seu pedido às hipóteses dos incisos II e III do art. 35 do CDC, por considerar que a falta do produto no estoque do fornecedor impediria o cumprimento específico da obrigação.
11. Recurso especial provido (REsp 1.872.048/RS, Rel. Ministra Nancy Andrighi, 3.ª T., j. 23.2.2021, *DJe* 1.3.2021).

Se a opção recair sobre a rescisão do contrato com restituição do valor pago, monetariamente atualizado, vale lembrar que o direito a perdas e danos dependerá de comprovação de efetivo prejuízo material ou moral.

Ademais, é possível cumular dano moral com multa cominatória em razão de serem institutos com naturezas jurídicas distintas. Sobre o tema, entendeu o STJ:

DIREITO CIVIL E PROCESSUAL CIVIL. RECURSO ESPECIAL. IRRESIGNAÇÃO SUBMETIDA AO NCPC. AÇÃO INDENIZATÓRIA. INSCRIÇÃO INDEVIDA EM CADASTROS DE INADIMPLENTES. DANO MORAL CONFIGURADO. MULTA COMINATÓRIA FIXADA EM DEMANDA PRETÉRITA. DESCUMPRIMENTO. CUMULAÇÃO.
POSSIBILIDADE.
1. As disposições do NCPC são aplicáveis ao caso concreto ante os termos do Enunciado n. 3, aprovado pelo Plenário do STJ na sessão de 9.3.2016: Aos recursos interpostos com fundamento no CPC/2015 (relativos a decisões publicadas a partir de 18 de março de 2016) serão exigidos os requisitos de admissibilidade recursal na forma do novo CPC.
2. Cinge-se a controvérsia em definir se é possível prosperar o pedido de indenização por danos morais em razão de descumprimento de ordem judicial em demanda pretérita, na qual foi fixada multa cominatória.
3. A jurisprudência desta Corte é firme no sentido de que a inscrição indevida em cadastro de inadimplentes gera dano moral passível de indenização, salvo constatada a existência de outras anotações preexistentes àquela que deu origem a ação reparatória (Súmula n. 385 do STJ).
4. Referida indenização visa a reparar o abalo moral sofrido em decorrência da verdadeira agressão ou atentado contra dignidade da pessoa humana.
5. A multa cominatória, por outro lado, tem cabimento nas hipóteses de descumprimento de ordens judiciais, sendo fixada justamente com o objetivo de compelir a parte ao cumprimento daquela obrigação. Encontra justificativa no princípio da efetividade da tutela jurisdicional e na necessidade de se assegurar o pronto cumprimento das decisões judiciais cominatórias.
6. Considerando, portanto, que os institutos em questão têm natureza jurídica e finalidades distintas, é possível a cumulação.

7. Recurso especial provido (REsp 1689074/RS, Rel. Ministro Moura Ribeiro, 3.ª T., j. 16.10.2018, *DJe* 18.10.2018).

8.2.7. Responsabilidade pelos atos dos prepostos ou representantes autônomos

Dispõe o art. 34 do CDC que: "O fornecedor do produto ou serviço é solidariamente responsável pelos atos de seus prepostos ou representantes autônomos".

Desta forma, qualquer documento assinado em sentido contrário, ou seja, eximindo o fornecedor de responder pelos atos dos seus prepostos ou representantes autônomos, não terá valor jurídico algum.

> Fornecedor responde solidariamente pelos atos dos prepostos e representantes.

A esse respeito, questão interessante envolve saber qual o alcance do dispositivo legal em relação aos beneficiários de uma publicidade, ou seja, até que ponto uma montadora de veículos, por exemplo, responde pelo cumprimento da oferta veiculada no mercado de consumo e não cumprida pela concessionária em razão de sua falência?

No ano de 2002 o Superior Tribunal de Justiça chegou até a entender pela responsabilidade da montadora conforme julgado *infra*: **"Diante da declaração de falência da concessionária, a responsabilidade pela informação ou publicidade divulgada recai integralmente sobre a empresa fornecedora"** (REsp 363.939/MG, Ministra Nancy Andrighi, 3.ª T., *DJ* 1.º.7.2002).

No entanto, em caso semelhante julgado posteriormente o STJ afastou a incidência do disposto no art. 34 do CDC ao entender que:

CIVIL. CONSÓRCIO. VEÍCULOS AUTOMOTORES. QUEBRA DO CONTRATO. FORNECEDOR (FIAT). RESPONSABILIZAÇÃO. IMPOSSIBILIDADE.
1 — Se não há participação da concedente (Fiat) no consórcio, restando impossibilitada a aplicação da teoria da aparência, tampouco se enquadrando a concessionária (única operadora do consórcio) como representante autônoma da fabricante, não se pode responsabilizar a Fiat pelo não cumprimento do contrato, ficando afastada, no caso, a aplicação do art. 34 do CDC, até porque as premissas fixadas nas instâncias ordinárias não podem ser elididas na via especial, sob pena de infringência às súmulas 5 e 7 deste Superior Tribunal de Justiça.
2 — Recurso especial não conhecido (REsp 566.735/PR, Rel. p/ Acórdão Ministro Fernando Gonçalves, 4.ª T., *DJe* 1.º.3.2010).

8.3. QUESTÕES

QUESTÕES DE CONCURSOS
http://uqr.to/1yf1d

9

PUBLICIDADE NO CDC

9.1. CONCEITO DE PUBLICIDADE

A publicidade pode ser conceituada como a informação veiculada ao público consumidor com o **objetivo de promover comercialmente** e, ainda que indiretamente, produto ou serviço disponibilizado ao mercado de consumo.

É, conforme visto no capítulo anterior, a publicidade a principal manifestação de oferta, sendo, porém, a definição desta mais abrangente do que a daquela. Isto é, toda publicidade é manifestação de oferta, mas nem toda oferta se resume à publicidade, pois alberga também qualquer informação suficientemente precisa e veiculada como a do vendedor de uma loja comercial.

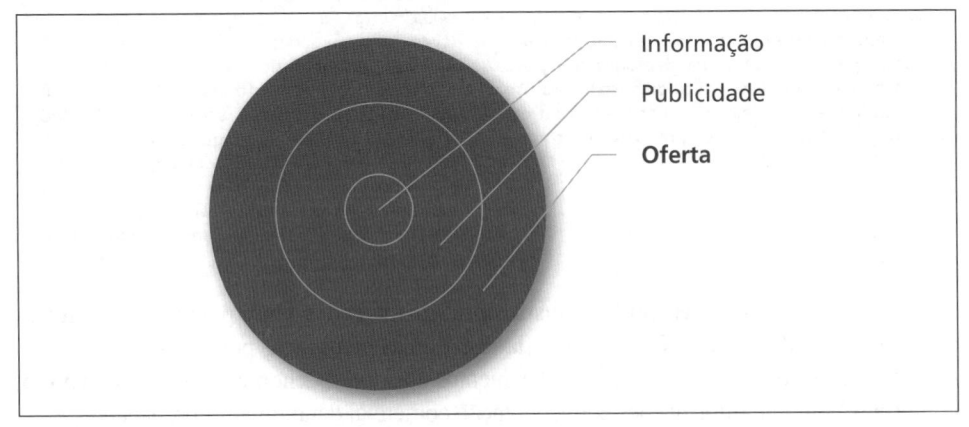

```
Informação
Publicidade
Oferta
```

Dois elementos são facilmente identificáveis na definição de publicidade ora apresentada:

- necessidade de veicular a informação;
- objetivo comercial da publicidade.

Realmente, se a **informação não for exteriorizada, não haverá publicidade**, nem oferta. Assim, o primeiro elemento é a veiculação de uma informação que, em regra, estará afeta a um produto ou serviço disponibilizado no mercado.

A finalidade comercial também é imprescindível, sob pena de a confundirmos com propaganda, que tecnicamente tem objetivos diversos da publicidade, conforme analisaremos em breve.

O Código de Defesa do Consumidor não define publicidade e também não faz exigência de sua existência como forma de promover produtos e serviços no mercado de consumo. Assim, compartilhamos dos ensinamentos de Herman Benjamin no sentido de que, se a publicidade não é dever, é direito do fornecedor, desde que a veicule por sua conta e risco.

Segundo o aludido autor, não "há no Código, de fato, nenhuma regra que imponha um dever de anunciar, *a priori,* dirigido ao fornecedor. As duas únicas exceções são sempre *a posteriori*: quando o fornecedor toma conhecimento tardio dos riscos do produto ou serviço (art. 10, §§ 1.º e 2.º) e na hipótese de contrapropaganda (arts. 56, XII, e 60)".[1]

Em resumo, por mais que o CDC não obrigue a veiculação de publicidade por parte do fornecedor, tal Diploma veda a publicidade enganosa e abusiva, além de disciplinar as formas de passar as informações sobre produtos e serviços disponibilizados no mercado de consumo.

9.1.1. Publicidade vs. propaganda

A doutrina diverge a respeito de considerar publicidade e propaganda como institutos distintos ou sinônimos:

INSTITUTOS DISTINTOS	INSTITUTOS SINÔNIMOS
Herman Benjamin: "Não se confundem publicidade e propaganda, embora, no dia a dia do mercado, os dois termos sejam utilizados um pelo outro. A **publicidade tem um objetivo comercial** (...), enquanto a **propaganda visa a um fim ideológico, religioso, filosófico, político, econômico ou social.** Fora isso, a publicidade, além de paga, identifica seu patrocinador, o que nem sempre ocorre com a propaganda".[2]	**Rizzatto Nunes:** "Tomado pela etiologia, vê-se que o termo 'propaganda' tem origem no latim *'propaganda'*, do gerundivo de 'propagare', 'coisas que devem ser propagadas'. Donde afirmar-se que a palavra comporta o sentido de propagação de princípios, ideias, conhecimentos ou teorias. O vocábulo 'publicidade', por sua vez, aponta para a qualidade daquilo que é público ou do que é feito em público. Ambos os termos, portanto, seriam bastante adequados para expressar o sentido buscado pelo anunciante de produto ou serviço. (...) Logo, **os dois vocábulos podem ser usados como sinônimos.**"[3]

Na verdade, **nem o legislador constituinte fez diferença** entre publicidade e propaganda. O **art. 220, § 4.º, da CF**, ao tratar da restrição às mensagens publicitárias dos cigarros, bebidas alcoólicas, agrotóxicos, medicamentos e terapias, denominou-as **"propaganda comercial"**, ou seja, informações com conotação comercial denominadas propaganda.

Por outro lado, quando foi disciplinar a veiculação da informação sobre atos, programas, obras, serviços e campanhas dos órgãos públicos, a denominação utilizada foi "publicidade" (art. 37, § 1.º, da CF).

---

[1] GRINOVER, Ada Pellegrini; BENJAMIN, Antônio Herman de V.; FINK, Daniel Roberto; FILOMENO, José Geraldo Brito; NERY JR., Nelson; DENARI, Zelmo. *Código Brasileiro de Defesa do Consumidor*, p. 318.

[2] GRINOVER, Ada Pellegrini; BENJAMIN, Antônio Herman de V.; FINK, Daniel Roberto; FILOMENO, José Geraldo Brito; NERY JR., Nelson; DENARI, Zelmo. *Código Brasileiro de Defesa do Consumidor*, p. 324.

[3] NUNES, Luiz Antonio Rizzatto. *Curso de direito do consumidor*, p. 61-64.

O mesmo podemos identificar no **CDC** ao tratar da **contrapropaganda**. Os arts. 56, XII, e 60 do Diploma Consumerista, ao tratar do tema necessidade de veicular nova publicidade escoimada dos vícios de enganosidade ou de abusividade, não denominou o instituto contrapublicidade, mas contrapropaganda.

Por fim, a própria **jurisprudência do STJ segue a mesma linha**, ao definir a informação veiculada no mercado de consumo com finalidades comerciais ora como publicidade, ora como propaganda (REsp 1.266.937/MG, Rel. Ministro Luis Felipe Salomão, 4.ª T., *DJe* 1.º.2.2012).

Em última análise, apesar de tecnicamente ser possível diferenciar publicidade de propaganda, na prática ambas as expressões são utilizadas para definir as informações veiculadas no mercado de consumo como finalidades comerciais.

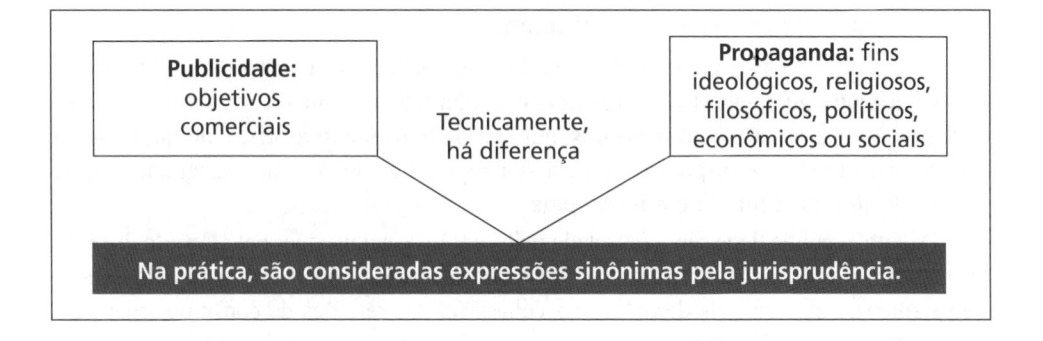

```
┌─────────────────┐                    ┌─────────────────────┐
│  Publicidade:   │                    │ Propaganda: fins    │
│   objetivos     │                    │ ideológicos, religiosos,
│   comerciais    │   Tecnicamente,    │ filosóficos, políticos,
│                 │   há diferença     │ econômicos ou sociais│
└─────────────────┘                    └─────────────────────┘

┌──────────────────────────────────────────────────────────────┐
│ Na prática, são consideradas expressões sinônimas pela jurisprudência. │
└──────────────────────────────────────────────────────────────┘
```

9.1.2. Publicidade institucional e promocional

Antônio Herman de Vasconcellos e Benjamin ressalta uma importante diferença existente no ramo da publicidade conforme seu objeto. Trata-se da publicidade institucional, de um lado, e promocional, do outro.

"Na **publicidade institucional (ou corporativa)** o que se **anuncia** é a própria **empresa** e não um produto seu. Seus objetivos são alcançados a mais longo prazo, beneficiando muitas vezes produtos ou serviços que sequer já são produzidos pela empresa. Em certas ocasiões, especialmente quando a empresa enfrenta problemas de imagem, uma campanha de publicidade institucional pode ser a solução para alterar a forma como o público a enxerga. (...)

De modo diverso, a **publicidade promocional (do produto ou serviço)** tem um objetivo imediato; seus resultados são esperados a curto prazo. Divide-se em *publicidade para a demanda primária* e *publicidade para a demanda seletiva*".[4]

Esquematizando as ideias do aludido doutrinador, encontramos:

---

[4] BENJAMIN, Antônio Herman de V.; MARQUES, Claudia Lima; BESSA, Leonardo Roscoe. *Manual de direito do consumidor*, p. 325.

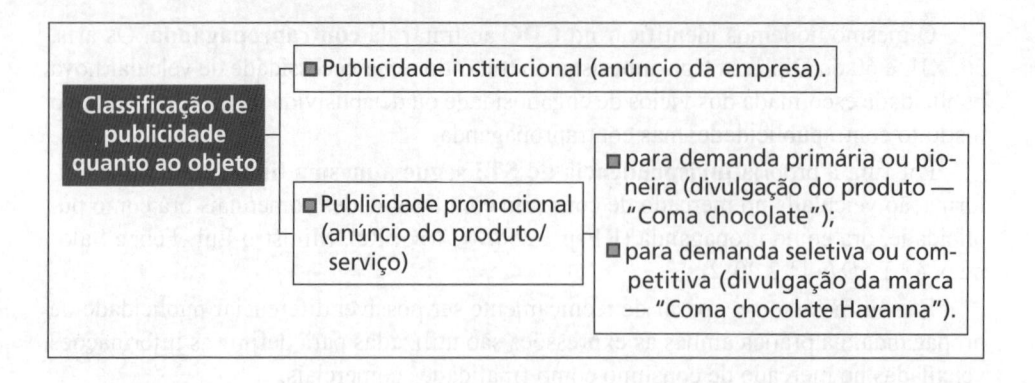

```
┌─────────────────────────────────────────────────────────────────────────┐
│                        ▪ Publicidade institucional (anúncio da empresa).│
│  Classificação de  ┤                                                    │
│    publicidade                              ▪ para demanda primária ou  │
│  quanto ao objeto                             pioneira (divulgação do   │
│                     ▪ Publicidade promocional produto — "Coma           │
│                       (anúncio do produto/    chocolate");              │
│                       serviço)              ▪ para demanda seletiva ou  │
│                                               competitiva (divulgação   │
│                                               da marca — "Coma          │
│                                               chocolate Havanna").      │
└─────────────────────────────────────────────────────────────────────────┘
```

9.1.3. Formas de controle da publicidade

A depender do sistema adotado, a publicidade poderá ser **controlada pelo Estado exclusivamente ou** apenas pelo **setor privado** referente ao ramo da atividade econômica desenvolvida, **ou**, ainda, **por ambos**, num verdadeiro **sistema misto**, no qual Estado e setor privado são os responsáveis pela sua regulamentação. Trata-se, quanto a este último, do sistema **adotado em nosso país**.

De fato, a publicidade será controlada pelos órgãos estatais: quer pelo **Estado Juiz**, ao dirimir conflitos de interesses à luz do Código de Defesa do Consumidor; quer pelo **Estado Legislador**, ao elaborar leis de defesa do vulnerável nas relações de consumo; quer pelo **Estado Administração**, implementando direta ou indiretamente a defesa do consumidor.

Paralelamente ao controle estatal, encontramos no Brasil o controle privado desempenhado pelas entidades envolvidas no setor da publicidade, sob o comando do **CONAR — Conselho Nacional de Autorregulamentação Publicitária**. "A efetividade da decisão do CONAR nos casos que lhe são submetidos apoia-se no fato de que o integram às associações de todos os setores econômicos envolvidos com a atividade publicitária, no caso anunciantes, agências de publicidade e veículos de comunicação. O rito processual previsto para exame das reclamações contra anúncios publicitários prevê inclusive a concessão de medida liminar (arts. 29 a 34 do Regimento Interno da entidade), visando à sustação da veiculação do anúncio em desacordo com o Código brasileiro de autorregulamentação publicitária."[5]

O **Código Brasileiro de Autorregulamentação Publicitária** vem trazendo inovações importantes, como no tocante à regulamentação da publicidade de certos produtos nocivos ao consumidor, por exemplo das bebidas alcoólicas, com vedações como a seguinte: "as mensagens serão exclusivamente destinadas a público adulto, não sendo justificável qualquer transigência em relação a este princípio. Assim, o conteúdo dos anúncios deixará claro tratar-se de produto de consumo impróprio para menores; não empregará linguagem, expressões, recursos gráficos e audiovisuais reconhecidamente pertencentes ao universo infantojuvenil, tais como animais 'humanizados', bonecos ou animações que possam despertar a curiosidade ou a atenção de menores nem contribuir

---

[5] MIRAGEM, Bruno. *Curso de direito do consumidor*, p. 185.

para que eles adotem valores morais ou hábitos incompatíveis com a menoridade" (Anexo A — 2.b).

No entanto, em nossa opinião, a regulamentação das bebidas alcoólicas deveria ser melhor disciplinada pela Lei n. 9.294/96, que analisaremos logo mais.

9.1.4. Princípios específicos da publicidade no CDC

Conforme estudado no Capítulo 2 deste livro, a publicidade vem norteada por princípios específicos a seguir elencados.

9.1.4.1. Princípio da identificação fácil e imediata da publicidade

O Código de Defesa do Consumidor prevê em seu **art. 36, caput,** que a **"publicidade deve ser veiculada de tal forma que o consumidor, fácil e imediatamente, a identifique como tal"**. Desta forma, a publicidade só estará em consonância com o princípio ora analisado se o consumidor puder identificá-la de forma imediata e facilmente.

Diante desse princípio, **alguns tipos de publicidade** passaram a ter sua **legitimidade questionada**, na medida em que suas mensagens nem sempre são captadas imediatamente pelos consumidores no tocante ao seu conteúdo comercial. Referimo-nos à:

- publicidade dissimulada;
- publicidade subliminar;
- publicidade clandestina — *merchandising*.

Publicidade Dissimulada

É mensagem com **conotação jornalística**, de cunho redacional. Nela geralmente ocorre uma entrevista ou pesquisa em que o ator principal da publicidade se passa por um jornalista, mas o objetivo comercial de promover um produto ou um serviço é o seu enfoque principal.

Sobre o tema, destacamos os ensinamentos de Rizzatto Nunes, segundo os quais uma "boa tática para iludir consumidores é a de plantar publicidade nos veículos de comunicação (especialmente mídia impressa — jornais e revistas —, mas também rádio e TV) travestida de matéria jornalística. É que, como o consumidor tende a acreditar na peça jornalística como que apresentando um evento verdadeiro, toma a ficção como realidade e é enganado".[6]

Na regulamentação privada da publicidade realizada pelo **CONAR** (Conselho Nacional de Autorregulamentação Publicitária), ressalta-se que o próprio **Código de Autorregulamentação Publicitária** define em seu **art. 30** que a **"peça jornalística** sob a forma de reportagem, artigo, nota, texto-legenda ou qualquer outra que se veicule mediante pagamento, **deve ser apropriadamente identificada** para que se distinga das matérias editoriais e não confunda o Consumidor". Assim, desde que este tipo de **publicidade** venha

---

[6] NUNES, Luiz Antonio Rizzatto. *Curso de direito do consumidor*, p. 266.

acompanhado de avisos, por exemplo **"informe publicitário"**, a mensagem estará compatível com o princípio da identificação fácil e imediata da publicidade.[7]

> **Publicidade Subliminar**
> É a mensagem que **não é percebida pelo consciente**, mas é **captada pelo inconsciente** do consumidor.

A esse respeito, Antônio Herman de Vasconcellos e Benjamin cita o trabalho de "David Gurnick, 'Subliminal advertising: threat to consumer autonomy?', in *Beverly Hills Bar Association Journal*, v. 21, n. 1, 1986-87, p. 56-72. **A eficácia da publicidade subliminar foi testada**, experimentalmente, **em 1957**. Em um **cinema dos Estados Unidos**, a audiência foi bombardeada com as seguintes **frases, na velocidade de 1/3000** de segundo: **'Drink Coca-Cola' e 'Hungry? Eat Popcorn'. O consumo de tais produtos, durante a apresentação, aumentou bastante**. Não há, contudo, casos registrados de utilização comercial de publicidade subliminar. Por via das dúvidas, como mera cautela preventiva, a Federal Trade Commission, em 1974, emitiu uma *public notice*, alertando contra a abusividade da publicidade subliminar".[8]

O Código Brasileiro de Autorregulamentação Publicitária não se ocupa da publicidade subliminar, "por não se tratar de técnica comprovada, jamais detectada de forma juridicamente inconteste. São condenadas, no entanto, quaisquer tentativas destinadas a produzir efeitos 'subliminares' em publicidade ou propaganda" (art. 29). De fato, esse tipo de mensagem publicitária, quando passível de ser comprovada, será violador do princípio da fácil e imediata identificação da publicidade.

> **Publicidade Clandestina — *Merchandising***
> É a técnica de **veiculação indireta de produtos ou serviços** por meio da respectiva **inserção no cotidiano da vida de personagens** de novelas, filmes, programas de rádio ou TV, dentre outros. É o caso do galã da novela que aparece em determinada cena, sentado a uma mesa de bar, tomando certa marca de refrigerante que aparece com seu rótulo no plano central da imagem.

O **Código de Defesa do Consumidor não veda expressamente a veiculação do** *merchandising*, mas a doutrina entende pela necessidade de **compatibilizá-lo com o princípio da identificação fácil e imediata da publicidade**.

Segundo Herman Benjamin, a melhor forma de se atingir tal intento seria por meio da **"utilização de 'créditos'**, ou seja, a **veiculação antecipada de uma informação comunicando que**, naquele programa, peça ou filme, **ocorrerá** *merchandising* de tais e tais produtos ou serviços. Não vejo aí violação do requisito da imediatidade. Esta tem por *ratio* evitar a identificação *a posteriori*. Ora, o crédito simplesmente fornece os elementos necessários para que o consumidor, no momento da veiculação do *merchandising*, possa identificá-lo, de imediato, como publicidade. Por cautela, o crédito, nos

---

[7] MIRAGEM, Bruno. *Curso de direito do consumidor*, p. 173.
[8] GRINOVER, Ada Pellegrini; BENJAMIN, Antônio Herman de V.; FINK, Daniel Roberto; FILOMENO, José Geraldo Brito; NERY JR., Nelson; DENARI, Zelmo. *Código Brasileiro de Defesa do Consumidor*, p. 337.

programas que são fragmentados, deve ser reapresentado tantas vezes quantos sejam os fragmentos. E para proteger os consumidores que não tenham oportunidade de assistir ao início do programa (ligaram a televisão após a abertura da novela, por exemplo), também se deve exigir que os créditos sejam repetidos ao final de cada fragmento".[9]

No âmbito da regulamentação privada, o Código de Autorregulamentação Publicitária "encoraja" em seu art. 29, parágrafo único, "os Veículos de Comunicação a adotarem medidas ao seu alcance destinadas a facilitar a apreensão da natureza publicitária da ação de 'merchandising'".

Assim, destaca-se que até o CONAR entende pela necessidade de se deixar bem claro ao consumidor que o *merchandising* é uma peça publicitária.

No tocante à **publicidade clandestina**, cabem ainda algumas observações sobre o *teaser*, isto é, **o anúncio do anúncio**. Para o CONAR, em seu Código de Autorregulamentação, o *teaser* pode ser entendido como "a mensagem que visa a criar expectativa ou curiosidade no público, poderá prescindir da identificação do anunciante, do produto ou do serviço" (art. 9.º, § 2.º).

Tratando-se, portanto, de parte do anúncio — que será veiculado por completo num futuro próximo —, compartilhamos com a posição de Bruno Miragem segundo a qual o atendimento ao princípio da identificação da publicidade "deverá ser avaliado a partir da compreensão de toda a peça publicitária, desde seu anúncio prévio, no formato de *teaser*, até a divulgação da peça final, razão pela qual sua utilização parece ser admissível, contanto que não viole normas específicas do CDC, como as relativas à publicidade enganosa e abusiva".[10]

9.1.4.2. Princípio da vinculação da oferta/publicidade

O dispositivo no CDC responsável pelo princípio da vinculação é o **art. 30**, ao prever que toda **"informação ou publicidade**, suficientemente precisa, veiculada por qualquer forma ou meio de comunicação com relação a produtos e serviços oferecidos ou apresentados, **obriga o fornecedor que a fizer veicular ou dela se utilizar** e integra o contrato que vier a ser celebrado".

Trata-se de dispositivo que traz as principais características da oferta e, sendo a publicidade a principal manifestação da oferta, o princípio da vinculação é plenamente aplicável às mensagens publicitárias. Assim, **ofertou, vinculou**. Ou, nas palavras de José Geraldo Brito Filomeno, **"prometeu, tem de cumprir"**.[11]

Sobre o tema, entende o STJ:

> DIREITO DO CONSUMIDOR. PUBLICIDADE ENGANOSA. EMPREENDIMENTO DIVULGADO E COMERCIALIZADO COMO HOTEL. MERO RESIDENCIAL COM SERVIÇOS. INTERDIÇÃO PELA MUNICIPALIDADE. OCULTAÇÃO DELIBERADA

---

[9] GRINOVER, Ada Pellegrini; BENJAMIN, Antônio Herman de V.; FINK, Daniel Roberto; FILOMENO, José Geraldo Brito; NERY JR., Nelson; DENARI, Zelmo. *Código Brasileiro de Defesa do Consumidor*, p. 338-339.
[10] MIRAGEM, Bruno. *Curso de direito do consumidor*, p. 174.
[11] FILOMENO, José Geraldo Brito. *Manual de direitos do consumidor*, p. 202.

DE INFORMAÇÃO PELO FORNECEDOR. ANULAÇÃO DO NEGÓCIO JURÍDICO. INDENIZAÇÃO POR LUCROS CESSANTES E POR DANOS MORAIS DEVIDA. 1. O direito à informação, no Código de Defesa do Consumidor, é corolário das normas intervencionistas ligadas à função social e à boa-fé, em razão das quais a liberdade de contratar assume novel feição, impondo a necessidade de transparência em todas as fases da contratação: o momento pré-contratual, o de formação e o de execução do contrato e até mesmo o momento pós-contratual. 2. **O princípio da vinculação da publicidade reflete a imposição da transparência e da boa-fé nos métodos comerciais, na publicidade e nos contratos, de modo que o fornecedor de produtos ou serviços obriga-se nos exatos termos da publicidade veiculada, sendo certo que essa vinculação estende-se também às informações prestadas por funcionários ou representantes do fornecedor.** 3. Se a informação se refere a dado essencial capaz de onerar o consumidor ou restringir seus direitos, deve integrar o próprio anúncio, de forma precisa, clara e ostensiva, nos termos do art. 31 do CDC, sob pena de configurar publicidade enganosa por omissão. 4. No caso concreto, desponta estreme de dúvida que o principal atrativo do projeto foi a sua divulgação como um empreendimento hoteleiro — o que se dessume à toda vista da proeminente reputação que a Rede Meliá ostenta nesse ramo —, bem como foi omitida a falta de autorização do Município para que funcionasse empresa dessa envergadura na área, o que, à toda evidência, constitui publicidade enganosa, nos termos do art. 37, *caput* e § 3.º, do CDC, rendendo ensejo ao desfazimento do negócio jurídico, à restituição dos valores pagos, bem como à percepção de indenização por lucros cessantes e por dano moral. 5. Recurso especial de Antônio Rogério Saldanha Maia provido. 6. Recursos especiais de Gafisa S/A e Banco BBM S/A não conhecidos. Prejudicadas as demais questões suscitadas (REsp 1.188.442/RJ, Rel. Ministro Luis Felipe Salomão, 4.ª T., *DJe* 5.2.2013).

O **art. 35** do Diploma Consumerista determina as **opções** conferidas ao consumidor nos casos de violação deste princípio:

> "Se o fornecedor de produtos ou serviços **recusar cumprimento à oferta**, apresentação ou publicidade, o consumidor poderá, alternativamente e à sua livre escolha:
> I — exigir o cumprimento forçado da obrigação, nos termos da oferta, apresentação ou publicidade;
> II — aceitar outro produto ou prestação de serviço equivalente;
> III — rescindir o contrato, com direito à restituição de quantia eventualmente antecipada, monetariamente atualizada, e a perdas e danos".

Sobre a recusa no cumprimento da publicidade, cumpre destacar que a própria Lei n. 8.078/90 prevê em seu **art. 84** quais seriam os **instrumentos** processuais hábeis para exigir o **cumprimento forçado da oferta** como forma de concretizar a efetividade do princípio ora analisado, resumido o dispositivo da seguinte forma:

- ação de obrigação de fazer (art. 84, *caput*);
- pedido de liminar, tratando-se de relevante fundamento da demanda e havendo justificado receio de ineficácia do provimento final (art. 84, § 3.º);
- o juiz poderá impor multa diária independentemente de pedido do autor (art. 84, § 4.º);
- o juiz poderá determinar outras medidas necessárias, como a busca e apreensão (art. 84, § 5.º).

O aprofundamento devido destes temas, bem como das repercussões do erro na publicidade e a viabilidade ou não do descumprimento do ofertado no mercado de consumo, foi objeto de capítulo próprio, quando tratamos da Oferta no CDC.

9.1.4.3. Princípio da proibição da publicidade ilícita

Nos termos do **art. 37** do Código de Defesa do Consumidor, é **"proibida toda publicidade enganosa ou abusiva"**. É evidente que estas duas espécies de publicidade não são as únicas modalidades de peças publicitárias ilícitas.

Outras mensagens são coibidas pela Lei n. 8.078/90, como aquelas que violam, por exemplo, os princípios da identificação fácil e imediata da publicidade ou o da vinculação. No entanto, em razão da importância de se disciplinarem as duas manifestações ilícitas mais corriqueiras no mundo publicitário, vem o CDC e expressamente proíbe a publicidade enganosa e a abusiva no mercado de consumo.

A **publicidade enganosa** consiste em "qualquer modalidade de informação ou comunicação de caráter publicitário, inteira ou parcialmente falsa, ou, por qualquer outro modo, mesmo por omissão, capaz de induzir em erro o consumidor a respeito da natureza, características, qualidade, quantidade, propriedades, origem, preço e quaisquer outros dados sobre produtos e serviços" **(art. 37, § 1.º, do CDC)**.

A **publicidade** será considerada **enganosa por omissão** "quando deixar de informar sobre dado essencial do produto ou serviço" **(art. 37, § 3.º, do CDC)**.

Já a **publicidade abusiva** é a antiética, capaz de ferir valores da coletividade, tais como "a publicidade discriminatória de qualquer natureza, a que incite à violência, explore o medo ou a superstição, se aproveite da deficiência de julgamento e experiência da criança, desrespeita valores ambientais, ou que seja capaz de induzir o consumidor a se comportar de forma prejudicial ou perigosa à sua saúde ou segurança" **(art. 37, § 2.º, do CDC)**.

Portanto, o princípio da proibição da publicidade ilícita alberga:

■ princípio da veracidade — segundo o qual a publicidade não poderá induzir em erro o consumidor;

■ princípio da não abusividade — pelo qual a mensagem publicitária não poderá ferir valores da coletividade.

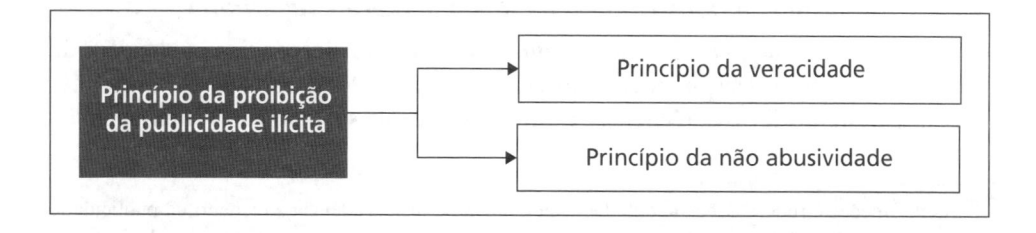

Além da publicidade proibida, Bruno Miragem[12] lembra ainda da publicidade restrita nos termos do art. 220, § 4.º, da Constituição Federal, que prevê: "A propaganda

---

[12] MIRAGEM, Bruno. *Curso de direito do consumidor*, p. 182.

comercial de tabaco, bebidas alcoólicas, agrotóxicos, medicamentos e terapias estará sujeita a restrições legais, nos termos do inciso II do parágrafo anterior, e conterá, sempre que necessário, advertência sobre os malefícios decorrentes de seu uso". A lei que regulamenta o aludido dispositivo constitucional é a Lei n. 9.294/96.[13]

9.1.4.4. Princípio da inversão obrigatória do ônus da prova

No tocante à publicidade, determina o **art. 38 do CDC** uma modalidade de **inversão obrigatória,** *ope legis,* do ônus probante, ao estabelecer, *in verbis:* "O **ônus da prova da veracidade e correção** da informação ou comunicação publicitária **cabe a quem as patrocina**".

Com efeito, o ônus de provar que a publicidade não é enganosa nem abusiva será do fornecedor, sendo tal inversão decorrente da lei e, portanto, independentemente do reconhecimento de qualquer requisito pelo magistrado, como ocorre com a inversão do art. 6.º, inciso VIII, do CDC — inversão *ope judicis* —, cujo deferimento se dará ante a presença da verossimilhança das alegações do consumidor, ou caso seja ele o hipossuficiente da relação, conforme estudado no subitem 4.3.9 deste livro.

A **inversão obrigatória** do ônus da prova **é corolário dos princípios da veracidade e da não abusividade da publicidade**, pois se incumbe ao fornecedor veicular mensagens que não sejam capazes de induzir o consumidor em erro, bem como que não sejam violadoras de valores da coletividade, caberá também a ele — fornecedor — comprovar a veracidade e a correção de sua peça publicitária.

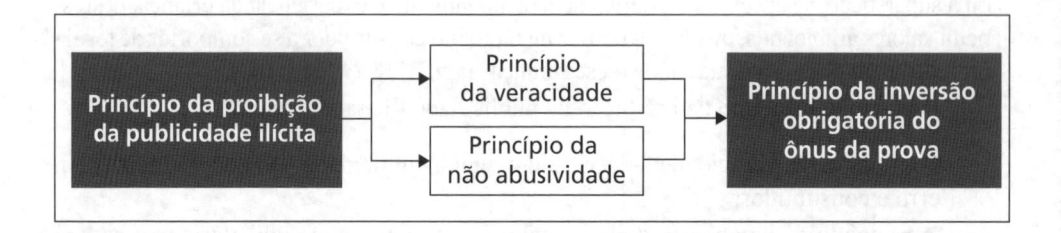

```
Princípio da proibição      Princípio
da publicidade ilícita  →   da veracidade        →   Princípio da inversão
                            Princípio da              obrigatória do
                            não abusividade           ônus da prova
```

9.1.4.5. Princípio da transparência na fundamentação publicitária

Dispõe o **art. 36, parágrafo único, do CDC** que o "**fornecedor**, na publicidade de seus produtos ou serviços, **manterá**, em seu poder, para informação dos legítimos interessados, **os dados fáticos, técnicos e científicos que dão sustentação à mensagem**".[14]

---

[13] As definições e repercussões apontadas pela doutrina e jurisprudência a respeito da publicidade enganosa e da publicidade abusiva, além das peças publicitárias sobre bebidas alcoólicas, serão estudadas em capítulo específico.

[14] Sobre o princípio da transparência, já se posicionou o STJ: "5. Por expressa disposição legal, só respeitam o princípio da transparência e da boa-fé objetiva, em sua plenitude, as informações que sejam 'corretas, claras, precisas, ostensivas' e que indiquem, nessas mesmas condições, as 'características, qualidades, quantidade, composição, preço, garantia, prazos de validade e origem, entre outros dados' do produto ou serviço, objeto da relação jurídica de consumo (art. 31 do CDC). 6.

É o princípio da transparência na fundamentação da publicidade, pois deverá tornar acessível aos interessados os dados que fundamentam a mensagem.

Muito se discute se esse dever se limitaria ao fornecedor ou também seria estendido à agência de publicidade e aos veículos de comunicação veiculadores da mensagem.

José Geraldo Brito Filomeno entende que se cuida "de princípio eminentemente ético, e tem por base o dever que é imposto tanto aos anunciantes, como aos seus agentes publicitários e veículos, que, ao transmitirem alguma característica especial sobre determinado produto ou serviço, e caso haja dúvidas a respeito, que a justifiquem cientificamente".[15]

No entanto, a jurisprudência do Superior Tribunal de Justiça, quando invocada a apreciar eventual responsabilidade dos veículos de comunicação no tocante às publicidades enganosas ou abusivas, vem posicionando-se no sentido de não reconhecer a responsabilização: **"A responsabilidade pela qualidade do produto ou serviço anunciado ao consumidor é do fornecedor respectivo, assim conceituado nos termos do art. 3.º da Lei n. 8.078/90, não se estendendo à empresa de comunicação que veicula a propaganda por meio de apresentador durante programa de televisão, denominada 'publicidade de palco'"** (REsp 1.157.228/RS, Rel. Ministro Aldir Passarinho Junior, 4.ª T., *DJe* 27.4.2011).

De qualquer forma, dúvida não há de que **o princípio da transparência na fundamentação da publicidade é decorrência do princípio da inversão obrigatória do ônus da prova**, na medida em que, se ao patrocinador da mensagem cabe o ônus de demonstrar a sua veracidade e a sua correção, deverá fazê-lo por meio dos dados fáticos, técnicos e científicos que dão sustentação à peça publicitária.

Assim, demonstraremos pelo esquema abaixo a total conexão entre o princípio ora analisado e os dois antecessores:

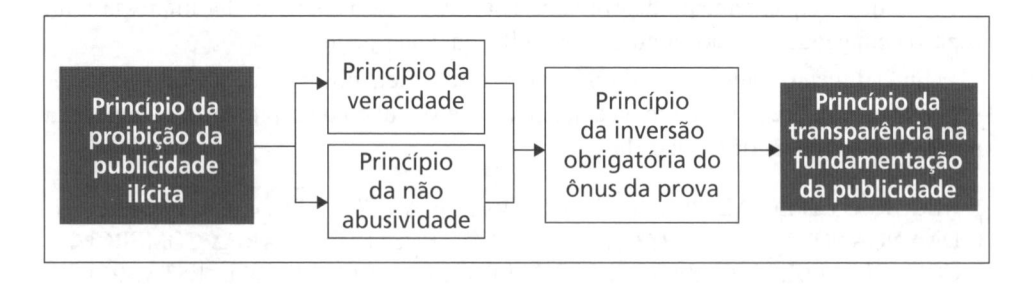

```
┌─────────────┐      ┌─────────────┐
│ Princípio da│ ───▶ │ Princípio da│      ┌─────────────┐      ┌─────────────┐
│ proibição da│      │  veracidade │ ───▶ │  Princípio  │ ───▶ │ Princípio da│
│ publicidade │      ├─────────────┤      │ da inversão │      │transparência│
│   ilícita   │ ───▶ │ Princípio   │      │obrigatória do│      │    na       │
│             │      │ da não      │      │ônus da prova│      │fundamentação│
│             │      │ abusividade │      │             │      │da publicidade│
└─────────────┘      └─────────────┘      └─────────────┘      └─────────────┘
```

Exigidas literalmente pelo art. 31 do CDC, informações sobre preço, condições de pagamento e crédito são das mais relevantes e decisivas na opção de compra do consumidor e, por óbvio, afetam diretamente a integridade e a retidão da relação jurídica de consumo. Logo, em tese, o tipo de fonte e localização de restrições, condicionantes e exceções a esses dados devem observar o mesmo tamanho e padrão de letra, inserção espacial e destaque, sob pena de violação do dever de ostensividade. 7. Rodapé ou lateral de página não são locais adequados para alertar o consumidor, e, tais quais letras diminutas, são incompatíveis com os princípios da transparência e da boa-fé objetiva, tanto mais se a advertência disser respeito à informação central na peça publicitária e a que se deu realce no corpo principal do anúncio, expediente astucioso que caracterizará publicidade enganosa por omissão, nos termos do art. 37, §§ 1.º e 3.º, do CDC, por subtração sagaz, mas nem por isso menos danosa e condenável, de dado essencial do produto ou serviço. (...)" (AgRg no AgRg no REsp 1.261.824/SP, Rel. Ministro Herman Benjamin, 2.ª T., *DJe* 9.5.2013).

[15] FILOMENO, José Geraldo Brito. *Manual de direitos do consumidor*, p. 204.

9.1.4.6. Princípio do dever da contrapropaganda

Determina o **art. 60,** *caput*, do Diploma Consumerista que a **imposição de contrapropaganda** será cominada quando o **fornecedor incorrer na prática de publicidade enganosa ou abusiva**, sempre às expensas do infrator.

Veiculada uma publicidade ilícita, qualquer que seja a sua natureza, o mercado de consumo é acometido imediatamente de danos muitas vezes irreparáveis.

Desta forma, para tentar minimizar tais prejuízos, poderá ser imposto em face do fornecedor o dever da contrapropaganda, que possui natureza de **obrigação de fazer**, isto é, de **veicular uma nova mensagem publicitária**, só que, desta vez, **escoimada dos vícios** da enganosidade ou da abusividade.

Prevê ainda o CDC que **a contrapropaganda** para atingir a eficácia pretendida **deverá ser veiculada nas mesmas proporções** da mensagem viciada, como a única forma de desfazer ou, ao menos, minimizar os malefícios da publicidade enganosa ou abusiva. Nesse sentido, estabelece o art. 60, § 1.º, do CDC que a contrapropaganda será divulgada:

- da mesma forma, frequência e dimensão; e
- preferencialmente no mesmo veículo, local, espaço e horário.

De fato, se a **publicidade enganosa ou abusiva** foi veiculada **no intervalo** de um **jornal** televisivo de âmbito **nacional** com duração de cinco minutos, a respectiva **contrapropaganda** para atingir os efeitos desejados **não poderá ser divulgada altas horas** da madrugada com tempo de trinta segundos, pois não foi da mesma forma, nem dimensão, ainda que possa ter ocorrido no mesmo veículo de comunicação.

É o que frequentemente ocorre com as erratas inseridas na mídia impressa num espaço bem pequenino, no canto de uma folha qualquer do jornal.

Entendimento interessante do STJ sobre o tema, envolveu j. que a Corte Superior ser possível o redirecionamento da condenação de veicular contrapropaganda imposta a posto de gasolina matriz à sua filial:

> RECURSO ESPECIAL. PROCESSUAL CIVIL. AÇÃO CIVIL PÚBLICA. PROPAGANDA ENGANOSA. POSTO DE GASOLINA. COMBUSTÍVEL. MARCA COMERCIAL. COMERCIALIZAÇÃO. BANDEIRA DIVERSA. MATRIZ E FILIAL. ESTABELECIMENTOS. AUTONOMIA JURÍDICA. INOCORRÊNCIA. CONDENAÇÃO. PUBLICIDADE ENGANOSA. REDIRECIONAMENTO. POSSIBILIDADE. CONTRAPROPAGANDA. ARTS. 56, INCISO XII, E 60 DO CÓDIGO DE DEFESA DO CONSUMIDOR. DIREITO À INFORMAÇÃO.
> 1. Recurso especial interposto contra acórdão publicado na vigência do Código de Processo Civil de 2015 (Enunciados Administrativos ns. 2 e 3/STJ).
> **2. Ainda que possuam CNPJ diversos e autonomia administrativa e operacional, as filiais são um desdobramento da matriz por integrar a pessoa jurídica como um todo.**
> 3. Eventual decisão contrária à matriz por atos prejudiciais a consumidores é extensível às filiais.
> **4. A contrapropaganda visa evitar a nocividade da prática comercial de propaganda enganosa ou abusiva.**

5. A existência de dívida ilíquida excepciona o princípio da universalidade do juízo recuperacional.
6. Recurso especial não provido (REsp 1655796/MT, Rel. Ministro Ricardo Villas Bôas Cueva, 3.ª T., j. 11.2.2020, *DJe* 20.2.2020).

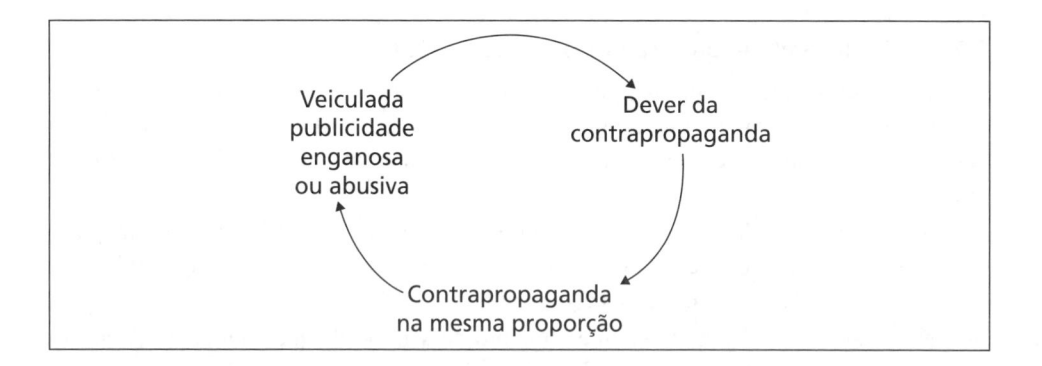

```
        Veiculada              Dever da
        publicidade    →    contrapropaganda
        enganosa
        ou abusiva
             ↑                    ↓
              Contrapropaganda
              na mesma proporção
```

9.2. PUBLICIDADE ENGANOSA NO CDC

A disciplina da publicidade enganosa no Código de Defesa do Consumidor está prevista no art. 37, *in verbis*:

> "Art. 37. É proibida toda publicidade enganosa ou abusiva.
> § 1.º **É enganosa** qualquer modalidade de **informação ou comunicação** de caráter publicitário, **inteira ou parcialmente falsa**, ou, por qualquer outro modo, mesmo por omissão, **capaz de induzir em erro o consumidor** a respeito da natureza, características, qualidade, quantidade, propriedades, origem, preço e quaisquer outros dados sobre produtos e serviços. (...)
> § 3.º Para os efeitos deste código, a publicidade é enganosa por omissão quando deixar de informar sobre dado essencial do produto ou serviço".

Da apreciação do dispositivo *supra*, podemos constatar a existência de duas modalidades de publicidade enganosa:

- publicidade enganosa por comissão;
- publicidade enganosa por omissão.

9.2.1. Publicidade enganosa por comissão no CDC

Na **publicidade enganosa por comissão, afirma-se algo que não é real ou mostra-se uma situação que não condiz com a realidade**, tudo de forma capaz a induzir o consumidor em erro.

É o caso do anúncio de um veículo automotor 2.0 em que a informação veiculada é a de que tal carro consegue atingir a milagrosa marca de 20 km/l no trânsito dos grandes centros urbanos.

Até o surgimento de tecnologia capaz de conseguir tal façanha, encontra-se aí um bom exemplo de publicidade enganosa por comissão ao afirmar algo que ainda não existe.

Também é a hipótese da publicidade das cervejas, que demonstra sempre um ambiente de muita festa e alegria, realidade muito diferente dos malefícios que tal produto é capaz de causar aos seus consumidores, conforme estudaremos em subitem próprio.

> Publicidade enganosa por comissão = afirmar ou mostrar algo inexistente.

9.2.2. Publicidade enganosa por omissão no CDC

Já na **publicidade enganosa por omissão**, o fornecedor **deixa de informar sobre dado essencial** do produto ou serviço, ou seja, há ausência de informação sobre **dado relevante** que, uma vez existente, poderia **influenciar no comportamento do consumidor**.

No mesmo sentido são os ensinamentos de Herman Benjamin ao afirmar que é "considerado essencial aquele dado que tem o poder de fazer com que o consumidor não materialize o negócio de consumo, caso o conheça".[16]

No entanto, o STJ já firmou entendimento no sentido de que anúncio publicitário que informa a não inclusão do valor do frete no preço ofertado e, ao mesmo tempo, não especifica o seu valor correspondente, por si só, não configura omissão capaz de tornar a publicidade enganosa, conforme excertos do EDcl no REsp 1.159.799:

> ▪ Sendo assim, **se o anúncio publicitário consignar que o valor do frete não está incluído no preço ofertado**, dentro de um juízo de razoabilidade, **não haverá, em princípio, publicidade enganosa ou abusiva**, mesmo que essa informação conste no rodapé do anúncio veiculado em jornal ou outro meio de comunicação impresso.
>
> ▪ Não fosse apenas isso, **entender pela necessidade de fazer constar o valor do frete do produto em todos os anúncios inviabilizaria as campanhas publicitárias de âmbito nacional**, especialmente em nosso país de proporções continentais, em que essa parcela necessariamente sofreria grandes variações (SP, Rel. Ministro Mauro Campbell Marques, 2.ª T., *DJe* 18.10.2011).

Por outro lado, **caracterizará publicidade enganosa por omissão, quando o fornecedor "suprime algumas informações essenciais sobre o produto (preço e forma de pagamento)**, as quais somente serão conhecidas pelo consumidor mediante o ônus de uma ligação tarifada, mesmo que a compra não venha a ser concretizada" (STJ, REsp 1.428.801/RJ, Rel. Ministro Humberto Martins, 2.ª T., *DJe* 13.11.2015).[17]

---

[16] GRINOVER, Ada Pellegrini; BENJAMIN, Antônio Herman de V.; FINK, Daniel Roberto; FILOMENO, José Geraldo Brito; NERY JR., Nelson; DENARI, Zelmo. *Código Brasileiro de Defesa do Consumidor*, p. 352.

[17] Sobre o tema, cumpre destacar o seguinte julgado do Superior Tribunal de Justiça: "DIREITO DO CONSUMIDOR. PUBLICIDADE ENGANOSA. EMPREENDIMENTO DIVULGADO E COMERCIALIZADO COMO HOTEL. MERO RESIDENCIAL COM SERVIÇOS. INTERDIÇÃO PELA MUNICIPALIDADE. OCULTAÇÃO DELIBERADA DE INFORMAÇÃO PELO FORNECEDOR. ANULAÇÃO DO NEGÓCIO JURÍDICO. INDENIZAÇÃO POR LUCROS CESSANTES E POR DANOS MORAIS DEVIDA. 1. O direito à informação, no Código de Defesa do Consumidor, é corolário das normas intervencionistas ligadas à função social e à boa-fé, em razão

Em suma, dado essencial é aquele que, se existisse, poderia influenciar o consumidor a praticar conduta diversa daquela que praticaria caso não soubesse, por exemplo, dos malefícios de determinado produto. Mais uma vez, o exemplo da publicidade das cervejas faz-se condizente com o contexto de publicidade enganosa por omissão. É evidente que "advertências" do tipo "beba com moderação" não informam sobre dado essencial do produto, em especial sobre os prejuízos que a ingestão imoderada é capaz de causar aos consumidores, aos familiares deste e à própria sociedade.

Outro ponto que nos chama a atenção são as mensagens publicitárias televisivas que, em muitas oportunidades, apresentam um verdadeiro contrato de adesão escrito na parte inferior do anúncio, porém apresentado com letras tão diminutas e num espaço de tempo tão exíguo que não é possível ler uma palavra sequer.

O STJ teve a oportunidade de colocar fim a prática abusiva semelhante a essa, mas não o fez. Na oportunidade do julgamento do REsp 1.602.678/RJ, a Corte Superior entendeu que a previsão de tamanho mínimo de fonte 12 em contratos de adesão estabelecido no art. 54, § 3.º, do CDC não é aplicável ao contexto das ofertas publicitárias, sob pena de encarecê-las, o que não seria razoável exigir:

> RECURSO ESPECIAL. DIREITO DO CONSUMIDOR. AÇÃO CIVIL PÚBLICA. **TAMANHO MÍNIMO DA LETRA EM ANÚNCIOS. APLICAÇÃO DA NORMA DO ART. 54, § 3.º, DO CDC. ANALOGIA. DESCABIMENTO.** ELEMENTOS DE DISTINÇÃO ENTRE O CONTEXTO DOS ANÚNCIOS E O CONTEXTO DOS CONTRATOS. DANO MORAL COLETIVO. PREJUDICIALIDADE.
> **1. Controvérsia acerca da possibilidade de se determinar a empresas de telefonia a não empregarem em seus anúncios na imprensa fonte de tamanho menor do que 12 pontos.** 2. "Os contratos de adesão escritos serão redigidos em termos claros e com caracteres ostensivos e legíveis, cujo tamanho da fonte não será inferior ao corpo doze, de modo a facilitar sua compreensão pelo consumidor" (art. 54, § 3.º, do CDC). 3. **Existência**

---

das quais a liberdade de contratar assume novel feição, impondo a necessidade de transparência em todas as fases da contratação: o momento pré-contratual, o de formação e o de execução do contrato e até mesmo o momento pós-contratual. 2. O princípio da vinculação da publicidade reflete a imposição da transparência e da boa-fé nos métodos comerciais, na publicidade e nos contratos, de modo que o fornecedor de produtos ou serviços obriga-se nos exatos termos da publicidade veiculada, sendo certo que essa vinculação estende-se também às informações prestadas por funcionários ou representantes do fornecedor. 3. **Se a informação se refere a dado essencial capaz de onerar o consumidor ou restringir seus direitos, deve integrar o próprio anúncio, de forma precisa, clara e ostensiva, nos termos do art. 31 do CDC, sob pena de configurar publicidade enganosa por omissão.** 4. No caso concreto, desponta estreme de dúvida que o principal atrativo do projeto foi a sua divulgação como um empreendimento hoteleiro — o que se dessume à toda vista da proeminente reputação que a Rede Meliá ostenta nesse ramo —, bem como foi omitida a falta de autorização do Município para que funcionasse empresa dessa envergadura na área, o que, à toda evidência, constitui publicidade enganosa, nos termos do art. 37, *caput* e § 3.º, do CDC, rendendo ensejo ao desfazimento do negócio jurídico, à restituição dos valores pagos, bem como à percepção de indenização por lucros cessantes e por dano moral. 5. Recurso especial de Antônio Rogério Saldanha Maia provido. 6. Recursos especiais de Gafisa S/A e Banco BBM S/A não conhecidos. Prejudicadas as demais questões suscitadas" (REsp 1.188.442/RJ, Rel. Ministro Luis Felipe Salomão, 4.ª T., *DJe* 5.2.2013).

de elementos de distinção entre o instrumento escrito dos contratos de adesão e o contexto dos anúncios publicitários, que impedem a aplicação da analogia. Doutrina sobre o tema. 4. Inaplicabilidade da norma do art. 54, § 3.º, do CDC ao contexto dos anúncios, sem prejuízo do controle da prática enganosa com base em outro fundamento. 5. Prejudicialidade do pedido de dano moral coletivo, porque deduzido com base na alegação de descumprimento ao art. 54, § 3.º, do CDC. 6. RECURSO ESPECIAL DESPROVIDO (REsp 1.602.678/RJ, Rel. Ministro Paulo de Tarso Sanseverino, 3.ª T., *DJe* 31.5.2017).

Data venia, discordamos da posição apresentada, pois "informar" com letras pequenas, num lapso temporal tão curto que não é possível ler palavra alguma, é o mesmo que omitir informação essencial e, consequentemente, incorrer na prática abusiva da publicidade enganosa por omissão.

Ademais, entendemos que a fonte mínima 12, prevista no art. 54, para os contratos de adesão, poderia sim servir de parâmetro para as mensagens publicitárias em geral, em especial nessas inseridas ao final de anúncios televisivos em que não é possível compreender nada de seu conteúdo. Tal tese tem amparo ainda na recente alteração efetivada à Lei n. 10.962, que trata a afixação de preços no mercado de consumo, ao incluir o inciso III ao art. 2.º, nos seguintes termos:

"Art. 2.º São admitidas as seguintes formas de afixação de preços em vendas a varejo para o consumidor: (...) III — no comércio eletrônico, mediante divulgação ostensiva do preço à vista, junto à imagem do produto ou descrição do serviço, em caracteres facilmente legíveis com tamanho de fonte não inferior a doze".

Assim como o preço existem outras informações relevantes na oferta e, em nossa opinião, todas elas deveriam ser publicadas em fonte mínima doze.

Publicidade enganosa por omissão = deixar de informar dado essencial.

9.2.3. Publicidade enganosa e a desnecessidade da demonstração do elemento subjetivo para sua caracterização

Questão interessante a respeito da publicidade consiste em saber se é necessária a comprovação da má-fé ou até de negligência, imprudência ou imperícia para a configuração da enganosidade da mensagem publicitária.

Na sistemática do Código de Defesa do Consumidor, **é desnecessária a demonstração do elemento subjetivo (dolo ou culpa) para a configuração da publicidade enganosa**, isto é, pouco importa a intenção do anunciante, que não tem relevância alguma para a caracterização da publicidade ilícita nos termos da Lei n. 8.078/90.

Essa também é a posição do Superior Tribunal de Justiça: **"Com efeito, apurada a patente negligência da recorrente quanto às cautelas que são esperadas de quem promove anúncio publicitário — ainda que não afirmada a má-fé —, nos termos do artigo 37, § 1.º, do CDC, também por esse fato é cabível o reconhecimento de sua responsabilidade, visto que a publicidade mostrara-se idônea para induzir a consumidora em erro"** (REsp 1.266.937/MG, Rel. Ministro Luis Felipe Salomão, 4.ª T., *DJe* 1.º.2.2012).

9.2.4. Publicidade enganosa e a desnecessidade da concretização do erro efetivo para sua caracterização

Outro tema relevante refere-se à necessidade ou não de o consumidor efetivamente ser enganado para a configuração da publicidade enganosa. Mais uma vez, pela sistemática do CDC, entendemos que **basta a capacidade de enganar**, sendo desnecessário o erro real para a caracterização da publicidade enganosa.[18]

Assim, a mera possibilidade de levar o consumidor em erro, situação analisada apenas em abstrato, já é suficiente para configurar a publicidade ilícita.

Observação importante sobre o assunto é a de Cavalieri Filho ao defender que "a publicidade, para ser considerada enganosa, **não precisa efetivamente enganar o consumidor**. O Código se satisfaz com o potencial de enganosidade da publicidade. Em outras palavras, **a enganosidade é aferida *in abstrato***. O que importa é a capacidade de indução a erro de forma abstrata, difusa, indeterminada. A **efetiva ocorrência do erro** e o eventual prejuízo do consumidor serão **mero exaurimento**, com consequências próprias".[19]

O mesmo raciocínio vale para o **anúncio ambíguo**, que possui mais de um sentido. Com efeito, se o anúncio tiver sentidos variados, **basta que um deles seja capaz de falsear a informação** para que **toda a mensagem** seja considerada **enganosa**.

Mais uma vez, a alegação de ausência de intenção de enganar não gera repercussão alguma para a configuração da publicidade enganosa.

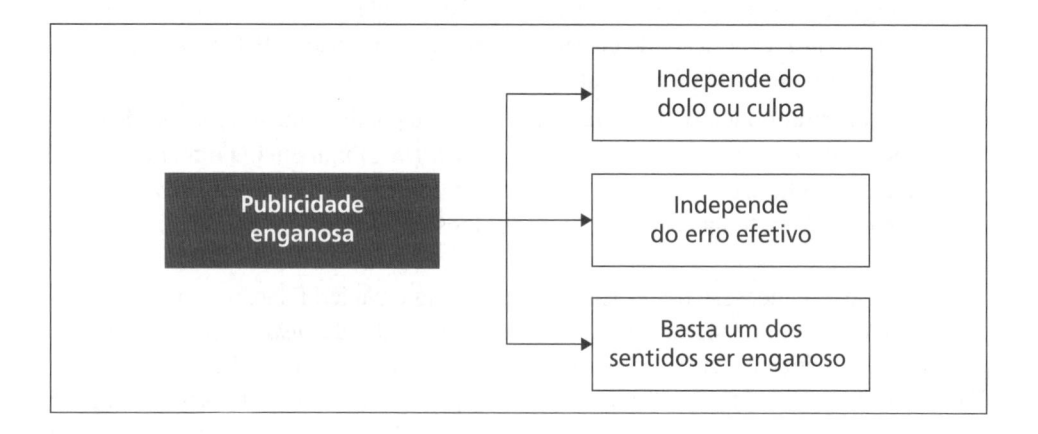

```
                          ┌─────────────────────┐
                      ┌──▶│ Independe do        │
                      │   │ dolo ou culpa       │
                      │   └─────────────────────┘
┌──────────────┐      │   ┌─────────────────────┐
│ Publicidade  │──────┼──▶│ Independe           │
│  enganosa    │      │   │ do erro efetivo     │
└──────────────┘      │   └─────────────────────┘
                      │   ┌─────────────────────┐
                      └──▶│ Basta um dos        │
                          │ sentidos ser enganoso│
                          └─────────────────────┘
```

---

[18] No mesmo sentido está a posição do STJ no seguinte julgado, cujo trecho trouxemos à colação: "5. A publicidade enganosa, à luz do Código de Defesa do Consumidor (art. 37, CDC), não exige, para sua configuração, a prova da vontade de enganar o consumidor, tampouco tal nefanda prática também colha que deva estar evidenciada de plano sua ilegalidade, ou seja, a publicidade pode ter aparência de absoluta legalidade na sua vinculação, mas, por omitir dado essencial para formação do juízo de opção do consumidor, finda por induzi-lo a erro ou tão somente coloca dúvidas acerca do produto ou serviço oferecido, contaminando sua decisão" (REsp 1.317.338/MG, Rel. Ministro Mauro Campbell Marques, 2.ª T., *DJe* 1.º.4.2013).

[19] CAVALIERI FILHO, Sergio. *Programa de direito do consumidor*, p. 137-138.

9.2.5. Publicidade enganosa e o exagero publicitário (*puffing*)

O **exagero publicitário**, também conhecido como **"puffing"**, é uma prática muito comum nas tão premiadas mensagens publicitárias do nosso país.[20] A questão que se pontua a respeito do tema é saber se o exagero publicitário gera, por si só, uma publicidade enganosa.

Conforme visto no capítulo anterior deste livro, ao estudarmos o tema sobre a oferta, a informação ou publicidade para vincular fornecedor deve preencher algumas características, dentre elas ter um mínimo de precisão.

Assim, **não será possível considerar o "puffing" como publicidade enganosa de maneira prévia e absoluta em razão da ausência de precisão suficiente** na maioria de suas mensagens publicitárias.

Exemplo típico de exagero é a mensagem que diz ser determinado **chocolate "o mais gostoso do mundo"** ou imagens que mostram contextos tão fantasiosos que não são capazes de enganar o consumidor, como no caso de um **tapete voador**. De fato, seu caráter quase sempre jocoso não permite ser encarado como uma informação vinculante para o patrocinador da mensagem.

Esta é a opinião de Herman Benjamin ao lecionar que são **dois os requisitos** necessários para a incidência do princípio da vinculação:

▪ **"Em primeiro lugar, não operará a força obrigatória se não houver veiculação da informação.** Uma proposta que, embora colocada no papel, deixe de chegar ao conhecimento do consumidor não vincula o fornecedor. É a veiculação que enseja a 'exposição' do consumidor, nos termos do art. 29 do CDC, abrindo a malha protetória da lei especial.

▪ **Em segundo lugar, a oferta** (informação ou publicidade) **deve ser suficientemente precisa**, isto é, **o simples exagero (*puffing*) não obriga o fornecedor**. É o caso de expressões exageradas, que não permitem verificação objetiva, como 'o melhor sabor', 'o mais bonito', 'o maravilhoso'".[21]

No mesmo sentido, são os ensinamentos de Sergio Cavalieri Filho, para quem há "publicidade cuja falsidade é tão exagerada que adentra os limites da *fantasia*, pelo que não tem capacidade de induzir em erro o consumidor. Não será, em princípio, publicidade enganosa. É o que acontece, por exemplo, com anúncio do tapete persa que voa, de cães que falam e dançam etc. Nestes casos a publicidade tem apenas a finalidade de atrair consumidores, não de prestar informações. Essa prática tem sido aceita por ser evidente a *fantasia*, o fim de constituir simples discurso vazio de conteúdo, respeitados os limites do interesse público".[22]

O Superior Tribunal de Justiça vem entendendo como lícita a peça publicitária em que o fabricante ou o prestador de serviço se autoavalia como o melhor naquilo que faz

---

[20] Em 2012, o Brasil bateu o recorde ao levar 79 prêmios em Cannes. Disponível em: <http://www.canneslions.com.br/>.
[21] BENJAMIN, Antônio Herman de V.; MARQUES, Claudia Lima; BESSA, Leonardo Roscoe. *Manual de direito do consumidor*, p. 215.
[22] CAVALIERI FILHO, Sergio. *Programa de direito do consumidor*, p. 135.

por caracterizar como mero exagero publicitário (*puffing*), conduta plenamente aceita no mercado que não enseja concorrência desleal, nem viola direitos do consumidor:

> RECURSO ESPECIAL — AÇÃO DECLARATÓRIA DE INEXISTÊNCIA DE RELAÇÃO JURÍDICA C/C PEDIDO CONDENATÓRIO E RECONVENÇÃO COM PEDIDO DE NÃO FAZER C/C INDENIZAÇÃO — **ALEGAÇÃO DE VEICULAÇÃO DE ANÚNCIOS PUBLICITÁRIOS ILÍCITOS A ENSEJAR PROPAGANDA ENGANOSA, CONCORRÊNCIA DESLEAL E VANTAGEM COMPETITIVA INDEVIDA** — INSTÂNCIAS ORDINÁRIAS QUE CONFIRMARAM A LEGALIDADE DAS VEICULAÇÕES E INEXISTÊNCIA DE CONCORRÊNCIA DESLEAL — JUIZ DE PRIMEIRO GRAU QUE APLICOU MULTA PELO SUPOSTO DESCUMPRIMENTO DE OBRIGAÇÃO DE PUBLICAÇÃO DE FONTE DE PESQUISA SOBRE A **FRASE "O KETCHUP MAIS VENDIDO DO MUNDO"** — TRIBUNAL A QUO QUE AFASTOU A APLICAÇÃO DE ASTREINTES. INSURGÊNCIA DA DEMANDADA/RECONVINTE.
> 1. Não cabe recurso especial por violação a artigos do Código Brasileiro de Autorregulamentação Publicitária por ser norma privada e não se enquadrar no conceito de lei federal previsto no art. 105, III, "a", da Constituição Federal.
> 2. Inexistência de negativa jurisdicional na espécie. Instância precedente que analisou todos os pontos necessários ao correto deslinde da controvérsia, apenas não acolhendo a tese aventada pela parte ora recorrente.
> 3. Inocorrência de julgamento extra petita no tocante à condenação em multa diária, porque ao recorrer da imposição de astreintes a ora recorrida devolveu àquela Corte toda matéria relativa ao julgamento desta controvérsia, em virtude da profundidade do efeito devolutivo, sobremaneira os pontos concernentes à expressão "O ketchup mais vendido do mundo".
> 4. **Não há ilicitude na assertiva publicitária "O melhor em tudo que faz", tendo em vista caracterizar-se como puffing, mero exagero tolerável, conduta amplamente aceita no mercado publicitário brasileiro e praticada pela própria recorrente. Tal frase não é passível de avaliação objetiva e advém de uma crítica subjetiva do produto. Portanto, é razoável permitir ao fabricante ou prestador de serviço que se declare o melhor naquilo que faz, mormente porque esta é a auto avaliação do seu produto e aquilo que se busca alcançar, ainda mais quando não há qualquer mensagem depreciativa no tocante aos seus concorrentes.**
> 5. As expressões utilizadas pela recorrida — "O ketchup mais vendido do mundo" e "O melhor em tudo que faz" — são lícitas, bem como não há prova de dano material pela ocorrência de suposta vantagem competitiva, em decorrência do uso das mencionadas assertivas, nos autos, o que afasta a obrigação de indenizar.
> 5.1. As peças publicitárias da recorrente contém anúncios e expressões tão ou mais apelativos do que os da recorrida. A pretensão de abstenção de ato similar ao praticado pela própria insurgente não pode ser acolhida sob pena de violação ao princípio da boa-fé objetiva, em especial ao seu conceito parcelar de vedação ao comportamento contraditório (*venire contra factum proprium*).
> 6. Recurso especial desprovido (REsp 1.759.745/SP, Rel. Ministro Marco Buzzi, 4.ª T., j. 28.2.2023, *DJe* 29.3.2023).

Contudo, **havendo a citada precisão na mensagem, poder-se-á caracterizar a enganosidade** na mensagem, como no caso de uma rua com lojas comerciais de venda de veículos usados em que um dos fornecedores coloca uma faixa na frente de seu estabelecimento com os seguintes dizeres: "Aqui você encontra os carros mais baratos da rua".

De fato, a precisão está presente, pois estamos tratando de uma rua comercial que vende veículos usados e, nesta situação, não encontrados no estabelecimento os carros mais baratos, caracterizada estará a publicidade enganosa.

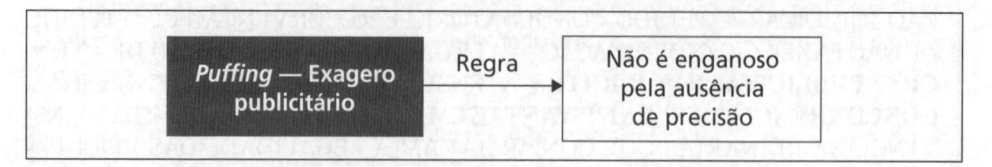

Puffing — Exagero publicitário →Regra→ Não é enganoso pela ausência de precisão

9.3. PUBLICIDADE ABUSIVA NO CDC

O Código de Defesa do Consumidor trata da publicidade abusiva em seu art. 37, *caput,* ao proibi-la, bem como no § 2.º, da seguinte forma: "É abusiva, dentre outras a publicidade discriminatória de qualquer natureza, a que incite à violência, explore o medo ou a superstição, se aproveite da deficiência de julgamento e experiência da criança, desrespeita valores ambientais, ou que seja capaz de induzir o consumidor a se comportar de forma prejudicial ou perigosa à sua saúde ou segurança".

Trata-se, portanto, de **rol exemplificativo**, na medida em que o aludido dispositivo legal valeu-se da **expressão "dentre outras"**.

Apesar de o CDC não trazer uma **definição** sobre **publicidade abusiva**, este tipo de mensagem ilícita é caracterizado por trazer **informações que ferem valores da coletividade**.

Nos ensinamentos de Herman Benjamin, o Direito "ainda não descobriu um critério infalível para a identificação da abusividade. Trata-se de uma noção plástica, em formação. Por um critério residual, em matéria publicitária patológica, pode-se afirmar que abusivo é tudo aquilo que, **contrariando o sistema valorativo da Constituição e das leis**, não seja enganoso".[23]

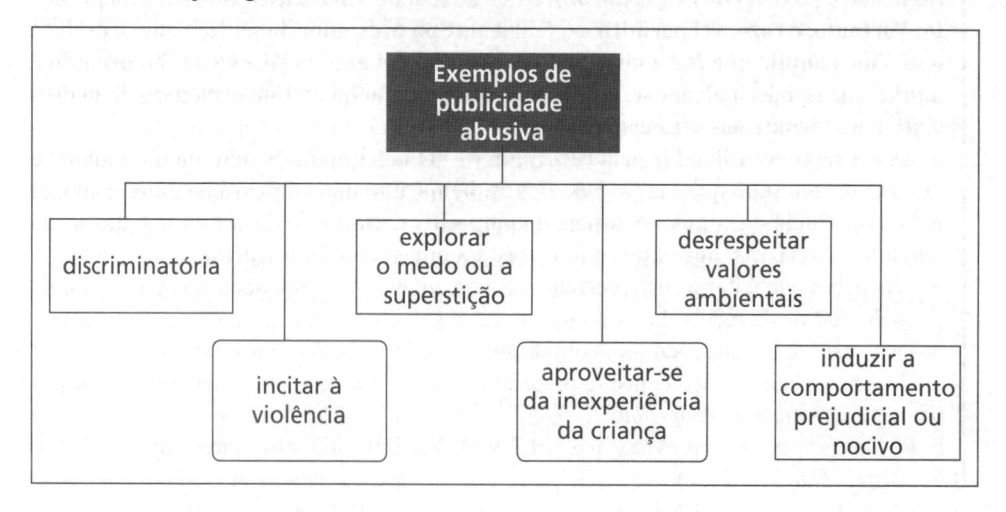

Exemplos de publicidade abusiva:
- discriminatória
- explorar o medo ou a superstição
- desrespeitar valores ambientais
- incitar à violência
- aproveitar-se da inexperiência da criança
- induzir a comportamento prejudicial ou nocivo

---

[23] GRINOVER, Ada Pellegrini; BENJAMIN, Antônio Herman de V.; FINK, Daniel Roberto; FILOMENO, José Geraldo Brito; NERY JR., Nelson; DENARI, Zelmo. *Código Brasileiro de Defesa do Consumidor,* p. 355.

9.3.1. Exemplos de publicidade abusiva no CDC

Conforme visto, o rol do art. 37, § 2.º, do CDC é exemplificativo, razão pela qual analisaremos um a um os exemplos citados pela lei.

9.3.1.1. Publicidade abusiva discriminatória

É abusiva toda mensagem discriminatória em relação a qualquer contexto, dentre os quais os relacionados:

- à etnia;
- ao sexo (masculino ou feminino);
- à orientação sexual;
- à situação econômico-social;
- à origem socioeconômica;
- à profissão;
- à orientação religiosa;
- à orientação política;
- às questões mais simples e banais do dia a dia, como time de futebol do coração.

Até pouco tempo atrás era comum nos depararmos com publicidades que só utilizavam um perfil de modelos em total detrimento a outras belezas em razão da etnia ou até desrespeitando valores religiosos como no caso de anúncios que mostravam atores se passando por representantes de determinada religião que fazem voto de castidade frente a frente numa alusão a um possível beijo sensual.[24]

9.3.1.2. Publicidade abusiva que incita à violência

A publicidade capaz de incitar à violência de qualquer natureza e entre qualquer tipo de ser vivo é considerada abusiva, nos termos do CDC.

---

[24] O CONAR, no julgamento da representação n. 122/93, deparou-se com um caso em que determinada marca de calçados veiculou anúncio em revista, exibindo três modelos em trajes de freira, levantando as saias acima dos joelhos para mostrar seus sapatos. O relator, em parecer acolhido por unanimidade, reprovou o anúncio, entendendo ser incompreensível a atitude "pitoresca" e até "maliciosa" conferida às modelos em trajes de freira. Como o anúncio esgotara definitivamente a sua programação, a Câmara limitou-se a advertir o anunciante sobre o seu comportamento aético. Disponível em: <http://www.conar.org.br/>. Acesso em: 3 dez. 2016. Em outro caso, o CONAR deparou-se no julgamento da representação n. 279/2011 com uma situação em que determinada marca de azeite veiculou anúncio com os seguintes dizeres: "Nosso azeite é rico. O vidro escuro é o segurança". Por maioria de votos, o Conselho de Ética do Conar deliberou por recomendar a alteração do anúncio em mídia impressa do Azeite Gallo, com o título "Nosso azeite é rico. O vidro escuro é o segurança". Os conselheiros seguiram o voto do relator, que julgou não haver no anúncio intenção racista, mas ponderou que ele permite tal interpretação e que a comunicação não deve dar margem a associações equivocadas, pela responsabilidade social que tem. Por isso, sugeriu uma alteração, de modo a dirimir a possibilidade de interpretações discriminatórias. A representação foi aberta por denúncia de consumidor de Campinas (SP). Disponível em: <http://www.conar.org.br/>. Acesso em: 3 dez. 2016.

Assim, **não apenas a violência entre seres humanos**, mas também as agressões destes **contra animais** darão ensejo à caracterização de uma mensagem ilícita. A **depredação de bens** poderá ainda gerar este exemplo de publicidade abusiva.[25]

9.3.1.3. Publicidade abusiva exploradora do medo ou da superstição

A publicidade que tem por finalidade convencer o consumidor a adquirir produtos ou contratar serviços demonstrando um contexto de medo ou superstição é considerada abusiva.

Muito comum nos depararmos com anúncios demonstrando ação de bandidos no assalto a um veículo em que os familiares com crianças estão dentro do carro, com o propósito de vender algum tipo de alarme ou serviço de localização do bem roubado.

Trata-se de publicidade que fere valores da coletividade, em especial dos moradores de grandes centros urbanos, que quase sempre são vítimas da violência.[26]

9.3.1.4. Publicidade abusiva que se aproveita da deficiência de julgamento e experiência da criança

As **crianças** se enquadram, em razão de sua condição intelectual em formação, na condição dos denominados **hipervulneráveis**, que exigem cuidados redobrados em relação à fiscalização das mensagens publicitárias.

Assim, estimular as compras em grandes quantidades, a destruir a peça do vestuário antiga para ganhar uma nova ou ensinar técnicas de persuasão dos pais ou responsáveis, envolvendo muitas vezes o constrangimento em público dos genitores — como no caso de mostrar à criança que fazer escândalo num *shopping* lotado seria uma "boa" forma de conseguir a aquisição do brinquedo sonhado —, são apenas alguns exemplos desse tipo de publicidade abusiva.[27]

---

[25] No entanto, nem tudo pode ser considerado ato de violência ou com caráter intimidatório. O CONAR, no julgamento da representação n. 278/2011, deparou-se com um caso em que determinada montadora de veículos que veiculou anúncio estrelado pelo lutador Anderson Silva foi acusada de incitar à violência. No entendimento do consumidor, o filme seria violento e intimidatório. Em sua defesa, anunciante e agência consideram que o filme expressa uma fantasia, claramente definida como tal. O relator do processo concordou com tal ponto de vista e propôs o arquivamento, voto aceito por unanimidade. Disponível em: <http://www.conar.org.br/>. Acesso em: 3 dez. 2016.

[26] O CONAR, no julgamento da representação n. 279/2011, deparou-se com um caso em que um fornecedor promete que o consumidor ainda será vítima da violência urbana e acena, como solução, com a loteria Sena, capaz de propiciar ao vencedor a oportunidade de abandonar determinada cidade. A Representação acusa o anúncio de explorar o medo do consumidor para vender-lhe a "esperança" de ganhar na Sena e sair da cidade. O anunciante instala o medo, mas não se preocupa com a maioria que, fatalmente, não será premiada. O processo amparou-se nos arts. 1.º, 2.º, 3.º e 24 do CBARP. A Câmara foi unânime e recomendou a sustação da veiculação definitiva do anúncio. Disponível em: <http://www.conar.org.br/>. Acesso em: 3 dez. 2016.

[27] A Direção do CONAR, no julgamento da representação n. 04/2012, questiona o Conselho de Ética se há apelo de consumo vocalizado por crianças em filme para a TV, além de apelo imperativo na frase "(...) eu quero muitos presentes". Se confirmadas, as práticas contrariam o que recomenda o art. 37 do Código Brasileiro de Autorregulamentação Publicitária. O Conselho de Ética, por maio-

Sobre o tema, entendeu o Superior Tribunal de Justiça:

> PROCESSUAL CIVIL. CONSUMIDOR. AUTO DE INFRAÇÃO E MULTA DO PROCON. PUBLICIDADE DESTINADA ÀS CRIANÇAS. GÊNEROS ALIMENTÍCIOS DE BAIXA QUALIDADE NUTRICIONAL. PUBLICIDADE ABUSIVA. ART. 37, § 2.º, DO CÓDIGO DE DEFESA DO CONSUMIDOR.
> 1. Hipótese em que o Tribunal estadual consignou: "(...) não se verificando na campanha publicitária excesso qualificável como patológico nem ofensa aos hipossuficientes (crianças), por desrespeito à dignidade humana, por indução de comportamentos prejudiciais à saúde ou à segurança pessoal, por exploração de diminuta capacidade de discernimento ou inexperiência, por opressão, ou, ainda, por estratégia de coação moral ao consumo ou abuso de persuasão, não se justifica a autuação e a punição aplicada pelo Procon" (fl. 647, e-STJ).
> **2. O Superior Tribunal de Justiça possui jurisprudência reconhecendo a abusividade de publicidade de alimentos direcionada, de forma explícita ou implícita, a crianças. Isso porque a decisão de comprar gêneros alimentícios cabe aos pais, especialmente em época de altos e preocupantes índices de obesidade infantil, um grave problema nacional de saúde pública. Diante disso, consoante o art. 37, § 2.º, do Código de Defesa do Consumidor, estão vedadas campanhas publicitárias que utilizem ou manipulem o universo lúdico infantil. Na ótica do Direito do Consumidor, publicidade é oferta e, como tal, ato precursor da celebração de contrato de consumo, negócio jurídico cuja validade depende da existência de sujeito capaz (art. 104, I, do Código Civil). Em outras palavras, se criança, no mercado de consumo, não exerce atos jurídicos em seu nome e por vontade própria, por lhe faltar poder de consentimento, tampouco deve ser destinatária de publicidade que, fazendo tábula rasa da realidade notória, a incita a agir como se plenamente capaz fosse. Precedente do STJ.**
> 3. Recurso Especial provido (REsp 1.613.561/SP, Rel. Ministro Herman Benjamin, 2.ª T., j. 25.4.2017, *DJe* 1.9.2020).

9.3.1.5. *Publicidade abusiva que desrespeita valores ambientais*

A primeira indagação que poderia ser feita sobre o tema refere-se a que tipo de **relação** poderia existir entre o **meio ambiente e o Direito do Consumidor**. E a resposta adequada em nossa visão pode seguir dois caminhos.

O rumo inicial para responder ao questionamento levantado está relacionado com o fato de que a disciplina da **publicidade abusiva** no CDC está atrelada à **repercussão da mensagem perante a sociedade** e não está diretamente relacionada com o produto ou o serviço colocado no mercado de consumo.

Assim, existindo uma publicidade abusiva que desrespeita valores ambientais, como o filme de divulgação de uma motosserra derrubando uma árvore secular, poder-se-á identificar abusividade na mensagem.

---

ria de votos, recomendou a advertência ao anunciante e sua agência. "Por mais que a criança dirija-se aos pais ou ao Papai Noel, por mais que o anúncio apresente produtos voltados a adultos, há apelo de consumo vocalizado por criança", escreveu a autora do voto vencedor. Disponível em: <http://www.conar.org.br/>. Acesso em: 3 dez. 2016.

O segundo caminho existente para responder à pergunta *supra* está relacionado aos produtos ou serviços com **"selo verde"**, também conhecidos como **"amigos" do meio ambiente**.

Trata-se de bens que de alguma forma contribuem para a manutenção de um meio ambiente equilibrado ou que, no mínimo, são menos prejudiciais à natureza, como no caso de produtos biodegradáveis ou mais facilmente absorvidos pelos meios naturais. A depender da exploração deste tipo de mensagem, poderemos encontrar uma publicidade enganosa ou abusiva.

O **critério balizador** para identificar a existência ou não de uma mensagem ilícita é a **comprovação** pelo fornecedor **dos elementos** demonstrativos de que o produto ou serviço são **benéficos ao meio ambiente**.[28]

9.3.1.6. Publicidade abusiva capaz de induzir o consumidor a se comportar de forma prejudicial ou perigosa à sua saúde ou segurança

A mensagem publicitária é considerada abusiva, ainda, quando for capaz de induzir o consumidor a se comportar de forma prejudicial ou perigosa à sua saúde ou segurança. Publicidades de veículos que estimulam a condução em alta velocidade ou a realização de manobras perigosas se enquadram em exemplos deste tipo de publicidade abusiva.

Ademais, entendemos que a publicidade das cervejas também estimula o comportamento perigoso e nocivo à saúde e segurança do consumidor e da coletividade, pois não informa sobre os malefícios que a ingestão imoderada deste produto é capaz de causar; *a contrario sensu*, incentiva o consumidor a sair prejudicado, conforme analisaremos com mais cuidado em subitem próprio.[29]

---

[28] O CONAR, no julgamento da representação n. 199/2011, deparou-se com um anúncio em TV de um sabão em pó cujo fornecedor afirmava que o seu consumo ajuda "a reduzir o consumo de água em milhões de litros por ano". Em conformidade com as normas éticas para publicidade com apelos de sustentabilidade aprovadas, a direção do Conar pediu que fosse comprovada a afirmação. Em sua defesa, anunciante e agência procuram demonstrar, por meio de cálculos, que o uso do produto em todo o mundo resultaria na economia de mais de 1 milhão de litros de água. O relator de primeira instância não considerou verificável a precisão do cálculo e recomendou a alteração do filme. O fornecedor recorreu da decisão, mas a viu confirmada em votação unânime pela câmara revisora, seguindo proposta do relator. Disponível em: <http://www.conar.org.br/>. Acesso em: 3 dez. 2016.

[29] O CONAR, no julgamento da representação n. 287/2011, deparou-se com um anúncio em pequeno formato, próprio para o Facebook, que mostra o que parece ser uma equação: a figura de um homem somado — abre parênteses — à figura de mulher multiplicada por copo de chope elevado à quinta potência — fecha parênteses —, igual a coraçãozinho. O título do anúncio é "Fórmula do amor" e nele aparece logomarca da cerveja Skol. O anúncio atraiu reclamação de consumidor paulistano. Skol e F/Nazca apelam para a linguagem bem-humorada, própria da rede social, para justificar a linha criativa do anúncio. Negam ofensa ao princípio do consumo responsável de álcool e lembram que o Facebook só aceita assinantes se estes declararem ter 18 anos ou mais. O Conselho de Ética, por maioria de votos, deliberou pela sustação da peça, considerando que ela pode estimular o consumo excessivo de bebidas alcoólicas e também pela inexistência da frase recomendando moderação no consumo. Disponível em: <http://www.conar.org.br/>. Acesso em: 3 dez. 2016.

9.4. PUBLICIDADE COMPARATIVA

A publicidade comparativa é aquela que **coteja dois produtos ou serviços e diz por que o seu é o melhor**. O CDC não vedou este tipo de mensagem publicitária, mas a depender do seu conteúdo poderá se enquadrar perfeitamente em um exemplo de publicidade enganosa ou abusiva.

O **Código Brasileiro de Autorregulamentação Publicitária**, por sua vez, disciplinou o tema expressamente em seu art. 32 nos seguintes termos:

> "Tendo em vista as modernas tendências mundiais — e atendidas as normas pertinentes do Código da Propriedade Industrial (...) — a publicidade comparativa será aceita, contanto que **respeite os seguintes princípios e limites:**
> a) seu objetivo maior seja o esclarecimento, se não mesmo a defesa do consumidor;
> b) tenha por princípio básico a objetividade na comparação, posto que dados subjetivos, de fundo psicológico ou emocional, não constituem uma base válida de comparação perante o Consumidor;
> c) a comparação alegada ou realizada seja passível de comprovação;
> d) em se tratando de bens de consumo a comparação seja feita com modelos fabricados no mesmo ano, sendo condenável o confronto entre produtos de épocas diferentes, a menos que se trate de referência para demonstrar evolução, o que, nesse caso, deve ser caracterizado;
> e) não se estabeleça confusão entre produtos e marcas concorrentes;
> f) não se caracterize concorrência desleal, denegrimento à imagem do produto ou à marca de outra empresa;
> g) não se utilize injustificadamente a imagem corporativa ou o prestígio de terceiros;
> h) quando se fizer uma comparação entre produtos cujo preço não é de igual nível, tal circunstância deve ser claramente indicada pelo anúncio."

Nas decisões do CONAR, o **critério objetivo nas comparações** é o de maior importância para verificar se a publicidade é lícita ou ilícita.[30]

---

[30] O CONAR, no julgamento da representação n. 218/2011, deparou-se com um anúncio no qual a Tim considerou que a campanha em TV e mídia impressa da Nextel traz alegação de superioridade não comprovada. Dos anúncios constam as frases: "Melhor atendimento entre as operadoras de telefonia, segundo Pesquisa Revista Exame/Ibac 2011" e "1.º lugar em recomendação, segundo Pesquisa Datafolha 2011" e, além de menção a uma pesquisa de julho de 2010 da TNS Research International. A Nextel refuta a denúncia e considera que a campanha não é comparativa, na medida em que não cita nome de concorrentes, e que expressões como "os mais satisfeitos" têm caráter genérico, constituindo-se num exagero publicitário inofensivo larga e tradicionalmente utilizado e justificado pelas pesquisas. O relator considerou que a campanha tem natureza comparativa e que a alegação de superioridade exige comprovação. "As pesquisas não têm de ser realizadas em conjunto com concorrentes para que sejam válidas", escreveu ele em seu voto. "Sua realização por institutos idôneos para fins da ética publicitária me parece suficiente. Contudo, não posso concordar que essas pesquisas não possam ser mostradas e que constituiriam segredo estratégico", escreveu, sobre a pesquisa da TNS Research International, que não foi juntada pela Nextel ao processo ético. Por isso, sugeriu a alteração da campanha, de forma a eliminar essa menção. Seu voto foi aceito por unanimidade. Disponível em: <http://www.conar.org.br/>. Acesso em: 3 dez. 2016.

Em julgado proferido no ano de 2014 o STJ entendeu que: "3. A publicidade comparativa não é vedada pelo Código de Defesa do Consumidor, desde que obedeça ao princípio da veracidade das informações, seja objetiva e não abusiva. 4. Para que viole o direito marcário do concorrente, as marcas devem ser passíveis de confusão ou a referência da marca deve estar cumulada com ato depreciativo da imagem de seu produto/serviço, acarretando a degenerescência e o consequente desvio de clientela" (REsp 1.377.911, Rel. Ministro Luis Felipe Salomão, 4.ª T., *DJe* 19.12.2014).

Por outro lado, em se tratando de publicidade comparativa ofensiva, o Superior Tribunal de Justiça vem reconhecendo a existência de dano moral *in re ipsa*:

RESPONSABILIDADE CIVIL. AGRAVO INTERNO NOS EMBARGOS DE DECLARAÇÃO NO RECURSO ESPECIAL. AÇÃO DE INDENIZAÇÃO. VEICULAÇÃO DE FILME PUBLICITÁRIO COM FINALIDADE DESABONADORA DE PRODUTOS CONCORRENTES. LUCROS CESSANTES. DANO MATERIAL NÃO COMPROVADO. INDENIZAÇÃO. INVIABILIDADE. AGRAVO INTERNO PROVIDO.
1. Em Direito de Marcas, o dano material é reconhecido por lei, que estabelece os critérios de como objetivamente realizar-se-á a indenização desse dano.
**2. Na hipótese, o eg. Tribunal de Justiça, corretamente, reconheceu o dano moral *in re ipsa*, mas entendeu não comprovados os danos materiais. Por isso, negou a indenização pleiteada no ponto, ante a inviabilidade de se reconhecer dano material in re ipsa, sem comprovação e sem previsão legal.
3. Tratando-se de propaganda comparativa ofensiva, não há confusão entre marcas, nem falsificação de símbolo ou indução do consumidor a confundir uma marca por outra. Ao contrário, não se faz confusão entre as marcas, a propaganda as distingue bem, até para enaltecer a marca da ré, ora agravante, em face das outras marcas comparadas, inclusive a da promovente, que são ilícita e indevidamente apontadas e identificadas como marcas de produtos de qualidade inferior ou deficiente. Tem-se, portanto, propaganda comparativa, claramente ofensiva, e o dano moral *in re ipsa* foi acertadamente reconhecido.** Porém, é inviável a condenação ao pagamento de indenização por danos materiais sem a efetiva comprovação de prejuízo.
4. Não comprovada, na fase de conhecimento, a ocorrência de dano material, ou seja, sem que tenha sido oportunamente caracterizado um *an debeatur*, não é possível se deixar para a fase de liquidação a identificação do *quantum debeatur*.
5. Agravo interno provido para negar provimento ao recurso especial (AgInt nos EDcl no REsp 1.770.411/RJ, Rel. Ministro João Otávio de Noronha, Rel. p/ Acórdão Ministro Raul Araújo, 4.ª T., j. 14.2.2023, *DJe* 5.7.2023).

9.5. PUBLICIDADE POR CORREIO ELETRÔNICO — O PROBLEMA DO SPAM

O *spam* é a denominação dada à mensagem comercial não desejada e enviada por meio eletrônico — o e-mail — aos consumidores potenciais de determinado produto ou serviço. Para Herman Benjamin, trata-se de **exemplo de publicidade abusiva**, pois, em apertada síntese:[31]

---

[31] GRINOVER, Ada Pellegrini; BENJAMIN, Antônio Herman de V.; FINK, Daniel Roberto; FILOMENO, José Geraldo Brito; NERY JR., Nelson; DENARI, Zelmo. *Código Brasileiro de Defesa do Consumidor*, p. 360.

- viola a garantia constitucional da intimidade e da privacidade;
- viola a liberdade de escolha;
- causa danos diretos e indiretos, patrimoniais e morais — aos consumidores, que são obrigados a gastar tempo e dinheiro em atividades como, por exemplo, apagar as mensagens indesejáveis e técnicas do tipo aquisição e instalação de programas *antispam*.

E conclui o aludido autor defendendo que, no "Brasil, o Código de Defesa do Consumidor dá resposta satisfatória, não só enxergando a prática como publicidade abusiva, como ainda, naqueles casos em que o *spam* não se mostre propriamente como um anúncio de produto ou serviço de consumo, caracterizando-o como prática abusiva, nos termos do art. 39, *caput* ('dentre outras práticas abusivas'). Também não se deve esquecer que, comumente, o *spam* vem contaminado com algum tipo de enganosidade, o que permitiria, nesse caso, a dupla imputação (civil, administrativa e penal) de publicidade abusiva e enganosa".[32]

No entanto, a jurisprudência do **Superior Tribunal de Justiça não reconheceu responsabilidade por dano moral no ônus de o consumidor deletar** *spam*:

> INTERNET. ENVIO DE MENSAGENS ELETRÔNICAS. *SPAM*. POSSIBILIDADE DE RECUSA POR SIMPLES DELETAÇÃO. DANO MORAL NÃO CONFIGURADO. RECURSO ESPECIAL NÃO CONHECIDO.
> 1 — segundo a doutrina pátria "só deve ser reputado como dano moral a dor, vexame, sofrimento ou humilhação que, fugindo à normalidade, interfira intensamente no comportamento psicológico do indivíduo, causando-lhe aflições, angústia e desequilíbrio em seu bem-estar. Mero dissabor, aborrecimento, mágoa, irritação ou sensibilidade exacerbada estão fora da órbita do dano moral, porquanto tais situações não são intensas e duradouras, a ponto de romper o equilíbrio psicológico do indivíduo".
> **2 — Não obstante o inegável incômodo, o envio de mensagens eletrônicas em massa — SPAM — por si só não consubstancia fundamento para justificar a ação de dano moral, notadamente em face da evolução tecnológica que permite o bloqueio, a deletação ou simplesmente a recusa de tais mensagens.**
> **3 — Inexistindo ataques a honra ou a dignidade de quem o recebe as mensagens eletrônicas, não há que se falar em nexo de causalidade a justificar uma condenação por danos morais.**
> 4 — Recurso Especial não conhecido (REsp 844.736/DF, Rel. Ministro Luis Felipe Salomão, 4.ª T., *DJe* 2.9.2010).[33]

---

[32] GRINOVER, Ada Pellegrini; BENJAMIN, Antônio Herman de V.; FINK, Daniel Roberto; FILOMENO, José Geraldo Brito; NERY JR., Nelson; DENARI, Zelmo. *Código Brasileiro de Defesa do Consumidor*, p. 361.

[33] Segundo consta do *Informativo* do STJ n. 413, o referido julgado envolvia caso grave em que o "autor alega receber e-mails (*spam* com mulheres de biquíni) de restaurante que tem show de *streaptease* e, mesmo tendo solicitado, por duas vezes, que seu endereço eletrônico fosse retirado da lista de e-mail do réu (recorrido), eles continuaram a ser enviados".

9.6. RESPONSABILIDADE PELA PUBLICIDADE ENGANOSA E ABUSIVA

A **responsabilidade do fornecedor anunciante é objetiva** e dúvida não há a respeito do tema. Contudo, existe muita discussão doutrinária a respeito de se haveria responsabilidade da **agência de publicidade, do veículo de comunicação e do próprio artista** que grava a mensagem publicitária. E, em caso afirmativo, qual seria a espécie de responsabilidade: objetiva ou subjetiva?

A seguir, as principais manifestações da doutrina sobre o assunto:

HERMAN BENJAMIN	"Não se exclui, porém, considerando-se a regra geral da solidariedade adotada pelo CDC, a responsabilidade da agência e do próprio veículo. Para esses agentes do fenômeno publicitário, adotamos, como veremos em seguida, a tese da *responsabilidade solidária limitada*. O anunciante, como já dito, é **responsabilizado**, no plano cível, **objetivamente pela publicidade enganosa e abusiva**, assim como pelo cumprimento do princípio da vinculação da mensagem publicitária. Já a **agência e o veículo só são corresponsáveis quando agirem dolosa ou culposamente**, mesmo em sede civil. É importante, contudo, ressaltar que, no Direito brasileiro, há forte e abalizada corrente — liderada por **Nelson Nery Junior, Jorge Paulo Scartezzini Guimarães**, José Antonio de Almeida e Rizzatto Nunes — **que prega a responsabilidade civil objetiva também para a agência, o veículo e a celebridade**, sob o tentador argumento de que a responsabilização de tais sujeitos deve ser realizada 'com base nas normas de defesa do consumidor e assim, se existir responsabilidade, esta é objetiva, ou seja, *'qui casse les verres les paye'*: É compreensível que se dê à agência tratamento diverso do anunciante."[34]
CAVALIERI FILHO	"Quem responde pelos danos causados ao consumidor pela publicidade enganosa ou abusiva? Só o anunciante (fornecedor) ou também a empresa de comunicação que veicula o anúncio? Há forte corrente doutrinária, liderada por **Nelson Nery Junior e Paulo Jorge Scartezzini Guimarães**, que sustenta haver responsabilidade objetiva solidária entre o anunciante, a agência de publicidade e o veículo de comunicação ao argumento de que a responsabilização de tais sujeitos deve ser concretizada com base nas normas de defesa do consumidor. Há que se ponderar, entretanto, que a publicidade é feita em favor exclusivo do anunciante, que tem interesse de vender o produto ou serviço; o proveito econômico direto da publicidade é do anunciante. Nem em lucro indireto a empresa emissora de comunicação é possível falar, que apenas recebe o pagamento pelos serviços prestados. O CDC, como vimos, obriga (responsabiliza) o fornecedor que veicula a publicidade, consoante arts. 30 e 35. O ônus da prova da veracidade e correção da informação ou comunicação publicitária (inversão *ope legis*) cabe a quem as patrocina (art. 38). Não tem a empresa de comunicação a obrigação, às vezes nem condições, de controlar o teor da publicidade que veicula, devendo ainda ser ressaltado que o art. 13, inc. VI, do Decreto n. 2.181/97, que regulamentou o CDC, responsabiliza o anunciante até pela incorreção publicitária atribuível exclusivamente ao veículo de comunicação. Essas e outras razões servem de fundamento para uma **segunda corrente, que nos parece mais correta, que entende ser do anunciante, fornecedores de bens e serviços, a responsabilidade** pelos eventuais danos causados aos consumidores pela publicidade enganosa ou perigosa."[35]
CAVALIERI FILHO	"A questão muda de feição, entretanto, no caso de dolo ou culpa da empresa de comunicação. Em situações de patente publicidade enganosa ou quando a empresa de comunicação está ciente da incapacidade do anunciante de cumprir o prometido, não há como deixar de reconhecer a responsabilidade do veículo de comunicação por violação ao dever de vigilância sobre os anúncios que veicula. Em nosso entender, **aplica-se a mesma disciplina aos casos de artistas, atletas e outras celebridades que atuam na veiculação da publicidade**. Só poderão ser responsabilizados no caso de dolo ou culpa; se estiverem cientes da enganosidade da publicidade, da incapacidade do anunciante de cumprir o prometido, e, por maior razão ainda, quando receberem participação nas vendas realizadas."[36]

---

[34] GRINOVER, Ada Pellegrini; BENJAMIN, Antônio Herman de V.; FINK, Daniel Roberto; FILOMENO, José Geraldo Brito; NERY JR., Nelson; DENARI, Zelmo. *Código Brasileiro de Defesa do Consumidor*, p. 369-370.
[35] CAVALIERI FILHO, Sergio. *Programa de direito do consumidor*, p. 141-142.
[36] CAVALIERI FILHO, Sergio. *Programa de direito do consumidor*, p. 143.

Na visão do **Superior Tribunal de Justiça**, a responsabilidade é apenas do fornecedor que patrocina o anúncio: "As empresas de comunicação não respondem por publicidade e propostas abusivas ou enganosas. Tal responsabilidade toca aos fornecedores-anunciantes, que a patrocinaram (CDC, arts. 3.º e 38). O CDC, quando trata de publicidade, impõe deveres ao anunciante — não às empresas de comunicação (art. 3.º, CDC)" (REsp 604.172/SP, Rel. Ministro Humberto Gomes de Barros, 3.ª T., *DJ* 21.5.2007).[37]

9.7. A DISCIPLINA DA PUBLICIDADE DAS BEBIDAS ALCOÓLICAS

O **art. 220 da Constituição Federal** é o dispositivo inaugural do Capítulo V — Da Comunicação Social — e, ao tratar da manifestação do pensamento, da criação, da expressão e da informação, deixou bem claro que na sua exteriorização, sob qualquer forma, o processo ou o veículo não sofrerão qualquer restrição, observado o disposto na Constituição.

Em seu § 4.º, a redação estabelece que: "**A propaganda comercial de tabaco, bebidas alcoólicas, agrotóxicos, medicamentos e terapias estará sujeita a restrições legais**, nos termos do inciso II do parágrafo anterior, e **conterá, sempre que necessário, advertência sobre os malefícios decorrentes de seu uso**".[38]

Desde o ano de 2001, o assunto vem sendo estudado por nós, sendo inclusive o tema central escolhido para a elaboração do trabalho de conclusão de curso de especialização em Direito do Consumidor,[39] e, em 2004, publicamos na Revista Interna da FUNASA (Fundação Nacional da Saúde, ligada ao Ministério da Saúde) o artigo sob o título: "A publicidade das bebidas alcoólicas e as restrições eficazes previstas do ordenamento jurídico pátrio".[40]

Isso tudo porque o **uso imoderado do álcool está despertando a atenção de especialistas**, bem como da sociedade em geral, por se tratar de um dos principais e mais graves problemas de saúde pública.

Com efeito, o **álcool** apresenta-se como **droga lícita**, estando facilitado seu acesso. É o que revela a pesquisa realizada pelo Centro Brasileiro de Informações sobre Drogas Psicotrópicas — CEBRID —, órgão pertencente à Universidade Federal de São Paulo, em que 68,7% dos brasileiros são ou foram usuários de álcool, sendo que 11,4% da população é dependente crônica.

---

[37] No mesmo sentido, o STJ no julgamento do REsp 1.157.228/RS, Rel. Ministro Aldir Passarinho Junior, 4.ª T., *DJe* 27.4.2011: "**é de se excluir da lide, por ilegitimidade passiva *ad causam*, a emissora de televisão, por não se lhe poder atribuir corresponsabilidade por apresentar publicidade de empresa financeira, também ré na ação, que teria deixado de fornecer o empréstimo ao telespectador nas condições prometidas no anúncio**".
[38] O § 3.º, inciso II, do art. 220 da Constituição Federal prevê, *in verbis*: "§ 3.º Compete à lei federal: (...) II — estabelecer os meios legais que garantam à pessoa e à família a possibilidade de se defenderem de programas ou programações de rádio e televisão que contrariem o disposto no art. 221, bem como da propaganda de produtos, práticas e serviços que possam ser nocivos à saúde e ao meio ambiente".
[39] Título adquirido junto à Escola Superior de Advocacia de São Paulo em 1.º de dezembro de 2001.
[40] Artigo elaborado em coautoria com Cássia Hoshino, Procuradora Federal em exercício na FUNASA.

Infelizmente, o uso dessa substância tem sido banalizado pela mídia, que o veicula como comportamento correto e natural, como se fosse normal pessoas beberem todos os dias. Em outras situações, constata-se até o *glamour* no uso do aludido produto.

Contudo, para 94,5% dos cidadãos comuns, o álcool é considerado uma substância cujo risco de se consumir diariamente é classificado como grave, conforme o Primeiro Levantamento Domiciliar sobre o Uso de Drogas Psicotrópicas no Brasil, realizado pela Universidade Federal de São Paulo (setembro/2002).[41]

É possível a inclusão do álcool como um dos fatores que aumentam a violência, já que é substância que permite a exacerbação da impulsividade, estando associado com pelo menos 50% dos acidentes com morte, 50% dos homicídios e 25% dos suicídios.[42]

Em pesquisa divulgada em maio/2003 pelo CEBRID, constatou-se que, em 52% dos casos de violência doméstica no Estado de São Paulo, o agressor estava alcoolizado; e, em matéria veiculada na *Revista Veja*,[43] afirmou-se que cerca de 30.000 pessoas morrem por ano no Brasil, vítimas de acidentes de trânsito em que houve o uso de álcool pelos motoristas.

O tema foi mais uma vez objeto de reportagem de capa da *Revista Veja* de 11 de julho de 2012[44] e, dentre os inúmeros malefícios apontados decorrentes da ingestão de bebidas alcoólicas, destacamos abaixo aqueles que consideramos os mais nefastos aos jovens e adolescentes:

OS RISCOS DO ÁLCOOL PARA O COMPORTAMENTO			
Dos adolescentes	Que não bebem	Bebem regularmente	Bebem pesado
Engravidar	5%	20%	30%
Adquirir doença sexualmente transmissível	2%	30%	45%
Sofrer um acidente de carro	5%	40%	60%
Envolver-se em brigas	15%	70%	80%
Tirar notas baixas na escola	20%	60%	80%
Quando os adolescentes se tornam adultos	Que não bebem	Bebem regularmente	Bebem pesado
Tornar-se dependente de álcool	5%	50%	70%
Tornar-se dependente de drogas ilícitas	5%	60%	70%
Desenvolver depressão ou outro transtorno mental	10%	30%	75%

Assim, podemos denominar os potenciais perigos causados pelo usuário de álcool de:

■ danos imediatos; e
■ danos mediatos.

---

[41] Pesquisa publicada no jornal *Folha de S.Paulo*, de 5 de setembro de 2002, Caderno Cotidiano, p. C5.
[42] KAPLAN, Harold I.; SADOCK, Benjamin J. *Compêndio de psiquiatria, ciências comportamentais, psiquiatria clínica*. 6. ed. Porto Alegre: Artes Médicas, 1993, p. 303.
[43] Sexo e bichinhos ficam de fora. *Revista Veja*, edição 1.822, ano 36, n. 39, 1.º de outubro de 2003, p. 75.
[44] Menor+Álcool=PROIBIDO, mas ninguém liga. *Revista Veja*, edição 2.277, ano 45, n. 28, 11 de julho de 2012, p. 84-85.

De fato, o álcool é considerado droga psicotrópica porque atua no sistema nervoso central e é capaz de desenvolver dependência, podendo causar os chamados **danos imediatos — alteração instantânea da maneira de sentir, pensar ou agir, capaz de causar, por exemplo, acidentes de trânsito** e pôr em risco a coletividade — e os **danos mediatos — decorrentes da dependência, do uso prolongado, tais como doenças fisiológicas e psicológicas** e problema na relação sociofamiliar.

Diante deste controverso cenário em que, de um lado, há um estímulo da mídia para o consumo de bebidas alcoólicas e, de outro, o grave problema de saúde pública que é considerado, é que discutiremos a incidência da publicidade das bebidas alcoólicas.

A publicidade, sendo uma das formas de exteriorização do *marketing* e com o objetivo voltado para a atividade comercial, tem abordagem diferenciada quanto à autorregulamentação até então existente, principalmente após o surgimento da sociedade de massa, que exigiu a elaboração de regramento capaz de preservar o consumidor de produtos nocivos e prejudiciais à sua saúde.

Com a existência dos inúmeros males comprovadamente causados pela ingestão de bebidas alcoólicas, é de se imporem restrições à sua publicidade, bem como a utilização de advertências que orientem o consumidor ao uso moderado.

9.7.1. A disciplina da publicidade das bebidas alcoólicas no Código Brasileiro de Autorregulamentação Publicitária

No Brasil, a autorregulamentação da publicidade de bebidas alcoólicas é realizada pelo CONAR — Conselho Nacional de Autorregulamentação Publicitária, composto por anunciantes, agências de publicidade e veículos de comunicação social, cujas decisões são baseadas no Código Brasileiro de Autorregulamentação, conforme visto em passagens anteriores deste livro. "O CONAR tem um Conselho de Ética, dividido em câmaras encarregadas de apreciar as informações ao seu Código. Qualquer cidadão pode encaminhar reclamações ao CONAR. As punições são de advertência, recomendação de alteração ou correção do anúncio, recomendação de sustação da veiculação e divulgação da posição do CONAR no caso de não acatamento das suas decisões."[45]

Diante da natureza jurídica do CONAR, entidade de Direito Privado, não há a mesma força coativa em suas decisões, quando comparadas à lei e às decisões judiciais, apesar de encontrarem fundamento de validade no já citado Código Brasileiro de Autorregulamentação Publicitária.

Analisaremos, assim, as regras ali previstas que se revelam afetas ao tema, a começar pelo art. 18, *a*, que considera **anúncio** qualquer espécie de publicidade, seja qual for o meio que a veicule, incluindo, pois, entre suas espécies as informações constantes nas embalagens, nos rótulos, folhetos e materiais de ponto de venda.

Por outro lado, o art. 1.º prevê que **todo anúncio deve ser honesto e verdadeiro**, estabelecendo por honestidade o anúncio realizado de forma a não abusar da confiança

---

[45] PASQUALOTTO, Adalberto. *Os efeitos obrigacionais da publicidade no Código de Defesa do Consumidor*. São Paulo: RT, 1997, p. 68.

do consumidor, não explorar sua falta de experiência ou de conhecimento, nem se beneficiar de sua credulidade.[46]

Anúncio verdadeiro, por sua vez, é aquele que apresenta dentre outras características a descrição, ou seja, todas as alegações e comparações apresentadas no anúncio devem estar relacionadas com fatos ou dados que possuam base em provas reais.[47]

Por fim, cumpre citar o art. 33, c, da mesma fonte legislativa, que dispõe sobre a necessidade de o anúncio **mencionar cuidados específicos para a prevenção de acidentes**, quando tais cuidados forem especiais ao uso do produto.

Fácil notar que os anúncios das bebidas alcoólicas utilizam-se do abuso de confiança do consumidor, nem sempre emanam alegações baseadas em provas reais, além de omitir informações sobre os perigos de acidentes afetos ao uso do produto.

As **regras específicas** de publicidade de bebidas alcoólicas estão previstas no Código Brasileiro de Autorregulamentação Publicitária em seu **Anexo "A"**. Para o referido Código, há restrições previstas no tocante à publicidade de bebidas alcoólicas, dentre elas:

◻ não terá crianças e adolescentes como público-alvo;

◻ a publicidade não deverá induzir, de qualquer forma, ao consumo exagerado ou irresponsável;

◻ os horários de veiculação em Rádio e TV, inclusive por assinatura, submetem-se à seguinte disciplina quanto à programação regular ou de linha: comerciais, *spots*, *inserts* de vídeo, textos-foguete, caracterizações de patrocínio, vinhetas de passagem e mensagens de outra natureza, inclusive o *merchandising* ou publicidade indireta, publicidade virtual e as chamadas para os respectivos programas só serão veiculados no período compreendido entre 21h30 (vinte e uma horas e trinta minutos) e 6h (seis horas) (horário local);

◻ todo anúncio, qualquer que seja o meio empregado para sua veiculação, conterá "cláusula de advertência" a ser adotada em resolução específica do Conselho Superior do CONAR, a qual refletirá a responsabilidade social da publicidade e a consideração de Anunciantes, Agências de Publicidade e Veículos de Comunicação para com o público em geral.[48]

O item 7 do Anexo "A" prevê exceções no sentido de que "estarão desobrigados da inserção de 'cláusula de advertência' os formatos abaixo especificados que não contiverem apelo de consumo do produto:

---

[46] Art. 23 do Código Brasileiro de Autorregulamentação Publicitária.
[47] Art. 27, § 1.º, do Código Brasileiro de Autorregulamentação Publicitária.
[48] A Resolução n. 01/2008. Ref. Anexo "A" considera como cláusula de advertência: "BEBA COM MODERAÇÃO"; "A VENDA E O CONSUMO DE BEBIDA ALCOÓLICA SÃO PROIBIDOS PARA MENORES"; "ESTE PRODUTO É DESTINADO A ADULTOS"; "EVITE O CONSUMO EXCESSIVO DE ÁLCOOL"; "NÃO EXAGERE NO CONSUMO"; "QUEM BEBE MENOS, SE DIVERTE MAIS"; "SE FOR DIRIGIR NÃO BEBA"; "SERVIR BEBIDA ALCOÓLICA A MENOR DE 18 É CRIME". As frases acima não excluem outras, que atendam à finalidade e sejam capazes de refletir a responsabilidade social da publicidade.

"a) a publicidade estática em estádios, sambódromos, ginásios e outras arenas desportivas, desde que apenas identifique o produto, sua marca ou *slogan*;
b) a simples expressão da marca, seu *slogan* ou a exposição do produto que se utiliza de veículos de competição como suporte;
c) as 'chamadas' para programação patrocinada em rádio e TV, inclusive por assinatura, bem como as caracterizações de patrocínio desses programas;
d) os textos-foguete, vinhetas de passagem e assemelhados".

Já quanto às cervejas e vinhos, o Código também possui restrições próprias em seu Anexo "P", das quais podemos citar, a título de exemplo, aquela segundo a qual o anúncio publicitário não deverá induzir, de qualquer forma, ao consumo exagerado ou irresponsável.[49]

Da mesma forma, nota-se que as **regras específicas** da publicidade de bebidas alcoólicas, tanto aquelas do Anexo "A" quanto as do Anexo "P", **vêm sendo sistematicamente descumpridas** a olho nu.

Contudo, as restrições publicitárias não advêm tão só da autorregulamentação, incidindo aquelas provenientes da Constituição Federal, Código de Defesa do Consumidor, Estatuto da Criança e do Adolescente e Lei n. 9.294/96 e suas alterações; senão, vejamos.

9.7.2. A disciplina da publicidade das bebidas alcoólicas na Constituição Federal

Primeiramente, cumpre-nos analisar os dispositivos da Constituição Federal, norma vértice do sistema jurídico nacional, a que confere validade.

Em seu **art. 5.º, inciso IV, a Carta Magna** estabelece a livre manifestação de pensamento como direito fundamental, prevendo ainda, em seu **art. 220**, *caput,* conforme acima visto, que a manifestação do pensamento, a criação, a expressão e a informação não sofrerão qualquer restrição, salvo quando esta advier da própria Constituição.

Portanto, considerando a publicidade como forma genuína de manifestação de pensamento e de criação, não poderá sofrer restrições, exceto aquelas previstas constitucionalmente.

É nesse contexto que a Constituição Federal estabelece em seu art. 220, § 4.º, que a publicidade das bebidas alcoólicas estará sujeita a restrições legais "e conterá, sempre que necessário, **advertência sobre os malefícios decorrentes do seu uso**".

Para nós, a parte final do dispositivo citado configura-se como **norma constitucional de eficácia plena**, ou seja, contém todos os elementos necessários e suficientes para a produção imediata e integral dos seus efeitos.

Assim, considerando o álcool uma droga psicotrópica capaz de produzir danos imediatos e mediatos para a saúde física e psíquica do consumidor, bem como para a segurança da coletividade, plenamente incidente a restrição contida no art. 220, § 4.º, *in fine,* da Constituição Federal.

Igualmente, se eventual legislação regulamentadora dessa forma de comunicação publicitária for omissa quanto à obrigatoriedade de advertência sobre os malefícios do

---

[49] Anexo "P", 3, do Código Brasileiro de Autorregulamentação Publicitária.

uso, ainda assim é norma que se faz imperativa, devendo, portanto, **toda publicidade do produto álcool vir acompanhada do referido alerta**.

9.7.3. A disciplina da publicidade das bebidas alcoólicas na legislação infraconstitucional

No tocante ao panorama infraconstitucional para a publicidade de bebidas alcoólicas, cabe-nos aludir ao tratamento cuidadoso dispensado pelo **Estatuto da Criança e do Adolescente — Lei n. 8.069/90**.

A preocupação do legislador infraconstitucional com relação ao contato do público infantojuvenil para com as bebidas alcoólicas exteriorizou-se na proibição prevista no art. 79, *in verbis:* "As revistas e publicações destinadas ao público infantojuvenil não poderão conter ilustrações, fotografias, legendas, crônicas ou anúncios de bebidas alcoólicas, tabaco, armas e munições, e deverão respeitar os valores éticos e sociais da pessoa e da família".

Neste diapasão, diante da natureza de droga psicotrópica do álcool, o ECA proibiu também a venda à criança e ao adolescente de bebidas alcoólicas,[50] bem como **tipificou como crime as condutas de: vender, fornecer, servir, ministrar ou entregar, ainda que gratuitamente, de qualquer forma, a criança ou a adolescente, bebida alcoólica ou, sem justa causa, outros produtos cujos componentes possam causar dependência física ou psíquica. A pena para esses casos subiu para 2 (dois) a 4 (quatro) anos de detenção, e multa, se o fato não constituir crime mais grave**.[51]

Nesse sentido, o Superior Tribunal de Justiça editou a Súmula 669 com o seguinte enunciado:

> **SÚMULA 669:** O fornecimento de bebida alcoólica a criança ou adolescente, após o advento da Lei n. 13.106, de 17 de março de 2015, configura o crime previsto no art. 243 do ECA (3.ª Seção, aprovada em 12.6.2024, *DJe* 17.6.2024).

Com efeito, também é possível a aplicação do **Código de Defesa do Consumidor** à publicidade de bebidas alcoólicas, classificando-a como enganosa por comissão ou omissão, bem como de abusiva.

Concluímos neste livro que a **publicidade de bebidas alcoólicas é enganosa por comissão** ao mostrar uma realidade que não existe na vida do consumidor diário deste tipo de bebida, inclusive das cervejas, sempre norteada por festas, alegria e modelos com abdomens musculosos, realidade bem diferente da enfrentada pelo alcoólatra.

É também uma mensagem **enganosa por omissão**, enquadrando-se perfeitamente no conceito descrito no § 3.º do art. 37 do CDC,[52] uma vez que neste tipo de anúncio comumente verificamos a omissão de dado essencial sobre o álcool — riscos da ingestão imoderada, malefícios para a saúde e segurança do consumidor, bem como para a coletividade.

---

[50] Art. 81, inciso II, do Estatuto da Criança e do Adolescente.
[51] Art. 243 do Estatuto da Criança e do Adolescente, com redação dada pela Lei n. 13.106, de 2015.
[52] Art. 37, § 3.º, do CDC: "Para efeitos deste Código, a publicidade é enganosa por omissão quando deixar de informar sobre dado essencial do produto ou serviço".

A doutrina autorizada de Antônio Herman de Vasconcellos Benjamin explica que: "na publicidade enganosa por omissão, o anunciante deixa de afirmar algo relevante e que, por isso mesmo, induz o consumidor em erro, isto é, deixa de dizer algo que é".[53]

Ademais, devem ser consideradas como dado essencial do produto as informações sobre os seus riscos, ou seja, todas aquelas relevantes na decisão de adquiri-lo, bem como tudo o que a lei determinar que o anúncio publicitário deva conter (lembre-se de que a Constituição Federal determina que a publicidade de bebidas alcoólicas deve conter advertência sobre os malefícios decorrentes de seu uso).

Em última análise, faz-se necessário enunciar que o legislador infraconstitucional, no art. 9.º do CDC,[54] corroborou o disposto no art. 220, § 4.º, *in fine*, da Constituição Federal, quanto à obrigatoriedade de divulgação da nocividade e periculosidade de determinados produtos à saúde e segurança do consumidor.

De outra feita, a **mensagem publicitária da bebida alcoólica também é abusiva**, subsumindo-se na parte final do § 2.º do art. 37 do CDC,[55] eis que estimula o consumo de uma droga psicotrópica, induzindo, desta maneira, o consumidor a comportar-se de forma prejudicial à sua saúde e segurança.

É também o entendimento de Maria Elizabete Vilaça Lopes: "(...) a publicidade de tabaco e de bebidas alcoólicas seria na verdade capaz de induzir o consumidor a comportar-se de forma prejudicial ou perigosa à sua saúde, em especial, se, como sói acontecer, a mensagem é formulada de maneira tal que as pessoas associem o uso desses produtos ao melhor desempenho esportivo ou sexual, à melhoria nas relações sociais ou afetivas, etc. Nesse tipo de anúncio as cores são sempre vibrantes, as ações audaciosas, e tudo leva a crer que a atuação dos tabagistas e alcoólatras é sempre fantástica".[56]

Continuando, ainda na seara da legislação infraconstitucional, analisaremos algumas disposições da **Lei n. 9.294/96 (Lei Murad)**, alterada, dentre outras, pela Lei n. 10.167/2000 (Lei Serra), que dispõe sobre as restrições ao uso e à propaganda de produtos fumígeros, bebidas alcoólicas, medicamentos, terapias e defensivos agrícolas, e alterações posteriores, bem como o Decreto n. 2.018/96 (alterado pelo Decreto n. 8.262, de 2014), que a regulamenta.

Para efeitos da Lei, **bebidas alcoólicas são aquelas** potáveis com teor alcoólico **superior a treze graus Gay Lussac**,[57] não abrangendo, portanto, cervejas, alguns vinhos e bebidas do tipo *ice*.

---

[53] GRINOVER, Ada Pellegrini; BENJAMIN, Antônio Herman de V.; FINK, Daniel Roberto; FILOMENO, José Geraldo Brito; NERY JR., Nelson; DENARI, Zelmo. *Código Brasileiro de Defesa do Consumidor*, p. 345.

[54] Art. 9.º do CDC: "O fornecedor de produtos e serviços potencialmente nocivos ou perigosos à saúde ou segurança deverá informar, de maneira ostensiva e adequada, a respeito da sua nocividade ou periculosidade, sem prejuízo da adoção de outras medidas cabíveis em cada caso concreto".

[55] Art. 37, § 2.º, do CDC: "É abusiva, dentre outras, a publicidade discriminatória de qualquer natureza, a que incite à violência, explore o medo ou a superstição, se aproveite da deficiência de julgamento e experiência da criança, desrespeita valores ambientais, ou que seja capaz de induzir o consumidor a se comportar de forma prejudicial ou perigosa à saúde ou segurança".

[56] LOPES, Maria Elizabete Vilaça. O consumidor e a publicidade. *Revista de Direito do Consumidor* 1, São Paulo, RT, 1992, p. 174-175.

[57] Art. 1.º, parágrafo único, da Lei n. 9.294/96, e art. 8.º, *caput*, do Decreto n. 2.018/96.

Assim, as restrições quanto à publicidade de bebidas alcoólicas ali previstas, tais como:

■ limitação de horário para a propaganda comercial entre as 21 e as 6 horas (art. 4.º, *caput*, da Lei n. 9.294/96);
■ proibição de associação da propaganda ao esporte olímpico ou de competição, ao desempenho saudável de qualquer atividade física, à condução de veículos ou ideias de êxito ou sexualidade das pessoas (art. 4.º, § 1.º);
■ e a necessidade de constar advertência nos rótulos das embalagens — "Evite o Consumo Excessivo de Álcool" (art. 4.º, § 2.º, **não se aplica às cervejas, alguns vinhos e bebidas do tipo *ice***);
■ na parte interna dos locais em que se vende bebida alcoólica, deverá ser afixada advertência escrita de forma legível e ostensiva de que é crime dirigir sob a influência de álcool, punível com detenção (art. 4.º-A, incluído pela Lei n. 11.705, de 2008).

Mais uma vez, afirmamos que não há qualquer justificativa para a exclusão de bebidas alcoólicas com teor abaixo de treze graus Gay Lussac, uma vez que todas elas são consideradas drogas psicotrópicas, causadoras de diversos danos imediatos e mediatos, além de causarem dependência.

Na verdade, quando das alterações propostas pela Medida Provisória n. 118/2003, o Ministério da Saúde sugeriu a extensão das restrições à publicidade de bebidas alcoólicas para aquelas com menos de treze graus, visando corrigir uma situação surreal criada pela Lei n. 9.294/96.

Contudo, tal emenda foi excluída do ato normativo, por força de um poderoso *lobby* das empresas de cerveja e de publicidade, que chegaram ao ponto de se instalarem em um escritório na Capital Federal com o intuito de derrubar a aludida proposta.

Não há como sustentar a exclusão de bebidas como a cerveja das restrições impostas pela Lei n. 9.294/96, até porque há inúmeras pesquisas que apontam a influência direta das propagandas no início e aumento do consumo do álcool. Ademais, lembremos que a cerveja é a bebida alcoólica mais consumida no Brasil.

Segundo Bruno Miragem, um "grave déficit da lei, com relação à proteção constitucional materializada nesta determinação de restrição, é a definição legal de bebida alcoólica como aquelas com gradação alcoólica superior a treze graus Gay Lussac, o que coloca fora do alcance das restrições estabelecidas a publicidade de cerveja, ou de bebidas *ice*, por exemplo. **Tal definição, contudo, foi considerada constitucional pelo STF**".[58]

A aludida decisão do Supremo Tribunal Federal foi proferida na **Ação Direta de Inconstitucionalidade n. 1.755-5/DF**, nos termos da seguinte ementa:

CONSTITUCIONAL. LEI FEDERAL. RESTRIÇÕES AO USO E À PROPAGANDA DE PRODUTOS FUMÍGEROS, BEBIDAS ALCOÓLICAS, ETC. IMPUGNAÇÃO DO DISPOSITIVO QUE DEFINE O QUE É BEBIDA ALCOÓLICA PARA OS FINS DE PROPAGANDA. **ALEGADA DISCRIMINAÇÃO LEGAL QUANTO ÀS BEBIDAS COM**

---

[58] MIRAGEM, Bruno. *Curso de direito do consumidor*, p. 182.

TEOR ALCOÓLICO INFERIOR A TREZE GRAUS GAY LUSSAC. A SUBTRAÇÃO DA NORMA DO CORPO DA LEI, IMPLICA EM ATUAR ESTE TRIBUNAL COMO LEGISLADOR POSITIVO, O QUE LHE É VEDADO. MATÉRIA PARA SER DIRIMIDA NO ÂMBITO DO CONGRESSO NACIONAL. PRECEDENTES. AÇÃO NÃO CONHECIDA (Rel. Ministro Nelson Jobim, Tribunal Pleno, *DJ* 18.5.2001).[59]

Some-se a isto o aumento do consumo de bebidas do tipo *ice*, que disfarçam o sabor característico das bebidas alcoólicas, tornando-se especialmente agradáveis aos jovens, bem como a existência de trabalhos científicos que associam a maior probabilidade de se desenvolver dependência química, quanto mais precoce a idade em que se comece a beber (74% dos estudantes do ensino médio e fundamental já experimentaram bebidas alcoólicas).[60]

Nem se alegue que a propaganda não influi no consumo destes produtos. De acordo com a Organização Mundial da Saúde — OMS, países desenvolvidos que acabaram com a publicidade de bebida alcoólica têm consumo 16% mais baixo e 23% menos mortes no trânsito em comparação a outros que não têm restrição.[61]

Neste contexto, o Governo Federal criou um "Grupo Interministerial" no ano de 2003 composto por membros dos Ministérios da Saúde, Educação, Justiça e representantes de agências de publicidade e fabricantes de bebidas alcoólicas, a fim de que fosse criada uma política nacional de redução de danos causados por bebidas alcoólicas.

Divulgou-se, à época,[62] que o tal "Grupo Interministerial" propôs alteração do conceito de bebida alcoólica, consideradas aquelas que tiverem 0,5 grau Gay Lussac, ou mais, em sua composição.

Sugeriram, ainda, restrições na propaganda dirigida a grupos vulneráveis, uma política fiscal que desestimule o consumo e medidas restritivas de venda. No entanto, até a presente data, nenhum êxito foi obtido nesse sentido.[63]

---

[59] Sobre o tema, cumpre ressaltar que tramitou no STF a Ação Direta de Inconstitucionalidade por Omissão (ADO) n. 22, ajuizada pela Procuradoria-Geral da República (PGR) para questionar omissão legislativa parcial do Congresso Nacional por ausência de regulamentação das propagandas de bebidas de teor alcoólico inferior a 13 graus Gay Lussac (GL). Nesse julgado, o STF assim decidiu: "AÇÃO DIRETA DE INCONSTITUCIONALIDADE POR OMISSÃO. REGULAMENTAÇÃO DE PROPAGANDA DE BEBIDAS DE TEOR ALCOÓLICO INFERIOR A TREZE GRAUS GAY LUSSAC (13° GL). AUSÊNCIA DE OMISSÃO. ATUAÇÃO DO PODER LEGISLATIVO. ART. 2.º DA CONSTITUIÇÃO DA REPÚBLICA. IMPOSSIBILIDADE DE ATUAR O SUPREMO TRIBUNAL FEDERAL COMO LEGISLADOR POSITIVO, SUBSTITUINDO-SE AO PODER LEGISLATIVO NA DEFINIÇÃO DE CRITÉRIOS ADOTADOS NA APROVAÇÃO DAS NORMAS DE PROPAGANDA DE BEBIDAS ALCOÓLICAS: PRECEDENTES. AÇÃO JULGADA IMPROCEDENTE. DECISÃO COM EFEITOS VINCULANTES" (ADO 22/DF, Tribunal Pleno, Rel. Ministra Cármen Lúcia, *DJe* 3.8.2015).

[60] Sexo e bichinhos ficam de fora. *Revista Veja*, edição 1.822, ano 36, n. 39, 1.º de outubro de 2003, p. 75.

[61] Jornal *Folha de S.Paulo*, de 14 de maio de 2003, Caderno Cotidiano, p. C5.

[62] Jornal *Folha de S.Paulo*, de 21 de agosto de 2003, Caderno Cotidiano, p. C1.

[63] O que existe de concreto é uma Ação Civil Pública, proposta pelo Ministério Público Federal, a qual analisaremos a seguir.

Em resumo, **o caráter vanguardista da Lei n. 9.294/96 na disciplina da restrição da publicidade do tabaco** não está nem de perto presente no tocante à regulamentação da publicidade das bebidas alcoólicas.

Por fim, reiteramos que a proteção contra os abusos na publicidade das bebidas alcoólicas dispensa qualquer alteração ou criação legislativa, uma vez que o atual sistema jurídico já apresenta inúmeros dispositivos que, por si sós, exigem a veiculação de advertência quanto aos riscos do uso do álcool.

Primeiramente, constata-se a obrigatoriedade da advertência quanto aos malefícios causados pelo álcool em publicidades do gênero no art. 220, § 4.º, *in fine,* da Constituição Federal, norma de eficácia plena.

Depois, o art. 9.º do CDC obriga este tipo de anúncio a informar sobre a nocividade e periculosidade das bebidas alcoólicas, além de enquadrá-lo como publicidade enganosa por comissão ou omissão, bem como abusiva, respondendo o fornecedor pelas sanções administrativas, penais e civis. Há, ainda, as regras previstas no ECA e na própria Lei n. 9.294/96, conforme já descrevemos.

Diante deste amplo contexto normativo, cumpre ressaltar, em última análise, que as alterações realizadas pelo CONAR (restrição na publicidade da participação de atores e modelos com aparência inferior a 25 anos, de erotismo, de animais humanizados, bonecos ou animação que atraia a atenção de crianças, dentre outras) têm a sua importância, mas não podem servir de sucedâneo dos preceitos constitucionais e infraconstitucionais mencionados, nem substituir uma eventual legislação mais eficaz no combate à publicidade de bebidas alcoólicas, como já acontece na mensagem publicitária dos cigarros.

Tal assertiva tem por fundamento o fato de que o consumo do álcool gera um grande problema de saúde pública, devendo, assim, ser imediatamente combatido pelas autoridades competentes, por meio dos instrumentos processuais já existentes — Ação Civil Pública e Ações Cautelares Inominadas —, nos termos do ordenamento jurídico pátrio elencados nessa explanação.

9.7.3.1. A disciplina da publicidade dos cigarros na legislação infraconstitucional

Destacamos alguns dispositivos da Lei n. 9.294/96 que bem representam a boa regulamentação da publicidade do tabaco:

■ **proibição de uso em recinto coletivo fechado, privado ou externo (art. 2.º, §§ 1.º a 3.º):**

> É proibido o uso de cigarros, cigarrilhas, charutos, cachimbos ou qualquer outro produto fumígeno, derivado ou não do tabaco, em recinto coletivo fechado, privado ou público. (Redação dada pela Lei n. 12.546, de 2011)
> § 1.º Incluem-se nas disposições deste artigo as repartições públicas, os hospitais e postos de saúde, as salas de aula, as bibliotecas, os recintos de trabalho coletivo e as salas de teatro e cinema.
> § 2.º É vedado o uso dos produtos mencionados no *caput* nas aeronaves e veículos de transporte coletivo. (Redação dada pela Medida Provisória n. 2.190-34, de 2001)
> § 3.º Considera-se recinto coletivo o local fechado, de acesso público, destinado a permanente utilização simultânea por várias pessoas. (Incluído pela Lei n. 12.546, de 2011)

◘ **publicidade vedada (art. 3.º, §§ 1.º a 6.º):**

É vedada, em todo o território nacional, a propaganda comercial de cigarros, cigarrilhas, charutos, cachimbos ou qualquer outro produto fumígeno, derivado ou não do tabaco, com exceção apenas da exposição dos referidos produtos nos locais de vendas, desde que acompanhada das cláusulas de advertência a que se referem os §§ 2.º, 3.º e 4.º deste artigo e da respectiva tabela de preços, que deve incluir o preço mínimo de venda no varejo de cigarros classificados no código 2402.20.00 da Tipi, vigente à época, conforme estabelecido pelo Poder Executivo. (Redação dada pela Lei n. 12.546, de 2011)
§ 1.º A propaganda comercial dos produtos referidos neste artigo deverá ajustar-se aos seguintes princípios:
I — não sugerir o consumo exagerado ou irresponsável, nem a indução ao bem-estar ou saúde, ou fazer associação a celebrações cívicas ou religiosas;
II — não induzir as pessoas ao consumo, atribuindo aos produtos propriedades calmantes ou estimulantes, que reduzam a fadiga ou a tensão, ou qualquer efeito similar;
III — não associar ideias ou imagens de maior êxito na sexualidade das pessoas, insinuando o aumento de virilidade ou feminilidade de pessoas fumantes;
IV — não associar o uso do produto à prática de atividades esportivas, olímpicas ou não, nem sugerir ou induzir seu consumo em locais ou situações perigosas, abusivas ou ilegais; (Redação dada pela Lei n. 10.167, de 27.12.2000);
V — não empregar imperativos que induzam diretamente ao consumo;
VI — não incluir a participação de crianças ou adolescentes. (Redação dada pela Lei n. 10.167, de 27.12.2000)
§ 2.º A propaganda conterá, nos meios de comunicação e em função de suas características, advertência, sempre que possível falada e escrita, sobre os malefícios do fumo, bebidas alcoólicas, medicamentos, terapias e defensivos agrícolas, segundo frases estabelecidas pelo Ministério da Saúde, usadas sequencialmente, de forma simultânea ou rotativa. (Redação dada pela Medida Provisória n. 2.190-34, de 2001)
§ 3.º As embalagens e os maços de produtos fumígenos, com exceção dos destinados à exportação, e o material de propaganda referido no *caput* deste artigo conterão a advertência mencionada no § 2.º acompanhada de imagens ou figuras que ilustrem o sentido da mensagem. (Redação dada pela Medida Provisória n. 2.190-34, de 2001)
§ 4.º Nas embalagens, as cláusulas de advertência a que se refere o § 2.º deste artigo serão sequencialmente usadas, de forma simultânea ou rotativa, nesta última hipótese devendo variar no máximo a cada cinco meses, inseridas, de forma legível e ostensivamente destacada, em uma das laterais dos maços, carteiras ou pacotes que sejam habitualmente comercializados diretamente ao consumidor.
§ 5.º Nas embalagens de produtos fumígenos vendidas diretamente ao consumidor, as cláusulas de advertência a que se refere o § 2.º deste artigo serão sequencialmente usadas, de forma simultânea ou rotativa, nesta última hipótese devendo variar no máximo a cada 5 (cinco) meses, inseridas, de forma legível e ostensivamente destacada, em 100% (cem por cento) de sua face posterior e de uma de suas laterais. (Redação dada pela Lei n. 12.546, de 2011)
§ 6.º A partir de 1.º de janeiro de 2016, além das cláusulas de advertência mencionadas no § 5.º deste artigo, nas embalagens de produtos fumígenos vendidas diretamente ao consumidor também deverá ser impresso um texto de advertência adicional ocupando 30% (trinta por cento) da parte inferior de sua face frontal. (Incluído pela Lei n. 12.546, de 2011)

■ **práticas comerciais proibidas (art. 3.º-A, *caput* e §§ 1.º e 2.º):**

Quanto aos produtos referidos no art. 2.º desta Lei, são proibidos: (Artigo incluído pela Lei n. 10.167, de 27.12.2000)
I — a venda por via postal; (Inciso incluído pela Lei n. 10.167, de 27.12.2000)
II — a distribuição de qualquer tipo de amostra ou brinde; (Inciso incluído pela Lei n. 10.167, de 27.12.2000)
III — a propaganda por meio eletrônico, inclusive internet; (Inciso incluído pela Lei n. 10.167, de 27.12.2000)
IV — a realização de visita promocional ou distribuição gratuita em estabelecimento de ensino ou local público; (Inciso incluído pela Lei n. 10.167, de 27.12.2000)
V — o patrocínio de atividade cultural ou esportiva; (Inciso incluído pela Lei n. 10.167, de 27.12.2000)
VI — a propaganda fixa ou móvel em estádio, pista, palco ou local similar; (Inciso incluído pela Lei n. 10.167, de 27.12.2000)
VII — a propaganda indireta contratada, também denominada *merchandising*, nos programas produzidos no País após a publicação desta Lei, em qualquer horário; (Inciso incluído pela Lei n. 10.167, de 27.12.2000)
VIII — a comercialização em estabelecimento de ensino, em estabelecimento de saúde e em órgãos ou entidades da Administração Pública; (Redação dada pela Lei n. 10.702, de 14.7.2003)
IX — a venda a menores de dezoito anos. (Incluído pela Lei n. 10.702, de 14.7.2003)
§ 1.º Até 30 de setembro de 2005, o disposto nos incisos V e VI não se aplica no caso de eventos esportivos internacionais que não tenham sede fixa em um único país e sejam organizados ou realizados por instituições estrangeiras. (Renumerado e alterado pela Lei n. 10.702, de 14.7.2003)
§ 2.º É facultado ao Ministério da Saúde afixar, nos locais dos eventos esportivos a que se refere o § 1.º, propaganda fixa com mensagem de advertência escrita que observará os conteúdos a que se refere o § 2.º do art. 3.ºC, cabendo aos responsáveis pela sua organização assegurar os locais para a referida afixação. (Incluído pela Lei n. 10.702, de 14.7.2003)

■ **prática permitida (art. 3.º-B):**

Somente será permitida a comercialização de produtos fumígenos que ostentem em sua embalagem a identificação junto à Agência Nacional de Vigilância Sanitária, na forma do regulamento. (Artigo incluído pela Lei n. 10.167, de 27.12.2000)

■ **divulgação em eventos culturais ou desportivos (art. 3.º-C, §§ 1.º a 3.º):**

A aplicação do disposto no § 1.º do art. 3.º-A, bem como a transmissão ou retransmissão, por televisão, em território brasileiro, de eventos culturais ou esportivos com imagens geradas no estrangeiro patrocinados por empresas ligadas a produtos fumígeros, exige a veiculação gratuita pelas emissoras de televisão, durante a transmissão do evento, de mensagem de advertência sobre os malefícios do fumo. (Incluído pela Lei n. 10.702, de 14.7.2003)
§ 1.º Na abertura e no encerramento da transmissão do evento, será veiculada mensagem de advertência, cujo conteúdo será definido pelo Ministério da Saúde, com duração não inferior a trinta segundos em cada inserção. (Incluído pela Lei n. 10.702, de 14.7.2003)

> § 2.º A cada intervalo de quinze minutos será veiculada, sobreposta à respectiva transmissão, mensagem de advertência escrita e falada sobre os malefícios do fumo com duração não inferior a quinze segundos em cada inserção, por intermédio das seguintes frases e de outras a serem definidas na regulamentação, usadas sequencialmente, todas precedidas da afirmação "O Ministério da Saúde adverte": (Incluído pela Lei n. 10.702, de 14.7.2003)
> I — "fumar causa mau hálito, perda de dentes e câncer de boca"; (Incluído pela Lei n. 10.702, de 14.7.2003)
> II — "fumar causa câncer de pulmão"; (Incluído pela Lei n. 10.702, de 14.7.2003)
> III — "fumar causa infarto do coração"; (Incluído pela Lei n. 10.702, de 14.7.2003)
> IV — "fumar na gravidez prejudica o bebê"; (Incluído pela Lei n. 10.702, de 14.7.2003)
> V — "em gestantes, o cigarro provoca partos prematuros, o nascimento de crianças com peso abaixo do normal e facilidade de contrair asma"; (Incluído pela Lei n. 10.702, de 14.7.2003)
> VI — "crianças começam a fumar ao verem os adultos fumando"; (Incluído pela Lei n. 10.702, de 14.7.2003)
> VII — "a nicotina é droga e causa dependência"; e (Incluído pela Lei n. 10.702, de 14.7.2003)
> VIII — "fumar causa impotência sexual". (Incluído pela Lei n. 10.702, de 14.7.2003)
> § 3.º Considera-se, para os efeitos desse artigo, integrantes do evento os treinos livres ou oficiais, os ensaios, as reapresentações e os compactos. (Incluído pela Lei n. 10.702, de 14.7.2003) (...).

O Supremo Tribunal Federal entendeu que "**não viola o texto constitucional a imposição legal de restrições à publicidade de produtos fumígenos e de inserção de advertências sanitárias em suas embalagens quando se revelarem adequadas, necessárias e proporcionais para alcançar a finalidade de reduzir o fumo e o consumo do tabaco, hábitos que constituem perigo à saúde pública**":

AÇÃO DIRETA DE INCONSTITUCIONALIDADE. ART. 3.º, *CAPUT* e §§ 2.º, 3.º, 4.º, 5.º E 6.º, DA LEI N. 9.294/1996. PRODUTOS FUMÍGENOS, DERIVADOS OU NÃO DO TABACO. RESTRIÇÕES À PROPAGANDA COMERCIAL. ADVERTÊNCIAS SANITÁRIAS NAS EMBALAGENS. PRELIMINARES REJEITADAS. ADITAMENTO ACOLHIDO. EPIDEMIA DO TABAGISMO. CONVENÇÃO-QUADRO DAS NAÇÕES UNIDAS PARA O CONTROLE DO TABACO (CQCT). OBSERVÂNCIA DO PRINCÍPIO DA PROPORCIONALIDADE. PREVALÊNCIA DA TUTELA DA SAÚDE. PRIORIDADE ABSOLUTA DA PROTEÇÃO DE CRIANÇAS E ADOLESCENTES. CONCRETIZAÇÃO DOS OBJETIVOS FUNDAMENTAIS DA REPÚBLICA. IMPROCEDÊNCIA. 1. A Confederação Nacional da Indústria (CNI), entidade sindical de nível superior que congrega as empresas da indústria nacional, enquadra-se na hipótese de legitimação prevista no art. 103, IX, CF. Rejeitada a preliminar de ilegitimidade, por existir pertinência temática entre seus fins institucionais e a controvérsia constitucional posta. As restrições impugnadas afetam os interesses das fabricantes dos produtos fumígenos, responsáveis pela propaganda da marca e dos produtos e pelas embalagens. 2. É da linha decisória deste Supremo Tribunal Federal a prejudicialidade por alterada a norma contestada. Inexistência de inovação substancial a ponto de exigir a reconstrução do quadro argumentativo em nova ação. Rejeitada a preliminar de prejuízo, com acolhimento do aditamento da petição inicial. 3. A propaganda comercial encontra proteção constitucional, por ser manifestação da liberdade de expressão e comunicação. Na arquitetura dos direitos fundamentais, que não comporta direitos absolutos, sujeita-se a restrições, desde que proporcionais, na proteção de outros valores públicos. 4. A atividade empresarial, em todas as suas facetas, inclusive a publicitária, submete-se aos princípios da ordem econômica e há compatibilizar-se com a concretização dos demais direitos fundamentais. 5. O art. 220, § 4.º, CF, no sentido de que a propaganda do "tabaco, bebidas alcoólicas, agrotóxicos, medicamentos e terapias" pode sofrer "restrições legais" explicita a possibilidade e a importância das limitações publicitárias dos produtos notadamente nocivos. 6. A propaganda comercial pode sofrer restrição legal de variada intensidade e, de modo proporcional, ser afastada para a tutela de outros direitos fundamentais. A expressão "restrição", no art. 220, § 4.º, CF, não traduz limitação apriorística à ponderação de valores resultante da aplicação do princípio da proporcionalidade no caso concreto. 7. Surgem constitucionais as restrições da publicidade dos produtos fumígenos, derivados ou não do tabaco, limitada à exposição dos produtos nos postos de venda, e a imposição de advertência sanitária acompanhada de imagem, por se mostrarem adequadas, necessárias e proporcionais em sentido estrito, no contexto multifacetado das políticas públicas de combate ao fumo e de controle do tabaco. 8. Prevalência da tutela da saúde (art. 6.º, CF) e incidência da proteção prioritária da criança e do adolescente (art. 227, CF). Concretização dos objetivos fundamentais da República (art. 3.º, CF), mediante o estabelecimento de limites à atividade empresarial, no trato de problema de saúde pública de grande proporção. Limitada a livre-iniciativa, na dimensão expressiva e comunicativa, para a construção de uma sociedade mais livre, justa e solidária, o desenvolvimento nacional sustentável, a redução de desigualdades e a promoção do bem de todos. 9. Inocorrência de delegação legislativa ao atribuir-se, ao Ministério da Saúde, a tarefa de especificar as advertências sanitárias. Competência regulamentar de segundo grau para fiel execução da lei. Aplicação do precedente formado ao julgamento da ADI 1.075 (Rel. Ministro Celso de Mello, Pleno, j. virtual de 25.9 a 5.10.2020, *DJe* 19.10.2020). 10. Ação conhecida e pedido julgado improcedente (ADI 3.311, Tribunal Pleno, Rel. Ministra Rosa Weber, j. 14.9.2022, *DJe* 29.9.2022).

9.7.4. A atuação do Ministério Público Federal na coibição dos malefícios causados por bebidas alcoólicas — especialmente pelas cervejas

O Ministério Público Federal propôs **Ação Civil Pública em face das principais cervejarias do país:** Ambev, Femsa e Schincariol, pelo fato de que, juntas, são responsáveis por cerca de 90% da venda das bebidas alcoólicas do tipo cerveja no Brasil.[64]

O **objetivo** da ACP resume-se à condenação das empresas-rés ao **pagamento de indenização, em favor da sociedade,** por meio da União e da Secretaria Nacional de

---

[64] A Ação Civil Pública tramita na Justiça Federal, Seção Judiciária de São José dos Campos, sob o número processual: 2008.61.03.007791-6 (número de origem 0007791-44.2008.4.03.6103) teve sentença de improcedência em 20 de abril de 2016, porém, em 22 de agosto de 2019, no julgamento dos recursos de apelação respectivos, o TRF da 3.ª Região deu provimento à remessa oficial às apelações para anular a sentença proferida em primeira instância por falta de fundamentação jurídica. Disponível em: <http://web.trf3.jus.br/consultas/Internet/ConsultaProcessual/Processo?NumeroProcesso=00077914420084036103>. Acesso em: 7 out. 2019.

Políticas sobre Drogas — SENAD, **para investimentos na prevenção e no tratamento** dos malefícios causados pelo consumo de bebidas alcoólicas.

Dentre os fatos levantados na aludida ação, destaca-se:

◘ as bebidas alcoólicas são responsáveis por inúmeros e graves prejuízos à saúde individual e à saúde pública, sendo que nesse mercado se destacam os produtos do tipo "cerveja" e "chope";

◘ embora sejam de livre produção e comercialização, as bebidas alcoólicas sofrem restrição publicitária, tendo em vista a nocividade inerente a esses produtos;

◘ as empresas-rés investem maciçamente em publicidade (o investimento nesse segmento foi de quase 1 bilhão de reais em 2007), a fim de aumentarem a venda de seus produtos e, consequentemente, seus lucros;

◘ o maciço investimento em publicidade acarreta o aumento global e a precocidade de consumo de álcool pela sociedade;

◘ logo, tem-se que o investimento em publicidade pelas empresas-rés (conduta) acarretou (nexo causal) um incremento dos danos inerentes aos seus produtos alcoólicos (dano incrementado), daí seguindo-se o dever de indenizar na mesma proporção.

Em resumo, a demanda tenta demonstrar que:

◘ existem malefícios sociais inerentes ao consumo de bebidas alcoólicas;

◘ o investimento em publicidade (conduta) acarreta (nexo causal) um incremento desses malefícios (dano incrementado); e

◘ esse incremento do dano é passível de indenização e deve ser suportado por quem lhe deu causa (responsabilidade).

Conforme é cediço, a bebida alcoólica — aí incluída a cerveja — é causadora de inúmeros malefícios[65] apontados pelo MPF, em especial:

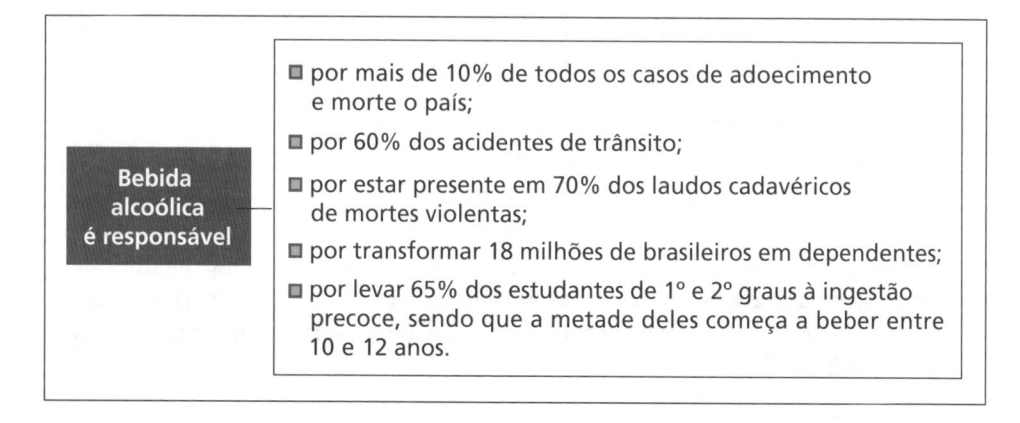

Bebida alcoólica é responsável	◘ por mais de 10% de todos os casos de adoecimento e morte o país; ◘ por 60% dos acidentes de trânsito; ◘ por estar presente em 70% dos laudos cadavéricos de mortes violentas; ◘ por transformar 18 milhões de brasileiros em dependentes; ◘ por levar 65% dos estudantes de 1° e 2° graus à ingestão precoce, sendo que a metade deles começa a beber entre 10 e 12 anos.

---

[65] Fontes: Uniad (Unidade de Pesquisa em Álcool e Drogas, da Universidade Federal de São Paulo — EPM/Unifesp); Cremesp (Conselho Regional de Medicina do Estado de São Paulo); SENAD — Secretaria Nacional de Políticas sobre Drogas.

Afirma o Ministério Público Federal que os **gastos públicos** do Sistema Único de Saúde **com tratamento** de dependentes de álcool e outras drogas em unidades extra-hospitalares, como os Centros de Atenção Psicossocial — Álcool e Drogas, atingiram, entre 2002 e junho de 2006, a cifra de R$ 36.887.442,95 (trinta e seis milhões, oitocentos e oitenta e sete mil, quatrocentos e quarenta e dois reais e noventa e cinco centavos).

Além disso, outros R$ 4.317.251,59 (quatro milhões, trezentos e dezessete mil, duzentos e cinquenta e um reais e cinquenta e nove centavos) foram gastos em procedimentos hospitalares de internações relacionadas ao uso de álcool e outras drogas no mesmo período.

O respaldo da citada ação está fundado em **estudos realizados** pela Organização Mundial da Saúde — **OMS** que concluíram que países que proíbem a publicidade de destilados têm níveis de consumo 16% mais baixos e 10% menos acidentes automobilísticos fatais do que países sem qualquer tipo de proibição.

E os que proíbem a propaganda de cervejas e vinhos, além dos destilados, têm níveis de consumo 11% menores e causam 23% menos acidentes automobilísticos fatais do que os que proíbem apenas a propaganda de destilados.

No Brasil, consta da inicial, a **indústria de cervejas** fatura mais de R$ 20 bilhões por ano e **gastou em publicidade, em 2006, mais de R$ 700 milhões**.[66]

Segundo o Procurador da República subscritor da comentada ação, a finalidade de sua demanda "é demonstrar que o aumento dos danos à saúde pública e individual do consumidor, como **decorrência** da decisão em **investir maciçamente em publicidade**, é perfeitamente evitável e diretamente relacionada à conduta das empresas-rés, daí seguindo-se o **dever de indenizar**".

E conclui o membro do *Parquet*, defendendo que "a publicidade de cerveja/chope não serve simplesmente para fixar uma marca, tampouco (e muito menos...) apresenta-se como estímulo inofensivo ao consumo, mas, ao contrário, induz a um aumento, estimado em 11%, do consumo global de bebidas alcoólicas, inclusive acarretando a iniciação precoce ao consumo de álcool pelos mais jovens, potencializando, dessa forma, os danos que são inerentes ao produto (bebida alcoólica)".

Logo, o fundamento jurídico da demanda e o inevitável dever de indenizar estão respaldados, dentre outros, pelos seguintes dispositivos do ordenamento jurídico pátrio:

- art. 220, § 4.º, da Constituição Federal;
- art. 927, parágrafo único, do Código Civil;
- art. 12, do Código de Defesa do Consumidor;
- art. 6.º do Código de Defesa do Consumidor, incisos: I — a proteção à vida, saúde e segurança contra os danos provocados; IV — a proteção contra a publicidade enganosa e abusiva; VI — a efetiva prevenção e reparação de danos; III — a informação adequada e clara sobre os diferentes produtos e serviços sobre os riscos que apresentem;[67]

---

[66] *Folha de S.Paulo*, Cotidiano, 22.5.2007.
[67] Vale lembrar que, por força da Lei n. 12.741, de 8 de dezembro de 2012, a redação do inciso III do art. 6.º do Código de Defesa do Consumidor foi alterada para o seguinte teor: "a informação ade-

■ art. 9.º do Código de Defesa do Consumidor: O fornecedor de produtos e serviços potencialmente nocivos ou perigosos à saúde ou segurança deverá informar, de maneira ostensiva e adequada, a respeito da sua nocividade ou periculosidade, sem prejuízo da adoção de outras medidas cabíveis em cada caso concreto.

Por fim, ressalta-se que o **valor da indenização postulada é de R$ 2.764.433.637,53** (dois bilhões, setecentos e sessenta e quatro milhões, quatrocentos e trinta e três mil, seiscentos e trinta e sete reais e cinquenta e três centavos).

Concordamos com os fundamentos trazidos na ACP ora em comento e estamos certos das suas reais chances de êxito, como forma até de influenciar mudanças do posicionamento da jurisprudência superior que, conforme analisaremos no próximo subitem, não é das melhores no tocante à tutela de consumidores de bebidas alcoólicas e de cigarros.

9.7.5. A posição do Superior Tribunal de Justiça

Infelizmente, o STJ não vem reconhecendo o dever do fornecedor de bebidas alcoólicas de indenizar os consumidores pelos malefícios causados, sob o fundamento básico e, *data venia*, simplista de que:

■ é livre a escolha do consumidor;
■ tinha ele consciência dos malefícios do seu hábito;
■ o produto é nocivo, mas não defeituoso;
■ nexo de causalidade inexistente.

Segue julgado paradigmático do Superior Tribunal de Justiça sobre o tema:

> RECURSO ESPECIAL. DIREITO DO CONSUMIDOR. ACÓRDÃO QUE, POR MAIORIA DE VOTOS, ANULA SENTENÇA. NÃO CABIMENTO DOS EMBARGOS INFRINGENTES. PRECEDENTES. ARTIGOS 22, DO CÓDIGO DE DEFESA DO CONSUMIDOR, E 335 DO CÓDIGO DE PROCESSO CIVIL. PREQUESTIONAMENTO. AUSÊNCIA. INCIDÊNCIA DA SÚMULA 211/STJ. RESPONSABILIDADE CIVIL. FABRICANTE DE BEBIDA ALCOÓLICA. DEPENDÊNCIA QUÍMICA. INEXISTÊNCIA. ATIVIDADE LÍCITA. CONSUMO DE BEBIDA ALCOÓLICA. **LIVRE ESCOLHA DO CONSUMIDOR. CONSCIÊNCIA DOS MALEFÍCIOS DO HÁBITO. NOTORIEDADE. PRODUTO NOCIVO, MAS NÃO DEFEITUOSO. NEXO DE CAUSALIDADE INEXISTENTE.** FATO INCONTROVERSO. JULGAMENTO ANTECIPADO DA LIDE. POSSIBILIDADE. DESNECESSIDADE DE PRODUÇÃO DE PROVA TÉCNICA. PRECEDENTES. CERCEAMENTO DE DEFESA. RECONHECIMENTO DE OFÍCIO. INVIABILIDADE. ESCÓLIO JURISPRUDENCIAL. RECURSO ESPECIAL PARCIALMENTE CONHECIDO E, NESSA EXTENSÃO, PROVIDO PARA JULGAR IMPROCEDENTE A DEMANDA INDENIZATÓRIA.

---

quada e clara sobre os diferentes produtos e serviços, com especificação correta de quantidade, características, composição, qualidade, **tributos incidentes** e preço, bem como sobre os riscos que apresentem".

I — No v. acórdão que, por maioria de votos, anula a sentença, não há juízo de reforma ou de substituição, afastando-se, portanto, o cabimento de embargos infringentes (*ut* REsp 1.091.438/RJ, Rel. Ministro Benedito Gonçalves, *DJe* 3.8.2010).

II — Os artigos 22, do Código de Defesa do Consumidor, relativo à obrigatoriedade de fornecimento de serviços adequados, bem como o 335, do Código de Processo Civil, acerca da aplicação das regras de experiência, não foram objeto de debate ou deliberação pelo Tribunal de origem, restando ausente, assim, o requisito do prequestionamento da matéria, o que atrai a incidência do enunciado 211 da Súmula desta Corte.

III — Procedendo-se diretamente ao julgamento da matéria controvertida, nos termos do art. 257 do RISTJ e da Súmula n. 456 do STF, **veja-se que embora notórios os malefícios do consumo excessivo de bebidas alcoólicas, tal atividade é exercida dentro da legalidade, adaptando-se às recomendações da Lei n. 9.294/96, que modificou a forma de oferecimento, ao mercado consumidor, de bebidas alcoólicas e não alcoólicas, ao determinar, quanto às primeiras, a necessidade de ressalva acerca dos riscos do consumo exagerado do produto.**

IV — **Dessa forma e alertado, por meio de amplos debates ocorridos tanto na sociedade brasileira, quanto na comunidade internacional, acerca dos malefícios do hábito de ingestão de bebida alcoólica, é inquestionável, portanto, o decisivo papel desempenhado pelo consumidor, dentro de sua liberdade de escolha, no consumo ou não, de produto, que é, em sua essência, nocivo à sua saúde, mas que não pode ser reputado como defeituoso.**

V — Nesse contexto, **o livre-arbítrio do consumidor pode atuar como excludente de responsabilidade do fabricante**. Precedente: REsp 886.347/RS, Rel. Ministro Honildo Amaral de Mello Castro, Desembargador Convocado do TJ/AP, *DJe* 25.5.2010.

VI — Em resumo: **aquele que, por livre e espontânea vontade, inicia-se no consumo de bebidas alcoólicas, propagando tal hábito durante certo período de tempo, não pode, doravante, pretender atribuir responsabilidade de sua conduta ao fabricante do produto, que exerce atividade lícita e regulamentada pelo Poder Público.**

VII — Além disso, "*(...) O juiz pode considerar desnecessária a produção de prova sobre os fatos incontroversos, julgando antecipadamente a lide*" (REsp 107.313/PR, Rel. Ministro Ruy Rosado de Aguiar, *DJ* 17.3.1997, p. 7516).

VIII — Por fim, não é possível, ao Tribunal de origem, reconhecer, de ofício, cerceamento de defesa, sem a prévia manifestação da parte interessada, na oportunidade de apresentação do recurso de apelação. Precedentes.

IX — Recurso especial parcialmente conhecido e, nessa extensão, provido para julgar improcedente a demanda (REsp 1.261.943/SP, Rel. Ministro Massami Uyeda, 3.ª T., *DJe* 27.2.2012).

O **mesmo entendimento** do Superior Tribunal de Justiça vem sendo aplicado para não condenar o **fornecedor de cigarros** pelos malefícios causados ao consumidor (REsp 886.347/RS, Rel. Ministro Honildo Amaral de Mello Castro, Desembargador Convocado do TJ/AP, 4.ª T., *DJe* 8.6.2010). Com o devido respeito às decisões supracitadas, equivocou-se o Superior Tribunal de Justiça ao atribuir ao livre-arbítrio do consumidor a responsabilidade pelos prejuízos sofridos em razão da ingestão de bebidas alcoólicas ou do consumo de cigarros.

Isto porque muitas gerações foram constantemente bombardeadas por mensagens que atrelavam esses produtos ao êxito nas relações sociais, inclusive sexuais, ao glamour profissional, dentre outras situações de destaque.

Sem contar ainda a ausência de informação ostensiva e adequada sobre os malefícios decorrentes da ingestão imoderada de bebidas alcoólicas, contexto que leva à configuração de publicidade enganosa e abusiva na disciplina do Código de Defesa do Consumidor.

Ainda sobre os cigarros, entendeu o STJ que a inserção de cartões informativos no interior das embalagens de cigarros não constitui prática de publicidade abusiva apta a caracterizar dano moral coletivo:

> CONSUMIDOR. RECURSO ESPECIAL. AÇÃO CIVIL PÚBLICA. DANOS MORAIS DIFUSOS. **CARTÕES *INSERTS* OU *ONSERTS* COLOCADOS NO INTERIOR DAS EMBALAGENS DE CIGARROS. PUBLICIDADE NÃO CARACTERIZADA. INFORMAÇÕES QUE NÃO INCENTIVAM AO FUMO.** RESPONSABILIDADE POR FATO DE TERCEIRO. IMPOSSIBILIDADE, *IN CASU*. MULTA ADMINISTRATIVA ANULADA PELO PODER JUDICIÁRIO. COISA JULGADA. RECURSO ESPECIAL DA SOUZA CRUZ PROVIDO. AÇÃO CIVIL PÚBLICA IMPROCEDENTE. HONORÁRIOS SUCUMBENCIAIS PREJUDICADOS.
> 1. **A natureza da publicidade implica anúncios ativos,** para que entusiasmem os destinatários a adquirir o produto ou serviço, muitas vezes utilizando-se de métodos da psicologia da persuasão, além de elementos sensoriais que agucem a visão, olfato, paladar e audição, tais como cores, cheiros, gostos e forma de expressão de palavras e frases.
> **1.1. Os cartões *inserts* ou *onserts* não caracterizam publicidade, uma vez que se encontram no interior das embalagens de cigarro, ou seja, não têm o condão de transmitir nenhum elemento de persuasão ao consumidor, por impossibilidade física do objeto.**
> **2. A mensagem contida nos cartões *inserts* ou *onserts* não proporcionam nenhum incentivo ao fumo, mas apenas informam o novo *layout* das embalagens, circunstância não violadora das restrições a propaganda de cigarros ou assemelhados, o que afasta o dano moral coletivo.**
> 3. Exceto nos casos expressamente declinados na legislação, somente aquele que causa o dano é responsabilizado pela sua reparação (art. 927 do CC/02).
> 3.1. O suposto dano moral coletivo está alicerçado na possibilidade do consumidor utilizar os *inserts* ou *onserts* para obstruir a advertência sobre os malefícios do cigarro. Assim, a responsabilidade civil estaria sendo imputada a alguém que não praticou o ato, além do dano ser presumido, uma vez que não se tem notícia que algum consumidor os teria utilizado para encobrir as advertências.
> **3.2. O fumante que se utiliza dos cartões *inserts* ou *onserts* quer tampar a visão do aviso dos malefícios que ele sabe que o cigarro causa à saúde.**
> 4. As penalidades administrativas lavradas pela ANVISA foram anuladas por decisões judiciais transitadas em julgado, sob o fundamento de que os cartões *inserts* ou *onserts* não desrespeitavam a legislação que regulamenta a propaganda de cigarros e seus assemelhados.
> 4.1. O reconhecimento da publicidade abusiva nestes autos, geradora do dano moral coletivo, implicará violação da coisa julgada.

5. Recurso especial da SOUZA CRUZ provido para afastar a ocorrência do imputado dano moral. Prejudicado o apelo nobre do INSTITUTO, quanto aos honorários sucumbenciais (REsp 1703077/SP, Rel. Ministra Nancy Andrighi, Rel. p/ Acórdão Ministro Moura Ribeiro, 3.ª T., j. 11.12.2018, DJe 15.2.2019).

9.8. A PUBLICIDADE DIRECIONADA E A INTELIGÊNCIA ARTIFICIAL

Em setembro do ano de 2021, o Prof. Dr. e líder Diogo Rais nos incluiu como pesquisador CAPES no grupo de pesquisa Laboratório de Direito Digital e Democracia da Universidade Presbiteriana Mackenzie em São Paulo.

A linha de pesquisa a ser desenvolvida será: "A Inteligência Artificial como elemento de resultado nas relações de consumo via *e-commerce*".

O objetivo principal é apurar a existência ou não de limites no ordenamento jurídico pátrio capazes de **condicionar a publicidade direcionada** após a utilização de mecanismos da inteligência artificial diante da vulnerabilidade do consumidor.

As **impressões digitais eletrônicas (rastros digitais)** deixadas pelo consumidor em sua vida cotidiana, especialmente na **visita aos *sites* ou às redes sociais**, podem ser amplamente **utilizadas para as mais variadas finalidades**, e a disciplina pelo Direito está carente de mecanismos para condicionar esse modelo de relação jurídica.

Nesse contexto, não estaria o consumidor sendo exposto à publicidade direcionada sem o seu consentimento? Tal prática não seria violadora de dispositivos do Código de Defesa do Consumidor, dentre os quais destacamos o parágrafo único do art. 31, o caput do art. 36, o art. 37 e o art. 39?

O que existe ainda na legislação vigente, mais próximo de disciplinar o problema, são alguns institutos da Lei Geral de Proteção de Dados — Lei n. 13.709/2018 (alterada significativamente pela Lei n. 13.853/2019), tais como:

> "Art. 1.º Esta Lei dispõe sobre o tratamento de dados pessoais, inclusive nos meios digitais, por pessoa natural ou por pessoa jurídica de direito público ou privado, **com o objetivo de proteger os direitos fundamentais de liberdade e de privacidade e o livre desenvolvimento da personalidade da pessoa natural.**
> Art. 2.º A disciplina da proteção de dados pessoais tem como **fundamentos**:
> I — **o respeito à privacidade**;
> II — **a autodeterminação informativa**;
> III — **a liberdade de expressão, de informação, de comunicação e de opinião**;
> IV — **a inviolabilidade da intimidade, da honra e da imagem**;
> V — o desenvolvimento econômico e tecnológico e a inovação;
> VI — a livre-iniciativa, a livre concorrência e a **defesa do consumidor**; e
> VII — os direitos humanos, o livre desenvolvimento da personalidade, a dignidade e o exercício da cidadania pelas pessoas naturais".

De maneira mais específica, podemos lembrar o **Projeto de Lei n. 281**, aprovado no Senado Federal, e que tramita na Câmara dos Deputados como **PL n. 3.514/2015**, que trata da **regulamentação do comércio eletrônico no Código de Defesa do Consumidor**, mas que se encontra com tramitação parada desde 2018.

Dentre as **disposições do aludido PL relevantes para coibir a publicidade direcionada** fruto da utilização de tecnologias decorrentes da Inteligência Artificial, citamos **dois novos direitos básicos** a serem incluídos no Diploma Consumerista: **(i)** "a privacidade e a segurança das informações e dados pessoais prestados ou coletados, por qualquer meio, inclusive o eletrônico, assim como o acesso gratuito ao consumidor a estes e suas fontes"; e **(ii)** "a liberdade de escolha, em especial frente a novas tecnologias e redes de dados, sendo vedada qualquer forma de discriminação e assédio de consumo".[68]

Estamos ainda no início dos trabalhos da aludida linha de pesquisa. As novidades serão inseridas nas próximas edições deste livro.[69]

---

[68] O citado projeto de lei integra este livro em seu Anexo.

[69] A preocupação do Superior Tribunal de Justiça em coibir publicidade ilícita pela internet é tamanha, que proferiu a seguinte decisão: "ADMINISTRATIVO. DIREITO DO CONSUMIDOR. OFERTA. MULTA DO PROCON. PUBLICIDADE ENGANOSA VEICULADA PELA INTERNET. INFORMAÇÃO DISJUNTIVA. ARTS. 31, *CAPUT*, E 37 DO CÓDIGO DE DEFESA DO CONSUMIDOR. ACÓRDÃO RECORRIDO EM CONSONÂNCIA COM O ENTENDIMENTO DO STJ. 1. O Tribunal de origem, ao dirimir a controvérsia, concluiu que houve oferta publicitária enganosa por omissão, nos termos do art. 37 do CDC, motivo pelo qual julgou improcedente o pedido de anulação da multa imposta pelo Procon-SP. Segundo o acórdão recorrido, o anúncio referente ao produto oferecido (coxinha) em campanha publicitária divulgada no sítio eletrônico da empresa 'não foi acompanhado por um aviso objetivo, claro e induvidoso das unidades participantes', lacuna que induziu o consumidor a considerar, 'em princípio, todas as unidades como participantes, levando-o a flagrante equívoco'. 2. Na questão de fundo do Recurso Especial, o acórdão recorrido está inteiramente em sintonia com a jurisprudência do STJ, no sentido do reconhecimento da obrigação legal do fornecedor de assegurar ao consumidor informações ostensivas, claras e precisas na oferta, publicitária ou não: REsp 1.317.338/MG, Rel. Ministro Mauro Campbell Marques, 2.ª T., *DJe* 1.4.2013; REsp 1.428.801/RJ, Rel. Ministro Humberto Martins, 2.ª T., *DJe* 13.11.2015; REsp 1.342.571/MG, Rel. Ministro Marco Buzzi, 4.ª T., *DJe* 16.2.2017; REsp 1.329.556/SP, Rel. Ministro Ricardo Villas Bôas Cueva, 3.ª T. , *DJe* 9.12.2014. 3. Realmente, consoante o art. 31, *caput*, do CDC, a obrigação de informação, com maior razão a que possa atingir pessoas de baixa renda, exige, do fornecedor, comportamento eficaz, pró-ativo e leal. O Código rejeita tanto a regra caveat emptor como a subinformação, as patologias do silêncio total e parcial. No exame da enganosidade de oferta, publicitária ou não, o que vale — inclusive para fins de exercício do poder de polícia de consumo — é a capacidade de indução do consumidor em erro acerca de quaisquer 'dados sobre produtos e serviços', dados esses que, na hipótese de omissão (mas não na de oferta enganosa comissiva) reclamam a qualidade da essencialidade (CDC, art. 37, §§ 1.º e 3.º). Trata-se, portanto, de juízo de valor que leva em conta o risco ou potencialidade de dano, não o dano em si, este considerado apenas como agravante da conduta ilícita. Donde irrelevante quer o número ou mesmo a existência de reclamantes, quer eventual desistência do consumidor em realizar o negócio de consumo, já que dos órgão de implementação — administrativos e judiciais — se espera atitude preventiva e não unicamente reativa. Sem falar que fornecedores apostam precisamente na inação dos consumidores, fenômeno resultante de timidez invencível ou de conhecidas dificuldades de protesto e exercício de direitos. Assim, a lesão na oferta enganosa ou abusiva traz, juridicamente falando, conotação abstrata, em regra de caráter coletivo e apenas circunstancialmente também com repercussões individuais. 4. Esclarecimentos posteriores ou complementares desconectados do conteúdo principal da oferta (= informação disjuntiva, material ou temporalmente) não servem para exonerar ou mitigar a enganosidade ou abusividade. Viola os princípios da vulnerabilidade, da boa-fé objetiva, da transparência e da confiança prestar informação por etapas

9.9. QUESTÕES

QUESTÕES DE CONCURSOS
http://uqr.to/1yf1e

---

e, assim, compelir o consumidor à tarefa impossível de juntar pedaços informativos esparramados em mídias, documentos e momentos diferentes. Em rigor, cada ato de informação é analisado e julgado em relação a si mesmo, pois absurdo esperar que, para cada produto ou serviço oferecido, o consumidor se comporte como Sherlock Holmes improvisado e despreparado à busca daquilo que, por dever ope legis inafastável, incumbe somente ao fornecedor. Seria transformar o destinatário-protegido, à sua revelia, em protagonista do discurso mercadológico do fornecedor, atribuindo e transferindo ao consumidor missão inexequível de vascular o universo inescrutável dos meios de comunicação, invertendo tanto o ônus do dever legal como a ratio e o âmago do próprio microssistema consumerista. 5. Recurso Especial não provido" (REsp 1.802.787/SP, Rel. Ministro Herman Benjamin, 2.ª T., j. 8.10.2019, *DJe* 11.9.2020).

10

PRÁTICAS ABUSIVAS NO CDC

10.1. CONSIDERAÇÕES PRELIMINARES

As práticas abusivas cometidas no mercado de consumo têm total relação com o **contexto histórico de supremacia do fornecedor** em face do consumidor.

A partir do momento em que as relações deixaram de ter a característica da bilateralidade na produção — ambas as partes convencionavam, por exemplo, quais cláusulas iriam compor determinado contrato — e passaram para a **unilateralidade na produção**, em que o fornecedor estabelece o quê, como e quando produzir — contrato de adesão é exemplo desse contexto —, práticas abusivas começaram a ocorrer, e o Direito Civil da época não estava preparado para tutelar esse novo modelo de relação jurídica.

De fato, o **Código de Defesa do Consumidor**, preocupado com a aludida situação de abuso, **elencou** uma série de **situações exemplificativas de práticas abusivas** e as coibiu de maneira absoluta nas relações de consumo.

Segundo Herman Benjamin, é "compreensível, portanto, que tais práticas sejam consideradas ilícitas *per se*, **independentemente** da ocorrência **de dano** para o consumidor. Para elas vige presunção absoluta de ilicitude".[1]

Tais comportamentos poderão manifestar-se:

- no momento anterior à celebração do contrato (fase pré-contratual);
- dentro do próprio contrato (fase contratual);
- após a conclusão da relação de consumo (fase pós-contratual).

Ensina Sergio Cavalieri Filho que "**mesmo findo o contrato**, supondo que o seu adimplemento tenha sido integral e satisfatório, **persiste** a fase pós-contratual, durante a qual ainda estarão as partes vinculadas aos deveres decorrentes do princípio da boa-fé e ao cumprimento de obrigação contratual secundária (lealdade, diligência, informação), também chamados de **deveres *post pactum finitum***".[2]

Mas, qualquer que seja o momento de sua manifestação, o **abuso** estará relacionado com a **situação de inferioridade** técnica, econômica, jurídica/científica ou informacional do **consumidor**.

---

[1] GRINOVER, Ada Pellegrini; BENJAMIN, Antônio Herman de V.; FINK, Daniel Roberto; FILOMENO, José Geraldo Brito; NERY JR., Nelson; DENARI, Zelmo. *Código Brasileiro de Defesa do Consumidor*, p. 374.

[2] CAVALIERI FILHO, Sergio. *Programa de direito do consumidor*, p. 198.

Ademais, a violação da boa-fé objetiva e de seus deveres anexos estará presente em práticas como estas e não será possível considerá-la como usos e costumes comerciais, na medida em que o **CDC não admite o *dolus bonus*** nas relações de consumo que regulamenta.

Sobre o tema, vale lembrar do tratado no Capítulo 4 deste livro. Se por um lado nos deparamos com os deveres principais da relação de consumo, como os deveres do consumidor de pagar o prestador de um serviço e o do fornecedor de prestá-lo, existem também os **deveres anexos, laterais ou secundários**, relacionados basicamente aos deveres:

- de informação;
- de cooperação;
- de proteção.

Uma das funções da boa-fé objetiva é a de controle que limita o exercício da autonomia da vontade e, consequentemente, da liberdade negocial, norteando o exercício de direitos dos sujeitos da relação jurídica de consumo.

Ensina Ruy Rosado de Aguiar Júnior que, na "sua função limitadora da conduta, a boa-fé se manifesta através da teoria dos atos próprios, proibindo:[3]

- o ***venire contra factum proprium*** [proíbe o comportamento contraditório, uma vez criada a expectativa legítima na outra parte];[4-5]

---

[3] AGUIAR JÚNIOR, Ruy Rosado de. *A boa-fé na relação de consumo*, p. 386.
[4] Observação nossa inserida nos comentários de Ruy Rosado de Aguiar Júnior.
[5] Nesse sentido o STJ: "RECURSO ESPECIAL — AÇÃO DECLARATÓRIA DE INEXISTÊNCIA DE RELAÇÃO JURÍDICA C/C PEDIDO CONDENATÓRIO E RECONVENÇÃO COM PEDIDO DE NÃO FAZER C/C INDENIZAÇÃO — ALEGAÇÃO DE VEICULAÇÃO DE ANÚNCIOS PUBLICITÁRIOS ILÍCITOS A ENSEJAR PROPAGANDA ENGANOSA, CONCORRÊNCIA DESLEAL E VANTAGEM COMPETITIVA INDEVIDA — INSTÂNCIAS ORDINÁRIAS QUE CONFIRMARAM A LEGALIDADE DAS VEICULAÇÕES E INEXISTÊNCIA DE CONCORRÊNCIA DESLEAL — JUIZ DE PRIMEIRO GRAU QUE APLICOU MULTA PELO SUPOSTO DESCUMPRIMENTO DE OBRIGAÇÃO DE PUBLICAÇÃO DE FONTE DE PESQUISA SOBRE A FRASE 'O KETCHUP MAIS VENDIDO DO MUNDO' — TRIBUNAL *A QUO* QUE AFASTOU A APLICAÇÃO DE ASTREINTES. INSURGÊNCIA DA DEMANDADA/RECONVINTE. 1. Não cabe recurso especial por violação a artigos do Código Brasileiro de Autorregulamentação Publicitária por ser norma privada e não se enquadrar no conceito de lei federal previsto no art. 105, III, 'a', da Constituição Federal. 2. Inexistência de negativa jurisdicional na espécie. Instância precedente que analisou todos os pontos necessários ao correto deslinde da controvérsia, apenas não acolhendo a tese aventada pela parte ora recorrente. 3. Inocorrência de julgamento *extra petita* no tocante à condenação em multa diária, porque ao recorrer da imposição de astreintes a ora recorrida devolveu àquela Corte toda matéria relativa ao julgamento desta controvérsia, em virtude da profundidade do efeito devolutivo, sobremaneira os pontos concernentes à expressão 'O ketchup mais vendido do mundo'. 4. Não há ilicitude na assertiva publicitária 'O melhor em tudo que faz', tendo em vista caracterizar-se como *puffing*, mero exagero tolerável, conduta amplamente aceita no mercado publicitário brasileiro e praticada pela própria recorrente. Tal frase não é passível de avaliação objetiva e advém de uma crítica subjetiva do produto. Portanto, é razoável permitir ao fabricante ou prestador de serviço que se declare o melhor naquilo que faz, mormente porque esta é a auto avaliação do seu produto e aquilo que se busca alcançar, ainda mais quando

◼ vedando o uso abusivo da *exceptio non adimpleti contractus*, quando o inadimplemento da outra parte, no contexto do contrato, não o autorizava;
◼ impedindo o exercício do direito potestativo de resolução quando houver adimplemento substancial, na linguagem do direito anglo-americano, ou quando o inadimplemento foi de escassa importância, na nomenclatura do Código Civil Italiano **[adimplemento substancial do contrato]**;[6-7]

---

não há qualquer mensagem depreciativa no tocante aos seus concorrentes. 5. As expressões utilizadas pela recorrida — 'O ketchup mais vendido do mundo' e 'O melhor em tudo que faz' — são lícitas, bem como não há prova de dano material pela ocorrência de suposta vantagem competitiva, em decorrência do uso das mencionadas assertivas, nos autos, o que afasta a obrigação de indenizar. 5.1. As peças publicitárias da recorrente contém anúncios e expressões tão ou mais apelativos do que os da recorrida. A pretensão de abstenção de ato similar ao praticado pela própria insurgente não pode ser acolhida sob pena de violação ao princípio da boa-fé objetiva, em especial ao seu conceito parcelar de vedação ao comportamento contraditório (*venire contra factum proprium*). 6. Recurso especial desprovido" (REsp 1.759.745/SP, Rel. Ministro Marco Buzzi, 4.ª T., j. 28.2.2023, *DJe* 29.3.2023).

[6] Observação nossa inserida nos comentários de Ruy Rosado de Aguiar Júnior.

[7] "DIREITO CIVIL. CONTRATO DE VENDA E COMPRA DE IMÓVEL. OTN COMO INDEXADOR. AUSÊNCIA DE ESTIPULAÇÃO CONTRATUAL QUANTO AO NÚMERO DE PARCELAS A SEREM ADIMPLIDAS. CONTRATO DE ADESÃO. INTERPRETAÇÃO MAIS FAVORÁVEL AO ADERENTE. EXCEÇÃO DO CONTRATO NÃO CUMPRIDO. AFASTADA. INADIMPLEMENTO MÍNIMO VERIFICADO. ADJUDICAÇÃO COMPULSÓRIA CABÍVEL. APLICAÇÃO DA EQUIDADE COM VISTAS A CONSERVAÇÃO NEGOCIAL. APLICAÇÃO DA TEORIA DO ADIMPLEMENTO SUBSTANCIAL. DISSÍDIO NÃO DEMONSTRADO. 1. — Demanda entre promitente vendedor e promitente comprador que se comprometeu a pagar o valor do imóvel em parcelas indexadas pela já extinta OTN. Na ocasião, as partes acordaram que o adquirente arcaria com um valor equivalente a certo número de OTNs estabelecido no contrato. No entanto, no instrumento particular de compra e venda não restou definido o número de prestações a serem pagas. 2. — O Tribunal de origem sopesou o equilíbrio entre o direito do adquirente de ter o bem adjudicado, após pagamento de valor expressivo, e o direito do vendedor de cobrar eventuais resíduos. Nesse diapasão, não há que se falar em violação do dispositivo mencionado referente à equidade. O artigo 127 do Código de Processo Civil, apontado como violado, não constitui imperativo legal apto a desconstituir o fundamento declinado no acórdão recorrido no sentido de se admitir a ação do autor para garantir o domínio do imóvel próprio, reservando-se ao vendedor o direito de executar eventual saldo remanescente. 3. — Aparente a incompatibilidade entre dois institutos, a exceção do contrato não cumprido e o adimplemento substancial, pois na verdade, tais institutos coexistem perfeitamente podendo ser identificados e incidirem conjuntamente sem ofensa à segurança jurídica oriunda da autonomia privada 4. — No adimplemento substancial tem-se a evolução gradativa da noção de tipo de dever contratual descumprido, para a verificação efetiva da gravidade do descumprimento, consideradas as consequências que, da violação do ajuste, decorre para a finalidade do contrato. Nessa linha de pensamento, devem-se observar dois critérios que embasam o acolhimento do adimplemento substancial: a seriedade das consequências que de fato resultaram do descumprimento, e a importância que as partes aparentaram dar à cláusula pretensamente infringida. 5. — Recurso Especial improvido" (REsp 1.215.289/SP, Rel. Ministro Sidnei Beneti, 3.ª T., *DJe* 21.2.2013).

Em sentido contrário, o STJ entendeu que não se aplica a teoria do adimplemento substancial aos contratos de alienação fiduciária em garantia regidos pelo Decreto-Lei n. 911/69, no julgamento do REsp 1.622.555/MG, *DJe* 16.3.2017.

- afastando a exigência de um direito cujo titular permaneceu inerte por tempo considerável incompatível (*supressio*)[8] [e em sentido contrário a *surrectio* que envolve o surgimento de um direito];[9]
- desprezando a exigência de cumprimento de preceito, feita por aquele que já o descumprira (*tu quoque*) etc.".

10.2. DEFINIÇÃO DE PRÁTICA ABUSIVA

Prática abusiva em sentido amplo, na visão de Herman de Vasconcellos e Benjamin, "é a **desconformidade com os padrões mercadológicos de boa conduta** em relação ao consumidor".[10]

Nesse sentido, qualquer que seja o comportamento, se estiver em desacordo com aquilo que se espera no tocante à boa conduta — vista esta sob o enfoque da boa-fé objetiva —, haverá prática abusiva.[11]

---

[8] Sobre o tema, entendeu o STJ: "RECURSO ESPECIAL. DIREITO CIVIL E PROCESSUAL CIVIL. PLANO DE SAÚDE COLETIVO. NULIDADE DO ACÓRDÃO RECORRIDO. INOCORRÊNCIA. DIREITO DE MANUTENÇÃO. EX-EMPREGADO DESPEDIDO SEM JUSTA CAUSA. LIMITAÇÃO AO PRAZO DE 24 MESES. PERMANÊNCIA NO PLANO DE SAÚDE POR MAIS DE 10 ANOS. INÉRCIA DE ESTIPULANTE EM PROMOVER A EXCLUSÃO. 'SUPRESSIO'. OCORRÊNCIA. RESPEITO À DIGNIDADE DA PESSOA IDOSA NO MERCADO DE PLANOS DE SAÚDE. 1. Controvérsia acerca da possibilidade de se excluir ex-empregado do plano de saúde, após ultrapassado, em quase 10 anos, a data do rompimento do vínculo empregatício. 2. Inocorrência de nulidade no acórdão recorrido por aplicação do CDC à estipulante, uma vez que o fundamento da 'supressio' (que tem lastro no Código Civil), seria suficiente para fundamentar o resultado do julgamento. 3. Nos termos do art. 30, § 1.º, da Lei n. 9.656/1998, o ex-empregado despedido sem justa causa tem direito de permanecer no plano de saúde pelo tempo equivalente a um terço do tempo em que contribuiu para o plano, observado o limite mínimo de 6 meses e máximo de 24 meses após a rescisão do contrato de trabalho. 4. Caso concreto em que a estipulante deixou de exercer o direito de excluir o ex-empregado do plano de saúde ao término do prazo de 24 meses, mantendo-o vinculado ao plano por quase uma década, quando então decidiu exercer tal direito. 5. Criação de legítima expectativa para o ex-empregado (já aposentado e idoso) de que permaneceria vinculado ao plano de saúde, a exemplo dos ex-empregados que se aposentaram na empresa. 6. Aplicação ao caso do princípio da boa-fé objetiva, na concreção do brocardo jurídico da 'supressio'. 7. Perda de eficácia do direito de excluir o ex-empregado do plano de saúde, em virtude da legítima expectativa criada pelo longo período de inércia da estipulante. 8. Proteção da pessoa idosa no mercado de planos de saúde por meio da solidariedade intergeracional. Doutrina sobre o tema. 9. Caso concreto em que a exclusão tardia do ex-empregado romperia com a solidariedade intergeracional em desfavor deste. 10. Existência de precedente específico desta Turma em que a 'supressio' foi aplicada em caso análogo, porém com um período de manutenção no plano de saúde superior a 10 anos. 11. Possibilidade de aplicação das razões de decidir desse precedente ao caso dos autos, embora o período de manutenção tenha sido inferior a 10 anos (9 anos), uma vez que o ex-empregado já se encontrava na condição de idoso quando foi comunicado da futura exclusão. 12. RECURSO ESPECIAL DESPROVIDO" (REsp 1.918.599/RJ, Rel. Ministro Paulo de Tarso Sanseverino, 3.ª T., j. 9.3.2021, *DJe* 15.3.2021).

[9] Observação nossa inserida nos comentários de Ruy Rosado de Aguiar Júnior.

[10] GRINOVER, Ada Pellegrini; BENJAMIN, Antônio Herman de V.; FINK, Daniel Roberto; FILOMENO, José Geraldo Brito; NERY JR., Nelson; DENARI, Zelmo. *Código Brasileiro de Defesa do Consumidor*, p. 375.

[11] O STF entendeu ser **inconstitucional lei estadual que impõe aos prestadores privados de serviços de ensino e de telefonia celular a obrigação de estender o benefício de novas promoções**

Esta também é a visão de Cavalieri Filho, para quem as "práticas abusivas são ações ou condutas do fornecedor em desconformidade com os padrões de boa conduta nas relações de consumo. São práticas que, no exercício da atividade empresarial, **excedem os limites dos bons costumes comerciais e, principalmente, da boa-fé**, pelo que caracterizam o abuso do direito, considerado ilícito pelo art. 187 do Código Civil. Por isso são proibidas".[12]

10.3. CLASSIFICAÇÃO DAS PRÁTICAS ABUSIVAS

A doutrina[13] costuma classificar as práticas abusivas valendo-se dos seguintes critérios:

- quanto ao momento em que se manifestam no processo econômico;
- quanto à fase em que se encontra a relação contratual.

---

aos clientes preexistentes: DIREITO CONSTITUCIONAL, ADMINISTRATIVO E CIVIL. AÇÕES DIRETAS DE INCONSTITUCIONALIDADE. LEI ESTADUAL QUE DETERMINA A EXTENSÃO DE BENEFÍCIOS DE NOVAS PROMOÇÕES A CLIENTES PREEXISTENTES. I. Objeto 1. Ações diretas ajuizadas contra a Lei n. 15.854/2015, do Estado de São Paulo, que obriga fornecedores de serviços prestados de forma contínua a estenderem o benefício de novas promoções a clientes preexistentes. II. Preliminar: legitimidade ativa e conhecimento parcial do pedido 2. A ADI 5.399 foi ajuizada pela Associação Nacional das Operadoras Celulares e a ADI 6.191 foi ajuizada pela Confederação Nacional dos Estabelecimentos de Ensino. As requerentes só possuem legitimidade ativa para impugnar a lei no que diz respeito aos serviços telecomunicação móvel e aos serviços de educação, respectivamente, tendo em vista que não possuem pertinência temática para questionar a lei por inteiro. Pedidos conhecidos parcialmente, apenas no tocante aos serviços representados pelas requerentes. III. Inconstitucionalidade formal 3. A lei impugnada, sob o fundamento de regular matéria de proteção ao consumidor, invadiu competência legislativa privativa da União. 4. No que diz respeito aos serviços de telefonia móvel, a lei incorreu em violação aos arts. 21, XI, e 22, IV, da CF/88, que atribuem à União competência para legislar e para explorar mediante concessão os serviços de telecomunicações. A legislação estadual interfere no equilíbrio econômico-financeiro de contratos de concessão celebrados pela União com empresas privadas e por isso incorre em vício de inconstitucionalidade. Precedentes. 5. No que diz respeito aos serviços de educação, a lei incorreu em violação ao art. 22, I, da CF/88, que estabelece a competência privativa da União para legislar a respeito de direito civil, tendo em vista que a lei impacta de forma genérica relações contratuais já constituídas, sem que se esteja diante de conduta abusiva do prestador do serviço. IV. Inconstitucionalidade material 6. Os dispositivos impugnados também são inconstitucionais por violação aos princípios da livre iniciativa (art. 170 da CF/88) e da proporcionalidade. É lícito que prestadores de serviços façam promoções e ofereçam descontos com a finalidade de angariar novos clientes, sem que isso signifique conduta desleal ou falha na prestação do serviço a clientes preexistentes. V. Conclusão 7. Pedidos parcialmente procedentes, para declarar a inconstitucionalidade parcial do art. 1.º, parágrafo único, incisos 1 e 5, da Lei n. 15.854/2015, do Estado de São Paulo. Fixação da seguinte tese de julgamento: "É inconstitucional lei estadual que impõe aos prestadores privados de serviços de ensino e de telefonia celular a obrigação de estender o benefício de novas promoções aos clientes preexistentes" (ADI 6.191, Tribunal Pleno, Rel. Ministro Roberto Barroso, Julgamento: 9.6.2022, Publicação: 19.9.2022).

[12] CAVALIERI FILHO, Sergio. *Programa de direito do consumidor*, p. 149.
[13] Nesse sentido é a doutrina de Herman de Vasconcellos e Benjamin (GRINOVER, Ada Pellegrini; BENJAMIN, Antônio Herman de V.; FINK, Daniel Roberto; FILOMENO, José Geraldo Brito; NERY JR., Nelson; DENARI, Zelmo. *Código Brasileiro de Defesa do Consumidor*, p. 376) e NUNES, Luiz Antonio Rizzatto. *Curso de direito do consumidor*, p. 537.

Quanto ao momento em que se manifestam no processo econômico, as práticas abusivas **podem ser produtivas ou comerciais**.

■ As **práticas produtivas** abusivas estão relacionadas com a **fase de produção**, como no caso de se colocar, no mercado de consumo, qualquer produto ou serviço em desacordo com as normas expedidas pelos órgãos oficiais competentes ou, se normas específicas não existirem, pela Associação Brasileira de Normas Técnicas ou outra entidade credenciada pelo Conselho Nacional de Metrologia, Normalização e Qualidade Industrial — Conmetro — (comportamento vedado pelo art. 39, VIII, do CDC).

■ As **práticas abusivas comerciais** ocorrem numa **fase pós-produção**, como no contexto de prevalecer-se da fraqueza ou ignorância do consumidor, tendo em vista sua idade, saúde, conhecimento ou condição social, para impingir-lhe seus produtos ou serviços (conduta proibida pelo art. 39, IV, do CDC).

Assim, a classificação de práticas abusivas quanto ao momento em que se manifestam no processo econômico pode ser esquematizada da seguinte forma:

Quanto ao momento do processo econômico	■ práticas abusivas produtivas estão relacionadas com a fase de produção; ■ práticas abusivas comerciais ocorrem numa fase pós-produção.

No tocante à **fase em que se encontra a relação contratual, as práticas abusivas podem ser classificadas como pré-contratuais, contratuais ou pós-contratuais**.

■ As **práticas abusivas pré-contratuais**, como a própria nomenclatura sugere, ocorrerão **antes de se chegar à fase do contrato**. É o que acontece, por exemplo, com o comportamento do fornecedor de condicionar o fornecimento de produto ou de serviço ao fornecimento de outro produto ou serviço, bem como, sem justa causa, a limites quantitativos (prática vedada pelo art. 39, I, do CDC).

■ **Práticas abusivas contratuais** estão presentes no próprio **conteúdo do termo contratual** que vem composto por alguma **cláusula abusiva**, como aquela que impossibilita, exonera ou atenua a responsabilidade do fornecedor por vícios de qualquer natureza dos produtos e serviços ou implique renúncia ou disposição de direitos (cláusulas como esta são consideradas nulas de pleno direito pelo CDC, nos termos de seu art. 51).

■ Por fim, as **práticas abusivas** quanto à fase em que se encontra a relação contratual podem ser **pós-contratuais**, ou seja, manifestam-se após a "conclusão" do contrato de consumo. Isto porque, conforme visto acima, mesmo findo o contrato, persistem deveres decorrentes dos princípios da boa-fé e da lealdade, permanecendo as partes vinculadas durante algum tempo. Exemplo clássico dessa prática é repassar informação depreciativa, referente a ato praticado pelo consumidor no exercício de seus direitos (comportamento vedado pelo art. 39, VII, do CDC).

O esquema desta segunda classificação é o seguinte:

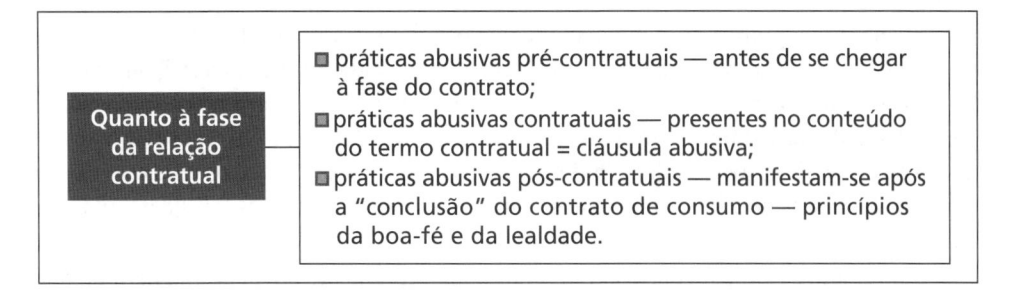

Quanto à fase da relação contratual	▪ práticas abusivas pré-contratuais — antes de se chegar à fase do contrato; ▪ práticas abusivas contratuais — presentes no conteúdo do termo contratual = cláusula abusiva; ▪ práticas abusivas pós-contratuais — manifestam-se após a "conclusão" do contrato de consumo — princípios da boa-fé e da lealdade.

10.4. ROL EXEMPLIFICATIVO DAS PRÁTICAS ABUSIVAS NO CDC

O **art. 39** do Código de Defesa do Consumidor traz um **rol exemplificativo** de práticas abusivas que são vedadas nas relações de consumo, nos seguintes termos: "É vedado ao fornecedor de produtos ou serviços, **dentre outras** práticas abusivas".

A utilização da expressão "dentre outras" não deixa dúvidas de que o rol é meramente de exemplos, mesmo porque taxar em rol exaustivo as práticas abusivas seria inócuo, na medida em que sempre um novo comportamento ilícito seria praticado no mercado e o consumidor sairia prejudicado ante a ausência de previsão legal.

De fato, a melhor forma de disciplinar o tema consiste na eleição de exemplos para servirem de diretriz na avaliação de outras práticas abusivas.

Lembra Herman Benjamin, um dos integrantes da comissão de juristas que elaborou o anteprojeto do Código do Consumidor, que não "poderia o legislador, de fato, listar, à exaustão, as práticas abusivas. O mercado de consumo é de extremada velocidade e as mutações ocorrem da noite para o dia. Por isso mesmo é que buscamos, no seio da comissão, deixar bem claro que a lista do art. 39 é meramente exemplificativa, uma simples orientação ao intérprete".[14]

Desta forma, qualquer conduta em desconformidade com os padrões de boa conduta, ainda que não prevista no Diploma Consumerista, poderá se enquadrar na definição de prática abusiva.

O próprio **CDC disciplina comportamentos abusivos em outros de seus dispositivos**, como no caso do disposto no **art. 42:** "Na cobrança de débitos, o consumidor inadimplente não será exposto a ridículo, nem será submetido a qualquer tipo de constrangimento ou ameaça". A violação do citado mandamento legal configura, sem sombra de dúvidas, prática abusiva.

Outra questão relevante é a necessidade de se **interpretar o art. 39 de forma objetiva**, ou seja, as "chamadas **'práticas abusivas'** são ações e/ou condutas que, uma vez existentes, caracterizam-se como ilícitas, **independentemente de se encontrar ou não**

---

[14] GRINOVER, Ada Pellegrini; BENJAMIN, Antônio Herman de V.; FINK, Daniel Roberto; FILOMENO, José Geraldo Brito; NERY JR., Nelson; DENARI, Zelmo. *Código Brasileiro de Defesa do Consumidor*, p. 376.

algum consumidor lesado ou que se sinta lesado. São ilícitas em si, apenas por existirem de fato no mundo fenomênico".[15]

Exemplo de prática promocional que não está prevista no rol do art. 39 do CDC e que vem se tornando muito comum no Brasil é a chamada *"Black Friday"* ou *"Sexta-Feira Negra"*, "termo criado pelo varejo nos Estados Unidos para nomear a ação de vendas anual que acontece sempre na última sexta-feira de novembro, após o feriado de Ação de Graças".[16] Nos Estados Unidos os preços reduzem tanto que os americanos são capazes de passar noites nas filas que se formam diante das grandes lojas para adquirirem produtos com preços realmente atrativos.

Entretanto e infelizmente, todos os anos o monitoramento de preços no período que antecede a *Black Friday* motivam a abertura de averiguação da Secretaria Nacional do Consumidor (Senacon) no Ministério da Justiça em face de grandes empresas fornecedoras. A instauração de investigação preliminar pelo departamento de Proteção e Defesa do Consumidor (DPDC) geralmente ocorre pelo aumento injustificado de preços, no período antecedente da aludida prática comercial "promocional".

Recomendamos, portanto, alguns cuidados para o consumidor não cair em armadilhas e virar vítima nessa época do ano:[17]

- ■ **Busque sites confiáveis:** O comércio eletrônico se expandiu nos últimos anos, por isso, a recomendação é pesquisar a idoneidade do site em que deseja adquirir um produto ou contratar serviços para evitar surpresas desagradáveis. Uma boa forma de constatar a seriedade da empresa é pesquisar seu nome no site do Procon, que todo ano publica uma lista dos maus fornecedores;
- ■ **Fique de olho na maquiagem de preço:** Infelizmente, é muito comum o fornecedor aumentar o preço do produto ou do serviço dias antes da *Black Friday* e reduzi-lo na última sexta-feira do mês de novembro. Por isso, é importante que o consumidor tenha acompanhado a variação do preço do bem de consumo desejado nos últimos meses, ou busque ajuda em sites que fazem esse tipo de acompanhamento pela internet, como ocorre com alguns Procons;
- ■ **Atente-se ao valor no fechamento da compra:** Muitas vezes, a oferta anuncia um determinado preço, mas o valor aumenta sem qualquer motivo no momento do pagamento. O Código de Defesa do Consumidor prevê em seu art. 30 que a oferta vincula o fornecedor a vender pelo preço anunciado. Logo, ele estará obrigado a vender pelo valor inicialmente ofertado;
- ■ **Dê um *print* na oferta:** A recomendação é fazer um *print* na tela do anúncio para não ser surpreendido com mudanças indevidas de preços no momento do pagamento. É o melhor meio de prova para exigir, ainda que perante o Poder Judiciário, o pagamento pelo valor correto ou o estorno da diferença em caso de cobrança indevida. Aliás, o Código do Consumidor autoriza o comprador a reaver em dobro a quantia paga a partir de uma cobrança imprópria;

---

[15] NUNES, Luiz Antonio Rizzatto. *Curso de direito do consumidor*, p. 537.
[16] Wikipédia, disponível em: <http://pt.wikipedia.org/wiki/Black_Friday>. Acesso em: 9 set. 2020.
[17] Disponível em: <http://www.bafh.com.br/blog/ela-chegou>. Acesso em: 9 set. 2020.

■ **Evite pagamento apenas por boleto:** A indicação é fugir de sites ou fornecedores que recebem somente por boleto, pois é uma prática comum que esse tipo de empresa acabe encerrando suas atividades sem dar explicações sobre o seu paradeiro, gerando prejuízo enorme ao consumidor, que quase nunca consegue recuperar o valor pago. Assim, o pagamento pelo cartão de crédito facilita o estorno em caso de pagamento indevido.

10.4.1. A venda casada como exemplo de prática abusiva no CDC

Dispõe o **art. 39** do Código de Defesa do Consumidor, em seu **inciso I**, que é exemplo de prática abusiva "condicionar o fornecimento de produto ou de serviço ao fornecimento de outro produto ou serviço, bem como, sem justa causa, a limites quantitativos".

É a denominada **venda casada** pela doutrina e jurisprudência, na qual o fornecedor está proibido de vincular a aquisição de um produto a outro ou a contratação de mais de um serviço ou, ainda, a aquisição de um produto, desde que contrate certo serviço.

Concordamos plenamente com a leitura feita sobre o assunto por Rizzatto Nunes ao ensinar que "**a operação casada pressupõe a existência de produtos e serviços que são usualmente vendidos separados**. O lojista não é obrigado a vender apenas a calça do terno. Da mesma maneira, o chamado 'pacote' de viagem oferecido por operadoras e agências de viagem não está proibido. Nem fazer ofertas do tipo 'compre este e ganhe aquele'. O que não pode o fornecedor fazer é impor a aquisição conjunta, ainda que o preço global seja mais barato que a aquisição individual, o que é comum nos 'pacotes' de viagem".[18] Infelizmente, existem pessoas públicas que fazem sensacionalismo na TV sob o falso fundamento de querer defender o consumidor e acabam ensinando a este condutas que não estão legitimadas pelo CDC, como destacar um iogurte da cartela vendida com seis ou retirar uma gilete da caixa constituída por três unidades.

Em nossa opinião, a exigência pelo consumidor do cumprimento da lei no tocante à vedação da venda casada deverá levar em consideração os seguintes **critérios**:

■ que os produtos e os serviços sejam usualmente vendidos separados;

■ que a solicitação da unidade não desnature o produto — exemplo: se retirar um iogurte da cartela de seis, ninguém mais vai querer comprar os cinco remanescentes, nem poderia o fornecedor, nestes casos, vender o produto com a ausência de complemento;

■ que a conduta do consumidor não prejudique o fornecedor a ponto de este não conseguir mais vender determinado produto em razão da ausência de sua completude, contexto que ocorreria certamente caso o consumidor exigisse cem gramas a serem retiradas do saco de um quilo de arroz.

Situação que bem demonstra a **prática abusiva da venda casada** é aquela em que **empresa cinematográfica** somente admite o consumo de alimentos no interior do cinema se adquiridos em seu estabelecimento.

---

[18] NUNES, Luiz Antonio Rizzatto. *Curso de direito do consumidor*, p. 541.

Percebam que neste caso o produto e o serviço são usualmente vendidos de forma separada e não há qualquer motivo plausível para vincular tal prática, caracterizando-se como verdadeiro exemplo de comportamento abusivo.

No mesmo sentido, é o posicionamento do Superior Tribunal de Justiça no julgado *infra*, com os seguintes excertos extraídos:

▪ **Ao fornecedor** de produtos ou serviços, consectariamente, **não é lícito,** dentre outras práticas abusivas, **condicionar o fornecimento de produto ou de serviço ao fornecimento de outro produto ou serviço (art. 39, I, do CDC).**

▪ **A prática abusiva revela-se patente se a empresa cinematográfica permite a entrada de produtos adquiridos nas suas dependências e interdita o adquirido alhures, engendrando por via oblíqua a cognominada "venda casada",** interdição inextensível ao estabelecimento cuja venda de produtos alimentícios constituiu a essência da sua atividade comercial como, *verbi gratia*, os bares e restaurantes (REsp 744.602/RJ, Rel. Ministro Luiz Fux, 1.ª T., *DJ* 15.3.2007).

Outra situação muito comumente praticada pelos bancos consiste em **vincular ao mutuário do** Sistema Financeiro de Habitação — **SFH a contratação de seguro habitacional** fornecido pela própria instituição financeira ou por empresa por ela indicada.

No entendimento do STJ, trata-se de prática violadora do art. 39, inciso I, do CDC por se caracterizar como venda casada: "A despeito da aquisição do seguro ser fator determinante para o financiamento habitacional, **a lei não determina que a apólice deva ser necessariamente contratada frente ao próprio mutuante ou seguradora por ele indicada. Ademais, tal procedimento caracteriza a denominada 'venda casada'**, expressamente vedada pelo art. 39, I, do CDC, que condena qualquer tentativa do fornecedor de se beneficiar de sua superioridade econômica ou técnica para estipular condições negociais desfavoráveis ao consumidor, cerceando-lhe a liberdade de escolha" (REsp 804.202/MG, Rel. Ministra Nancy Andrighi, 3.ª T., *DJe* 3.9.2008).

O tema é tão relevante que a Segunda Seção do Superior Tribunal de Justiça sumulou a questão da seguinte forma: **Súmula 473 do STJ** — "O mutuário do SFH não pode ser compelido a contratar o seguro habitacional obrigatório com a instituição financeira mutuante ou com a seguradora por ela indicada" (*DJe* 19.6.2012).

Apesar da especificidade da citada súmula, no tocante aos contratos envolvendo o Sistema Financeiro de Habitação, o Superior Tribunal de Justiça estendeu tal interpretação para os contratos bancários em geral, no julgamento do Tema Repetitivo 972:

RECURSO ESPECIAL REPETITIVO. TEMA 972/STJ. DIREITO BANCÁRIO. DESPESA DE PRÉ-GRAVAME. VALIDADE NOS CONTRATOS CELEBRADOS ATÉ 25/02/2011. SEGURO DE PROTEÇÃO FINANCEIRA. VENDA CASADA. OCORRÊNCIA. RESTRIÇÃO À ESCOLHA DA SEGURADORA. ANALOGIA COM O ENTENDIMENTO DA SÚMULA 473/STJ. DESCARACTERIZAÇÃO DA MORA. NÃO OCORRÊNCIA. ENCARGOS ACESSÓRIOS.
1. DELIMITAÇÃO DA CONTROVÉRSIA: Contratos bancários celebrados a partir de 30.4.2008, com instituições financeiras ou equiparadas, seja diretamente, seja por intermédio de correspondente bancário, no âmbito das relações de consumo.

2. TESES FIXADAS PARA OS FINS DO ART. 1.040 DO CPC/2015: 2.1. Abusividade da cláusula que prevê o ressarcimento pelo consumidor da despesa com o registro do pré-gravame, em contratos celebrados a partir de 25/02/2011, data de entrada em vigor da Res.-CMN 3.954/2011, sendo válida a cláusula pactuada no período anterior a essa resolução, ressalvado o controle da onerosidade excessiva.
2.2. Nos contratos bancários em geral, o consumidor não pode ser compelido a contratar seguro com a instituição financeira ou com seguradora por ela indicada.
2.3. A abusividade de encargos acessórios do contrato não descaracteriza a mora.
3. CASO CONCRETO.
3.1. Aplicação da tese 2.1 para declarar válida a cláusula referente ao ressarcimento da despesa com o registro do pré-gravame, condenando-se porém a instituição financeira a restituir o indébito em virtude da ausência de comprovação da efetiva prestação do serviço.
3.2. Aplicação da tese 2.2 para declarar a ocorrência de venda casada no que tange ao seguro de proteção financeira.
3.3. Validade da cláusula de ressarcimento de despesa com registro do contrato, nos termos da tese firmada no julgamento do Tema 958/STJ, tendo havido comprovação da prestação do serviço.
3.4. Ausência de interesse recursal no que tange à despesa com serviços prestados por terceiro.
4. RECURSO ESPECIAL PARCIALMENTE CONHECIDO E, NESSA EXTENSÃO, PARCIALMENTE PROVIDO (REsp 1.639.259/SP, Rel. Ministro Paulo de Tarso Sanseverino, 2.ª Seção, j. 12.12.2018, *DJe* 17.12.2018).

Um dos julgados mais importantes proferidos pelo Superior Tribunal de Justiça no ano de 2019 envolveu o reconhecimento da abusividade da cobrança da "taxa de conveniência" na venda de ingressos em meio virtual — *internet* vinculada a uma única intermediadora. O STJ considerou a prática abusiva como sendo uma modalidade de venda casada indireta ou "às avessas". Em que pese a extensão do acórdão, pedimos vênia para colacionarmos na íntegra o seu conteúdo, em razão da importância do precedente jurisprudencial:

RECURSO ESPECIAL. AÇÃO COLETIVA DE CONSUMO. DIREITO DO CONSUMIDOR. ESPETÁCULOS CULTURAIS. **DISPONIBILIZAÇÃO DE INGRESSOS NA INTERNET. COBRANÇA DE "TAXA DE CONVENIÊNCIA".** EMBARGOS DE DECLARAÇÃO. OMISSÃO, CONTRADIÇÃO OU OBSCURIDADE. NÃO INDICAÇÃO. SÚMULA 284/STF. PROTEÇÃO DO CONSUMIDOR. CLÁUSULAS ABERTAS E PRINCÍPIOS. **BOA-FÉ OBJETIVA. LESÃO ENORME. ABUSIVIDADE DAS CLÁUSULAS. VENDA CASADA ("TYING ARRANGEMENT"). OFENSA À LIBERDADE DE CONTRATAR.** TRANSFERÊNCIA DE RISCOS DO EMPREENDIMENTO. DESPROPORCIONALIDADE DAS VANTAGENS. DANO MORAL COLETIVO. LESÃO AO PATRIMÔNIO IMATERIAL DA COLETIVIDADE. GRAVIDADE E INTOLERÂNCIA. INOCORRÊNCIA. SENTENÇA. EFEITOS. VALIDADE. TODO O TERRITÓRIO NACIONAL.
1. Cuida-se de ação coletiva de consumo na qual se pleiteia, essencialmente: a) o reconhecimento da ilegalidade da cobrança de "taxa de conveniência" pelo simples fato de a recorrida oferecer a venda de ingressos na internet; b) a condenação da recorrida em danos

morais coletivos; e c) a condenação em danos materiais, correspondentes ao ressarcimento aos consumidores dos valores cobrados a título de taxa de conveniência nos últimos 5 (cinco) anos.
2. Recurso especial interposto em: 11.4.2016; conclusão ao Gabinete em: 3.8.2017; aplicação do CPC/15.
3. O propósito recursal é determinar se: a) ocorreu negativa de prestação jurisdicional; b) a disponibilização da venda de ingressos de espetáculos culturais na internet é facilidade que efetivamente beneficia os consumidores; c) existe abusividade na cobrança de "taxa de conveniência" aos consumidores; d) ocorre venda casada pela disponibilização desse serviço associado à aquisição do ingresso; e e) ocorreram danos morais de natureza coletiva.
4. A ausência de expressa indicação de obscuridade, omissão ou contradição nas razões recursais enseja o não conhecimento do recurso especial.
5. A essência do microssistema de defesa do consumidor se encontra no reconhecimento de sua vulnerabilidade em relação aos fornecedores de produtos e serviços, que detêm todo o controle do mercado, ou seja, sobre o que produzir, como produzir e para quem produzir, sem falar-se na fixação de suas margens de lucro.
6. O CDC adotou formas abertas e conceitos indeterminados para definir as práticas e cláusulas abusivas, encarregando o magistrado da tarefa de examinar, em cada hipótese concreta, a efetiva ocorrência de referidas práticas ilegais.
7. A boa-fé objetiva é uma norma de conduta que impõe a cooperação entre os contratantes em vista da plena satisfação das pretensões que servem de ensejo ao acordo de vontades que dá origem à avença, sendo tratada, de forma expressa, no CDC, no reconhecimento do direito dos consumidores de proteção contra métodos comerciais coercitivos ou desleais bem como práticas e cláusulas abusivas ou impostas no fornecimento de produtos ou serviços (art. 6.º, IV, do CDC).
8. Segundo a lesão enorme, são abusivas as cláusulas contratuais que configurem lesão pura, decorrentes da simples quebra da equivalência entre as prestações, verificada, de forma objetiva, mesmo que não exista vício na formação do acordo de vontades (arts. 39, V, 51, IV, § 1.º, III, do CDC).
9. Uma das formas de violação da boa-fé objetiva é a venda casada ("tying arrangement"), que consiste no prejuízo à liberdade de escolha do consumidor decorrente do condicionamento, subordinação e vinculação da aquisição de um produto ou serviço (principal — "tying") à concomitante aquisição de outro (secundário — "tied"), quando o propósito do consumidor é, unicamente, o de obter o produto ou serviço principal.
10. A venda casada "às avessas", indireta ou dissimulada consiste em se admitir uma conduta de consumo intimamente relacionada a um produto ou serviço, mas cujo exercício é restringido à única opção oferecida pelo próprio fornecedor, limitando, assim, a liberdade de escolha do consumidor. Precedentes.
11. O CDC prevê expressamente uma modalidade de venda casada, no art. 39, IX, que se configura em razão da imposição, pelo fornecedor ao consumidor, da contratação indesejada de um intermediário escolhido pelo fornecedor, cuja participação na relação negocial não é obrigatória segundo as leis especiais regentes da matéria.
12. A venda do ingresso para um determinado espetáculo cultural é parte típica e essencial do negócio, risco da própria atividade empresarial que visa o lucro e integrante do investimento do fornecedor, compondo, portanto, o custo básico embutido no preço.

13. Na intermediação por meio da corretagem, como não há relação contratual direta entre o corretor e o terceiro (consumidor), quem deve arcar, em regra, com a remuneração do corretor é a pessoa com quem ele se vinculou, ou seja, o incumbente. Precedente.

14. A assunção da dívida do fornecedor junto ao intermediário exige clareza e transparência na previsão contratual acerca da transferência para o comprador (consumidor) do dever de pagar a comissão de corretagem. Tese repetitiva.

15. Na hipótese concreta, a remuneração da recorrida é integralmente garantida por meio da "taxa de conveniência", cobrada nos moldes do art. 725 do CC/02, devida pelos consumidores que comprarem ingressos em seu meio virtual, independentemente do direito de arrependimento (art. 49 do CDC).

16. A venda pela internet, que alcança interessados em número infinitamente superior do que a venda por meio presencial, privilegia os interesses dos produtores e promotores do espetáculo cultural de terem, no menor prazo possível, vendidos os espaços destinados ao público e realizado o retorno dos investimentos até então empregados e transfere aos consumidores parcela considerável do risco do empreendimento, pois os serviços a ela relacionados, remunerados pela "taxa de conveniência", deixam de ser arcados pelos próprios fornecedores.

17. Se os incumbentes optam por submeter os ingressos à venda terceirizada em meio virtual (da internet), devem oferecer ao consumidor diversas opções de compra em diversos sítios eletrônicos, caso contrário, a liberdade dos consumidores de escolha da intermediadora da compra é cerceada, limitada unicamente aos serviços oferecidos pela recorrida, de modo a ficar configurada a venda casada, nos termos do art. 39, I e IX, do CDC.

18. A potencial vantagem do consumidor em adquirir ingressos sem se deslocar de sua residência fica totalmente aplacada pelo fato de ser obrigado a se submeter, sem liberdade, às condições impostas pela recorrida e pelos incumbentes no momento da contratação, o que evidencia que a principal vantagem desse modelo de negócio — disponibilização de ingressos na internet — foi instituída em seu favor dos incumbentes e da recorrida.

19. *In casu*, não há declaração clara e destacada de que o consumidor está assumindo um débito que é de responsabilidade do incumbente — produtor ou promotor do espetáculo cultural — não se podendo, nesses termos, reconhecer a validade da transferência do encargo (assunção de dívida pelo consumidor).

20. Se, por um lado, o dano moral coletivo não está relacionado a atributos da pessoa humana (dor, sofrimento ou abalo psíquico) e se configura independentemente da demonstração de prejuízos concretos ou de efetivo abalo moral, de outro, somente ficará caracterizado se ocorrer uma lesão a valores fundamentais da sociedade e se essa vulneração ocorrer de forma injusta e intolerável.

21. Na espécie, a ilegalidade verificada não atinge valores essenciais da sociedade, tampouco possui o atributo da intolerabilidade, configurando a mera infringência à lei ou ao contrato em razão da transferência indevida de um encargo do fornecedor ao consumidor, o que é insuficiente para sua caracterização.

22. Os efeitos e a eficácia da sentença coletiva não estão circunscritos a lindes geográficos, mas aos limites objetivos e subjetivos do que foi decidido, levando-se em conta, para tanto, sempre a extensão do dano e a qualidade dos interesses metaindividuais postos em

juízo, razão pela qual a presente sentença tem validade em todo o território nacional. Tese repetitiva.
23. Recurso especial parcialmente conhecido e, no ponto, parcialmente provido (REsp 1737428/RS, Rel. Ministra Nancy Andrighi, 3.ª T., j. 12.3.2019, DJe 15.3.2019).

Nos embargos de declaração ao julgado acima, **o STJ entendeu que a intermediação da venda de ingressos pela internet mediante a cobrança de valor de "taxa de conveniência" é lícita, desde que seja claramente informada ao consumidor a existência de tal cobrança no momento da oferta do serviço**:

PROCESSUAL CIVIL. CPC/2015. EMBARGOS DE DECLARAÇÃO. AÇÃO CIVIL PÚBLICA. ABUSIVIDADE NA VENDA PELA INTERNET DE INGRESSOS DE EVENTOS CULTURAIS E DE ENTRETENIMENTO. OMISSÃO. NÃO OCORRÊNCIA. CONTRADIÇÃO. OCORRÊNCIA. EXTRAPOLAÇÃO DAS BALIZAS DO LITÍGIO E DA DEVOLUTIVIDADE RECURSAL. SANEAMENTO DO ACÓRDÃO EMBARGADO. AGREGAÇÃO DE EFEITOS INFRINGENTES.
1. Inexistência de omissão no acórdão ora embargado, tendo este colegiado declinado fundamentação suficiente para justificar o provimento do recurso especial, malgrado ocorrência de contradição no que tange às balizas do litígio e da devolutividade recursal.
**2. Necessidade de rejulgamento do recurso especial, dando-lhe provimento em menor extensão, para sanar a contradição ora identificada.
3. Validade da intermediação, pela internet, da venda de ingressos para eventos culturais e de entretenimento mediante cobrança de "taxa de conveniência", desde que o consumidor seja previamente informado o preço total da aquisição do ingresso, com o destaque do valor da "taxa de conveniência". Analogia com a tese firmada no julgamento do Tema 938/STJ (corretagem imobiliária).**
4. Descumprimento do dever de informação pela empresa demanda, na medida a referida taxa de conveniência vem sendo escamoteada na fase pré-contratual, como se estivesse embutida no preço, para depois ser cobrada como um valor adicional, gerando aumento indevido do preço total. Prática abusiva e prejudicial à livre concorrência.
5. Condenação da empresa demandada a informar em suas plataformas de venda, desde a fase pré-contratual, o preço total da aquisição do ingresso, com destaque do valor da taxa de conveniência, sob pena de cominação de astreintes, além da obrigação de restituir o valor da "taxa de conveniência" em cada caso concreto.
6. Ausência de devolução a esta Corte Superior do pedido de condenação genérica à devolução dos valores já pagos pelos consumidores a título de "taxa de conveniência", tornando-se necessário decotar esse capítulo do acórdão ora embargado.
7. Saneamento do acórdão ora embargado para, eliminando contradição, dar provimento do recurso especial em menor extensão.
8. EMBARGOS DE DECLARAÇÃO PARCIALMENTE ACOLHIDOS, COM EFEITOS INFRINGENTES (EDcl no REsp 1.737.428/RS, Rel. Ministra Nancy Andrighi, Rel. p/ Acórdão Ministro Paulo de Tarso Sanseverino, 3.ª T., j. 6.10.2020, DJe 19.11.2020).

No mesmo sentido, o STJ confirmou o posicionamento de que não configura prática abusiva a cobrança das taxas de conveniência, retirada e/ou entrega de ingressos comprados na internet, desde que o valor cobrado pelo serviço seja acessível, com informação clara ao consumidor, na medida em que a prestação destes serviços de intermediação geram custos ao fornecedor:

PROCESSUAL CIVIL. RECURSO ESPECIAL. AÇÃO CIVIL PÚBLICA QUE CONTESTA A LEGALIDADE DE COBRANÇA DE TAXA DE CONVENIÊNCIA PARA AQUISIÇÃO DE INGRESSOS PARA *SHOWS*. DISTINÇÃO ENTRE TAXA DE CONVENIÊNCIA, TAXA DE ENTREGA E TAXA DE RETIRADA. POSSIBILIDADE DE COBRANÇA DAS REFERIDAS TAXAS QUE REFLETEM CUSTOS DE INTERMEDIAÇÃO DE VENDAS E DE SERVIÇOS EFETIVAMENTE PRESTADOS AO CONSUMIDOR. ABUSIVIDADE NÃO COMPROVADA.
1. Nada impede a cobrança de taxa de conveniência dos consumidores, quando da aquisição de ingressos pela internet, uma vez que a jurisprudência desta Corte é no sentido de que não há óbice a que os custos da intermediação de venda de ingressos sejam a eles transferidos, desde que haja informação prévia acerca do preço total da aquisição, com destaque do respectivo valor. Precedente.
2. No tocante às taxas de entrega e de retirada, ao contrário da taxa de conveniência, não configuram simples custo de intermediação de venda, estando vinculadas a serviços independentes.
3. Assim como a entrega em domicílio gera custo para a empresa responsável pela venda dos bilhetes, pois implica a postagem pelos Correios ou a contratação de serviço de *courier* (taxa de entrega), o serviço de retirada de bilhetes em posto físico (taxa de retirada ou *will call*) também acarreta custo para a empresa, porque, para colocá-lo à disposição do consumidor, ela tem que contratar uma pessoa para atendê-lo, além de alugar ou comprar espaço físico e as impressoras para tanto necessárias.
4. Se há serviço disponibilizado ao consumidor, que pode optar, a seu critério, se vai imprimir seu ingresso em casa, se vai solicitar que ele seja entregue pelos Correios, ou se vai preferir retirá-lo em bilheteria, e se o valor cobrado pelo serviço é acessível e claro, não há que se falar em abusividade.
5. Recurso especial provido (REsp 1.632.928/RJ, Rel. Ministro Marco Buzzi, Rel. p/ Acórdão Ministra Maria Isabel Gallotti, 4.ª T., j. 9.4.2024, *DJe* 25.4.2024).

10.4.1.1. *O condicionamento a limites quantitativos como prática abusiva no CDC — o tratamento diferenciado dado aos serviços públicos*

A parte final do art. 39, inciso I, do Código do Consumidor considera **prática abusiva condicionar** a aquisição de produtos ou a contratação de serviços a **limites quantitativos, salvo** nas **situações** em que a **justa causa** esteja presente.

Assim, em contextos de adversidade climática em razão de longos períodos de seca ou de fortes chuvas, a **produção de hortaliças poderá ser comprometida**. Temos aí um bom exemplo de justa causa para condicionar os limites quantitativos máximos de um produto a serem levados pelos consumidores.

O condicionamento ao **limite quantitativo mínimo** também é vedado, isto é, o fornecedor não poderá fixar um mínimo de quantidade de determinado produto a ser adquirido ou de serviço a ser contratado, sob pena de incorrer em prática abusiva. Mas a questão que traz maiores conflitos refere-se aos **serviços públicos**.

Conforme visto no Capítulo 3 deste livro, alguns serviços públicos são considerados objeto da relação jurídica de consumo, mais precisamente aqueles remunerados por tarifa. Sobre o tema, ressalta-se que **a legislação administrativa admite a cobrança de**

tarifa mínima como forma de bem concretizar a manutenção do equilíbrio econômico-financeiro do contrato administrativo.

Podemos citar como exemplo o disposto no art. 30 da **Lei n. 11.445/2007, Lei do Saneamento Básico**, que estabelece em seu inciso III: Art. 30. Observado o disposto no art. 29 desta Lei, a estrutura de remuneração e de cobrança dos serviços públicos de saneamento básico considerará os seguintes fatores: (Redação dada pela Lei n. 14.026, de 2020) (...) III — **quantidade mínima** de consumo ou de utilização do serviço, visando à garantia de objetivos sociais, como a preservação da saúde pública, o adequado atendimento dos usuários de menor renda e a proteção do meio ambiente".

O principal argumento dos defensores da legitimidade da cobrança da tarifa mínima consiste na necessidade de se cobrar um piso de cada usuário-consumidor para a boa implementação do serviço, bem como manutenção de sua estrutura. Ou seja, se não existisse essa possibilidade, o serviço não se manteria por si só no aspecto econômico, e a boa qualidade na sua prestação perante toda a coletividade estaria comprometida.

Entretanto, renomados administrativistas refutam a cobrança da tarifa mínima com o objetivo de se evitar que o usuário pague por um serviço que não utilizou.

O não prevalecimento desse raciocínio implicaria — para os defensores dessa corrente — distorcer o sentido da prestação dos serviços facultativos, na medida em que estes estariam equiparados aos serviços compulsórios, pois em ambos os casos bastaria colocar o serviço à disposição do usuário para legitimar a cobrança da tarifa mínima.

Nesse sentido, entende José dos Santos Carvalho Filho:

> "Por fim, vale destacar, como já observamos anteriormente, que em matéria de política tarifária, tem sido admitida a denominada *tarifa mínima*, devida pela só disponibilidade do serviço concedido, à semelhança do que ocorre com o sistema de taxas. Sem embargo do fundamento apontado para admitir esse tipo de cobrança — a política de implementação e manutenção da estrutura necessária à prestação do serviço — entendemos que o fato reflete inegável distorção do sistema de prestação dos serviços públicos de natureza facultativa, serviços esses que só deveriam receber remuneração na medida em que o usuário *efetivamente* se beneficiasse deles com o consequente realce da característica contratual que rege a relação entre o prestador e usuário do serviço. O correto, a nosso ver, é que os gastos com a manutenção e expansão do sistema de serviços estejam embutidos no próprio valor da tarifa, evitando-se que o contribuinte tenha que pagar por um serviço que não utiliza".[19]

Assim, seria legítima à luz do CDC a cobrança, por exemplo, de **tarifa mínima pelo serviço de assinatura mensal de telefonia fixa**, ainda que o consumidor não utilize efetivamente a comodidade do telefone?

A doutrina consumerista também se mostra um tanto quanto receosa no tocante a tal cobrança, conforme podemos constatar da visão de Bruno Miragem sobre o assunto: "Independente da regulação do setor, e das eventuais justificativas para a cobrança destes valores (manutenção da rede, universalização do acesso), o fato é que condicionar o

---

[19] CARVALHO FILHO, José dos Santos. *Manual de direito administrativo*. 23. ed. Rio de Janeiro: Lumen Juris, 2010, p. 418-419.

acesso ao serviço, à remuneração de uma utilização fixa mínima, parece configurar a prática de subordinação de aquisição de um produto (a linha telefônica) a outro (uma quantidade de serviço mínima mensal)".[20]

No *leading case* julgado pelo Superior Tribunal de Justiça que reconheceu a legitimidade da cobrança da tarifa mensal pelo serviço de telefonia fixa — Recurso Especial 911.802, de relatoria do Ministro José Delgado, j. 24 de outubro de 2007 — destacam-se trechos do voto vencido proferido pelo Ministro Herman de Vasconcellos Benjamin, que abriu divergência e negou provimento ao aludido Recurso Especial, entendendo ilegítima a cobrança da tarifa mínima de acordo com os seguintes fundamentos:

> "Concluo, desse modo, que a cobrança da assinatura básica:
> é ilegal, por não estar prevista e autorizada pela LGT, havendo, *in casu,* violação do princípio da legalidade pela ANATEL ao prevê-la em Resolução;
> mesmo que ausente a desconformidade com a LGT, viola o art. 39, I, do CDC, ao obrigar o usuário a adquirir uma franquia de pulsos (a consumir), independentemente do uso efetivo, condicionando, assim, o fornecimento do serviço, sem justa causa, a limites quantitativos;
> também infringe o CDC pois constitui vantagem exagerada, uma vez que 'ofende os princípios fundamentais do sistema jurídico a que pertence' (art. 51, § 1.º, I, do CDC), notadamente, o princípio do amplo acesso ao serviço, a garantia de tarifas e preços razoáveis (art. 2.º, I, da LGT) e a vedação da discriminação (art. 3.º, III, da LGT);
> mostra-se excessivamente onerosa (art. 51, § 1.º, III, do CDC) ao impor o pagamento de quantia considerável (cerca de 10% do salário mínimo só pela *oferta* do serviço, lembre-se!) ao assinante que utiliza muito pouco o serviço público em questão; e
> importa desequilíbrio na relação contratual (art. 51, § 1.º, II, do CDC), já que, ao mesmo tempo que onera excessivamente o usuário, proporciona arrecadação extraordinária às concessionárias (cerca de treze bilhões de reais por ano, conforme consta da página eletrônica da ANATEL)".[21]

Conforme é cediço, não **prevaleceu no REsp 911.802** a posição do Ministro Herman, e sim o entendimento pela **legitimidade da cobrança da tarifa mínima**, tanto que a Primeira Seção do Superior Tribunal de Justiça sumulou a questão nos seguintes termos: **Súmula 356** — "É legítima a cobrança da tarifa básica pelo uso dos serviços de telefonia fixa".

Sobre o assunto, cumpre destacar, por fim, o teor da Súmula Vinculante 27, na qual o Supremo Tribunal Federal firmou o seguinte entendimento: "Compete à Justiça estadual julgar causas entre consumidor e concessionária de serviço público de telefonia, quando a ANATEL não seja litisconsorte passiva necessária, assistente, nem oponente".

Ainda nesse tocante, o STJ editou a Súmula 506 nos seguintes termos: "A Anatel não é parte legítima nas demandas entre a concessionária e o usuário de telefonia decorrentes de relação contratual" (*DJe* 31.3.2014).

---

[20] MIRAGEM, Bruno. *Curso de direito do consumidor*, p. 198.
[21] Disponível em: <https://ww2.stj.jus.br/processo/revista/documento/mediado/?componente=ATC&sequencial=3402517&num_registro=200602724586&data=20080901&tipo=3&formato=PDF>. Acesso em: 9 set. 2020.

Em última análise, os serviços públicos são regulamentados por um regime especial — o regime de Direito Público —, contexto que inviabiliza impor-lhe tratamento idêntico aos demais serviços colocados à disposição no mercado de consumo.

> Venda casada é prática abusiva.

10.4.1.2. Os contratos de fidelização nos serviços de telefonia móvel ou de TV a cabo são considerados como exemplos de prática abusiva no CDC?

Tema muito polêmico, que está sempre presente nas discussões acadêmicas e jurisprudenciais, envolve saber se o contrato de fidelização nos serviços de telefonia móvel caracteriza-se como prática abusiva violadora do art. 39, inciso I, do CDC. O Superior Tribunal de Justiça posicionou-se sobre o tema, entendendo da seguinte forma:

RECURSO ESPECIAL. AÇÃO DE RESCISÃO DE CONTRATO DE PRESTAÇÃO DE SERVIÇOS DE TELEFONIA MÓVEL E DE COMODATO DE APARELHOS CELULARES. EXCLUSÃO DE MULTA POR INOBSERVÂNCIA DO PRAZO DE CARÊNCIA. SENTENÇA DE IMPROCEDÊNCIA. ACOLHIMENTO DO PLEITO RECURSAL DA AUTORA PELA CORTE *A QUO*. RECONHECIMENTO, NO ARESTO ESTADUAL, DE NULIDADE DA CLÁUSULA DE "FIDELIZAÇÃO", POR CONFIGURAR "VENDA CASADA". INSURGÊNCIA DA CONCESSIONÁRIA DE TELEFONIA. 1. Contratação simultânea de prestação de serviços de telefonia móvel e de "comodato" de aparelhos celulares, com cláusula de "fidelização". Previsão de permanência mínima que, em si, não encerra "venda casada". **2. Não caracteriza a prática vedada pelo art. 39, inc. I, do CDC, a previsão de prazo de permanência mínima ("fidelização") em contrato de telefonia móvel e de "comodato", contanto que, em contrapartida, haja a concessão de efetivos benefícios ao consumidor (*v.g.* custo reduzido para realização de chamadas, abono em ligações de longa distância, baixo custo de envio de "short message service — SMS", dentre outras), bem como a opção de aquisição de aparelhos celulares da própria concessionária, sem vinculação a qualquer prazo de carência, ou de outra operadora, ou mesmo de empresa especializada na venda de eletroportáteis.** 3. Superado o fundamento jurídico do acórdão recorrido, cabe a esta Corte Superior de Justiça julgar a causa, aplicando o direito à espécie, nos termos do art. 257 do RISTJ e da Súmula n. 456/STF. 4. Em que pese ser possível a fixação de prazo mínimo de permanência, na hipótese dos autos, o contrato de "comodato" de estações móveis entabulado entre as partes estabeleceu a vigência por 24 (vinte e quatro) meses, distanciando-se das determinações regulamentares da ANATEL (Norma Geral de Telecomunicações n. 23/96 e Resolução 477/2007), de ordem a tornar tal estipulação, inequivocamente, abusiva, haja vista atentar contra a liberdade de escolha do consumidor, direito básico deste. 5. Recurso especial desprovido (REsp 1.097.582/MS, Rel. Ministro Marco Buzzi, 4.ª T., *DJe* 8.4.2013).

O mesmo entendimento foi estendido para a fidelização nos contratos de TV a cabo. No julgamento do REsp 1.362.084/RJ, o STJ além de entender pela viabilidade desse tipo de prática, determinou que a cobrança da multa de fidelidade pela prestadora de serviço de TV a cabo deve ser proporcional ao tempo faltante para o término da relação de fidelização, mesmo antes da vigência da Resolução n. 632/2014 da ANATEL:

1. A cláusula de fidelização em contrato de serviços de telecomunicação (como o serviço de TV a cabo) revela-se lícita, tendo em vista os benefícios concedidos pelas operadoras aos assinantes que optam por tal pacto e a necessária estipulação de prazo mínimo para a recuperação do investimento realizado. Precedentes. 2. A referida modalidade contratual tem previsão de cláusula penal (pagamento de multa) caso o consumidor opte pela rescisão antecipada e injustificada do contrato. Tem-se, assim, por escopo principal, o necessário ressarcimento dos investimentos financeiros realizados por uma das partes para a celebração ou execução do contrato (parágrafo único do artigo 473 do Código Civil). De outro lado, sobressai seu caráter coercitivo, objetivando constranger o devedor a cumprir o prazo estipulado no contrato e, consequentemente, viabilizar o retorno financeiro calculado com o pagamento das mensalidades a serem vertidas durante a continuidade da relação jurídica programada. 3. Nada obstante, em que pese ser elemento oriundo de convenção entre os contratantes, a fixação da cláusula penal não pode estar indistintamente ao alvedrio destes, já que o ordenamento jurídico prevê normas imperativas e cogentes, que possuem a finalidade de resguardar a parte mais fraca do contrato, como é o caso do artigo 412 do Código Civil ("O valor da cominação imposta na cláusula penal não pode exceder o da obrigação principal."). 4. A citada preocupação reverbera, com maior intensidade, em se tratando de contrato de adesão, como o de prestação de serviços de telecomunicações, o que motivou a ANATEL a expedir a Resolução 632/2014, a fim de regular a forma de cálculo da multa a ser cobrada em caso de resilição antecipada dos contratos com fidelização. **5. O referido regulamento entrou em vigor em 07 de julho de 2014 e, a partir de então, as prestadoras de serviço de TV a cabo (assim como as demais prestadoras de serviços de telecomunicações) são obrigadas a oferecer contratos de permanência aos consumidores — vinculados aos contratos de prestação de serviços com cláusula de fidelização — e a calcular a multa fidelidade proporcionalmente ao valor do benefício concedido e ao período restante para o decurso do prazo mínimo estipulado.** 6. Contudo, mesmo antes da vigência do citado normativo, revelava-se abusiva a prática comercial adotada pela prestadora do serviço de TV a cabo, que, até 2011, cobrava a multa fidelidade integral dos consumidores, independentemente do tempo faltante para o término da relação de fidelização. 7. Isso porque a cobrança integral da multa, sem computar o prazo de carência parcialmente cumprido pelo consumidor, coloca o fornecedor em vantagem exagerada, caracterizando conduta iníqua, incompatível com a equidade, consoante disposto no § 1.º e inciso IV do artigo 51 do código consumerista. 8. Nesse panorama, sobressai o direito básico do consumidor à proteção contra práticas e cláusulas abusivas, que consubstanciem prestações desproporcionais, cuja adequação deve ser realizada pelo Judiciário, a fim de garantir o equilíbrio contratual entre as partes, afastando-se o ônus excessivo e o enriquecimento sem causa porventura detectado (artigos 6.º, incisos IV e V, e 51, § 2.º, do CDC), providência concretizadora do princípio constitucional de defesa do consumidor, sem olvidar, contudo, o princípio da conservação dos contratos. **9. Assim, infere-se que o custo arcado pelo prestador do serviço é, efetivamente, recuperado a cada mês da manutenção do vínculo contratual com o tomador, não sendo razoável a cobrança da mesma multa àquele que incorre na quebra do pacto no início do prazo de carência e àquele que, no meio ou ao final, demonstra o seu desinteresse no serviço prestado** (REsp 1.362.084/RJ, Rel. Ministro Luis Felipe Salomão, 4.ª T., j. 16.5.2017, *DJe* 1.º.8.2017).

Apesar de polêmicas, as decisões levaram em consideração os benefícios concedidos ao consumidor que resolve aderir às aludidas contratações. Imprescindível neste caso que as informações sobre a fidelização e sobre as eventuais consequências de quebra contratual sejam claras, ostensivas e adequadas.

Por outro lado, o Plenário do Supremo Tribunal Federal julgou improcedente pedido formulado em ação direta de inconstitucionalidade ajuizada contra a **Lei n. 6.295/2012, do Estado do Rio de Janeiro, reconhecendo a constitucionalidade do Diploma Fluminense que obriga as concessionárias de telefonia fixa e celular a cancelarem multa contratual de fidelidade quando o usuário comprovar que perdeu o vínculo empregatício após a adesão ao contrato:**

AÇÃO DIRETA DE INCONSTITUCIONALIDADE. LEI N. 6.295/2012 DO ESTADO DO RIO DE JANEIRO. PRESTADORAS DE SERVIÇOS DE TELEFONIA FIXA E CELULAR. HIPÓTESE DE CANCELAMENTO DA MULTA CONTRATUAL DE FIDELIDADE. ALEGADA USURPAÇÃO DE COMPETÊNCIA PRIVATIVA DA UNIÃO PARA LEGISLAR SOBRE EXPLORAÇÃO DE SERVIÇOS DE TELECOMUNICAÇÕES. AFRONTA AOS ARTS. 1.º, 21, IX, 22, IV, E 175 DA CONSTITUIÇÃO DA REPÚBLICA. INOCORRÊNCIA.
1. A chamada multa contratual de fidelidade — cláusula penal que, acompanhando instrumento de adesão a serviço de telefonia, onera o usuário, como contrapartida pelo oferecimento de determinado produto ou benefício, com a permanência do vínculo com a prestadora por prazo determinado — não incide sobre o contrato de prestação de serviço de telefonia propriamente dito, e sim sobre pactuação paralela, notadamente a aquisição de estação móvel (aparelho de telefonia celular) ou outro dispositivo mediante valor inferior ao praticado no mercado. O instrumento pelo qual a prestadora de serviços de telefonia oferece benefícios a seus usuários, exigindo, em contrapartida, que permaneçam a ela vinculados por um prazo mínimo, não se confunde com o termo de adesão do usuário a plano de serviço de telecomunicações, tampouco o integra, consubstanciando típica relação de consumo.
2. **Ao impor o cancelamento da multa contratual de fidelidade quando o usuário de serviços de telefonia celular ou fixa comprovar que perdeu o vínculo empregatício após a adesão ao contrato, a Lei n. 6.295/2012 do Estado do Rio de Janeiro disciplina relação jurídica tipicamente consumerista, ainda que realizada paralelamente a contrato de prestação de serviço de telefonia. Os efeitos da medida esgotam-se na relação entre o consumidor-usuário e o fornecedor-prestador do serviço público, não interferindo no conteúdo dos contratos administrativos firmados no âmbito federal para prestação do serviço público.**
3. **Implementada norma de proteção ao consumidor que, rigorosamente contida nos limites do art. 24, V, da Carta Política, em nada interfere no regime de exploração, na estrutura remuneratória da prestação dos serviços ou no equilíbrio dos contratos administrativos, inocorrente usurpação da competência legislativa privativa da União,** e, consequentemente, afronta aos arts. 1.º, 21, IX, 22, IV, e 175 da Constituição da República. Ação direta de inconstitucionalidade julgada improcedente (ADI 4.908, Rel. Ministra Rosa Weber, Tribunal Pleno, j. 11.4.2019, *DJe* 6.5.2019).[22]

---

[22] Diferente foi a posição do STF ao declarar a inconstitucionalidade da Lei n. 13.578/2016 do Estado da Bahia que proibiu a cobrança de taxa de religação do serviço de energia elétrica em caso de

Por fim, cumpre ressaltar que é abusiva a prática das operadoras de TV por assinatura quando não incluírem os canais gratuitos em todos os pacotes ofertados ao público consumidor, sem quaisquer ônus ou custos adicionais aos assinantes. Este foi o posicionamento do Supremo Tribunal Federal no julgamento das ADIs 6.921/DF e 6.931/DF, nos seguintes termos:

> Ementa: CONSTITUCIONAL. PROCESSO LEGISLATIVO. MEDIDA PROVISÓRIA 1.018/2020. CONVERSÃO NA LEI N. 14.173/2021. EMENDA PARLAMENTAR. INCLUSÃO DO ART. 32, § 15, DA LEI N. 12.485/2011. CARREGAMENTO DE CANAIS DE PROGRAMAÇÃO DE DISTRIBUIÇÃO OBRIGATÓRIA POR DISTRIBUIDORAS DE TV POR ASSINATURA (*MUST-CARRY*). POSSIBILIDADE DE REGULAÇÃO VIA MEDIDA PROVISÓRIA. ART. 246 DA CF. ART. 2.º DA EC 8/1995. AFINIDADE TEMÁTICA COM O OBJETO DA PROPOSIÇÃO ORIGINAL. ALEGAÇÃO DE VIOLAÇÃO AOS PRINCÍPIOS DA LIBERDADE DE INICIATIVA, PROPORCIONALIDADE E SEPARAÇÃO DOS PODERES. AÇÃO DIRETA JULGADA IMPROCEDENTE. 1. A limitação à edição de Medidas Provisórias em matéria de telecomunicações (art. 246 da CF e art. 2.º da EC 8/1995), em razão de o art. 21, XI, da CF, ter sido alterado pelo constituinte reformador, deve ser interpretada restritivamente, vedando apenas a regulamentação via medida provisória do marco legal dos serviços de telecomunicações (Lei n. 9.472/1997). 2. A CORTE reconhece como limites à prerrogativa parlamentar de emendar propostas legislativas de iniciativa reservada a outros Poderes e órgãos autônomos: (a) a ausência de incremento de despesa pública; e (b) a relação de proximidade entre o teor da emenda e o objeto da proposição original encaminhada à deliberação legislativa. Precedentes. 3. Esses limites também se aplicam ao processo legislativo de aprovação e conversão em lei de Medidas Provisórias, ainda que não trate de matéria reservada, em vista da especialidade e excepcionalidade desse rito legislativo. Precedentes. **4. A ampliação, por emenda parlamentar, do alcance do carregamento obrigatório (*must-carry*) tem afinidade temática com a desoneração fiscal encaminhada pelo Presidente da República por meio da MP 1.018/2020, visando a ampliar o acesso à informação por toda a população brasileira. 5. O princípio da livre iniciativa, garantido no art. 170 da Constituição, não proíbe o Estado de atuar subsidiariamente sobre a dinâmica econômica para garantir o alcance de objetivos indispensáveis para a manutenção da coesão social, entre eles a proteção do consumidor e a redução das desigualdades regionais e sociais (art. 170, V e VII, da CF), bem como a promoção da cultura nacional e regional e a regionalização da produção cultural, artística e jornalística (art. 221, II e III, da CF), desde que haja proporcionalidade entre a restrição imposta e a finalidade de interesse público, o que ocorre no caso.** 6. Ações Diretas julgadas improcedentes (ADI 6921, Tribunal Pleno, Rel. Ministro Alexandre de Moraes, j. 7.2.2024, *DJe* 3.5.2024, julgamento conjunto com a ADI 6.931).

---

corte de fornecimento por atraso no pagamento da fatura e obriga as empresas distribuidoras de energia elétrica a restabelecer esse serviço no prazo máximo de 24 horas, sem ônus para o consumidor. O ministro Luiz Fux (relator) entendeu que a referida lei estadual invade a competência privativa da União para dispor sobre energia, em ofensa ao art. 22, IV, da Constituição Federal (CF) (2), bem como interfere na prestação de serviço público federal, nos termos do art. 21, XII, *b*, da CF (3), em contrariedade às normas técnicas setoriais editadas pela Agência Nacional de Energia Elétrica (ANEEL) (ADI 5.610 AgR, Rel. Ministro Luiz Fux, j. 30.4.2019, *DJe* 6.5.2019).

No entanto, o STF entendeu que é inconstitucional lei distrital que proíbe a cobrança pela instalação e utilização de pontos adicionais de televisão a cabo nas residências situadas em seu território e impõe penalidade em razão do descumprimento, sob o fundamento de usurpar competência reservada à União para legislar sobre telecomunicações e explorar seus serviços com exclusividade (CF/1988, arts. 22, IV, e 21, XI). Trata-se do julgamento da ADI 3.877/DF, de relatoria do Ministro Nunes Marques, com julgamento virtual finalizado em 6.9.2024.

10.4.2. A recusa no atendimento às demandas do consumidor como exemplo de prática abusiva no CDC

Prevê o art. 39, inciso II, da Lei n. 8.078/90 que "recusar atendimento às demandas dos consumidores, na exata medida de suas disponibilidades de estoque, e, ainda, de conformidade com os usos e costumes" é exemplo de prática comercial abusiva. Para saber se a recusa ao atendimento é comportamento lícito ou ilícito, deve-se responder às seguintes indagações:

■ Pode o fornecedor escolher o consumidor com quem pretende contratar?
■ Pode o consumidor levar todo o estoque do fornecedor?

A resposta à primeira pergunta é negativa; **não pode o fornecedor em razão dos riscos da atividade negocial pretender selecionar consumidor** com quem vai contratar, quer pelo fato de não ter gostado da aparência deste, quer em razão de o vulnerável pretender adquirir ou contratar em pequena quantidade.

No tocante à segunda questão, por mais simples que pareça, há polêmica quanto a sua resposta. Rizzatto Nunes enfrenta o tema se perguntando "qual a diferença entre o limite quantitativo máximo do inciso I e o do inciso II. A resposta está em que, na hipótese do inciso I, pode haver limitação quantitativa naquela rara exceção de crise — na qual se justifica, inclusive, a intervenção estatal. Fora isso, vale a regra do inciso II, que proíbe a recusa incondicionadamente. Pode o consumidor comprar todas as mercadorias da prateleira, bem como exigir a venda da única peça em exposição na vitrina".[23]

De fato, para o renomado consumerista, a resposta à segunda indagação seria afirmativa, ou seja, o consumidor poderia levar sim todo o estoque do fornecedor. Entretanto, ressaltamos que o **Superior Tribunal de Justiça** firmou posicionamento em sentido contrário, ou seja, pela **impossibilidade** quando o consumidor quiser **levar quantidade incompatível com o consumo pessoal ou familiar:** "A falta de indicação de restrição **quantitativa** relativa à oferta de determinado produto, pelo fornecedor, **não autoriza o consumidor exigir quantidade incompatível com o consumo individual ou familiar**, nem, tampouco, configura dano ao seu patrimônio extramaterial" (REsp 595.734/RS, Rel. Ministra Nancy Andrighi, 3.ª T., *DJ* 28.11.2005).

Em nossa opinião, outro ponto merece ser analisado: a compatibilidade quantitativa do estoque com a repercussão da oferta veiculada pelo fornecedor. Viola a boa-fé objetiva e, consequentemente, realiza comportamento abusivo fornecedor que faz oferta

---

[23] NUNES, Luiz Antonio Rizzatto. *Curso de direito do consumidor*, p. 544.

para atingir um grande número de consumidores, mas não possui em seu estoque quantidade suficiente para atender a todos.

> Recusa no atendimento é prática abusiva.

10.4.3. O envio ou a entrega de produtos ou serviços sem solicitação prévia como exemplo de prática abusiva no CDC

Estabelece o art. 39, inciso III, do Código de Defesa do Consumidor que configura prática abusiva "enviar ou entregar ao consumidor, sem solicitação prévia, qualquer produto, ou fornecer qualquer serviço".

O próprio art. 39 traz a **consequência** deste comportamento abusivo em seu parágrafo único, *in verbis*: "Os serviços prestados e os produtos remetidos ou entregues ao consumidor, na hipótese prevista no inciso III, **equiparam-se às amostras grátis**, inexistindo obrigação de pagamento". Em resumo:

- **Prática abusiva** — enviar ou entregar ao consumidor produto ou serviço sem solicitação prévia.

- **Consequência** — os serviços prestados e os produtos remetidos ou entregues equiparam-se às amostras grátis.

Ao longo de muito tempo,[24] o consumidor deparou-se com práticas como a de receber produtos ou até prestação de serviços — exemplo: cartão de crédito — sem solicitação e, num segundo momento, receber uma fatura para pagar o respectivo valor em determinado prazo.

Trata-se de comportamento abusivo, despido de qualquer justificativa e merecedor da consequência que equipara o produto ou o serviço fornecido nestes termos a amostras grátis.

Assim, no caso do recebimento de um **cartão de crédito sem solicitação**, geralmente acompanhado de uma carta do gerente do banco, parabenizando-o pela contratação do serviço, **não haverá a necessidade de pagar a anuidade**.

Claro que se o consumidor utilizar o citado serviço de crédito terá que pagar a fatura respectiva e não poderá invocar a consequência do parágrafo único do art. 39, sob pena de violar o princípio da boa-fé objetiva, que também deverá ser cumprido pelo vulnerável, por nortear toda a relação de consumo.

No **Superior Tribunal de Justiça** o tema também está pacificado, e, a depender da situação, **outra consequência** vem sendo reconhecida ante a prática abusiva de enviar produtos ou prestar serviços sem solicitação prévia do consumidor, qual seja: o **reconhecimento de danos morais**.

Sobre o tema, segue trecho do posicionamento dominante do STJ: "**O envio de cartão de crédito não solicitado, conduta considerada pelo Código de Defesa do Consumidor como prática abusiva (art. 39, III)**, adicionado aos incômodos

---

[24] Na atualidade, essa prática ainda existe, mas não de forma reiterada como já ocorreu na história, muito em razão da eficácia do dispositivo ora em análise.

decorrentes das providências notoriamente dificultosas para o cancelamento do cartão **causam dano moral** ao consumidor, mormente em se tratando de pessoa de idade avançada, próxima dos cem anos de idade à época dos fatos, circunstância que agrava o sofrimento moral" (REsp 1.061.500/RS, Rel. Ministro Sidnei Beneti, 3.ª T., *DJe* 20.11.2008).[25]

Nesse sentido, destacamos o teor da Súmula 532 do STJ, que assim estabelece: **"Constitui prática comercial abusiva o envio de cartão de crédito sem prévia e expressa solicitação do consumidor, configurando-se ato ilícito indenizável e sujeito à aplicação de multa administrativa"** (*DJe* 8.6.2015).

> Envio ou entrega sem solicitação prévia é prática abusiva.

10.4.4. O prevalecimento da fraqueza ou ignorância do consumidor como exemplo de prática abusiva no CDC[26]

Segundo o CDC, "prevalecer-se da fraqueza ou ignorância do consumidor, tendo em vista sua idade, saúde, conhecimento ou condição social, para impingir-lhe seus produtos ou serviços" é exemplo de prática abusiva, nos termos do art. 39, inciso IV.

O **princípio inaugural do art. 4.º** do Código do Consumidor é o da **vulnerabilidade** e, conforme estudado no Capítulo 4 deste livro, existe uma presunção de que o consumidor pessoa física é a parte mais frágil da relação jurídica de consumo.

No entanto, cabe relembrar que, dentre todos os que são vulneráveis, há alguns cuja fragilidade está acima da média, pessoas que a doutrina contemporânea vem denominando **hipervulneráveis**.

Tecnicamente, preferimos levar a discussão ao plano da hipossuficiência, pois, nos termos do que já foi analisado neste livro, vulnerabilidade é fenômeno de direito material e com presunção absoluta, enquanto a hipossuficiência é fenômeno de direito processual, necessitando ser demonstrada no caso concreto.

Nestes termos, o art. 39, inciso IV, da Lei n. 8.078/90 visa proteger com maior zelo consumidores que se enquadram no conceito de hipervulneráveis,[27] mais precisamente:

- o consumidor com idade tenra ou avançada;
- o consumidor com saúde debilitada;

---

[25] No mesmo sentido, STJ no seguinte julgamento: "RECURSO ESPECIAL. CONSUMIDOR. AÇÃO CIVIL PÚBLICA. ENVIO DE CARTÃO DE CRÉDITO NÃO SOLICITADO. PRÁTICA COMERCIAL ABUSIVA. ABUSO DE DIREITO CONFIGURADO. 1. O envio do cartão de crédito, ainda que bloqueado, sem pedido pretérito e expresso do consumidor, caracteriza prática comercial abusiva, violando frontalmente o disposto no artigo 39, III, do Código de Defesa do Consumidor. 2. Doutrina e jurisprudência acerca do tema. 3. RECURSO ESPECIAL PROVIDO" (REsp 1.199.117/SP, Rel. Ministro Paulo de Tarso Sanseverino, 3.ª T., *DJe* 4.3.2013).

[26] Recomendamos ao leitor analisar o item 14.4.4 deste livro, pois, neste ponto, práticas e cláusulas abusivas às vezes se confundem. Em outras palavras, temas não tratados neste item, podem ter sido abordados naquele.

[27] Lembrando que o conceito de hipervulnerável não se esgota nos consumidores em condições elencadas pelo art. 39, inciso IV, do CDC.

- o consumidor ignorante — com pouco conhecimento intelectual;
- o consumidor em condição social não privilegiada.

> Prevalecer-se da fraqueza ou ignorância do consumidor é prática abusiva.

10.4.4.1. Das práticas abusivas cometidas pelos fornecedores de planos/seguros saúde

Infelizmente, práticas abusivas que se aproveitam da fraqueza ou da ignorância do consumidor são comumente realizadas no mercado de consumo, em especial aquelas praticadas pelo **fornecedor de planos e seguros de saúde**.

O tema é tão corrente na jurisprudência superior que o STJ já sumulou questões, dentre as quais destacamos:

> **SÚMULA 302:** "É abusiva a cláusula contratual de plano de saúde que limita no tempo a internação hospitalar do segurado".[28]

---

[28] O teor do enunciado n. 302 da Súmula do STJ, que dispõe ser abusiva a cláusula contratual de plano de saúde que limita no tempo a internação hospitalar do segurado, refere-se, expressamente, à contratação pelo consumidor de plano com segmentação hospitalar, e não aquele específico e tão somente, ambulatorial. Essa a posição do Superior Tribunal de Justiça: "RECURSO ESPECIAL. AÇÃO DECLARATÓRIA DE ABUSIVIDADE DE CLÁUSULA CONTRATUAL DE PLANO DE ASSISTÊNCIA À SAÚDE. ESTABELECIMENTO DE COBERTURA, PARA OS CASOS DE URGÊNCIA E DE EMERGÊNCIA, NO SEGMENTO ATENDIMENTO AMBULATORIAL, LIMITADA A 12 (DOZE) HORAS. CONVERGÊNCIA COM O TRATAMENTO LEGAL E REGULAMENTAR. RECONHECIMENTO. A COBERTURA OBRIGATÓRIA DOS PROCEDIMENTOS DE URGÊNCIA E DE EMERGÊNCIA EM TODOS OS PLANOS DE ASSISTÊNCIA À SAÚDE HÁ DE OBSERVAR, NECESSARIAMENTE, A ABRANGÊNCIA DA SEGMENTAÇÃO EFETIVAMENTE CONTRATADA. INAPLICABILIDADE DO ENUNCIADO N. 302 DA SÚMULA DO STJ. RECURSO ESPECIAL PROVIDO. 1. A controvérsia posta no presente recurso especial centra-se em saber se é lícita ou não a cláusula inserta em contrato de plano de saúde individual que estabelece, para o tratamento emergencial ou de urgência, no segmento atendimento ambulatorial, o limite de 12 (doze) horas. 2. Todo plano de assistência à saúde em detida observância às características de sua específica segmentação contemplada no art. 12 da Lei n. 9.656/1998, cuja cobertura há de observar, no mínimo, a extensão dos serviços médicos constantes no plano referência, previsto no art. 10 do mesmo diploma legal deverá prover a cobertura dos procedimentos de urgência e de emergência. 2.1 O art. 10 da Lei n. 9.656/1998 estabelece o denominado plano e seguro-saúde referência, que especifica a extensão mínima de cobertura que deverão conter o atendimento ambulatorial, a internação hospitalar, o atendimento obstétrico e o atendimento odontológico para todas as doenças catalogadas na classificação estatística internacional de doenças e problemas relacionados com a saúde, pela Organização Mundial de Saúde (em relação às últimas segmentações, todas as doenças relacionadas às áreas de obstetrícia e odontologia). 2.2 Não há obrigatoriedade de o plano de assistência à saúde abarcar todas as referidas segmentações, devidamente destacadas no art. 12 da lei de regência (atendimento ambulatorial, a internação hospitalar, o atendimento obstétrico e o atendimento odontológico), sendo absolutamente possível ao segurado contratar conjunta ou separadamente cada uma das segmentações, o que, naturalmente, deve refletir em sua contraprestação, como decorrência lógica dos contratos bilaterais sinalagmáticos.

SÚMULA 608: "Aplica-se o Código de Defesa do Consumidor aos contratos de plano de saúde, salvo os administrados por entidades de autogestão" (2.ª Seção, j. 11.4.2018, DJe 17.4.2018).[29]

O que é compulsório, como visto, é que a segmentação de cobertura eleita pelas partes ofereça, no mínimo, necessariamente, a extensão dos serviços médicos estabelecidos no plano de referência para aquela segmentação. 3. Em regulamentação específica do art. 35-C da Lei n. 9.656/1998 e, em consonância com a Resolução CONSU n. 13, que disciplinou a cobertura do atendimento (obrigatório) nos casos de urgência e de emergência, sobreveio a Resolução n. 387, posteriormente revogada pela Resolução n. 428, da Agência Nacional de Saúde. Essas resoluções, é certo, ratificaram, *in totum*, a obrigação de cobertura das operadoras de plano de saúde às situações de emergência e de urgência, que, no segmento de atendimento ambulatorial, é limitada a 12 (doze) horas. Caso ultrapassado esse espaço de tempo e haja a necessidade de internação hospitalar (atendimento não coberto pelo plano ambulatorial), cessa a responsabilidade da operadora, porém ela deverá zelar para que o paciente seja conduzido para unidade hospitalar (da rede pública ou privada, indicada pelo paciente ou familiar) no qual seja possível o prosseguimento do atendimento hospitalar, se, no local, não houver condições para tanto. 4. A partir do tratamento legal e regulamentar da cobertura obrigatória dos procedimentos de urgência e de emergência, afeta a todos os planos de assistência à saúde, observada a segmentação de atendimento, pode-se concluir, sem nenhuma margem de dúvidas, que o contrato celebrado entre as partes, o qual abrange, conjuntamente, as segmentações de atendimento ambulatorial e hospitalar, observa detidamente as correlatas diretrizes legais. 5. No específico caso dos autos, exclusivamente em razão da contratação conjunta dos segmentos de atendimento ambulatorial e hospitalar, o segurado/recorrido, em situação de urgência ou de emergência, ainda que superado o espaço de tempo de 12 (doze) horas de seu atendimento ambulatorial, permanecerá assistido pelo plano de saúde, que prevê o atendimento hospitalar, caso haja necessidade de internação hospitalar, sem nenhuma limitação de tempo. 5.1 Como se constata, não bastasse a absoluta convergência da contratação com as disposições legais e regulamentares pertinentes, é de se reconhecer que a perseguida declaração de abusividade da cláusula em comento em nada aproveitaria ao demandante, já que possui, também para os casos de urgência e de emergência, por meio de contratação específica, cobertura de internação hospitalar, enquanto perdurar a necessidade do atendimento. 6. De todo modo, afigura-se absolutamente descabido inserir na segmentação ambulatorial, que pressupõe justamente a não cobertura de internação e atendimento hospitalar, as regras próprias dessa segmentação, em absoluta revelia da lei. 6.1 Compreende-se, pois, que, nos casos de urgência e emergência, após o lapso temporal de 12 (doze) horas, no qual se prestou todos os serviços médicos próprios do segmento ambulatorial, a eventual necessidade de internação hospitalar, por definição legal e regulamentar, refoge daquela segmentação ajustada. A operadora de saúde, a partir de então, não mais se responsabiliza, exceto quanto à obrigação de promover a remoção do paciente para unidade hospitalar (da rede pública ou privada, indicada pelo paciente ou familiar) na qual seja possível o prosseguimento do atendimento hospitalar, se, no local, não houver condições para tanto. 6.2. A cobertura de internação hospitalar pressupõe a correlata contratação, com proporcional contraprestação por parte do segurado. Se assim é, não há como se exigir coberturas próprias de segmentação de atendimento não ajustada, do que não decorre nenhuma abusividade contratual ou ilicitude, como quer fazer crer a parte demandante. 7. **O disposto no art. 12, II, *a*, da Lei n. 9.656/1998, que veda a limitação de tempo para a internação hospitalar, e o teor do enunciado n. 302 da Súmula do STJ, que dispõe ser abusiva a cláusula contratual de plano de saúde que limita no tempo a internação hospitalar do segurado, referem-se, expressamente, à segmentação hospitalar, e não à ambulatorial.** 8. Recurso especial provido (REsp 1764859/RS, Rel. Ministro Marco Aurélio Bellizze, 3.ª T., j. 6.11.2018, DJe 8.11.2018).

[29] A **Súmula 469** do STJ foi cancelada pela Terceira Seção, na sessão de 11.4.2018, e substituída pela Súmula 608, acima colacionada. Possuía o seguinte teor: **"Aplica se o Código de Defesa do Consumidor aos contratos de plano de saúde".**

Com o reconhecimento pelo Superior Tribunal de Justiça de que era abusivo limitar o tempo de internação nos contratos de seguro-saúde, tais fornecedores começaram a realizar outro **comportamento abusivo: limitar os gastos com terapias e internações**.[30]

Com efeito, o consumidor pode ficar, em tese, internado o tempo que for necessário, mas o respectivo valor indenizatório estará limitado a determinado valor.

Nesse contexto, o STJ reconhece a abusividade de cláusulas como estas, conforme julgamento *infra*: **"A finalidade essencial do seguro-saúde reside em proporcionar adequados meios de recuperação ao segurado, sob pena de esvaziamento da sua própria** *ratio*, **o que não se coaduna com a presença de cláusula limitativa do valor indenizatório de tratamento que as instâncias ordinárias consideraram coberto pelo contrato"** (REsp 326.147/SP, Rel. Ministro Aldir Passarinho Junior, 4.ª T., *DJe* 8.6.2009).

Não satisfeito com o reconhecimento de tantos comportamentos abusivos, o fornecedor de plano de saúde iniciou a **prática ilícita de limitar o número de terapias**, ou seja, não haverá limitação de gastos com quimioterapia, mas o seguro-saúde estará restrito a três sessões por ano, por exemplo. Mais uma vez, o Superior Tribunal de Justiça precisou intervir e reconhecer a abusividade da conduta e a aplicação ao caso do teor da Súmula 302, acima citada, por analogia:

> DIREITO CIVIL. PLANOS DE SAÚDE. COBERTURA. LIMITAÇÃO CONTRATUAL/ESTATUTÁRIA AO NÚMERO DE SESSÕES DE QUIMIOTERAPIA. IRRETROATIVIDADE DA LEI N. 9.656/98. RELAÇÃO DE CONSUMO. NATUREZA JURÍDICA DA ENTIDADE. DESINFLUÊNCIA. ABUSIVIDADE DA RESTRIÇÃO.

---

[30] Sobre o tema, importante trazer à colação conteúdo extraído do *Informativo* n. 890 do STF a respeito do julgamento da ADI 4.512: Planos de saúde e direito do consumidor: O Plenário julgou improcedente pedido formulado em ação direta de inconstitucionalidade ajuizada em face da Lei 3.885/2010 do Estado de Mato Grosso do Sul, que dispõe sobre a obrigatoriedade de entrega ao usuário, por escrito, de comprovante fundamentado com informações pertinentes a eventual negativa, parcial ou total, de cobertura de procedimento médico, cirúrgico ou de diagnóstico, bem como de tratamento e internação. O Tribunal afirmou que, ao exigir da operadora de planos privados de assistência à saúde a entrega imediata e no local do atendimento médico de informações e documentos, nos termos da lei impugnada, o legislador estadual atuou dentro da competência legislativa que lhe foi assegurada constitucionalmente. **Salientou que a lei questionada instituiu prática essencialmente extracontratual voltada à proteção do consumidor e ao acesso à informação.** Sublinhou que o Supremo Tribunal Federal (STF) tem se manifestado no sentido da observância da competência privativa da União para legislar sobre assuntos pertinentes a planos e seguros de assistência à saúde, quando estritamente consideradas as vertentes contratual e securitária da questão, que demandam atuação centralizada do ente federal. No caso em questão, contudo, a norma resguarda a função estatal de proteção ao consumo, de modo que não há interferência nos acordos firmados entre as operadoras e os usuários, ou sobre o equilíbrio atuarial das operadoras de planos e seguros privados de assistência à saúde, ou mesmo sobre os meios de fiscalização do setor. O Colegiado rememorou que o STF tem prestigiado a competência legislativa dos Estados e do Distrito Federal na edição de normas que objetivam a proteção e a prestação de informações ao consumidor. A norma impugnada tem o potencial de, ao contrário de limitar a livre-iniciativa, fomentar o desenvolvimento de um mercado mais sustentável em consonância com as diretrizes apresentadas para a defesa do consumidor. Por fim, a Corte concluiu que o Estado de Mato Grosso do Sul não invadiu a competência privativa da União para legislar sobre direito civil, comercial ou sobre política de seguros.

I — "A relação de consumo caracteriza-se pelo objeto contratado, no caso a cobertura médico-hospitalar, sendo desinfluente a natureza jurídica da entidade que presta os serviços, ainda que se diga sem caráter lucrativo, mas que mantém plano de saúde remunerado" (REsp 469.911/SP, Rel. Ministro Aldir Passarinho Júnior, *DJe* 10.3.2008).

II — **Reconhecida a incidência do Código de Defesa do Consumidor, impende reconhecer, também, a abusividade da cláusula contratual/estatutária que limita a quantidade de sessões anuais de rádio e de quimioterapia cobertas pelo plano. Aplicação, por analogia, da Súmula 302/STJ.**

Recurso Especial a que se nega provimento (REsp 1.115.588/SP, Rel. Ministro Sidnei Beneti, 3.ª T., *DJe* 16.9.2009).

10.4.4.1.1. Exigência de cheque-caução, de nota promissória ou de qualquer garantia

A Lei n. 12.653 de 2012 prevê em seu art. 2.º que: "O estabelecimento de saúde que realize atendimento médico-hospitalar emergencial fica obrigado a afixar, em local visível, cartaz ou equivalente, com a seguinte informação: 'Constitui crime a exigência de cheque-caução, de nota promissória ou de qualquer garantia, bem como do preenchimento prévio de formulários administrativos, como condição para o atendimento médico-hospitalar emergencial, nos termos do art. 135-A do Decreto-Lei n. 2.848, de 7 de dezembro de 1940 — Código Penal'".

Nessa linha, o STJ entendeu que o **hospital não pode cobrar, ou admitir que se cobre, dos pacientes conveniados a planos de saúde valor adicional por atendimentos realizados por seu corpo médico fora do horário comercial**: "Com efeito, cuida-se de iníqua cobrança, em prevalecimento sobre a fragilidade do consumidor, de custo que está ou deveria estar coberto pelo preço cobrado da operadora de saúde — negócio jurídico mercantil do qual não faz parte o consumidor usuário do plano de saúde —, caracterizando-se como conduta manifestamente abusiva, em violação à boa-fé objetiva e ao dever de probidade do fornecedor, vedada pelos arts. 39, IV, X e 51, III, IV, X, XIII, XV, do CDC e 422 do CC/2002" (REsp 1.324.712/MG, Rel. Ministro Luis Felipe Salomão, 4.ª T., *DJe* 13.11.2013).[31]

10.4.4.1.2. Direito de permanência do ex-empregado demitido ou aposentado no plano de saúde empresarial

Em relação ao direito de permanência do ex-empregado demitido ou aposentado no plano de saúde empresarial, prevê a Lei n. 9.656/98:

> "**Art. 30. Ao consumidor que contribuir para produtos de que tratam o inciso I e o § 1.º do art. 1.º desta Lei, em decorrência de vínculo empregatício, no caso de rescisão ou exoneração do contrato de trabalho sem justa causa, é assegurado o direito de manter sua condição de beneficiário, nas mesmas condições de cobertura assistencial de que gozava quando da vigência do contrato de trabalho, desde que**

---

[31] No mesmo julgado, foi reconhecida a legitimidade do Ministério Público para defender em juízo o aludido direito do consumidor.

> assuma o seu pagamento integral. (Redação dada pela Medida Provisória n. 2.177-44, de 2001)
> § 1.º O período de manutenção da condição de beneficiário a que se refere o *caput* será de um terço do tempo de permanência nos produtos de que tratam o inciso I e o § 1.º do art. 1.º, ou sucessores, com um mínimo assegurado de seis meses e um máximo de vinte e quatro meses. (Redação dada pela Medida Provisória n. 2.177-44, de 2001)
> § 2.º A manutenção de que trata este artigo é extensiva, obrigatoriamente, a todo o grupo familiar inscrito quando da vigência do contrato de trabalho.
> § 3.º Em caso de morte do titular, o direito de permanência é assegurado aos dependentes cobertos pelo plano ou seguro privado coletivo de assistência à saúde, nos termos do disposto neste artigo.
> § 4.º O direito assegurado neste artigo não exclui vantagens obtidas pelos empregados decorrentes de negociações coletivas de trabalho.
> § 5.º A condição prevista no *caput* deste artigo deixará de existir quando da admissão do consumidor titular em novo emprego. (Incluído pela Medida Provisória n. 2.177-44, de 2001)
> § 6.º Nos planos coletivos custeados integralmente pela empresa, não é considerada contribuição a coparticipação do consumidor, única e exclusivamente, em procedimentos, como fator de moderação, na utilização dos serviços de assistência médica ou hospitalar. (Incluído pela Medida Provisória n. 2.177-44, de 2001)
> Art. 31. **Ao aposentado que contribuir para produtos de que tratam o inciso I e o § 1.º do art. 1.º desta Lei, em decorrência de vínculo empregatício, pelo prazo mínimo de dez anos, é assegurado o direito de manutenção como beneficiário, nas mesmas condições de cobertura assistencial de que gozava quando da vigência do contrato de trabalho, desde que assuma o seu pagamento integral.** (Redação dada pela Medida Provisória n. 2.177-44, de 2001)
> § 1.º Ao aposentado que contribuir para planos coletivos de assistência à saúde por período inferior ao estabelecido no *caput* é assegurado o direito de manutenção como beneficiário, à razão de um ano para cada ano de contribuição, desde que assuma o pagamento integral do mesmo. (Redação dada pela Medida Provisória n. 2.177-44, de 2001)
> § 2.º Para gozo do direito assegurado neste artigo, observar-se-ão as mesmas condições estabelecidas nos §§ 2.º, 3.º, 4.º, 5.º e 6.º do art. 30. (Redação dada pela Medida Provisória n. 2.177-44, de 2001)
> § 3.º Para gozo do direito assegurado neste artigo, observar-se-ão as mesmas condições estabelecidas nos §§ 2.º e 4.º do art. 30".

No tocante a essa relação jurídica estabelecida entre plano de saúde empresarial e ex-empregados ou aposentados que optaram pela direito de permanência nos respectivos contratos de consumo, muitas práticas abusivas são cometidas pelos fornecedores do setor. A esse respeito cumpre ressaltar que **é indevido cobrar reajuste de ex-empregado demitido sem justa causa que opta por permanecer vinculado ao plano de saúde** em que se encontrava antes da demissão, na condição de beneficiário:

> RECURSO ESPECIAL. AÇÃO DECLARATÓRIA DE ILEGALIDADE DE COBRANÇA DE MENSALIDADES RELATIVAS A PLANO DE SAÚDE C/C REPETIÇÃO DE INDÉBITO. CONTRIBUIÇÃO DE EMPREGADO DEMITIDO SEM JUSTA CAUSA.

VALORES DIFERENCIADOS PARA EMPREGADOS E EX-EMPREGADOS. IMPOSSIBILIDADE. INTERPRETAÇÃO DO ART. 30 DA LEI N. 9.656/98 QUE PRESCINDE DA APLICAÇÃO DA RESOLUÇÃO N. 279/2011. REPETIÇÃO EM DOBRO. ART. 42, PARÁGRAFO ÚNICO, DO CDC. NECESSIDADE DE MÁ-FÉ DO CREDOR. RECURSO PARCIALMENTE PROVIDO. 1. Trata-se, na origem, de ação declaratória de ilegalidade da cobrança de mensalidades relativas a plano de saúde c/c repetição do indébito proposta por ex-empregado, demitido sem justa causa, que ao deixar a empresa teve o valor de sua contribuição aumentada de R$ 2.840,46 (dois mil, oitocentos e quarenta reais e quarenta e seis centavos) para R$ 6.645,16 (seis mil, seiscentos e quarenta e cinco reais e dezesseis centavos). 2. Consoante dispõe o art. 30 da Lei n. 9.656/98, "ao consumidor que contribuir para produtos de que tratam o inciso I e o § 1.º do art. 1.º desta Lei, em decorrência de vínculo empregatício, no caso de rescisão ou exoneração do contrato de trabalho sem justa causa, é assegurado o direito de manter sua condição de beneficiário, nas mesmas condições de cobertura assistencial de que gozava quando da vigência do contrato de trabalho, desde que assuma o seu pagamento integral" (REsp 1.539.815/DF, Rel. Ministro Marco Aurélio Bellizze, 3.ª T., *DJe* 14.2.2017).

O tema é tão relevante que foi afetado ao rito dos recursos repetitivos pelo STJ:

PROPOSTA DE AFETAÇÃO. RECURSO ESPECIAL. RITO DOS RECURSOS REPETITIVOS. CIVIL. PLANO DE SAÚDE COLETIVO EMPRESARIAL. EX-EMPREGADO APOSENTADO OU DEMITIDO SEM JUSTA CAUSA. MANUTENÇÃO DA ASSISTÊNCIA MÉDICA. CONTRIBUIÇÃO EXCLUSIVA DO EMPREGADOR. ARTS. 30 E 31 DA LEI N. 9.656/98. 1. Delimitação da controvérsia: definir se o ex-empregado aposentado ou demitido sem justa causa faz jus à manutenção no plano de saúde coletivo empresarial quando, na atividade, a contribuição foi suportada apenas pela empresa empregadora. 2. Recurso especial afetado ao rito do art. 1.036 do CPC/2015 (ProAfR no REsp 1.680.318/SP, Rel. Ministro Ricardo Villas Bôas Cueva, 2.ª Seção, j. 27.2.2018, *DJe* 2.3.2018).

E a tese fixada pelo STJ sobre o Tema 989 foi: **"Nos planos de saúde coletivos custeados exclusivamente pelo empregador não há direito de permanência do ex- -empregado aposentado ou demitido sem justa causa como beneficiário, salvo disposição contrária expressa prevista em contrato ou em acordo/convenção coletiva de trabalho, não caracterizando contribuição o pagamento apenas de coparticipação, tampouco se enquadrando como salário indireto"** (REsp 1.680.318/SP, Rel. Ministro Ricardo Villas Bôas Cueva, 2.ª Seção, j. 22.8.2018, *DJe* 24.8.2018).

Por outro lado, **é abusiva a exclusão unilateral do usuário sob o fundamento de ausência de contribuição do ex-empregado, quando seu direito de manutenção por tempo indeterminado tiver amparo contratual no "Termo de Opção" firmado entre usuário e empresa em que trabalhava, e aceito pela operadora:**

RECURSO ESPECIAL. DIREITO CIVIL E DO CONSUMIDOR. PLANO DE SAÚDE COLETIVO EMPRESARIAL. DIREITO DE MANUTENÇÃO. CONTRATAÇÃO DE EMPREGADO JÁ APOSENTADO. DEMISSÃO APÓS NOVE ANOS DE VÍNCULO EMPREGATÍCIO. AUSÊNCIA DE CONTRIBUIÇÃO PARA O PLANO DE SAÚDE A TÍTULO DE MENSALIDADE. INEXISTÊNCIA DE DIREITO DE MANUTENÇÃO

NOS TERMOS DO ART. 31 DA LEI N. 9.656/98. CASO CONCRETO: MANUTENÇÃO DO USUÁRIO POR TEMPO INDETERMINADO POR FORÇA DE DOCUMENTO ESCRITO (TERMO DE OPÇÃO). EXCLUSÃO UNILATERAL DO USUÁRIO APÓS DOIS ANOS DE PERMANÊNCIA SOB O ARGUMENTO DE CONTRARIEDADE À LEI. ABUSIVIDADE DA EXCLUSÃO UNILATERAL. AUSÊNCIA DE FRAUDE OU INADIMPLÊNCIA. BOA-FÉ DO USUÁRIO.
1. Controvérsia pertinente à abusividade da exclusão unilateral de usuário que, na condição de ex-empregado, foi mantido no plano de saúde por força de documento escrito que lhe assegurou o direito de permanecer no plano por tempo indeterminado, embora não tivesse contribuído para o plano de saúde na vigência do contrato de trabalho, que durou menos de 10 anos.
2. Nos termos dos arts. 30 e 31 da Lei n. 9.656/98, o ex-empregado demitido tem direito de ser mantido no plano de saúde pelo prazo máximo de 24 meses, ao passo que o aposentado tem o mesmo direito pelo tempo que contribuiu para o plano, ou por prazo indeterminado, caso tenha contribuído por mais de 10 anos.
3. Caso concreto em que o usuário, embora demitido, já era aposentado na data da contratação, aplicando-se ao caso a regra do art. 31 da Lei n. 9.656/98, por ser mais benéfica. Julgado específico desta Turma.
4. Ausência de direito de manutenção com base no art. 31 da Lei n. 9.656/98, uma vez que o usuário não contribuía para o plano de saúde durante o vínculo empregatício.
5. Existência, contudo, de um "Termo de Opção" firmado pelo usuário e pela estipulante, e aceito pela operadora, por meio do qual se pactuou a manutenção do usuário no plano de saúde por tempo indeterminado.
6. Distinção entre o direito de manutenção derivado da Lei 9.656/98, que independe da vontade da operadora, e o direito de manutenção derivado de fonte contratual.
7. Superveniência da exclusão unilateral do usuário, após dois anos de vigência do direito de manutenção, sob argumento de ilegalidade da manutenção do usuário.
8. Existência de ressalva na Lei n. 9.656/98 quanto à validade de vantagens contratuais concedidas aos usuários mediante "negociações coletivas de trabalho".
9. Previsão na Resolução CONSU n. 20/98 (vigente à época) da possibilidade de o usuário demitido permanecer no plano de saúde por prazo indeterminado, se tal hipótese estiver prevista no contrato ou no regulamento do plano de saúde.
10. Abusividade da exclusão unilateral do usuário, pois o direito de manutenção do usuário tinha amparo contratual, no referido "Termo de Opção", e, ademais, o rompimento unilateral do vínculo somente seria admitido nas hipóteses previstas na RN ANS n. 195/2008, hipóteses não verificadas no caso dos autos, valendo destacar que a boa-fé do usuário é incontestável, não se cogitando de fraude na concessão do direito de manutenção.
11. Reinclusão do usuário no plano de saúde, restabelecendo-se os comandos da sentença.
12. Recurso especial provido (REsp 1.940.391/MG, Rel. Ministro Paulo de Tarso Sanseverino, 3.ª T., j. 21.6.2022, *DJe* 23.6.2022).

Outra proposta de afetação reconhecida pelo STJ envolve definir a (im)-possibilidade de prorrogação do prazo de cobertura previsto no § 1.º do art. 30 da Lei n. 9.656/98 na hipótese de o beneficiário continuar precisando de constante tratamento médico para a moléstia que o acomete:

PROPOSTA DE AFETAÇÃO. RECURSO ESPECIAL. RITO DOS RECURSOS ESPECIAIS REPETITIVOS. PLANO DE SAÚDE. EX-EMPREGADO EM TRATAMENTO MÉDICO. CONTROVÉRSIA ACERCA DA POSSIBILIDADE, OU NÃO, DE PRORROGAÇÃO DO PRAZO PREVISTO NO ART. 30, § 1.º, DA LEI N. 9.656/98.
1. Delimitação da controvérsia: Definir a (im)possibilidade de prorrogação do prazo de cobertura previsto no § 1.º do art. 30 da Lei n. 9.656/98 na hipótese de o beneficiário continuar precisando de constante tratamento médico para a moléstia que o acomete.
2. Recurso especial afetado ao rito do art. 1.036 NCPC (ProAfR no REsp 1.836.823/SP, Rel. Ministro Moura Ribeiro, 2.ª Seção, j. 18.2.2020, *DJe* 21.2.2020).

O citado Recurso Especial deu origem ao **Tema 1.082 que foi julgado pelo regime de recurso repetitivo**, nos seguintes termos:

RECURSO ESPECIAL REPRESENTATIVO DE CONTROVÉRSIA. PLANO DE SAÚDE COLETIVO. CANCELAMENTO UNILATERAL. BENEFICIÁRIO SUBMETIDO A TRATAMENTO MÉDICO DE DOENÇA GRAVE.
1. Tese jurídica firmada para fins do art. 1.036 do CPC: "A operadora, mesmo após o exercício regular do direito à rescisão unilateral de plano coletivo, deverá assegurar a continuidade dos cuidados assistenciais prescritos a usuário internado ou em pleno tratamento médico garantidor de sua sobrevivência ou de sua incolumidade física, até a efetiva alta, desde que o titular arque integralmente com a contraprestação (mensalidade) devida."
2. Conquanto seja incontroverso que a aplicação do parágrafo único do art. 13 da Lei n. 9.656/98 restringe-se aos seguros e planos de saúde individuais ou familiares, sobressai o entendimento de que a impossibilidade de rescisão contratual durante a internação do usuário — ou a sua submissão a tratamento médico garantidor de sua sobrevivência ou da manutenção de sua incolumidade física — também alcança os pactos coletivos.
3. Isso porque, em havendo usuário internado ou em pleno tratamento de saúde, a operadora, mesmo após exercido o direito à rescisão unilateral do plano coletivo, deverá assegurar a continuidade dos cuidados assistenciais até a efetiva alta médica, por força da interpretação sistemática e teleológica dos arts. 8.º, § 3.º, alínea "b", e 35-C, incisos I e II, da Lei n. 9.656/98, bem como do art. 16 da Resolução Normativa DC/ANS n. 465/2021, que reproduz, com pequenas alterações, o teor do art. 18 contido nas Resoluções Normativas DC/ANS n. 428/2017, 387/2015 e 338/2013.
4. A aludida exegese também encontra amparo na boa-fé objetiva, na segurança jurídica, na função social do contrato e no princípio constitucional da dignidade da pessoa humana, o que permite concluir que, ainda quando haja motivação idônea, a suspensão da cobertura ou a rescisão unilateral do plano de saúde não pode resultar em risco à preservação da saúde e da vida do usuário que se encontre em situação de extrema vulnerabilidade.
5. Caso concreto: (i) a autora aderiu, em 1.º.12.2012, ao seguro-saúde coletivo empresarial oferecido pela ré, do qual o seu empregador era estipulante; (ii) no aludido pacto, havia cláusula expressa prevendo que, após o período de 12 meses de vigência, a avença poderia ser rescindida imotivadamente por qualquer uma das partes, mediante notificação por escrito com no mínimo 60 dias de antecedência; (iii) diante da aludida disposição contratual, a operadora enviou carta de rescisão ao estipulante em 14.12.2016, indicando o cancelamento da apólice em 28.2.2017; (iv) desde 2016, a usuária encontrava-se afastada do trabalho para tratamento médico de câncer de mama, o que ensejou notificação extrajudicial — encaminhada pelo estipulante à operadora em 11.1.2017 — pleiteando a manutenção do

seguro-saúde até a alta médica; (v) tendo em vista a recusa da ré, a autora ajuizou a presente ação postulando a sua migração para plano de saúde individual; (vi) desde a contestação, a ré aponta que não comercializa tal modalidade contratual; e (vii) em 4.4.2017, foi deferida antecipação da tutela jurisdicional pelo magistrado de piso — confirmada na sentença e pelo Tribunal de origem — determinando que "a ré mantenha em vigor o contrato com a autora, nas mesmas condições contratadas pelo estipulante, ou restabeleça o contrato, se já rescindido, por prazo indeterminado ou até decisão em contrário deste juízo, garantindo integral cobertura de tratamento à moléstia que acomete a autora" (fls. 29-33).

6. Diante desse quadro, merece parcial reforma o acórdão estadual a fim de se afastar a obrigatoriedade de oferecimento do plano de saúde individual substitutivo do coletivo extinto, mantendo-se, contudo, a determinação de continuidade de cobertura financeira do tratamento médico do câncer de mama — porventura em andamento —, ressalvada a ocorrência de efetiva portabilidade de carências ou a contratação de novo plano coletivo pelo atual empregador.

7. Recurso especial parcialmente provido (REsp 1.846.123/SP, Rel. Ministro Luis Felipe Salomão, 2.ª Seção, j. 22.6.2022, *DJe* 1.º.8.2022).[32]

---

[32] Usando o mesmo fundamento jurídico de manutenção do contrato de plano de saúde enquanto vigente tratamento médico, o STJ entendeu que após o prazo de 30 (trinta) dias do nascimento, o neonato submetido a tratamento terapêutico e não inscrito no plano de saúde deve ser considerado usuário por equiparação: RECURSOS ESPECIAIS. AÇÃO DE OBRIGAÇÃO DE FAZER. PLANO DE SAÚDE. TRATAMENTO MÉDICO DE RECÉM-NASCIDA. INTERNAÇÃO POR PERÍODO SUPERIOR A 30 DIAS. RECÉM-NASCIDA NÃO INSCRITA COMO BENEFICIÁRIA DO PLANO DE SAÚDE. RECUSA DE COBERTURA INDEVIDA. DIREITO DA OPERADORA AO RESSARCIMENTO SEGUNDO A TABELA DO CONTRATO. DEVER DA OPERADORA DE INDENIZAR. AGRAVAMENTO DA SITUAÇÃO DE AFLIÇÃO PSICOLÓGICA E ANGÚSTIA. SITUAÇÃO DE URGÊNCIA OU EMERGÊNCIA. CIRCUNSTÂNCIAS NÃO DELIMITADAS NO ACÓRDÃO RECORRIDO. DANO MORAL AFASTADO. HONORÁRIOS ADVOCATÍCIOS SUCUMBENCIAIS. BASE DE CÁLCULO. OBRIGAÇÃO DE FAZER. PERCENTUAL SOBRE O VALOR DA CONDENAÇÃO. JULGAMENTO: CPC/2015.

1. Ação de obrigação de fazer ajuizada em 09.12.2019, da qual foram extraídos os presentes recursos especiais interpostos em 16.9.2020 e atribuídos ao gabinete em 09.2.2022. Julgamento: CPC/2015.

2. O propósito recursal consiste em decidir sobre: i) a possibilidade de a operadora de plano de saúde recusar a cobertura assistencial da recém-nascida após o 30º dia do seu nascimento, na hipótese de ela não ter sido inscrita como beneficiária do plano de saúde; ii) a configuração de dano moral; e iii) a base de cálculos dos honorários.

3. A conjugação do disposto nas alíneas "a" e "b" do inciso III do art. 12 da Lei 9.656/98 permite inferir que, até o 30º dia após o parto, a cobertura assistencial do recém-nascido decorre do vínculo contratual havido entre a operadora e a parturiente, beneficiária de plano de saúde que inclui atendimento de obstetrícia; a partir do 31.º dia, a cobertura assistencial do recém-nascido pressupõe a sua inscrição como beneficiário no plano de saúde, momento em que se forma o vínculo contratual entre este e a operadora e se torna exigível o pagamento da contribuição correspondente.

4. Fundada na dignidade da pessoa humana e em homenagem aos princípios da boa-fé objetiva, da função social do contrato e da segurança jurídica, a jurisprudência do STJ firmou a orientação de que, não obstante seja possível a resilição unilateral e imotivada do contrato de plano de saúde coletivo, deve ser resguardado o direito daqueles beneficiários que estejam internados ou em pleno tratamento médico.

Por enquanto, a jurisprudência do STJ vem se posicionando pela prorrogação do contrato de plano/seguro saúde, mesmo após o fim do prazo previsto no § 1.º do art. 30, quando o consumidor se encontrar em tratamento de doença grave:

> AGRAVO INTERNO NO RECURSO ESPECIAL. PLANO DE SAÚDE. RECURSO MANEJADO SOB A ÉGIDE DO NCPC. TEMA AFETADO AO JULGAMENTO DE RECURSO ESPECIAL REPETITIVO, SEM DETERMINAÇÃO DE SUSPENSÃO DE PROCESSOS. DECURSO DO PRAZO FIXADO NO ART. 30, § 1.º, DA LEI N. 9.656/1998. OBRIGAÇÃO DA OPERADORA DO PLANO DE SAÚDE DE ASSEGURAR A DISPONIBILIDADE DE UM PLANO NA MODALIDADE INDIVIDUAL OU FAMILIAR ENQUANTO PERDURAR A NECESSIDADE DE TRATAMENTO MÉDICO DE EMERGÊNCIA OU DE URGÊNCIA, SEM NOVOS PRAZOS DE CARÊNCIA. DECISÃO MANTIDA. AGRAVO INTERNO NÃO PROVIDO.
> 1. Aplica-se o NCPC a este julgamento ante os termos do Enunciado Administrativo n. 3, aprovado pelo Plenário do STJ na sessão de 9/3/2016: Aos recursos interpostos com fundamento no CPC/2015 (relativos a decisões publicadas a partir de 18 de março de 2016) serão exigidos os requisitos de admissibilidade recursal na forma do novo CPC.
> 2. A Segunda Seção, aos 18/2/2020, afetou o REsp n. 1.836.823/SP ao rito dos recursos especiais repetitivos delimitando a controvérsia nos seguintes termos: definir a (im)possibilidade de prorrogação do prazo de cobertura previsto no § 1.º do art. 30 da Lei n. 9.656/98 na hipótese de o beneficiário continuar precisando de constante tratamento médico para a moléstia que o acomete.

> **5.** Hipótese em que, logo após o parto prematuro, a recém-nascida necessitou de internação hospitalar em Unidade de Tratamento Intensivo (UTI) por período superior a 30 dias, de modo que se impõe à operadora a obrigação de manter o tratamento médico até a alta hospitalar, garantindo-se a esta, todavia, o direito de recolher as quantias correspondentes às mensalidades da mesma categoria, considerado a menor como se inscrita fosse (usuário por equiparação), durante todo o período em que foi oferecida a assistência à saúde.
> 6. Ausente a indicação no acórdão recorrido de que a conduta da operadora, embora indevida, tenha agravado a situação de aflição psicológica e de angústia experimentada pelas recorrentes, ultrapassando o mero inadimplemento contratual, ou ainda de que as recorrentes se encontravam em situação de urgente e flagrante necessidade de assistência à saúde, deve ser afastada a presunção do dano moral.
> 7. Nos conflitos de direito material acerca do alcance da cobertura de procedimentos médico-hospitalares, é inegável que a obrigação de fazer determinada na sentença não só ostenta natureza condenatória como também possui um montante econômico aferível, expresso pelo valor da cobertura indevidamente negada.
> 8. O título judicial que transita em julgado com a procedência do pedido de natureza cominatória (fornecer a cobertura pleiteada) deve ter a sucumbência calculada sobre o valor correspondente da obrigação a que foi condenada a operadora de plano de saúde.
> 9. Hipótese em que o montante econômico da obrigação de fazer imposta na sentença corresponde ao valor da cobertura assistencial oferecida às recorrentes, a partir do 30º dia do nascimento prematuro da recém-nascida.
> 10. Recurso especial de Notre Dame Intermédica Saúde S/A conhecido e não provido e recurso especial de E DE S O, P M O e Henrique Teixeira Arzabe conhecido e parcialmente provido.
> (REsp 1.941.917/SP, Rel. Ministra Nancy Andrighi, 3.ª T., j. 29.3.2022, *DJe* 1.º.4.2022.)

3. Na oportunidade, não foi determinada a suspensão, em âmbito nacional, do andamento dos processos pendentes, individuais ou coletivos, que versem sobre a questão afetada.
4. A resilição unilateral do plano de saúde, mediante prévia notificação, não obstante seja em regra válida, revela-se abusiva quando realizada durante o tratamento médico que possibilite a sobrevivência ou a manutenção da incolumidade física do beneficiário ou dependente.
5. Referida conclusão se impõe mesmo quando esgotado o prazo a que se refere o art. 31, § 1.º, da Lei n. 9.656/98. Súmula n. 83 do STJ.
6. Agravo interno não provido (AgInt no REsp 1.903.742/SP, Rel. Ministro Moura Ribeiro, 3.ª T., j. 12.4.2021, *DJe* 15.4.2021).

O Superior Tribunal de Justiça definiu entendimento no julgamento do Tema 1.034, pelo regime de recurso repetitivo, que eventuais mudanças de operadora, de modelo de prestação de serviço, de forma de custeio e de valores de contribuição não implicam interrupção da contagem do prazo de dez anos previsto no art. 31 da Lei n. 9.656/98:

RECURSO ESPECIAL REPETITIVO. DIREITO CIVIL. EX-EMPREGADOS APOSENTADOS. PERMANÊNCIA NO PLANO DE SAÚDE COLETIVO. ART. 31 DA LEI N. 9.656/88. DEFINIÇÃO ACERCA DAS CONDIÇÕES ASSISTENCIAIS E DE CUSTEIO.
1. Delimitação da controvérsia.
Definir quais condições assistenciais e de custeio do plano de saúde devem ser mantidas a beneficiários inativos, nos termos do art. 31 da Lei n. 9.656/98.
2. Teses definidas para os fins do art. 1.036 do CPC/2015: **a)** "**Eventuais mudanças de operadora, de modelo de prestação de serviço, de forma de custeio e de valores de contribuição não implicam interrupção da contagem do prazo de 10 (dez) anos previsto no art. 31 da Lei n. 9.656/98, devendo haver a soma dos períodos contributivos para fins de cálculo da manutenção proporcional ou indeterminada do trabalhador aposentado no plano coletivo empresarial.**" **b)** "**O art. 31 da lei n. 9.656/98 impõe que ativos e inativos sejam inseridos em plano de saúde coletivo único, contendo as mesmas condições de cobertura assistencial e de prestação de serviço, o que inclui, para todo o universo de beneficiários, a igualdade de modelo de pagamento e de valor de contribuição, admitindo-se a diferenciação por faixa etária se for contratada para todos, cabendo ao inativo o custeio integral, cujo valor pode ser obtido com a soma de sua cota-parte com a parcela que, quanto aos ativos, é proporcionalmente suportada pelo empregador.**" **c)** "**O ex-empregado aposentado, preenchidos os requisitos do art. 31 da Lei n. 9.656/98, não tem direito adquirido de se manter no mesmo plano privado de assistência à saúde vigente na época da aposentadoria, podendo haver a substituição da operadora e a alteração do modelo de prestação de serviços, da forma de custeio e os respectivos valores, desde que mantida paridade com o modelo dos trabalhadores ativos e facultada a portabilidade de carências.**" 3. Julgamento do caso concreto a) Inaplicabilidade do art. 30 da Lei n. 9.656/98, tendo em vista que o prazo de 10 (dez) anos disciplinado no art. 31 do mesmo diploma encontra-se comprovado, decorrendo da somatória de todos os períodos de contribuição envolvendo várias operadoras de planos de saúde contratadas sucessivamente pelo ex-empregador.
b) Ofensa ao art. 31 da Lei n. 9.656/98 não caracterizada, tendo em vista que os empregados ativos e os ex-empregados inativos, conforme decidido pelo Tribunal de origem, devem encontrar-se vinculados a um único plano de saúde, sem distinções.

c) Acolher as razões recursais com o propósito de modificar o contexto fático-probatório inserido no acórdão recorrido encontra óbice na Súmula n. 7 do STJ.
4. Recurso especial a que se nega provimento (REsp 1.816.482/SP, Rel. Ministro Antonio Carlos Ferreira, 2.ª Seção, j. 9.12.2020, *DJe* 1.2.2021).[33]

Ainda sobre o direito de **permanência do ex-empregado aposentado no plano de saúde, em nada interfere o fato de ter aderido a um Plano de Demissão Voluntária — PDV, isto porque, o "acordo de demissão voluntária não tem força para eliminar as regras cogentes dos artigos 30 e 31 da Lei n. 9.656/98**, tendo-se, assim, por ineficaz e inválida a suposta renúncia desse direito disposta nesse ajuste, seja quando imposto prazo fatal para o desfrute do plano de saúde nas mesmas condições da ativa, seja pela 'obrigatória' exigência de conversão para outro plano, exclusivo para funcionários inativos, contratada com empresa diversa, ou sob condições diferenciadas. **A norma de regência — artigo 31 da Lei n. 9.656/98 não distingue o empregado ativo do inativo, a permitir custos e reajustes diferenciados.** Na verdade, a lei assegura ao aposentado a extensão do contrato de plano de saúde nas mesmas condições de cobertura que gozava quando ativo, o que elide a possibilidade de se impor custo distinto e mais oneroso ao aposentado, pena de se esvaziar o próprio exercício do direito destacado".[34]

Nesse sentido é a posição do Superior Tribunal de Justiça:

AGRAVO REGIMENTAL NO AGRAVO EM RECURSO ESPECIAL. **PLANO DE SAÚDE COLETIVO. ADESÃO A PLANO DE DEMISSÃO VOLUNTÁRIA. MANUTENÇÃO DAS MESMAS CONDIÇÕES DE ASSISTÊNCIA MÉDICA E VALORES DE CONTRIBUIÇÃO. INTERPRETAÇÃO DO ART. 31 DA LEI 9.656/98. VALORES DE CONTRIBUIÇÃO.** SÚMULA 7/STJ. DISSÍDIO JURISPRUDENCIAL NÃO DEMONSTRADO. AGRAVO NÃO PROVIDO.
1. A melhor interpretação a ser dada ao *caput* do art. 31 da Lei 9.656/98, ainda que com a nova redação dada pela Medida Provisória 1.801/99, é no sentido de que deve ser assegurada ao aposentado a manutenção no plano de saúde coletivo, com as mesmas condições de assistência médica e de valores de contribuição, desde que assuma o pagamento integral desta, a qual poderá variar conforme as alterações promovidas no plano paradigma, sempre em paridade com o que a ex-empregadora tiver que custear.
2. A Corte de origem, mediante exame do suporte fático-probatório dos autos, consignou que todos os requisitos para a manutenção do plano de saúde foram preenchidos pelo autor da ação. Infirmar as conclusões do julgado, como ora postulado, encontra óbice no enunciado da Súmula 7/STJ.
3. Inviável o conhecimento do dissídio jurisprudencial suscitado, quando os acórdãos paradigmas são do mesmo Tribunal prolator do acórdão objurgado, uma vez que é aplicável o disposto na Súmula 13/STJ, segundo a qual "a divergência entre julgados do mesmo Tribunal não enseja recurso especial".

---

[33] Os arts. 30 e 31 da Lei n. 9.656 estão regulamentados pela Resolução n. 279, de 24 de novembro de 2011. Disponível em: <https://www.ans.gov.br/component/legislacao/?view=legislacao&task=TextoLei&format=raw&id=MTg5OA==>. Acesso em: 10 nov. 2021.
[34] TJSP, Apelação Cível 0014578-71.2013.8.26.0564, Voto n. 41.031, Data de publicação: 30.9.2021.

4. Agravo regimental a que se nega provimento (AgRg no AREsp 246.626/SP, Rel. Ministro Raul Araújo, 4.ª T., j. 10.2.2015, *DJe* 27.2.2015).

No caso de **ex-empregado aposentado que retorna ao mercado de trabalho, aplica-se o direito de manutenção previsto no art. 31 da Lei n. 9.656/98, ainda que a aposentadoria tenha se dado no curso de vínculo empregatício com outra empresa:**

RECURSO ESPECIAL. DIREITO CIVIL E DO CONSUMIDOR. PLANO DE SAÚDE COLETIVO EMPRESARIAL. DIREITO DE MANUTENÇÃO. CONTRATAÇÃO DE EMPREGADO JÁ APOSENTADO. DEMISSÃO APÓS NOVE ANOS DE VÍNCULO EMPREGATÍCIO. AUSÊNCIA DE CONTRIBUIÇÃO PARA O PLANO DE SAÚDE A TÍTULO DE MENSALIDADE. INEXISTÊNCIA DE DIREITO DE MANUTENÇÃO NOS TERMOS DO ART. 31 DA LEI 9.656/98. CASO CONCRETO: MANUTENÇÃO DO USUÁRIO POR TEMPO INDETERMINADO POR FORÇA DE DOCUMENTO ESCRITO (TERMO DE OPÇÃO). EXCLUSÃO UNILATERAL DO USUÁRIO APÓS DOIS ANOS DE PERMANÊNCIA SOB O ARGUMENTO DE CONTRARIEDADE À LEI. ABUSIVIDADE DA EXCLUSÃO UNILATERAL. AUSÊNCIA DE FRAUDE OU INADIMPLÊNCIA. BOA-FÉ DO USUÁRIO.
1. Controvérsia pertinente à abusividade da exclusão unilateral de usuário que, na condição de ex-empregado, foi mantido no plano de saúde por força de documento escrito que lhe assegurou o direito de permanecer no plano por tempo indeterminado, embora não tivesse contribuído para o plano de saúde na vigência do contrato de trabalho, que durou menos de 10 anos.
2. Nos termos dos arts. 30 e 31 da Lei 9.656/98, o ex-empregado demitido tem direito de ser mantido no plano de saúde pelo prazo máximo de 24 meses, ao passo que o aposentado tem o mesmo direito pelo tempo que contribuiu para o plano, ou por prazo indeterminado, caso tenha contribuído por mais de 10 anos.
3. **Caso concreto em que o usuário, embora demitido, já era aposentado na data da contratação, aplicando-se ao caso a regra do art. 31 da Lei n. 9.656/98, por ser mais benéfica. Julgado específico desta Turma.**
4. Ausência de direito de manutenção com base no art. 31 da Lei n. 9.656/98, uma vez que o usuário não contribuía para o plano de saúde durante o vínculo empregatício.
5. Existência, contudo, de um "Termo de Opção" firmado pelo usuário e pela estipulante, e aceito pela operadora, por meio do qual se pactuou a manutenção do usuário no plano de saúde por tempo indeterminado.
6. Distinção entre o direito de manutenção derivado da Lei n. 9.656/98, que independe da vontade da operadora, e o direito de manutenção derivado de fonte contratual.
7. Superveniência da exclusão unilateral do usuário, após dois anos de vigência do direito de manutenção, sob argumento de ilegalidade da manutenção do usuário.
8. Existência de ressalva na Lei n. 9.656/98 quanto à validade de vantagens contratuais concedidas aos usuários mediante "negociações coletivas de trabalho".
9. Previsão na Resolução CONSU n. 20/98 (vigente à época) da possibilidade de o usuário demitido permanecer no plano de saúde por prazo indeterminado, se tal hipótese estiver prevista no contrato ou no regulamento do plano de saúde.
10. Abusividade da exclusão unilateral do usuário, pois o direito de manutenção do usuário tinha amparo contratual, no referido "Termo de Opção", e, ademais, o rompimento unilateral do vínculo somente seria admitido nas hipóteses previstas na RN ANS n.

195/2008, hipóteses não verificadas no caso dos autos, valendo destacar que a boa-fé do usuário é inconteste, não se cogitando de fraude na concessão do direito de manutenção.
11. Reinclusão do usuário no plano de saúde, restabelecendo-se os comandos da sentença.
12. Recurso especial provido (REsp 1.940.391/MG, Rel. Ministro Paulo de Tarso Sanseverino, 3.ª T., j. 21.6.2022, DJe 23.6.2022)[35].

Também não é possível cobrar preços diferenciados dos empregados em comparação aos ex-empregados nos planos empresariais. Essa a posição do Superior Tribunal de Justiça no supramencionado Tema 1.034 e no seguinte julgado:

DIREITO PRIVADO. RECURSO ESPECIAL. AÇÃO DE OBRIGAÇÃO DE FAZER. PLANOS DE SAÚDE. MANUTENÇÃO DE EMPREGADO APOSENTADO. MESMAS CONDIÇÕES DE COBERTURA ASSISTENCIAL. ART. 31 DA LEI 9.656/98. RESOLUÇÃO NORMATIVA 279/2011 DA ANS. VALORES DIFERENCIADOS PARA EMPREGADOS ATIVOS E INATIVOS. IMPOSSIBILIDADE.
1. Ação ajuizada em 15.1.16. Recurso especial interposto em 2.5.2017 e autos conclusos ao gabinete em 15.12.17. Julgamento: CPC/15.

---

[35] Na mesma linha: DIREITO CIVIL. RECURSO ESPECIAL E AGRAVO EM RECURSO ESPECIAL. AÇÃO DE OBRIGAÇÃO DE FAZER. MANUTENÇÃO DE PLANO DE SAÚDE COLETIVO. APOSENTADO QUE É CONTRATADO POR EMPRESA E, POSTERIORMENTE, DEMITIDO SEM JUSTA CAUSA.
1. Ação ajuizada em 31.5.2011. Recurso especial e agravo em recurso especial atribuídos ao gabinete em 26.8.2016. Julgamento: CPC/73.
2. Cinge-se a controvérsia em determinar se a agravante deve ser mantida em plano de saúde contratado por seu falecido esposo e, na hipótese de se decidir pela sua manutenção, definir se esta tem direito à manutenção por tempo indefinido ou por tempo determinado, de acordo com a Lei n. 9.656/98.
3. É assegurado ao trabalhador aposentado que contribuiu para o plano de saúde em decorrência do vínculo empregatício o direito de manutenção como beneficiário nas mesmas condições de cobertura assistencial que gozava quando da vigência do contrato de trabalho, desde que assuma o seu pagamento integral.
4. O art. 31 da Lei n. 9.656/98 não evidencia, de forma explícita, que a aposentadoria deve dar-se posteriormente à vigência do contrato de trabalho, limitando-se a indicar a figura do aposentado — sem fazer quaisquer ressalvas- que tenha contribuído para o plano de saúde, em decorrência do vínculo empregatício.
5. O tempo total de contribuição ao plano foi de 9 (nove) anos e 8 (oito) meses, mostrando-se, impossível, portanto, a aplicação do art. 31, *caput*, da Lei, que exige tempo de contribuição mínimo de 10 (dez) anos.
6. A manutenção do contrato de seguro saúde deve dar-se nos moldes do que dispõe o art. 31, § 1.º, da Lei, que prevê que ao aposentado que contribuiu para planos coletivos de assistência à saúde por período inferior a 10 (dez) anos é assegurado o direito de manutenção como beneficiário à razão de um ano para cada ano de contribuição, desde que assumido o pagamento integral do mesmo.
7. Recurso especial de Sul América Seguro Saúde S/A não provido.
8. Agravo em recurso especial de Cora Zobaran Ferreira conhecido. Recurso especial conhecido e não provido (REsp 1.371.271/RJ, Rel. Ministra Nancy Andrighi, 3.ª T., j. 2.2.2017, DJe 10.2.2017).

2. O propósito recursal é definir o alcance da determinação legal "mesmas condições de cobertura assistencial de que gozava quando da vigência do contrato de trabalho, desde que assuma o seu pagamento integral", expressa no art. 31 da Lei 9.656/98, para o aposentado ou o demitido sem justa causa mantido no plano de saúde fornecido por seu ex-empregador.
3. Da análise da redação dos arts. 30 e 31 da Lei dos Planos de Saúde, infere-se o interesse do legislador em proteger a saúde do ex-empregado, demitido sem justa causa ou aposentado, com sua manutenção como beneficiário do plano privado de assistência à saúde usufruído em decorrência da relação de emprego nas "mesmas condições de cobertura assistencial de que gozava quando da vigência do contrato de trabalho".
4. O art. 31 da Lei 9.656/98, regulamentado pela Resolução Normativa 279/2011 da ANS, não alude a possibilidade de um contrato de plano de saúde destinado aos empregados ativos e outro destinado aos empregados inativos. E, quanto ao ponto da insurgência recursal, não faz distinção entre "preço" para empregados ativos e empregados inativos.
5. O "pagamento integral" da redação do art. 31 da Lei 9.656/98 deve corresponder ao valor da contribuição do ex-empregado, enquanto vigente seu contrato de trabalho, e da parte antes subsidiada por sua ex-empregadora, pelos preços praticados aos funcionários em atividade, acrescido dos reajustes legais. Precedentes.
6. Recurso especial conhecido e não provido, com majoração de honorários recursais (REsp 1.713.619/SP, Rel. Ministra Nancy Andrighi, 3.ª T., j. 16.10.2018, *DJe* 12.11.2018).

10.4.4.1.3. Planos individuais e familiares mascarados de empresarial/coletivo

Com a **escassez de planos individuais e familiares** disponíveis no mercado de consumo, houve o **domínio das vendas de planos empresariais/coletivos** por adesão ou empresarial.[36] Muitos consumidores que possuem pessoa jurídica acabam aderindo a essas modalidades de planos de saúde, porém desconhecendo os malefícios que tais contratos poderão lhe causar.

O **grande problema está no fato de que o plano de saúde coletivo pode ser rescindido ou suspenso imotivadamente** (independentemente da existência de fraude ou inadimplência), após a vigência do período de doze meses e mediante prévia notificação do usuário com antecedência mínima de sessenta dias (art. 17 da Resolução Normativa ANS 195/2009).

Tal situação está proibida nos planos individuais ou familiares, como previsto na Lei n. 9.656:

---

[36] Em 27 de dezembro de 2017 a Agência Nacional de Saúde — ANS — editou a Resolução Normativa n. 432 dispondo sobre a contratação de plano privado de assistência à saúde coletivo empresarial por empresário individual. No entanto, a rescisão unilateral foi mantida nos termos do art. 7.º: "À exceção das hipóteses de ilegitimidade do contratante e de inadimplência, o contrato de plano de assistência à saúde empresarial, celebrado na forma do art. 2.º, somente **poderá ser rescindido pela operadora na data de seu aniversário, mediante comunicação prévia ao contratante, com antecedência mínima de 60 (sessenta) dias, devendo a operadora apresentar para o contratante as razões da rescisão no ato da comunicação.**" Disponível em: <http://www.ans.gov.br/component/legislacao/?view=legislacao&task=TextoLei&format=raw&id=MzUzMA=>. Acesso em: 9 set. 2020.

> "Art. 13. Os contratos de produtos de que tratam o inciso I e o § 1.º do art. 1.º desta Lei têm renovação automática a partir do vencimento do prazo inicial de vigência, não cabendo a cobrança de taxas ou qualquer outro valor no ato da renovação. Parágrafo único. Os produtos de que trata o *caput*, contratados individualmente, terão vigência mínima de um ano, sendo vedadas: I — a recontagem de carências; II — a suspensão ou a rescisão unilateral do contrato, salvo por fraude ou não pagamento da mensalidade por período superior a sessenta dias, consecutivos ou não, nos últimos doze meses de vigência do contrato, desde que o consumidor seja comprovadamente notificado até o quinquagésimo dia de inadimplência; e III — a suspensão ou a rescisão unilateral do contrato, em qualquer hipótese, durante a ocorrência de internação do titular".

O Superior Tribunal de Justiça fixou um critério objetivo, baseado nas resoluções 195 e 309 da ANS, para impedir a rescisão imotivada dos contratos de plano de saúde "empresariais" consistente no número de vidas beneficiadas. Assim, quando o contrato contar com menos de 30 (trinta) beneficiários, a rescisão imotivada não poderá ocorrer, em razão da vulnerabilidade da empresa contratante:

> RECURSO ESPECIAL. CONTRATO COLETIVO DE PLANO DE SAÚDE COM MENOS DE TRINTA USUÁRIOS. NÃO RENOVAÇÃO. NECESSIDADE DE MOTIVO IDÔNEO. AGRUPAMENTO DE CONTRATOS. LEI 9.656/98. RESOLUÇÃO ANS 195/2009 e RESOLUÇÃO ANS 309/2012. DISSÍDIO JURISPRUDENCIAL.
> 1. O artigo 13, parágrafo único, II, da Lei n. 9.656/98, que veda a resilição unilateral dos contratos de plano de saúde, não se aplica às modalidades coletivas, tendo incidência apenas nas espécies individuais ou familiares. Precedentes das Turmas da Segunda Seção do STJ.
> 2. **A regulamentação dos planos coletivos empresariais (Lei n. 9.656/98, art. 16, VII) distingue aqueles com menos de trinta usuários, cujas bases atuariais se assemelham às dos planos individuais e familiares, impondo sejam agrupados com a finalidade de diluição do risco de operação e apuração do cálculo do percentual de reajuste a ser aplicado em cada um deles (Resoluções 195/2009 e 309/2012 da ANS).**
> 3. Nesses tipos de contrato, em vista da vulnerabilidade da empresa estipulante, dotada de escasso poder de barganha, não se admite a simples rescisão unilateral pela operadora de plano de saúde, havendo necessidade de motivação idônea. Precedente da Terceira Turma (RESP 1.553.013/SP, Rel. Ministro Ricardo Villas Bôas Cueva, *DJ* 20.3.2018).
> 4. Para a caracterização do dissídio jurisprudencial, é necessária a demonstração da similitude fática e da divergência na interpretação do direito entre os acórdãos confrontados.
> 5. Recurso especial parcialmente conhecido, ao qual se nega provimento (REsp 1776047/SP, Rel. Ministra Maria Isabel Gallotti, 4.ª T., j. 23.4.2019, *DJe* 25.4.2019).

Nessa linha de construção de raciocínio, quando se tratar de **plano familiar mascarado de empresarial**, representado tipicamente por serem os segurados o dono da empresa, sua esposa e seus filhos, imprescindível a incidência do Código de Defesa do Consumidor, em especial se algum dos segurados estiver no meio de tratamento médico. Sobre o tema, já entendeu o STJ:

> 2. Nada obstante, **no caso de usuário internado, independentemente do regime de contratação do plano de saúde (coletivo ou individual), dever-se-á aguardar a conclusão

do tratamento médico garantidor da sobrevivência e/ou incolumidade física para se pôr fim à avença. 3. Tal exegese coaduna-se, ademais, com o disposto no artigo 35-C da Lei 9.656/98, segundo a qual é obrigatória a cobertura do atendimento nos casos de emergência (como tal definidos os que implicarem risco imediato de vida ou de lesões irreparáveis para o paciente) ou de urgência (assim entendidos os resultantes de acidentes pessoais ou de complicações no processo gestacional) (AgInt no AREsp 885.463/DF, Rel. Luis Felipe Salomão, 4.ª T., *DJe* 8.5.2017).

O Tribunal de Justiça do Estado de São Paulo vem reconhecendo a fraude nesse tipo de contratação, como o fez no julgado *infra*:

PLANO DE SAÚDE COLETIVO EMPRESARIAL. RESCISÃO UNILATERAL. ABUSIVIDADE. Sentença de procedência, condenado o plano de saúde a manter o autor e seus dependentes nas mesmas condições do contrato coletivo rescindido. Irresignação da ré. Ratificação dos termos da sentença recorrida (art. 252, RITJSP). **Plano de saúde contratado sob a forma coletiva empresarial, mas materialmente de natureza individual. Natureza de relação de consumo. Abusividade da cláusula contratual de rescisão unilateral e imotivada pelo plano de saúde (art. 51, CDC)**. Aplicação analógica do art. 13, parágrafo único, incisos II e III, Lei 9.656/98. Não incidência do artigo 17 da Resolução Normativa 195 da ANS. Precedentes desta Câmara. Apelado, ademais, que se encontrava em tratamento de doença diagnosticada antes da notificação extrajudicial da apelante para rescisão do plano de saúde. Irrelevância da não autorização da apelante para operação de planos individuais. Manutenção do plano de saúde, arcando o apelado com as mensalidades correspondentes a ele e seus dependentes no plano coletivo. Recurso não provido (Ap. 1012684-19.2014.8.26.0011, Rel. Carlos Alberto de Salles, 3.ª Câmara de Direito Privado, j. 4.9.2015).[37]

No mesmo sentido foi o entendimento do Superior Tribunal de Justiça:

DIREITO PRIVADO. RECURSO ESPECIAL. AÇÃO DE OBRIGAÇÃO DE FAZER C/C COMPENSAÇÃO POR DANOS MORAIS. PLANOS DE SAÚDE. REGIME DE CONTRATAÇÃO. COLETIVO. POPULAÇÃO VINCULADA À PESSOA JURÍDICA. EMPRESÁRIO INDIVIDUAL. DOIS BENEFICIÁRIOS. RESCISÃO UNILATERAL E IMOTIVADA. DIRIGISMO CONTRATUAL. CONFRONTO ENTRE PROBLEMAS. ANALOGIA. DISSÍDIO JURISPRUDENCIAL. SIMILITUDE FÁTICA. AUSÊNCIA. HONORÁRIOS DE SUCUMBÊNCIA RECURSAL. MAJORAÇÃO. 1. Ação ajuizada em 22.5.15. Recurso especial interposto em 29.7.16 e autos conclusos ao gabinete da Relatora em 4.10.17. Julgamento: CPC/15. 2. O propósito recursal é definir se é válida a rescisão unilateral imotivada de plano de saúde coletivo empresarial por parte da operadora de plano de saúde em face de microempresa com apenas dois beneficiários. 3. A Agência Nacional de Saúde Suplementar (ANS), por meio da Resolução Normativa 195/09, definiu que: i) o plano de saúde individual ou familiar é aquele que oferece cobertura da atenção prestada para a livre adesão de beneficiários, pessoas naturais, com ou sem grupo

---

[37] O mesmo entendimento foi mantido pelo Tribunal de Justiça do Estado de São Paulo no julgamento do AgI 2125305-67.2017.8.26.0000, Rel. Desembargador Rui Cascaldi, 1.ª Câmara de Direito Privado, ano 2017.

familiar; ii) o plano coletivo empresarial é delimitado à população vinculada à pessoa jurídica por relação empregatícia ou estatutária; e iii) o plano coletivo por adesão é aquele que oferece cobertura à população que mantenha vínculo com pessoas jurídicas de caráter profissional, classista ou setorial. 4. **A contratação por uma microempresa de plano de saúde em favor de dois únicos beneficiários não atinge o escopo da norma que regula os contratos coletivos, justamente por faltar o elemento essencial de uma população de beneficiários.** 5. Não se verifica a violação do art. 13, parágrafo único, II, da Lei 9.656/98 pelo Tribunal de origem, pois a hipótese sob exame revela um atípico contrato coletivo que, em verdade, reclama o excepcional tratamento como individual/familiar. 6. Recurso especial conhecido e não provido, com majoração de honorários recursais (REsp 1.701.600/SP, Rel. Ministra Nancy Andrighi, 3.ª T., j. 6.3.2018, *DJe* 9.3.2018).

Ponto interessante consiste em saber se um, dentre todos os beneficiários de um plano coletivo, poderia estar em juízo defendendo um direito seu, como, por exemplo, restabelecer seu vínculo contratual com a operadora? A resposta dada pelo Superior Tribunal de Justiça foi sim, na medida em que o **beneficiário de plano de saúde coletivo por adesão possui legitimidade ativa para se insurgir contra rescisão contratual unilateral realizada pela operadora, tendo por fundamento a Teoria da Asserção:**

CIVIL E PROCESSUAL CIVIL. RECURSO ESPECIAL. AÇÃO DE OBRIGAÇÃO DE FAZER. CONDIÇÕES DA AÇÃO. **TEORIA DA ASSERÇÃO. PLANO DE SAÚDE COLETIVO. DESTINATÁRIO FINAL DO SERVIÇO. LEGITIMIDADE ATIVA. RESCISÃO UNILATERAL. INTERESSE JURIDICAMENTE PROTEGIDO.** 1. Ação de obrigação de fazer da qual se extrai o recurso especial, interposto em 21.9.2016 e concluso ao gabinete em 16.5.2017. Julgamento: CPC/15. 2. O propósito recursal é definir se o beneficiário de plano de saúde coletivo por adesão possuiria legitimidade ativa para se insurgir contra rescisão contratual unilateral realizada pela operadora. 3. As **condições da ação são averiguadas de acordo com a teoria da asserção, razão pela qual, para que se reconheça a legitimidade ativa, os argumentos aduzidos na inicial devem possibilitar a inferência, em um exame puramente abstrato, de que o autor pode ser o titular da relação jurídica exposta ao juízo.** 4. O contrato de plano de saúde coletivo estabelece o vínculo jurídico entre uma operadora de plano de saúde e uma pessoa jurídica, a qual atua em favor de uma classe (coletivo por adesão) ou em favor de seus respectivos empregados (coletivo empresarial). Esse contrato caracteriza-se como uma estipulação em favor de terceiro, em que a pessoa jurídica figura como intermediária da relação estabelecida substancialmente entre o indivíduo integrante da classe/empresa e a operadora (art. 436, parágrafo único, do Código Civil). 5. **O fato de o contrato ser coletivo não impossibilita que o beneficiário busque individualmente a tutela jurisdicional que lhe seja favorável, isto é, o restabelecimento do seu vínculo contratual com a operadora, que, em tese, foi rompido ilegalmente.** 6. Recurso especial conhecido e provido (REsp 1.705.311/SP, Rel. Ministra Nancy Andrighi, 3.ª T., *DJe* 17.11.2017).

Outro problema dos planos empresariais/coletivos é que o aumento anual geralmente é superior ao dobro se comparado com o aumento regulamentado pela ANS para os planos individuais e familiares. Vale ressaltar ainda que nos planos empresariais/coletivos, além do reajuste por variação de custos, pode ocorrer ainda o reajuste por aumento de sinistralidade.

O reajuste anual por variação de custos deve ser fundamentado pela operadora e seus cálculos (memória de cálculo do reajuste e a metodologia utilizada) disponibilizados para conferência pela pessoa jurídica contratante com o mínimo de 30 dias de antecedência da data prevista para a aplicação do reajuste.

Já o reajuste por aumento de sinistralidade só pode ser aplicado pela operadora, de forma complementar ao reajuste por variação de custo, se e quando demonstrado, a partir de extrato pormenorizado. O incremento na proporção entre as despesas assistenciais e as receitas diretas do plano deve ser apurado no período de doze meses consecutivos, anteriores à data-base de aniversário considerada como mês de assinatura do contrato. Esse o entendimento do Superior Tribunal de Justiça:

RECURSO ESPECIAL. AÇÃO DECLARATÓRIA DE NULIDADE DE CLÁUSULA CONTRATUAL C/C RESTITUIÇÃO DE VALORES E OBRIGAÇÃO DE FAZER. AUSÊNCIA DE PREQUESTIONAMENTO. SÚM. 211/STJ. NEGATIVA DE PRESTAÇÃO JURISDICIONAL NÃO CONFIGURADA. PLANO DE SAÚDE COLETIVO. REAJUSTE ANUAL. AUMENTO DE SINISTRALIDADE NÃO DEMONSTRADO. ABUSIVIDADE CONFIGURADA. EMBARGOS DE DECLARAÇÃO. INTENTO MANIFESTAMENTE PROTELATÓRIO NÃO CARACTERIZADO. MULTA DO ART. 1.026, § 2.º, DO CPC, AFASTADA.
1. Ação declaratória de nulidade de cláusula contratual c/c restituição de valores e obrigação de fazer, ajuizada em 19.6.2019, da qual foi extraído o presente recurso especial, interposto em 12.7.2023 e concluso ao gabinete em 10.11.2023.
2. O propósito recursal é decidir sobre: (i) a negativa de prestação jurisdicional; (ii) a apuração, em liquidação de sentença, do índice de reajuste por aumento de sinistralidade aplicado pela operadora do plano de saúde coletivo e (iii) o cabimento da multa fundada na oposição de embargos de declaração manifestamente protelatórios.
3. A ausência de decisão acerca dos dispositivos legais indicados como violados impede o conhecimento do recurso especial (Súm. 211/STJ).
4. É firme a jurisprudência do STJ no sentido de que não há ofensa ao art. 1.022 do CPC quando o Tribunal de origem, aplicando o direito que entende cabível à hipótese soluciona integralmente a controvérsia submetida à sua apreciação, ainda que de forma diversa daquela pretendida pela parte.
5. Esclarece a ANS, sobre o reajuste anual de planos coletivos, que a justificativa do percentual proposto deve ser fundamentada pela operadora e seus cálculos (memória de cálculo do reajuste e a metodologia utilizada) disponibilizados para conferência pela pessoa jurídica contratante com o mínimo de 30 dias de antecedência da data prevista para a aplicação do reajuste.
6. O reajuste por aumento de sinistralidade só pode ser aplicado pela operadora, de forma complementar ao reajuste por variação de custo, se e quando demonstrado, a partir de extrato pormenorizado, o incremento na proporção entre as despesas assistenciais e as receitas diretas do plano, apuradas no período de doze meses consecutivos, anteriores à data-base de aniversário considerada como mês de assinatura do contrato.
7. Além de responder administrativamente, perante a ANS, por eventual infração econômico-financeira ou assistencial, a aplicação do reajuste pela operadora, sem comprovar, previamente, o aumento de sinistralidade, torna abusiva a cobrança do beneficiário a tal título.

8. Se a operadora, em juízo, é instada a apresentar o extrato pormenorizado que demonstra o aumento da sinistralidade — o mesmo, aliás, que deveria ter sido apresentado à estipulante — e permanece inerte, outra não pode ser a conclusão senão a de que é indevido o reajuste exigido, por ausência do seu fato gerador, impondo-se, pois, o seu afastamento; do contrário, estar-se-ia autorizando o reajuste sem causa correspondente, a ensejar o enriquecimento ilícito da operadora.
9. Afasta-se a multa do art. 1.026, § 2.º, do CPC, quando não se caracteriza o intento manifestamente protelatório na oposição dos embargos de declaração.
10. Recurso especial conhecido em parte e, nessa extensão, parcialmente provido (REsp 2.108.270/SP, Rel. Ministra Nancy Andrighi, 3.ª T., j. 23.4.2024, *DJe* 26.4.2024).

10.4.4.1.4. Negativa de tratamento "experimental" (off label)

Outra **prática abusiva dos planos de saúde é a de impedir tratamentos prescritos pelos médicos** como sendo o mais adequado para a cura de uma doença, **sob a alegação de se tratar de terapia experimental (*off label*)**.[38] Sobre o assunto o Tribunal de Justiça do Estado de São Paulo tem editada a Súmula 102 que estabelece: "Havendo expressa indicação médica, é abusiva a negativa de cobertura de custeio de tratamento sob o argumento da sua natureza experimental ou por não estar previsto no rol de procedimento da ANS".

Esse também é o entendimento do Superior Tribunal de Justiça:

> DIREITO CIVIL E DO CONSUMIDOR. AGRAVO INTERNO NO AGRAVO EM RECURSO ESPECIAL. AÇÃO DE OBRIGAÇÃO DE FAZER. PLANO DE SAÚDE. LÚPUS ERITEMATOSO. PIELONEFRITE. RITUXIMABE. MEDICAMENTO ANTINEOPLÁSICO. USO *OFF-LABEL*. REGISTRO NA ANVISA. MEDICAÇÃO ASSISTIDA. APLICAÇÃO POR PROFISSIONAL HABILITADO. RECUSA INDEVIDA. AGRAVO DESPROVIDO.
> 1. "É lícita a exclusão, na Saúde Suplementar, do fornecimento de medicamentos para tratamento domiciliar, isto é, aqueles prescritos pelo médico assistente para administração em ambiente externo ao de unidade de saúde, salvo os antineoplásicos orais (e correlacionados), a medicação assistida (*home care*) e os incluídos no rol da Agência Nacional de Saúde Suplementar (ANS) para esse fim.
> Interpretação dos arts. 10, VI, da Lei n. 9.656/1998 e 19, § 1.º, VI, da RN-ANS n. 338/2013 (atual art. 17, parágrafo único, VI, da RN-ANS n. 465/2021). 2. A medicação intravenosa ou injetável que necessite de supervisão direta de profissional habilitado em saúde não é considerada como tratamento domiciliar (é de uso ambulatorial ou espécie de medicação assistida)" (AgInt nos EREsp 1.895.659/PR, Rel. Ministro Ricardo Villas Bôas Cueva, Segunda Seção, j. 29.11.2022, *DJe* 9.12.2022).

---

[38] Em 2 de janeiro de 2018 entrou em vigor a nova lista contendo rol de procedimentos e eventos em saúde, que constitui a referência básica para cobertura assistencial mínima nos planos privados de assistência à saúde, contratados a partir de 1.º de janeiro de 1999, nos termos da Resolução Normativa n. 428, de 7 de novembro de 2017. Disponível em: <http://www.ans.gov.br/component/legislacao/?view=legislacao&task=TextoLei&format=raw&id=MzUwMg=>. Acesso em: 9 set. 2020.

2. "Segundo a jurisprudência do STJ, é abusiva a recusa da operadora do plano de saúde de custear a cobertura do medicamento registrado na ANVISA e prescrito pelo médico do paciente, ainda que se trate de fármaco *off-label*, ou utilizado em caráter experimental, especialmente na hipótese em que se mostra imprescindível à conservação da vida e saúde do beneficiário" (AgInt no REsp 2.016.007/MG, Rel. Ministro Marco Buzzi, 4.ª T., j. 17.4.2023, *DJe* 20.4.2023).
3. Agravo interno a que se nega provimento (AgInt no AREsp 1.964.268/DF, Rel. Ministro Raul Araújo, 4.ª T., j. 12.6.2023, *DJe* 19.6.2023).[39]

---

[39] Aliás, nesse sentido, a sábia lição do Desembargador Alcides Leopoldo e Silva Junior, do Tribunal de Justiça de São Paulo, no julgamento da Apelação 1084182-68.2015.8.26.0100: "*Consoante decidido na Apelação n. 990.10.223759-1, da Comarca de São Paulo, Relator Des. Francisco Loureiro: 'pelo termo 'tratamento experimental', cuja cobertura está de fato excluída do contrato, se deve entender apenas aquele sem qualquer base científica, não aprovado pela comunidade nem pela literatura médica, muito menos ministrado a pacientes em situação similar. Seriam os casos, por exemplo, de tratamentos à base de florais, cromoterapia, ou outros, ainda sem comprovação científica séria'. Ainda que não fosse aprovado pela ANVISA, a comunidade científica reconhecia que era apto a trazer significativa melhoria aos pacientes. Conforme classificação proposta pelo médico Dr. Paulo Marcelo Gehm Hoff, na Audiência Pública promovida pelo Supremo Tribunal Federal sobre o Direito à Saúde, acerca da incorporação de novas drogas no Sistema Único de Saúde (SUS), existem quatro situações distintas: a) Droga completamente experimental, isto é, aquela não aprovada em local algum do planeta e cuja eficácia realmente ainda não foi demonstrada em estudo clínico; b) Droga aprovada em outros países, mas não no Brasil; c) Droga aprovada no Brasil, mas utilizada fora da indicação de bula (é o chamado uso off-label); d) Droga aprovada no Brasil, mas não incorporada pelo SUS. A presente situação é a hipótese da letra 'b', que não pode ser excluída pela Operadora devido a entraves burocráticos da ANVISA, na aprovação de novos medicamentos, sob pena de se pôr em risco a vida do paciente. **A exclusão contratual deve se restringir a hipótese da letra 'a', considerando-se tratamento experimental aquele não aprovado em qualquer lugar, sem reconhecimento pela comunidade científica** (...)*". No mesmo sentido o STJ: "RECURSO ESPECIAL. AÇÃO DE OBRIGAÇÃO DE FAZER. PLANOS DE SAÚDE. NEGATIVA DE PRESTAÇÃO JURISDICIONAL. AFASTADA. NEGATIVA DE FORNECIMENTO DE MEDICAÇÃO SOB O FUNDAMENTO DE SE TRATAR DE TRATAMENTO EXPERIMENTAL. RESOLUÇÃO NORMATIVA DA ANS. USO FORA DA BULA (*OFF LABEL*). INGERÊNCIA DA OPERADORA NA ATIVIDADE MÉDICA. IMPOSSIBILIDADE. CONFIGURAÇÃO DO DANO MORAL. CONCRETO AGRAVAMENTO DA AFLIÇÃO PSICOLÓGICA DA BENEFICIÁRIA DO PLANO DE SAÚDE QUE SE ENCONTRAVA COM A SAÚDE DEBILITADA POR NEOPLASIA MALIGNA. MAJORAÇÃO DE HONORÁRIOS ADVOCATÍCIOS RECURSAIS. 1. Ação ajuizada em 18.5.15. Recurso especial interposto em 10.2.17 e concluso ao gabinete em 16.11.17. 2. Ação de obrigação de fazer, ajuizada devido à negativa de fornecimento da medicação Temodal para tratar neoplasia maligna do encéfalo, na qual se requer seja compelida a operadora de plano de saúde a fornecer o tratamento conforme prescrição médica. 3. O propósito recursal consiste em definir se a operadora de plano de saúde está autorizada a negar tratamento prescrito por médico, sob o fundamento de que sua utilização em favor do paciente está fora das indicações descritas na bula/manual registrado na ANVISA (uso *off-label*). 4. Ausentes os vícios do art. 1.022, do CPC/15, rejeitam-se os embargos de declaração. 5. O recurso especial não é a via adequada para revisão dos fatos delineados de maneira soberana pelo Tribunal de origem. Incidência da Súmula 7/STJ. 6. A Lei 9.656/98 (Lei dos Planos de Saúde) estabelece que as operadoras de plano de saúde estão autorizadas a negar tratamento clínico ou cirúrgico experimental (art. 10, I). 7. A Agência Nacional de Saúde Suplementar (ANS) editou a Resolução Normativa 338/2013, vigente ao tempo da demanda, disciplinando que consis-

Conforme analisaremos no item 10.4.4.1.8, a Lei n. 14.454/2022 promoveu alteração na Lei n. 9.656/1998 (art. 10, §§ 12 e 13) para estabelecer critérios que permitam a cobertura de exames ou tratamentos de saúde que não estão incluídos no Rol de Procedimentos e Eventos em Saúde Suplementar. O rol da ANS passou a ser expressamente exemplificativo e a superveniência do novo diploma legal foi capaz de fornecer nova solução legislativa, antes inexistente, provocando alteração substancial do complexo normativo. O STJ relacionou a citada alteração da Lei dos Planos de Saúde com a necessidade de cobertura de tratamento *off label*:

> RECURSO ESPECIAL. CIVIL. PLANO DE SAÚDE. AÇÃO DE OBRIGAÇÃO DE FAZER. ROL DA ANS. NATUREZA JURÍDICA. PRESSUPOSTOS DE SUPERAÇÃO. CRITÉRIOS DA SEGUNDA SEÇÃO. LEGISLAÇÃO SUPERVENIENTE. IRRETROATIVIDADE. CARÁTER INOVADOR. TRATAMENTO CONTINUADO. APLICAÇÃO *EX NUNC*. LÚPUS ERITEMATOSO SISTÊMICO (LES). ANTINEOPLÁSICO. MEDICAMENTO *OFF LABEL*. DIRETRIZES DE UTILIZAÇÃO (DUT). MERO ELEMENTO ORGANIZADOR DA PRESCRIÇÃO FARMACÊUTICA. EFEITO IMPEDITIVO DE TRATAMENTO ASSISTENCIAL. AFASTAMENTO.
> 1. Tratam os autos da interpretação do alcance das normas definidoras do plano-referência de assistência à saúde, também conhecido como Rol de Procedimentos e Eventos em Saúde, elaborado periodicamente pela Agência Nacional de Saúde Suplementar (ANS), sobretudo com relação às Diretrizes de Utilização (DUT) e à prescrição de medicamento *off label*.
> 2. Quando do julgamento dos EREsps 1.886.929/SP e 1.889.704/SP, a 2.ª Seção desta Corte Superior uniformizou o entendimento de ser o Rol da ANS, em regra, taxativo, podendo ser mitigado quando atendidos determinados critérios.
> 3. A Lei n. 14.454/2022 promoveu alteração na Lei n. 9.656/1998 (art. 10, § 13) para estabelecer critérios que permitam a cobertura de exames ou tratamentos de saúde que não estão incluídos no Rol de Procedimentos e Eventos em Saúde Suplementar.
> 4. Com a edição da Lei n. 14.454/2022, o Rol da ANS passou por sensíveis modificações em seu formato, suplantando a eventual oposição rol taxativo/rol exemplificativo.

---

te em tratamento experimental aquele que não possui as indicações descritas na bula/manual registrado na ANVISA (uso *off-label*). 8. Quem decide se a situação concreta de enfermidade do paciente está adequada ao tratamento conforme as indicações da bula/manual da ANVISA daquele específico remédio é o profissional médico. Autorizar que a operadora negue a cobertura de tratamento sob a justificativa de que a doença do paciente não está contida nas indicações da bula representa inegável ingerência na ciência médica, em odioso e inaceitável prejuízo do paciente enfermo. 9. O caráter experimental a que faz referência o art. 10, I, da Lei 9.656 diz respeito ao tratamento clínico ou cirúrgico incompatível com as normas de controle sanitário ou, ainda, aquele não reconhecido como eficaz pela comunidade científica. 10. A ingerência da operadora, além de não ter fundamento na Lei 9.656/98, consiste em ação iníqua e abusiva na relação contratual, e coloca concretamente o consumidor em desvantagem exagerada (art. 51, IV, do CDC). 11. A recorrida detectou o ressurgimento de um problema oncológico que imaginava ter superado e recebeu recomendação médica de imediato tratamento quimioterápico, com utilização do Temodal, sob pena de comprometimento de sua saúde. Esta delicada situação em que se encontrava evidencia o agravamento de sua condição de dor, de abalo psicológico e com prejuízos à saúde já debilitada, sobretudo diante de seu histórico clínico. Configurado o dano moral passível de compensação. 12. Recurso especial conhecido e não provido, com majoração dos honorários advocatícios recursais (REsp 1721705/SP, Rel. Ministra Nancy Andrighi, 3.ª T., j. 28.8.2018, *DJe* 6.9.2018).

5. A superveniência do novo diploma legal (Lei n. 14.454/2022) foi capaz de fornecer nova solução legislativa, antes inexistente, provocando alteração substancial do complexo normativo. Ainda que se quisesse cogitar, erroneamente, que a modificação legislativa havida foi no sentido de trazer uma "interpretação autêntica", ressalta-se que o sentido colimado não vigora desde a data do ato interpretado, mas apenas opera efeitos *ex nunc*, já que a nova regra modificadora ostenta caráter inovador.

6. Em âmbito cível, conforme o Princípio da Irretroatividade, a lei nova não alcança fatos passados, ou seja, aqueles anteriores à sua vigência. Seus efeitos somente podem atingir fatos presentes e futuros, salvo previsão expressa em outro sentido e observados o ato jurídico perfeito, a coisa julgada e o direito adquirido.

7. Embora a lei nova não possa, em regra, retroagir, é possível a sua aplicação imediata, ainda mais em contratos de trato sucessivo. Assim, nos tratamentos de caráter continuado, deverão ser observadas, a partir da sua vigência, as inovações trazidas pela Lei n. 14.454/2022, diante da aplicabilidade imediata da lei nova. Aplicação também do Enunciado n. 109 das Jornadas de Direito da Saúde, ocorridas sob a coordenação do Conselho Nacional de Justiça (CNJ).

8. Mantém-se a jurisprudência da Segunda Seção do STJ, que uniformizou a interpretação da legislação da época, devendo incidir aos casos regidos pelas normas que vigoravam quando da ocorrência dos fatos, podendo a nova lei incidir, a partir de sua vigência, aos fatos daí sucedidos.

9. A Diretriz de Utilização (DUT) deve ser entendida apenas como elemento organizador da prestação farmacêutica, de insumos e de procedimentos no âmbito da Saúde Suplementar, não podendo a sua função restritiva inibir técnicas diagnósticas essenciais ou alternativas terapêuticas ao paciente, sobretudo quando já tiverem sido esgotados tratamentos convencionais e existir comprovação da eficácia da terapia à luz da medicina baseada em evidências.

10. Quanto ao uso *off label* de medicamento, este Tribunal Superior possui o entendimento firmado de que a operadora de plano de saúde deve arcar com os custos de medicamento devidamente registrado e indicado pelo médico assistente, ainda que não siga as indicações descritas na bula ou manual registrado na ANVISA.

11. Na hipótese, seja aplicando a jurisprudência do STJ acerca da admissibilidade do uso *off label* de medicamento no âmbito da Saúde Suplementar, seja aplicando os parâmetros definidos para a superação, em concreto, da taxatividade do Rol da ANS (que são similares à inovação trazida pela Lei n. 14.454/2022, conforme também demonstra o Enunciado n. 109 das Jornadas de Direito da Saúde), verifica-se que a autora faz jus à cobertura pretendida do tratamento da moléstia (LES) com base no antineoplásico Rituximabe.

12. Recurso especial não provido (REsp 2.038.333/AM, Rel. Ministra Nancy Andrighi, Rel. p/ Acórdão Ministro Ricardo Villas Bôas Cueva, 2.ª Seção, j. 24.4.2024, *DJe* 8.5.2024).

10.4.4.1.5. Dever de cobertura de procedimento de criopreservação de óvulos

Entendeu o Superior Tribunal de Justiça que é devida a cobertura pela operadora de plano de saúde do procedimento de criopreservação de óvulos de paciente fértil até a alta do tratamento quimioterápico como medida preventiva à infertilidade:[40]

---

[40] No dia 19 de novembro de 2021 foi editada a Lei n. 14.238, denominada Estatuto da Pessoa com Câncer.

RECURSO ESPECIAL. DIREITO CIVIL E PROCESSUAL CIVIL. CPC/2015. PLANO DE SAÚDE. TRATAMENTO QUIMIOTERÁPICO PARA CÂNCER DE MAMA RECIDIVO. PROGNÓSTICO DE FALÊNCIA OVARIANA COMO SEQUELA DA QUIMIOTERAPIA. PLEITO DE CRIOPRESERVAÇÃO DOS ÓVULOS. EXCLUSÃO DE COBERTURA. RESOLUÇÃO NORMATIVA ANS 387/2016. NECESSIDADE DE MINIMIZAÇÃO DOS EFEITOS COLATERAIS DO TRATAMENTO QUIMIOTERÁPICO. PRINCÍPIO MÉDICO *PRIMUM, NON NOCERE*. OBRIGAÇÃO DE COBERTURA DO PROCEDIMENTO ATÉ A ALTA DA QUIMIOTERAPIA NOS TERMOS DO VOTO DA MIN. NANCY ANDRIGHI.
1. Controvérsia acerca da cobertura de criopreservação de óvulos de paciente oncológica jovem sujeita a quimioterapia, com prognóstico de falência ovariana, tornando-a infértil.
2. Nos termos do art. 10, inciso III, da Lei n. 9.656/98, não se inclui entre os procedimentos de cobertura obrigatória a "inseminação artificial", compreendida nesta a manipulação laboratorial de óvulos, dentre outras técnicas de reprodução assistida (cf. RN ANS 387/2016).
3. Descabimento, portanto, de condenação da operadora a custear criopreservação como procedimento inserido num contexto de mera reprodução assistida.
4. Caso concreto em que se revela a necessidade atenuação dos efeitos colaterais, previsíveis e evitáveis, da quimioterapia, dentre os quais a falência ovariana, em atenção ao princípio médico *primum, non nocere* e à norma que emana do art. 35-F da Lei n. 9.656/98, segundo a qual a cobertura dos planos de saúde abrange também a prevenção de doenças, no caso, a infertilidade.
5. **Manutenção da condenação da operadora à cobertura de parte do procedimento pleiteado, como medida de prevenção para a possível infertilidade da paciente, cabendo à beneficiária arcar com os eventuais custos do procedimento a partir da alta do tratamento quimioterápico, nos termos do voto da Ministra Nancy Andrighi.**
6. Distinção entre o caso dos autos, em que a paciente é fértil e busca a criopreservação como forma de prevenir a infertilidade, daqueloutros em que a paciente já é infértil, e pleiteia a criopreservação como meio para a reprodução assistida, casos para os quais não há obrigatoriedade de cobertura.
7. Recurso especial parcialmente provido (REsp 1815796/RJ, Rel. Ministro Paulo de Tarso Sanseverino, 3.ª T., j. 26.5.2020, *DJe* 9.6.2020).[41]

Por outro lado, importante dizer que não há prática abusiva dos planos de saúde em custear o tratamento médico de fertilização *in vitro*, salvo disposição contratual expressa. Essa foi a posição do STJ no julgamento do Tema 1.067, pelo regime de recurso repetitivo:

RECURSO ESPECIAL REPRESENTATIVO DE CONTROVÉRSIA — ARTIGO 1036 E SEGUINTES DO CPC/2015 — AÇÃO DE OBRIGAÇÃO DE FAZER JULGADA PROCEDENTE EM PRIMEIRO GRAU DE JURISDIÇÃO — MANUTENÇÃO EM SEDE DE APELAÇÃO — INSURGÊNCIA DA OPERADORA DE PLANO DE SAÚDE — CUSTEIO DE TRATAMENTO POR MEIO DE FERTILIZAÇÃO *IN VITRO*

---

[41] No mesmo sentido o STJ no julgamento do REsp 1.962.984/SP, Rel. Ministra Nancy Andrighi, 3.ª T., j. 15.8.2023, *DJe* 23.8.2023.

— INVIABILIDADE — ESCÓLIO JURISPRUDENCIAL PACÍFICO DAS TURMAS QUE COMPÕEM A SEGUNDA SEÇÃO.
1. **Para fins dos arts. 1036 e seguintes do CPC/2015: 1.1. Salvo disposição contratual expressa, os planos de saúde não são obrigados a custear o tratamento médico de fertilização** *in vitro*.
2. Caso concreto: ausente cláusula autorizando a cobertura do tratamento de fertilização *in vitro*, impõe-se o acolhimento da insurgência recursal a fim de julgar improcedente o pedido inicial.
3. Recurso especial provido (REsp 1.851.062/SP, Rel. Ministro Marco Buzzi, 2.ª Seção, j. 13.10.2021, *DJe* 27.10.2021).

10.4.4.1.6. Fornecimento de medicamento importado

Mais uma vez a importância do assunto levou à sua afetação ao regime de recurso repetitivo pelo STJ sobre o tema da obrigatoriedade ou não do plano de saúde fornecer medicamento importado:

PROPOSTA DE AFETAÇÃO. RECURSO ESPECIAL. RITO DOS RECURSOS ESPECIAIS REPETITIVOS. PLANO DE SAÚDE. CONTROVÉRSIA ACERCA DA OBRIGATORIEDADE DE FORNECIMENTO DE MEDICAMENTO IMPORTADO NÃO REGISTRADO NA ANVISA. 1. Delimitação da controvérsia: Definir se as operadoras de plano de saúde estão obrigadas ou não a fornecer medicamento importado, não registrado na ANVISA. 2. Recurso especial afetado ao rito do art. 1.036 NCPC (ProAfR no REsp 1.726.563/SP, Rel. Ministro Moura Ribeiro, 2.ª Seção, j. 13.3.2018, *DJe* 19.3.2018).

No tocante ao assunto objeto da afetação, entendeu o STJ como sendo **legítima a recusa da operadora de plano de saúde em custear medicamento importado, não nacionalizado, sem o devido registro pela ANVISA**:

RECURSO ESPECIAL. RITO DOS RECURSOS ESPECIAIS REPETITIVOS. PLANO DE SAÚDE. CONTROVÉRSIA ACERCA DA OBRIGATORIEDADE DE FORNECIMENTO DE MEDICAMENTO NÃO REGISTRADO PELA ANVISA.
1. Para efeitos do art. 1.040 do NCPC: 1.1. As operadoras de plano de saúde não estão obrigadas a fornecer medicamento não registrado pela ANVISA.
2. Aplicação ao caso concreto: 2.1. Não há ofensa ao art. 535 do CPC/73 quando o Tribunal de origem enfrenta todas as questões postas, não havendo no acórdão recorrido omissão, contradição ou obscuridade.
2.2. É legítima a recusa da operadora de plano de saúde em custear medicamento importado, não nacionalizado, sem o devido registro pela ANVISA, em atenção ao disposto no art. 10, V, da Lei n. 9.656/98, sob pena de afronta aos arts. 66 da Lei n. 6.360/76 e 10, V, da Lei n. 6.437/76. Incidência da Recomendação n. 31/2010 do CNJ e dos Enunciados n. 6 e 26, ambos da I Jornada de Direito da Saúde, respectivamente: A determinação judicial de fornecimento de fármacos deve evitar os medicamentos ainda não registrados na Anvisa, ou em fase experimental, ressalvadas as exceções expressamente previstas em lei; e, É lícita a exclusão de cobertura de produto, tecnologia e medicamento importado não nacionalizado, bem como tratamento clínico ou cirúrgico experimental.

2.3. Porém, após o registro pela ANVISA, a operadora de plano de saúde não pode recusar o custeio do tratamento com o fármaco indicado pelo médico responsável pelo beneficiário.
3. Recurso especial parcialmente provido. Acórdão sujeito ao regime do art. 1.040 do NCPC (REsp 1726563/SP, Rel. Ministro Moura Ribeiro, 2.ª Seção, j. 8.11.2018, REP*DJe* 3.12.2018, *DJe* 26.11.2018).[42]

No entanto, o Superior Tribunal de Justiça entendeu que é de cobertura obrigatória pela operadora de plano de saúde o medicamento que, apesar de não registrado pela ANVISA, teve a sua importação excepcionalmente autorizada pela referida Agência Nacional:

RECURSO ESPECIAL. AÇÃO DE OBRIGAÇÃO DE FAZER CUMULADA COM COMPENSAÇÃO POR DANOS MORAIS. OBRIGAÇÃO DE A OPERADORA DE PLANO DE SAÚDE CUSTEAR MEDICAMENTO NÃO REGISTRADO NA ANVISA. TEMA 990. APLICAÇÃO DA TÉCNICA DA DISTINÇÃO (*DISTINGUISHING*) ENTRE A HIPÓTESE CONCRETA DOS AUTOS COM A QUESTÃO DECIDIDA EM SEDE DE RECURSO REPETITIVO. MULTA POR EMBARGOS PROTELATÓRIOS. MANUTENÇÃO.
JULGAMENTO: CPC/15.
1. Ação de obrigação de fazer cumulada com compensação por danos morais ajuizada em 12.9.2019, da qual foi extraído o presente recurso especial, interposto em 22.4.2021 e atribuído ao gabinete em 24.8.2021. Julgamento: CPC/15.
2. O propósito recursal consiste em decidir sobre (i) a obrigação de a operadora de plano de saúde custear medicamento importado para o tratamento da doença que acomete o

---

[42] Trata-se de julgamento amparado pela decisão proferida pelo STJ no Tema Repetitivo 990: "RECURSO ESPECIAL. RITO DOS RECURSOS ESPECIAIS REPETITIVOS. PLANO DE SAÚDE. CONTROVÉRSIA ACERCA DA OBRIGATORIEDADE DE FORNECIMENTO DE MEDICAMENTO NÃO REGISTRADO PELA ANVISA. 1. Para efeitos do art. 1.040 do NCPC: 1.1. As operadoras de plano de saúde não estão obrigadas a fornecer medicamento não registrado pela ANVISA. 2. Aplicação ao caso concreto: 2.1. Não há ofensa ao art. 535 do CPC/73 quando o Tribunal de origem enfrenta todas as questões postas, não havendo no acórdão recorrido omissão, contradição ou obscuridade. 2.2. É legítima a recusa da operadora de plano de saúde em custear medicamento importado, não nacionalizado, sem o devido registro pela ANVISA, em atenção ao disposto no art. 10, V, da Lei n. 9.656/98, sob pena de afronta aos arts. 66 da Lei n. 6.360/76 e 10, V, da Lei n. 6.437/76. Incidência da Recomendação n. 31/2010 do CNJ e dos Enunciados n. 6 e 26, ambos da I Jornada de Direito da Saúde, respectivamente: A determinação judicial de fornecimento de fármacos deve evitar os medicamentos ainda não registrados na Anvisa, ou em fase experimental, ressalvadas as exceções expressamente previstas em lei; e, É lícita a exclusão de cobertura de produto, tecnologia e medicamento importado não nacionalizado, bem como tratamento clínico ou cirúrgico experimental. 2.3. Porém, após o registro pela ANVISA, a operadora de plano de saúde não pode recusar o custeio do tratamento com o fármaco indicado pelo médico responsável pelo beneficiário. 2.4. Em virtude da parcial reforma do acórdão recorrido, com a redistribuição dos ônus da sucumbência, está prejudicado o recurso especial manejado por ONDINA. 3. Recurso especial interposto pela AMIL parcialmente provido. Recurso especial manejado por ONDINA prejudicado. Acórdão sujeito ao regime do art. 1.040 do NCPC" (REsp 1712163/SP, Rel. Ministro Moura Ribeiro, Segunda Seção, j. 8.11.2018, *DJe* 26.11.2018).

beneficiário, o qual, apesar de não registrado pela ANVISA, possui autorização para importação em caráter excepcional; e (ii) o cabimento da multa por embargos protelatórios.
3. Segundo o entendimento consolidado pela 2.ª Seção no julgamento do REsp 1.712.163/SP e do REsp 1.726.563/SP, sob a sistemática dos recursos repetitivos, 'as operadoras de plano de saúde não estão obrigadas a fornecer medicamento não registrado pela ANVISA' (Tema 990, j. 1.º.9.2020, *DJe* 9.9.2020).
4. A autorização da ANVISA para a importação excepcional do medicamento para uso próprio sob prescrição médica, é medida que, embora não substitua o devido registro, evidencia a segurança sanitária do fármaco, porquanto pressupõe a análise da Agência Reguladora quanto à sua segurança e eficácia, além de excluir a tipicidade das condutas previstas no art. 10, IV, da Lei 6.437/77, bem como nos arts. 12 c/c 66 da Lei 6.360/76.
5. Necessária a realização da distinção (*distinguishing*) entre o entendimento firmado no precedente vinculante e a hipótese concreta dos autos, na qual o medicamento (PURODIOL 200 MG CBD) prescrito ao beneficiário do plano de saúde, embora se trate de fármaco importado ainda não registrado pela ANVISA, teve a sua importação excepcionalmente autorizada pela referida Agência Nacional, sendo, pois, de cobertura obrigatória pela operadora de plano de saúde.
6. É correta a aplicação da penalidade prevista no art. 1.026, § 2.º, do CPC/2015 quando as questões tratadas foram devidamente fundamentadas na decisão embargada e ficou evidenciado o caráter manifestamente protelatório dos embargos de declaração.
7. Recurso especial conhecido e desprovido (REsp 1.943.628/DF, Rel. Ministra Nancy Andrighi, 3.ª T., j. 26.10.2021, *DJe* 3.11.2021).

O Supremo Tribunal Federal decidiu que, em razão da proteção constitucional conferida ao direito à vida, à saúde e à boa-fé, o segurado de plano de saúde está isento de devolver produtos e serviços prestados em virtude de provimento jurisdicional para custear direitos fundamentais de natureza essencial, ainda que, à época do provimento, o medicamento ou serviço não possuíssem o respectivo registro nos órgãos competentes:

EMBARGOS DECLARATÓRIOS NO AGRAVO REGIMENTAL NO RECURSO EXTRAORDINÁRIO. OPOSIÇÃO EM 09.05.2022. INTEGRAÇÃO DA DECISÃO. JURISPRUDÊNCIA DOMINANTE DO SUPREMO TRIBUNAL FEDERAL. PRECEDENTES. IRREPETIBILIDADE DE VALORES DISPENSADOS PARA TRATAMENTO MÉDICO. PLANO DE SAÚDE. DIREITO FUNDAMENTAL À VIDA E À SAÚDE. EMBARGOS DE DECLARAÇÃO ACOLHIDOS COM EFEITOS INFRINGENTES. 1. A jurisprudência do Supremo Tribunal Federal consolidou-se no sentido de que não é dever legal a reposição de verbas recebidas de boa-fé para custear direitos fundamentais de natureza essencial, como ocorreu no caso dos autos. Precedentes. 2. Os embargos de declaração merecem acolhida para integrar a decisão embargada, com efeitos infringentes, reafirmando o entendimento de que o segurado do plano de saúde está isento de devolver produtos e serviços prestados em virtude de provimento jurisdicional. 3. A natureza essencial e imprescindível, segundo laudo médico pericial, para assegurar o direito à vida e à saúde da segurada, bem como o recebimento, de boa fé, dos produtos e serviços de saúde, afastam a obrigação de restituição dos valores. 4. Embargos de declaração acolhidos para dar provimento ao recurso extraordinário, restabelecendo a sentença que reconheceu o direito de a segurada receber e ter custeado o medicamento e tratamento indicados pelo relatório médico, não sendo cabível a devolução dos valores correspondentes (RE 1.319.935 AgR-ED, Rel. Ministro Edson Fachin, 2.ª T., j. 19.9.2023, *DJe* 23.10.2023).

10.4.4.1.7. Recusa de atendimento sob alegação de doença preexistente

Ainda sobre o tema práticas abusivas dos planos de saúde, cumpre destacar que o STJ estabeleceu na Súmula 609 o seguinte entendimento: "A recusa de cobertura securitária, sob a alegação de doença preexistente, é ilícita se não houve a exigência de exames médicos prévios à contratação ou a demonstração de má-fé do segurado" (2.ª Seção, j. 11.4.2018, *DJe* 17.4.2018).

Na mesma linha, é importante destacar o teor da Súmula 616 do STJ: "A indenização securitária é devida quando ausente a comunicação prévia do segurado acerca do atraso no pagamento do prêmio, por constituir requisito essencial para a suspensão ou resolução do contrato de seguro" (2.ª Seção, j. 23.5.2018, *DJe* 28.5.2018).

10.4.4.1.8. Recusa de atendimento sob alegação de medicamento/tratamento fora do Rol da ANS

Outra argumentação da recusa por parte dos planos de saúde é que o medicamento prescrito estaria fora do rol da ANS ou que as diretrizes de utilização — DUT — não estariam de acordo com as orientações da aludida agência reguladora. No entanto, mais uma vez o fundamento é pífio, tendo em vista que todos sabemos que o rol da ANS consiste num mínimo a ser cumprido pelo fornecedor e não se trata de lista exaustiva.

Tal recusa é indevida e pode gerar inclusive condenação em dano moral, em razão da agravada situação física e psicológica do consumidor. Essa a posição do STJ:

> AGRAVO INTERNO NO AGRAVO EM RECURSO ESPECIAL. PLANO DE SAÚDE. FORNECIMENTO DE MATERIAL PROTÉTICO PARA REALIZAÇÃO DE PROCEDIMENTO CIRÚRGICO DE ARTROPLASTIA TOTAL DE QUADRIL. RECUSA INDEVIDA. CONCLUSÃO DO ACÓRDÃO EM SINTONIA COM A JURISPRUDÊNCIA DESTA CORTE. SÚMULA 83/STJ. *QUANTUM* INDENIZATÓRIO RAZOÁVEL. NECESSIDADE DE REEXAME DE MATÉRIA FÁTICO-PROBATÓRIA. INCIDÊNCIA DA SÚMULA 7/STJ. AGRAVO IMPROVIDO.
> **1.** O Superior Tribunal de Justiça firmou orientação no sentido de que, havendo previsão para cobertura do mal a que foi acometido o contratante de plano de saúde, não é permitido à contratada restringir tratamento, medicamento ou procedimento indicado por médico. Incide, à espécie, o óbice da Súmula 83 desta Corte.
> **2.** A recusa indevida/injustificada, da operadora de plano de saúde, em autorizar a cobertura de tratamento médico prescrito, a que esteja legal ou contratualmente obrigada, gera direito de ressarcimento a título de dano moral, em razão de tal medida agravar a situação tanto física quanto psicológica do beneficiário.
> **3.** Em relação ao *quantum* indenizatório, levando-se em consideração as particularidades do caso e os parâmetros utilizados por este Tribunal Superior em situa-ções análogas, verifica-se que a quantia indenizatória fixada em R$ 8.000,00 (oito mil reais) não se mostra desproporcional e sua revisão demandaria, inevitavelmente, o reexame de matéria fático-probatória, o que é vedado pela Súmula n. 7 do Superior Tribunal de Justiça.

4. Agravo interno a que se nega provimento (AgInt no Agravo em Recurso Especial n. 1.051.479/RJ (2017/0024326-0), Rel. Ministro Marco Aurélio Bellizze, j. 13.6.2017).

Em dezembro de 2019 uma decisão do STJ levou os mais incautos a achar que houve uma mudança de entendimento da Corte Superior no sentido de ser o rol de procedimentos obrigatórios da ANS um rol taxativo. No entanto, isto não é verdade.

No julgamento do REsp 1733013/PR não houve uma mudança de posicionamento na jurisprudência superior sobre o assunto e, basta ler o Acórdão e os Votos para compreender que, além de se referir a uma decisão isolada de uma turma específica (não de seção do STJ), o caso levantado no citado julgado teve a peculiaridade de fornecimento pelo convênio de tratamento equivalente para o êxito da recuperação da respectiva paciente.

A prova de que não houve mudança de posicionamento do Superior Tribunal de Justiça está no julgamento proferido no Recurso Especial n. 1849149/SP no ano de 2020 em que o STJ **continua a manter a posição de que é abusiva a recusa da operadora do plano de saúde de arcar com a cobertura do medicamento prescrito pelo médico para o tratamento do beneficiário**:

PROCESSUAL CIVIL. AGRAVO INTERNO NO RECURSO ESPECIAL. AÇÃO DE OBRIGAÇÃO DE FAZER CUMULADA COM REPARAÇÃO POR DANOS MORAIS. EMBARGOS DE DECLARAÇÃO. OMISSÃO, CONTRADIÇÃO OU OBSCURIDADE. NÃO OCORRÊNCIA. HARMONIA ENTRE O ACÓRDÃO RECORRIDO E A JURISPRUDÊNCIA DO STJ. SÚMULA 568/STJ.
1. Ação de obrigação de fazer cumulada com reparação por danos morais, fundada na negativa de cobertura de medicamento.
2. Ausentes os vícios do art. 1.022 do CPC, rejeitam-se os embargos de declaração.
3. É abusiva a recusa da operadora do plano de saúde de arcar com a cobertura do medicamento prescrito pelo médico para o tratamento do beneficiário, sendo ele *off label*, de uso domiciliar, ou ainda não previsto em rol da ANS, e, portanto, experimental, quando necessário ao tratamento de enfermidade objeto de cobertura pelo contrato. Precedentes.
4. Agravo interno no recurso especial não provido (AgInt no REsp 1849149/SP, Rel. Ministra Nancy Andrighi, 3.ª T., j. 30.3.2020, *DJe* 1.º.4.2020).

No ano de 2022, a Segunda Seção do STJ, no julgamento do EREsp 1.886.929/SP, em 8 de junho daquele ano, entendeu que o rol da ANS seria taxativo. **Não prevaleceu a tese da taxatividade absoluta, mas sim mitigada, que admite exceções,** ou seja, preenchidos certos requisitos, caberia ainda a cobertura de tratamento fora do aludido rol. Sobre o tema, assim decidiu a Corte Superior:

EMBARGOS DE DIVERGÊNCIA. PLANOS E SEGUROS DE SAÚDE. DIVERGÊNCIA ENTRE AS TURMAS DE DIREITO PRIVADO ACERCA DA TAXATIVIDADE OU NÃO DO ROL DE PROCEDIMENTOS E EVENTOS EM SAÚDE ELABORADO PELA ANS. ATRIBUIÇÃO DA AUTARQUIA, INEQUIVOCAMENTE ESTABELECIDA NA SUA PRÓPRIA LEI DE CRIAÇÃO. ATO ESTATAL DO REGIME JURÍDICO DE DIREITO ADMINISTRATIVO AO QUAL SE SUBMETEM FORNECEDORES E CONSUMIDORES DA RELAÇÃO CONTRATUAL DE DIREITO PRIVADO.

GARANTE A PREVENÇÃO, O DIAGNÓSTICO, A RECUPERAÇÃO E A REABILITAÇÃO DE TODAS AS ENFERMIDADES. SOLUÇÃO CONCEBIDA E ESTABELECIDA PELO LEGISLADOR PARA EQUILÍBRIO DOS INTERESSES DAS PARTES DA RELAÇÃO CONTRATUAL. ENUNCIADO N. 21 DA I JORNADA DE DIREITO DA SAÚDE DO CNJ. CDC. APLICAÇÃO SUBSIDIÁRIA À RELAÇÃO CONTRATUAL, SEMPRE VISANDO O EQUILÍBRIO. HARMONIZAÇÃO DA JURISPRUDÊNCIA DA PRIMEIRA E SEGUNDA SEÇÕES NO SENTIDO DE VELAR AS ATRIBUIÇÕES LEGAIS E A DISCRICIONARIEDADE TÉCNICA DA AUTARQUIA ESPECIALIZADA. FIXAÇÃO DA TESE DA TAXATIVIDADE, EM REGRA, DA RELAÇÃO EDITADA PELA AGÊNCIA, COM ESTABELECIMENTO DE PARÂMETROS OBJETIVOS PARA SOLUÇÃO DE CONTROVÉRSIAS SUBMETIDAS AO JUDICIÁRIO.

(...) 11. Cabem serem observados os seguintes parâmetros objetivos para admissão, em hipóteses excepcionais e restritas, da superação das limitações contidas no Rol: **1 — o Rol de Procedimentos e Eventos em Saúde Suplementar é, em regra, taxativo; 2 — a operadora de plano ou seguro de saúde não é obrigada a arcar com tratamento não constante do rol da ANS se existe, para a cura do paciente, outro procedimento eficaz, efetivo e seguro já incorporado à lista; 3 — é possível a contratação de cobertura ampliada ou a negociação de aditivo contratual para a cobertura de procedimento extrarrol; 4 — não havendo substituto terapêutico ou estando esgotados os procedimentos do rol da ANS, pode haver, a título de excepcionalidade, a cobertura do tratamento indicado pelo médico ou odontólogo-assistente, desde que (i) não tenha sido indeferida expressamente pela ANS a incorporação do procedimento ao Rol da Saúde Suplementar; (ii) haja comprovação da eficácia do tratamento à luz da medicina baseada em evidências; (iii) haja recomendações de órgãos técnicos de renome nacionais (como Conitec e NatJus) e estrangeiros; e (iv) seja realizado, quando possível, o diálogo interinstitucional do magistrado com entes ou pessoas com expertise na área da saúde, incluída a Comissão de Atualização do Rol de Procedimentos e Eventos em Saúde Suplementar, sem deslocamento da competência do julgamento do feito para a Justiça Federal, ante a ilegitimidade passiva *ad causam* da ANS.**

(...) 14. Embargos de divergência a que se nega provimento (EREsp 1.886.929/SP, Rel. Ministro Luis Felipe Salomão, 2.ª Seção, j. 8.6.2022, *DJe* 3.8.2022).

Data maxima venia, a decisão do STJ teve por fundamento principal a quebra do equilíbrio econômico-financeiro do contrato, num evidente prevalecimento do argumento econômico em detrimento do Princípio Constitucional da Dignidade da Pessoa Humana. Ademais, não levou em consideração o Princípio do Rompimento com as tradições privatistas do Código Civil, de que não se aplica nas relações de consumo princípios do Direito Civil, em razão da relação jurídica desigual existente entre fornecedores e os vulneráveis consumidores.

A citada decisão também viola, em nossa opinião, a Função Social dos Contratos, Princípio relevante e amparado pela Constituição Federal de 1988 que estabelece equilíbrio nas relações contratuais, levando-se em conta que contratos de planos/seguros saúde não são sinônimos de igualdade nas condições negociais, tendo em vista possuírem a natureza de contrato de adesão.

São todos eles contratos iniciados mediante singela adesão do cidadão brasileiro ou determinado grupo de pessoas, com cláusulas preestabelecidas pela operadora ou entidade de autogestão, sem participação ou liberdade para manifestação da vontade dos seus beneficiários. A única autonomia para o interessado é aderir ou não à contratação nos termos apresentados.

E não é muito dizer que a Constituição Federal, além de positivar o Princípio da Função Social da Propriedade, também objetivou ampliar seu alcance para albergar a Função Social do Contrato, numa verdadeira constitucionalização do Direito Privado. Por óbvio, o objetivo do constituinte neste aspecto foi tornar mais justas as relações jurídicas entre particulares, em cumprimento à eficácia horizontal dos direitos fundamentais.

Desta forma, o contrato estará em conformidade com a sua função social quando as partes se pautarem pelos valores de solidariedade e de justiça social, além de respeitar a dignidade da pessoa humana. A contrário senso, se uma das partes figurar em condição de vantagem exagerada, descumprida estará a função social do contrato.

Nos termos do art. 2.035, parágrafo único, do Código Civil, nenhuma "convenção prevalecerá se contrariar preceitos de ordem pública, tais como os estabelecidos por este Código para assegurar a função social da propriedade e dos contratos".

Temos, portanto, que o Princípio da Função Social do contrato é verdadeiro limite imposto pela Lei Maior brasileira e previsto também no Código Civil em seu art. 421, *in verbis*: "A liberdade contratual será exercida nos limites da função social do contrato" (Redação dada pela Lei n. 13.874, de 2019 — Lei da Liberdade Econômica).

No entanto, apesar de se tratar de julgado de uma Seção do STJ, não possui efeito vinculante, porque não foi proferido pelo rito dos recursos repetitivos. Assim, mesmo diante de tal posicionamento, é possível conseguir tratamento/medicamento fora do rol da ANS, pois **a decisão da Corte Superior concluiu por uma natureza de rol taxativo da ANS, porém de forma mitigada.** Em palavras mais precisas, desde que enquadradas nas exceções, o tratamento fora do Rol da ANS estará admitido.

De fato, para conseguir o tratamento/medicação não incluídos no rol de procedimento obrigatório da Agência Nacional de Saúde, imprescindível comprovar que: i) não há medicamento substituto ou similar para tratamento já inserido no rol; ii) todas as terapias previstas no rol foram utilizadas previamente pelo paciente; iii) há recomendação científica para aquela terapia; iv) o tratamento não foi submetido à aprovação; e, v) não possui indeferimento expresso pela ANS.

Além da nossa oposição, bem como contrariedade de boa parte da doutrina consumerista ao julgado da Segunda Seção do STJ (EREsp 1.886.929/SP), **a sociedade também se mobilizou contra tal posicionamento e o Congresso Nacional aprovou a Lei n. 14.454, de 21 de setembro de 2022, que trouxe as seguintes alterações à Lei n. 9.656 no sentido de consolidar a natureza EXEMPLIFICATIVA do rol da ANS:**

> "Art. 1.º Submetem-se às disposições desta Lei as pessoas jurídicas de direito privado que operam planos de assistência à saúde, sem prejuízo do cumprimento da legislação específica que rege a sua atividade e, simultaneamente, das disposições da Lei n. 8.078, de 11 de setembro de 1990 (Código de Defesa do Consumidor), adotando-se, para fins de aplicação das normas aqui estabelecidas, as seguintes definições:
> (...)
> "Art. 10. É instituído o plano-referência de assistência à saúde, com cobertura assisten-

cial médico-ambulatorial e hospitalar, compreendendo partos e tratamentos, realizados exclusivamente no Brasil, com padrão de enfermaria, centro de terapia intensiva, ou similar, quando necessária a internação hospitalar, das doenças listadas na Classificação Estatística Internacional de Doenças e Problemas Relacionados com a Saúde, da Organização Mundial de Saúde, respeitadas as exigências mínimas estabelecidas no art. 12 desta Lei, exceto:

§ 4.º A amplitude das coberturas no âmbito da saúde suplementar, inclusive de transplantes e de procedimentos de alta complexidade, será estabelecida em norma editada pela ANS, que publicará rol de procedimentos e eventos em saúde suplementar, atualizado a cada incorporação. (...)

§ 12. O rol de procedimentos e eventos em saúde suplementar, atualizado pela ANS a cada nova incorporação, constitui a referência básica para os planos privados de assistência à saúde contratados a partir de 1.º de janeiro de 1999 e para os contratos adaptados a esta Lei e fixa as diretrizes de atenção à saúde.

§ 13. Em caso de tratamento ou procedimento prescrito por médico ou odontólogo assistente que não estejam previstos no rol referido no § 12 deste artigo, a cobertura deverá ser autorizada pela operadora de planos de assistência à saúde, desde que:

I — exista comprovação da eficácia, à luz das ciências da saúde, baseada em evidências científicas e plano terapêutico; ou

II — existam recomendações pela Comissão Nacional de Incorporação de Tecnologias no Sistema Único de Saúde (Conitec), ou exista recomendação de, no mínimo, 1 (um) órgão de avaliação de tecnologias em saúde que tenha renome internacional, desde que sejam aprovadas também para seus nacionais."

Atualmente, a posição do STJ está no sentido de que a discussão sobre a taxatividade ou não do Rol da ANS é de menor importância diante da gravidade da doença e da obrigatoriedade de o fornecedor dar a devida cobertura:

AGRAVO INTERNO NO RECURSO ESPECIAL. DIREITO CIVIL E DO CONSUMIDOR. PLANO DE SAÚDE. MEDICAMENTO ANTINEOPLÁSICO LENALIDOMIDA (REVLIMID). RECUSA DE COBERTURA. ALEGAÇÃO DE AUSÊNCIA DE PREVISÃO NO ROL DA ANS. RECUSA GENÉRICA DE COBERTURA. MITIGAÇÃO DA TAXATIVIDADE DO ROL NO CASO CONCRETO. CABIMENTO.
1. Controvérsia pertinente à obrigatoriedade de cobertura do medicamento antineoplásico oral Lenalidomida prescrito a paciente acometida de câncer mieloma múltiplo.
2. Inclusão superveniente do medicamento no Rol da ANS que denota a existência de comprovação científica da eficácia do medicamento.
3. Não houve, na decisão ora agravada, aplicação retroativa das resoluções da ANS, mas tão somente continuidade de um entendimento jurisprudencial no âmbito desta Turma, qual seja o caráter taxativo mitigado do Rol da ANS.
4. "A natureza taxativa ou exemplificativa do rol da ANS é desimportante à análise do dever de cobertura de medicamentos para o tratamento de câncer, em relação aos quais há apenas uma diretriz na resolução normativa" (AgInt nos EREsp 2.001.192/SP, Rel. Ministra Nancy Andrighi, 2.ª Seção, j. 2.5.2023, *DJe* 4.5.2023).
5. Ademais, segundo a jurisprudência do STJ, é abusiva a recusa da operadora do plano de saúde de custear a cobertura do medicamento registrado na ANVISA e prescrito pelo médico do paciente, ainda que se trate de uso *off-label*, ou de caráter

experimental, especialmente quando se mostra imprescindível à conservação da vida e saúde do beneficiário.
Agravo interno improvido (AgInt no REsp 1.923.562/SP, Rel. Ministro Humberto Martins, 3.ª T., j. 18.9.2023, *DJe* 20.9.2023).

Defendemos que a aplicação da nova lei que reconheceu o Rol da ANS como exemplificativo deve ser imediata, ainda mais em contratos de trato sucessivo. Assim, nos tratamentos de caráter continuado, como é o caso do tratamento do câncer ou de doenças graves correlatas, as inovações trazidas pela Lei n. 14.454/2022 merecem aplicabilidade imediata. Nesse sentido o posicionamento do Superior Tribunal de Justiça:

RECURSO ESPECIAL. CIVIL. PLANO DE SAÚDE. AÇÃO DE OBRIGAÇÃO DE FAZER. ROL DA ANS. NATUREZA JURÍDICA. PRESSUPOSTOS DE SUPERAÇÃO. CRITÉRIOS DA SEGUNDA SEÇÃO. LEGISLAÇÃO SUPERVENIENTE. IRRETROATIVIDADE. CARÁTER INOVADOR. TRATAMENTO CONTINUADO. APLICAÇÃO *EX NUNC*. NEOPLASIA MALIGNA. MEDICAMENTO QUIMIOTERÁPICO. DIRETRIZES DE UTILIZAÇÃO (DUT). MERO ELEMENTO ORGANIZADOR DA PRESCRIÇÃO FARMACÊUTICA. EFEITO IMPEDITIVO DE TRATAMENTO ASSISTENCIAL. AFASTAMENTO.
1. Tratam os autos da interpretação do alcance das normas definidoras do plano referência de assistência à saúde, também conhecido como Rol de Procedimentos e Eventos em Saúde, elaborado periodicamente pela Agência Nacional de Saúde Suplementar (ANS), sobretudo com relação às Diretrizes de Utilização (DUT).
2. Quando do julgamento dos EREsps 1.886.929/SP e 1.889.704/SP, a Segunda Seção desta Corte Superior uniformizou o entendimento de ser o Rol da ANS, em regra, taxativo, podendo ser mitigado quando atendidos determinados critérios.
3. A Lei n. 14.454/2022 promoveu alteração na Lei n. 9.656/1998 (art. 10, § 13) para estabelecer critérios que permitam a cobertura de exames ou tratamentos de saúde que não estão incluídos no Rol de Procedimentos e Eventos em Saúde Suplementar.
4. Com a edição da Lei n. 14.454/2022, o Rol da ANS passou por sensíveis modificações em seu formato, suplantando a eventual oposição rol taxativo/rol exemplificativo.
5. A superveniência do novo diploma legal (Lei n. 14.454/2022) foi capaz de fornecer nova solução legislativa, antes inexistente, provocando alteração substancial do complexo normativo. Ainda que se quisesse cogitar, erroneamente, que a modificação legislativa havida foi no sentido de trazer uma "interpretação autêntica", ressalta-se que o sentido colimado não vigora desde a data do ato interpretado, mas apenas opera efeitos *ex nunc*, já que a nova regra modificadora ostenta caráter inovador.
6. Em âmbito cível, conforme o Princípio da Irretroatividade, a lei nova não alcança fatos passados, ou seja, aqueles anteriores à sua vigência. Seus efeitos somente podem atingir fatos presentes e futuros, salvo previsão expressa em outro sentido e observados o ato jurídico perfeito, a coisa julgada e o direito adquirido.
7. Embora a lei nova não possa, em regra, retroagir, é possível a sua aplicação imediata, ainda mais em contratos de trato sucessivo. Assim, nos tratamentos de caráter continuado, deverão ser observadas, a partir da sua vigência, as inovações trazidas pela Lei n. 14.454/2022, diante da aplicabilidade imediata da lei nova. Aplicação também do Enunciado n. 109 das Jornadas de Direito da Saúde, ocorridas sob a coordenação do Conselho Nacional de Justiça (CNJ).

8. Mantém-se a jurisprudência da Segunda Seção do STJ, que uniformizou a interpretação da legislação da época, devendo incidir aos casos regidos pelas normas que vigoravam quando da ocorrência dos fatos, podendo a nova lei incidir, a partir de sua vigência, aos fatos daí sucedidos.
9. A Diretriz de Utilização (DUT) deve ser entendida apenas como elemento organizador da prestação farmacêutica, de insumos e de procedimentos no âmbito da Saúde Suplementar, não podendo a sua função restritiva inibir técnicas diagnósticas essenciais ou alternativas terapêuticas ao paciente, sobretudo quando já tiverem sido esgotados tratamentos convencionais e existir comprovação da eficácia da terapia à luz da medicina baseada em evidências.
10. Na hipótese, aplicando os parâmetros definidos para a superação, em concreto, da taxatividade do Rol da ANS (que são similares à inovação trazida pela Lei n. 14.454/2022, conforme também demonstra o Enunciado nº 109 das Jornadas de Direito da Saúde), verifica-se que a autora faz jus à cobertura pretendida de tratamento ocular quimioterápico com antiangiogênico.
11. Recurso especial não provido (REsp 2.037.616/SP, Rel. Ministra Nancy Andrighi, Rel. p/ Acórdão Ministro Ricardo Villas Bôas Cueva, 2.ª Seção, j. 24.4.2024, *DJe* 8.5.2024).

10.4.4.1.9. Recusa de atendimento e o dano moral

A recusa indevida de tratamento médico ou fornecimento de medicamento pelo plano/seguro saúde pode representar condenação por danos morais, devido ao agravamento da aflição do consumidor segurado, bem como honorários advocatícios sucumbenciais incidentes sobre as condenações ao pagamento de quantia certa e à obrigação de fazer:

CIVIL. PROCESSUAL CIVIL. AGRAVO INTERNO NO RECURSO ESPECIAL. RECURSO MANEJADO SOB A ÉGIDE DO NCPC. AÇÃO DE OBRIGAÇÃO DE FAZER. PLANO DE SAÚDE. PEDIDO DE TRATAMENTO. RECUSA INDEVIDA DE COBERTURA. ACÓRDÃO RECORRIDO EM CONFORMIDADE COM ENTENDIMENTO DO STJ. DANOS EXTRAPATRIMONIAIS CARACTERIZADOS. REEXAME DE PROVAS. DESCABIMENTO. SÚMULA 7 DO STJ. DECISÃO MANTIDA. AGRAVO INTERNO NÃO PROVIDO.
1. Aplica-se o NCPC a este recurso ante os termos do Enunciado Administrativo n. 3, aprovado pelo Plenário do STJ na sessão de 9.3.2016: Aos recursos interpostos com fundamento no CPC/2015 (relativos a decisões publicadas a partir de 18 de março de 2016) serão exigidos os requisitos de admissibilidade recursal na forma do novo CPC.
2. Nos termos da jurisprudência deste Corte, a natureza taxativa ou exemplificativa do rol da ANS é desimportante à análise do dever de cobertura de medicamentos para o tratamento de câncer, em relação aos quais há apenas uma diretriz na resolução normativa. Precedentes.
3. Existência de entendimento pacífico desta Corte Superior no sentido de que, nos casos em que a recusa indevida de cobertura de tratamento médico-hospitalar impõe ao usuário de plano de saúde um grau de sofrimento físico/psíquico que extrapola aquele decorrente do mero inadimplemento contratual, atingindo direito da personalidade, fica demonstrada a ocorrência de danos morais e caracterizado o direito à reparação. Incide a Súmula 7 do STJ, impedindo o conhecimento do recurso.

4. Não sendo a linha argumentativa apresentada capaz de evidenciar a inadequação dos fundamentos invocados pela decisão agravada, o presente agravo não se revela apto a alterar o conteúdo do julgado impugnado, devendo ele ser integralmente mantido em seus próprios termos.
5. Agravo interno não provido (AgInt no REsp 2.001.658/SP, Rel. Ministro Moura Ribeiro, 3.ª T., j. 26.9.2022, *DJe* 28.9.2022).

EMBARGOS DE DIVERGÊNCIA EM AGRAVO EM RECURSO ESPECIAL. PLANO DE SAÚDE. COBERTURA. TRATAMENTO MÉDICO. DANO MORAL. HONORÁRIOS ADVOCATÍCIOS. BASE DE CÁLCULO. OBRIGAÇÃO DE FAZER. OBRIGAÇÃO DE PAGAR QUANTIA CERTA.
**1. A obrigação de fazer que determina o custeio de tratamento médico por parte das operadoras de planos de saúde pode ser economicamente aferida, utilizando-se como parâmetro o valor da cobertura indevidamente negada. Precedentes.
2. Nas sentenças que reconheçam o direito à cobertura de tratamento médico e ao recebimento de indenização por danos morais, os honorários advocatícios sucumbenciais incidem sobre as condenações ao pagamento de quantia certa e à obrigação de fazer.**
3. Embargos de divergência providos (EAREsp 198.124/RS, Rel. Ministro Ricardo Villas Bôas Cueva, 2.ª Seção, j. 27.4.2022, *DJe* 11.5.2022).

O direito de receber crédito relativo à multa cominatória é transmissível aos sucessores da parte a quem se destinava a obrigação de fazer após seu falecimento, ainda que a obrigação principal que originou a multa seja de natureza personalíssima. Nesse sentido está o entendimento do STJ:

AGRAVO INTERNO NO RECURSO ESPECIAL — AUTOS DE AGRAVO DE INSTRUMENTO NA ORIGEM — IMPUGNAÇÃO AO CUMPRIMENTO DE SENTENÇA — DECISÃO MONOCRÁTICA QUE DEU PROVIMENTO AO RECLAMO. INSURGÊNCIA RECURSAL DO EXECUTADO.
1. Segundo a jurisprudência do STJ, "por integrar o patrimônio do autor, a multa cominatória aplicada em função da recalcitrância do demandado em proceder ao cumprimento da ordem judicial é perfeitamente transmissível aos sucessores após o falecimento do titular, ainda que seja personalíssima a obrigação principal que lhe deu origem" (REsp 1.722.666/RJ, Rel. Ministro Ricardo Villas Bôas Cueva, 3.ª T., j. 24.4.2018, *DJe* 8.6.2018).
2. Agravo interno desprovido (AgInt no REsp 2.123.791/SP, Rel. Ministro Marco Buzzi, 4.ª T., j. 4.11.2024, *DJe* 7.11.2024).

10.4.4.1.10. *Recusa da realização da cirurgia reparadora após bariátrica*

O tratamento da obesidade mórbida é de cobertura obrigatória nos planos de saúde, com fulcro no art. 10, *caput*, da Lei n. 9.656/98, anteriormente colacionado. Tal condição de saúde é considerada doença crônica não transmissível, relacionada na Classificação Internacional de Doenças (CID) da Organização Mundial de Saúde (OMS).

O STJ possui jurisprudência no sentido de que "não basta a operadora do plano se limitar ao custeio da cirurgia bariátrica para suplantar a obesidade mórbida, mas as resultantes dobras de pele ocasionadas pelo rápido emagrecimento também devem receber atenção terapêutica, já que podem provocar diversas complicações de saúde, a exemplo da candidíase de repetição, infecções bacterianas devido às escoriações pelo atrito, odor fétido e hérnias, não se qualificando, na hipótese, a retirada do excesso de tecido epitelial como procedimento unicamente estético, ressaindo sobremaneira o seu caráter funcional e reparador".

A esse respeito, a Segunda Seção do Superior Tribunal de Justiça afetou o Tema 1.069 e fixou as seguintes teses:

> RECURSO ESPECIAL REPETITIVO. CIVIL. PLANO DE SAÚDE. PACIENTE PÓS-CIRURGIA BARIÁTRICA. DOBRAS DE PELE. CIRURGIAS PLÁSTICAS. NECESSIDADE. PROCEDIMENTO. NATUREZA E FINALIDADE. CARÁTER FUNCIONAL E REPARADOR. COBERTURA. RESTABELECIMENTO INTEGRAL DA SAÚDE. DANOS MORAIS. CONFIGURAÇÃO. VALOR INDENIZATÓRIO. MANUTENÇÃO. RAZOABILIDADE. SÚMULA N. 7/STJ.
> 1. Tratam os autos da definição acerca da obrigatoriedade de custeio pelo plano de saúde de cirurgias plásticas em paciente pós-cirurgia bariátrica.
> 2. Teses para os fins do art. 1.040 do CPC/2015: (i) é de cobertura obrigatória pelos planos de saúde a cirurgia plástica de caráter reparador ou funcional indicada pelo médico assistente, em paciente pós-cirurgia bariátrica, visto ser parte decorrente do tratamento da obesidade mórbida, e, (ii) havendo dúvidas justificadas e razoáveis quanto a o caráter eminentemente estético da cirurgia plástica indicada ao paciente pós-cirurgia bariátrica, a operadora de plano de saúde pode se utilizar do procedimento da junta médica, formada para dirimir a divergência técnico-assistencial, desde que arque com os honorários dos respectivos profissionais e sem prejuízo do exercício do direito de ação pelo beneficiário, em caso de parecer desfavorável à indicação clínica do médico assistente, ao qual não se vincula o julgador.
> 3. Recurso especial não provido (REsp 1.870.834/SP, Rel. Ministro Ricardo Villas Bôas Cueva, 2.ª Seção, j. 13.9.2023, *DJe* 19.9.2023).

10.4.4.1.11. Cirurgia plástica de reconstrução mamária

No tocante à cirurgia plástica reconstrutiva de mama, tivemos novidades em 2023 introduzidas na Lei n. 9.656/98:

> "Art. 10-A. Cabe à operadora definida no inciso II do *caput* do art. 1.º desta Lei, por meio de sua rede de unidades conveniadas, prestar serviço de cirurgia plástica reconstrutiva de mama, utilizando-se de todos os meios e técnicas necessárias, para o tratamento de mutilação decorrente de utilização de técnica de tratamento de câncer. (Redação dada pela Lei n. 14.538, de 2023)
> § 1.º Quando existirem condições técnicas, a reconstrução da mama será efetuada no tempo cirúrgico da mutilação referida no *caput* deste artigo. (Incluído pela Lei n. 13.770, de 2018)
> § 2.º No caso de impossibilidade de reconstrução imediata, a paciente será encaminhada para acompanhamento e terá garantida a realização da cirurgia imediatamente após alcançar as condições clínicas requeridas. (Incluído pela Lei n. 13.770, de 2018)

§ 3.º Os procedimentos de simetrização da mama contralateral e de reconstrução do complexo aréolo-mamilar integram a cirurgia plástica reconstrutiva prevista no *caput* e no § 1.º deste artigo. (Incluído pela Lei n. 13.770, de 2018)

§ 4.º Quando a reconstrução mamária ou a simetrização da mama contralateral for realizada com a utilização de implante mamário, é assegurada a substituição do dispositivo sempre que ocorrerem complicações ou efeitos adversos a ele relacionados. (Incluído pela Lei n. 14.538, de 2023)

§ 5.º É assegurado, desde o diagnóstico, o acompanhamento psicológico e multidisciplinar especializado das pacientes que sofrerem mutilação total ou parcial de mama decorrente de utilização de técnica de tratamento de câncer. (Incluído pela Lei n. 14.538, de 2023)"

10.4.4.1.12. Reembolso das despesas efetuadas pelo consumidor fora da rede credenciada

Também haverá prática abusiva na recusa ao reembolso integral das despesas médico-hospitalares efetuadas pelo consumidor fora da rede credenciada, diante da inexistência ou insuficiência de estabelecimento ou profissional credenciado no local e urgência ou emergência do procedimento. Assim entendeu o Superior Tribunal de Justiça:

PLANO DE SAÚDE. AGRAVO INTERNO NO AGRAVO INTERNO NOS EMBARGOS DE DECLARAÇÃO NO AGRAVO EM RECURSO ESPECIAL. TRATAMENTO REALIZADO FORA DA REDE CREDENCIADA EM VIRTUDE DA EXCLUSIVIDADE DA TÉCNICA UTILIZADA. REEMBOLSO INTEGRAL DE DESPESAS MÉDICO-HOSPITALARES. CABIMENTO. REEXAME DE FATOS E PROVAS (SÚMULA 7/STJ). AGRAVO NÃO PROVIDO. PROCESSUAL CIVIL. SEGUNDO AGRAVO INTERNO CONTRA A MESMA DECISÃO. PRINCÍPIO DA UNIRRECORRIBILIDADE. SEGUNDO AGRAVO NÃO CONHECIDO.
1. A colenda Segunda Seção firmou o entendimento de que "o reembolso das despesas médico-hospitalares efetuadas pelo beneficiário com tratamento/atendimento de saúde fora da rede credenciada pode ser admitido somente em hipóteses excepcionais, tais como a inexistência ou insuficiência de estabelecimento ou profissional credenciado no local e urgência ou emergência do procedimento" (EAREsp 1.459.849/ ES, Rel. Ministro Marco Aurélio Bellizze, j. 14.10.2020, *DJe* 17.12.2020).
2. O Tribunal de origem, com arrimo no acervo fático-probatório carreado aos autos, concluiu que não há na rede credenciada da recorrente estrutura necessária ao tratamento da enfermidade que acomete o recorrido, razão pela qual se impõe o dever da operadora de arcar com os custos do tratamento realizado com o profissional médico contratado pelo paciente. A pretensão de modificar tal entendimento demandaria a análise do acervo fático-probatório dos autos, o que é vedado pela Súmula 7 do STJ.
3. Também é entendimento desta Corte Superior que, nos casos em que não seja possível a utilização dos serviços médicos próprios, credenciados ou conveniados, o reembolso, pela operadora de assistência à saúde, do custeio das despesas médicas realizadas pelo segurado deve ficar limitado aos valores indicados na tabela da operadora de plano de saúde, ainda que se trate de inexistência de estabelecimento credenciado no local ou impossibilidade de utilização dos serviços próprios da operadora.

4. No caso, existe a peculiaridade, destacada no acórdão recorrido, de ser o tratamento pleiteado prestado, com exclusividade, pelo serviço médico utilizado pelo paciente, ou seja, não é ofertado pelo plano de saúde da ré através da rede credenciada, razão pela qual não há como se falar em aplicação da tabela da operadora do plano de saúde para atendimentos semelhantes, devendo o reembolso ser realizado de forma integral.

5. A interposição de dois recursos pela mesma parte e contra a mesma decisão impede o conhecimento do segundo recurso, haja vista a preclusão consumativa e o princípio da unirrecorribilidade das decisões.

6. Primeiro agravo interno não provido. Segundo agravo interno não conhecido (AgInt no AgInt nos EDcl no AREsp 1.704.048/SP, Rel. Ministro Raul Araújo, 4.ª T., j. 24.8.2021, *DJe* 1.º.9.2021).[43]

---

[43] Em sentido contrário: AGRAVO INTERNO NO RECURSO ESPECIAL. AÇÃO CONDENATÓRIA. PLANO DE SAÚDE. NEGATIVA INDEVIDA DE PROCEDIMENTO CIRÚRGICO DE COLOCAÇÃO DE MARCA-PASSO. TRATAMENTO DE URGÊNCIA. DECISÃO MONOCRÁTICA QUE DEU PROVIMENTO AO RECLAMO DA OPERADORA PARA JULGAR IMPROCEDENTES OS PEDIDOS NA INICIAL. INSURGÊNCIA DO AUTOR. AGRAVO INTERNO PROVIDO. 1. Depreende-se dos autos que: a) o procedimento cirúrgico de colocação de marca-passo era considerado imprescindível para o tratamento da enfermidade acometida pelo autor; b) a cirurgia era de ser realizada com urgência, pois a manutenção do quadro decorrente das arritmias acarretava risco à vida do paciente; e, c) a negativa de cobertura foi considerada indevida. 2. As alegações da parte ré, nas razões do recurso especial, segundo as quais o tratamento, supostamente sem conformidade técnica, teria sido realizado em rede não credenciada e fora da área de abrangência, bem ainda que o procedimento de colocação do marca-passo não estaria coberto diante de cláusula contratual expressa, refogem aos limites da moldura fática delineada pelas instâncias ordinárias, constituindo indevida inovação recursal.
2.1 Tais teses desbordam do objeto da análise a ser realizada por esta Corte Superior, pois, para tanto, seria necessário se imiscuir no quadro fático ensejador do conflito entre as partes, e, também, averiguar o conteúdo de cláusulas contratuais, mecanismos que a um só tempo ensejam inegável supressão de instância e violam os ditames das Súmulas 5 e 7/STJ.
3. Consoante entendimento sedimentado no STJ, o reembolso das despesas médico-hospitalares efetuadas pelo beneficiário fora da rede credenciada somente pode ser admitido em hipóteses excepcionais, que compreendam a inexistência ou insuficiência de serviço credenciado no local — por falta de oferta ou em razão de recusa indevida de cobertura do tratamento —, bem como urgência ou emergência do procedimento, observadas as obrigações contratuais e excluídos os valores que excederem a tabela de preços praticados no respectivo produto.
3.1 No caso concreto, além de se presumir que a enfermidade estava coberta pelo plano de saúde, pois a matéria sequer fora debatida na origem, o procedimento cirúrgico em questão se revestia de urgência/emergência, tendo a operadora negado o tratamento da enfermidade (recusa indevida), razão pela qual é cabível o reembolso pleiteado, no limite da tabela de preços do plano, excluídas as despesas que refogem à cobertura contratual, tais como referentes a hospedagem, transporte e alimentação.
4. O dano moral inicialmente fixado em R$ 100.000,00 (cem mil reais) foi reduzido pela Corte local para R$ 10.000,00 (dez mil reais), ante a recusa sistemática e indevida do plano de saúde no custeio e liberação do tratamento cirúrgico necessário à manutenção da vida do paciente, portanto, com caráter de urgência/emergência. Tal montante é condizente com o abalo sofrido pelo autor e encontra-se nos limites da razoabilidade e proporcionalidade.
4.1 Para modificar as conclusões consignadas no acórdão impugnado e concluir estar exagerado o *quantum* indenizatório como quer a operadora do plano de saúde, seria necessária a incursão no conjunto fático-probatório das provas e nos elementos de convicção dos autos, o que é vedado em sede de recurso especial (Súmula n. 7 do STJ).

No mesmo sentido, operadora de plano de saúde tem a obrigação de custear o transporte sempre que, por indisponibilidade ou inexistência de prestador no município de demanda, pertencente à área geográfica de abrangência do produto, o beneficiário for obrigado a se deslocar para município não limítrofe àquele para a realização do serviço ou procedimento de saúde contratado. Sobre o tema, julgou o STJ:

> RECURSO ESPECIAL. AÇÃO DE OBRIGAÇÃO DE FAZER. AUSÊNCIA DE PREQUESTIONAMENTO. SÚMULA 282/STF. PLANO DE SAÚDE. INDISPONIBILIDADE OU AUSÊNCIA DE PRESTADOR DA REDE ASSISTENCIAL NO MUNICÍPIO DE DEMANDA. NECESSIDADE DE TRANSPORTE DO BENEFICIÁRIO PARA OUTRO MUNICÍPIO NÃO LIMÍTROFE DA MESMA REGIÃO DE SAÚDE. OBRIGAÇÃO DE CUSTEIO DO TRANSPORTE PELA OPERADORA.
> 1. Ação de obrigação de fazer ajuizada em 21.4.2022, da qual foi extraído o presente recurso especial, interposto em 5.7.2023 e concluso ao gabinete em 1.º.12.2023.
> 2. O propósito recursal é decidir se a operadora de plano de saúde tem a obrigação de custear o transporte do beneficiário para a realização do tratamento por prestador integrante da rede assistencial localizado fora do município de demanda, mas na mesma região de saúde.
> 3. A ausência de decisão acerca dos dispositivos legais indicados como violados impede o conhecimento do recurso especial (Súmula 282/STF).
> 4. O art. 16, X, da Lei n. 9.656/1998, dispõe que, dos contratos, regulamentos ou condições gerais dos planos privados de assistência à saúde devem constar dispositivos que indiquem com clareza, dentre outros, a área geográfica de abrangência, a qual, de acordo com a ANS, corresponde à área em que a operadora fica obrigada a garantir todas as coberturas de assistência à saúde contratadas pelo beneficiário, podendo ser nacional, estadual, grupo de estados, municipal ou grupo de municípios (art. 1.º, § 1.º, I, da Resolução Normativa 259/2011 — atual art. 1.º, § 1.º, I, da Resolução Normativa 566/2022 da ANS).
> 5. Por sua vez, o art. 2.º da Resolução Normativa 259/2011 da ANS (atual art. 2.º da Resolução Normativa 566/2022 da ANS) acrescenta que a operadora deverá garantir o atendimento integral dessas coberturas no município onde o beneficiário os demandar, desde que seja integrante da área geográfica de abrangência e da área de atuação do produto.
> 6. Assim como no SUS (art. 2.º, I, Decreto n. 7.508/2011), a saúde suplementar trabalha com o conceito de regiões de saúde (agrupamentos de municípios limítrofes), o qual é dirigido às operadoras com a única finalidade de permitir-lhes integrar a organização, o planejamento e a execução de ações e serviços de saúde que prestam (art. 1.º, § 1.º, V, da Resolução Normativa 259/2011 — atual art. 1.º, § 1.º, V, da Resolução Normativa 566/2022); tal conceito, portanto, não pode ser utilizado como um mecanismo que dificulta o acesso do beneficiário às coberturas de assistência à saúde contratadas.
> 7. Por força do que dispõe o art. 16, X, da Lei n. 9.656/1998, com a regulamentação dada pelo art. 1.º, § 1.º, I, da Resolução Normativa 259/2011 (atual art. 1.º, § 1.º, I, da Resolução

---

5. Agravo interno provido para conhecer em parte do recurso especial da operadora do plano de saúde e, nessa extensão, dar-lhe parcial provimento, mantendo a determinação das instâncias ordinárias quanto ao dever de reembolsar as despesas médico-hospitalares realizadas pelo autor, excluídos os valores que excederem os preços de tabela do plano, bem como os custos com hospedagem, transporte e alimentação, conforme contrato estabelecido entre as partes (AgInt no REsp 1.933.552/ES, Rel. Ministro Luis Felipe Salomão, relator para acórdão Ministro Marco Buzzi, 4.ª T., j. 15.3.2022, *DJe* 25.5.2022).

Normativa 566/2022), e do que determina o art. 2.º da Resolução Normativa 259/2011 (atual art. 2.º da Resolução Normativa 566/2022), interpretados sob a ótica do direito do consumidor, não é razoável que o beneficiário seja obrigado a custear o seu deslocamento para receber atendimento fora do município de demanda integrante da área geográfica de abrangência estabelecida no contrato, sobretudo em município que sequer é limítrofe a este, ainda que ambos sejam da mesma região de saúde, especialmente considerando que a distância entre os municípios de uma mesma região de saúde pode ser bastante longa, ainda mais para quem necessita de tratamento médico.
8. **Seguindo a diretriz do art. 4.º da Resolução Normativa 259/2011 (atual art. 4.º da Resolução Normativa 566/2022 da ANS), conclui-se que a operadora tem a obrigação de custear o transporte sempre que, por indisponibilidade ou inexistência de prestador no município de demanda, pertencente à área geográfica de abrangência do produto, o beneficiário for obrigado a se deslocar para município não limítrofe àquele para a realização do serviço ou procedimento de saúde contratado.**
9. Recurso especial conhecido em parte e, nessa extensão, desprovido, com majoração de honorários (REsp 2.112.090/SP, Rel. Ministra Nancy Andrighi, 3.ª T., j. 19.3.2024, *DJe* 22.3.2024).

10.4.4.1.13. *Transtorno do Espectro Autista (TEA) — Tratamento psicoterápico — Número de sessões ilimitado*

O Superior Tribunal de Justiça vem admitindo que é devida a cobertura do tratamento de psicoterapia para pacientes com Transtorno do Espectro Autista (TEA), sem limite de sessões, nos seguintes termos:

AGRAVO INTERNO NO RECURSO ESPECIAL — AÇÃO CONDENATÓRIA — DECISÃO MONOCRÁTICA QUE NEGOU PROVIMENTO AO RECLAMO. INSURGÊNCIA DA PARTE DEMANDADA.
1. Em relação aos arts. 489 e 1.022 do CPC/15, observa-se que a parte recorrente alegou genericamente sua violação, sem demonstrar, de forma clara, como o acórdão teria incorrido em omissão, contradição ou obscuridade, o que atrai, por analogia, o óbice da Súmula 284/STF.
2. **É devida a cobertura do tratamento de psicoterapia, sem limite de sessões, admitindo-se que está previsto no rol da ANS, nos seguintes termos: a) para o tratamento de autismo, não há mais limitação de sessões no Rol; b) as psicoterapias pelo método ABA estão contempladas no Rol, na sessão de psicoterapia; c) em relatório de recomendação da Comissão Nacional de Incorporação de Tecnologias no Sistema Único de Saúde — Conitec, de novembro de 2021, elucida-se que é adequada a utilização do método da Análise do Comportamento Aplicada — ABA. Precedentes. Súmula 83/STJ.**
3. Agravo interno desprovido (AgInt no REsp 2.020.226/SP, Rel. Ministro Marco Buzzi, 4.ª T., j. 9.10.2023, *DJe* 11.10.2023).[44]

---

[44] Tramitou em segredo de justiça no STJ um processo em que a **Corte Superior entendeu que a "equoterapia e a musicoterapia são de cobertura obrigatória pelas operadoras de planos de saúde para os beneficiários com transtornos globais do desenvolvimento, dentre eles o transtorno do espectro autista** (Rel. Ministra Nancy Andrighi, 3.ª Turma, por unanimidade, j. 20.2.2024, *Informativo* n. 802 do STJ). Também em regime de segredo de justiça, tramitou no STJ processo em que **prevaleceu por unanimidade a tese ser dever do plano de saúde cobrir**, de

A recusa indevida de tratamento em casos como o acima apresentado também gerará o direito à indenização por danos morais. Nesse sentido entendeu o STJ:

> AGRAVO INTERNO NO RECURSO ESPECIAL. CIVIL E PROCESSUAL CIVIL. PLANO DE SAÚDE. COBERTURA. RECUSA INDEVIDA. ANS. ROL TAXATIVO. MITIGAÇÃO. TRANSTORNO DO ESPECTRO AUTISTA. COBERTURA OBRIGATÓRIA. DANOS MORAIS. CABIMENTO. INDENIZAÇÃO. VALOR RAZOÁVEL. REEXAME FÁTICO-PROBATÓRIO. IMPOSSIBILIDADE. SÚMULA N. 7/STJ.
> 1. A Segunda Seção desta Corte Superior uniformizou o entendimento de ser o Rol da ANS, em regra, taxativo, podendo ser mitigado quando atendidos determinados critérios.
> 2. Na espécie, os tratamentos indicados estão relacionados com beneficiário portador de transtorno global do desenvolvimento, sendo exemplos o transtorno do espectro autista (TEA), a Síndrome de Asperger e a Síndrome de Rett.
> 3. A ANS já reconhecia a Terapia ABA como contemplada nas sessões de psicoterapia do Rol da Saúde Suplementar, havendo considerações da CONITEC a respeito da viabilidade não só desse método no tratamento de determinados graus de TEA, mas, também, de outros métodos a serem discutidos com o profissional da saúde.
> **4. A ANS tornou obrigatória a cobertura, pela operadora de plano de saúde, de qualquer método ou técnica indicada pelo profissional de saúde responsável para o tratamento de Transtornos Globais do Desenvolvimento, entre os quais o transtorno do espectro autista, a Síndrome de Asperger e a Síndrome de Rett.**
> 5. A autarquia reguladora também aprovou o fim do limite de consultas e sessões com psicólogos, fonoaudiólogos, terapeutas ocupacionais e fisioterapeutas, além de ter revogado as Diretrizes de Utilização (DU) para tais tratamentos (RN-ANS n. 541/2022).
> **6. O entendimento do Superior Tribunal de Justiça é no sentido de que, ante o reconhecimento de que houve a recusa indevida de cobertura pelo plano de saúde, deve ser reconhecido o direito ao recebimento de indenização, visto que tal fato agrava a situação de aflição psicológica e de angústia do segurado, já abalado e com a saúde debilitada.**
> 7. O caso concreto não comporta a excepcional revisão pelo Superior Tribunal de Justiça do valor da indenização, arbitrado em R$ 5.000, 00 (cinco mil reais), pois não se revela exorbitante para reparar o dano moral decorrente da recusa indevida de cobertura do tratamento médico. Súmula n. 7/STJ.
> 8. Agravo interno não provido (AgInt no REsp 2.022.372/MA, Rel. Ministro Ricardo Villas Bôas Cueva, 3.ª T., j. 2.10.2023, *DJe* 6.10.2023).

Importante destacar, ainda, o direito ao reembolso integral das despesas com tratamento fora da rede credenciada, desde que preenchidos os requisitos estabelecidos pelo STJ:

> RECURSO ESPECIAL. AÇÃO DE OBRIGAÇÃO DE FAZER. NEGATIVA DE PRESTAÇÃO JURISDICIONAL. AUSÊNCIA. PLANO DE SAÚDE. NATUREZA TAXATIVA, EM REGRA, DO ROL DA ANS. TRATAMENTO MULTIDISCIPLINAR

forma ilimitada, as terapias prescritas ao paciente com Síndrome de Down (Rel. Ministro Moura Ribeiro, 3.ª T., por unanimidade, j. 26.8.2024, *DJe* 28.8.2024, *Informativo* n. 826).

PRESCRITO PARA BENEFICIÁRIO PORTADOR DE TRANSTORNO DO ESPECTRO AUTISTA. MUSICOTERAPIA. COBERTURA OBRIGATÓRIA. REEMBOLSO INTEGRAL. EXCEPCIONALIDADE.
1. Ação de obrigação de fazer, ajuizada em 23.10.2020, da qual foi extraído o presente recurso especial, interposto em 6.4.2022 e concluso ao gabinete em 15.12.2022.
2. **O propósito recursal é decidir sobre: (i) a negativa de prestação jurisdicional; (ii) a obrigação de a operadora do plano de saúde cobrir as terapias multidisciplinares prescritas para usuário com transtorno do espectro autista, incluindo a musicoterapia; e (iii) a obrigação de reembolso integral das despesas assumidas pelo beneficiário com o custeio do tratamento realizado fora da rede credenciada.**
3. Devidamente analisadas e discutidas as questões de mérito, e suficientemente fundamentado o acórdão recorrido, de modo a esgotar a prestação jurisdicional, não há falar em violação do art. 1.022, II, do CPC/15.
4. Embora fixando a tese quanto à taxatividade, em regra, do rol de procedimentos e eventos em saúde da ANS, a Segunda Seção negou provimento ao EREsp 1.889.704/SP da operadora do plano de saúde, para manter acórdão da **Terceira Turma que concluiu ser abusiva a recusa de cobertura de sessões de terapias especializadas prescritas para o tratamento de transtorno do espectro autista (TEA).**
5. **Ao julgamento realizado pela Segunda Seção, sobrevieram diversas manifestações da ANS, no sentido de reafirmar a importância das terapias multidisciplinares para os portadores de transtornos globais do desenvolvimento, dentre os quais se inclui o transtorno do espectro autista, e de favorecer, por conseguinte, o seu tratamento integral e ilimitado.**
6. A musicoterapia foi incluída à Política Nacional de Práticas Integrativas e Complementares (PNPIC) no Sistema Único de Saúde, que visa à prevenção de agravos e à promoção e recuperação da saúde, com ênfase na atenção básica, voltada para o cuidado continuado, humanizado e integral em saúde (Portaria n. 849, de 27 de março de 2017, do Ministério da Saúde), sendo de cobertura obrigatória no tratamento multidisciplinar, prescrito pelo médico assistente e realizado por profissional de saúde especializado para tanto, do beneficiário portador de transtorno do espectro autista.
7. **Segundo a jurisprudência, o reembolso das despesas médico-hospitalares efetuadas pelo beneficiário com tratamento/atendimento de saúde fora da rede credenciada pode ser admitido somente em hipóteses excepcionais, tais como a inexistência ou insuficiência de estabelecimento ou profissional credenciado no local e urgência ou emergência do procedimento, e, nessas circunstâncias, poderá ser limitado aos preços e às tabelas efetivamente contratados com o plano de saúde.**
8. Distinguem-se, da hipótese tratada na orientação jurisprudencial sobre o reembolso nos limites do contrato, as situações em que se caracteriza a inexecução do contrato pela operadora, causadora de danos materiais ao beneficiário, a ensejar o direito ao reembolso integral das despesas realizadas por este, a saber: inobservância de prestação assumida no contrato, descumprimento de ordem judicial que determina a cobertura do tratamento ou violação de atos normativos da ANS.
9. **Hipótese em que deve ser mantido o tratamento multidisciplinar prescrito pelo médico assistente para o tratamento de beneficiário portador de transtorno do espectro autista, inclusive as sessões de musicoterapia, sendo devido o reembolso integral apenas se demonstrado o descumprimento da ordem judicial que deferiu a**

antecipação dos efeitos da tutela, observados os limites estabelecidos na sentença e no acórdão recorrido com relação à cobertura da musicoterapia e da psicopedagogia.
10. Recurso especial conhecido e desprovido (REsp 2.043.003/SP, Rel. Ministra Nancy Andrighi, 3.ª T., j. 21.3.2023, *DJe* 23.3.2023).

10.4.4.1.14. Recusa na inscrição de recém-nascido no plano do titular

Segundo entendimento do Superior Tribunal de Justiça, caracteriza prática abusiva recusar inscrição de recém-nascido no plano de saúde do titular, ainda que este seja o avô da criança:

RECURSO ESPECIAL. CIVIL. PLANO DE SAÚDE OBSTÉTRICO. RECÉM-NASCIDO. NETO DO TITULAR. INCLUSÃO NO CONTRATO. POSSIBILIDADE. FILHO DE CONSUMIDOR DEPENDENTE. DIREITO DE INSCRIÇÃO NO PLANO. COBERTURA MÉDICO-HOSPITALAR. GARANTIA LEGAL. PARTO. PRAZO DE 30 DIAS. INTERNAÇÃO. PRAZO SUPERIOR. TRATAMENTO. DESCONTINUIDADE. ABUSIVIDADE. USUÁRIO POR EQUIPARAÇÃO. RECOLHIMENTO DE MENSALIDADES EQUIVALENTES À FAIXA ETÁRIA.
1. Recurso especial interposto contra acórdão publicado na vigência do Código de Processo Civil de 2015 (Enunciados Administrativos n. 2 e 3/STJ).
2. Cinge-se a controvérsia a definir (i) se a operadora é obrigada a inscrever o recém-nascido, filho de dependente e neto do titular, no plano de saúde, na condição de dependente, quando houver requerimento administrativo, e (ii) se a operadora de plano de saúde deve continuar a custear tratamento médico de recém-nascido, internado em UTI neonatal devido a problemas decorrentes de parto prematuro, quando ultrapassado o 30º (trigésimo) dia de seu nascimento.
3. Deve-se assegurar a inclusão no plano de saúde obstétrico, na condição de dependente, do recém-nascido filho do consumidor, o qual, por sua vez, pode ser do consumidor titular ou do consumidor dependente (art. 12, III, "b" da Lei n. 9.656/1998 e arts. 23, II e III, da RN-ANS n. 428/2017 e 21, II e III, da RN-ANS n. 465/2021).
4. A opção de inscrição do recém-nascido no plano de saúde é para filho do titular, bem como para filho de seu dependente. A lei emprega o termo "consumidor", possibilitando a inscrição não só do neonato filho do titular, mas também de seu neto no plano de saúde, na condição de dependente e não de agregado.
5. Independentemente de haver inscrição do recém-nascido no plano de saúde do beneficiário-consumidor, da segmentação hospitalar com obstetrícia, possui o neonato proteção assistencial nos primeiros 30 (trinta) dias depois do parto, sendo considerado, nesse período, um usuário por equiparação, ao lado, portanto, de seu genitor titular ou genitor dependente (art. 12, III, "a", da Lei n. 9.656/1998).
6. O esgotamento do prazo de 30 (trinta) dias após o parto não pode provocar a descontinuidade do tratamento médico-hospitalar, devendo haver a extensão do trintídio legal até a alta médica do recém-nascido.
7. O recém-nascido sem inscrição no plano de saúde não pode ficar ao desamparo enquanto perdurar sua terapia, sendo sua situação análoga à do beneficiário sob tratamento médico, cujo plano coletivo foi extinto. Em ambas as hipóteses deve haver o custeio temporário, pela operadora, das despesas assistenciais até a alta médica,

em observância aos princípios da boa-fé, da função social do contrato, da segurança jurídica e da dignidade da pessoa humana.

8. Nessas situações, exaurido o prazo legal, o neonato não inscrito, a título de contraprestação, deve ser considerado como se inscrito fosse, mesmo que provisoriamente, o que lhe acarreta não o ressarcimento de despesas conforme os valores de tabela da operadora, mas o recolhimento de quantias correspondentes a mensalidades de sua categoria, a exemplo também do que acontece com os beneficiários sob tratamento assistencial em planos extintos.

9. É ilícita a conduta da operadora de plano de saúde que nega a inscrição do recém-nascido no plano de saúde de titularidade do avô, seja a genitora dependente/beneficiária de plano individual ou coletivo. É abusiva também a atitude da operadora que tenta descontinuar o custeio de internação do neonato após ultrapassado o prazo de 30 (trinta) dias de seu nascimento.

10. Na hipótese, com a inscrição do recém-nascido assegurada como dependente no plano de saúde, deverá arcar com os valores de mensalidades correspondentes à sua faixa etária após o exaurimento do período de 30 (trinta) dias, contado do parto.

11. Recurso especial parcialmente provido (REsp 2.049.636/SP, Rel. Ministro Ricardo Villas Bôas Cueva, 3.ª T., j. 25.4.2023, *DJe* 28.4.2023).

10.4.4.1.15. Recusa no fornecimento de medicamento administrável na forma oral em ambiente domiciliar

É abusiva a negativa de tratamento essencial ao controle de doença grave, apenas por ser o medicamento administrável na forma oral em ambiente domiciliar, quando, entre outras circunstâncias, faça parte de tratamento prescrito por médico especialista do paciente consumidor, sendo o fornecimento de fármaco de cobertura obrigatória pelo convênio médico.

Em que pese prevalecer na jurisprudência do Superior Tribunal de Justiça ser lícita a exclusão, na Saúde Suplementar, do fornecimento de medicamentos para tratamento domiciliar, isto é, aqueles prescritos pelo médico assistente para administração em ambiente externo ao de unidade de saúde, **em alguns casos tal fornecimento será obrigatório pelo Plano/Seguro Saúde, tais como: fornecimento de antineoplásicos orais (e correlacionados), a medicação assistida (*home care*) e os incluídos no Rol da ANS para esse fim**. Este o entendimento do STJ no julgamento do AgInt no AREsp 2251773:

AGRAVO INTERNO NO AGRAVO EM RECURSO ESPECIAL. DECISÃO DA PRESIDÊNCIA. RECONSIDERAÇÃO. NOVO EXAME DO RECURSO. AÇÃO DE OBRIGAÇÃO DE FAZER. PLANO DE SAÚDE. ESCLEROSE MÚLTIPLA. MEDICAMENTO DE USO DOMICILIAR. PECULIARIDADES DO CASO QUE AUTORIZAM O RECONHECIMENTO DO EXCEPCIONAL DEVER DE COBERTURA. AGRAVO INTERNO PROVIDO PARA CONHECER DO AGRAVO EM RECURSO ESPECIAL. RECURSO ESPECIAL PROVIDO.

1. Não subsiste a incidência da Súmula 182/STJ na espécie, utilizada pela Presidência desta Corte para não conhecer do reclamo, na medida em que a parte agravante impugnou todos os fundamentos da decisão de inadmissibilidade do recurso especial. Decisão proferida pela Presidência desta Corte reconsiderada, para se conhecer do agravo.

2. Em relação à alegada negativa de prestação jurisdicional, embora se constatem omissões no acórdão recorrido, é cabível, na hipótese, o reconhecimento do prequestionamento ficto (art. 1.025 do CPC), tendo em vista que foi alegada violação do artigo 1.022 do CPC nas razões do recurso especial e o enfrentamento da matéria omissa independe do revolvimento de questões fáticas.

3. No mérito, a controvérsia diz respeito à legitimidade da recusa da operadora de plano de saúde em fornecer à recorrente o medicamento fingolimode, na forma oral, para tratamento de esclerose múltipla, por se tratar de fármaco de uso domiciliar, para o qual não há previsão legal ou contratual de cobertura obrigatória.

3.1. Consoante entendimento desta Corte Superior, é lícita a exclusão, na Saúde Suplementar, do fornecimento de medicamentos para tratamento domiciliar, isto é, aqueles prescritos pelo médico assistente para administração em ambiente externo ao de unidade de saúde, salvo os antineoplásicos orais (e correlacionados), a medicação assistida (*home care*) e os incluídos no Rol da ANS para esse fim.

3.2. Todavia, o caso concreto apresenta peculiaridades que justificam a aplicação de entendimento diverso, quais sejam: (i) o medicamento solicitado é registrado pela Anvisa e expressamente indicado para o tratamento de esclerose múltipla; (ii) embora o fingolimode não esteja previsto como de cobertura obrigatória no anexo II da RN 465/2021, as diretrizes técnicas da ANS orientam o seu uso como segunda ou terceira linha de tratamento, que, inclusive, deve ser necessariamente utilizada pelo paciente como requisito para a cobertura obrigatória do medicamento previsto para a linha de tratamento subsequente; (iii) demonstrou-se a imprescindibilidade do fingolimode para evitar que a recorrente tenha surtos da doença, com degeneração neurológica progressiva e desenvolvimento de sequelas incapacitantes irreversíveis; (iv) a insurgente já utilizou, sem sucesso, os outros medicamentos injetáveis previstos como primeira linha de tratamento, sendo necessário, segundo a orientação da médica assistente, condizente com as diretrizes técnicas da ANS e o PCDT do Ministério da Saúde, seguir o escalonamento do tratamento; (v) o custo do fingolimode é inferior ao de outras opções de tratamento injetáveis.

4. Nesse cenário, não é razoável exigir que a recorrente passe, de plano, para a etapa subsequente de tratamento, na contramão das recomendações dos órgãos técnicos e da médica assistente, e que seja submetida a tratamento injetável, realizado em ambiente hospitalar, quando pode fazer uso de tratamento via oral, mais prático, indolor e sem gastos com deslocamento e dispêndio de tempo, além de representar custo inferior para a operadora do plano de saúde, não afetando o equilíbrio contratual.

4.1. Conclui-se, assim, que a negativa de cobertura do medicamento, na hipótese, revela-se abusiva.

5. Agravo interno provido para reconsiderar a decisão e, em novo exame, conhecer do agravo para conhecer e dar provimento ao recurso especial (AgInt no AREsp 2.251.773/DF, Rel. Ministro Antonio Carlos Ferreira, relator para acórdão Ministro Marco Buzzi, 4.ª T., j. 21.5.2024, *DJe* 23.9.2024).

Ademais, como bem destacou o Ministro Relator do aludido julgado, não é razoável exigir que o consumidor seja submetido a "tratamento injetável, realizado em ambiente hospitalar, quando pode fazer uso de tratamento via oral, mais prático, indolor e sem gastos com deslocamento e dispêndio de tempo, além de representar custo inferior para a operadora do plano de saúde, não afetando o equilíbrio contratual".

Desta forma, é obrigatório o fornecimento de medicação administrável na forma oral em ambiente domiciliar para tratamento de doenças graves como: (i) câncer (antineoplásicos orais); (ii) doenças correlatas (ex.: Fibrose Pulmonar Idiopática — FPI e Esclerose Múltipla); (iii) medicação assistida (*home care*), e; (iv) medicamentos incluídos no Rol da ANS.

10.4.4.1.16. Recusa no fornecimento de terapias multidisciplinares para portador de distrofia muscular congênita

As terapias multidisciplinares prescritas por médico assistente para o tratamento de beneficiário de plano de saúde portador de distrofia muscular congênita, executadas em estabelecimento de saúde, por profissional devidamente habilitado, devem ser cobertas pela operadora, sem limites de sessões. Sobre o tema entende o Superior Tribunal de Justiça:

> RECURSO ESPECIAL. NEGATIVA DE PRESTAÇÃO JURISDICIONAL. AUSÊNCIA. FUNDAMENTO NÃO IMPUGNADO. SÚMULA 283/STF. AÇÃO DE OBRIGAÇÃO DE FAZER. PRESCRIÇÃO DE TERAPIAS MULTIDISCIPLINARES PARA TRATAMENTO DE BENEFICIÁRIO PORTADOR DE DISTROFIA MUSCULAR CONGÊNITA. TÉCNICAS ADOTADAS DURANTE AS SESSÕES DE FISIOTERAPIA, TERAPIA OCUPACIONAL E FONOAUDIOLOGIA. PREVISÃO NO ROL DA ANS SEM DIRETRIZES DE UTILIZAÇÃO. EFICÁCIA RECONHECIDA PELO CONSELHO FEDERAL DO PROFISSIONAL DE SAÚDE RESPONSÁVEL PELA REALIZAÇÃO DO PROCEDIMENTO.
> 1. Ação de obrigação de fazer ajuizada em 25.6.2021, da qual foi extraído o presente recurso especial, interposto em 22.7.2022 e concluso ao gabinete em 19.4.2023.
> 2. O propósito recursal é decidir sobre: (i) a negativa de prestação jurisdicional; (ii) a obrigação de cobertura, pela operadora de plano de saúde, de terapias multidisciplinares (fisioterapia motora neuromuscular, fisioterapia respiratória neuromuscular, terapia ocupacional neuromuscular, fonoterapia neuromuscular e acompanhamento nutricional especializado em deficiência neuromuscular) prescritas pelo médico assistente para o tratamento de beneficiário portador de distrofia muscular congênita; (iii) o valor do reembolso.
> 3. A existência de fundamento não impugnado — quando suficiente para a manutenção das conclusões do acórdão recorrido — impede a apreciação do recurso especial (Súmula 283/STF).
> 4. Devidamente analisadas e discutidas as questões de mérito, e suficientemente fundamentado o acórdão recorrido, de modo a esgotar a prestação jurisdicional, não há falar em violação do art. 1.022 do CPC/15.
> 5. **Das normas regulamentares e manifestações da ANS, extraem-se duas conclusões: a primeira, de que as sessões com fonoaudiólogos, psicólogos, terapeutas ocupacionais e fisioterapeutas são ilimitadas para todos os beneficiários, independentemente da doença que os acomete; a segunda, de que a operadora deverá garantir a realização do procedimento previsto no rol e indicado pelo profissional assistente, cabendo ao prestador apto a executá-lo a escolha da técnica, método, terapia, abordagem ou manejo empregado.**
> 6. A fisioterapia neuromuscular, motora e respiratória, a terapia ocupacional neuromuscular, a hidroterapia com fisioterapia neuromuscular, assim como a fonoterapia

voltada à reabilitação de doença neuromuscular, constituem técnicas, métodos, terapias, abordagens ou manejos a serem utilizados pelo profissional habilitado a realizar o procedimento previsto no rol — sessões com fisioterapeuta, terapeuta ocupacional e fonoaudiólogo — e indicado pelo médico assistente, em conformidade com a legislação específica sobre as profissões de saúde e a regulamentação de seus respectivos conselhos, sem limites do número de sessões.
7. Hipótese em que as terapias multidisciplinares prescritas pelo médico assistente para o tratamento do beneficiário, executadas em estabelecimento de saúde, por profissional devidamente habilitado, devem ser cobertas pela operadora, sem limites de sessões.
8. Recurso especial conhecido em parte e, nessa extensão, desprovido, com majoração de honorários (REsp 2.061.135/SP, Rel. Ministra Nancy Andrighi, 3.ª T., j. 11.6.2024, *DJe* 14.6.2024).

10.4.4.2. O Poder Público e o dever constitucional de manutenção da saúde

O Poder Público também tem o dever de arcar com a manutenção da saúde da população, nos termos do art. 196 da Constituição Federal. Sobre o tema, é pacífico o entendimento do Superior Tribunal de Justiça no sentido de obrigar o Estado a fornecer medicamentos não incorporados em atos normativos do SUS, desde que presentes certos requisitos:

ADMINISTRATIVO. RECURSO ESPECIAL REPRESENTATIVO DE CONTROVÉRSIA. TEMA 106. JULGAMENTO SOB O RITO DO ART. 1.036 DO CPC/2015. FORNECIMENTO DE MEDICAMENTOS NÃO CONSTANTES DOS ATOS NORMATIVOS DO SUS. POSSIBILIDADE. CARÁTER EXCEPCIONAL. REQUISITOS CUMULATIVOS PARA O FORNECIMENTO. 1. Caso dos autos: A ora recorrida, conforme consta do receituário e do laudo médico (fls. 14-15, e-STJ), é portadora de glaucoma crônico bilateral (CID 440.1), necessitando fazer uso contínuo de medicamentos (colírios: azorga 5 ml, glaub 5 ml e optive 15 ml), na forma prescrita por médico em atendimento pelo Sistema Único de Saúde — SUS. A Corte de origem entendeu que foi devidamente demonstrada a necessidade da ora recorrida em receber a medicação pleiteada, bem como a ausência de condições financeiras para aquisição dos medicamentos. 2. Alegações da recorrente: Destacou-se que a assistência farmacêutica estatal apenas pode ser prestada por intermédio da entrega de medicamentos prescritos em conformidade com os Protocolos Clínicos incorporados ao SUS ou, na hipótese de inexistência de protocolo, com o fornecimento de medicamentos constantes em listas editadas pelos entes públicos. Subsidiariamente, pede que seja reconhecida a possibilidade de substituição do medicamento pleiteado por outros já padronizados e disponibilizados. 3. **Tese afetada: Obrigatoriedade do poder público de fornecer medicamentos não incorporados em atos normativos do SUS (Tema 106)**. Trata-se, portanto, exclusivamente do fornecimento de medicamento, previsto no inciso I do art. 19-M da Lei n. 8.080/1990, não se analisando os casos de outras alternativas terapêuticas. 4. **TESE PARA FINS DO ART. 1.036 DO CPC/2015 A concessão dos medicamentos não incorporados em atos normativos do SUS exige a presença cumulativa dos seguintes requisitos: (i) Comprovação, por meio de laudo médico fundamentado e circunstanciado expedido por médico que assiste o paciente, da imprescindibilidade ou necessidade do medicamento, assim como da ineficácia, para o tratamento da** moléstia, dos fármacos fornecidos pelo SUS; (ii) incapacidade financeira de arcar com o custo do medicamento prescrito; (iii) existência de registro na ANVISA do medicamento. 5. Recurso especial do Estado do Rio de Janeiro não provido. Acórdão submetido à sistemática do art. 1.036 do CPC/2015 (REsp 1.657.156/RJ, Rel. Ministro Benedito Gonçalves, 1.ª Seção, j. 25.4.2018, *DJe* 4.5.2018).

No entanto, **o Poder Público não está obrigado a fornecer, em regra, medicamento não registrado pela ANVISA**. O Supremo Tribunal Federal admite, excepcionalmente, o fornecimento pelo Estado de medicamento não registrado, desde que cumpridos os requisitos pontuados na tese fixada na decisão que apreciou o **Tema 500 da repercussão geral RE 657.718**, ao dar parcial provimento ao citado recurso extraordinário, nos termos do voto do Ministro Roberto Barroso, Redator para o acórdão, vencidos os Ministros Marco Aurélio (Relator) e Dias Toffoli (Presidente):

1. O Estado não pode ser obrigado a fornecer medicamentos experimentais. 2. A ausência de registro na ANVISA impede, como regra geral, o fornecimento de medicamento por decisão judicial. 3. É possível, excepcionalmente, a concessão judicial de medicamento sem registro sanitário, em caso de mora irrazoável da ANVISA em apreciar o pedido (prazo superior ao previsto na Lei n. 13.411/2016), quando preenchidos três requisitos: (i) a existência de pedido de registro do medicamento no Brasil (salvo no caso de medicamentos órfãos para doenças raras e ultrarraras); (ii) a existência de registro do medicamento em renomadas agências de regulação no exterior; e (iii) a inexistência de substituto terapêutico com registro no Brasil. 4. As ações que demandem fornecimento de medicamentos sem registro na ANVISA deverão necessariamente ser propostas em face da União (22.5.2019).

No julgamento do Recurso Extraordinário n. 1.165.959, em que se apreciou o **Tema 1.161 de Repercussão Geral**, o Plenário do **STF decidiu sobre a responsabilidade do Estado no fornecimento de fármaco que, embora não possua registro na Anvisa, tem sua importação autorizada pela mesma agência**:

CONSTITUCIONAL. DIREITO À SAÚDE. FORNECIMENTO EXCEPCIONAL DE MEDICAMENTO SEM REGISTRO NA ANVISA, MAS COM IMPORTAÇÃO AUTORIZADA PELA AGÊNCIA. POSSIBILIDADE DESDE QUE HAJA COMPROVAÇÃO DE HIPOSSUFICIÊNCIA ECONÔMICA. DESPROVIMENTO DO RECURSO EXTRAORDINÁRIO.
1. Em regra, o Poder Público não pode ser obrigado, por decisão judicial, a fornecer medicamentos não registrados na Agência Nacional de Vigilância Sanitária (Anvisa), tendo em vista que o registro representa medida necessária para assegurar que o fármaco é seguro, eficaz e de qualidade.
2. Possibilidade, em caráter de excepcionalidade, de fornecimento gratuito do Medicamento "Hemp Oil Paste RSHO", à base de canabidiol, sem registro na Anvisa, mas com importação autorizada por pessoa física, para uso próprio, mediante prescrição de profissional legalmente habilitado, para tratamento de saúde, desde que demonstrada a hipossuficiência econômica do requerente.
3. Excepcionalidade na assistência terapêutica gratuita pelo Poder Público, presentes os requisitos apontados pelo Plenário do Supremo Tribunal Federal, sob a sistemática da repercussão geral: RE 566.471 (Tema 6) e RE 657.718 (Tema 500).

4. Recurso extraordinário a que se nega provimento, com a fixação da seguinte tese de repercussão geral para o Tema 1.161: "Cabe ao Estado fornecer, em termos excepcionais, medicamento que, embora não possua registro na Anvisa, tem a sua importação autorizada pela agência de vigilância sanitária, desde que comprovada a incapacidade econômica do paciente, a imprescindibilidade clínica do tratamento, e a impossibilidade de substituição por outro similar constante das listas oficiais de dispensação de medicamentos e os protocolos de intervenção terapêutica do SUS" (*DJe* 22.10.2021).

Outro julgamento importante que merece destaque envolve o Tema 6 e o julgamento pelo Supremo Tribunal Federal do Recurso Extraordinário 566.471/RN, em que foram definidos os critérios para o fornecimento pelo Poder Público de medicamento registrado na ANVISA, independentemente do custo, mas não incluído nas listas de dispensação do Sistema Único de Saúde (SUS). A seguir as teses fixadas no aludido julgado:

"**1. A ausência de inclusão de medicamento nas listas de dispensação do Sistema Único de Saúde — SUS (RENAME, RESME, REMUME, entre outras) impede, como regra geral, o fornecimento do fármaco por decisão judicial, independentemente do custo. 2. É possível, excepcionalmente, a concessão judicial de medicamento registrado na ANVISA, mas não incorporado às listas de dispensação do Sistema Único de Saúde, desde que preenchidos, cumulativamente, os seguintes requisitos, cujo ônus probatório incumbe ao autor da ação: (a) negativa de fornecimento do medicamento na via administrativa, nos termos do item '4' do Tema 1.234 da repercussão geral; (b) ilegalidade do ato de não incorporação do medicamento pela Conitec, ausência de pedido de incorporação ou da mora na sua apreciação, tendo em vista os prazos e critérios previstos nos artigos 19-Q e 19-R da Lei n. 8.080/1990 e no Decreto n. 7.646/2011; (c) impossibilidade de substituição por outro medicamento constante das listas do SUS e dos protocolos clínicos e diretrizes terapêuticas; (d) comprovação, à luz da medicina baseada em evidências, da eficácia, acurácia, efetividade e segurança do fármaco, necessariamente respaldadas por evidências científicas de alto nível, ou seja, unicamente ensaios clínicos randomizados e revisão sistemática ou meta-análise; (e) imprescindibilidade clínica do tratamento, comprovada mediante laudo médico fundamentado, descrevendo inclusive qual o tratamento já realizado; e (f) incapacidade financeira de arcar com o custeio do medicamento. 3. Sob pena de nulidade da decisão judicial, nos termos do artigo 489, § 1.º, incisos V e VI, e artigo 927, inciso III, § 1.º, ambos do Código de Processo Civil, o Poder Judiciário, ao apreciar pedido de concessão de medicamentos não incorporados, deverá obrigatoriamente: (a) analisar o ato administrativo comissivo ou omissivo de não incorporação pela Conitec ou da negativa de fornecimento da via administrativa, à luz das circunstâncias do caso concreto e da legislação de regência, especialmente a política pública do SUS, não sendo possível a incursão no mérito do ato administrativo; (b) aferir a presença dos requisitos de dispensação do medicamento, previstos no item 2, a partir da prévia consulta ao Núcleo de Apoio Técnico do Poder Judiciário (NATJUS), sempre que disponível na respectiva jurisdição, ou a entes ou pessoas com expertise técnica na área, não podendo fundamentar a sua decisão unicamente em prescrição, relatório ou laudo médico juntado aos autos pelo autor da ação; e (c) no caso de deferimento judicial do fármaco, oficiar aos órgãos competentes para avaliarem a possibilidade de sua incorporação no âmbito do SUS".**

Polêmica grande a respeito do assunto consiste em saber se em sendo responsabilidade solidária de todos os entes da Federação promover o dever constitucional de manutenção da saúde à população brasileira, **seria obrigatória a participação da União e, em caso de resposta afirmativa, a competência deveria ser deslocada para a Justiça Federal, por conta do disposto no art. 109, inciso I, da CF?** Vejamos a evolução do posicionamento do Supremo Tribunal Federal:

No julgamento do Recurso Extraordinário 855.178, em que foi fixado o Tema 793 de Repercussão Geral, soba a Relatoria do Ministro Luiz Fux, o Plenário do Supremo Tribunal Federal reafirmou sua jurisprudência dominante à época, decidindo pela responsabilidade solidária dos entes federados quanto à prestação do direito à saúde, nos termos seguintes:

> RECURSO EXTRAORDINÁRIO. CONSTITUCIONAL E ADMINISTRATIVO. DIREITO À SAÚDE. TRATAMENTO MÉDICO. RESPONSABILIDADE SOLIDÁRIA DOS ENTES FEDERADOS. REPERCUSSÃO GERAL RECONHECIDA. REAFIRMAÇÃO DE JURISPRUDÊNCIA.
> **O tratamento médico adequado aos necessitados se insere no rol dos deveres do Estado, porquanto responsabilidade solidária dos entes federados. O polo passivo pode ser composto por qualquer um deles, isolada ou conjuntamente** (*DJe* 16.3.2015).

Opostos embargos de declaração pela União Federal, o Plenário do Supremo Tribunal Federal evoluiu no seu entendimento e assentou:

> CONSTITUCIONAL E ADMINISTRATIVO. EMBARGOS DE DECLARAÇÃO EM RECURSO EXTRAORDINÁRIO COM REPERCUSSÃO GERAL RECONHECIDA. AUSÊNCIA DE OMISSÃO, CONTRADIÇÃO OU OBSCURIDADE. DESENVOLVIMENTO DO PRECEDENTE. POSSIBILIDADE. RESPONSABILIDADE SOLIDÁRIA NAS DEMANDAS PRESTACIONAIS NA ÁREA DA SAÚDE. DESPROVIMENTO DOS EMBARGOS DE DECLARAÇÃO.
> 1. É da jurisprudência do Supremo Tribunal Federal que o tratamento médico adequado aos necessitados se insere no rol dos deveres do Estado, porquanto responsabilidade solidária dos entes federados. O polo passivo pode ser composto por qualquer um deles, isolada ou conjuntamente.
> 2. A fim de otimizar a compensação entre os entes federados, compete à autoridade judicial, diante dos critérios constitucionais de descentralização e hierarquização, direcionar, caso a caso, o cumprimento conforme as regras de repartição de competências e determinar o ressarcimento a quem suportou o ônus financeiro.
> **3. As ações que demandem fornecimento de medicamentos sem registro na Anvisa deverão necessariamente ser propostas em face da União. Precedente específico: RE 657.718, Rel. Ministro Alexandre de Moraes.**
> 4. Embargos de declaração desprovidos (RE 855.178, Redator p/ Acórdão o Ministro Edson Fachin, *DJe* 16.4.2020).

Em julgados mais recentes o STF vem exigindo a participação da União nesse tipo de demanda:

> AGRAVO INTERNO. RECURSO EXTRAORDINÁRIO. RESPONSABILIDADE SOLIDÁRIA DOS ENTES FEDERADOS QUANTO AO DEVER DE PRESTAR

> ASSISTÊNCIA À SAÚDE. TEMA 793. FORNECIMENTO DE MEDICAMENTO NÃO INCLUÍDO NAS POLÍTICAS PÚBLICAS DE SAÚDE. INCLUSÃO DA UNIÃO NO POLO PASSIVO. ACÓRDÃO RECORRIDO EM CONFORMIDADE COM A JURISPRUDÊNCIA DESTA SUPREMA CORTE.
> 1. O Supremo Tribunal Federal, no julgamento do RE 855.178- RG (Rel. Ministro Luiz Fux, Tema 793), examinou a repercussão geral da questão constitucional debatida nestes autos e reafirmou a jurisprudência desta Corte no sentido de que: "Os entes da Federação, em decorrência da competência comum, são solidariamente responsáveis nas demandas prestacionais na área da saúde, e diante dos critérios constitucionais de descentralização e hierarquização, compete à autoridade judicial direcionar o cumprimento conforme as regras de repartição de competências e determinar o ressarcimento a quem suportou o ônus financeiro."
> **2. A União necessariamente comporá o polo passivo da ação que visa ao fornecimento de medicamento não disponibilizado pelo Poder Público, considerando que o Ministério da Saúde detém competência para a incorporação, exclusão ou alteração de novos medicamentos, produtos, procedimentos, bem como constituição ou a alteração de protocolo clínico ou de diretriz terapêutica.**
> 3. Agravo Interno a que se nega provimento (RE 1.360.507-AgR, Rel. Ministro Alexandre de Moraes, 1.ª T., *DJe* 8.3.2022).[45]

Em sentido contrário, cabe destacar a decisão na Rcl 53.632, de Relatoria do Ministro André Mendonça, publicada no *DJe* de 30.5.2022, no sentido de que a **inclusão da União no polo passivo somente seria exigida no caso de fornecimento de medicamentos não registrados na Anvisa**, em conformidade com o Tema 500 mencionado.

---

[45] No mesmo sentido: "Agravo regimental na reclamação. 2. Direito Constitucional. 3. Direito à saúde. Responsabilidade solidária. 4. Fornecimento de medicamento não incluído nas políticas públicas. A União necessariamente comporá o polo passivo, considerando que o Ministério da Saúde detém competência para a incorporação, exclusão ou alteração de novos medicamentos, produtos, procedimentos, bem como constituição ou a alteração de protocolo clínico ou de diretriz terapêutica. Aplicação correta do tema 793. Precedente. 5. Ausência de argumentos capazes de infirmar a decisão agravada. 6. Negado provimento ao agravo regimental" (Rcl 48.760-AgR, Rel. Ministro Gilmar Mendes, 2.ª T., *DJe* 11.10.2021) E ainda: Rcl 52.862-AgR, Rel. Ministra Cármen Lúcia, 1.ª T., *DJe* 1.º.6.2022; Rcl 50.412-AgR-AgR, Rel. Ministra Cármen Lúcia, 1.ª T., *DJe* 18.5.2022; Rcl 51.375-AgR-terceiro, Rel. Ministra Cármen Lúcia, 1.ª T., *DJe* 18.5.2022; Rcl 49.918-AgR-ED, Rel. Ministra Cármen Lúcia, 1.ª T., *DJe* 28.4.2022; Rcl 49.890, Rel. Ministro Dias Toffoli, 1.ª T., *DJe* 23.3.2022; Rcl 50.414, Rel. Ministro Dias Toffoli, 1.ª T., *DJe* 23.3.2022; Rcl 50.715-AgR, Rel. Ministro Alexandre de Moraes, 1.ª T., *DJe* 23.5.2022; Rcl 50.866-AgR, Rel. Ministro Alexandre de Moraes, 1.ª T., *DJe* 8.4.2022; Rcl 50.649, Rel. Ministro Alexandre de Moraes, 1.ª T., *DJe* 23.5.2022; Rcl 50.481-AgR, Rel. Ministro Alexandre de Moraes, 1.ª T., *DJe* 23.5.2022; Rcl 50.458-AgR, Rel. Ministro Alexandre de Moraes, 1.ª T., *DJe* 23.5.2022. Também as seguintes decisões monocráticas: Rcl 53.732, Rel. Ministro Dias Toffoli, *DJe* 3.6.2022; Rcl 51.698, Rel. Ministro Gilmar Mendes, *DJe* 31.5.2022; RE 1.384.325, Rel. Ministro Alexandre de Moraes, *DJe* 30.5.2022; RE 1.360.949, Rel. Ministro Ricardo Lewandowski, *DJe* 20.1.2022; RE 1.332.756, Rel. Ministro Edson Fachin, *DJe* 7.1.2022; RE 1.326.082, Rel. Ministra Cármen Lúcia, *DJe* 10.1.2022; RE 1.357.468, Rel. Ministro Roberto Barroso, *DJe* 7.1.2022; Rcl 50.941, Rel. Ministro Gilmar Mendes, *DJe* 10.12.2021; RE 1.349.838, Rel. Ministra Cármen Lúcia, *DJe* 7.12.2021; Rcl 50.597-MC, Rel. Ministro Dias Toffoli, *DJe* 1.º.12.2021.

Diante da polêmica apresentada, o Pretório Excelso reconheceu no dia 8 de setembro de 2022 a Repercussão Geral do assunto no RE 1366243 e a admissibilidade do Tema 1.234, nos seguintes termos:

> RECURSO EXTRAORDINÁRIO. CONSTITUCIONAL E ADMINISTRATIVO. FORNECIMENTO DE MEDICAMENTOS REGISTRADOS NA AGÊNCIA NACIONAL DE VIGILÂNCIA SANITÁRIA — ANVISA, MAS NÃO PADRONIZADOS NO SISTEMA ÚNICO DE SAÚDE — SUS. INTERESSE PROCESSUAL DA UNIÃO. SOLIDARIEDADE DOS ENTES FEDERADOS. COMPETÊNCIA PARA PROCESSAMENTO DA CAUSA. MULTIPLICIDADE DE RECURSOS EXTRAORDINÁRIOS. PAPEL UNIFORMIZADOR DO SUPREMO TRIBUNAL FEDERAL. RELEVÂNCIA DA QUESTÃO CONSTITUCIONAL. MANIFESTAÇÃO PELA EXISTÊNCIA DE REPERCUSSÃO GERAL.
>
> **Tema: 1.234 — Legitimidade passiva da União e competência da Justiça Federal, nas demandas que versem sobre fornecimento de medicamentos registrados na Agência Nacional de Vigilância Sanitária — Anvisa, mas não padronizados no Sistema Único de Saúde — SUS.**

No julgamento do Recurso Extraordinário 1.366.243/SC pelo Regime de Repercussão Geral e do Tema 1.234, em autocomposição no STF, os entes federativos acordaram sobre as diretrizes a serem observadas nas ações judiciais de fornecimento de medicamentos pelo Sistema Único de Saúde (SUS), em especial sobre a uniformização da nomenclatura dos medicamentos incorporados ou não incorporados na política pública do SUS, a competência jurisdicional, a responsabilidade pelo custeio dos medicamentos e a implementação de uma plataforma nacional com informações a respeito das demandas de medicamentos. As teses fixadas no referido julgado foram:

> "I — Competência. 1) Para fins de fixação de competência, as demandas relativas a medicamentos não incorporados na política pública do SUS, mas com registro na ANVISA, tramitarão perante a Justiça Federal, nos termos do art. 109, I, da Constituição Federal, quando o valor do tratamento anual específico do fármaco ou do princípio ativo, com base no Preço Máximo de Venda do Governo (PMVG — situado na alíquota zero), divulgado pela Câmara de Regulação do Mercado de Medicamentos (CMED — Lei n. 10.742/2003), for igual ou superior ao valor de 210 salários mínimos, na forma do art. 292 do CPC. 1.1) Existindo mais de um medicamento do mesmo princípio ativo e não sendo solicitado um fármaco específico, considera-se, para efeito de competência, aquele listado no menor valor na lista CMED (PMVG, situado na alíquota zero). 1.2) No caso de inexistir valor fixado na lista CMED, considera-se o valor do tratamento anual do medicamento solicitado na demanda, podendo o magistrado, em caso de impugnação pela parte requerida, solicitar auxílio à CMED, na forma do art. 7.º da Lei n. 10.742/2003. 1.3) Caso inexista resposta em tempo hábil da CMED, o juiz analisará de acordo com o orçamento trazido pela parte autora. 1.4) No caso de cumulação de pedidos, para fins de competência, será considerado apenas o valor do(s) medicamento(s) não incorporado(s) que deverá(ão) ser somado(s), independentemente da existência de cumulação alternativa de outros pedidos envolvendo obrigação de fazer, pagar ou de entregar coisa certa. II — Definição de Medicamentos Não Incorporados. 2.1) Consideram-se medicamentos não incorporados aqueles que não constam na política pública do SUS; medicamentos previstos nos PCDTs para

outras finalidades; medicamentos sem registro na ANVISA; e medicamentos *off label* sem PCDT ou que não integrem listas do componente básico. 2.1.1) Conforme decidido pelo Supremo Tribunal Federal na tese fixada no Tema 500 da sistemática da repercussão geral, é mantida a competência da Justiça Federal em relação às ações que demandem fornecimento de medicamentos sem registro na Anvisa, as quais deverão necessariamente ser propostas em face da União, observadas as especificidades já definidas no aludido tema. III — Custeio. 3) As ações de fornecimento de medicamentos incorporados ou não incorporados, que se inserirem na competência da Justiça Federal, serão custeadas integralmente pela União, cabendo, em caso de haver condenação supletiva dos Estados e do Distrito Federal, o ressarcimento integral pela União, via repasses Fundo a Fundo (FNS ao FES), na situação de ocorrer redirecionamento pela impossibilidade de cumprimento por aquela, a ser implementado mediante ato do Ministério da Saúde, previamente pactuado em instância tripartite, no prazo de até 90 dias. 3.1) Figurando somente a União no polo passivo, cabe ao magistrado, se necessário, promover a inclusão do Estado ou Município para possibilitar o cumprimento efetivo da decisão, o que não importará em responsabilidade financeira nem em ônus de sucumbência, devendo ser realizado o ressarcimento pela via acima indicada em caso de eventual custo financeiro ser arcado pelos referidos entes. 3.2) Na determinação judicial de fornecimento do medicamento, o magistrado deverá estabelecer que o valor de venda do medicamento seja limitado ao preço com desconto, proposto no processo de incorporação na Conitec (se for o caso, considerando o *venire contra factum proprium/tu quoque* e observado o índice de reajuste anual de preço de medicamentos definido pela CMED), ou valor já praticado pelo ente em compra pública, aquele que seja identificado como menor valor, tal como previsto na parte final do art. 9.º na Recomendação 146, de 28.11.2023, do CNJ. Sob nenhuma hipótese, poderá haver pagamento judicial às pessoas físicas/jurídicas acima descritas em valor superior ao teto do PMVG, devendo ser operacionalizado pela serventia judicial junto ao fabricante ou distribuidor. 3.3) As ações que permanecerem na Justiça Estadual e cuidarem de medicamentos não incorporados, as quais impuserem condenações aos Estados e Municípios, serão ressarcidas pela União, via repasses Fundo a Fundo (FNS ao FES ou ao FMS). Figurando somente um dos entes no polo passivo, cabe ao magistrado, se necessário, promover a inclusão do outro para possibilitar o cumprimento efetivo da decisão. 3.3.1) O ressarcimento descrito no item 3.3 ocorrerá no percentual de 65% (sessenta e cinco por cento) dos desembolsos decorrentes de condenações oriundas de ações cujo valor da causa seja superior a 7 (sete) e inferior a 210 (duzentos e dez) salários mínimos, a ser implementado mediante ato do Ministério da Saúde, previamente pactuado em instância tripartite, no prazo de até 90 dias. 3.4) Para fins de ressarcimento interfederativo, quanto aos medicamentos para tratamento oncológico, as ações ajuizadas previamente a 10 de junho de 2024 serão ressarcidas pela União na proporção de 80% (oitenta por cento) do valor total pago por Estados e por Municípios, independentemente do trânsito em julgado da decisão, a ser implementado mediante ato do Ministério da Saúde, previamente pactuado em instância tripartite, no prazo de até 90 dias. O ressarcimento para os casos posteriores a 10 de junho de 2024 deverá ser pactuado na CIT, no mesmo prazo. IV — Análise judicial do ato administrativo de indeferimento de medicamento pelo SUS. 4) Sob pena de nulidade do ato jurisdicional (art. 489, § 1.º, V e VI, c/c art. 927, III, § 1.º, ambos do CPC), o Poder Judiciário, ao apreciar pedido de concessão de medicamentos não incorporados, deverá obrigatoriamente analisar o ato administrativo comissivo ou omissivo da não incorporação pela Conitec e da negativa de fornecimento na via administrativa, tal como acordado entre os

Entes Federativos em autocomposição no Supremo Tribunal Federal. 4.1) No exercício do controle de legalidade, o Poder Judiciário não pode substituir a vontade do administrador, mas tão somente verificar se o ato administrativo específico daquele caso concreto está em conformidade com as balizas presentes na Constituição Federal, na legislação de regência e na política pública no SUS. 4.2) A análise jurisdicional do ato administrativo que indefere o fornecimento de medicamento não incorporado restringe-se ao exame da regularidade do procedimento e da legalidade do ato de não incorporação e do ato administrativo questionado, à luz do controle de legalidade e da teoria dos motivos determinantes, não sendo possível incursão no mérito administrativo, ressalvada a cognição do ato administrativo discricionário, o qual se vincula à existência, à veracidade e à legitimidade dos motivos apontados como fundamentos para a sua adoção, a sujeitar o ente público aos seus termos. 4.3) Tratando-se de medicamento não incorporado, é do autor da ação o ônus de demonstrar, com fundamento na Medicina Baseada em Evidências, a segurança e a eficácia do fármaco, bem como a inexistência de substituto terapêutico incorporado pelo SUS. 4.4) Conforme decisão da STA 175-AgR, não basta a simples alegação de necessidade do medicamento, mesmo que acompanhada de relatório médico, sendo necessária a demonstração de que a opinião do profissional encontra respaldo em evidências científicas de alto nível, ou seja, unicamente ensaios clínicos randomizados, revisão sistemática ou meta-análise. V — Plataforma Nacional. 5) Os Entes Federativos, em governança colaborativa com o Poder Judiciário, implementarão uma plataforma nacional que centralize todas as informações relativas às demandas administrativas e judiciais de acesso a fármaco, de fácil consulta e informação ao cidadão, na qual constarão dados básicos para possibilitar a análise e eventual resolução administrativa, além de posterior controle judicial. 5.1) A porta de ingresso à plataforma será via prescrições eletrônicas, devidamente certificadas, possibilitando o controle ético da prescrição, a posteriori, mediante ofício do Ente Federativo ao respectivo conselho profissional. 5.2) A plataforma nacional visa a orientar todos os atores ligados ao sistema público de saúde, possibilitando a eficiência da análise pelo Poder Público e compartilhamento de informações com o Poder Judiciário, mediante a criação de fluxos de atendimento diferenciado, a depender de a solicitação estar ou não incluída na política pública de assistência farmacêutica do SUS e de acordo com os fluxos administrativos aprovados pelos próprios Entes Federativos em autocomposição. 5.3) A plataforma, entre outras medidas, deverá identificar quem é o responsável pelo custeio e fornecimento administrativo entre os Entes Federativos, com base nas responsabilidades e fluxos definidos em autocomposição entre todos os Entes Federativos, além de possibilitar o monitoramento dos pacientes beneficiários de decisões judiciais, com permissão de consulta virtual dos dados centralizados nacionalmente, pela simples consulta pelo CPF, nome de medicamento, CID, entre outros, com a observância da Lei Geral de Proteção de Dados e demais legislações quanto ao tratamento de dados pessoais sensíveis. 5.4) O serviço de saúde cujo profissional prescrever medicamento não incorporado ao SUS deverá assumir a responsabilidade contínua pelo acompanhamento clínico do paciente, apresentando, periodicamente, relatório atualizado do estado clínico do paciente, com informações detalhadas sobre o progresso do tratamento, incluindo melhorias, estabilizações ou deteriorações no estado de saúde do paciente, assim como qualquer mudança relevante no plano terapêutico. VI — Medicamentos incorporados. 6) Em relação aos medicamentos incorporados, conforme conceituação estabelecida no âmbito da Comissão Especial e constante do Anexo I, os Entes concordam em seguir o fluxo administrativo e judicial detalhado no Anexo I, inclusive em relação à competência judicial para apreciação das demandas e forma de ressarcimento entre os Entes, quando devido. 6.1) A(o) magistrada(o) deverá determinar o fornecimento em face de qual ente público deve prestá-lo (União, Estado, Distrito Federal ou Município), nas hipóteses previstas no próprio fluxo acordado pelos Entes Federativos, anexados ao presente acórdão".

Por fim, cumpre destacar que, em caso de pagamento de tratamento pelo Poder Público de consumidor-usuário conveniado de plano de saúde privado, surge o dever da respectiva indenização:

ADMINISTRATIVO. RESSARCIMENTO SUS. OPERADORAS DE PLANOS DE SAÚDE. ART. 32 DA LEI 9.656/98. ART. 199 DA CONSTITUIÇÃO FEDERAL. CONSTITUCIONALIDADE. IMPUGNAÇÃO. CONTRADITÓRIO E AMPLA DEFESA ASSEGURADOS. PRINCÍPIO DA IRRETROATIVIDADE. FATOS JURÍGENOS POSTERIORES À VIGÊNCIA DA LEI FEDERAL. 1. O Estado, sem se desincumbir de seu ônus constitucional, possibilitou que empresas privadas, sob sua regulamentação, fiscalização e controle (ANS), prestassem a assistência à saúde de forma paralela, no intuito de compartilhar os custos e os riscos a fim de otimizar o mandamento constitucional. 2. A cobrança disciplinada no art. 32 da Lei 9.656/98 ostenta natureza jurídica indenizatória *ex lege* (receita originária), sendo inaplicáveis as disposições constitucionais concernentes às limitações estatais ao poder de tributar, entre elas a necessidade de edição de lei complementar. 3. Observada a cobertura contratual entre os cidadãos-usuários e as operadoras de planos de saúde, além dos limites mínimo (praticado pelo SUS) e máximo (valores de mercado pagos pelas operadoras de planos de saúde), tal ressarcimento é compatível com a permissão constitucional contida no art. 199 da Carta Maior. 4. A possibilidade de as operadoras de planos de saúde ofertarem impugnação (e recurso, atualmente), em prazo razoável e antes da cobrança administrativa e da inscrição em dívida ativa, sendo-lhes permitido suscitar matérias administrativas ou técnicas de defesa, cumpre o mandamento constitucional do inciso LV do art. 5.º da Constituição Federal. 5. O ressarcimento previsto na norma do art. 32 da Lei 9.656/98 é aplicável aos procedimentos médicos, hospitalares ou ambulatoriais custeados pelo SUS posteriores a 4.6.1998, desde que assegurado o exercício do contraditório e da ampla defesa, no âmbito administrativo, em todos os interstícios amparados por sucessivas reedições de medidas provisórias (RE 597.064, Rel. Ministro Gilmar Mendes, Tribunal Pleno, j. 7.2.2018, *DJe*-095 divulg. 15.5.2018, public. 16.5.2018).

10.4.5. A exigência de vantagem manifestamente excessiva do consumidor como exemplo de prática abusiva no CDC

Dispõe o art. 39, inciso V, do Diploma Consumerista que "exigir do consumidor vantagem manifestamente excessiva" é prática abusiva.

Trata-se de comportamento abusivo muito comum no interior dos contratos de consumo, tanto que o CDC considerou como **cláusula abusiva**, dentre outras, aquela que estabelece obrigações consideradas iníquas, abusivas, **que colocam o consumidor em desvantagem exagerada**, ou seja, incompatível com a boa-fé ou a equidade (art. 51, IV).

O art. 51 do Código do Consumidor presume exageradas algumas vantagens num rol exemplificativo expresso em seu § 1.º. A presunção é relativa, admitindo prova em contrário por parte do fornecedor.

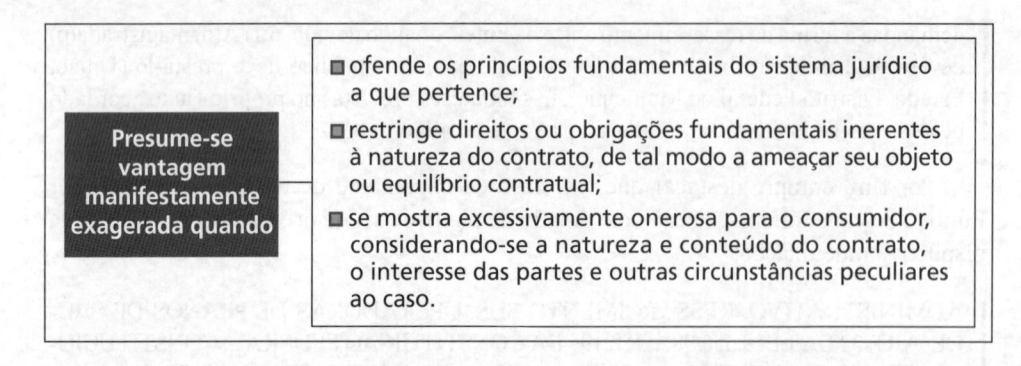

Presume-se vantagem manifestamente exagerada quando	▪ ofende os princípios fundamentais do sistema jurídico a que pertence; ▪ restringe direitos ou obrigações fundamentais inerentes à natureza do contrato, de tal modo a ameaçar seu objeto ou equilíbrio contratual; ▪ se mostra excessivamente onerosa para o consumidor, considerando-se a natureza e conteúdo do contrato, o interesse das partes e outras circunstâncias peculiares ao caso.

Conforme visto em subitem pretérito, a cobrança de tarifa mensal pelo serviço de telefonia fixa não é abusiva no entendimento do Superior Tribunal de Justiça, nos termos da Súmula 356: "É legítima a cobrança da tarifa básica pelo uso dos serviços de telefonia fixa".

Sobre o assunto, destaca-se o teor da Súmula Vinculante 27, na qual o Supremo Tribunal Federal firmou o seguinte entendimento: "Compete à Justiça estadual julgar causas entre consumidor e concessionária de serviço público de telefonia, quando a ANATEL não seja litisconsorte passiva necessária, assistente, nem oponente".

Ainda nesse tocante, o STJ editou a Súmula 506 nos seguintes termos: "A Anatel não é parte legítima nas demandas entre a concessionária e o usuário de telefonia decorrentes de relação contratual" (DJe 31.3.2014).

Com efeito, cumpre destacar que o STJ, no mesmo ano de 2009, quando da elaboração do citado anunciado, publicou a Súmula 357 com a seguinte redação: "A pedido do assinante, que responderá pelos custos, é obrigatória, a partir de 1.º de janeiro de 2006, a discriminação de pulsos excedentes e ligações de telefone fixo para celular".

Em nossa visão, o enunciado impunha ao consumidor uma desvantagem manifestamente exagerada, isto é, para ter acesso ao direito à informação sobre o detalhamento da fatura de telefone, deveria solicitá-la, cada vez que necessitasse, além do fato de ter que pagar pelo pedido. Verdadeira afronta ao direito à informação previsto no art. 6.º, inciso III, do CDC.[46]

A questão era tão teratológica que o próprio **STJ revogou a Súmula 357** no julgamento do Recurso Especial 1.074.799, com o seguinte Acórdão: **"A solicitação do fornecimento das faturas discriminadas, sem ônus para o assinante, basta ser feita uma única vez, marcando para a concessionária o momento a partir do qual o consumidor pretende obter suas faturas com detalhamento. Revogação da Súmula 357/STJ que se impõe"** (REsp 1.074.799/MG, Rel. Ministro Francisco Falcão, 1.ª Seção, DJe 8.6.2009).

---

[46] "Art. 6.º São direitos básicos do consumidor: (...) III — a informação adequada e clara sobre os diferentes produtos e serviços, com especificação correta de quantidade, características, composição, qualidade e preço, bem como sobre os riscos que apresentem." Vale lembrar que, por força da Lei n. 12.741, de 8 de dezembro de 2012, a redação do inciso III do art. 6.º do Código de Defesa do Consumidor foi alterada para o seguinte teor: "a informação adequada e clara sobre os diferentes produtos e serviços, com especificação correta de quantidade, características, composição, qualidade, **tributos incidentes** e preço, bem como sobre os riscos que apresentem".

Outras situações existem como exemplos de demonstração de vantagens manifestamente exageradas, como no caso do aumento abusivo do valor do plano de saúde em razão da alteração da faixa etária do consumidor. Esta é a visão do STJ: "PLANO DE SAÚDE. CLÁUSULA ABUSIVA. É nula a cláusula que prevê o aumento de 164,91% na mensalidade do plano de saúde tão logo o contratante complete a idade de 60 anos — sem prejuízo de que incidam os reajustes gerais decorrentes do custo dos serviços" (EDcl no REsp 809.329/RJ, Rel. Ministro Ari Pargendler, 3.ª T., *DJe* 11.11.2008).[47]

Ademais, lembrou o Superior Tribunal de Justiça que o "Supremo Tribunal Federal, nos autos da Ação Direta de Inconstitucionalidade n. 1.931, em sede de medida cautelar, determinou a suspensão da eficácia do § 2.º do artigo 35-E da Lei n. 9.656/98, que autorizava aplicação de cláusula de reajuste das contraprestações pecuniárias devidas pelo segurado, independentemente da data da celebração do contrato, desde que aprovado pela ANS" (REsp 1.196.965/RJ, Rel. Ministro Massami Uyeda, 3.ª T., *DJe* 16.5.2012).[48]

Percebam que o STJ não veda o aumento da mensalidade do plano de saúde em razão de alteração de faixa etária, desde que dentro dos limites do razoável (REsp 1.381.606, Rel. Ministra Nancy Andrighi, Rel. para Acórdão Ministro João Otávio de Noronha, 3.ª T., *DJe* 31.10.2014).[49]

Outro exemplo de prática abusiva consistente em exigir vantagem manifestamente excessiva do consumidor está na conduta da empresa aérea que disponibiliza a opção de resgate de passagens aéreas com pontos pela *internet* e não assegura que o cancelamento ou reembolso destas seja solicitado pelo mesmo meio:

> RECURSO ESPECIAL. AÇÃO CIVIL PÚBLICA. PROGRAMA DE FIDELIDADE. LATAM. AQUISIÇÃO DE PASSAGEM AÉREA. RELAÇÃO DE CONSUMO. IMPOSSIBILIDADE DE CANCELAMENTO DE PASSAGENS PELA INTERNET. MEDIDA DISPONIBILIZADA PELA EMPRESA APENAS NOS CASOS DE AQUISIÇÃO/RESGATE DE PASSAGENS. PRÁTICA ABUSIVA. ART. 39, INCISO V, DO CDC. ÔNUS

---

[47] Sobre o tema, cumpre ressaltar que não é competência dos Estados fixar prazos máximos segundo a faixa etária dos usuários, para a autorização de exames pelas operadoras de planos de saúde. Esta é a posição do Supremo emanada no julgamento da ADI 4.701, sob o fundamento de ser competência da União legislar sobre o Direito Civil (*DJe* 25.8.2014).

[48] No mesmo sentido, é a posição do STJ no seguinte julgado: "AGRAVO REGIMENTAL. PLANO DE SAÚDE. REAJUSTE EM FUNÇÃO DE MUDANÇA DE FAIXA ETÁRIA. CONTRATO CELEBRADO ANTERIORMENTE À VIGÊNCIA DO ESTATUTO DO IDOSO. NULIDADE DE CLÁUSULA. 1. — **É nula a cláusula de contrato de plano de saúde que prevê reajuste de mensalidade baseado exclusivamente na mudança de faixa etária, ainda que se trate de contrato firmado antes da vigência do Estatuto do Idoso, porquanto, sendo norma de ordem pública, tem ela aplicação imediata, não havendo que se falar em retroatividade da lei para afastar os reajustes ocorridos antes de sua vigência, e sim em vedação à discriminação em razão da idade.** 2. — Ademais, o art. 51, IV, do Código de Defesa do Consumidor permite reconhecer a abusividade da cláusula, por constituir obstáculo à continuidade da contratação pelo beneficiário, devendo a administradora do plano de saúde demonstrar a proporcionalidade entre a nova mensalidade e o potencial aumento de utilização dos serviços, ou seja, provar a ocorrência de desequilíbrio ao contrato de maneira a justificar o reajuste. 3. — Agravo Regimental improvido" (AgRg no REsp 1.324.344/SP, Rel. Ministro Sidnei Beneti, 3.ª T., *DJe* 1.4.2013).

[49] O tema será melhor desenvolvido no item 14.4.4. deste livro.

EXCESSIVO. MEDIDA QUE TRANSCENDE A ESFERA DA LIVRE ATUAÇÃO DAS PRÁTICAS NEGOCIAIS E AS REGRAS DE MERCADO. INTERVENÇÃO JUDICIAL ADEQUADA. RECURSO ESPECIAL NÃO PROVIDO.
1. Os programas de fidelidade, embora não sejam ofertados de maneira onerosa, proporcionam grande lucratividade às empresas aéreas, tendo em vista a adesão de um grande número de pessoas, as quais são atraídas pela diversidade dos benefícios que lhes são oferecidos. Relação de consumo configurada, portanto, nos termos dos arts. 2.º e 3.º do CDC.
2. **O fato de a empresa aérea não disponibilizar a opção de cancelamento de passagem por meio da plataforma digital da empresa (internet) configura prática abusiva, na forma do art. 39, inciso V, do CDC, especialmente quando a ferramenta é disponibilizada ao consumidor no caso de aquisição/resgate de passagens.**
3. A conduta, além de ser desprovida de fundamento técnico ou econômico, evidencia a imposição de ônus excessivo ao consumidor, considerando a necessidade de seu deslocamento às lojas físicas da empresa (apenas aquelas localizadas nos aeroportos) ou a utilização do *call center*, medidas indiscutivelmente menos efetivas quando comparadas ao meio eletrônico.
4. Nesse passo, configurada a prática de conduta lesiva ao consumidor, não há falar em ingerência desmotivada na atividade empresarial.
5. Recurso especial não provido (REsp 1.966.032/DF, Rel. Ministro Luis Felipe Salomão, 4.ª T., j. 16.8.2022, *DJe* 9.9.2022).

> Exigir vantagem manifestamente excessiva é prática abusiva.

10.4.6. A execução de serviços sem prévia elaboração de orçamento como exemplo de prática abusiva no CDC

O art. 39, inciso VI, da Lei n. 8.078/90 estabelece que "executar serviços sem a prévia elaboração de orçamento e autorização expressa do consumidor, ressalvadas as decorrentes de práticas anteriores entre as partes" é exemplo de prática abusiva.

Desta forma, no tocante à prestação do serviço, **não basta a elaboração do orçamento; deverá existir aprovação expressa pelo consumidor** para que o trabalho possa ser iniciado.

Ademais, a ausência de tal anuência terá como **consequência** a desobrigação do consumidor de pagar qualquer quantia, caracterizando-se como mais uma hipótese de **serviço gratuito**.

A reserva expressa na parte final do inciso em exame — "ressalvadas as decorrentes de práticas anteriores entre as partes" — significa a não obrigatoriedade de elaboração de orçamento prévio se for uma prática comum entre as partes envolvidas, por exemplo, deixar o carro para fazer revisão uma vez por mês na mesma mecânica.

Nas relações em que figurarem consumidores pessoas jurídicas, o comportamento é mais comum de ocorrer.

Igualmente, o posicionamento do STJ em relação ao serviço de mecânica realizado sem a aprovação orçamentária por parte do consumidor: "O art. 39, VI, do Código de Defesa do Consumidor determina que o serviço somente pode ser realizado com a expressa autorização do consumidor. Em consequência, não demonstrada a existência de tal autorização, é imprestável a cobrança, devido, apenas, o valor autorizado expressamente pelo consumidor" (REsp 332.869/RJ, Rel. Ministro Carlos Alberto Menezes Direito, 3.ª T., *DJ* 2.9.2002).

Por outro lado, ainda que haja autorização do consumidor, **oficina mecânica que realiza reparos em veículo não pode reter o bem por falta de pagamento do serviço**, sob o fundamento de ter realizado benfeitoria no bem, nos termos do art. 1.029 do Código Civil. Esse foi o posicionamento do Superior Tribunal de Justiça no julgamento do REsp 1.628.385/ES (*DJe* 29.8.2017), pela tese de que **o direito de retenção deve ser invocado apenas pelo possuidor do bem e não por aquele que possui a mera detenção, como no caso da oficina mecânica**.

A **disciplina do orçamento no CDC** está prevista em seu art. 40, que estabelece, *in verbis*: "O fornecedor de serviço será obrigado a entregar ao consumidor orçamento prévio discriminando o valor da mão de obra, dos materiais e equipamentos a serem empregados, as condições de pagamento, bem como as datas de início e término dos serviços".

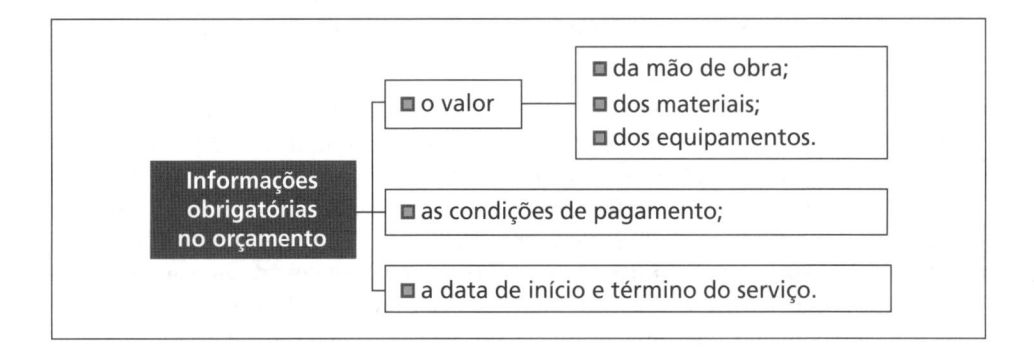

```
Informações          ┌─ o valor ─┬─ da mão de obra;
obrigatórias         │           ├─ dos materiais;
no orçamento         │           └─ dos equipamentos.
                     ├─ as condições de pagamento;
                     └─ a data de início e término do serviço.
```

Sobre o orçamento, o Código de Defesa do Consumidor prevê ainda:

■ "Salvo estipulação em contrário, o **valor orçado terá validade pelo prazo de dez dias**, contado de seu recebimento pelo consumidor" (art. 40, § 1.º).

■ "Uma vez **aprovado** pelo consumidor, o **orçamento obriga os contraentes** e somente pode ser alterado mediante livre negociação das partes" (art. 40, § 2.º).

■ "O **consumidor não responde** por quaisquer ônus ou acréscimos decorrentes da **contratação de serviços de terceiros** não previstos no orçamento prévio" (art. 40, § 3.º).

No tocante à última disposição legal, havendo necessidade de serviço de terceiro, deve-se analisar a previsão ou não deste trabalho no orçamento, bem como se tal informação foi transmitida de forma inteligível a ponto de o consumidor compreender o ônus de eventual encargo.

Existindo tal previsão, o consumidor estará obrigado a arcar com os custos respectivos. Caso contrário, o vulnerável estará isento de assumir qualquer ônus adicional, cabendo ao fornecedor original bancar, ele próprio, os custos extraordinários.

Sobre o tema, vale ressaltar que na visão do Superior Tribunal de Justiça, em alguns casos, a **elaboração prévia de orçamento** será **incompatível** com, por exemplo, uma **internação médica emergencial:** "Não há dúvida de que houve a prestação de serviço médico-hospitalar e que o caso guarda peculiaridades importantes, suficientes ao afastamento, para o próprio interesse do consumidor, da necessidade de prévia elaboração de instrumento contratual e apresentação de orçamento pelo fornecedor de serviço, prevista no artigo 40 do CDC, dado ser incompatível com a situação médica emergencial experimentada pela filha do réu" (REsp 1.256.703/SP, Rel. Ministro Luis Felipe Salomão, 4.ª T., *DJe* 27.9.2011).

A decisão colacionada leva em consideração **os princípios da função social do contrato, da boa-fé objetiva, da equivalência e da moderação** para, de um lado, impor ao consumidor o dever de retribuição pecuniária pelos serviços prestados e, por outro, **balizar o julgador quanto ao adequado arbitramento do valor** a que faz jus o fornecedor, sob pena de este aproveitar-se da situação de fraqueza em razão de condições precárias de saúde do vulnerável da relação de consumo e praticar comportamento abusivo do art. 39, inciso IV, do CDC.[50]

Por fim, entendeu o STJ como ilícita a conduta da casa bancária que transfere sem autorização expressa recursos do correntista para modalidade de investimento incompatível com o perfil do investidor:

> RECURSO ESPECIAL. AÇÃO INDENIZATÓRIA. DANOS MATERIAIS E MORAIS. INVESTIMENTO DE RISCO REALIZADO PELO BANCO SEM AUTORIZAÇÃO EXPRESSA DOS CORRENTISTAS. DEVER QUALIFICADO DO FORNECEDOR DE PRESTAR INFORMAÇÃO ADEQUADA E TRANSPARENTE. INOBSERVÂNCIA. CONSENTIMENTO TÁCITO PREVISTO NO CÓDIGO CIVIL. INAPLICABILIDADE.
> 1. **A Lei 8.078/90, cumprindo seu mister constitucional de defesa do consumidor, conferiu relevância significativa aos princípios da confiança, da boa-fé, da transparência e da equidade nas relações consumeristas**, salvaguardando, assim, os direitos básicos de informação adequada e de livre escolha da parte vulnerável, o que, inclusive, ensejou a criminalização da "omissão de informação relevante sobre a natureza, característica, qualidade, quantidade, segurança, desempenho, durabilidade, preço ou garantia de produtos ou serviços" (*caput* do artigo 66 do CDC).
> 2. Sob tal ótica, a cautela deve nortear qualquer interpretação mitigadora do dever qualificado de informar atribuído, de forma intransferível, ao fornecedor de produtos ou de serviços, porquanto certo que uma "informação deficiente" — falha, incompleta, omissa quanto a um dado relevante — equivale à "ausência de informação", na medida em que não atenuada a desigualdade técnica e informacional entre as partes integrantes do mercado de consumo.
> 3. Nessa ordem de ideias, **a jurisprudência desta Corte reconhece a responsabilidade das entidades bancárias por prejuízos advindos de investimentos malsucedidos quando houver defeito na prestação do serviço de conscientização dos riscos envolvidos na operação.** Precedentes.
> 4. Ademais, **a proteção contra práticas abusivas, assim como o direito à informação, é direito básico do consumidor, cuja manifesta vulnerabilidade (técnica e

---

[50] Art. 39, IV, do CDC: "prevalecer-se da fraqueza ou ignorância do consumidor, tendo em vista sua idade, saúde, conhecimento ou condição social, para impingir-lhe seus produtos ou serviços".

informacional) impõe a defesa da qualidade do seu consentimento, bem como a vedação da ofensa ao equilíbrio contratual.

5. Com esse nítido escopo protetivo, o artigo 39 do CDC traz rol exemplificativo das condutas dos fornecedores consideradas abusivas, tais como o fornecimento ou a execução de qualquer serviço sem "solicitação prévia" ou "autorização expressa" do consumidor (incisos III e VI), requisitos legais que ostentam relação direta com o direito à informação clara e adequada, viabilizadora do exercício de uma opção desprovida de vício de consentimento da parte cujo déficit informacional é evidente.

6. Nessa perspectiva, em se tratando de práticas abusivas vedadas pelo código consumerista, não pode ser atribuído ao silêncio do consumidor (em um dado decurso de tempo) o mesmo efeito jurídico previsto no artigo 111 do Código Civil (anuência/aceitação tácita), tendo em vista a exigência legal de declaração de vontade expressa para a prestação de serviços ou aquisição de produtos no mercado de consumo, ressalvada tão somente a hipótese de "prática habitual" entre as partes.

7. Ademais, é certo que o código consumerista tem aplicação prioritária nas relações entre consumidor e fornecedor, não se afigurando cabida a mitigação de suas normas — que partem da presunção legal absoluta da existência de desigualdade técnica e informacional entre os referidos agentes econômicos —, mediante a incidência de princípios do Código Civil que pressupõem a equidade (o equilíbrio) entre as partes.

8. Na espécie, conforme consta da moldura fática, **se o correntista tem hábito de autorizar investimentos sem nenhum risco de perda (como é o caso do CDB — título de renda fixa com baixo grau de risco) e o banco, por iniciativa própria e sem respaldo em autorização expressa do consumidor, realiza aplicação em fundo de risco incompatível com o perfil conservador de seu cliente, a ocorrência de eventuais prejuízos deve, sim, ser suportada, exclusivamente, pela instituição financeira**, que, notadamente, não se desincumbiu do seu dever de esclarecer de forma adequada e clara sobre os riscos da operação.

9. A manutenção da relação bancária entre a data da aplicação e a manifestação da insurgência do correntista não supre seu déficit informacional sobre os riscos da operação financeira realizada a sua revelia. Ainda que indignado com a utilização indevida do seu patrimônio, o consumidor (mal-informado) poderia confiar, durante anos, na expertise dos prepostos responsáveis pela administração de seus recursos, crendo que, assim como ocorria com o CDB, não teria nada a perder ou, até mesmo, que só teria a ganhar.

10. A aparente resignação do correntista com o investimento financeiro realizado a sua revelia não pode, assim, ser interpretada como ciência em relação aos riscos da operação. Tal informação ostenta relevância fundamental, cuja incumbência cabia ao banco, que, no caso concreto, não demonstrou ter agido com a devida diligência.

11. Consequentemente, sobressai a ilicitude da conduta da casa bancária, que, aproveitando-se de sua posição fática privilegiada, transferiu, sem autorização expressa, recursos do correntista para modalidade de investimento incompatível com o perfil do investidor, motivo pelo qual deve ser condenada a indenizar os danos materiais e morais porventura causados com a operação.

12. Recurso especial dos correntistas provido. Recurso especial da casa bancária prejudicado (REsp 1326592/GO, Rel. Ministro Luis Felipe Salomão, 4.ª T., j. 7.5.2019, *DJe* 6.8.2019).

Executar serviço sem orçamento prévio e autorização expressa do consumidor é prática abusiva.

10.4.7. Repassar informação depreciativa do consumidor como exemplo de prática abusiva no CDC

Segundo dispõe o Diploma Consumerista, "repassar informação depreciativa, referente a ato praticado pelo consumidor no exercício de seus direitos" representa prática abusiva, nos termos de seu art. 39, inciso VII.

Não se trata de banco de dados ou cadastro de inadimplente, mas sim do repasse de informações daqueles consumidores que fazem valer seus direitos administrativamente — denunciando ao PROCON, por exemplo — ou demandando perante o Poder Judiciário.

A aludida prática abusiva também **não se confunde** com o denominado **cadastro positivo**, que será analisado no Capítulo 12, ao tratarmos dos bancos de dados e cadastros de inadimplentes.

> Repassar informação depreciativa do consumidor é prática abusiva.

10.4.8. Colocar no mercado de consumo produto ou serviço em desacordo com as normas técnicas como exemplo de prática abusiva no CDC

Prevê o Código do Consumidor em seu art. 39, inciso VIII, que consiste em prática abusiva "colocar, no mercado de consumo, qualquer produto ou serviço em desacordo com as normas expedidas pelos órgãos oficiais competentes ou, se normas específicas não existirem, pela Associação Brasileira de Normas Técnicas ou outra entidade credenciada pelo Conselho Nacional de Metrologia, Normalização e Qualidade Industrial (Conmetro)".

Pensando em exemplo de serviço prestado em desacordo com as normas expedidas pelos órgãos oficiais, lembramos das instituições de ensino superior que oferecem cursos não reconhecidos pelo Ministério da Educação, à revelia do conhecimento dos consumidores. Além de caracterizar prática abusiva, gera também a responsabilidade objetiva do fornecedor.

Esse é o entendimento do Superior Tribunal de Justiça sumulado no enunciado 595: "**As instituições de ensino superior respondem objetivamente pelos danos suportados pelo aluno/consumidor pela realização de curso não reconhecido pelo Ministério da Educação**, sobre o qual não lhe tenha sido dada prévia e adequada informação" (2.ª Seção, aprovada em 25.10.2017, *DJe* 6.11.2017).

O CONMETRO

> "é um colegiado interministerial que exerce a função de órgão normativo do Sinmetro (Sistema Nacional de Metrologia, Normalização e Qualidade Industrial) e que tem o Inmetro (Instituto Nacional de Metrologia, Qualidade e Tecnologia) como sua secretaria executiva. Integram o Conmetro os ministros:
> — do Desenvolvimento, Indústria e Comércio Exterior;
> — da Ciência e Tecnologia;
> — da Saúde;
> — do Trabalho e Emprego;
> — do Meio Ambiente;
> — das Relações Exteriores;
> — da Justiça;

— da Agricultura, Pecuária e do Abastecimento;
— da Defesa;
— o Presidente do Inmetro e os Presidentes da Associação Brasileira de Normas Técnicas — ABNT, da Confederação Nacional da Indústria — CNI, da Confederação Nacional do Comércio — CNC e do Instituto de Defesa do Consumidor — IDEC."[51]

A competência do Conselho Nacional de Metrologia, Normalização e Qualidade Industrial resume-se a:

Competência do CONMETRO	"Formular, coordenar e supervisionar a política naciona de metrologia, normalização industrial e certificação a qualidade de produtos, serviços e pessoal, prevendo mecanismos de consulta que harmonizem os interesses públicos, das empresas industriais e dos consumidores; Assegurar a uniformidade e a racionalização das unidades de medida utilizadas em todo o território nacional; Estimular as atividades de normalização voluntária no país; Estabelecer regulamentos técnicos referentes a materiais e produtos industriais; Fixar critérios e procedimentos para certificação da qualidade de materiais e produtos industriais; Fixar critérios e procedimentos para aplicação das penalidades nos casos de infração a dispositivo da legislação referente à metrologia, à normalização industrial, à certificação da qualidade de produtos industriais e aos atos normativos dela decorrentes; Coordenar a participação nacional nas atividades internacionais de metrologia, normalização e certificação da qualidade."[52]

O **Inmetro** é sem sombra de dúvidas o órgão mais conhecido do aludido Conselho, mesmo porque vários testes foram por ele realizados em famoso programa dominical da TV aberta.

Com efeito, o "Instituto Nacional de Metrologia, Qualidade e Tecnologia **é uma autarquia federal**, vinculada ao Ministério do Desenvolvimento, Indústria e Comércio Exterior, que atua como Secretaria Executiva do Conselho Nacional de Metrologia, Normalização e Qualidade Industrial (Conmetro), colegiado interministerial, que é o órgão normativo do Sistema Nacional de Metrologia, Normalização e Qualidade Industrial (Sinmetro)".[53]

---

[51] Disponível em: <https://www4.inmetro.gov.br/acesso-a-informacao/institucional>. Acesso em: 9 set. 2020.
[52] Disponível em: <https://www4.inmetro.gov.br/acesso-a-informacao/institucional>. Acesso em: 9 set. 2020.
[53] Disponível em: <https://www4.inmetro.gov.br/acesso-a-informacao/institucional>. Acesso em: 9 set. 2020.

Na verdade, foi a **primeira** autarquia a receber o qualificativo de **agência executiva** em nosso país e foi criada pela Lei n. 5.966/73 — alterada pela Lei n. 12.545, de 14 de dezembro de 2011 — com o objetivo maior de fortalecer as empresas nacionais, aumentando sua produtividade por meio da adoção de mecanismos destinados à melhoria da qualidade de produtos e serviços.

☐ "Dentre as competências e atribuições do Inmetro destacam-se:
☐ Executar as políticas nacionais de metrologia e da qualidade;
☐ Verificar e fiscalizar a observância das normas técnicas e legais, no que se refere às unidades de medida, métodos de medição, medidas materializadas, instrumentos de medição e produtos pré-medidos;
☐ Manter e conservar os padrões das unidades de medida, assim como implantar e manter a cadeia de rastreabilidade dos padrões das unidades de medida no País, de forma a torná-las harmônicas internamente e compatíveis no plano internacional, visando a sua aceitação universal e a sua utilização com vistas à qualidade de bens e serviços;
☐ Fortalecer a participação do País nas atividades internacionais relacionadas com metrologia e Avaliação da Conformidade, promovendo o intercâmbio com entidades e organismos estrangeiros e internacionais;
☐ Prestar suporte técnico e administrativo ao Conselho Nacional de Metrologia, Normalização e Qualidade Industrial — Conmetro e aos seus comitês assessores, atuando como sua secretaria executiva;
☐ Estimular a utilização das técnicas de gestão da qualidade nas empresas brasileiras;
☐ Planejar e executar as atividades de Acreditação de Laboratórios de Calibração e de Ensaios, de provedores de ensaios de proficiência, de Organismos de Avaliação da Conformidade e de outros necessários ao desenvolvimento da infraestrutura de serviços tecnológicos no País;
☐ Coordenar, no âmbito do Sistema Nacional de Metrologia, Normalização e Qualidade Industrial (Sinmetro), a atividade de Avaliação da Conformidade, voluntária e compulsória de produtos, serviços, processos e pessoas;
☐ Planejar e executar as atividades de pesquisa, ensino, desenvolvimento tecnológico em Metrologia e Avaliação da Conformidade; e
☐ Desenvolver atividades de prestação de serviços e transferência de tecnologia e cooperação técnica, quando voltadas à inovação e à pesquisa científica e tecnológica em Metrologia e Avaliação da Conformidade."[54]

Sobre o tema da **normalização** dos produtos e serviços disponibilizados no mercado de consumo, cumpre destacar que **no Brasil tal controle não é realizado apenas**

---

[54] Disponível em: <https://www4.inmetro.gov.br/acesso-a-informacao/institucional/competencias>. Acesso em: 9 set. 2020.

pelo Estado. **Entidades privadas também poderão** realizar tal atividade, como é o caso da Associação Brasileira de Normas e Técnicas, caracterizando verdadeiro sistema misto de controle.[55]

A **ABNT** foi fundada em 1940 e consiste numa "**entidade privada, sem fins lucrativos**, reconhecida como único Foro Nacional de Normalização através da Resolução n. 07 do CONMETRO, de 24.08.1992. É membro fundador da ISO (International Organization for Standardization), da COPANT (Comissão Pan-Americana de Normas Técnicas) e da AMN (Associação Mercosul de Normalização). A ABNT é a representante oficial no Brasil das seguintes entidades internacionais: ISO (International Organization for Standardization), IEC (International Eletrotechnical Comission); e das entidades de normalização regional COPANT (Comissão Pan-Americana de Normas Técnicas) e a AMN (Associação Mercosul de Normalização)".[56]

Sejam públicas ou privadas, entidades como as acima citadas desenvolvem papel relevante na tutela do consumidor ao disciplinarem, dentre outras atribuições, as normas técnicas dos bens de consumo.

> Produto ou serviço em desacordo com normas técnicas é prática abusiva.

10.4.9. Recusar a venda de bens ou a prestação de serviços mediante pronto pagamento como exemplo de prática abusiva no CDC

Constitui prática abusiva nos termos do CDC "recusar a venda de bens ou a prestação de serviços, diretamente a quem se disponha a adquiri-los mediante pronto pagamento, ressalvados os casos de intermediação regulados em leis especiais" (art. 39, IX).

Questão interessante consiste em saber qual a **abrangência da expressão "pronto pagamento"**. Seria apenas o dinheiro, ou o cheque e o cartão de débito, ou até mesmo o de crédito, também estariam albergados em seu conceito?

Concordamos com Bruno Miragem quando leciona que "por 'pronto pagamento' deve-se entender o **pagamento em dinheiro**, o que no caso importa dizer, em moeda corrente nacional, com custo forçado. Fora disto, uma **interpretação ampliativa** do conceito permitiria admitir como tal, também os **cartões de débito** — atualmente muito utilizados — assim como outros instrumentos de pagamento que tenham por requisito básico transferir imediatamente, ainda que por meio eletrônico, o valor do pagamento da conta corrente do consumidor para a conta corrente do fornecedor. Entretanto, há de se considerar que só existirá oportunidade de pronto pagamento se o fornecedor dispuser do serviço (equipamento do cartão, por exemplo) e o utilizar habitualmente para receber pagamentos".[57]

Quanto ao **cheque**, apesar de se caracterizar como ordem de pagamento à vista, não se trata de título de aceitação obrigatória, ou seja, o fornecedor poderá recusá-lo, mas tal

---

[55] Nesse sentido, a Lei n. 5.966/97 em seu art. 5.º — com redação dada pela Lei n. 9.933/99 — prevê, *in verbis*: "O Inmetro é o órgão executivo central do Sistema definido no art. 1.º desta Lei, podendo, mediante autorização do Conmetro, credenciar entidades públicas ou privadas para a execução de atividades de sua competência".
[56] Disponível em: <http://www.abnt.org.br/abnt/conheca-a-abnt>. Acesso em: 9 set. 2020.
[57] MIRAGEM, Bruno. *Curso de direito do consumidor*, p. 204-205.

informação deverá ser amplamente divulgada no estabelecimento comercial — na entrada e no caixa, por exemplo —, sob pena de caracterizar prática abusiva e geradora de constrangimento do consumidor, passível de ser reparado por meio de indenização em razão de eventuais danos morais comprovados.

Este o posicionamento que vem prevalecendo no **Superior Tribunal de Justiça:** **"Embora o cheque não seja título de crédito de aceitação compulsória no exercício da atividade empresarial, a sociedade empresária, ao possibilitar, inicialmente, o pagamento de mercadoria por meio desse título, renunciou sua mera faculdade de aceitação e se obrigou a demonstrar justa causa na recusa, sob pena de violação ao princípio da boa-fé objetiva** (REsp 981.583/PR, Rel. Ministra Nancy Andrighi, 3.ª T., DJe 1.º.7.2010).

No mesmo julgamento, o STJ entendeu que **"a recusa indevida de cheque, sob a alegação inverídica de que não há provisão de fundos, ocasiona danos morais *in re ipsa"*.**

Ainda sobre esse aspecto, o Superior Tribunal de Justiça entendeu como prática abusiva a conduta da empresa seguradora de recusar a contratação de seguro a quem se disponha a pronto pagamento se a justificativa se basear unicamente na restrição financeira do consumidor junto a órgãos de proteção ao crédito:

RECURSO ESPECIAL. CIVIL E PROCESSUAL CIVIL. AÇÃO CIVIL PÚBLICA. NEGATIVA DE PRESTAÇÃO JURISDICIONAL. NÃO OCORRÊNCIA. MINISTÉRIO PÚBLICO. INTERESSE DE AGIR. DIREITOS INDIVIDUAIS HOMOGÊNEOS. CONFIGURAÇÃO. LEGITIMIDADE ATIVA *AD CAUSAM*. RELEVÂNCIA SOCIAL QUALIFICADA. **SEGURO. CONSUMIDOR. RESTRIÇÃO DE CRÉDITO. CONTRATAÇÃO E RENOVAÇÃO. PAGAMENTO À VISTA. SEGURADORA. RECUSA DE VENDA DIRETA. CONDUTA ABUSIVA.** CONDENAÇÃO GENÉRICA. EFEITOS *ERGA OMNES*. ABRANGÊNCIA. TERRITÓRIO NACIONAL. DIVULGAÇÃO. REDE MUNDIAL DE COMPUTADORES. PÁGINAS OFICIAIS E DO FORNECEDOR. SUFICIÊNCIA.
1. Recurso especial interposto contra acórdão publicado na vigência do Código de Processo Civil de 1973 (Enunciados Administrativos ns. 2 e 3/STJ).
2. Ação civil pública ajuizada pelo Ministério Público estadual visando compelir seguradora a se abster de recusar a contratação ou a renovação de seguro a quem se dispuser a pronto pagamento, ainda que possua restrição financeira junto a órgãos de proteção ao crédito.
3. Não há falar em negativa de prestação jurisdicional se o tribunal de origem motiva adequadamente sua decisão, solucionando a controvérsia com a aplicação do direito que entende cabível à hipótese, apenas não no sentido pretendido pela parte.
4. O Ministério Público está legitimado para promover a tutela coletiva de direitos individuais homogêneos, mesmo de natureza disponível, quando a lesão a tais direitos, visualizada em seu conjunto, em forma coletiva e impessoal, transcender a esfera de interesses puramente particulares, passando a comprometer relevantes interesses sociais. Na hipótese, consideradas a natureza e a finalidade social das diversas espécies securitárias, há interesse social qualificado na tutela coletiva dos direitos individuais homogêneos dos consumidores, alegadamente lesados por prática abusiva do ente segurador.
5. **Nas relações securitárias, a interpretação do art. 39, IX, do CDC é mitigada, devendo sua incidência ser apreciada concretamente, ainda mais se for considerada a**

ressalva constante na parte final do mencionado dispositivo legal e a previsão dos arts. 9.º e 10 do Decreto-Lei n. 73/66.
6. Existem situações em que a recusa de venda se justifica, havendo motivo legítimo o qual pode se opor à formação da relação de consumo, sobretudo nas avenças de natureza securitária, em que a análise do risco pelo ente segurador é de primordial importância, sendo um dos elementos desse gênero contratual, não podendo, portanto, ser tolhido. Aplicabilidade do art. 2.º, § 4.º, da Circular SUSEP n. 251/2004, que estabelece ser obrigação da seguradora, no caso de não aceitação da proposta de seguro, proceder à comunicação formal, justificando a recusa.
7. No que tange especificamente à recusa de venda de seguro (contratação ou renovação) a quem tenha restrição financeira junto a órgãos de proteção ao crédito, tal justificativa é válida se o pagamento do prêmio for parcelado, a representar uma venda a crédito, a evitar os adquirentes de má-fé, incluídos os insolventes ou maus pagadores, mas essa motivação é superada se o consumidor se dispuser a pagar prontamente o prêmio. De qualquer maneira, há alternativas para o ente segurador, como a elevação do valor do prêmio, diante do aumento do risco, visto que a pessoa com restrição de crédito é mais propensa a sinistros ou, ainda, a exclusão de algumas garantias (cobertura parcial).
8. Os efeitos da sentença proferida em ação civil pública versando direitos individuais homogêneos em relação consumerista operam-se *erga omnes* para além dos limites da competência territorial do órgão julgador, isto é, abrangem todo o território nacional, beneficiando todas as vítimas e seus sucessores, já que o art. 16 da Lei n. 7.347/85 (alterado pelo art. 2.º-A da Lei n. 9.494/97) deve ser interpretado de forma harmônica com as demais normas que regem a tutela coletiva de direitos. Precedentes.
9. Ao juiz é possível dar concretude ao princípio da publicidade dos atos processuais (arts. 5.º, LX, da CF e 83 e 94 do CDC), determinando a adoção das técnicas que mais se compatibilizam com as ações coletivas. Suficiência da divulgação da decisão condenatória na rede mundial de computadores, notadamente em órgãos oficiais, bem como no sítio eletrônico do próprio fornecedor (art. 257, II e III, do CPC/2015), a evitar o desnecessário dispêndio de recursos nas publicações físicas, sem haver o comprometimento de as informações atingirem grande número de interessados.
10. Recurso especial parcialmente provido (REsp 1594024/SP, Rel. Ministro Ricardo Villas Bôas Cueva, 3.ª T., j. 27.11.2018, *DJe* 5.12.2018).

Recusa no atendimento mediante pronto pagamento é prática abusiva.

10.4.10. Elevar sem justa causa o preço de produtos ou serviços como exemplo de prática abusiva no CDC

Estabelece o Código de Defesa do Consumidor em seu art. 39, inciso X, que "elevar sem justa causa o preço de produtos ou serviços" é exemplo de comportamento abusivo.

Prática comumente encontrada no mercado de consumo é aquela em que o **fornecedor cobra um preço a maior se o pagamento** feito pelo consumidor for realizado por meio de **cartão de crédito**, ou, *a contrario sensu*, quando concede um "desconto" se o pagamento for em dinheiro. Ambas as situações, em nossa opinião, configuram práticas abusivas violadoras do dispositivo do CDC ora em análise.

No entendimento do **Superior Tribunal de Justiça**, o consumidor já paga à administradora do cartão de crédito taxa de administração por este serviço, e atribuir-lhe ainda um preço maior em razão do pagamento por meio de cartão importa em onerá-lo duplamente, consistindo em típico **comportamento abusivo:**

> RECURSO ESPECIAL. AÇÃO COLETIVA DE CONSUMO. COBRANÇA DE PREÇOS DIFERENCIADOS PARA VENDA DE COMBUSTÍVEL EM DINHEIRO, CHEQUE E CARTÃO DE CRÉDITO. PRÁTICA DE CONSUMO ABUSIVA. VERIFICAÇÃO. RECURSO ESPECIAL PROVIDO.
> I — Não se deve olvidar que o pagamento por meio de cartão de crédito garante ao estabelecimento comercial o efetivo adimplemento, já que, como visto, a administradora do cartão se responsabiliza integralmente pela compra do consumidor, assumindo o risco de crédito, bem como de eventual fraude;
> II — O consumidor, ao efetuar o pagamento por meio de cartão de crédito (que só se dará a partir da autorização da emissora), exonera-se, de imediato, de qualquer obrigação ou vinculação perante o fornecedor, que deverá conferir àquele plena quitação. Está-se, portanto, diante de uma forma de pagamento à vista e, ainda, *pro soluto* (que enseja a imediata extinção da obrigação);
> III — O custo pela disponibilização de pagamento por meio do cartão de crédito é inerente à própria atividade econômica desenvolvida pelo empresário, destinada à obtenção de lucro, em nada se referindo ao preço de venda do produto final. Imputar mais este custo ao consumidor equivaleria a atribuir a este a divisão de gastos advindos do próprio risco do negócio (de responsabilidade exclusiva do empresário), o que, além de refugir da razoabilidade, destoa dos ditames legais, em especial do sistema protecionista do consumidor;
> IV — **O consumidor, pela utilização do cartão de crédito, já paga à administradora e emissora do cartão de crédito taxa por este serviço (taxa de administração). Atribuir-lhe ainda o custo pela disponibilização de pagamento por meio de cartão de crédito, responsabilidade exclusiva do empresário, importa em onerá-lo duplamente (*bis in idem*) e, por isso, em prática de consumo que se revela abusiva;**
> V — Recurso Especial provido (REsp 1.133.410/RS, Rel. Ministro Massami Uyeda, 3.ª T., DJe 7.4.2010).

Ao longo desses mais de onze anos lecionando, sempre defendemos que o inverso também caracteriza prática abusiva, ou seja, dar desconto ao consumidor que pagar no dinheiro sempre foi, em nossa opinião, prática indevida, tanto quanto a cobrança de valor maior para aquele que paga com cartão de crédito. Alguns alunos repudiavam nossa posição, sob o argumento de que o desconto no pagamento em dinheiro seria um benefício ao consumidor e, com a minha posição, ele sairia prejudicado. Porém, continuávamos a defender que não seria correta tal conduta e, diante de um caso desses, todos os consumidores que quisessem pagar em cartão de crédito deveriam exigir o mesmo preço com desconto daquele que pagaria em dinheiro, sendo o benefício estendido a todos os compradores.

Sobre o tema, ficamos felizes com a decisão do STJ que acolheu na íntegra a tese por nós sempre defendida nesta obra e resumida na seguinte Ementa: "CONSUMIDOR

E ADMINISTRATIVO. AUTUAÇÃO PELO PROCON. LOJISTAS. **DESCONTO PARA PAGAMENTO EM DINHEIRO OU CHEQUE EM DETRIMENTO DO PAGAMENTO EM CARTÃO DE CRÉDITO. PRÁTICA ABUSIVA.** CARTÃO DE CRÉDITO. MODALIDADE DE PAGAMENTO À VISTA. 'PRO SOLUTO'. DESCABIDA QUALQUER DIFERENCIAÇÃO. DIVERGÊNCIA INCOGNOSCÍVEL" (REsp 1.479.039/MG, *DJe* 16.10.2015).

Quando tudo parecia consolidado sobre o assunto, foi editada a Medida Provisória n. 764, em 26 de dezembro de 2016, convertida na Lei n. 13.455, de 26 de junho de 2017, que passou a permitir a diferenciação de preços a depender do prazo ou da forma de pagamento, nos seguintes termos:

> "Art. 1.º Fica autorizada a diferenciação de preços de bens e serviços oferecidos ao público, em função do prazo ou do instrumento de pagamento utilizado.
> Parágrafo único. É nula a cláusula contratual, estabelecida no âmbito de arranjos de pagamento ou de outros acordos para prestação de serviço de pagamento, que proíba ou restrinja a diferenciação de preços facultada no *caput* deste artigo".

Agora é possível fazer diferença de preço para aquele que pagar à vista e em dinheiro, por exemplo. Resta aguardarmos a posição do Superior Tribunal de Justiça, que sempre foi contrária a qualquer tipo de diferenciação no tocante ao preço dos bens de consumo, conforme acima demonstrado.

A citada Lei n. 13.455 também acrescentou o art. 5.º-A à Lei n. 10.962 — que disciplina a afixação de preços no mercado de consumo, estabelecendo *in verbis*: "O fornecedor deve informar, em local e formato visíveis ao consumidor, eventuais descontos oferecidos em função do prazo ou do instrumento de pagamento utilizado. Parágrafo único. Aplicam-se às infrações a este artigo as sanções previstas na Lei n. 8.078, de 11 de setembro de 1990".

Diferente é a posição do STJ no tocante ao chamado "desconto de pontualidade", concedido pela instituição de ensino aos alunos que efetuarem o pagamento das mensalidades até a data do vencimento ajustada, que, para a Corte Superior, não configura prática comercial abusiva. Vejamos:

> RECURSO ESPECIAL. AÇÃO CIVIL PÚBLICA DESTINADA AO RECONHECIMENTO DE ABUSIVIDADE DE PRÁTICA COMERCIAL CONHECIDA COMO "DESCONTO DE PONTUALIDADE" INSERIDA EM CONTRATO DE PRESTAÇÃO DE SERVIÇOS EDUCACIONAIS. IMPROCEDÊNCIA. INEXISTÊNCIA DE MULTA CAMUFLADA. LEGITIMIDADE DA CONTRATAÇÃO. RECONHECIMENTO. RECURSO ESPECIAL PROVIDO. 1. A par das medidas diretas que atuam imediatamente no comportamento do indivíduo (proibindo este, materialmente, de violar a norma ou compelindo-o a agir segundo a norma), ganha relevância as medidas indiretas que influenciam psicologicamente o indivíduo a atuar segundo a norma. Assim, o sistema jurídico promocional, para o propósito de impedir um comportamento social indesejado, não se limita a tornar essa conduta mais difícil ou desvantajosa, impondo obstáculos e punições para o descumprimento da norma (técnica do desencorajamento, por meio de sanções negativas). O ordenamento jurídico promocional vai além, vai ao encontro do comportamento social desejado, estimulando a observância da norma, seja por meio da facilitação

de seu cumprimento, seja por meio da concessão de benefícios, vantagens e prêmios decorrentes da efetivação da conduta socialmente adequada prevista na norma (técnica do encorajamento, por meio de sanções positivas) 1.1 As normas que disciplinam o contrato (seja o Código Civil, seja o Código de Defesa do Consumidor) comportam, além das sanções legais decorrentes do descumprimento das obrigações ajustadas contratualmente (de caráter coercitivo e punitivo), as denominadas sanções positivas, que, ao contrário, tem por propósito definir consequências vantajosas em decorrência do correto cumprimento das obrigações contratuais. 2. **Os serviços educacionais são contrata-dos mediante o pagamento de um preço de anualidade certo, definido e aceito pelas partes (diluído nos valores nominais constantes das mensalidades e matrícula).** Inexiste, no bojo da presente ação civil pública, qualquer discussão quanto à existência de defeito de informação ou de vício de consentimento, especificamente em relação ao preço estipulado da anuidade escolar à época da celebração dos contratos de prestação de serviços educacionais. Em momento algum se cogita que o aluno/consumidor teria sido levado, erroneamente, a supor que o preço de sua mensalidade seria aquele já deduzido do valor do desconto. Aliás, insinuações nesse sentido cederiam à realidade dos termos contratados, em especial, repisa-se, no tocante ao preço da anuidade efetivamente ajustado. 2.2 **Se o somatório dos valores nominais constantes das mensalidades (incluídas, aí, os valores de matrícula) equivale ao preço da anuidade contratada, ressai inquestionável que a concessão do denominado "desconto por pontualidade" consubstancia idônea medida de estímulo à consecução do cumprimento do contrato, a premiar, legitimamente, o consumidor que efetuar o pagamento de sua mensalidade na data avençada.** 2.3 A disposição contratual sob comento estimula o cumprimento da obrigação avençada, o que converge com os interesses de ambas as partes contratantes. De um lado, representa uma vantagem econômica ao consumidor que efetiva o pagamento tempestivamente (colocando-o em situação de destaque em relação ao consumidor que, ao contrário, procede ao pagamento com atraso, promovendo, entre eles, isonomia material, e não apenas formal), e, em relação à instituição de ensino, não raras vezes, propicia até um adiantamento do valor a ser pago. 2.4 A proibição da estipulação de sanções premiais, como a tratada nos presentes autos, faria com que o redimensionamento dos custos do serviço pelo fornecedor (a quem cabe, exclusivamente, definir o valor de seus serviços) fossem repassados ao consumidor, indistintamente, tenha ele o mérito de ser adimplente ou não. Além de o desconto de pontualidade significar indiscutível benefício ao consumidor adimplente que pagará por um valor efetivamente menor do preço da anuidade ajustado, conferindo-lhe isonomia material, tal estipulação corrobora com a transparência sobre a que título os valores contratados são pagos, indiscutivelmente. 3. **O desconto de pontualidade é caracterizado justamente pela cobrança de um valor inferior ao efetivamente contratado (que é o preço da anuidade diluído nos valores das mensalidades e matrícula). Não se pode confundir o preço efetivamente ajustado pelas partes com aquele a que se chega pelo abatimento proporcionado pelo desconto. O consumidor que não efetiva a sua obrigação, no caso, até a data do vencimento, não faz jus ao desconto. Não há qualquer incidência de dupla penalização ao consumidor no fato de a multa moratória incidir sobre o valor efetivamente contratado.** Entendimento contrário, sim, ensejaria duplo benefício ao consumidor, que, além de obter o desconto para efetivar a sua obrigação nos exatos termos contratados, em caso de descumprimento, teria, ainda a seu favor, a incidência da multa moratória sobre valor inferior ao que efetivamente contratou. Sob esse prisma, o desconto não pode servir para punir aquele que o concede. 3.1 São distintas as hipóteses de incidência da multa, que tem por propósito punir o inadimplemento, e a do desconto de pontualidade, que, ao contrário, tem por finalidade premiar o adimplemento, o que, por si só, afasta qualquer possibilidade de *bis in idem*, seja em relação à vantagem, seja em relação à punição daí advinda. 3.2 Entendimento que se aplica ainda que o desconto seja dado até a data do vencimento. Primeiro, não se pode olvidar que a estipulação contratual que concede o desconto por pontualidade até a data de vencimento é indiscutivelmente mais favorável ao consumidor do que aquela que estipula a concessão do desconto até a data imediatamente anterior ao vencimento. No tocante à materialização do preço ajustado, tem-se inexistir qualquer óbice ao seu reconhecimento, pois o pagamento efetuado até a data do vencimento toma por base justamente o valor contratado, sobre o qual incidirá o desconto; já o pagamento feito após o vencimento, de igual modo, toma também por base o valor contratado, sobre o qual incidirá a multa contratual. Tem-se, nesse contexto, não ser possível maior materialização do preço ajustado do que se dá em tal hipótese. 4. Recurso especial provido (REsp 1.424.814/SP, Rel. Ministro Marco Aurélio Bellizze, 3.ª T., *DJe* 10.10.2016).

> Elevar sem justa causa o preço é prática abusiva.

10.4.11. Deixar de estipular prazo ou termo inicial para o cumprimento de obrigação como exemplo de prática abusiva no CDC

Prevê o CDC em seu art. 39, inciso XII, como exemplo de prática abusiva: "deixar de estipular prazo para o cumprimento de sua obrigação ou deixar a fixação de seu termo inicial a seu exclusivo critério".

Apesar da existência de normatização específica, adquirir um imóvel na planta num passado não tão longínquo era um desafio, principalmente se o casamento já estivesse marcado.

O início e o término das obras ficavam praticamente ao arbítrio de algumas construtoras, e, com frágil fiscalização das autoridades competentes, o consumidor quase sempre saía no prejuízo. Mesmo nos dias atuais não é difícil encontrarmos consumidores recém-casados alugando *flats* nos primeiros meses de matrimônio, pois o apartamento adquirido na planta ainda não ficou pronto.

Custos como estes devem ser arcados exclusivamente pelo fornecedor, sem lembrar que os transtornos ao casal são evidentes e passíveis de serem reparados via indenização por danos morais.

> Não estipular prazo/termo inicial para cumprir obrigação é prática abusiva.

10.4.12. Aplicar fórmula ou índice de reajuste diverso do legal ou contratualmente estabelecido como exemplo de prática abusiva no CDC

O art. 39, inciso XIII, do Código de Defesa do Consumidor estabelece que "aplicar fórmula ou índice de reajuste diverso do legal ou contratualmente estabelecido" caracteriza comportamento abusivo.

Por mais incrível que possa parecer, nossa economia já viveu a necessidade de impor uma política de **tabelamento de preços**, tanto que o CDC reservou um dos seus artigos para disciplinar o tema da seguinte forma: "Art. 41. No caso de fornecimento de produtos ou de serviços sujeitos ao regime de controle ou de tabelamento de preços, os fornecedores deverão respeitar os limites oficiais sob pena de não o fazendo, responderem pela restituição da quantia recebida em excesso, monetariamente atualizada, podendo o consumidor exigir à sua escolha, o desfazimento do negócio, sem prejuízo de outras sanções cabíveis".

Tal imposição de preços deve ser respeitada inclusive pelas empresas estatais e pelas concessionárias ou permissionárias do serviço público. Nesse sentido já se posicionou o **STJ**: "**É ilegítima a majoração da tarifa de energia elétrica estabelecida pelas Portarias 38/86 e 45/86 do DNAEE, por desrespeitarem o congelamento de preços instituído pelo chamado "Plano Cruzado", sendo devida a restituição de valores pagos a maior pelos consumidores, durante o período do congelamento**" (AgRg no REsp 698.400/RS, Rel. Ministro Luiz Fux, 1.ª T., *DJ* 28.11.2005).

Ademais, o **tratamento rígido** decorrente da política de **tabelamento de preços** não pode ser encarado de maneira absoluta a ponto de inadmitir qualquer exceção.

Sobre o tema, concordamos com o Superior Tribunal de Justiça ao entender que a "rigidez das normas de congelamento **não pode impor a sua aplicação verticalizada sem exceção alguma**. Mercadorias com pequenos defeitos poderiam fugir às regras do preço tabelado, para venda promocional" (REsp 353.765/ES, Rel. Ministra Eliana Calmon, 2.ª T., *DJ* 31.3.2003).

> Aplicar índice ou reajuste diverso do legal ou contratual é prática abusiva.

10.4.13. Permitir o ingresso em estabelecimento em número maior que o permitido como exemplo de prática abusiva no CDC — Novidade da Lei n. 13.425, de 2017

A **Lei n. 13.425, de 30 de março de 2017**, incluiu o inciso XIV ao art. 39 do CDC, que passou a prever como exemplo de prática abusiva: **"permitir o ingresso em estabelecimentos comerciais ou de serviços de um número maior de consumidores que o fixado pela autoridade administrativa como máximo"**.

A aludida lei de 2017 foi editada para estabelecer diretrizes gerais sobre medidas de prevenção e combate a incêndio e a desastres em estabelecimentos, edificações e áreas de reunião de público. Em seu art. 2.º, determinou que o planejamento urbano a cargo dos Municípios deverá observar normas especiais de prevenção e combate a incêndio e a desastres para locais de grande concentração e circulação de pessoas, editadas pelo Poder Público municipal, respeitada a legislação estadual pertinente ao tema.

São considerados locais de grande circulação os estabelecimentos, as edificações de comércio e os serviços, além das áreas de reunião de público, cobertos ou descobertos, cercados ou não, **com ocupação simultânea potencial igual ou superior a cem pessoas**.

Mesmo que a ocupação simultânea potencial seja inferior a cem pessoas, as normas especiais previstas na Lei n. 13.425 serão estendidas aos estabelecimentos, edificações de comércio e serviços e áreas de reunião de público que, pela sua destinação: i) sejam ocupados predominantemente por idosos, crianças ou pessoas com dificuldade de locomoção; ou ii) contenham em seu interior grande quantidade de material de alta inflamabilidade.

O Prefeito que não tomar as providências necessárias para implementar tais disposições no prazo de dois anos incorrerá em ato de improbidade administrativa violadora de princípio da Administração Pública (art. 11 da Lei n. 8.429/92), segundo prevê o art. 13 da Lei n. 13.425, de 2017.

A infração ao disposto no novel inciso XIV do art. 39 do CDC caracteriza ainda crime de consumo, sujeito a detenção, de seis meses a dois anos, e multa, nos termos do art. 65, *caput* c.c. o § 2.º, do Diploma Consumerista.

Permitir o ingresso em estabelecimento em número maior que o permitido.

10.5. PRÁTICAS ABUSIVAS E LEGISLAÇÃO DECORRENTES DA COVID-19

O ano de 2020 foi marcado, no Brasil e no mundo, pela pandemia decorrente da COVID-19 que, além das lastimáveis perdas de centenas de milhares de pessoas e complicações de saúde em milhões de seres humanos, tiveram muitas práticas abusivas perpetradas no mercado de consumo.

No momento em que o mundo clamava por compaixão e solidariedade, tinha fornecedor se aproveitando da situação de desgraça para aumentar, de forma abusiva, preços de luvas e máscaras descartáveis, sem contar do álcool em gel.Estes exemplos são apenas alguns caracterizados de práticas abusivas previstas no art. 39 do CDC e de condutas violadoras de toda a sistemática protetiva do vulnerável da relação de consumo, o consumidor.

Porém, neste item, iremos abordar somente as principais inovações na ordem jurídica pátria oriundas da COVID-19 afetas às relações de consumo que, mesmo possuindo vigências transitórias, são leis e atos normativos que regulamentarão conflitos para além da pandemia.

O que identificamos na maioria das inovações legislativas e dos atos normativos foi uma tentativa do Governo Federal e do Congresso Nacional em buscar um ponto de equilíbrio entre os direitos dos consumidores e o medo de fornecedores falirem com a crise econômica decorrente das medidas restritivas e de quarentena/isolamento impostas pelas autoridades públicas como forma de combater os malefícios decorrentes da COVID-19.

De fato, vamos perceber uma relativização de direitos e conquistas memoráveis no campo da defesa dos consumidores para evitar, conforme dito, uma quebradeira geral dos fornecedores.

Com essa breve introdução, passaremos à apresentação e análise daquilo que entendemos ser as principais novidades que surgiram por conta da pandemia fruto da COVID-19.

10.5.1. Regime Jurídico Emergencial e Transitório das relações jurídicas de direito privado em razão da pandemia da COVID-19 — Lei n. 14.010, de 10 de junho de 2020

A Lei n. 14.010/2020 estabeleceu o Regime Jurídico Emergencial e Transitório das relações jurídicas de Direito Privado (RJET) no período da pandemia do coronavírus (COVID-19).[58]

---

[58] Sobre o tema de redução de mensalidades escolares na pandemia e competência legislativa para tanto, decidiu o Supremo Tribunal Federal na ADI 6.575: "AÇÃO DIRETA DE INCONSTITU-

A relação de consumo foi tratada no Capítulo V, art. 8.º, ao estabelecer que, até 30 de outubro de 2020, ficaria suspensa a aplicação do art. 49 do Código de Defesa do Consumidor na hipótese de entrega domiciliar (*delivery*) de produtos perecíveis ou de consumo imediato e de medicamentos.

O citado dispositivo do Diploma Consumerista é aquele que trata do direito de arrependimento do consumidor nas compras celebradas fora do estabelecimento comercial no prazo de 7 dias a contar de sua assinatura ou do ato de recebimento do produto ou serviço.[59]

Em nossa opinião foi razoável a determinação trazida pelo Regime Jurídico Emergencial e Transitório das relações jurídicas de Direito Privado (RJET), quando impediu o consumidor de desistir da contratação tendo por objeto a entrega domiciliar (*delivery*) de produtos perecíveis ou de consumo imediato, como ocorre com produtos do gênero alimentício, e de medicamentos.

CIONALIDADE. CONSTITUCIONAL. FEDERALISMO E RESPEITO ÀS REGRAS DE DISTRIBUIÇÃO DE COMPETÊNCIA. LEI 14.279/2020 DO ESTADO DA BAHIA. REDUÇÃO OBRIGATÓRIA E PROPORCIONAL DAS MENSALIDADES NA REDE PARTICULAR DE ENSINO EM DECORRÊNCIA DAS MEDIDAS RESTRITIVAS DE CARÁTER TEMPORÁRIO PARA ENFRENTAMENTO DA EMERGÊNCIA DE SAÚDE PÚBLICA DECORRENTE DO CORONAVÍRUS. COMPETÊNCIA DA UNIÃO EM MATÉRIA DE DIREITO CIVIL (ART. 22, I, DA CF). INCONSTITUCIONALIDADE FORMAL RECONHECIDA. PROCEDÊNCIA. 1. As regras de distribuição de competências legislativas são alicerces do federalismo e consagram a fórmula de divisão de centros de poder em um Estado de Direito. Princípio da predominância do interesse. 2. A Constituição Federal de 1988, presumindo de forma absoluta para algumas matérias a presença do princípio da predominância do interesse, estabeleceu, *a priori*, diversas competências para cada um dos entes federativos União, Estados-Membros, Distrito Federal e Municípios e, a partir dessas opções, pode ora acentuar maior centralização de poder, principalmente na própria União (CF, art. 22), ora permitir uma maior descentralização nos Estados-Membros e nos Municípios (CF, arts. 24 e 30, inciso I). 3. **A Lei 14.279/2020 do Estado da Bahia, ao determinar a redução obrigatória e proporcional das mensalidades na rede particular de ensino, em decorrência das medidas restritivas de caráter temporário para enfrentamento da emergência de saúde pública decorrente do coronavírus, viola a competência da União para legislar sobre Direito Civil (art. 22, I, CF), por se tratar de norma abstrata sobre direito civil, afastando-se da competência concorrente dos estados para editar normas sobre responsabilidade por danos aos consumidores (art. 24, V, CF). 4. Efeitos jurídicos da Pandemia COVID-19 sobre os negócios jurídicos privados, inclusive decorrentes de relações de consumo, foram tratados pela Lei 14.010/2020, que estabeleceu o Regime Jurídico Emergencial e Transitório das relações jurídicas de Direito Privado (RJET) no período da pandemia do Coronavírus (Covid-19), reduzindo o espaço de competência complementar dos Estados, ausente previsão geral de modificação dos contratos de prestação de serviços educacionais. 5. Ação direta julgada procedente**" (ADI 6.575, Rel. Ministro Edson Fachin, Red. p/ acórdão Ministro Alexandre de Moraes, Tribunal Pleno, j. 21.12.2020, Data de publicação: 12.2.2021). No mesmo sentido, o STF fixou a seguinte tese no julgamento das ADPFs 706/DF e 713/DF: "**É inconstitucional decisão judicial que, sem considerar as circunstâncias fáticas efetivamente demonstradas, deixa de sopesar os reais efeitos da pandemia em ambas as partes contratuais, e determina a concessão de descontos lineares em mensalidades de cursos prestados por instituições de ensino superior**" (j. 18.11.2021).

[59] O tema será melhor estudado no item 13.4 deste livro.

Percebam que se trata de medida excepcional, temporária e que não exclui outros direitos do consumidor como aquele de recusar a entrega ou de devolver o produto que venha com vício ou defeito. O direito de ser reparado moral e materialmente também não foi excluído nessas situações. A restrição legal se limitou a impedir a devolução imotivada do bem de consumo, nos termos previstos no aludido art. 8.º.

Ainda pensando no teor da Lei n. 14.010/2020, o Capítulo IV tratou da resilição, resolução e revisão dos contratos e deixou muito claro que: "Art. 6.º As consequências decorrentes da pandemia do coronavírus (COVID-19) nas execuções dos contratos, incluídas as previstas no art. 393 do Código Civil, não terão efeitos jurídicos retroativos (Promulgação partes vetadas). Art. 7.º Não se consideram fatos imprevisíveis, para os fins exclusivos dos arts. 317, 478, 479 e 480 do Código Civil, o aumento da inflação, a variação cambial, a desvalorização ou a substituição do padrão monetário (Promulgação partes vetadas). § 1.º **As regras sobre revisão contratual previstas na Lei n. 8.078, de 11 de setembro de 1990 (Código de Defesa do Consumidor), e na Lei n. 8.245, de 18 de outubro de 1991, não se sujeitam ao disposto no** *caput* **deste artigo. § 2.º Para os fins desta Lei, as normas de proteção ao consumidor não se aplicam às relações contratuais subordinadas ao Código Civil, incluindo aquelas estabelecidas exclusivamente entre empresas ou empresários".**

Por fim, no tocante à prescrição e à decadência, prevê o Capítulo II do RJET: "Art. 3.º Os prazos prescricionais consideram-se impedidos ou suspensos, conforme o caso, a partir da entrada em vigor desta Lei até 30 de outubro de 2020. § 1.º Este artigo não se aplica enquanto perdurarem as hipóteses específicas de impedimento, suspensão e interrupção dos prazos prescricionais previstas no ordenamento jurídico nacional. § 2.º Este artigo aplica-se à decadência, conforme ressalva prevista no art. 207 da Lei n. 10.406, de 10 de janeiro de 2002 (Código Civil)".

Conforme estudado no item 6.4 deste livro, pelo fato de a prescrição quinquenal prevista no art. 27 do CDC referir-se apenas às pretensões decorrentes de fato do produto ou do serviço, muitas são as vezes que nos socorremos do Código Civil para nos respaldarmos nos prazos prescricionais lá estabelecidos diante de pretensões consumeristas outras que não envolvem acidente de consumo.

Desta forma, numa interpretação extremamente legalista, ainda que de maneira indireta, a disciplina do art. 3.º da Lei n. 14.010/2020 poderá afetar sim a prescrição das pretensões envolvendo relação de consumo, quando não estiverem relacionadas com fato do produto e do serviço.

No entanto, numa interpretação sistemática e pautada na teoria do diálogo das fontes, entendemos ser possível estender a disciplina de sobrestamento da prescrição prevista no RJET às pretensões envolvendo acidente de consumo, como sendo a melhor exegese possível na busca da tutela do vulnerável consumidor.

10.5.2. Adiamento e o cancelamento de serviços, de reservas e de eventos dos setores de turismo e de cultura em razão da pandemia da COVID-19 — Lei n. 14.046, de 24 de agosto de 2020

A Lei n. 14.046/2020 é fruto da conversão da Medida Provisória n. 948/2020 e tratou do adiamento e o cancelamento de serviços, de reservas e de eventos dos setores de turismo e de cultura em razão do estado de calamidade pública reconhecido pelo Decreto Legislativo n. 6, de 20 de março de 2020, e da emergência de saúde pública de importância internacional decorrente da pandemia da COVID-19.

Entendemos que estão incluídos no objeto da lei não só os eventos de cunho artístico e turístico, mas também eventos familiares particulares como casamentos, batizados, chá de bebê, dentre outros. O próprio art. 3.º do citado diploma normativo esclarece a ampliação de seu objeto para os serviços de turismo e sociedades empresárias a que se refere o art. 21 da Lei n. 11.771, de 17 de setembro de 2008[60] e cinemas, teatros e plataformas digitais de vendas de ingressos pela internet.

O *caput* do art. 2.º da lei, com redação dada pela Lei n. 14.390/2022, estabelece que na hipótese de adiamento ou de cancelamento de serviços, de reservas e de eventos, incluídos shows e espetáculos, de 1.º de janeiro de 2020 a 31 de dezembro de 2022, em decorrência da pandemia da COVID-19, o prestador de serviços ou a sociedade empresária não serão obrigados a reembolsar os valores pagos pelo consumidor, desde que assegurem: (i) a remarcação dos serviços, das reservas e dos eventos adiados; ou (ii) a disponibilização de crédito para uso ou abatimento na compra de outros serviços, reservas e eventos disponíveis nas respectivas empresas.

Segundo a lei as operações ocorrerão sem custo adicional, taxa ou multa ao consumidor, em qualquer data a partir de 1.º de janeiro de 2020, e estender-se-ão pelo prazo de 120 (cento e vinte) dias, contado da comunicação do adiamento ou do cancelamento dos serviços, ou 30 (trinta) dias antes da realização do evento, o que ocorrer antes (art. 2.º, § 1.º).

Se o consumidor não fizer a solicitação no prazo assinalado de 120 (cento e vinte) dias, por motivo de falecimento, de internação ou de força maior, o prazo será restituído em proveito da parte, do herdeiro ou do sucessor, a contar da data de ocorrência do fato impeditivo da solicitação (art. 2.º, § 2.º).

O crédito a que se refere a Lei poderá ser utilizado pelo consumidor até 31 de dezembro de 2023 (art. 2.º, § 4.º, com redação dada pela Lei n. 14.390/2022).

---

[60] A Lei n. 11.771 dispõe sobre a Política Nacional de Turismo e estabelece em seu art. 21: "Consideram-se prestadores de serviços turísticos, para os fins desta Lei, as sociedades empresárias, sociedades simples, os empresários individuais e os serviços sociais autônomos que prestem serviços turísticos remunerados e que exerçam as seguintes atividades econômicas relacionadas à cadeia produtiva do turismo: I — meios de hospedagem; II — agências de turismo; III — transportadoras turísticas; IV — organizadoras de eventos; V — parques temáticos; e VI — acampamentos turísticos. Parágrafo único. Poderão ser cadastradas no Ministério do Turismo, atendidas as condições próprias, as sociedades empresárias que prestem os seguintes serviços: I — restaurantes, cafeterias, bares e similares; II — centros ou locais destinados a convenções e/ou a feiras e a exposições e similares; III — parques temáticos aquáticos e empreendimentos dotados de equipamentos de entretenimento e lazer; IV — marinas e empreendimentos de apoio ao turismo náutico ou à pesca desportiva; V — casas de espetáculos e equipamentos de animação turística; VI — organizadores, promotores e prestadores de serviços de infra-estrutura, locação de equipamentos e montadoras de feiras de negócios, exposições e eventos; VII — locadoras de veículos para turistas; e VIII — prestadores de serviços especializados na realização e promoção das diversas modalidades dos segmentos turísticos, inclusive atrações turísticas e empresas de planejamento, bem como a prática de suas atividades".

Nas hipóteses de remarcação dos serviços, das reservas e dos eventos adiados, serão respeitados os valores e as condições dos serviços originalmente contratados e a data-limite de 31 de dezembro de 2023 para ocorrer a remarcação dos serviços, das reservas e dos eventos adiados (art. 2.º, § 5.º, II, com redação dada pela Lei n. 14.390, de 2022).

O art. 2.º, § 6.º, da Lei ora em comento, com redação dada pela Lei n. 14.390, de 2022, estabeleceu que o prestador de serviço ou a sociedade empresária deverão restituir o valor recebido ao consumidor somente na hipótese de ficarem impossibilitados de oferecer a remarcação dos serviços ou a disponibilização de crédito nos seguintes prazos: i) até 31 de dezembro de 2022, para os cancelamentos realizados até 31 de dezembro de 2021; e ii) até 31 de dezembro de 2023, para os cancelamentos realizados de 1.º de janeiro a 31 de dezembro de 2022.

Em nossa visão, trata-se de dispositivo contrário à ordem constitucional e toda a principiologia de defesa do consumidor. São inúmeros os motivos de cunho pessoal que poderão levar o consumidor a não querer participar novamente de um evento cultural ou turístico, como um *show* ou viagem, e, o de maior evidência, envolve a situação mais do que plausível de que a pessoa com quem o contratante iria num dos citados eventos morreu por complicações decorrentes da COVID-19.

Impedir o consumidor do seu direito ao reembolso dos valores pagos em situações como a apresentada, e impor como únicas alternativas a remarcação do serviço ou a concessão de um crédito, viola, em nosso entendimento a Constituição Federal, dentre outros, o direito fundamental à intimidade e à vida privada do consumidor (art. 5.º, X, da CF), além de lhe impor uma onerosidade excessiva violadora do Código de Defesa do Consumidor (art. 39, V, e art. 51, § 1.º, CDC).

O § 7.º do art. 2.º da Lei n. 14.046/2020 estabeleceu que **os valores referentes** aos serviços de agenciamento e de intermediação já prestados, tais como **taxa de conveniência e/ou de entrega, serão deduzidos do crédito a ser disponibilizado ao consumidor**, nos casos de concessão de crédito ou restituição excepcional dos valores pagos.

Aqui mais uma vez o consumidor sai prejudicado no seu direito de reembolso. Trata-se, ademais, de dispositivo legal que vai contra jurisprudência do Superior Tribunal de Justiça que firmou entendimento no ano de 2019, quando do julgamento do REsp 1.737.428, que reconheceu como sendo exemplo de prática abusiva a cobrança da "taxa de conveniência" na venda de ingressos por meio virtual (*internet*) vinculada a uma única intermediadora. Na oportunidade, o STJ considerou a aludida prática abusiva como sendo uma modalidade de venda casada indireta ou "às avessas". Em sede de embargos de declaração ao aludido julgado, a Corte Superior entendeu que é lícita a intermediação na venda de ingressos pela internet com a cobrança de "taxa de conveniência", desde que a informação dessa cobrança esteja disponibilizada ao consumidor desde a oferta do serviço.

O disposto em tudo que foi tratado no art. 2.º da Lei n. 14.046/2020 aplica-se aos casos em que o serviço, a reserva ou o evento adiado tiver que ser novamente adiado, em razão de não terem cessado os efeitos da emergência de saúde pública decorrente da pandemia fruto da COVID-19 na data da remarcação originária, bem como aplica-se aos novos eventos lançados no decorrer do período sob os efeitos da pandemia da COVID-19 e que não puderem ser realizados pelo mesmo motivo (art. 2.º, § 9.º, com redação dada pela Lei n. 14.186/2021).

Na hipótese de o consumidor ter adquirido o crédito de que trata o inciso II do art. 2.º dessa Lei até a data de publicação da Medida Provisória n. 1.036, de 17 de março de 2021, o referido crédito poderá ser usufruído até 31 de dezembro de 2022 (art. 2.º, § 10, incluído pela Lei n. 14.186/2021).

As regras para adiamento da prestação do serviço, para disponibilização de crédito ou, na excepcionalíssima hipótese de reembolso aos consumidores, aplicar-se-ão ao prestador de serviço ou à sociedade empresária que tiverem recursos a serem devolvidos por produtores culturais ou por artistas (art. 2.º, § 8.º). Outro dispositivo que tratou dessa relação entre fornecedores foi o art. 4.º da Lei em comento, que, com redação dada pela Lei n. 14.186/2021, passou a assim prever:

> "Art. 4.º Os artistas, os palestrantes ou outros profissionais detentores do conteúdo contratados de 1.º de janeiro de 2020 a 31 de dezembro de 2022 que forem impactados por adiamentos ou por cancelamentos de eventos em decorrência da pandemia da COVID-19, incluídos shows, rodeios e espetáculos musicais e de artes cênicas, e os profissionais contratados para a realização desses eventos não terão obrigação de reembolsar imediatamente os valores dos serviços ou cachês, desde que o evento seja remarcado, observada a data-limite de 31 de dezembro de 2023 para a sua realização. (Redação dada pela Lei n. 14.390, de 2022.)
> § 1.º Na hipótese de os artistas, os palestrantes ou outros profissionais detentores do conteúdo e os demais profissionais contratados para a realização dos eventos de que trata o *caput* deste artigo não prestarem os serviços contratados no prazo previsto, o valor recebido será restituído, atualizado monetariamente pelo Índice Nacional de Preços ao Consumidor Amplo Especial (IPCA-E), até 31 de dezembro de 2022, para os cancelamentos realizados até 31 de dezembro de 2021, e até 31 de dezembro de 2023, para os cancelamentos realizados de 1.º de janeiro a 31 de dezembro de 2022, observadas as seguintes disposições: (Redação dada pela Lei n. 14.390, de 2022.)
> I — o valor deve ser imediatamente restituído, na ausência de nova data pactuada de comum acordo entre as partes; e
> II — a correção monetária prevista neste parágrafo deve ser aplicada de imediato nos casos delimitados no inciso I deste parágrafo em que não for feita a restituição imediata.§ 2.º Serão anuladas as multas por cancelamentos dos contratos de que trata este artigo que tenham sido emitidas até 31 de dezembro de 2022, na hipótese de os cancelamentos decorrerem das medidas de isolamento social adotadas para o combate à pandemia da COVID-19. (Redação dada pela Lei n. 14.390, de 2022.)"

Por fim, o art. 5.º da Lei n. 14.046/2020 determinou que **eventuais cancelamentos ou adiamentos dos contratos de natureza consumerista regidos por esta Lei caracterizam hipótese de caso fortuito ou de força maior, e não são cabíveis reparação por danos morais, aplicação de multas ou imposição das penalidades administrativas** previstas no art. 56 da Lei n. 8.078, de 11 de setembro de 1990, ressalvadas as situações previstas no § 7.º do art. 2.º e no § 1.º do art. 4.º da lei ora em comento, desde que caracterizada má-fé do prestador de serviço ou da sociedade empresária.

Sem entrar em comentários nos atecnicismos de redação do dispositivo legal, mais uma vez o legislador pecou ao excluir, de forma antecipada e, por lei, a possibilidade de reconhecimento do dano moral do consumidor, num cenário que, conforme acima exposto, **impedir o vulnerável de exercer o seu direito ao reembolso em situações em** que ele não quer a remarcação do evento, nem o crédito correspondente, viola, em nosso entendimento, a Constituição Federal, mais precisamente o direito fundamental à intimidade e à vida privada do consumidor previsto no art. 5.º, inciso X, que possui, como uma de suas consequências, o dever de assegurar o direito a indenização pelo dano material ou **MORAL** decorrente de sua violação.

10.5.3. Medidas emergenciais para a aviação civil brasileira em razão da pandemia da COVID-19 — Lei n. 14.034, de 5 de agosto de 2020

A Lei n. 14.034/2020 é fruto da conversão da Medida Provisória n. 925, de 2020 e tratou das medidas emergenciais para a aviação civil brasileira em razão da pandemia da COVID-19.

Diferentemente da Lei n. 14.046, que somente admitiu o reembolso dos valores pagos pelo consumidor de forma excepcionalíssima no tocante a eventos turísticos e culturais, em verdadeira afronta à Constituição Federal e ao Código de Defesa do Consumidor, nos termos defendidos no item anterior, o art. 3.º da Lei n. 14.034/2020, com redação dada pela Lei n. 14.174/2021, estabeleceu como primeiro direito ao vulnerável da relação de consumo o benefício ao reembolso.

Sobre o tema, prevê o *caput* do aludido dispositivo legal: "**O reembolso do valor da passagem aérea devido ao consumidor por cancelamento de voo no período compreendido entre 19 de março de 2020 e 31 de outubro de 2021 será realizado pelo transportador no prazo de 12 (doze) meses, contado da data do voo cancelado, observadas a atualização monetária** calculada com base no INPC e, quando cabível, a prestação de assistência material, nos termos da regulamentação vigente.[61]

Ademais, a Lei n. 14.034/2020 admitiu a **substituição do citado reembolso pela opção de receber crédito de valor maior ou igual ao da passagem aérea, a ser utilizado, em nome próprio ou de terceiro, para a aquisição de produtos ou serviços oferecidos pelo transportador, em até 18 (dezoito) meses**, contados de seu recebimento (art. 3.º, § 1.º).

Louvável a determinação legal de que o crédito possa ser utilizado por terceira pessoa, tendo em vista o possível desinteresse do consumidor contratante em realizar outra viagem por meio de transporte aéreo, por sequelas eventualmente deixadas pela pandemia decorrente da COVID-19.

Outro ponto importante disciplinado pela lei ora em comento foi a determinação imposta ao fornecedor de transporte aéreo **oferecer ao consumidor**, sempre que possível, em caso de cancelamento de voo, como alternativa ao reembolso, **as opções de reacomodação em outro voo, próprio ou de terceiro, e de remarcação da passagem aérea, sem ônus, mantidas as condições aplicáveis ao serviço contratado** (art. 3.º, § 2.º).

As hipóteses até aqui tratadas referiram-se aos cancelamentos perpetrados por iniciativa do fornecedor de transporte aéreo. Tal assertiva tem amparo no disposto no § 3.º do art. 3.º da Lei n. 14.034/2020, com redação dada pela Lei n. 14.174/2021, que assim

---

[61] A redação original previa o prazo compreendido entre 19 de março de 2020 e 31 de dezembro de 2020. Porém, por força da Medida Provisória n. 1.024, de 31 de dezembro de 2020, o prazo-limite foi estendido para 31 de outubro de 2021. A aludida MP foi convertida na Lei n. 14.174/2021.

prevê: "O consumidor que desistir de voo com data de início no período entre 19 de março de 2020 e 31 de outubro de 2021 poderá optar por receber reembolso, na forma e no prazo previstos no *caput* deste artigo, sujeito ao pagamento de eventuais penalidades contratuais, ou por obter crédito, perante o transportador, de valor correspondente ao da passagem aérea, sem incidência de quaisquer penalidades contratuais, o qual poderá ser utilizado na forma do § 1.º deste artigo".[62]

Entendemos que aqui o legislador falhou, data máxima vênia. Isto porque deu um tratamento diferenciado e prejudicial ao consumidor, caso ele opte por cancelar a contratação do transporte aéreo em tempos de pandemia decorrente da COVID-19 e prefira exercer o seu direito ao reembolso do valor pago, pois, neste caso, o legislador ordinário impôs ao vulnerável a possibilidade de pagar multa contratual eventualmente prevista. Estará o consumidor livre da multa apenas se optar pela obtenção de um crédito de valor equivalente ao da passagem aérea previamente comprada para usufruir ele ou terceiro no prazo de 18 meses.

Defenderemos mais uma vez que se trata de dispositivo contrário à ordem constitucional e toda a principiologia de defesa do consumidor. São inúmeros os motivos de cunho pessoal que poderão levar o consumidor a não querer fazer mais uso das passagens aéreas previamente adquiridas e, o de maior evidência, envolve a situação mais do que plausível de que a pessoa com quem o contratante iria viajar morreu por complicações decorrentes da COVID-19.

Impedir o consumidor do seu direito ao reembolso dos valores pagos isento do pagamento de qualquer multa eventualmente prevista contratualmente em situações como a apresentada, e impor como única alternativa isenta de ônus ao vulnerável a concessão de um crédito, viola, em nosso entendimento, a Constituição Federal, dentre outros, o direito fundamental à intimidade e à vida privada do consumidor (art. 5.º, inciso X, da CF), além de lhe impor uma onerosidade excessiva violadora do Código de Defesa do Consumidor (art. 39, inciso V, e art. 51, § 1.º, CDC).

Ademais, é evidente que o consumidor está no seu direito de não voar em tempos de pandemia, em verdadeira proteção à sua vida e saúde, bem como de seus familiares (direitos protegidos pela Constituição Federal e pelo CDC), mesmo porque não foi ele o responsável pela desistência que não pede ser considerada imotivada numa situação caótica, como a vivida pelo mundo nos anos de 2019/2020.

Em resumo, em nossa opinião é ilegal e inconstitucional a imposição de eventual multa contratual caso o consumidor opte pelo cancelamento da contratação de transporte aéreo em tempos de pandemia e decida obter o reembolso dos valores pagos.

Conforme melhor estudado no item 13.4.1. deste livro, em tempos de normalidade, leia, sem os gravames decorrentes da pandemia fruto da COVID-19, vale lembrar da existência de uma exceção à regra do direito de arrependimento imotivado do consumidor no prazo de 7 dias, previsto no art. 49 do CDC, para as compras/contratações realizadas presencialmente ou pela *internet* que envolve aquisição de passagens aéreas.

---

[62] A redação original previa o prazo compreendido entre 19 de março de 2020 e 31 de dezembro de 2020. Porém, por força da Medida Provisória n. 1.024, de 31 de dezembro de 2020, o prazo-limite foi estendido para 31 de outubro de 2021. A aludida MP foi convertida na Lei n. 14.174/2021.

Sobre o tema, dispõe a **Resolução n. 400/2016 da ANAC**: "Art. 11. O usuário poderá desistir da passagem aérea adquirida, sem qualquer ônus, desde que o faça no prazo de até 24 (vinte e quatro) horas, a contar do recebimento do seu comprovante. Parágrafo único. A regra descrita no *caput* deste artigo somente se aplica às compras feitas com antecedência igual ou superior a 7 (sete) dias em relação à data de embarque".

Da forma disposta na aludida resolução normativa, as compras de passagens aéreas realizadas presencialmente ou pela *internet* terão disciplina diferenciada em relação à desistência imotivada e sem ônus para o consumidor devendo ocorrer no prazo de 24 horas do recebimento do comprovante de fechamento da contratação e desde que formalizada a renúncia em prazo igual ou superior a 7 dias do embarque.

Trata-se de período que a Agência Nacional de Aviação Civil entende como sendo razoável para o fornecedor de transporte aéreo realocar novo passageiro para o lugar do consumidor desistente.

Foi por isso que a Lei n. 14.034/2020 estabeleceu no § 6.º do art. 3.º que: "O disposto no § 3.º deste artigo não se aplica ao consumidor que desistir da passagem aérea adquirida com antecedência igual ou superior a 7 (sete) dias em relação à data de embarque, desde que o faça no prazo de 24 (vinte e quatro) horas, contado do recebimento do comprovante de aquisição do bilhete de passagem, caso em que prevalecerá o disposto nas condições gerais aplicáveis ao transporte aéreo regular de passageiros, doméstico e internacional, estabelecidas em ato normativo da autoridade de aviação civil". Ou seja, foi respeitado pela lei de 2020 o disposto na Resolução n. 400/2016 da ANAC.

Ainda sobre o tema, cumpre informar que no dia 12 de maio de 2020 a Diretoria Colegiada da Agência Nacional de Aviação Civil (ANAC) aprovou por unanimidade a flexibilização excepcional da aplicação das regras da Resolução n. 400/2016 durante o estado de emergência causado pela pandemia de COVID-19, nos termos das Resoluções n. 556 e 557.

As principais disposições envolvendo a flexibilização temporária e excepcional da aplicação da Resolução n. 400 da ANAC contempla os seguintes pontos:

- "O transportador deve comunicar o passageiro com antecedência mínima de 24 horas sobre eventual alteração programada do voo.
- A assistência material fica assegurada ao passageiro em território nacional, exceto nos casos de fechamento de fronteiras e de aeroportos por determinação de autoridades.
- As manifestações dos passageiros devem ser respondidas em até 15 dias.
- Nos casos de alteração programada, atraso, cancelamento ou interrupção do voo, fica assegurada a reacomodação do passageiro em voo de terceiro quando não houver disponibilidade de voo da própria empresa".[63]

O crédito oriundo do cancelamento do voo, quer por iniciativa do fornecedor transportador, quer por desistência do consumidor, deverá ser concedido no prazo máximo

---

[63] Disponível no link: https://www.anac.gov.br/noticias/2020/anac-decide-sobre-regras-do-transporte-aereo-de-passageiros-no-contexto-da-covid-19. Acesso em: 13 set. 2020.

de 7 (sete) dias, contado de sua solicitação pelo passageiro (art. 3.º, § 4.º, da Lei n. 14.034/2020).

O art. 3.º, § 7.º, com redação dada pela Lei n. 14.174/2021, estabeleceu que: "O direito ao reembolso, ao crédito, à reacomodação ou à remarcação do voo previsto neste artigo independe do meio de pagamento utilizado para a compra da passagem, que pode ter sido efetuada em pecúnia, crédito, pontos ou milhas, e o reembolso, o crédito, a reacomodação ou a remarcação do voo são negociados entre consumidor e transportador nos termos deste artigo".

Entendemos que, **se o consumidor optou pela reacomodação ou pela remarcação de voo, em se tratando de transporte aéreo internacional**, que possui como moeda padrão o dólar, **é prática abusiva querer cobrar do consumidor a diferença cambial** eventualmente estabelecida entre o momento originário da aquisição das passagens e a data do novo voo.

Nesse sentido, entendeu o Tribunal de Justiça do Estado de São Paulo que **"a reacomodação em outro voo ou remarcação da passagem aérea deve ser efetuada sem ônus, mantidas as condições aplicáveis ao serviço contratado, de maneira que é descabida a pretensão da recorrente de cobrança de diferença tarifária, uma vez que os apelados pretendem sejam mantidas as mesmas condições contratadas quanto ao itinerário e classe de serviços"** (Apelação Cível 1036659-84.2020.8.26.0100, Voto n. 14.323, Rel. Jairo Brazil Fontes Oliveira, Data de publicação: 23.3.2021).

Em caso de cancelamento do voo, o transportador, por solicitação do consumidor, deve adotar as providências necessárias perante a instituição emissora do cartão de crédito ou de outros instrumentos de pagamento utilizados para aquisição do bilhete de passagem, com vistas à imediata interrupção da cobrança de eventuais parcelas que ainda não tenham sido debitadas, sem prejuízo da restituição de valores já pagos (art. 3.º, § 8.º, da Lei n. 14.034/2020).

Por fim, cumpre ressaltar que o disposto no art. 3.º da Lei n. 14.034 e que foi estudado nesse item do livro aplica-se também às hipóteses de atraso e de interrupção previstas nos arts. 230 e 231 da Lei n. 7.565, de 19 de dezembro de 1986, conforme disposto no § 5.º da lei de 2020 ora em comento.[64]

10.5.4. Medidas para preservação da prestação do serviço público de distribuição de energia elétrica em razão da pandemia da COVID-19 — Resolução n. 928, de 26 de março de 2021, da ANEEL

Em que pese toda a discussão existente ao entorno do tema interrupção do serviço público, desenvolvida no Capítulo 3 deste livro, mais precisamente no item 3.4 e

---

[64] A Lei n. 7.565, de 19 de dezembro de 1986 dispõe sobre o Código Brasileiro de Aeronáutica e estabelece nos artigos citados: "Art. 230. Em caso de atraso da partida por mais de 4 (quatro) horas, o transportador providenciará o embarque do passageiro, em voo que ofereça serviço equivalente para o mesmo destino, se houver, ou restituirá, de imediato, se o passageiro o preferir, o valor do bilhete de passagem. Art. 231. Quando o transporte sofrer interrupção ou atraso em aeroporto de escala por período superior a 4 (quatro) horas, qualquer que seja o motivo, o passageiro poderá optar pelo endosso do bilhete de passagem ou pela imediata devolução do preço".

subitens, vale destacar que, por conta da pandemia decorrente da COVID-19, foi editada pela Agência Nacional de Energia Elétrica — ANEEL a Resolução Normativa n. 878 para tratar de medidas para preservação da prestação do serviço público de distribuição de energia elétrica. No ano de 2021, mais precisamente em 26 de março, o aludido ato normativo foi revogado pela Resolução n. 928, que passou a disciplinar o assunto.

O art. 2.º da Resolução de 2021 estabelece as hipóteses em que estará vedada a suspensão de fornecimento do serviço público de energia elétrica por inadimplemento de unidades consumidoras durante a pandemia decorrente da COVID-19:

- das subclasses residenciais de baixa renda;
- onde existam pessoas usuárias de equipamentos de autonomia limitada, vitais à preservação da vida humana e dependentes de energia elétrica, incluindo unidades hospitalares, institutos médico-legais, centros de hemodiálise e de armazenamento de sangue, centros de produção, armazenamento e distribuição de vacinas e soros antídotos;
- das unidades consumidoras em que a distribuidora suspender o envio de fatura impressa sem a anuência do consumidor; e
- nos locais em que não houver postos de arrecadação em funcionamento, o que inclui instituições financeiras, lotéricas, unidades comerciais conveniadas, entre outras.

A vedação à suspensão do fornecimento do serviço público de energia elétrica nas hipóteses de suspensão do envio de fatura impressa sem anuência do consumidor e em locais onde não houver postos de arrecadação não se aplica aos casos de pagamento automático até então vigentes (art. 2.º, § 1.º).

A boa-fé objetiva deve estar presente na relação de consumo e obriga não só o fornecedor, como também o consumidor. O dispositivo leva em consideração o não prejuízo ao consumidor de boa-fé.

O § 2.º do art. 2.º da Resolução n. 928 da ANEEL prevê hipóteses de anuência tácita pela não entrega mensal da fatura impressa e recebimento do boleto por outros canais, afastando, desta forma, a vedação à suspensão do fornecimento do serviço de energia elétrica em locais onde não houver postos de arrecadação. São as seguintes situações caracterizadoras de anuência tácita do consumidor: (i) pagamento de duas faturas consecutivas, devendo a distribuidora incluir notificação específica e em destaque quanto à anuência tácita nas duas faturas subsequentes ao segundo pagamento; (ii) consentimento dado mediante resposta em SMS, via unidade de resposta audível — URA, chamadas telefônicas ativas, entre outras medidas assemelhadas que permitam auditoria.

Nos casos de que houve suspensão do envio de fatura impressa sem anuência do consumidor e em locais onde não existir postos de arrecadação abertos, é vedada a imposição de multa e juros de mora previstos no art. 126 da Resolução Normativa n. 414, de 2010[65], em caso de inadimplemento (art. 2.º, § 3.º).

---

[65] Sobre o tema, prevê a Resolução n. 414 da ANEEL: "Art. 126. Na hipótese de atraso no pagamento da Nota Fiscal/Conta de Energia Elétrica ou Fatura emitida pela distribuidora, sem prejuízo da legislação vigente, faculta-se a cobrança de multa, atualização monetária com base na variação do

Na Resolução n. 928/2021 a ANEEL também estabeleceu obrigações às fornecedoras de distribuição de energia elétrica, dentre as quais destacamos:

> "Art. 4.º As distribuidoras devem adotar as seguintes providências:
> I — elaborar e manter plano de contingência específico para o atendimento de unidades médicas e hospitalares e de locais utilizados para o tratamento da população, incluindo a verificação de disponibilidade e testes de funcionamento de unidades de geração ou a possibilidade de remanejamento da carga;
> II — priorizar a adesão ao serviço público Consumidor.gov.br e disponibilizar canais adicionais de atendimento;
> III — promover, quando necessário, campanhas para:
> a) identificar e cadastrar unidades consumidoras onde existam pessoas usuárias de equipamentos de autonomia limitada, vitais à preservação da vida humana e dependentes de energia elétrica; e
> b) incentivar o recebimento de fatura eletrônica e a adoção do pagamento automático da fatura por meio de débito em conta corrente ou outra forma.
> Art. 5.º Fica suspensa a contagem do prazo nonagesimal para a suspensão do fornecimento, de que trata o § 2.º do art. 172 da Resolução Normativa n. 414, de 2010.
> Art. 6.º Caso a distribuidora não possa efetuar a leitura em decorrência de atos ou ações do poder público competente relacionados à pandemia de coronavírus (COVID-19), devem ser observadas as seguintes disposições:
> I — faturar pela média aritmética dos valores faturados nos 12 (doze) últimos ciclos de faturamento, observado o disposto no § 1.º do art. 89 da Resolução Normativa n. 414, de 2010, desde que mantido o fornecimento regular de energia elétrica à unidade consumidora;
> II — no ciclo de faturamento subsequente ao término das situações previstas no *caput*, a distribuidora deve realizar o acerto da leitura e do faturamento conforme art. 113 da Resolução Normativa n. 414, de 2010, afastada a incidência da devolução em dobro; e
> III — a distribuidora deve informar na fatura a realização do faturamento pela média e o motivo.
> Parágrafo único. Os atos e ações previstos no *caput* devem ter sido adotados por órgão competente e devem ser comprovados por meio documental à área de fiscalização da ANEEL.
> Art. 7.º Fica suspensa a exigibilidade de realização de compensação pela violação dos limites de continuidade individual e de conformidade de tensão em regime permanente.

IGP-M e juros de mora de 1% (um por cento) ao mês calculados *pro rata die*. § 1.º Para a cobrança de multa, deve-se observar o percentual máximo de 2% (dois por cento). § 2.º A multa e os juros de mora incidem sobre o valor total da Fatura, exceturando-se: I — a Contribuição de Iluminação Pública — CIP, a qual se sujeita às multas, atualizações e juros de mora estabelecidos na legislação específica; II — os valores relativos à cobrança de atividades acessórias ou atípicas, contribuições ou doações de interesse social; (Redação dada pela REN ANEEL 581, de 11.10.2013) III — as multas e juros de períodos anteriores. § 3.º Havendo disposições contratuais pactuadas entre a distribuidora e consumidor, estabelecendo condições diferenciadas, prevalece o pactuado, limitado aos percentuais estabelecidos neste artigo".

> Parágrafo único. As compensações não realizadas em decorrência deste artigo devem ser creditadas nas faturas dos consumidores emitidas até 31 de março de 2022, com a atualização monetária calculada com base na variação do IPCA, observadas as disposições para os casos enquadrados nos itens 2.7.5 da Seção 8.1 e 5.11.3 da Seção 8.2, ambos do Módulo 8 do PRODIST. (Redação dada pela Resolução Normativa ANEEL n. 936, de 15 de junho de 2021)
>
> Art. 8.º A existência de atos ou ações do poder público competente relacionados à pandemia de coronavírus (COVID-19), que restrinjam o funcionamento de locais ou a circulação das pessoas e prejudiquem a prestação do serviço público de distribuição de energia elétrica, deve ser comprovada por meio documental à ANEEL quando do tratamento de reclamações e nos processos de fiscalização".

Sobre o tema competência dos Estados para legislar a respeito do Direito do Consumidor e corte do fornecimento de energia elétrica, assim decidiu o Supremo Tribunal Federal:

AÇÃO DIRETA DE INCONSTITUCIONALIDADE. MEDIDA CAUTELAR. EXPRESSÃO ENERGIA ELÉTRICA, PREVISTA NO § 1.º DO ART. 2.º DA LEI N. 1.389/2020 DE RORAIMA: PEDIDO DE INTERPRETAÇÃO CONFORME À CONSTITUIÇÃO DO § 2.º DO ART. 2.º E DOS ARTS. 3.º, 4.º, 5.º E 6.º DA LEI ESTADUAL PELA QUAL VEDADA A INTERRUPÇÃO DO SERVIÇO DE DISTRIBUIÇÃO DE ENERGIA ELÉTRICA PELA INADIMPLÊNCIA DOS USUÁRIOS: COBRANÇA E PAGAMENTO DOS DÉBITOS. FLUÊNCIA E EXIGIBILIDADE DE MULTA E JUROS MORATÓRIOS PELOS DÉBITOS SOBRE A FRUIÇÃO DO SERVIÇO DURANTE A PANDEMIA DA COVID-19. NORMAS DE DIREITO DO CONSUMIDOR E DE PROTEÇÃO À SAÚDE PÚBLICA. COMPETÊNCIA LEGISLATIVA CONCORRENTE DA UNIÃO, DOS ESTADOS E DO DISTRITO FEDERAL. INCS. V E XII DO ART. 24 DA CONSTITUIÇÃO DA REPÚBLICA. AÇÃO DIRETA JULGADA IMPROCEDENTE. 1. Conversão do rito do art. 10 para o rito do art. 12 da Lei n. 9.868/99. Julgamento definitivo do mérito considerada a formalização das postulações e dos argumentos jurídicos, sem necessidade de novas informações. Precedentes. 2. Associação Brasileira de Distribuidores de Energia Elétrica — Abradee: parte legítima ativa para propositura da ação direta. Precedentes. 3. São constitucionais as normas estaduais que veiculam proibição de suspensão do fornecimento do serviço de energia elétrica, o modo de cobrança e pagamentos dos débitos e exigibilidade de multa e juros moratórios, limitadas ao tempo da vigência do plano de contingência, em decorrência da pandemia de COVID-19, por versarem, essencialmente, sobre defesa e proteção dos direitos do consumidor e da saúde pública. Precedentes. 4. É concorrente a competência da União, dos Estados e do Distrito Federal para legislar sobre consumo e proteção à saúde pública, nos termos dos incs. V e XII do art. 24 da Constituição da República. 5. As normas impugnadas, excepcionais e transitórias, editadas em razão da crise sanitária causada pelo novo coronavírus, não interferem na estrutura de prestação do serviço público de energia elétrica, nem no equilíbrio dos respectivos contratos administrativos. Ação direta julgada improcedente para declarar constitucionais as normas, na parte afeta à expressão "energia elétrica", previstas no § 1.º do art. 2.º, no § 2.º do art. 2.º e nos arts. 3.º, 4.º, 5.º e 6.º da Lei n. 1.389/2020 de Roraima (ADI 6.432, Rel. Ministra Cármen Lúcia, Tribunal Pleno, j. 8.4.2021, Data de publicação: 14.5.2021).

10.5.5. Resolução Normativa n. 453, de 12 de março de 2020, da ANS e a cobertura obrigatória para a utilização de testes diagnósticos para infecção pelo Coronavírus

A Resolução n. 453/2020 da ANS alterou a Resolução Normativa n. 428, de 7 de novembro de 2017 e incluiu no Rol de Procedimentos e Eventos em Saúde no âmbito da Saúde Suplementar a cobertura obrigatória e a utilização de testes diagnósticos para infecção pelo Coronavírus, nos seguintes termos:

> "Art. 1.º A presente Resolução altera a Resolução Normativa — RN n. 428, de 07 de novembro de 2017, que dispõe sobre o Rol de Procedimentos e Eventos em Saúde no âmbito da Saúde Suplementar, para regulamentar a utilização de testes diagnósticos para infecção pelo Coronavírus.
> Art. 2.º O Anexo I da RN n. 428, de 2017, passa a vigorar acrescido do seguinte item, "SARS-CoV-2 (CORONAVÍRUS COVID-19) — pesquisa por RT — PCR (com diretriz de utilização)", conforme Anexo I desta Resolução.
> Art. 3.º O Anexo II da RN n. 428, de 2017, passa a vigorar acrescido dos itens, SARS-CoV-2 (CORONAVÍRUS COVID-19) — PESQUISA POR RT-PCR cobertura obrigatória quando o paciente se enquadrar na definição de caso suspeito ou provável de doença pelo Coronavírus 2019 (COVID-19) definido pelo Ministério da Saúde, conforme Anexo II desta Resolução".[66]

Infelizmente, a testagem no Brasil não foi levada tão a sério como sendo uma política pública eficaz na contenção da propagação da COVID-19. Em países desenvolvidos onde a testagem foi feita em massa, aumentou a chance de identificação dos locais onde o problema da epidemia estava mais presente e contribuiu com êxito a realização de um isolamento consciente e mais responsável, sem afetar a economia de um país com a quarentena decretada de forma desarrazoada, indiscriminada e despida de fundamentação científica.

A prova da verdade do que estamos falando está na resolução normativa ora em comento que só admitiu como obrigatória a cobertura da testagem da COVID-19 **"quando o paciente se enquadrar na definição de caso suspeito ou provável de doença"**.

Com mais essa postura lamentável, a Agência Nacional de Saúde Suplementar perdeu a oportunidade de contribuir com aumento da testagem em nosso país, tendo em vista que, na prática, os planos de saúde somente cobriram a testagem daquele

---

[66] Sobre o tema competência dos Estados para legislarem sobre matérias inerentes aos planos de saúde, assim decidiu o STF: "Ação direta de inconstitucionalidade. 2. Lei n. 11.746, de 30 de junho de 2020, do Estado da Paraíba. Proibição de operadoras de planos de saúde no Estado da Paraíba recusarem a prestação de serviços a pessoas suspeitas ou contaminadas pelo COVID-19 em razão de prazo de carência contratual. 3. Usurpação de competência privativa da União para legislar sobre direito civil, comercial e sobre política de seguros. 4. Interferência nas relações contratuais firmadas entre operadoras de plano de saúde e usuários. 5. Período de carência. Suspensão. COVID-19. Disciplina dada pela Lei Federal 9.656/1998. 6. Inconstitucionalidade formal. Precedentes. ADI 6441, Rel. Ministra Cármen Lúcia, julgada na Sessão virtual de 07/05 a 14/05 de 2021. 7. Ação direta de inconstitucionalidade julgada procedente" (ADI 6.493, Rel. Ministro Gilmar Mendes, Tribunal Pleno, j. 14.6.2021, Data de publicação: 28.6.2021).

paciente que chegava ao hospital em estado grave da doença. Consumidores com sintomas leves não conseguiam fazer o teste com cobertura do convênio, num verdadeiro exemplo de prática abusiva violadora do CDC, além de criminosa do ponto de vista da saúde pública, uma vez que esse paciente que não estava em estado grave, ao voltar para sua casa e para seus afazeres, contribuiu para a contaminação/morte de muitas pessoas inocentes, em decorrência de conduta irresponsável, como a apresentada por esse tipo de fornecedor.

10.6. QUESTÕES

QUESTÕES DE CONCURSOS
http://uqr.to/1yf1f

11

COBRANÇA DE DÍVIDAS NO CDC

11.1. INTROITO

Conforme visto no capítulo anterior, as práticas abusivas introduzidas pelos fornecedores no mercado de consumo não se resumem ao rol do art. 39 do CDC, mesmo porque a utilização da expressão "dentre outras" deixou bem clara a natureza de rol exemplificativo dos comportamentos ali elencados.

Assim, qualquer prática caracterizada pela desconformidade com os padrões de boa conduta para com os consumidores será considerada abusiva, como é o caso da cobrança indevida de dívidas, cuja disciplina no Código de Defesa do Consumidor será a seguir analisada.

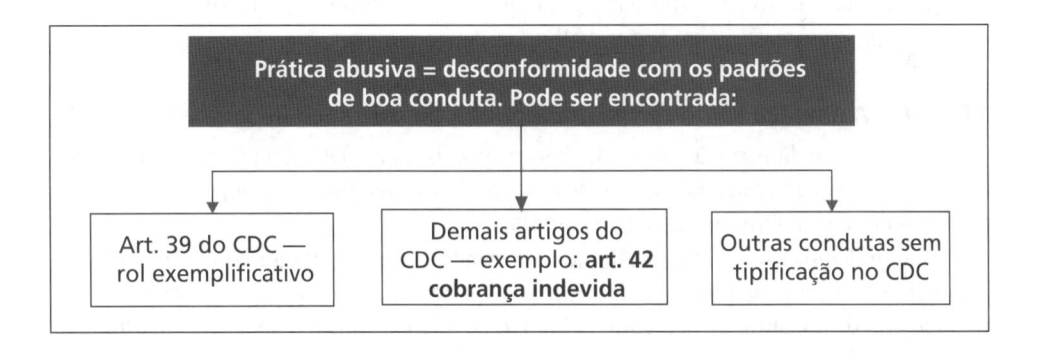

```
Prática abusiva = desconformidade com os padrões
de boa conduta. Pode ser encontrada:
         │
    ┌────┼────────────────┐
    ▼                ▼                    ▼
Art. 39 do CDC —   Demais artigos do    Outras condutas sem
rol exemplificativo  CDC — exemplo: art. 42   tipificação no CDC
                    cobrança indevida
```

11.2. A DISCIPLINA DA COBRANÇA DE DÍVIDAS NO CDC

11.2.1. A forma adequada de cobrança de dívidas do consumidor à luz da interpretação sistemática do CDC

Prevê o Código de Defesa do Consumidor em seu art. 42 o seguinte: "Na **cobrança de débitos**, o consumidor inadimplente **não será exposto a ridículo, nem será submetido a qualquer tipo de constrangimento ou ameaça**".

Da forma como consta da redação do citado dispositivo, o consumidor está bem protegido no tocante à abordagem que lhe é feita quando da cobrança de dívidas, mas, por outro lado, passa-se a impressão de que o fornecedor não poderá mais exercer qualquer método para cobrar o que lhe é devido, pois determina a lei que o consumidor inadimplente não será:

- exposto a ridículo;
- submetido a qualquer tipo de constrangimento ou ameaça.

Nesse contexto, concordamos com Herman de Vasconcellos e Benjamin[1] ao atrelar a interpretação do art. 42 do CDC ao art. 71 do mesmo diploma, que estabelece como crime de consumo:

> "Art. 71. Utilizar, na cobrança de dívidas, de ameaça, coação, constrangimento físico ou moral, afirmações falsas incorretas ou enganosas ou de qualquer outro procedimento que exponha o consumidor, injustificadamente, a ridículo ou interfira com seu trabalho, descanso ou lazer:
> Pena — Detenção de três meses a um ano e multa".

Assim, o CDC considera como infração penal a prática das seguintes condutas típicas utilizadas na cobrança de dívidas pelo fornecedor:

- ameaça;
- coação;
- constrangimento físico ou moral;
- afirmações falsas, incorretas ou enganosas; ou
- qualquer outro procedimento que exponha o consumidor, injustificadamente, a ridículo ou interfira com seu trabalho, descanso ou lazer.

11.2.1.1. A ameaça como forma inadequada de cobrança de dívidas

A tipicidade da infração penal de ameaça prevista no CDC não tem a mesma conotação de tipificação restrita do crime de ameaça do Código Penal, ou seja, no Código do Consumidor a sua abrangência é mais ampla.

Não podemos esquecer que estamos utilizando o tipo penal da Lei n. 8.078/90 para definirmos critérios daquilo que consideramos uma forma adequada de cobrar dívidas no mercado de consumo, e não com o objetivo de analisarmos o dispositivo na órbita do Direito Penal.

Em última análise, a **ameaça no CDC tem conotação mais ampla quando cotejada com o Código Penal** no tocante, a saber, se a forma utilizada pelo fornecedor para cobrar uma dívida de consumo foi lícita ou ilícita, não no âmbito criminal, mas no aspecto de infração civil.

De fato, **não há necessidade** de a ameaça na cobrança de dívidas se referir a um **mal físico**, mas sim prometer tornar pública a dívida do consumidor aos familiares ou amigos dele.

---

[1] BENJAMIN, Antônio Herman de V.; MARQUES, Claudia Lima; BESSA, Leonardo Roscoe. *Manual de direito do consumidor*, p. 268.

Para o conceito do Direito Penal, tal conduta pode não se caracterizar como crime, mas na órbita do Direito do Consumidor será um comportamento abusivo e um verdadeiro exemplo de cobrança indevida por parte do fornecedor.

Por outro lado, **o exercício de direitos não será** considerado como **ameaça** para fins de configurar comportamento civilmente ilícito por parte do fornecedor.

Assim, informar de maneira adequada e dentro dos limites do razoável que irá entrar com ação judicial de cobrança em face do consumidor em razão das tentativas frustradas de composição extrajudicial do litígio será considerado conduta lícita, em nossa opinião.

O mesmo raciocínio poderá ser realizado em relação à informação de que o nome do consumidor será incluído no cadastro de inadimplentes.

Sobre o tema, questão relevante consiste em saber se a propositura de **ação revisional** pelo consumidor é capaz de inibir a mora e, consequentemente, impedir a inclusão do nome do consumidor no cadastro de inadimplentes. Muitas vezes, o consumidor é cobrado por uma dívida de R$ 100.000,00 (cem mil reais), mas ele acredita que deve apenas R$ 80.000,00 (oitenta mil reais), razão pela qual não paga o valor cobrado e contrata um advogado que ingressa com uma ação judicial de revisão de contrato.

Nesse contexto, **a mora estará inibida?** O Superior Tribunal de Justiça já se posicionou sobre o assunto nos seguintes termos do excerto do Recurso Especial 1.061.530/RS, de relatoria da Ministra Nancy Andrighi, da Segunda Seção, publicado no *DJe* 10.3.2009:

■ **ORIENTAÇÃO 4 — INSCRIÇÃO/MANUTENÇÃO EM CADASTRO DE INADIMPLENTES a) A abstenção da inscrição/manutenção em cadastro de inadimplentes, requerida em antecipação de tutela e/ou medida cautelar, somente será deferida se, cumulativamente: i) a ação for fundada em questionamento integral ou parcial do débito; ii) houver demonstração de que a cobrança indevida se funda na aparência do bom direito e em jurisprudência consolidada do STF ou STJ; iii) houver depósito da parcela incontroversa ou for prestada a caução fixada conforme o prudente arbítrio do juiz.**

Em **resumo**, na decisão supracitada, a Segunda Seção do STJ pacificou entendimento pelo regime do recurso repetitivo sobre diversas questões e, quanto à propositura da ação revisional e à licitude ou não da inscrição em cadastro de inadimplentes, assim determinou:

"A abstenção da inscrição/manutenção em cadastro de inadimplentes requerida em antecipação de tutela e/ou medida cautelar, somente será deferida se, cumulativamente:
a ação for fundada em questionamento integral ou parcial do débito;
ficar demonstrada que a cobrança indevida se funda na aparência do bom direito e em jurisprudência consolidada do STF ou STJ;

for depositada a parcela incontroversa ou prestada a caução fixada conforme o prudente arbítrio do juiz".[2]

E, verificada a cobrança abusiva, restará descaracterizada a mora do devedor. Afastada a mora:

- ▣ é ilegal o envio de dados do consumidor para quaisquer cadastros de inadimplência;
- ▣ deve o consumidor permanecer na posse do bem alienado fiduciariamente; e
- ▣ não se admite o protesto do título representativo da dívida.

A questão é tão relevante que foi sumulada da seguinte forma: **Súmula 380 do STJ — A simples propositura da ação de revisão de contrato não inibe a caracterização da mora do autor.**[3]

11.2.1.2. A coação e o constrangimento físico ou moral como formas inadequadas de cobrança de dívidas

A interpretação que deve ser dada ao art. 42, *caput,* do CDC, no tocante à impossibilidade de o consumidor ser submetido a "qualquer tipo de constrangimento" no momento da cobrança de dívidas, mais uma vez exige o atrelamento ao disposto no art. 71 do mesmo Diploma, ao considerar a coação e o constrangimento físico ou moral como condutas típicas de crime de consumo na Lei n. 8.078/90.

Isto porque todos nos sentimos constrangidos quando somos cobrados de alguma obrigação que está em aberto, e não é este tipo de constrangimento o caracterizador de cobrança indevida nas relações de consumo.

Entendemos que, para configurar a prática abusiva, a cobrança deverá coagir o consumidor a realizar determinado comportamento pelo constrangimento físico (obrigar a assinar uma nota promissória, estando o fornecedor com uma arma na mão, por exemplo) ou pelo constrangimento moral (ameaçando algum familiar do vulnerável da relação de consumo caso a dívida não seja paga).

Por fim, cumpre ressaltar que, conforme visto no Capítulo 3 deste livro, o **Superior Tribunal de Justiça não considera constrangimento ao consumidor interromper o serviço público essencial em razão de inadimplemento:** "É lícito à concessionária interromper o fornecimento de energia elétrica, se, após aviso prévio, o consumidor de energia elétrica permanecer inadimplente no pagamento da respectiva conta" (Lei n. 8.987/95, art. 6.º, § 3.º, II) (REsp 363.943/MG, Rel. Ministro Humberto Gomes de Barros, 1.ª Seção, *DJ* 1.º.3.2004).

---

[2] REsp 1061530/RS, Rel. Ministra Nancy Andrighi, 2.ª Seção, j. 22.10.2008, *DJe* 10.3.2009.
[3] Outras súmulas do STJ oriundas dos posicionamentos consolidados no julgamento do Recurso Especial 1.061.530 foram as seguintes: "Súmula 382 — A estipulação de juros remuneratórios superiores a 12% ao ano, por si só, não indica abusividade"; "Súmula 381 — Nos contratos bancários, é vedado ao julgador conhecer, de ofício, da abusividade das cláusulas"; "Súmula 379 — Nos contratos bancários não regidos por legislação específica, os juros moratórios poderão ser convencionados até o limite de 1% ao mês".

11.2.1.3. As afirmações falsas, incorretas ou enganosas como formas inadequadas de cobrança de dívidas

Segundo os ensinamentos de Herman Benjamin, a afirmação "**falsa** é aquela que não tem sustentação em dados reais. É a mentira pura e simples. Exemplos: o cobrador que se diz advogado sem o ser; (...) Já na informação **incorreta**, a desconformidade é parcial. Há um casamento de verdade e inverdade. Finalmente, informação enganosa é aquela capaz de induzir o consumidor em erro, mesmo que literalmente verdadeira. (...) É informação **enganosa** aquela cujo suporte material (impresso, por exemplo) traz timbres ou expressões que implicam qualidade ou poder que o cobrador não tem. Assim quando o impresso utiliza brasões do Município, do Estado ou da União, ou qualquer outro símbolo que leve o consumidor a imaginar que se trata de correspondência oficial".[4]

11.2.1.4. Expor o consumidor a ridículo ou interferir no seu trabalho, descanso ou lazer como formas inadequadas de cobrança de dívidas

A parte final do art. 71 do CDC, ao definir como crime de consumo a cobrança indevida de dívidas em face do consumidor, considerou como conduta típica genérica do fornecedor utilizar "qualquer outro procedimento que exponha o consumidor, injustificadamente, a ridículo ou interfira com seu trabalho, descanso ou lazer". *A contrario sensu*, podemos concluir que, existindo justificativa, o fornecedor poderá, no momento da cobrança de dívidas:

■ expor o consumidor a ridículo; ou
■ interferir no trabalho, descanso ou lazer do vulnerável da relação de consumo.

Mas a pergunta que se faz é a seguinte: **qual justificativa existiria para expor o consumidor a situações tão vexatórias como as acima elencadas?**

Para iniciar a resposta ao pertinente questionamento, trazemos à colação o magistério de Sergio Cavalieri Filho ao ensinar que, na "cobrança de dívida, portanto, há uma linha divisória entre o lícito (exercício regular de direito do credor) e o ilícito. Este ocorrerá quando o credor exceder os limites econômicos, sociais ou éticos (boa-fé) no exercício do seu direito. A cobrança judicial, o protesto do título, a notificação ou, ainda, o telefonema/carta de cobrança, em termos usuais, para o endereço do trabalho ou residencial do consumidor não constituem meios vexatórios. É certo que toda cobrança sempre causa certo constrangimento (ninguém gosta de ser cobrado), mas, por estar acobertada pelo direito, não configura abuso".[5]

De fato, o CDC não proíbe ligar no trabalho do consumidor ou em sua residência para cobrar uma dívida, desde que se faça de forma adequada e razoável. Muitas vezes, são estes os únicos contatos fornecidos pelo próprio consumidor no momento da celebração de um contrato de consumo.

---

[4] BENJAMIN, Antônio Herman de V.; MARQUES, Claudia Lima; BESSA, Leonardo Roscoe. *Manual de direito do consumidor*, p. 269-270.
[5] CAVALIERI FILHO, Sergio. *Programa de direito do consumidor*, p. 203.

O que está **proibido** é ligar para tais locais com o objetivo de **humilhar** o consumidor, chamando-o, por exemplo, nos seguintes termos: "desejo falar com o inadimplente Fulano de Tal" ou "chame o devedor, Sicrano de tal". **Situações vexatórias** como as citadas caracterizam cobrança indevida de dívidas de consumo.

Outro contexto que, por si só, não configura prática abusiva consiste na situação em que o **alarme de uma loja de departamento** soa na saída do consumidor.

A exposição a ridículo do vulnerável neste caso é evidente, mas vem entendendo o Superior Tribunal de Justiça que o critério definidor da licitude ou não do aludido comportamento será definido pela forma da abordagem do fornecedor no caso concreto, ou seja: se abordar o consumidor acusando-o de plano de furtar determinado bem, a prática será abusiva; caso a abordagem se faça de maneira adequada e razoável, sem qualquer tipo de acusação inicial, por exemplo, o comportamento será considerado legítimo.

Sobre o assunto, já se posicionou o STJ: **"Se soa o alarme e não há indicação de que houve tratamento abusivo de nenhum empregado da loja, no caso, o segurança, sequer objeto da queixa da autora, não se pode identificar a existência de constrangimento suficiente para deferir o dano moral. Para que a indenização por dano moral seja procedente é necessário que haja alguma atitude que exponha o consumidor a uma situação de humilhação, de constrangimento, que o acórdão, neste feito, descartou por inteiro"** (REsp 658.975/RS, Ministro Carlos Alberto Menezes Direito, 3.ª T., *DJ* 26.2.2007).

Realmente, os elevados índices de furto no interior das lojas comerciais fizeram com que os fornecedores passassem a valer-se da tecnologia para garantir a segurança dos demais consumidores, bem como a diminuição dos prejuízos financeiros decorrentes de práticas ilícitas como a citada. Câmeras de vídeo e alarmes fazem cada vez mais parte do cotidiano da sociedade contemporânea e não poderão ser obstados sob a alegação de constrangimento do consumidor.

Por isso, concordamos com o Superior Tribunal de Justiça ao focar na maneira de abordagem como o critério definidor da licitude ou não do comportamento do fornecedor ante a situação de soar o alarme de uma loja comercial na saída do consumidor.

Em resumo, **haverá justificativa na exposição** do consumidor a ridículo ou na **interferência em seu trabalho, descanso ou lazer** quando preenchidos os seguintes requisitos de forma cumulativa:

- necessidade da conduta, isto é, tratar-se do único meio existente em determinado contexto para se cobrar a dívida;
- abordagem adequada e razoável quando da efetivação da cobrança.

Desta forma, a colocação de sensores e alarme foi a única conduta encontrada pelo fornecedor como forma de segurar seu patrimônio e, existindo adequação e razoabilidade da abordagem do consumidor, legítima será a conduta praticada.

Em razão da viabilidade de algumas condutas e da proibição de outras que Herman Benjamin dividiu os comportamentos na cobrança de dívidas em proibições absolutas — condutas jamais aceitas no mercado de consumo — e proibições relativas — comportamentos aceitos quando justificáveis:

PROIBIÇÕES ABSOLUTAS	PROIBIÇÕES RELATIVAS
▪ ameaça; ▪ coação; ▪ constrangimento físico ou moral; ▪ informações falsas, incorretas ou enganosas.	▪ exposição do consumidor a ridículo; ▪ interferência no trabalho, descanso ou lazer.

11.2.2. A repetição em dobro do indébito em razão da cobrança indevida

Prevê o art. 42, parágrafo único, do Diploma Consumerista que: "O consumidor cobrado em quantia indevida tem direito à repetição do indébito, por valor igual ao dobro do que pagou em excesso, acrescido de correção monetária e juros legais, salvo hipótese de engano justificável".[6]

O dispositivo legal trata da repetição em dobro do indébito, e duas são as questões principais envolvendo o tema:

▪ Basta a cobrança indevida para legitimar a repetição em dobro ou seria necessário o pagamento efetivamente concretizado pelo consumidor?

▪ Há necessidade da configuração do dolo — má-fé — para caracterizar a cobrança indevida e legitimar a repetição do indébito pelo dobro ou a culpa na conduta do fornecedor já seria o suficiente?

Apresentaremos na sequência a visão da melhor doutrina, da jurisprudência superior e a nossa opinião sobre os questionamentos ora levantados.

11.2.2.1. Requisito para legitimar a repetição em dobro do indébito: cobrança indevida ou pagamento efetivo?

A doutrina consumerista não é uníssona no entendimento sobre se a cobrança indevida, por si só, seria suficiente para legitimar a repetição do indébito pelo dobro ou se necessário é o pagamento efetivo por parte do consumidor para usufruir tal direito.

Na sequência, as principais manifestações sobre o tema:

Herman Benjamin	"o dispositivo não deixa dúvida sobre seu campo de aplicação primário: 'o consumidor cobrado em quantia indevida'. Logo, só a cobrança de dívida justifica a aplicação da multa civil em dobro". Por conseguinte, "não se tratando de cobrança de dívida, mas sim de transferência de numerário de uma conta corrente para outra, injustificável é a condenação em dobro do prejuízo efetivamente suportado pela vítima" (STJ, REsp 257.075, j. 20.11.2001, Rel. Ministro Barros Monteiro).[7]

---

[6] O Código Civil traz disposição semelhante ao prever em seu art. 940: "Aquele que demandar por dívida já paga, no todo ou em parte, sem ressalvar as quantias recebidas ou pedir mais do que for devido, ficará obrigado a pagar ao devedor, no primeiro caso, o dobro do que houver cobrado e, no segundo, o equivalente do que dele exigir, salvo se houver prescrição".

[7] BENJAMIN, Antônio Herman de V.; MARQUES, Claudia Lima; BESSA, Leonardo Roscoe. *Manual de direito do consumidor*, p. 273.

Bruno Miragem	"Trata-se de regra que regula a ação de repetição de indébito pelo consumidor, a qual estabelece sanção para o fornecedor, correspondente ao exato valor do débito cobrado indevidamente."[8]
Cavalieri Filho	"A pena é a devolução em dobro da quantia paga em excesso. (...) O consumidor, todavia, só terá direito à devolução em dobro daquilo que efetivamente tiver pago em excesso, não bastando a simples cobrança, como no regime civil."[9]
Rizzatto Nunes	"Para a configuração do direito à repetição do indébito em dobro por parte do consumidor, é necessário o preenchimento de dois requisitos objetivos: a) cobrança indevida; b) pagamento pelo consumidor do valor indevidamente cobrado. (...) Mas a lei não pune a simples cobrança (com as exceções que na sequência exporemos). Diz que há ainda a necessidade de que o consumidor tenha pago."[10]

A jurisprudência do STJ é vacilante sobre o tema, ora deixando clara a necessidade do pagamento indevido, ora deixando em aberto tal questão ao aplicar genericamente o disposto no parágrafo único do art. 42 do CDC.

■ Necessidade do pagamento indevido: **A jurisprudência das Turmas que compõem a Segunda Seção do STJ é firme no sentido de que a repetição em dobro do indébito, sanção prevista no art. 42, parágrafo único, do CDC, pressupõe tanto a existência de pagamento indevido quanto a má-fé do credor** (REsp 1.032.952/SP, Rel. Ministra Nancy Andrighi, 3.ª T., *DJe* 26.3.2009).

■ Posicionamento em aberto: **"É pacífica a jurisprudência desta Corte no sentido de que, havendo cobrança indevida, é legítima a repetição de indébito"** (CDC, art. 42, parágrafo único) (AgRg no AREsp 135.198/SP, Rel. Ministro Humberto Martins, 2.ª T., *DJe* 26.4.2012).

Concordamos com o entendimento que defende a necessidade do efetivo pagamento indevido por parte do consumidor para legitimar a repetição em dobro do indébito, em razão da redação do parágrafo único do art. 42, que vinculou o exercício de tal direito ao montante que o consumidor "pagou em excesso".[11]

---

[8] MIRAGEM, Bruno. *Curso de direito do consumidor*, p. 209.
[9] CAVALIERI FILHO, Sergio. *Programa de direito do consumidor*, p. 203-204.
[10] NUNES, Luiz Antonio Rizzatto. *Curso de direito do consumidor*, p. 578.
[11] No mesmo sentido, está a posição do STJ no seguinte julgado: "RECURSO ESPECIAL. DEMANDA INDENIZATÓRIA. RECUSA INDEVIDA À COBERTURA DE PLANO DE SAÚDE. BENEFICIÁRIA QUE, PREMIDA POR RISCO DE MORTE, EFETUA DESEMBOLSO PARA AQUISIÇÃO DE STENT. CIRCUNSTÂNCIA CONFIGURADORA DE COBRANÇA INDIRETA, AUTORIZANDO, EM PRINCÍPIO, A APLICAÇÃO DA PENALIDADE PREVISTA NO ARTIGO 42, PARÁGRAFO ÚNICO, DO CDC, EM DESFAVOR DO FORNECEDOR. AUSÊNCIA, TODAVIA, DE MÁ-FÉ NA CONDUTA DA OPERADORA. NULIDADE DE CLÁUSULA CONTRATUAL DECRETADA EM JUÍZO. IMPOSSIBILIDADE DA REPETIÇÃO DE INDÉBITO EM DOBRO. RECURSO DESPROVIDO. 1. Devolução em dobro de indébito (artigo 42, parágrafo único, do Código de Defesa do Consumidor). Pressupostos necessários e cumulativos: (i) cobrança extrajudicial indevida de dívida decorrente de contrato de consumo; (ii) efetivo pagamento do indébito pelo consumidor; e (iii) engano injustificável por parte do fornecedor ou prestador. 1.1. A conduta da operadora de plano de saúde que nega indevidamente fornecimento de stent, para aplicação em intervenção cirúrgica cardíaca, forçando o consumidor a adquiri-lo perante terceiros, configura cobrança extrajudicial indireta, ocasionando locupletamento

Tal **interpretação não exclui** o direito do vulnerável da relação de consumo de postular em juízo **indenização por danos materiais e/ou morais** ante a existência de mera cobrança indevida. Esta poderá fazer com que o consumidor gaste com advogado contratado para intermediar a defesa a tal cobrança ou até pelo fato de sentir-se efetivamente humilhado em decorrência de tal prática abusiva.

11.2.2.2. Requisito para legitimar a repetição em dobro do indébito: conduta contrária à boa-fé objetiva

Tema relevante consiste em saber se há necessidade de comprovação do dolo, da má-fé do fornecedor na cobrança indevida, ou se a configuração da culpa já seria suficiente para legitimar a repetição do indébito pelo dobro. Isto porque o parágrafo único do art. 42 traz uma ressalva na parte final ao dispor que a cobrança será indevida e a repetição em dobro do indébito admitida, "salvo hipótese de engano justificável".

O que seria, em última análise, o tal engano justificável? Abrangeria em seu conceito o engano decorrente de culpa?

Inicialmente, a posição da doutrina consumerista:

BRUNO MIRAGEM	"É de perceber que não se exige na norma em destaque, a existência de **culpa** do fornecedor pelo equívoco da cobrança. Trata-se, pois, de espécie de **imputação objetiva**, pela qual o fornecedor responde independente de ter agido ou não com culpa ou dolo. Em última análise, terá seu fundamento na responsabilidade pelos riscos do negócio, no qual se inclui a eventualidade de cobrança de quantias incorretas e indevidas do consumidor."[12]
HERMAN BENJAMIN	"Se o engano é justificável, não cabe a repetição. No Código Civil, só a má-fé permite a aplicação da sanção. Na legislação especial, tanto a má-fé como a culpa (imprudência, negligência e imperícia) dão ensejo à punição. **O engano é justificável exatamente quando não decorre de dolo ou de culpa.** É aquele que, não obstante todas as cautelas razoáveis exercidas pelo fornecedor-credor, manifesta-se."[13]

---

do fornecedor e, por isso, possibilita, em tese, a aplicação da penalidade prevista no artigo 42, parágrafo único, do CDC. 1.2. Todavia, resta ausente, no caso, a má-fé do prestador do serviço, pois a negativa apresentada ao consumidor, ainda que abusiva, encontrava-se prevista em cláusula contratual, presumidamente aceita pelas partes quando da celebração do negócio jurídico. Não configurada a má-fé na cobrança extrajudicial, direta ou indireta, inviabiliza-se a cominação da penalidade atinente à repetição do indébito em dobro. Precedentes. 2. Termo inicial dos juros de mora e da correção monetária. 2.1. A Segunda Seção desta Corte consolidou o entendimento de que o cômputo dos juros moratórios, resultantes de inadimplemento de obrigação contratual, inicia-se na data da citação do réu, por força da norma cogente inserta no artigo 405 do Código Civil de 2002. Ademais, à luz da premissa lógico-jurídica firmada pelo citado órgão julgador, quando do julgamento do Recurso Especial 1.132.866/SP (Rel. Ministra Maria Isabel Gallotti, Rel. p/ Acórdão Ministro Sidnei Beneti, j. 23.11.2011, DJe 3.9.2012), a iliquidez da obrigação (como é o caso da indenização por dano moral) não tem o condão de deslocar o termo inicial dos juros moratórios para a data do arbitramento definitivo do quantum debeatur. 2.2. 'A correção monetária do valor da indenização do dano moral incide desde a data do arbitramento' (Súmula 362/STJ). 3. Recurso especial desprovido" (REsp 1.177.371/RJ, Rel. Ministro Marco Buzzi, 4.ª T., DJe 30.11.2012).

[12] MIRAGEM, Bruno. Curso de direito do consumidor, p. 209.
[13] BENJAMIN, Antônio Herman de V.; MARQUES, Claudia Lima; BESSA, Leonardo Roscoe. Manual de direito do consumidor, p. 274.

CAVALIERI FILHO	"Por último, e esta é a mais importante diferença, o Código Civil exige má-fé do credor. (...) No Código de Defesa do Consumidor, a pena pela cobrança indevida é bem mais rigorosa porque basta a cobrança indevida; não exige a má-fé. Para se eximir da pena terá o fornecedor (credor) que provar o *engano justificável*, e este só ocorre quando não houver dolo ou culpa."[14]

Corroboramos com o pensamento da doutrina apresentada de que a conduta culposa na cobrança indevida já seria suficiente para legitimar a repetição do indébito pelo dobro.

A jurisprudência do Superior Tribunal de Justiça se firmou ao longo de muitos anos pela necessidade da comprovação do dolo, da má-fé do fornecedor para legitimar a repetição do indébito pelo dobro.

Nesse sentido, vale lembrar o Acórdão acima colacionado ao expressar o posicionamento de que: "A jurisprudência das Turmas que compõem a Segunda Seção do STJ é firme no sentido de que a repetição em dobro do indébito, sanção prevista no art. 42, parágrafo único, do CDC, pressupõe tanto a existência de pagamento indevido quanto a má-fé do credor. Não reconhecida a má-fé da recorrida pelo Tribunal de origem, impõe-se que seja mantido o afastamento da referida sanção, (...)" (REsp 1.032.952/SP, Rel. Ministra Nancy Andrighi, 3.ª T., *DJe* 26.3.2009).

Em determinado momento, o STJ chegou a entender que o **engano** só seria considerado **justificável** quando **não decorresse de dolo ou culpa** na conduta do fornecedor:

PROCESSUAL CIVIL. AGRAVO INTERNO NA APELAÇÃO CÍVEL. DIREITO DO CONSUMIDOR. ÁGUA E ESGOTO. TARIFA. COBRANÇA INDEVIDA. DEVOLUÇÃO EM DOBRO (ART. 42, PARÁGRAFO ÚNICO, DO CDC). EXISTÊNCIA DE CULPA OU DE MÁ-FÉ. PRECEDENTES DO STJ. AUSÊNCIA DE PREQUESTIONAMENTO. SÚMULA 282/STF. CONTEXTO FÁTICO-PROBATÓRIO. REEXAME. APLICAÇÃO DA SÚMULA 7/STJ. **1. A incidência do art. 42, parágrafo único, do CDC, é condicionada à existência de culpa ou de má-fé na cobrança, sem a qual não se aplica a devolução em dobro de valores indevidamente exigidos do consumidor. Precedentes do STJ.** 2. No presente caso, o Tribunal *a quo* não apreciou a ocorrência de culpa ou de má-fé na cobrança por parte da Cedae, e o agravante não opôs Embargos de Declaração a fim de compelir a Corte local a se pronunciar sobre o tema. Caracteriza-se a ausência de prequestionamento. Incide, por analogia, a Súmula 282/STF. 3. Além disso, instância de origem decidiu a controvérsia com fundamento no suporte fático-probatório dos autos. Desse modo, verifica-se que a análise da controvérsia demanda reexame do contexto fático-probatório, o que é inviável no Superior Tribunal de Justiça. Óbice da Súmula 7/STJ. 4. Agravo Regimental não provido (AgRg no AREsp 319.752/RJ, Rel. Ministro Herman Benjamin, 2.ª T., *DJe* 12.6.2013).

A questão é tão controvertida que, no final do ano de 2016, o Superior Tribunal de Justiça reconheceu o Tema Repetitivo 954 para decidir, dentre outras controvérsias, e a repetição do indébito pelo dobro depende da comprovação do dolo do fornecedor na cobrança indevida ou se a culpa seria suficiente:

---

[14] CAVALIERI FILHO, Sergio. *Programa de direito do consumidor*, p. 204.

ADMINISTRATIVO, CIVIL E PROCESSUAL CIVIL. PROPOSTA DE AFETAÇÃO. RECURSO ESPECIAL. RITO DOS RECURSOS ESPECIAIS REPETITIVOS. CONFIRMAÇÃO DA AFETAÇÃO REALIZADA PERANTE A 2.ª SEÇÃO. ART. 256-I C/C ART. 256-E DO RISTJ, NA REDAÇÃO DA EMENDA REGIMENTAL 24, DE 28/09/2016. COBRANÇA INDEVIDA DE SERVIÇOS DE TELEFONIA FIXA. ALTERAÇÃO DO PLANO DE FRANQUIA/PLANO DE SERVIÇOS, SEM A SOLICITAÇÃO DO USUÁRIO. PRAZO PRESCRICIONAL. DANO MORAL INDENIZÁVEL E PRESCINDIBILIDADE (OU NÃO) DE COMPROVAÇÃO DO DANO. REPETIÇÃO DO INDÉBITO. FORMA SIMPLES OU EM DOBRO. ABRANGÊNCIA DA REPETIÇÃO DO INDÉBITO.

I. Delimitação da controvérsia: "— A indevida cobrança de valores referentes à alteração do plano de franquia/plano de serviços sem a solicitação do usuário, com o consequente pedido de indenização por danos morais, em contrato de prestação de serviços de telefonia fixa; — ocorrência de dano moral indenizável, em virtude da cobrança de serviços advindos da alteração do plano de franquia/plano de serviços de telefonia fixa sem a solicitação do usuário, bem como, se configurado o dano, seria aplicável o reconhecimento "in re ipsa" ou a necessidade de comprovação nos autos; — prazo prescricional incidente em caso de pretensão à repetição de valores supostamente pagos a maior ou indevidamente cobrados em se tratando de serviços não contratados de telefonia fixa advindos da alteração do plano de franquia/plano de serviços sem a solicitação do usuário, — se decenal (artigo 205 do Código Civil), trienal (artigo 206, § 3.º, IV, do Código Civil) ou outro prazo; — **repetição de indébito simples ou em dobro e, se em dobro, se prescinde, ou não, da comprovação de dolo ou má-fé do credor (artigo 42, parágrafo único, do Código de Defesa do Consumidor) ou da sua culpa (imprudência, negligência e imperícia)**; — abrangência da repetição de indébito — se limitada aos pagamentos documentalmente comprovados pela autora na fase instrutória ou passível de o *quantum* ser apurado em sede de liquidação de sentença, mediante determinação à parte ré de apresentação de documentos".

II. Recurso Especial afetado ao rito do art. 1.036 e seguintes do CPC/2015, ratificando anterior afetação, no âmbito da Segunda Seção do STJ (art. 256-I c/c art. 256-E do RISTJ, na redação da Emenda Regimental 24, de 28.9.2016) (ProAfR no REsp 1.525.174/RS, Rel. Ministra Assusete Magalhães, 1.ª Seção, j. 14.12.2016, *DJe* 19.12.2016).

Apesar de o Superior Tribunal de Justiça ter entendido, ao longo de sua história, pela necessidade de comprovação do dolo para legitimar a repetição do indébito pelo dobro, nos termos do art. 42, parágrafo único, do CDC, como ocorreu no julgamento do EAREsp 738.991, de 2019, no ano de 2020 muda a posição e fixa as seguintes teses no julgamento pela Corte Especial nos Embargos de Divergência em Agravo em Recurso Especial 676.608/RS, pelo regime de recurso repetitivo:

EMBARGOS DE DIVERGÊNCIA EM AGRAVO EM RECURSO ESPECIAL. CIVIL. PROCESSUAL CIVIL. TELEFONIA FIXA. COBRANÇA INDEVIDA. AÇÃO DE REPETIÇÃO DE INDÉBITO DE TARIFAS. 1) RESTITUIÇÃO EM DOBRO DO INDÉBITO (PARÁGRAFO ÚNICO DO ARTIGO 42 DO CDC). DESINFLUÊNCIA DA NATUREZA DO ELEMENTO VOLITIVO DO FORNECEDOR QUE REALIZOU A COBRANÇA INDEVIDA. DOBRA CABÍVEL QUANDO A REFERIDA COBRANÇA CONSUBSTANCIAR CONDUTA CONTRÁRIA À BOA-FÉ OBJETIVA. 2)

APLICAÇÃO DO PRAZO PRESCRICIONAL DECENAL DO CÓDIGO CIVIL (ART. 205 DO CÓDIGO CIVIL). APLICAÇÃO ANALÓGICA DA SÚMULA 412/STJ. 3) MODULAÇÃO PARCIAL DOS EFEITOS DA DECISÃO. CONHECIMENTO E PROVIMENTO INTEGRAL DO RECURSO.

1. Trata-se de embargos de divergência interpostos contra acórdão em que se discute o lapso prescricional cabível aos casos de repetição de indébito por cobrança indevida de valores referentes a serviços não contratados, promovida por empresa de telefonia. Discute-se, ainda, acerca da necessidade de comprovação da má-fé pelo consumidor para aplicação do art. 42, parágrafo único, do Código de Defesa do Consumidor.

2. Na configuração da divergência do presente caso, temos, de um lado, o acórdão embargado da Terceira Turma concluindo que a norma do art. 42 do Código de Defesa do Consumidor pressupõe a demonstração de que a cobrança indevida decorreu de má-fé do credor fornecedor do serviço, enquanto os acórdãos-paradigmas da Primeira Seção afirmam que a repetição em dobro prescinde de má-fé, bastando a culpa. Ilustrando o posicionamento da Primeira Seção: EREsp 1.155.827/SP, Rel. Ministro Humberto Martins, Primeira Seção, *DJe* 30.6.2011. Para exemplificar o posicionamento da Segunda Seção, vide: EREsp 1.127.721/RS, Rel. Ministro Antônio Carlos Ferreira, Rel. p/ Acórdão Ministro Marco Buzzi, Segunda Seção, *DJe* 13.3.2013.

3. Quanto ao citado parágrafo único do art. 42 do CDC, abstrai-se que a cobrança indevida será devolvida em dobro, "salvo hipótese de engano justificável". Em outras palavras, se não houver justificativa para a cobrança indevida, a repetição do indébito será em dobro. A divergência aqui constatada diz respeito ao caráter volitivo, a saber: se a ação que acarretou cobrança indevida deve ser voluntária (dolo/má-fé) e/ou involuntária (por culpa).

4. O próprio dispositivo legal caracteriza a conduta como engano e somente exclui a devolução em dobro se ele for justificável. Ou seja, a conduta base para a repetição de indébito é a ocorrência de engano, e a lei, rígida na imposição da boa-fé objetiva do fornecedor do produto ou do serviço, somente exclui a devolução dobrada se a conduta (engano) for justificável (não decorrente de culpa ou dolo do fornecedor).

5. Exigir a má-fé do fornecedor de produto ou de serviço equivale a impor a ocorrência de ação dolosa de prejudicar o consumidor como requisito da devolução em dobro, o que não se coaduna com o preceito legal. Nesse ponto, a construção realizada pela Segunda Seção em seus precedentes, ao invocar a má-fé do fornecedor como fundamento para a afastar a duplicação da repetição do indébito, não me convence, pois atribui requisito não previsto em lei.

6. A tese da exclusividade do dolo inviabiliza, por exemplo, a devolução em dobro de pacotes de serviços, no caso de telefonia, jamais solicitados pelo consumidor e sobre o qual o fornecedor do serviço invoque qualquer "justificativa do seu engano". Isso porque o requisito subjetivo da má-fé é prova substancialmente difícil de produzir. Exigir que o consumidor prove dolo ou má-fé do fornecedor é imputar-lhe prova diabólica, padrão probatório que vai de encontro às próprias filosofia e ratio do CDC.

7. Não vislumbro distinção para os casos em que o indébito provém de contratos que não envolvam fornecimento de serviços públicos, de forma que também deve prevalecer para todas as hipóteses a tese, que defendi acima, de que tanto a conduta dolosa quanto culposa do fornecedor de serviços dá azo à devolução em dobro do indébito, de acordo com o art. 42 do CDC. Nessas modalidades contratuais, também deve

prevalecer o critério dúplice do dolo/culpa. Assim, tanto a conduta dolosa quanto a culposa do fornecedor de serviços dão substrato à devolução em dobro do indébito, à luz do art. 42 do CDC.
8. A Primeira Seção, no julgamento do REsp 1.113.403/RJ, de relatoria do Ministro Teori Albino Zavascki (DJe 15.9.2009), submetido ao regime dos recursos repetitivos do art. 543-C do Código de Processo Civil e da Resolução STJ 8/2008, firmou o entendimento de que, ante a ausência de disposição específica acerca do prazo prescricional aplicável à prática comercial indevida de cobrança excessiva, é de rigor a incidência das normas gerais relativas à prescrição insculpidas no Código Civil na ação de repetição de indébito de tarifas de água e esgoto. Assim, tem-se prazo vintenário, na forma estabelecida no art. 177 do Código Civil de 1916, ou decenal, de acordo com o previsto no art. 205 do Código Civil de 2002. Diante da mesma conjuntura, não há razões para adotar solução diversa nos casos de repetição de indébito dos serviços de telefonia.
9. A tese adotada no âmbito do acórdão recorrido, de que a pretensão de repetição de indébito por cobrança indevida de valores referentes a serviços não contratados, promovida por empresa de telefonia, configuraria enriquecimento sem causa e, portanto, estaria abrangida pelo prazo fixado no art. 206, § 3.º, IV, do Código Civil, não parece ser a melhor. A pretensão de enriquecimento sem causa (ação *in rem verso*) possui como requisitos: enriquecimento de alguém; empobrecimento correspondente de outrem; relação de causalidade entre ambos; ausência de causa jurídica; inexistência de ação específica. Trata-se, portanto, de ação subsidiária que depende da inexistência de causa jurídica. A discussão acerca da cobrança indevida de valores constantes de relação contratual e eventual repetição de indébito não se enquadra na hipótese do art. 206, § 3.º, IV, do Código Civil, seja porque a causa jurídica, em princípio, existe (relação contratual prévia em que se debate a legitimidade da cobrança), seja porque a ação de repetição de indébito é ação específica. Doutrina.
10. Na hipótese aqui tratada, a jurisprudência da Segunda Seção, relativa a contratos privados, seguia compreensão que, com o presente julgamento, passa a ser superada, em consonância com a dominante da Primeira Seção, o que faz sobressair a necessidade de privilegiar os princípios da segurança jurídica e da proteção da confiança dos jurisdicionados.
11. Assim, proponho modular os efeitos da presente decisão para que o entendimento aqui fixado seja empregado aos indébitos de natureza contratual não pública pagos após a data da publicação do acórdão.
12. Embargos de divergência conhecidos e providos integralmente, para impor a devolução em dobro do indébito.
13. **Fixação das seguintes teses. Primeira tese: A restituição em dobro do indébito (parágrafo único do artigo 42 do CDC) independe da natureza do elemento volitivo do fornecedor que realizou a cobrança indevida, revelando-se cabível quando a referida cobrança consubstanciar conduta contrária à boa-fé objetiva. Segunda tese: A ação de repetição de indébito por cobrança de valores referentes a serviços não contratados promovida por empresa de telefonia deve seguir a norma geral do prazo prescricional decenal, consoante previsto no artigo 205 do Código Civil, a exemplo do que decidido e sumulado no que diz respeito ao lapso prescricional para repetição de tarifas de água e esgoto (Súmula 412/STJ). Modulação dos efeitos: Modulam-se os efeitos da presente decisão — somente com relação à primeira tese — para que o entendimento aqui fixado quanto à restituição em dobro do indébito seja aplicado**

apenas a partir da publicação do presente acórdão. A modulação incide unicamente em relação às cobranças indevidas em contratos de consumo que não envolvam prestação de serviços públicos pelo Estado ou por concessionárias, as quais apenas serão atingidas pelo novo entendimento quando pagas após a data da publicação do acórdão (EAREsp 676.608/RS, Rel. Ministro Og Fernandes, Corte Especial, j. 21.10.2020, *DJe* 30.3.2021).[15-16]

De fato, a Corte Especial do STJ definiu como tese que a **"repetição em dobro, prevista no parágrafo único do art. 42 do CDC, é cabível quando a cobrança indevida consubstanciar conduta contrária à boa-fé objetiva, ou seja, deve ocorrer independentemente da natureza do elemento volitivo"** (EAREsp 600.663/RS, Rel. Ministra Maria Thereza de Assis Moura, Rel. p/ Acórdão Ministro Herman Benjamin, Corte Especial, *DJe* 30.3.2021).

No tocante à modulação dos efeitos, ficou estabelecido que, não obstante a regra geral, o entendimento fixado no aludido julgado será aplicado aos indébitos de natureza contratual não pública cobrados após a data da publicação deste acórdão. Nesse sentido o Superior Tribunal de Justiça no julgamento do EAREsp 1501756 em fevereiro de 2024 pela Corte Especial:

---

[15] Na mesma data a Corte Especial do STJ no julgamento do EREsp 1.413.542/RS fixou a seguinte tese: "A REPETIÇÃO EM DOBRO, PREVISTA NO PARÁGRAFO ÚNICO DO ART. 42 DO CDC, É CABÍVEL QUANDO A COBRANÇA INDEVIDA CONSUBSTANCIAR CONDUTA CONTRÁRIA À BOA-FÉ OBJETIVA, OU SEJA, DEVE OCORRER INDEPENDENTEMENTE DA NATUREZA DO ELEMENTO VOLITIVO. MODULAÇÃO DOS EFEITOS. Impõe-se MODULAR OS EFEITOS da presente decisão para que o entendimento aqui fixado — quanto a indébitos não decorrentes de prestação de serviço público — se aplique somente a cobranças realizadas após a data da publicação do presente acórdão. RESOLUÇÃO DO CASO CONCRETO. Na hipótese dos autos, o acórdão recorrido fixou como requisito a má-fé, para fins do parágrafo único do art. 42 do CDC, em indébito decorrente de contrato de prestação de serviço público de telefonia, o que está dissonante da compreensão aqui fixada".

[16] A Corte Especial do STJ afetou o tema em 22 de abril de 2021 nos seguintes termos: "PROPOSTA DE AFETAÇÃO À CORTE ESPECIAL. TEMA 929/STJ. RITO DOS RECURSOS ESPECIAIS REPETITIVOS. DIREITO DO CONSUMIDOR E PROCESSUAL CIVIL. EN. 3/STJ. REPETIÇÃO EM DOBRO. ART. 42, PARÁGRAFO ÚNICO, DO CÓDIGO DE DEFESA DO CONSUMIDOR — CDC. CONTROVÉRSIA ACERCA DA EXIGÊNCIA DE PROVA DA MÁ-FÉ DO FORNECEDOR. CASO CONCRETO. CONTRATO DE CRÉDITO CONSIGNADO COM PESSOA ANALFABETA. CONSIGNAÇÃO DE DÉBITOS SEM BASE CONTRATUAL. PLEITO DE REPETIÇÃO EM DOBRO. 1. Controvérsia acerca do pleito de repetição em dobro de débitos consignados, sem base contratual, nos proventos de aposentadoria da demandante. 2. Desafetação do recurso especial vinculado ao Tema 929/STJ pelo colegiado da Corte Especial em face do julgamento em curso de embargos de divergência acerca da mesma questão. 3. Necessidade de nova afetação do presente recurso especial vinculado ao Tema 929/STJ ('discussão quanto às hipóteses de aplicação da repetição em dobro prevista no art. 42, parágrafo único, do CDC'), em face da existência de milhares de recursos sobrestados nos tribunais de origem e da ausência de eficácia vinculativa da decisão dos embargos de divergência semelhante à atribuída pela legislação processual aos recursos repetitivos. 4. RECURSO ESPECIAL AFETADO AO RITO DO ART. 1.036 DO CPC/2015" (ProAfR no REsp 1.823.218/AC, Rel. Ministro Paulo de Tarso Sanseverino, Corte Especial, j. 22.4.2021, *DJe* 14.5.2021).

CONSUMIDOR E PROCESSUAL CIVIL. SERVIÇOS BANCÁRIOS. COBRANÇA INDEVIDA. CULPA DA CONCESSIONÁRIA. DEVOLUÇÃO EM DOBRO. ART. 42, PARÁGRAFO ÚNICO, DO CDC. PRESSUPOSTO. MÁ-FÉ. PRESCINDIBILIDADE. DEFINIÇÃO DO TEMA PELA CORTE ESPECIAL DO STJ (EARESP 600.663/RS, *DJE* DE 30.3.2021). MODULAÇÃO DOS EFEITOS. PREVISÃO DE QUE OS RETROMENCIONADOS EARESP SÓ PRODUZIRIAM EFEITOS AOS INDÉBITOS POSTERIORES À DATA DE PUBLICAÇÃO DE SEU ACÓRDÃO. SOLUÇÃO EXCEPCIONAL NO CASO CONCRETO. INDÉBITO E ACÓRDÃO EMBARGADO ANTERIORES À PUBLICAÇÃO DO ACÓRDÃO DOS EARESP 600.663/RS.
HISTÓRICO DA DEMANDA
1. Nos presentes Embargos, discute-se a prescindibilidade ou não de se aferir a má-fé como condição essencial para se exigir a restituição em dobro de quantia cobrada indevidamente, nos termos do art. 42, parágrafo único, do Código de Defesa do Consumidor.
DISCIPLINA DO CÓDIGO DE DEFESA DO CONSUMIDOR
2. Consoante o art. 42, parágrafo único, do CDC, na relação de consumo, o pagamento de cobrança indevida, a restituição do indébito dar-se-á em dobro, salvo se o fornecedor provar, no caso concreto, o engano justificável. A norma analisada não exige culpa, dolo ou má-fé do fornecedor quando este cobra — e recebe — valor indevido do consumidor. Ao fornecedor, a imputação que se lhe faz a lei é objetiva, independentemente de culpa ou dolo.
DEFINIÇÃO PELA DA CORTE ESPECIAL DO STJ
3. A Corte Especial do STJ definiu a questão, em data posterior à prolação do acórdão embargado, no julgamento dos EAREsp 600.663/RS (Rel. Ministra Maria Thereza de Assis Moura, Rel. para acórdão Ministro Herman Benjamin, Corte Especial, *DJe* de 30.3.2021).
Assentou a tese: "A repetição em dobro, prevista no parágrafo único do art. 42 do CDC, é cabível quando a cobrança indevida consubstanciar conduta contrária à boa-fé objetiva, ou seja, deve ocorrer independentemente da natureza do elemento volitivo, modulação dos efeitos".
MODULAÇÃO DOS EFEITOS
4. A regra geral é a devolução, na forma dobrada, dos valores debitados. Contudo, no caso concreto, há um detalhe, em especial, que o exime da aplicação do entendimento prevalecente no STJ. É o fato de os anteditos EAREsp 600.663/RS terem trazido critério de modulação de efeitos na aplicação de sua tese. Consoante os itens 24 a 27 da sua ementa, ficou estabelecido que, não obstante a regra geral, "o entendimento aqui fixado seja aplicado aos indébitos de natureza contratual não pública cobrados após a data da publicação deste acórdão".
5. Ora, a data dos indébitos (a partir de 03.2014), ou mesmo a publicação do acórdão ora embargado (17.12.2019), são anteriores ao julgamento e publicação do acórdão dos EAREsp 600.663/RS, da Corte Especial do STJ (*DJe* 30.3.2021).
6. Portanto, excepcionalmente, a solução do caso concreto contará com comando distinto do atual posicionamento vigente no STJ, por atender ao critério de modulação previsto nos EAREsp 600.663/RS.
Logo, o embargado não deverá devolver, de forma dobrada, os valores debitados na conta da embargante.
CONCLUSÃO

8. Embargos de Divergência não providos (EAREsp 1.501.756/SC, Rel. Ministro Herman Benjamin, Corte Especial, j. 21.2.2024, *DJe* 23.5.2024).

Ainda sobre o tema, cumpre destacar o teor do art. 940 do Código Civil que assim estabelece: "Aquele que demandar por dívida já paga, no todo ou em parte, sem ressalvar as quantias recebidas ou pedir mais do que for devido, ficará obrigado a pagar ao devedor, no primeiro caso, o dobro do que houver cobrado e, no segundo, o equivalente do que dele exigir, salvo se houver prescrição". Segundo entendimento do STJ a cobrança judicial indevida de dívida oriunda de relação de consumo não admite a incidência do art. 42 do CDC, mas permite a aplicação da sanção prevista no citado dispositivo do Diploma Civilista:

RECURSO ESPECIAL. DIREITO CIVIL E DO CONSUMIDOR. NEGATIVA DE PRESTAÇÃO JURISDICIONAL. NÃO OCORRÊNCIA. AÇÃO DE INDENIZAÇÃO. RELAÇÃO DE CONSUMO. COBRANÇA JUDICIAL. INDEVIDA. DÍVIDA PAGA. INSTITUIÇÃO BANCÁRIA. MÁ-FÉ. DEMONSTRAÇÃO. ART. 42 DO CÓDIGO DE DEFESA DO CONSUMIDOR. INAPLICABILIDADE. ART. 940 DO CÓDIGO CIVIL. REPETIÇÃO DE INDÉBITO EM DOBRO. PRESSUPOSTOS PREENCHIDOS. COEXISTÊNCIA DE NORMAS. CONVERGÊNCIA. MANDAMENTOS CONSTITUCIONAIS.
1. Recurso especial interposto contra acórdão publicado na vigência do Código de Processo Civil de 1973 (Enunciados Administrativos ns. 2 e 3/STJ).
2. Cinge-se a controvérsia a discutir a possibilidade de se aplicar a sanção do art. 940 do Código Civil — pagamento da repetição do indébito em dobro — na hipótese de cobrança indevida de dívida oriunda de relação de consumo.
3. Não há falar em negativa de prestação jurisdicional se o tribunal de origem motiva adequadamente sua decisão, solucionando a controvérsia com a aplicação do direito que entende cabível à hipótese, apenas não no sentido pretendido pela parte.
4. Os arts. 940 do Código Civil e 42, parágrafo único, do Código de Defesa do Consumidor possuem pressupostos de aplicação diferentes e incidem em hipóteses distintas.
5. A aplicação da pena prevista no parágrafo único do art. 42 do CDC apenas é possível diante da presença de engano justificável do credor em proceder com a cobrança, da cobrança extrajudicial de dívida de consumo e de pagamento de quantia indevida pelo consumidor.
6. O art. 940 do CC somente pode ser aplicado quando a cobrança se dá por meio judicial e fica comprovada a má-fé do demandante, independentemente de prova do prejuízo.
7. No caso, embora não estejam preenchidos os requisitos para a aplicação do art. 42, parágrafo único, do CDC, visto que a cobrança não ensejou novo pagamento da dívida, todos os pressupostos para a aplicação do art. 940 do CC estão presentes.
8. Mesmo diante de uma relação de consumo, se inexistentes os pressupostos de aplicação do art. 42, parágrafo único, do CDC, deve ser aplicado o sistema geral do Código Civil, no que couber.
9. O art. 940 do CC é norma complementar ao art. 42, parágrafo único, do CDC e, no caso, sua aplicação está alinhada ao cumprimento do mandamento constitucional de proteção do consumidor.

10. Recurso especial não provido (REsp 1645589/MS, Rel. Ministro Ricardo Villas Bôas Cueva, 3.ª T., j. 4.2.2020, *DJe* 6.2.2020).

11.2.2.3. *Prazo prescricional para postular a repetição em dobro do indébito*

Conforme estudado no Capítulo 3 deste livro, quando da análise do tema Serviço Público e incidência do CDC, analisamos a Súmula 412 do Superior Tribunal de Justiça, que prevê: "**A ação de repetição de indébito de tarifas de água e esgoto sujeita-se ao prazo prescricional estabelecido no Código Civil**".

E o grande questionamento sobre o tema é: por que não foi aplicado o prazo prescricional do art. 27 do Código de Defesa do Consumidor, uma vez que o serviço público de fornecimento de água e coleta de lixo é remunerado por tarifa e, logo, objeto da relação jurídica de consumo?

A resposta é dada pelo próprio STJ, mais uma vez no julgamento do Recurso Especial 1.032.952: "A incidência da regra de **prescrição** prevista no **art. 27 do CDC** tem como requisito essencial a formulação de pedido de **reparação de danos causados por fato do produto ou do serviço**, o que não ocorreu na espécie. Ante a ausência de disposições no CDC acerca do prazo prescricional aplicável à prática comercial indevida de cobrança excessiva, é de rigor a aplicação das normas relativas a prescrição insculpidas no Código Civil".

No julgamento do REsp 1.532.514/SP a Primeira Seção do Superior Tribunal de Justiça firmou a seguinte tese no rito do recurso repetitivo: "o prazo prescricional para as ações de repetição de indébito relativo às tarifas de serviços de água e esgoto cobradas indevidamente é de: (a) 20 (vinte) anos, na forma do art. 177 do Código Civil de 1916; ou (b) 10 (dez) anos, tal como previsto no art. 205 do Código Civil de 2002, observando-se a regra de direito intertemporal, estabelecida no art. 2.028 do Código Civil de 2002" (Rel. Ministro Og Fernandes, *DJe* 17.5.2017).

Esse também foi o entendimento do STJ no julgamento colacionado no item 12.2.2.2, do qual reproduzimos novamente a parte final: "13. Fixação das seguintes teses. Primeira tese: A restituição em dobro do indébito (parágrafo único do artigo 42 do CDC) independe da natureza do elemento volitivo do fornecedor que realizou a cobrança indevida, revelando-se cabível quando a referida cobrança consubstanciar conduta contrária à boa-fé objetiva. **Segunda tese: A ação de repetição de indébito por cobrança de valores referentes a serviços não contratados promovida por empresa de telefonia deve seguir a norma geral do prazo prescricional decenal, consoante previsto no artigo 205 do Código Civil, a exemplo do que decidido e sumulado no que diz respeito ao lapso prescricional para repetição de tarifas de água e esgoto (Súmula 412/STJ)**. Modulação dos efeitos: Modulam-se os efeitos da presente decisão — somente com relação à primeira tese — para que o entendimento aqui fixado quanto à restituição em dobro do indébito seja aplicado apenas a partir da publicação do presente acórdão. A modulação incide unicamente em relação às cobranças indevidas em contratos de consumo que não envolvam prestação de serviços públicos pelo Estado ou por concessionárias, as quais apenas serão atingidas pelo novo entendimento quando pagas após a data da publicação do acórdão" (EAREsp 676.608/RS, Rel. Ministro Og Fernandes, Corte Especial, j. 21.10.2020, *DJe* 30.3.2021).

11.2.3. Informações obrigatórias nos documentos de cobrança

A finalização deste capítulo não poderia dar-se sem uma breve análise sobre o disposto no art. 42-A, que foi inserido ao Código de Defesa do Consumidor no ano de 2009 pela Lei n. 12.039. Prevê o aludido dispositivo: "Em todos os documentos de cobrança de débitos apresentados ao consumidor, deverão constar o nome, o endereço e o número de inscrição no Cadastro de Pessoas Físicas — CPF ou no Cadastro Nacional de Pessoa Jurídica — CNPJ do fornecedor do produto ou serviço correspondente".

São informações imprescindíveis para identificar o fornecedor que realizou a prática abusiva da cobrança indevida e para responsabilizá-lo na esfera civil, administrativa e penal.

São informações imprescindíveis para identificar o fornecedor que realizou a prática abusiva da cobrança indevida e para responsabilizá-lo na esfera civil, administrativa e penal.

Informações obrigatórias nos documentos de cobrança	▪ nome do fornecedor; ▪ endereço do fornecedor; ▪ número de inscrição no Cadastro de Pessoas Físicas — CPF ou no Cadastro Nacional de Pessoa Jurídica — CNPJ.

11.3. QUESTÕES

QUESTÕES DE CONCURSOS
http://uqr.to/1yf1g

12

BANCOS DE DADOS E CADASTROS DE INADIMPLENTES NO CDC

12.1. CONSIDERAÇÕES INICIAIS

Os bancos de dados e cadastros de inadimplentes, como SPC e SERASA, afrontariam, numa análise inicial dos mais incautos, Direitos Fundamentais.

No entanto, se de um lado nos deparamos com o direito à proteção das informações sobre os consumidores, do outro temos o direito dos fornecedores de não se relacionarem com pessoas inadimplentes e que irão trazer prejuízo ao seu negócio.

Mais precisamente, teremos o "choque" entre a preservação da dignidade da pessoa humana (art. 1.º, III, da CF), bem como da intimidade, vida privada, honra e imagem dos consumidores (art. 5.º, X, da CF), com outros direitos tutelados pela Constituição Federal, como o da livre concorrência (art. 170, IV, da CF).[1]

Apesar de potencialmente nocivas tais informações à privacidade do consumidor, "as amplas possibilidades de utilização dos arquivos de consumo como instrumento de fomento à atividade dos fornecedores, no sentido de restringir o acesso dos que eventualmente sejam considerados 'maus consumidores' no mercado, ao mesmo tempo em que procura ampliar a conquista de novos consumidores (mediante segmentação do mercado, por exemplo), coloca em primeiro plano a questão da proteção dos direitos da personalidade pelas normas do CDC".[2]

Num contexto como esse, imprescindível a ponderação dos direitos eventualmente confrontados para chegar-se a um consenso sobre qual deles prevalecerá no caso concreto. E o critério mais utilizado para se atingir tal conclusão consiste na aplicação do **princípio da proporcionalidade**.

Segundo Leonardo Roscoe Bessa, foi justamente realizando a "ponderação de tais valores — privacidade, honra, informação, crédito — que o legislador

---

[1] O STF entendeu que é inconstitucional lei estadual que vede a inscrição em cadastro de proteção ao crédito de usuário inadimplente dos serviços de abastecimento de água e esgotamento sanitário: Ação direta de inconstitucionalidade. 2. Art. 3.º, parágrafo único, da Lei Estadual n. 18.309, de 3 de agosto de 2009, do Estado de Minas Gerais. 3. Proibição de inscrição do nome do usuário dos serviços de abastecimento de água e de esgotamento sanitário em cadastro de proteção ao crédito quando inadimplente. 4. Competência privativa da União para legislar sobre normas gerais de proteção ao consumidor. Violação ao art. 24, V e § 1.º, da Constituição. 5. Ação direta de inconstitucionalidade julgada procedente para declarar a inconstitucionalidade do dispositivo impugnado (ADI 6.668, Tribunal Pleno, Rel. Ministro Gilmar Mendes, j. 14.2.2022, Publicação: 7.3.2022).
[2] MIRAGEM, Bruno. *Curso de direito do consumidor*, p. 212.

infraconstitucional permitiu — traçando seus contornos limitantes — as atividades próprias dos bancos de dados de proteção ao crédito".[3]

O equilíbrio está presente no Código de Defesa do Consumidor ao disciplinar o tema e determinar:

- ▪ o direito do consumidor ao acesso às informações existentes sobre sua pessoa nesses bancos de dados, bem como o de correção em caso de inexatidão;
- ▪ prazo máximo razoável em que o nome do consumidor permanecerá no cadastro de inadimplentes;
- ▪ a obrigatoriedade da comunicação prévia e por escrito de que o nome do consumidor integrará banco de dados de "maus pagadores".

A forma razoável com que o CDC regulamentou o tema nem sempre está presente nas decisões judiciais, conforme analisaremos a seguir.

12.2. A DISCIPLINA DOS BANCOS DE DADOS E CADASTROS DE INADIMPLENTES NO CDC

12.2.1. O direito do consumidor de acesso às informações e às fontes

Prevê o art. 43 da Lei n. 8.078/90 que: "O consumidor, sem prejuízo do disposto no art. 86, terá acesso às informações existentes em cadastros, fichas, registros e dados pessoais e de consumo arquivados sobre ele, bem como sobre as suas respectivas fontes".[4]

O direito de acesso à informação é direito básico do consumidor, não somente sobre produtos e serviços a serem adquiridos no mercado de consumo, mas também em relação à pessoa do consumidor. Sobre o tema, o CDC disciplinou a matéria de forma ampla e legitimou o acesso às informações existentes em:

- ▪ cadastros;
- ▪ fichas;
- ▪ registros;
- ▪ banco de dados.

Questão interessante consiste em saber se o legislador ordinário tratou de todos esses bancos de informações como sinônimos ou se existe diferença entre eles.

---

[3] BENJAMIN, Antônio Herman de V.; MARQUES, Claudia Lima; BESSA, Leonardo Roscoe. *Manual de direito do consumidor*, p. 289.

[4] O art. 86 do CDC foi vetado juntamente com o art. 85 por possuírem as seguintes redações: "Art. 85. Contra atos ilegais ou abusivos de pessoas físicas ou jurídicas que lesem direito líquido e certo, individual, coletivo ou difuso, previsto neste Código, caberá ação mandamental, que se regerá pelas normas da lei do mandado de segurança. Art. 86. Aplica-se o *habeas data* à tutela dos direitos e interesses dos consumidores". As razões dos vetos foram: "As ações de mandado de segurança e de *habeas data* destinam-se, por sua natureza, à defesa de direitos subjetivos públicos e têm, portanto, por objetivo precípuo os atos de agentes do Poder Público. Por isso, a sua extensão ou aplicação a outras situações ou relações jurídicas é incompatível com sua índole constitucional. Os artigos vetados, assim, contrariam as disposições dos incisos LXXI e LXXII do art. 5.º da Carta Magna". Discordamos das razões de veto conforme analisaremos logo mais em subitem próprio.

Leonardo Roscoe Bessa bem sintetizou o pensamento de Herman Benjamin, para quem:

> "Dois aspectos se destacam na distinção entre bancos de dados e cadastros de consumo: a origem da informação (fonte) e seu destino.
> Nos cadastros, muito comuns nas lojas que comercializam roupas, é o próprio consumidor, independentemente de a compra ser a crédito, que oferece seus dados pessoais para o estabelecimento. Objetiva-se, com a coleta dos dados, estabelecer uma comunicação maior entre fornecedor e consumidor, principalmente para oferecer informações sobre promoções, chegada de novos modelos de roupas etc. A fonte da informação é o próprio consumidor e o destino é um fornecedor específico.
> De outro lado, nos bancos de dados de consumo, cuja principal espécie são justamente as entidades de proteção ao crédito, a informação advém, em regra, dos fornecedores (e não mais do consumidor). O destino final da informação, embora ela permaneça armazenada na entidade, é o mercado, ou seja, os fornecedores".[5]

Em nossa visão, o objetivo do legislador foi conferir ao vulnerável o acesso a qualquer banco de informações da forma mais abrangente possível, razão pela qual utilizaremos as expressões como sinônimas neste trabalho.

Em última análise, o CDC permite a inserção do nome do consumidor inadimplente nos cadastros de proteção ao crédito, e a jurisprudência superior compreende da mesma forma, segundo analisaremos a seguir.

Conforme visto em capítulo específico, existem práticas comerciais abusivas pré-contratuais, contratuais e pós-contratuais. **A inserção indevida do nome do consumidor no cadastro de inadimplentes é exemplo de comportamento abusivo pós-contratual** e é cediço que o vínculo na relação de consumo não se extingue com a entrega do produto ou com o fim da prestação do serviço.

Em razão dos princípios da boa-fé e da lealdade, as partes envolvidas na relação de consumo mantêm-se atreladas na fase posterior ao contrato e, qualquer abusividade configurada, nascerá o dever de indenizar.

A alteração introduzida pelo Estatuto da Pessoa com Deficiência, Lei n. 13.146, de 2015, foi a inclusão do § 6.º ao art. 43, exigindo que as informações nos cadastros de inadimplentes sejam acessíveis às pessoas portadoras de deficiência, *in verbis*: **"Todas as informações de que trata o *caput* deste artigo devem ser disponibilizadas em formatos acessíveis, inclusive para a pessoa com deficiência, mediante solicitação do consumidor"**.

Bancos de dados e cadastros de inadimplentes	=	Informações de inadimplemento do consumidor

---

[5] BENJAMIN, Antônio Herman de V.; MARQUES, Claudia Lima; BESSA, Leonardo Roscoe. *Manual de direito do consumidor,* p. 279.

12.2.2. O direito do consumidor de exigir a imediata correção na inexatidão dos seus dados e cadastros

Dispõe o CDC que o "consumidor, sempre que encontrar inexatidão nos seus dados e cadastros, poderá exigir sua imediata correção, devendo o arquivista, no prazo de cinco dias úteis, comunicar a alteração aos eventuais destinatários das informações incorretas" (art. 43, § 3.º).

Mais uma vez, estão os princípios da boa-fé objetiva e da lealdade norteando as relações de consumo, isto porque todos aqueles participantes da aludida relação possuem interesse em informações corretas e atualizadas inseridas nos bancos de dados e cadastros de inadimplentes:

- o consumidor, para não ver atingida sua dignidade, intimidade, vida privada, honra e imagem;
- o fornecedor, que deseja contratar com o consumidor que conseguiu saldar suas dívidas e que passou a ser atrativo novamente para as suas pretensões comerciais;
- o administrador do banco de informações, sob pena de ser penalizado, por exemplo, com a condenação à reparação de danos morais.

Com efeito, da análise do dispositivo constatamos a existência de **dois prazos:**

- um **implícito** e referente à **"imediata" correção** da inexatidão das informações sobre o consumidor nos dados e cadastros;
- um **expresso** de **cinco dias úteis para comunicar a alteração** aos eventuais destinatários das informações incorretas.

Sobre o tema, concordamos com Leonardo Bessa quando ensina que a "correção imediata não quer significar que o arquivo de consumo não possa dispor de período de tempo para investigar os fatos referentes à impugnação apresentada pelo consumidor. O objetivo legal foi que, ao final das diligências realizadas pela entidade arquivista, haja a imediata correção das informações ou indeferimento da pretensão do consumidor. O **prazo máximo** para que a entidade de proteção ao crédito conclua as investigações oriundas do exercício do direito de **retificação é de 10 dias**, por aplicação do § 1.º do art. 4.º da Lei n. 9.507/97 **(Lei do *Habeas Data*)**".[6]

A **Segunda Seção do STJ**, no julgamento do REsp 1.424.792, pelo sistema de **recurso repetitivo** entendeu pelo **prazo de cinco dias úteis para excluir o nome do devedor** do arquivo em banco de dados: "1. Para fins do art. 543-C do Código de Processo Civil: 'Diante das regras previstas no Código de Defesa do Consumidor, mesmo havendo regular inscrição do nome do devedor em cadastro de órgão de proteção ao crédito, após o integral pagamento da dívida, incumbe ao credor requerer a exclusão do registro desabonador, no prazo de 5 (cinco) dias úteis, a contar do primeiro dia útil subsequente à completa disponibilização do numerário necessário à quitação do débito vencido'" (*DJe* 24.9.2014).

---

[6] BENJAMIN, Antônio Herman de V.; MARQUES, Claudia Lima; BESSA, Leonardo Roscoe. *Manual de direito do consumidor*, p. 306.

Ademais, o **ônus de dar baixa na inscrição** do consumidor nos cadastros e bancos de dados ora analisados é **do credor**, e não do devedor. Nesse sentido, é a posição do Superior Tribunal de Justiça: **"É do credor, e não do devedor, o ônus da baixa da indicação do nome do consumidor em cadastro de proteção ao crédito, em virtude do que dispõe o art. 43, § 3.º, combinado com o art. 73, ambos do CDC"** (AgRg no Ag 1.373.920/SP, Rel. Ministro Luis Felipe Salomão, 4.ª T., *DJe* 28.5.2012).

Nesse tocante, o STJ editou a Súmula 548 com o seguinte teor: **"Incumbe ao credor a exclusão do registro da dívida em nome do devedor no cadastro de inadimplentes no prazo de cinco dias úteis, a partir do integral e efetivo pagamento do débito"** (*DJe* 19.10.2015).

Com efeito, Rizzatto Nunes entende que: "se o consumidor questionar a dívida em juízo, não se pode mantê-lo 'negativado' (como se diz) nos serviços de proteção ao crédito".[7]

Entretanto, cumpre relembrar que a jurisprudência do **STJ** entende de forma contrária, ou seja, **admite a inscrição no cadastro de inadimplentes, pois a "simples propositura da ação de revisão de contrato não inibe a caracterização da mora do autor"** (Súmula 380 do STJ).[8]

Em outras palavras, "a abstenção da inscrição/manutenção em cadastro de inadimplentes requerida em antecipação de tutela e/ou medida cautelar, somente será deferida se, cumulativamente:

■ a ação for fundada em questionamento integral ou parcial do débito;
■ ficar demonstrada que a cobrança indevida se funda na aparência do bom direito e em jurisprudência consolidada do STF ou STJ;
■ for depositada a parcela incontroversa ou prestada a caução fixada conforme o prudente arbítrio do juiz".[9]

12.2.3. A natureza dos bancos de dados e cadastros de inadimplentes

Estabelece o Código de Defesa do Consumidor que os "bancos de dados e cadastros relativos a consumidores, os serviços de proteção ao crédito e congêneres são considerados **entidades de caráter público**" (art. 43, § 4.º).

Isto significa dizer que, mesmo sendo detentoras de personalidade jurídica de direito privado, tais entidades, em razão da finalidade das informações armazenadas, possuem natureza de entidade de caráter público.

---

[7] NUNES, Luiz Antonio Rizzatto. *Curso de direito do consumidor*, p. 591.
[8] Outras súmulas do STJ oriundas dos posicionamentos consolidados no julgamento do Recurso Especial 1.061.530 foram as seguintes: Súmula 382 — A estipulação de juros remuneratórios superiores a 12% ao ano, por si só, não indica abusividade; Súmula 381 — Nos contratos bancários, é vedado ao julgador conhecer, de ofício, da abusividade das cláusulas; Súmula 379 — Nos contratos bancários não regidos por legislação específica, os juros moratórios poderão ser convencionados até o limite de 1% ao mês.
[9] REsp 1061530/RS, Rel. Ministra Nancy Andrighi, 2.ª Seção, j. 22.10.2008, *DJe* 10.3.2009.

O dispositivo traz como objeto principal a **viabilidade da impetração de *habeas data***. Sobre o tema, cumpre reiterar que a redação do art. 86 do CDC que foi vetada previa, *in verbis*: "Aplica-se o *habeas data* à tutela dos direitos e interesses dos consumidores".

As razões do veto foram:

> "As ações de mandado de segurança e de *habeas data* destinam-se, por sua natureza, à defesa de direitos subjetivos públicos e têm, portanto, por objetivo precípuo os atos de agentes do Poder Público.
> Por isso, a sua extensão ou aplicação a outras situações ou relações jurídicas é incompatível com sua índole constitucional. Os artigos vetados, assim, contrariam as disposições dos incisos LXXI e LXXII do art. 5.º da Carta Magna".

Data venia, discordamos dos fundamentos esposados e, juntamente com a melhor doutrina,[10] defendemos a viabilidade plena da impetração de ***habeas data***, mesmo porque a Constituição Federal, quando tratou do tema, deixou clara a viabilidade de sua concessão para assegurar o conhecimento de informações relativas à pessoa do impetrante, constantes de registros ou bancos de dados de **"entidades governamentais ou de caráter público" (art. 5.º, LXXII)**.

12.2.4. Características dos cadastros de inadimplentes e bancos de dados e prazo máximo da "negativação"

O Diploma Consumerista determina que os "cadastros e dados de consumidores devem ser objetivos, claros, verdadeiros e em linguagem de fácil compreensão, não podendo conter informações negativas referentes a período superior a cinco anos" (art. 43, § 1.º). Inicialmente, antes de abordarmos o prazo máximo da "negativação" do nome do consumidor, imprescindível pontuarmos as características dos cadastros e bancos de dados: objetivos, claros, verdadeiros e em linguagem de fácil compreensão.[11]

---

[10] É o caso, por exemplo, de Leonardo Roscoe Bessa: "O principal propósito do dispositivo foi permitir o ajuizamento de *habeas data* contra os bancos de dados de proteção ao crédito, vez que a CF, no art. 5.º, LXXII, estabelece que o *habeas data* pode ser impetrado contra entidades governamentais ou de caráter público". BENJAMIN, Antônio Herman de V.; MARQUES, Claudia Lima; BESSA, Leonardo Roscoe. *Manual de direito do consumidor*, p. 298.

[11] A Lei n. 12.414, de 2011, que dispõe sobre o cadastro positivo e será analisada logo mais, traz as definições das características das informações no aludido cadastro de inadimplentes nos incisos de seu art. 3.º, § 2.º: "Para os fins do disposto no § 1.º, consideram-se informações: I — objetivas: aquelas descritivas dos fatos e que não envolvam juízo de valor; II — claras: aquelas que possibilitem o imediato entendimento do cadastrado independentemente de remissão a anexos, fórmulas, siglas, símbolos, termos técnicos ou nomenclatura específica; III — verdadeiras: aquelas exatas, completas e sujeitas à comprovação nos termos desta Lei; e IV — de fácil compreensão: aquelas em sentido comum que assegurem ao cadastrado o pleno conhecimento do conteúdo, do sentido e do alcance dos dados sobre ele anotados".

Características dos cadastros e bancos de dados
- objetivos;
- claros;
- verdadeiros;
- em linguagem de fácil compreensão.

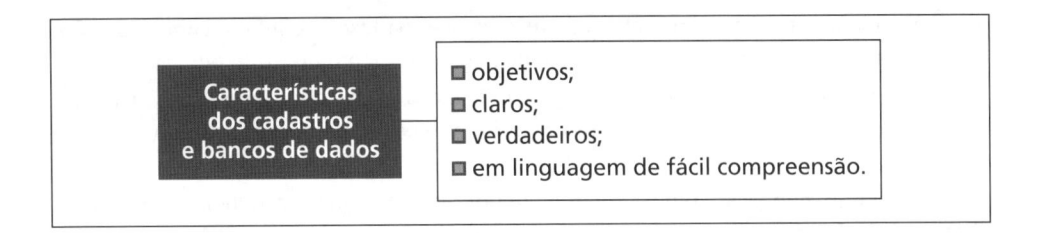

De fato, as **informações** integrantes dos cadastros e bancos de dados, além de serem **objetivas** — escoimadas de informação desnecessária ou impertinente sobre a pessoa do consumidor e que descrevem fatos sem juízo de valor —, devem ser **claras**, ou seja, entendidas de imediato e com facilidade pelos seus destinatários, sem a existência de informações elaboradas em códigos ou com tecnicismo exacerbado capaz de distanciar os destinatários da intelecção real a respeito daquilo que consta sobre o consumidor em determinado banco de dados.

Não é possível o fornecedor ficar na dúvida, se contrata ou não com determinado consumidor, ante a ausência de clareza e objetividade na informação transmitida pelo administrador do banco de dados.

Ademais, a informação, além de **verdadeira**, deve ser atualizada, ou melhor, **cadastro verdadeiro é aquele atualizado**, que retira o nome do consumidor de seu banco de dados "imediatamente"[12] ao efetivo adimplemento por parte do devedor.

Por fim, de **fácil compreensão** é o dado que assegure ao cadastrado o conhecimento pleno do conteúdo, do sentido e do alcance das considerações sobre ele anotadas.

No tocante ao **prazo máximo de "negativação"** do nome do consumidor, prevê o art. 43, § 1.º, do CDC que seria de **5 anos**[13]. Contudo, tal dispositivo não pode ser interpretado à revelia do disposto no § 5.º do mesmo artigo ao estabelecer que: "Consumada a prescrição relativa à cobrança de débitos do consumidor, não serão fornecidas, pelos respectivos Sistemas de Proteção ao Crédito, quaisquer informações que possam impedir ou dificultar novo acesso ao crédito junto aos fornecedores".

A interpretação sistemática de ambos os dispositivos deve ser feita no sentido de que o **prazo máximo** em que o consumidor irá se deparar com seu nome num cadastro de inadimplentes será **de cinco anos, salvo se a pretensão à respectiva ação de cobrança prescrever antes**.

A redação do § 5.º é polêmica e admite interpretações variadas. Rizzatto Nunes, por exemplo, defende que o "máximo de tempo que um consumidor pode, então, ficar 'negativado' é 5 anos. Mas haverá prazos bem menores. Conforme já expusemos, para a inserção do nome do consumidor no cadastro de inadimplentes a dívida tem de estar vencida, ser líquida e certa e há de estar baseada em título. E muitos títulos de crédito

---

[12] Vale lembrar o razoável prazo de retificação de 10 dias por aplicação analógica do § 1.º do art. 4.º da Lei n. 9.507/97 (Lei do *Habeas Data*).

[13] O prazo de cinco anos deve ser contado do primeiro dia seguinte à data de vencimento da dívida (REsp 2.095.414/SP, Rel. Ministro Antonio Carlos Ferreira, 4.ª T., j. 11.6.2024, *DJe* 18.6.2024).

prescrevem em prazos menores: cheque prescreve em 6 meses a contar da apresentação; duplicata em 3 anos contra o sacado, contados do vencimento do título etc.".[14]

Ou seja, para o citado doutrinador, se o prazo prescricional para a execução for inferior a cinco anos, prevalecerá como o período máximo de negativação do nome do consumidor — seis meses no caso do cheque.

No entanto, não é esse o posicionamento dominante na jurisprudência do **Superior Tribunal de Justiça**. A nova redação da **Súmula 323** estabelece que: "A inscrição do nome do devedor pode ser mantida nos serviços de proteção ao crédito até o **prazo máximo de cinco anos, independentemente da prescrição da execução**".[15]

Isto é, na visão do STJ, "**prescrição** a que se refere o art. 43, § 5.º do Código de Defesa do Consumidor é o **da ação de cobrança e não o da ação executiva**" (REsp 472.203/RS, Rel. Ministro Humberto Gomes de Barros, Segunda Seção, *DJ* 29.11.2004).

Conforme é cediço, ainda que expirado o prazo para a execução de um título de crédito, este poderá servir de prova hábil para a propositura da respectiva ação de cobrança, que seguirá prazo prescricional próprio, nos termos da legislação específica — Código Civil.

No tocante ao tempo em que o nome do consumidor ficará no cadastro de inadimplentes, cumpre destacar ainda que cada inscrição é autônoma e possui prazo individualizado. Assim, se o consumidor possuir várias inscrições em seu nome, vale lembrar que cada inscrição possui origem em diferentes obrigações vencidas e não pagas, além de prazo de início e final próprio.

Nesse contexto, entendeu o STJ que: "Há interesse de agir na ação em que o consumidor postula o cancelamento de diversas inscrições de seu nome em cadastro de inadimplente, mas somente uma ou algumas delas ultrapassaram os prazos de manutenção dos registros previstos no art. 43, §§ 1.º e 5.º, do Código de Defesa do Consumidor" (REsp 1.196.699/RS, Rel. Ministro Luis Felipe Salomão, 2.ª Seção, *DJe* 20.10.2015).

Em resumo, **o consumidor não precisa esperar a expiração do prazo da última inscrição para postular o cancelamento daquelas cujo prazo máximo de cinco anos já tenha sido expirado, em razão da autonomia e independência de cada inscrição.**

Outro ponto relevante refere-se ao **termo inicial do prazo de permanência de registro** de nome de consumidor em cadastro de proteção ao crédito (art. 43, § 1.º, do CDC). Segundo posicionamento do STJ, **inicia-se a contagem do aludido prazo no dia subsequente ao vencimento da obrigação não paga**, independentemente da data da inscrição no cadastro:

> RECURSO ESPECIAL. DIREITO DO CONSUMIDOR. REPARAÇÃO POR DANOS MORAIS. INSCRIÇÃO EM CADASTRO DE PROTEÇÃO AO CRÉDITO. PRAZO DE PERMANÊNCIA. ART. 43, § 1.º, DO CDC. CINCO ANOS. TERMO INICIAL. DATA

---

[14] NUNES, Luiz Antonio Rizzatto. *Curso de direito do consumidor*, p. 593.

[15] "A Segunda Seção, na sessão ordinária de 25 de novembro de 2009, deliberou pela ALTERAÇÃO do enunciado da Súmula n. 323. REDAÇÃO ANTERIOR (Decisão de 23.11.2005, *DJ* 5.12.2005, p. 410): A inscrição de inadimplente pode ser mantida nos serviços de proteção ao crédito por, no máximo, cinco anos".

DO FATO GERADOR DO REGISTRO. INTERPRETAÇÃO LITERAL, LÓGICA, SISTEMÁTICA E TELEOLÓGICA DO ENUNCIADO NORMATIVO.
1. Pacificidade do entendimento, no âmbito deste Superior Tribunal de Justiça, de que podem permanecer por até 5 (cinco) anos em cadastros restritivos informações relativas a créditos cujos meios judiciais de cobrança ainda não tenham prescrito.
2. **Controvérsia que remanesce quanto ao termo inicial desse prazo de permanência: (a) a partir da data da inscrição ou (b) do dia subsequente ao vencimento da obrigação, quando torna-se possível a efetivação do apontamento, respeitada, em ambas as hipóteses, a prescrição.**
3. Interpretação literal, lógica, sistemática e teleológica do enunciado normativo do § 1.º, do art. 43, do CDC, conduzindo à conclusão de que o termo "a quo" do quinquênio deve tomar por base a data do fato gerador da informação depreciadora.
4. **Vencida e não paga a obrigação, inicia-se, no dia seguinte, a contagem do prazo, independentemente da efetivação da inscrição pelo credor. Doutrina acerca do tema.**
5. Caso concreto em que o apontamento fora providenciado pelo credor após o decurso de mais de dez anos do vencimento da dívida, em que pese não prescrita a pretensão de cobrança, ensejando o reconhecimento, inclusive, de danos morais sofridos pelo consumidor.
6. RECURSO ESPECIAL DESPROVIDO (REsp 1.316.117/SC, Rel. Ministro João Otávio de Noronha, Rel. p/ acórdão Ministro Paulo de Tarso Sanseverino, 3.ª T., *DJe* 19.8.2016).

Sobre o tema, entendeu o STJ que: "Nas obrigações de fazer no Direito do Consumidor, o juiz deve conceder a tutela específica da obrigação ou determinar providências que assegurem o resultado prático equivalente ao adimplemento (art. 84 do CDC). 9. A jurisprudência do STJ concilia e harmoniza os prazos do § 1.º com o do § 5.º do art. 43 do CDC, para estabelecer que a manutenção da inscrição negativa nos cadastros de proteção ao crédito respeita a exigibilidade do débito inadimplido, tendo, para tanto, um limite máximo de cinco anos que pode ser, todavia, restringido, se for menor o prazo prescricional para a cobrança do crédito" (REsp 1.630.889/DF, Rel. Ministra Nancy Andrighi, 3.ª T., j. 11.9.2018, *DJe* 21.9.2018).

12.2.5. A comunicação prévia e escrita do consumidor como requisito necessário à adequada inscrição no cadastro e banco de dados

O art. 43, § 2.º, do Código de Defesa do Consumidor estabelece, *in verbis*: "A abertura de cadastro, ficha, registro e dados pessoais e de consumo deverá ser comunicada por escrito ao consumidor, quando não solicitada por ele".

Apesar da simplicidade de sua redação, diversos são os questionamentos sobre o seu teor, dentre os quais destacamos:

- ▪ Quem é o responsável pela formalização da comunicação por escrito do consumidor de que seu nome irá integrar cadastro ou banco de dados?
- ▪ Qual seria o prazo mínimo de antecedência para o consumidor receber o comunicado?
- ▪ A comunicação por escrito deve ser enviada com aviso de recebimento?
- ▪ A ausência da comunicação gera danos morais?
- ▪ Devedor contumaz tem direito a danos morais diante da inscrição irregular?

Enfrentaremos um a um cada questionamento levantado à luz da jurisprudência do Superior Tribunal de Justiça.

12.2.5.1. O responsável pela comunicação prévia e escrita do consumidor

É de se perguntar inicialmente quem seria o responsável para formalizar a comunicação do consumidor de que seu nome será incluído num cadastro de inadimplentes: fornecedor/comerciante, por exemplo, ou mantenedor do cadastro de inadimplentes?

Segundo a posição consolidada no **Superior Tribunal de Justiça, cabe "ao órgão mantenedor do Cadastro de Proteção ao Crédito a notificação do devedor antes de proceder à inscrição" (Súmula 359)**.

Tal posicionamento vem se repetindo na jurisprudência do STJ desde 2001, conforme precedente insculpido no julgamento do Recurso Especial 285.401: "SERASA. Inscrição de nome de devedora. Falta de comunicação. A pessoa natural ou jurídica que tem o seu nome inscrito em cadastro de devedores tem o direito de ser informada do fato. A falta dessa comunicação poderá acarretar a responsabilidade da entidade que administra o banco de dados".

> O responsável é o mantenedor do Cadastro de Proteção ao Crédito.

Não podemos deixar de lembrar, no entanto, do princípio da responsabilidade solidária que está expresso no CDC e, se mais de um contribuiu para a causação do dano, todos responderão solidariamente.[16]

Segundo entendimento do Superior Tribunal de Justiça realizado pelo regime de recurso repetitivo, diante da presunção legal de veracidade e publicidade inerente aos registros de cartório de protesto, a reprodução objetiva, fiel, atualizada e clara desses dados na base de órgão de proteção ao crédito independe de comunicação prévia ao consumidor e não tem o condão de ensejar obrigação de reparação de danos (REsp 1.444.469/DF, Rel. Ministro Luis Felipe Salomão, 2.ª Seção, *DJe* 16.12.2014).

Ainda sobre o tema, destacamos que o STJ editou a Súmula 572 com o seguinte teor: "O Banco do Brasil, na condição de gestor do Cadastro de Emitentes de Cheques sem Fundos (CCF), não tem a responsabilidade de notificar previamente o devedor

---

[16] Nesse sentido, Leonardo Roscoe Bessa: "A ideia norteadora do tema é que todos que contribuíram, por ação ou omissão, para a realização e disseminação do registro, sem a observância dos pressupostos jurídicos específicos, possui, conforme o seu grau de participação, o dever de indenizar o consumidor lesado. Aplica-se aqui a regra da solidariedade resultante dos atos ilícitos, que se encontra no art. 942 do CC e no parágrafo único do art. 7.º do CDC, (...). Se o banco de dados registra — ou permite que o fornecedor registre diretamente — informação sem qualquer exigência ou cautela quanto à demonstração da veracidade dos dados, deve, naturalmente, arcar com as sanções civis decorrentes de sua conduta. (...). Portanto, há concorrência entre fornecedor (lojista, instituição financeira) e banco de dados na realização do ato ilícito: ambos devem responder perante o consumidor. O fornecedor apresentou, desatendendo o disposto no art. 43, § 1.º, informação inverídica. A entidade arquivista aceitou como verdadeira a informação e a colocou à disposição de terceiros". BENJAMIN, Antônio Herman de V.; MARQUES, Claudia Lima; BESSA, Leonardo Roscoe. *Manual de direito do consumidor*, p. 297-298.

acerca da sua inscrição no aludido cadastro, tampouco legitimidade passiva para as ações de reparação de danos fundadas na ausência de prévia comunicação" (*DJe* 16.5.2016).

A responsabilidade da comunicação prévia e por escrito do administrador do cadastro é uma regra que vale também para os chamados "cadastros de passagem", também conhecidos como "cadastros de consultas anteriores". Tratam-se de "banco de dados de consumo no qual os comerciantes registram consultas feitas a respeito do histórico de crédito de consumidores que com eles tenham realizado tratativas ou solicitado informações gerais sobre condições de financiamento ou crediário". Esta foi a posição do Superior Tribunal de Justiça ao seguinte julgado:

> RECURSO ESPECIAL. DIREITO DO CONSUMIDOR. DIREITO PROCESSUAL CIVIL. VIOLAÇÃO DO ART. 535 DO CPC/73. NÃO OCORRÊNCIA. AÇÃO CIVIL PÚBLICA. **CADASTRO DE PASSAGEM. LICITUDE. COMUNICAÇÃO PRÉVIA DO CONSUMIDOR. IMPRESCINDIBILIDADE. ART. 43, § 2.º DO CDC. AUSÊNCIA DE COMUNICAÇÃO. RESPONSABILIDADE DA MANTENEDORA DO CADASTRO.** DANO MORAL COLETIVO. NÃO CONFIGURAÇÃO.
> 1. Ação civil pública questionando a legalidade, à luz das normas protetivas do Código de Defesa do Consumidor, tanto da manutenção do chamado "cadastro de passagem" ou "cadastro de consultas anteriores" quanto da utilização das informações neles inseridas como justificativa para a restrição de crédito solicitado por consumidores.
> 2. Acórdão recorrido que, confirmando a sentença primeva, julgou improcedente o pedido inicial.
> 3. **O "cadastro de passagem" ou "cadastro de consultas anteriores" é um banco de dados de consumo no qual os comerciantes registram consultas feitas a respeito do histórico de crédito de consumidores que com eles tenham realizado tratativas ou solicitado informações gerais sobre condições de financiamento ou crediário.**
> 4. **A despeito de ser lícita a manutenção do cadastro de passagem, que é banco de dados de natureza neutra, ela está subordinada, como ocorre com todo e qualquer banco de dados ou cadastro de consumo, às exigências previstas no art. 43 do CDC.**
> 5. **A disponibilização das informações constantes de tal banco de dados — que ali foram inseridas sem prévia solicitação das pessoas a elas relacionadas — só é permitida, a teor do que expressamente dispõe o § 2.º do art. 43 do CDC, após ser comunicado por escrito o consumidor de sua respectiva inclusão cadastral.**
> 6. No caso, restou evidenciada a ausência de comunicação prévia dos consumidores que tiveram seus dados inseridos no cadastro de passagem objeto da controvérsia. Tal prática, e não o cadastro de passagem em si, é que se revela ilegal, mesmo porque, sem ter ciência da própria existência de registros em seu nome, fica o consumidor indiretamente impedido de solicitar "acesso às informações existentes em cadastros, fichas, registros e dados pessoais e de consumo arquivados sobre ele" (art. 43, *caput*, do CDC) e de, consequentemente, exigir a imediata correção de eventual inexatidão, prerrogativa que lhe é expressamente assegurada pelo § 3.º do próprio art. 43 do CDC.
> 7. A responsabilidade de adequar-se ao comando inserto no art. 43, § 2.º, do CDC é exclusiva da mantenedora do banco de dados ora questionado. É sobre ela, por isso, que devem recair tanto a obrigação de abstenção da prática aqui reconhecida como ilícita quanto a obrigação de reparar e compensar eventuais prejuízos de ordem material e moral que, comprovadamente, tenham sido suportados por consumidores em virtude de injusta

negativa de concessão de crédito fundada única e exclusivamente nas anotações constantes do chamado "cadastro de passagem".

8. O dano moral coletivo, compreendido como o resultado de uma lesão à esfera extrapatrimonial de determinada comunidade, se dá quando a conduta agride, de modo totalmente injusto e intolerável, o ordenamento jurídico e os valores éticos fundamentais da sociedade em si considerada, a provocar repulsa e indignação na consciência coletiva (arts. 1.º da Lei n. 7.347/85, 6.º, VI, do CDC e 944 do CC, bem como Enunciado n. 456 da V Jornada de Direito Civil).

9. Não basta a mera infringência à lei ou ao contrato para a caracterização do dano moral coletivo. É essencial que o ato antijurídico praticado atinja alto grau de reprovabilidade e transborde os lindes do individualismo, afetando, por sua gravidade e repercussão, o círculo primordial de valores sociais. Com efeito, para não haver o seu desvirtuamento, a banalização deve ser evitada.

10. Na hipótese, o simples fato de a mantenedora do "cadastro de passagem" não ter se desincumbido do ônus de providenciar a comunicação prévia do consumidor que teve seus dados ali incluídos, ainda que tenha representado ofensa ao comando legal do § 2.º do art. 43 do CDC, passou ao largo de produzir sofrimentos, intranquilidade social ou alterações relevantes na ordem extrapatrimonial coletiva, descaracterizando, assim, o dano moral coletivo.

11. Recurso especial parcialmente provido (REsp 1726270/BA, Rel. Ministra Nancy Andrighi, Rel. p/ Acórdão Ministro Ricardo Villas Bôas Cueva, 3.ª T., j. 27.11.2018, *DJe* 7.2.2019).

12.2.5.2. O prazo mínimo de antecedência para a comunicação do consumidor

Ante a ausência de previsão específica no Código do Consumidor, entendemos com a melhor doutrina[17] no sentido de que a notificação do consumidor de que seu nome integrará cadastro de inadimplentes ou banco de dados deverá ser formalizada com no **mínimo cinco dias úteis de antecedência**, valendo-se de uma interpretação analógica do § 3.º do art. 43, que se refere ao prazo de comunicação da alteração aos eventuais equívocos no banco de informações aos respectivos destinatários.

> Prazo mínimo de antecedência para a comunicação = 5 dias úteis.

12.2.5.3. A questão do AR para a comunicação do consumidor

Outro assunto polêmico consiste em saber se haveria ou não a necessidade de a comunicação do consumidor ser realizada com o aviso de recebimento. Isto porque

---

[17] Esta a visão de Rizzatto Nunes: "Tal aviso deve ser remetido com a antecedência de, no mínimo, 5 dias úteis. É que, na falta de regra específica sobre o prazo, aplica-se a hipótese do § 3.º (que a seguir comentaremos) por analogia, preenchendo-se a lacuna existente". NUNES, Luiz Antonio Rizzatto. *Curso de direito do consumidor*, p. 595. Também é a posição defendida por Leonardo Roscoe Bessa: "Necessário acrescentar que não basta expedir a comunicação: o correto é, além da certeza quanto à efetiva comunicação do registro, conceder prazo razoável, pelo menos de 5 (cinco) dias úteis, para eventual exercício do direito à retificação". BENJAMIN, Antônio Herman de V.; MARQUES, Claudia Lima; BESSA, Leonardo Roscoe. *Manual de direito do consumidor,* p. 308.

somente **por meio do AR estaríamos diante da certeza de ciência**, por parte do vulnerável da relação de consumo, de que seu nome seria incluído em cadastro de inadimplentes.

Em nossa opinião, tal cuidado deveria ser tomado pelo responsável de efetivar a comunicação, e qualquer alegação de aumento dos custos merece ser refutada de plano, pois faz parte dos riscos do negócio.

No mesmo sentido, Herman Benjamin, para quem recomenda "a boa prática que a comunicação, se por correio, seja com aviso de recebimento".[18]

Contudo, o Superior Tribunal de Justiça consolidou entendimento diverso ao editar a **Súmula 404** com o seguinte teor: **"É dispensável o aviso de recebimento (AR) na carta de comunicação ao consumidor sobre a negativação de seu nome em bancos de dados e cadastros".**

Na mesma linha de raciocínio **o STF entendeu ser inconstitucional lei estadual que adota sistema de comunicação prévia a consumidor inadimplente por carta registrada com aviso de recebimento, bem como que impõe "prazo de tolerância" de 20 dias para pagamento da dívida e impedir que o nome do consumidor inadimplente seja imediatamente inscrito em cadastro ou banco de dados:**

> Controle concentrado. Julgamento conjunto das ADIs n. 5.224, 5.252, 5.273 e 5.978. Leis estaduais n. 15.659/2015 e 16.624/2017, do Estado de São Paulo. Sistema de inclusão e exclusão dos nomes dos consumidores nos cadastros de proteção ao crédito. (i) Necessidade de comunicação prévia dos devedores mediante carta registrada com aviso de recebimento (AR). Alteração normativa substancial. Previsão, na legislação modificadora, de comunicação por escrito, sem aviso de recebimento. Perda do objeto. Alegação de inconstitucionalidade da supressão do aviso de recebimento por consubstanciar retrocesso social. Inocorrência. Dispensabilidade do aviso de recebimento na comunicação de negativação de crédito (CDC, art. 42, § 3.º, e Súmula 404/STJ). Modalidade de notificação ineficiente, custosa e inadequada à finalidade almejada. Ausência de razoabilidade na transferência do ônus financeiro da inadimplência do devedor para a sociedade em geral. (ii) Prazo de tolerância (20 dias de espera para efetivação da inscrição da dívida). Matéria pertinente ao direito das obrigações. Usurpação da competência legislativa privativa da União em matéria de direito civil e comercial (CF, art. 22, I). (iii) Procedimentos de inscrição nos registros e de correção de informações equivocadas: Aspectos marginais e acessórios da legislação infraconstitucional pertinente à regulamentação dos cadastros de inadimplentes não podem ser elevados à condição de valores constitucionais fundamentais. Ofensa meramente reflexa.
> 1. A mera utilização da expressão "Confederação" no nome social da CNDL (Confederação Nacional dos Dirigentes Lojistas) não justifica, por si só, o tratamento da entidade como órgão sindical, muito menos a exigência de apresentação de registro sindical. A autora qualifica-se como entidade de classe nacional, representante dos interesses do comércio varejista em todo o território nacional, havendo demonstrado a representatividade

---

[18] GRINOVER, Ada Pellegrini; BENJAMIN, Antônio Herman de V.; FINK, Daniel Roberto; FILOMENO, José Geraldo Brito; NERY JR., Nelson; DENARI, Zelmo. *Código Brasileiro de Defesa do Consumidor*, p. 479.

adequada sob os aspectos objetivos (pertinência temática) e subjetivos (filiados em mais de 09 Estados). Preliminar rejeitada.
2. Ausência de impugnação especificada de parcela dos diplomas legislativos impugnados. Não se mostra processualmente viável a impugnação genérica da integralidade de um decreto, lei ou código por simples objeção geral, bastando, para tanto, a mera invocação de princípios jurídicos em sua formulação abstrata, sem o confronto pontual e fundamentado entre cada um dos preceitos normativos questionados e o respectivo parâmetro de confronto. Parcial conhecimento das ações.
3. No modelo federativo brasileiro, estabelecida pela União a arquitetura normativa do sistema de proteção do crédito, aos Estados compete, além da supressão de eventuais lacunas, a previsão de normas destinadas a complementar a norma geral e a atender suas peculiaridades locais, respeitados os critérios (i) da preponderância do interesse local, (ii) do exaurimento dos efeitos dentro dos respectivos limites territoriais — até mesmo para se prevenir conflitos entre legislações estaduais potencialmente díspares — e (iii) da vedação da proteção insuficiente.
4. No caso, a sistemática da comunicação prévia do devedor por meio de carta registrada com aviso de recebimento (AR) claramente transgride o modelo normativo geral criado pela União Federal (CDC, art. 42, § 3.º, e Súmula 404/STJ), além de afetar direta e ostensivamente relações comerciais e consumeristas que transcendem os limites territoriais do ente federado. 5. A supressão do aviso de recebimento pela nova legislação paulista, longe de promover o retrocesso social, põe fim à manutenção de sistema incompatível com o modelo federal, manifestamente ineficiente e custoso, responsável pela transferência de todo o ônus financeiro da inadimplência do devedor para o Poder Público, os bons pagadores, os empresários e a sociedade em geral.
6. A concessão legislativa de prazo mínimo de 20 (vinte) dias, após a comunicação escrita, para o devedor pagar a dívida, caracteriza norma de direito civil e comercial, sujeita à competência legislativa privativa da União (CF, art. 21, I). Além disso, a medida reduz a eficiência dos sistemas de proteção ao crédito, prejudicando a atualidade, a correção e a confiabilidade do banco de informações.
7. O princípio da vedação do retrocesso social não se presta à finalidade de embaraçar toda e qualquer inovação legislativa que se mostre indesejável ou inconveniente sob a perspectiva unilateral de quem o invoca. Sua função é obstar políticas públicas capazes de pôr em risco o núcleo fundamental das garantias sociais estabelecidas e o patamar civilizatório mínimo assegurado pela Constituição. Aspectos marginais e acessórios da legislação infraconstitucional não podem ser elevados à condição de valores constitucionais fundamentais, pena de se constitucionalizar as leis ordinárias.
8. Ações diretas conhecidas em parte. Pedido parcialmente procedente (ADI 5.224, Tribunal Pleno, Rel. Ministra Rosa Weber, j. 9.3.2022, Publicação: 17.3.2022).

Por fim, importante destacar que, com as inovações tecnológicas e da legislação processual, o Superior Tribunal de Justiça vem admitindo a notificação prévia do consumidor acerca do registro do seu nome no cadastro de inadimplentes, por meio eletrônico, desde que devidamente comprovados o envio e a entrega da notificação, realizados por e-mail, mensagem de texto de celular (SMS) ou até mesmo pelo aplicativo WhatsApp:

> RECURSO ESPECIAL. CONSUMIDOR. AÇÃO DE CANCELAMENTO DE REGISTRO CUMULADA COM INDENIZATÓRIA. REGISTRO DO NOME DO

> CONSUMIDOR EM CADASTRO DE INADIMPLENTES. NOTIFICAÇÃO PRÉVIA. MENSAGEM DE TEXTO DE CELULAR. POSSIBILIDADE. ENVIO E ENTREGA DA NOTIFICAÇÃO. COMPROVAÇÃO. REGULARIDADE DEMONSTRADA. RECURSO DESPROVIDO.
> 1. O propósito recursal consiste em definir se a notificação prévia enviada ao consumidor, acerca do registro do seu nome em cadastro de inadimplentes, pode se dar por meio eletrônico, à luz do art. 43, § 2.º, do CDC.
> 2. Nos termos do art. 43, § 2.º, do CDC, a validade da notificação ao consumidor — acerca do registro do seu nome em cadastro de inadimplentes — pressupõe a forma escrita, legalmente prevista, e a anterioridade ao efetivo registro, como se depreende da jurisprudência do Superior Tribunal de Justiça sintetizada na Súmula 359/STJ.
> 3. Nos termos da Súmula 404/STJ e do Tema repetitivo 59/STJ (REsp 1.083.291/RS), afigura-se prescindível a comprovação do recebimento da comunicação pelo consumidor, bastando apenas que se comprove o envio prévio para o endereço por ele informado ao fornecedor do produto ou serviço, em razão do silêncio do diploma consumerista.
> 4. **Considerando a regra vigente no ordenamento jurídico pátrio — de que a comunicação dos atos processuais, através da citação e da intimação, deve ser realizada pelos meios eletrônicos, que, inclusive, se aplica ao processo penal, nos termos da jurisprudência deste Tribunal, com mais razão deve ser admitido o meio eletrônico como regra também para fins da notificação do art. 43, § 2.º, do CDC, desde que comprovados o envio e o recebimento no e-mail ou no número de telefone (se utilizada a mensagem de texto de celular ou o aplicativo WhatsApp) informados pelo consumidor ao credor.**
> 5. No contexto atual da sociedade brasileira, marcado por intenso e democrático avanço tecnológico, com utilização, por maciça camada da população, de dispositivos eletrônicos com acesso à internet, na quase totalidade do território nacional, constata-se que não subsiste a premissa fática na qual se baseou a Terceira Turma nos precedentes anteriores, que vedavam a utilização exclusiva dos meios eletrônicos.
> 6. **Portanto, a notificação prévia do consumidor acerca do registro do seu nome no cadastro de inadimplentes, nos termos do art. 43, § 2.º, do CDC, pode ser realizada por meio eletrônico, desde que devidamente comprovados o envio e a entrega da notificação, realizados por e-mail, mensagem de texto de celular (SMS) ou até mesmo pelo aplicativo WhatsApp.**
> 7. Recurso especial desprovido (REsp 2.092.539/RS, Rel. Ministro Marco Aurélio Bellizze, 3.ª T., j. 17.9.2024, *DJe* 26.9.2024).

> Desnecessidade do AR para a comunicação do consumidor e possibilidade da notificação por e-mail, por SMS ou WhatsApp.

12.2.5.4. *A ausência da comunicação do consumidor e o direito a pleitear danos morais*

Tema **pacificado** na doutrina e na jurisprudência superior consiste no **reconhecimento dos danos morais** causados ao consumidor ante a **ausência da comunicação** prévia e escrita de que seu nome será "negativado".

O STJ assim se posicionou por diversas vezes, como no julgamento do Recurso Especial 773.871, *DJ* 13.3.2006: "A inobservância da norma inserta no art. 43, § 2.º, do

CDC por parte da entidade responsável pela manutenção de cadastro de inadimplentes enseja danos morais ao consumidor que tem o nome inscrito em tal circunstância. Precedentes do STJ".[19]

Posteriormente, o Superior Tribunal de Justiça manteve-se firme no posicionamento de reconhecer os danos morais independentemente de comprovação de prejuízo, num verdadeiro **reconhecimento do dano presumido** em razão da ausência da estudada comunicação prévia. Vejamos:

> AGRAVO REGIMENTAL. RECURSO ESPECIAL. PROCESSUAL CIVIL. INCLUSÃO DO NOME DO DEVEDOR NO SERASA. AUSÊNCIA DE PRÉVIA NOTIFICAÇÃO. INDENIZAÇÃO POR DANOS MORAIS. ART. 43, § 2.º, DO CÓDIGO DE DEFESA DO CONSUMIDOR.
> 1. A teor do art. 43, § 2.º, do CDC, **o consumidor deve ser comunicado** sobre a inscrição de seu nome em cadastro de inadimplentes por meio de notificação postal.
> 2. **O descumprimento da formalidade legal enseja o direito à indenização por danos morais, não havendo necessidade de prova do prejuízo.**
> 3. Agravo regimental desprovido (AgRg no REsp 1.182.290/RS, Rel. Ministro João Otávio de Noronha, 4.ª T., *DJe* 1.º.2.2011).

Porém, apesar de pacífico o dano moral presumido no caso de inscrição indevida, o valor que seria objeto de mútuo, por exemplo, negado por força de inscrição indevida em cadastro de inadimplentes, não pode ser ressarcido a título de dano emergente. Essa foi a compreensão do STJ no julgamento do REsp 1.369.039/RS:

> RECURSO ESPECIAL. DANO MORAL. **CADASTRO DE INADIMPLENTES. TÍTULO QUITADO. INSCRIÇÃO INDEVIDA.** INDENIZAÇÃO. AFASTAMENTO OU REDUÇÃO. INVIABILIDADE. SÚMULA N. 7/STJ. **DANO MATERIAL. MÚTUO. NEGÓCIO FRUSTRADO. VALOR OBJETO DO CONTRATO NÃO APERFEIÇOADO. RESSARCIMENTO. EFETIVO PREJUÍZO. AUSÊNCIA. DANO EMERGENTE. INEXISTÊNCIA.** 1. **A inscrição ou manutenção indevida do nome do devedor no cadastro de inadimplentes acarreta, conforme jurisprudência reiterada deste Tribunal, o dano moral** *in re ipsa*, ou seja, dano vinculado à própria existência do fato ilícito, cujos resultados são presumidos. Precedentes. 2. O caso concreto não comporta a excepcional revisão do valor da indenização fixada por danos morais, com o afastamento do óbice previsto na Súmula n. 7/STJ, pois a quantia de R$ 5.000,00 (cinco mil reais) não se revela exorbitante para reparar o emitente de título de crédito que, mesmo quitado, foi inscrito em serviço de proteção ao crédito e utilizado como fundamento para negativa de financiamento bancário. 3. **A controvérsia sobre o dano material está**

---

[19] O tema foi pacificado no STJ no julgamento do REsp 1.061.134/RS, pelo regime de recurso repetitivo, nos seguintes termos: "Orientação 2: A ausência de prévia comunicação ao consumidor da inscrição do seu nome em cadastros de proteção ao crédito, prevista no art. 43, § 2.º, do CDC, enseja o direito à compensação por danos morais, salvo quando preexista inscrição desabonadora regularmente realizada. Vencida a Min. Relatora quanto ao ponto. II — Julgamento do recurso representativo. — É ilegal e sempre deve ser cancelada a inscrição do nome do devedor em cadastros de proteção ao crédito realizada sem a prévia notificação exigida pelo art. 43, § 2.º, do CDC" (REsp 1.061.134/RS, Rel. Ministra Nancy Andrighi, 2.ª Seção, j. 10.12.2008, *DJe* 1.º.4.2009).

limitada a definir se o valor que seria objeto de mútuo, negado por força de inscrição indevida em cadastro de inadimplentes, pode ser ressarcido a título de dano emergente. 4. A negativa de concessão de crédito impede o acréscimo de valores no patrimônio do mutuante e, de forma simultânea, a aquisição de dívida pela quantia equivalente, circunstância que obsta o ressarcimento por danos emergentes por ausência de redução patrimonial do suposto lesado. 5. A condenação em danos emergentes, carente de efetivo prejuízo, resulta em duas situações rejeitadas pelo ordenamento jurídico vigente: a) a teratológica condenação com liquidação resultando em "dano zero" e b) o enriquecimento ilícito daquele que obtém reposição financeira sem ter suportado a perda equivalente. 6. Recurso especial parcialmente provido (REsp 1.369.039/RS, Rel. Ministro Ricardo Villas Bôas Cueva, 3.ª T., j. 4.4.2017, *DJe* 10.4.2017).

O dever do administrador do cadastro de inadimplentes comunicar por escrito e previamente o consumidor será realizado com base no endereço informado pelo credor. Esse é o posicionamento do Superior Tribunal de Justiça emanado no REsp 1.083.291/RS, julgado pelo rito dos recursos repetitivos. Assim, o mantenedor de cadastro não está obrigado, em regra, a investigar a veracidade das informações prestadas pelo credor.

Porém, caso o consumidor tenha notificado o cadastro de inadimplentes a respeito de seu endereço atual, eventual falha no envio da comunicação prévia de que seu nome irá integrar o citado cadastro gerará o dever de indenizar em danos morais. Esse foi o entendimento do Superior Tribunal de Justiça no julgamento do REsp 1.620.394, publicado no *DJe* em 6.2.2017.

Outro ponto interessante consiste no fato de não ser reconhecida pela jurisprudência do STJ a notificação exclusivamente efetivada por *e-mail* ou por mensagem de texto por celular (SMS), sendo obrigatório o envio de correspondência ao endereço do consumidor:

RECURSO ESPECIAL. CONSUMIDOR. CADASTRO DE PROTEÇÃO AO CRÉDITO. PRÉVIA NOTIFICAÇÃO. NECESSIDADE. NOTIFICAÇÃO POR E-MAIL. IMPOSSIBILIDADE. NECESSIDADE DE CORRESPONDÊNCIA AO ENDEREÇO DO CONSUMIDOR. DANO MORAL. CONFIGURAÇÃO. ARBITRAMENTO. MÉTODO BIFÁSICO.
1. Ação de cancelamento de registro e indenizatória da qual foi extraído o presente recurso especial, interposto em 14.2.2023 e concluso ao gabinete em 12.5.2023.
2. O propósito recursal consiste em dizer se a notificação prévia à inscrição do consumidor em cadastro de inadimplentes, prevista no § 2.º, do art. 43, do CDC, pode ser realizada, exclusivamente, por *e-mail*.
3. O Direito do Consumidor, como ramo especial do Direito, possui autonomia e lógica de funcionamento próprias, notadamente por regular relações jurídicas especiais compostas por um sujeito em situação de vulnerabilidade. Toda legislação dedicada à tutela do consumidor tem a mesma finalidade: reequilibrar a relação entre consumidores e fornecedores, reforçando a posição da parte vulnerável e, quando necessário, impondo restrições a certas práticas comerciais.
4. É dever do órgão mantenedor do cadastro notificar o consumidor previamente à inscrição — e não apenas de que a inscrição foi realizada —, conferindo prazo para que este tenha a chance (I) de pagar a dívida, impedindo a negativação ou (II) de adotar medidas extrajudiciais ou judiciais para se opor à negativação quando ilegal.

5. Na sociedade brasileira contemporânea, fruto de um desenvolvimento permeado, historicamente, por profundas desigualdades econômicas e sociais, não se pode ignorar que o consumidor, parte vulnerável da relação, em muitas hipóteses, não possui endereço eletrônico (*e-mail*) ou, quando o possui, não tem acesso facilitado a computadores, celulares ou outros dispositivos que permitam acessá-lo constantemente e sem maiores dificuldades, ressaltando-se a sua vulnerabilidade técnica, informacional e socioeconômica.

6. A partir de uma interpretação teleológica do § 2.º, do art. 43, do CDC, e tendo em vista o imperativo de proteção do consumidor como parte vulnerável, conclui-se que a notificação do consumidor acerca da inscrição de seu nome em cadastro restritivo de crédito exige o envio de correspondência ao seu endereço, sendo vedada a notificação exclusiva através de *e-mail*.

7. Na hipótese dos autos, merece reforma o acórdão recorrido, com o cancelamento da inscrição mencionada na inicial, pois, à luz das disposições do CDC, não se admite a notificação do consumidor, exclusivamente, através de *e-mail*.

8. No que diz respeito à compensação por danos morais, extrai-se dos fatos delineados pela instância ordinária, que não existiam outras inscrições preexistentes e legítimas quando foi realizado o registro negativo que ora se examina, motivo pelo qual encontra-se caracterizado o dano extrapatrimonial em razão da ausência de prévia notificação válida do consumidor.

9. Quanto à fixação do montante a ser pago a título de compensação pelo dano moral experimentado, as Turmas integrantes da Segunda Seção valem-se do método bifásico para o seu arbitramento.

10. Na espécie, para fixação do *quantum* compensatório, tendo em vista os interesses jurídicos lesados — honra e dignidade do consumidor — e os precedentes análogos desta Corte, considera-se razoável que a condenação deve ter como valor R$ 10.000,00 (dez mil reais).

11. Recurso especial conhecido e provido para julgar procedentes os pedidos formulados na presente ação, determinando o cancelamento da inscrição mencionada na exordial e condenando a ré ao pagamento de compensação por danos morais no valor de R$ 10.000,00 (dez mil reais), com juros de mora desde o evento danoso e correção monetária a partir da data do arbitramento (REsp 2.069.520/RS, Rel. Ministra Nancy Andrighi, 3.ª T., j. 13.6.2023, *DJe* 16.6.2023).

Por fim, cumpre ressaltar que **não cabe ao Banco Central a fiscalização de bancos de dados e cadastros de inadimplentes**, como é o caso do SERASA, por não representarem instituição financeira. Essa foi a posição da 4.ª Turma do STJ no julgamento do REsp 1.178.768/SP:

DIREITO PROCESSUAL CIVIL. AÇÃO CIVIL PÚBLICA. CUMULAÇÃO DE AÇÕES. RESPONSABILIDADE DE SOCIEDADE MANTENEDORA DE CADASTROS RESTRITIVOS DE CRÉDITO POR ANOTAÇÕES INDEVIDAS DE DADOS DE SUPOSTOS INADIMPLENTES. PODER DE POLÍCIA DO BANCO CENTRAL SOBRE A ATIVIDADE RELATIVA A CADASTROS DE DEVEDORES. 1. **A Serasa S.A. não é instituição financeira, pois não exerce coleta, intermediação nem aplicação de recursos financeiros, nem a custódia de valor de propriedade de terceiros, seja como atividade principal ou acessória.**

2. Ao **Banco Central** impõe-se o dever de exercer o controle do crédito e fiscalizar a atividade das instituições financeiras, bem como de aplicar as penalidades pertinentes. **Não é de sua atribuição a fiscalização das atividades do Serasa, entidade que não se qualifica como instituição financeira.** 3. É possível a cumulação de ações desde que haja compatibilidade de ritos e que o mesmo Juízo seja competente para o julgamento de todas elas. A competência para o julgamento do pedido de condenação da Serasa ao pagamento de danos materiais e morais decorrentes de inscrição indevida de dados de supostos inadimplentes não é a mesma para o julgamento de pedido de condenação do Banco Central para que cumpra suas funções institucionais. 4. Recurso especial a que se nega provimento (REsp 1.178.768/SP, Rel. Maria Isabel Gallotti, 4.ª T., j. 1.º.12.2016, *DJe* 7.12.2017).

> Ausência da comunicação = danos morais.

12.2.5.5. O devedor contumaz e direito a pleitear danos morais

Última questão pertinente sobre o tema envolve o reconhecimento ou não de se pleitearem danos morais quando se tratar de devedor contumaz. Ou seja, no caso de **já existir inscrição regular** do nome do consumidor no cadastro de inadimplentes, o advento de **nova inscrição**, agora **irregular**, legitima a postulação de danos morais perante o juízo?

O Superior Tribunal de Justiça consolidou entendimento no sentido de que não haveria tal direito, nos termos da **Súmula 385: "Da anotação irregular em cadastro de proteção ao crédito, não cabe indenização por dano moral, quando preexistente legítima inscrição, ressalvado o direito ao cancelamento".**

O **fundamento** principal do STJ ao não reconhecer tal direito é o de que, existindo inscrição regular anterior, **não** haveria falar em **surpresa** por parte do consumidor ao se deparar com nova inscrição. Assim, sendo esta irregular, caberia apenas postular o direito ao seu cancelamento, mas jamais o reconhecimento de danos morais.

Concessa venia, a finalidade da comunicação da inscrição não se resume a evitar a surpresa por parte do consumidor. Concordamos com Rizzatto Nunes ao identificar outros objetivos para a formalização do aviso prévio, tais como:

> "a) respeitar direito constitucional da garantia da dignidade e imagem do consumidor;
> b) dar prazo para que o consumidor tome medidas (extrajudiciais ou judiciais) para se opor à negativação quando ilegal; ou
> c) ter chance de pagamento da dívida, impedindo a negativação (ou mesmo negociar a dívida)".[20]

O posicionamento da jurisprudência superior é tão contestado que são recorrentes as reclamações propostas no STJ em razão das inúmeras decisões dos juizados especiais e até de turmas recursais, contrariando o teor da aludida Súmula 385.

No entanto, o Superior Tribunal de Justiça continua firme no seu posicionamento em não reconhecer o direito de pleitear danos morais, tratando-se de devedor contumaz:

---

[20] NUNES, Luiz Antonio Rizzatto. *Curso de direito do consumidor*, p. 585.

É assente nesta Corte o entendimento de que a "ausência de prévia comunicação ao consumidor da inscrição do seu nome em cadastros de proteção ao crédito, prevista no art. 43, § 2.º do CDC, enseja o direito à compensação por danos morais, salvo quando preexista inscrição desabonadora regularmente realizada" (STJ, Rcl 4.417/MS, Rel. Ministro Luis Felipe Salomão, 2.ª Seção, *DJe* 1.º.6.2012).

> Devedor contumaz — não tem direito a danos morais.

Em última análise, discordamos da posição jurisprudencial apontada, pois, ainda que se trate de um devedor contumaz — com mais de uma inscrição no cadastro de inadimplentes —, é sujeito de direitos e, em nossa opinião, poderia pleitear indenização por danos morais caso a última inscrição venha a ser irregular.[21] Em especial quando houver cobrança eventualmente vexatória e indevida, ou o desleixo de cancelar, assim que ciente do erro.

No ano de 2020, o Superior Tribunal de Justiça entendeu pela possibilidade de flexibilização da Súmula 385, desde que haja ação judicial de inexigibilidade de débito em curso e elementos aptos a demonstrar a verossimilhança nas alegações do consumidor:

> RECURSO ESPECIAL. AÇÃO DECLARATÓRIA DE INEXISTÊNCIA DE DÉBITO C/C PEDIDO DE COMPENSAÇÃO POR DANOS MORAIS. INSCRIÇÃO INDEVIDA. ANOTAÇÕES PRETÉRITAS DISCUTIDAS JUDICIALMENTE. VEROSSIMILHANÇA DAS ALEGAÇÕES DO CONSUMIDOR. FLEXIBILIZAÇÃO DA SÚMULA 385/STJ. DANO MORAL CONFIGURADO. JULGAMENTO: CPC/15.
> 1. Ação declaratória de inexistência de débito c/c pedido de compensação por dano moral ajuizada em 17.2.2016, da qual foi extraído o presente recurso especial, interposto em 11.4.2017 e atribuído ao gabinete em 20.10.2017.
> 2. O propósito recursal consiste em decidir se a anotação indevida do nome do consumidor em órgão de restrição ao crédito, quando preexistentes outras inscrições cuja regularidade é questionada judicialmente, configura dano moral a ser compensado.
> 3. Consoante a jurisprudência consolidada do Superior Tribunal de Justiça, não cabe indenização por dano moral por inscrição irregular em órgãos de proteção ao crédito quando preexistem anotações legítimas, nos termos da Súmula 385/STJ, aplicável também às instituições credoras.
> 4. Até o reconhecimento judicial definitivo acerca da inexigibilidade do débito, deve ser presumida como legítima a anotação realizada pelo credor junto aos cadastros restritivos, e essa presunção, via de regra, não é ilidida pela simples juntada de extratos comprovando o ajuizamento de ações com a finalidade de contestar as demais anotações.
> **5. Admite-se a flexibilização da orientação contida na Súmula 385/STJ para reconhecer o dano moral decorrente da inscrição indevida do nome do consumidor em**

---

[21] Pensamento crítico sobre o teor da Súmula 385 do STJ é o de Bruno Miragem: "Nosso entendimento, contudo, é de que a visão expressa pela súmula resulta de uma concepção restrita da Corte com relação ao conceito de dano moral, especialmente considerando o reconhecimento da finalidade de desestímulo de que se reveste a indenização nestes casos. O fato de existirem inscrições legítimas em desfavor do consumidor inadimplente não parece suficiente para descaracterizar o dano causado pela inscrição indevida, sobretudo se considerado que a violação do direito neste caso, restará sem qualquer sanção". MIRAGEM, Bruno. *Curso de direito do consumidor*, p. 215.

cadastro restritivo, ainda que não tenha havido o trânsito em julgado das outras demandas em que se apontava a irregularidade das anotações preexistentes, desde que haja nos autos elementos aptos a demonstrar a verossimilhança das alegações.
6. Hipótese em que apenas um dos processos relativos às anotações preexistentes encontra-se pendente de solução definitiva, mas com sentença de parcial procedência para reconhecer a irregularidade do registro, tendo sido declarada a inexistência dos demais débitos mencionados nestes autos, por meio de decisão judicial transitada em julgado.
7. Compensação do dano moral arbitrada em R$ 5.000,00 (cinco mil reais).
8. Recurso especial conhecido e provido (REsp 1704002/SP, Rel. Ministra Nancy Andrighi, 3.ª T., j. 11.2.2020, *DJe* 13.2.2020).

12.2.6. Sanções oriundas do cadastro indevido

Sobre a tutela específica do **art. 84** do CDC,[22] cumpre ressaltar que legitima o caminho processual adequado para impor a **obrigação de fazer** — **corrigir ou excluir** o nome do consumidor equivocadamente incluído no cadastro de inadimplentes — ou de **não fazer**, isto é, de **impedir tal inclusão**.

Sobre o tema, ensina Bruno Miragem que "a tutela pretendida pelo consumidor tanto terá caráter inibitório (quando tiver por objeto impedir o registro indevido), mandamental (determinando a retificação ou exclusão do registro indevido), ou ainda ressarcitório (quando abranger o direito à indenização dos danos causados ao consumidor em face do registro indevido)".[23]

Esta última tutela dá ensejo à **sanção de ordem civil** consubstanciada na **reparação de danos** por meio de pagamento de **indenização** por danos morais e materiais. Conforme visto acima, os danos morais são presumidos ante a inscrição indevida,[24] e os materiais podem decorrer dos gastos com a contratação de advogado ou outro profissional contratado exatamente para ajudar o consumidor a "limpar" seu nome em razão de um cadastro indevido.

Tal acumulação é admitida há tempos pelo STJ, que sumulou a questão no ano de 1992 nos seguintes termos: Súmula 37 — "São cumuláveis as indenizações por dano material e dano moral oriundos do mesmo fato".

Contudo, destaca-se ainda que a aludida sanção civil não é a única passível de ser aplicada ao caso da inscrição indevida. **Sanções penais** e administrativas poderão incidir quando violadas as condutas ora analisadas. No âmbito criminal, prevê o **Código do Consumidor** em seus **arts. 72 e 73**:

---

[22] Sobre o tema, o CDC prevê: "Art. 84. Na ação que tenha por objeto o cumprimento da obrigação de fazer ou não fazer, o juiz concederá a tutela específica da obrigação ou determinará providências que assegurem o resultado prático equivalente ao do adimplemento".
[23] MIRAGEM, Bruno. *Curso de direito do consumidor*, p. 221.
[24] Salvo quando se trata de devedor contumaz, pois, conforme visto, o Superior Tribunal de Justiça consolidou entendimento no sentido de que não haveria tal direito, nos termos da Súmula 385: "Da anotação irregular em cadastro de proteção ao crédito, não cabe indenização por dano moral, quando preexistente legítima inscrição, ressalvado o direito ao cancelamento".

"Art. 72. Impedir ou dificultar o acesso do consumidor às informações que sobre ele constem em cadastros, banco de dados, fichas e registros: Pena Detenção de seis meses a um ano ou multa.
Art. 73. Deixar de corrigir imediatamente informação sobre consumidor constante de cadastro, banco de dados, fichas ou registros que sabe ou deveria saber ser inexata: Pena Detenção de um a seis meses ou multa".

No âmbito das **infrações administrativas, o Decreto n. 2.181/97**, que dispõe sobre a organização do Sistema Nacional de Defesa do Consumidor — SNDC e estabelece as normas gerais de aplicação das sanções administrativas previstas na Lei n. 8.078/90, prevê em seu art. 13, incisos X a XV, as transgressões correlatas ao tema cadastro indevido:

- impedir ou dificultar o acesso gratuito do consumidor às informações existentes em cadastros, fichas, registros de dados pessoais e de consumo, arquivados sobre ele, bem como sobre as respectivas fontes;
- elaborar cadastros de consumo com dados irreais ou imprecisos;
- manter cadastros e dados de consumidores com informações negativas, divergentes da proteção legal;
- deixar de comunicar, por escrito, ao consumidor a abertura de cadastro, ficha, registro de dados pessoais e de consumo, quando não solicitada por ele;
- deixar de corrigir, imediata e gratuitamente, a inexatidão de dados e cadastros, quando solicitado pelo consumidor;
- deixar de comunicar ao consumidor, no prazo de cinco dias úteis, as correções cadastrais por ele solicitadas.

As **sanções administrativas** serão estudadas no Capítulo 15 deste livro, mas podemos citar a imposição da **multa** como uma penalidade compatível com a prática abusiva ora estudada, segundo disposto nos arts. 56, inciso I, do CDC e 18, inciso I, do Decreto n. 2.181/97.

Em última análise, as sanções oriundas da inclusão indevida do nome do consumidor nos cadastros de inadimplentes serão de caráter:

CIVIL	
PENAL	Pena de detenção máxima de um ano ou multa — arts. 72 e 73.
ADMINISTRATIVO	Multa — arts. 56, inciso I, do CDC, e 18, inciso I, do Decreto n. 2.181/97.

12.2.7. Prazo prescricional da pretensão à reparação de danos oriundos do cadastro indevido

Conforme esposado no Capítulo 11 deste livro — subitem "11.2.2.3. Prazo prescricional para postular a repetição em dobro do indébito" —, **nem toda relação jurídica de consumo irá se valer do prazo prescricional inserto no art. 27 do CDC**.

Significa dizer que está pacificado na jurisprudência do Superior Tribunal de Justiça que o **prazo prescricional de cinco anos** do aludido dispositivo do Diploma

Consumerista somente será aplicado às **pretensões de reparação de danos decorrentes de fato** do produto ou do serviço, ou seja, oriundas de algum **acidente de consumo**.

E a conclusão a que se chega a respeito do tema é a de que, **inexistente prazo prescricional no CDC** para regulamentar outro assunto que não fato do produto ou do serviço, **aplicável a prescrição do Código Civil**.

No tocante ao **prazo prescricional** da pretensão à reparação de danos oriundos do **cadastro indevido**, o mesmo raciocínio deverá ser feito. Inexistindo prescrição no Código do Consumidor para disciplinar o assunto, incidente o prazo prescricional do **Código Civil**.

Nesse sentido, o posicionamento do STJ a respeito do prazo prescricional para se postular indenização em razão da inscrição indevida do nome do consumidor em cadastro de proteção ao crédito: "**Portanto, não se aplica, no caso, o art. 27 CDC, que se refere aos arts. 12 a 17, do mesmo diploma legal. Inexistindo norma específica quanto ao prazo prescricional aplicável ao caso, é de rigor a incidência do art. 177 do CC/16**" (REsp 740.061/MG, Rel. Ministro Luis Felipe Salomão, 4.ª T., *DJe* 22.3.2010).

12.3. A DISCIPLINA DO CADASTRO POSITIVO NA LEI N. 12.414, COM REDAÇÃO DADA PELA LEI COMPLEMENTAR N. 166, DE 2019

O cadastro positivo está previsto na **Lei n. 12.414, de 9 de junho de 2011**, fruto da conversão da Medida Provisória n. 518, de 2010, que disciplina a formação e a consulta a bancos de dados com **informações de adimplemento**, de pessoas naturais ou de pessoas jurídicas, **para formação de histórico de crédito**.

Portanto, o objetivo deste cadastro é trazer a lista dos consumidores considerados bons pagadores e, desta forma, conseguir alguns benefícios nas relações de consumo, conforme a seguir analisados.

CADASTRO POSITIVO	=	Informações de adimplemento do consumidor

12.3.1. Definições preliminares e características das informações insertas dos bancos de dados da Lei do Cadastro Positivo

A Lei n. 12.414, de 2011, traz em seu art. 2.º definições preliminares e de suma importância para o conhecimento do cadastro positivo de consumo. Desta forma, considera-se:

■ banco de dados: conjunto de dados relativo a pessoa natural ou jurídica armazenados com a finalidade de subsidiar a concessão de crédito, a realização de venda a prazo ou de outras transações comerciais e empresariais que impliquem risco financeiro;

■ gestor: pessoa jurídica que atenda aos requisitos mínimos de funcionamento previstos nesta Lei e em regulamentação complementar, responsável pela administração de banco de dados, bem como pela coleta, pelo armazenamento, pela análise e pelo acesso de terceiros aos dados armazenados (Redação dada pela Lei Complementar n. 166, de 2019);

■ cadastrado: pessoa natural ou jurídica cujas informações tenham sido incluídas em banco de dados (Redação dada pela Lei Complementar n. 166, de 2019);

■ fonte: pessoa natural ou jurídica que conceda crédito, administre operações de autofinanciamento ou realize venda a prazo ou outras transações comerciais e empresariais que lhe impliquem risco financeiro, inclusive as instituições autorizadas a funcionar pelo Banco Central do Brasil e os prestadores de serviços continuados de água, esgoto, eletricidade, gás, telecomunicações e assemelhados (Redação dada pela Lei Complementar n. 166, de 2019);

■ consulente: pessoa natural ou jurídica que acesse informações em bancos de dados para qualquer finalidade permitida por esta Lei;

■ anotação: ação ou efeito de anotar, assinalar, averbar, incluir, inscrever ou registrar informação relativa ao histórico de crédito em banco de dados; e

■ histórico de crédito: conjunto de dados financeiros e de pagamentos, relativos às operações de crédito e obrigações de pagamento adimplidas ou em andamento por pessoa natural ou jurídica (Redação dada pela Lei Complementar n. 166, de 2019).

Com efeito, na formação do banco de dados, as informações necessárias para avaliar a situação econômica do cadastrado serão:

■ objetivas;
■ claras;
■ verdadeiras; e
■ de fácil compreensão.

Segundo o disposto no art. 3.º, § 2.º, da Lei do Cadastro Positivo, consideram-se informações:

■ objetivas: aquelas descritivas dos fatos e que não envolvam juízo de valor;

■ claras: aquelas que possibilitem o imediato entendimento do cadastrado independentemente de remissão a anexos, fórmulas, siglas, símbolos, termos técnicos ou nomenclatura específica;

■ verdadeiras: aquelas exatas, completas e sujeitas à comprovação nos termos desta Lei; e

■ de fácil compreensão: aquelas em sentido comum que assegurem ao cadastrado o pleno conhecimento do conteúdo, do sentido e do alcance dos dados sobre ele anotados.

12.3.2. Anotações proibidas na Lei do Cadastro Positivo

No cadastro positivo, ficam **proibidas** as anotações de **informações excessivas**, assim consideradas aquelas que não estiverem vinculadas à análise de risco de crédito ao consumidor, bem como de **informações sensíveis**, assim consideradas aquelas pertinentes à origem social e étnica, à saúde, à informação genética, à orientação sexual e às convicções políticas, religiosas e filosóficas (art. 3.º, § 3.º, da Lei n. 12.414, de 2011).

As citadas vedações demonstram o caráter objetivo do cadastro positivo no sentido de colacionar apenas dados com anotações de adimplemento dos consumidores — pessoas naturais ou pessoas jurídicas —, para formação de histórico de crédito.

12.3.3. A obrigatoriedade da autorização prévia para integrar o cadastro positivo

A redação original da Lei n. 12.414 previa que **inclusão** do nome do consumidor no cadastro positivo **estava condicionada a autorização prévia** mediante consentimento informado **por meio de assinatura** em instrumento específico ou em cláusula apartada (art. 4.º, *caput,* da Lei n. 12.414, de 2011).

Por força da Lei Complementar n. 166 de 2019, a referida autorização prévia do consumidor para ver seu nome incluído no cadastro de inadimplentes não existe mais. Logo, a inclusão será automática e ocorrerá comunicação apenas posterior de que o nome do consumidor fora incluído no cadastro positivo, nos seguintes termos:

> "Art. 4.º O gestor está autorizado, nas condições estabelecidas nesta Lei, a:
> I — abrir cadastro em banco de dados com informações de adimplemento de pessoas naturais e jurídicas;
> II — fazer anotações no cadastro de que trata o inciso I do *caput* deste artigo;
> III — compartilhar as informações cadastrais e de adimplemento armazenadas com outros bancos de dados; e
> IV — disponibilizar a consulentes:
> *a)* a nota ou pontuação de crédito elaborada com base nas informações de adimplemento armazenadas; e
> *b)* o histórico de crédito, mediante prévia autorização específica do cadastrado.
> § 1.º (*Revogado pela Lei Complementar n. 166, de 2019*)
> § 2.º (*Revogado pela Lei Complementar n. 166, de 2019*)
> § 3.º (VETADO)
> § 4.º A comunicação ao cadastrado deve:
> I — ocorrer em até 30 (trinta) dias após a abertura do cadastro no banco de dados, sem custo para o cadastrado;
> II — ser realizada pelo gestor, diretamente ou por intermédio de fontes; e
> III — informar de maneira clara e objetiva os canais disponíveis para o cancelamento do cadastro no banco de dados.
> § 5.º Fica dispensada a comunicação de que trata o § 4.º deste artigo caso o cadastrado já tenha cadastro aberto em outro banco de dados.
> § 6.º Para o envio da comunicação de que trata o § 4.º deste artigo, devem ser utilizados os dados pessoais, como endereço residencial, comercial, eletrônico, fornecidos pelo cadastrado à fonte.
> § 7.º As informações do cadastrado somente poderão ser disponibilizadas a consulentes 60 (sessenta) dias após a abertura do cadastro, observado o disposto no § 8.º deste artigo e no art. 15 desta Lei.
> § 8.º É obrigação do gestor manter procedimentos adequados para comprovar a autenticidade e a validade da autorização de que trata a alínea *b* do inciso IV do *caput* deste artigo".

Dispositivo legal remanescente da redação original da Lei n. 12.414 refere-se ao **prazo máximo** de 15 anos de que as informações de adimplemento poderão constar de bancos de dados positivos (art. 14).

No tocante à **autorização que existia na redação original para compartilhamento de informação de adimplemento entre gestores do cadastro positivo, não mais existe e será automática** nos termos do acima citado art. 4.º, inciso III (art. 9.º, *caput*, com redação dada pela Lei Complementar n. 166, de 2019).

Sobre o compartilhamento de informações, destaca-se ainda as seguintes disposições do art. 9.º da Lei n. 12.414 com as alterações de 2019:

> "Art. 9.º O compartilhamento de informações de adimplemento entre gestores é permitido na forma do inciso III do *caput* do art. 4.º desta Lei. (Redação dada pela Lei Complementar n. 166, de 2019)
>
> § 1.º O gestor que receber informação por meio de compartilhamento equipara-se, para todos os efeitos desta Lei, ao gestor que anotou originariamente a informação, inclusive quanto à responsabilidade por eventuais prejuízos a que der causa e ao dever de receber e processar impugnações ou cancelamentos e realizar retificações. (Redação dada pela Lei Complementar n. 166, de 2019)
>
> § 2.º O gestor originário é responsável por manter atualizadas as informações cadastrais nos demais bancos de dados com os quais compartilhou informações, sem nenhum ônus para o cadastrado. (Redação dada pela Lei Complementar n. 166, de 2019)
>
> § 3.º (*Revogado pela Lei Complementar n. 166, de 2019*)
>
> § 4.º O gestor deverá assegurar, sob pena de responsabilidade, a identificação da pessoa que promover qualquer inscrição ou atualização de dados relacionados com o cadastrado, registrando a data desta ocorrência, bem como a identificação exata da fonte, do nome do agente que a efetuou e do equipamento ou terminal a partir do qual foi processada tal ocorrência".

Na mesma linha de dispensa de autorização do consumidor está o denominado *credit scoring*. O STJ decidiu em regime de recurso repetitivo que: "1) O sistema 'credit scoring' é um método desenvolvido para avaliação do risco de concessão de crédito, a partir de modelos estatísticos, considerando diversas variáveis, com atribuição de uma pontuação ao consumidor avaliado (nota do risco de crédito). 2) Essa prática comercial é lícita, estando autorizada pelo art. 5.º, IV, e pelo art. 7.º, I, da Lei n. 12.414/2011 (lei do cadastro positivo). 3) Na avaliação do risco de crédito, devem ser respeitados os limites estabelecidos pelo sistema de proteção do consumidor no sentido da tutela da privacidade e da máxima transparência nas relações negociais, conforme previsão do CDC e da Lei n. 12.414/2011. 4) Apesar de desnecessário o consentimento do consumidor consultado, devem ser a ele fornecidos esclarecimentos, caso solicitados, acerca das fontes dos dados considerados (histórico de crédito), bem como as informações pessoais valoradas. 5) O desrespeito aos limites legais na utilização do sistema 'credit scoring', configurando abuso no exercício desse direito (art. 187 do CC), pode ensejar a responsabilidade objetiva e solidária do fornecedor do serviço, do responsável pelo banco de dados, da fonte e do consulente (art. 16 da Lei n. 12.414/2011) pela ocorrência de danos morais nas hipóteses de utilização de informações excessivas ou sensíveis (art. 3.º, § 3.º, I e II, da Lei n. 12.414/2011), bem como nos casos de comprovada recusa indevida de crédito pelo uso de dados incorretos ou desatualizados" (REsp 1.419.697, Rel. Paulo de Tarso Sanseverino, 2.ª Seção, *DJe* 17.11.2014).

Sobre o tema, o Superior Tribunal de Justiça editou a Súmula 550 com o seguinte teor: **"A utilização de escore de crédito, método estatístico de avaliação de risco que não constitui banco de dados, dispensa o consentimento do consumidor, que terá o direito de solicitar esclarecimentos sobre as informações pessoais valoradas e as fontes dos dados considerados no respectivo cálculo"** (*DJe* 19.10.2015).

12.3.4. Os direitos do cadastrado na Lei do Cadastro Positivo

Os incisos do art. 5.º da Lei do Cadastro Positivo estabelecem que são direitos do cadastrado:

■ obter o cancelamento ou a reabertura do cadastro, quando solicitado (Redação dada pela Lei Complementar n. 166, de 2019);

■ acessar gratuitamente, independentemente de justificativa, as informações sobre ele existentes no banco de dados, inclusive seu histórico e sua nota ou pontuação de crédito, cabendo ao gestor manter sistemas seguros, por telefone ou por meio eletrônico, de consulta às informações pelo cadastrado (Redação dada pela Lei Complementar n. 166, de 2019);

■ solicitar a impugnação de qualquer informação sobre ele erroneamente anotada em banco de dados e ter, em até 10 (dez) dias, sua correção ou seu cancelamento em todos os bancos de dados que compartilharam a informação (Redação dada pela Lei Complementar n. 166, de 2019);

■ conhecer os principais elementos e critérios considerados para a análise de risco, resguardado o segredo empresarial;

■ ser informado previamente sobre a identidade do gestor e sobre o armazenamento e o objetivo do tratamento dos dados pessoais (Redação dada pela Lei Complementar n. 166, de 2019);

■ solicitar ao consulente a revisão de decisão realizada exclusivamente por meios automatizados; e

■ ter os seus dados pessoais utilizados somente de acordo com a finalidade para a qual eles foram coletados.

Ainda sobre as disposições acima, prevê o art. 5.º da Lei n. 12.414 com inclusões de dispositivos trazidas pela Lei Complementar n. 166, de 2019:

> "§ 3.º O prazo para disponibilização das informações de que tratam os incisos II e IV do *caput* deste artigo será de 10 (dez) dias. (Incluído pela Lei Complementar n. 166, de 2019)
> § 4.º O cancelamento e a reabertura de cadastro somente serão processados mediante solicitação gratuita do cadastrado ao gestor. (Incluído pela Lei Complementar n. 166, de 2019)
> § 5.º O cadastrado poderá realizar a solicitação de que trata o § 4.º deste artigo a qualquer gestor de banco de dados, por meio telefônico, físico e eletrônico. (Incluído pela Lei Complementar n. 166, de 2019)

> § 6.º O gestor que receber a solicitação de que trata o § 4.º deste artigo é obrigado a, no prazo de até 2 (dois) dias úteis: (Incluído pela Lei Complementar n. 166, de 2019)
> I — encerrar ou reabrir o cadastro, conforme solicitado; e (Incluído pela Lei Complementar n. 166, de 2019)
> II — transmitir a solicitação aos demais gestores, que devem também atender, no mesmo prazo, à solicitação do cadastrado. (Incluído pela Lei Complementar n. 166, de 2019)
> § 7.º O gestor deve proceder automaticamente ao cancelamento de pessoa natural ou jurídica que tenha manifestado previamente, por meio telefônico, físico ou eletrônico, a vontade de não ter aberto seu cadastro. (Incluído pela Lei Complementar n. 166, de 2019)
> § 8.º O cancelamento de cadastro implica a impossibilidade de uso das informações do histórico de crédito pelos gestores, para os fins previstos nesta Lei, inclusive para a composição de nota ou pontuação de crédito de terceiros cadastrados, na forma do art. 7.º-A desta Lei. (Incluído pela Lei Complementar n. 166, de 2019)"

Ademais, são também direitos dos cadastrados aqueles expressos no art. 6.º da lei em comento, na medida em que obriga os gestores de bancos de dados a fornecer, quando solicitados:

- todas as informações sobre ele constantes de seus arquivos, no momento da solicitação;
- indicação no prazo de dez dias das fontes relativas às informações de que trata o item anterior, incluindo endereço e telefone para contato (Redação dada pela Lei Complementar n. 166, de 2019);
- indicação no prazo de dez dias dos gestores de bancos de dados com os quais as informações foram compartilhadas (Redação dada pela Lei Complementar n. 166, de 2019);
- indicação no prazo de dez dias de todos os consulentes que tiveram acesso a qualquer informação sobre ele nos 6 (seis) meses anteriores à solicitação (Redação dada pela Lei Complementar n. 166, de 2019); e
- cópia no prazo de dez dias de texto com o sumário dos seus direitos, definidos em lei ou em normas infralegais pertinentes à sua relação com gestores, bem como a lista dos órgãos governamentais aos quais poderá ele recorrer, caso considere que esses direitos foram infringidos (Redação dada pela Lei Complementar n. 166, de 2019); e
- confirmação de cancelamento do cadastro. (Incluído pela Lei Complementar n. 166, de 2019)

É evidente que, **em se tratando de relação jurídica de consumo**, todos os **direitos** do consumidor existentes no **CDC** são cabíveis para o caso em tela. A própria Lei n. 12.414, de 2011, prevê expressamente em seu art. 17 que: "Nas situações em que o cadastrado for consumidor, caracterizado conforme a Lei n. 8.078, de 11 de setembro de 1990 — Código de Proteção e Defesa do Consumidor, aplicam-se as sanções e penas nela previstas (...)".

Nestes casos, a fiscalização e a aplicação das sanções serão exercidas concorrentemente pelos órgãos de proteção e defesa do consumidor da União, dos Estados, do Distrito Federal e dos Municípios, nas respectivas áreas de atuação administrativa (art. 17, § 1.º).

No mesmo sentido, dispõe o § 2.º do art. 17: "Sem prejuízo do disposto no *caput* e no § 1.º deste artigo, os órgãos de proteção e defesa do consumidor poderão aplicar medidas corretivas e estabelecer aos bancos de dados que descumprirem o previsto nesta Lei a obrigação de excluir do cadastro informações incorretas, no prazo de 10 (dez) dias, bem como de cancelar os cadastros de pessoas que solicitaram o cancelamento, conforme disposto no inciso I do *caput* do art. 5.º desta Lei (Redação dada pela Lei Complementar n. 166, de 2019)".

Por fim, foi acrescentado o art. 17-A pela Lei Complementar 166 de 2019 nos seguintes termos: "A quebra do sigilo previsto na Lei Complementar n. 105, de 10 de janeiro de 2001, sujeita os responsáveis às penalidades previstas no art. 10 da referida Lei, sem prejuízo do disposto na Lei n. 8.078, de 11 de setembro de 1990 (Código de Proteção e Defesa do Consumidor) (Incluído pela Lei Complementar n. 166, de 2019)".

12.3.5. As finalidades do cadastro positivo

A Lei n. 12.414, de 2011, determina em seu art. 7.º as finalidades do cadastro positivo, *in verbis*:

> "Art. 7.º As informações disponibilizadas nos bancos de dados somente poderão ser utilizadas para:
> I — **realização de análise de risco de crédito do cadastrado**; ou
> II — **subsidiar a concessão ou extensão de crédito e a realização de venda a prazo** ou outras transações comerciais e empresariais que impliquem risco financeiro ao consulente.
> Parágrafo único. Cabe ao gestor manter sistemas seguros, por telefone ou por meio eletrônico, de consulta para informar aos consulentes as informações de adimplemento do cadastrado".

Nos termos da Súmula 550 do STJ acima apresentada, o *score* de crédito dispensa o consentimento prévio e expresso do consumidor para a disponibilização de informações em relatório de consulta com a finalidade de proteção ao crédito, com base no disposto nos arts. 5.º, IV, e 7.º, I, da Lei n. 12.414/2011. Este foi o emtendimento do Superior Tribunal de Justiça no julgamento do AgInt no REsp 2.122.804:

> DIREITO DO CONSUMIDOR. AGRAVO INTERNO NO RECURSO ESPECIAL. AÇÃO DE INDENIZAÇÃO POR DANOS MORAIS. ARQUIVOS DE CRÉDITO. SISTEMA "CREDIT SCORING". COMPATIBILIDADE COM O DIREITO BRASILEIRO. RECURSO ESPECIAL REPRESENTATIVO DE CONTROVÉRSIA. TEMA 710/STJ. CONSONÂNCIA DO ACÓRDÃO RECORRIDO COM A JURISPRUDÊNCIA DESTA CORTE. SÚMULA 83/STJ. AGRAVO INTERNO DESPROVIDO.
> **1. A jurisprudência desta Corte sedimentada em recurso especial representativo de controvérsia, no Tema 710/STJ, é no sentido de que "o sistema 'credit scoring' é um método desenvolvido para avaliação do risco de concessão de crédito, a partir de modelos estatísticos, considerando diversas variáveis, com atribuição de uma pontuação ao consumidor avaliado (nota do risco de crédito). II — Essa prática comercial é lícita, estando autorizada pelo art. 5.º, IV, e pelo art. 7.º, I, da Lei n. 12.414/2011 (lei do cadastro positivo).** III — Na avaliação do risco de crédito, devem ser respeitados os limites

estabelecidos pelo sistema de proteção do consumidor no sentido da tutela da privacidade e da máxima transparência nas relações negociais, conforme previsão do CDC e da Lei n. 12.414/2011. **IV — Apesar de desnecessário o consentimento do consumidor consultado, devem ser a ele fornecidos esclarecimentos, caso solicitados, acerca das fontes dos dados considerados (histórico de crédito), bem como as informações pessoais valoradas. V — O desrespeito aos limites legais na utilização do sistema 'credit scoring', configurando abuso no exercício desse direito (art.** 187 do CC), **pode ensejar a responsabilidade objetiva e solidária do fornecedor do serviço, do responsável pelo banco de dados, da fonte e do consulente (art. 16 da Lei n. 12.414/2011) pela ocorrência de danos morais** nas hipóteses de utilização de informações excessivas ou sensíveis (art. 3.º, § 3.º, I e II, da Lei n. 12.414/2011), bem como nos casos de comprovada recusa indevida de crédito pelo uso de dados incorretos ou desatualizados" (REsp 1.457.199/RS, Rel. Ministro Paulo de Tarso Sanseverino, 2.ª Seção, j. 12.11.2014, *DJe* 17.12.2014).

2. O entendimento adotado no acórdão recorrido coincide com a jurisprudência assente desta Corte Superior, circunstância que atrai a incidência da Súmula 83/STJ.

3. Agravo interno a que se nega provimento (AgInt no REsp 2.122.804/SP, Rel. Ministro Raul Araújo, 4.ª T., j. 12.8.2024, *DJe* 16.8.2024).

Sobre o tema, concordamos com Sergio Cavalieri Filho no sentido de que o **cadastro positivo** traz algumas **vantagens** aos consumidores, dentre as quais:

"(a) taxa de **juros menor** para o consumidor com bom histórico creditício;
(b) **melhor avaliação dos riscos** de eventual inadimplemento;
(c) estímulo a um comportamento controlado, **evitando o superendividamento**".[25]

Novidade introduzida pela Lei Complementar n. 166 de 2019 foi o art. 7.º-A que prevê:

"Nos elementos e critérios considerados para composição da nota ou pontuação de crédito de pessoa cadastrada em banco de dados de que trata esta Lei, não podem ser utilizadas informações: (Incluído pela Lei Complementar n. 166, de 2019)
I — que não estiverem vinculadas à análise de risco de crédito e aquelas relacionadas à origem social e étnica, à saúde, à informação genética, ao sexo e às convicções políticas, religiosas e filosóficas; (Incluído pela Lei Complementar n. 166, de 2019)
II — de pessoas que não tenham com o cadastrado relação de parentesco de primeiro grau ou de dependência econômica; e (Incluído pela Lei Complementar n. 166, de 2019)
III — relacionadas ao exercício regular de direito pelo cadastrado, previsto no inciso II do *caput* do art. 5.º desta Lei. (Incluído pela Lei Complementar n. 166, de 2019)
§ 1.º O gestor de banco de dados deve disponibilizar em seu sítio eletrônico, de forma clara, acessível e de fácil compreensão, a sua política de coleta e utilização de dados pessoais para fins de elaboração de análise de risco de crédito. (Incluído pela Lei Complementar n. 166, de 2019)
§ 2.º A transparência da política de coleta e utilização de dados pessoais de que trata o § 1.º deste artigo deve ser objeto de verificação, na forma de regulamentação a ser expedida pelo Poder Executivo. (Incluído pela Lei Complementar n. 166, de 2019)".

---

[25] CAVALIERI FILHO, Sergio. *Programa de direito do consumidor*, p. 201-202.

12.3.6. Obrigações das "fontes" e do "gestor" na Lei do Cadastro Positivo

A **fonte** é a pessoa natural ou jurídica que conceda crédito ou realize venda a prazo ou outras transações comerciais e empresariais que lhe impliquem risco financeiro. A esse respeito, cumpre destacar o disposto no art. 8.º da Lei n. 12.414, de 2011, ao estabelecer que são obrigações das fontes:

- verificar e confirmar, ou corrigir, em prazo não superior a 2 (dois) dias úteis, informação impugnada, sempre que solicitado por gestor de banco de dados ou diretamente pelo cadastrado;
- atualizar e corrigir informações enviadas aos gestores, em prazo não superior a 10 (dez) dias (Redação dada pela Lei Complementar n. 166, de 2019);
- manter os registros adequados para verificar informações enviadas aos gestores de bancos de dados; e
- fornecer informações sobre o cadastrado, em bases não discriminatórias, a todos os gestores de bancos de dados que as solicitarem, no mesmo formato e contendo as mesmas informações fornecidas a outros bancos de dados.

Conforme visto anteriormente quando da análise dos direitos do cadastrado, é "vedado às fontes estabelecer políticas ou realizar operações que impeçam, limitem ou dificultem a transmissão a banco de dados de informações de cadastrados" (art. 8.º, parágrafo único, com redação dada pela Lei Complementar n. 166, de 2019).

Em relação ao **gestor** — pessoa jurídica responsável pela administração de banco de dados, bem como pela coleta, armazenamento, análise e acesso de terceiros aos dados armazenados —, estabelece o art. 10 da Lei do Cadastro Positivo que é proibido exigir exclusividade das fontes de informações.

12.3.7. Da responsabilidade objetiva e solidária

Determina o art. 16 da Lei do Cadastro Positivo que o "banco de dados, a fonte e o consulente são responsáveis, objetiva e solidariamente, pelos danos materiais e morais que causarem ao cadastrado, nos termos da Lei n. 8.078, de 11 de setembro de 1990 (Código de Proteção e Defesa do Consumidor)" (Redação dada pela Lei Complementar n. 166, de 2019). Assim, todos os envolvidos na administração e acesso do cadastro positivo responderão:

- de forma objetiva — independentemente da comprovação do dolo ou da culpa; e
- solidariamente — todos em posição de igualdade.

Sempre defendemos nas edições anteriores que deveria ser adotado o mesmo tratamento aplicado como regra no Código de Defesa do Consumidor e, agora, por força da Lei Complementar n. 166 de 2019, tal entendimento está expresso no art. 16, incluindo não apenas os administradores do banco de dados como também os consulentes. Esse também é o entendimento do Superior Tribunal de Justiça no julgamento do REsp 2.133.261/SP, de relatoria da Ministra Nancy Andrighi (*DJe* 10.10.2024), ao reconhecer que o **"gestor de banco de dados que disponibiliza para terceiros consulentes o acesso aos dados do cadastrado que somente poderiam ser compartilhados entre** bancos de dados — como as informações cadastrais — deve responder objetivamente pelos danos morais causados ao cadastrado, em observância aos arts. 16 da Lei n. 12.414/2011 e 42 e 43, II, da LGPD".

12.4. A DISCIPLINA DO CADASTRO DOS MAUS FORNECEDORES NO CDC

O art. 44 do Código de Defesa do Consumidor estabelece que os "órgãos públicos de defesa do consumidor manterão **cadastros atualizados de reclamações fundamentadas contra fornecedores** de produtos e serviços, devendo divulgá-lo pública e anualmente. A divulgação indicará se a reclamação foi atendida ou não pelo fornecedor".

Trata-se do cadastro dos maus fornecedores cujas informações lá constantes terá acesso facultado qualquer pessoa interessada.

O CDC prevê ainda a incidência de toda a disciplina conferida aos bancos de dados e cadastros de inadimplentes de consumidores ao cadastro de fornecedores, além de fixar a responsabilidade objetiva pelos danos causados em razão do descumprimento total ou parcial das obrigações referidas no citado dispositivo.

O Sistema Nacional de Informações de Defesa do Consumidor (SINDEC), por meio do Procon Online (Portal Consumidor.gov.br), é um bom exemplo de mantenedor de cadastro atualizado de maus fornecedores.[26]

| Cadastro dos maus fornecedores | = | Reclamações formuladas contra fornecedores |

12.4.1. As variadas espécies de cadastros envolvendo relação jurídica de consumo

Ante tudo o que foi estudado até o presente momento, desde o capítulo referente às práticas abusivas, pontuamos a existência dos seguintes cadastros ou bancos de dados afetos à relação jurídica de consumo:

◼ Cadastro de consumidores que fazem valer seus direitos:	◼ Trata da prática abusiva de repassar informações depreciativas sobre consumidores — art. 39, VII, do CDC.
◼ Bancos de dados e cadastros de inadimplentes:	◼ Trata do consumidor inadimplente e está disciplinado pelo art. 43 e parágrafos do CDC.
◼ Cadastro positivo:	◼ Trata do consumidor adimplente e está disciplinado na Lei n. 12.414/2011 alterada pela Lei Complementar n. 166 de 2019.
◼ Cadastro dos maus fornecedores:	◼ Trata das reclamações formuladas contra fornecedores — art. 44 do CDC.

---

[26] O Sistema Nacional de Informações de Defesa do Consumidor (SINDEC), por meio do Procon Online (Portal Consumidor.gov.br), divulga anualmente a lista de empresas autuadas, bem como os sites que devem ser evitados. Disponível em: <https://procononline.com.br/reclamacoes-no-procon/>. O Procon de São Paulo também divulga todos os anos uma lista de sites que devem ser evitados: <https://sistemas.procon.sp.gov.br/evitesite/list/evitesites.php>.Acesso em: 7 dez 2022.

12.5. BREVES COMENTÁRIOS SOBRE A LEI N. 13.709, ALTERADA PELA LEI N. 13.853, DE 2019 — LEI GERAL DE PROTEÇÃO DE DADOS PESSOAIS (LGPD)

A Lei n. 13.709, de 14 de agosto de 2018[27], trata da proteção de dados pessoais. Em 8 de julho de 2019 a citada lei foi alterada em diversos dispositivos pela Lei n. 13.853 e passou a ser denominada de Lei Geral de Proteção de Dados Pessoais (LGPD). A Lei em apreço dispõe sobre o tratamento de dados pessoais, inclusive nos meios digitais, por pessoa natural ou por pessoa jurídica de direito público ou privado, com o objetivo de proteger os direitos fundamentais de liberdade e de privacidade e o livre desenvolvimento da personalidade da pessoa natural.

Dentre os dispositivos afetos ao Código de Defesa do Consumidor destacamos:

■ Art. 2.º A disciplina da proteção de dados pessoais tem como fundamentos: I — o respeito à privacidade; II — a autodeterminação informativa; III — a liberdade de expressão, de informação, de comunicação e de opinião; IV — a inviolabilidade da intimidade, da honra e da imagem; V — o desenvolvimento econômico e tecnológico e a inovação; **VI — a livre-iniciativa, a livre concorrência e a defesa do consumidor**; VII — os direitos humanos, o livre desenvolvimento da personalidade, a dignidade e o exercício da cidadania pelas pessoas naturais.

■ Art. 18. O titular dos dados pessoais tem direito a obter do controlador, em relação aos dados do titular por ele tratados, a qualquer momento e mediante requisição: I — confirmação da existência de tratamento; II — acesso aos dados; III — correção de dados incompletos, inexatos ou desatualizados; IV — anonimização, bloqueio ou eliminação de dados desnecessários, excessivos ou tratados em desconformidade com o disposto nesta Lei; V — portabilidade dos dados a outro fornecedor de serviço ou produto, mediante requisição expressa, de acordo com a regulamentação da autoridade nacional, observados os segredos comercial e industrial; (Redação dada pela Lei n. 13.853, de 2019) VI — eliminação dos dados pessoais tratados com o consentimento do titular, exceto nas hipóteses previstas no art. 16 desta Lei; VII — informação das entidades públicas e privadas com as quais o controlador realizou uso compartilhado de dados; VIII — informação sobre a possibilidade de não fornecer consentimento e sobre as consequências da negativa; IX — revogação do consentimento, nos termos do § 5.º do art. 8.º desta Lei.

■ § 1.º O titular dos dados pessoais tem o direito de peticionar em relação aos seus dados contra o controlador perante a autoridade nacional. (...) § 6.º O responsável deverá informar, de maneira imediata, aos agentes de tratamento com os quais tenha realizado uso compartilhado de dados a correção, a eliminação, a anonimização ou o bloqueio dos dados, para que repitam idêntico procedimento, exceto nos casos em que esta comunicação seja comprovadamente impossível ou implique esforço desproporcional. (Redação dada pela Lei n. 13.853, de 2019) (...) **§ 8.º O**

---

[27] Art. 65. Esta Lei entra em vigor: (Redação dada pela Lei n. 13.853, de 2019) I — dia 28 de dezembro de 2018, quanto aos arts. 55-A, 55-B, 55-C, 55-D, 55-E, 55-F, 55-G, 55-H, 55-I, 55-J, 55-K, 55-L, 58-A e 58-B; e (Incluído pela Lei n. 13.853, de 2019) I-A — dia 1.º de agosto de 2021, quanto aos arts. 52, 53 e 54; (Incluído pela Lei n. 14.010, de 2020) II — 24 (vinte e quatro) meses após a data de sua publicação, quanto aos demais artigos. (Incluído pela Lei n. 13.853, de 2019).

direito a que se refere o § 1.º deste artigo também poderá ser exercido perante os organismos de defesa do consumidor.

▪ Art. 20. O titular dos dados tem direito a solicitar a revisão de decisões tomadas unicamente com base em tratamento automatizado de dados pessoais que afetem seus interesses, incluídas as decisões destinadas a definir o seu perfil pessoal, profissional, de consumo e de crédito ou os aspectos de sua personalidade. (Redação dada pela Lei n. 13.853, de 2019) § 1.º O controlador deverá fornecer, sempre que solicitadas, informações claras e adequadas a respeito dos critérios e dos procedimentos utilizados para a decisão automatizada, observados os segredos comercial e industrial. § 2.º Em caso de não oferecimento de informações de que trata o § 1.º deste artigo, baseado na observância de segredo comercial e industrial, a autoridade nacional poderá realizar auditoria para verificação de aspectos discriminatórios em tratamento automatizado de dados pessoais.

▪ Art. 44. O tratamento de dados pessoais será irregular quando deixar de observar a legislação ou quando não fornecer a segurança que o titular dele pode esperar, consideradas as circunstâncias relevantes, entre as quais: I — o modo pelo qual é realizado; II — o resultado e os riscos que razoavelmente dele se esperam; III — as técnicas de tratamento de dados pessoais disponíveis à época em que foi realizado. Parágrafo único. Responde pelos danos decorrentes da violação da segurança dos dados o controlador ou o operador que, ao deixar de adotar as medidas de segurança previstas no art. 46 desta Lei, der causa ao dano.

▪ Art. 45. As hipóteses de violação do direito do titular no âmbito das relações de consumo permanecem sujeitas às regras de responsabilidade previstas na legislação pertinente.

As instituições financeiras também respondem de forma objetiva pelo defeito na prestação de serviço consistente no tratamento indevido de dados pessoais bancários, quando tais informações são utilizadas por estelionatário para facilitar a aplicação de golpe em desfavor do consumidor, em flagrante afronta ao Código de Defesa do Consumidor e à Lei Geral de Proteção de Dados:

CONSUMIDOR. RECURSO ESPECIAL. **AÇÃO DECLARATÓRIA DE INEXIGIBILIDADE DE DÉBITO POR VAZAMENTO DE DADOS BANCÁRIOS CUMULADA COM INDENIZAÇÃO POR DANOS MORAIS E REPETIÇÃO DE INDÉBITO. GOLPE DO BOLETO. TRATAMENTO DE DADOS PESSOAIS SIGILOSOS DE MANEIRA INADEQUADA. FACILITAÇÃO DA ATIVIDADE CRIMINOSA. FATO DO SERVIÇO. DEVER DE INDENIZAR PELOS PREJUÍZOS. SÚMULA 479/STJ.** RECURSO ESPECIAL PROVIDO.
1. Ação declaratória de inexigibilidade de débito por vazamento de dados bancários cumulada com indenização por danos morais e repetição de indébito, ajuizada em 13.2.2020, da qual foi extraído o presente recurso especial, interposto em 15.2.2022 e concluso ao gabinete em 19.6.2023.
2. O propósito recursal consiste em decidir se a instituição financeira responde por falha na prestação de serviços bancários, consistente no vazamento de dados que facilitou a aplicação de golpe em desfavor do consumidor.

3. Se comprovada a hipótese de vazamento de dados da instituição financeira, será dela, em regra, a responsabilidade pela reparação integral de eventuais danos. Do contrário, inexistindo elementos objetivos que comprovem esse nexo causal, não há que se falar em responsabilidade das instituições financeiras pelo vazamento de dados utilizados por estelionatários para a aplicação de golpes de engenharia social (REsp 2.015.732/SP, j. 20.6.2023, *DJe* 26.6.2023).

4. Para sustentar o nexo causal entre a atuação dos estelionatários e o vazamento de dados pessoais pelo responsável por seu tratamento, é imprescindível perquirir, com exatidão, quais dados estavam em poder dos criminosos, a fim de examinar a origem de eventual vazamento e, consequentemente, a responsabilidade dos agentes respectivos. Os nexos de causalidade e imputação, portanto, dependem da hipótese concretamente analisada.

5. Os dados sobre operações bancárias são, em regra, de tratamento exclusivo pelas instituições financeiras. No ponto, a Lei Complementar 105/2001 estabelece que as instituições financeiras conservarão sigilo em suas operações ativas e passivas e serviços prestados (art. 1.º), constituindo dever jurídico dessas entidades não revelar informações que venham a obter em razão de sua atividade profissional, salvo em situações excepcionais. Desse modo, seu armazenamento de maneira inadequada, a possibilitar que terceiros tenham conhecimento de informações sigilosas e causem prejuízos ao consumidor, configura defeito na prestação do serviço (art. 14 do CDC e art. 44 da LGPD).

6. No particular, não há como se afastar a responsabilidade da instituição financeira pela reparação dos danos decorrentes do famigerado "golpe do boleto", uma vez que os criminosos têm conhecimento de informações e dados sigilosos a respeito das atividades bancárias do consumidor. Isto é, os estelionatários sabem que o consumidor é cliente da instituição e que encaminhou *e-mail* à entidade com a finalidade de quitar sua dívida, bem como possuem dados relativos ao próprio financiamento obtido (quantidade de parcelas em aberto e saldo devedor do financiamento).

7. O tratamento indevido de dados pessoais bancários configura defeito na prestação de serviço, notadamente quando tais informações são utilizadas por estelionatário para facilitar a aplicação de golpe em desfavor do consumidor.

8. Entendimento em conformidade com Tema Repetitivo 466/STJ e Súmula 479/STJ: "As instituições financeiras respondem objetivamente pelos danos gerados por fortuito interno relativo a fraudes e delitos praticados por terceiros no âmbito de operações bancárias".

9. Recurso especial conhecido e provido para reformar o acórdão recorrido e reestabelecer a sentença proferida pelo Juízo de primeiro grau (REsp 2.077.278/SP, Rel. Ministra Nancy Andrighi, 3.ª T., j. 3.10.2023, *DJe* 9.10.2023).

No mesmo sentido, a LGPD, assim como o CDC e o Marco Civil da Internet são aplicáveis aos dados armazenados e transmitidos por empresas de infraestrutura de mercado financeiro, no âmbito de plataforma virtual por elas mantidas em ambiente de bolsa e de balcão. Assim entendeu o STJ no julgamento do REsp 2.092.096:

CIVIL, CONSUMIDOR E PROCESSUAL CIVIL. AÇÃO INDENIZATÓRIA C/C OBRIGAÇÃO DE FAZER. VIOLAÇÃO DOS ARTS. 489 E 1.022 DO CPC. AUSÊNCIA. CONDIÇÕES DA AÇÃO. TEORIA DA ASSERÇÃO. LEGITIMIDADE PASSIVA. CONFIGURAÇÃO. CERCEAMENTO DE DEFESA. AUSÊNCIA. FORNECIMENTO

DE SERVIÇOS PELA B3 AOS INVESTIDORES FORA DO ÂMBITO DAS OPERAÇÕES NO MERCADO DE CAPITAIS. RELAÇÃO JURÍDICA DIRETA E AUTÔNOMA DE CONSUMO. INCIDÊNCIA DO CDC. DISSÍDIO JURISPRUDENCIAL. SIMILITUDE FÁTICA. AUSÊNCIA. PLATAFORMA VIRTUAL QUE ARMAZENA E UTILIZA DADOS PESSOAIS DOS INVESTIDORES. INCIDÊNCIA DA LGPD E DO MARCO CIVIL DA INTERNET. ACESSO NÃO AUTORIZADO POR TERCEIROS. EXCLUSÃO DOS DADOS INSERIDOS INDEVIDAMENTE POR TERCEIROS. POSSIBILIDADE. FORNECIMENTO DE REGISTROS E DADOS CADASTRAIS REFERENTES AO ACESSO NÃO AUTORIZADO. POSSIBILIDADE.
1. Ação indenizatória c/c obrigação de fazer, ajuizada em 17.2.2022, da qual foi extraído o presente recurso especial, interposto em 24.5.2023 e concluso ao gabinete em 21.8.2023.
2. O propósito recursal é decidir se (I) houve negativa de prestação jurisdicional; (II) a relação jurídica em exame é regida pelo CDC; (III) há legitimidade passiva da recorrente na espécie; (IV) houve cerceamento de defesa pelo indeferimento de provas; (V) a B3 tem a obrigação de excluir os dados cadastrais inseridos indevidamente por terceiros que obtiveram acesso não autorizado ao perfil do investidor em sua plataforma virtual; e (VI) a B3, por fornecer tal plataforma, se enquadra no conceito de provedora de aplicação de internet previsto no Marco Civil da Internet.
3. Não há ofensa aos arts. 489 e 1.022 do CPC, quando o Tribunal de origem examina, de forma fundamentada, a questão submetida à apreciação judicial na medida necessária para o deslinde da controvérsia, ainda que em sentido contrário à pretensão da parte. Precedentes.
4. Conforme a jurisprudência desta Corte, as condições da ação são verificadas segundo a teoria da asserção, de tal modo que, para o reconhecimento da legitimidade passiva *ad causam*, basta que os argumentos aduzidos na inicial possibilitem a inferência, em um exame puramente abstrato, de que o réu pode ser o sujeito responsável pela violação do direito subjetivo do autor. Na hipótese, das afirmações constantes da inicial, depreende-se, em abstrato, a legitimidade passiva da recorrente (B3).
5. Não configura cerceamento de defesa a sentença que julga antecipadamente os pedidos, resolvendo a causa sem a produção de outras provas em razão da suficiência probatória, porquanto cabe ao juiz decidir sobre os elementos necessários à formação de seu entendimento, sendo livre para, motivadamente, determinar as provas necessárias ou indeferir as inúteis ou protelatórias. Precedentes.
6. No âmbito das operações no mercado de capitais, não incide o CDC na relação jurídica entre o investidor titular das ações e a B3, tendo em vista que, no âmbito dessas operações, a Bolsa não oferece serviços diretamente aos investidores, mantendo relação exclusivamente com as distribuidoras e corretoras de valores mobiliários. Precedente.
**7. Não obstante, ao disponibilizar uma plataforma virtual para acesso direto, pessoal e exclusivo pelo investidor (Canal Eletrônico do Investidor), de caráter informativo a respeito de seus investimentos, a B3 fornece serviços diretamente para o consumo do investidor, estabelecendo com ele relação jurídica autônoma de consumo, regida pelo CDC.
8. A B3, ao manter um sistema que armazena e utiliza dados dos investidores referentes à sua identificação pessoal, realiza operação de tratamento de dados pessoais e, assim, se submete às normas previstas na Lei Geral de Proteção de Dados (LGPD).
9. Em observância aos arts. 18, III e IV, da LGPD, o titular dos dados pessoais tem o direito de requisitar a correção de dados incompletos, inexatos ou desatualizados; e**

a anonimização, bloqueio ou eliminação de dados desnecessários, excessivos ou tratados em desconformidade com a lei.

10. O agente de tratamento de dados tem o dever de assegurar os princípios previstos na LGPD, dentre eles o da adequação e da segurança (art. 6.º, II e VII), devendo, ainda, adotar medidas aptas a proteger os dados pessoais de acessos não autorizados e de situações acidentais ou ilícitas de alteração, destruição, perda, comunicação dos dados (art. 46).

11. Assim, havendo requisição por parte do titular, o agente de tratamento de dados tem a obrigação de excluir os dados cadastrais inseridos indevidamente por terceiros que obtiveram acesso não autorizado à conta do titular em sua plataforma, em observância aos arts. 18, IV, c/c os arts. 46 a 49 e 6.º, II e VII, da LGPD.

12. Segundo a jurisprudência desta Corte, o art. 22 do Marco Civil da Internet autoriza, com o propósito de formar conjunto probatório em processo judicial cível ou penal, em caráter incidental ou autônomo, a requisição judicial de registros de conexão ou de acesso daquele responsável pela guarda dos referidos dados, desde que preenchidos os requisitos previstos no parágrafo único do referido dispositivo legal.

13. Na espécie, a B3 se enquadra no conceito de provedor de aplicação de internet, em razão da sua função de administrar e fornecer uma plataforma virtual aos investidores, que é acessada por dispositivos conectados à internet, incidindo, no âmbito dessa atividade, as normas previstas no Marco Civil da Internet.

14. Hipótese em que foi afastada a responsabilidade civil da B3 por danos morais alegados pelo recorrido; sendo a B3 condenada apenas a fornecer informações, registros de conexão e dados relacionados ao acesso não autorizado pelos terceiros no perfil do recorrido; e a excluir os dados inseridos pelos fraudadores.

15. Recurso especial conhecido e não provido (REsp 2.092.096/SP, Rel. Ministra Nancy Andrighi, 3.ª T., j. 12.12.2023, *DJe* 15.12.2023).

12.6. QUESTÕES

QUESTÕES DE CONCURSOS
http://uqr.to/1yf1h

13

PROTEÇÃO CONTRATUAL NO CDC

13.1. CONSIDERAÇÕES PRELIMINARES

Os **contratos de consumo** são das mais **variadas modalidades**, a depender do seu objeto, mas a grande maioria deles possui a **natureza de contrato de adesão**. Com a evolução dos tempos, o monopólio dos meios de produção do fornecedor — responsável por definir o que, quando e como produzir —, marcado pela característica da **unilateralidade da produção, atingiu também as relações contratuais**.

Nesse contexto, os contratos na sociedade de consumo perderam o caráter de bilateralidade típico do Direito Civil clássico, no qual as partes convencionavam as obrigações de cada uma delas no negócio.

No contrato de consumo cabe a uma das partes a elaboração e/ou aprovação de todas as cláusulas contratuais e, ao consumidor, resta a "faculdade" de aderir ou não a um formulário previamente elaborado que nem podemos chamar de pacto ante o caráter unilateral em sua confecção.[1]

Desta forma, estudaremos no presente capítulo os principais contratos de consumo partindo da sua natureza de contrato de adesão, ainda que exista lei específica regulando o tema. A ressalva é relevante, pois algumas relações contratuais estão regidas por legislação específica, o que não impede a incidência do Código de Defesa do Consumidor na medida em que se trata de legítimos contratos de consumo.

Assim, enfrentaremos na sequência, à luz da melhor doutrina consumerista e da jurisprudência superior, os contratos decorrentes das compras realizadas fora do estabelecimento comercial, os pactos oriundos da outorga de crédito ou de financiamento, os contratos de compra e venda mediante pagamento em prestações, além da alienação fiduciária e dos pactos envolvendo relação de consórcio.

No entanto, antes de adentrarmos questões tão polêmicas e específicas dos contratos em espécie, relembraremos dos ensinamentos já esposados no Capítulo 4 deste livro, referentes aos princípios específicos das relações contratuais que servirão de base para a compreensão de toda a disciplina dispensada pelo Código do Consumidor ao tema proteção contratual.

---

[1] Segundo Leonardo Roscoe Bessa, o "papel da vontade e consentimento do aderente (consumidor) é tão pequeno que já se negou doutrinariamente o caráter contratual que pressupõe conjugação de vontades — do contrato de adesão". BENJAMIN, Antônio Herman de V.; MARQUES, Claudia Lima; BESSA, Leonardo Roscoe. *Manual de direito do consumidor,* p. 329.

13.2. PRINCÍPIOS ESPECÍFICOS DOS CONTRATOS DE CONSUMO

Os contratos de consumo também possuem seus princípios específicos e norteadores de toda a relação envolvendo contratação no correspondente mercado. Sobre o tema, analisaremos a seguir esses princípios.

13.2.1. Princípio do rompimento com a tradição privatista do Código Civil

Conforme estudado no capítulo inaugural deste livro, com o surgimento da sociedade de consumo, marcada pela produção em série, constatou-se que o **Código Civil da época não era um Diploma compatível com a tutela desse novo modelo de relação jurídica, a de consumo.**

Tal assertiva tem amparo basicamente no fato de o Direito Civil clássico regulamentar situações individualizadas e a então novel relação de consumo ser marcada justamente pelo fim desta bilateralidade nas relações entre fornecedor e consumidor. A unilateralidade na produção e contratação passou a ser a marca registrada nas relações de consumo.

Em suma, os produtos e serviços passaram a ser produzidos e prestados a um número indeterminado de destinatários, e as relações contratuais também deveriam ser regulamentadas por uma nova disciplina jurídica, condizente com sua nova realidade.

Nos dizeres de Sergio Cavalieri Filho, "o ponto de vista atual do contrato é social. A sua principal função é criar uma cooperação social saudável. A sociedade atual luta por liberdade com igualdade (substancial), ou seja, por solidariedade, por justiça social. Estamos deixando a era dos 'direitos declarados', para ingressarmos na dos 'direitos concretizados'. Nesse contexto, as pedras angulares do novo Direito contratual são a equidade e a boa-fé. Daí, o recrudescimento e a valorização do aspecto sinalagmático da relação jurídica. Não mais se conforma a sociedade com a igualdade formal dos contratantes, pura e simplesmente. Ao contrário, deseja muito mais do que isso; pretende o reequilíbrio, o balanceamento total da relação, inclusive e principalmente no que respeita aos seus aspectos éticos".[2]

Conclui-se então pela necessidade de se romper com as tradições privatistas do Direito Civil clássico, bem como com os institutos caracterizadores daquele modelo, tais como:

- *Pacta sunt servanda*.
- Oferta como mero convite, e não vinculativa.
- Cláusulas contratuais elaboradas por ambas as partes em igualdade de condições.

Quando o tema é **contrato de consumo**, impossível falar em obrigatoriedade do que foi pactuado, pois se existe cláusula abusiva esta será nula de pleno direito, **não cabendo a invocação da *pacta sunt servanda*** nem de que as partes estavam no gozo pleno de suas faculdades mentais quando da assinatura do contrato.

---
[2] CAVALIERI FILHO, Sergio. *Programa de direito do consumidor*, p. 116.

Isto porque o **Código de Defesa do Consumidor traz** em seu conteúdo **normas de ordem pública e de interesse social** que não poderão ser derrogadas pela vontade das partes.

Ademais, analisaremos no momento oportuno que a oferta no CDC é diferente da proposta do Direito Civil clássico, bem como do próprio Código Civil de 2002. **No Diploma Consumerista, a oferta vincula** o fornecedor que a fizer veicular, além daqueles que dela se beneficiarem. Já **a proposta do Direito Civil** — clássico e contemporâneo — consiste num mero convite à oferta, **passível**, inclusive, **de ser revogada** em algumas circunstâncias.

Conforme visto na análise do princípio da vinculação da publicidade — subitem 4.4.1.2 *supracitados* —, **ofertou, vinculou**, isto é, nos termos do art. 30 da Lei n. 8.078/90, veiculada a oferta, o fornecedor estará obrigado a cumprir o prometido.

Um último exemplo de diferença entre a tradição privatista e a **relação de consumo** é que, nesta, **os contratos são elaborados** por apenas um dos sujeitos da relação jurídica de consumo, **pelo fornecedor**.

Aquele contexto "romântico" de as partes sentarem-se à mesa de um bar para de comum acordo convencionarem as cláusulas de eventual contrato de prestação de serviços, por exemplo, inexiste nas relações de consumo.

Aqui, a unilateralidade é característica marcante nos **contratos** que são, em sua maioria, **de adesão**, em que uma das partes elabora todas as cláusulas, cabendo à outra aderir ou não ao que foi previamente "confeccionado", e no qual a assinatura do consumidor mais se aproxima do preenchimento de um formulário do que de um instrumento contratual clássico. Daí a denominação **contrato-formulário**.

Em resumo, nos ensinamentos de Rizzatto Nunes, a "Lei n. 8.078 rompe de vez com o princípio do *pacta sunt servanda*. Ao reconhecer que em matéria de relação de consumo vige a regra da oferta que vincula e os contratos são elaborados unilateralmente (contratos de adesão) ou nem sequer são apresentados (verbais, comportamento socialmente típico, cláusulas gerais), estabelece que não vige a regra milenar representada no brocardo latino".[3]

13.2.2. Princípio da preservação (explícita) dos contratos de consumo

Determina o **art. 51, § 2.º**, do CDC que a "**nulidade de uma cláusula contratual abusiva não invalida o contrato**, exceto quando de sua ausência, apesar dos esforços de integração, decorrer ônus excessivo a qualquer das partes".

Demonstra o Código do Consumidor a intenção explícita de preservar o contrato, ainda que seja necessário o reconhecimento da nulidade de uma cláusula abusiva.

De fato, o disposto no art. 51, § 2.º, do CDC traz o princípio da preservação dos contratos de consumo de forma mais explicitada quando cotejado com o previsto no art. 6.º, inciso V, do mesmo Diploma, conforme analisado neste livro no subitem "4.3.6. Direito à modificação e revisão como formas de preservação (implícita) do contrato de consumo".

---

[3] NUNES, Luiz Antonio Rizzatto. *Curso de direito do consumidor*, p. 600-601.

Desta forma, comungamos com o entendimento de Rizzatto Nunes, para quem o "princípio do inciso V do art. 6.º volta como norma de declaração de nulidade da cláusula desproporcional no art. 51 (inciso IV e § 1.º), mas a nulidade não significa que o contrato será extinto. Como o inciso V garante a modificação, pelo princípio da conservação do contrato, o magistrado que reconhecer a nulidade deve fazer a integração das demais cláusulas e do sentido estabelecido no contrato, em função de seu objeto, no esforço de mantê-lo em vigor. Como dissemos, **o princípio da conservação, que é implícito no princípio do inciso V do art. 6.º, está explicitado no § 2.º do art. 51**".[4]

13.2.3. Princípio da transparência contratual

A disciplina referente ao princípio da transparência contratual consta do teor do **art. 46 da Lei n. 8.078/90**, segundo o qual os "contratos que regulam as relações de consumo não obrigarão os consumidores, se não lhes for dada a **oportunidade de tomar conhecimento prévio de seu conteúdo**, ou se os respectivos instrumentos forem redigidos de modo a dificultar a compreensão de seu sentido e alcance".

Com efeito, **não basta** dar a oportunidade ao consumidor de ter **acesso formal** ao contrato. O princípio em comento exige a **necessidade do acesso material, efetivo e real do objeto contratual**, isto é, que o contrato deve ser redigido de tal forma que o consumidor, ao lê-lo, seja capaz de compreender o seu conteúdo.

Assim, para que o vulnerável da relação de consumo possa ser obrigado a cumprir com a sua parte nos termos pactuados, imprescindível que o contrato tenha sido redigido de modo a facilitar o entendimento do seu sentido e alcance.

Segundo os ensinamentos de Sergio Cavalieri Filho, trata o art. 46 do CDC daquilo "que a doutrina tem chamado de cognoscibilidade. Cognoscível é aquilo que é conhecível ou que se pode conhecer. Busca-se com a cognoscibilidade garantir ao consumidor a única oportunidade que tem de fazer boa escolha nos contratos de adesão, uma vez que não pode negociar nem modificar as cláusulas contratuais".[5]

O excesso de expressões técnicas sem a correspondente explicação torna bem evidente uma das modalidades de vulnerabilidade do consumidor, qual seja: a jurídica/científica.

No mesmo sentido foi a decisão do STJ que considerou abusiva a conduta do plano de saúde que descredenciou clínica conveniada sem a comunicação prévia do consumidor:

RECURSO ESPECIAL. CIVIL. **PLANO DE SAÚDE. DESCREDENCIAMENTO DE CLÍNICA MÉDICA. COMUNICAÇÃO PRÉVIA AO CONSUMIDOR. AUSÊNCIA. VIOLAÇÃO DO DEVER DE INFORMAÇÃO. RESPONSABILIDADE SOLIDÁRIA. PREJUÍZO AO USUÁRIO. SUSPENSÃO DE TRATAMENTO QUIMIOTERÁPICO.**
1. Recurso especial interposto contra acórdão publicado na vigência do Código de Processo Civil de 1973 (Enunciados Administrativos ns. 2 e 3/STJ).

---

[4] NUNES, Luiz Antonio Rizzatto. *Curso de direito do consumidor*, p. 602.
[5] CAVALIERI FILHO, Sergio. *Programa de direito do consumidor*, p. 154.

2. Cinge-se a controvérsia a saber se a obrigação das operadoras de plano de saúde de comunicar aos seus beneficiários o descredenciamento de entidades hospitalares também envolve as clínicas médicas, ainda que a iniciativa pela rescisão do contrato tenha partido da própria clínica. 3. Os planos e seguros privados de assistência à saúde são regidos pela Lei n. 9.656/98. Não obstante isso, incidem as regras do Código de Defesa do Consumidor (Súmula n. 608), pois as operadoras da área que prestam serviços remunerados à população enquadram-se no conceito de fornecedor, existindo, pois, relação de consumo.
4. Os instrumentos normativos (CDC e Lei n. 9.656/98) incidem conjuntamente, sobretudo porque esses contratos, de longa duração, lidam com bens sensíveis, como a manutenção da vida. São essenciais, assim, tanto na formação quanto na execução da avença, a boa-fé entre as partes e o cumprimento dos deveres de informação, de cooperação e de lealdade (arts. 6.º, III, e 46 do CDC).
5. O legislador, atento às inter-relações que existem entre as fontes do direito, incluiu, dentre os dispositivos da Lei de Planos de Saúde, norma específica acerca do dever da operadora de informar o consumidor quanto ao descredenciamento de entidades hospitalares (art. 17, § 1.º, da Lei n. 9.656/98).
6. O termo entidade hospitalar inscrito no art. 17, § 1.º, da Lei n. 9.656/98, à luz dos princípios consumeristas, deve ser entendido como gênero, a englobar também clínicas médicas, laboratórios, médicos e demais serviços conveniados. O usuário de plano de saúde tem o direito de ser informado acerca da modificação da rede conveniada (rol de credenciados), pois somente com a transparência poderá buscar o atendimento e o tratamento que melhor lhe satisfaz, segundo as possibilidades oferecidas. Precedente.
7. É facultada à operadora de plano de saúde substituir qualquer entidade hospitalar cujos serviços e produtos foram contratados, referenciados ou credenciados desde que o faça por outro equivalente e **comunique, com 30 (trinta) dias de antecedência, aos consumidores e à Agência Nacional de Saúde Suplementar (ANS)**, ainda que o descredenciamento tenha partido da clínica médica (art. 17, § 1.º, da Lei n. 9.656/98).
8. Recurso especial não provido (REsp 1561445/SP, Rel. Ministro Ricardo Villas Bôas Cueva, 3.ª T., j. 13.8.2019, *DJe* 16.8.2019).

13.2.4. Princípio da interpretação mais favorável ao consumidor

Segundo dispõe o Diploma Consumerista, **as "cláusulas contratuais serão interpretadas de maneira mais favorável ao consumidor" (art. 47)**.

Sobre o tema, cumpre destacar que o Código Civil possui disposição semelhante no art. 423, *in verbis*: "Quando houver no contrato de adesão cláusulas ambíguas ou contraditórias, dever-se-á adotar a interpretação mais favorável ao aderente". Apesar da semelhança, os dispositivos legais não se confundem. Vejamos:

INTERPRETAÇÃO MAIS FAVORÁVEL NO CC	INTERPRETAÇÃO MAIS FAVORÁVEL NO CDC
▪ Contrato de adesão.	▪ Qualquer contrato de consumo.
▪ Depende de cláusulas ambíguas ou contraditórias.	▪ Independe de cláusulas ambíguas ou contraditórias.

Sobre o tema, destaca-se que o STJ vem determinando o cumprimento do aludido princípio, em especial quando se tratar de contrato de adesão, conforme julgado ora colacionado:

RECURSO ESPECIAL. DIREITO DO CONSUMIDOR. SEGURO DE SAÚDE. ALEGAÇÃO DE VIOLAÇÃO DE DISPOSITIVOS CONSTITUCIONAIS. INVIABILIDADE. INCLUSÃO DE DEPENDENTE. INAPLICABILIDADE DO § 5.º DO ART. 35 DA LEI 9.656/98. OPORTUNIDADE DE ADAPTAÇÃO AO NOVO SISTEMA. NÃO CONCESSÃO. CLÁUSULA CONTRATUAL. POSSIBILIDADE DE INCLUSÃO DE QUALQUER PESSOA COMO DEPENDENTE. EXCLUSÃO DE COBERTURA DE LESÕES DECORRENTES DE MÁ-FORMAÇÃO CONGÊNITA. EXCEÇÃO. FILHO DE SEGURADA NASCIDO NA VIGÊNCIA DO SEGURO. INTERPRETAÇÃO MAIS FAVORÁVEL AO CONSUMIDOR ADERENTE. ABUSIVIDADE DA NEGATIVA DE COBERTURA DE SITUAÇÃO DE URGÊNCIA. 1. A análise de suposta violação de dispositivo constitucional é vedada nesta instância especial, sob pena de usurpação da competência atribuída ao Supremo Tribunal Federal. 2. Inaplicabilidade da regra do § 5.º do art. 35 da Lei n. 9.656/98 quando ao consumidor não foi dada a oportunidade de optar pela adaptação de seu contrato de seguro de saúde ao novo sistema. 3. Afastada a restrição legal à inclusão de dependentes, permanece em plena vigência a cláusula contratual que prevê a possibilidade de inclusão de qualquer pessoa como dependente em seguro de saúde. 4. Obrigação contratual da seguradora de oferecer cobertura às lesões decorrentes de má-formação congênita aos filhos das seguradas nascidos na vigência do contrato. **5. Cláusulas contratuais devem ser interpretadas de maneira mais favorável ao consumidor, mormente quando se trata de contrato de adesão. Inteligência do art. 47 do CDC.** 6. Cobertura que não poderia, de qualquer forma, ser negada pela seguradora, por se tratar de situação de urgência, essencial à manutenção da vida do segurado, sob pena de se configurar abusividade contratual. 7. Recurso Especial provido (REsp 1.133.338/SP, Rel. Ministro Paulo de Tarso Sanseverino, 3.ª T., *DJe* 9.4.2013).

13.2.5. Princípio da vinculação pré-contratual

Determina o **art. 48 do CDC** que as "declarações de vontade constantes de **escritos particulares, recibos e pré-contratos** relativos às relações de consumo **vinculam o fornecedor**, ensejando inclusive execução específica, nos termos do art. 84 e parágrafos". Desta forma, na Lei n. 8.078/90, não somente a oferta ou a publicidade são vinculantes; também o serão:

- os escritos particulares;
- os recibos;
- os pré-contratos.

Clássico **exemplo de pré-contrato** capaz de gerar vinculação da obrigação é o **compromisso de compra e venda** e o correspondente direito à adjudicação compulsória, quando comprovada a quitação do pactuado por parte do adquirente, ainda que o instrumento não tenha sido levado a registro.

O tema é objeto, inclusive, da Súmula 239 do STJ: "O direito à adjudicação compulsória não se condiciona ao registro do compromisso de compra e venda no cartório de imóveis".

Ainda sobre a promessa de compra e venda, o STJ consolidou entendimento no julgamento do REsp 1.300.418 pelo regime de recurso repetitivo que: "1. Para efeitos do art. 543-C do CPC: em contratos submetidos ao Código de Defesa do Consumidor, é **abusiva a cláusula** contratual **que determina a restituição dos valores devidos somente ao**

término da obra ou de forma parcelada, na hipótese de resolução de **contrato de promessa de compra e venda de imóvel**, por culpa de quaisquer contratantes. Em tais avenças, deve ocorrer a imediata restituição das parcelas pagas pelo promitente-comprador — integralmente, em caso de culpa exclusiva do promitente vendedor/construtor, ou parcialmente, caso tenha sido o comprador quem deu causa ao desfazimento" (*DJe* 10.12.2013).

Nesse sentido, foi editada a Súmula 543 do STJ, com o seguinte teor: **"Na hipótese de resolução de contrato de promessa de compra e venda de imóvel submetido ao Código de Defesa do Consumidor, deve ocorrer a imediata restituição das parcelas pagas pelo promitente-comprador — integralmente, em caso de culpa exclusiva do promitente vendedor/construtor, ou parcialmente, caso tenha sido o comprador quem deu causa ao desfazimento"** (*DJe* 31.8.2015).

13.3. CONTRATO DE ADESÃO

Conforme acima analisado, por mais que sejam inúmeras as modalidades de contratos de consumo a depender de seu objeto, no tocante à sua natureza tais instrumentos recebem a denominação "contratos de adesão", pelas razões a seguir aduzidas.

13.3.1. Definição legal de contrato de adesão

O Código de Defesa do Consumidor define no *caput* de seu art. 54 o contrato de adesão como aquele "cujas cláusulas tenham sido aprovadas pela autoridade competente ou estabelecidas unilateralmente pelo fornecedor de produtos ou serviços, sem que o consumidor possa discutir ou modificar substancialmente seu conteúdo". Nos termos da definição legal, contrato de adesão é aquele em que o consumidor não pode discutir nem modificar substancialmente o contrato, pois as cláusulas contratuais já foram aprovadas ou elaboradas por outrem.

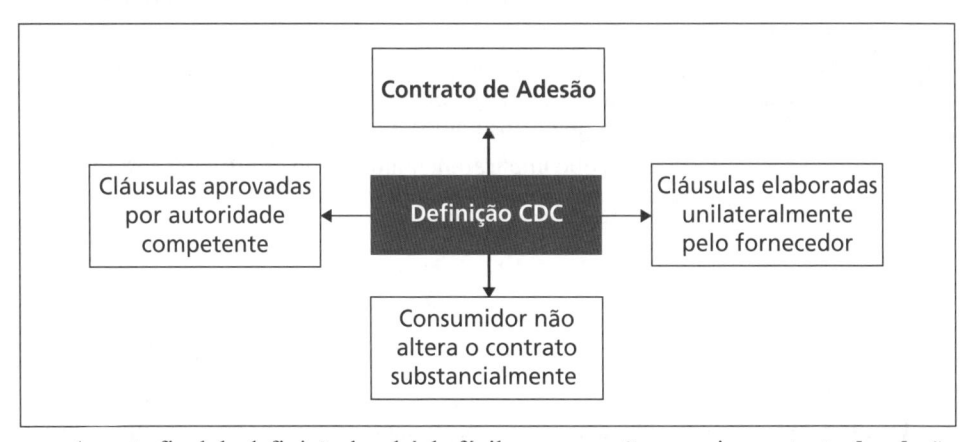

```
                    ┌─────────────────────────┐
                    │   Contrato de Adesão    │
                    └─────────────────────────┘
                                ▲
                                │
┌──────────────────┐    ┌───────────────┐    ┌──────────────────┐
│ Cláusulas aprovadas│◄──│ Definição CDC │──►│ Cláusulas elaboradas│
│  por autoridade   │    │               │    │   unilateralmente │
│    competente     │    │               │    │   pelo fornecedor │
└──────────────────┘    └───────────────┘    └──────────────────┘
                                │
                                ▼
                    ┌─────────────────────────┐
                    │     Consumidor não      │
                    │   altera o contrato     │
                    │    substancialmente     │
                    └─────────────────────────┘
```

A parte final da definição legal é de fácil compreensão, ou seja, **contrato de adesão é aquele em que o fornecedor estabelece unilateralmente as cláusulas contratuais**, sem que o consumidor possa discutir ou modificar substancialmente[6] o seu conteúdo.

---

[6] Analisaremos em breve que a inserção de cláusula não desfigura o contrato de adesão nos termos do § 1.º do art. 54 do CDC.

No tocante à parte inicial do conceito trazido pelo CDC, que considera **contrato de adesão** também **aquele "cujas cláusulas tenham sido aprovadas pela autoridade competente"**, concordamos com Sergio Cavalieri Filho ao ensinar que é "o caso, por exemplo, da SUSEP, que regula em grande parte o contrato de seguro; do BACEN, que dita as regras dos contratos vinculados ao sistema financeiro (juros etc.); da Caixa Econômica, que estabelece o conteúdo dos contratos de sistema de habitação; das Agências Reguladoras (ANATEL, ANEEL, ANP), que determinam as regras gerais, pelo menos em grande parte, dos contratos de prestação de serviços públicos. Fala-se nesses casos, especialmente na doutrina francesa, em contratos de dupla adesão, uma vez que ambos os contratantes — fornecedor e consumidor — têm que aderir às cláusulas preestabelecidas por um órgão governamental, típico fenômeno de dirigismo contratual. Mas o Código do Consumidor, como acabamos de ver, quer as cláusulas gerais tenham sido estabelecidas pelo fornecedor, quer pela autoridade competente, quer, ainda, por ambos, não faz distinção. Em qualquer hipótese, o contrato será de adesão".[7]

Nesse tocante, o consumidor, quando recebe cópia do contrato que tem por objeto a prestação de dado serviço público, pode estar certo de que as respectivas cláusulas contratuais foram previamente aprovadas pela autoridade competente.

13.3.2. Características do contrato de adesão no CDC

As características do contrato de adesão podem ser extraídas do disposto no *caput* e parágrafos do art. 54 do Código de Defesa do Consumidor. Vejamos:

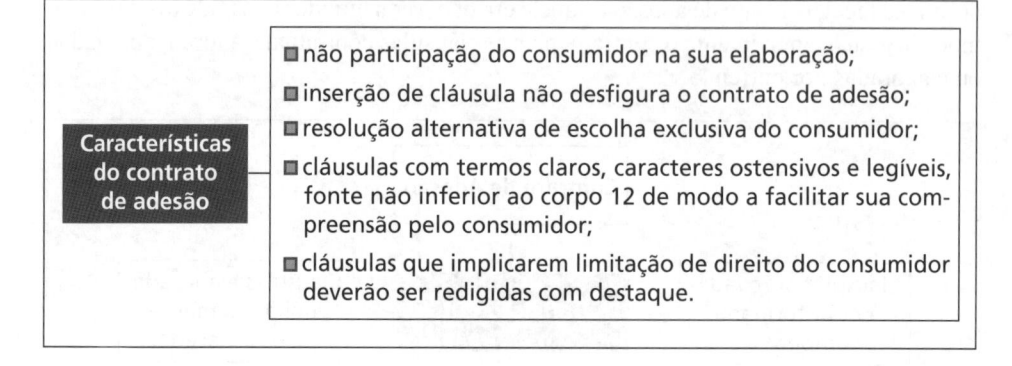

Características do contrato de adesão	▪ não participação do consumidor na sua elaboração; ▪ inserção de cláusula não desfigura o contrato de adesão; ▪ resolução alternativa de escolha exclusiva do consumidor; ▪ cláusulas com termos claros, caracteres ostensivos e legíveis, fonte não inferior ao corpo 12 de modo a facilitar sua compreensão pelo consumidor; ▪ cláusulas que implicarem limitação de direito do consumidor deverão ser redigidas com destaque.

13.3.2.1. A não participação do consumidor como característica do contrato de adesão

O *caput* do art. 54 do CDC deixa claro que o contrato de adesão é elaborado **"sem que o consumidor possa discutir ou modificar substancialmente seu conteúdo"**.

Daí a necessidade da existência de uma proteção mais efetiva do consumidor na fase contratual, pois ao vulnerável caberá apenas aderir ou não a um contrato,

---

[7] CAVALIERI FILHO, Sergio. *Programa de direito do consumidor*, p. 153.

formulário-padrão, em que terá legitimidade apenas de preencher os seus dados pessoais, sem interferir substancialmente no seu conteúdo.

A esse respeito, correta é a doutrina de Cavalieri Filho ao ensinar que a "rigor, a principal **diferença entre os contratos paritários e os contratos de adesão** não está no ato de formação, porque em ambas a aceitação é adesiva. A diferença está na fase pré-contratual. Nos contratos de adesão, não há tratativas, como há nos contratos paritários; não há a possibilidade do aderente influenciar a formação da proposta, como ocorre nos demais contratos".[8]

13.3.2.2. O contrato de adesão e a possibilidade de inserção de cláusula

Prevê o Código de Defesa do Consumidor no art. 54, § 1.º, que a "inserção de cláusula no formulário não desfigura a natureza de adesão do contrato".

Assim, **ainda que uma ou algumas cláusulas sejam inseridas de forma manuscrita ou impressa** ao formulário previamente elaborado, isto, por si só, **não descaracterizará o contrato como de adesão**. E a **cláusula sobreposta deverá prevalecer** sobre eventual disposição do contrato-padrão em sentido contrário, em razão de aquela ter sido originada da convenção entre as partes.

Sobre o tema, corroboramos com os pensamentos de Nelson Nery Junior, para quem qualquer "que seja a cláusula acrescentada, dizendo respeito aos elementos essenciais ou acidentais do contrato, permanece íntegra a natureza de adesão do contrato, sujeito, portanto, às regras do Código sobre essa técnica de formação contratual".[9]

13.3.2.3. A resolução alternativa de escolha exclusiva do consumidor como característica do contrato de adesão

Dispõe o art. 54, § 2.º, do CDC: "Nos contratos de adesão admite-se cláusula resolutória, desde que a alternativa, cabendo a escolha ao consumidor, ressalvando-se o disposto no § 2.º do artigo anterior".

Nos termos da ressalva final, imprescindível a colação do disposto no art. 53, § 2.º: "Nos contratos do sistema de consórcio de produtos duráveis, a compensação ou a restituição das parcelas quitadas, na forma deste artigo, terá descontada, além da vantagem econômica auferida com a fruição, os prejuízos que o desistente ou inadimplente causar ao grupo".

Conforme é cediço, **cláusula resolutória é aquela que admite** a resolução, **o fim do contrato**. Assim, cláusula dessa natureza **poderá ser inserida no contrato de consumo** pelo fornecedor, **mas a escolha** pela sua incidência ou não ao caso concreto **caberá exclusivamente ao consumidor**.

Ademais, existente no contrato a cláusula resolutória e optando pela sua incidência, o consumidor terá **direito à restituição das parcelas quitadas monetariamente**

---

[8] CAVALIERI FILHO, Sergio. *Programa de direito do consumidor*, p. 152.
[9] GRINOVER, Ada Pellegrini; BENJAMIN, Antônio Herman de V.; FINK, Daniel Roberto; FILOMENO, José Geraldo Brito; NERY JR., Nelson; DENARI, Zelmo. *Código Brasileiro de Defesa do Consumidor*, p. 652.

atualizadas, descontados, além da vantagem econômica auferida com a fruição, os prejuízos que o desistente causar ao fornecedor. Caberá a este comprovar a desvalorização decorrente da fruição pelo consumidor, bem como os eventuais prejuízos sofridos.[10]

> DIREITO PRIVADO. RECURSO ESPECIAL. AÇÃO DE OBRIGAÇÃO DE FAZER C/C COMPENSAÇÃO POR DANOS MORAIS. PLANOS DE SAÚDE. REGIME DE CONTRATAÇÃO. COLETIVO. POPULAÇÃO VINCULADA À PESSOA JURÍDICA. EMPRESÁRIO INDIVIDUAL. DOIS BENEFICIÁRIOS. RESCISÃO UNILATERAL E IMOTIVADA. DIRIGISMO CONTRATUAL. CONFRONTO ENTRE PROBLEMAS. ANALOGIA. DISSÍDIO JURISPRUDENCIAL. SIMILITUDE FÁTICA. AUSÊNCIA. HONORÁRIOS DE SUCUMBÊNCIA RECURSAL. MAJORAÇÃO. 1. Ação ajuizada em 22.5.15. Recurso especial interposto em 29.7.16 e autos conclusos ao gabinete da Relatora em 4.10.17. Julgamento: CPC/15. 2. O propósito recursal é definir se é válida a rescisão unilateral imotivada de plano de saúde coletivo empresarial por parte da operadora de plano de saúde em face de microempresa com apenas dois beneficiários. 3. A Agência Nacional de Saúde Suplementar (ANS), por meio da Resolução Normativa 195/09, definiu que: i) o plano de saúde individual ou familiar é aquele que oferece cobertura da atenção prestada para a livre adesão de beneficiários, pessoas naturais, com ou sem grupo familiar; ii) o plano coletivo empresarial é delimitado à população vinculada à pessoa jurídica por relação empregatícia ou estatutária; e iii) o plano coletivo por adesão é aquele que oferece cobertura à população que mantenha vínculo com pessoas jurídicas de caráter profissional, classista ou setorial. 4. A contratação por uma microempresa de plano de saúde em favor de dois únicos beneficiários não atinge o escopo da norma que regula os contratos coletivos, justamente por faltar o elemento essencial de uma população de beneficiários. 5. Não se verifica a violação do art. 13, parágrafo único, II, da Lei 9.656/98 pelo Tribunal de origem, pois a hipótese sob exame revela um atípico contrato coletivo que, em verdade, reclama o excepcional tratamento como individual/familiar. 6. Recurso especial conhecido e não provido, com majoração de honorários recursais (REsp 1.701.600/SP, Rel. Ministra Nancy Andrighi, 3.ª T., j. 6.3.2018, *DJe* 9.3.2018).

13.3.2.4. As características das informações das cláusulas no contrato de adesão

O Diploma Consumerista estabelece que os "contratos de adesão escritos serão redigidos em termos claros e com caracteres ostensivos e legíveis, cujo tamanho da fonte não será inferior ao corpo doze, de modo a facilitar sua compreensão pelo consumidor" (art. 54, § 3.º).

Podemos considerar como **claras as cláusulas** cuja informação pode ser entendida de imediato e com facilidade pelo consumidor, sem abreviaturas que dificultem a sua compreensão, e sem o abuso na utilização de linguagem técnica e inacessível ao vulnerável da relação jurídica de consumo.

A exigência de **caracteres ostensivos** busca evitar a utilização de letras miúdas capazes de gerar dificuldades no momento da leitura do contrato pelo consumidor.

---

[10] Nos contratos decorrentes de compras realizadas fora do estabelecimento comercial, tal desconto não será admitido, conforme em breve será analisado.

O histórico de o contrato de adesão estar relacionado com prática abusiva do fornecedor em utilizar letras pequenas, dificultando o acesso à informação, sempre foi uma constante nas relações de consumo, tanto que em 2008, por força da Lei n. 11.785, foi inserida no § 3.º do art. 54 do CDC a exigência de as **cláusulas no contrato de adesão não poderem ter corpo de letra inferior a 12.**

No tocante às cláusulas legíveis, ensina Nelson Nery Junior que "o Código consagrou o *princípio da legibilidade das cláusulas contratuais*. O dispositivo visa a permitir que o consumidor possa tomar conhecimento do conteúdo do contrato pela simples leitura, sem prejuízo do dever de esclarecimento por parte do fornecedor (art. 46, CDC). A redação em caracteres legíveis possibilita diminuir o âmbito do controle das cláusulas contratuais gerais, qualitativa e quantitativamente, além de consistir em instrumento de segurança das relações jurídicas e de liberdade contratual".[11]

A preservação do acesso material à informação nos contratos de consumo também vem sendo exigida pelo Superior Tribunal de Justiça: "**Mostra-se inoperante a cláusula contratual que, a pretexto de informar o consumidor sobre as limitações da cobertura securitária, somente o remete para a letra da Lei acerca da tipicidade do furto qualificado, cuja interpretação, ademais, é por vezes controvertida até mesmo no âmbito dos Tribunais e da doutrina criminalista**" (REsp 814.060/RJ, Rel. Ministro Luis Felipe Salomão, 4.ª T., *DJe* 13.4.2010).[12]

13.3.2.5. *O destaque da cláusula limitativa de direito do consumidor como característica do contrato de adesão*

No tocante às características do contrato de adesão, cumpre ressaltar ainda o disposto no art. 54, § 4.º, do CDC: "As cláusulas que implicarem limitação de direito do consumidor deverão ser redigidas com destaque, permitindo sua imediata e fácil compreensão".

O **destaque na cláusula limitativa** tem por objeto, mais uma vez, **conceder ao consumidor o acesso material e efetivo do conteúdo do contrato em maior grau de evidência**, justamente em razão de se tratar de uma restrição ao seu direito, por exemplo

---

[11] GRINOVER, Ada Pellegrini; BENJAMIN, Antônio Herman de V.; FINK, Daniel Roberto; FILOMENO, José Geraldo Brito; NERY JR., Nelson; DENARI, Zelmo. *Código Brasileiro de Defesa do Consumidor*, p. 653-654.

[12] No mesmo sentido, o STJ em outro julgamento em que a explicação devida sobre o que seria furto qualificado e as consequências da cláusula que limitava o seguro a esta modalidade de infração penal não foi devidamente esclarecida: **A circunstância de o risco segurado ser limitado aos casos de furto qualificado exige, de plano, conhecimentos do aderente quanto às diferenças entre uma e outra espécie de furto, conhecimento esse que, em razão da sua vulnerabilidade, presumidamente o consumidor não possui, ensejando-se, por isso, o reconhecimento da falha no dever geral de informação, o qual constitui, é certo, direito básico do consumidor, nos termos do artigo 6.º, inciso III, do CDC. A condição exigida para cobertura do sinistro — ocorrência de furto qualificado — por si só, apresenta conceituação específica da legislação penal, cujo próprio meio técnico-jurídico possui dificuldades para conceituá-lo, o que denota sua abusividade** (REsp 1.293.006/SP, Rel. Ministro Massami Uyeda, 3.ª T., *DJe* 29.6.2012).

a **cláusula que exclui a responsabilidade da empresa de seguros** caso os danos sejam decorrentes de **condutor embriagado**.

O legislador não definiu como deveria ser realizado tal destaque, mesmo porque não lhe competia tal papel.

Contudo, a jurisprudência do Superior Tribunal de Justiça já concluiu que **não basta estar em negrito** a cláusula restritiva de um direito do consumidor: "**O fato de a cláusula restritiva estar no meio de outras, em negrito, não é suficiente para se atender à exigência do art. 54, § 4.º, do CDC. A lei não prevê — e nem o deveria — o modo como tais cláusulas deverão ser redigidas. Assim, a interpretação do art. 54 deve ser feita com o espírito protecionista, buscando sua máxima efetividade**" (REsp 774.035/MG, Rel. Ministro Humberto Gomes de Barros, 3.ª T., *DJ* 5.2.2007).

Nos contratos de seguro de vida, destaca-se que o STJ em mais de uma oportunidade posicionou-se no sentido de que o simples nexo de causalidade entre a embriaguez do segurado e a ocorrência de um acidente não se mostra, por si só, suficiente para elidir a responsabilidade da seguradora no caso de seguro de vida. Vejamos:

> DIREITO CIVIL. CONTRATO DE SEGURO. ACIDENTE PESSOAL. ESTADO DE EMBRIAGUEZ. FALECIMENTO DO SEGURADO. RESPONSABILIDADE DA SEGURADORA. IMPOSSIBILIDADE DE ELISÃO. AGRAVAMENTO DO RISCO NÃO COMPROVADO. PROVA DO TEOR ALCOÓLICO E SINISTRO. AUSÊNCIA DE NEXO DE CAUSALIDADE. CLÁUSULA LIBERATÓRIA DA OBRIGAÇÃO DE INDENIZAR. ARTS. 1.454 E 1.456 DO CÓDIGO CIVIL DE 1916.
> 1. **A simples relação entre o estado de embriaguez e a queda fatal, como única forma razoável de explicar o evento, não se mostra, por si só, suficiente para elidir a responsabilidade da seguradora, com a consequente exoneração de pagamento da indenização prevista no contrato.**
> 2. **A legitimidade de recusa ao pagamento do seguro requer a comprovação de que houve voluntário e consciente agravamento do risco por parte do segurado**, revestindo-se seu ato condição determinante na configuração do sinistro, para efeito de dar ensejo à perda da cobertura securitária, porquanto não basta a presença de ajuste contratual prevendo que a embriaguez exclui a cobertura do seguro.
> 3. Destinando-se o seguro a cobrir os danos advindos de possíveis acidentes, geralmente oriundos de atos dos próprios segurados, nos seus normais e corriqueiros afazeres do dia a dia, a prova do teor alcoólico na concentração de sangue não se mostra suficiente para se situar como nexo de causalidade com o dano sofrido, notadamente por não exercer influência o álcool com idêntico grau de intensidade nos indivíduos.
> 4. **A culpa do segurado**, para efeito de caracterizar desrespeito ao contrato, com prevalecimento da cláusula liberatória da obrigação de indenizar prevista na apólice, **exige a plena demonstração de intencional conduta do segurado para agravar o risco objeto do contrato**, devendo o juiz, na aplicação do art. 1.454 do Código Civil de 1916, observar critérios de equidade, atentando-se para as reais circunstâncias que envolvem o caso (art. 1.456 do mesmo diploma).
> 5. Recurso especial provido (REsp 780.757/SP, Rel. Ministro João Otávio de Noronha, 4.ª T., *DJe* 14.12.2009).[13]

---

[13] Segundo o STJ, o agravamento do risco estará caracterizado quando, por exemplo, a *culpa in vigilando* da empresa não evita que empregado inabilitado para dirigir se aposse do bem segurado. Tal

EMBARGOS DE DIVERGÊNCIA EM RECURSO ESPECIAL. AÇÃO DE COBRANÇA DE **SEGURO DE VIDA** PROPOSTA POR FAMILIARES BENEFICIÁRIOS DA COBERTURA. **ACIDENTE DE TRÂNSITO. MORTE DO CONDUTOR SEGURADO. NEGATIVA DE COBERTURA PELA SEGURADORA. ALEGAÇÃO DE AGRAVAMENTO DE RISCO. INGESTÃO DE BEBIDA ALCOÓLICA. EMBRIAGUEZ DO SEGURADO. RELEVÂNCIA RELATIVA.** ORIENTAÇÃO CONTIDA NA CARTA CIRCULAR SUSEP/DETEC/GAB N. 08/2007. PRECEDENTES. EMBARGOS DE DIVERGÊNCIA PROVIDOS. 1. Sob a vigência do Código Civil de 1916, à época dos fatos, a jurisprudência desta Corte e a do egrégio Supremo Tribunal Federal foi consolidada no sentido de que o seguro de vida cobre até mesmo os casos de suicídio, desde que não tenha havido premeditação (Súmulas 61/STJ e 105/STF). 2. Já em consonância com o novel Código Civil, a jurisprudência do Superior Tribunal de Justiça consolidou seu entendimento para preconizar que "o legislador estabeleceu critério objetivo para regular a matéria, tornando irrelevante a discussão a respeito da premeditação da morte" e que, assim, a seguradora não está obrigada a indenizar apenas o suicídio ocorrido dentro dos dois primeiros anos do contrato (AgRg nos EDcl nos EREsp 1.076.942/PR, Rel. p/ acórdão Ministro João Otávio de Noronha). 3. Com mais razão, a cobertura do contrato de seguro de vida deve abranger os casos de sinistros ou acidentes decorrentes de atos praticados pelo segurado em estado de insanidade mental, de alcoolismo ou sob efeito de substâncias tóxicas, ressalvado o suicídio ocorrido dentro dos dois primeiros anos do contrato. 4. Orientação da Superintendência de Seguros Privados na Carta Circular SUSEP/DETEC/GAB n. 08/2007: "1) Nos Seguros de Pessoas e Seguro de Danos, é VEDADA A EXCLUSÃO DE COBERTURA na hipótese de 'sinistros ou acidentes decorrentes de atos praticados pelo segurado em estado de insanidade mental, de alcoolismo ou sob efeito de substâncias tóxicas'; 2) Excepcionalmente, nos Seguros de Danos cujo bem segurado seja um VEÍCULO, é ADMITIDA A EXCLUSÃO DE COBERTURA para 'danos ocorridos quando verificado que o VEÍCULO SEGURADO foi conduzido por pessoa embriagada ou drogada, desde que a seguradora comprove que o sinistro ocorreu devido ao estado de embriaguez do condutor". Precedentes: REsp 1.665.701/RS, Rel. Ministro Ricardo Villas Bôas Cueva, 3.ª T.; e AgInt no AREsp 1.081.746/SC, Rel. Ministro Raul Araújo, 4.ª T. 5. Embargos de divergência providos (EREsp 973.725/SP, Rel. Ministro Lázaro Guimarães (Desembargador convocado do TRF 5.ª Região), 2.ª Seção, j. 25.4.2018, *DJe* 2.5.2018).

O assunto é tão relevante que o Superior Tribunal de Justiça editou a **Súmula 620 no seguinte sentido: "A embriaguez do segurado não exime a seguradora do pagamento da indenização prevista em contrato de seguro de vida"** (2.ª Seção, j. 12.12.2018, *DJe* 17.12.2018).

No entanto, o **STJ faz certa diferença entre contrato de seguro de vida e contrato de seguro de automóvel** em que a embriaguez ao volante poderá excluir o dever da seguradora de indenizar:

conduta gera um agravamento do risco e afasta a cobertura securitária: "À vista dos princípios da eticidade, da boa-fé e da proteção da confiança, o agravamento do risco decorrente da *culpa in vigilando* da empresa, ao não evitar que empregado não habilitado se apossasse do veículo, **tem como consequência a exclusão da cobertura**, haja vista que o apossamento proveio de culpa grave do segurado" (REsp 1.412.816/SC, Rel. Ministra Nancy Andrighi, 3.ª T., *DJe* 30.5.2014).

4. O ente segurador não pode ser obrigado a incluir na cobertura securitária todos os riscos de uma mesma natureza, já que deve possuir liberdade para oferecer diversos produtos oriundos de estudos técnicos, pois quanto maior a periculosidade do risco, maior será o valor do prêmio. 5. **É lícita, no contrato de seguro de automóvel, a cláusula que prevê a exclusão de cobertura securitária para o acidente de trânsito (sinistro) advindo da embriaguez do segurado que, alcoolizado, assumiu a direção do veículo. Configuração do agravamento essencial do risco contratado, a afastar a indenização securitária.** Precedente da Terceira Turma. 6. No contrato de seguro de vida, ocorrendo o sinistro morte do segurado e inexistente a má-fé dele (a exemplo da sonegação de informações sobre eventual estado de saúde precário — doenças preexistentes — quando do preenchimento do questionário de risco) ou o suicídio no prazo de carência, a indenização securitária deve ser paga ao beneficiário, visto que a cobertura neste ramo é ampla. 7. **No seguro de vida, é vedada a exclusão de cobertura na hipótese de sinistros ou acidentes decorrentes de atos praticados pelo segurado em estado de insanidade mental, de alcoolismo ou sob efeito de substâncias tóxicas (Carta Circular SUSEP/DETEC/GAB n. 08/2007).** 8. As cláusulas restritivas do dever de indenizar no contrato de seguro de vida são mais raras, visto que não podem esvaziar a finalidade do contrato, sendo da essência do seguro de vida um permanente e contínuo agravamento do risco segurado (REsp 1.665.701/RS, Rel. Ministro Ricardo Villas Bôas Cueva, 3.ª T., j. 9.5.2017, *DJe* 31.5.2017).[14]

Importante lembrar que a garantia de responsabilidade civil não visa apenas proteger o patrimônio do segurado, mas, também, preservar o interesse dos terceiros prejudicados à indenização, como é o caso da vítima de um acidente de trânsito cujo condutor estava embriagado. Em outras palavras, com o Código Civil de 2002, o contrato de seguro de responsabilidade civil deixou de ostentar apenas uma obrigação de reembolso de interesse econômico do segurado para albergar em igual escala uma obrigação de garantia da vítima, prestigiando, assim, a sua função social.

Por isso o Superior Tribunal de Justiça declarou inidônea a exclusão da cobertura de responsabilidade civil no seguro de automóvel quando o motorista dirige em estado de embriaguez, visto que somente prejudicaria a vítima já tão penalizada com o acidente:

RECURSO ESPECIAL. CIVIL. SEGURO DE AUTOMÓVEL. GARANTIA DE RESPONSABILIDADE CIVIL. ACIDENTE DE TRÂNSITO. CAUSA DO SINISTRO. EMBRIAGUEZ DE PREPOSTO DO SEGURADO. DEVER DE INDENIZAR DA SEGURADORA. CLÁUSULA DE EXCLUSÃO. INEFICÁCIA PARA TERCEIROS. PROTEÇÃO À VÍTIMA. NECESSIDADE. TIPO SECURITÁRIO. FINALIDADE E FUNÇÃO SOCIAL.
1. Recurso especial interposto contra acórdão publicado na vigência do Código de Processo Civil de 2015 (Enunciados Administrativos ns. 2 e 3/STJ).
2. A questão controvertida na presente via recursal consiste em definir se é lícita a exclusão da cobertura de responsabilidade civil no seguro de automóvel quando o motorista, causador do dano a terceiro, dirigiu em estado de embriaguez.

---

[14] No mesmo sentido, entendeu o STJ pela perda da garantia securitária de condutor alcoolizado em seguro de automóvel, no julgamento do REsp 1.485.717, *DJe* 14.12.2016.

3. É lícita, no contrato de seguro de automóvel, a cláusula que prevê a exclusão de cobertura securitária para o acidente de trânsito (sinistro) advindo da embriaguez do segurado ou de preposto que, alcoolizado, assumiu a direção do veículo. Configuração do agravamento essencial do risco contratado, a afastar a indenização securitária. Precedentes.
4. Deve ser dotada de ineficácia para terceiros (garantia de responsabilidade civil) a cláusula de exclusão da cobertura securitária na hipótese de o acidente de trânsito advir da embriaguez do segurado ou de quem este confiou a direção do veículo, visto que solução contrária puniria não quem concorreu para a ocorrência do dano, mas as vítimas do sinistro, as quais não contribuíram para o agravamento do risco.
5. **A garantia de responsabilidade civil não visa apenas proteger o interesse econômico do segurado relacionado com seu patrimônio, mas, em igual medida, também preservar o interesse dos terceiros prejudicados à indenização.**
6. **O seguro de responsabilidade civil se transmudou após a edição do Código Civil de 2002, de forma que deixou de ostentar apenas uma obrigação de reembolso de indenizações do segurado para abrigar também uma obrigação de garantia da vítima, prestigiando, assim, a sua função social.**
7. **É inidônea a exclusão da cobertura de responsabilidade civil no seguro de automóvel quando o motorista dirige em estado de embriaguez, visto que somente prejudicaria a vítima já penalizada, o que esvaziaria a finalidade e a função social dessa garantia, de proteção dos interesses dos terceiros prejudicados à indenização, ao lado da proteção patrimonial do segurado.**
8. Recurso especial não provido (REsp 1.738.247/SC, Rel. Ministro Ricardo Villas Bôas Cueva, 3.ª T., j. 27.11.2018, *DJe* 10.12.2018).

Sobre o tema contrato de seguro de vida, cumpre destacar ainda o teor da **Súmula 610 do STJ: "O suicídio não é coberto nos dois primeiros anos de vigência do contrato de seguro de vida, ressalvado o direito do beneficiário à devolução do montante da reserva técnica formada"** (2.ª Seção, aprovada em 25.4.2018, *DJe* 7.5.2018). Trata-se de posicionamento que alterou em sentido diametralmente oposto a jurisprudência das Cortes Superiores que entendia pela cobertura do seguro de vida diante de um suicídio não premeditado (Súmula 61 do STJ e Súmula 105 do STF).

Diante da mudança radical de posicionamento ocorrida no ano de 2018, é possível invocar a **Teoria da Superação Prospectiva (*Prospective Overruling*)**, de origem norte-americana, invocada nas hipóteses em que há alteração da jurisprudência consolidada dos Tribunais motivada pela mudança social, sendo recomendável, nesses casos, que os efeitos do novo entendimento sejam para o futuro (prospectivos), a fim de resguardar expectativas legítimas daqueles que confiaram no direito não mais vigente.

Esta foi a posição do Superior Tribunal de Justiça no julgamento de um recurso especial envolvendo caso de suicídio não premeditado ocorrido ainda quando vigente o entendimento jurisprudencial que determinava a cobertura pela seguradora com ação ajuizada pelo consumidor em 9.1.2012, recurso interposto perante o STJ em 28.3.2016 e atribuído ao gabinete do relator em 13.10.2017:

RECURSO ESPECIAL. SEGURO DE VIDA. MUDANÇA DE JURISPRUDÊNCIA. APLICAÇÃO DO ENTENDIMENTO ANTIGO. TEORIA DA *PROSPECTIVE OVERRULING*. MUDANÇA DE ENTENDIMENTO PROSPECTIVA. PROTEÇÃO DA

CONFIANÇA. NECESSIDADE DE PROTEÇÃO. PRECEDENTES QUALIFICADOS. NÃO INCIDÊNCIA NA HIPÓTESE.
1. Ação ajuizada em 9.1.2012, recurso interposto em 28.3.2016 e atribuído a este gabinete em 13.10.2017.
2. O propósito recursal consiste em determinar se, na hipótese de mudança de jurisprudência, a nova orientação poderia ser aplicada indiscriminadamente sobre os litígios surgidos durante a vigência do entendimento jurisprudencial anterior, ainda mais sobre aqueles já submetidos ao Poder Judiciário.
3. A teoria da superação prospectiva (*prospective overruling*), de origem norte-americana, é invocada nas hipóteses em que há alteração da jurisprudência consolidada dos Tribunais e afirma que, quando essa superação é motivada pela mudança social, seria recomendável que os efeitos sejam para o futuro apenas, isto é, prospectivos, a fim de resguardar expectativas legítimas daqueles que confiaram no direito então reconhecido como obsoleto.
4. A força vinculante do precedente, em sentido estrito, bem como da jurisprudência, em sentido substancial, decorre de sua capacidade de servir de diretriz para o julgamento posterior em casos análogos e de, assim, criar nos jurisdicionados a legítima expectativa de que serão seguidos pelo próprio órgão julgador e órgãos hierarquicamente inferiores e, como consequência, sugerir para o cidadão um padrão de conduta a ser seguido com estabilidade.
5. **A modulação de efeitos do art. 927, § 3.º, do CPC/15 deve ser utilizada com parcimônia, de forma excepcional e em hipóteses específicas**, em que o entendimento superado tiver sido efetivamente capaz de gerar uma expectativa legítima de atuação nos jurisdicionados e, ainda, o exigir o interesse social envolvido.
6. **Na hipótese, é inegável a ocorrência de traumática alteração de entendimento desta Corte Superior, o que não pode ocasionar prejuízos para a recorrente, cuja demanda já havia sido julgada procedente em 1.º grau de jurisdição de acordo com a jurisprudência anterior do STJ.**
7. Recurso especial conhecido e provido (REsp 1.721.716/PR, Rel. Ministra Nancy Andrighi, 3.ª T., j. 10.12.2019, *DJe* 17.12.2019).

O Superior Tribunal de Justiça editou em 2019 a Súmula n. 632 com o seguinte conteúdo: "**Nos contratos de seguro regidos pelo Código Civil, a correção monetária sobre a indenização securitária incide a partir da contratação até o efetivo pagamento**" (2.ª Seção, j. 8.5.2019, *DJe* 13.5.2019).

Ademais, a **cláusula limitativa de direito do consumidor deverá ser informada antes da celebração do contrato**, ou seja, não poderá o vulnerável da relação tomar ciência da sua existência após a assinatura do instrumento contratual.

Nesse sentido, o Superior Tribunal de Justiça entendeu: "No caso concreto, surge incontroverso que o documento que integra o contrato de seguro de vida não foi apresentado por ocasião da contratação, além do que **a cláusula restritiva constou tão somente do 'manual do segurado', enviado após a assinatura da proposta. Portanto, configurada a violação ao artigo 54, § 4.º do CDC**" (REsp 1.219.406/MG, Rel. Ministro Luis Felipe Salomão, 4.ª T., *DJe* 18.2.2011).[15]

---

[15] O STJ entende que o "seguro é contrato consensual e aperfeiçoa-se tão logo haja manifestação de vontade, independentemente de emissão da apólice — ato unilateral da seguradora —, de sorte

Por fim, destaca-se que a informação e devida explicação de termos técnicos deverão ser efetivamente demonstradas e, caso necessário, "traduzidas" pelo fornecedor em termos claros, sob pena de se caracterizar violação ao direito à informação e às características do contrato de adesão.

13.4. COMPRAS FORA DO ESTABELECIMENTO

A respeito das compras realizadas fora do estabelecimento comercial, prevê o CDC:

> "Art. 49. **O consumidor pode desistir do contrato, no prazo de 7 dias** a contar de sua assinatura ou do ato de recebimento do produto ou serviço, sempre que a **contratação** de fornecimento de produtos e serviços **ocorrer fora do estabelecimento comercial**, especialmente por telefone ou a domicílio.
> Parágrafo único. Se o consumidor exercitar o direito de arrependimento previsto neste artigo, **os valores eventualmente pagos**, a qualquer título, durante o prazo de reflexão, **serão devolvidos, de imediato, monetariamente atualizados**".

O assunto traz a necessidade de pontuarmos cada uma das questões relevantes sobre essa modalidade de contratar no mercado de consumo, dentre as quais destacamos:

■ As compras pela internet poderão gozar do prazo de arrependimento, sendo o rol do art. 49 exemplificativo?

■ Qual o fundamento — a *ratio* — do prazo de 7 dias para o consumidor arrepender-se?

■ E nas compras efetuadas dentro do estabelecimento, podem os consumidores se utilizar de tal prazo analogicamente? Se sim, em qual(is) situação(ões)?

■ O prazo de arrependimento pode ser convencionado em período diferente do legal?

■ A devolução dos valores pagos em razão do exercício do direito de arrependimento pelo consumidor não gera prejuízo infundado ao fornecedor e enriquecimento ilícito do vulnerável?

■ O prazo de 7 dias pode ser utilizado pelo fornecedor para se recusar a trocar produto com vício, em desrespeito aos prazos decadenciais de 30 ou 90 dias previstos no art. 26 do CDC?

13.4.1. Do rol exemplificativo das compras realizadas fora do estabelecimento comercial e as compras via internet — uma análise da Lei n. 12.965, de 2014 (Marco Civil da Internet), do Decreto n. 8.771, de 2016, e do Decreto n. 7.962, de 2013, que dispõem sobre a contratação no comércio eletrônico

Apesar de o Código de Defesa do Consumidor fazer referência às **compras realizadas por telefone ou em domicílio**, é evidente o **caráter exemplificativo** do disposto

---

que a existência da avença não pode ficar a mercê exclusivamente da vontade de um dos contratantes, sob pena de ter-se uma conduta puramente potestativa, o que é, às expressas, vedado pelo art. 122 do Código Civil. O art. 758 do Código Civil não confere à emissão da apólice a condição de requisito de existência do contrato de seguro, tampouco eleva tal documento ao degrau de prova tarifada ou única capaz de atestar a celebração da avença" (REsp 1.306.367/SP, Rel. Ministro Luis Felipe Salomão, 4.ª T, *DJe* 5.5.2014).

no citado art. 49, mesmo porque o próprio dispositivo legal valeu-se do **termo "especialmente"**.

Assim, em toda forma de contratação fora do estabelecimento comercial será concedido o prazo de 7 dias para o consumidor exercer seu direito de arrependimento, tais como as contratações efetivadas:

- por telefone (por meio das televendas);
- em domicílio (com vendedores batendo à porta dos consumidores);
- por correspondência (por meio de mala direta ou qualquer outra maneira por intermédio postal);
- pela internet ou qualquer outro meio eletrônico.[16]

Conforme visto em capítulos anteriores, o Superior Tribunal de Justiça consolidou entendimento no sentido de que a exploração comercial via internet sujeita-se às relações de consumo e a toda a disciplina oriunda da Lei n. 8.078/90, esclarecendo ainda que o **"fato de o serviço prestado pelo provedor de serviço de Internet ser gratuito não desvirtua a relação de consumo, pois o termo 'mediante remuneração', contido no art. 3.º, § 2.º, do CDC, deve ser interpretado de forma ampla, de modo a incluir o ganho indireto do fornecedor"** (REsp 1.316.921/RJ, Rel. Ministra Nancy Andrighi, 3.ª T., *DJe* 29.6.2012).

De fato, **se as relações oriundas da internet estão sujeitas à incidência do CDC, o direito de arrependimento também poderá ser exercido pelo consumidor nas contratações celebradas pelo meio eletrônico.**

As compras coletivas estão cada vez mais em evidência, e a possibilidade da desistência do negócio dentro do prazo de 7 dias torna-se imprescindível. Tal proteção faz-se necessária, até porque ainda aguardamos a aprovação na Câmara dos Deputados do PL n. 3.514, de 2015 (já aprovado no Senado Federal sob a denominação PL n. 281), e que irá inserir uma seção no CDC sobre o Comércio Eletrônico. Enquanto isso, cumpre destacar o Decreto n. 7.962, de 15 de março de 2013, que regulamenta o CDC e dispõe sobre a contratação no comércio eletrônico, abrangendo os seguintes aspectos:

- informações claras a respeito do produto, serviço e do fornecedor;
- atendimento facilitado ao consumidor; e
- respeito ao direito de arrependimento.

O art. 5.º do aludido decreto dispõe que o fornecedor deve informar, de forma clara e ostensiva, os meios adequados e eficazes para o exercício do direito de arrependimento pelo consumidor, bem como que o consumidor poderá exercer seu direito de arrependimento pela mesma ferramenta utilizada para a contratação, sem prejuízo de outros meios disponibilizados.

---

[16] Conforme facilmente constatado no Anexo deste livro, o projeto de reforma do CDC traz referência expressa às relações de consumo via internet.

Ademais, destaca o Decreto n. 7.962/2013 que o "exercício do direito de arrependimento implica a rescisão dos contratos acessórios, sem qualquer ônus para o consumidor".[17]

Cuidado com uma exceção à regra do direito de arrependimento em 7 dias, inclusive para as compras/contratações realizadas pela *internet* que envolve aquisição de passagens aéreas. Sobre o tema, dispõe a **Resolução n. 400/2016 da ANAC: "Art. 11. O usuário poderá desistir da passagem aérea adquirida, sem qualquer ônus, desde que o faça no prazo de até 24 (vinte e quatro) horas, a contar do recebimento do seu comprovante. Parágrafo único. A regra descrita no *caput* deste artigo somente se aplica às compras feitas com antecedência igual ou superior a 7 (sete) dias em relação à data de embarque".**

Da forma disposta na aludida resolução normativa, as compras de passagens aéreas realizadas presencialmente ou pela internet terão disciplina diferenciada em relação à desistência imotivada e sem ônus para o consumidor devendo ocorrer no prazo de 24 horas do recebimento do comprovante de fechamento da contratação e desde que formalizada a renúncia em prazo igual ou superior a 7 dias do embarque.

Trata-se de período que a Agência Nacional de Aviação Civil entende como sendo razoável para o fornecedor de transporte aéreo realocar novo passageiro para o lugar do consumidor desistente.[18]

13.4.2. Os fundamentos do prazo de arrependimento nas compras realizadas fora do estabelecimento comercial

Os fundamentos do tratamento diferenciado concedido às compras realizadas fora do estabelecimento comercial consubstanciado no direito de o consumidor arrepender-se dentro do prazo de 7 dias podem ser classificados em:

- fundamentos principais;
- fundamentos acessórios.

Os **fundamentos principais** são os de conceder ao consumidor um **prazo de reflexão e evitar a compra por impulso**. Realmente, nas compras realizadas fora do estabelecimento comercial o consumidor acaba, muitas vezes, precipitando-se no momento da contratação e adquirindo algum produto que não terá qualquer utilidade para a sua vida ou para a de sua família.

Alguns vendedores são treinados a utilizar técnicas persuasivas na abordagem do vulnerável fora do estabelecimento, que, num primeiro momento, acredita que certo produto ou serviço efetivamente irá resolver algum problema de sua vida. Mas, quando

---

[17] Verificar nossos comentários nos itens 2.4.2 e 5.8.2 — uma análise da Lei n. 12.965, de 2014 (Marco Civil da Internet), do Decreto n. 8.771, de 2016, e do Decreto n. 7.962, de 2013, que dispõem sobre a contratação no comércio eletrônico —, bem como o Anexo deste livro e as referências expressas às relações via internet nos projetos de alteração do CDC.

[18] Se a compra da passagem aérea se deu em tempos de pandemia por conta da COVID-19, remetemos o leitor ao item 10.5.3. deste livro que trata das medidas emergenciais para a aviação civil brasileira em razão da pandemia da COVID-19 — Lei n. 14.034, de 5 de agosto de 2020.

chega a seu lar e reflete com tranquilidade sobre a contratação, constata que a efetivação do negócio deu-se por impulso e poderá exercer o direito de arrependimento dentro do prazo legal de 7 dias.

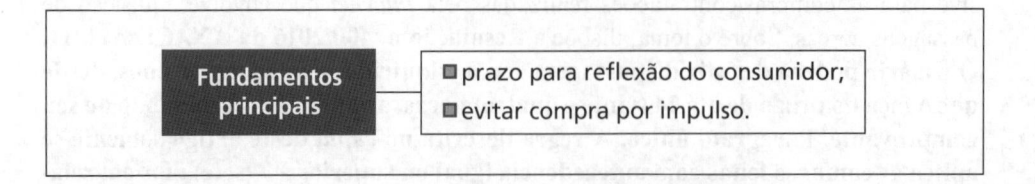

Fundamentos principais	▪ prazo para reflexão do consumidor; ▪ evitar compra por impulso.

Além da fundamentação citada e denominada principal, outros motivos não menos importantes existem e serão por nós chamados de **fundamentos acessórios**. Desta forma, as contratações fora do estabelecimento comercial restringem o consumidor do direito de:

- testar pessoalmente determinado produto ou serviço;
- compará-los com outros de modelos e marcas diferentes;
- esclarecer dúvidas presencialmente com o fornecedor, apesar de estar bem evoluído o atendimento imediato on-line ou por telefone;
- trocar experiências presencialmente com outros consumidores.

Em suma, ainda que a tecnologia esteja cada vez mais avançada a ponto de tornar atrativas as contratações realizadas pela internet, por exemplo, algumas questões somente poderão ser resolvidas presencialmente.

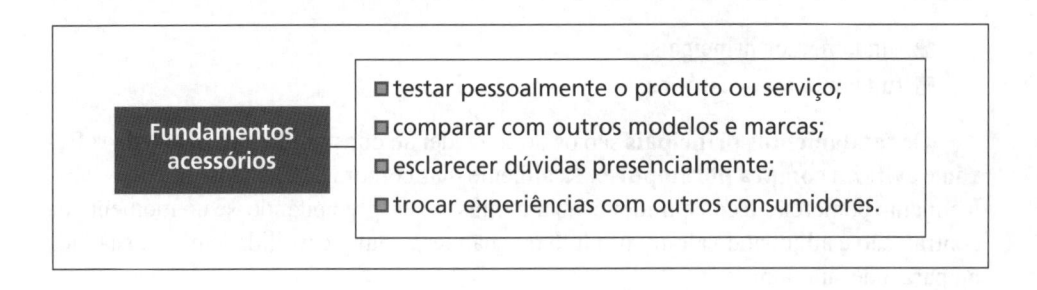

Fundamentos acessórios	▪ testar pessoalmente o produto ou serviço; ▪ comparar com outros modelos e marcas; ▪ esclarecer dúvidas presencialmente; ▪ trocar experiências com outros consumidores.

13.4.3. O direito de arrependimento e as compras realizadas *dentro* do estabelecimento comercial

O art. 49, *caput*, do Código de Defesa do Consumidor é claro ao estabelecer que o direito de desistir do negócio incide apenas nas compras realizadas fora do estabelecimento comercial. Logo, nos contratos firmados no interior do estabelecimento, o consumidor não poderá invocar o aludido direito ao arrependimento.

É prática comum no comércio a possibilidade de trocar determinado produto, em especial peça de vestuário, dentro do prazo de 30 dias, desde que não seja retirada a etiqueta de referência da roupa, por exemplo. Trata-se de mera liberalidade, e não de obrigação do fornecedor. Assim, uma vez ofertada a possibilidade de troca nesses casos, obrigado está o fornecedor a cumprir o prometido, em razão do princípio da vinculação da oferta.

Desta forma, caso o fornecedor não oferte tal possibilidade de troca, somente estará obrigado a substituir o bem por outro ou a devolver o valor eventualmente pago diante da existência de algum vício.

Em última análise, se o fornecedor não oferecer a possibilidade de troca dentro de tal prazo, não estará obrigado a desfazer o negócio caso inexista vício do produto ou do serviço nas contratações celebradas no interior do estabelecimento comercial.

No entanto, **existem contratos firmados dentro do estabelecimento nos quais**, em nossa opinião, o consumidor poderia valer-se do prazo de 7 dias para se arrepender **em razão da forma como é abordado pelo fornecedor**, com o intuito de persuadir o vulnerável a contratar por impulso, **sem dar-lhe a oportunidade de reflexão**.

Sobre o tema, concordamos plenamente com Bruno Miragem ao ensinar que a *"ratio* da norma é a proteção do consumidor com relação às técnicas de pressão dos fornecedores para realização do contrato de consumo, de modo que mesmo a interpretação do que seja 'fora do estabelecimento comercial' deve ser alargada, buscando assegurar o direito de arrependimento em situações nas quais, mesmo sendo a contratação realizada dentro de um estabelecimento comercial, o modo de contratação indica estratégia do fornecedor, visando à descaracterização desta circunstância. É o caso da contratação de *time-sharing*[19] na qual o consumidor inicialmente era convidado para uma festa, que embora ocorrendo dentro do estabelecimento do fornecedor, encontrava-se descaracterizado como tal, e na qual o consumidor é submetido ao apelo de compra por horas, mediante a veiculação de vídeos, prospectos e outras técnicas de abordagem pelo fornecedor, inibindo sua decisão racional".[20]

Igualmente, existem outras práticas comerciais abusivas realizadas por fornecedores no interior do estabelecimento comercial que, em nossa visão, legitimariam a utilização do prazo de reflexão exatamente por estimular a compra por impulso.

Como exemplo, podemos citar as chamadas **"ofertas surpresas"**, em que um vendedor com voz de locutor de rádio trabalha junto a um microfone, anunciando **"promoções-relâmpago"** no interior de uma loja.

O consumidor que lá se encontra com o propósito de comprar uma pilha acaba levando uma TV para sua residência, pois foi **vítima da compra por impulso**. Entendemos tratar-se de prática abusiva do art. 39, *caput*, do CDC e, como consequência, ser perfeitamente cabível ao caso a aplicação por analogia do prazo de arrependimento de 7 dias previsto no art. 49 do Diploma Consumerista.

Raciocínio semelhante poderá ser realizado nas **contratações** realizadas **fora do estabelecimento comercial de maneira reflexa**, ou seja, o consumidor está dentro do estabelecimento, mas o produto que pretende adquirir não existe na loja, nem em mostruário, **restando apenas a possibilidade de analisá-lo no site do fornecedor**.

---

[19] TJRS, 20ª Câm., ApCiv 70.000.195.578, Rel. Des. José Aquino Flores de Camargo, j. 26.10.1999.
[20] MIRAGEM, Bruno. *Curso de direito do consumidor*, p. 260-261.

Percebam, o consumidor está dentro do estabelecimento, mas somente consegue visualizar o produto a ser adquirido pela internet, caracterizando verdadeira compra fora do estabelecimento comercial de maneira reflexa. Em nossa posição, também aqui poderia o consumidor invocar o direito de desistir do negócio no prazo legal de 7 dias.

Em última análise, **se o fundamento é o mesmo — evitar a compra por impulso —, entendemos pela viabilidade da aplicação analógica do prazo de arrependimento** previsto no art. 49 do CDC para as citadas contratações realizadas dentro do estabelecimento comercial.[21]

13.4.4. O prazo legal e a viabilidade do prazo convencional de arrependimento nas compras realizadas fora do estabelecimento comercial

O **prazo legal** existente para o arrependimento nas contratações realizadas fora do estabelecimento comercial é o de **7 dias**, contados da assinatura do contrato ou do recebimento do produto ou serviço.

A questão que merece ser levantada consiste em saber **se as partes envolvidas** na relação de consumo **podem convencionar prazo diverso** do expresso no Código de Defesa do Consumidor.

A **resposta** à luz do Diploma Consumerista é **positiva, desde que o prazo de arrependimento convencional seja superior a 7 dias**. Isto porque, se for inferior a este prazo, irá violar o preceito de que a Lei n. 8.078/90 traz em seu conteúdo **normas de ordem pública e de interesse social** e a consequência respectiva de que o consumidor não poderá derrogar direitos do CDC.

De fato, aceitando prazo de reflexão inferior a 7 dias, estaria o consumidor abrindo mão do direito insculpido no art. 49, *caput*, do Código do Consumidor.

Por outro lado, óbice algum existe na concessão de prazo maior que 7 dias para o vulnerável da relação desistir do negócio celebrado fora do estabelecimento comercial em razão do **princípio da vinculação da oferta**.

O que não se admite é a oferta da concessão de prazo maior pelo fornecedor e, no momento de formalizar a desistência no último dia, o consumidor se depara com a recusa por parte do fornecedor sob a alegação de que o prazo legal havia sido expirado.

Por exemplo, estabelece-se por convenção o prazo de arrependimento de 10 dias. No décimo dia, o consumidor resolve desistir do negócio, mas o fornecedor se recusa a aceitar, alegando que o prazo legal de 7 dias já havia expirado. Trata-se de prática abusiva, pois nos termos do art. 30 do CDC existe o princípio da vinculação da oferta, plenamente cabível para o caso em tela.

De fato, **se ofertou 10 dias como prazo de arrependimento, vinculado estará o fornecedor a aceitar a desistência até o término do prazo convencional**.

---

[21] No entanto, a tese por nós defendida não prevalece ainda para fins de concurso público.

Prazo convencional de arrependimento	■ Inferior a 7 dias — inviável	CDC norma de ordem pública
	■ Superior a 7 dias — viável	Princípio da vinculação da oferta

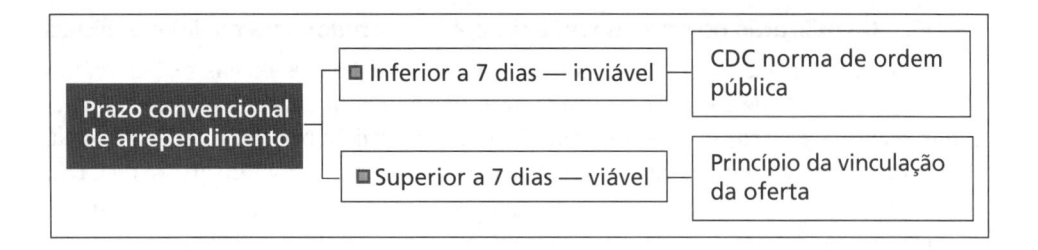

13.4.5. O direito à devolução dos valores pagos ante o arrependimento nas compras realizadas fora do estabelecimento comercial

Conforme visto, determina o parágrafo único do art. 49 do Código de Defesa do Consumidor que, exercitando o direito de arrependimento, o consumidor receberá em devolução os valores eventualmente pagos, durante o prazo de reflexão, monetariamente atualizados e de forma imediata.

De fato, os **efeitos da desistência são *ex tunc***, ou seja, **retroagem ao *status quo ante***, restando ao **fornecedor** o **dever de devolver o montante pago atualizado**, e ao consumidor, o de entregar em devolução o bem adquirido.

A **devolução do bem pelo consumidor evita o enriquecimento sem causa**, mas o **vulnerável não suportará o ônus do desconto** de qualquer valor em relação àquilo que foi pago, sob o fundamento, por exemplo, de desgaste do bem em razão de sua fruição, devendo, portanto, este **valor** ser **restituído em sua integralidade**.

A pretensão ao aludido desconto não possui amparo legal, não podendo o consumidor ser responsabilizado por eventuais prejuízos sofridos pelo **fornecedor**, na medida em que é deste o **dever de suportar os ônus e os riscos inerentes à atividade desenvolvida**.

Ademais, a **restituição** deverá ser **imediata**, sendo proibido ao fornecedor impor qualquer prazo para a restituição dos valores pagos pelo consumidor. Entendemos que a única ressalva que poderia ser levantada no caso em tela seria a de pagamento por meio de cartão de crédito. Portanto, razoável o estorno do valor pago na fatura do mês subsequente àquele em que a desistência foi formalizada.

Em última análise, pelas razões expostas, a devolução dos valores pagos em sua integralidade decorrente do exercício do direito de arrependimento pelo consumidor não gera prejuízo infundado ao fornecedor.

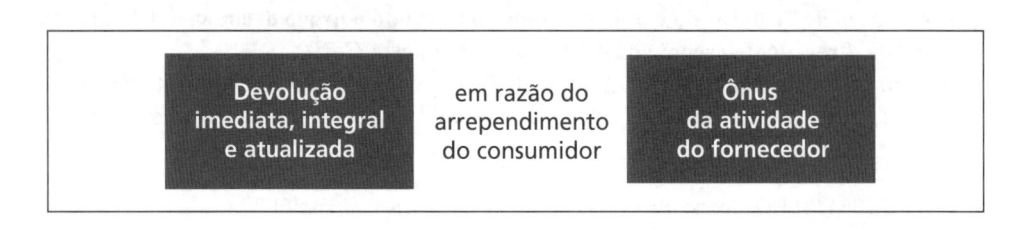

Devolução imediata, integral e atualizada	em razão do arrependimento do consumidor	Ônus da atividade do fornecedor

13.4.6. Da utilização do prazo de reflexão pelo fornecedor para finalidades ilícitas

O fornecedor que utiliza o prazo de 7 dias para finalidades ilícitas realiza prática abusiva no mercado de consumo. **O prazo de 7 dias não pode ser motivo para o fornecedor recusar-se a trocar produto com vício** não expirado o período legal de 30 ou 90 dias, para o bem não durável ou durável, respectivamente, nos termos do art. 26 do CDC.

É prática comum o consumidor constatar no canhoto que comprova a retirada do produto de uma loja que vende eletroeletrônicos, por exemplo, a informação de que a troca do bem no estabelecimento somente se dará dentro do prazo de 7 dias.

Perceba a utilização de conduta ardilosa por parte do fornecedor que lança mão de um prazo existente no CDC para enganar o consumidor, pois no caso de vício do produto ou do serviço a responsabilidade é solidária de todos os membros da cadeia de fornecimento, inclusive do comerciante, e o prazo incidente não é o de 7 dias, mas o de 30 ou 90, conforme o disposto no art. 26 da Lei n. 8.078/90, a depender de se tratar de bem durável ou não durável.

Igualmente, leciona Cavalieri Filho que todas "as responsabilidades contratuais podem ocorrer nesse prazo de reflexão. Se nesses sete dias o produto apresentar algum vício ou ocorrer um dano pelo fato do produto, o fornecedor terá que indenizar normalmente, pelas regras do CDC. Ele não vai poder dizer que se tratava de um mero comodato e que o comprador ainda não havia assumido a posição de consumidor".[22]

A responsabilidade solidária entre os fornecedores da cadeia de produção/comercialização vem sendo reconhecida pelo Superior Tribunal de Justiça em casos como o ora apresentado:

DIREITO DO CONSUMIDOR. AÇÃO COLETIVA DE CONSUMO. RECURSO ESPECIAL MANEJADO SOB A ÉGIDE DO CPC/73. **SOLIDARIEDADE DA CADEIA DE FORNECIMENTO.** ART. 18 DO CDC. **DEVER DE QUEM COMERCIALIZA PRODUTO QUE POSTERIORMENTE APRESENTE DEFEITO DE RECEBÊ-LO E ENCAMINHÁ-LO À ASSISTÊNCIA TÉCNICA RESPONSÁVEL, INDEPENDENTE DO PRAZO DE 72 HORAS. OBSERVÂNCIA DO PRAZO DE DECADÊNCIA.** DANO MORAL COLETIVO. *QUANTUM* INDENIZATÓRIO. RAZOABILIDADE. MODIFICAÇÃO. IMPOSSIBILIDADE. INCIDÊNCIA DA SÚMULA N. 7 DO STJ. RECURSO ESPECIAL PARCIALMENTE CONHECIDO E NÃO PROVIDO.
1. Inaplicabilidade do NCPC a este julgamento ante os termos do Enunciado Administrativo n. 2 aprovado pelo Plenário do STJ na sessão de 9.3.2016: Aos recursos interpostos com fundamento no CPC/73 (relativos a decisões publicadas até 17 de março de 2016) devem ser exigidos os requisitos de admissibilidade na forma nele prevista, com as interpretações dadas até então pela jurisprudência do Superior Tribunal de Justiça.
2. Por estar incluído na cadeia de fornecimento do produto, quem o comercializa, ainda que não seja seu fabricante, fica responsável, perante o consumidor, por receber o item que apresentar defeito e o encaminhá-lo à assistência técnica, independente do prazo de 72 horas da compra, sempre observado o prazo decadencial do art. 26 do CDC. Precedente recente da Terceira Turma desta Corte.
3. A jurisprudência do Superior Tribunal de Justiça consolidou o entendimento de que os valores fixados a título de danos morais, porque arbitrados com fundamento no arcabouço

---

[22] CAVALIERI FILHO, Sergio. *Programa de direito do consumidor*, p. 161.

fático-probatório carreado aos autos, só podem ser alterados em hipóteses excepcionais, quando constatada nítida ofensa aos princípios da razoabilidade e da proporcionalidade, mostrando-se irrisória ou exorbitante, o que não ocorreu no caso. Incidência da Súmula n. 7 desta Corte. Precedentes.
4. Recurso especial parcialmente conhecido e não provido (REsp 1.568.938/RS, Rel. Ministro Moura Ribeiro, 3.ª T., j. 25.8.2020, *DJe* 3.9.2020).

Por fim, ressalta-se que **o direito de arrependimento não está atrelado à constatação de qualquer vício ou motivação por parte do consumidor**. "Basta que haja a decisão do consumidor, sem a necessidade de motivá-la ao fornecedor. Esta ausência de motivação, por sua vez, não tem por finalidade promover decisão arbitrária do consumidor, senão de impedir que o fornecedor possa evitar ou dificultar o exercício do direito, mediante a contradição ou impugnação dos motivos alegados por quem desista do contrato."[23]

13.5. CONTRATOS DE OUTORGA DE CRÉDITO OU FINANCIAMENTO

13.5.1. Informações obrigatórias nos contratos de crédito ou de financiamento

Dispõe o Código de Defesa do Consumidor em seu art. 52 a disciplina dos contratos de outorga de crédito ou de financiamento nos seguintes termos:

> "No fornecimento de produtos ou serviços que envolva outorga de crédito ou concessão de financiamento ao consumidor, o fornecedor deverá, entre outros requisitos, informá-lo prévia e adequadamente sobre:
> I — preço do produto ou serviço em moeda corrente nacional;
> II — montante dos juros de mora e da taxa efetiva anual de juros;
> III — acréscimos legalmente previstos;
> IV — número e periodicidade das prestações;
> V — soma total a pagar, com e sem financiamento".

Trata-se de **rol exemplificativo**, devendo constar as informações expressas nos incisos do art. 52, porque obrigatórias, além de todos os demais dados necessários para tornar compreensível o conteúdo das cláusulas contratuais, conforme estudado ao longo deste capítulo, em especial no subitem que analisou os princípios específicos do contrato de consumo.

Informações obrigatórias nos contratos de crédito/financiamento	• preço do produto ou serviço em moeda corrente nacional; • montante dos juros de mora e da taxa efetiva anual de juros;[24] • acréscimos legalmente previstos; • número e periodicidade das prestações; • soma total a pagar, com e sem financiamento.

---

[23] MIRAGEM, Bruno. *Curso de direito do consumidor*, p. 261.
[24] Segundo pesquisa realizada pela Fundação PROCON do Estado de São Paulo e apresentada em junho de 2020, a média da taxa de juros dos principais bancos do País ficou: "No Empréstimo

Num passado não tão longínquo, havia uma mensagem publicitária que fazia a seguinte pergunta ao consumidor: "Quer pagar quanto?".

Tratava-se de publicidade veiculada por empresa muito famosa pela venda de produtos de consumo via financiamento e pagamento por meio de carnês que violava os incisos do dispositivo legal ora analisado, pois não informava o preço do produto, o montante dos juros de mora, os acréscimos legalmente previstos, o número e a periodicidade das prestações, nem a soma total a pagar, com e sem financiamento.

Concordamos com Nelson Nery Junior ao defender que são "redutíveis ao regime deste artigo **todos os contratos que envolverem crédito**, como os de **mútuo, de abertura de crédito rotativo ('cheque especial'), de cartão de crédito, de financiamento de aquisição de produto durável por alienação fiduciária ou reserva de domínio, de empréstimo para aquisição de imóvel** etc., desde que, obviamente, configurem *relação jurídica de consumo*".[25]

Contrato de concessão de crédito muito corrente nos dias atuais envolve o **empréstimo consignado** com desconto em folha de pagamento do servidor ou aposentadoria do trabalhador da iniciativa privada paga pelo INSS.

A grande questão sobre o tema envolve saber **qual o limite máximo** de desconto na remuneração do consumidor que é considerado legítimo.

O **Superior Tribunal de Justiça** vem fixando como **percentual máximo 30%**:

> DESCONTO. FOLHA. PAGAMENTO. SERVIDOR PÚBLICO. LIMITAÇÃO.
> Trata-se, na origem, de ação em que servidor público estadual aduz que os descontos facultativos de sua remuneração inviabilizam a garantia de uma renda mínima existencial e pretende que os descontos sejam reduzidos ao percentual de 30% de seus vencimentos, mantidos os termos do contrato de empréstimo consignado em folha de pagamento. O tribunal *a quo*, ao interpretar o Dec. Estadual n. 43.574/2005, entendeu que a soma mensal das consignações facultativas e obrigatórias de servidor público do estado do Rio Grande do Sul não poderá exceder a 70% do valor de sua remuneração mensal

---

Pessoal a taxa média dos bancos pesquisados foi de 6,10% a.m., redução de 0,01 p.p. em relação à taxa média referente ao mês anterior, que foi de 6,11%, representando uma variação negativa de 0,16%. A única instituição financeira que alterou sua taxa nessa modalidade de crédito foi o Banco Itaú, que reduziu de 6,05% para 5,99%, o que significa decréscimo de 0,06 p.p, representando uma variação negativa de 0,99%.No Cheque Especial a taxa média dos bancos pesquisados foi de 7,56% a.m., igual à do mês anterior. Nenhum banco da amostra apresentou alteração nesta taxa. Importante ressaltar que, o Banco Central do Brasil, por meio da Resolução n. 4.765, de 27 de novembro de 2019, limitou a cobrança da taxa de juros do cheque especial para pessoa física em 8% (oito por cento) ao mês. A Resolução passou a vigorar em 6 de janeiro de 2020. Especialistas do @proconsp alertam que, embora a taxa de juros do cheque especial esteja limitada e o COPOM tenha reduzido a taxa Selic pela sétima vez consecutiva, na prática, os juros, tanto do cheque especial quanto do empréstimo pessoal, continuam elevados. O cenário econômico está muito instável, assim o consumidor deve evitar contrair dívidas. Contratar empréstimos somente se necessário, sempre buscando prazos e taxas de juros menores". Disponível em:<https://www.procon.sp.gov.br/wp-content/uploads/2020/06/pesquisa-juros_junho20.pdf>. Acesso em: 9 jun. 2020.

[25] GRINOVER, Ada Pellegrini; BENJAMIN, Antônio Herman de V.; FINK, Daniel Roberto; FILOMENO, José Geraldo Brito; NERY JR., Nelson; DENARI, Zelmo. *Código Brasileiro de Defesa do Consumidor*, p. 618.

bruta. A limitação contida na norma estadual veda a hipótese de o servidor público gaúcho arcar com prestações de empréstimos com desconto em folha acrescidas das cobranças obrigatórias (pensão alimentícia, contribuição previdenciária, imposto de renda, adiantamento de férias, adiantamento de décimo terceiro etc.) que eventualmente superem, em determinado mês, 70% de seus vencimentos. Os arts. 8.º do Dec. n. 6.386/2008,[26] 2.º, § 2.º, I, da Lei n. 10.820/2003 e 45, parágrafo único, da **Lei n. 8.112/90 estabelecem que a soma do desconto em folha de pagamento referente aos descontos de prestações de empréstimos, financiamentos e operações de arrendamento mercantil não poderão exceder a 30% da remuneração do trabalhador.** Assim, a Turma deu parcial provimento ao recurso ao entender que **as normas atinentes à administração pública federal aplicam-se subsidiariamente às administrações estaduais e municipais.** Assentou que a soma dos descontos em folha de todas as prestações de empréstimos contratados pelo recorrente fique limitada a 30% de sua remuneração. Precedentes citados: REsp 1.186.565/RS, *DJe* 3.2.2011; AgRg no Ag 1.381.307/DF, *DJe* 27.4.2011; RMS 21.380/MT, *DJ* 15.10.2007, RMS 13.439/MG, *DJ* 29.3.2004, REsp 1.169.334/RS, Rel. Ministro Luis Felipe Salomão, j. 23.8.2011 (Notícia do *Informativo* n. 481 do STJ — de 16 a 26 de agosto de 2011).[27]

Entendemos que o limite de 30%, seria um **percentual razoável** que deveria ser **aplicado** não apenas ao servidor público, mas **também ao trabalhador da iniciativa privada**. "Este percentual, que se encontra inscrito na legislação federal para os servidores públicos da União, serve de parâmetro útil para a jurisprudência em relação aos servidores de outros entes federados e para os particulares, considerando a finalidade de evitar o superendividamento dos consumidores."[28]

No entanto, no ano de 2015 a citada Lei n. 8.112 (Estatuto do Servidor Federal) sofreu alteração em seu art. 45, que passou a admitir o desconto na folha do servidor federal no percentual de 35%, sendo 5% desse total destinado ao pagamento de dívidas com cartão de crédito. No ano de 2022, por força da Medida Provisória n. 1.132, houve um novo aumento do percentual de desconto. Na oportunidade fora permitido descontar até 40% da remuneração mensal do servidor, sendo 35% para pagamento de dívidas de empréstimos e 5% para pagamento de dívidas com cartão de crédito. **No dia 27 de dezembro de 2022, os parágrafos do art. 45 da Lei n. 8.112 foram revogados pela Lei**

---

[26] O aludido Decreto foi revogado pelo Decreto n. 8.690, de 2016, que dispõe sobre a gestão das consignações em folha de pagamento no âmbito do sistema de gestão de pessoas do Poder Executivo Federal. O decreto de 2016 foi alterado pelo Decreto n. 9.735 de 2019 e pelo Decreto n. 13.328 de 2020.

[27] Vale lembrar que o STJ tem fixado um critério de vedação ao crédito consignado para o idoso nos seguintes termos: "**O critério de vedação ao crédito consignado — a soma da idade do cliente com o prazo do contrato não pode ser maior que 80 anos** — não representa discriminação negativa que coloque em desvantagem exagerada a população idosa que pode se socorrer de outras modalidades de acesso ao crédito bancário. 10. Recurso especial conhecido e não provido" (REsp 1783731/PR, Rel. Ministra Nancy Andrighi, 3.ª T., j. 23.4.2019, *DJe* 26.4.2019). Sobre o tema, vale lembrar que a **Lei n. 14.181, de 1.º de julho de 2021** — a Nova Lei do Superendividamento — acrescentou o § 3.º ao art. 96 do Estatuto da Pessoa Idosa — Lei n. 10.741 de 2003 — prevendo que: **"Não constitui crime a negativa de crédito motivada por superendividamento da pessoa idosa."** (Redação dada pela Lei n. 14.423, de 2022).

[28] MIRAGEM, Bruno. *Curso de direito do consumidor*, p. 288.

n. 14.509, que passou a admitir descontos de até 45% na folha de pagamento do servidor federal. Não concordamos com esses aumentos que podem representar violação ao Direito Básico do Consumidor à concessão de crédito responsável, nos termos do disposto no art. 6.º, inciso IX, do CDC.

A Lei n. 10.820 foi recentemente alterada pela Lei n. 14.131, de 3 de agosto de 2022, e passou a permitir o desconto de até 40% da remuneração do devedor para pagamento do contrato de crédito consignado, sendo 35% para pagar dívidas de empréstimos e 5% para pagar dívidas com cartão de crédito. A nova lei permitiu ainda contrato de crédito consignado sobre valores recebidos em programas de governo, como o Auxílio Brasil. A citada Lei de 2022 foi regulamentada pelo Decreto n. 11.170, de 11 de agosto de 2022, no tocante ao desconto do Auxílio Brasil. *Data maxima venia*, entendemos que a celebração de contratos de crédito consignado num cenário como o apresentado, com desconto de até 40% do Auxílio Brasil, é mais um exemplo de violação do Direito Básico do Consumidor à concessão de crédito responsável.[29]

O Superior Tribunal de Justiça entende que a limitação de desconto ao empréstimo consignado, em percentual estabelecido pelos arts. 45 da Lei n. 8.112/1990 e art. 1.º da Lei n. 10.820/2003, não se aplica aos contratos de mútuo bancário em que o cliente autoriza o débito das prestações em conta corrente:

> RECURSO ESPECIAL. **PRESTAÇÕES DE MÚTUO FIRMADO COM INSTITUIÇÃO FINANCEIRA. DESCONTO EM CONTA CORRENTE E DESCONTO EM FOLHA. HIPÓTESES DISTINTAS. APLICAÇÃO, POR ANALOGIA, DA**

---

[29] Sobre a concessão de crédito às famílias de baixa renda, assim entendeu o STF: "AÇÃO DIRETA DE INCONSTITUCIONALIDADE. ARTS. 1.º E 2.º DA LEI N. 14.431/2022. EMPRÉSTIMO CONSIGNADO. BENEFICIÁRIOS DE PROGRAMAS DE TRANSFERÊNCIA DE RENDA. AUTORIZAÇÃO PARA CONTRATAÇÃO E AMPLIAÇÃO DA MARGEM DE CRÉDITO. PERDA DE OBJETO NÃO VERIFICADA. PRELIMINAR REJEITADA. INÉPCIA DA INICIAL AFASTADA. POLÍTICA PÚBLICA. ACESSO A CRÉDITO. FAMÍLIAS DE BAIXA RENDA. GARANTIA DE PROTEÇÃO SOCIAL. CONSTITUCIONALIDADE. 1. Não há falar em perda superveniente do objeto da ação, pois a Medida Provisória n. 1.164, de 2 de março de 2023, que reinstituiu o Programa Bolsa Família, além de manter a essência dos dispositivos impugnados, não implicou revogação imediata da legislação anterior. Precedentes. 2. Havendo argumentação idônea, não se verifica inépcia da petição inicial. 3. Ressalvadas as hipóteses de flagrantes ilegalidade, abuso de poder ou teratologia, impõe-se ao Judiciário autocontenção em relação às opções políticas do parlamento e órgãos especializados, sobretudo na ausência de demonstração concreta de desproporcionalidade na legislação (RE 1.359.139, Tema n. 1.231/RG, Tribunal Pleno, Ministro Luiz Fux, *DJe* de 8 de setembro de 2022; ADI 6.362, Tribunal Pleno, Ministro Ricardo Lewandowski, *DJe* de 9 de dezembro de 2020). 4. A possibilidade de fraude ou a previsão de superendividamento das famílias com empréstimos consignados, tendo sido objeto de consideração tanto em lei quanto em regulamento, não revelam densidade suficiente para tornar, por si sós, inconstitucionais as normas questionadas. 5. É compatível com a Constituição Federal, à luz dos arts. 1.º, III; 3.º, I; 6.º, parágrafo único; e 203, política pública de acesso a crédito com taxas de juros menores direcionada às famílias brasileiras, presente o objetivo de conferir proteção social a quem dela necessitar para a garantia da subsistência. 6. Pedido julgado improcedente" (ADI 7.223, Tribunal Pleno, Rel. Ministro Nunes Marques, j. 12.9.2023, *DJe* 9.10.2023).

LIMITAÇÃO LEGAL AO EMPRÉSTIMO CONSIGNADO AO MERO DESCONTO EM CONTA CORRENTE, SUPERVENIENTE AO RECEBIMENTO DA REMUNERAÇÃO. **INVIABILIDADE.** DIRIGISMO CONTRATUAL, SEM SUPEDÂNEO LEGAL. IMPOSSIBILIDADE. 1. A regra legal que fixa a limitação do desconto em folha é salutar, possibilitando ao consumidor que tome empréstimos, obtendo condições e prazos mais vantajosos, em decorrência da maior segurança propiciada ao financiador. O legislador ordinário concretiza, na relação privada, o respeito à dignidade humana, pois, com razoabilidade, limitam-se os descontos compulsórios que incidirão sobre verba alimentar, sem menosprezar a autonomia privada. 2. O contrato de conta corrente é modalidade absorvida pela prática bancária, que traz praticidade e simplificação contábil, da qual dependem várias outras prestações do banco e mesmo o cumprimento de pagamento de obrigações contratuais diversas para com terceiros, que têm, nessa relação contratual, o meio de sua viabilização. A instituição financeira assume o papel de administradora dos recursos do cliente, registrando lançamentos de créditos e débitos conforme os recursos depositados, sacados ou transferidos de outra conta, pelo próprio correntista ou por terceiros. 3. **Como característica do contrato, por questão de praticidade, segurança e pelo desuso, a cada dia mais acentuado, do pagamento de despesas em dinheiro, costumeiramente o consumidor centraliza, na conta corrente, suas despesas pessoais, como,** *v.g.*, **luz, água, telefone, tv a cabo, cartão de crédito, cheques, boletos variados e demais despesas com débito automático em conta.** 4. Consta, na própria petição inicial, que a adesão ao contrato de conta corrente, em que o autor percebe sua remuneração, foi espontânea, e que os descontos das parcelas da prestação — conjuntamente com prestações de outras obrigações firmadas com terceiros — têm expressa previsão contratual e ocorrem posteriormente ao recebimento de seus proventos, não caracterizando consignação em folha de pagamento. 5. **Não há supedâneo legal e razoabilidade na adoção da mesma limitação, referente a empréstimo para desconto em folha, para a prestação do mútuo firmado com a instituição financeira administradora da conta corrente.** Com efeito, no âmbito do direito comparado, não se extrai nenhuma experiência similar — os exemplos das legislações estrangeiras, costumeiramente invocados, buscam, por vezes, com medidas extrajudiciais, solução para o superendividamento ou sobreendividamento que, isonomicamente, envolvem todos os credores, propiciando, a médio ou longo prazo, a quitação do débito. 6. À míngua de novas disposições legais específicas, há procedimento, já previsto no ordenamento jurídico, para casos de superendividamento ou sobreendividamento — do qual podem lançar mão os próprios devedores —, que é o da insolvência civil. 7. **A solução concebida pelas instâncias ordinárias, em vez de solucionar o superendividamento, opera no sentido oposto, tendo o condão de eternizar a obrigação, visto que leva à amortização negativa do débito, resultando em aumento mês a mês do saldo devedor.** Ademais, uma vinculação perene do devedor à obrigação, como a que conduz as decisões das instâncias ordinárias, não se compadece com o sistema do direito obrigacional, que tende a ter termo. 8. O art. 6.º, parágrafo 1.º, da Lei de Introdução às Normas do Direito Brasileiro confere proteção ao ato jurídico perfeito, e, consoante os arts. 313 e 314 do CC, o credor não pode ser obrigado a receber prestação diversa da que lhe é devida, ainda que mais valiosa. 9. A limitação imposta pela decisão recorrida é de difícil operacionalização, e resultaria, no comércio bancário e nas vendas a prazo, em encarecimento ou até mesmo restrição do crédito, sobretudo para aqueles que não conseguem comprovar a renda. 10. Recurso especial do réu provido, julgado prejudicado o do autor (REsp 1.586.910/SP, Rel. Ministro Luis Felipe Salomão, 4.ª T., *DJe* 3.10.2017).

Sobre o assunto, o STJ fixou o seguinte entendimento no Tema 1.085:

> São lícitos os descontos de parcelas de empréstimos bancários comuns em conta-corrente, ainda que utilizada para recebimento de salários, desde que previamente autorizados pelo mutuário e enquanto esta autorização perdurar, não sendo aplicável, por analogia, a limitação prevista no § 1.º do art. 1.º da Lei n. 10.820/2003, que disciplina os empréstimos consignados em folha de pagamento (publicado em 15.3.2022).

13.5.2. O percentual da multa de mora no CDC

A redação original do art. 52, § 1.º, do Diploma Consumerista previa o percentual de 10% para a multa em razão de atraso por parte do consumidor no tocante ao cumprimento de sua obrigação.

No entanto, no ano de 1996, por força da Lei n. 9.298, a redação do dispositivo foi alterada e passou a ter o seguinte conteúdo: "As **multas de mora** decorrentes do inadimplemento de obrigações no seu termo **não poderão ser superiores a dois por cento** do valor da prestação".

A primeira questão relevante sobre o tema consiste em saber se **a redução dos juros de mora de 10% para 2% incidiu ou não sobre os contratos vigentes** à época do advento da Lei n. 9.298, de 1.º de agosto de 1996, publicada no *Diário Oficial da União* no segundo dia dos aludidos mês e ano.

Entendemos que sim, desde que estejamos diante de contratos de prestações continuadas e somente para a mora surgida a partir do dia 2 de agosto de 1996, data da publicação da novel lei.

O Superior Tribunal de Justiça, no julgamento do Recurso Especial 1.090.044, decidiu nos seguintes termos: "Limitação, a partir da edição da Lei n. 9.298/96, que conferiu nova redação ao art. 52, § 1.º, do CDC, em **2% da multa de mora prevista nos contratos em vigor e nos a serem celebrados entre a recorrente e os consumidores de seus serviços**" (Rel. Ministro Paulo de Tarso Sanseverino, 3.ª T., *DJe* 27.6.2011).

Outra questão interessante é saber se constitui prática abusiva a conduta do fornecedor de calcular a **multa de mora** de 2% **sobre o total da dívida ou** se o correto seria balizar o valor devido em face **das prestações vencidas**.

A resposta já foi proferida pelo **STJ** no julgamento do Recurso Especial 231.208 ao entender que a "**multa é calculada sobre o valor das prestações vencidas, não sobre o total do financiamento** (art. 52, § 1.º, do CDC)".

Apesar da existência de lei específica disciplinando o tema — Lei n. 9.870/99, que dispõe sobre o valor total das anuidades escolares —, é aplicável aos contratos de prestações de serviços educacionais o limite de 2% para a multa moratória, em harmonia com o disposto no art. 52, § 1.º, do CDC. Nesse sentido é a posição do Superior Tribunal de Justiça:

> RECURSO ESPECIAL. SERVIÇOS EDUCACIONAIS. RELAÇÃO DE CONSUMO. APLICAÇÃO DO CDC. FATO DO SERVIÇO. PRESCRIÇÃO QUINQUENAL. **1. Nos termos do Código de Defesa do Consumidor, o contrato de prestação de serviços educacionais constitui relação de consumo.** 2. Nos casos de responsabilidade pelo fato do produto e do serviço, aplica-se o prazo prescricional de 5 anos (artigo 27 do CDC). 3. O termo inicial da prescrição começa a fluir a partir do momento em que o direito é violado, o

qual coincide com o momento de nascimento da pretensão. 4. Recurso especial não provido (REsp 647.743/MG, Rel. Ministro Ricardo Villas Bôas Cueva, 3.ª T., *DJe* 11.12.2012).

13.5.3. Da liquidação antecipada do débito total ou parcial

O art. 52, § 2.º, determina, *in verbis*: "É assegurado ao consumidor a liquidação antecipada do débito, total ou parcialmente, mediante redução proporcional dos juros e demais acréscimos". Desta forma, qualquer disposição em contrário será considerada cláusula nula de pleno direito nos termos do art. 51, inciso I, do CDC.

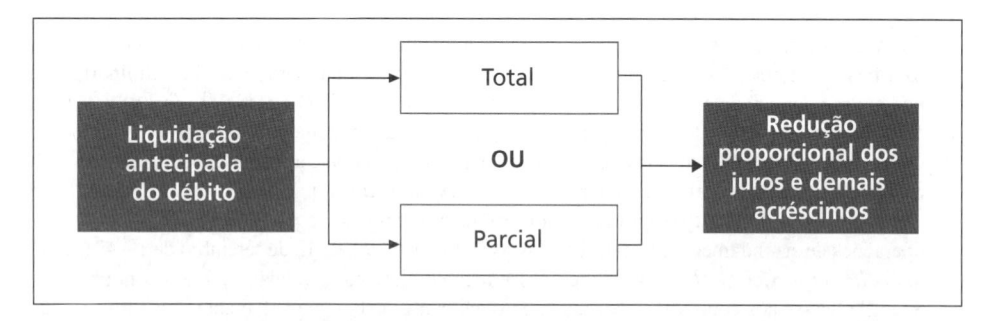

```
Liquidação          ┌─ Total ─┐       Redução
antecipada    ──────┤   OU    ├──►   proporcional dos
do débito           └─ Parcial ┘      juros e demais
                                      acréscimos
```

13.6. CONTRATOS DE COMPRA E VENDA PARCELADAS NO CDC E NA LEI N. 4.591/64, ALTERADA PELA LEI N. 13.786/2018

O Código de Defesa do Consumidor estabelece em seu art. 53 que nos "contratos de compra e venda de móveis ou imóveis mediante pagamento em prestações, bem como nas alienações fiduciárias em garantia, consideram-se nulas de pleno direito as cláusulas que estabeleçam a perda total das prestações pagas em benefício do credor que, em razão do inadimplemento, pleitear a resolução do contrato e a retomada do produto alienado".

Segundo prevê o art. 66 do Decreto-lei n. 911/69, a "alienação fiduciária em garantia transfere ao credor o domínio resolúvel e a posse indireta da coisa móvel alienada, independentemente da tradição efetiva do bem, tornando-se o alienante ou devedor em possuidor direto e depositário com todas as responsabilidades e encargos que lhe incumbem de acordo com a lei civil e penal".[30-31-32-33-34]

---

[30] Em relação à alienação fiduciária, destaca-se o seguinte julgado do STJ: "BUSCA E APREENSÃO. ALIENAÇÃO FIDUCIÁRIA. CONSTITUIÇÃO DO DEVEDOR EM MORA. PROTESTO EDITALÍCIO. POSSIBILIDADE. 1. É vedado ao credor promover, concomitantemente, ação de busca e apreensão e o processo de execução da nota promissória dada em garantia, procedimento não verificado no caso. 2. Permite-se, para a comprovação da mora do devedor, a notificação extrajudicial ou o protesto do título, ainda que levado a efeito mediante edital. 3. Tendo considerado o acórdão recorrido regular o protesto do título para a constituição do devedor em mora, tal conclusão se mostra infensa à valoração desta Corte por força do óbice da Súmula 7. 4. Recurso especial parcialmente conhecido e improvido" (REsp 576.081/SP, Rel. Ministro Luis Felipe Salomão, 4.ª T., *DJe* 8.6.2010).

[31] No tocante ao contrato de arrendamento mercantil — *leasing* —, dispõe a Súmula 369 do STJ: "No contrato de arrendamento mercantil (*leasing*), ainda que haja cláusula resolutiva expressa, é necessária a notificação prévia do arrendatário para constituí-lo em mora".

[32] Sobre o tema, cumpre ressaltar que o Decreto-Lei n. 911, de 1969, foi alterado em 2014 e passou a prever: "Art. 3.º O proprietário fiduciário ou credor poderá, desde que comprovada a mora, na

No caso de inadimplemento ou mora nas obrigações contratuais garantidas mediante alienação fiduciária, o proprietário fiduciário ou credor poderá vender a coisa a terceiros, independentemente de leilão, hasta pública, avaliação prévia ou qualquer outra medida judicial ou extrajudicial, salvo disposição expressa em contrário prevista no contrato, devendo aplicar o preço da venda no pagamento de seu crédito e das despesas decorrentes e entregar ao devedor o saldo apurado, se houver, com a devida prestação de contas (art. 2.º, *caput*, do Decreto n. 911/69, com redação pela Lei n. 13.043, de 2014).

---

forma estabelecida pelo § 2.º do art. 2.º, ou o inadimplemento, requerer contra o devedor ou terceiro a busca e apreensão do bem alienado fiduciariamente, a qual será concedida liminarmente, podendo ser apreciada em plantão judiciário" (*Redação dada pela Lei n. 13.043, de 2014*); Art. 2.º, § 2.º "A mora decorrerá do simples vencimento do prazo para pagamento e poderá ser comprovada por carta registrada com aviso de recebimento, não se exigindo que a assinatura constante do referido aviso seja a do próprio destinatário" (*Redação dada pela Lei n. 13.043, de 2014*); Art. 3.º, § 15 "As disposições deste artigo aplicam-se no caso de reintegração de posse de veículos referente às operações de arrendamento mercantil previstas na Lei n. 6.099, de 12 de setembro de 1974" (*Incluído pela Lei n. 13.043, de 2014*). Ainda nesse tocante, destacamos dois importantes julgados do STJ: "Aplica-se aos contratos de arrendamento mercantil de bem móvel, o entendimento firmado pela Segunda Seção desta Corte Superior, segundo o qual, 'nos contratos firmados na vigência da Lei n. 10.931/2004, compete ao devedor, no prazo de 5 (cinco) dias após a execução da liminar na ação de busca e apreensão [no caso concreto, de reintegração de posse do bem arrendado], pagar a integralidade da dívida — entendida esta como os valores apresentados e comprovados pelo credor na inicial —, sob pena de consolidação da propriedade do bem móvel objeto de alienação fiduciária' (REsp 1.418.593/MS, Relator o Ministro Luis Felipe Salomão, DJe 27.5.2014, julgado sob o rito dos recursos repetitivos); 1. Jurisprudência consolidada no sentido da possibilidade de purgação da mora do devedor em contrato de arrendamento mercantil, a despeito da ausência de previsão na Lei n. 6.099/74, haja vista a regra geral do Código Civil e do Código de Defesa do Consumidor. 2. Impossibilidade de purgação da mora mediante o oferecimento apenas das prestações vencidas, nos contratos de alienação fiduciária em garantia, após a alteração efetuada no art. 3.º do Decreto-lei 911/69 pela Lei 10.931/2004 (REsp 1.418.593/MS, Recurso Repetitivo, Rel. Ministro Luis Felipe Salomão, 2.ª Seção, DJe 27.5.2014). 3. A restrição introduzida no art. 3.º do Decreto-lei 911/69 pela Lei 10.931/2004, pertinente ao contrato de financiamento com garantia de alienação fiduciária, é regra de direito excepcional, insusceptível a aplicação analógica a outros tipos de contrato. 4. Reconhecimento de que até a inclusão do § 15 no art. 3.º do Decreto-lei n. 911/69, em 14.11.2014 (Lei n. 13.043/2014), a norma que disciplinava a purgação da mora no contrato de arrendamento mercantil de veículo automotor era a do art. 401, I, do Código Civil. A partir dessa data, contudo, não é mais permitida a purgação da mora também neste tipo de contrato, conforme norma específica. 5. Recurso especial conhecido e não provido" (REsp 1.381.832/PR, Rel. Ministra Maria Isabel Gallotti, 4.ª T., DJe 24.11.2015).

33 A Lei n. 14.711, de 30 de outubro de 2023 (Marco Legal das Garantias), alterou o Decreto-lei n. 911/69, acrescentando os arts. 8.º-B, 8.º-C, 8.º-D e 8.º-E. A lei de 2023 criou, ainda, a possibilidade da execução extrajudicial dos créditos garantidos por hipoteca e da garantia imobiliária em concurso de credores. Sobre o tema o STJ entendeu que as normas que impedem a arrematação por preço vil são aplicáveis à execução extrajudicial de imóvel alienado fiduciariamente: EMBARGOS DE DECLARAÇÃO NO RECURSO ESPECIAL. PROCESSUAL CIVIL. ALIENAÇÃO FIDUCIÁRIA DE IMÓVEL. EXECUÇÃO EXTRAJUDICIAL. LEI N. 9.514/1997. AÇÃO DECLARATÓRIA DE NULIDADE. ARREMATAÇÃO A PREÇO VIL. IMPOSSIBILIDADE. COMPLEMENTAÇÃO DO PREÇO. VIABILIDADE. ESCLARECIMENTOS NECESSÁRIOS. EMBARGOS ACOLHIDOS.

Apesar de o Decreto n. 911 determinar que a mora decorrerá do simples vencimento do prazo para pagamento e poderá ser comprovada por carta registrada com aviso de recebimento (art. 2.º, § 2.º), o Superior Tribunal de Justiça entende que é suficiente a notificação extrajudicial do devedor fiduciante por e-mail, desde que seja encaminhada ao endereço eletrônico indicado no contrato de alienação fiduciária e comprovado seu efetivo recebimento:

> PROCESSO CIVIL. RECURSO ESPECIAL. ALIENAÇÃO FIDUCIÁRIA. BUSCA E APREENSÃO DE BEM. NOTIFICAÇÃO EXTRAJUDICIAL. DEVEDOR FIDUCIANTE. CORREIO ELETRÔNICO. E-MAIL. POSSIBILIDADE. COMPROVAÇÃO DE RECEBIMENTO. INEXISTÊNCIA. RECURSO DESPROVIDO.
> **1. Segundo entendimento firmado em recurso especial repetitivo, em ação de busca e apreensão fundada em contratos garantidos por alienação fiduciária, será considerada suficiente a prova de recebimento da notificação extrajudicial no endereço indicado no instrumento contratual pelo devedor fiduciante, independentemente de quem tenha recebido a correspondência** (REsp 1.951.662/RS, Rel. Ministro João Otávio de Noronha, 2.ª Seção, j. 9.8.2023, *DJe* 20.10.2023).
> 2. O legislador, consciente da impossibilidade de prever todas as situações que possam surgir na prática empresarial de notificação extrajudicial, especialmente diante da rápida evolução tecnológica, autorizou a utilização de formas distintas da carta registrada com aviso de recebimento, conforme se extrai do disposto no art. 2.º, § 2.º, do Decreto-lei n. 911/1969.

---

1. Mesmo antes da vigência da Lei n. 14.711/2023, é possível a invocação não só do art. 891 do CPC/2015, mas também de outras normas, tanto de direito processual quanto material, que i) desautorizam o exercício abusivo de um direito (art. 187 do Código Civil); ii) condenam o enriquecimento sem causa (art. 884 do Código Civil); iii) determinam a mitigação dos prejuízos do devedor (art. 422 do Código Civil) e iv) prelecionam que a execução deve ocorrer da forma menos gravosa para o executado (art. 805 do CPC/2015), para declarar a nulidade da arrematação a preço vil nas execuções extrajudiciais de imóveis alienados fiduciariamente.
2. Uma vez constatada a arrematação a preço vil, e não se tratando de nulidade absoluta, deve ser admitida a intimação do arrematante para complementar o pagamento do preço, em montante suficiente para atingir o percentual legalmente exigido.
3. Hipótese concreta em que a complementação da oferta se apresenta como solução mais adequada e amoldada às especificidades da Lei n. 9.514/1997, tendo em vista: i) a consolidação da propriedade fiduciária em nome do credor fiduciário; ii) o tempo decorrido desde a arrematação (28.5.2020), momento em que o arrematante recebeu a posse do bem imóvel e nele passou a exercer suas atividades, e iii) a necessária proteção do arrematante de boa-fé.
4. Matéria sobre a qual se verificou a existência de efetiva omissão, a justificar, excepcionalmente, o acolhimento dos embargos de declaração.
5. Embargos de declaração opostos por JEAN CARLOS BELMONTE SILVA acolhidos, com modificação da extensão do provimento do recurso especial interposto por LUCIANTE PARTICIPAÇÕES S.A. (EDcl no REsp 2.096.465/SP, Rel. Ministro Ricardo Villas Bôas Cueva, 3.ª Turma, j. 17.9.2024, *DJe* 20.9.2024).

[34] O STF entendeu que desnecessário o registro do contrato de alienação fiduciária de veículos em cartório: "Surge constitucional o § 1.º do artigo 1.361 do Código Civil no que revela a possibilidade de ter-se como constituída a propriedade fiduciária com o registro do contrato na repartição competente para o licenciamento do veículo" (Tribunal Pleno, ADI 4.333; ADI 4.227; RE 611.639/RJ, Rel. Ministro Marco Aurélio, Repercussão Geral, *DJe* 15.4.2016).

3. Assim, por interpretação analógica do referido dispositivo legal, considera-se suficiente a notificação extrajudicial do devedor fiduciante por correio eletrônico, desde que seja encaminhada ao endereço eletrônico indicado no contrato de alienação fiduciária e seja comprovado seu efetivo recebimento, uma vez cumpridos os mesmos requisitos exigidos da carta registrada com aviso de recebimento.
4. Eventual irregularidade ou nulidade da prova do recebimento do correio eletrônico é questão que adentra o âmbito da instrução probatória, devendo ser contestada judicialmente pelo devedor fiduciante na ação de busca e apreensão de bem, nos termos do art. 373, II, do CPC/2015.
5. No caso dos autos, não houve comprovação do recebimento da correspondência eletrônica.
6. Recurso especial a que se nega provimento (REsp 2.087.485/RS, Rel. Ministro Antonio Carlos Ferreira, 4.ª T., j. 23.4.2024, *DJe* 2.5.2024).

Nos contratos de financiamento com cláusula de alienação fiduciária, no caso de ocorrer a conversão da ação de busca e apreensão em ação de execução (art. 4.º do Decreto-lei n. 911/69), o débito exequendo deve representar o valor da integralidade da dívida, isto é, da soma das parcelas vencidas e vincendas do contrato. Esta foi a posição do Superior Tribunal de Justiça no julgamento do REsp 1.814.200:

DIREITO CIVIL. RECURSO ESPECIAL. EMBARGOS À EXECUÇÃO. CONTRATO DE FINANCIAMENTO COM CLÁUSULA DE ALIENAÇÃO FIDUCIÁRIA. BUSCA E APREENSÃO. BEM NÃO LOCALIZADO. CONVERSÃO EM AÇÃO DE EXECUÇÃO. DÉBITO EXEQUENDO QUE CORRESPONDE À INTEGRALIDADE DA DÍVIDA.
1. Embargos à execução, opostos em virtude de anterior ação de busca e apreensão, convertida em execução, ajuizada em desfavor do embargante.
2. Ação ajuizada em 10.11.2017. Recurso especial concluso ao gabinete em 4.7.2019. Julgamento: CPC/2015.
3. O propósito recursal é definir se, quando há a conversão da ação de busca e apreensão em ação de execução nos moldes do art. 4.º do Decreto-lei n. 911/69, o débito exequendo deve se limitar ao valor de mercado do bem dado em garantia — a saber, na hipótese, o valor do veículo na Tabela FIPE — ou se deve representar o valor da integralidade da dívida (soma das parcelas vencidas e vincendas do contrato).
4. A conversão da ação de busca e apreensão em ação de execução é inovação trazida pela Lei n. 13.043/2014 — que alterou a redação dada ao art. 4.º do Decreto-lei n. 911/69 —, uma vez que, anteriormente, tal conversão somente poderia dar-se em ação de depósito.
5. Anteriormente à promulgação da Lei n. 13.043/2014, que alterou a redação do art. 4.º do DL 911/69, isto é, quando se admitia apenas a conversão da ação de busca e apreensão em ação de depósito, esta Corte Superior entendia que o prosseguimento com a cobrança da dívida dava-se com relação ao menor valor entre o valor de mercado do bem oferecido em garantia e o valor do débito apurado. Precedentes. Contudo, após a alteração legislativa, tem-se que a manutenção deste entendimento não parece se amoldar ao real escopo da legislação que rege a matéria atinente à alienação fiduciária.
6. Isso porque, não realizada a busca e apreensão e a consequente venda extrajudicial do bem, remanesce a existência de título executivo hábil a dar ensejo à busca pela satisfação integral do crédito.

7. O próprio art. 5.º do DL 911/69 dispõe que, se o credor preferir recorrer à ação executiva, direta ou a convertida na forma do art. 4.º, serão penhorados, a critério do autor da ação, bens do devedor quantos bastem para assegurar a execução, o que denota a intenção de conferir proteção ao valor estampado no próprio título executivo.
8. Ademais, a corroborar com tal raciocínio, registra-se que o próprio art. 3.º do DL 911/69, prevê que, após cumprida a liminar de busca e apreensão, o bem só poderá ser restituído livre de ônus ao devedor fiduciante, na hipótese de este pagar a integralidade da dívida pendente.
9. Sob esse aspecto, **inviável admitir que a conversão da ação de busca e apreensão em ação de execução represente apenas a busca pelo valor do "equivalente em dinheiro" do bem** — o que, no caso, representaria o valor do veículo na Tabela FIPE —, impondo ao credor que ajuíze outra ação para o recebimento de saldo remanescente.
10. **Ao revés, deve-se reconhecer que o valor executado refere-se, de fato, às parcelas vencidas e vincendas do contrato de financiamento, representado pela cédula de crédito bancário.**
11. Recurso especial conhecido e provido (REsp 1814200/DF, Rel. Ministra Nancy Andrighi, 3.ª T., j. 18.2.2020, *DJe* 20.2.2020).

A lei que regulamenta as incorporações imobiliárias é a Lei n. 4.591/64 que sofreu significativas alterações em seu conteúdo por força da Lei n. 13.786, de 27 de dezembro de 2018, e da Lei n. 14.382, de 27 de junho de 2022. Sobre as novidades introduzidas à Lei n. 4.591/64 no final do ano de 2018, destacamos as informações que deverão estar presentes no quadro-resumo desse tipo de contratação:

> "Art. 35-A. Os contratos de compra e venda, promessa de venda, cessão ou promessa de cessão de unidades autônomas integrantes de incorporação imobiliária serão iniciados por quadro-resumo, que deverá conter:
> I — o preço total a ser pago pelo imóvel;
> II — o valor da parcela do preço a ser tratada como entrada, a sua forma de pagamento, com destaque para o valor pago à vista, e os seus percentuais sobre o valor total do contrato;
> III — o valor referente à corretagem, suas condições de pagamento e a identificação precisa de seu beneficiário;
> IV — a forma de pagamento do preço, com indicação clara dos valores e vencimentos das parcelas;
> V — os índices de correção monetária aplicáveis ao contrato e, quando houver pluralidade de índices, o período de aplicação de cada um;
> VI — as consequências do desfazimento do contrato, seja por meio de distrato, seja por meio de resolução contratual motivada por inadimplemento de obrigação do adquirente ou do incorporador, com destaque negritado para as penalidades aplicáveis e para os prazos para devolução de valores ao adquirente;
> VII — as taxas de juros eventualmente aplicadas, se mensais ou anuais, se nominais ou efetivas, o seu período de incidência e o sistema de amortização;
> VIII — as informações acerca da possibilidade do exercício, por parte do adquirente do imóvel, do direito de arrependimento previsto no art. 49 da Lei n. 8.078, de 11 de setembro de 1990 (Código de Defesa do Consumidor), em todos os contratos firmados em estandes de vendas e fora da sede do incorporador ou do estabelecimento comercial;

> IX — o prazo para quitação das obrigações pelo adquirente após a obtenção do auto de conclusão da obra pelo incorporador;
> X — as informações acerca dos ônus que recaiam sobre o imóvel, em especial quando o vinculem como garantia real do financiamento destinado à construção do investimento;
> XI — o número do registro do memorial de incorporação, a matrícula do imóvel e a identificação do cartório de registro de imóveis competente;
> XII — o termo final para obtenção do auto de conclusão da obra (habite-se) e os efeitos contratuais da intempestividade prevista no art. 43-A desta Lei.
> § 1.º Identificada a ausência de quaisquer das informações previstas no *caput* deste artigo, será concedido prazo de 30 (trinta) dias para aditamento do contrato e saneamento da omissão, findo o qual, essa omissão, se não sanada, caracterizará justa causa para rescisão contratual por parte do adquirente.
> § 2.º A efetivação das consequências do desfazimento do contrato, referidas no inciso VI do *caput* deste artigo, dependerá de anuência prévia e específica do adquirente a seu respeito, mediante assinatura junto a essas cláusulas, que deverão ser redigidas conforme o disposto no § 4.º do art. 54 da Lei n. 8.078, de 11 de setembro de 1990 (Código de Defesa do Consumidor)".

13.6.1. A abusividade da perda total das prestações pagas

O CDC considera abusiva e, portanto, nula de pleno direito a cláusula contratual que estabeleça a "perda total das prestações pagas em benefício do credor que, em razão do inadimplemento, pleitear a resolução do contrato e a retomada do produto alienado" (art. 53). Trata-se da chamada **cláusula de decaimento**, vedada nas relações de consumo.[35-36]

---

[35] Segundo o STJ, se o contrato for entre particulares a perda de todas as prestações pagas é permitida se não ficar comprovada violação à ordem jurídica no momento da celebração do pacto: "RECURSO ESPECIAL. CONTRATO DE COMPROMISSO DE COMPRA E VENDA DE IMÓVEL ENTRE PARTICULARES. RESCISÃO DO CONTRATO. VALORES PAGOS. PERDA INTEGRAL. PREVISÃO EM CLÁUSULA PENAL. VALIDADE. NEGÓCIO JURÍDICO. AUSÊNCIA DE VÍCIOS. PROPOSIÇÃO DO PROMITENTE COMPRADOR. ALEGAÇÃO DE INVALIDADE. IMPOSSIBILIDADE. PROIBIÇÃO DE COMPORTAMENTO CONTRADITÓRIO. 1. Recurso especial interposto contra acórdão publicado na vigência do Código de Processo Civil de 2015 (Enunciados Administrativos ns. 2 e 3/STJ). 2. Cinge-se a controvérsia a discutir a validade de cláusula penal que prevê a perda integral dos valores pagos em contrato de compromisso de compra e venda firmado entre particulares. 3. Para a caracterização do vício de lesão, exige-se a presença simultânea de elemento objetivo — a desproporção das prestações — e subjetivo — a inexperiência ou a premente necessidade, que devem ser aferidos no caso concreto. 4. Tratando-se de negócio jurídico bilateral celebrado de forma voluntária entre particulares, é imprescindível a comprovação dos elementos subjetivos, sendo inadmissível a presunção nesse sentido. 5. O mero interesse econômico em resguardar o patrimônio investido em determinado negócio jurídico não configura premente necessidade para o fim do art. 157 do Código Civil. 6. Na hipótese em apreço, a cláusula penal questionada foi proposta pelos próprios recorrentes, que não comprovaram a inexperiência ou premente necessidade, motivo pelo qual a pretensão de anulação configura comportamento contraditório, vedado pelo princípio da boa-fé objetiva. 7. Recurso especial não provido" (REsp 1723690/DF, Rel. Ministro Ricardo Villas Bôas Cueva, 3.ª T., j. 6.8.2019, *DJe* 12.8.2019).

[36] Sobre o assunto, o STJ fixou a seguinte tese no TEMA 1.095: "Em contrato de compra e venda de imóvel com garantia de alienação fiduciária devidamente registrada, a resolução do pacto, na hi-

Contudo, cumpre destacar que a **vedação legal incide sobre a perda total das prestações pagas**, o que admite concluir, *a contrario sensu*, que **o desconto de determinado percentual seria permitido**, sob o fundamento, por exemplo, de indenizar o credor pelo desgaste do imóvel em razão de longo período de ocupação do bem antes do inadimplemento do consumidor ou de sua desistência no negócio.

Nesse sentido, o Superior Tribunal de Justiça vem admitindo um desconto, em casos como o citado, que variam num percentual de 5% a 30%: **"Percentual de retenção fixado para 25%. Precedentes do STJ"** (REsp 332.947/MG, 4.ª T., Rel. Ministro Aldir Passarinho Junior, 11.12.2006).

A jurisprudência do **STJ não admite**, porém, **a concessão de carta de crédito** no lugar da devolução das parcelas pagas pelo inadimplente ou desistente do negócio parcelado. Vejamos: **"Ao dispor o contrato que a devolução dos referidos valores ao adquirente se daria por meio de duas cartas de crédito, vinculadas à aquisição de um outro imóvel da mesma construtora, isso significa, efetivamente, que não haverá devolução alguma, permanecendo o consumidor-adquirente submetido à construtora, visto que, o único caminho para não perder as prestações já pagas, será o de adquirir uma outra unidade imobiliária da recorrente"** (REsp 437.607/PR, Rel. Ministro Hélio Quaglia Barbosa, 4.ª T., *DJ* 4.6.2007).

Ainda sobre a posição do Superior Tribunal de Justiça, vale lembrar o teor da Súmula 543: **"Na hipótese de resolução de contrato de promessa de compra e venda de imóvel submetido ao Código de Defesa do Consumidor, deve ocorrer a imediata restituição das parcelas pagas pelo promitente-comprador — integralmente, em caso de culpa exclusiva do promitente vendedor/construtor, ou parcialmente, caso tenha sido o comprador quem deu causa ao desfazimento"** (*DJe* 31.8.2015).

Nesse tocante, o STJ decidiu o Tema Repetitivo 1002 e fixou a seguinte tese:

RECURSO ESPECIAL REPETITIVO. ACÓRDÃO RECORRIDO PROFERIDO EM JULGAMENTO DE IRDR. PROMESSA DE COMPRA E VENDA DE UNIDADE IMOBILIÁRIA. RESOLUÇÃO IMOTIVADA PELO PROMITENTE COMPRADOR. DEVOLUÇÃO DE VALORES PAGOS. CLÁUSULA CONTRATUAL. PEDIDO DE ALTERAÇÃO. SENTENÇA CONSTITUTIVA. TERMO INICIAL DOS JUROS DE MORA. TRÂNSITO EM JULGADO. 1. Para os fins dos arts. 927 e 1.036 a 1.041 do CPC, fixa-se a seguinte tese: — **Nos compromissos de compra e venda de unidades imobiliárias anteriores à Lei n. 13.786/2018, em que é pleiteada a resolução do contrato por iniciativa do promitente comprador de forma diversa da cláusula penal convencionada, os juros de mora incidem a partir do trânsito em julgado da decisão.** 2. Recurso especial provido (REsp 1740911/DF, Rel. Ministro Moura Ribeiro, Rel. p/ Acórdão Ministra Maria Isabel Gallotti, 2.ª Seção, j. 14.8.2019, *DJe* 22.8.2019).

---

pótese de inadimplemento do devedor, devidamente constituído em mora, deverá observar a forma prevista na Lei n. 9.514/97, por se tratar de legislação específica, afastando-se, por conseguinte, a aplicação do Código de Defesa do Consumidor. Sobre o tema, cumpre ressaltar que a Lei n. 14.711, de 30 de outubro de 2023 (Marco Legal das Garantias), alterou consideravelmente a Lei n. 9.514/97, que dispõe sobre o Sistema de Financiamento Imobiliário, institui a alienação fiduciária de coisa imóvel e dá outras providências.

A esse respeito, cumpre reiterar que a Lei n. 4.591 que disciplina as incorporações imobiliárias sofreu significativas alterações em seu conteúdo por força da Lei n. 13.786, de 27 de dezembro de 2018. Em relação ao **desfazimento do negócio,** prevê a Lei n. 4.591, em seu art. 67-A:

> "Em caso de desfazimento do contrato celebrado exclusivamente com o incorporador, mediante distrato ou resolução por inadimplemento absoluto de obrigação do adquirente, este fará jus à restituição das quantias que houver pago diretamente ao incorporador, atualizadas com base no índice contratualmente estabelecido para a correção monetária das parcelas do preço do imóvel, delas deduzidas, cumulativamente:
> I — a integralidade da comissão de corretagem;
> II — a pena convencional, que não poderá exceder a 25% (vinte e cinco por cento) da quantia paga.
> § 1.º Para exigir a pena convencional, não é necessário que o incorporador alegue prejuízo.
> § 2.º Em função do período em que teve disponibilizada a unidade imobiliária, responde ainda o adquirente, em caso de resolução ou de distrato, sem prejuízo do disposto no *caput* e no § 1.º deste artigo, pelos seguintes valores:
> I — quantias correspondentes aos impostos reais incidentes sobre o imóvel;
> II — cotas de condomínio e contribuições devidas a associações de moradores;
> III — valor correspondente à fruição do imóvel, equivalente à 0,5% *(cinco décimos por cento)* sobre o valor atualizado do contrato, *pro rata die*;
> IV — demais encargos incidentes sobre o imóvel e despesas previstas no contrato.
> § 3.º Os débitos do adquirente correspondentes às deduções de que trata o § 2.º deste artigo poderão ser pagos mediante compensação com a quantia a ser restituída.
> § 4.º Os descontos e as retenções de que trata este artigo, após o desfazimento do contrato, estão limitados aos valores efetivamente pagos pelo adquirente, salvo em relação às quantias relativas à fruição do imóvel."

Sobre o tema, entendeu o STJ:

RECURSO ESPECIAL. AÇÃO CIVIL PÚBLICA. PROMESSA DE COMPRA E VENDA DE IMÓVEL NA PLANTA. RESILIÇÃO UNILATERAL DO PROMITENTE COMPRADOR. RETENÇÃO DE 25%. CONTRATOS FIRMADOS ANTES DA LEI N. 13.786/2018. POSSIBILIDADE. COMISSÃO DE CORRETAGEM. ABATIMENTO. VIABILIDADE, CASO EXISTA CLARA PREVISÃO CONTRATUAL. TESE SUFRAGADA EM RECURSO REPETITIVO. ART. 42 DO CDC. DEVOLUÇÃO EM DOBRO DO VALOR DA COMISSÃO DE CORRETAGEM ABATIDA. INVIABILIDADE, POR AUSÊNCIA DE MÁ-FÉ. TAXA ADMINISTRATIVA EM VALOR RAZOÁVEL PARA OBTENÇÃO DE CERTIDÕES, DOCUMENTOS DIVERSOS E ELABORAÇÃO DE DOSSIÊ PARA PROPICIAR O FINANCIAMENTO IMOBILIÁRIO. CABIMENTO. TAXA POR CESSÃO DE DIREITOS, FIXADA TENDO POR BASE O VALOR DO CONTRATO. ABUSIVIDADE.
1. Em caso de resilição pelo promitente-comprador de contrato de promessa de compra e venda de imóvel na planta, "na apreciação da razoabilidade da cláusula penal estabelecida em contrato anterior à Lei 13.786/2018, deve prevalecer o parâmetro estabelecido pela Segunda Seção no julgamento dos EAg 1.138.183/PE, *DJe* 4.10.2012,

sob a relatoria para o acórdão do Ministro Sidnei Beneti, a saber o percentual de retenção de 25% (vinte e cinco por cento) dos valores pagos pelos adquirentes, reiteradamente afirmado por esta Corte como adequado para indenizar o construtor das despesas gerais e desestimular o rompimento unilateral do contrato. Tal percentual tem caráter indenizatório e cominatório, não havendo diferença, para tal fim, entre a utilização ou não do bem, prescindindo também da demonstração individualizada das despesas gerais tidas pela incorporadora com o empreendimento" (REsp 1.723.519/SP, Rel. Ministra Maria Isabel Gallotti, 2.ª Seção, j. 28.8.2019, *DJe* 2.10.2019).

2. Como o legitimado extraordinário vindica ao Judiciário disciplinar também contratos futuros, na vigência da Lei n. 13.786/2018, o art. 67-A, I e II, da Lei de Incorporação Imobiliária (Lei n. 4.591/64), também incluído pela novel Lei n. 13.786/2018, dispõe que, em caso de desfazimento do contrato celebrado exclusivamente com o incorporador, a pena convencional não poderá exceder a 25% da quantia paga e que pode ser deduzida também a integralidade da comissão de corretagem. Por sua vez, o parágrafo 5.º estabelece que, quando a incorporação estiver submetida ao regime do patrimônio de afetação, do que tratam os arts. 31-A a 31-F, o incorporador restituirá os valores pagos pelo adquirente, deduzidos os valores descritos naquele artigo e atualizados com base no índice contratualmente definido para a correção monetária das parcelas do preço do imóvel, no prazo máximo de 30 dias após o habite-se ou documento equivalente expedido pelo órgão público municipal competente, admitindo-se, nessa hipótese, que a pena referida no inciso II do *caput* do mesmo artigo seja estabelecida até o limite de 50% da quantia paga.

3. Por um lado, conforme entendimento sufragado pela Segunda Seção em recurso repetitivo, REsp 1.599.511/SP, Rel. Ministro Paulo de Tarso Sanseverino, há "validade da cláusula contratual que transfere ao promitente-comprador a obrigação de pagar a comissão de corretagem nos contratos de promessa de compra e venda de unidade autônoma em regime de incorporação imobiliária, desde que previamente informado o preço total da aquisição da unidade autônoma, com o destaque do valor da comissão de corretagem". Por outro lado, com o advento da Lei n. 13.786/2018, foi incluído o art. 67-A na Lei n. 4.591/64, cujo inciso I dispõe expressamente que, em caso de desfazimento do contrato celebrado exclusivamente com o incorporador, será possível a dedução da integralidade da comissão de corretagem.

4. A Corte Especial pacificou, nos EREsp 1.413.542/RS, relator para o acórdão Ministro Herman Benjamin, com modulação para avenças de direito privado, que a repetição em dobro, prevista no parágrafo único do art. 42 do CDC, é cabível quando a cobrança indevida consubstanciar conduta contrária à boa-fé objetiva, devendo ocorrer independentemente da natureza do elemento volitivo.

5. O "engano justificável" na cobrança de dívida de consumo não afasta a boa-fé objetiva, mas, a *contrario sensu*, o "engano injustificável" caracteriza a má-fé do fornecedor, que "erra" quando não poderia "errar", tendo em vista as cautelas que lhe são exigidas por força de sua posição jurídica privilegiada. Isso porque, conforme o abalizado escólio doutrinário, o que o ordenamento jurídico visa com o princípio da boa-fé objetiva é assegurar que as partes colaborarão mutuamente para a consecução dos fins comuns perseguidos com o contrato, não se exigindo que o contratante colabore com o interesse privado e individual da contraparte, tampouco importe em sacrifício de posições contratuais de vantagem.

6. No caso em julgamento, é descabida a devolução em dobro, pois a vedação à cobrança decorre da má redação dos instrumentos contratuais de adesão apontados na exordial, não ficando caracterizada a má-fé da incorporadora, pois cuida-se de abatimento justificável da comissão de corretagem, na vigência da Lei n. 13.786/2018, com expressa previsão legal, desde que estabelecida claramente no contrato, inclusive no quadro-resumo.
7. A cobrança de "taxa administrativa" no razoável valor total de R$ 480,00 (quatrocentos e oitenta reais) para remunerar "serviços de pré-análise cadastral e de capacidade financeira do pagador", "obtenção de documentos, certidões e outros com esse fim, para montagem e encaminhamento do dossiê do financiamento para a Caixa Econômica Federal, independentemente da aprovação do financiamento", por se tratar de serviço necessário e efetivamente prestado, não caracteriza cobrança arbitrária.
8. Não é cabível a cobrança da taxa de cessão de direitos sobre o valor do contrato prevista nas avenças elencadas na inicial, pois é desproporcional, uma vez que não guarda correspondência com nenhum serviço prestado pela incorporadora, implicando desvantagem exagerada para o consumidor.
9. Recurso especial parcialmente provido (REsp 1.947.698/MS, Rel. Ministro Luis Felipe Salomão, 4.ª T., j. 8.3.2022, *DJe* 7.4.2022).

No tocante ao atraso na entrega do imóvel, entendeu o Superior Tribunal de Justiça em relação ao pagamento de indenização por lucros cessantes:

EMBARGOS DE DIVERGÊNCIA EM RECURSO ESPECIAL. COMPRA E VENDA DE IMÓVEL. ATRASO NA ENTREGA. LUCROS CESSANTES. PREJUÍZO PRESUMIDO. **1. Nos termos da jurisprudência do STJ, o atraso na entrega do imóvel enseja pagamento de indenização por lucros cessantes durante o período de mora do promitente vendedor, sendo presumido o prejuízo do promitente-comprador. 2. A citação é o marco inicial para a incidência dos juros de mora**, no caso de responsabilidade contratual. Precedentes. 3. Embargos de divergência acolhidos (EREsp 1.341.138/SP, Rel. Ministra Maria Isabel Gallotti, 2.ª Seção, j. 9.5.2018, *DJe* 22.5.2018).[37]

---

[37] No dia 26 de abril de 2017, a Segunda Seção do Superior Tribunal de Justiça fez a seguinte proposta de afetação ao REsp 1.635.428/SC: "PROPOSTA DE AFETAÇÃO. RECURSO ESPECIAL. RITO DOS RECURSOS ESPECIAIS REPETITIVOS. COMPRA E VENDA DE IMÓVEIS NA PLANTA. ATRASO NA ENTREGA DO IMÓVEL. CONTROVÉRSIA ACERCA DA POSSIBILIDADE DE CUMULAÇÃO DA INDENIZAÇÃO POR LUCROS CESSANTES COM A CLÁUSULA PENAL. 1. Delimitação da controvérsia: Definir acerca da possibilidade de cumulação ou não da indenização por lucros cessantes com a cláusula penal, nos casos de inadimplemento do vendedor em virtude do atraso na entrega de imóvel em construção objeto de contrato ou promessa de compra e venda. 2. RECURSO ESPECIAL AFETADO AO RITO DO ART. 1.036 CPC/2015". O Acórdão desse Repetitivo foi o Tema 970 em que o STJ assim entendeu: "RECURSO ESPECIAL REPRESENTATIVO DE CONTROVÉRSIA. COMPRA E VENDA DE IMÓVEL NA PLANTA. ATRASO NA ENTREGA. NOVEL LEI N. 13.786/2018. CONTRATO FIRMADO ENTRE AS PARTES ANTERIORMENTE À SUA VIGÊNCIA. NÃO INCIDÊNCIA. CONTRATO DE ADESÃO. CLÁUSULA PENAL MORATÓRIA. NATUREZA MERAMENTE INDENIZATÓRIA, PREFIXANDO O VALOR DAS PERDAS E DANOS. PREFIXAÇÃO RAZOÁVEL, TOMANDO-SE EM CONTA O PERÍODO DE INADIMPLÊNCIA. CUMULAÇÃO COM LUCROS CESSANTES. INVIABILIDADE. 1. A tese a ser firmada, para efeito do art. 1.036 do

No mesmo sentido de reconhecimento do prejuízo presumido, a jurisprudência da Segunda Seção do STJ, firmada na sistemática dos recursos repetitivos, entendeu que, "no caso de descumprimento do prazo para a entrega do imóvel, incluído o período de tolerância, o prejuízo do comprador é presumido, consistente na injusta privação do uso do bem, a ensejar o pagamento de indenização, na forma de aluguel mensal, com base no valor locatício de imóvel assemelhado, com termo final na data da disponibilização da posse direta ao adquirente da unidade autônoma" (REsp 1.729.593/SP, Rel. Ministro Marco Aurélio Bellizze, 2.ª Seção, j. 25.9.2019, *DJe* 27.9.2019).

Porém, é preciso diferenciar duas situações decorrentes do atraso na entrega do imóvel e que envolvem o interesse contratual positivo e negativo do contrato: (i) parte compradora não pretende a rescisão do contrato porque ainda quer receber o imóvel adquirido na planta (lucros cessantes presumidos); (ii) parte insatisfeita com o atraso e que postula a resolução do contrato (tem que provar lucros cessantes).

Na primeira situação, a parte compradora ainda anseia por receber o imóvel adquirido na planta, mas requer a condenação da vendedora por lucros cessantes, entre outras parcelas indenizatórias, em decorrência do atraso em sua entrega. Em tais casos, a presunção de lucros cessantes advém da circunstância de que o comprador se viu privado da posse do bem na data aprazada e, por isso, teve que custear outra moradia, ou deixar de alugar o imóvel durante o período de atraso.

Na segunda situação, estão as ações em que o adquirente, insatisfeito com o atraso, postula a resolução do contrato, cumulada com pedido de indenização, inclusive lucros cessantes, consubstanciados nos aluguéis que deixou de receber ou acabou por ter despendido em decorrência da mora. Em tais casos, deve-se realizar diferenciação em relação aos precedentes da Segunda Seção, exatamente pelo fato de que não é jurídico reconhecer o pedido de lucros cessantes de forma presumida quando o pedido principal da parte compradora é a resolução do contrato com o retorno ao estado anterior em que as partes se encontravam antes da contratação.

Sobre o tema, entendeu o Superior Tribunal de Justiça:

> AGRAVO INTERNO. RECURSO ESPECIAL. COMPRA E VENDA DE IMÓVEL. RESOLUÇÃO DO CONTRATO POR CULPA DA CONSTRUTORA. SÚMULA 543 DO STJ. ARTIGOS 475 C/C 182, AMBOS DO CÓDIGO CIVIL. INTERESSE CONTRATUAL POSITIVO E NEGATIVO DO CONTRATO. DIFERENÇAS. EFEITO RESOLUTÓRIO ABARCA O INTERESSE CONTRATUAL NEGATIVO. LUCROS CESSANTES NÃO PRESUMIDOS.
> 1. Ação de rescisão de contrato de promessa de compra e venda de imóvel cumulada com perdas e danos em razão do atraso indevido na entrega do imóvel pela construtora.
> **2. De acordo com a regra do art. 475 do Código Civil, se o credor opta por pleitear o cumprimento da obrigação, terá direito também ao ressarcimento de todos os**

CPC/2015, é a seguinte: A cláusula penal moratória tem a finalidade de indenizar pelo adimplemento tardio da obrigação, e, em regra, estabelecida em valor equivalente ao locativo, afasta-se sua cumulação com lucros cessantes. 2. No caso concreto, recurso especial não provido (REsp 1635428/SC, Rel. Ministro Luis Felipe Salomão, Segunda Seção, j. 22.5.2019, *DJe* 25.6.2019).

prejuízos sofridos (danos emergentes e lucros cessantes), sendo colocado na mesma situação em que estaria se o contrato tivesse sido cumprido voluntariamente e no modo/tempo/lugar devido (interesse contratual positivo ou interesse de cumprimento). Neste caso, os lucros cessantes são presumidos, porque o comprador ficou privado do uso e fruição do imóvel, para moradia própria ou obtenção de renda durante o período de atraso.
3. Diversamente, se o credor, com base no mesmo dispositivo legal, opta pela resolução do contrato de compra e venda, só poderá pedir de forma cumulada a indenização relacionada aos danos que sofreu pela alteração da sua posição contratual, sendo ressarcido na importância necessária para colocá-lo na mesma situação em que estaria se o contrato não tivesse sido celebrado (interesse contratual negativo). Nesta hipótese, decretada a resolução do contrato, com a restituição das parcelas pagas pelo comprador, o retorno das partes ao estado anterior (arts. 475 c/c 182, ambos do Código Civil) implica a restituição da quantia paga devidamente corrigida e acrescida dos juros legais (Súmula 543 do STJ), abarcando também o interesse contratual negativo, o qual deve ser comprovado.
4. No caso em exame, como o autor escolheu a rescisão do contrato, nunca terá o bem em seu patrimônio, de forma que sua pretensão resolutória é incompatível com o postulado ganho relacionado à renda mensal que seria gerada pelo imóvel. Assim, os lucros cessantes, no caso do interesse contratual negativo, não são presumidos, devendo ser cabalmente alegados e demonstrados.
5. Agravo interno provido para negar provimento ao recurso especial (AgInt no REsp 1.881.482/SP, Rel. Ministra Maria Isabel Gallotti, 4.ª T., j. 6.2.2024, *DJe* 2.5.2024).

Ainda sobre o atraso na entrega de empreendimento imobiliário, importante destacar que a **Lei n. 4.591/64, alterada em 2018 pela Lei n. 13.786**, passou a prever:

"Art. 43-A. A entrega do imóvel em até 180 (cento e oitenta) dias corridos da data estipulada contratualmente como data prevista para conclusão do empreendimento, desde que expressamente pactuado, de forma clara e destacada, não dará causa à resolução do contrato por parte do adquirente nem ensejará o pagamento de qualquer penalidade pelo incorporador.
§ 1.º Se a entrega do imóvel ultrapassar o prazo estabelecido no *caput* deste artigo, desde que o adquirente não tenha dado causa ao atraso, poderá ser promovida por este a resolução do contrato, sem prejuízo da devolução da integralidade de todos os valores pagos e da multa estabelecida, em até 60 (sessenta) dias corridos contados da resolução, corrigidos nos termos do § 8.º do art. 67-A desta Lei.
§ 2.º Na hipótese de a entrega do imóvel estender-se por prazo superior àquele previsto no *caput* deste artigo, e não se tratar de resolução do contrato, será devida ao adquirente adimplente, por ocasião da entrega da unidade, indenização de 1% (um por cento) do valor efetivamente pago à incorporadora, para cada mês de atraso, *pro rata die*, corrigido monetariamente conforme índice estipulado em contrato.
§ 3.º A multa prevista no § 2.º deste artigo, referente a mora no cumprimento da obrigação, em hipótese alguma poderá ser cumulada com a multa estabelecida no § 1.º deste artigo, que trata da inexecução total da obrigação".

Nesse assunto, o STJ decidiu Tema Repetitivo 971 para proteger as relações jurídicas constituídas antes da citada alteração de 2018 para determinar a imposição de cláusula penal não só para inadimplemento do consumidor adquirente, mas também para a incorporadora fornecedora. Vejamos:

> RECURSO ESPECIAL REPRESENTATIVO DE CONTROVÉRSIA. COMPRA E VENDA DE IMÓVEL NA PLANTA. ATRASO NA ENTREGA. NOVEL LEI N. 13.786/2018. CONTRATO FIRMADO ENTRE AS PARTES ANTERIORMENTE À SUA VIGÊNCIA. NÃO INCIDÊNCIA. CONTRATO DE ADESÃO. OMISSÃO DE MULTA EM BENEFÍCIO DO ADERENTE. INADIMPLEMENTO DA INCORPORADORA. ARBITRAMENTO JUDICIAL DA INDENIZAÇÃO, TOMANDO-SE COMO PARÂMETRO OBJETIVO A MULTA ESTIPULADA EM PROVEITO DE APENAS UMA DAS PARTES, PARA MANUTENÇÃO DO EQUILÍBRIO CONTRATUAL.
> **1. A tese a ser firmada, para efeito do art. 1.036 do CPC/2015, é a seguinte: No contrato de adesão firmado entre o comprador e a construtora/incorporadora, havendo previsão de cláusula penal apenas para o inadimplemento do adquirente, deverá ela ser considerada para a fixação da indenização pelo inadimplemento do vendedor. As obrigações heterogêneas (obrigações de fazer e de dar) serão convertidas em dinheiro, por arbitramento judicial.**
> 2. No caso concreto, recurso especial parcialmente provido.
> (REsp 1631485/DF, Rel. Ministro Luis Felipe Salomão, 2.ª Seção, j. 22.5.2019, *DJe* 25.6.2019).

13.7. CONTRATOS DE CONSÓRCIO NO CDC

O Código de Defesa do Consumidor estabelece em seu art. 53, § 2.º: "Nos contratos do sistema de consórcio de produtos duráveis, a compensação ou a restituição das parcelas quitadas, na forma deste artigo, terá descontada, além da vantagem econômica auferida com a fruição, os prejuízos que o desistente ou inadimplente causar ao grupo".

Ensina Bruno Miragem que contratos "de consórcio constituem-se como modelo de contrato de outorga de crédito, razão pela qual têm por objeto o fornecimento de serviços financeiros, a fim de promover a aquisição de produtos ou serviços por consumidores, no qual a administradora do consórcio é fornecedora de crédito, e o adquirente do produto ou serviço, em geral destinatário final do mesmo, é o consumidor. (...) Sendo o consorciado sorteado ou tendo feito jus à carta de crédito mediante lance, uma vez adquirido o produto, o mesmo poderá submeter-se a alienação fiduciária ou reserva de domínio em favor da administradora do consórcio, até o adimplemento integral do valor do contrato pelo consumidor".[38]

Apesar da **existência de lei específica** dispondo sobre o sistema de consórcios — **Lei n. 11.795, de 2008** —, aplica-se o Código do Consumidor por se tratar de relação de consumo. Aliás, importante destacar a existência de **duas relações autônomas oriundas dos contratos de consórcio**.

No julgado *infra*, o Superior Tribunal de Justiça muito bem destaca a existência de uma **relação entre consorciados e administradora** — típica relação de consumo — e outra **entre os consorciados**: "Tendo em vista as características do contrato

---

[38] MIRAGEM, Bruno. *Curso de direito do consumidor*, p. 314.

associativo de consórcio, há dois feixes de relações jurídicas que podem ser autonomamente considerados. A relação entre os consorciados e a administradora, regulada pelo CDC, e a relação dos consorciados entre si, não regulada por esse diploma legal" (REsp 1.269.632/MG, Rel. Ministra Nancy Andrighi, 3.ª T., DJe 3.11.2011).

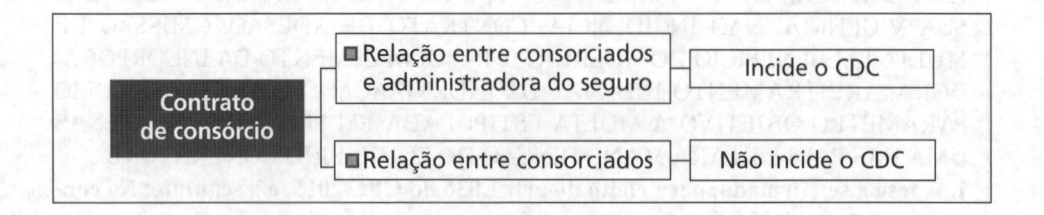

Contrato de consórcio	■ Relação entre consorciados e administradora do seguro	Incide o CDC
	■ Relação entre consorciados	Não incide o CDC

13.7.1. A taxa de administração nos contratos de consórcio

A administradora do consórcio é remunerada pela taxa de administração e muito se discutiu na jurisprudência superior se o seu percentual poderia ser fixado acima de 10%, conforme previsão expressa no art. 42 do Decreto n. 70.951/72.

O **Superior Tribunal de Justiça** firmou posicionamento no sentido de **permitir a taxa de administração acima de 10%**, conforme o seguinte julgado: "A matéria ora analisada encontra-se pacificada neste Superior Tribunal de Justiça, tendo em vista que a Corte Especial (EREsp 927.379/RS) consigna o entendimento de que as administradoras de consórcio possuem total liberdade para fixar a respectiva taxa de administração, nos termos do art. 33 da Lei n. 8.177/91 e da Circular n. 2.766/97 do BACEN, não sendo considerada ilegal ou abusiva, portanto, as taxas fixadas em percentual superior a 10% (dez por cento), conforme ocorre no presente caso" (REsp 796.842/RS, Rel. Ministro Fernando Gonçalves, 4.ª T., DJe 12.4.2010).

Nesse sentido, foi editada a Súmula 538 do STJ, com o seguinte teor: **"As administradoras de consórcio têm liberdade para estabelecer a respectiva taxa de administração, ainda que fixada em percentual superior a dez por cento"** (DJe 15.6.2015).

13.7.2. Ônus da comprovação do prejuízo em razão da desistência ou inadimplemento nos contratos de consórcio

Questão relevante consiste em saber de quem é o ônus de provar os prejuízos decorrentes da desistência ou do inadimplemento do consorciado para legitimar o desconto no valor a ser restituído ao consumidor, da administradora do consórcio ou do consorciado?

Concordamos com Rizzatto Nunes ao entender que é **"ônus da administradora do consórcio provar a vantagem aferida pelo consumidor ou os prejuízos que o grupo teria com a devolução das parcelas**. E isso dificilmente acontece, porque a responsabilidade pela administração do grupo é da administradora. Quando há desistência ou inadimplência, a vaga, normalmente, é preenchida por outro consorciado, de modo que anula eventual prejuízo".[39]

---

[39] NUNES, Luiz Antonio Rizzatto. Curso de direito do consumidor, p. 711.

O STJ também vem entendendo desta forma em suas decisões mais recentes: **"a possibilidade de se descontar dos valores devidos percentual a título de reparação pelos prejuízos causados ao grupo (art. 53, § 2.º, do CDC) depende da efetiva prova do prejuízo sofrido, ônus que incumbe à administradora do consórcio"** (REsp 871.421/SC, Rel. Ministro Sidnei Beneti, 3.ª T., j. 11-3-2008, *DJe* 1.º.4.2008).[40]

13.7.3. Prazo para a restituição do valor pago nos contratos de consórcio

Tema polêmico consiste em saber qual o prazo para a devolução da quantia paga ao consorciado em razão da desistência deste. O Superior Tribunal de Justiça vem entendendo que **o reembolso é devido em até 30 (trinta) dias após o encerramento do grupo**, data esta que deve ser considerada como aquela prevista no contrato para a entrega do último bem.

Ademais, entende o STJ que os juros de mora incidem, tão somente, a partir de quando se esgota o prazo para a administradora proceder ao reembolso.[41] Nesse sentido: **"é devida a restituição de valores vertidos por consorciado desistente ao grupo de consórcio, mas não de imediato, e sim em até trinta dias a contar do prazo previsto contratualmente para o encerramento do plano"** (REsp 1.119.300/RS, Rel. Ministro Luis Felipe Salomão, 2.ª Seção, *DJe* 27.8.2010).

13.8. QUESTÕES

QUESTÕES DE CONCURSOS
http://uqr.to/1yf1i

---

[40] No mesmo sentido, STJ no julgamento do AgRg no AREsp 56.425/RS: "AGRAVO REGIMENTAL NO AGRAVO CONTRA DECISÃO DE INADMISSÃO DO RECURSO ESPECIAL. CONSÓRCIO. DESISTÊNCIA. COBRANÇA DE CLÁUSULA PENAL. NECESSIDADE DE PROVA DO PREJUÍZO AO GRUPO. PROVA. INEXISTÊNCIA. SÚMULA 7/STJ. 1. Nos termos da jurisprudência do STJ, 'a possibilidade de se descontar dos valores devidos percentual a título de reparação pelos prejuízos causados ao grupo (art. 53, § 2.º, do CDC) depende da efetiva prova do prejuízo sofrido, ônus que incumbe à administradora do consórcio.' (REsp 871.421/SC, Rel. Ministro Sidnei Beneti, 3.ª T., j. 11.3.2008, *DJe* 1.º.4.2008). 2. O Tribunal de origem, apreciando as peculiaridades fáticas da causa, concluiu que a desistência do agravado não trouxe prejuízo ao grupo consorcial. A modificação de tal entendimento lançado no v. acórdão recorrido, como ora perseguido, demandaria a análise do acervo fático-probatório dos autos, o que é vedado pela Súmula 7 do STJ, que dispõe: 'A pretensão de simples reexame de prova não enseja recurso especial'. 3. Agravo regimental não provido" (AgRg no AREsp 56.425/RS, Rel. Ministro Raul Araújo, 4.ª T., *DJe* 17.2.2012).

[41] Nesse sentido, Recurso Especial 1.033.193/DF, *DJe* 1.º.8.2008.

14

CLÁUSULAS ABUSIVAS NO CDC

14.1. INTRODUÇÃO

A disciplina das **cláusulas abusivas** está prevista na Seção II do Capítulo VI do Código de Defesa do Consumidor, que trata da **proteção contratual**. Esta pontuação topográfica faz-se necessária, pois os direitos tratados no capítulo anterior deste livro incidem plenamente ao instituto das cláusulas abusivas que se manifestam nos contratos de consumo, sejam eles de adesão ou não.

De fato, apesar de constituírem temas plenamente ligados, optamos por tratar do abuso nas cláusulas contratuais em capítulo autônomo em razão da relevância do tema e dos mais variados casos práticos enfrentados pela jurisprudência superior do nosso país.

Os contratos de consumo são em sua maioria considerados de adesão, em que uma das partes elabora as cláusulas contratuais, cabendo à outra parte — o consumidor — aderir ou não a um formulário previamente estabelecido.

Nesse contexto, imprescindível uma **tutela rígida** no tocante à **disciplina das cláusulas contratuais abusivas**, ressaltando-se apenas que tal regramento **não se limita aos contratos de adesão**, incidindo também sobre os demais contratos de consumo ainda que com cláusulas convencionadas entre as partes.

Segundo os ensinamentos de Nelson Nery Junior, a expressão **"cláusulas abusivas"** pode ser tomada "como sinônima de cláusulas **opressivas**, cláusulas **vexatórias**, cláusulas **onerosas** ou, ainda, *cláusulas **excessivas**"*.[1]

Em última análise, sempre que o fornecedor tentar prevalecer-se da fragilidade do consumidor, praticará conduta ilícita que, estando expressa num contrato de consumo, receberá a denominação cláusula abusiva.

Com efeito, na maioria das vezes, o consumidor, ao assinar um contrato de adesão, não se atenta para a existência de uma cláusula abusiva e, quando vai utilizar o serviço objeto do contrato — por exemplo, um serviço de seguro-saúde —, depara-se com alguma abusividade do fornecedor, que alega em sua defesa a existência de cláusula contratual legitimando tal conduta.

---

[1] GRINOVER, Ada Pellegrini; BENJAMIN, Antônio Herman de V.; FINK, Daniel Roberto; FILOMENO, José Geraldo Brito; NERY JR., Nelson; DENARI, Zelmo. *Código Brasileiro de Defesa do Consumidor,* p. 570.

Contudo, analisamos em capítulos pretéritos que não basta dar oportunidade de ciência do conteúdo do contrato de consumo "se os respectivos instrumentos forem redigidos de modo a dificultar a compreensão de seu sentido e alcance" (art. 46 do CDC).

Com efeito, destaca-se o importante controle realizado por força do Poder Judiciário, muitas vezes provocado por um Ministério Público[2] forte e atuante que, conforme analisaremos em breve, vem colaborando para o surgimento de um arcabouço de decisões judiciais paradigmáticas no tocante à proteção do vulnerável da relação de consumo.

> PROCESSUAL CIVIL. EMBARGOS DE DIVERGÊNCIA EM RECURSO ESPECIAL. AÇÃO CIVIL PÚBLICA. DIREITO TRANSINDIVIDUAL DO CONSUMIDOR. LEGITIMIDADE ATIVA DO MINISTÉRIO PÚBLICO. 1. Hipótese em que, na origem, o Ministério Público postula o reconhecimento de abusividade de cláusula contida em contrato de compra e venda de imóvel celebrado entre as embargadas e seus consumidores, bem ainda o estabelecimento judicial de percentual máximo passível de ser exigido pelas embargadas a título de cláusula penal. 2. Quadro fático similar àquele apreciado pelo paradigma, em que o Ministério Público, também afirmando abusividade em contrato de compra e venda de imóveis, cumulava pedidos de nulidade de cláusula, indenização de consumidores e de reconhecimento da obrigação de não mais ser inserida a cláusula questionada em contratos futuros. 3. Divergência configurada, uma vez que o acórdão embargado decidiu pela ilegitimidade, ao passo que o paradigma assentou a legitimidade do

---

[2] A respeito da atuação do Ministério Público, prevê o art. 51, § 4.º, do CDC: "É facultado a qualquer consumidor ou entidade que o represente requerer ao Ministério Público que ajuíze a competente ação para ser declarada a nulidade de cláusula contratual que contrarie o disposto neste código ou de qualquer forma não assegure o justo equilíbrio entre direitos e obrigações das partes". Em relação à tutela do consumidor por intermédio do Ministério Público no combate às cláusulas abusivas, lembra Bruno Miragem que esta proteção poderá ocorrer na via administrativa ou judicial: "A doutrina brasileira, em vista do disposto no artigo 51, § 4.º, sustenta que permanece a possibilidade de controle das cláusulas abusivas pelo Ministério Público, o que parece certo. Apenas ressalve-se que este controle, feito em caráter administrativo nos autos do inquérito civil, cuja prerrogativa de instauração é do Ministério Público, terá sucesso na medida em que haja disposição do fornecedor estipulante das cláusulas abusivas sob exame, de abster-se na celebração de novos contratos, ou readequação dos já celebrados, em vista das normas cogentes de proteção do consumidor. Depende-se, neste sentido, da celebração, com o consentimento do fornecedor e do Ministério Público, de termo de ajustamento de conduta, que indique as obrigações a serem cumpridas pelas partes e as respectivas sanções pelo eventual descumprimento. No caso de violação dos termos do acordo, este constituirá, por força de lei, título executivo extrajudicial (artigo 5.º, § 6.º, da lei da Ação Civil Pública), podendo desde logo ser executadas, pelo Ministério Público, as sanções previstas contra o fornecedor. Entretanto, havendo recusa do fornecedor que estipule cláusulas abusivas em seus contratos de abster-se desta prática, a solução adequada será a interposição da respectiva ação judicial para o controle *in abstrato* (derivadas de contratos-padrão, contratos-tipo elaborados por fornecedores e não necessariamente celebrados por consumidores) ou o controle *in concreto*, visando à nulidade de cláusulas presentes em contratos já celebrados entre fornecedores e consumidores. A legitimação para tanto decorre do artigo 82 do CDC, que estabelece a legitimação do MP para interpor ação visando a tutela de qualquer dos interesses e direitos previstos no artigo 81, parágrafo único, do CDC, sejam eles interesses ou direitos difusos, coletivos ou individuais homogêneos" (MIRAGEM, Bruno. *Curso de direito do consumidor*, p. 240).

Ministério Público. 4. Os arts. 1.º e 5.º da Lei n. 7.347/85 e 81 e 82 da Lei n. 8.078/90 conferem legitimidade ao Ministério Público para promover ação civil pública em defesa dos interesses difusos, coletivos e individuais homogêneos do consumidor. 5. Ainda que se trate de direito disponível, há legitimidade do Ministério Público quando a defesa do consumidor de forma coletiva é expressão da defesa dos interesses sociais. Arts. 127 e 129 da Constituição. 6. Embargos de divergência providos, para o fim de reconhecer a legitimidade ativa do Ministério Público, determinando-se o retorno dos autos ao Tribunal de Justiça de origem (EREsp 1.378.938/SP, Rel. Ministro Benedito Gonçalves, Corte Especial, j. 20.6.2018, *DJe* 27.6.2018).

14.2. CLÁUSULAS ABUSIVAS E A NULIDADE ABSOLUTA

O Código de Defesa do Consumidor, ao prever no *caput* do art. 51 que as **cláusulas abusivas são nulas de pleno direito**, quis conferir a elas a natureza de nulidade absoluta. A principal consequência desta afirmativa é a de que a **nulidade absoluta** pode e deve ser **reconhecida de ofício pelo juiz**.

Nesse sentido, a doutrina consumerista entende:

NELSON NERY	▫ "**A nulidade da cláusula abusiva** deve ser **reconhecida** judicialmente, por meio de ação direta (ou reconvenção), de exceção substancial alegada em defesa (contestação), ou, ainda, **por ato ex officio do juiz**. A sentença que reconhece a nulidade não é declaratória, mas *constitutiva negativa*. Quanto à subsistência da relação jurídica de consumo contaminada por cláusula abusiva, o **efeito da sentença** judicial que reconhece a nulidade da cláusula abusiva **é** *ex tunc*, pois desde a conclusão do negócio jurídico de consumo já preexistia essa situação de invalidade, de sorte que o magistrado somente faz reconhecer essa circunstância fática anterior à propositura da ação."[3]
BRUNO MIRAGEM	▫ "**O controle das cláusulas abusivas e decretação da sua nulidade é competência tipicamente judicial.** Cumpre ao juiz o exame e reconhecimento de cláusulas contratuais abusivas nos contratos de consumo, decretando sua nulidade e realizando a integração do contrato, quando julgue ser o caso, mediante requerimento do consumidor, interessado, de quem o represente adequadamente, ou **mesmo de ofício**."[4]
LEONARDO BESSA	▫ "Portanto, o reconhecimento da abusividade e consequente **declaração de nulidade** das cláusulas inseridas em contratos de consumo podem e **devem ser conhecidas de ofício** (*ex officio*) **pelo magistrado**. Trata-se, portanto, de exceção à regra de que 'o juiz decidirá a lide nos limites em que foi proposta' (art. 128 do CPC). Em relação à proteção contratual do consumidor, o magistrado tanto pode invalidar a cláusula abusiva como realizar a modificação do seu conteúdo."[5]

De fato, constata-se que a sanção prevista pelo Diploma Consumerista ante a constatação da existência de uma cláusula abusiva num contrato de consumo é a nulidade de pleno direito, com a lembrança de que **a anulação de cláusula não implica, necessariamente, a invalidação do contrato** em sua integralidade, "exceto quando de sua

---

[3] GRINOVER, Ada Pellegrini; BENJAMIN, Antônio Herman de V.; FINK, Daniel Roberto; FILOMENO, José Geraldo Brito; NERY JR., Nelson; DENARI, Zelmo. *Código Brasileiro de Defesa do Consumidor*, p. 572.
[4] MIRAGEM, Bruno. *Curso de direito do consumidor*, p. 239.
[5] BENJAMIN, Antônio Herman de V.; MARQUES, Claudia Lima; BESSA, Leonardo Roscoe. *Manual de direito do consumidor*, p. 336.

ausência, apesar dos esforços de integração, decorrer ônus excessivo a qualquer das partes" (art. 51, § 2.º, do CDC).

Trata-se do **princípio da conservação dos contratos** de consumo analisado no Capítulo 13 deste livro.

Apesar da pacificação do tema na doutrina, cumpre relembrar que o **Superior Tribunal de Justiça não admite** o tal **reconhecimento de ofício pelo juiz**, tratando-se de **contratos bancários**.

O assunto foi sumulado no ano de 2009 pelo Enunciado 381 da Segunda Seção do STJ, *in verbis*: "Nos contratos bancários, é vedado ao julgador conhecer, de ofício, da abusividade das cláusulas". Discordamos desta posição, *data maxima venia*, e não encontramos fundamentação jurídica para tal entendimento.[6]

14.3. CLÁUSULAS ABUSIVAS E A TEORIA DO ABUSO DE DIREITO

A doutrina diverge parcialmente sobre o fundamento das cláusulas abusivas, se se encontram ou não respaldadas na **teoria do abuso do direito** prevista pelo Código Civil.

Em razão da relevância da discussão, trazemos à colação dois posicionamentos da melhor doutrina sobre o assunto:

SERGIO CAVALIERI FILHO	BRUNO MIRAGEM
"Em nosso entender, **o fundamento das cláusulas abusivas deve ser examinado à luz da nova dimensão que o Código Civil de 2002 deu ao abuso do direito**, cujo art. 187 assim o conceitua: 'Também comete ato ilícito o titular de um direito que, ao exercê-lo, excede manifestamente os limites impostos pelo seu fim econômico ou social, pela boa-fé ou pelos bons costumes'. Como se vê, o **abuso do direito** foi aqui definido como **ato ilícito por critério** exclusivamente **objetivo**, diferente do ato ilícito *(stricto sensu)* conceituado no art. 186. A primeira conclusão que se tira da redação do art. 187 (CC) é a de que o **abuso do direito foi erigido** a princípio geral **para todas as áreas do Direito** (obrigações, contratos, propriedade, família, empresarial, **consumidor**, até no direito público), pois a expressão o *titular* de *um direito* abarca todo e qualquer direito	"Daí por que sustentamos que a exata compreensão da disciplina das cláusulas abusivas no sistema do CDC não prescinde do exame da teoria do abuso do direito, em sua concepção objetiva e renovada (a partir do artigo 187 do CC), em vista dos limites objetivamente estabelecidos pelo ordenamento jurídico ao exercício das posições jurídicas. (...) Deve-se observar, contudo, que **as concepções de abuso do direito e ato abusivo no direito civil e no direito do consumidor, embora guardem semelhança, não se confundem**. Possuem, por certo, uma identidade originária quanto aos seus fins primários, de proteção do equilíbrio dos interesses das partes de uma determinada relação jurídica, e a limitação de prerrogativas outorgadas pelo ordenamento jurídico em face de um interesse considerado mais relevante, seja ele a estabilidade das

---

[6] O teor da aludida súmula somente seria admitido se levássemos em consideração alguns precedentes do STJ no sentido de não admitir que o Tribunal conheça de ofício cláusula abusiva, caso o tema não tenha sido discutido em primeira instância. Vejamos trecho de um desses julgados: "1. É pacífica a compreensão jurisprudencial no âmbito da eg. Segunda Seção desta Corte Superior de Justiça, consolidada no julgamento do Recurso Especial n. 1.061.530/RS, nos termos do procedimento dos recursos representativos da controvérsia (Código de Processo Civil, art. 543-C e Resolução n. 8/2008 do STJ), de que, embora aplicável o Código de Defesa do Consumidor nos contratos bancários, não é possível, de ofício, o reconhecimento da nulidade e, por conseguinte, a revisão de cláusulas contratuais consideradas abusivas, sob pena de ofensa ao princípio do tantum devolutum quantum appellatum" (AgRg nos EDcl no REsp 1.206.203/RS, Rel. Ministro Raul Araújo, 4.ª T., *DJe* 25.6.2013).

> subjetivo cujos limites forem excedidos. (...) Não constitui óbice a essa conclusão o argumento de que a abusividade das cláusulas contratuais não depende da malícia, do dolo ou da má-fé daquele que as elaborou e que é subjetiva a apreciação que conecta a abusividade (das cláusulas) com a figura do abuso do direito. (...) Em suma, **em face da adoção, pelo nosso Código Civil, da teoria objetiva em relação ao abuso do direito, não é necessário, para configurá-lo, que haja dolo, culpa, má-fé, ou fim de prejudicar por parte do titular do direito.** Bastará que aquele que o exerça exceda objetivamente os limites estabelecidos na lei. (...) Conclui-se do exposto que a proibição das cláusulas abusivas é uma das formas de intervenção do Estado nos negócios privados para impedir o abuso na faculdade de predispor unilateralmente as cláusulas contratuais, antes deixadas sob o exclusivo domínio da autonomia da vontade. A imposição de limites restringe a própria liberdade de estipulação do conteúdo do contrato."[7]
>
> relações jurídicas, os interesses legítimos de uma das partes em relação à outra, ou os limites externos aos interesses individualmente considerados, como pode ocorrer — ainda que não exclusivamente — na violação dos limites impostos pelos bons costumes e dos fins sociais ou econômicos do direito. **Em direito do consumidor, todavia, o abuso do direito vincula-se a dois critérios essenciais** para sua identificação e consequente controle dos atos abusivos: a) o *status* constitucional do consumidor como sujeito **de direitos fundamentais**; e a razão lógica deste reconhecimento como, de resto, das demais normas de proteção em nosso ordenamento: **b) a presunção jurídica da sua vulnerabilidade**. (...) Enquanto no direito civil comum, o desrespeito dos limites impostos pelos fins econômicos ou sociais, pela boa-fé e pelos bons costumes, implica na caracterização da **conduta abusiva**, no direito do consumidor esta se dá por uma **posição de dominância do fornecedor em relação ao consumidor**. Esta é uma presunção jurídica em favor do consumidor que fundamenta as normas de proteção."[8]

Seja qual for a posição adotada dentre as duas citadas, o importante é ressaltar o ponto de que a **abordagem objetiva** deverá imperar no tocante à apreciação das **cláusulas abusivas** no Código de Defesa do Consumidor, ou seja, o CDC adotou uma posição objetiva e pouco importa analisar a intenção do fornecedor para caracterizar uma conduta como abusiva ou não nas relações jurídicas de consumo.

14.4. O ROL EXEMPLIFICATIVO DAS CLÁUSULAS ABUSIVAS NO CDC

Prevê o Código de Defesa do Consumidor em seu art. 51, *caput*, que:

> "Art. 51. São nulas de pleno direito, entre outras, as cláusulas contratuais relativas ao fornecimento de produtos e serviços que:
> I — impossibilitem, exonerem ou atenuem a responsabilidade do fornecedor por vícios de qualquer natureza dos produtos e serviços ou impliquem renúncia ou disposição de direitos. Nas relações de consumo entre o fornecedor e o consumidor pessoa jurídica, a indenização poderá ser limitada, em situações justificáveis;
> II — subtraiam ao consumidor a opção de reembolso da quantia já paga, nos casos previstos neste código;
> III — transfiram responsabilidades a terceiros;
> IV — estabeleçam obrigações consideradas iníquas, abusivas, que coloquem o consumidor em desvantagem exagerada, ou sejam incompatíveis com a boa-fé ou a equidade;
> V — (Vetado);[9]
> VI — estabeleçam inversão do ônus da prova em prejuízo do consumidor;

---

[7] CAVALIERI FILHO, Sergio. *Programa de direito do consumidor*, p. 172-175.
[8] MIRAGEM, Bruno. *Curso de direito do consumidor*, p. 229-230.
[9] O dispositivo vetado tinha a seguinte redação: "Segundo as circunstâncias e, em particular, segundo a aparência global do contrato, venham, após sua conclusão, a surpreender o consumidor". As razões do veto foram: "Reproduz, no essencial, o que já está explicitado no inciso IV. É, portanto, desnecessário".

VII — determinem a utilização compulsória de arbitragem;
VIII — imponham representante para concluir ou realizar outro negócio jurídico pelo consumidor;
IX — deixem ao fornecedor a opção de concluir ou não o contrato, embora obrigando o consumidor;
X — permitam ao fornecedor, direta ou indiretamente, variação do preço de maneira unilateral;
XI — autorizem o fornecedor a cancelar o contrato unilateralmente, sem que igual direito seja conferido ao consumidor;
XII — obriguem o consumidor a ressarcir os custos de cobrança de sua obrigação, sem que igual direito lhe seja conferido contra o fornecedor;
XIII — autorizem o fornecedor a modificar unilateralmente o conteúdo ou a qualidade do contrato, após sua celebração;
XIV — infrinjam ou possibilitem a violação de normas ambientais;
XV — estejam em desacordo com o sistema de proteção ao consumidor;
XVI — possibilitem a renúncia do direito de indenização por benfeitorias necessárias;
XVII — condicionem ou limitem de qualquer forma o acesso aos órgãos do Poder Judiciário; (Incluído pela Lei n. 14.181, de 2021)
XVIII — estabeleçam prazos de carência em caso de impontualidade das prestações mensais ou impeçam o restabelecimento integral dos direitos do consumidor e de seus meios de pagamento a partir da purgação da mora ou do acordo com os credores; (Incluído pela Lei n. 14.181, de 2021)
XIX — (VETADO). (Incluído pela Lei n. 14.181, de 2021)"[10]

Conforme é possível constatar, trata-se de **rol exemplificativo** bem representado pela expressão **"entre outras"**. Assim, qualquer cláusula contratual que tenha por objetivo prevalecer-se ilicitamente da vulnerabilidade do consumidor será considerada uma cláusula abusiva, ainda que não conste expressamente do rol expresso no art. 51 do CDC.

Nesse sentido, leciona Leonardo Roscoe Bessa que "os incisos IV e XV do art. 51 reforçam o caráter exemplificativo, ao indicar, de modo genérico, critérios para aferição de abusividade".[11]

---

[10] Os incisos XVII, XVII e XIX foram incluídos pela Nova Lei do Superendividamento — Lei n. 14.181, de 1.º de julho de 2021 — porém o último dispositivo estabelecia como exemplo de cláusulas abusivas as que "prevejam a aplicação de lei estrangeira que limite, total ou parcialmente, a proteção assegurada por este Código ao consumidor domiciliado no Brasil", e foi vetado sob a seguinte fundamentação: "Razões do Veto: A propositura legislativa estabelece que seriam nulas de pleno direito as cláusulas contratuais relativas ao fornecimento de serviços e produtos que previssem a aplicação de lei estrangeira que limitasse, total ou parcialmente, a proteção assegurada por este Código. Entretanto, apesar da boa intenção do legislador, a propositura contrariaria interesse público tendo em vista que restringiria a competitividade, prejudicando o aumento de produtividade do País, ao restringir de forma direta o conjunto de opções dos consumidores brasileiros, especialmente quanto à prestação de serviços de empresas domiciliadas no exterior a consumidores domiciliados no Brasil, o que implicaria restrição de acesso a serviços e produtos internacionais. Em virtude de a oferta de serviços e de produtos ser realizada em escala global, principalmente, por meio da internet, é impraticável que empresas no exterior conheçam e se adequem às normas consumeristas nacionais".

[11] BENJAMIN, Antônio Herman de V.; MARQUES, Claudia Lima; BESSA, Leonardo Roscoe. *Manual de direito do consumidor*, p. 334.

Como exemplo de cláusula abusiva capaz de ferir a principiologia de defesa do consumidor sem estar expressamente prevista no CDC, podemos citar a cláusula que especifica a **eleição de foro** em local diverso do domicílio do consumidor. Esta é a visão de Nelson Nery Junior, para quem a "eleição de foro diverso do do domicílio do consumidor, ainda que não inviabilize ou impossibilite, dificulta sua defesa, ofendendo o art. 6.º, n. VIII, do CDC, que diz ser direito básico do consumidor a facilitação de sua defesa em juízo. Logo, tal cláusula ofende o 'sistema' de defesa do consumidor, sendo, portanto, nula (art. 51, n. XV, do CDC). É, de consequência, sempre nula, em abstrato, a cláusula de eleição de foro que não seja o do domicílio do consumidor, quando não haja manifestação expressa, bilateral mesmo, do consumidor".[12]

No entanto, o **Superior Tribunal de Justiça vem relativizando esse posicionamento** e admitindo, em alguns casos, a legitimidade da eleição do foro em lugar diverso do domicílio do consumidor, desde que esta seja uma opção do vulnerável: "**Se a autoria do feito pertence ao consumidor, contudo, permite-se-lhe a escolha do foro de eleição contratual, considerando que a norma protetiva, concebida em seu benefício, não o obriga, quando optar por demandar fora do seu domicílio**. Não se admite, todavia, sem justificativa plausível, **a escolha aleatória de foro que não seja nem o do domicílio do consumidor, nem o do réu**, nem o de eleição e nem o do local de cumprimento da obrigação" (EDcl no AgRg nos EDcl no CC 116.009/PB, Rel. Ministro Sidnei Beneti, 2.ª Seção, *DJe* 20.4.2012).[13]

---

[12] GRINOVER, Ada Pellegrini; BENJAMIN, Antônio Herman de V.; FINK, Daniel Roberto; FILOMENO, José Geraldo Brito; NERY JR., Nelson; DENARI, Zelmo. *Código Brasileiro de Defesa do Consumidor*, p. 574.

[13] Tratando-se de consumidor pessoa jurídica que não consegue comprovar sua hipossuficiência no caso concreto, a cláusula de eleição de foro não vem sendo considerada abusiva pelo STJ: "PROCESSO CIVIL. AÇÃO INDENIZATÓRIA. EXCEÇÃO DE INCOMPETÊNCIA. CLÁUSULA DE ELEIÇÃO DE FORO. CONTRATO DE EMPREITADA NO ÂMBITO DO PROGRAMA DE ARRENDAMENTO RESIDENCIAL — PAR. INAPLICABILIDADE DO DIPLOMA CONSUMERISTA. AÇÃO DE INDENIZAÇÃO. NATUREZA PESSOAL. INAPLICABILIDADE DO ART. 95 DO CPC. CONTRATO DE PORTE EXPRESSIVO. AUSÊNCIA DE INFERIORIDADE INTELECTIVA E TÉCNICA NO MOMENTO DA CELEBRAÇÃO. EMPRESA EM CONCORDATA PREVENTIVA. DEBILIDADE ECONÔMICA. DIFICULDADE DE ACESSO AO PODER JUDICIÁRIO. REJEIÇÃO DA EXCEÇÃO DE INCOMPETÊNCIA. PREQUESTIONAMENTO. AUSÊNCIA. 1. Não se considera prequestionada a legislação federal analisada apenas no voto vencido. Súmula 320/STJ. 2. O CDC não encontra aplicação para os contratos de empreitada celebrados entre a CEF, na condição de operacionalizadora do Programa de Arrendamento Residencial — PAR, e a empresa contratada para construir as residências que serão posteriormente objeto de contrato de arrendamento entre a mesma instituição financeira e as pessoas de baixa renda, para as quais o programa se destina. 3. O reconhecimento de que a natureza da relação jurídica da ação de indenização é pessoal afasta a alegação de ofensa ao art. 95 do CPC. 4. Não se acolhe a alegação de abusividade da cláusula de eleição de foro ao só argumento de tratar-se de contrato de adesão. 5. A cláusula que estipula eleição de foro em contrato de adesão é, em princípio, válida, desde que sejam verificadas a necessária liberdade para contratar (ausência de hipossuficiência) e a não inviabilização de acesso ao Poder Judiciário. Precedentes. 6. O porte econômico das partes quando da celebração do contrato e a natureza e o valor da avença são determinantes para a caracterização da hipossuficiência. Verificado o expressivo valor do contrato, não há que se falar em hipossuficiência. 7. Apesar de haver algumas diferenças principiológicas entre a concor-

Em razão da importância de cada um dos exemplos de cláusulas abusivas expressos no aludido Diploma Consumerista e da vasta jurisprudência existente no Superior Tribunal de Justiça a respeito da grande maioria deles, analisaremos cada um dos respectivos incisos em separado.

14.4.1. As cláusulas de indenização mitigada ou de renúncia/disposição de direitos como exemplos de cláusulas abusivas no CDC

Segundo o CDC, são cláusulas abusivas, e, portanto, nulas de pleno direito, aquelas que "impossibilitem, exonerem ou atenuem a responsabilidade do fornecedor por vícios de qualquer natureza dos produtos e serviços ou impliquem renúncia ou disposição de direitos. Nas relações de consumo entre o fornecedor e o consumidor pessoa jurídica, a indenização poderá ser limitada, em situações justificáveis" (art. 51, I).

14.4.1.1. Da vedação absoluta do art. 51, inciso I, parte inicial

A parte inicial do dispositivo ora comentado determina a nulidade da cláusula contratual que impossibilite, exonere ou atenue a responsabilidade do fornecedor por vício e da que implique renúncia ou disposição de direito. Traduz-se naquilo que a doutrina[14] denomina **cláusula de não indenizar**, cujo mandamento legal estabelece:

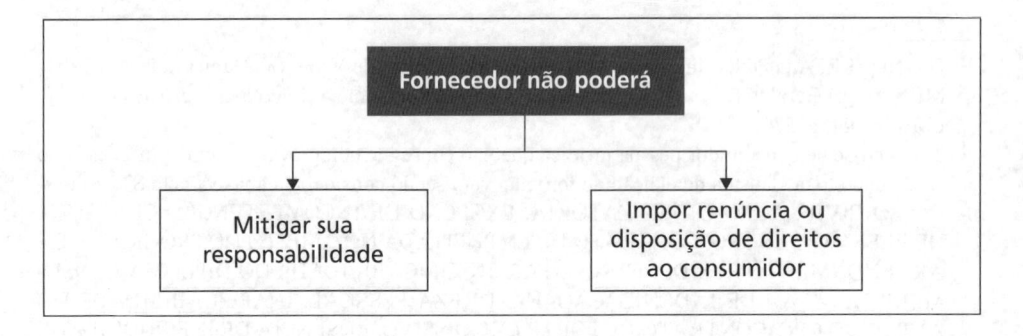

```
                    Fornecedor não poderá
                    /                    \
         Mitigar sua              Impor renúncia ou
      responsabilidade         disposição de direitos
                                    ao consumidor
```

A responsabilidade que o fornecedor tenta mitigar está relacionada com o vício do produto ou do serviço. No tocante à responsabilidade pelo fato ou pelo acidente de consumo, a vedação a tal prática está prevista no art. 25 do CDC ao estabelecer que é

---

data preventiva e a recuperação judicial, é certo que tanto uma quanto a outra voltam seus olhos ao empresário ou sociedade empresária que estiver em crise econômica ou financeira, desde que, por óbvio, seja viável a superação dessa situação anormal. 8. A condição de empresa em regime de concordata, por significar uma maior fragilidade econômica, dificulta o acesso à Justiça e ao exercício do direito de defesa perante o foro livremente eleito, quando esse não seja o da sede da concordatária. 9. Recurso especial não provido" (REsp 1.073.962/PR, Rel. Ministra Nancy Andrighi, 3.ª T., *DJe* 13.6.2012).

[14] GRINOVER, Ada Pellegrini; BENJAMIN, Antônio Herman de V.; FINK, Daniel Roberto; FILOMENO, José Geraldo Brito; NERY JR., Nelson; DENARI, Zelmo. *Código Brasileiro de Defesa do Consumidor,* p. 576.

"vedada a estipulação contratual de cláusula que impossibilite, exonere ou atenue a obrigação de indenizar prevista nesta e nas seções anteriores".

Nesse sentido, é o entendimento do STJ emanado no enunciado da Súmula 638: "É abusiva a cláusula contratual que restringe a responsabilidade de instituição financeira pelos danos decorrentes de roubo, furto ou extravio de bem entregue em garantia no âmbito de contrato de penhor civil" (2.ª Seção, j. 27.11.2019, *DJe* 2.12.2019).

É muito comum nos depararmos com cláusulas nulas de pleno direito nos **contratos de estacionamento** elaboradas com dizeres do tipo "não nos responsabilizamos pelos pertences deixados no interior do veículo".

Trata-se de típico exemplo de cláusula abusiva que deverá ser banida das relações de consumo, pois é evidente que o fornecedor é responsável, mesmo porque o dever de **segurança** constitui **atividade-fim** do ramo de sua atuação. Sobre as relações de consumo envolvendo estacionamento, o STJ já se posicionou sobre questões relevantes e sumulou no Enunciado 130 que: "A empresa responde, perante o cliente, pela reparação de dano ou furto de veículo ocorridos em seu estacionamento".

A inteligência da aludida súmula vale ainda para os estacionamentos de *shopping centers*. Sobre o assunto, o STJ entendeu: "RESPONSABILIDADE CIVIL. RECURSO ESPECIAL. TENTATIVA DE ROUBO EM CANCELA DE ESTACIONAMENTO DE *SHOPPING CENTER*. OBRIGAÇÃO DE INDENIZAR. A empresa que fornece estacionamento aos veículos de seus clientes responde objetivamente pelos furtos, roubos e latrocínios ocorridos no seu interior, uma vez que, em troca dos benefícios financeiros indiretos decorrentes desse acréscimo de conforto aos consumidores, o estabelecimento assume o dever — implícito em qualquer relação contratual — de lealdade e segurança, como aplicação concreta do princípio da confiança. Inteligência da Súmula 130 do STJ" (REsp 1.269.691/PB, Rel. Ministra Maria Isabel Gallotti, Rel. p/ acórdão Ministro Luis Felipe Salomão, 4.ª T., *DJe* 5.3.2014).

Ademais, ainda que o estacionamento seja oferecido de forma "gratuita", o fornecedor será responsabilizado pela segurança do veículo e de seus clientes na visão consolidada do Superior Tribunal de Justiça: "**De acordo com os ditames do Código de Defesa do Consumidor, os *shoppings*, hotéis e hipermercados que oferecem estacionamento privativo aos consumidores, mesmo que de forma gratuita, são responsáveis pela segurança tanto dos veículos, quanto dos clientes. Aplicação, ainda, da inteligência da Súmula 130/STJ**" (EREsp 419.059/SP, Rel. Ministro Luis Felipe Salomão, 2.ª Seção, *DJe* 12.6.2012).

Na mesma linha de raciocínio entendeu o STJ pela responsabilidade do fornecedor diante de assalto ocorrido no *drive thru* de lanchonete, caracterizando verdadeiro fortuito interno:

> RESPONSABILIDADE CIVIL E CONSUMIDOR. RECURSO ESPECIAL. ASSALTO À MÃO ARMADA EM *DRIVE THRU* DE ESTABELECIMENTO COMERCIAL. FORTUITO INTERNO. FATO DO SERVIÇO. RELAÇÃO DE CONSUMO. OBRIGAÇÃO DE INDENIZAR.
> 1. **O *drive thru*, em linhas gerais, é a forma de atendimento ou de serviço diferenciado de fornecimento de mercadorias em que o estabelecimento comercial disponibiliza aos seus clientes a opção de aquisição de produtos sem que tenham que sair do**

automóvel. O consumidor é atendido e servido ao "passar" com o veículo pelo restaurante, mais precisamente em área contígua à loja.

2. Assim como ocorre nos assaltos em estacionamentos, a rede de restaurantes, ao disponibilizar o serviço de *drive thru* em troca dos benefícios financeiros indiretos decorrentes desse acréscimo de conforto aos consumidores, assumiu o dever implícito de lealdade e segurança em qualquer relação contratual, como incidência concreta do princípio da confiança (inteligência da Súm. 130 do STJ).

3. Ao estender a sua atividade para a modalidade *drive thru*, a lanchonete buscou, no espectro da atividade econômica, aumentar os seus ganhos e proventos, pois, por meio do novo serviço, ampliou o acesso aos seus produtos e serviços, facilitou a compra e venda, aumentou as suas receitas, perfazendo um diferencial competitivo para atrair e fidelizar ainda mais a sua clientela. Por conseguinte, chamou para si o ônus de fornecer a segurança legitimamente esperada em razão dessa nova atividade.

4. De fato, dentro do seu poder de livremente contratar e oferecer diversos tipos de serviços, ao agregar a forma de venda pelo *drive thru* ao empreendimento, acabou por incrementar, de alguma forma, o risco à sua atividade, notadamente por instigar os consumidores a efetuar o consumo de seus produtos de dentro do veículo, em área contígua ao estabelecimento, deixando-os, por outro lado, mais expostos e vulneráveis a intercorrências como a dos autos.

5. Aliás, o sistema *drive thru* não é apenas uma comodidade adicional ou um fator a mais de atração de clientela. É, sim, um elemento essencial de viabilidade da atividade empresarial exercida, sendo o *modus operandi* do serviço, no qual o cliente, em seu veículo, aguarda por atendimento da empresa.

6. Ademais, configurada a responsabilização da fornecedora em razão da própria publicidade veiculada, em que se constata a promessa de segurança de seus clientes.

7. Na hipótese, diante de tais circunstâncias trazidas aos autos, verifica-se que **o serviço disponibilizado foi inadequado e ineficiente, não havendo falar em caso fortuito ou força maior, mas sim em fortuito interno, porquanto incidente na proteção dos riscos esperados da atividade empresarial desenvolvida e na frustração da legítima expectativa de segurança do consumidor-médio, concretizando-se o nexo de imputação na frustração da confiança a que fora induzido o cliente.** O fornecedor, por sua vez, pelo que consta dos autos, não demonstrou ter adotado todas as medidas, dentro de seu alcance, para inibir, dificultar ou impedir o ocorrido na área reservada ao circuito *drive thru* tampouco comprovou que o evento tenha se dado em outra área sobre a qual não tenha ingerência.

8. Recurso especial não provido (REsp 1.450.434/SP, Rel. Ministro Luis Felipe Salomão, 4.ª T., j. 18.9.2018, *DJe* 9.11.2018).

No entanto, em recente julgamento proferido pela 3.ª Turma do Superior Tribunal de Justiça, a responsabilidade do fornecedor pelos danos ocorridos no interior de estacionamento gratuito foi relativizada. Vejamos:

> RECURSO ESPECIAL. **AÇÃO INDENIZATÓRIA. DANOS MORAIS E MATERIAIS. ROUBO DE MOTOCICLETA. EMPREGO DE ARMA DE FOGO. ÁREA EXTERNA DE LANCHONETE. ESTACIONAMENTO GRATUITO. CASO FORTUITO OU FORÇA MAIOR. FORTUITO EXTERNO.** SÚMULA N. 130/STJ. INAPLICABILIDADE AO CASO. 1. Ação indenizatória promovida por cliente, vítima do roubo de sua motocicleta no estacionamento externo e gratuito oferecido por lanchonete.

2. Acórdão recorrido que, entendendo aplicável à hipótese a inteligência da Súmula n. 130/ STJ, concluiu pela procedência parcial do pedido autoral, condenando a requerida a reparar a vítima do crime de roubo pelo prejuízo material por ela suportado. 3. A teor do que dispõe a Súmula n. 130/STJ, a empresa responde, perante o cliente, pela reparação de dano ou furto de veículos ocorridos no seu estacionamento. 4. **Em casos de roubo, a jurisprudência desta Corte tem admitido a interpretação extensiva da Súmula n. 130/STJ para entender configurado o dever de indenizar de estabelecimentos comerciais quando o crime for praticado no estacionamento de empresas destinadas à exploração econômica direta da referida atividade (hipótese em que configurado fortuito interno) ou quando esta for explorada de forma indireta por grandes *shopping centers* ou redes de hipermercados (hipótese em que o dever de reparar resulta da frustração de legítima expectativa de segurança do consumidor). 5. No caso, a prática do crime de roubo, com emprego inclusive de arma de fogo, de cliente de lanchonete *fast-food*, ocorrido no estacionamento externo e gratuito por ela oferecido, constitui verdadeira hipótese de caso fortuito (ou motivo de força maior) que afasta do estabelecimento comercial proprietário da mencionada área o dever de indenizar** (art. 393 do Código Civil). 6. Recurso especial provido (REsp 1.431.606/SP, Rel. Ministro Paulo de Tarso Sanseverino, Rel. p/ acórdão Ministro Ricardo Villas Bôas Cueva, por maioria, 3.ª T., j. 15.8.2017, *DJe* 13.10.2017).

A Segunda Seção do STJ manteve o mesmo posicionamento:

EMBARGOS DE DIVERGÊNCIA. RECURSO ESPECIAL. LANCHONETE. ROUBO EM ESTACIONAMENTO GRATUITO, EXTERNO E DE LIVRE ACESSO. EMPREGO DE ARMA DE FOGO. CASO FORTUITO EXTERNO. SÚMULA N. 130/STJ. INAPLICABILIDADE. RISCO ESTRANHO À NATUREZA DO SERVIÇO PRESTADO. AUSÊNCIA DE LEGÍTIMA EXPECTATIVA DE SEGURANÇA.
1. O Superior Tribunal de Justiça, conferindo interpretação extensiva à Súmula n. 130/ STJ, entende que estabelecimentos comerciais, tais como grandes *shoppings centers* e hipermercados, ao oferecerem estacionamento, ainda que gratuito, respondem pelos assaltos à mão armada praticados contra os clientes quando, apesar de o estacionamento não ser inerente à natureza do serviço prestado, gera legítima expectativa de segurança ao cliente em troca dos benefícios financeiros indiretos decorrentes desse acréscimo de conforto aos consumidores.
2. **Nos casos em que o estacionamento representa mera comodidade, sendo área aberta, gratuita e de livre acesso por todos, o estabelecimento comercial não pode ser responsabilizado por roubo à mão armada, fato de terceiro que exclui a responsabilidade, por se tratar de fortuito externo.**
3. Embargos de divergência não providos (EREsp 1.431.606/SP, Rel. Ministra Maria Isabel Gallotti, 2.ª Seção, j. 27.3.2019, *DJe* 2.5.2019).

Outro tema relevante envolve a inviabilidade de tarifar indenização ante o Direito Básico do consumidor em relação à efetiva prevenção e reparação de danos insculpido no art. 6.º, inciso VI, do CDC.

Conforme visto no Capítulo 4 deste livro, caso que está na pauta do dia refere-se à possibilidade ou não de tarifação da indenização por **danos ocorridos em transporte aéreo** nacional ou internacional, como a perda de bagagens.

No âmbito interno, o tema está disciplinado no Código **Brasileiro de Aeronáutica** (Lei n. 7.565/86);[15] e em relação ao transporte aéreo internacional, na **Convenção de Varsóvia**,[16] da qual o Brasil é signatário.

A jurisprudência do **Superior Tribunal de Justiça sempre foi majoritária no sentido de refutar qualquer tipo de tarifação da indenização** dos prejuízos decorrentes do transporte aéreo nacional ou internacional, **prevalecendo**, em última análise, o direito à **efetiva reparação de danos** nos termos propostos pelo CDC no art. 6.º, inciso VI.

Seguem algumas decisões nesse sentido:

■ **A jurisprudência desta Corte Superior perfilha, atualmente, o entendimento de que, estabelecida relação jurídica de consumo entre as partes, a indenização pelo extravio de mercadoria transportada por via aérea deve ser integral, não se aplicando, por conseguinte, a limitação tarifada prevista no Código de Aeronáutica e da Convenção de Varsóvia. Dessa orientação não se dissuade** (REsp 1.289.629/SP, Rel. Ministro Marco Aurélio Bellizze, 3.ª T., *DJe* 3.11.2015).

■ **A responsabilidade civil por atraso de voo internacional deve ser apurada à luz do Código de Defesa do Consumidor, não se restringindo às situações descritas na Convenção de Varsóvia, eis que aquele traz em seu bojo a orientação constitucional de que o dano moral é amplamente indenizável** (REsp 299.532/SP, Rel. Ministro Honildo Amaral de Mello Castro, 4.ª T., *DJe* 23.11.2009).

■ **Após o advento do Código de Defesa do Consumidor, não mais prevalece, para efeito indenizatório, a tarifação prevista tanto na Convenção de Varsóvia, quanto no Código Brasileiro de Aeronáutica, segundo o entendimento pacificado no âmbito da 2.ª Seção do STJ. Precedentes do STJ** (REsp 740.968/RS, Rel. Ministro Aldir Passarinho Junior, 4.ª T., *DJ* 12.11.2007).

O **Supremo Tribunal Federal reconheceu a repercussão geral** do tema no AI 762.184/RJ[17] com a seguinte Ementa:

RECURSO. Extraordinário. Extravio de bagagem. **Limitação de danos materiais e morais. Convenção de Varsóvia. Código de Defesa do Consumidor. Princípio constitucional da indenizabilidade irrestrita. Norma prevalecente. Relevância da questão. Repercussão geral reconhecida.** Apresenta repercussão geral o recurso extraordinário que verse sobre a possibilidade de limitação, com fundamento na Convenção de Varsóvia,

---

[15] *In verbis:* "Art. 246. A responsabilidade do transportador (artigos 123, 124 e 222, Parágrafo único), por danos ocorridos durante a execução do contrato de transporte (artigos 233, 234, § 1.º, 245), está sujeita aos limites estabelecidos neste Título (artigos 257, 260, 262, 269 e 277)".

[16] Modificada pela Convenção de Montreal, conforme consta do Decreto n. 2.860, de 1998, que promulgou os Protocolos Adicionais ns. 1 e 2, assinados em Montreal, em 25 de setembro de 1975, que modificam a Convenção para a Unificação de Certas Regras Relativas ao Transporte Aéreo Internacional, concluída em Varsóvia, em 12 de outubro de 1929, e emendada pelo Protocolo celebrado na Haia, em 28 de setembro de 1955, com a reserva constante do art. X, do Protocolo n. 2.

[17] Em 16.3.2011, houve a substituição do paradigma "repercussão geral — Processo AI 762.184" para "RE 636.331".

das indenizações de danos morais e materiais, decorrentes de extravio de bagagem (Rel. Ministro Cezar Peluso, *DJe* 18.12.2009).

No ano de 2017, mais precisamente no dia 25 de maio, o Plenário do Supremo Tribunal Federal entendeu por maioria de votos pelo prevalecimento da Convenção de Varsóvia, alterada pela Convenção de Montreal, em detrimento do Código de Defesa do Consumidor. Eis a Ementa:

Recurso extraordinário com repercussão geral. 2. Extravio de bagagem. Dano material. Limitação. Antinomia. Convenção de Varsóvia. Código de Defesa do Consumidor. 3. Julgamento de mérito. É aplicável o limite indenizatório estabelecido na Convenção de Varsóvia e demais acordos internacionais subscritos pelo Brasil, em relação às condenações por dano material decorrente de extravio de bagagem, em voos internacionais. 5. Repercussão geral. **Tema 210.** Fixação da tese: **"Nos termos do art. 178 da Constituição da República, as normas e os tratados internacionais limitadores da responsabilidade das transportadoras aéreas de passageiros, especialmente as Convenções de Varsóvia e Montreal, têm prevalência em relação ao Código de Defesa do Consumidor"**. 6. Caso concreto. Acórdão que aplicou o Código de Defesa do Consumidor. Indenização superior ao limite previsto no art. 22 da Convenção de Varsóvia, com as modificações efetuadas pelos acordos internacionais posteriores. Decisão recorrida reformada, para reduzir o valor da condenação por danos materiais, limitando-o ao patamar estabelecido na legislação internacional. 7. Recurso a que se dá provimento (RE 636.331/RJ, Rel. Ministro Gilmar Mendes, Plenário, j. 25.5.2017, *DJe* 13.11.2017).[18]

Após a consolidação do tema pelo Supremo, o Superior Tribunal de Justiça adéqua seu entendimento sobre o assunto e assim decide:

---

[18] O mesmo entendimento de prevalecimento da Convenção de Varsóvia/Montreal sobre o CDC foi concluído pelo STF, também em sede de repercussão geral, quando firmou o prazo prescricional de dois anos para ingressar com a ação de responsabilidade civil, nos termos do art. 29 da citada Convenção (Decreto n. 20.704/1931): "(1) A ação de responsabilidade deverá intentar-se, sob pena de caducidade, dentro do prazo de dois anos, a contar da data de chegada, ou do dia, em que a aeronave devia ter chegado a seu destino, ou do da interrupção do transporte. (2) O prazo será computado de acordo com a lei nacional do tribunal que conhecer da questão". O aludido posicionamento do Supremo se deu no ARE 766.618/SP, com a seguinte Ementa: "Direito do consumidor. Transporte aéreo internacional. Conflito entre lei e tratado. Indenização. **Prazo prescricional previsto em convenção internacional. Aplicabilidade.** 1. Salvo quando versem sobre direitos humanos, os tratados e convenções internacionais ingressam no direito brasileiro com *status* equivalente ao de lei ordinária. Em princípio, portanto, as antinomias entre normas domésticas e convencionais resolvem-se pelos tradicionais critérios da cronologia e da especialidade. 2. Nada obstante, **quanto à ordenação do transporte internacional, o art. 178 da Constituição estabelece regra especial de solução de antinomias, no sentido da prevalência dos tratados sobre a legislação doméstica, seja ela anterior ou posterior àqueles. Essa conclusão também se aplica quando o conflito envolve o Código de Defesa do Consumidor.** 3. Tese afirmada em sede de repercussão geral: 'Nos termos do art. 178 da Constituição da República, as normas e os tratados internacionais limitadores da responsabilidade das transportadoras aéreas de passageiros, especialmente as Convenções de Varsóvia e Montreal, têm prevalência em relação ao Código de Defesa do Consumidor'. 4. Recurso extraordinário provido" (ARE 766.618/SP, Rel. Ministro Roberto Barroso, Plenário, j. 25.5.2017, *DJe* 13.11.2017).

RECURSO ESPECIAL. AÇÃO INDENIZATÓRIA. TRANSPORTE DE MERCADORIAS. INDENIZAÇÃO TARIFADA. PREPONDERÂNCIA DAS CONVENÇÕES DE VARSÓVIA E MONTREAL EM RELAÇÃO AO CÓDIGO DE DEFESA DO CONSUMIDOR. REPERCUSSÃO GERAL RECONHECIDA PELO STF. RE N. 636.331/RJ (TEMA 210/STF). JUÍZO DE RETRATAÇÃO. RECURSO ESPECIAL DESPROVIDO.
1. No julgamento do RE n. 636.331/RJ, o Supremo Tribunal Federal, reconhecendo a repercussão geral da matéria (Tema 210/STF), firmou a tese de que, "nos termos do art. 178 da Constituição da República, as normas e os tratados internacionais limitadores da responsabilidade das transportadoras aéreas de passageiros, especialmente as Convenções de Varsóvia e Montreal, têm prevalência em relação ao Código de Defesa do Consumidor". 2. Recurso especial desprovido, em juízo de retratação, nos termos do art. 1.040, inciso II, do CPC/2015 (REsp 673.048/RS, Rel. Ministro Marco Aurélio Bellizze, 3.ª T., j. 8.5.2018, DJe 18.5.2018).

No entanto, segundo entendimento do STJ "as indenizações por danos morais decorrentes de extravio de bagagem e de atraso de voo internacional não estão submetidas à tarifação prevista na Convenção de Montreal, devendo-se observar, nesses casos, a efetiva reparação do consumidor preceituada pelo CDC":

CIVIL E PROCESSUAL CIVIL. RECURSO ESPECIAL. RECURSO MANEJADO SOB A ÉGIDE DO NCPC. AÇÃO INDENIZATÓRIA. TRANSPORTE AÉREO INTERNACIONAL. DIREITO DO CONSUMIDOR. EXTRAVIO DE BAGAGEM. PEDIDO DE REPARAÇÃO POR DANOS MATERIAIS E MORAIS. NORMAS E TRATADOS INTERNACIONAIS. CONVENÇÃO DE MONTREAL. LIMITAÇÃO DA RESPONSABILIDADE CIVIL DA TRANSPORTADORA APENAS QUANTO AOS DANOS MATERIAIS. APLICAÇÃO DO CÓDIGO DE DEFESA DO CONSUMIDOR EM RELAÇÃO AOS DANOS MORAIS. RECURSO ESPECIAL NÃO PROVIDO.
1. Aplica-se o NCPC a este recurso ante os termos do Enunciado Administrativo n. 3, aprovado pelo Plenário do STJ na sessão de 9.3.2016: Aos recursos interpostos com fundamento no CPC/2015 (relativos a decisões publicadas a partir de 18 de março de 2016) serão exigidos os requisitos de admissibilidade recursal na forma do novo CPC.
2. O STF, no julgamento do RE n. 636.331/RJ, com repercussão geral reconhecida, fixou a seguinte tese jurídica: Nos termos do art. 178 da Constituição da República, as normas e os tratados internacionais limitadores da responsabilidade das transportadoras aéreas de passageiros, especialmente as Convenções de Varsóvia e Montreal, têm prevalência em relação ao Código de Defesa do Consumidor.
3. Referido entendimento tem aplicação apenas aos pedidos de reparação por danos materiais.
4. As indenizações por danos morais decorrentes de extravio de bagagem e de atraso de voo não estão submetidas à tarifação prevista na Convenção de Montreal, devendo-se observar, nesses casos, a efetiva reparação do consumidor preceituada pelo CDC.
5. Recurso especial não provido (REsp 1842066/RS, Rel. Ministro Moura Ribeiro, 3.ª T., j. 9.6.2020, DJe 15.6.2020).[19]

---

[19] No mesmo sentido o STJ: "AGRAVO INTERNO NO RECURSO ESPECIAL. INDENIZAÇÃO. DANOS MORAIS. TRANSPORTE AÉREO INTERNACIONAL DE PESSOAS. DEFINIÇÃO DA NORMA QUE REGE A MATÉRIA. CONVENÇÃO DE MONTREAL. CDC. 1. A limitação/

O Supremo Tribunal Federal reconheceu o Tema 1.240 — "Conflito entre o Código de Defesa do Consumidor e a Convenção de Varsóvia, no que diz com a reparação por dano moral decorrente da má prestação de serviço de transporte aéreo internacional" — e fixou a seguinte Tese: "Não se aplicam as Convenções de Varsóvia e Montreal às hipóteses de danos extrapatrimoniais decorrentes de contrato de transporte aéreo internacional". O *Leading Case* que originou a decisão está assim ementado:

> DIREITO CIVIL. RESPONSABILIDADE CIVIL. DANOS EXTRAPATRIMONIAIS DECORRENTES DE CONTRATO DE TRANSPORTE AÉREO INTERNACIONAL. INAPLICABILIDADE DO TEMA 210 DA REPERCUSSÃO GERAL. DISTINÇÃO. NÃO INCIDÊNCIA DAS NORMAS PREVISTAS NA CONVENÇÕES DE VARSÓRVIA E MONTREAL. QUESTÃO CONSTITUCIONAL. POTENCIAL MULTIPLICADOR DA CONTROVÉRSIA. REPERCUSSÃO GERAL RECONHECIDA COM REAFIRMAÇÃO DE JURISPRUDÊNCIA. RECURSO EXTRAORDINÁRIO A QUE SE NEGA PROVIMENTO.
> 1. O entendimento da Corte de origem não diverge da jurisprudência do Supremo Tribunal Federal, no sentido de que a aplicação dos limites das Convenções de Varsóvia e de Montreal, definida no julgamento do Tema 210 da repercussão geral, está adstrita aos casos de indenização por danos materiais.
> 2. Recurso extraordinário não provido.
> 3. Fixada a seguinte tese: Não se aplicam as Convenções de Varsóvia e Montreal às hipóteses de danos extrapatrimoniais decorrentes de contrato de transporte aéreo internacional (RE 1.394.401 RG, Tribunal Pleno, Rel. Ministra Rosa Weber (Presidente), j. 15.12.2022, *DJe* 3.3.2023).

Assim, a tese do Tema 210 da repercussão geral foi reajustada para abranger o novo entendimento do Tribunal, ficando com a seguinte redação: "**Nos termos do art. 178 da Constituição da República, as normas e os tratados internacionais limitadores da responsabilidade das transportadoras aéreas de passageiros, especialmente as Convenções de Varsóvia e Montreal, têm prevalência em relação ao Código de Defesa do Consumidor. O presente entendimento não se aplica às hipóteses de danos extrapatrimoniais**".

14.4.1.2. Da relativização do dever de indenizar do art. 51, inciso I, *in fine*

O art. 51, inciso I, *in fine*, estabelece que, nas "relações de consumo entre o fornecedor e o consumidor pessoa jurídica, a indenização poderá ser limitada, em situações justificáveis". Trata-se de verdadeira relativização ao dever de indenizar, na medida em que será possível limitar a indenização quando preenchidos dois requisitos:

---

restrição de responsabilidade do transportador aéreo internacional de pessoas, prevista em normas, acordos, tratados e demais atos internacionais subscritos pela República Federativa do Brasil, não tem aplicação aos pedidos de condenação ao pagamento de indenização por dano moral. Precedentes. 2. Agravo interno a que se nega provimento" (AgInt no REsp 1.981.229/SP, Rel. Ministra Maria Isabel Gallotti, 4.ª T., j. 5.6.2023, *DJe* 9.6.2023).

- consumidor pessoa jurídica;
- situações justificáveis.

A viabilidade da limitação da indenização só é admitida para consumidor pessoa jurídica, pois é relativizada a presunção de vulnerabilidade deste, isto é, para usufruir dos direitos insertos no CDC, a **pessoa jurídica deverá comprovar** no caso concreto a sua fragilidade — **hipossuficiência**, conforme posicionamento consolidado no Superior Tribunal de Justiça.[20]

Desta forma, o consumidor **pessoa jurídica possui maior poder de negociação** em razão de ter em seu corpo de funcionários pessoal técnico com capacidade de entender os riscos de se limitar a indenização ou por possuir maiores condições financeiras para contratar algum profissional com tal gabarito para analisar os prós e os contras dessa transação.

No tocante ao requisito da **situação justificável**, entendemos ser imprescindível para a sua caracterização o **recebimento de alguma vantagem** por parte do consumidor pessoa jurídica.

Por exemplo, pensemos numa microempresa que contrata a aquisição de dez computadores com sistema de informática específico ao desenvolvimento de sua atividade econômica de um grande fornecedor e negocia com este a limitação da indenização. O consumidor aceita a redução em 50% no valor de eventual indenização no caso de algum vício surgir e inviabilizar a utilização da máquina/programa de informática, mas em troca recebe em dobro o prazo da garantia contratual de assistência técnica *in loco* que, inicialmente, seria de um ano e, após a negociação, passou a ser de 2 anos.

De fato, o aludido caso exemplar nos traz uma situação em que o consumidor, por ser uma pessoa jurídica, possui maior poder de negociação e consegue atender às suas finalidades ao receber em dobro o prazo de garantia contratual de assistência técnica no local de seu estabelecimento — situação justificável, ainda que tenha se sujeitado a receber metade do que teria direito em relação ao valor da indenização.

---

[20] "Direito do Consumidor. Recurso especial. Conceito de consumidor. Critério subjetivo ou finalista. Mitigação. Pessoa Jurídica. Excepcionalidade. Vulnerabilidade. Constatação na hipótese dos autos. Prática abusiva. Oferta inadequada. Característica, quantidade e composição do produto. Equiparação (art. 29). Decadência. Inexistência. Relação jurídica sob a premissa de tratos sucessivos. Renovação do compromisso. Vício oculto. — A relação jurídica qualificada por ser 'de consumo' não se caracteriza pela presença de pessoa física ou jurídica em seus polos, mas pela presença de uma parte vulnerável de um lado (consumidor), e de um fornecedor, de outro. — **Mesmo nas relações entre pessoas jurídicas, se da análise da hipótese concreta decorrer inegável vulnerabilidade entre a pessoa-jurídica consumidora e a fornecedora, deve-se aplicar o CDC na busca do equilíbrio entre as partes.** Ao consagrar o critério finalista para interpretação do conceito de consumidor, a jurisprudência deste STJ também reconhece a necessidade de, em situações específicas, abrandar o rigor do critério subjetivo do conceito de consumidor, para admitir a aplicabilidade do CDC nas relações entre fornecedores e consumidores-empresários em que fique evidenciada a relação de consumo. — São equiparáveis a consumidor todas as pessoas, determináveis ou não, expostas às práticas comerciais abusivas. — Não se conhece de matéria levantada em sede de embargos de declaração, fora dos limites da lide (inovação recursal). Recurso especial não conhecido" (REsp 476.428/SC, Rel. Nancy Andrighi, j. 19.4.2005, *DJ* 9.5.2005).

O resumo do primeiro exemplo de cláusulas abusivas disposto no art. 51, inciso I, do CDC pode ser esquematizado da seguinte forma:

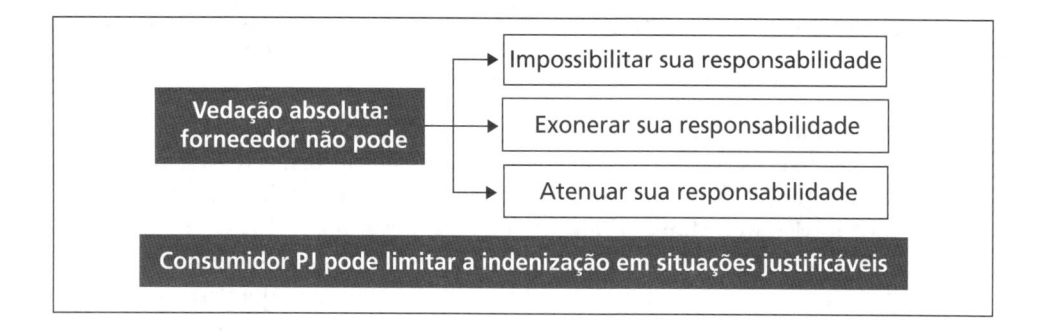

```
┌─────────────────────┐      ┌─────────────────────────────────┐
│  Vedação absoluta:  │  →   │ Impossibilitar sua responsabilidade │
│  fornecedor não pode│  →   │ Exonerar sua responsabilidade       │
└─────────────────────┘  →   │ Atenuar sua responsabilidade        │
                             └─────────────────────────────────┘
┌─────────────────────────────────────────────────────────────────┐
│ Consumidor PJ pode limitar a indenização em situações justificáveis │
└─────────────────────────────────────────────────────────────────┘
```

14.4.2. As cláusulas que subtraiam a opção de reembolso como exemplos de cláusulas abusivas no CDC

Considera o Diploma Consumerista como exemplos de cláusulas abusivas aquelas que "subtraiam ao consumidor a opção de reembolso da quantia já paga, nos casos previstos neste código" (art. 51, II).[21]

O dispositivo vem apenas **reforçar** direitos já tutelados em **outras passagens do CDC**, quer no tocante ao direito de reembolso, quer em relação à vedação da exoneração contratual, tais como:

ART. 18, § 1.º, INCISO II, DO CDC	"**Não sendo o vício sanado** no prazo máximo de trinta dias, pode o consumidor exigir, alternativamente e à sua escolha: (...) II — a **restituição imediata da quantia paga**, monetariamente atualizada, sem prejuízo de eventuais perdas e danos."
ART. 24 DO CDC	"**A garantia legal** de adequação do produto ou serviço independe de termo expresso, **vedada a exoneração contratual do fornecedor**."
ART. 25, *CAPUT*, DO CDC	"**É vedada** a estipulação contratual de **cláusula que impossibilite, exonere ou atenue a obrigação de indenizar** prevista nesta e nas seções anteriores."
ART. 35, INCISO III, DO CDC	"Se o fornecedor de produtos ou serviços **recusar** cumprimento à **oferta**, apresentação ou publicidade, o consumidor poderá, alternativamente e à sua livre escolha: (...) III — rescindir o contrato, com **direito à restituição de quantia eventualmente antecipada**, monetariamente atualizada, e a perdas e danos."

---

[21] O STJ vem aplicando à risca o aludido dispositivo legal, como no seguinte julgado: "1. — É abusiva, por ofensa ao art. 51, incisos II e IV, do Código de Defesa do Consumidor, a cláusula contratual que determina, em caso de rescisão de promessa de compra e venda de imóvel, a restituição das parcelas pagas somente ao término da obra. Precedentes. 2. — Agravo Regimental a que se nega provimento" (AgRg no REsp 1.207.682/SC, Rel. Ministro Sidnei Beneti, 3.ª T., *DJe* 21.6.2013). Nesse sentido, foi editada a Súmula 543 do STJ, com o seguinte teor: "Na hipótese de resolução de contrato de promessa de compra e venda de imóvel submetido ao Código de Defesa do Consumidor, deve ocorrer a imediata restituição das parcelas pagas pelo promitente comprador — integralmente, em caso de culpa exclusiva do promitente vendedor/construtor, ou parcialmente, caso tenha sido o comprador quem deu causa ao desfazimento" (*DJe* 31.8.2015).

ART. 49, PARÁGRAFO ÚNICO, DO CDC	"Se o consumidor exercitar o **direito de arrependimento** previsto neste artigo, os **valores eventualmente pagos**, a qualquer título, durante o prazo de reflexão, **serão devolvidos**, de imediato, monetariamente atualizados."
ART. 51, INCISO I, PRIMEIRA PARTE, DO CDC	"São **nulas de pleno direito**, entre outras, as **cláusulas** contratuais relativas ao fornecimento de produtos e serviços que: I — **impossibilitem, exonerem ou atenuem a responsabilidade** do fornecedor por vícios de qualquer natureza dos produtos e serviços ou impliquem renúncia ou disposição de direitos."

Também representa hipótese de violação do art. 51, inciso II, do CDC previsão em pacote turístico internacional "de perda total do valor antecipadamente pago na hipótese de desistência em período inferior a vinte e um dias da data do início da viagem" (STJ, REsp 1.321.655/MG, Rel. Ministro Paulo de Tarso Sanseverino, 3.ª T., *DJe* 22.10.2013). O fundamento da desistência foi o cancelamento do casamento, e o Superior Tribunal de Justiça fundamentou sua decisão no art. 413 do Código Civil e art. 51, inciso IV, do CDC.

| Subtrair a opção de reembolso é cláusula abusiva.

14.4.3. As cláusulas que transferem responsabilidades a terceiros como exemplos de cláusulas abusivas no CDC

Estabelece o Código de Defesa do Consumidor em seu art. 51, inciso III, que são exemplos de cláusulas abusivas aquelas que "transfiram responsabilidades a terceiros".

Mais uma vez o legislador foi diligente ao extremo, pois **tal direito já está previsto no inciso inaugural do art. 51**, na medida em que veda qualquer cláusula que impossibilite, exonere ou atenue a responsabilidade do fornecedor. E **transferir** sua **responsabilidade** a terceiro seria, no mínimo, uma **forma de atenuar** o dever de responder do fornecedor.

Nesse contexto, não poderá a **agência de turismo** que vendeu ao consumidor **pacote completo de viagem** tentar responsabilizar terceiro para eximir-se de sua responsabilidade por eventuais danos causados durante o passeio.

Esta é a posição consolidada no Superior Tribunal de Justiça: **"Esta eg. Corte tem entendimento no sentido de que a agência de turismo que comercializa pacotes de viagens responde solidariamente, nos termos do art. 14 do Código de Defesa do Consumidor, pelos defeitos na prestação dos serviços que integram o pacote"** (REsp 888.751/BA, Rel. Ministro Raul Araújo, 4.ª T., *DJe* 27.10.2011).[22]

---

[22] No mesmo sentido foi a decisão do STJ no julgamento do Recurso Especial 1.102.849 — *DJe* 26.4.2012 — sob o fundamento central da responsabilidade solidária: "DIREITO CIVIL E DO CONSUMIDOR. AÇÃO DE INDENIZAÇÃO POR DANOS MATERIAIS. PACOTE TURÍSTICO. MÁ PRESTAÇÃO DE SERVIÇO. RESPONSABILIDADE OBJETIVA DA OPERADORA. ART. 14 DO CDC. CONTRATO DE SEGURO-SAÚDE PARA VIAGEM. CONTRATAÇÃO CASADA. NEGATIVA INDEVIDA DE COBERTURA NO EXTERIOR. CADEIA DE CONSUMO. SOLIDARIEDADE LEGAL ENTRE A OPERADORA E A SEGURADORA. ART. 7.º DO CDC. RESSARCIMENTO DAS DESPESAS COM TRANSPORTE EM UTI AÉREA PARA O BRASIL E DEMAIS DESPESAS MÉDICAS. CABIMENTO. 1. O Tribunal de origem, analisando os fatos concluiu tratar-se de má prestação de um serviço, sendo a operadora de turismo, portanto, prestadora de serviço, como tal responde, independentemente de culpa pela reparação dos danos

No mesmo sentido, entendeu o Superior Tribunal de Justiça:

RECURSO ESPECIAL. AÇÃO DE INDENIZAÇÃO POR DANOS MORAIS AJUIZADA EM FACE DA BANCORBRÁS. DEFEITO DE SERVIÇO PRESTADO POR HOTEL CONVENIADO. LEGITIMIDADE PASSIVA *AD CAUSAM*. **1. O "Clube de Turismo Bancorbrás" funciona mediante a oferta de títulos aos consumidores, que, após o pagamento de taxas de adesão e de manutenção mensal, bem como a observância de prazo de carência, adquirem o direito não cumulativo de utilizar 7 (sete) diárias, no período de um ano, em qualquer um dos hotéis pré-selecionados pela Bancorbrás no Brasil e no exterior ("rede conveniada"). 2. Em se tratando de relações consumeristas, o fato do produto ou do serviço (ou acidente de consumo) configura-se quando o defeito ultrapassar a esfera meramente econômica do consumidor, atingindo-lhe a incolumidade física ou moral, como é o caso dos autos, em que a autora, no período de lazer programado, fora — juntamente com seus familiares (marido e filha de quatro meses) — submetida a desconforto e aborrecimentos desarrazoados, em virtude de alojamento em quarto insalubre em** *resort* **integrante da rede conveniada da Bancorbrás.** 3. Nos termos do *caput* do artigo 14 do CDC, o fornecedor de serviços responde, independentemente da existência de culpa, pela reparação dos danos causados aos consumidores por defeitos relativos à prestação dos serviços. Cuida-se, portanto, de hipótese de responsabilidade civil objetiva, baseada na teoria do risco da atividade, que alcança todos os agentes econômicos que participaram do colocação do serviço no mercado de consumo, ressalvados os profissionais liberais, dos quais se exige a verificação da culpa. 4. Sob essa ótica e tendo em vista o disposto no parágrafo único do artigo 7.º e no § 1.º do artigo 25 do CDC, sobressai a solidariedade entre todos os integrantes da cadeia de fornecimento de serviços, cabendo direito de regresso (na medida da participação na causação do evento lesivo) àquele que reparar os danos suportados pelo consumidor. 5. Nada obstante, é consabido que a responsabilidade civil objetiva do fornecedor de serviços pode ser elidida se demonstrada: (i) a ocorrência de força maior ou caso fortuito externo (artigo 393 do Código Civil); (ii) que, uma vez prestado o serviço, o defeito inexiste (inciso I do § 3.º do artigo 14 do CDC); e (iii) a culpa exclusiva do consumidor ou de terceiro (inciso II do § 3.º do retrocitado dispositivo consumerista). 6. Extrai-se do contexto fático delineado pelas instâncias ordinárias que a Bancorbrás não funciona como mera intermediadora entre os hotéis e os adquirentes do título do clube de turismo. Isso porque a escolha do adquirente do título fica limitada aos estabelecimentos previamente credenciados e contratados pela Bancorbrás, que, em seu próprio regimento interno, prevê a necessidade de um padrão de atendimento e de qualidade dos serviços prestados. Ademais, na campanha publicitária da demandada, consta a promessa da segurança e conforto daqueles que se

---

causados aos consumidores, nos termos do art. 14 do Código de Defesa do Consumidor. 2. Acresce que o parágrafo único do art. 7.º do Código consumerista adotou o princípio da solidariedade legal para a responsabilidade pela reparação dos danos causados ao consumidor, podendo, pois, ele escolher quem acionará. E, por tratar-se de solidariedade, caberá ao responsável solidário acionado, depois de reparar o dano, caso queira, voltar-se contra os demais responsáveis solidários para se ressarcir ou repartir os gastos, com base na relação de consumo existente entre eles. 3. Desse modo, a distinção que pretende a recorrente fazer entre a sua atuação como operadora dissociada da empresa que contratou o seguro de viagem não tem relevância para a solução do caso e não afastaria jamais a sua responsabilidade. 4. Recurso Especial improvido".

hospedarem em sua rede conveniada. 7. Desse modo, evidencia-se que os prestadores de serviço de hospedagem credenciados funcionam como verdadeiros prepostos ou representantes autônomos da Bancorbrás, o que atrai a incidência do artigo 34 do CDC. *Mutatis mutandis*: REsp 1.209.633/RS, Rel. Ministro Luis Felipe Salomão, 4.ª T., j. 14.4.2015, *DJe* 4.5.2015. 8. O caso, portanto, não pode ser tratado como culpa exclusiva de terceiro, pois o hotel conveniado integra a cadeia de consumo referente ao serviço introduzido no mercado pela Bancorbrás. Em verdade, sobressai a indissociabilidade entre as obrigações de fazer assumidas pela Bancorbrás e o hotel credenciado. A oferta do título de clube de turismo com direito a diárias de hospedagem com padrão de qualidade vincula-se à atuação do estabelecimento previamente admitido como parceiro pela Bancorbrás. **Assim, a responsabilidade objetiva e solidária não pode ser afastada. 9. De outra parte, a hipótese em exame não se identifica com a tese esposada em precedentes desta Corte que afastam a responsabilidade solidária das agências de turismo pela má prestação dos serviços na hipótese de simples intermediação. Ao contrário, o presente caso assemelha-se aos julgados que reconhecem a solidariedade das agências que comercializam pacotes turísticos, respondendo, em tese, pelos defeitos ocorridos por atos dos parceiros contratados.** 10. Recurso especial provido (REsp 1.378.284/PB, Rel. Ministro Luis Felipe Salomão, 4.ª T., j. 8.2.2018, *DJe* 7.3.2018).[23]

Por outro lado, **não configura violação** do disposto no art. 51, inciso III, do CDC a contratação pelo fornecedor de empresa de seguro.

Assim, concordamos com os ensinamentos de Nelson Nery Junior ao defender que pode "ocorrer, isto sim, que **o fornecedor faça contrato de seguro com terceiro** para garantir-se de possível prejuízo causado relativamente àquele contrato de consumo. Para essa hipótese, o Código criou, em benefício do consumidor, um caso de solidariedade legal (art. 265 do Código Civil) entre fornecedor e seguradora, autorizando o

---

[23] Em sentido contrário, o STJ entendeu que vendedora de passagem aérea não responde solidariamente com a companhia aérea pelos danos morais e materiais experimentados pelo passageiro em razão do cancelamento do voo: "RECURSO ESPECIAL. AÇÃO INDENIZATÓRIA. TRANSPORTE AÉREO. CANCELAMENTO DE VOO. RESPONSABILIDADE CIVIL DA SOCIEDADE QUE APENAS VENDEU AS PASSSAGENS. INEXISTÊNCIA. SERVIÇO DE EMISSÃO DAS PASSAGENS DEVIDAMENTE PRESTADO. CULPA EXCLUSIVA DA COMPANHIA AÉREA PELO DESCUMPRIMENTO DO CONTRATO. ART. 14, § 3.º, INCISOS I E II, DO CÓDIGO DE DEFESA DO CONSUMIDOR. ACÓRDÃO RECORRIDO REFORMADO. RECURSO PROVIDO. 1. Cinge-se a controvérsia a saber se a sociedade empresarial que apenas vendeu as passagens aéreas tem responsabilidade pelo cancelamento do voo. 2. Da análise dos autos, constata-se que não houve nenhum defeito na prestação do serviço contratado com a recorrente, pois as passagens aéreas foram devidamente emitidas, não lhe incumbindo a responsabilidade pelo efetivo cumprimento do contrato de transporte aéreo. 3. Com efeito, os fatos demonstram a incidência da exclusão de responsabilidade do fornecedor, prevista no art. 14, § 3.º, incisos I e II, do Código de Defesa do Consumidor, pois, de um lado, não existe defeito em relação à prestação do serviço que incumbia à recorrente (emissão dos bilhetes aéreos), e, de outro, houve culpa exclusiva de terceiro (companhia aérea), no tocante ao cancelamento do voo contratado. 4. Dessa forma, a vendedora de passagem aérea não responde solidariamente com a companhia aérea pelos danos morais e materiais experimentados pelo passageiro em razão do cancelamento do voo. 5. Recurso especial provido" (REsp 2.082.256/SP, Rel. Ministro Marco Aurélio Bellizze, 3.ª T., j. 12.9.2023, *DJe* 21.9.2023).

fornecedor, quando demandado, a chamar a seguradora ao processo (art. 101, n. II, CDC) a fim de que possam, ambos os devedores solidários, ser condenados na sentença. Como a condenação será solidária (art. 80, CPC), o consumidor poderá executar a sentença contra fornecedor e/ou seguradora, indistintamente".[24]

> Transferir responsabilidades a terceiros é cláusula abusiva.

14.4.4. As cláusulas iníquas, abusivas, que geram vantagem exagerada, violadoras da boa-fé e da equidade como exemplos de cláusulas abusivas no CDC[25]

O art. 51, inciso IV, da Lei n. 8.078/90 considera como exemplos de cláusulas abusivas aquelas que estabeleçam obrigações consideradas:

- iníquas (injustas);
- abusivas (prevalecendo-se da vulnerabilidade do consumidor); ou
- que coloquem o consumidor em desvantagem exagerada (art. 51, § 1.º, do CDC fornece parâmetros para o alcance da expressão);
- que sejam incompatíveis com a boa-fé ou a equidade (a boa-fé é a objetiva ou equidade na ideia de justiça).

Sobre o tema **vantagem exagerada**, prevê o art. 51, § 1.º, do CDC um rol exemplificativo da seguinte forma:

> "§ 1.º Presume-se exagerada, entre outros casos, a vontade que:
> I — ofende os princípios fundamentais do sistema jurídico a que pertence;
> II — restringe direitos ou obrigações fundamentais inerentes à natureza do contrato, de tal modo a ameaçar seu objeto ou equilíbrio contratual;
> III — se mostra excessivamente onerosa para o consumidor, considerando-se a natureza e conteúdo do contrato, o interesse das partes e outras circunstâncias peculiares ao caso".

É evidente a natureza de **generalidade** do **inciso primeiro** ao considerar exagerada a obrigação que **ofender os princípios fundamentais** norteadores das relações jurídicas de consumo.

No Capítulo 4 deste livro, estudamos os princípios gerais do CDC, os direitos básicos do consumidor que também possuem conotação principiológica, além dos princípios específicos da publicidade e dos contratos de consumo.

---

[24] GRINOVER, Ada Pellegrini; BENJAMIN, Antônio Herman de V.; FINK, Daniel Roberto; FILOMENO, José Geraldo Brito; NERY JR., Nelson; DENARI, Zelmo. *Código Brasileiro de Defesa do Consumidor*, p. 580.

[25] Recomendamos ao leitor analisar o item 10.4.4 deste livro, pois, neste ponto, práticas e cláusulas abusivas às vezes se confundem. Em outras palavras, temas não tratados nesse item podem ter sido abordados naquele.

Com efeito, a conclusão inicial que pontuamos na abertura do citado capítulo foi a de que o CDC é uma norma principiológica na medida em que confere direitos ao vulnerável da relação e impõe deveres ao fornecedor.

Assim, qualquer obrigação capaz de ofender os princípios do Código de Defesa do Consumidor será considerada uma vantagem manifestamente exagerada.

Conforme visto ao longo deste livro, a **relação jurídica de consumo é** uma relação **desigual**, na qual de um lado encontra-se o fornecedor — detentor do monopólio dos meios de produção — e, do outro, o consumidor-vulnerável. Com base nesse contexto, foi editado o CDC, que tem como um de seus propósitos reequilibrar essa relação jurídica que é tão desigual.

Mais uma vez, a Lei n. 8.078/90 procurou atingir este objetivo ao considerar **manifestamente exagerada a obrigação que restringir direitos ou obrigações fundamentais** inerentes à natureza do contrato, de tal sorte a ameaçar seu objeto ou equilíbrio contratual.

RECURSO ESPECIAL. CONSUMIDOR. CERCEAMENTO DE DEFESA. NÃO OCORRÊNCIA. CONTRATO DE CARTÃO DE CRÉDITO. CLÁUSULAS ABUSIVAS. COMPARTILHAMENTO DE DADOS PESSOAIS. NECESSIDADE DE OPÇÃO POR SUA NEGATIVA. DESRESPEITO AOS PRINCÍPIOS DA TRANSPARÊNCIA E CONFIANÇA. ABRANGÊNCIA DA SENTENÇA. ASTREINTES. RAZOABILIDADE. 1. É facultado ao Juízo proferir sua decisão, desde que não haja necessidade de produzir provas em audiência, assim como, nos termos do que preceitua o princípio da livre persuasão racional, avaliar as provas requeridas e rejeitar aquelas que protelariam o andamento do processo, em desrespeito ao princípio da celeridade. 2. A Anadec — Associação Nacional de Defesa do Consumidor, da Vida e dos Direitos Civis tem legitimidade para, em ação civil pública, pleitear o reconhecimento de abusividade de cláusulas insertas em contrato de cartão de crédito. Precedentes. 3. É abusiva e ilegal cláusula prevista em contrato de prestação de serviços de cartão de crédito, que autoriza o banco contratante a compartilhar dados dos consumidores com outras entidades financeiras, assim como com entidades mantenedoras de cadastros positivos e negativos de consumidores, sem que seja dada opção de discordar daquele compartilhamento. 4. A cláusula posta em contrato de serviço de cartão de crédito que impõe a anuência com o compartilhamento de dados pessoais do consumidor é abusiva por deixar de atender a dois princípios importantes da relação de consumo: transparência e confiança. 5. A impossibilidade de contratação do serviço de cartão de crédito, sem a opção de negar o compartilhamento dos dados do consumidor, revela exposição que o torna indiscutivelmente vulnerável, de maneira impossível de ser mensurada e projetada. 6. De fato, a partir da exposição de seus dados financeiros abre-se possibilidade para intromissões diversas na vida do consumidor. Conhecem-se seus hábitos, monitoram-se a maneira de viver e a forma de efetuar despesas. Por isso, a imprescindibilidade da autorização real e espontânea quanto à exposição. 7. Considera-se abusiva a cláusula em destaque também porque a obrigação que ela anuncia se mostra prescindível à execução do serviço contratado, qual seja obtenção de crédito por meio de cartão. 8. Não se estende a abusividade, por óbvio, à inscrição do nome e CPF de eventuais devedores em cadastros negativos de consumidores (SPC, SERASA, dentre outros), por inadimplência, uma vez que dita providência encontra amparo em lei (Lei n. 8.078/90, arts. 43 e 44). 9. A orientação fixada pela jurisprudência da Corte Especial do STJ, em recurso repetitivo, no que se refere à abrangência da sentença prolatada em ação civil pública, é que "os efeitos e a eficácia da sentença não estão circunscritos a lindes geográficos, mas aos limites objetivos e subjetivos do que foi decidido, levando-se em conta, para tanto, sempre a extensão do dano e a qualidade dos interesses metaindividuais postos em juízo (arts. 468, 472 e 474, CPC e 93 e 103, CDC)" (REsp 1.243.887/PR, Rel. Ministro Luis Felipe Salomão, Corte Especial, *DJe* de 12.12.2011). 10. É pacífico o entendimento no sentido de que a revisão da multa fixada, para o caso de descumprimento de ordem judicial, só será possível, nesta instância excepcional, quando se mostrar irrisória ou exorbitante, o que, a meu ver, se verifica na hipótese, haja vista tratar-se de multa diária no valor de R$ 10.000,00 (dez mil reais). 11. Recurso especial parcialmente provido (REsp 1.348.532/SP, Rel. Ministro Luis Felipe Salomão, 4.ª T., j. 10.10.2017, *DJe* 30.11.2017).

No tocante à última hipótese legal, considera-se exagerada a **vantagem** capaz de se mostrar **excessivamente onerosa** para o consumidor, considerando-se a natureza e o conteúdo do contrato, o interesse das partes e outras circunstâncias peculiares ao caso.

Presunção de exagero	▪ ofender os princípios fundamentais norteadores das relações de consumo; ▪ restringir direitos ou obrigações fundamentais inerentes à natureza do contrato, de tal modo a ameaçar seu objeto ou equilíbrio contratual; ▪ mostrar-se excessivamente onerosa a cláusula para o consumidor, considerando-se a natureza e o conteúdo do contrato, o interesse das partes e outras circunstâncias peculiares ao caso.

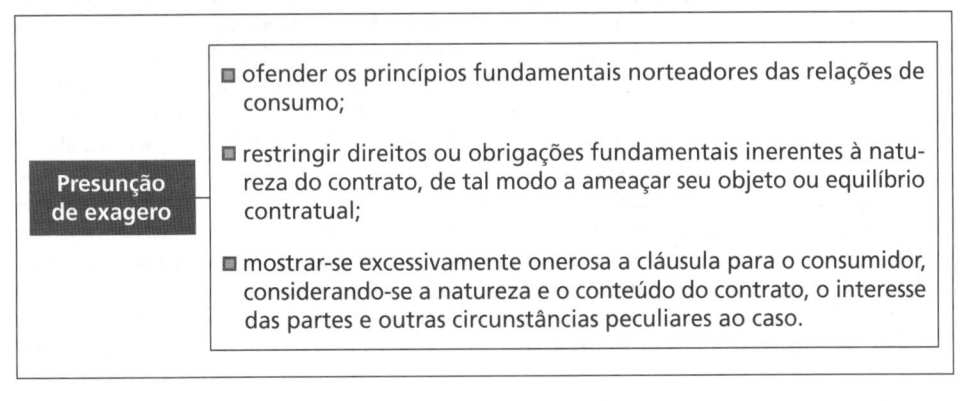

Sobre as hipóteses citadas, existem várias decisões do Superior Tribunal de Justiça coibidoras das cláusulas abusivas que impõem uma desvantagem exagerada ao consumidor.

Segundo estudado no capítulo específico das práticas abusivas, muitas delas manifestam-se no interior dos contratos de consumo, cabendo ao Poder Judiciário afastá-las, ainda que com a finalidade de preservação contratual — princípio da preservação do contrato de consumo.

Tema já apreciado pelo STJ envolve a **revisão em caráter excepcional**[26] das taxas de **juros bancários** quando cabalmente comprovada a situação de desvantagem exagerada em que o consumidor foi colocado, conforme excerto extraído de julgamento *infra*:

---

[26] O STJ e o STF entendem que não cabe ao Judiciário controlar taxas de juros remuneratórios, e sim ao Banco Central, admitindo juros acima de 12% ao ano, desde que dentro de uma média de mercado, conforme visto no Capítulo 2 deste livro. Aliás, vale relembrar o teor da Súmula 382 do STJ: "A estipulação de juros remuneratórios superiores a 12% ao ano, por si só, não indica abusividade".

A Segunda Seção, por ocasião do julgamento do REsp 1.061.530/RS, submetido ao rito do recurso repetitivo, Rel. Ministra Nancy Andrighi, *DJe* 10.3.2009, consolidou o seguinte entendimento quanto aos juros remuneratórios:

a) as instituições financeiras não se sujeitam à limitação dos juros remuneratórios estipulada na Lei de Usura (Decreto n. 22.626/33), Súmula 596/STF;

b) a estipulação de juros remuneratórios superiores a 12% ao ano, por si só, não indica abusividade;

c) são inaplicáveis aos juros remuneratórios dos contratos de mútuo bancário as disposições do art. 591 combinado com o art. 406 do CC/2002;

d) é admitida a revisão das taxas de juros remuneratórios em situações excepcionais, desde que caracterizada a relação de consumo e que a abusividade (capaz de colocar o consumidor em desvantagem exagerada — art. 51, § 1.º, do CDC) fique cabalmente demonstrada ante as peculiaridades do julgamento em concreto (REsp 1.246.622/RS, Rel. Ministro Luis Felipe Salomão, 4.ª T., *DJe* 16.11.2011).[27]

---

[27] Em relação ao **contrato de** *factoring* — de compra de crédito —, vale lembrar que não é considerado serviço bancário, logo os **juros estão limitados a 12%** da Lei da usura. Esta é a posição do STJ: "AGRAVO REGIMENTAL NO AGRAVO EM RECURSO ESPECIAL. CONTRATO DE 'FACTORING'. VIOLAÇÃO DE DISPOSITIVOS LEGAIS. FALTA DE PREQUESTIONAMENTO. JUROS REMUNERATÓRIOS. LEI DE USURA. INCIDÊNCIA. LIMITAÇÃO. INCIDÊNCIA DA SÚMULA 83/STJ. COBRANÇA DE JUROS DE FORMA DISFARÇADA. REVISÃO DO JULGADO. IMPOSSIBILIDADE. REEXAME DE FATOS E PROVAS. SÚMULA 7/STJ. 1. O prequestionamento, entendido como a necessidade de o tema objeto do recurso haver sido examinado pela decisão atacada, constitui exigência inafastável da própria previsão constitucional, ao tratar do recurso especial, impondo-se como um dos principais requisitos ao seu conhecimento. Não examinada a matéria objeto do especial pela instância *a quo*, incidem os enunciados 282 e 356 da Súmula do Supremo Tribunal Federal. 2. Nos contratos de *factoring*, a taxa de juros remuneratórios está limitada em 12% ao ano, nos termos da Lei de Usura. Precedentes. 3. Tendo o Tribunal *a quo* concluído que a recorrente cobrava juros acima do limite legal, de forma disfarçada, sob a denominação de taxa *ad valorem*, a alteração do julgado necessitaria do revolvimento do material fático-probatório dos autos. 4. Agravo Regimental improvido" (AgRg no AREsp 127.209/SP, Rel. Ministro Sidnei Beneti, 3.ª T., *DJe* 19.4.2012).

Ademais, **aos contratos de** *factoring* **não se aplica o CDC na visão do STJ**, basicamente em razão da inexistência do destinatário final: "CONTRATO DE *FACTORING*. RECURSO ESPECIAL. CARACTERIZAÇÃO DO ESCRITÓRIO DE *FACTORING* COMO INSTITUIÇÃO FINANCEIRA. DESCABIMENTO. APLICAÇÃO DE DISPOSITIVOS DO CÓDIGO DE DEFESA DO CONSUMIDOR À AVENÇA MERCANTIL, AO FUNDAMENTO DE SE TRATAR DE RELAÇÃO DE CONSUMO. INVIABILIDADE. 1. As empresas de *factoring* não são instituições financeiras, visto que suas atividades regulares de fomento mercantil não se amoldam ao conceito legal, tampouco efetuam operação de mútuo ou captação de recursos de terceiros. Precedentes. 2. 'A relação de consumo existe apenas no caso em que uma das partes pode ser considerada destinatária final do produto ou serviço. Na hipótese em que produto ou serviço são utilizados na cadeia produtiva, e não há considerável desproporção entre o porte econômico das partes contratantes, o adquirente não pode ser considerado consumidor e não se aplica o CDC, devendo eventuais conflitos serem resolvidos com outras regras do Direito das Obrigações'. (REsp 836.823/PR, Rel. Ministro Sidnei Beneti, 3.ª T., *DJ* 23.8.2010). 3. Com efeito, no caso em julgamento, verifica-se que a ora recorrida não é destinatária final, tampouco se insere em situação de vulnerabilidade, porquanto não se apresenta como sujeito mais fraco, com necessidade de proteção estatal, mas como sociedade empresária que, por meio da pactuação livremente firmada com a recorrida, obtém ca-

O mesmo posicionamento foi tomado pelo Superior Tribunal de Justiça no tocante à **cobrança de tarifa** dos consumidores pelo pagamento mediante **boleto/ficha de compensação** por se caracterizar, em alguns casos,[28] **"dupla remuneração"** pelo mesmo serviço: "**Sendo os serviços prestados pelo Banco remunerados pela tarifa interbancária,** conforme referido pelo Tribunal de origem, **a cobrança de tarifa dos consumidores pelo pagamento mediante boleto/ficha de compensação constitui enriquecimento sem causa por parte das instituições financeiras, pois há 'dupla remuneração' pelo mesmo serviço,** importando em vantagem exagerada dos Bancos em detrimento dos consumidores, razão pela qual abusiva a cobrança da tarifa, nos termos do art. 39, V, do CDC c/c art. 51, § 1.º, I e III, do CDC" (REsp 794.752/MA, Rel. Ministro Luis Felipe Salomão, 4.ª T., *DJe* 12.4.2010).

Ainda em relação às atividades bancárias o STJ entendeu por abusiva, por onerosidade excessiva, a cláusula relativa aos serviços de terceiros ("serviços prestados pela revenda"):

> RECURSO ESPECIAL REPETITIVO. TEMA 958/STJ. DIREITO BANCÁRIO. COBRANÇA POR SERVIÇOS DE TERCEIROS, REGISTRO DO CONTRATO E AVALIAÇÃO DO BEM. PREVALÊNCIA DAS NORMAS DO DIREITO DO CONSUMIDOR SOBRE A REGULAÇÃO BANCÁRIA. EXISTÊNCIA DE NORMA REGULAMENTAR VEDANDO A COBRANÇA A TÍTULO DE COMISSÃO DO CORRESPONDENTE BANCÁRIO. DISTINÇÃO ENTRE O CORRESPONDENTE E O TERCEIRO. DESCABIMENTO DA COBRANÇA POR SERVIÇOS NÃO EFETIVAMENTE PRESTADOS. POSSIBILIDADE DE CONTROLE DA ABUSIVIDADE DE TARIFAS E DESPESAS EM CADA CASO CONCRETO.
> 1. DELIMITAÇÃO DA CONTROVÉRSIA: Contratos bancários celebrados a partir de 30.4.2008, com instituições financeiras ou equiparadas, seja diretamente, seja por intermédio de correspondente bancário, no âmbito das relações de consumo.
> **2. TESES FIXADAS PARA OS FINS DO ART. 1.040 DO CPC/2015: 2.1. Abusividade da cláusula que prevê a cobrança de ressarcimento de serviços prestados por terceiros, sem a especificação do serviço a ser efetivamente prestado; 2.2. Abusividade da cláusula que prevê o ressarcimento pelo consumidor da comissão do correspondente bancário, em contratos celebrados a partir de 25.2.2011, data de entrada em vigor da Res.-CMN 3.954/2011, sendo válida a cláusula no período anterior a essa resolução, ressalvado o controle da onerosidade excessiva; 2.3. Validade da tarifa de avaliação do bem dado em garantia, bem como da cláusula que prevê o ressarcimento de despesa com o registro do contrato, ressalvadas a: 2.3.1. Abusividade da cobrança por serviço não efetivamente prestado; e a 2.3.2. Possibilidade de controle da onerosidade excessiva, em cada caso concreto.**
> 3. CASO CONCRETO.

---

pital de giro para operação de sua atividade empresarial, não havendo, no caso, relação de consumo. 4. Recurso especial não provido" (REsp 938.979/DF, Rel. Ministro Luis Felipe Salomão, 4.ª T., *DJe* 29.6.2012).

[28] Analisaremos no subitem 14.4.9 que o STJ vem admitindo a legitimidade da cobrança de tarifa pela emissão de boleto bancário, caso não seja cabalmente comprovada a vantagem exagerada.

3.1. Aplicação da tese 2.2, declarando-se **abusiva, por onerosidade excessiva, a cláusula relativa aos serviços de terceiros ("serviços prestados pela revenda")**.
3.2. Aplicação da tese 2.3, mantendo-se hígidas a despesa de registro do contrato e a tarifa de avaliação do bem dado em garantia.
4. RECURSO ESPECIAL PARCIALMENTE PROVIDO (REsp 1578553/SP, Rel. Ministro Paulo de Tarso Sanseverino, 2.ª Seção, j. 28.11.2018, *DJe* 6.12.2018).

O Tema Repetitivo 952 apreciado pelo STJ teve decisão semelhante:

RECURSO ESPECIAL REPETITIVO. TEMA 972/STJ. DIREITO BANCÁRIO. DESPESA DE PRÉ-GRAVAME. VALIDADE NOS CONTRATOS CELEBRADOS ATÉ 25/02/2011. SEGURO DE PROTEÇÃO FINANCEIRA. VENDA CASADA. OCORRÊNCIA. RESTRIÇÃO À ESCOLHA DA SEGURADORA. ANALOGIA COM O ENTENDIMENTO DA SÚMULA 473/STJ. DESCARACTERIZAÇÃO DA MORA. NÃO OCORRÊNCIA. ENCARGOS ACESSÓRIOS.
1. DELIMITAÇÃO DA CONTROVÉRSIA: Contratos bancários celebrados a partir de 30.4.2008, com instituições financeiras ou equiparadas, seja diretamente, seja por intermédio de correspondente bancário, no âmbito das relações de consumo.
2. TESES FIXADAS PARA OS FINS DO ART. 1.040 DO CPC/2015: **2.1. Abusividade da cláusula que prevê o ressarcimento pelo consumidor da despesa com o registro do pré-gravame, em contratos celebrados a partir de 25/02/2011, data de entrada em vigor da Res.-CMN 3.954/2011, sendo válida a cláusula pactuada no período anterior a essa resolução, ressalvado o controle da onerosidade excessiva.
2.2. Nos contratos bancários em geral, o consumidor não pode ser compelido a contratar seguro com a instituição financeira ou com seguradora por ela indicada.**
2.3. A abusividade de encargos acessórios do contrato não descaracteriza a mora.
3. CASO CONCRETO.
**3.1. Aplicação da tese 2.1 para declarar válida a cláusula referente ao ressarcimento da despesa com o registro do pré-gravame, condenando-se porém a instituição financeira a restituir o indébito em virtude da ausência de comprovação da efetiva prestação do serviço.
3.2. Aplicação da tese 2.2 para declarar a ocorrência de venda casada no que tange ao seguro de proteção financeira.**
3.3. Validade da cláusula de ressarcimento de despesa com registro do contrato, nos termos da tese firmada no julgamento do Tema 958/STJ, tendo havido comprovação da prestação do serviço.
3.4. Ausência de interesse recursal no que tange à despesa com serviços prestados por terceiro.
4. RECURSO ESPECIAL PARCIALMENTE CONHECIDO E, NESSA EXTENSÃO, PARCIALMENTE PROVIDO (REsp 1639259/SP, Rel. Ministro Paulo de Tarso Sanseverino, 2.ª Seção, j. 12.12.2018, *DJe* 17.12.2018).

No tocante aos **contratos de seguro-saúde**, caracteriza cláusula capaz de gerar **onerosidade excessiva** ao consumidor a recusa de tratamento sob a alegação de **exclusão de doença** do contrato de consumo. Nesse sentido, entendeu o STJ que a **"negativa de cobertura de transplante — apontado pelos médicos como essencial para salvar a vida do paciente —, sob alegação de estar previamente excluído do contrato, deixa o segurado à mercê da onerosidade excessiva perpetrada pela seguradora, por meio de abusividade em cláusula contratual" (REsp 1.053.810/SP, Rel. Ministra Nancy Andrighi, 3.ª T., *DJe* 15.3.2010).[29-30]

E a conclusão do Superior Tribunal de Justiça foi a de que, com **"vistas à necessidade de se conferir maior efetividade ao direito integral à cobertura de proteção à saúde — por meio do acesso ao tratamento médico-hospitalar necessário —, deve ser invalidada a cláusula de exclusão de transplante do contrato de seguro-saúde"**.

No mesmo sentido, vem entendendo o STJ que a exclusão do serviço de *home care* consiste em cláusula abusiva e ensejadora de condenação por dano moral. Vejamos: "(...) 3. Apesar de, na Saúde Suplementar, o tratamento médico em domicílio não ter sido incluído no rol de procedimentos mínimos ou obrigatórios que devem ser oferecidos pelos planos de saúde, é abusiva a cláusula contratual que importe em vedação da internação domiciliar como alternativa de substituição à internação hospitalar, visto que se revela incompatível com a equidade e a boa-fé, colocando o usuário (consumidor) em situação de desvantagem exagerada (art. 51, IV, da Lei n. 8.078/90). (...) 5. Na ausência de regras contratuais que disciplinem a utilização do serviço, a internação domiciliar pode ser obtida como conversão da internação hospitalar. Assim, para tanto, há a necessidade (i) de haver condições estruturais da residência, (ii) de real necessidade do atendimento domiciliar, com verificação do quadro clínico do paciente, (iii) da indicação do médico assistente, (iv) da solicitação da família, (v) da concordância do paciente e (vi) da não afetação do equilíbrio contratual, como nas hipóteses em que o custo do atendimento domiciliar por dia não supera o custo diário em hospital" (REsp 1.537.301/RJ, Rel. Ministro Ricardo Villas Bôas Cueva, 3.ª T., *DJe* 23.10.2015).

Também é abusiva a cláusula que preveja o indeferimento de quaisquer procedimentos médico-hospitalares quando solicitados por médicos não cooperados:

> RECURSO ESPECIAL. AÇÃO CIVIL PÚBLICA. OFENSA AO ARTIGO 535 DO CPC/73. INOBSERVÂNCIA. PLANO DE SAÚDE. CONDICIONAMENTO DE DEFERIMENTO DE EXAME, PROCEDIMENTO, INTERNAÇÃO E CIRURGIA À SUBSCRIÇÃO DE MÉDICO COOPERADO. CLÁUSULA ABUSIVA RECONHECIDA.

---

[29] No mesmo sentido, entendeu o STJ em relação à cláusula de renúncia em declaração de saúde: "A inserção de cláusula de renúncia em declaração de saúde é abusiva por induzir o segurado a abrir mão do direito ao exercício livre da opção de ser orientado por um médico por ocasião do preenchimento daquela declaração, notadamente porque se trata de documento que tem o condão de viabilizar futura negativa de cobertura de procedimento ou tratamento" (REsp 1.554.448/PE, Rel. Ministro João Otávio de Noronha, 3.ª T., *DJe* 26.2.2016).

[30] Também entendeu o STJ como sendo abusiva cláusula em contrato de plano de saúde que exclui o dever de reembolsar o segurado pelas despesas que pagou com tratamento médico realizado em situação de urgência ou emergência por hospital não credenciado: "Afigura-se absolutamente eivada de nulidade a disposição contratual que excepciona o dever de reembolsar, mesmo nos casos de urgência ou de emergência, as despesas médicas efetuadas em hospital de tabela própria (compreendido como de alto custo). A lei de regência não restringe o reembolso nessas condições (de urgência ou emergência), levando-se em conta o padrão do hospital em que o atendimento/tratamento fora efetuado, até porque, como visto, a responsabilidade é limitada, em princípio, justamente aos preços praticados pelo produto contratado" (REsp 1.286.133/MG, Rel. Ministro Marco Aurélio Bellizze, 3.ª T., *DJe* 11.4.2016).

1. Não há que se falar em negativa de prestação jurisdicional. Isso porque, embora rejeitados os embargos de declaração, os questionamentos aventados pela recorrente foram devidamente enfrentados pela Corte estadual, a qual emitiu pronunciamento de forma fundamentada, ainda que em sentido contrário à pretensão recursal.
2. A realização de exames, internações e demais procedimentos hospitalares não pode ser obstada aos usuários cooperados, exclusivamente pelo fato de terem sido solicitados por médico diverso daqueles que compõem o quadro da operadora, pois isso configura não apenas discriminação do galeno, mas também tolhe tanto o direito de usufruir do plano contratado como a liberdade de escolha do profissional que lhe aprouver.
3. Assim, a cláusula contratual que prevê o indeferimento de quaisquer procedimentos médico-hospitalares, se estes forem solicitados por médicos não cooperados, deve ser reconhecida como cláusula abusiva, nos termos do art. 51, IV, do CDC.
4. Recurso especial a que se nega provimento (REsp 1.330.919/MT, Rel. Ministro Luis Felipe Salomão, 4.ª T., *DJe* 18.8.2016).

O Superior Tribunal de Justiça editou a Súmula n. 597 com o seguinte teor: "**A cláusula contratual de plano de saúde que prevê carência para utilização dos serviços de assistência médica nas situações de emergência ou de urgência é considerada abusiva se ultrapassado o prazo máximo de 24 horas contado da data da contratação**" (2.ª Seção, aprovada em 8.11.2017, *DJe* 20.11.2017).

Na mesma linha, o STJ entendeu como "abusiva a exclusão do seguro de acidentes pessoais em contrato de adesão para as hipóteses de: i) gravidez, parto ou aborto e suas consequências; ii) perturbações e intoxicações alimentares de qualquer espécie; e iii) todas as intercorrências ou complicações consequentes da realização de exames, tratamentos clínicos ou cirúrgicos" (REsp 1635238/SP, Rel. Ministra Nancy Andrighi, 3.ª T., j. 11.12.2018, *DJe* 13.12.2018).

A não abusividade de cláusula de contrato de plano de saúde em razão da mudança de faixa etária deverá preencher os seguintes requisitos:

- ter previsão contratual;
- observância das normas expedidas pelos órgãos governamentais reguladores;
- não serem aplicados percentuais desarrazoados ou aleatórios que, concretamente e sem base atuarial idônea, onerem excessivamente o consumidor ou discriminem o idoso.

Essa foi a tese firmada pelo Superior Tribunal de Justiça no julgamento do REsp 1.568.244/RJ, pelo regime de recurso repetitivo, Tema 952:

7. **Para evitar abusividades** (Súmula n. 469/STJ)[31] nos reajustes das contraprestações pecuniárias dos planos de saúde, **alguns parâmetros devem ser observados**, tais como (i) a expressa previsão contratual; (ii) não serem aplicados índices de reajuste desarrazoados ou aleatórios, que onerem em demasia o consumidor, em manifesto confronto com a

---

[31] A **Súmula 469** do STJ foi cancelada pela Terceira Seção, na sessão de 11.4.2018, e substituída pela Súmula 608, que possui o seguinte teor: **"Aplica-se o Código de Defesa do Consumidor aos contratos de plano de saúde, salvo os administrados por entidades de autogestão"**.

equidade e as cláusulas gerais da boa-fé objetiva e da especial proteção ao idoso, dado que aumentos excessivamente elevados, sobretudo para esta última categoria, poderão, de forma discriminatória, impossibilitar a sua permanência no plano; e (iii) respeito às normas expedidas pelos órgãos governamentais: a) **No tocante aos contratos antigos e não adaptados**, isto é, aos seguros e planos de saúde firmados antes da entrada em vigor da Lei n. 9.656/98, deve-se seguir o que consta no contrato, respeitadas, quanto à abusividade dos percentuais de aumento, as normas da legislação consumerista e, quanto à validade formal da cláusula, as diretrizes da Súmula Normativa n. 3/2001 da ANS. b) **Em se tratando de contrato (novo) firmado ou adaptado entre 2.1.1999 e 31.12.2003**, deverão ser cumpridas as regras constantes na Resolução CONSU n. 6/98, a qual determina a observância de 7 (sete) faixas etárias e do limite de variação entre a primeira e a última (o reajuste dos maiores de 70 anos não poderá ser superior a 6 (seis) vezes o previsto para os usuários entre 0 e 17 anos), não podendo também a variação de valor na contraprestação atingir o usuário idoso vinculado ao plano ou seguro saúde há mais de 10 (dez) anos. c) **Para os contratos (novos) firmados a partir de 1.º.1.2004**, incidem as regras da RN n. 63/2003 da ANS, que prescreve a observância (i) de 10 (dez) faixas etárias, a última aos 59 anos; (ii) do valor fixado para a última faixa etária não poder ser superior a 6 (seis) vezes o previsto para a primeira; e (iii) da variação acumulada entre a sétima e décima faixas não poder ser superior à variação cumulada entre a primeira e sétima faixas. 8. A abusividade dos aumentos das mensalidades de plano de saúde por inserção do usuário em nova faixa de risco, sobretudo de participantes idosos, deverá ser aferida em cada caso concreto. Tal reajuste será adequado e razoável sempre que o percentual de majoração for justificado atuarialmente, a permitir a continuidade contratual tanto de jovens quanto de idosos, bem como a sobrevivência do próprio fundo mútuo e da operadora, que visa comumente o lucro, o qual não pode ser predatório, haja vista a natureza da atividade econômica explorada: serviço público impróprio ou atividade privada regulamentada, complementar, no caso, ao Serviço Único de Saúde (SUS), de responsabilidade do Estado. 9. Se for reconhecida a abusividade do aumento praticado pela operadora de plano de saúde em virtude da alteração de faixa etária do usuário, para não haver desequilíbrio contratual, faz-se necessária, nos termos do art. 51, § 2.º, do CDC, a apuração de percentual adequado e razoável de majoração da mensalidade em virtude da inserção do consumidor na nova faixa de risco, o que deverá ser feito por meio de cálculos atuariais na fase de cumprimento de sentença (REsp 1.568.244/RJ, Rel. Ministro Ricardo Villas Bôas Cueva, 2.ª Seção, j. 14.12.2016, *DJe* 19.12.2016).

Sobre o assunto, o Supremo Tribunal Federal fixou a seguinte tese: "O Tribunal, por maioria, apreciando o tema 123 da repercussão geral, deu provimento ao recurso extraordinário para julgar improcedente o pedido inicial, nos termos do voto Relator, vencidos os Ministros Edson Fachin, Dias Toffoli e Roberto Barroso. O Ministro Gilmar Mendes acompanhou o Relator com ressalvas. Foi fixada a seguinte tese: '**As disposições da Lei n. 9.656/98, à luz do art. 5.º, XXXVI, da Constituição Federal, somente incidem sobre os contratos celebrados a partir de sua vigência, bem como nos contratos que, firmados anteriormente, foram adaptados ao seu regime, sendo as respectivas disposições inaplicáveis aos beneficiários que, exercendo sua autonomia de vontade, optaram por manter os planos antigos inalterados**'" (RE 948.634/RS, Rel. Ministro Ricardo Lewandowski, julgamento virtual finalizado em 19.10.2020).

Embora as disposições da Lei n. 9.656/1998 não retroajam para atingir contratos celebrados antes de sua vigência (quando não adaptados ao novel regime), a eventual abusividade das cláusulas pode ser aferida à luz do Código de Defesa do Consumidor (CDC). Este o entendimento do Superior Tribunal de Justiça:

> **AGRAVO INTERNO NO AGRAVO EM RECURSO ESPECIAL. CIVIL. NEGATIVA DE PRESTAÇÃO JURISDICIONAL. NÃO OCORRÊNCIA. AÇÃO CIVIL PÚBLICA. PLANO DE SAÚDE. COBERTURA DE PRÓTESES E ÓRTESES LIGADAS A ATOS CIRÚRGICOS. CLÁUSULA DE EXCLUSÃO. ABUSIVIDADE. CÓDIGO DE DEFESA DO CONSUMIDOR. APLICAÇÃO. LEI N. 9.656/1998. NÃO INCIDÊNCIA. CONTRATO ANTIGO. IRRETROATIVIDADE. OBSERVÂNCIA.**
> 1. Não há falar em negativa de prestação jurisdicional nos embargos declaratórios, a qual somente se configura quando, na apreciação do recurso, o tribunal de origem insiste em omitir pronunciamento a respeito de questão que deveria ser decidida, e não foi.
> 2. As disposições da Lei n. 9.656/1998, à luz do art. 5.º, XXXVI, da Constituição Federal, somente incidem sobre os contratos celebrados a partir de sua vigência, bem como nos contratos que, firmados anteriormente, foram adaptados ao seu regime, sendo as respectivas disposições inaplicáveis aos beneficiários que, exercendo sua autonomia de vontade, optaram por manter os planos antigos inalterados (Tema n. 123 de Repercussão Geral do STF).
> 3. Embora as disposições da Lei n. 9.656/1998, que dispõe sobre os planos e seguros privados de assistência à saúde, não retroajam para atingir contratos celebrados antes de sua vigência (quando não adaptados ao novel regime), a eventual abusividade das cláusulas pode ser aferida à luz do Código de Defesa do Consumidor (CDC).
> 4. A jurisprudência pacífica deste Tribunal Superior, desde longa data, sempre foi no sentido de se mostrar abusiva, com base na legislação consumerista, a cláusula restritiva de plano de saúde, ainda que não adaptado, ou seja, contrato antigo (anterior à Lei n. 9.656/1998), que prevê o não custeio de prótese, órtese ou material diretamente ligado ao procedimento cirúrgico ao qual se submete o consumidor.
> 5. Agravo interno não provido (AgInt no AREsp 1.561.454/RJ, Rel. Ministro Ricardo Villas Bôas Cueva, 3.ª T., j. 10.6.2024, *DJe* 13.6.2024).

Outros temas correlatos também foram objeto de afetação pelo STJ, mais precisamente: (a) validade de cláusula contratual de plano de saúde coletivo que prevê reajuste por faixa etária; e (b) ônus da prova da base atuarial do reajuste. Trata-se do Tema Repetitivo 1016:

> **PROPOSTA DE AFETAÇÃO.** RITO DOS RECURSOS ESPECIAIS REPETITIVOS. CIVIL E PROCESSUAL CIVIL (CPC/2015). **PLANO DE SAÚDE COLETIVO. CONTROVÉRSIA SOBRE A VALIDADE DA CLÁUSULA DE REAJUSTE POR FAIXA ETÁRIA E SOBRE O ÔNUS DA PROVA DA BASE ATUARIAL DO REAJUSTE.** DISTINÇÃO COM A HIPÓTESE DO TEMA 952/STJ.
> 1. Existência de teses firmadas por esta Corte Superior no julgamento do Tema 952/STJ acerca da validade de cláusula contratual de reajuste por faixa etária.
> 2. Limitação da abrangência do Tema 952/STJ aos planos de saúde individuais ou familiares.
> 3. Necessidade de formação de precedente específico acerca dos planos coletivos.

4. Delimitação da controvérsia: (a) validade de cláusula contratual de plano de saúde coletivo que prevê reajuste por faixa etária; e (b) ônus da prova da base atuarial do reajuste.
5. RECURSO ESPECIAL AFETADO AO RITO DO ART. 1.036 DO CPC/2015 (ProAfR no REsp 1.716.113/SP, Rel. Ministro Paulo de Tarso Sanseverino, 2.ª Seção, j. 4.6.2019, *DJe* 10.6.2019).

No ano de 2022 foi decidido o Tema 1.016 pelo regime de recurso repetitivo e prevaleceu o entendimento de aplicabilidade das teses firmadas no Tema 952, referentes aos aumentos na mensalidade por conta da mudança de faixa etária. aos planos coletivos, ressalvando-se a sua aplicação às entidades de autogestão:

RECURSOS ESPECIAIS REPETITIVOS. DIREITO CIVIL E PROCESSUAL CIVIL. SAÚDE SUPLEMENTAR. PLANO DE SAÚDE COLETIVO. REAJUSTE POR FAIXA ETÁRIA. TEMA 1.016/STJ. CONTROVÉRSIA ACERCA DA VALIDADE DO REAJUSTE E DO ÔNUS DA PROVA DA BASE ATUARIAL. APLICABILIDADE DO TEMA 952/STJ AOS PLANOS COLETIVOS. CÁLCULO DA VARIAÇÃO ACUMULADA NOS TERMOS DA RN ANS 63/2003. PROVA DA BASE ATUARIAL DO REAJUSTE. ÔNUS DA OPERADORA. DESAFETAÇÃO.
1. Delimitação da controvérsia: Controvérsia pertinente à validade da cláusula de reajuste por faixa etária e ao ônus da prova da base atuarial do reajuste, no contexto de pretensão de revisão de índice de reajuste por faixa etária deduzida pelo usuário contra a operadora, tratando-se de planos de saúde coletivos novos ou adaptados à Lei 9.656/98.
2. Teses para os efeitos do art. 1.040 do CPC/2015:
(a) Aplicabilidade das teses firmadas no Tema 952/STJ aos planos coletivos, ressalvando-se, quanto às entidades de autogestão, a inaplicabilidade do CDC;
(b) A melhor interpretação do enunciado normativo do art. 3°, II, da Resolução n. 63/2003, da ANS, é aquela que observa o sentido matemático da expressão "variação acumulada", referente ao aumento real de preço verificado em cada intervalo, devendo-se aplicar, para sua apuração, a respectiva fórmula matemática, estando incorreta a simples soma aritmética de percentuais de reajuste ou o cálculo de média dos percentuais aplicados em todas as faixas etárias;
3. Desafetação da questão referente à inversão do ônus da prova, nos termos do voto do Ministro Ricardo Villas Boas Cueva.
4. Caso concreto do REsp 1.715.798/RS: **Reajuste de 40% na última faixa etária. Exclusão do reajuste pelo tribunal de origem. Descabimento. Razoabilidade do índice e do preço da mensalidade praticados. Desnecessidade de prova atuarial.**
4.1. Validade do reajuste pactuado no percentual de 40% para a última faixa etária, pois esse percentual se encontra aquém da média de mercado praticada pelas operadoras, como também se encontra aquém da média o preço fixado para a mensalidade da última faixa etária, não se verificando abusividade no caso concreto.
4.2. Desnecessidade de produção de prova atuarial no caso concreto.
5. Caso concreto do REsp 1.716.113/DF: **Plano coletivo de autogestão. Reajuste de 67,57%. Revisão para 16,5%. Soma aritmética de índices. Aplicação equivocada da rn ans 63/2003. Aplicabilidade aos planos de autogestão. Cálculo mediante variação acumulada. Descabimento da mera soma de índices.**

5.1. Aplicabilidade da RN ANS 63/2003 aos planos de saúde operados na modalidade de autogestão, tendo em vista a ausência de ressalva quanto a essa modalidade de plano no teor dessa resolução normativa.
5.2. Aplicação da tese "b", fixada no item 2, supra, para se afastar o critério da mera soma de índices, determinando-se o retorno dos autos ao Tribunal de origem para que se calcule a variação acumulada de acordo com a respectiva fórmula matemática.
6. Caso concreto do REsp 1.873.377/SP: IRDR 11/TJSP. **Reajuste por faixa etária. Determinação de retorno dos autos ao juízo de origem. Ausência de impugnação pelos recorrentes. Óbice da Súmula 283/STF. Parcial provimento dos recursos quanto ao critério da aleatoriedade do índice. Desprovimento quanto ao pleito de inversão do ônus da prova, nos termos do voto do Ministro Ricardo Villas Boas Cueva.**
6.1. Inviabilidade de se conhecer das alegações referentes ao mérito do julgamento do caso concreto, tendo em vista determinação de reabertura da instrução probatória pelo Tribunal de origem, ponto não atacado nos recursos especiais. Óbice da Súmula 283/STF.
6.2. Desprovimento do recurso especial do consumidor no que tange à tese referente à inversão do ônus da prova, nos termos do voto do Ministro Ricardo Villas Boas Cueva.
6.3. Parcial provimento do recurso especial do IDEC para incluir na tese o parâmetro da aleatoriedade dos índices praticados, como um dos critérios para a identificação da abusividade do reajuste por faixa etária, aplicando-se na íntegra o Tema 952/STJ aos planos coletivos.
7. Parte dispositiva:
7.1. REsp 1.715.798/RS: Recurso especial provido.
7.2. REsp 1.716.113/DF: Recurso especial provido, em parte.
7.3. REsp 1.873.377/SP: Recurso especial do Idec parcialmente provido, e recurso especial de Eduardo Bortman desprovido (REsp 1.716.113/DF, Rel. Ministro Paulo de Tarso Sanseverino, 2.ª Seção, j. 23.3.2022, *DJe* 8.4.2022).

Há casos em que o Superior Tribunal de Justiça vem decidindo pelo regime de coparticipação entre consumidor e plano de saúde. Tal entendimento ocorreu no julgamento do REsp 1.679.190, envolvendo número maior de sessões de terapia do que aquele fixado pela Agência Nacional de Saúde:

8. Há abusividade na cláusula contratual ou em ato da operadora de plano de saúde que importe em interrupção de tratamento psicoterápico por esgotamento do número de sessões anuais asseguradas no Rol de Procedimentos e Eventos em Saúde da ANS, visto que se revela incompatível com a equidade e a boa-fé, colocando o usuário (consumidor) em situação de desvantagem exagerada (art. 51, IV, da Lei n. 8.078/90). 9. O número de consultas/sessões anuais de psicoterapia fixado pela ANS no Rol de Procedimentos e Eventos em Saúde deve ser considerado apenas como cobertura obrigatória mínima a ser custeada plenamente pela operadora de plano de saúde. 10. A quantidade de consultas psicoterápicas que ultrapassar as balizas de custeio mínimo obrigatório deverá ser suportada tanto pela operadora quanto pelo usuário, em regime de coparticipação, aplicando-se, por analogia, com adaptações, o que ocorre nas hipóteses de internação em clínica psiquiátrica, especialmente o percentual de contribuição do beneficiário (arts. 16, VIII, da Lei n. 9.656/98; 2.º, VII e VIII, e 4.º, VII, da Resolução CONSU n. 8/98 e 22, II, da RN ANS n.º 387/2015). 11. A estipulação de coparticipação se revela necessária, porquanto, por um lado, impede a concessão de consultas indiscriminadas ou o prolongamento em demasia de tratamentos e, por outro, restabelece o equilíbrio contratual (art. 51, § 2.º, do CDC), já

que as sessões de psicoterapia acima do limite mínimo estipulado pela ANS não foram consideradas no cálculo atuarial do fundo mútuo do plano, o que evita a onerosidade excessiva para ambas as partes. 12. Recurso especial parcialmente provido. (REsp 1.679.190/SP, Rel. Ministro Ricardo Villas Bôas Cueva, 3.ª T., j. 26.9.2017, *DJe* 2.10.2017).

Com efeito, **não é abusiva a cláusula contratual de plano privado de assistência à saúde que estabeleça a coparticipação do usuário nas despesas médico-hospitalares em percentual sobre o custo de tratamento médico realizado sem internação, desde que a coparticipação não caracterize financiamento integral do procedimento por parte do usuário, ou fator restritor severo ao acesso aos serviços.**[32]

Sobre o tema da coparticipação, decidiu a 2.ª Seção do STJ:

EMBARGOS DE DIVERGÊNCIA NO AGRAVO EM RECURSO ESPECIAL. AÇÃO DECLARATÓRIA C/C COMINATÓRIA. PLANOS DE SAÚDE. INTERNAÇÃO

---

[32] Esta é a posição do STJ: "RECURSO ESPECIAL. CIVIL. NEGATIVA DE PRESTAÇÃO JURISDICIONAL. NÃO OCORRÊNCIA. PLANO DE SAÚDE. COPARTICIPAÇÃO DO USUÁRIO EM VALORES PERCENTUAIS. PREVISÃO CONTRATUAL CLARA E EXPRESSA. TRATAMENTO SEM INTERNAÇÃO. LEGALIDADE. FATOR DE RESTRIÇÃO SEVERA AOS SERVIÇOS. INEXISTÊNCIA. ABUSIVIDADE. AFASTAMENTO. 1. Cinge-se a controvérsia a saber se é abusiva cláusula contratual de plano de saúde que prevê a coparticipação do usuário nas despesas médico-hospitalares em percentual sobre o custo do tratamento. 2. Os planos de saúde, instituídos com o objetivo de melhor gerir os custos da assistência privada à saúde, podem ser integrais (completos) ou coparticipativos. 3. O art. 16, VIII, da Lei n. 9.656/98 permitiu a inclusão de fatores moderadores, paralelos às mensalidades, no custeio dos planos de saúde, como a coparticipação, a franquia e os limites financeiros, que devem estar devidamente previstos no contrato, de forma clara e legível, desde que também não acarretem o desvirtuamento da livre escolha do consumidor. Precedente. 4. A adoção da coparticipação no plano de saúde implica diminuição do risco assumido pela operadora, o que provoca redução do valor da mensalidade a ser paga pelo usuário, que, por sua vez, caso utilize determinada cobertura, arcará com valor adicional apenas quanto a tal evento. 5. Os fatores moderadores de custeio, além de proporcionar mensalidades mais módicas, são medidas inibitórias de condutas descuidadas e pródigas do usuário, visto que o uso indiscriminado de procedimentos, consultas e exames afetará negativamente o seu patrimônio. A prudência, portanto, figura como importante instrumento de regulação do seu comportamento. 6. Não há falar em ilegalidade na contratação de plano de saúde em regime de coparticipação, seja em percentual sobre o custo do tratamento seja em montante fixo, até mesmo porque "percentual de coparticipação do consumidor ou beneficiário" (art. 16, VIII, da Lei n. 9.656/98) é expressão da lei. Vedação, todavia, da instituição de fator que limite seriamente o acesso aos serviços de assistência à saúde, a exemplo de financiamentos quase integrais do procedimento pelo próprio usuário, a evidenciar comportamento abusivo da operadora. 7. A coparticipação em percentual sobre o custo do tratamento é proibida apenas nos casos de internação, e somente para os eventos que não tenham relação com a saúde mental, devendo, no lugar, ser os valores prefixados (arts. 2.º, VII e VIII, e 4.º, VII, da Resolução CONSU n. 8/98). 8. O afastamento da cláusula de coparticipação equivaleria a admitir-se a mudança do plano de saúde para que o usuário arcasse com valores reduzidos de mensalidade sem a necessária contrapartida, o que causaria grave desequilíbrio contratual por comprometer a atuária e por onerar, de forma desproporcional, a operadora, a qual teria que custear a integralidade do tratamento. 9. Recurso especial provido" (REsp 1.566.062/RS, Rel. Ministro Ricardo Villas Bôas Cueva, 3.ª T., *DJe* 1.º.7.2016).

PSIQUIÁTRICA. COPARTICIPAÇÃO. VALIDADE. JURISPRUDÊNCIA DOMINANTE DAS TURMAS DE DIREITO PRIVADO.
1. O propósito recursal dos embargos de divergência consiste em determinar a interpretação que deve prevalecer na Segunda Seção acerca do art. 16, VIII, da Lei 9.656/98, em relação à cobrança de coparticipação nas internações psiquiátricas superiores a 30 dias por ano contratual.
2. Não é abusiva a cláusula de coparticipação expressamente contratada e informada ao consumidor, para a hipótese de internação superior a 30 (trinta) dias decorrentes de transtornos psiquiátricos, pois destinada à manutenção do equilíbrio entre as prestações e contraprestações que envolvem a gestão dos custos dos contratos de planos de saúde.
3. Embargos de divergência conhecidos e providos.
(EAREsp 793.323/RJ, Rel. Ministra Nancy Andrighi, 2.ª Seção, j. 10.10.2018, *DJe* 15.10.2018).

Por outro lado, será ilegal a cobrança pelo plano de saúde de coparticipação em forma de percentual no caso de internação domiciliar não alusiva a tratamento psiquiátrico:

RECURSO ESPECIAL. AÇÃO DE OBRIGAÇÃO DE FAZER. FUNDAMENTO DO ACÓRDÃO NÃO IMPUGNADO. SÚMULA 283/STF. PLANO DE SAÚDE. INTERNAÇÃO DOMICILIAR. COPARTICIPAÇÃO EM PERCENTUAL. IMPOSSIBILIDADE. DANO MORAL. HARMONIA ENTRE O ACÓRDÃO RECORRIDO E A JURISPRUDÊNCIA DO STJ. CARACTERIZAÇÃO. REEXAME DE FATOS E PROVAS. INADMISSIBILIDADE. JULGAMENTO: CPC/2015.
1. Ação de obrigação de fazer ajuizada em 13.6.2019, da qual foi extraído o presente recurso especial, interposto em 06.5.2021 e atribuído ao gabinete em 1.º.7.2021. Julgamento: CPC/2015.
2. O propósito recursal consiste em decidir sobre: (i) a possibilidade de a operadora de plano de saúde cobrar coparticipação no caso de internação domiciliar; e (ii) o cabimento da compensação por dano moral.
3. A existência de fundamento do acórdão recorrido não impugnado, quando suficiente para a manutenção de suas conclusões, impede a apreciação do recurso especial.
4. Distinção entre assistência domiciliar e internação domiciliar, sendo que, na hipótese dos autos, de acordo com o contexto fático delineado no acórdão recorrido, conclui-se tratar-se de internação domiciliar como alternativa à internação hospitalar.
5. O posicionamento adotado pela jurisprudência do STJ é firme no sentido de que a contratação de coparticipação para tratamento de saúde, seja em percentual ou seja em montante fixo, desde que não inviabilize o acesso ao serviço de saúde é legal. Todavia, é vedada a cobrança de coparticipação apenas em forma de percentual nos casos de internação, com exceção dos eventos relacionados à saúde mental, hipótese em que os valores devem ser prefixados e não podem sofrer indexação por procedimentos e/ou patologias (arts. 2.º, VIII, e 4.º, VII, da Resolução CONSU n. 8/98).
6. Hipótese dos autos em que, foi estabelecida, contratualmente, a coparticipação da parte recorrida-beneficiária sobre o total das despesas arcadas pelo recorrente no caso de internação domiciliar em forma de percentual, razão pela qual conclui-se pela sua ilegalidade, até mesmo porque substituta da internação hospitalar não relacionada à saúde mental.

7. A negativa administrativa ilegítima de cobertura para tratamento médico por parte da operadora de saúde só enseja danos morais na hipótese de agravamento da condição de dor, abalo psicológico e demais prejuízos à saúde já fragilizada do paciente. Precedentes.
8. O reexame de fatos e provas em recurso especial é inadmissível.
9. Recurso especial parcialmente conhecido e, nessa extensão, não provido (REsp 1.947.036/DF, Rel. Ministra Nancy Andrighi, 3.ª T., j. 22.2.2022, *DJe* 24.2.2022).

Em se tratando de contrato de seguro de vida, o Superior Tribunal de Justiça vem entendendo como sendo legal a cláusula de reajuste por faixa etária, ressalvadas as hipóteses em que contrato já tenha previsto alguma outra técnica de compensação do "desvio de risco" dos segurados idosos:

RECURSO ESPECIAL. DIREITO CIVIL E PROCESSUAL CIVIL. CPC/2015. SEGURO DE VIDA EM GRUPO. PRESCRIÇÃO ÂNUA DA PRETENSÃO DE RESTABELECIMENTO DE APÓLICE EXTINTA. FALTA DE INTERESSE RECURSAL. REAJUSTE PARA A FAIXA ETÁRIA A PARTIR DE 59 ANOS DE IDADE. ANALOGIA COM LEI DOS PLANOS DE SAÚDE. DESCABIMENTO. CARÁTER MERAMENTE PATRIMONIAL DO SEGURO DE VIDA. DISTINÇÃO COM O CONTRATO DE ASSISTÊNCIA À SAÚDE. REAJUSTE DO PRÊMIO POR FAIXA ETÁRIA. CABIMENTO. REVISÃO DO ENTENDIMENTO DESTA TURMA.
1. Controvérsia acerca da validade de cláusula de reajuste do prêmio por faixa etária em contrato de seguro de vida em grupo.
2. Ausência de interesse recursal no que tange à alegação de prescrição ânua da pretensão de restabelecimento da apólice extinta, tendo sido essa pretensão rejeitada expressamente pelo Tribunal de origem.
3. Sinistralidade acentuadamente elevada de segurados idosos, em virtude dos efeitos naturais do envelhecimento da população.
Doutrina sobre o tema.
4. Existência de norma legal (art. 15 da Lei n. 9.656/98) impondo às operadoras de plano/seguro saúde o dever de compensar esse "desvio de risco" dos segurados idosos mediante a pulverização dos custos entre os assistidos mais jovens de modo a manter o valor do prêmio do seguro saúde dos segurados idosos em montante aquém do que seria devido na proporção da respectiva sinistralidade. Doutrina sobre o tema.
5. Necessidade de proteção da dignidade da pessoa idosa no âmbito da assistência privada à saúde.
6. Justificativa eminentemente patrimonial do seguro de vida em contraste com o fundamento humanitário (dignidade da pessoa humana) subjacente aos contratos de plano/seguro de saúde.
7. Distinção impeditiva da aplicação, por analogia, da regra do art. 15 da Lei n. 9.656/98 aos contratos de seguro de vida.
8. Ressalva dos contratos de seguro de vida que estabeleçam alguma forma de compensação do "desvio de risco", como a formação de reserva técnica para essa finalidade.
9. Julgado recente da Quarta Turma nesse sentido.
10. Revisão da jurisprudência da Terceira Turma.
11. Recurso especial provido (REsp 1816750/SP, Rel. Ministro Paulo de Tarso Sanseverino, 3.ª T., j. 26.11.2019, *DJe* 3.12.2019).

Na mesma linha da não abusividade, o **STJ** continua entendendo **legítima a cobrança da tarifa mensal pelo serviço de telefonia** fixa, nos termos do enunciado de sua Súmula 356 (REsp 1.068.944/PB, Rel. Ministro Teori Albino Zavascki, 1.ª Seção, *DJe* 9-2-2009).[33]

> RECURSO ESPECIAL. AÇÃO DE REPETIÇÃO DE INDÉBITO. SERVIÇOS DE TELEVISÃO A CABO. COBRANÇA POR PONTO EXTRA E ALUGUEL DE EQUIPAMENTO. INSTÂNCIAS ORDINÁRIAS QUE REPUTARAM INDEVIDA A ARRECADAÇÃO PECUNIÁRIA POR PONTOS ADICIONAIS, CONDENANDO A PRESTADORA DE TV POR ASSINATURA À REPETIÇÃO DO INDÉBITO NOS CINCO ANOS ANTECEDENTES AO AJUIZAMENTO DA DEMANDA. IRRESIGNAÇÃO DA ACIONADA. RECURSO ESPECIAL PROVIDO PARA REFORMAR O ACÓRDÃO E A SENTENÇA E JULGAR IMPROCEDENTE O PEDIDO VEICULADO NA INICIAL QUANTO À REPETIÇÃO DO INDÉBITO. Hipótese: Controvérsia acerca da viabilidade de cobrança por ponto extra de televisão por assinatura, bem ainda de aluguel dos aparelhos, equipamentos, conversores e decodificadores pertencentes à prestadora de serviço instalados na residência da autora. 1. Inocorrência de negativa de prestação jurisdicional, porquanto a tese jurídica acerca da possibilidade ou não de cobrança da taxa decorrente da contratação de pontos extras de TV por assinatura restou amplamente discutida pela Corte local. 2. Inaplicabilidade do prazo prescricional quinquenal previsto no art. 27 do CDC, uma vez que a cobrança indevida de valores por suposto ponto extra de TV ou aluguel de decodificadores não se subsume a fato do produto ou serviço. 2.1. A pretensão ressarcitória funda-se nos prazos estabelecidos pelo Código Civil, notadamente em virtude de ser assente nesta Corte Superior a jurisprudência, inclusive firmada em sede de recurso repetitivo (REsp 1.360.969/RS, relator para acórdão o Ministro Marco Aurélio Bellizze, *DJe* 19.9.2016), segundo a qual o reembolso/devolução/repetição de valores decorrentes da declaração de abusividade de cláusula contratual submete-se ao prazo prescricional trienal previsto no art. 206, § 3.º, inciso IV, do Código Civil de 2002, estabelecido para direitos fundados no enriquecimento sem causa, referente às prestações pagas a maior no período de três anos compreendido no interregno anterior à data da propositura da ação. 3. É lícita a conduta da prestadora de serviço que em período anterior à Resolução n. 528, de 17 de abril de 2009, da agência reguladora ANATEL, efetua cobranças por ponto extra de TV por assinatura, face a ausência de disposição regulamentar à época vedando o recolhimento a esse título. 4. Não se afigura abusiva a percepção por aluguel de equipamentos adicionais de transmissão ou reprodução do sinal de TV, pois, por serem opcionais, permitem cobrança mensal em número correspondente ao de sua disponibilização, visto acarretarem custos para o fornecedor e vantagens para o consumidor. 4.1. Caso o consumidor não pretenda pagar o aluguel pelos aparelhos disponibilizados pela própria fornecedora do serviço de TV por assinatura em razão direta dos pontos adicionais requeridos, pode optar por comprar ou alugar ou obter em comodato de

---

[33] Sobre o assunto, cumpre destacar, por fim, o teor da Súmula Vinculante 27, na qual o Supremo Tribunal Federal firmou o seguinte entendimento: "Compete à Justiça estadual julgar causas entre consumidor e concessionária de serviço público de telefonia, quando a ANATEL não seja litisconsorte passiva necessária, assistente, nem opoente". Ainda nesse tocante, o STJ editou a Súmula 506 nos seguintes termos: "A Anatel não é parte legítima nas demandas entre a concessionária e o usuário de telefonia decorrentes de relação contratual" (*DJe* 31.3.2014).

terceiros os equipamentos necessários para a decodificação do sinal nos exatos termos da faculdade conferida pela normatização regente. Contudo, optando/preferindo o cliente adquirir o pacote de serviços da própria fornecedora do sinal da TV por assinatura contratada, ou seja, com a inclusão do conversor/decodificador, plenamente justificável a cobrança de valor adicional na mensalidade, não havendo falar em abuso. 5. A sucumbência rege-se pela lei vigente à data da deliberação que a impõe ou a modifica, na qual ficarão estabelecidas a proporção de derrota e vitória entre os pedidos das partes, bem ainda todos os requisitos valorativos para a fixação da verba sucumbencial (honorários advocatícios). Nos termos do § 8.º do artigo 85 do NCPC, nas causas em que for inestimável ou irrisório o proveito econômico ou quando o valor da causa for muito baixo, os honorários serão fixados por apreciação equitativa consoante o grau de zelo profissional, o lugar da prestação do serviço, a natureza e a importância da causa, o trabalho realizado pelo advogado e o tempo exigido para o seu serviço. 6. Recurso especial provido a fim de reformar o acórdão e a sentença e julgar improcedente o pedido veiculado na inicial quanto à repetição do indébito, ficando prejudicados os demais pontos do reclamo especial (REsp 1.449.289/RS, Rel. Ministro Luis Felipe Salomão, Rel. p/ Acórdão Ministro Marco Buzzi, 4.ª T., j. 14.11.2017, *DJe* 13.12.2017).

Por fim, o Superior Tribunal de Justiça entendeu no julgamento do REsp 1.852.362, em Ação Civil Pública ajuizada pelo Ministério Público do Estado de São Paulo, que **nos contratos de prestação de serviços de TV por assinatura e internet, são nulas as cláusulas que preveem a responsabilidade do consumidor em indenizar dano, perda, furto, roubo, extravio de quaisquer equipamentos entregues em comodato ou locação pela prestadora de serviço:**

RECURSO ESPECIAL. AÇÃO CIVIL PÚBLICA. CIVIL E CONSUMIDOR. CONTRATO DE ADESÃO. PRESTAÇÃO DE SERVIÇOS DE TV POR ASSINATURA E INTERNET. LOCAÇÃO E COMODATO. CLÁUSULAS CONTRATUAIS DE ASSUNÇÃO DE RESPONSABILIDADE INTEGRAL PELO CONSUMIDOR POR EQUIPAMENTOS INSTALADOS PELA FORNECEDORA, EM HIPÓTESES DE DANO, PERDA, FURTO, ROUBO, EXTRAVIO, CASO FORTUITO OU FORÇA MAIOR. ABUSIVIDADE CONSTATADA. IMPOSIÇÃO DE DESVANTAGEM EXAGERADA AO CONSUMIDOR. NULIDADE DAS CLÁUSULAS CONFIGURADA. COISA JULGADA *ERGA OMNES*.
1. Em contratos de adesão, como os de prestação de serviços de TV por assinatura e internet, mesmo que se reconheça a autonomia da vontade (autodeterminação) do contratante na escolha da prestadora do serviço, o consumidor não tem liberdade de escolher a pessoa jurídica com quem celebrará o contrato de comodato ou locação dos equipamentos necessários para a fruição do serviço.
2. Os negócios jurídicos em questão são complexos. No caso, a locação e o comodato (que costumam ser contratos principais no Direito Civil) figuram como contratos acessórios para o Direito Consumerista, já que são uma decorrência obrigatória da contratação principal da prestação de serviços pelo consumidor.
3. Nem sempre se pode apontar uma solução civil para uma questão de consumo, do mesmo modo que não se pode aplicar acriticamente o CDC a relações típicas do Direito Civil, sob pena de perda dos referenciais teóricos não somente dessas duas disciplinas como

também de outras, quando postas, sem nenhuma contextualização, sob indevido atropelo da autonomia de suas dogmáticas e de seus estatutos epistemológicos.
4. A entrega do equipamento ao consumidor é essencial para a prestação do serviço pela operadora (interesse da fornecedora); porém, não interessam ao usuário os aparelhos a serem utilizados pela operadora para a referida prestação do serviço, e sim a efetiva recepção e fruição do sinal de rede/televisivo (interesse do consumidor). Não cabe à parte mais fraca suportar a integral responsabilidade pelos riscos por estar na posse de coisa que serve diretamente aos interesses da prestadora de serviços.
5. A manutenção das cláusulas de assunção integral do risco constantes de contratos de adesão, redigidos unilateralmente pelo fornecedor, representa prática abusiva e desequilíbrio contratual, pondo o consumidor em desvantagem exagerada.
6. Normas de agências reguladoras não podem contrariar a lei, inclusive — e especialmente — aquela que rege o sistema protetivo do consumidor. Recurso especial provido (REsp 1.852.362/SP, Rel. Ministro Humberto Martins, 3.ª T., j. 6.8.2024, *DJe* 21.8.2024).

> Obrigações iníquas, abusivas, com desvantagem exagerada e incompatíveis com a boa-fé e equidade são cláusulas abusivas.

14.4.4.1. As controvérsias envolvendo o repasse da comissão de corretagem nos contratos imobiliários

Outro assunto amplamente debatido no ano de 2016 no Superior Tribunal de Justiça envolveu a abusividade ou não da cláusula contratual que repassa ao consumidor o dever de arcar com a comissão de corretagem nos contratos imobiliários de consumo. Prevaleceu no julgamento do REsp 1.599.511/SP que **é válida a cláusula contratual que transfere ao promitente-comprador a obrigação de pagar a comissão de corretagem nos contratos de promessa de compra e venda de unidade autônoma em regime de incorporação imobiliária, desde que previamente informado o preço total da aquisição da unidade autônoma, com o destaque do valor da comissão de corretagem.**

No mesmo julgado, o STJ entendeu **abusiva a cobrança pelo promitente-vendedor do serviço de assessoria técnico-imobiliária (SATI), ou atividade congênere, vinculado à celebração de promessa de compra e venda de imóvel**. Essa atividade consiste na prestação de esclarecimentos técnicos e jurídicos acerca das cláusulas do contrato e das condições do negócio. Assim, por se tratar de serviço inerente ao contrato de corretagem, os custos dessa atividade não podem ser repassados ao consumidor, sob pena de abusividade.

Ainda sobre o assunto, o Superior Tribunal de Justiça entendeu que **será de três anos o prazo prescricional para pretensão de restituição dos valores pagos a título de comissão de corretagem ou de serviço de assistência técnico-imobiliária (SATI), ou atividade congênere, nos termos do art. 206, § 3.º, IV, Código Civil**. Prevaleceu a tese da prescrição trienal relativa à pretensão de ressarcimento de enriquecimento sem causa (REsp 1.551.956/SP, Rel. Ministro Paulo de Tarso Sanseverino, 2.ª Seção, por unanimidade, *DJe* 6.9.2016).

Sobre o início do cômputo do prazo prescricional, entendeu o STJ: "O termo inicial da prescrição da pretensão de restituição dos valores pagos parceladamente a título de comissão de corretagem é a data do efetivo pagamento (desembolso total)" (REsp 1.724.544/SP, Rel. Ministro Moura Ribeiro, 3.ª T., j. 2.10.2018, *DJe* 8.10.2018).

Por fim, entendeu o STJ que **tem legitimidade passiva "ad causam" a incorporadora, na condição de promitente-vendedora, para responder a demanda** em que é pleiteada pelo promitente-comprador a restituição dos valores pagos a título de comissão de corretagem e de taxa de assessoria técnico-imobiliária, alegando-se prática abusiva na transferência desses encargos ao consumidor (REsp 1.551.968/SP, Rel. Ministro Paulo de Tarso Sanseverino, 2.ª Seção, por unanimidade, *DJe* 6.9.2016).

Em suma, a respeito da corretagem nos contratos imobiliários, o STJ dirimiu as controvérsias existentes e decidiu:

- a cláusula que transfere o pagamento ao consumidor não é abusiva, desde que haja informação;
- abusiva a cobrança pelo promitente vendedor do serviço de assessoria técnico-imobiliária (SATI), por ser inerente à atividade principal;
- é trienal o prazo prescricional para pretensão de restituição dos valores pagos indevidamente;
- a incorporadora tem legitimidade passiva nas correspondentes ações.

Sobre o assunto, foi afetado o seguinte tema pelo Superior Tribunal de justiça: "Discute-se a validade da transferência ao consumidor da obrigação de pagar a comissão de corretagem nas promessas de compra e venda celebradas no âmbito do programa 'Minha Casa, Minha Vida'" (REsp 1.601.149-RS e REsp 1.602.042/SP, Rel. Ministro Paulo de Tarso Sanseverino, *DJe* 3.4.2017).

A esse respeito o STJ fixou a seguinte tese (Tema 960): "Ressalvada a denominada Faixa 1, em que não há intermediação imobiliária, é válida a cláusula contratual que transfere ao promitente-comprador a obrigação de pagar a comissão de corretagem nos contratos de promessa de compra e venda do Programa Minha Casa, Minha Vida, desde que previamente informado o preço total da aquisição da unidade autônoma, com o destaque do valor da comissão de corretagem" (REsp 1.601.149/RS, Rel. Ministro Paulo de Tarso Sanseverino, Rel. p/ Acórdão Ministro Ricardo Villas Bôas Cueva, Segunda Seção, j. 13.6.2018, *DJe* 15.8.2018).

Outro ponto importante consiste em diferenciar a relação jurídica estabelecida no contrato de corretagem daquela firmada entre o promitente-comprador e o promitente vendedor do imóvel, de modo que a responsabilidade da corretora estará sempre limitada a eventual falha na prestação do serviço de corretagem. Nesse tocante, trazemos à colação dois importantes julgados do Superior Tribunal de Justiça:

RECURSO ESPECIAL. PROCESSUAL CIVIL. **PROMESSA DE COMPRA E VENDA DE IMÓVEL. RESCISÃO CONTRATUAL COM PEDIDO DE RESTITUIÇÃO DE VALORES PAGOS. DESISTÊNCIA DOS PROMITENTES COMPRADORES. CORRETORA. LEGITIMIDADE PASSIVA. INEXISTÊNCIA.** RECURSO ESPECIAL PROVIDO.
1. No contato de corretagem, conforme a disciplina legal, a obrigação fundamental do comitente é a de pagar a comissão ao corretor assim que concretizado o resultado

a que este se obrigou, qual seja, a aproximação das partes e a conclusão do negócio de compra e venda, ressalvada a previsão contratual em contrário.
2. A relação jurídica estabelecida no contrato de corretagem é diversa daquela firmada entre o promitente-comprador e o promitente-vendedor do imóvel, de modo que a responsabilidade da corretora está limitada a eventual falha na prestação do serviço de corretagem.
3. Não se verificando qualquer falha na prestação do serviço de corretagem nem se constatando o envolvimento da corretora no empreendimento imobiliário, não se mostra viável o reconhecimento da sua responsabilidade solidária em razão da sua inclusão na cadeia de fornecimento.
4. Recurso especial provido (REsp 1.811.153/SP, Rel. Ministro Marco Aurélio Bellizze, 3.ª T., j. 15.2.2022, *DJe* 21.2.2022.)

AGRAVO INTERNO NO AGRAVO EM RECURSO ESPECIAL. PROMESSA DE COMPRA E VENDA DE IMÓVEL. RESPONSABILIZAÇÃO DA CORRETORA PELO INADIMPLEMENTO DE OBRIGAÇÃO RELATIVA À ENTREGA DO IMÓVEL. AFASTAMENTO. NÃO INCIDÊNCIA DA SÚMULA 7/STJ. ÔNUS SUCUMBENCIAIS EM DESFAVOR DO AUTOR. CABIMENTO. INCLUSÃO ERRÔNEA DA CORRETORA NO POLO PASSIVO DA DEMANDA. DEVOLUÇÃO DA COMISSÃO DE CORRETAGEM. ÔNUS QUE COMPETE ÀS DEMAIS RÉS, NA FORMA ESTABELECIDA PELAS INSTÂNCIAS ORDINÁRIAS. AGRAVO DESPROVIDO.
1. O afastamento da responsabilidade da corretora pelo inadimplemento de obrigação relativa à entrega do imóvel, em razão da ausência de elementos que indiquem seu envolvimento nas atividades de incorporação e construção do bem, é providência que não esbarra no óbice previsto no enunciado n. 7 da Súmula do STJ, tendo em vista se tratar de mera revaloração de fatos, atribuindo-se o adequado valor jurídico às premissas fixadas na origem.
2. Não se pode dizer que a corretora deu causa ao ajuizamento da ação, uma vez que inexistem elementos que indiquem sua participação no empreendimento imobiliário, sendo, assim, incabível a sua responsabilização pelo inadimplemento relativo à entrega do imóvel. Outrossim, não há como responsabilizar as demais rés pela inclusão errônea da corretora no polo passivo da demanda, pois tal providência foi tomada exclusivamente pelo ora insurgente, o qual deve, por esse motivo, arcar com o pagamento de honorários sucumbenciais em favor dos patronos da demandada.
3. Mantida a condenação à restituição da comissão de corretagem, caberá às demais rés arcarem com os referidos valores (na forma estabelecida pelas instâncias ordinárias), já que o contrato foi resolvido por culpa delas e está dentro do risco de sua atividade, não podendo ser imputado à corretora, que cumpriu com a sua responsabilidade de aproximação das partes e não pode ser responsabilizada por conduta estranha ao objeto do seu contrato (REsp 1.811.153/SP, desta relatoria, 3.ª T., j. 15.2.2022, *DJe* 21.2.2022).
4. Agravo interno desprovido (AgInt no AREsp 2.061.956/RJ, Rel. Ministro Marco Aurélio Bellizze, 3.ª T., j. 15.8.2022, *DJe* 17.8.2022).

14.4.5. Estabelecer a inversão do ônus da prova em prejuízo do consumidor como exemplo de cláusula abusiva no CDC

São consideradas cláusulas abusivas as que "estabeleçam inversão do ônus da prova em prejuízo do consumidor" (art. 51, VI, do CDC). Conforme visto no Capítulo 4 deste livro, a **inversão do ônus** da prova consiste em um dos instrumentos existentes no CDC para **facilitar a defesa do consumidor em juízo**, e não para prejudicá-lo, caracterizando qualquer previsão neste sentido cláusula abusiva.

Na oportunidade, constatamos que a inversão do ônus da prova no Código do Consumidor pode ser *ope judicis* ou *ope legis*:

INVERSÃO *OPE JUDICIS*	INVERSÃO *OPE LEGIS*
▪ Art. 6.º, inciso VIII, do CDC[34]	▪ Outros artigos do CDC — ex.: art. 38[35]
▪ A critério do juiz deferir ou não	▪ A inversão é automática — decorre da lei
▪ A inversão não é obrigatória	▪ A inversão é obrigatória

Dessa forma, a convenção entre as partes no tocante ao ônus da prova não poderá ser prejudicial ao consumidor, mesmo porque o CDC traz em seu conteúdo normas de ordem pública e interesse social inderrogáveis pela vontade das partes.

> A inversão do ônus em prejuízo do consumidor é cláusula abusiva.

14.4.6. A utilização compulsória da arbitragem como exemplo de cláusula abusiva no CDC

O disposto no art. 51, inciso VII, do Código de Defesa do Consumidor considera como exemplos de cláusulas abusivas aquelas que "determinem a utilização compulsória de arbitragem".

Entendemos pela **inviabilidade das cláusulas compromissórias,**[36] **em razão da sua compulsoriedade** de sujeição ao juízo arbitral, mas **aceitamos o compromisso arbitral**[37] **pelo seu caráter facultativo. No entanto, a doutrina diverge sobre o tema:**

---

[34] "Art. 6.º São direitos básicos do consumidor: (...) VIII — a facilitação da defesa de seus direitos, inclusive com a inversão do ônus da prova, a seu favor, no processo civil, quando, a critério do juiz, for verossímil a alegação ou quando for ele hipossuficiente, segundo as regras ordinárias de experiências."

[35] "Art. 38. O ônus da prova da veracidade e correção da informação ou comunicação publicitária cabe a quem as patrocina."

[36] A Lei n. 9.307/96 dispõe sobre a arbitragem e considera em seu art. 4.º: "A cláusula compromissória é a convenção através da qual as partes em um contrato comprometem-se a submeter à arbitragem os litígios que possam vir a surgir, relativamente a tal contrato. § 1.º A cláusula compromissória deve ser estipulada por escrito, podendo estar inserta no próprio contrato ou em documento apartado que a ele se refira. § 2.º Nos contratos de adesão, a cláusula compromissória só terá eficácia se o aderente tomar a iniciativa de instituir a arbitragem ou concordar, expressamente, com a sua instituição, desde que por escrito em documento anexo ou em negrito, com a assinatura ou visto especialmente para essa cláusula".

[37] A Lei n. 9.307/96 dispõe sobre a arbitragem e considera em seu art. 9.º: "O compromisso arbitral é a convenção através da qual as partes submetem um litígio à arbitragem de uma ou mais pessoas, podendo ser judicial ou extrajudicial. § 1.º O compromisso arbitral judicial celebrar-se-á por termo nos autos, perante o juízo ou tribunal, onde tem curso a demanda. § 2.º O compromisso arbitral extrajudicial será celebrado por escrito particular, assinado por duas testemunhas, ou por instrumento público".

LEONARDO ROSCOE BESSA	"Em que pese o cuidado da Lei n. 9.307/96 com a vontade real do aderente, a doutrina sustenta majoritariamente que, **em face da vulnerabilidade do consumidor**, principalmente quando pessoa natural, **a instituição da arbitragem** em contratos de adesão é extremamente **desvantajosa** para o consumidor, e, portanto, **nula de pleno direito.**"[38]
NELSON NERY JUNIOR	"**A escolha** pelas partes **de um árbitro** para solucionar as lides existentes entre elas **não significa renúncia ao direito** de ação nem ofende o princípio constitucional do juiz natural. Com a celebração do **compromisso arbitral**, as partes apenas estão transferindo, deslocando a jurisdição que, de ordinário, é exercida por órgão estatal, para um destinatário privado. Como o compromisso **só pode versar sobre matéria de direito disponível, é lícito às partes assim proceder.**"[39]

O STJ já se posicionou favoravelmente à possibilidade de se utilizar compromisso arbitral nas relações de consumo da seguinte forma:

DIREITO PROCESSUAL CIVIL E CONSUMIDOR. CONTRATO DE ADESÃO. CONVENÇÃO DE ARBITRAGEM. LIMITES E EXCEÇÕES. ARBITRAGEM EM CONTRATOS DE FINANCIAMENTO IMOBILIÁRIO. CABIMENTO. LIMITES. **1. Com a promulgação da Lei de Arbitragem, passaram a conviver, em harmonia, três regramentos de diferentes graus de especificidade: (i) a regra geral, que obriga a observância da arbitragem quando pactuada pelas partes, com derrogação da jurisdição estatal; (ii) a regra específica, contida no art. 4.º, § 2.º, da Lei n. 9.307/96 e aplicável a contratos de adesão genéricos, que restringe a eficácia da cláusula compromissória; e (iii) a regra ainda mais específica, contida no art. 51, VII, do CDC, incidente sobre contratos derivados de relação de consumo, sejam eles de adesão ou não, impondo a nulidade de cláusula que determine a utilização compulsória da arbitragem, ainda que satisfeitos os requisitos do art. 4.º, § 2.º, da Lei n. 9.307/96. 2. O art. 51, VII, do CDC se limita a vedar a adoção prévia e compulsória da arbitragem, no momento da celebração do contrato, mas não impede que, posteriormente, diante de eventual litígio, havendo consenso entre as partes (em especial a aquiescência do consumidor), seja instaurado o procedimento arbitral.** 3. As regras dos arts. 51, VIII, do CDC e 34 da Lei n. 9.514/97 não são incompatíveis. Primeiro porque o art. 34 não se refere exclusivamente a financiamentos imobiliários sujeitos ao CDC e segundo porque, havendo relação de consumo, o dispositivo legal não fixa o momento em que deverá ser definida a efetiva utilização da arbitragem. 4. Recurso especial a que se nega provimento (REsp 1.169.841/RJ, Rel. Ministra Nancy Andrighi, 3.ª T., *DJe* 14.11.2012).[40]

No ano de 2019 o **STJ admitiu a existência de cláusula compromissória num contrato entre empresas pelo fato de não ter sido identificada a hipossuficiência de uma delas a ponto de legitimar a aplicação do Código de Defesa do Consumidor.**

---

[38] BENJAMIN, Antônio Herman de V.; MARQUES, Claudia Lima; BESSA, Leonardo Roscoe. *Manual de direito do consumidor*, p. 349.

[39] GRINOVER, Ada Pellegrini; BENJAMIN, Antônio Herman de V.; FINK, Daniel Roberto; FILOMENO, José Geraldo Brito; NERY JR., Nelson; DENARI, Zelmo. *Código Brasileiro de Defesa do Consumidor*, p. 587.

[40] A Lei n. 14.711, de 30 de outubro de 2023 (Marco Legal das Garantias), alterou consideravelmente a Lei n. 9.514/97, que dispõe sobre o Sistema de Financiamento Imobiliário, institui a alienação fiduciária de coisa imóvel e dá outras providências.

Ressalte-se que no citado julgado o contrato, mesmo padronizado, foi pactuado entre duas empresas que atuam no complexo ramo de atividades de exploração energética de gás e não foi possível o reconhecimento da hipossuficiência de qualquer delas para efeito de aplicação analógica do CDC, embora possa existir uma assimetria entre as partes envolvidas:

> RECURSO ESPECIAL. DIREITO CIVIL E PROCESSUAL CIVIL. ARBITRAGEM. CLÁUSULA COMPROMISSÓRIA. COMPETÊNCIA DO JUÍZO ARBITRAL. PRINCÍPIO KOMPETENZ-KOMPETENZ. PRECEDENTES. DISSÍDIO NOTÓRIO.
> 1. Contrato celebrado entre as partes com cláusula compromissória expressa, estabelecendo a arbitragem como instrumento para solução das controvérsias resultantes de qualquer disputa ou reivindicação dele decorrente, e impossibilitando que as partes recorram ao Poder Judiciário para solucionar contenda relativa ao seu cumprimento.
> 2. O princípio Kompetenz-Kompetenz, positivado no art. 8.º, § único, da Lei n. 9.307/96, determina que a controvérsia acerca da existência, validade e eficácia da cláusula compromissória deve ser resolvida, com primazia, pelo juízo arbitral, não sendo possível antecipar essa discussão perante a jurisdição estatal.
> 3. Incumbe, assim, ao juízo arbitral a decisão acerca de todas as questões nascidas do contrato, inclusive a própria existência, validade e eficácia da cláusula compromissória.
> 4. A hipossuficiência reconhecida na origem não é causa suficiente para caracterização das hipóteses de exceção à cláusula Kompetenz-Kompetenz.
> 5. Dissídio notório do acórdão recorrido com a linha jurisprudencial do STJ acerca da questão.
> 6. RECURSO ESPECIAL PROVIDO (REsp 1598220/RN, Rel. Ministro Paulo de Tarso Sanseverino, 3.ª T., j. 25.6.2019, *DJe* 1.º.7.2019).

A Segunda Seção consolidou entendimento no sentido de que é nula a cláusula de contrato de consumo que determina a utilização compulsória da arbitragem:

> EMBARGOS DE DIVERGÊNCIA NO RECURSO ESPECIAL. PROCESSUAL CIVIL E CONSUMIDOR. AÇÃO COMINATÓRIA PARA ENTREGA DE IMÓVEL. CONVENÇÃO DE ARBITRAGEM. LIMITES E EXCEÇÕES. CONTRATOS DE CONSUMO. IMPOSIÇÃO DA ARBITRAGEM. IMPOSSIBILIDADE. NULIDADE.
> 1. O propósito dos embargos de divergência consiste em dizer se: a) é nula a cláusula de contrato de consumo que determina a utilização compulsória da arbitragem; e b) se o fato de o consumidor ajuizar ação judicial afasta a obrigatoriedade de participação no procedimento arbitral.
> **2. Na linha da pacífica e atual jurisprudência desta Corte Superior, observa-se que, com a promulgação da Lei de Arbitragem, passaram a conviver, em harmonia, três regramentos de diferentes graus de especificidade: (I) a regra geral, que obriga a observância da arbitragem quando pactuada pelas partes; (II) a regra específica, aplicável a contratos de adesão genéricos, que restringe a eficácia da cláusula compromissória; e (III) a regra ainda mais específica, incidente sobre contratos sujeitos ao CDC, sejam eles de adesão ou não, impondo a nulidade de cláusula que determine a utilização compulsória da arbitragem, ainda que satisfeitos os requisitos do art. 4.º, § 2.º, da Lei n. 9.307/96.**
> 3. É nula a cláusula de contrato de consumo que determina a utilização compulsória da arbitragem.

4. O ajuizamento, pelo consumidor, de ação perante o Poder Judiciário caracteriza a sua discordância em submeter-se ao juízo arbitral, não podendo prevalecer a cláusula que impõe a sua utilização.
5. Na hipótese dos autos, extrai-se dos fatos delineados pelas instâncias ordinárias, que se está diante de contrato de consumo, motivo pelo qual é nula a cláusula que determina a utilização compulsória da arbitragem pelos consumidores, que, ademais, optaram por ajuizar a presente ação, o que denota a sua discordância em submeter-se ao juízo arbitral, não podendo prevalecer a cláusula que impõe a sua utilização.
6. Embargos de divergência acolhidos para negar provimento ao recurso especial (EREsp 1.636.889/MG, Rel. Ministra Nancy Andrighi, 2.ª Seção, j. 9.8.2023, *DJe* 14.8.2023).

> A utilização da arbitragem **COMPULSÓRIA** é cláusula abusiva.

14.4.7. A imposição de representante como exemplo de cláusula abusiva no CDC

Também são exemplos de cláusulas abusivas as que "imponham representante para concluir ou realizar outro negócio jurídico pelo consumidor". Trata-se da chamada **cláusula-mandato**, que, segundo os ensinamentos de Bruno Miragem, possui como **hipóteses no contrato bancário:**

> "a) cláusula irrevogável pela qual o **consumidor autoriza o banco a emitir e aceitar título de crédito** no valor correspondente à dívida apurada unilateralmente;
> b) a cláusula pela qual o **consumidor autoriza o banco a debitar de sua conta corrente os custos e despesas** decorrentes da emissão de **cartão de crédito**, bem como do valor das faturas vincendas do mesmo; e
> c) a cláusula pela qual o **consumidor autoriza o banco a aplicar recursos disponíveis no mercado financeiro**, a seu exclusivo critério, mas em prejuízo do outorgante".[41]

As **razões** da existência da aludida vedação, conforme ensina Nelson Nery Junior, estão **fundadas**:

> "a) na possibilidade de haver **conflito de interesses** entre **mandante e mandatário**;
> b) no **desvirtuamento do contrato** de mandato".[42]

O Superior Tribunal de Justiça posicionou-se algumas vezes sobre o tema, como no caso do enunciado da **Súmula 60 do STJ**, segundo o qual: "É nula obrigação cambial assumida por procurador do mutuário vinculado ao mutuante, no exclusivo interesse deste". O mesmo ocorreu no julgamento do Agravo Regimental no Recurso Especial 808.603:

---

[41] MIRAGEM, Bruno. *Curso de direito do consumidor*, p. 254-255.
[42] GRINOVER, Ada Pellegrini; BENJAMIN, Antônio Herman de V.; FINK, Daniel Roberto; FILOMENO, José Geraldo Brito; NERY JR., Nelson; DENARI, Zelmo. *Código Brasileiro de Defesa do Consumidor*, p. 592.

PROCESSO CIVIL. RECURSO ESPECIAL. AGRAVO REGIMENTAL. CONTRATO BANCÁRIO. NOTA PROMISSÓRIA. CLÁUSULA MANDATO. VIOLAÇÃO AO ART. 51, IV, CDC. SÚMULA 60/STJ. NULIDADE. DESPROVIMENTO.
1 — **É nula a cláusula contratual em que o devedor autoriza o credor a sacar, para cobrança, título de crédito representativo de qualquer quantia em atraso.** Isto porque tal cláusula não se coaduna com o contrato de mandato, que pressupõe a inexistência de conflitos entre mandante e mandatário. Precedentes (REsp 504.036/RS e AgRg Ag 562.705/RS).
2 — Ademais, a **orientação desta Corte é no sentido de que a cláusula contratual que permite a emissão da nota promissória em favor do banco/embargado, caracteriza-se como abusiva, porque violadora do princípio da boa-fé, consagrado no art. 51, inciso IV do Código de Defesa do Consumidor.** Precedente (REsp 511.450/RS).
3 — Agravo regimental desprovido (AgRg no REsp 808.603/RS, Rel. Ministro Jorge Scartezzini, 4.ª T., *DJ* 29.5.2006).

No tocante aos contratos de cartão de crédito, a cláusula-mandato poderá ou não ser considerada abusiva na visão do STJ. Vejamos: "A cláusula-mandato inserida nos contratos de cartão de crédito possui três acepções distintas, que embora decorram da relação de representação existente entre os interessados, ensejam efeitos jurídicos e materiais totalmente diversos. A primeira é inerente a todos os contratos de cartão de crédito, tenham eles sido estabelecidos com instituições financeiras ou administradoras de cartão *private label*, sendo o real objeto contratado, na qual a operadora se compromete a honrar o compromisso assumido por seu mandante/cliente/consumidor perante o comerciante/prestador de serviço, até o limite estabelecido mediante eventual remuneração (comumente denominada anuidade). A segunda, considerada válida e inerente aos contratos de cartão de crédito mantidos por operadoras de cartões *private label* refere-se à autorização dada pelo mandante (cliente/consumidor) ao mandatário (administradora de cartão de crédito), para que este obtenha recursos no mercado financeiro para saldar eventuais dívidas e financiamentos daquele. **A terceira, reputada abusiva pelo ordenamento jurídico pátrio, é no sentido de admitir que o mandatário emita título de crédito em nome do devedor principal mandante/cliente/consumidor**" (REsp 1.084.640/SP, Rel. Ministro Marco Buzzi, 2.ª Seção, *DJe* 29.9.2015).

Sobre o tema, importante ressaltar que o STJ chegou a sumular a questão no enunciado de número 603, posteriormente revogado: "É vedado ao banco mutuante reter, em qualquer extensão, os salários, vencimentos e/ou proventos de correntista para adimplir o mútuo (comum) contraído, ainda que haja cláusula contratual autorizativa, excluído o empréstimo garantido por margem salarial consignável, com desconto em folha de pagamento, que possui regramento legal específico e admite a retenção de percentual" (2.ª Seção, aprovada em 22.2.2018, *DJe* 26.2.2018).

A revogação da Súmula 603 se deu no julgamento do REsp 1.555.722, pois, segundo o STJ, na "análise da licitude do desconto em conta-corrente de débitos advindos do mútuo feneratício, devem ser consideradas duas situações distintas: a primeira, objeto da Súmula, cuida de coibir ato ilícito, no qual a instituição financeira apropria-se, indevidamente, de quantias em conta-corrente para satisfazer crédito cujo montante fora por ela estabelecido unilateralmente e que, eventualmente, inclui tarifas bancárias, multas e outros encargos moratórios, não previstos no contrato; a segunda hipótese, vedada pela

Súmula 603/STJ, trata de descontos realizados com a finalidade de amortização de dívida de mútuo, comum, constituída bilateralmente, como expressão da livre manifestação da vontade das partes. 4. É lícito o desconto em conta-corrente bancária comum, ainda que usada para recebimento de salário, das prestações de contrato de empréstimo bancário livremente pactuado, sem que o correntista, posteriormente, tenha revogado a ordem" (REsp 1.555.722/SP, *DJe* 25.9.2018).

> Para o STJ, em regra, a imposição de representante é cláusula abusiva.

14.4.8. As cláusulas potestativas como exemplos de cláusulas abusivas no CDC

O Código de Defesa do Consumidor prevê em seu art. 51 que são igualmente exemplos de cláusulas abusivas as expressas nos seguintes incisos:

> "IX — deixem ao fornecedor a opção de concluir ou não o contrato, embora obrigando o consumidor;
> X — permitam ao fornecedor, direta ou indiretamente, variação do preço de maneira unilateral;
> XI — autorizem o fornecedor a cancelar o contrato unilateralmente, sem que igual direito seja conferido ao consumidor; (...)
> XIII — autorizem o fornecedor a modificar unilateralmente o conteúdo ou a qualidade do contrato, após sua celebração";

Sobre o tema, concordamos com Bruno Miragem ao ensinar que na sistemática adotada pelo CDC as **cláusulas potestativas** "surgem como **espécies de cláusulas abusivas**, uma vez que, a teor dos **incisos IX, X, XI e XIII**, **estabelecem tão forte poder de direção do fornecedor** na direção do contrato de consumo, que termina por diminuir ou suprimir a possibilidade de o consumidor promover com alguma utilidade seus interesses, comprometendo o equilíbrio do contrato e, por isso, a validade das cláusulas contratuais abusivas que dão causa a esta desigualdade. (...) Em todas estas hipóteses mencionadas, o conteúdo **principal do poder de direção** da relação contratual, mediante legitimação prevista pelo contrato de consumo, **pertence ao fornecedor**. E é o fato desta previsão unilateral das prerrogativas e demais direitos estabelecidos no contrato, que fazem emprestam abusividade às suas disposições".[43]

De fato, pelo **princípio da vinculação da oferta, não é possível** deixar ao **arbítrio do fornecedor a opção de concluir ou não o contrato**. Qualquer disposição contratual nesse sentido será considerada cláusula abusiva.

Por outro lado, quando houver disposição legal legitimando eventual atraso, não há falar em cláusula abusiva. É o que ocorre com a cláusula de tolerância nos contratos de promessa de compra e venda de imóvel em construção que prevê prorrogação do prazo inicial para a entrega da obra pelo prazo máximo de 180 (cento e oitenta) dias. Sobre o tema, entendeu o Superior Tribunal de Justiça:

---

[43] MIRAGEM, Bruno. *Curso de direito do consumidor*, p. 255.

RECURSO ESPECIAL. CIVIL. PROMESSA DE COMPRA E VENDA DE IMÓVEL EM CONSTRUÇÃO. ATRASO DA OBRA. ENTREGA APÓS O PRAZO ESTIMADO. CLÁUSULA DE TOLERÂNCIA. VALIDADE. PREVISÃO LEGAL. PECULIARIDADES DA CONSTRUÇÃO CIVIL. ATENUAÇÃO DE RISCOS. BENEFÍCIO AOS CONTRATANTES. CDC. APLICAÇÃO SUBSIDIÁRIA. OBSERVÂNCIA DO DEVER DE INFORMAR. PRAZO DE PRORROGAÇÃO. RAZOABILIDADE. 1. **Cinge-se a controvérsia a saber se é abusiva a cláusula de tolerância nos contratos de promessa de compra e venda de imóvel em construção, a qual permite a prorrogação do prazo inicial para a entrega da obra.** 2. A compra de um imóvel "na planta" com prazo e preço certos possibilita ao adquirente planejar sua vida econômica e social, pois é sabido de antemão quando haverá a entrega das chaves, devendo ser observado, portanto, pelo incorporador e pelo construtor, com a maior fidelidade possível, o cronograma de execução da obra, sob pena de indenizarem os prejuízos causados ao adquirente ou ao compromissário pela não conclusão da edificação ou pelo retardo injustificado na conclusão da obra (arts. 43, II, da Lei n. 4.591/64 e 927 do Código Civil). 3. **No contrato de promessa de compra e venda de imóvel em construção**, além do período previsto para o término do empreendimento, **há, comumente, cláusula de prorrogação excepcional do prazo de entrega da unidade ou de conclusão da obra, que varia entre 90 (noventa) e 180 (cento e oitenta) dias: a cláusula de tolerância.** 4. Aos contratos de incorporação imobiliária, embora regidos pelos princípios e normas que lhes são próprios (Lei n. 4.591/64), também se aplica subsidiariamente a legislação consumerista sempre que a unidade imobiliária for destinada a uso próprio do adquirente ou de sua família. 5. **Não pode ser reputada abusiva a cláusula de tolerância** no compromisso de compra e venda de imóvel em construção desde que contratada com prazo determinado e razoável, **já que possui amparo não só nos usos e costumes do setor, mas também em lei especial (art. 48, § 2.º, da Lei n. 4.591/64)**, constituindo previsão que atenua os fatores de imprevisibilidade que afetam negativamente a construção civil, a onerar excessivamente seus atores, tais como intempéries, chuvas, escassez de insumos, greves, falta de mão de obra, crise no setor, entre outros contratempos. 6. A cláusula de tolerância, para fins de mora contratual, não constitui desvantagem exagerada em desfavor do consumidor, o que comprometeria o princípio da equivalência das prestações estabelecidas. Tal disposição contratual concorre para a diminuição do preço final da unidade habitacional a ser suportada pelo adquirente, pois ameniza o risco da atividade advindo da dificuldade de se fixar data certa para o término de obra de grande magnitude sujeita a diversos obstáculos e situações imprevisíveis. 7. **Deve ser reputada razoável a cláusula que prevê no máximo o lapso de 180 (cento e oitenta) dias de prorrogação, visto que, por analogia, é o prazo de validade do registro da incorporação e da carência para desistir do empreendimento (arts. 33 e 34, § 2.º, da Lei n. 4.591/64 e 12 da Lei n. 4.864/65) e é o prazo máximo para que o fornecedor sane vício do produto (art. 18, § 2.º, do CDC). 8. Mesmo sendo válida a cláusula de tolerância** para o atraso na entrega da unidade habitacional em construção com prazo determinado de até 180 (cento e oitenta) dias, **o incorporador deve observar o dever de informar e os demais princípios da legislação consumerista, cientificando claramente o adquirente, inclusive em ofertas, informes e peças publicitárias, do prazo de prorrogação, cujo descumprimento implicará responsabilidade civil.** Igualmente, durante a execução do contrato, deverá notificar o consumidor acerca do uso de tal cláusula juntamente com a sua justificação, primando pelo direito à informação. 9. Recurso especial não provido (REsp 1.582.318/RJ, Rel. Ministro Ricardo Villas Bôas Cueva, 3.ª T., j. 12.9.2017, *DJe* 21.9.2017).⁴⁴

Ainda sobre o atraso na entrega de empreendimento imobiliário, importante destacar que a **Lei n. 4.591/64 foi alterada em 2018 pela Lei n. 13.786**, que passou a prever:

> "Art. 43-A. A entrega do imóvel em até 180 (cento e oitenta) dias corridos da data estipulada contratualmente como data prevista para conclusão do empreendimento, desde que expressamente pactuado, de forma clara e destacada, não dará causa à resolução do contrato por parte do adquirente nem ensejará o pagamento de qualquer penalidade pelo incorporador.
>
> § 1.º Se a entrega do imóvel ultrapassar o prazo estabelecido no *caput* deste artigo, desde que o adquirente não tenha dado causa ao atraso, poderá ser promovida por este a resolução do contrato, sem prejuízo da devolução da integralidade de todos os valores pagos e da multa estabelecida, em até 60 (sessenta) dias corridos contados da resolução, corrigidos nos termos do § 8.º do art. 67-A desta Lei.
>
> § 2.º Na hipótese de a entrega do imóvel estender-se por prazo superior àquele previsto no *caput* deste artigo, e não se tratar de resolução do contrato, será devida ao adquirente adimplente, por ocasião da entrega da unidade, indenização de 1% (um por cento) do valor efetivamente pago à incorporadora, para cada mês de atraso, *pro rata die*, corrigido monetariamente conforme índice estipulado em contrato.
>
> § 3.º A multa prevista no § 2.º deste artigo, referente a mora no cumprimento da obrigação, em hipótese alguma poderá ser cumulada com a multa estabelecida no § 1.º deste artigo, que trata da inexecução total da obrigação".

---

[44] No dia 26 de abril de 2017 a Segunda Seção do Superior Tribunal de Justiça fez a seguinte proposta de afetação ao REsp 1.635.428/SC: "PROPOSTA DE AFETAÇÃO. RECURSO ESPECIAL. RITO DOS RECURSOS ESPECIAIS REPETITIVOS. COMPRA E VENDA DE IMÓVEIS NA PLANTA. ATRASO NA ENTREGA DO IMÓVEL. CONTROVÉRSIA ACERCA DA POSSIBILIDADE DE CUMULAÇÃO DA INDENIZAÇÃO POR LUCROS CESSANTES COM A CLÁUSULA PENAL. 1. Delimitação da controvérsia: Definir acerca da possibilidade de cumulação ou não da indenização por lucros cessantes com a cláusula penal, nos casos de inadimplemento do vendedor em virtude do atraso na entrega de imóvel em construção objeto de contrato ou promessa de compra e venda. 2. RECURSO ESPECIAL AFETADO AO RITO DO ART. 1.036 CPC/2015". O Acórdão desse Repetitivo foi o Tema 970 em que o STJ assim entendeu: "RECURSO ESPECIAL REPRESENTATIVO DE CONTROVÉRSIA. COMPRA E VENDA DE IMÓVEL NA PLANTA. ATRASO NA ENTREGA. NOVEL LEI N. 13.786/2018. CONTRATO FIRMADO ENTRE AS PARTES ANTERIORMENTE À SUA VIGÊNCIA. NÃO INCIDÊNCIA. CONTRATO DE ADESÃO. CLÁUSULA PENAL MORATÓRIA. NATUREZA MERAMENTE INDENIZATÓRIA, PREFIXANDO O VALOR DAS PERDAS E DANOS. PREFIXAÇÃO RAZOÁVEL, TOMANDO-SE EM CONTA O PERÍODO DE INADIMPLÊNCIA. CUMULAÇÃO COM LUCROS CESSANTES. INVIABILIDADE. 1. A tese a ser firmada, para efeito do art. 1.036 do CPC/2015, é a seguinte: A cláusula penal moratória tem a finalidade de indenizar pelo adimplemento tardio da obrigação, e, em regra, estabelecida em valor equivalente ao locativo, afasta-se sua cumulação com lucros cessantes. 2. No caso concreto, recurso especial não provido (REsp 1635428/SC, Rel. Ministro Luis Felipe Salomão, Segunda Seção, j. 22.5.2019, *DJe* 25.6.2019).

Nesse assunto, o STJ decidiu Tema Repetitivo 971 para proteger as relações jurídicas constituídas antes da citada alteração de 2018 para determinar a imposição de cláusula penal não só para inadimplemento do consumidor adquirente, mas também para a incorporadora fornecedora. Vejamos:

> RECURSO ESPECIAL REPRESENTATIVO DE CONTROVÉRSIA. COMPRA E VENDA DE IMÓVEL NA PLANTA. ATRASO NA ENTREGA. NOVEL LEI N. 13.786/2018. CONTRATO FIRMADO ENTRE AS PARTES ANTERIORMENTE À SUA VIGÊNCIA. NÃO INCIDÊNCIA. CONTRATO DE ADESÃO. OMISSÃO DE MULTA EM BENEFÍCIO DO ADERENTE. INADIMPLEMENTO DA INCORPORADORA. ARBITRAMENTO JUDICIAL DA INDENIZAÇÃO, TOMANDO-SE COMO PARÂMETRO OBJETIVO A MULTA ESTIPULADA EM PROVEITO DE APENAS UMA DAS PARTES, PARA MANUTENÇÃO DO EQUILÍBRIO CONTRATUAL.
> 1. **A tese a ser firmada, para efeito do art. 1.036 do CPC/2015, é a seguinte: No contrato de adesão firmado entre o comprador e a construtora/incorporadora, havendo previsão de cláusula penal apenas para o inadimplemento do adquirente, deverá ela ser considerada para a fixação da indenização pelo inadimplemento do vendedor. As obrigações heterogêneas (obrigações de fazer e de dar) serão convertidas em dinheiro, por arbitramento judicial.** 2. No caso concreto, recurso especial parcialmente provido (REsp 1631485/DF, Rel. Ministro Luis Felipe Salomão, 2.ª Seção, j. 22.5.2019, *DJe* 25.6.2019).

No tocante aos contratos de seguro de vida, o STJ firmou o entendimento de não ser abusiva a cláusula contratual que prevê a possibilidade de não renovação automática do seguro de vida em grupo por qualquer dos contratantes, desde que haja prévia notificação da outra parte:

> CIVIL. CONTRATO DE SEGURO DE VIDA. INCIDÊNCIA DO CDC NÃO AFASTA A APLICAÇÃO DE NORMAS ESPECÍFICAS. CÓDIGO CIVIL E REGULAMENTAÇÃO PELA SUSEP. CONTRATO DE SEGURO DE VIDA EM GRUPO. CARÁTER TEMPORÁRIO. AUSÊNCIA DE FORMAÇÃO DE RESERVA MATEMÁTICA. SISTEMA FINANCEIRO DE REPARTIÇÃO SIMPLES. CLÁUSULA DE NÃO RENOVAÇÃO. AUSÊNCIA DE ABUSIVIDADE. RECURSO ESPECIAL PROVIDO. 1 — A Segunda Seção do **Superior Tribunal de Justiça**, no julgamento do REsp. 880.605/RN (*DJe* 17.9.2012), **firmou o entendimento de não ser abusiva a cláusula contratual que prevê a possibilidade de não renovação automática do seguro de vida em grupo por qualquer dos contratantes, desde que haja prévia notificação da outra parte**. 2 — À exceção dos contratos de seguro de vida individuais, contratados em caráter vitalício ou plurianual, nos quais há a formação de reserva matemática de benefícios a conceder, as demais modalidades são geridas sob o regime financeiro de repartição simples, de modo que os prêmios arrecadados do grupo de segurados ao longo do período de vigência do contrato destinam-se ao pagamento dos sinistros ocorridos naquele período. Dessa forma, não há que se falar em reserva matemática vinculada a cada participante e, portanto, em direito à renovação da apólice sem a concordância da seguradora, tampouco à restituição dos prêmios pagos em contraprestação à cobertura do risco no período delimitado no contrato. 3 — A cláusula de não renovação do seguro de vida, quando faculdade conferida a ambas as partes do contrato, mediante prévia notificação, independe de comprovação do

desequilíbrio atuarial-financeiro, constituindo verdadeiro direito potestativo. 4 — Recurso especial a que se dá provimento (REsp 1.569.627/RS, Rel. Ministra Maria Isabel Gallotti, 2.ª Seção, j. 22.2.2018, *DJe* 2.4.2018).

No mesmo sentido, também são **abusivas as cláusulas que permitam ao fornecedor variação** direta ou indireta do **preço de maneira unilateral**.

Desta forma, alterações mercadológicas ou econômicas supervenientes capazes de influenciar no preço inicialmente pactuado e, em tese, legitimadoras de eventual **revisão no preço**, somente poderão ser efetivadas mediante **prévia anuência do consumidor** e jamais ser impostas unilateralmente pelo fornecedor.

No tocante ao inciso XI do art. 51 do CDC — **são abusivas** as cláusulas que autorizem o **fornecedor** a **cancelar o contrato unilateralmente** —, é muito comum instituição financeira praticar tal conduta abusiva ao cancelar o "limite de crédito em contrato de conta corrente vigente, sem que o correntista seja previamente comunicado" (REsp 621.577/RO, Rel. Ministra Nancy Andrighi, 3.ª T., *DJ* 23.8.2004).

Por fim, a **modificação unilateral do conteúdo ou da qualidade do contrato** após sua celebração fecha os exemplos de cláusulas potestativas existentes no art. 51 do Código de Defesa do Consumidor.

O Superior Tribunal de Justiça vem coibindo práticas abusivas do gênero, como no julgamento a seguir: "No caso, **a empresa de saúde realizou a alteração contratual sem a participação do consumidor, por isso é nula a modificação que determinou que a assistência médico-hospitalar fosse prestada apenas por estabelecimento credenciado ou, caso o consumidor escolhesse hospital não credenciado, que o ressarcimento das despesas estaria limitado a determinada tabela. Violação dos arts. 6.º e 51, IV e § 1.º do CDC"** (REsp 418.572/SP, Rel. Ministro Luis Felipe Salomão, 4.ª T., *DJe* 30.3.2009).

As cláusulas potestativas são cláusulas abusivas.

14.4.9. A imposição do ressarcimento pelos custos da cobrança como exemplo de cláusula abusiva no CDC

O art. 51, inciso XII, do CDC considera exemplos de cláusulas abusivas aquelas que "obriguem o consumidor a ressarcir os custos de cobrança de sua obrigação, sem que igual direito lhe seja conferido contra o fornecedor".

Caso concreto relevante já apreciado pelo Superior Tribunal de Justiça envolve a viabilidade ou não da cobrança de boleto bancário do mutuário por serviço já remunerado por meio da "tarifa interbancária": **"O serviço prestado por meio do oferecimento de boleto bancário ao mutuário já é remunerado por meio da 'tarifa interbancária', razão pela qual a cobrança de tarifa, ainda que sob outra rubrica, mas que objetive remunerar o mesmo serviço, importa em enriquecimento sem causa e vantagem exagerada das instituições financeiras em detrimento dos consumidores"** (REsp 1.161.411/RJ, Rel. Ministra Nancy Andrighi, 3.ª T., *DJe* 10.10.2011).

No entanto, cumpre ressaltar que na visão do STJ a cobrança por boleto bancário somente será considerada abusiva quando cabalmente comprovada a vantagem exagerada, conforme excerto extraído do julgado *infra*:

Conforme entendimento das Turmas que compõem a Segunda Seção deste Tribunal, no mesmo passo dos juros remuneratórios, "em relação à cobrança das tarifas de abertura de crédito, emissão de boleto bancário e IOF financiado, há que ser demonstrada de forma objetiva e cabal a vantagem exagerada extraída por parte do recorrente que redundaria no desequilíbrio da relação jurídica, e, por consequência, na ilegalidade da sua cobrança" (AgRg no REsp 1.003.911/RS, Rel. Ministro João Otávio de Noronha, *DJe* 11.2.2010).[45]

A imposição do ressarcimento pelos custos da cobrança é cláusula abusiva.

14.4.10. A violação de normas ambientais como exemplo de cláusula abusiva no CDC

São exemplos igualmente de cláusulas abusivas aquelas que "infrinjam ou possibilitem a violação de normas ambientais" (art. 51, XIV, do CDC). É evidente que a tutela ambiental tem fulcro na Constituição Federal, além de legislação específica, bem como atos infralegais, como no caso das resoluções CONAMA.

A Lei n. 8.078/90 passa a ser mais um Diploma a tutelar o meio ambiente, ainda que minimamente, quer no aspecto contratual, quer no âmbito da publicidade, conforme disposto no art. 37, § 2.º, do CDC.

Sobre o tema, concordamos com Nelson Nery Junior ao lecionar **que não "há necessidade de ofensa real ao meio ambiente, bastando para caracterizar a abusividade que a cláusula possibilite a ofensa ambiental.** A proibição alcança, também, as cláusulas que estejam em desacordo com as normas ambientais, legais ou administrativas. Os termos meio ambiente e normas ambientais estão tomados em sua acepção mais ampla, incluídos neles o meio ambiente natural (ar, água, florestas, fauna, flora etc.), meio ambiente urbanístico (zoneamento, poluição visual e sonora etc.), meio ambiente cultural (patrimônio e bens de valor histórico, estético, turístico, paisagístico, artístico e arquitetônico) e meio ambiente do trabalho (salubridade e segurança no ambiente de trabalho etc.)".[46]

---

[45] No mesmo sentido, entendeu o STJ no julgamento do REsp 1.339.097/SP: "1. Cuida-se de ação coletiva proposta pela ANADEC contra a Editora Abril S.A., na qual aponta a ilegalidade da cobrança de R$ 1,13 (um real e treze centavos) por boletos bancários emitidos em virtude da assinatura de revistas, custo que alega pertencer exclusivamente à empresa. 2. O Código de Defesa do Consumidor assegura a possibilidade de ressarcimento dos custos de cobrança de determinada obrigação tanto ao fornecedor quanto ao consumidor (art. 51, XII, do CDC). 3. No caso, o consumidor, antes de formalizar o negócio jurídico com a Editora Abril (fornecedora), na fase pré-contratual, foi informado da faculdade de optar por uma das três formas de pagamento oferecidas pela empresa: boleto bancário, débito em conta e débito no cartão de crédito. 4. Inexiste vantagem exagerada em decorrência da cobrança por carnê, em especial porque o boleto bancário não é imposto pelo fornecedor, mas, ao contrário, propicia ao consumidor uma comodidade, realizando a liberdade contratual e o dever de informação. 5. Ausente a onerosidade excessiva, porquanto mantidos o equilíbrio contratual, a proporcionalidade do acréscimo cobrado do consumidor e a boa-fé objetiva do fornecedor. 6. Recurso especial não provido" (Rel. Ministro Ricardo Villas Bôas Cueva, 3.ª T., *DJe* 9.2.2015).

[46] GRINOVER, Ada Pellegrini; BENJAMIN, Antônio Herman de V.; FINK, Daniel Roberto; FILOMENO, José Geraldo Brito; NERY JR., Nelson; DENARI, Zelmo. *Código Brasileiro de Defesa do Consumidor*, p. 597-598.

> A violação de normas ambientais é cláusula abusiva.

14.4.11. Cláusula em desacordo com o sistema de proteção ao consumidor como exemplo de cláusula abusiva no CDC

O CDC no inciso XV do seu art. 51 estabelece como exemplos de cláusulas abusivas as que "estejam em desacordo com o sistema de proteção ao consumidor". Vale lembrar que o **sistema de proteção ao consumidor não se resume à tutela prevista na Lei n. 8.078/90 — o Código de Defesa do Consumidor —**, mas envolve ainda outras leis, dentre as quais destacamos:

- Lei dos crimes contra a economia popular — Lei n. 1.521, de 1951.
- Lei dos crimes contra a ordem econômica e as relações de consumo — Lei n. 8.137, de 1990.
- Lei dos planos e seguros de assistência à saúde — Lei n. 9.656, de 1998.[47]
- Lei das mensalidades escolares — Lei n. 9.870, de 1999 (alterada pela Lei n. 13.003, de 2014).
- Lei dos consórcios — Lei n. 11.795, de 2008.

Exemplo de posicionamento do STJ capaz de demonstrar a abrangência do conceito de "sistema de proteção ao consumidor", além da integração das mais variadas leis na defesa do vulnerável da relação jurídica de consumo, está na Súmula 608, que possui o seguinte teor: "**Aplica-se o Código de Defesa do Consumidor aos contratos de plano de saúde, salvo os administrados por entidades de autogestão**".[48]

Sob o fundamento de violação do art. 51, XV, do CDC se posicionou o STJ:

RECURSO ESPECIAL. VIOLAÇÃO AO ART. 535 DO CPC/73. CONTRATO DE TRANSPORTE AÉREO DE PESSOAS. TRECHOS DE IDA E VOLTA ADQUIRIDOS CONJUNTAMENTE. NÃO COMPARECIMENTO DO PASSAGEIRO PARA O TRECHO DE IDA (*NO SHOW*). CANCELAMENTO DA VIAGEM DE VOLTA. CONDUTA ABUSIVA DA TRANSPORTADORA. FALTA DE RAZOABILIDADE. OFENSA AO DIREITO DE INFORMAÇÃO. VENDA CASADA CONFIGURADA. INDENIZAÇÃO POR DANOS MORAIS DEVIDA. 1. Não há falar em ofensa ao art. 535 do CPC/73, se a matéria em exame foi devidamente enfrentada pelo Tribunal de origem, que emitiu pronunciamento de forma fundamentada, ainda que em sentido contrário à pretensão da parte recorrente. 2. **É abusiva a prática comercial consistente no cancelamento unilateral e automático de um dos trechos da passagem aérea, sob a justificativa de não ter o passageiro se apresentado para embarque no voo antecedente, por afrontar direitos básicos do consumidor, tais como a vedação ao enriquecimento ilícito, a falta de razoabilidade nas sanções impostas e, ainda, a deficiência na informação sobre os**

---

[47] A Lei n. 9.656/98 foi alterada recentemente pela Lei n. 14.454, de 21 de setembro de 2022, para consolidar, dentre outros aspectos, que o rol de procedimentos obrigatórios fixado pela Agência Nacional de Saúde é **exemplificativo**.

[48] A **Súmula 469** do STJ foi cancelada pela Terceira Seção, na sessão de 11.4.2018, e possuía o seguinte teor: "Aplica se o Código de Defesa do Consumidor aos contratos de plano de saúde".

produtos e serviços prestados. 3. Configura-se o enriquecimento ilícito, no caso, no momento em que o consumidor, ainda que em contratação única e utilizando-se de tarifa promocional, adquire o serviço de transporte materializado em dois bilhetes de embarque autônomos e vê-se impedido de fruir um dos serviços que contratou, o voo de volta. 4. O cancelamento da passagem de volta pela empresa aérea significa a frustração da utilização de um serviço pelo qual o consumidor pagou, caracterizando, claramente, o cumprimento adequado do contrato por uma das partes e o inadimplemento desmotivado pela outra, não bastasse o surgimento de novo dispêndio financeiro ao consumidor, dada a necessidade de retornar a seu local de origem. **5. A ausência de qualquer destaque ou visibilidade, em contrato de adesão, sobre as cláusulas restritivas dos direitos do consumidor, configura afronta ao princípio da transparência (CDC, art. 4.º, *caput*) e, na medida em que a ampla informação acerca das regras restritivas e sancionatórias impostas ao consumidor é desconsiderada, a cláusula que prevê o cancelamento antecipado do trecho ainda não utilizado se reveste de caráter abusivo e nulidade, com fundamento no art. 51, inciso XV, do CDC.** 6. Constando-se o condicionamento, para a utilização do serviço, o pressuposto criado para atender apenas o interesse da fornecedora, no caso, o embarque no trecho de ida, caracteriza-se a indesejável prática de venda casada. A abusividade reside no condicionamento de manter a reserva do voo de volta ao embarque do passageiro no voo de ida. 7. Ainda que o valor estabelecido no preço da passagem tenha sido efetivamente promocional, a empresa aérea não pode, sob tal fundamento, impor a obrigação de utilização integral do trecho de ida para validar o de volta, pelo simples motivo de que o consumidor paga para ir e para voltar, e, porque pagou por isso, tem o direito de se valer do todo ou de apenas parte do contrato, sem que isso, por si só, possa autorizar o seu cancelamento unilateral pela empresa aérea. 8. Ademais, a falta de razoabilidade da prática questionada se verifica na sucessão de penalidades para uma mesma falta cometida pelo consumidor. É que o não comparecimento para embarque no primeiro voo acarreta outras penalidades, que não apenas o abusivo cancelamento do voo subsequente. 9. O equacionamento dos custos e riscos da fornecedora do serviço de transporte aéreo não legitima a falta de razoabilidade das prestações, tendo em vista a desigualdade evidente que existe entre as partes desse contrato, anotando-se a existência de diferença considerável entre o saneamento da empresa e o lucro excessivo, mais uma vez, às custas do consumidor vulnerável. 10. Constatado o ilícito, é devida a indenização por dano moral, arbitrado a partir das manifestações sobre a questão pela instância de origem. 11. Recurso especial a que se nega provimento (REsp 1.595.731/RO, Rel. Ministro Luis Felipe Salomão, 4.ª T., j. 14.11.2017, *DJe* 1.º.2.2018).

> Cláusula violadora do sistema de proteção ao consumidor é abusiva.

14.4.12. Cláusulas que possibilitem a renúncia do direito de indenização por benfeitorias necessárias como exemplos de cláusulas abusivas no CDC

Por fim, prevê o art. 51, inciso XVI, do Código de Defesa do Consumidor que são exemplos de cláusulas abusivas aquelas que "possibilitem a renúncia do direito de indenização por benfeitorias necessárias".

Sobre o tema, vale destacar o disposto no art. 96 do **Código Civil, que classifica as benfeitorias em voluptuárias, úteis ou necessárias**. Definem os parágrafos do citado dispositivo legal o significado de cada uma das espécies de benfeitorias, nos seguintes termos:

- São **voluptuárias** as de mero deleite ou recreio, que não aumentam o uso habitual do bem, ainda que o tornem mais agradável ou sejam de elevado valor.
- São **úteis** as que aumentam ou facilitam o uso do bem.
- São **necessárias** as que têm por fim conservar o bem ou evitar que se deteriore.

> A renúncia à indenização por benfeitorias necessárias é cláusula abusiva.

14.4.13. Cláusulas que condicionem ou limitem de qualquer forma o acesso aos órgãos do Poder Judiciário

A Lei n. 14.181, de 1.º de julho de 2021 — a Nova Lei do Superendividamento — incluiu o inciso XVII ao art. 51 do CDC e definiu como **exemplo de cláusulas abusivas as que** "condicionem ou limitem de qualquer forma o acesso aos órgãos do Poder Judiciário".

Apesar de ser um **dispositivo geral** aplicável a qualquer tipo de contrato estabelecido nas relações de consumo, impossível dissociar a aludida prática abusiva contratual às **cláusulas ilícitas muitas vezes inseridas nos contratos firmados com instituições financeiras ou de concessão de crédito**, em que esses fornecedores tentam ludibriar o consumidor mais humilde na conduta de obstar o acesso deles ao Poder Judiciário, quando querem buscar a proteção aos seus direitos.

14.4.14. Cláusulas que estabeleçam prazos de carência em caso de impontualidade das prestações mensais ou impeçam o restabelecimento integral dos direitos do consumidor

O **inciso XVIII**, também inserido ao **art. 51 do CDC pela Lei do Superendividamento**, estabeleceu como **exemplo de cláusulas abusivas as que** "estabeleçam prazos de carência em caso de impontualidade das prestações mensais ou impeçam o restabelecimento integral dos direitos do consumidor e de seus meios de pagamento a partir da purgação da mora ou do acordo com os credores".

De fato, o **estabelecimento de qualquer tipo de carência diante do atraso no pagamento de mensalidades representa exemplo clássico de prática abusiva contratual**. A presente situação é facilmente identificada não apenas nos contratos envolvendo concessão de crédito, mas também em contratos de planos/seguros saúde. Imagine o caso de um consumidor não poder ser submetido a um procedimento cirúrgico de urgência, em razão da imposição de nova carência, decorrente do atraso no pagamento de uma única mensalidade? Abusividade maior que essa eu desconheço!

Ademais, **a purgação da mora, com o pagamento da fatura em atraso, por exemplo, bem como o cumprimento de uma repactuação com os credores, deve restabelecer integralmente eventuais direitos dos consumidores que foram sobrestados com respaldo na ordem jurídica vigente**. Se um consumidor estava em atraso no pagamento da mensalidade de uma academia de ginástica e, por conta dessa inadimplência, estava impedido de fazer algumas aulas, com o respectivo adimplemento do valor devido, poderá usufruir integralmente das atividades físicas contratadas. A violação a tal direito implica em prática abusiva contratual.

14.5. QUESTÕES

QUESTÕES DE CONCURSOS
http://uqr.to/1yf1j

15

DA PREVENÇÃO E DO TRATAMENTO DO SUPERENDIVIDAMENTO

15.1. INTRODUÇÃO

Segundo **pesquisa elaborada pela Confederação Nacional do Comércio de Bens, Serviço e Turismo — CNC, o Brasil possui quase 80% de famílias em situação de endividamento**, com dívidas vencidas e a vencer em razão de cheque pré-datado, cartão de crédito, cheque especial, carnê de loja, crédito consignado, empréstimo pessoal, prestação de financiamentos de veículos e de imóveis.[1]

A Pesquisa Nacional de Endividamento e Inadimplência do Consumidor (Peic) é apurada mensalmente pela CNC desde janeiro de 2010. Os dados são coletados em todas as capitais dos estados e no Distrito Federal, com aproximadamente 18 mil consumidores.

O percentual de famílias que se consideram muito endividadas aumenta a cada ano. Esse é um dos indicadores relevantes para se ter em conta na condição de superendividamento, isto é, impossibilidade de pagar suas dívidas sem o comprometimento do mínimo existencial familiar.[2]

Outro indicador importante para identificar a situação de superendividamento envolve a parcela média da renda familiar que está comprometida com dívidas. Nesse tocante, a pesquisa da CNC concluiu que a proporção das famílias que afirmam **ter mais de 50% da renda comprometida com dívidas** aumentou consideravelmente nos últimos anos.

O grande vilão e responsável pelo maior percentual de endividamento das famílias brasileiras continua a ser o cartão de crédito, seguido do cheque especial.

Diante dos assustadores números acima apresentados, andou bem o legislador ordinário em, finalmente, aprovar o PL n. 3.515/2015[3] e editar a **Lei n. 14.181, de 1.º de julho de 2021, também conhecida como a Nova Lei do Superendividamento.**

---

[1] Pesquisa publicada e disponível no site da Confederação Nacional do Comércio de Bens, Serviço e Turismo no link: https://pesquisascnc.com.br/.

[2] No ano de 2024 fundamos o Instituto Nacional de Defesa dos Consumidores Superendividados — INDECS e convidamos nossos leitores a conhecer o site www.indecs.com.br.

[3] O PL n. 3.515 chegou à Câmara dos Deputados em 2015, após ter sido aprovado no Senado Federal sob a denominação de PL n. 283, do ano de 2012. O contexto histórico é bastante relevante de se apresentar, pois demonstra, inicialmente, a demora na aprovação de projeto de lei tão relevante para a sociedade.

A aludida **Lei trouxe significativas alterações ao Código de Defesa do Consumidor**. Algumas disposições já foram estudadas em passagens diversas deste livro, mas serão retomadas neste capítulo, e outras terão as abordagens necessárias, e devidamente aprofundadas, a partir de então.

15.2. DA PREVENÇÃO E DO TRATAMENTO DO SUPERENDIVIDAMENTO COMO PRINCÍPIO GERAL DO CDC

A Lei n. 14.181, de 1.º de julho de 2021, incluiu o inciso IX ao art. 4.º do CDC, que passou a prever como sendo um dos **princípios básicos** da política nacional das relações de consumo o **"fomento de ações direcionadas à educação financeira e ambiental dos consumidores"**.

Conforme é cediço, a crise econômica mundial, decorrente em grande parte da pandemia fruto da COVID-19, tem afetado milhões de brasileiros que se encontram em **situação de superendividamento**, isto é, **pessoas que não conseguem pagar as suas dívidas sem comprometer o mínimo existencial familiar**.

Os consumidores endividados acabam embarcando em situações de extrema dificuldade financeira, muitas vezes por não receberem orientações mínimas sobre educação financeira e contratação de crédito de forma consciente.

Temerosos de não conseguirem pagar suas contas, muitos acabam se endividando sem qualquer noção das dificuldades que enfrentarão diante da situação de superendividamento que, em última análise, irá excluir esse tipo de consumidor de uma vida econômica ativa no mercado de consumo.

Assim, com o nome "sujo", não conseguirão crédito para consumir, ainda que de forma parcelada, e a exclusão social será o futuro inevitável do superendividado.

Elevar a educação financeira ao *status* de princípio faz com que o Poder Público e a iniciativa privada se mobilizem na implementação de práticas eficazes capazes de levar as pessoas à contratação de um crédito consciente.

O Professor José Geraldo Brito Filomeno, que muito nos honrou com o prefácio deste nosso livro, sempre defendeu em suas aulas e em seus livros a importância de se incluir na grade curricular do ensino fundamental e médio a disciplina referente a noções básicas de Direito do Consumidor, por um motivo muito simples, qual seja: TODOS SOMOS CONSUMIDORES.

Dessa forma, ainda que estejamos distantes desse mundo ideal pensado pelo Professor Filomeno, é dever do Estado implementar políticas públicas capazes de orientar o consumidor no tocante a noções básicas de educação financeira e de contratação de crédito de maneira consciente.

Por outro lado, é também dever da iniciativa privada, em especial das instituições financeiras e de crédito, instruir adequadamente os consumidores antes desses tipos de contratações, como forma de evitar o superendividamento.

Aliás, a própria **Lei do Superendividamento acrescentou ao Código de Defesa do Consumidor o Capítulo VI-A — DA PREVENÇÃO E DO TRATAMENTO DO SUPERENDIVIDAMENTO — do Título I** que, dentre as disposições que estudaremos em momento oportuno sobre os cuidados com a oferta de crédito, destacamos o disposto no parágrafo único do art. 54-D, *in verbis*:

> "Parágrafo único. O descumprimento de qualquer dos deveres previstos no *caput* deste artigo e nos arts. 52 e 54-C deste Código poderá acarretar judicialmente a redução dos juros, dos encargos ou de qualquer acréscimo ao principal e a dilação do prazo de pagamento previsto no contrato original, conforme a gravidade da conduta do fornecedor e as possibilidades financeiras do consumidor, sem prejuízo de outras sanções e de indenização por perdas e danos, patrimoniais e morais, ao consumidor".

A **Nova Lei do Superendividamento** acrescentou também, como **princípio** da política nacional das relações de consumo, o **inciso X ao art. 4.º** do Diploma Consumerista, que determina como tal a **"prevenção e tratamento do superendividamento como forma de evitar a exclusão social do consumidor"**.

15.3. DA PREVENÇÃO E DO TRATAMENTO DO SUPERENDIVIDAMENTO COMO INSTRUMENTO DA INTERVENÇÃO ESTATAL

Prevê o **art. 5.º do CDC os instrumentos** para a realização pelo Estado **da Política Nacional das Relações de Consumo** e, consequentemente, para o cumprimento dos seus objetivos e princípios. *In verbis*:

> "Art. 5.º Para a execução da Política Nacional das Relações de Consumo, contará o poder público com os seguintes instrumentos, entre outros:
> I — manutenção de assistência jurídica, integral e gratuita para o consumidor carente;
> II — instituição de Promotorias de Justiça de Defesa do Consumidor, no âmbito do Ministério Público;
> III — criação de delegacias de polícia especializadas no atendimento de consumidores vítimas de infrações penais de consumo;
> IV — criação de Juizados Especiais de Pequenas Causas e Varas Especializadas para a solução de litígios de consumo;
> V — concessão de estímulos à criação e desenvolvimento das Associações de Defesa do Consumidor;
> VI — instituição de mecanismos de prevenção e tratamento extrajudicial e judicial do superendividamento e de proteção do consumidor pessoa natural;
> VII — instituição de núcleos de conciliação e mediação de conflitos oriundos de superendividamento".

Os dois últimos instrumentos de intervenção estatal acima elencados foram incluídos pela **Lei n. 14.181/2021**, a Nova Lei do Superendividamento.

Sobre o tema, vale lembrar, ab initio, a **importância dos escritórios de advocacia nessa mediação extrajudicial** com instituições financeiras e de crédito para tentar uma conciliação amigável em benefício do consumidor superendividado.

A prevenção ao superendividamento também teve um destaque especial na nova Lei, cabendo ao **Estado implementar políticas públicas relacionadas à educação financeira do consumidor**, como forma de evitar a sua exclusão social de uma vida economicamente ativa no mercado de consumo, por conta da situação de superendividamento.

15.4. DA PREVENÇÃO E DO TRATAMENTO DO SUPERENDIVIDAMENTO COMO DIREITO BÁSICO DO CDC

A **Lei n. 14.181, de 1.º de julho de 2021, inseriu o inciso XI no art. 6.º do CDC**, estabelecendo o seguinte direito básico do consumidor: **"a garantia de práticas de crédito responsável, de educação financeira e de prevenção e tratamento de situações de superendividamento, preservado o mínimo existencial, nos termos da regulamentação, por meio da revisão e da repactuação da dívida, entre outras medidas"**.

No tocante aos direitos básicos de **garantia de práticas de crédito responsável, de educação financeira e de prevenção e tratamento de situações de superendividamento**, analisaremos, adiante, a preocupação do legislador ordinário em disciplinar a oferta de crédito no mercado de consumo, como forma de evitar o superendividamento do consumidor e, consequentemente, impedir a sua exclusão social.

Outro dispositivo incluído no **art. 6.º do Diploma Consumerista** pela Lei do Superendividamento foi o **inciso XII**, que definiu como **direito básico** do consumidor **"a preservação do mínimo existencial, nos termos da regulamentação, na repactuação de dívidas e na concessão de crédito"**.

Entendemos por mínimo existencial os gastos familiares considerados essenciais para uma existência digna, tais como aqueles afetos a moradia, alimentação, saúde, educação, vestuário e transporte. Outros gastos poderão ser definidos como essenciais por meio de regulamento, porém é indiscutível a **aplicação imediata da Lei n. 14.181 no tocante ao reconhecimento desses gastos** como sendo componentes do mínimo existencial dos consumidores de todo o Brasil.

Em palavras mais precisas, **quando o consumidor for apresentar um plano de pagamento aos seus credores, deverá informar a existência de gastos familiares essenciais**, integrantes do mínimo existencial desse núcleo de pessoas, capazes de lhes garantir uma existência digna, **a ponto de justificar o valor da parcela** a ser paga quando da repactuação de suas dívidas.

Por fim, o **inciso XIII** foi o último direito básico incluído no **art. 6.º do CDC pela Lei n. 14.181/2021** ao estabelecer como tal **"a informação acerca dos preços dos produtos por unidade de medida, tal como por quilo, por litro, por metro ou por outra unidade, conforme o caso"**.

O novel dispositivo inserido pela Lei do Superendividamento nada mais fez do que reforçar o princípio geral previsto no art. 4.º, IV, bem como o direito básico disposto no art. 6.º, III, ambos relacionados com o dever/direito à informação, previstos no Código do Consumidor.

15.5. DA PREVENÇÃO E DO TRATAMENTO DO SUPERENDIVIDAMENTO COMO CLÁUSULA ABUSIVA DO CDC

A **Lei n. 14.181, de 1.º de julho de 2021, incluiu o inciso XVII ao art. 51** do CDC e definiu como **exemplo de cláusulas abusivas as que "condicionem ou limitem de qualquer forma o acesso aos órgãos do Poder Judiciário"**.

Apesar de ser um **dispositivo geral**, aplicável a qualquer tipo de contrato estabelecido nas relações de consumo, é impossível dissociar a aludida prática abusiva contratual das **cláusulas ilícitas muitas vezes inseridas nos contratos firmados com**

instituições financeiras ou de concessão de crédito, em que estes fornecedores tentam ludibriar o consumidor mais humilde na conduta de obstar o acesso deles ao Poder Judiciário, quando querem buscar a proteção aos seus direitos.

O **inciso XVIII**, também inserido no **art. 51 do CDC pela Lei do Superendividamento**, estabeleceu como **exemplo de cláusulas abusivas as que "estabeleçam prazos de carência em caso de impontualidade das prestações mensais ou impeçam o restabelecimento integral dos direitos do consumidor e de seus meios de pagamento a partir da purgação da mora ou do acordo com os credores".**

De fato, o **estabelecimento de qualquer tipo de carência diante do atraso no pagamento de mensalidades representa exemplo clássico de prática abusiva contratual**. A presente situação é facilmente identificada não apenas nos contratos envolvendo concessão de crédito, mas também em contratos de planos/seguros saúde. Imagine o caso de um consumidor não poder ser submetido a um procedimento cirúrgico de urgência, em razão da imposição de nova carência, decorrente do atraso no pagamento de uma única mensalidade? Abusividade maior que essa eu desconheço!

Ademais, a purgação da mora, com o pagamento da fatura em atraso, por exemplo, bem como o cumprimento de uma repactuação com os credores, deve restabelecer integralmente eventuais direitos dos consumidores que foram sobrestados com respaldo na ordem jurídica vigente. Se um consumidor estava em atraso no pagamento da mensalidade de uma academia de ginástica e, por conta dessa inadimplência, estava impedido de fazer algumas aulas, com o respectivo adimplemento do valor devido, poderá usufruir integralmente das atividades físicas contratadas. A violação a tal direito implica prática abusiva contratual.

15.6. PRINCIPAIS FASES E OBJETIVOS DA LEI N. 14.181/2021

A **nova lei estabeleceu três fases** visando cuidar da prevenção e do tratamento do superendividamento: **(i) fase preventiva; (ii) fase conciliativa;** e, por fim, **(iii) fase contenciosa.**

O novel **Capítulo VI-A (DA PREVENÇÃO E DO TRATAMENTO DO SUPERENDIVIDAMENTO)** do Título I do CDC tratará basicamente dos cuidados que deverão ser observados pelos fornecedores quando da oferta de crédito no mercado de consumo, estabelecendo a concretização da **primeira fase**, por nós denominada de **preventiva**. O art. 54-A do CDC "**dispõe sobre a prevenção do superendividamento** da pessoa natural, sobre o **crédito responsável e sobre a educação financeira do consumidor**".

O **Capítulo V (DA CONCILIAÇÃO NO SUPERENDIVIDAMENTO)** do Título III do CDC foi também incluído pela Lei n. 14.181 e materializa a **segunda fase: a conciliativa**. A tentativa de composição amigável entre consumidor e credor poderá ser realizada extrajudicialmente, com a ajuda de um escritório de advocacia mediador, por exemplo, ou por intermédio de entidades/órgãos públicos de defesa do consumidor, como ocorre com os PROCONs, bem como pelos caminhos judiciais existentes.

O art. 104-A do Diploma Consumerista assim prevê sobre a tentativa de conciliação judicial: "A requerimento do consumidor superendividado pessoa natural, o juiz poderá instaurar **processo de repactuação de dívidas, com vistas à realização de**

audiência conciliatória, presidida por ele ou por conciliador credenciado no juízo, com a presença de todos os credores de dívidas previstas no art. 54-A deste Código, na qual o consumidor apresentará proposta de plano de pagamento com prazo máximo de 5 (cinco) anos, preservados o mínimo existencial, nos termos da regulamentação, e as garantias e as formas de pagamento originalmente pactuadas".

No âmbito da tentativa de composição extrajudicial, destacamos: "**Art. 104-C. Compete concorrente e facultativamente aos órgãos públicos integrantes do Sistema Nacional de Defesa do Consumidor a fase conciliatória e preventiva do processo de repactuação de dívidas**, nos moldes do art. 104-A deste Código, no que couber, **com possibilidade de o processo ser regulado por convênios específicos celebrados entre os referidos órgãos e as instituições credoras ou suas associações. § 1.º Em caso de conciliação administrativa** para prevenir o superendividamento do consumidor pessoa natural, **os órgãos públicos poderão promover**, nas reclamações individuais, audiência global de conciliação com todos os credores e, em todos os casos, facilitar a elaboração de plano de pagamento, preservado o mínimo existencial, nos termos da regulamentação, sob a supervisão desses órgãos, sem prejuízo das demais atividades de reeducação financeira cabíveis. **§ 2.º O acordo firmado perante os órgãos públicos de defesa do consumidor**, em caso de superendividamento do consumidor pessoa natural, incluirá a data a partir da qual será providenciada a exclusão do consumidor de bancos de dados e de cadastros de inadimplentes, bem como o condicionamento de seus efeitos à abstenção, pelo consumidor, de condutas que importem no agravamento de sua situação de superendividamento, especialmente a de contrair novas dívidas".

Com efeito, diante da violação das regras de prevenção e da frustração de eventual tentativa de composição amigável, restará ao consumidor a **terceira fase**, **chamada contenciosa** e prevista no aludido **Capítulo V do Título III do CDC, em especial no art. 104-B**, *caput* **e parágrafos, incluídos pela Lei n. 14.181/2021**.

Sobre o tema, determina o caput do art. 104-B do CDC: "**Se não houver êxito na conciliação** em relação a quaisquer credores, o juiz, a pedido do consumidor, instaurará processo por superendividamento para revisão e integração dos contratos e repactuação das dívidas remanescentes mediante **plano judicial compulsório** e procederá à citação de todos os credores cujos créditos não tenham integrado o acordo porventura celebrado".

A importância de os membros do Poder Judiciário entenderem que estamos diante de um rito processual especial é tão grande que o Conselho Nacional de Justiça publicou uma Cartilha[4] com o intuito de facilitar a compreensão prática de que não estamos diante do rito ordinário comum. Nesse tocante, foi elaborado um **fluxograma resumindo as etapas do processo de superendividamento**[5] nos seguintes termos:

---

[4] Disponível em: https://www.cnj.jus.br/wp-content/uploads/2022/08/cartilha-superendividamento.pdf
[5] Disponível em: https://www.cnj.jus.br/wp-content/uploads/2022/08/cartilha-superendividamento.pdf, p. 30.

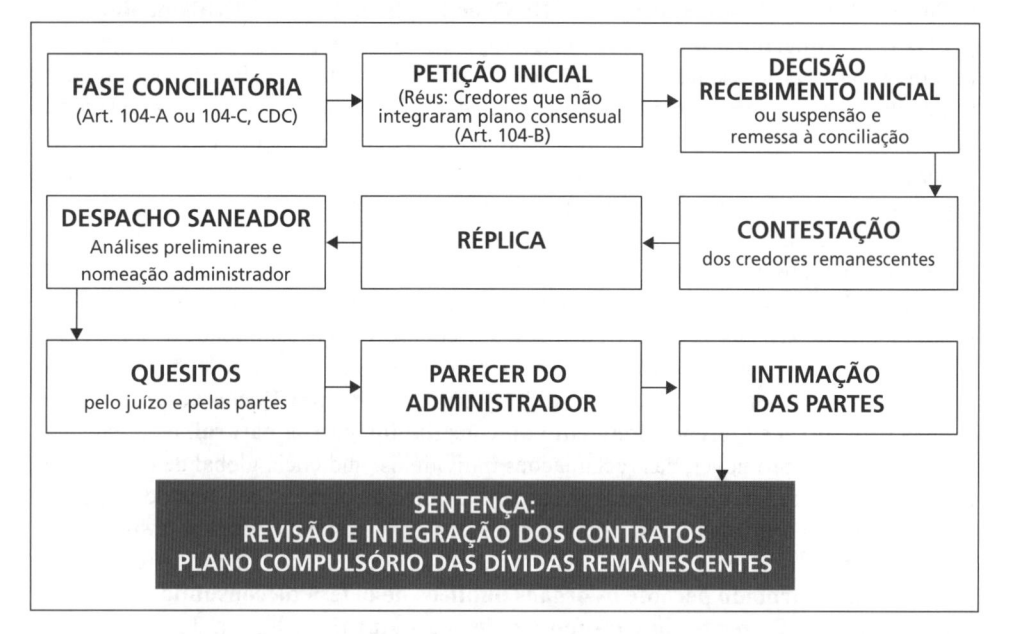

15 ■ Da Prevenção e do Tratamento do Superendividamento

```
FASE CONCILIATÓRIA          PETIÇÃO INICIAL              DECISÃO
(Art. 104-A ou 104-C, CDC)  (Réus: Credores que não      RECEBIMENTO INICIAL
                            integraram plano consensual  ou suspensão e
                            (Art. 104-B)                 remessa à conciliação

DESPACHO SANEADOR           RÉPLICA                      CONTESTAÇÃO
Análises preliminares e                                  dos credores remanescentes
nomeação administrador

QUESITOS                    PARECER DO                   INTIMAÇÃO
pelo juízo e pelas partes   ADMINISTRADOR                DAS PARTES

                    SENTENÇA:
         REVISÃO E INTEGRAÇÃO DOS CONTRATOS
      PLANO COMPULSÓRIO DAS DÍVIDAS REMANESCENTES
```

Diante das fases ora apresentadas e acrescentadas ao Código de Defesa do Consumidor pela Nova Lei do Superendividamento, conseguimos extrair três principais objetivos da Lei n. 14.181: **(i) beneficiar consumidor de boa-fé; (ii) garantir a reserva do mínimo existencial; e (iii) estabelecer um plano de pagamento de até cinco anos visando a reinserção social do consumidor.**

Diante das fases ora apresentadas e acrescentadas ao Código de Defesa do Consumidor pela Nova Lei do Superendividamento, conseguimos extrair três principais objetivos da Lei n. 14.181: **(i) beneficiar consumidor de boa-fé; (ii) garantir a reserva do mínimo existencial; e (iii) estabelecer um plano de pagamento de até cinco anos visando a reinserção social do consumidor.**

15.6.1. Beneficiários da nova Lei do Superendividamento: só pessoa natural de boa-fé ou pessoa jurídica também?

Em algumas passagens, **a Lei n. 14.181/2021** acrescentou ao Código de Defesa do Consumidor disposições no sentido de que **o consumidor beneficiário de seus preceitos seria a pessoa natural de boa-fé.** Vejamos:

Instrumento da intervenção Estatal: art. 5.º, inciso VI, do CDC — "instituição de mecanismos de prevenção e tratamento extrajudicial e judicial do superendividamento e de proteção do **consumidor pessoa natural**".
Título I do CDC — Capítulo VI-A — Da Prevenção e do Tratamento do Superendividamento: "Art. 54-A. Este Capítulo dispõe sobre a **prevenção do superendividamento da pessoa natural**, sobre o crédito responsável e sobre a educação financeira do consumidor. § 1.º Entende-se por superendividamento a impossibilidade manifesta de o consumidor **pessoa natural, de boa-fé**, pagar a totalidade de suas dívidas de consumo, exigíveis e vincendas, sem comprometer seu mínimo existencial, nos termos da regulamentação".

Título III do CDC — Capítulo V — Da Conciliação no Superendividamento: "Art. 104-A. A requerimento do consumidor superendividado pessoa natural, o juiz poderá instaurar processo de repactuação de dívidas, com vistas à realização de audiência conciliatória, presidida por ele ou por conciliador credenciado no juízo, com a presença de todos os credores de dívidas previstas no art. 54-A deste Código, na qual o consumidor apresentará proposta de plano de pagamento com prazo máximo de 5 (cinco) anos, preservados o mínimo existencial, nos termos da regulamentação, e as garantias e as formas de pagamento originalmente pactuadas. (...) **Art. 104-C.** Compete concorrente e facultativamente aos órgãos públicos integrantes do Sistema Nacional de Defesa do Consumidor a fase conciliatória e preventiva do processo de repactuação de dívidas, nos moldes do art. 104-A deste Código, no que couber, com possibilidade de o processo ser regulado por convênios específicos celebrados entre os referidos órgãos e as instituições credoras ou suas associações. § 1.º **Em caso de conciliação administrativa para prevenir o superendividamento do consumidor pessoa natural**, os órgãos públicos poderão promover, nas reclamações individuais, audiência global de conciliação com todos os credores e, em todos os casos, facilitar a elaboração de plano de pagamento, preservado o mínimo existencial, nos termos da regulamentação, sob a supervisão desses órgãos, sem prejuízo das demais atividades de reeducação financeira cabíveis. § 2.º **O acordo firmado perante os órgãos públicos de defesa do consumidor, em caso de superendividamento do consumidor pessoa natural**, incluirá a data a partir da qual será providenciada a exclusão do consumidor de bancos de dados e de cadastros de inadimplentes, bem como o condicionamento de seus efeitos à abstenção, pelo consumidor, de condutas que importem no agravamento de sua situação de superendividamento, especialmente a de contrair novas dívidas".

No tocante à necessidade da boa-fé como requisito imprescindível para o consumidor ser considerado o beneficiário da Nova Lei do Superendividamento, destacamos ainda o teor do **art. 54-A, § 3.º**: **"O disposto neste Capítulo não se aplica ao consumidor cujas dívidas tenham sido contraídas mediante fraude ou má-fé**, sejam oriundas de contratos celebrados dolosamente com o propósito de não realizar o pagamento ou decorram da aquisição ou contratação de produtos e serviços de luxo de alto valor".

Que a pessoa natural de boa-fé é beneficiária da nova Lei, todos temos certeza. Porém, a **grande dúvida é saber se a pessoa jurídica também pode invocar a Lei n. 14.181/2021 a seu favor. Não qualquer pessoa jurídica, mas as de pequeno porte. Será que esta modalidade de pessoa jurídica poderia se beneficiar dos preceitos da Nova Lei do Superendividamento?**

Defenderemos neste livro que sim, a pessoa jurídica de pequeno porte poderá invocar o Código de Defesa do Consumidor alterado pela Lei n. 14.181/2021 em seu benefício, pelos fundamentos jurídicos a seguir aduzidos.

Apesar de o art. 2.º, *caput*, do CDC definir como consumidor toda pessoa física e jurídica que adquire ou utiliza produto ou serviço como destinatário final, **prevalece na jurisprudência superior que nem toda pessoa jurídica pode invocar os direitos oriundos do Diploma Consumerista, mas apenas as de pequeno porte, desde que comprovada a sua hipossuficiência** no caso concreto.

Trata-se da **adoção da Teoria Finalista Mitigada, Atenuada ou Aprofundada** no tocante à aplicação do Código do Consumidor em benefício, por exemplo, de microempresas e empresas de pequeno porte que demonstrarem maior fragilidade diante do caso concreto em face do fornecedor.

Essa teoria vem prevalecendo, inclusive, sobre uma posição dominante da jurisprudência superior de inaplicabilidade do Código de Defesa do Consumidor quando o produto ou serviço contratado tiver por objetivo implementar a atividade econômica, porque, neste caso, não haveria destinatário final.

Em palavras mais precisas, **mesmo diante de um consumo intermediário, em que, por exemplo, um microempresário contrata empréstimo de uma instituição financeira para fomentar sua atividade econômica, é possível aplicar excepcionalmente o Código de Defesa do Consumidor em benefício dessa pessoa jurídica de pequeno porte, em razão da demonstração de hipossuficiência** técnica, jurídica ou econômica, por conta do consagrado pela **Teoria Finalista Mitigada**.

Nesse sentido, colacionamos recente julgado do **Superior Tribunal de Justiça**:

AGRAVO INTERNO NO AGRAVO EM RECURSO ESPECIAL. AÇÃO REVISIONAL. DECISÃO MONOCRÁTICA DA PRESIDÊNCIA DO STJ QUE NEGOU PROVIMENTO AO RECLAMO. INSURGÊNCIA DO PARTE REQUERIDA.
1. **O Código de Defesa do Consumidor não se aplica no caso em que o produto ou serviço é contratado para implementação de atividade econômica, já que não estaria configurado o destinatário final da relação de consumo (teoria finalista ou subjetiva). Contudo, tem admitido o abrandamento da regra quando ficar demonstrada a condição de hipossuficiência técnica, jurídica ou econômica da pessoa jurídica, autorizando, excepcionalmente, a aplicação das normas do CDC (teoria finalista mitigada).** 1.1. A revisão das conclusões das instâncias ordinárias quanto à aplicabilidade do CDC ao caso, demanda o reexame de fatos e provas, prática vedada pela Súmula 7/STJ.
2. Incide a Súmula 284/STF quando a parte não particulariza o parágrafo/inciso/alínea sobre o qual recairia a ofensa ao dispositivo de lei federal indicado no recurso.
3. A ausência de enfrentamento da questão objeto da controvérsia pelo Tribunal de origem impede o acesso à instância especial, porquanto não preenchido o requisito constitucional do prequestionamento, nos termos da Súmula 282 do STF, aplicável por analogia.
4. O reexame da distribuição do ônus probatório realizado na origem implica na incursão do acervo fático-probatório dos autos, prática vedada pela Súmula 7/STJ.
5. Agravo interno desprovido (AgInt no AREsp 1.751.595/PR, Rel. Ministro Marco Buzzi, 4.ª T., j. 21.6.2021, *DJe* 1.7.2021).

Dessa forma, **se a Lei n. 14.181/2021 não surgiu no ordenamento jurídico de maneira autônoma, mas sim como uma lei que alterou o Código de Defesa do Consumidor, e, sendo a pessoa jurídica de pequeno porte considerada consumidora quando demonstrar hipossuficiência** técnica, jurídica ou econômica, pela aplicação da **Teoria Finalista Mitigada, Atenuada ou Aprofundada, é imprescindível a aplicação dos benefícios da Nova Lei do Superendividamento a esse tipo de empresa** e não apenas à pessoa natural.

As melhores regras de hermenêutica nos levam a tal conclusão, bem como fundamentam a motivação a seguir exposta.

Por mais que a definição legal de superendividamento prevista no § 1.º do art. 54-A do CDC tenha tratado da "impossibilidade manifesta de o **consumidor pessoa**

natural, de boa-fé, pagar a totalidade de suas dívidas de consumo, exigíveis e vincendas, sem comprometer seu mínimo existencial", é **importante relembrar que a Lei n. 14.181/2021 alterou o Diploma Consumerista em outras passagens e, nestas, não restringiu sua incidência apenas às pessoas físicas.**

O art. 4.º do CDC teve dois novos princípios inseridos pela Lei do Superendividamento e não houve qualquer restrição de qual tipo de consumidor seria beneficiado, se pessoa natural ou jurídica:

> "IX — fomento de ações direcionadas à educação financeira e ambiental dos consumidores;
> X — prevenção e tratamento do superendividamento como forma de evitar a exclusão social do consumidor".

Usando a mesma linha de raciocínio, **o art. 6.º do CDC também foi alterado pela Lei n. 14.181/2021 que acrescentou mais três direitos básicos, sem qualquer restrição de beneficiários:**

> "XI — a garantia de práticas de crédito responsável, de educação financeira e de prevenção e tratamento de situações de superendividamento, preservado o mínimo existencial, nos termos da regulamentação, por meio da revisão e da repactuação da dívida, entre outras medidas;
> XII — a preservação do mínimo existencial, nos termos da regulamentação, na repactuação de dívidas e na concessão de crédito;
> XIII — a informação acerca dos preços dos produtos por unidade de medida, tal como por quilo, por litro, por metro ou por outra unidade, conforme o caso".

Estamos falando de alterações insertas em um **Código que possui como uma de suas principais características ser uma lei principiológica**, ou seja, lei impositiva de deveres à parte mais forte da relação, o fornecedor, e concessiva de direitos à parte mais fraca, que é o consumidor, com o intento maior de reequilibrar uma relação jurídica que nasce desigual.

Se utilizarmos a **definição de princípios de Celso Antônio Bandeira de Mello**, reproduzida no Capítulo 4 deste livro, destacamos que **os incisos inseridos nos arts. 4.º e 6.º do CDC pela Nova Lei do Superendividamento são verdadeiras disposições fundamentais, que se irradiam sobre as diversas normas, compondo-lhes o espírito e servindo de critério de inteligência e de compreensão.**

Mais um motivo para **aplicar os benefícios da Lei n. 14.181/2021 às pessoas jurídicas de pequeno porte, pois os princípios e direitos básicos incluídos pela nova lei ao Código de Defesa do Consumidor em momento algum restringiram o âmbito de sua aplicabilidade em relação ao tipo de consumidor.**

De fato, corroborando com todos os argumentos e fundamentos jurídicos esposados neste item, ressaltamos que **as inclusões efetivadas no art. 51 do Diploma Consumerista pela nova Lei**, no tocante às inserções de novos exemplos de cláusulas abusivas, **não fizeram qualquer menção ao tipo de consumidor a ser beneficiado**:

> "XVII — condicionem ou limitem de qualquer forma o acesso aos órgãos do Poder Judiciário;

> XVIII — estabeleçam prazos de carência em caso de impontualidade das prestações mensais ou impeçam o restabelecimento integral dos direitos do consumidor e de seus meios de pagamento a partir da purgação da mora ou do acordo com os credores";

Outro argumento importante a ser levantado em defesa da extensão da aplicação dos benefícios da Lei do Superendividamento para algumas pessoas jurídicas, consubstancia-se na **teoria consagrada na doutrina e na jurisprudência da confusão patrimonial existente no caso de empresa individual** (art. 966 do Código Civil):

> RECURSO ESPECIAL — CUMPRIMENTO DE SENTENÇA — DESCONSIDERAÇÃO DA PERSONALIDADE JURÍDICA — INTEGRAÇÃO DO POLO PASSIVO PELOS SÓCIOS — PENHORA DE BENS DE FIRMA INDIVIDUAL DE TITULARIDADE DO EXECUTADO — TRIBUNAL *A QUO* QUE DEFERIU A PENHORA LIMITADA A TRINTA POR CENTO DOS BENS — IRRESIGNAÇÃO DO EXEQUENTE.
> Hipótese: Impossibilidade de conferir proteção a bens atribuídos a firma individual por meio de parâmetro percentual.
> 1. Não se verifica violação ao art. 535 do CPC/73 quando o julgador decide fundamentadamente a lide, ainda que não rebata, um a um, os argumentos suscitados pela parte. Precedentes.
> 1.1 Inviável conhecer o recurso quando à violação aos artigos 655 e 655-A do CPC/73, uma vez que a constrição sobre o faturamento não foi decidida pelo tribunal de origem, nem foi requerida em sede de embargos. Incidência da Súmula 282/STF.
> **2. A empresa individual é mera ficção jurídica que permite à pessoa natural atuar no mercado com vantagens próprias da pessoa jurídica, sem que a titularidade implique distinção patrimonial entre o empresário individual e a pessoa natural titular da firma individual. Precedentes.**
> 3. Pacífica a jurisprudência desta Corte no sentido de serem impenhoráveis os bens úteis ou necessários às atividades desenvolvidas por empresário individual ou pequena empresa, na qual os sócios atuam pessoalmente, na forma do disposto no art. 649, V, do CPC/73. Ademais, "legitima a inferência de que o imóvel profissional constitui instrumento necessário ou útil ao desenvolvimento da atividade objeto do contrato social, máxime quando se tratar de pequenas empresas, empresas de pequeno porte ou firma individual" (REsp 1.114.767/RS, Rel. Ministro Luiz Fux)
> 4. Inviável aplicar parâmetro percentual para a penhora de bens da firma ou empresário individual, uma vez que essa limitação não encontra respaldo legal ou jurisprudencial. Medida que não atende aos princípios da maior utilidade da execução e da menor onerosidade.
> 5. A autorização da constrição não exclui a possibilidade de o devedor defender-se em juízo alegando impenhorabilidade de bem útil ou necessário à atividade profissional.
> 6. Recurso especial parcialmente conhecido e, nessa extensão, provido para afastar a limitação percentual da penhora (REsp 1.355.000/SP, Rel. Ministro Marco Buzzi, 4.ª T., j. 20.10.2016, *DJe* 10.11.2016).

A esse respeito, **entendeu o STJ que a concessão da gratuidade de justiça ao microempreendedor individual (MEI) e ao empresário individual prescinde de comprovação da hipossuficiência financeira:**

> RECURSO ESPECIAL — PEDIDO DE JUSTIÇA GRATUITA FORMULADO NO CURSO DO PROCESSO — EMPRESÁRIO INDIVIDUAL — TRIBUNAL *A QUO*

QUE REFORMOU A DECISÃO DE ORIGEM PARA DEFERIR AOS AUTORES O PEDIDO DE GRATUIDADE DE JUSTIÇA. INSURGÊNCIA DO RÉU.
Hipótese: Controvérsia envolvendo a necessidade de comprovação da hipossuficiência financeira, pelo microempreendedor individual (MEI) e empresário individual, para a concessão do benefício da gratuidade de justiça.
1. O empresário individual e o microempreendedor individual são pessoas físicas que exercem atividade empresária em nome próprio, respondendo com seu patrimônio pessoal pelos riscos do negócio, não sendo possível distinguir entre a personalidade da pessoa natural e da empresa. Precedentes.
2. O microempreendedor individual e o empresário individual não se caracterizam como pessoas jurídicas de direito privado propriamente ditas ante a falta de enquadramento no rol estabelecido no art. 44 do Código Civil, notadamente por não terem eventual ato constitutivo da empresa registrado, consoante prevê o art. 45 do Código Civil, para o qual "começa a existência legal das pessoas jurídicas de direito privado com a inscrição do ato constitutivo no respectivo registro". **Portanto, para a finalidade precípua da concessão da benesse da gratuidade judiciária a caracterização como pessoa jurídica deve ser relativizada.**
3. Para específicos e determinados fins, pode haver a equiparação de microempreendedores individuais e empresários individuais como pessoa jurídica, ocorrendo mera ficção jurídica para tentar estabelecer uma mínima distinção entre as atividades empresariais exercidas e os atos não empresariais realizados, porém, para o efeito da concessão da gratuidade de justiça, a simples atribuição de CNPJ ou inscrição em órgãos estaduais e municipais não transforma as pessoas físicas/naturais que estão por trás dessas categorias em sociedades, tampouco em pessoas jurídicas propriamente ditas.
4. Assim, para a concessão do benefício da gratuidade de Justiça aos microempreendedores individuais e empresários individuais, em princípio, basta a mera afirmação de penúria financeira, ficando salvaguardada à parte adversa a possibilidade de impugnar o deferimento da benesse, bem como ao magistrado, para formar sua convicção, solicitar a apresentação de documentos que considere necessários, notadamente quando o pleito é realizado quando já no curso do procedimento judicial.
5. Recurso especial desprovido (REsp 1.899.342/SP, Rel. Ministro Marco Buzzi, 4.ª T., j. 26.4.2022, *DJe* 29.4.2022).

Nos dois últimos precedentes citados, identificamos na jurisprudência do STJ o reconhecimento da **confusão patrimonial** da empresa de pequeno porte e de seus sócios e podemos trazer essa tese como **mais um fundamento para admitir a aplicação da Lei do Superendividamento para esses hipossuficientes empresários que ora pegam empréstimos bancários como pessoas físicas para injetarem capital em seu negócio, ora é a ME ou EPP que pega crédito no mercado de consumo para colocar comida dentro da casa dos seus sócios.**

Por fim, um quarto e último fundamento para respaldar a nossa tese de incidência da Lei do Superendividamento em benefício das pequenas pessoas jurídicas, relaciona-se com toda **a complexidade da Lei n. 11.101, de 2005 (Lei de Falência e de Recuperação Judicial e Extrajudicial — arts. 70 a 72) que, na nossa visão, é incompatível com a necessidade de celeridade que o microempresário e o empresário de pequeno porte possuem para voltarem a se reerguer economicamente**, principalmente após todos os malefícios sofridos em razão de diversos *lockdows* decretados pelas autoridades por força da pandemia COVID-19. Ademais, **a Lei do Superendividamento é mais benéfica ao prever um plano de pagamento de 60 meses e a possibilidade de exclusão total dos juros, enquanto a Lei n. 11.101/2005 estabelece parcelamento de até 36 meses no plano especial de recuperação judicial com a imposição de juros (art. 71, inciso II).**

15.6.2. Dívidas albergadas pela nova Lei do Superendividamento

Inicialmente, a **Lei n. 14.181/2021 trouxe uma conotação bem ampla de dívidas que estariam albergadas** pela nova Lei do Superendividamento nos parágrafos iniciais do art. 54-A do CDC:

> "§ 1.º Entende-se por superendividamento a impossibilidade manifesta de o consumidor pessoa natural, de boa-fé, pagar **a totalidade de suas dívidas de consumo**, exigíveis e vincendas, sem comprometer seu mínimo existencial, nos termos da regulamentação.
> § 2.º As dívidas referidas no § 1.º deste artigo **englobam quaisquer compromissos financeiros assumidos decorrentes de relação de consumo, inclusive operações de crédito, compras a prazo e serviços de prestação continuada".**

No entanto, **o § 3.º do citado dispositivo do Código do Consumidor**, inserido pela Lei n. 14.181, **deixou claro que nem toda dívida de consumo poderá ser renegociada com base na nova Lei:**

> "§ 3.º O disposto neste Capítulo **não se aplica ao consumidor cujas dívidas tenham sido contraídas mediante fraude ou má-fé, sejam oriundas de contratos celebrados dolosamente com o propósito de não realizar o pagamento ou decorram da aquisição ou contratação de produtos e serviços de luxo de alto valor".**

Essa previsão legal corrobora com a informação expressa no item anterior, de que consumidor beneficiário da Lei do Superendividamento é aquele de boa-fé. Logo, estão excluídas as **dívidas que tenham sido contraídas mediante fraude ou má-fé, bem como que sejam oriundas de contratos celebrados dolosamente com o propósito de não realizar o pagamento.**

No tocante à **exclusão de dívidas decorrentes da aquisição ou contratação de produtos e serviços de luxo de alto valor, eu tenho algumas dúvidas:** (i) Quais as definições práticas do que seriam produtos e serviços de luxo e qual montante pode ser considerado de alto valor? (ii) As respostas a tais indagações devem estar relacionadas com o valor do salário do consumidor? (iii) E se o consumidor tivesse, na época da aquisição do bem ou contratação do serviço de luxo, condições financeiras para tanto, mas, por uma circunstância da vida, perdeu toda condição financeira de alto padrão que tinha, não poderá se beneficiar das disposições insertas no Código de Defesa do Consumidor pela Lei n. 14.181/2021? (iv) Não seria o caso de se editar regulamento próprio definindo com precisão quais produtos e serviços podem ser considerados de luxo e quais valores podem ser considerados altos?

A despeito dos questionamentos acima, **não consideramos razoável, nem proporcional, qualquer tipo de exclusão de consumidores de se beneficiarem da nova Lei, salvo o caso de comprovada má-fé**.

Também foram excluídas pela Lei do Superendividamento, e, consequentemente, da chance de se realizar uma repactuação, as dívidas previstas no § 1.º do art. 104-A do CDC: "Excluem-se do processo de repactuação as **dívidas**, ainda que decorrentes de relações de consumo, **oriundas de contratos celebrados dolosamente sem o propósito de realizar pagamento, bem como as dívidas provenientes de contratos de crédito com garantia real, de financiamentos imobiliários e de crédito rural**".

Por mais que algumas dívidas relevantes e responsáveis pelos maiores percentuais de endividamento das famílias brasileiras, conforme demonstrado no item 15.1 deste livro, **estejam excluídas de uma repactuação, como ocorre com financiamentos de veículos e de imóveis, defendemos que os valores das parcelas de tais dívidas deverão ser informados no plano de pagamento como despesas essenciais**, nos termos a serem apresentados no próximo tópico.

Defendemos, por fim, **a possibilidade de se incluir num plano de repactuação as dívidas oriundas de crédito consignado**. A dúvida sobre uma suposta exclusão de dívidas dessa natureza poderia advir do veto presidencial ao art. 54-E, que teria a seguinte redação:

"Art. 54-E. Nos contratos em que o modo de pagamento da dívida envolva autorização prévia do consumidor pessoa natural para consignação em folha de pagamento, a soma das parcelas reservadas para pagamento de dívidas não poderá ser superior a 30% (trinta por cento) de sua remuneração mensal, assim definida em legislação especial, podendo o limite ser acrescido em 5% (cinco por cento) destinados exclusivamente à amortização de despesas contraídas por meio de cartão de crédito ou a saque por meio de cartão de crédito.

§ 1.º O descumprimento do disposto neste artigo dá causa imediata à revisão do contrato ou à sua renegociação, hipótese em que o juiz poderá adotar, entre outras, de forma cumulada ou alternada, as seguintes medidas:

I — dilação do prazo de pagamento previsto no contrato original, de modo a adequá-lo ao disposto no *caput* deste artigo, sem acréscimo nas obrigações do consumidor;

II — redução dos encargos da dívida e da remuneração do fornecedor;

III — constituição, consolidação ou substituição de garantias.

§ 2.º O consumidor poderá desistir, em 7 (sete) dias, da contratação de crédito consignado de que trata o *caput* deste artigo, a contar da data da celebração ou do recebimento de cópia do contrato, sem necessidade de indicar o motivo, ficando a eficácia da rescisão suspensa até que haja a devolução ao fornecedor do crédito do valor total financiado ou concedido que tiver sido entregue, acrescido de eventuais juros incidentes até a data da efetiva devolução e de tributos, e deverá:

I — remeter ao fornecedor ou ao intermediário do crédito, no prazo previsto neste parágrafo, o formulário de que trata o § 4.º deste artigo, por carta ou qualquer outro meio de comunicação, inclusive eletrônico, com registro de envio e de recebimento; e

II — devolver o valor indicado neste parágrafo em até 1 (um) dia útil contado da data em que o consumidor tiver sido informado sobre a forma da devolução e o montante a devolver.

§ 3.º Não será devida pelo fornecedor a devolução de eventuais tarifas pagas pelo consumidor em razão dos serviços prestados.

> § 4.º O fornecedor facilitará o exercício do direito previsto no § 2.º deste artigo mediante disponibilização de formulário de fácil preenchimento pelo consumidor, em meio físico ou eletrônico, anexo ao contrato, com todos os dados relativos à identificação do fornecedor e do contrato, e mediante indicação da forma de devolução das quantias.
> § 5.º O disposto no § 1.º deste artigo não se aplica quando o consumidor houver apresentado informações incorretas.
> § 6.º O limite previsto no *caput* deste artigo poderá ser excepcionado no caso de repactuação de dívidas que possibilite a redução do custo efetivo total inicialmente contratado pelo consumidor e desde que essa repactuação seja submetida à aprovação do Poder Judiciário".
> "Art. 4.º O disposto no *caput* do art. 54-E da Lei n. 8.078, de 11 de setembro de 1990 (Código de Defesa do Consumidor), não se aplica às operações de crédito consignado e de cartão de crédito com reserva de margem celebradas ou repactuadas antes da entrada em vigor desta Lei com amparo em normas específicas ou de vigência temporária que admitam percentuais distintos de margem e de taxas e encargos, podendo ser mantidas as margens estipuladas à época da contratação até o término do prazo inicialmente acordado".

As razões do veto presidencial foram as seguintes:

"A propositura legislativa estabelece que, nos contratos em que o modo de pagamento da dívida envolvesse autorização prévia do consumidor pessoa natural para consignação em folha de pagamento, a soma das parcelas reservadas para pagamento de dívidas não poderia ser superior a trinta por cento de sua remuneração mensal, assim definida em legislação especial. O referido, poderia ainda ser acrescido em cinco por cento, destinados exclusivamente à amortização de despesas contraídas por meio de cartão de crédito ou a saque por meio de cartão de crédito. O descumprimento do disposto no referido artigo daria causa imediata à revisão do contrato ou à sua renegociação. Além disso, o consumidor poderia desistir da contratação de crédito no prazo de sete dias, contado da data da celebração ou do recebimento de cópia do contrato, mediante disponibilização de formulário de fácil preenchimento pelo consumidor, em meio físico ou eletrônico, anexo ao contrato. Por fim, não seria devida pelo fornecedor a devolução de eventuais tarifas pagas pelo consumidor em razão dos serviços prestados.

Entretanto, apesar da boa intenção do legislador, a propositura contrariaria interesse público ao restringir de forma geral a trinta por cento o limite da margem de crédito já anteriormente definida pela Lei n. 14.131, de 30 de março de 2021,[6] que estabeleceu o

---

[6] A citada lei possui o seguinte teor: "Art. 1.º Até 31 de dezembro de 2021, o percentual máximo de consignação nas hipóteses previstas no inciso VI do *caput* do art. 115 da Lei n. 8.213, de 24 de julho de 1991, no § 1.º do art. 1.º e no § 5.º do art. 6.º da Lei n. 10.820, de 17 de dezembro de 2003, e no § 2.º do art. 45 da Lei n. 8.112, de 11 de dezembro de 1990, bem como em outras leis que vierem a sucedê-las no tratamento da matéria, será de 40% (quarenta por cento), dos quais 5% (cinco por cento) serão destinados exclusivamente para: I — amortização de despesas contraídas por meio de cartão de crédito; ou II — utilização com finalidade de saque por meio do cartão de crédito. Parágrafo único. Quando leis ou regulamentos locais não definirem percentuais maiores do que os previstos no *caput* deste artigo, o aumento, na forma prevista nesta Lei, do percentual má-

percentual máximo de consignação em quarenta por cento, dos quais cinco por cento seriam destinados exclusivamente para amortização de despesas contraídas por meio de cartão de crédito ou de utilização com finalidade de saque por meio do cartão de crédito, para até 31 de dezembro de 2021, nas hipóteses previstas no inciso VI do *caput* do art. 115 da Lei n. 8.213, de 24 de julho de 1991, no § 1.º do art. 1.º e no § 5.º do art. 6.º da Lei n. 10.820, de 17 de dezembro de 2003, e no § 2.º do art. 45 da Lei n. 8.112, de 11 de dezembro de 1990, bem como em outras leis que vierem a sucedê-las no tratamento da matéria, trazendo instabilidade para as operações contratadas no período de vigência das duas legislações.

Mister destacar que o crédito consignado é uma das modalidades mais baratas e acessíveis, só tendo taxas médias mais altas que o crédito imobiliário, conforme dados do Banco Central do Brasil. Assim, a restrição generalizada do limite de margem do crédito consignado reduziria a capacidade de o beneficiário acessar modalidade de crédito, cujas taxas de juros são, devido à robustez da garantia, inferiores a outras modalidades. A restrição acabaria, assim, por forçar o consumidor a assumir dívidas mais custosas e de maior dificuldade de pagamento.

Ademais, em qualquer negócio que envolva a consignação em folha de pagamento, seja no âmbito das relações trabalhistas ou fora delas a informação sobre a existência de margem consignável é da fonte pagadora. Diante disso, a realização de empréstimos em desacordo com o disposto no caput do art. 54-E poderia ocorrer por culpa exclusiva de terceiro, no caso a pessoa jurídica responsável pelo pagamento dos vencimentos do consumidor".

Entendemos que nem o veto presidencial nem suas razões são suficientes para excluir as dívidas oriundas de crédito consignado de um plano de repactuação a ser apresentado perante o credor. A assertiva é tão verdadeira que o art. 54-G do CDC assim estabelece em seu § 1.º:

---

ximo de remuneração, de soldo ou de benefício previdenciário que pode ser descontado automaticamente para fins de pagamento de operações de crédito aplica-se também a: I — militares das Forças Armadas; II — militares dos Estados e do Distrito Federal; III — militares da inatividade remunerada; IV — servidores públicos de qualquer ente da Federação; V — servidores públicos inativos; VI — empregados públicos da administração direta, autárquica e fundacional de qualquer ente da Federação; e VII — pensionistas de servidores e de militares. Art. 2.º Após 31 de dezembro de 2021, na hipótese de as consignações contratadas nos termos e no prazo previstos no art. 1.º desta Lei ultrapassarem, isoladamente ou combinadas com outras consignações anteriores, o limite de 35% (trinta e cinco por cento) previsto no inciso VI do *caput* do art. 115 da Lei n. 8.213, de 24 de julho de 1991, no § 1.º do art. 1.º e no § 5.º do art. 6.º da Lei n. 10.820, de 17 de dezembro de 2003, e no § 2.º do art. 45 da Lei n. 8.112, de 11 de dezembro de 1990, será observado o seguinte: I — ficarão mantidos os percentuais de desconto previstos no art. 1.º desta Lei para as operações já contratadas; II — ficará vedada a contratação de novas obrigações. Art. 3.º A contratação de nova operação de crédito com desconto automático em folha de pagamento deve ser precedida do esclarecimento ao tomador de crédito: I — do custo efetivo total e do prazo para quitação integral das obrigações assumidas; II — de outras informações exigidas em lei e em regulamentos. Art. 4.º Fica facultada a concessão de carência, por até 120 (cento e vinte) dias, para novas operações de crédito consignado, bem como para as que tenham sido firmadas antes da entrada em vigor desta Lei, mantida, em qualquer dos casos, a incidência, durante o período de carência, de juros e demais encargos contratados".

> "§ 1.º Sem prejuízo do dever de informação e esclarecimento do consumidor e de entrega da minuta do contrato, **no empréstimo cuja liquidação seja feita mediante consignação em folha de pagamento, a formalização e a entrega da cópia do contrato ou do instrumento de contratação ocorrerão após o fornecedor do crédito obter da fonte pagadora a indicação sobre a existência de margem consignável**".

Conforme visto, **a Lei n. 14.181 relacionou a definição de superendividamento às dívidas decorrentes das relações de consumo** (art. 54-A, §§1.º e 2.º, do CDC). No entanto, **concordamos com o Enunciado n. 650, aprovado na IX Jornada de Direito Civil, realizada em junho de 2022, na comemoração dos 20 anos do Código Civil, em que ficou definida a necessidade de o conceito de pessoa superendividada ser analisado para além das dívidas de consumo:**

> CONTRATOS
> **ENUNCIADO 650** — Art. 421: O conceito de pessoa superendividada, previsto no art. 54-A, § 1.º, do Código de Defesa do Consumidor, deve abranger, além das dívidas de consumo, as dívidas em geral, de modo a se verificar o real grau de comprometimento do seu patrimônio mínimo para uma existência digna.
> Justificativa: o atual conceito legal de superendividado encontra-se positivado no art. 54-A, § 1.º, do CDC, o qual se refere apenas a "dívidas de consumo". Assim, apesar de a Lei n. 14.181/2021 ter sido editada com o propósito de resolver a problemática relacionada ao superendividamento das pessoas, não supriu totalmente a lacuna normativa, pois teve seu âmbito de incidência restringido apenas para as relações de consumo, tratando o problema, portanto, apenas de forma parcial, posto que as dívidas cíveis em geral não seriam abarcadas pela nova lei.
> Não há motivo razoável para que tais dívidas restem excluídas do conceito e, por conseguinte, do correspondente tratamento diferenciado que lhes deve ser conferido. Falar-se em reabilitação apenas do consumidor não é tratar do problema em sua totalidade. Se o superendividamento atinge, de forma crítica, o patrimônio da pessoa natural de forma global, então todos os débitos pendentes devem ser solucionados ou direcionados a um caminho de resolução.
> A indevida restrição do tema apenas para o âmbito das relações de consumo implica soluções parciais. Não parece adequado manter a discussão compartimentalizada (relações de direito civil × consumidor × empresarial), quando a complexidade do mundo contemporâneo apresentará pessoas com dificuldades no adimplemento de dívidas de várias naturezas distintas, o que denota a importância de um crescente diálogo entre fontes normativas, empreendido por uma perspectiva de interpretação sistemática para o enfrentamento do problema.

Em resumo, segue tabela com exemplos de dívidas de consumo que, nos termos da Lei do Superendividamento, podem e que não podem ser incluídas no plano de pagamento aos credores:

DÍVIDAS INCLUÍDAS PELA LEI	DÍVIDAS EXCLUÍDAS PELA LEI
1) Cartão de crédito;	1) Fraude, má-fé e dolo de não pagar;
2) Compras a prazo;	2) Produtos e serviços de luxo de alto valor;
3) Empréstimos bancários;	3) Crédito com garantia real;
4) Cheque especial;	4) Financiamentos imobiliários;
5) Crédito consignado.	5) Crédito rural.

15.6.3. Reserva do mínimo existencial e o plano de pagamento

A Lei n. 14.181/2021 incluiu o **tema mínimo existencial** em diversos dispositivos do Código de Defesa do Consumidor, mas relacionou o instituto à **necessidade de regulamentação**:

> **Art. 6.º:** "XI — a garantia de práticas de crédito responsável, de educação financeira e de prevenção e tratamento de situações de superendividamento, **preservado o mínimo existencial, nos termos da regulamentação**, por meio da revisão e da repactuação da dívida, entre outras medidas; XII — a **preservação do mínimo existencial, nos termos da regulamentação**, na repactuação de dívidas e na concessão de crédito".
> **Art. 54-A: § 1.º** Entende-se por superendividamento a impossibilidade manifesta de o consumidor pessoa natural, de boa-fé, pagar a totalidade de suas dívidas de consumo, exigíveis e vincendas, **sem comprometer seu mínimo existencial, nos termos da regulamentação**".
> **Art. 104-A:** "A requerimento do consumidor superendividado pessoa natural, o juiz poderá instaurar processo de repactuação de dívidas, com vistas à realização de audiência conciliatória, presidida por ele ou por conciliador credenciado no juízo, com a presença de todos os credores de dívidas previstas no art. 54-A deste Código, na qual o consumidor apresentará proposta de plano de pagamento com prazo máximo de 5 (cinco) anos, **preservados o mínimo existencial, nos termos da regulamentação**, e as garantias e as formas de pagamento originalmente pactuadas".
> **Art. 104-C: § 1.º** Em caso de conciliação administrativa para prevenir o superendividamento do consumidor pessoa natural, os órgãos públicos poderão promover, nas reclamações individuais, audiência global de conciliação com todos os credores e, em todos os casos, facilitar a elaboração de plano de pagamento, **preservado o mínimo existencial, nos termos da regulamentação**, sob a supervisão desses órgãos, sem prejuízo das demais atividades de reeducação financeira cabíveis".

Defendemos neste livro que a **Lei n. 14.181, de 1.º de julho de 2021, possui aplicabilidade imediata**, não apenas pelo fato de seu art. 5.º deixar expressa a entrada em vigor de seu texto na data de sua publicação, mas também, e principalmente, pelo fato da **ausência de discussão de que gastos com moradia, alimentação, saúde, educação, vestuário e transporte representam o mínimo existencial digno de todo ser humano**.

No entanto, no dia 26 de julho de 2022 foi editado o famigerado Decreto n. 11.150 pelo Governo Federal, que regulamentou "a preservação e o não comprometimento do mínimo existencial para fins de prevenção, tratamento e conciliação de situações de superendividamento em dívidas de consumo, nos termos do disposto na Lei n. 8.078, de 11 de setembro de 1990 — Código de Defesa do Consumidor" e definiu como mínimo existencial o miserável percentual de 25% do salário mínimo:

> "**Art. 3.º No âmbito da prevenção, do tratamento e da conciliação administrativa ou judicial das situações de superendividamento, considera-se mínimo existencial a renda mensal do consumidor pessoa natural equivalente a vinte e cinco por cento do salário mínimo vigente na data de publicação deste Decreto.**
> § 1.º A apuração da preservação ou do não comprometimento do mínimo existencial de que trata o *caput* será realizada considerando a base mensal, por meio da contraposição entre a renda total mensal do consumidor e as parcelas das suas dívidas vencidas

> e a vencer no mesmo mês.
> § 2.º O reajustamento anual do salário mínimo não implicará a atualização do valor de que trata o *caput*.
> § 3.º Compete ao Conselho Monetário Nacional a atualização do valor de que trata o *caput*."

No ano de 2023, o *caput* do art. 3.º teve sua redação alterada pelo Decreto n. 11.567 e passou a definir como mínimo existencial míseros R$ 600,00. Isso mesmo, o aludido decreto foi alterado, mas não revogado, para definir que todo e qualquer cidadão só tem direito de gastar com moradia, alimentação, saúde, educação, vestuário e transporte o ínfimo valor de seiscentos reais.

O mesmo Decreto n. 11.567/2023 revogou o § 2.º *supra*, que impedia a atualização do valor do mínimo existencial com base no reajuste do salário mínimo.

Assim, o art. 3.º do Decreto n. 11.150/2022 ficou com a seguinte redação:

> "Art. 3.º No âmbito da prevenção, do tratamento e da conciliação administrativa ou judicial das situações de superendividamento, considera-se mínimo existencial a renda mensal do consumidor pessoa natural equivalente a R$ 600,00 (seiscentos reais). (Redação dada pelo Decreto n. 11.567, de 2023)
> § 1.º A apuração da preservação ou do não comprometimento do mínimo existencial de que trata o *caput* será realizada considerando a base mensal, por meio da contraposição entre a renda total mensal do consumidor e as parcelas das suas dívidas vencidas e a vencer no mesmo mês.
> § 2.º (Revogado pelo Decreto n. 11.567, de 2023.)
> § 3.º Compete ao Conselho Monetário Nacional a atualização do valor de que trata o *caput*".

O aludido decreto excluiu ainda a possibilidade de inclusão em plano de pagamento do consumidor superendividado de dívidas não afastadas pela Lei n. 14.181, tais como aquelas que foram anteriormente renegociadas, além das oriundas de crédito consignado e de cheque especial, em verdadeira afronta aos limites do poder regulamentar conferido ao chefe do Executivo.

São evidentes as inconstitucionalidades insertas no Decreto n. 11.150, de 2022, tanto que duas importantes associações nacionais de classe entraram com Arguições de Descumprimento de Preceitos Fundamentais no Supremo Tribunal Federal: i) ADPF n. 1.005 proposta pela Conamp — Associação Nacional dos Membros do Ministério Público; ii) ADPF n. 1.006 ajuizada pela Anadep — Associação Nacional das Defensoras e Defensores Públicos.

Os argumentos jurídicos nas citadas ADPFs estão consubstanciados na violação dos seguintes preceitos constitucionais: i) art. 1.º, inciso III (dignidade da pessoa humana); ii) art. 3.º, inciso III (erradicação da pobreza e da marginalização e na redução das desigualdades sociais e regionais); iii) art. 5.º, inciso XXXII (dever fundamental do Estado na proteção ao consumidor); iv) art. 5.º, inciso XXXV (acesso ao Poder Judiciário por uma ordem jurídica justa); v) art. 6.º (efetivação dos direitos fundamentais sociais — mínimo existencial de consumo); vi) arts. 2.º e 60, § 4.º, III (princípio da separação de poderes); vii) art. 84, inciso IV (extrapolação dos limites do poder regulamentar do chefe do Executivo); viii) art. 129, inciso IX (que dispõe sobre as funções dos Ministérios Públicos, especialmente aqueles que detêm a função administrativa de Procons estaduais); ix) art. 170, *caput* e inciso V (Direito do Consumidor como Princípio da Ordem Econômica).

A Conamp narrou que o ajuizamento da demanda foi motivada pelos "efeitos deletérios à higidez da economia familiar, ao mínimo existencial e aos objetivos visados pelo legislador ao aprovar a Lei do Superendividamento, a partir da edição do Decreto n. 11.150/2022", segundo informações trazidas ao seu conhecimento pelo Instituto Brasileiro de Política e Direito do Consumidor — Brasilcon e pela Associação Brasileira dos Membros do Ministério do Consumidor — MPCON, associações civis de âmbito nacional.

Argumentou ainda que o Decreto "acabou por: i — inviabilizar a promoção da dignidade humana da pessoa consumidora; ii — tarifar insuficientemente o conceito jurídico indeterminado respeitante ao mínimo existencial; iii — mitigar os deveres de proteção do Estado aos direitos fundamentais dos consumidores; iv — dificultar a atuação dos Procons (especialmente aqueles geridos pelos Ministérios Públicos) na realização de medidas conciliatórias de tratamento aos consumidores em situação jurídica de superendividamento; v — ofender competência do parlamento na medida em que extrapolou os limites de regulamentação, impondo preceitos estranhos à aplicação da legislação que dispõe sobre o crédito responsável, prevenção, tratamento ao superendividamento".

A Anadep argumenta que a ADPF é cabível na espécie, pois "terá por objeto evitar ou reparar lesão a preceito fundamental, resultante de ato do Poder Público", na medida em que o decreto "incorreu na violação de fundamentos e objetivos da República, bem como afrontou as decisões políticas estruturantes constitucionais".

A respeitável entidade de classe requereu, por fim, concessão de liminar e, posterior conformação dessa com a total procedência da ADPF, sob os fundamentos jurídicos de: em medida liminar: "(a) a suspensão da eficácia do *caput* e dos §§ 2.º e 3.º do art. 3.º do Decreto Presidencial n. 11.150, de 26 de julho de 2022, para que o "mínimo existencial" seja considerado de acordo com a realidade do consumidor pessoa natural, de tal sorte a respeitar o princípio da dignidade da pessoa humana e os direitos sociais consagrados pela Constituição Federal; (b) que as disposições do art. 4.º, inciso I, alíneas 'c', 'd', 'e', 'h' e 'i' tenham sua eficácia suspensa, em razão da violação da previsão do art. 84, inciso IV, da Constituição Federal, pois extrapolou o poder regulamentar, inovando na ordem infraconstitucional, além de violarem os arts. 1.º, III, 5.º, II e XXXII, 6.º, Constituição Federal; (c) a suspensão do art. 5.º, por violação dos arts. 1.º, III, 5.º, II e XXXII, 6.º, Constituição Federal;"

Do lado da Presidência da República o argumento de defesa pela fixação do mínimo existencial como sendo os míseros 25% do salário mínimo (atuais R$ 600,00) foi apenas do ponto de vista econômico, no sentido único e exclusivo de ampliar o crédito a um maior número de pessoas, conforme INFORMAÇÕES n. 00139/2022/CONSUNIAO/CGU/AGU apresentadas nos autos da ADPF n. 1005, em 14 de setembro de 2022:

"47. Nesse sentido, conforme consignado pelo Ministério da Economia na supracitada Nota Técnica para Atos Normativos SEI n. 208/2022/ME, 'caso se estabeleça que o mínimo existencial é um valor equivalente a 100% do salário mínimo, 32,6 milhões de pessoas não poderiam contrair crédito novo para dívida de consumo, uma vez que essa é a quantidade de clientes dos sistema financeiro que possuem tal renda', ao passo que 'o valor eleito no *caput* do art. 3.º, de 25% do salário-mínimo, que correspondia a R$ 275,00 em valores vigentes na data da estimação efetuada, impactaria, de forma estimada, 6,4 milhões de brasileiros'.

48. Assim, o *caput* do art. 3.º do Decreto n. 11.150/2022 preceituou que "no âmbito da prevenção, do tratamento e da conciliação administrativa ou judicial das situações de superendividamento, considera-se mínimo existencial a renda mensal do consumidor pessoa natural equivalente a vinte e cinco por cento do salário mínimo vigente na data de publicação deste Decreto", ampliado, assim, a possibilidade de acesso ao crédito por parte das famílias."

Ainda que o Decreto n. 11.150/2022 não venha a ser declarado inconstitucional, o que não acreditamos, vislumbramos uma só hipótese de **interpretação conforme a Constituição Federal, no tocante à definição de mínimo existencial. O valor de R$ 600,00 definido pelo aludido e famigerado decreto presidencial se refere àquele consumidor que não possui qualquer tipo de renda, pois, para aquele que tem rendimento, deveremos aplicar o disposto no § 1.º do art. 3.º do Decreto n. 11.150, que leva em consideração na definição de mínimo existencial a renda total mensal do consumidor, nos seguintes termos:**

"A apuração da preservação ou do não comprometimento do mínimo existencial de que trata o *caput* será realizada considerando a base mensal, por meio da contraposição entre a renda total mensal do consumidor e as parcelas das suas dívidas vencidas e a vencer no mesmo mês."

Assim, se tivéssemos que definir um percentual da renda do devedor que merece ser reservado para garantir o mínimo existencial dele e de sua família, qual seria esse montante?

Para responder a essa dúvida, usarei como parâmetro a **decisão da Corte Especial do STJ, no julgamento do Embargos de Divergência no Recurso Especial 1.582.475/ MG, em que se permitiu a penhora de 30% da remuneração do devedor como forma de se preservar, com o restante de seus rendimentos (70%), a garantia do mínimo existencial familiar**:

PROCESSUAL CIVIL. EMBARGOS DE DIVERGÊNCIA EM RECURSO ESPECIAL. EXECUÇÃO DE TÍTULO EXTRAJUDICIAL. **IMPENHORABILIDADE DE VENCIMENTOS.** CPC/73, ART. 649, IV. DÍVIDA NÃO ALIMENTAR. CPC/73, ART. 649, PARÁGRAFO 2.º. **EXCEÇÃO IMPLÍCITA À REGRA DE IMPENHORABILIDADE.** PENHORABILIDADE DE PERCENTUAL DOS VENCIMENTOS. BOA-FÉ. MÍNIMO EXISTENCIAL. DIGNIDADE DO DEVEDOR E DE SUA FAMÍLIA.
1. Hipótese em que se questiona se a regra geral de impenhorabilidade dos vencimentos do devedor está sujeita apenas à exceção explícita prevista no parágrafo 2.º do art. 649, IV, do CPC/73 ou se, para além desta exceção explícita, é possível a formulação de exceção não prevista expressamente em lei.
2. Caso em que o **executado aufere renda mensal no valor de R$ 33.153,04, havendo sido deferida a penhora de 30% da quantia.**

3. A interpretação dos preceitos legais deve ser feita a partir da Constituição da República, que veda a supressão injustificada de qualquer direito fundamental. A impenhorabilidade de salários, vencimentos, proventos etc. tem por fundamento a proteção à dignidade do devedor, com a manutenção do mínimo existencial e de um padrão de vida digno em favor de si e de seus dependentes. Por outro lado, o credor tem direito ao recebimento de tutela jurisdicional capaz de dar efetividade, na medida do possível e do proporcional, a seus direitos materiais.
4. O processo civil em geral, nele incluída a execução civil, é orientado pela boa-fé que deve reger o comportamento dos sujeitos processuais. Embora o executado tenha o direito de não sofrer atos executivos que importem violação à sua dignidade e à de sua família, não lhe é dado abusar dessa diretriz com o fim de impedir injustificadamente a efetivação do direito material do exequente.
5. **Só se revela necessária, adequada, proporcional e justificada a impenhorabilidade daquela parte do patrimônio do devedor que seja efetivamente necessária à manutenção de sua dignidade e da de seus dependentes.**
6. A regra geral da impenhorabilidade de salários, vencimentos, proventos etc. (art. 649, IV, do CPC/73; art. 833, IV, do CPC/2015), pode ser excepcionada quando for preservado percentual de tais verbas capaz de dar guarida à dignidade do devedor e de sua família.
7. Recurso não provido (EREsp 1.582.475/MG, Rel. Ministro Benedito Gonçalves, Corte Especial, j. 3.10.2018, *REPDJe* 19.3.2019, *DJe* 16.10.2018).[7-8]

---

[7] No mesmo sentido o STJ: "AGRAVO INTERNO NO AGRAVO EM RECURSO ESPECIAL. PROCESSUAL CIVIL. CUMPRIMENTO PROVISÓRIO DE SENTENÇA. IMPENHORABILIDADE DE VENCIMENTOS. MITIGAÇÃO. POSSIBILIDADE. PRESERVAÇÃO DO MÍNIMO EXISTENCIAL DO DEVEDOR. PRECEDENTES DA CORTE ESPECIAL E DA SEGUNDA SEÇÃO DESTA CORTE. PENHORA DE PRECENTUAL DE SALÁRIO. CABIMENTO. PRECEDENTES. SITUAÇÃO NÃO CONFIGURADA. REVISÃO. REEXAME DAS PECULIARIDADES DO CASO CONCRETO. IMPOSSIBILIDADE. SÚMULA N. 7/STJ. 1. A jurisprudência dessa Corte firmou entendimento no sentido de reconhecer que a impenhorabilidade do salário pode ser mitigada, não só nas hipóteses expressamente previstas no art. 833, § 2.º, CPC, mas em qualquer caso no qual se verifique a ausência de prejuízo à manutenção do mínimo existencial e da subsistência do devedor e de sua família. A propósito: REsp n. 1.806.438/DF, Rel. Ministra Nancy Andrighi, 3.ª T., *DJe* 19.10.2020 e AgInt no REsp n. 1754224/SP, Rel. Ministro Marco Buzzi, 4.ª T., *DJe* 1.º.10.2020. 2. Para afastar as premissas firmadas no acórdão recorrido, bem como para aferir as alegações da parte recorrente em sentido contrário, seria preciso revolver o conteúdo fático-probatório dos autos, o que é vedado em sede especial, conforme dispõe a Súmula n. 7/STJ. 3. A jurisprudência desta Corte é no sentido de que a incidência da Súmula n. 7/STJ impede o exame de dissídio jurisprudencial, na medida em que falta identidade entre os paradigmas apresentados e os fundamentos do acórdão, tendo em vista a situação fática do caso concreto, com base na qual deu solução a causa a Corte de origem. Agravo interno não provido" (AgInt no AREsp 2.131.240/DF, Rel. Ministro Humberto Martins, 3.ª T., j. 9.10.2023, *DJe* 16.10.2023).

[8] Concordamos com a posição do Ilustre Desembargador do Egrégio Tribunal de Justiça do Estado de São Paulo, Dr. Guilherme Ferreira da Cruz, que analisa a "qualidade" do crédito para admitir a mitigação do preceito da impenhorabilidade salarial do devedor: "PENHORA. SALÁRIO. POSSIBILIDADE. A impenhorabilidade das verbas salariais pode ser mitigada, a depender da análise do caso concreto. Hipótese em que as diligências constritivas prévias (SISBAJUD) restaram infrutíferas/insuficientes. Nada indica, pois, que a constrição comprometerá a sobrevivência da devedora ou da sua família. Hipótese, ademais, em que o débito é oriundo de gastos com educação, uma das finalidades do salário. Percentual definido em 10% dos seus ganhos líquidos, abrangidos pelo

Nesse julgado, a Corte Especial do Superior Tribunal de Justiça entendeu que a **regra geral da impenhorabilidade de salários**, vencimentos, proventos etc., prevista no art. 649, IV, do CPC/73 e no art. 833, IV, do CPC/2015, **pode ser excepcionada quando for preservado percentual de tais verbas, capaz de dar guarida à dignidade do devedor e de sua família**. Trata-se de uma **exceção implícita na lei e reconhecida pelo STJ com fulcro na Constituição Federal**.

Trazendo a fundamentação jurídica anteriormente esposada para o tratamento do superendividamento, entendemos que **a reserva de 70% da remuneração do consumidor endividado caracteriza um bom exemplo de montante razoável para manter os gastos mínimos e essenciais dele e de sua família.**

O STJ entendeu sob a vigência da Lei do Superendividamento o limite máximo de desconto de 30% como única forma de se garantir a preservação do mínimo existencial:

AGRAVO INTERNO. AGRAVO EM RECURSO ESPECIAL. NA ORIGEM, AÇÃO DE MODIFICAÇÃO DE CONTRATO CUMULADA COM OBRIGAÇÃO DE FAZER. EMPRÉSTIMO. INSTITUIÇÕES FINANCEIRAS. CONDIÇÃO DE SUPERENDIVIDAMENTO. PRECEDENTES DESSA CORTE SUPERIOR. LIMITAÇÃO DE DESCONTO DE 30%. MÍNIMO EXISTENCIAL. INCIDÊNCIA DA SÚMULA 83 DO STJ. DECISÃO MANTIDA. AGRAVO INTERNO NÃO PROVIDO.
1. Na origem, trata-se de ação de modificação de contrato cumulada com obrigação de fazer com pedido de antecipação de efeitos da tutela, visando a impedir retenção substancial de parte do salário do ora recorrido.
2. O Tribunal de origem reconheceu que os empréstimos realizados seriam de consignação, ou seja, descontados em folha de pagamento, e não em conta-corrente, de forma livremente pactuada entre as partes.
3. A jurisprudência desta Corte é no sentido de que, não se tratando de empréstimo com cláusula de desconto em conta corrente livremente pactuado entre as partes, mas sim de empréstimo consignado, aplica-se o limite de 30% (trinta por cento) do desconto da remuneração percebida pelo devedor. Preservação do mínimo existencial, em consonância com o princípio da dignidade humana.
4. Não se conhece do recurso especial pela divergência, quando a orientação do tribunal se firmou no mesmo sentido da decisão recorrida (Súmula 83/STJ).
5. Não houve adequada impugnação ao fundamento da decisão recorrida que aplicou a Súmula n. 83 dessa Corte, cuja impugnação pressupõe a demonstração por meio de julgados atuais de que o caso é distinto daquele veiculado nos precedentes invocados como paradigmas, o que não ocorreu na hipótese.
6. Agravo interno a que se nega provimento (AgInt no REsp 1.790.164/RJ, Rel Ministra Maria Isabel Gallotti, 4.ª T., j. 14.11.2022, *DJe* 18.11.2022).[9]

---

limite estabelecido no art. 6.º, § 5.º, da Lei n. 10.820/03. Precedentes do STJ. Recurso provido em parte" (TJSP, AI 2282598-27.2022.8.26.0000/SP, Rel. Ferreira da Cruz, 28.ª Câmara de Direito Privado, j. 29.3.2023, *DJe* 29.3.2023).

[9] O Egrégio Tribunal de Justiça do Estado de São Paulo, em julgamento de relatoria do Eminente Desembargador Roberto Mac Cracken, concedeu tutela de urgência para liminar a 35% os descontos dos vencimentos líquidos de uma consumidora superendividada com o objetivo de resguardar

Dentro desse percentual de reserva, **entendemos que cabe ainda a inclusão de dívidas que não podem ser incluídas na repactuação, como os financiamentos imobiliários e de veículos**. Assim, se um consumidor superendividado recebe de remuneração, por exemplo, R$ 10.000,00, e consegue comprovar gastos da ordem de R$ 7.000,00 com moradia, alimentação, saúde, educação, vestuário e transporte, além do financiamento de um veículo, instrumento fundamental para o seu trabalho, a parcela máxima a ser apresentada no plano de pagamento ao credor não poderá ser superior a R$ 3.000,00.

Não se trata de extensão da aplicação do limite de 30% previsto na Lei do Crédito Consignado, Lei n. 10.820/2003[10], a outros tipos de empréstimos, mesmo

---

a subsistência e dignidade do devedor durante o trâmite do processo: "Agravo de instrumento. Limitação de descontos a 35% dos vencimentos líquidos da autora. Possibilidade. O artigo 54-A, § 1.º, do CDC, define o superendividamento como a impossibilidade manifesta de o consumidor arcar com suas obrigações sem prejuízo ao mínimo existencial. Neste sentido, uma vez verificada a verossimilhança das alegações de superendividamento, é de rigor a concessão de tutela de urgência, ainda que antes da realização da audiência do artigo 104-A, do CDC. Medida provisória que visa resguardar a subsistência e dignidade do devedor durante o trâmite do processo. Necessária reapreciação da medida, após a realização da audiência conciliatória do artigo 104-A, do CDC, o que resta observado. Recurso parcialmente provido, com observação" (TJSP, AI 2202782-59.2023.8.26.0000/SP, Rel. Roberto Mac Cracken, 22.ª Câmara de Direito Privado, j. 16.10.2023, *DJe* 17.10.2023).

[10] A Lei n. 10.820 foi recentemente alterada pela Lei n. 14.131, de 3 de agosto de 2022, e passou a permitir o desconto de até 40% da remuneração do devedor para pagamento do contrato de crédito consignado, sendo 35% para pagar dívidas de empréstimos e 5% para pagar dívidas com cartão de crédito. A nova lei permitiu ainda contrato de crédito consignado sobre valores recebidos em programas de governo, como o Auxílio Brasil. Foi inserido o art. 6.º-B à Lei do Crédito Consignado com a seguinte redação: "Os beneficiários de programas federais de transferência de renda poderão autorizar a União a proceder aos descontos em seu benefício, de forma irrevogável e irretratável, em favor de instituições financeiras autorizadas a funcionar pelo Banco Central do Brasil, para fins de amortização de valores referentes ao pagamento mensal de empréstimos e financiamentos, até o limite de 40% (quarenta por cento) do valor do benefício, na forma estabelecida em regulamento. (Incluído pela Lei n. 14.431, de 2022.) Parágrafo único. A responsabilidade pelo pagamento dos créditos de que trata o caput deste artigo será direta e exclusiva do beneficiário, e a União não poderá ser responsabilizada, ainda que subsidiariamente, em qualquer hipótese. (Incluído pela Lei n. 14.431, de 2022.) A citada lei de 2022 foi regulamentada pelo Decreto n. 11.170, de 11 de agosto de 2022, no tocante ao desconto do Auxílio Brasil. *Data maxima venia*, entendemos que a celebração de contratos de crédito consignado num cenário como o apresentado, com desconto de até 40% do Auxílio Brasil, é mais um exemplo de violação do direito básico do consumidor à concessão de crédito responsável, nos termos do disposto no art. 6.º, inciso IX, do CDC.
Sobre a concessão de crédito às famílias de baixa renda, assim entendeu o STF: "AÇÃO DIRETA DE INCONSTITUCIONALIDADE. ARTS. 1.º E 2.º DA LEI N. 14.431/2022. EMPRÉSTIMO CONSIGNADO. BENEFICIÁRIOS DE PROGRAMAS DE TRANSFERÊNCIA DE RENDA. AUTORIZAÇÃO PARA CONTRATAÇÃO E AMPLIAÇÃO DA MARGEM DE CRÉDITO. PERDA DE OBJETO NÃO VERIFICADA. PRELIMINAR REJEITADA. INÉPCIA DA INICIAL AFASTADA. POLÍTICA PÚBLICA. ACESSO A CRÉDITO. FAMÍLIAS DE BAIXA RENDA. GARANTIA DE PROTEÇÃO SOCIAL. CONSTITUCIONALIDADE. 1. Não há falar em perda superveniente do objeto da ação, pois a Medida Provisória n. 1.164, de 2 de março de 2023, que reinstituiu o Programa Bolsa Família, além de manter a essência dos dispositivos impugnados, não implicou revogação imediata da legislação anterior. Precedentes. 2. Havendo argumen-

porque o Superior Tribunal de Justiça entendeu pela inviabilidade dessa extensão nos termos do Tema 1.085. O que defendemos é a aplicação de precedentes jurisprudenciais, conforme o acima citado, para a elaboração da equação 70% dos rendimentos para os gastos com mínimo existencial e 30% para pagamento de dívidas no plano de pagamento a ser elaborado pelo consumidor superendividado.

Sobre o assunto, o STJ fixou o seguinte entendimento no Tema 1.085:

> São lícitos os descontos de parcelas de empréstimos bancários comuns em conta-corrente, ainda que utilizada para recebimento de salários, desde que previamente autorizados pelo mutuário e enquanto esta autorização perdurar, não sendo aplicável, por analogia, a limitação prevista no § 1.º do art. 1.º da Lei n. 10.820/2003, que disciplina os empréstimos consignados em folha de pagamento.

A controvérsia que deu origem à tese repetitiva mencionada pela Corte Superior nos autos do REsp 1.863.973/SP, de Relatoria do Ministro Marco Aurélio Bellizze, pela Segunda Seção do STJ, j. 9.3.2022, se refere **em definir se, no bojo de contrato de mútuo bancário comum, em que há expressa autorização do mutuário para que o pagamento se dê por meio de descontos mensais em sua conta-corrente, é aplicável ou não, por analogia, a limitação de 35% (trinta e cinco por cento) prevista na Lei n. 10.820/2003, que disciplina o contrato de crédito consignado em folha de pagamento (chamado empréstimo consignado)** e não tem conexão com o caso do superendividamento.

A **pretensão de repactuação de dívidas está fundada no Código de Defesa do Consumidor, alterado recentemente pela Lei do Superendividamento (Lei n. 14.181, de 1.º de julho de 2021)** que, em nenhum momento, fixou qualquer percentual da remuneração do consumidor superendividado para pagar dívidas. **O que a novel legislação determinou foi a apresentação de um plano de pagamento preservando o mínimo existencial do consumidor superendividado.**

Ademais, **no julgamento do Superior Tribunal de Justiça** colacionado, e, que deu origem à tese repetitiva (Tema 1.085), **a ementa deixou clara a existência de procedimento próprio para tratar do consumidor superendividado nos termos do CDC:**

---

tação idônea, não se verifica inépcia da petição inicial. 3. Ressalvadas as hipóteses de flagrantes ilegalidade, abuso de poder ou teratologia, impõe-se ao Judiciário autocontenção em relação às opções políticas do parlamento e órgãos especializados, sobretudo na ausência de demonstração concreta de desproporcionalidade na legislação (RE 1.359.139, Tema n. 1.231/RG, Tribunal Pleno, Ministro Luiz Fux, *DJe* de 8 de setembro de 2022; ADI 6.362, Tribunal Pleno, Ministro Ricardo Lewandowski, *DJe* de 9 de dezembro de 2020). 4. A possibilidade de fraude ou a previsão de superendividamento das famílias com empréstimos consignados, tendo sido objeto de consideração tanto em lei quanto em regulamento, não revelam densidade suficiente para tornar, por si sós, inconstitucionais as normas questionadas. 5. É compatível com a Constituição Federal, à luz dos arts. 1.º, III; 3.º, I; 6.º, parágrafo único; e 203, política pública de acesso a crédito com taxas de juros menores direcionada às famílias brasileiras, presente o objetivo de conferir proteção social a quem dela necessitar para a garantia da subsistência. 6. Pedido julgado improcedente" (ADI 7.223, Tribunal Pleno, Rel. Ministro Nunes Marques, j. 12.9.2023, Publicação: 9.10.2023).

"6.3 A prevenção e o combate ao superendividamento, com vistas à preservação do mínimo existencial do mutuário, não se dão por meio de uma indevida intervenção judicial nos contratos, em substituição ao legislador. **A esse relevante propósito, sobreveio — na seara adequada, portanto — a Lei n. 14.181/2021, que alterou disposições do Código de Defesa do Consumidor, para 'aperfeiçoar a disciplina do crédito ao consumidor e dispor sobre a prevenção e o tratamento do superendividamento'**".

O Ministro Relator, quando chega a tal conclusão, deixou claro que não é uma interpretação por analogia da Lei 10.820 que vai resolver a situação do consumidor superendividado, mas sim a **"SEARA ADEQUADA, portanto — a Lei n. 14.181/2021, que alterou disposições do Código de Defesa do Consumidor, para 'aperfeiçoar a disciplina do crédito ao consumidor e dispor sobre a prevenção e o tratamento do superendividamento'"**.

A tese ora apresentada tem tanta relevância que o Tribunal de Justiça do Estado de São Paulo, assim decidiu no Agravo de Instrumento n. 2072688-57.2022.8.26.0000, interposto contra decisão de primeira instância que indeferiu pedido de tutela de urgência para a aplicação imediata do plano de pagamento proposto por consumidor superendividado, sob o fundamento da aplicação do Tema 1.085:

> AGRAVO DE INSTRUMENTO. AÇÃO DE REPACTUAÇÃO DE DÍVIDAS. PEDIDO DE TUTELA PROVISÓRIA PARA LIMITAR OS DESCONTOS DE EMPRÉSTIMOS CONSIGNADOS. POSSIBILIDADE. DEMONSTRAÇÃO DE QUE A COBRANÇA DA TOTALIDADE DAS PARCELAS REPRESENTA COMPROMETIMENTO DE METADE DOS VENCIMENTOS LÍQUIDOS DO MUTUÁRIO, QUE É IDOSO E RESPONSÁVEL PELA MANUTENÇÃO DE INCAPAZ, COLOCANDO EM RISCO SUAS CONDIÇÕES DE SUBSISTÊNCIA, A VIOLAR O PRINCÍPIO DO MÍNIMO EXISTENCIAL. PRESENÇA DOS REQUISITOS AUTORIZADORES PARA A CONCESSÃO DA MEDIDA LIMINAR, NOS TERMOS DO ART. 300 DO CÓDIGO DE PROCESSO CIVIL. INSTALAÇÃO COMPULSÓRIA DE PLANO DE PAGAMENTOS, NOS TERMOS DO ART. 104-B DO CÓDIGO DE DEFESA DO CONSUMIDOR. DECISÃO PARCIALMENTE REFORMADA. AGRAVO PROVIDO EM PARTE.

O Desembargador Relator do citado julgado, Dr. César Zalaf, entendeu em decisão monocrática que antecipou os efeitos da tutela recursal que:

> Em exame de cognição sumária, a r. decisão peca, ao utilizar como premissa para a fundamentação, a recente orientação jurisprudencial do Colendo Superior Tribunal de Justiça a respeito da impossibilidade de aplicação analógica do que dispõe a Lei n. 10.820/2003 a descontos de empréstimos feitos em conta-corrente, dado que a controvérsia instalada nos autos versa sobre hipótese diversa, que é o superendividamento do recorrente, que diz não mais poder adimplir seus débitos, na maneira em que são atualmente cobrados, sem prejuízo do mínimo existencial necessário para a sua manutenção e de sua família, havendo a possibilidade da repactuação das dívidas, conforme dispõe o Código de Defesa do Consumidor, com alterações feitas pela Lei n. 14.181/2021.

Trata-se de **precedente importantíssimo do Tribunal de Justiça do Estado de São Paulo** na proteção do consumidor superendividado, pois **deferiu a tutela de urgência para a imposição no início do processo do plano de pagamento proposto pelo autor**.

Sobre o tema, a legislação processual ao regulamentar as tutelas jurisdicionais provisórias previu duas espécies: i) tutela provisória de urgência; e ii) tutela provisória da evidência. Uma exige urgência na concessão do direito, sob pena de risco irreparável ao jurisdicionado. A outra, evidência do direito material tutelado com suporte em tese emanada por ocasião do julgamento de recursos repetitivos ou objeto de súmula dos nossos Tribunais.

O art. 300 do Código de Processo Civil estabelece que:

> "**A tutela de urgência será concedida quando houver elementos que evidenciem a probabilidade do direito e o perigo de dano ou o risco ao resultado útil do processo**".

E este é o caso do consumidor superendividado que muitas vezes celebra contratos de crédito pessoal, consignado e cartão de crédito, com descontos mensais em sua remuneração acima do permitido pelo Código de Defesa do Consumidor, alterado recentemente pela Lei n. 14.181/2021, sendo induzido ao consumo de tais produtos pelos fornecedores de crédito. **Aqui reside a probabilidade do direito invocado**.

A **necessidade de fornecer crédito de maneira responsável, bem como de preservar o mínimo existencial do consumidor é conduta que deve ser observada antes da concessão do crédito pelos fornecedores**, sendo este o objeto principal da ação de repactuação de dívidas, proteção inserida no Diploma Consumerista pela novel legislação citada como: i) direito básico do consumidor brasileiro (art. 6.º, incisos XI e XII, do CDC); ii) elemento essencial de definição de superendividamento (§ 1.º do art. 54-A do CDC); iii) sem esquecer que é princípio da política nacional das relações de consumo justamente a prevenção e tratamento do superendividamento como forma de evitar a exclusão social do consumidor (art. 4.º, inciso X, do CDC).

Muitas vezes o **consumidor é idoso, com a capacidade de entendimento diminuída, gerando uma condição de hipervulnerabilidade extremada, se tornando presa fácil ao assédio de maus fornecedores que incessantemente lhe ofertaram novos contratos de empréstimos, cometendo as agravadas práticas abusivas e violadoras do art. 54-C, IV, do CDC, inserido pela Lei n. 14.181/2021**.

Por outro lado, incontestável o **perigo iminente de dano irreparável ao consumidor superendividado**, tendo em vista que **não consegue arcar com o mínimo existencial seu e de sua família com o pouco que lhe resta após os descontos em sua remuneração para pagamento de dívidas**.

Desta forma, **preenchidos os requisitos da fumaça do bom direito (CDC alterado pela Lei n. 14.181) e do perigo da demora (risco de prejuízo à manutenção do mínimo existencial), nada mais justa que a decisão que concede a tutela de urgência e que impõe, no início do processo, o dever de os fornecedores de crédito aceitarem o plano de pagamento proposto pelo consumidor superendividado**, mesmo porque estamos diante de uma decisão judicial reversível a qualquer tempo e que não traz nenhum prejuízo aos bancos, nem às entidades de crédito, que continuarão recebendo, ainda que em quantia menor, no curso do feito judicial.

Por fim, cumpre ressaltar que a equação proposta neste item do nosso livro de que 30% dos rendimentos do consumidor superendividado podem ser destinados para pagar as dívidas e que 70% servem para a manutenção do seu mínimo existencial deve ser aplicada no momento da elaboração do plano de pagamento.[11]

Ainda que tenhamos certeza da boa intenção de muitos magistrados pelo Brasil afora com a causa do superendividamento, algumas decisões judiciais equivocam-se ao limitar os descontos em 30 ou 35% do rendimento do consumidor superendividado, sem a presença de um plano de pagamento nos autos do processo, pois com essa determinação, poderão eternizar a dívida e gerar mais prejuízos a um consumidor tão devastado do ponto de vista econômico.

Nessa linha de raciocínio, por mais que a Lei do Superendividamento somente exija a apresentação do plano de pagamento na audiência de tentativa de conciliação (art. 104-A do CDC), sugerimos a elaboração desse plano no início da ação de repactuação de dívidas, como documento a ser anexado junto da petição inicial, para ter maior chance de conseguir o deferimento da tutela de urgência, como ocorreu no citado Recurso de Agravo de Instrumento n. 2072688-57.2022.8.26.0000, proferido pelo Egrégio Tribunal de Justiça do Estado de São Paulo.

15.7. DA PREVENÇÃO DO SUPERENDIVIDAMENTO

15.7.1. Informações obrigatórias na oferta de crédito e a estratégia jurídica diante de uma ilegalidade

A preocupação do legislador ordinário com a prevenção à situação de superendividamento foi tamanha que estabeleceu alterações significativas ao Código de Defesa do Consumidor no tocante à **oferta de crédito, por força do advento da Lei n. 14.181/2021, a Lei do Superendividamento**.

Sobre o tema, cumpre ressaltar o disposto no art. 54-B, incluído no Código de Defesa do Consumidor pela nova lei, *in verbis*:

> "Art. 54-B. **No fornecimento de crédito e na venda a prazo**, além das informações obrigatórias previstas no art. 52 deste Código e na legislação aplicável à matéria, **o fornecedor ou o intermediário deverá informar o consumidor, prévia e adequadamente, no momento da oferta, sobre**:
> I — o **custo efetivo total e a descrição dos elementos** que o compõem;
> II — a **taxa efetiva mensal de juros**, bem como a **taxa dos juros de mora e o total de encargos**, de qualquer natureza, previstos para o atraso no pagamento;
> III — o **montante das prestações e o prazo de validade da oferta**, que deve ser, no **mínimo, de 2 (dois) dias**;
> IV — o **nome e o endereço, inclusive o eletrônico**, do fornecedor;
> V — o **direito do consumidor à liquidação antecipada** e não onerosa do débito, nos termos do § 2.º do art. 52 deste Código e da regulamentação em vigor".

---

[11] Recomendamos o *site* www.planodepagamento.com.br para elaborar um plano de pagamento nos termos da equação proposta (30% para pagar dívidas e 70% para a manutenção dos gastos essenciais).

O citado dispositivo introduzido pela Nova Lei do Superendividamento, além de fazer remissão ao disposto no art. 52 do CDC, tem conteúdo bastante parecido com o existente nesse artigo.[12] Ademais, **é assegurada ao consumidor**, também para as **situações de superendividamento, a liquidação antecipada do débito, total ou parcialmente, mediante redução proporcional dos juros e demais acréscimos** (art. 52, § 2.º, do CDC).

As **informações obrigatórias na oferta do crédito devem constar de forma clara e resumida do próprio contrato, da fatura ou de instrumento apartado**, além de ter que ser redigidas de forma a gerar **fácil acesso ao consumidor** (art. 54-B, § 1.º, do CDC).

De fato, o custo efetivo total da operação de crédito ao consumidor consistirá em taxa percentual anual e compreenderá todos os valores cobrados do consumidor, sem prejuízo do cálculo padronizado pela autoridade reguladora do sistema financeiro (art. 54-B, § 2.º, do CDC).

Sem prejuízo do disposto no art. 37 do CDC (vedação à publicidade ilícita — enganosa e abusiva), a oferta de crédito ao consumidor e a oferta de venda a prazo, ou a fatura mensal, conforme o caso, devem indicar, no mínimo, o custo efetivo total, o agente financiador e a soma total a pagar, com e sem financiamento (art. 54-B, § 3.º, do CDC).

Na mesma linha de **disciplinar informações obrigatórias no tocante à oferta de crédito, prevê o art. 54-D** do Diploma Consumerista:

> "Art. 54-D. **Na oferta de crédito**, previamente à contratação, **o fornecedor ou o intermediário deverá**, entre outras condutas:
> I — informar e esclarecer adequadamente o consumidor, **considerada sua idade, sobre a natureza e a modalidade do crédito oferecido, sobre todos os custos incidentes**, observado o disposto nos arts. 52 e 54-B deste Código, e **sobre as consequências genéricas e específicas do inadimplemento**;
> II — **avaliar, de forma responsável, as condições de crédito do consumidor**, mediante análise das informações disponíveis em bancos de dados de proteção ao crédito, observado o disposto neste Código e na legislação sobre proteção de dados;
> III — **informar a identidade do agente financiador e entregar** ao consumidor, ao garante e a outros coobrigados **cópia do contrato de crédito**".

Por mais óbvias que possam parecer tais informações, trata-se de um **grande avanço no tocante ao respeito que o fornecedor de crédito deve ter com os consumidores, em especial os mais humildes e idosos, bem como o dever de contribuir para a concessão de crédito de forma mais responsável** e não de maneira desarrazoada, como vivemos no mercado de consumo contemporâneo.

Com efeito, importante destacar ainda **informações que são vedadas na realização de oferta de crédito** no mercado de consumo:

---

[12] CDC: "Art. 52. No fornecimento de produtos ou serviços que envolva outorga de crédito ou concessão de financiamento ao consumidor, o fornecedor deverá, entre outros requisitos, informá-lo prévia e adequadamente sobre: I — preço do produto ou serviço em moeda corrente nacional; II — montante dos juros de mora e da taxa efetiva anual de juros; III — acréscimos legalmente previstos; IV — número e periodicidade das prestações; V — soma total a pagar, com e sem financiamento".

> "Art. 54-C. **É vedado, expressa ou implicitamente, na oferta de crédito ao consumidor, publicitária ou não**:
> I — (*VETADO*);[13]
> II — **indicar que a operação de crédito poderá ser concluída sem consulta** a serviços de proteção ao crédito ou sem avaliação da situação financeira do consumidor;
> III — **ocultar ou dificultar a compreensão sobre os ônus e os riscos** da contratação do crédito ou da venda a prazo;
> IV — **assediar ou pressionar o consumidor para contratar o fornecimento de produto, serviço ou crédito**, principalmente se se tratar de consumidor **idoso**,[14] analfabeto, doente ou em estado de vulnerabilidade agravada ou se a contratação envolver prêmio;
> V — **condicionar o atendimento de pretensões do consumidor ou o início de tratativas à renúncia ou à desistência de demandas judiciais, ao pagamento de honorários advocatícios ou a depósitos judiciais**.
> Parágrafo único. (*VETADO*)".

O **descumprimento de qualquer dos deveres** previstos nos artigos supracitados **poderá acarretar, judicialmente, a redução dos juros, dos encargos ou de qualquer acréscimo ao principal e a dilação do prazo de pagamento** previsto no contrato

---

[13] O inciso I e o parágrafo único, ambos do art. 54-C do CDC, tinham as seguintes redações: "I — fazer referência a crédito 'sem juros', 'gratuito', 'sem acréscimo' ou com 'taxa zero' ou a expressão de sentido ou entendimento semelhante; (...) Parágrafo único. O disposto no inciso I do *caput* deste artigo não se aplica à oferta de produto ou serviço para pagamento por meio de cartão de crédito". As razões do Veto Presidencial foram as seguintes: "A propositura legislativa estabelece que seria vedado expressa ou implicitamente, na oferta de crédito ao consumidor, publicitária ou não, fazer referência a crédito 'sem juros', 'gratuito', 'sem acréscimo' ou com 'taxa zero' ou expressão de sentido ou entendimento semelhante. Entretanto, apesar da boa intenção do legislador, a propositura contrariaria o interesse público ao tentar solucionar problema de publicidade enganosa ou abusiva com restrição à oferta, proibindo operações que ocorrem no mercado usualmente e sem prejuízo ao consumidor, em que o fornecedor oferece crédito a consumidores, incorporando os juros em sua margem sem necessariamente os estar cobrando implicitamente, sem considerar que existem empresas capazes de ofertar de fato 'sem juros', para o que restringiria as formas de obtenção de produtos e serviços ao consumidor. O mercado pode e deve oferecer crédito nas modalidades, nos prazos e com os custos que entender adequados, com adaptação natural aos diversos tipos de tomadores, o que constitui em relevante incentivo à aquisição de bens duráveis, e a Lei não deve operar para vedar a oferta do crédito em condições específicas, desde que haja regularidade em sua concessão, pois o dispositivo não afastaria a oferta das modalidades de crédito referidas, entretanto, limitaria as condições concorrenciais nos mercados. Por fim, impõe-se veto por arrastamento ao parágrafo único deste artigo". **Independentemente dos vetos e de suas razões, aplicaremos o Código de Defesa do Consumidor diante de qualquer tipo de prática abusiva, em especial nos casos de publicidade enganosa ou abusiva.**

[14] Nesse tocante de proteção ao idoso, o STF entendeu: "Ação direta de inconstitucionalidade. 2. Lei n. 12.027, de 26 de agosto de 2021, do Estado da Paraíba. 3. Normas que obrigam pessoas idosas a assinarem fisicamente contratos de operação de crédito firmados por meio eletrônico ou telefônico. Possibilidade. 4. Competência suplementar dos Estados para dispor sobre proteção do consumidor. Precedentes. 5. Adequação e proporcionalidade da norma impugnada para a proteção do idoso. 6. Ação direta de constitucionalidade conhecida e julgada improcedente" (ADI 7.027, Tribunal Pleno, Rel. Ministro Gilmar Mendes, j. 17.12.2022, *DJe* 25.1.2023).

original, conforme a gravidade da conduta do fornecedor e as possibilidades financeiras do consumidor, **sem prejuízo de outras sanções e de indenização por perdas e danos, patrimoniais e morais**, ao consumidor (art. 54-D, parágrafo único, do CDC).

Assim, identificada qualquer ilegalidade na oferta do crédito ou na celebração do respectivo contrato de consumo, poderemos montar um plano de pagamento com juros zero e 60 meses para pagamento. Tal assertiva está amparada no citado art. 54-D, parágrafo único, c.c. o art. 140-B, § 4.º, do CDC que assim determina:

> "O plano judicial compulsório assegurará aos credores, no mínimo, o valor do principal devido, corrigido monetariamente por índices oficiais de preço, e preverá a liquidação total da dívida, após a quitação do plano de pagamento consensual previsto no art. 104-A deste Código, em, no máximo, 5 (cinco) anos, sendo que a primeira parcela será devida no prazo máximo de 180 (cento e oitenta) dias, contado de sua homologação judicial, e o restante do saldo será devido em parcelas mensais iguais e sucessivas. (Incluído pela Lei n. 14.181, de 2021)"

Desta forma, a melhor estratégia jurídica para montar um plano de pagamento em benefício do consumidor superendividado é: i) identificar uma ilegalidade na oferta do crédito ou no respectivo contrato de consumo; ii) corrigir monetariamente o valor principal do empréstimo; iii) descontar as parcelas pagas; iv) dividir em 60 meses o produto do citado cálculo.

Nos contratos de adesão, o fornecedor deve prestar ao consumidor, previamente, as informações de que tratam o art. 52 e o caput do art. 54-B do CDC, além de outras porventura determinadas na legislação em vigor, e fica obrigado a entregar ao consumidor cópia do contrato, após a sua conclusão (art. 54-G, § 2.º, do CDC).

15.7.2. Dos contratos conexos, coligados ou interdependentes

O legislador ordinário também disciplinou as relações jurídicas envolvendo **contratos conexos, coligados ou interdependentes**, nos termos do art. 54-F do CDC:

> "Art. 54-F. São conexos, coligados ou interdependentes, entre outros, o contrato principal de fornecimento de produto ou serviço e os contratos acessórios de crédito que lhe garantam o financiamento quando o fornecedor de crédito:
> I — recorrer aos serviços do fornecedor de produto ou serviço para a preparação ou a conclusão do contrato de crédito;
> II — oferecer o crédito no local da atividade empresarial do fornecedor de produto ou serviço financiado ou onde o contrato principal for celebrado".

Nos casos dos incisos I e II acima apresentados, se houver inexecução de qualquer das obrigações e deveres do fornecedor de produto ou serviço, o consumidor poderá requerer a rescisão do contrato não cumprido contra o fornecedor do crédito. O direito à rescisão caberá igualmente ao consumidor: (i) contra o portador de cheque pós-datado emitido para aquisição de produto ou serviço a prazo; (ii) contra o administrador ou o emitente de cartão de crédito ou similar quando o cartão de crédito ou similar e o produto ou serviço forem fornecidos pelo mesmo fornecedor ou por entidades pertencentes a um mesmo grupo econômico.

O **exercício do direito de arrependimento** nas hipóteses previstas no Código de Defesa do Consumidor, **no contrato principal ou no contrato de crédito, implica a resolução** de pleno direito do contrato que lhe seja **conexo** (art. 54-F, § 1.º, do CDC).

Por fim, cumpre ressaltar que **a invalidade ou a ineficácia do contrato principal implicará, de pleno direito, a do contrato de crédito que lhe seja conexo**, ressalvado ao fornecedor do crédito o direito de obter do fornecedor do produto ou serviço a devolução dos valores entregues, inclusive relativamente a tributos (art. 54-F, § 4.º, do CDC).

15.7.3. Das práticas abusivas no fornecimento de crédito

Conforme é cediço, as práticas abusivas podem ser pré-contratuais, contratuais ou pós-contratuais. Sobre o tema, vale lembrar que o art. 39 do CDC traz alguns exemplos de práticas abusivas, mas existem outras condutas ilícitas dessa natureza que possuem o devido regramento em outros artigos do Diploma Consumerista, como ocorreu com a novidade introduzida pela Lei n. 14.181/2021 e agora estudada.

No tocante à concessão de crédito, a Nova Lei do Superendividamento incluiu o seguinte rol exemplificativo de práticas abusivas ao Código de Defesa do Consumidor:

> "Art. 54-G. Sem prejuízo do disposto no art. 39 deste Código e na legislação aplicável à matéria, **é vedado ao fornecedor de produto ou serviço que envolva crédito, entre outras condutas**:
> I — **realizar ou proceder à cobrança ou ao débito em conta de qualquer quantia que houver sido contestada pelo consumidor em compra realizada com cartão de crédito ou similar**, enquanto não for adequadamente solucionada a controvérsia, **desde que o consumidor haja notificado** a administradora do cartão **com antecedência de pelo menos 10 (dez) dias contados da data de vencimento** da fatura, vedada a manutenção do valor na fatura seguinte e assegurado ao consumidor o direito de deduzir do total da fatura o valor em disputa e efetuar o pagamento da parte não contestada, podendo o emissor lançar como crédito em confiança o valor idêntico ao da transação contestada que tenha sido cobrada, enquanto não encerrada a apuração da contestação;
> II — **recusar ou não entregar** ao consumidor, ao garante e aos outros coobrigados **cópia da minuta do contrato principal de consumo ou do contrato de crédito**, em papel ou outro suporte duradouro, disponível e acessível, e, após a conclusão, cópia do contrato;
> III — **impedir ou dificultar**, em caso de utilização fraudulenta do cartão de crédito ou similar, **que o consumidor peça e obtenha**, quando aplicável, **a anulação ou o imediato bloqueio do pagamento, ou** ainda a **restituição dos valores indevidamente recebidos**".

Exemplo de prática abusiva fora do rol supramencionado e relacionado ao fornecimento de crédito consiste na cobrança de dívida prescrita, ainda que "apenas" na via extrajudicial, como ocorre costumeiramente com inúmeras ligações recebidas pelo consumidor endividado por dia, muitas vezes realizadas por robôs, com essa natureza de cobrança indevida de dívidas:

> DIREITO CIVIL. RECURSO ESPECIAL. AÇÃO DECLARATÓRIA DE INEXIGIBILIDADE DE DÉBITO PRESCRITO. PRESCRIÇÃO DA PRETENSÃO. INSTITUTO

DE DIREITO MATERIAL. DEFINIÇÃO. PLANO DA EFICÁCIA. PRINCÍPIO DA INDIFERENÇA DAS VIAS. PRESCRIÇÃO QUE NÃO ATINGE O DIREITO SUBJETIVO. COBRANÇA EXTRAJUDICIAL DE DÍVIDA PRESCRITA. IMPOSSIBILIDADE. MANUTENÇÃO DO ACÓRDÃO ESTADUAL.
1. Ação de conhecimento, por meio da qual se pretende o reconhecimento da prescrição, bem como a declaração judicial de inexigibilidade do débito, ajuizada em 4.8.2021, da qual foi extraído o presente recurso especial, interposto em 26.9.2022 e concluso ao gabinete em 3.8.2023.
2. O propósito recursal consiste em decidir se o reconhecimento da prescrição impede a cobrança extrajudicial do débito.
3. Inovando em relação à ordem jurídica anterior, o art. 189 do Código Civil de 2002 estabelece, expressamente, que o alvo da prescrição é a pretensão, instituto de direito material, compreendido como o poder de exigir um comportamento positivo ou negativo da outra parte da relação jurídica.
4. A pretensão não se confunde com o direito subjetivo, categoria estática, que ganha contornos de dinamicidade com o surgimento da pretensão. Como consequência, é possível a existência de direito subjetivo sem pretensão ou com pretensão paralisada.
5. A pretensão se submete ao princípio da indiferença das vias, podendo ser exercida tanto judicial, quanto extrajudicialmente. Ao cobrar extrajudicialmente o devedor, o credor está, efetivamente, exercendo sua pretensão, ainda que fora do processo.
6. Se a pretensão é o poder de exigir o cumprimento da prestação, uma vez paralisada em razão da prescrição, não será mais possível exigir o referido comportamento do devedor, ou seja, não será mais possível cobrar a dívida. Logo, o reconhecimento da prescrição da pretensão impede tanto a cobrança judicial quanto a cobrança extrajudicial do débito.
7. Hipótese em que as instâncias ordinárias consignaram ser incontroversa a prescrição da pretensão do credor, devendo-se concluir pela impossibilidade de cobrança do débito, judicial ou extrajudicialmente, impondo-se a manutenção do acórdão recorrido.
8. Recurso especial conhecido e desprovido (REsp 2.088.100/SP, Rel. Ministra Nancy Andrighi, 3.ª T., j. 17.10.2023, *DJe* 23.10.2023).[15]

Outro exemplo de abusividade no fornecimento do crédito para consumidor idoso está relacionado ao alto índice de fraudes nesse tipo de contratação. Por esse motivo, o **Supremo Tribunal Federal entendeu constitucional, haja vista a competência suplementar dos estados federados para dispor sobre proteção do consumidor (CF/1988, art. 24, V e § 2.º), lei estadual que torna obrigatória a assinatura física de idosos em contratos de operação de crédito firmados por meio eletrônico ou telefônico com instituições financeiras:**

---

[15] A Segunda Seção acolheu a proposta de afetação dos REsps 2.092.190-SP, 2.121.593-SP e 2.122.017-SP ao rito dos recursos repetitivos, a fim de uniformizar o entendimento a respeito da seguinte controvérsia: "definir se a dívida prescrita pode ser exigida extrajudicialmente, inclusive com a inscrição do nome do devedor em plataformas de acordo ou de renegociação de débitos" (ProAfR no REsp 2.092.190/SP, Rel. Ministro João Otávio de Noronha, 2.ª Seção, j. 28.5.2024, *DJe* 11.6.2024).

Ação direta de inconstitucionalidade. 2. Lei n. 12.027, de 26 de agosto de 2021, do Estado da Paraíba. 3. **Normas que obrigam pessoas idosas a assinarem fisicamente contratos de operação de crédito firmados por meio eletrônico ou telefônico. Possibilidade. 4. Competência suplementar dos Estados para dispor sobre proteção do consumidor. Precedentes. 5. Adequação e proporcionalidade da norma impugnada para a proteção do idoso.** 6. Ação direta de constitucionalidade conhecida e julgada improcedente (ADI 7.027, Tribunal Pleno, Rel. Ministro Gilmar Mendes, j. 17.12.2022, Publicação: 25.1.2023).

15.8. DA CONCILIAÇÃO NO SUPERENDIVIDAMENTO

15.8.1. Da conciliação judicial

Concluído o estudo da primeira fase, relacionada à prevenção ao superendividamento, iniciaremos os trabalhos da segunda fase, que resolvemos denominar de fase conciliativa.

A tentativa de conciliação pode ser judicial ou extrajudicial. Em relação à pretensão de se concretizar a fase conciliativa no âmbito do Poder Judiciário, prevê o art. 104-A do CDC, incluído pela Lei n. 14.181/2021:

> "Art. 104-A. A **requerimento do consumidor superendividado pessoa natural, o juiz poderá instaurar processo de repactuação de dívidas, com vistas à realização de audiência conciliatória**, presidida por ele ou por conciliador credenciado no juízo, **com a presença de todos os credores** de dívidas previstas no art. 54-A deste Código, na qual o consumidor apresentará proposta de **plano de pagamento com prazo máximo de 5 (cinco) anos, preservados o mínimo existencial**, nos termos da regulamentação, e as garantias e as formas de pagamento originalmente pactuadas".

A tentativa judicial de conciliação dar-se-á com a instauração de um processo de repactuação de dívidas, com a presença de todos os credores que irão analisar o plano de pagamento proposto pelo consumidor superendividado, a ser quitado no prazo máximo de cinco anos.

O não comparecimento injustificado à audiência de conciliação **de qualquer credor**, ou de seu procurador com poderes especiais e plenos para transigir, **acarretará a suspensão da exigibilidade do débito e a interrupção dos encargos da mora**, bem como a **sujeição compulsória ao plano de pagamento da dívida** se o montante devido ao credor ausente for certo e conhecido pelo consumidor, **devendo o pagamento a esse credor ser estipulado para ocorrer apenas após o pagamento aos credores presentes à audiência conciliatória (art. 104-A, § 2.º, do CDC)**.

Percebam a importância que o legislador ordinário conferiu ao comparecimento dos credores na audiência de conciliação, sob pena de o **ausente ter que aceitar compulsoriamente o plano de pagamento proposto pelo consumidor, além de receber por último**.

Ademais, a postura de ausência do credor acarretará **a suspensão da exigibilidade do débito e a interrupção dos encargos da mora**.

As sanções pelo não comparecimento injustificado do credor à audiência de conciliação no processo de tratamento do superendividamento, previstas no art.

104-A, § 2.°, do CDC, podem ser aplicadas na fase pré-processual (consensual), isto é, antes da ação judicial de repactuação de dívidas. Este foi o entendimento do STJ no julgamento do REsp 2.168.199:

> RECURSO ESPECIAL. DIREITO PROCESSUAL CIVIL. DIREITO DO CONSUMIDOR. SUPERENDIVIDAMENTO. PROCESSO DE REPACTUAÇÃO DE DÍVIDAS. **FASE CONSENSUAL (PRÉ-PROCESSUAL). AUDIÊNCIA DE CONCILIAÇÃO. CREDOR. NÃO COMPARECIMENTO INJUSTIFICADO. SANÇÕES PREVISTAS NO ART. 104-A, § 2.°, DO CDC. APLICAÇÃO. POSSIBILIDADE.**
> 1. A controvérsia dos autos resume-se em definir se as sanções previstas no art. 104-A, § 2.°, do CDC incidem na hipótese de não comparecimento injustificado do credor à audiência de conciliação realizada na fase pré-processual do processo de repactuação de dívidas.
> 2. O processo de tratamento do superendividamento divide-se em duas fases: consensual (pré-processual) e contenciosa (processual).
> 3. **O comparecimento à audiência de conciliação designada na primeira fase é um dever anexo do contrato celebrado entre a instituição financeira e o consumidor, cujo descumprimento enseja as seguintes sanções: i) suspensão da exigibilidade do débito; ii) interrupção dos encargos da mora; iii) sujeição compulsória ao plano de pagamento da dívida se o montante devido ao credor ausente for certo e conhecido pelo consumidor; e iv) pagamento após o adimplemento das dívidas perante os credores presentes à audiência conciliatória (art. 104-A, § 2.°, do CDC).**
> 4. Recurso especial conhecido e não provido (REsp 2.168.199/RS, Rel. Ministro Ricardo Villas Bôas Cueva, 3.ª T., j. 3.12.2024, *DJe* 6.12.2024).

O **plano de pagamento deverá conter** a demonstração dos valores reservados à garantia dos **gastos essenciais do consumidor superendividado com moradia, alimentação, saúde, educação, vestuário e transporte** (mínimo existencial), **bem como** as informações constantes do § 4.° do art. 104-A do CDC:

> "I — **medidas de dilação dos prazos de pagamento e de redução dos encargos** da dívida ou da remuneração do fornecedor, entre outras destinadas a facilitar o pagamento da dívida;
> II — referência à **suspensão ou à extinção das ações judiciais** em curso;
> III — **data a partir da qual será providenciada a exclusão do consumidor de bancos de dados e de cadastros de inadimplentes**;
> IV — condicionamento de seus efeitos à **abstenção, pelo consumidor, de condutas que importem no agravamento de sua situação de superendividamento**".

O previsto nos incisos I e IV do dispositivo legal acima mencionado deve constar do plano de pagamento a ser elaborado pelo consumidor superendividado. Porém, **as previsões dos incisos II (referência à suspensão ou à extinção das ações judiciais em curso) e III (data a partir da qual será providenciada a exclusão do consumidor de bancos de dados e de cadastros de inadimplentes), dependem**, em nosso entendimento, de acordo com o credor e fica mais adequado que essas determinações constem do Termo de Audiência de Conciliação do que no plano de pagamento que é elaborado, inicialmente, de maneira unilateral pelo consumidor.

No caso de conciliação, com qualquer credor, a **sentença judicial que homologar** o acordo **descreverá o plano de pagamento** da dívida e **terá eficácia de título executivo e força de coisa julgada** (art. 104-A, § 3.º, do CDC).

Por fim, cumpre destacar que o **requerimento judicial do consumidor** superendividado de conciliação **não importará em declaração de insolvência civil e poderá ser repetido somente após decorrido o prazo de dois anos, contado da liquidação** das obrigações previstas no plano de pagamento homologado, **sem prejuízo de eventual repactuação** (art. 104-A, § 5.º, do CDC).

15.8.2. Da conciliação extrajudicial

A tentativa de conciliação do consumidor superendividado com seus credores pode se dar também no âmbito extrajudicial. Conforme já tivemos a oportunidade de abordar neste livro, **a composição amigável poderá ser realizada, por exemplo, com o auxílio de um escritório de advocacia mediador, câmaras privadas de mediação ou por intermédio de entidades/órgãos públicos de defesa do consumidor, como ocorre com os PROCONs.**

Fundamos recentemente uma **associação sem fins lucrativos denominada Instituto Nacional de Defesa dos Consumidores Superendividados — INDECS (www.indecs.com.br)** que possui como uma de suas finalidades intermediar a conciliação entre pessoas na condição de superendividadas e fornecedores de crédito no mercado de consumo, utilizando um **sistema também elaborado por nós para montar planos de pagamento de acordo com a exegese legal (www.planodepagamento.com.br).**

Sobre o tema, prevê o Código de Defesa do Consumidor, com as alterações oriundas da Lei n. 14.181/2021:

> "Art. 104-C. **Compete concorrente e facultativamente aos órgãos públicos integrantes do Sistema Nacional de Defesa do Consumidor a fase conciliatória e preventiva do processo de repactuação de dívidas**, nos moldes do art. 104-A deste Código, no que couber, com possibilidade de o **processo ser regulado por convênios específicos celebrados entre os referidos órgãos e as instituições credoras ou suas associações.**
> § 1.º Em caso de conciliação administrativa para prevenir o superendividamento do consumidor pessoa natural, os **órgãos públicos poderão promover, nas reclamações individuais, audiência global de conciliação com todos os credores** e, em todos os casos, **facilitar a elaboração de plano de pagamento, preservado o mínimo existencial**, nos termos da regulamentação, sob a supervisão desses órgãos, **sem prejuízo das demais atividades de reeducação financeira** cabíveis.
> § 2.º O **acordo firmado perante os órgãos públicos** de defesa do consumidor, em caso de superendividamento do consumidor pessoa natural, **incluirá a data a partir da qual será providenciada a exclusão do consumidor de bancos de dados e de cadastros de inadimplentes,** bem como o condicionamento de seus efeitos à **abstenção, pelo consumidor, de condutas que importem no agravamento de sua situação de superendividamento, especialmente a de contrair novas dívidas".**

Tanto na conciliação judicial quanto na composição amigável extrajudicial houve uma preocupação legítima do legislador ordinário em condicionar os efeitos do acordo proposto pelo consumidor à abstenção deste de condutas que possam levá-lo, novamente, à situação de superendividamento, em especial contrair novas dívidas.

15.9. DO CONTENCIOSO NO SUPERENDIVIDAMENTO

A terceira e última fase do processo de tratamento do superendividamento foi por nós denominada de fase contenciosa e decorre, justamente, da tentativa frustrada de conciliação do consumidor com seus credores. Sobre o tema, prevê o art. 104-B do Diploma Consumerista, incluído pela Lei n. 14.181/2021:

> "Art. 104-B. **Se não houver êxito na conciliação** em relação a quaisquer credores, **o juiz, a pedido do consumidor, instaurará processo por superendividamento** para **revisão e integração dos contratos e repactuação das dívidas** remanescentes mediante **plano judicial compulsório** e procederá à citação de todos os credores cujos créditos não tenham integrado o acordo porventura celebrado".

A princípio, se pensarmos numa ação de superendividamento proposta contra a Caixa Econômica Federal, que possui natureza de empresa pública federal, a competência para processamento e julgamento seria da Justiça Federal, nos termos do disposto no art. 109, I, da Constituição Federal.

No entanto, o Superior Tribunal de Justiça vem entendendo que cabe à justiça comum estadual e/ou distrital processar e julgar as demandas oriundas de ações de repactuação de dívidas decorrentes de superendividamento, ainda que exista interesse de ente federal, devendo a exegese do aludido dispositivo constitucional ser teleológica de forma a alcançar, na exceção da competência da Justiça Federal, as hipóteses em que existe o concurso de credores:

> **CONFLITO DE COMPETÊNCIA — CÓDIGO DE DEFESA DO CONSUMIDOR — AÇÃO DE REPACTUAÇÃO DE DÍVIDAS — SUPERENDIVIDAMENTO — CONCURSO DE CREDORES PREVISTO NOS ARTIGOS 104-A, B E C, DO CDC, NA REDAÇÃO CONFERIDA PELA LEI 14.181/21 — POLO PASSIVO COMPOSTO POR DIVERSOS CREDORES BANCÁRIOS, DENTRE ELES, A CAIXA ECONÔMICA FEDERAL — EXCEÇÃO À REGRA DE COMPETÊNCIA PREVISTA NO ART. 109, I, DA CF/88 — EXEGESE DO COL. SUPREMO TRIBUNAL FEDERAL DEFINIDA EM REPERCUSSÃO GERAL — DECLARAÇÃO DE COMPETÊNCIA DA JUSTIÇA COMUM DO DISTRITO FEDERAL.**
> 1. O Superior Tribunal de Justiça é competente para o conhecimento e processamento do presente incidente, pois apresenta controvérsia acerca do exercício da jurisdição entre juízos vinculados a Tribunais diversos, nos termos do artigo 105, I, "d", da Constituição Federal.
> 2. A discussão subjacente ao conflito consiste na declaração do juízo competente para o processar e julgar ação de repactuação de dívidas decorrentes do superendividamento do consumidor, em que é parte, além de outras instituições financeiras privadas, a Caixa Econômica Federal.
> 3. A alteração promovida no Código de Defesa do Consumidor, por meio do normativo legal n. 14.181/2021, de 1.º de julho de 2021, supriu lacuna legislativa a fim de oferecer à pessoa física, em situação de vulnerabilidade (superendividamento), a possibilidade de,

perante seus credores, rediscutir, repactuar e, finalmente, cumprir suas obrigações contratuais/financeiras.
4. Cabe à Justiça comum estadual e/ou distrital processar e julgar as demandas oriundas de ações de repactuação de dívidas decorrentes de superendividamento — ainda que exista interesse de ente federal — porquanto a exegese do art. 109, I, do texto maior, deve ser teleológica de forma a alcançar, na exceção da competência da Justiça Federal, as hipóteses em que existe o concurso de credores.
5. Conflito conhecido para declarar a competência do r. juízo comum do Distrito Federal e Territórios para processar e julgar a ação de repactuação de dívidas por superendividamento, recomendando-se ao respectivo juízo, ante à delicada condição de saúde do interessado, a máxima brevidade no exame do feito (CC 193.066/DF, Rel. Ministro Marco Buzzi, 2.ª Seção, j. 22.3.2023, *DJe* 31.3.2023).

CONFLITO NEGATIVO DE COMPETÊNCIA. PROCESSO CIVIL. ARTS. 104-A E 104-B DO CÓDIGO DE DEFESA DO CONSUMIDOR. **AÇÃO DE SUPERENDIVIDAMENTO.** LEI N. 8.078/1990, COM A REDAÇÃO DA LEI N. 14.181/2021. NATUREZA CONCURSAL. FIXAÇÃO DE JUÍZO UNIVERSAL. ENTE FEDERAL NO POLO PASSIVO DA DEMANDA. EXCEÇÃO AO ART. 109, I, DA CF/88. COMPETÊNCIA DA JUSTIÇA COMUM ESTADUAL OU DISTRITAL.
1. Considerando a natureza concursal, compete à Justiça estadual ou distrital conhecer do processo de superendividamento previsto nos arts. 104-A e 104-B do Código de Defesa do Consumidor, com a redação da Lei n. 14.181/2021, e julgá-lo, ainda que um ente federal integre o polo passivo, tratando-se de exceção ao art. 109, I, da Constituição Federal.
2. Conflito conhecido para se declarar a competência do Juízo suscitado (CC 192.140/DF, Rel. Ministro João Otávio de Noronha, 2.ª Seção, j. 10.5.2023, *DJe* 16.5.2023).

O **processo contencioso** instaurado pelo juiz a pedido do consumidor levará à **imposição compulsória do plano de pagamento** proposto pelo consumidor, **assegurado aos credores, no mínimo, o valor do principal devido, corrigido monetariamente** por índices oficiais de preço, e preverá a liquidação total da dívida após a **quitação do plano em, no máximo, cinco anos**, sendo que **a primeira parcela será devida no prazo máximo de 180 dias**, contado de sua homologação judicial. O restante do saldo será devido em parcelas mensais iguais e sucessivas (art. 104-B, § 4.º, do CDC).

O período de carência de seis meses é fundamental para que o consumidor superendividado ganhe um fôlego antes de começar a pagar as prestações do plano de pagamento, bem como para que ele aprenda a fazer um planejamento da sua vida financeira e não volte a se endividar.

No entanto, conforme já manifestado no item 15.6.3. deste livro, **por mais que a Lei do Superendividamento somente exija a apresentação do plano de pagamento apenas na audiência de tentativa de conciliação (art. 104-A do CDC)**, sugerimos a elaboração desse plano no início da ação de repactuação de dívidas, como documento a ser anexado junto da petição inicial, para ter maior chance de conseguir o deferimento da tutela de urgência, como ocorreu no citado Recurso de Agravo de Instrumento n. 2072688-57.2022.8.26.0000, proferido pelo Egrégio Tribunal de Justiça do Estado de São Paulo.

Com efeito, a Lei do Superendividamento estabeleceu o prazo de 15 dias para os credores, assim que citados, juntarem documentos e as razões da negativa de aceder ao plano voluntário ou de renegociar (art. 104-B, § 2.º, do CDC). Percebam que ficou demonstrada a **existência de um rito processual especial que determina a citação, não para os fornecedores contestarem de maneira genérica, mas, ao contrário, para especificarem as razões da negativa de aceitarem o plano proposto pelo consumidor superendividado ou de renegociarem as dívidas, com a juntada de documentos.**

O juiz poderá nomear administrador, desde que isso não onere as partes, o qual, no prazo de até 30 dias, após cumpridas as diligências eventualmente necessárias, apresentará plano de pagamento que contemple medidas de temporização ou de atenuação dos encargos (art. 104-B, § 3.º, do CDC).

A importância de os membros do Poder Judiciário entenderem que estamos diante de um rito processual especial é tão grande que o Conselho Nacional de Justiça publicou uma Cartilha[16] com o intuito de facilitar a compreensão prática de que não estão diante do rito ordinário comum. Nesse tocante, foi elaborado um **fluxograma resumindo as etapas do processo de superendividamento, iniciando com a audiência de tentativa de conciliação que ocorre, muitas vezes, de forma pré-processual e que, em nosso entendimento, é de realização obrigatória**:[17]

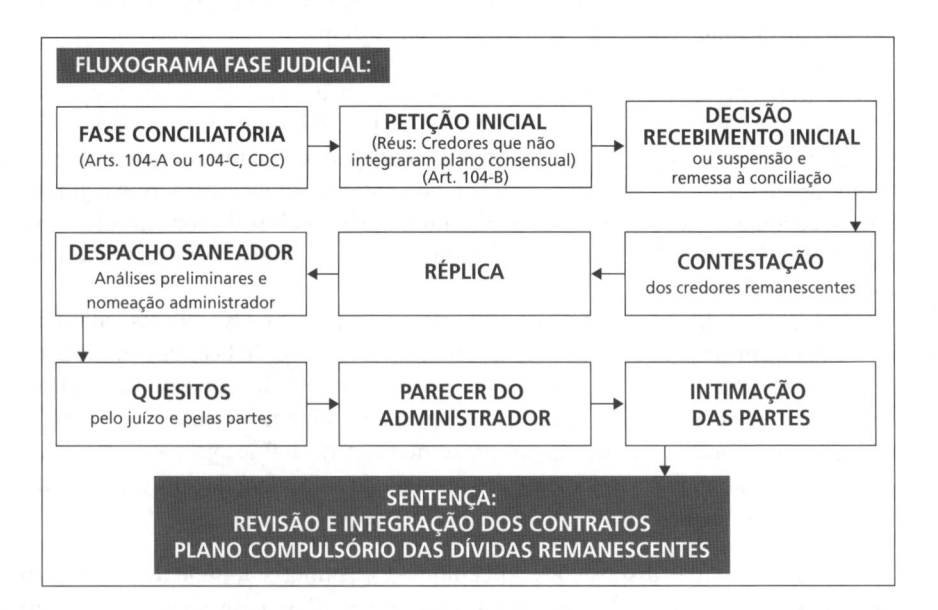

FLUXOGRAMA FASE JUDICIAL:

FASE CONCILIATÓRIA (Arts. 104-A ou 104-C, CDC)	→	PETIÇÃO INICIAL (Réus: Credores que não integraram plano consensual) (Art. 104-B)	→	DECISÃO RECEBIMENTO INICIAL ou suspensão e remessa à conciliação
DESPACHO SANEADOR Análises preliminares e nomeação administrador	←	RÉPLICA	←	CONTESTAÇÃO dos credores remanescentes
QUESITOS pelo juízo e pelas partes	→	PARECER DO ADMINISTRADOR	→	INTIMAÇÃO DAS PARTES

SENTENÇA: REVISÃO E INTEGRAÇÃO DOS CONTRATOS PLANO COMPULSÓRIO DAS DÍVIDAS REMANESCENTES

15.10. DO PLANO DE PAGAMENTO

Ao longo deste Capítulo tratamos do plano de pagamento em algumas oportunidades. Chegou a hora de sistematizar o estudo do instituto de maneira final.

---

[16] Disponível em: https://www.cnj.jus.br/wp-content/uploads/2022/08/cartilha-superendividamento.pdf.

[17] Disponível em: https://www.cnj.jus.br/wp-content/uploads/2022/08/cartilha-superendividamento.pdf, p. 30.

Inicialmente, vale ressaltar que a Lei do Superendividamento não alterou o Código de Defesa do Consumidor para prever a insolvência da pessoa em condição de superendividada. Aliás, isso está expresso no texto legal do CDC, mais precisamente no art. 104-A, § 5.º, ao se referir ao pedido de repactuação de dívidas:

> "Art. 104-A. (...) § 5.º **O pedido do consumidor a que se refere o *caput* deste artigo não importará em declaração de insolvência civil** e poderá ser repetido somente após decorrido o prazo de 2 (dois) anos, contado da liquidação das obrigações previstas no plano de pagamento homologado, sem prejuízo de eventual repactuação".

Vimos também que **um dos objetivos da Lei n. 14.181/2021 é elaborar um plano de pagamento para o consumidor conseguir pagar suas dívidas sem comprometer o seu mínimo existencial** e, consequentemente, conseguir ser reinserido do ponto de vista social ao voltar a ter crédito no mercado de consumo.

Assim, **a elaboração do plano de pagamento deverá levar em consideração a equação 30% da remuneração do consumidor para pagar dívidas e 70% para manter seus gastos essenciais.**

Ademais, temos que aplicar em conjunto o disposto nos arts. 54-D, parágrafo único, e 104-B, § 4.º, ambos do CDC, que assim estabelecem:

> "Art. 54-D. (...) Parágrafo único. O descumprimento de qualquer dos deveres previstos no *caput* deste artigo e nos arts. 52 e 54-C deste Código poderá acarretar judicialmente a redução dos juros, dos encargos ou de qualquer acréscimo ao principal e a dilação do prazo de pagamento previsto no contrato original, conforme a gravidade da conduta do fornecedor e as possibilidades financeiras do consumidor, sem prejuízo de outras sanções e de indenização por perdas e danos, patrimoniais e morais, ao consumidor".
>
> "Art. 104-B. (...) § 4.º O plano judicial compulsório assegurará aos credores, no mínimo, o valor do principal devido, corrigido monetariamente por índices oficiais de preço, e preverá a liquidação total da dívida, após a quitação do plano de pagamento consensual previsto no art. 104-A deste Código, em, no máximo, 5 (cinco) anos, sendo que a primeira parcela será devida no prazo máximo de 180 (cento e oitenta) dias, contado de sua homologação judicial, e o restante do saldo será devido em parcelas mensais iguais e sucessivas".

Conforme as citadas disposições do Diploma Consumerista, **identificada alguma ilegalidade na oferta do crédito ou no contrato respectivo, é possível reduzir juros e dilatar o prazo de pagamento.** Prorrogar o prazo de pagamento das dívidas em 5 anos é fácil a constatação. Mas quanto é possível reduzir de juros?

Defendemos que a depender das condições financeiras da pessoa na condição de superendividada, **é possível reduzir a zero os juros da dívida,** desde que o consumidor consiga provar que seu mínimo existencial está sendo coberto com até 70% do que recebe como remuneração mensal.

A redução a juros zero pode ser identificada em duas passagens no aludido art. 104-B, § 4.º, do CDC, quando estabelece que serão assegurados "aos credores, no mínimo, o valor do principal devido, corrigido monetariamente por índices oficiais de preço", bem como ao final quando determina que o "restante do saldo será devido em parcelas mensais iguais e sucessivas".

Desta forma, o raciocínio que deve ser elaborado no momento da realização do plano de pagamento é o de pegar o valor principal da dívida, atualizar para o valor presente por índice oficial (ex.: INPC), descontar os valores já pagos também atualizados pelo mesmo índice e, o saldo restante, dividir o pagamento em parcelas mensais iguais e sucessivas em até 60 meses (5 anos).

A metodologia apresentada pode parecer simples, mas na prática o cálculo para a elaboração do plano de pagamento é bastante complexo porque geralmente envolve mais de um contrato e tipos diferentes de dívidas. Por essa razão resolvemos desenvolver um sistema (www.planodepagamento.com.br) capaz de ajudar o operador do direito a elaborar o plano do superendividado e consideramos essa ferramenta tecnológica fundamental para a implementação efetiva da Lei do Superendividamento.

15.11. QUESTÕES

QUESTÕES DE CONCURSOS
http://uqr.to/1yf1k

16

PROTEÇÃO ADMINISTRATIVA DO CONSUMIDOR

16.1. CONSIDERAÇÕES PRELIMINARES

A Constituição Federal prevê os **direitos fundamentais no art. 5.º**, dentre os quais destacamos aqueles expressos nos **incisos LIV e LV**, que respectivamente estabelecem:

> "LIV — ninguém será privado da liberdade ou de seus bens sem o devido processo legal;
> LV — aos litigantes, em processo judicial ou administrativo, e aos acusados em geral são assegurados o contraditório e ampla defesa, com os meios e recursos a ela inerentes";

Desta forma, por mandamento constitucional **não será possível**, a pretexto de proteger o consumidor, **impor sanções não previstas em lei ou em violação a processo administrativo** previamente definido em legislação ordinária.

Tal consideração faz-se necessária na introdução do capítulo, pois inúmeras são as demandas judiciais questionadoras das sanções administrativas impostas pela Administração de maneira irregular.

Segundo os ensinamentos de José dos Santos Carvalho Filho, **processo administrativo** pode ser **definido** como o "instrumento formal que, vinculando juridicamente os sujeitos que dele participam, através da sucessão ordenada de atos e atividades, tem por fim alcançar determinado objetivo, previamente identificado pela Administração Pública".[1]

Nesse contexto, não podemos esquecer a **principiologia** que cerca o **processo administrativo** em nosso ordenamento jurídico, qualquer que seja a sua finalidade. Sobre o tema, podemos citar:

- **Princípio da legalidade**, que para a Administração Pública significa impossibilidade de esta realizar qualquer conduta sem prévia autorização legal. Atualmente, o citado princípio ganhou uma conotação mais ampla, sendo denominado **princípio da juridicidade**, segundo o qual o Poder Público deverá seguir a lei e o Direito como um todo, consubstanciado este não apenas na legislação ordinária, mas também em princípios constitucionais, ainda que implícitos.

---

[1] CARVALHO FILHO, José dos Santos. *Processo administrativo federal*: comentários à Lei n. 9.784 de 29.1.1999. 4. ed. Rio de Janeiro: Lumen Juris, 2009, p. 24.

■ **Princípio da finalidade** — conforme é cediço, a finalidade da Administração Pública resume-se na satisfação e na tutela do interesse público primário, segundo a classificação de Renato Alessi, ou seja, na proteção da coletividade como um todo. O interesse público secundário — da Administração vista como pessoa jurídica — somente será considerado legítimo se estiver em consonância com o interesse primário. Assim, **protelar o andamento de processo administrativo** sem qualquer fundamentação jurídica consiste num exemplo de interesse público secundário **vedado pelo nosso Direito**.

■ **Princípio da motivação**, segundo o qual a atuação administrativa deverá ser motivada em regra, salvo quando o Direito a eximir de tal encargo, como ocorre em relação à nomeação e exoneração do cargo em comissão, que é livre e, portanto, isenta de motivação nos termos do art. 37, inciso II, da Constituição Federal. Nos **processos administrativos, a motivação ganha importância** até para facilitar o **controle judicial** em face de eventual irregularidade. O Brasil adotou o sistema de **jurisdição una**, no qual apenas o **Poder Judiciário** é capaz de **decidir** o direito com **força de coisa julgada**, isto é, de forma definitiva. Assim, ainda que uma decisão administrativa tenha sido proferida em última instância no âmbito da Administração — "coisa julgada administrativa" —, sempre será possível recorrer às vias judiciais, na medida em que caberá ao Poder Judiciário dar a última palavra. Trata-se do **princípio da inafastabilidade da apreciação judicial** para apreciar a lesão ou ameaça a direito, insculpido no art. 5.º, inciso XXXV, da Constituição Federal.

■ **Princípios da razoabilidade e da proporcionalidade** — para parcela da doutrina, o segundo seria uma vertente do primeiro, mas preferimos tratá-los de maneira autônoma. Por **razoabilidade** entendemos, em apertada síntese, a **atuação da Administração com bom senso**, de acordo com o senso comum. Já a **proporcionalidade** exige **adequação entre** os **meios** empregados **e** os **fins** desejados, além da atuação menos gravosa ao administrado. Tais princípios respaldam a maioria das decisões judiciais anuladoras de sanções administrativas quando impostas de forma desarrazoada ou desproporcional.[2]

---

[2] Nesse sentido, o Superior Tribunal de Justiça no julgamento do MS 18.023: ADMINISTRATIVO. PROCESSO ADMINISTRATIVO DISCIPLINAR. NULIDADE. DESPROPORCIONALIDADE DA DEMISSÃO. — Num contexto em que a prática de atos tidos por ilícitos teve natureza eventual e deu-se num momento em que, razoavelmente, não se deveria exigir conduta diversa do agente, a aplicação da penalidade administrativa capital apresenta-se desmedida. — Por força do princípio da legalidade, o uso regular do poder disciplinar da administração pública deve observar o que dispõe o ordenamento. Isso não significa, entretanto, que tal uso deva se ater à letra fria da lei. Para que seja legítimo, o emprego do poder disciplinar deve considerar não apenas a exegese gramatical de determinados artigos, tomados isoladamente, mas a inteligência de todo o ordenamento em que está inserido. Por outras palavras, a interpretação deve ser, no mínimo, sistemática. — **A aplicação de sanções em medida superior àquelas estritamente necessárias ao atendimento do interesse público, como se verificou no caso, é manifestamente ilegal (art. 2.º, parágrafo único, inciso VI, da Lei n. 9.784/1999). A lei não ampara o afastamento dos princípios da razoabilidade e da proporcionalidade quando da aplicação da medida sancionadora**. Segurança concedida (MS 18.023/DF, Rel. Ministro Cesar Asfor Rocha, 1.ª Seção, *DJe* 18.5.2012).

■ **Princípio da moralidade**, que também é princípio geral do Direito Administrativo, nos termos do *caput* do art. 37 da Constituição Federal, e norteia toda a atuação administrativa no sentido de exigir condutas éticas, com boa-fé e probidade, inclusive na condução dos processos administrativos.

■ **Princípios do contraditório e da ampla defesa**, que, conforme visto, são direitos fundamentais e inerentes não apenas aos processos judiciais, mas também aos processos administrativos.

■ **Princípio da segurança jurídica**, que, se refere ao mínimo de certeza e estabilidade às relações sociais, representado, dentre outros casos, pelo instituto da decadência e o prazo decadencial de 5 anos que possui a Administração para invalidar ato ilegal, porém benéfico a terceiro de boa-fé (art. 54, *caput*, da Lei n. 9.784/99 — Lei do Processo Administrativo Federal), além da prescrição e os prazos prescricionais para o Poder Público fazer valer suas pretensões punitivas.

■ **Princípio do interesse público**, que é a finalidade da Administração, conforme acima exposto, e deverá ser perquirido no desenrolar dos processos administrativos.

■ **Princípio da eficiência**, que, ao lado da legalidade, impessoalidade, moralidade e publicidade, compõe os princípios gerais da Administração Pública expressos no art. 37, *caput*, da Constituição Federal — o LIMPE —, sendo de suma importância aos processos administrativos. **Decorre da eficiência outro princípio, o da celeridade processual**, previsto no art. 5.º, LXXVIII, da CF nos seguintes termos: "a todos, no âmbito judicial e administrativo, são assegurados a razoável duração do processo e os meios que garantam a celeridade de sua tramitação (Incluído pela Emenda Constitucional n. 45, de 2004)". Para saber se o processo teve ou não duração razoável deve-se levar em consideração a complexidade do caso, bem como a atuação das partes envolvidas.

■ **Princípio da publicidade**, que, apesar de ser princípio geral da Administração Pública, assume importância ímpar no processo administrativo, como no caso de dar ciência aos interessados da existência de tal procedimento ou de decisões com o intuito de conferir direito ao contraditório e à ampla defesa, além de viabilizar o recurso administrativo. O princípio da publicidade ganhou mais relevância com a edição da Lei de Acesso à Informação — Lei n. 12.527, de 18.11.2011.[3]

■ **Princípio da impessoalidade**, que impede tratamentos díspares sem fundamentação jurídica. É o caso da vedação de certas autoridades atuarem em processos administrativos por estarem impedidas ou por serem consideradas suspeitas.[4]

---

[3] A Lei n. 12.527 foi alterada em 2021 e a redação do seu art. 12 ficou da seguinte forma: "Art. 12. O serviço de busca e de fornecimento de informação é gratuito. (Redação dada pela Lei n. 14.129, de 2021) § 1.º O órgão ou a entidade poderá cobrar exclusivamente o valor necessário ao ressarcimento dos custos dos serviços e dos materiais utilizados, quando o serviço de busca e de fornecimento da informação exigir reprodução de documentos pelo órgão ou pela entidade pública consultada. (Incluído pela Lei n. 14.129, de 2021) § 2.º Estará isento de ressarcir os custos previstos no § 1.º deste artigo aquele cuja situação econômica não lhe permita fazê-lo sem prejuízo do sustento próprio ou da família, declarada nos termos da Lei n. 7.115, de 29 de agosto de 1983. (Incluído pela Lei n. 14.129, de 2021)".

[4] No âmbito do Processo Administrativo Federal, prevê a Lei n. 9.784/99: "Art. 18. É impedido de atuar em processo administrativo o servidor ou autoridade que: I — tenha interesse direto ou indi-

◼ **Princípio da revisibilidade** gratuita do processo administrativo, segundo o qual em regra será possível recorrer na via administrativa de decisão proferida, salvo se emanada por autoridade de maior grau hierárquico dentro do órgão sancionador, mas, mesmo nestes casos, caberá o controle do Poder Judiciário. Sobre o tema, destacam-se duas súmulas: **Súmula 373 do STJ:** É ilegítima a exigência de depósito prévio para admissibilidade de recurso administrativo; e **Súmula Vinculante 21 do STF:** É inconstitucional a exigência de depósito ou arrolamento prévios de dinheiro ou bens para admissibilidade de recurso administrativo.

◼ **Princípio da verdade material**, pelo qual a Administração deverá buscar sempre a **verdade substancial**, isto é, perquirir o que realmente aconteceu, e não ficar adstrita ao que as partes demonstraram no procedimento administrativo. Tal princípio encontra amparo na finalidade da Administração, que consiste em satisfazer e tutelar o interesse público.

◼ **Princípio da oficialidade ou do impulso oficial**, segundo o qual é encargo da Administração dar andamento ao processo administrativo ainda que as partes interessadas deixem de provocá-la. Mais uma vez, a busca pela verdade material e a finalidade de proteger o interesse público obrigam o Poder Público a impulsionar o processo administrativo.

◼ **Princípio do informalismo**, que não exige o mesmo rigor formal dos processos judiciais. Exemplo clássico consiste na não obrigatoriedade da defesa técnica por advogado nos processos administrativos, salvo quando a lei o exigir em algum caso especial.

Em última análise, essa introdução pautada na teoria geral do processo administrativo era necessária, pois, em nossa opinião, deverá nortear todos os procedimentos administrativos que tenham por objeto a proteção administrativa do consumidor e a imposição de eventuais sanções administrativas.

16.2. A PROTEÇÃO ADMINISTRATIVA DO CONSUMIDOR NO CDC

Um dos poderes administrativos existentes no ordenamento jurídico pátrio é o **poder de polícia**, que tem por objetivo maior restringir o exercício de direitos individuais em benefício da coletividade.

Trata-se de poder respaldado pelo **princípio da supremacia do interesse público sobre o particular**, segundo o qual, diante de eventual conflito entre o interesse individual e o coletivo, este prevalecerá, em regra.

A **defesa administrativa do consumidor** é realizada pela Administração Pública com **fundamento no poder de polícia** que, em última análise, visa regulamentar as

---

reto na matéria; II — tenha participado ou venha a participar como perito, testemunha ou representante, ou se tais situações ocorrem quanto ao cônjuge, companheiro ou parente e afins até o terceiro grau; III — esteja litigando judicial ou administrativamente com o interessado ou respectivo cônjuge ou companheiro. (...) Art. 20. Pode ser arguida a **suspeição** de autoridade ou servidor que tenha amizade íntima ou inimizade notória com algum dos interessados ou com os respectivos cônjuges, companheiros, parentes e afins até o terceiro grau".

relações de sujeição geral — como ocorre na obrigatoriedade de todos os fornecedores, sem exceção, respeitarem as regras previstas no CDC —, sem a necessidade da existência de um vínculo específico que seria aquele existente entre a Administração e o servidor público ou com uma empresa contratada pelo Poder Público fruto do poder disciplinar.

Isto significa dizer que a **multa imposta pela Administração a um fornecedor** que descumpriu o Código de Defesa do Consumidor **terá amparo no poder de polícia**, e não no poder disciplinar, em razão do vínculo de sujeição geral existente.

Um dos atributos do poder de polícia é a **autoexecutoriedade**, que legitima atuação direta da Administração na imposição de suas medidas de polícia, independentemente de autorização judicial. Tal atributo não exime o Poder Público de conferir os direitos ao contraditório e à ampla defesa ao fornecedor, mas **não precisa aguardar uma autorização judicial para impor as sanções administrativas**.

De fato, apesar de a penalidade poder ser exigida diretamente, quando se tratar de sanção pecuniária, como a pena de multa, a Administração somente poderá executá-la com o auxílio do Poder Judiciário, por meio da propositura de uma ação de execução fiscal.

Em suma, **por mais que a sanção administrativa seja exigível diretamente, quando tiver natureza pecuniária dependerá de auxílio do Judiciário para ser executada**.[5]

O Superior Tribunal de Justiça também entende da mesma forma no tocante ao exercício do poder de polícia pelo PROCON:

PROCESSUAL CIVIL. MULTA DO PROCON MUNICIPAL. *QUANTUM* ARBITRADO. MATÉRIA NÃO PREQUESTIONADA. APLICAÇÃO, POR ANALOGIA, DA SÚMULA 282/STF. REEXAME DE MATÉRIA FÁTICA. SÚMULA 07/STJ. COMPETÊNCIA DO PROCON. ATUAÇÃO DA ANATEL. COMPATIBILIDADE. LITIGÂNCIA DE MÁ-FÉ. SÚMULA 07/STJ.
1. Não houve o devido prequestionamento dos arts. 17, 24, 25, 26, e 28 do Decreto n. 2.181/97, e 57, do CDC, nem tampouco da tese trazida no recurso especial em relação ao *quantum* arbitrado na multa aplicada. Desta forma, o recurso especial não ultrapassa o inarredável requisito do prequestionamento em relação à referida norma (557, § 1.º), do CPC. Incidência, por analogia, da Súmula n. 282 do Supremo Tribunal Federal.
2. E, mesmo se assim não fosse, a discussão acerca da proporcionalidade da multa aplicada, justamente tendo em conta o que dispõe o art. 57 do CDC, encontra obstáculo a seu conhecimento com fundamento no verbete sumular referido, pois a aferição, no caso concreto, dos parâmetros de condenação não pode ser feita sem análise de fatos e provas.
3. A análise referente aos pressupostos caracterizadores da litigância de má-fé, com o fim de reformar conclusão obtida pelo acórdão recorrido, implica o revolvimento de matéria fático-probatória, o que é vedado nesta seara recursal, ante o óbice da Súmula 7/STJ.

---

[5] Sobre o tema, prevê o Decreto n. 2.181/97 — que dispõe sobre a organização do Sistema Nacional de Defesa do Consumidor — SNDC e estabelece as normas gerais de aplicação das sanções administrativas previstas na Lei n. 8.078, de 11 de setembro de 1990 — em seu art. 55 que: "Não sendo recolhido o valor da multa em trinta dias, será o débito inscrito em dívida ativa do órgão que houver aplicado a sanção, para subsequente cobrança executiva".

4. O entendimento do Tribunal recorrido, no sentido de que o Procon tem poder de polícia para impor multas decorrentes de transgressão às regras ditadas pela Lei n. 8.078/90, está em sintonia com a jurisprudência do STJ, pois sempre que condutas praticadas no mercado de consumo atingirem diretamente os consumidores, é legítima a atuação do Procon para aplicar as sanções administrativas previstas em lei, decorrentes do poder de polícia que lhe é conferido. Acresça-se, para melhor esclarecimento, que a atuação do Procon não inviabiliza, nem exclui, a atuação da Agência reguladora, pois esta procura resguardar em sentido amplo a regular execução do serviço público prestado.
5. Recurso especial parcialmente conhecido e, nesta parte, não provido (REsp 1.178.786/RJ, Rel. Ministro Mauro Campbell Marques, 2.ª T., *DJe* 8.2.2011).[6]

Ademais, cumpre destacar **outro atributo** do poder de polícia, que é a **coercibilidade**. Por este, o Poder Público poderá impor suas medidas de polícia independentemente de concordância do fornecedor a ser afetado pela sanção administrativa.

A comprovação do que estamos dizendo fica muito clara na redação do *caput* e dos parágrafos do art. 55 do CDC:

ART. 55, CAPUT	"A União, os Estados e o Distrito Federal, em caráter concorrente e nas suas respectivas áreas de atuação administrativa, **baixarão normas** relativas à produção, industrialização, distribuição e consumo de produtos e serviços."
ART. 55, § 1.º	"A União, os Estados, o Distrito Federal e os Municípios **fiscalizarão e controlarão** a produção, industrialização, distribuição, a publicidade de produtos e serviços e o mercado de consumo, no interesse da preservação da vida, da saúde, da segurança, da informação e do bem-estar do consumidor, baixando as normas que se fizerem necessárias."
ART. 55, § 3.º	"Os órgãos federais, estaduais, do Distrito Federal e municipais com atribuições para **fiscalizar e controlar** o mercado de consumo manterão comissões permanentes para elaboração, revisão e atualização das normas referidas no § 1.º, sendo obrigatória a participação dos consumidores e fornecedores."
ART. 55, § 4.º	"Os órgãos oficiais poderão **expedir notificações** aos fornecedores para que, sob pena de desobediência, prestem informações sobre questões de interesse do consumidor, resguardado o segredo industrial."

Igualmente, além dos órgãos de defesa do consumidor da Administração Direta,[7] não podemos deixar de lembrar das **Agências Reguladoras**, que são Autarquias em regime especial e que exercem importante papel fiscalizatório e sancionatório na regulação dos serviços públicos prestados por meio de sua delegação a entidades privadas.[8]

---

[6] No mesmo sentido, entendeu o STJ no julgamento do REsp 1.279.622/MG, publicado no *DJe* 17.8.2015.

[7] Os PROCONs ora possuem natureza de órgão integrante da Administração Direta — de um Município, por exemplo —, ora possuem personalidade jurídica própria, como é o caso da Fundação PROCON em São Paulo.

[8] No dia 17 de julho de 2012, a ANATEL — Agência Nacional de Telecomunicações — proibiu a venda de novos *chips* pelas principais operadoras de telefonia celular do país. Disponível em: <http://www.procon.pr.gov.br/modules/noticias/article.php?storyid=248&tit=ANATEL-Proibe-a-TIM-de-Vender-Novos-Chips-no-Parana>. Acesso em: 9 set. 2020.

Exemplo de lei municipal que muito bem representa a **autonomia legislativa dos Municípios** é aquela disciplinadora do tempo máximo de permanência dos consumidores em filas de banco. O tema é tão relevante que o Supremo Tribunal Federal já se posicionou sobre o assunto:

> COMPETÊNCIA LEGISLATIVA. FILA DE BANCO. TEMPO DE ESPERA. INTERESSE LOCAL. PRECEDENTE. **De acordo com o entendimento consolidado no Supremo, compete aos municípios legislar sobre o período máximo ao qual os clientes de instituições bancárias podem ser submetidos, no aguardo de atendimento.** Precedente: Recurso Extraordinário n. 610.221/SC, mérito julgado com repercussão geral admitida (AgRg no AI n. 568.674/RJ, Rel. Ministro Marco Aurélio, *DJe* 8.3.2013).[9-10]

> DIREITO CONSTITUCIONAL. COMPETÊNCIA DO MUNICÍPIO. TEMPO DE ESPERA EM FILAS DE ESTABELECIMENTOS COMERCIAIS. INTERESSE LOCAL. AGRAVO REGIMENTAL. INSURGÊNCIA VEICULADA CONTRA A APLICAÇÃO DA SISTEMÁTICA DA REPERCUSSÃO GERAL. ARTS. 543-B DO CPC/73, 1.036 A 1.040 DO CPC/2015 E 328 DO RISTF. AGRAVO MANEJADO SOB A VIGÊNCIA DO CPC/73. 1. Exaustivamente examinados os argumentos veiculados no agravo regimental, porque adequada à espécie, merece manutenção a sistemática da repercussão geral aplicada (arts. 543-B do CPC/73, 1036 a 1040 do CPC/2015 e 328 do RISTF). 2. Agravo regimental conhecido e não provido (ARE 809489 AgR, Rel. Ministra Rosa Weber, 1.ª T., j. 28.5.2019, *DJe* 9.8.2019).

Ademais, vale lembrar que a **expedição de regulamentos** pelos entes da federação e por seus órgãos **não poderá extrapolar nem contrariar os limites legais**, na medida em que seus atos são de natureza administrativa e, portanto, infralegais.

Tal raciocínio vale também para as resoluções expedidas pelas agências reguladoras no exercício do respectivo poder regulatório, que estarão limitadas a disciplinar questões de ordem técnica, sempre com respeito à lei.

Sobre o tema, ensina Bruno Miragem que "aos regulamentos cumpre a disciplina mais específica de situações que a lei não tratou em pormenor pelo fato de serem

---

[9] O Plenário Virtual do STF, no ARE 687.876, Rel. Ministro Ayres Britto, *DJe* 6.12.2012, manifestou-se pela inexistência de repercussão geral da matéria atinente aos danos morais e materiais decorrentes de espera excessiva em fila de instituição financeira, tendo em vista o seu caráter infraconstitucional. No entanto, a Segunda Seção do STJ acolheu a proposta de afetação do REsp 1.962.275/GO ao rito dos recursos repetitivos, a fim de uniformizar o entendimento a respeito da seguinte controvérsia: definir se a demora na prestação de serviços bancários superior ao tempo previsto em legislação específica gera dano moral individual *in re ipsa* apto a ensejar indenização ao consumidor (ProAfR no REsp 1.962.275/GO, Rel. Ministro Ricardo Villas Bôas Cueva, Segunda Seção, j. 24.5.2022, *DJe* 30.5.2022). O julgamento do aludido Recurso Especial deu-se no ano de 2024 e ensejou a fixação da seguinte tese no **Tema 1.156**: **"O simples descumprimento do prazo estabelecido em legislação específica para a prestação de serviço bancário não gera por si só dano moral 'in re ipsa'"** (REsp 1.962.275/GO, Rel. Ministro Ricardo Villas Bôas Cueva, 2.ª Seção, j. 24.4.2024, *DJe* 29.4.2024).

[10] O STF editou Súmula Vinculante 49, estabelecendo que: "Ofende o princípio da livre concorrência lei municipal que impede a instalação de estabelecimentos comerciais do mesmo ramo em determinada área".

irrelevantes para a configuração dos direitos e obrigações nela formados. **O poder regulamentar é exercido nos limites da lei** a que se refere, influindo a discricionariedade administrativa na produção deste regulamento. No caso da defesa do consumidor, a Administração exerce seu poder estabelecendo padrões e procedimentos a serem observados na realização das suas finalidades".[11]

16.2.1. As sanções administrativas previstas no CDC

Sobre o tema sanções administrativas, prevê o art. 56 do CDC:

> "Art. 56. As infrações das normas de defesa do consumidor ficam sujeitas, conforme o caso, às seguintes sanções administrativas, sem prejuízo das de natureza civil, penal e das definidas em normas específicas:
> I — multa;
> II — apreensão do produto;
> III — inutilização do produto;
> IV — cassação do registro do produto junto ao órgão competente;
> V — proibição de fabricação do produto;
> VI — suspensão de fornecimento de produtos ou serviço;
> VII — suspensão temporária de atividade;
> VIII — revogação de concessão ou permissão de uso;
> IX — cassação de licença do estabelecimento ou de atividade;
> X — interdição, total ou parcial, de estabelecimento, de obra ou de atividade;
> XI — intervenção administrativa;
> XII — imposição de contrapropaganda".

16.2.1.1. Da inexistência do bis in idem

Conforme acima analisado, o *caput* do art. 56 do CDC, ao tratar das sanções administrativas, lançou mão da expressão **"sem prejuízo das de natureza civil, penal e das definidas em normas específicas"**.

No mesmo diapasão, prevê o parágrafo único do aludido dispositivo legal: "**As sanções** previstas neste artigo serão aplicadas pela autoridade administrativa, no âmbito de sua atribuição, **podendo ser aplicadas cumulativamente**, inclusive por medida cautelar, antecedente ou incidente de procedimento administrativo".

A conclusão a que se chega da análise dos dispositivos legais citados é a de que, **além** de sofrer **sanções administrativas**, o fornecedor poderá ser **penalizado** nas esferas **civil e penal**, ao mesmo tempo, **sem** que a cumulação de todas as penas possa gerar *bis in idem*, basicamente pelo fundamento de que **cada uma das sanções possui natureza distinta da outra**.

Igualmente, as próprias **sanções administrativas** poderão ser **aplicadas cumulativamente** a depender da gravidade da infração. Sobre o tema, já entendeu o **Superior Tribunal de Justiça:**

---

[11] MIRAGEM, Bruno. *Curso de direito do consumidor*, p. 516.

ADMINISTRATIVO E CONSUMIDOR. PUBLICIDADE ENGANOSA. MULTA APLICADA POR PROCON A SEGURADORA PRIVADA. ALEGAÇÃO DE *BIS IN IDEM*, POIS A PENA SOMENTE PODERIA SER APLICADA PELA SUSEP. NÃO OCORRÊNCIA. SISTEMA NACIONAL DE DEFESA DO CONSUMIDOR. SNDC. POSSIBILIDADE DE APLICAÇÃO DE MULTA EM CONCORRÊNCIA POR QUALQUER ÓRGÃO DE DEFESA DO CONSUMIDOR, PÚBLICO OU PRIVADO, FEDERAL, ESTADUAL, MUNICIPAL OU DISTRITAL.

1. A tese da recorrente é a de que o Procon não teria atribuição para a aplicação de sanções administrativas às seguradoras privadas, pois, com base no Decreto n. 73/66, somente à Susep caberia a normatização e fiscalização das operações de capitalização. Assim, a multa discutida no caso dos autos implicaria verdadeiro *bis in idem* e enriquecimento sem causa dos Estados, uma vez que a Susep é autarquia vinculada ao Ministério da Fazenda; enquanto o Procon, às Secretarias de Justiça Estaduais.

2. **Não se há falar em *bis in idem* ou enriquecimento sem causa do Estado porque à Susep cabe apenas a fiscalização e normatização das operações de capitalização pura e simples, nos termos do Decreto n. 73/66. Quando qualquer prestação de serviço ou colocação de produto no mercado envolver relação de consumo, exsurge, em prol da Política Nacional das Relações de Consumo estatuída nos arts. 4.º e 5.º do Código de Defesa do Consumidor (Lei n. 8.078/90), o Sistema Nacional de Defesa do Consumidor — SNDC que, nos termos do art. 105 do Código de Defesa do Consumidor, é integrado por órgãos federais, estaduais, municipais e do Distrito Federal, além das entidades privadas que têm por objeto a defesa do consumidor.** Recurso ordinário improvido (RMS 26.397/BA, Rel. Ministro Humberto Martins, 2.ª T., *DJe* 11.4.2008).[12]

A esse respeito vale destacar o teor do enunciado da Súmula 675 do STJ: **"É legítima a atuação dos órgãos de defesa do consumidor na aplicação de sanções administrativas previstas no CDC quando a conduta praticada ofender direito consumerista, o que não exclui nem inviabiliza a atuação do órgão ou entidade de controle quando a atividade é regulada"** (1.ª Seção, j. 13.11.2024, *DJe* 25.11.2024).

16.2.1.2. *Da graduação da pena de multa*

Sobre o tema graduação da pena de multa, prevê o Código de Defesa do Consumidor em seu art. 57: "A pena de multa, graduada de acordo com a gravidade da infração, a vantagem auferida e a condição econômica do fornecedor, será aplicada mediante procedimento administrativo, revertendo para o Fundo de que trata a Lei n. 7.347, de 24 de julho de 1985, os valores cabíveis à União, ou para os Fundos estaduais ou municipais de proteção ao consumidor nos demais casos. Parágrafo único. A multa será em montante não inferior a duzentas e não superior a três milhões de vezes o valor da Unidade Fiscal de Referência (Ufir), ou índice equivalente que venha a substituí-lo".

Nos termos da redação presente no parágrafo único do art. 57, **a multa não será inferior a duzentas, nem superior a três milhões de vezes o valor da Unidade Fiscal de Referência (Ufir).**

---

[12] O citado Decreto n. 73/66 foi alterado pela Lei da Liberdade Econômica, Lei n. 13.874, de 20 de setembro de 2019.

A grande questão que se levanta sobre o tema é: **seria constitucional deixar tamanha margem de discricionariedade para a Administração** fixar a graduação da pena de multa por ato infralegal? Isto porque, em razão da teratológica margem de diferença entre o mínimo e o máximo para a graduação da pena de multa, imprescindível a normatização para definir de maneira objetiva qual deve ser o montante exato da pena pecuniária a ser aplicada em razão da gravidade da infração cometida.

Com efeito, a Administração vem definindo tal graduação por meio de atos infralegais, como ocorre com as Portarias Normativas do PROCON do Estado de São Paulo.

Alguns juízes de primeiro grau vêm declarando a inconstitucionalidade do parágrafo único do art. 57 do CDC. Nesse sentido, são as decisões proferidas na 3.ª Vara da Fazenda Pública do Estado de São Paulo pelo Magistrado e Professor da PUC-SP, Luis Manuel Fonseca Pires. Suas sentenças são pela inconstitucionalidade do citado dispositivo, sob o fundamento de que "ao prescrever como sanção — *mandamento* do juízo binário da norma sancionadora — a multa entre duzentas e três milhões de vezes a unidade fiscal de referência (UFIR), pois, a pretexto de dispor sobre a sanção, em verdade *delega* a definição do *mandamento* da norma jurídica à discricionariedade da Administração Pública, esvazia-se a sanção, viola-se o princípio da legalidade, a necessidade de apenas *lei* prescrever a infração e a sanção (art. 5.º, XXXIX). Portanto, ilegítima é a multa imposta".[13-14]

Entretanto, apesar da propriedade da argumentação jurídica supracitada no sentido de que apenas a lei ordinária poderia estabelecer tal graduação, a **jurisprudência superior admite a estipulação da variação da pena de multa por ato infralegal**, como no caso das Portarias Normativas da Fundação PROCON do Estado de São Paulo:

> PROCESSO CIVIL. CONSUMIDOR. AGRAVO REGIMENTAL. MULTA APLICADA PELO PROCON. CARACTERIZAÇÃO DA CONDUTA. DEFICIÊNCIA DE FUNDAMENTAÇÃO. AUSÊNCIA DE IMPUGNAÇÃO ESPECÍFICA AOS FUNDAMENTOS DO JULGADO. PREQUESTIONAMENTO. INEXISTÊNCIA. NULIDADE DO AUTO DE INFRAÇÃO E EXORBITÂNCIA DA MULTA. SÚMULA 7/STJ.

---

[13] Luis Manuel Fonseca Pires constrói sua tese, em apertada síntese, nas seguintes bases teóricas: "A norma jurídica, em sua *formulação lógica*, apresenta uma estrutura binária. Diz Miguel Reale (*Lições preliminares de direito*, p. 100) que as regras de conduta apresentam uma *hipótese (*ou *fato-tipo)*, e um *mandamento* (ou *finalidade,* ou *dispositivo,* ou *preceito)*, e um 'nexo de imputabilidade' nesta relação. Como *juízo hipotético* — se *A*, deve ser *B*, sendo *A* a conduta hipotética e *B* a consequência —, sem *hipótese* ou sem *mandamento* não há norma, pois como afirma Maria Helena Diniz (*Compêndio de introdução à ciência do direito*, p. 350 e ss.) a norma é um *querer deontológico*, um *dever ser*. A norma jurídica é um *imperativo* estruturado sob um *juízo hipotético* de um *dever ser,* ou, como ensina Tércio Sampaio Ferraz Jr. (*Introdução ao estudo do direito*, p. 100), é a concepção da norma como um 'imperativo condicional'. O princípio da legalidade, portanto, pressupõe o cumprimento deste juízo binário".

[14] Sobre o tema, o STJ decidiu que o "parágrafo único do art. 57 do CDC ('A multa será em montante não inferior a duzentas e não superior a três milhões de vezes o valor da Unidade Fiscal de Referência (Ufir), ou índice equivalente que venha a substituí-lo') não ampara a tese do agravante de que a penalidade administrativa deve ser fixada em UFIR, pois o referido dispositivo legal apenas estabelece os limites para a fixação da referida multa" (AgRg no REsp 1.466.104/PE, Rel. Ministro Humberto Martins, 2.ª T., *DJe* 17.8.2015).

1. A argumentação de contrariedade ao art. 33 do Decreto 2.181/97 é insuficiente para modificar as conclusões do julgado, que se pautou nos efeitos decorrentes do acordo realizado entre as partes. O dispositivo mencionado no recurso versa sobre situação diversa, qual seja, a necessidade da lavratura de auto de infração para o processo administrativo. Aplica-se, portanto, o óbice contido na Súmula 284/STF. Além disso, o comando normativo disposto no art. 33 do Decreto 2.181/97 não foi prequestionado, nem houve impugnação do art. 39, III e V, do CDC, o que enseja a incidência das Súmulas 282/STF e 283/STF.
2. Quanto à nulidade do auto de infração por não conter a identificação da autoridade que o lavrou, esse argumento foi rechaçado pela Corte de origem com base nas provas dos autos. Nesse sentido, o acórdão recorrido, após examinar os documentos constantes dos autos, concluiu que o agente administrativo responsável foi devidamente identificado e que o servidor possuía competência para a prática do ato. Para se infirmar essa premissa, faz-se necessário o revolvimento dos elementos probatórios da demanda, o que não é possível nessa estreita via recursal, nos termos preconizados na Súmula 7/STJ.
3. **No tocante à exorbitância da multa, a matéria também não ultrapassa as barreiras do conhecimento, seja porque a dosimetria da pena foi realizada com base em ato normativo local (Portaria Normativa n. 6 do Procon/SP), seja porque a revisão do *quantum* estipulado implica a análise de elementos fático-probatórios, a exemplo da condição econômica do infrator, o que é vedado no apelo nobre.**
4. Agravo regimental não provido (AgRg no REsp 1.285.319/SP, Rel. Ministro Castro Meira, 2.ª T., *DJe* 16.2.2012).

Por fim, concordamos com Zelmo Denari ao ensinar que a "aplicação da multa deve ser precedida do devido processo legal, e o resultado, evidentemente apurado a este título, reverter-se-á em benefício do Fundo previsto na Lei de Ação Civil Pública (cf. Lei n. 7.347, de 24.7.85) destinado à reconstituição dos bens lesados. O art. 13 do precitado diploma legislativo prevê a criação de um Fundo na área federal, gerido por um Conselho Federal, e de Fundos estaduais, criados nas diversas unidades federativas, geridos por Conselhos Estaduais de que participarão, necessariamente, o Ministério Público, além de representantes da comunidade. Por isso, o dispositivo distingue as infrações ou danos de âmbito nacional daqueles de âmbito estadual ou municipal, destinando o resultado financeiro das penalidades aos respectivos Fundos".[15]

16.2.1.3. *Particularidades das demais sanções administrativas previstas no CDC*

Sobre as sanções administrativas, estabelece ainda o CDC:

> "Art. 58. As penas de apreensão, de inutilização de produtos, de proibição de fabricação de produtos, de suspensão do fornecimento de produto ou serviço, de cassação do registro do produto e revogação da concessão ou permissão de uso serão aplicadas pela administração, mediante procedimento administrativo, assegurada ampla defesa, quando forem constatados vícios de quantidade ou de qualidade por inadequação ou insegurança do produto ou serviço.

---

[15] GRINOVER, Ada Pellegrini; BENJAMIN, Antônio Herman de V.; FINK, Daniel Roberto; FILOMENO, José Geraldo Brito; NERY JR., Nelson; DENARI, Zelmo. *Código Brasileiro de Defesa do Consumidor*, p. 668.

> Art. 59. As penas de cassação de alvará de licença, de interdição e de suspensão temporária da atividade, bem como a de intervenção administrativa, serão aplicadas mediante procedimento administrativo, assegurada ampla defesa, quando o fornecedor reincidir na prática das infrações de maior gravidade previstas neste código e na legislação de consumo.
> § 1.º **A pena de cassação da concessão será aplicada à concessionária de serviço público, quando violar obrigação legal ou contratual.**
> § 2.º A pena de intervenção administrativa será aplicada sempre que as circunstâncias de fato desaconselharem a cassação de licença, a interdição ou suspensão da atividade.
> § 3.º Pendendo ação judicial na qual se discuta a imposição de penalidade administrativa, não haverá reincidência até o trânsito em julgado da sentença".

Sobre o tema, muito cuidado deverá ser tomado em relação ao disposto no § 1.º do art. 59, pois, como o **objeto da relação de consumo é um serviço público**, nunca é demais lembrar da existência do **regime jurídico de direito público** que norteará tal relação e a eventual imposição de sanções administrativas, por exemplo **a extinção do contrato de concessão pela caducidade**.

A **Lei n. 8.987/95** é a lei geral das concessões e permissões do serviço público e disciplina, dentre outros temas, a extinção do contrato pela caducidade em seu art. 38.[16]

---

[16] Lei n. 8.987/95, "Art. 38. A inexecução total ou parcial do contrato acarretará, a critério do poder concedente, a declaração de caducidade da concessão ou a aplicação das sanções contratuais, respeitadas as disposições deste artigo, do art. 27, e as normas convencionadas entre as partes. § 1.º A caducidade da concessão poderá ser declarada pelo poder concedente quando: I — o serviço estiver sendo prestado de forma inadequada ou deficiente, tendo por base as normas, critérios, indicadores e parâmetros definidores da qualidade do serviço; II — a concessionária descumprir cláusulas contratuais ou disposições legais ou regulamentares concernentes à concessão; III — a concessionária paralisar o serviço ou concorrer para tanto, ressalvadas as hipóteses decorrentes de caso fortuito ou força maior; IV — a concessionária perder as condições econômicas, técnicas ou operacionais para manter a adequada prestação do serviço concedido; V — a concessionária não cumprir as penalidades impostas por infrações, nos devidos prazos; VI — a concessionária não atender a intimação do poder concedente no sentido de regularizar a prestação do serviço; e VII — a concessionária for condenada em sentença transitada em julgado por sonegação de tributos, inclusive contribuições sociais. § 2.º A declaração da caducidade da concessão deverá ser precedida da verificação da inadimplência da concessionária em processo administrativo, assegurado o direito de ampla defesa. § 3.º Não será instaurado processo administrativo de inadimplência antes de comunicados à concessionária, detalhadamente, os descumprimentos contratuais referidos no § 1.º deste artigo, dando-lhe um prazo para corrigir as falhas e transgressões apontadas e para o enquadramento, nos termos contratuais. § 4.º Instaurado o processo administrativo e comprovada a inadimplência, a caducidade será declarada por decreto do poder concedente, independentemente de indenização prévia, calculada no decurso do processo. § 5.º A indenização de que trata o parágrafo anterior, será devida na forma do art. 36 desta Lei e do contrato, descontado o valor das multas contratuais e dos danos causados pela concessionária. § 6.º Declarada a caducidade, não resultará para o poder concedente qualquer espécie de responsabilidade em relação aos encargos, ônus, obrigações ou compromissos com terceiros ou com empregados da concessionária".

16.2.1.4. A contrapropaganda

Conforme analisado no Capítulo 9 deste livro, quando o fornecedor veicular publicidade enganosa ou abusiva, os danos causados ao mercado de consumo são evidentes e, em que pese a impossibilidade concreta de desfazer tais prejuízos, será possível minorá-los por meio da contrapropaganda, isto é, da veiculação de **nova mensagem publicitária**, mas, desta vez, **escoimada dos vícios da enganosidade ou da abusividade**.

Sobre o tema, prevê o CDC em seu art. 60:

> "Art. 60. A imposição de contrapropaganda será cominada quando o fornecedor incorrer na prática de publicidade enganosa ou abusiva, nos termos do art. 36 e seus parágrafos, sempre às expensas do infrator.
> § 1.º A contrapropaganda será divulgada pelo responsável da mesma forma, frequência e dimensão e, preferencialmente no mesmo veículo, local, espaço e horário, de forma capaz de desfazer o malefício da publicidade enganosa ou abusiva".

No tocante à autoexecutoriedade, concordamos com Marcelo Abelha ao lecionar que no "âmbito do CDC, podemos dizer que algumas sanções administrativas são autoexecutáveis pela Administração, outras não. Todas são, todavia, exigíveis e todas gozam de presunção de legalidade (art. 37, *caput,* da CF/88 combinado com o art. 5.º, II, da CF/88). **À exceção da multa e da contrapublicidade, que dizem respeito a obrigações de dar e fazer impostas pela Administração ao administrado, todas as outras são autoexecutáveis.** Como nestas duas penalidades a execução independe da atividade do poder de polícia, elas não são autoexecutáveis, ainda que o administrado cumpra imediatamente a sanção imposta pela Administração".[17]

Em última análise, em nossa visão **será necessária a intervenção judicial determinando a veiculação da contrapropaganda** por intermédio de uma ação de obrigação de fazer, caso não seja veiculada a nova mensagem publicitária escoimada de vício assim que exigida pelo Poder Público.

16.3. A PROTEÇÃO ADMINISTRATIVA DO CONSUMIDOR NO DECRETO N. 2.181, DE 20 DE MARÇO DE 1997

Dispõe o Decreto n. 2.181/97 sobre a organização do Sistema Nacional de Defesa do Consumidor — SNDC, estabelece as normas gerais de aplicação das sanções administrativas previstas na Lei n. 8.078, de 11 de setembro de 1990, revoga o Decreto n. 861, de 9 de julho de 1993, e dá outras providências. Inicialmente, esquematizaremos os capítulos e seções do decreto para, logo em seguida, assinalarmos os principais pontos e as alterações trazidas pelo Decreto n. 7.738, de 28 de maio de 2012, bem como pelo Decreto n. 10.887, de 6 de dezembro de 2021.

---

[17] RODRIGUES, Marcelo Abelha. *Sanções administrativas no Código de Defesa do Consumidor.* Salvador: JusPodivm, 2009, p. 136.

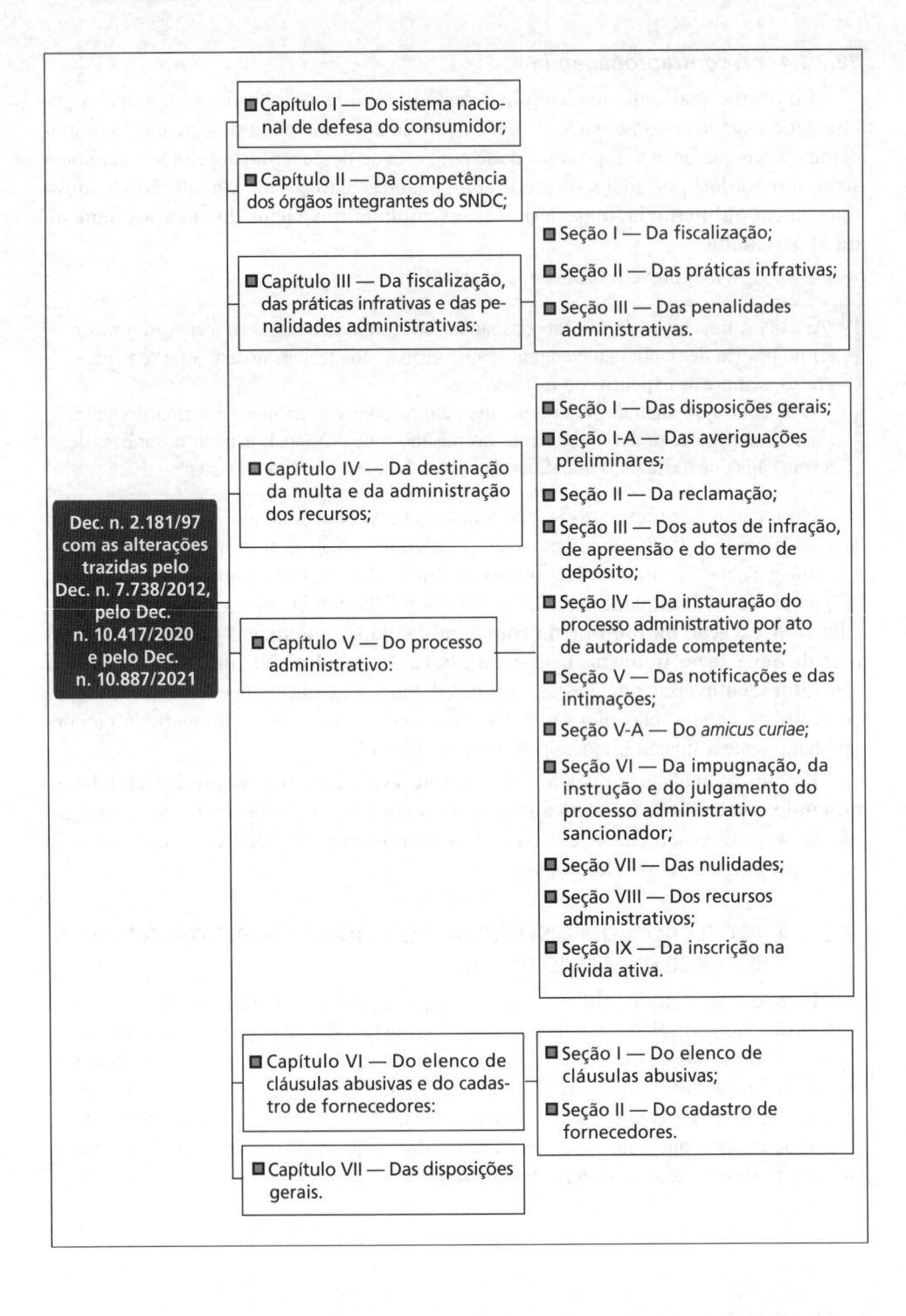

Dec. n. 2.181/97 com as alterações trazidas pelo Dec. n. 7.738/2012, pelo Dec. n. 10.417/2020 e pelo Dec. n. 10.887/2021

- Capítulo I — Do sistema nacional de defesa do consumidor;

- Capítulo II — Da competência dos órgãos integrantes do SNDC;

- Capítulo III — Da fiscalização, das práticas infrativas e das penalidades administrativas:
  - Seção I — Da fiscalização;
  - Seção II — Das práticas infrativas;
  - Seção III — Das penalidades administrativas.

- Capítulo IV — Da destinação da multa e da administração dos recursos;

- Capítulo V — Do processo administrativo:
  - Seção I — Das disposições gerais;
  - Seção I-A — Das averiguações preliminares;
  - Seção II — Da reclamação;
  - Seção III — Dos autos de infração, de apreensão e do termo de depósito;
  - Seção IV — Da instauração do processo administrativo por ato de autoridade competente;
  - Seção V — Das notificações e das intimações;
  - Seção V-A — Do *amicus curiae*;
  - Seção VI — Da impugnação, da instrução e do julgamento do processo administrativo sancionador;
  - Seção VII — Das nulidades;
  - Seção VIII — Dos recursos administrativos;
  - Seção IX — Da inscrição na dívida ativa.

- Capítulo VI — Do elenco de cláusulas abusivas e do cadastro de fornecedores:
  - Seção I — Do elenco de cláusulas abusivas;
  - Seção II — Do cadastro de fornecedores.

- Capítulo VII — Das disposições gerais.

16.3.1. As alterações introduzidas pelo Decreto n. 7.738/2012 e pelo Decreto n. 10.887/2021

A seguir, esquematizaremos as principais alterações introduzidas pelo Decreto n. 7.738/2012 ao Decreto n. 2.181/97:

ARTIGO	REDAÇÃO REVOGADA	REDAÇÃO VIGENTE
Art. 2.º	"Integram o SNDC a Secretaria de Direito Econômico do Ministério da Justiça SDE, por meio do seu Departamento de Proteção e Defesa do Consumidor — DPDC, e os demais órgãos federais, estaduais, do Distrito Federal, municipais e as entidades civis de defesa do consumidor."	"Integram o SNDC a Secretaria Nacional do Consumidor do Ministério da Justiça e os demais órgãos federais, estaduais, do Distrito Federal, municipais e as entidades civis de defesa do consumidor."
Art. 3.º, *caput*	"Compete ao DPDC, a coordenação da política do Sistema Nacional de Defesa do Consumidor, cabendo-lhe:"	"Compete à Secretaria Nacional do Consumidor do Ministério da Justiça, a coordenação da política do Sistema Nacional de Defesa do Consumidor, cabendo-lhe:"
Art. 3.º, XII	"provocar a Secretaria de Direito Econômico para celebrar convênios e termos de ajustamento de conduta, na forma do § 6.º do art. 5.º da Lei n. 7.347, de 24 de julho de 1985;"	"celebrar convênios e termos de ajustamento de conduta, na forma do § 6.º do art. 5.º da Lei n. 7.347, de 24 de julho de 1985;"
Art. 4.º, V	"elaborar e divulgar anualmente, no âmbito de sua competência, o cadastro de reclamações fundamentadas contra fornecedores de produtos e serviços, de que trata o art. 44 da Lei n. 8.078, de 1990, e remeter cópia ao DPDC;"	"elaborar e divulgar anualmente, no âmbito de sua competência, o cadastro de reclamações fundamentadas contra fornecedores de produtos e serviços, de que trata o art. 44 da Lei n. 8.078, de 1990 e remeter cópia à Secretaria Nacional do Consumidor do Ministério da Justiça;"
Art. 5.º, parágrafo único	"Se instaurado mais de um processo administrativo por pessoas jurídicas de direito público distintas, para apuração de infração decorrente de um mesmo fato imputado ao mesmo fornecedor, eventual conflito de competência **será dirimido pelo DPDC**, que poderá ouvir a Comissão Nacional Permanente de Defesa do Consumidor — CNPDC, levando sempre em consideração a competência federativa para legislar sobre a respectiva atividade econômica."	"Se instaurado mais de um processo administrativo por pessoas jurídicas de direito público distintas, para apuração de infração decorrente de um mesmo fato imputado ao mesmo fornecedor, eventual conflito de competência será dirimido pela Secretaria Nacional do Consumidor do Ministério da Justiça e Segurança Pública, que poderá ouvir o Conselho Nacional de Defesa do Consumidor, considerada a competência federativa para legislar sobre a respectiva atividade econômica." (Redação dada pelo Decreto n. 10.417, de 2020)
Art. 9.º	"A fiscalização das relações de consumo de que tratam a Lei n. 8.078, de 1990, este Decreto e as demais normas de defesa do consumidor será exercida em todo o território nacional pela **Secretaria de Direito Econômico do Ministério da Justiça, por meio do DPDC**, pelos órgãos federais integrantes do SNDC, pelos órgãos conveniados com a Secretaria e pelos órgãos de proteção e defesa do consumidor criados pelos Estados, Distrito Federal e Municípios, em suas respectivas áreas de atuação e competência."	"A fiscalização das relações de consumo de que tratam a Lei n. 8.078, de 1990, este Decreto e as demais normas de defesa do consumidor será exercida em todo o território nacional pela **Secretaria Nacional do Consumidor do Ministério da Justiça**, pelos órgãos federais integrantes do Sistema Nacional de Defesa do Consumidor, pelos órgãos conveniados com a Secretaria e pelos órgãos de proteção e defesa do consumidor criados pelos Estados, Distrito Federal e Municípios, em suas respectivas áreas de atuação e competência."

Art. 16	"Nos casos de processos administrativos tramitando em mais de um Estado, que envolvam interesses difusos ou coletivos, o **DPDC** poderá avocá-los, ouvida a Comissão Nacional Permanente de Defesa do Consumidor, bem como as autoridades máximas dos sistemas estaduais."	"Nos casos de processos administrativos em trâmite em mais de um Estado, que envolvam interesses difusos ou coletivos, a Secretaria Nacional do Consumidor do Ministério da Justiça e Segurança Pública poderá avocá-los, ouvido o Conselho Nacional de Defesa do Consumidor, e as autoridades máximas dos sistemas estaduais." (Redação dada pelo Decreto n. 10.417, de 2020)	
Art. 50	"Quando o processo tramitar no âmbito do DPDC, o julgamento do feito será de responsabilidade do Diretor daquele órgão, **cabendo recurso ao titular da Secretaria de Direito Econômico**, no prazo de dez dias, contados da data da intimação da decisão, como segunda e última instância recursal."	"Quando o processo tramitar no âmbito do Departamento de Proteção e Defesa do Consumidor, o julgamento do feito será de responsabilidade do Diretor daquele órgão, **cabendo recurso ao titular da Secretaria Nacional do Consumidor**, no prazo de dez dias, contado da data da intimação da decisão, como segunda e última instância recursal."	
Art. 56	"Na forma do art. 51 da Lei n. 8.078, de 1990, e com o objetivo de orientar o Sistema Nacional de Defesa do Consumidor, a **Secretaria de Direito Econômico** divulgará, anualmente, elenco complementar de cláusulas contratuais consideradas abusivas, notadamente para o fim de aplicação do disposto no inciso IV do art. 22 deste Decreto."	"Na forma do art. 51 da Lei n. 8.078, de 1990, e com o objetivo de orientar o Sistema Nacional de Defesa do Consumidor, a **Secretaria Nacional do Consumidor** divulgará, anualmente, elenco complementar de cláusulas contratuais consideradas abusivas, notadamente para o fim de aplicação do disposto no inciso IV do *caput* do art. 22."	

Basicamente, como alteração principal teve a **substituição da Secretaria de Direito Econômico do Ministério da Justiça pela Secretaria Nacional do Consumidor do Ministério da Justiça**.

No tocante às novidades trazidas pelo Decreto n. 10.887/2021, destacamos, inicialmente, a Seção I-A — Das Averiguações Preliminares, introduzida dentro do Capítulo V, estabelecendo, dentre outras disposições:

"Art. 33-A. A averiguação preliminar é o procedimento investigatório de natureza inquisitorial, instaurado pela autoridade competente de proteção e defesa do consumidor, quando os indícios ainda não forem suficientes para a instauração imediata de processo administrativo sancionador.
§ 1.º Na averiguação preliminar, a autoridade competente poderá exercer quaisquer competências instrutórias legalmente previstas, inclusive requerer esclarecimentos do representado ou de terceiros, por escrito ou pessoalmente.
§ 2.º Da averiguação preliminar poderá resultar:
I — a instauração de processo administrativo sancionador; ou
II — o arquivamento do caso.
§ 3.º A averiguação preliminar poderá ser desmembrada, quando conveniente para a instrução do caso. (NR)
Art. 33-B. No prazo de até vinte dias após a publicação oficial da decisão que resultar no arquivamento da averiguação preliminar, o superior hierárquico do órgão prolator da decisão poderá avocar o processo, de ofício ou mediante provocação.
Parágrafo único. A autoridade responsável por avocar a averiguação preliminar poderá:
I — ratificar a decisão de arquivamento; ou
II — determinar o retorno dos autos à autoridade competente para a continuidade da averiguação preliminar ou para a instauração de processo administrativo sancionatório, conforme o caso. (NR)".

Em relação à Seção V — Das Notificações e das Intimações, no Capítulo V, destacamos como novidades:

> "Art. 42. A autoridade competente expedirá notificação ao infrator e fixará prazo de vinte dias, contado da data de seu recebimento pelo infrator, para apresentação de defesa, nos termos do disposto no art. 44.
> § 1.º A notificação será acompanhada de cópia de ato de instauração do processo administrativo sancionador e, se for o caso, da nota técnica ou de outro ato que o fundamente por meio de remissão e será feita:
> I — por carta registrada ao representado, seu mandatário ou preposto, com aviso de recebimento;
> II — por outro meio, físico ou eletrônico, que assegure a certeza da ciência do representado; ou
> III — por mecanismos de cooperação internacional.
> § 2.º Na hipótese de notificação de representados que residam em países que aceitem a notificação postal direta, a notificação internacional poderá ser realizada por meio de serviço postal com aviso de recebimento em nome próprio.
> § 3.º O comparecimento espontâneo do representado supre a falta ou a nulidade da notificação e nessa data se iniciará a contagem do prazo para apresentação de defesa no processo administrativo sancionador. (NR)
> Art. 42-A. A intimação dos demais atos processuais será feita por meio de:
> I — carta registrada ao representado, ou ao seu mandatário ou preposto, com aviso de recebimento);
> II — publicação oficial, da qual constarão os nomes do representado e de seu procurador, se houver; ou
> III — por outro meio, físico ou eletrônico, que assegure a certeza da ciência do representado.
> § 1.º O representado arguirá a nulidade da intimação em capítulo preliminar do próprio ato que lhe caiba praticar, o qual será tido por tempestivo caso o vício seja reconhecido.
> § 2.º Na hipótese de não ser possível a prática imediata do ato diante da necessidade de acesso prévio aos autos, ao representado será limitado arguir a nulidade da intimação, caso em que o prazo será contado da data da intimação da decisão que a reconheça.
> § 3.º As intimações dirigidas ao endereço constante dos autos serão presumidas válidas, ainda que não sejam recebidas pessoalmente pelo interessado, caso a modificação temporária ou definitiva do endereço não tenha sido comunicada ao órgão processante.
> § 4.º As disposições deste artigo aplicam-se aos fornecedores que ofereçam produtos ou serviços, por meio de aplicação de internet, desde que o uso ou a fruição do bem adquirido se dê no território nacional".

Por fim, não poderíamos deixar de falar na novidade do amicus curiae introduzida no art. 42-B, *in verbis*:

> "Art. 42-B. Considerada a relevância da matéria, a especificidade do tema ou a repercussão social da demanda, a autoridade competente poderá, de ofício, a requerimento das partes ou de quem pretenda se manifestar, solicitar ou admitir a participação de pessoa natural ou jurídica, órgão ou entidade especializada, com representatividade adequada, na condição de *amicus curiae*, no prazo de quinze dias, contado da data de intimação.

> Parágrafo único. A intervenção de que trata o *caput* não:
> I — implicará alteração de competência; ou
> II — autorizará a interposição de recursos".

16.4. DA CONVENÇÃO COLETIVA DE CONSUMO

A Convenção Coletiva de Consumo está prevista no art. 107 do CDC, que prevê: "As entidades civis de consumidores e as associações de fornecedores ou sindicatos de categoria econômica podem regular, por convenção escrita, relações de consumo que tenham por objeto estabelecer condições relativas ao preço, à qualidade, à quantidade, à garantia e características de produtos e serviços, bem como à reclamação e composição do conflito de consumo".

Inicialmente, cumpre destacar os **legitimados para firmar de forma escrita a Convenção** Coletiva de Consumo:

- entidades civis de consumidores;
- associações de fornecedores;
- sindicatos de categoria econômica.

O **objeto da** aludida **convenção** abrange condições relativas:

- ao preço;
- à qualidade;
- à quantidade;
- à garantia;
- às características de produtos e serviços;
- à reclamação e composição do conflito de consumo.

A Convenção Coletiva de Consumo **somente obrigará os filiados às entidades signatárias** (art. 107, § 2.º, do CDC) e tornar-se-á **obrigatória a partir do registro do instrumento no cartório** de títulos e documentos (art. 107, § 1.º, do CDC).

Por fim, cumpre destacar que **não se exime de cumprir a convenção o fornecedor que se desligar da entidade em data posterior ao registro** do instrumento (art. 107, § 3.º, do CDC).

16.5. QUESTÕES

QUESTÕES DE CONCURSOS
http://uqr.to/1yf1l

REFERÊNCIAS

AGUIAR JÚNIOR, Ruy Rosado de. *A boa-fé na relação de consumo*. São Paulo: RT, 2011. v. 1 (Coleção doutrinas essenciais. Direito do consumidor: tutela das relações de consumo. Organizadores: Claudia Lima Marques e Bruno Miragem).

ALEXY, Robert. *Teoría de la argumentación jurídica:* la teoría del discurso racional como teoría de la fundamentación jurídica. Tradução de Manuel Atienza e Isabel Espejo. Madrid: Centro de Estudios Constitucionales, 1997.

_____. *Teoría de los derechos fundamentales*. Madrid: Centro de Estudios Constitucionales, 1997.

_____. *Teoria dos direitos fundamentais*. São Paulo: Malheiros, 2008.

ALMEIDA, Mário Aroso de. *Anulação dos actos administrativos e relações jurídicas emergentes*. Coimbra: Almedina, 2002.

_____. *Sobre a autoridade do caso julgado das sentenças de anulação de actos administrativos*. Coimbra: Almedina, 1994.

ALPA, Guido. *Tutela del consumatore e controlli sull'impresa*. Bologna: Società Editrice Il Mulino, 1977.

AMARAL, Diogo Freitas do. *Curso de direito administrativo*. 2. ed. Coimbra: Almedina, 2002. v. 1.

_____. *Curso de direito administrativo*. 2. ed. Coimbra: Almedina, 2002. v. 2.

AMARAL JÚNIOR, Alberto. A abusividade da cláusula mandato nos contratos financeiros, bancários e de cartões de crédito. *Revista de Direito do Consumidor,* São Paulo: RT, n. 19, 1997.

_____. A boa-fé e o controle das cláusulas contratuais abusivas nas relações de consumo. *Revista de Direito do Consumidor,* São Paulo: RT, v. 6.

_____. O princípio da vinculação da mensagem publicitária. *Revista de Direito do Consumidor,* São Paulo: RT, v. 14, p. 41-51, abr./jun. 1995.

_____. *Proteção do consumidor no contrato de compra e venda*. São Paulo: RT, 1993. v. 2.

ARAGÃO, Alexandre Santos de. A "supremacia do interesse público" no advento do estado de direito e na hermenêutica do direito público contemporâneo. *Revista Brasileira de Direito Público*, Belo Horizonte, n. 8, p. 7-21, jan./mar. 2005.

_____. A concepção pós-positivista do princípio da legalidade. *Revista de Direito Administrativo,* Rio de Janeiro, v. 235, p. 51-64, abr./jun. 2004.

_____. *Direito dos serviços públicos.* 2. ed. Rio de Janeiro: Forense, 2008.

_____. Princípio da legalidade e poder regulamentar no estado contemporâneo. *Revista de Direito Administrativo,* Rio de Janeiro, v. 225, p. 109-129, jul./set. 2001.

ATALIBA, Geraldo. Decreto regulamentar no sistema brasileiro. *Revista de Direito Administrativo,* Rio de Janeiro, n. 97, 1969.

ÁVILA, Humberto. Repensando o "princípio da supremacia do interesse público sobre o particular". *Revista Trimestral de Direito Público,* São Paulo, n. 24, p. 159-180, 1998.

BANDEIRA DE MELLO, Celso Antônio. "Poder" regulamentar ante o princípio da legalidade. *Revista Trimestral de Direito Público,* São Paulo, v. 4, p. 71-78, 1993.

_____. *Ato administrativo e direito dos administrados.* São Paulo: RT, 1981.

_____. *Curso de direito administrativo.* 27. ed. São Paulo: Malheiros, 2010.

_____. *Discricionariedade e controle judicial.* 2. ed. São Paulo: Malheiros, 1993.

_____. O princípio do enriquecimento sem causa em direito administrativo. *Revista de Direito Administrativo,* Rio de Janeiro, n. 210, p. 25-35, out./dez. 1997.

_____. Serviço público e poder de polícia: concessão e delegação. *Revista Trimestral de Direito Público,* São Paulo: Malheiros, n. 20, 1997.

BANDEIRA DE MELLO, Oswaldo Aranha. *Princípios gerais de direito administrativo.* 3. ed. São Paulo: Malheiros, 2007. v. 1.

BARBOSA MOREIRA, Carlos Roberto. *Inversão do ônus da prova em benefício do consumidor.* São Paulo: RT, 2011. v. VI (Coleção doutrinas essenciais. Direito do consumidor: tutela das relações de consumo. Organizadores: Claudia Lima Marques e Bruno Miragem).

BARROSO, Luís Roberto. Prescrição administrativa: autonomia do direito administrativo e inaplicabilidade da regra geral do Código Civil. *Revista Trimestral de Direito Público,* São Paulo, n. 27, p. 89-107, 1999.

BASTOS, Celso Ribeiro; MARTINS, Ives Gandra. *Comentários à Constituição do Brasil:* promulgada em 5 de outubro de 1988. São Paulo: Saraiva, 1989. v. 2.

BATISTA, Joana Paula. *Remuneração dos serviços públicos.* São Paulo: Malheiros, 2005.

BENJAMIN, Antônio Herman de V.; MARQUES, Claudia Lima; BESSA, Leonardo Roscoe. *Manual de direito do consumidor.* 3. ed. rev., atual. e ampl. São Paulo: RT, 2010.

BESSA, Leonardo Roscoe. *Fornecedor equiparado.* São Paulo: RT, 2011. v. 2 (Coleção doutrinas essenciais. Direito do consumidor: tutela das relações de consumo. Organizadores: Claudia Lima Marques e Bruno Miragem).

BINENBOJM, Gustavo. Da supremacia do interesse público ao dever de proporcionalidade: um novo paradigma para o direito administrativo. *Revista Brasileira de Direito Público,* Belo Horizonte, n. 8, p. 77-113, jan./mar. 2005.

BITTAR, Carlos Alberto. *Direitos do consumidor:* Código de Defesa do Consumidor. 7. ed. rev., atual. e ampl. por Eduardo C. B. Bittar. Rio de Janeiro: Forense, 2011.

BOBBIO, Norberto. *Liberalismo e democracia.* Tradução de Marco Aurélio Nogueira. 6. ed. São Paulo: Brasiliense, 1994.

BOLZAN, Fabrício. A publicidade das bebidas alcoólicas e as restrições eficazes previstas do ordenamento jurídico pátrio. *Revista Interna da FUNASA* — artigo elaborado em coautoria com Cássia Hoshino, Procuradora Federal em exercício na FUNASA, 2004.

_____. Aproximações e distinções entre as noções de consumidor e usuário na responsabilidade civil do Estado na prestação de serviços. In: PIRES, Luis Manuel Fonseca (Coord.). *Responsabilidade civil do Estado:* desafios contemporâneos. São Paulo: Quartier Latin, 2010.

_____. Desconsideração da personalidade jurídica no CDC e um diálogo com o direito ambiental e com o direito civil — artigo elaborado em coautoria com Emiliano Galvão. In: GAJARDONI, Fernando da Fonseca. *Temas aprofundados:* magistratura. Salvador: JusPodivm, 2013.

_____. Serviço público e a incidência do Código de Defesa do Consumidor. In: Marinela, Fernanda; Bolzan, Fabrício (Org.). *Leituras complementares de direito administrativo:* advocacia pública. 2. ed. Salvador: JusPodivm, 2009.

BOLZAN, Fabrício; CARDOZO, José Eduardo Martins; TAVARES, André Ramos. *Vade-mécum de direito administrativo.* Belo Horizonte: Fórum, 2012.

CANOTILHO, José Joaquim Gomes. *Direito constitucional e a teoria da Constituição.* 4. ed. Coimbra: Almedina, 2000.

CARVALHO FILHO, José dos Santos. *Manual de direito administrativo.* 23. ed. Rio de Janeiro: Lumen Juris, 2010.

_____. *Manual de direito administrativo.* 18. ed. Rio de Janeiro: Lumen Juris, 2007.

_____. *Processo administrativo federal:* comentários à Lei n. 9.784 de 29.1.1999. 4. ed. Rio de Janeiro: Lumen Juris, 2009.

CAVALIERI FILHO, Sergio. *Programa de direito do consumidor.* 3. ed. São Paulo: Atlas, 2011.

_____. *Programa de responsabilidade civil.* 6. ed. São Paulo: Malheiros, 2006.

CINTRA DO AMARAL, Antônio Carlos. Distinção entre usuário do serviço público e consumidor. *Revista Eletrônica de Direito Administrativo Econômico*, Salvador, Instituto de Direito Público da Bahia, n. 6, maio/jul. 2006, p. 2. Disponível em: <http://www.direitodoestado.com/revista/REDAE-6-MAIO-2006-CARLOS%20CINTRA.pdf>. Acesso em: 3 dez. 2016.

_____. Distinção entre usuário do serviço público e consumidor. *Revista Eletrônica de Direito Administrativo Econômico*, Salvador, Instituto de Direito Público da Bahia, n. 6, maio/jul. 2006. Disponível em: <http://www.direitodoestado.com/revista/REDAE-6-MAIO-2006--CARLOS%20CINTRA.pdf>. Acesso em: 3 dez. 2016.

COUTO E SILVA, Almiro. O princípio da segurança jurídica (proteção à confiança) no direito público brasileiro e o direito de a administração pública de anular os seus próprios atos administrativos: o prazo decadencial do art. 54 da Lei do Processo Administrativo da União (Lei n. 9.784/99). *Revista de Direito Administrativo*, Rio de Janeiro, n. 237, jul./set. 2004.

_____. Prescrição quinquenária da pretensão anulatória da Administração Pública com relação aos seus atos administrativos. *Revista de Direito Administrativo*, Rio de Janeiro, n. 204, abr./jun. 1996.

_____. Princípios da legalidade da administração pública e da segurança jurídica no Estado de direito contemporâneo. *Revista de Direito Público*, São Paulo, n. 84, out./dez. 1987.

CRETELLA JÚNIOR, José. *Curso de direito administrativo.* 6. ed. Rio de Janeiro: Forense, 1981.

DI PIETRO, Maria Sylvia Zanella. *Direito administrativo.* 20. ed. São Paulo: Atlas, 2007.

_____. *Direito administrativo.* 25. ed. São Paulo: Atlas, 2012.

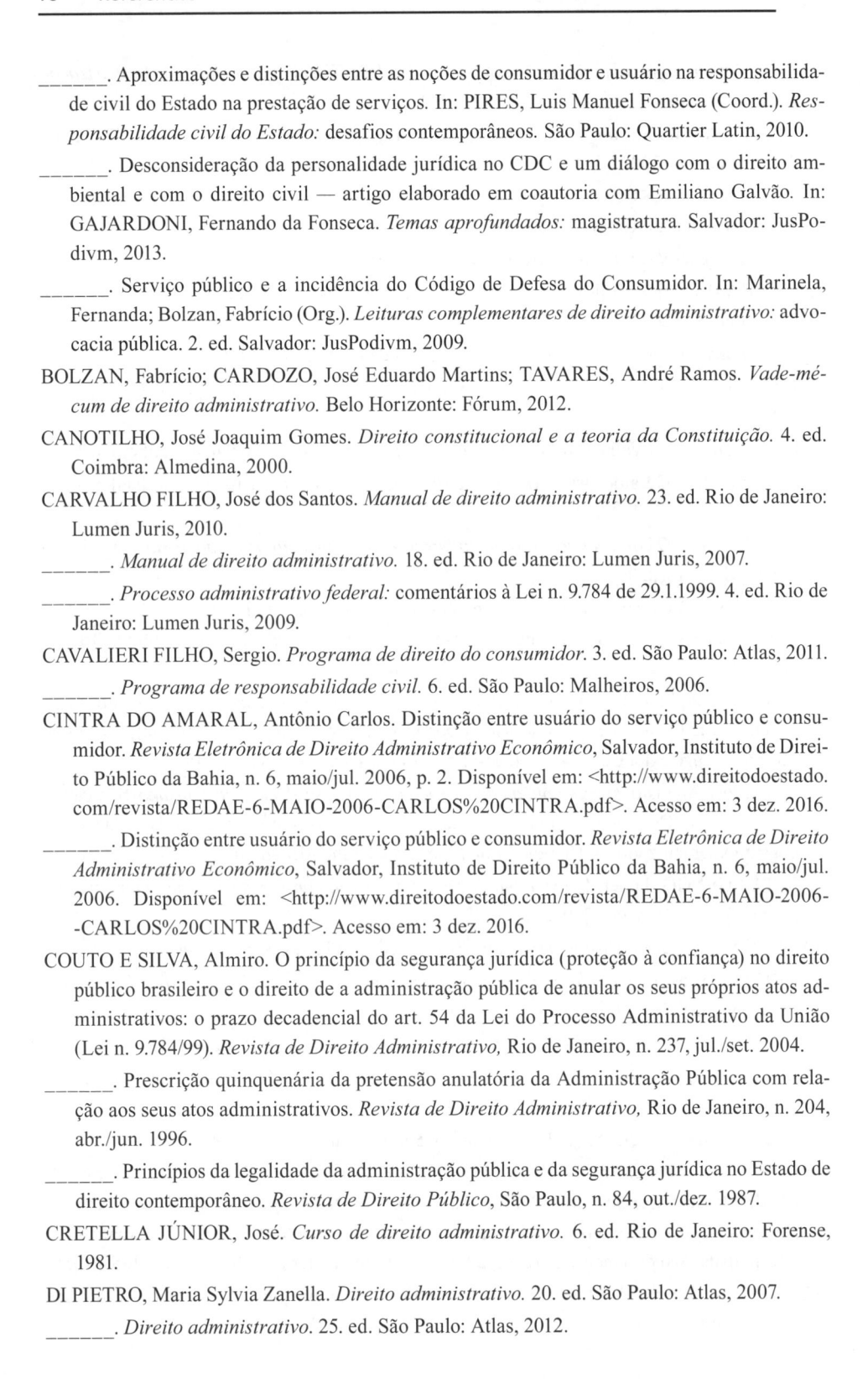

_____. *Parcerias na administração pública. Concessão. Permissão. Franquia. Terceirização e outras formas*. 3. ed. São Paulo: Atlas, 1999.

DWORKIN, Ronald. *Levando os direitos a sério*. Tradução de Nelson Boeira. 3. ed. São Paulo: Martins Fontes, 2002.

ENTERRÍA, Eduardo García de; FERNÁNDEZ, Tomás-Ramón. *Curso de direito administrativo*. 14. ed. Madrid: Civitas, 2008. v. 1.

_____. *Curso de direito administrativo*. 11. ed. Madrid: Civitas, 2008. v. 2.

FERREIRA DA CRUZ, Guilherme. *Sistema de responsabilidade civil das relações de consumo*. São Paulo: RT, 2023.

_____. *Teoria geral das relações de consumo*. São Paulo: Saraiva, 2017.

FERREIRA FILHO, Manoel Gonçalves. *Curso de direito constitucional*. São Paulo: Saraiva, 1989.

FIGUEIREDO, Lúcia Valle. *Curso de direito administrativo*. 6. ed. São Paulo: Malheiros, 2006.

FILOMENO, José Geraldo Brito. *Manual de direitos do consumidor*. 10. ed. São Paulo: Atlas, 2010.

FREITAS, Juarez. *O controle dos atos administrativos e os princípios fundamentais*. 3. ed. São Paulo: Malheiros, 2004.

FROTA, Mário. *Segurança alimentar* — imperativo e cidadania. São Paulo: RT, 2011. v. 5 (Coleção doutrinas essenciais. Direito do consumidor: tutela das relações de consumo. Organizadores: Claudia Lima Marques e Bruno Miragem).

GARCIA, Flávio Amaral. O Estado como consumidor. *Revista de Direito*, v. 60, Doutrina da Procuradoria Geral do Estado do Rio de Janeiro, p. 50-58. Disponível em: <http://www.rj.gov.br/web/pge/exibeConteudo?article-id=754709>. Acesso em: 3 dez. 2016.

GARCIA, José Augusto. *O princípio da dimensão coletiva das relações de consumo*. São Paulo: RT, 2011. v. 6 (Coleção doutrinas essenciais. Direito do consumidor: tutela das relações de consumo. Organizadores: Claudia Lima Marques e Bruno Miragem).

GARCIA LUENGO, Javier. *El principio de protección de la confianza em el derecho administrativo*. Madrid: Civitas, 2002.

GASPARINI, Diogenes. *Direito administrativo*. 12. ed. São Paulo: Saraiva, 2007.

GORDILLO, Agustín. *Tratado de derecho administrativo. El acto administrativo*. 6. ed. Belo Horizonte: Del Rey, 2003.

_____. *Tratado de derecho administrativo. Parte geral*. 7. ed. Belo Horizonte: Del Rey, 2003.

GRAU, Eros Roberto. *O direito posto e o direito pressuposto*. 3. ed. São Paulo: Malheiros, 2000.

GRINOVER, Ada Pellegrini et al. *Código Brasileiro de Defesa do Consumidor comentado pelos autores do anteprojeto*. 8. ed. Rio de Janeiro: Forense Universitária, 2005.

GRINOVER, Ada Pellegrini; BENJAMIN, Antônio Herman de V.; FINK, Daniel Roberto; FILOMENO, José Geraldo Brito; NERY JR., Nelson; DENARI, Zelmo. *Código Brasileiro de Defesa do Consumidor*: comentado pelos autores do anteprojeto. 10. ed. revista, atualizada e reformulada. Rio de Janeiro: Forense, 2011. v. I: Direito material (arts. 1.º a 80 e 105 a 108).

GROTTI, Dinorá Adelaide Musetti. *O serviço público e a Constituição Brasileira de 1988*. São Paulo: Malheiros, 2003.

HAURIOU, Maurice. *Princípios de derecho público y constitucional.* Tradução de Carlos Ruiz del Castillo. Granada: Comares, 2003.

HERRMANN, Hildebrando; SILVA, Marcus Vinícius Lopes da; POVEDA, Eliane Pereira Rodrigues. *Código de Mineração de A à Z.* Campinas: Millennium, 2010.

HESSE, Konrad. *A força normativa da Constituição.* Tradução de Gilmar Ferreira Mendes. Porto Alegre: Sérgio Antônio Fabris, 1991.

JÈZE, Gaston. *Los principios generales del derecho administrativo.* Tradução da 2. edição francesa por Carlos Garcia Oviedo. Madrid: Reus, 1928.

JUSTEN FILHO, Marçal. Conceito de interesse público e a "personalização" do direito administrativo. *Revista Trimestral de Direito Público,* São Paulo, n. 26, p. 115-136, 1999.

KAPLAN, Harold I.; SADOCK, Benjamin J. *Compêndio de psiquiatria, ciências comportamentais, psiquiatria clínica.* 6. ed. Porto Alegre: Artes Médicas, 1993.

KELSEN, Hans. *Teoria pura do direito.* Tradução de J. Cretella Jr. e Agnes Cretella. 3. ed. São Paulo: RT, 2003.

LENZA, Pedro. *Direito constitucional esquematizado.* 16. ed. São Paulo: Saraiva, 2012.

LIMA, Ruy Cirne. *Princípios de direito administrativo.* 7. ed. revista e elaborada por Paulo Alberto Pasqualini. São Paulo: Malheiros, 2007.

LISBOA, Roberto Senise. *Contratos difusos e coletivos.* São Paulo: RT, 1997.

LÔBO, Paulo Luiz Netto. *A informação como direito fundamental do consumidor.* Doutrinas Essenciais, v. III, p. 605-608.

LOPES, Maria Elizabete Vilaça. O consumidor e a publicidade. *Revista de Direito do Consumidor* 1, São Paulo, RT, 1992.

LUCCA, Newton de. Código de Defesa do Consumidor: discussões sobre o seu âmbito de aplicação. *Revista de Direito do Consumidor,* São Paulo, RT, v. 6, 1992.

MAFFINI, Rafael. *Direito administrativo.* São Paulo: RT, 2006.

MANCUSO, Rodolfo Camargo. *Interesses difusos. Conceito e legitimação para agir.* 6. ed. São Paulo: RT, 2004.

_____. *O manual do consumidor em juízo.* 4. ed. São Paulo: Saraiva, 2007.

MARINELLA, Fernanda. *Direito administrativo.* Salvador: JusPodivm, 2006.

MARINS, James. *Habeas data,* antecipação de tutela e cadastros financeiros à luz do Código de Defesa do Consumidor. *Revista de Direito do Consumidor,* São Paulo, RT, v. 26, abr./jun. 1998.

_____. Proteção contratual do CDC a contratos interempresariais, inclusive bancários. *Revista de Direito do Consumidor,* São Paulo, RT, v. 18.

MARQUES, Claudia Lima. *A insuficiente proteção do consumidor nas normas de direito internacional privado.* São Paulo: RT, 2011. v. 2 (Coleção doutrinas essenciais. Direito do consumidor: tutela das relações de consumo. Organizadores: Claudia Lima Marques e Bruno Miragem).

_____. *Contratos no Código de Defesa do Consumidor:* o novo regime das relações contratuais. 5. ed. São Paulo: RT, 2006.

_____. Três tipos de diálogos entre o Código de Defesa do Consumidor e o Código Civil de 2002: superação das antinomias pelo "diálogo das fontes". In: PASQUALOTTO, Adalberto;

PFEIFFER, Roberto (Org.). *O Código de Defesa do Consumidor e o Código Civil de 2002.* São Paulo: RT, 2005.

_____; MIRAGEM, Bruno (Org.). *Coleção doutrinas essenciais. Direito do consumidor:* tutela das relações de consumo. São Paulo: RT, 2011.

_____; MAZZUOLI, Valério. O consumidor-depositário infiel, os tratados de direitos humanos e o necessário diálogo das fontes nacionais e internacionais: a primazia da norma mais favorável ao consumidor. *Revista de Direito do Consumidor,* São Paulo, RT, v. 70, p. 93-138, abr./jun. 2009.

MARQUES, Claudia Lima; MIRAGEM, Bruno. Constitucionalidade das restrições à publicidade de bebidas alcoólicas e tabaco por lei federal. Diálogo e adequação do princípio da livre iniciativa econômica à defesa do consumidor e da saúde pública (art. 170, CF/88). Parecer. *Revista de Direito do Consumidor,* São Paulo, RT, v. 59, p. 197-240, jul./set. 2006.

MEDAUAR, Odete. *Direito administrativo moderno.* 8. ed. São Paulo: RT, 2004.

MEIRELLES, Hely Lopes. *Direito administrativo brasileiro.* 30. ed. São Paulo: Malheiros, 2005.

MIRAGEM, Bruno. *Curso de direito do consumidor.* 2. ed. rev., atual. e ampl. São Paulo: RT, 2010.

MORAES, Alexandre de. *Direito constitucional.* 15. ed. São Paulo: Atlas, 2004.

MORAES, Bernardo Ribeiro de. *Doutrina e prática das taxas.* 2. ed. São Paulo: Quartier Latin, 2007.

MORATO, Antônio Carlos. *Pessoa jurídica consumidora.* São Paulo: Revista dos Tribunais, 2009.

MUKAI (Coord.). *Saneamento básico:* diretrizes gerais — comentários à Lei 11.445 de 2007. Rio de Janeiro: Lumen Juris, 2007.

MUÑOZ, Guillhermo Andrés (Org.). *As leis do processo administrativo:* Lei Federal 9.784/99 e Lei Paulista 10.177/98. São Paulo: Malheiros, 2000.

NERY JUNIOR, Nelson. O regime da publicidade enganosa no Código Brasileiro de Defesa do Consumidor. *Revista de Direito do Consumidor,* São Paulo, RT, v. 15, p. 211, jul./set. 1995.

NOVAIS, Elaine Cardoso de Matos. *Mercadoria adquirida no exterior.* São Paulo: RT, 2011. v. 2 (Coleção doutrinas essenciais. Direito do consumidor: tutela das relações de consumo. Organizadores: Claudia Lima Marques e Bruno Miragem).

NUNES JÚNIOR, Vidal Serrano. *A cidadania social na Constituição de 1988.* São Paulo: Verbatim, 2009.

NUNES JÚNIOR, Vidal Serrano; ARAUJO, Luiz Alberto David. *Curso de direito constitucional.* 20. ed. São Paulo: Verbatim, 2016.

NUNES JÚNIOR, Vidal Serrano; SCIORILLI, Marcelo. *Mandado de segurança, mandado de injunção, ação popular, habeas data, ação direta de inconstitucionalidade, ação declaratória de constitucionalidade, arguição de descumprimento de preceito fundamental.* 3. ed. São Paulo: Verbatim, 2014.

NUNES JÚNIOR, Vidal Serrano; SERRANO DE MATOS, Yolanda Alves Pinto. *Código de Defesa do Consumidor interpretado.* 6. ed. São Paulo: Verbatim, 2014.

NUNES, Luiz Antonio Rizzatto. *Curso de direito do consumidor* (com exercícios). 4. ed. São Paulo: Saraiva, 2009.

OSÓRIO, Fabio Medina. Existe uma supremacia de interesse público sobre o privado no direito administrativo brasileiro?. *Revista Trimestral de Direito Público*, São Paulo, n. 28, p. 32-65, 1998.

PASQUALOTTO, Adalberto. *O destinatário final e o "consumidor intermediário"*. São Paulo: RT, 2011. v. 1 (Coleção doutrinas essenciais. Direito do consumidor: tutela das relações de consumo. Organizadores: Claudia Lima Marques e Bruno Miragem).

_____. *Os efeitos obrigacionais da publicidade no Código de Defesa do Consumidor.* São Paulo: RT, 1997.

PEREIRA, César A. Guimarães. *Usuários de serviços públicos:* usuários, consumidores e os aspectos econômicos dos serviços públicos. São Paulo: Saraiva, 2006.

PIRES, Luis Manuel Fonseca. *Controle judicial da discricionariedade administrativa:* dos conceitos jurídicos indeterminados às políticas públicas. Rio de Janeiro: Campus, 2008.

_____. *Controle judicial da discricionariedade administrativa:* dos conceitos jurídicos indeterminados às políticas públicas. Rio de Janeiro: Elsevier, 2009.

_____. *Limitações administrativas à liberdade e à propriedade.* São Paulo: Quartier Latin, 2006.

ROCHA, Silvio Luís Ferreira da. *A oferta no Código de Defesa do Consumidor.* 2. ed. Belo Horizonte: Fórum, 2010.

RODRIGUES, Marcelo Abelha. *Sanções administrativas no Código de Defesa do Consumidor.* Salvador: JusPodivm, 2009.

SARLET, Ingo Wolfgang. A eficácia do direito fundamental à segurança jurídica: dignidade da pessoa humana, direitos fundamentais e proibição de retrocesso social no direito constitucional brasileiro. In: ROCHA, Cármen Lúcia Antunes (Org.). *Constituição e segurança jurídica.* Belo Horizonte: Fórum, 2004.

SCARTEZZINI, Ana Maria Goffi Flaquer. *O princípio da continuidade do serviço público.* São Paulo: Malheiros, 2006.

SCARTEZZINI GUIMARÃES, Paulo José. *Dos contratos de hospedagem, de transporte de passageiros e de turismo.* São Paulo: Saraiva, 2007.

_____. *Vícios do produto e do serviço por qualidade, quantidade e insegurança:* cumprimento imperfeito do contrato. São Paulo: RT, 2004.

SILVA, José Afonso da. *Curso de direito constitucional positivo.* 24. ed. São Paulo: Malheiros, 2005.

_____. *Curso de direito constitucional positivo.* 34. ed. São Paulo: Malheiros, 2011.

SUNDFELD, Carlos Ari. Discricionariedade e revogação do ato administrativo. *Revista de Direito Público,* São Paulo, n. 79, 1986.

_____. Processo e procedimento administrativo no Brasil. In: SUNDFELD, MUÑOZ, Guilhermo Andrés (Org.). *As leis do processo administrativo:* Lei Federal 9.784/99 e Lei Paulista 10.177/98. São Paulo: Malheiros, 2000.

TARTUCE, Flávio; NEVES, Daniel Amorim Assumpção. *Manual de direito do consumidor:* direito material e processual. Rio de Janeiro/São Paulo: Forense/Método, 2012.

TAVARES, André Ramos. *Curso de direito constitucional.* 8. ed. São Paulo: Saraiva, 2010.

_____. *Curso de direito constitucional.* 9. ed. São Paulo: Saraiva, 2011.

_____; BOLZAN, Fabrício. *Poder de polícia:* da supremacia do interesse público à primazia dos direitos fundamentais. In: MARTINS, Ives Gandra (Coord.). *Tratado de direito administrativo.* São Paulo: Saraiva, 2013.

TEMER, Michel. *Elementos de direito constitucional.* 19. ed. São Paulo: Malheiros, 2004.

TEPEDINO, Gustavo. A responsabilidade civil por acidentes de consumo na ótica civil-constitucional. In: TEPEDINO, Gustavo (Org.). *Temas de direito civil.* Rio de Janeiro: Renovar, 1999.

VERLI, Fabiano. *Taxas e preços públicos.* São Paulo: RT, 2005.

ZANCANER, Weida. *Da convalidação e da invalidação dos atos administrativos.* 2. ed. São Paulo: Malheiros, 1996.

ZANELATTO, Marco Antonio. *Considerações jurídicas sobre o conceito de consumidor.* São Paulo: RT, 2011. v. 2 (Coleção doutrinas essenciais. Direito do consumidor: tutela das relações de consumo. Organizadores: Claudia Lima Marques e Bruno Miragem).

ZANOBINI, Guido. *Corso di diritto amministrativo.* 5. ed. Milano: Giuffrè, 1958. v. 4.

ANEXO — PROJETO DE LEI N. 281 (ATUAL PL N. 3.514/2015) APROVADO NO SENADO FEDERAL E REMETIDO À CÂMARA DOS DEPUTADOS
EMENDA N. 36 — CCJ (SUBSTITUTIVA)

PROJETO DE LEI DO SENADO N. 281, DE 2012[1]

Altera a Lei n. 8.078, de 11 de setembro de 1990 (Código de Defesa do Consumidor), para aperfeiçoar as disposições gerais do Capítulo I do Título I e dispor sobre o comércio eletrônico e o Art. 9.º do Decreto-Lei n. 4.657, de 4 de setembro de 1942 (Lei de Introdução às normas do Direito Brasileiro), para aperfeiçoar a disciplina dos contratos internacionais comerciais e de consumo e dispor sobre as obrigações extracontratuais.

O **Congresso Nacional** decreta:

Art. 1.º A Lei n. 8.078, de 11 de setembro de 1990 (Código de Defesa do Consumidor), passa a vigorar com as seguintes alterações:

"Art. 3.º-A. As normas e os negócios jurídicos devem ser interpretados e integrados da maneira mais favorável ao consumidor. (NR)"

"Art. 4.º A Política Nacional das Relações de Consumo tem por objetivo o atendimento das necessidades dos consumidores, o respeito à sua dignidade, saúde e segurança, a proteção de seus interesses econômicos, a melhoria da sua qualidade de vida, a proteção do meio ambiente, bem como a transparência e harmonia das relações de consumo, atendidos os seguintes princípios:

....

II — ....

e) pelo incentivo a padrões de produção e consumo sustentáveis.

....

IX — promoção de padrões de produção e consumo sustentáveis, de forma a atender as necessidades das atuais gerações, permitindo melhores condições de vida, promovendo o desenvolvimento econômico e a inclusão social, sem comprometer a qualidade ambiental e o atendimento das necessidades das gerações futuras." (NR)

---

[1] Este anexo traz o conteúdo do PL n. 281, aprovado no Senado Federal e remetido à Câmara dos Deputados em 2015. Atualmente, o citados projeto tramita na Câmara dos Deputados sob o número PL n. 3.514/2015. No dia 31.1.2023, o aludido PL foi apensado ao PL n. 104/2011, que tramita na mesma Casa Legislativa. Disponível em: <https://www.camara.leg.br/proposicoesWeb/fichadetramitacao?idProposicao=2052488>. Acesso em: 12 nov. 2024.

"Art. 5.º ....
....
VI — o conhecimento pelo Poder Judiciário, no âmbito do processo em curso e assegurado o contraditório, de violação a normas de defesa do consumidor;
VII — instituição de Câmaras de Conciliação das Relações de Consumo de Serviços Públicos, no âmbito da Advocacia Pública Federal, Estadual e Municipal, garantida a efetiva participação do órgão de defesa do consumidor local.
...." (NR)

"Art. 6.º ....
....
XI — a privacidade e a segurança das informações e dados pessoais prestados ou coletados, por qualquer meio, inclusive o eletrônico, assim como o acesso gratuito ao consumidor a estes e suas fontes;
XII — a liberdade de escolha, em especial frente a novas tecnologias e redes de dados, sendo vedada qualquer forma de discriminação e assédio de consumo;
XIII — a informação ambiental veraz e útil, observados os requisitos da Política Nacional de Resíduos Sólidos (Lei n. 12.305, de 2 de agosto de 2010).
...." (NR)

"Art. 10-A. As regras preventivas e precautórias dos arts. 8.º, 9.º e 10 deste código aplicam-se aos riscos provenientes de impactos ambientais decorrentes de produtos e serviços colocados no mercado de consumo."

"Art. 39. ....
....
XIV — ofertar produto ou serviço com potencial de impacto ambiental negativo, sem tomar as devidas medidas preventivas e precautórias.
XV — cobrar tarifa de cadastro e abertura de crédito, sob qualquer designação.
...." (NR)

"Seção VII
Do Comércio Eletrônico"

"Art. 45-A. Esta seção dispõe sobre normas gerais de proteção do consumidor no comércio eletrônico e à distância, visando fortalecer a sua confiança e assegurar a tutela efetiva, com a diminuição da assimetria de informações, a preservação da segurança nas transações, a proteção da autodeterminação e da privacidade dos dados pessoais."

"Art. 45-B. Sem prejuízo do disposto neste Código, os sítios eletrônicos, demais meios eletrônicos ou as comunicações remetidas ao consumidor, utilizados para oferta ou conclusão de contrato de consumo devem disponibilizar, em local de destaque e de fácil visualização, dentre outras, as seguintes informações:
I — nome empresarial e número de inscrição do fornecedor, quando houver, no Cadastro Nacional de Pessoas Físicas ou no Cadastro Nacional de Pessoas Jurídicas do Ministério da Fazenda;
II — endereço físico e eletrônico, e demais informações necessárias para sua localização e contato;

III — discriminação, no preço, de quaisquer despesas adicionais ou acessórias, tais como as de entrega;
IV — condições integrais da oferta, incluídas modalidades de pagamento, disponibilidade, forma e prazo da execução do serviço ou da entrega ou disponibilização do produto ou serviço;
V — características essenciais do produto ou do serviço, incluídos os riscos à saúde e à segurança dos consumidores;
VI — prazo da validade da oferta, inclusive do preço;
VII — informações claras e ostensivas a respeito de quaisquer restrições à fruição da oferta."

"Art. 45-C. Os sítios eletrônicos ou demais meios eletrônicos utilizados para ofertas de compras coletivas ou modalidades análogas de contratação deverão conter, além das informações previstas no art. 44-B, as seguintes:
I — quantidade mínima de consumidores para a efetivação do contrato;
II — prazo para utilização da oferta pelo consumidor;
III — identificação do fornecedor responsável pelo sítio eletrônico e do fornecedor do produto ou serviço ofertado.
Parágrafo único. O fornecedor de compras coletivas, como intermediador legal do fornecedor responsável pela oferta do produto ou serviço, responde solidariamente pela veracidade das informações publicadas e por eventuais danos causados ao consumidor."

"Art. 45-D. É obrigação do fornecedor que utilizar o meio eletrônico ou similar:
I — apresentar sumário do contrato antes da contratação, com as informações necessárias ao pleno exercício do direito de escolha do consumidor, destacadas as cláusulas que limitem direitos;
II — manter disponível serviço adequado, facilitado e eficaz de atendimento, tal como o meio eletrônico ou telefônico, que possibilite ao consumidor enviar e receber comunicações, inclusive notificações, reclamações e demais informações necessárias à efetiva proteção dos seus direitos;
III — confirmar imediatamente o recebimento de comunicações relevantes, como a manifestação de arrependimento e cancelamento do contrato, utilizando o mesmo meio empregado pelo consumidor ou outros costumeiros;
IV — assegurar ao consumidor os meios técnicos adequados, eficazes e facilmente acessíveis que permitam a identificação e correção de eventuais erros na contratação, antes de finalizá-la, sem prejuízo do posterior exercício do direito de arrependimento;
V — utilizar mecanismos de segurança eficazes para pagamento e para tratamento de dados do consumidor;
VI — informar aos órgãos de defesa do consumidor e ao Ministério Público, sempre que requisitado, o nome e endereço eletrônico e demais dados que possibilitem o contato do provedor de hospedagem, bem como dos seus prestadores de serviços financeiros e de pagamento;
VII — informar imediatamente às autoridades competentes e ao consumidor sobre o vazamento de dados ou comprometimento, mesmo que parcial, da segurança do sistema."

"Art. 45-E. Na contratação por meio eletrônico ou similar, o fornecedor deve enviar ao consumidor:
I — em momento prévio à contratação, o contrato, em língua portuguesa, em linguagem acessível e com fácil visualização em sua página;
II — confirmação imediata do recebimento da aceitação da oferta;

III — via do contrato em suporte duradouro, assim entendido qualquer instrumento, inclusive eletrônico, que ofereça as garantias de fidedignidade, inteligibilidade e conservação dos dados contratuais, permitindo ainda a facilidade de sua reprodução;

IV — formulário ou link facilitado e específico para preenchimento do consumidor em caso de exercício do direito de arrependimento.

Parágrafo único. Caso a confirmação e o formulário previstos nos incisos II e IV não tenham sido enviados pelo fornecedor, o prazo previsto no *caput* do art. 49 deverá ser ampliado por mais quatorze dias."

"Art. 45-F. É vedado ao fornecedor de produto ou serviço enviar mensagem eletrônica não solicitada a destinatário que:

I — não possua relação de consumo anterior com o fornecedor e não tenha manifestado consentimento prévio e expresso em recebê-la;

II — esteja inscrito em cadastro de bloqueio de oferta;

III — tenha manifestado diretamente ao fornecedor a opção de não recebê-la.

§ 1.º Se houver prévia relação de consumo entre o remetente e o destinatário, admite-se o envio de mensagem não solicitada, desde que o consumidor tenha tido oportunidade de recusá-la.

§ 2.º O fornecedor deve informar ao destinatário, em cada mensagem enviada:

I — o meio adequado, simplificado, seguro e eficaz que lhe permita, a qualquer momento, recusar, sem ônus, o envio de novas mensagens eletrônicas não solicitadas;

II — o modo como obteve os dados do consumidor.

§ 3.º O fornecedor deve cessar imediatamente o envio de ofertas e comunicações eletrônicas ou de dados a consumidor que manifestou a sua recusa em recebê-las.

§ 4.º Para os fins desta seção, entende-se por mensagem eletrônica não solicitada a relacionada à oferta ou publicidade de produto ou serviço e enviada por correio eletrônico ou meio similar.

§ 5.º É também vedado:

I — remeter mensagem que oculte, dissimule ou não permita de forma imediata e fácil a identificação da pessoa em nome de quem é efetuada a comunicação e a sua natureza publicitária;

II — veicular, exibir, licenciar, alienar, compartilhar, doar ou de qualquer forma ceder ou transferir dados, informações ou identificadores pessoais, sem expressa autorização e consentimento informado do seu titular.

§ 6.º Na hipótese de o consumidor manter relação de consumo com fornecedor que integre um conglomerado econômico, o envio de mensagens por qualquer sociedade que o integre não se insere nas vedações do *caput* do presente artigo, desde que o consumidor tenha tido oportunidade de recusá-la e não esteja inscrito em cadastro de bloqueio de oferta.

§ 7.º A vedação prevista no inciso II, do § 5.º, não se aplica aos fornecedores que integram um mesmo conglomerado econômico."

"Art. 45-G. Na oferta de produto ou serviço por meio da rede mundial de computadores (internet) ou qualquer modalidade de comércio eletrônico, somente será exigida do consumidor, para a aquisição do produto ou serviço ofertado, a prestação das informações indispensáveis à conclusão do contrato.

Parágrafo único. Quaisquer outras informações, além das indispensáveis, terão caráter facultativo, devendo o consumidor ser previamente avisado dessa condição."

"Art. 49. O consumidor pode desistir da contratação a distância, no prazo de sete dias a contar da aceitação da oferta, do recebimento ou da disponibilidade do produto ou serviço, o que ocorrer por último.
§ 1.º ....
§ 2.º Por contratação a distância entende-se aquela efetivada fora do estabelecimento, ou sem a presença física simultânea do consumidor e fornecedor, especialmente em domicílio, por telefone, reembolso postal, por meio eletrônico ou similar.
§ 3.º Equipara-se à modalidade de contratação prevista no § 2.º deste artigo aquela em que, embora realizada no estabelecimento, o consumidor não teve a prévia oportunidade de conhecer o produto ou serviço, por não se encontrar em exposição ou pela impossibilidade ou dificuldade de acesso a seu conteúdo.
§ 4.º A desistência formalizada dentro do prazo previsto no *caput* implica na devolução do produto com todos os acessórios recebidos pelo consumidor e nota fiscal.
§ 5.º Caso o consumidor exerça o direito de arrependimento, incluindo retirada de recursos ou transação de financiamento, os contratos acessórios de crédito são automaticamente rescindidos, devendo ser devolvido ao fornecedor do crédito o valor total financiado ou concedido que lhe foi entregue, acrescido de eventuais juros incidentes até a data da efetiva devolução, tributos e tarifas, sendo estas cobradas somente quando aplicável.
§ 6.º Sem prejuízo da iniciativa do consumidor, o fornecedor deve comunicar de modo imediato a manifestação do exercício de arrependimento à instituição financeira ou à administradora do cartão de crédito ou similar, a fim de que:
I — a transação não seja lançada na fatura do consumidor;
II — seja efetivado o estorno do valor, caso a fatura já tenha sido emitida no momento da comunicação;
III — caso o preço já tenha sido total ou parcialmente pago, seja lançado o crédito do respectivo valor na fatura a ser emitida posteriormente à comunicação.
§ 7.º Se o fornecedor de produtos ou serviços descumprir o disposto no § 1.º ou no § 6.º, o valor pago será devolvido em dobro.
§ 8.º O fornecedor deve informar, de forma prévia, clara e ostensiva, os meios adequados, facilitados e eficazes disponíveis para o exercício do direito de arrependimento do consumidor, que devem contemplar, ao menos, o mesmo modo utilizado para a contratação.
§ 9.º O fornecedor deve enviar ao consumidor confirmação individualizada e imediata do recebimento da manifestação de arrependimento." (NR)

"Art. 49-A. Sem prejuízo do direito de rescisão do contrato de transporte aéreo antes de iniciada a viagem (art. 740, § 3.º do Código Civil), o exercício do direito de arrependimento do consumidor de passagens aéreas poderá ter seu prazo diferenciado, em virtude das peculiaridades do contrato, por norma fundamentada das agências reguladoras.
Parágrafo único. A regulamentação prevista no *caput* deverá ser realizada no prazo máximo de cento e oitenta dias após a entrada em vigor desta Lei."

"CAPÍTULO VIII
Das Sanções"

"Art. 56. ....
....
XIII — suspensão temporária ou proibição de oferta e de comércio eletrônico.
...." (NR)

"Art. 59. ....

....

§ 4.º Caso o fornecedor por meio eletrônico ou similar descumpra a pena de suspensão ou de proibição de oferta e de comércio eletrônico, sem prejuízo de outras medidas administrativas ou judiciais de prevenção de danos, o Poder Judiciário poderá determinar, no limite estritamente necessário para a garantia da efetividade da sanção, que os prestadores de serviços financeiros e de pagamento utilizados pelo fornecedor, de forma alternativa ou conjunta, sob pena de pagamento de multa diária:
I — suspendam os pagamentos e transferências financeiras para o fornecedor de comércio eletrônico;
II — bloqueiem as contas bancárias do fornecedor." (NR)

"Art. 60-A. O descumprimento reiterado dos deveres do fornecedor previstos nesta lei poderá ensejar na aplicação pelo Poder Judiciário de multa civil em valor adequado à gravidade da conduta e suficiente para inibir novas violações, sem prejuízo das sanções penais e administrativas cabíveis e da indenização por perdas e danos, patrimoniais e morais, ocasionados aos consumidores.
Parágrafo único. A graduação e a destinação da multa civil observarão o disposto no art. 57."

"Art. 60-B. Sem prejuízo das sanções previstas no Capítulo VIII, em face de reclamação fundamentada formalizada por consumidor, a autoridade administrativa, em sua respectiva área de atuação e competência, poderá instaurar processo administrativo, assegurado o contraditório e a ampla defesa, para aplicar, isolada ou cumulativamente, em caso de comprovada infração às normas de defesa do consumidor, as seguintes medidas corretivas, fixando prazo para seu cumprimento:
I — substituição ou reparação do produto;
II — devolução do que houver sido pago pelo consumidor mediante cobrança indevida;
III — cumprimento da oferta pelo fornecedor, sempre que esta conste por escrito e de forma expressa;
IV — devolução ou estorno, pelo fornecedor, da quantia paga pelo consumidor quando o produto entregue ou serviço prestado não corresponda ao que expressamente se acordou pelas partes;
V — prestação adequada das informações requeridas pelo consumidor, sempre que tal requerimento guarde relação com o produto adquirido ou serviço contratado.
§ 1.º No caso de descumprimento do prazo fixado pela autoridade administrativa para a medida corretiva imposta, será imputada multa diária, nos moldes do parágrafo único, do art. 57.
§ 2.º A multa diária de que trata o § 1.º será revertida, conforme o caso, ao Fundo de Defesa dos Direitos Difusos ou aos fundos estaduais ou municipais de proteção ao consumidor."

"Art. 72-A. Veicular, exibir, licenciar, alienar, compartilhar, doar ou de qualquer forma ceder ou transferir dados, informações ou identificadores pessoais, sem a expressa autorização de seu titular e consentimento informado.
Pena — Detenção, de três meses a um ano, e multa.
Parágrafo único. Não constitui crime a prática dos atos previstos no caput:
I — entre fornecedores que integrem um mesmo conglomerado econômico;
II — em razão de determinação, requisição ou solicitação de órgão público."

"Art. 76. ....
....
VI — ocasionarem graves danos ao meio ambiente." (NR)

"Art. 101. Na ação de responsabilidade contratual e extracontratual do fornecedor de produtos e serviços, inclusive no fornecimento a distância nacional e internacional, sem prejuízo do disposto nos Capítulos I e II deste Título:
I — será competente o foro do domicílio do consumidor, nas demandas em que o consumidor residente no Brasil seja réu e que versem sobre relações de consumo;
II — o consumidor residente no Brasil, nas demandas em que seja autor, poderá escolher, além do foro indicado no inciso I, o do domicílio do fornecedor de produtos ou serviços, o do lugar da celebração ou da execução do contrato ou outro conectado ao caso;
III — são nulas as cláusulas de eleição de foro e de arbitragem celebradas pelo consumidor.
Parágrafo único. Aos conflitos decorrentes do fornecimento a distância internacional, aplica-se a lei do domicílio do consumidor, ou a norma estatal escolhida pelas partes, desde que mais favorável ao consumidor, assegurando igualmente o seu acesso à Justiça." (NR)

Art. 2.º O Decreto-lei n. 4.657, de 4 de setembro de 1942 (Lei de Introdução às Normas do Direito Brasileiro), passa a vigorar com as seguintes alterações:

"Art. 9.º As obrigações, salvo os casos específicos previstos em lei, reger-se-ão pela lei do país em que se constituírem.
§ 1.º (Revogado).
§ 2.º (Revogado)." (NR)

"Art. 9.º-A. O contrato internacional entre profissionais, empresários e comerciantes reger-se-á pela lei escolhida pelas partes, devendo esta escolha referir-se à totalidade do contrato e ser efetuada mediante acordo expresso entre as partes.
§ 1.º Não é necessário que haja conexão entre a lei escolhida e as partes ou a transação.
§ 2.º A escolha de que trata o *caput* inclui também a indicação, como aplicável ao contrato, de um conjunto de regras jurídicas de caráter internacional, opcional ou uniforme, aceitas no plano internacional, supranacional ou regional como neutras e justas, inclusive da *lex mercatoria*, desde que não contrárias à ordem pública.
§ 3.º Na hipótese de ausência ou de invalidade da escolha, o contrato será regido pela lei do lugar de sua celebração, assim considerado, em contratos celebrados a distância, o lugar da residência do proponente.
§ 4.º Caso a obrigação resultante do contrato deva ser executada no Brasil e dependa de forma essencial, esta será observada, admitidas as peculiaridades da lei estrangeira quanto aos requisitos extrínsecos do ato.
§ 5.º Não obstante o disposto neste artigo, no caso de contrato *standard* ou de adesão celebrado no Brasil ou que aqui tiver de ser executado, aplicar-se-ão necessariamente as disposições do direito brasileiro que possuírem caráter imperativo.
§ 6.º Este artigo não se aplica aos contratos e obrigações regulados por tratados internacionais e aos acordos sobre arbitragem ou eleição de foro."

"Art. 9.º-B. O contrato internacional de consumo, entendido como aquele realizado entre um consumidor pessoa natural e um fornecedor de produtos e serviços cujo estabelecimento esteja situado em país distinto daquele de domicílio do consumidor, reger-se-á pela lei do lugar de celebração ou, se executado no Brasil, pela lei brasileira, desde que mais favorável ao consumidor.

§ 1.º Se a contratação for precedida de qualquer atividade negocial ou de marketing, por parte do fornecedor ou de seus representantes, dirigida ao território brasileiro ou nele realizada, em especial envio de publicidade, correspondência, e-mails, mensagens comerciais, convites, prêmios ou ofertas, aplicar-se-ão as disposições da lei brasileira que possuírem caráter imperativo, sempre que mais favoráveis ao consumidor.

§ 2.º Os contratos de pacotes de viagens internacionais ou viagens combinadas, que envolvam grupos turísticos ou serviços de hotelaria e turismo, com cumprimento fora do Brasil, contratados com agências de turismo e operadoras situadas no Brasil, reger-se-ão pela lei brasileira."

"Art. 9.º-C. As obrigações extracontratuais, caso nenhuma das partes envolvidas possua domicílio ou sede no país em que ocorrer o acidente, dano, fato ou ato ilícito, reger-se-ão pela lei do lugar onde os efeitos se fizerem sentir.

Parágrafo único. Quanto à responsabilidade civil em caso de acidente de trânsito, observar-se-á o seguinte:

I – quando o acidente envolver ou atingir unicamente pessoas domiciliadas em outro país, o magistrado poderá, excepcionalmente, considerar aplicável a lei daquele país, respeitadas as regras de circulação e segurança em vigor no lugar e no momento do acidente;

II – quando do acidente resultarem danos a coisas alheias aos veículos acidentados, aplicar-se-á a lei do país em que ocorreu o fato."

Art. 3.º Revogam-se o inciso II do art. 101 da Lei n. 8.078, de 11 de setembro de 1990 (Código de Defesa do Consumidor), e os §§ 1.º e 2.º do art. 9.º do Decreto-Lei n. 4.657, de 4 de setembro de 1942 (Lei de Introdução às Normas do Direito Brasileiro).

Art. 4.º Esta Lei entra em vigor na data da sua publicação.

Senado Federal, em 4 de novembro de 2015.